Hans-Peter Schwarz

# Das Gesicht des 20. Jahrhunderts

## Monster, Retter, Mediokritäten

Pantheon

Für die vorliegende Ausgabe hat der Autor das Buch, das 1998 erstmals unter dem Titel »Das Gesicht des Jahrhunderts« erschienen ist, um ein Aprèslude zum Übergang vom 20. zum 21. Jahrhundert ergänzt.

FSC
Mix
Produktgruppe aus vorbildlich bewirtschafteten Wäldern und anderen kontrollierten Herkünften

Zert.-Nr. SGS-COC-001940
www.fsc.org
© 1996 Forest Stewardship Council

Verlagsgruppe Random House FSC-DEU-0100
Das für dieses Buch verwendete FSC-zertifizierte Papier *EOS* liefert Salzer Papier, St. Pölten, Austria.

Der Pantheon Verlag ist ein Unternehmen der Verlagsgruppe Random House GmbH.

Erste Auflage
September 2010



Umschlaggestaltung: Jorge Schmidt, München, unter Verwendung einer Vorlage von Brigitte und Hans Peter Willberg
Bildredaktion und Satz: Ditta Ahmadi, Berlin
Reproduktionen: Mega-Satz-Servive, Berlin
Druck und Buchbinder: GGP Media GmbH, Pößneck
Printed in Germany 2010
ISBN 978-3-570-55121-9

www.pantheon-verlag.de

INHALT

Meinen Kindern Nicole und Benno
und den Bonner Studenten,
die sich der Aufgabe gegenübersehen,
das einundzwanzigste Jahrhundert im Licht der
Erfahrungen des zwanzigsten zu gestalten

# EINFÜHRENDE BETRACHTUNGEN

## Der Faktor Persönlichkeit

Aus welcher Perspektive soll man das 20. Jahrhundert erfassen, das sich gegenwärtig ohne allzuviel Hoffnung und unter ziemlich ratlosen Regierungen dem dritten Jahrtausend entgegenwälzt? Je nach Standort und Temperament des Betrachters fallen die Antworten unterschiedlich aus. Aber niemand wird ernstlich bestreiten wollen, daß dieses Jahrhundert eine erstaunliche Anzahl denkwürdiger politischer Gestalten heraufgeführt hat: große Ungeheuer, große Retter, große Ruinierer, große Reformer, Staatsgründer und Stabilisierer, doch auch jede Menge großer Mediokritäten und großer Esel.

Sie alle oder doch manche von ihnen sind das Thema der vorliegenden Untersuchung. Es ist ein Buch des Wiedererkennens, der Nachdenklichkeit, auch des Zorns. »Was für eine Enttäuschung ist das 20. Jahrhundert gewesen!« hat Winston Churchill schon 1920 ausgerufen.[1] So ging es weiter. Gewiß, auf die Katastrophenepoche folgten wenigstens im Westen Perioden lang anhaltender Normalität. »Eine zweite Belle Époque« hat der Zukunftsforscher Hermann Kahn dies genannt. Und daß sich mit den Schrecken grandiose Leistungen verbunden haben, bedarf keiner Unterstreichung. Aber es hätte anders, besser werden können. Und wenn man fragt, warum das nicht möglich war, stößt man neben den wohlbekannten anonymen Determinanten und Bedingungen immer wieder auf die eingangs genannten Figuren: große Ruinierer, überforderte Mediokritäten und tatkräftige Esel. Wer ihrer gedenkt, wird sich um Objektivität zu bemühen haben, er darf aber auch Werturteile nicht unterdrücken.

Alles in allem gilt jedenfalls, daß im politischen Raum weltweit geradezu eine Explosion tatkräftiger Individualitäten stattgefunden hat, auch in Europa. Wer zur Melancholie neigt und im resignierten Rückzug Europas auf sich selbst ein Hauptthema des 20. Jahrhunderts erkennt, mag konstatieren, hier finde in der geschichtlichen Welt ein ähnlicher Vorgang statt wie in der Botanik, wo sterbende Pflanzen vor dem Ende geradezu eine Explosion an Lebenskraft haben, wie etwa das Waldsterben mit den »geilen Trieben« zeigt.

Es beginnt mit den furchtbaren, in ihrer historischen Bedeutung unterschätzten Generalen des Ersten Weltkrieges, welche gewaltige Tatkraft mit gewaltigem Unverstand verbanden, setzt sich fort mit Lenin, Mussolini, Stalin, Hitler, Mao Tse-tung, umfaßt aber ebenso die Größen der Demokratien, deren Namen noch in aller Munde sind: Clemenceau, Franklin Delano Roosevelt, Churchill, de Gaulle.

Die zweite Jahrhunderthälfte bringt gleichfalls bemerkenswerte Größen hervor. Sie sind keine Giganten mehr, aber doch Persönlichkeiten, die sich tief einprägen und die Rätsel aufgeben, am meisten Michail Gorbatschow, der den Gang der Weltgeschichte ebenso tiefgreifend verändert wie zuvor Lenin.

Auch Bücher haben ihre Geschichte. Im Grunde war es das Erlebnis des von Gorbatschow ausgelösten Umbruchs, aus dem sich die Idee zu den folgenden Studien entwickelte.

Nichts ist unerwarteter gekommen als der Zusammenbruch der Sowjetunion. Seit dem Zweiten Weltkrieg stellte diese einstmals revolutionäre Großmacht so etwas wie eine der letzten Gewißheiten in einem Jahrhundert dar, das zusehends aus dem Leim ging. Selbst der hochkonservative Arnold Gehlen verlieh ihr Ende der sechziger Jahre den Ehrentitel »die letzte Ordnungsmacht«.[2] Man mochte das spättotalitäre Großreich ablehnen und seine Expansion bekämpfen, dennoch war und blieb es eine der grundlegenden Tatsachen des Jahrhunderts – unreformierbar zwar, aber imponierend und bedrückend stabil.

So sah es der Westen. Auch die Nomenklatura in der Sowjetunion selbst sowie in deren Satrapien zeigte sich fest davon überzeugt, ein System zu besitzen, in dem doppelte und dreifache Sicherungen eingebaut waren: Sicherungen gegen Überwältigung durch äußere Gegner ebenso wie gegen Unruhen der Dissidenten und Nationalitäten. Der verführerische Reiz nicht konformer Ideen schien ebenso kontrollierbar wie die Turbulenzen des Weltmarkts und der beunruhigende Sog geschichtlichen Wandels.

Dann aber kam Gorbatschow, und in wenigen Jahren erreichte eine rätselhafte, im Drehbuch des späten 20. Jahrhunderts nicht vorgesehene Persönlichkeit das, wofür Karl Marx mehr als ein Jahrhundert zuvor ein schönes Wort geprägt hatte: Er brachte die versteinerten Verhältnisse zum Tanzen. Plötzlich begann in dem längst langweilig gewordenen sowjetischen Imperium der geheimnisvollste Geschichtsfaktor seine unheimliche Wirkung zu entfalten: der Faktor Persönlichkeit.

Wenige Jahre zuvor hatte sich in dem zweiten der kommunistischen Großreiche eine ähnlich erstaunliche Persönlichkeit durchgesetzt, deren Fernwirkungen sich überhaupt noch nicht abschätzen lassen: Deng Xiaoping. Eigentlich ist Deng eine noch viel erstaunlichere

Gestalt als der letzte Generalsekretär der KPdSU. Bei Gorbatschow, dessen Sozialisierung in die Tauwetter-Ära der Jahre Chruschtschows zurückging, dominierte doch wohl von früh an eine heftige Aversion gegen den Terrorismus Stalins und seiner Mordgesellen, auch wenn ganz unklar war, wohin ihn dies führen würde. Deng Xiaoping hingegen war in eigener Person Jahrzehnte hindurch ein terroristisches Ungeheuer großen Kalibers. In moralischer Hinsicht muß man ihn ähnlich streng beurteilen wie die Satrapen Adolf Hitlers, die zwischen 1939 und 1944 Mittel- und Osteuropa tyrannisiert haben, oder die ähnlich schonungslos vorgehenden Statthalter Stalins. Aus Sicht der Opfer, welche in die Hunderttausende gingen, war Deng Xiaoping ein Unterteufel Mao Tse-tungs, genauer gesagt, ein chinesischer Stalinist und ein Maoist in einem. Ähnlich wie seinerzeit Stalin und sehr viel organisationsfähiger als der große Vorsitzende Mao hatte er für die Industrialisierung Chinas nach kommunistischem Modell entscheidende Impulse gegeben.

Doch Deng Xiaoping hat dann seit 1978 die Intelligenz und die Entschlossenheit aufgebracht, das Wirtschaftssystem radikal zu reformieren mit der Konsequenz, daß in weiten Teilen der Gesellschaft Chinas erneut ein Geist des Individualismus und größerer Freiheitlichkeit vorherrschend wurde, dessen Wiederaufleben kurz zuvor noch undenkbar erschienen war. Schon heute darf man vermuten, daß Deng geschichtlich bedeutsamer gewesen ist als Mao Tse-tung vor ihm, auch wenn Mao wohl noch in Jahrhunderten als das furchtbarste Paradebeispiel eines terroristischen Utopisten gelten dürfte – einmaliger Rückfall in schlimmste Phasen der chinesischen Geschichte oder Vorläufer noch gewaltigerer Tyrannen, wer weiß?

Deng Xiaoping, der Garant unbedingter Vorherrschaft der kommunistischen Partei, blieb freilich weiterhin ein harter Herrscher. Sein Auftreten zeigt also nicht allein, welche erstaunlichen Wirkungen vom Faktor Persönlichkeit ausgehen. Es läßt erkennen, wie zum Rätsel der großen Persönlichkeit auch die Tatsache gehört, daß sich der Chefkonstrukteur eines unfreien Systems gegebenenfalls in einen großen Reformer zu verwandeln vermag, der sein bisheriges Werk selbst radikal umbaut, ohne aber letztlich auf die Prinzipien der Autokratie zu verzichten.

In manchem ähnlich, wenngleich in vielem völlig unähnlich, war Ronald Reagan. Wie Gorbatschow und Deng gehörte auch er zu den im Drehbuch nicht vorgesehenen Gestalten. In der Geschichte der amerikanischen Präsidentschaft kommt es zwar gelegentlich vor, daß ein mit großer Ausstrahlung begabter einzelner auftritt und selbst die stets zur Mißgunst neigenden Kongreßmitglieder zusammen mit den kritischen Medien über Jahre hinweg in Bann schlägt. Vor Reagan galt

Franklin Delano Roosevelt als hervorragendstes Beispiel einer solchen Gestalt. Er besaß eine große, zumindest bei den Anhängern Sympathie erweckende Ausstrahlung, verbunden mit bewundernswertem machiavellistischem Geschick und einem als selbstverständlich empfundenen Opportunismus. Auch Reagans wichtigstes Betriebskapital war ein natürlicher Charme, mit dem er sogar viele seiner Gegner entwaffnete. Aber anders als Roosevelt war er im Kern doktrinär und neigte zur Inflexibilität. Von ganz erstaunlicher Oberflächlichkeit waren sie beide.

Schon daß es Reagan gelungen ist, wider alles Erwarten der klugen Skeptiker in den USA und in Europa das in großen Schwierigkeiten befindliche amerikanische System gründlich zu reformieren, wurde seinerzeit von vielen als ein Wunder betrachtet. Das Comeback Amerikas in den achtziger Jahren ist wohl ebenso wie das Comeback der USA in den dreißiger Jahren primär das Werk der beiden Zauberkünstler Reagan und Roosevelt gewesen.

Noch viel erstaunlicher aber ist, wie aus dem doktrinären Antikommunisten Reagan ein Entspannungspräsident wurde. Erst zieht er mit durchschlagendem Erfolg alle Register, die Sowjetunion »totzurüsten« und sie weltweit in Verlegenheit zu bringen, und dann führt er die USA auf den Weg der Versöhnung. Dieser innere Wandel war ähnlich unvorhersehbar wie die Verwandlung Dengs vom Verfechter einer auf Staatsterrorismus gegründeten Planwirtschaft zum Vorkämpfer einer von Kommunisten einerseits entfesselten und andererseits kontrollierten Marktwirtschaft.

So könnte man fortfahren. Wer sich darüber wundert, weshalb das 20. Jahrhundert in der vergleichsweise kurzen Phase zwischen Mitte der siebziger Jahre und dem globalen Umbruch 1988/91 eine völlig andere Richtung einschlug als zuvor erwartet, stößt also in erster Linie auf Gorbatschow in Rußland, Reagan in den USA und Deng Xiaoping in China. Ihre weltgeschichtlichen Wirkungen resultierten gewiß aus dem Umstand, daß sie zufällig an die Spitze von Großmächten gelangt sind. Doch zugleich waren sie enigmatische Persönlichkeiten, deren Motiven und Kalkülen man noch lange nachsinnen wird.

Die »Oberbeamten« hatten abgewirtschaftet, könnte man mit Jacob Burckhardt feststellen, jetzt schlug für ein paar kurze, doch entscheidende Momente die Stunde der »Extrapersonen«. Diese sind, Burckhardt zufolge, notwendig, »damit die weltgeschichtliche Bewegung sich periodisch und ruckweise frei mache von bloßen abgestorbenen Lebensformen und von reflektierendem Geschwätz«.[3]

Beim Erstaunen über die bemerkenswerten Figuren der letzten Jahrzehnte richtet sich der Blick wie von selbst auf das gesamte Jahrhundert. Daß dessen Entwicklungen von Phase zu Phase, von Kontinent zu Kontinent und von Land zu Land nur bei Berücksichtigung einer Vielzahl von Faktoren verständlich werden, versteht sich von selbst. Der Faktor Persönlichkeit ist nur einer unter vielen. Dennoch bleibt es merkwürdig, daß nicht allein gegen Ende des Jahrhunderts, sondern auch in dessen frühen Jahrzehnten ein paar gewaltige Individuen den Gang der Dinge entscheidend bestimmt haben, damals zum Negativen.

Als erster dieser großen Beweger trat Lenin auf. Daß er Erfolg hatte, erschien bald ganz selbstverständlich, und um so selbstverständlicher, je mächtiger der Sowjetstaat heranwuchs. Tatsächlich aber war in seinem Fall überhaupt nichts selbstverständlich, und manches an der persönlichen Erfolgsgeschichte Lenins bleibt erstaunlich. Wie gelingt es diesem willensstarken, aber eher streitsüchtigen als charismatischen Ideologen, aus den Narrenzirkeln halbgebackener Intellektueller oder aus Desperados des Typs Stalin im russischen Untergrund und im Exil eine Truppe zu schmieden, mit der er die folgenreichste Revolution der neuesten Geschichte in Gang setzt? Kraft welcher Fähigkeiten hält sich dieser völlig unerfahrene Neuling an der Spitze eines chaotisch auseinandertreibenden Großreichs, in dem die Bürgerkriegsarmeen umherziehen und wo alle umliegenden Großmächte intervenieren, nicht unähnlich dem Dreißigjährigen Krieg, als England, Dänemark, Schweden, Frankreich und Spanien in die Wirren des Heiligen Römischen Reiches Deutscher Nation eingegriffen haben? Lenins Scheitern wäre viel eher zu erwarten gewesen, so wie sich die Schreckensmänner Robespierre und Marat in der Französischen Revolution nur relativ kurz zu halten vermochten. Und wie kommt es, daß ihm letztlich alle der in ihrer Art recht robusten kommunistischen Führer – ein Trotzki, ein Stalin, ein Kamenew – gehorsam zu Willen sind, selbst dann, als er in die Diskussionen des Politbüros meist nur noch mit Zetteln einzugreifen vermag, die die Krupskaja für ihn schreibt?

Erst als Lenin fest im Kreml installiert ist, entdecken viele, die in ihm ursprünglich nur einen Abenteurer zu erkennen glaubten, wie beispielsweise Gorki, sein großes politisches Genie. Jetzt preisen ihn die kommunistischen Dichter, und nicht allein sie, als den größten aller neuen Menschen des 20. Jahrhunderts. Die künftig alleinseligmachende Lehre erhält seinen Namen, »Marxismus-Leninismus«, und postum verehren Millionen diesen atheistischen Messias als Ikone der Revolution. Millionen aber sehen in ihm einen großen Polit-Kriminellen und glauben zu verspüren, daß haßerfüllte Destruktivität seine eigentliche Antriebkraft ist. Tatsache ist jedenfalls: Wenn es in den Anfängen des Jahrhunderts ein Beispiel für die überragende Bedeutung des Faktors Persönlichkeit gab, so war dies Lenin.

Eine ähnlich starke Individualität war Stalin. Man hat ihn schon früh sehr viel kritischer gesehen als Lenin. Aber auch viele derer, die genau wußten, was von seiner Moralität zu halten war, rühmten gleichwohl Stalins alle Vergleichsmaßstäbe sprengendes persönliches Format. Erst der Zusammenbruch des Sowjetreiches hat vielerorts Zweifel an seiner gestaltenden Größe geweckt, nachdem vom Imperium Stalins nur noch verrostete Großkombinate, nutzlose Waffenarsenale und kaputte Gesellschaften übriggeblieben sind. Dennoch wird auch in bezug auf Stalin niemand im Ernst die Bedeutung des Faktors Persönlichkeit bestreiten wollen.

Und Hitler? Oder Mao Tse-tung? Dem ersteren wurde zwar nachträglich von einigen Historikern das Etikett »schwacher Diktator« angeheftet. Doch Hitler war nicht nur ein großer Verbrecher. Ebenso wie Lenin hat auch er größte weltgeschichtliche Wirkungen erzielt, selbst wenn er dabei das Gegenteil dessen erreichte, was er eigentlich wollte. Ob demgegenüber Mao Tse-tung in fernerer Zukunft als weltgeschichtliche Größe begriffen wird und nicht bloß als ein besonders tyrannischer Herrscher in der tausendjährigen Geschichte Chinas, bleibt abzuwarten. Eine tiefgreifende Umwälzung der Staatenwelt hat er zwar proklamiert, doch ist er dabei bemerkenswert erfolglos geblieben. Monströses Format kann ihm aber niemand absprechen.

Wenn man die großen weltgeschichtlichen Beweger des 20. Jahrhunderts als »Extrapersonen« identifiziert, verdienen jedoch auch Winston Churchill und Roosevelt Beachtung, an denen Hitler, Mussolini und die modernen Samurai in Japan letztlich scheiterten. Moralisch ragen sie über die großen Ungeheuer turmhoch empor, und ihre historische Kurzzeit- und Langzeitwirkung war noch stärker. Denn seit ihrem Eingreifen sind es letztlich doch die Demokratien, die im 20. Jahrhundert den Ton angeben.

Lenin, Hitler und Stalin, Churchill und Roosevelt, Mao Tse-tung und Deng Xiaoping – ihre jedem bekannten Physiognomien treten unwillkürlich vors geistige Auge, wenn vom Gesicht des Jahrhunderts die Rede ist.

Aber das 20. Jahrhundert hatte viele Gesichter, und nicht alle starken Individualitäten, die seit der Jahrhundertwende aufgetreten sind, haben derart welthistorische Auswirkungen erzielt wie die eben Genannten. Die Geschichte des 20. Jahrhunderts ist schließlich nicht allein eine Saga vom Aufstieg und Abstieg der Großmächte. Sie umfaßt ebenso das Schicksal regionaler Vormächte, der Mittelmächte und der Kleinstaaten. In manchen von diesen sind gleichfalls einmalige Persönlichkeiten aufgetreten, welche, nochmals mit Jacob Burckhardt zu sprechen, in der Geschichte ihrer Länder »Einzigkeit, Unersetzlichkeit« aufweisen:[4] Atatürk, Piłsudski, Mussolini, Adenauer, Ben Gurion, Ibn Saud, Nasser oder Sadat in Ägypten, Gandhi und Nehru in Indien, Khomeini im Iran, um nur einige zu nennen.

Weshalb es von besonderem Reiz ist, diese Gestalten zueinander in Beziehung zu setzen, versteht sich von selbst. Nichts läßt die Eigenart einer Individualität schärfer erkennen als der Vergleich mit anderen. Das erfordert aber auch, die Untersuchung auszuweiten.

Der historische Regelfall ist nämlich nicht der Auftritt von Extrapersonen. Vielmehr wird die Politik aller Länder unablässig von Größen des Tages bestimmt, denen es gelingt, jahrelang, oft über Jahrzehnte hinweg, kraft großer Energie und taktischer Fähigkeiten die Aufmerksamkeit der eigenen Öffentlichkeit zu erwecken oder gar weltweite Beachtung zu finden. Später erst zeigt sich dann, daß die Größen des Tages überschätzt wurden oder verhängnisvoll mediokre Figuren waren. Typisch für ihre jeweiligen Epochen aber sind sie dennoch, und man wird auch die im guten oder bösen wirklich bedeutenden Extrapersonen nur angemessen würdigen, wenn man sie mit solchen Größen des Tages vergleicht. Somit muß man bei den Großmächten Europas eben nicht bloß Clemenceau, de Gaulle, Lloyd George, Winston Churchill oder Margaret Thatcher, in der Bundesrepublik Deutschland einen Adenauer und in den USA Roosevelt und Truman ins Auge fassen, sondern zudem eine Auswahl derer, die sich zwar für unersetzlich hielten, ohne es aber tatsächlich zu sein.

Allerdings ist der Faktor Persönlichkeit auch bei ihnen zu studieren. Selbst aufgeblasene, lange Zeit überschätzte Mediokritäten, deren wichtigstes Talent die Fähigkeit zur Selbstinszenierung darstellt, sind reizvolle Studienobjekte, sobald einige finstere Ecken ihrer Seelen oder einige problematische Aspekte ihrer Urteilskraft ins Blickfeld gerückt werden, vor allem dann aber, wenn sich nach einiger Zeit herausstellt, daß ihr auf Gestaltung drängendes Ungestüm sehr viel stärker war als ihr Urteilsvermögen.

Selbstverständlich ist die persönlichkeitsbezogene Fragestellung, die sich aus solchen Überlegungen ergibt, nur eine unter vielen anderen. Als das Jahrhundert noch jung war, schrieb der amerikanische Historiker Henry Adams: »Die moderne Politik ist im Grunde kein Kampf zwischen Menschen, sondern zwischen Kräften.«[5] Adams' Universalschlüssel zum Verständnis der Zeitgeschichte hieß Energie – Energiehunger und Energieüberschuß als starke Triebkräfte des zeitgenössischen Imperialismus, Fähigkeit zur Produktion von Energie als grundlegender Faktor der modernen Großmächte, animalische, psychische Energie aber auch als Triebkraft der politischen Gewaltmenschen, die im 20. Jahrhundert zunehmend auftreten würden.

Auf das zu Ende gehende Zeitalter haben natürlich viele Faktoren eingewirkt: die Mächtekonfigurationen, die Kriege und Bürgerkriege,

Wirtschaftsinteressen und weltwirtschaftliche Globalisierung, Machtwille herrschender Klassen oder ethnischer Gruppen und Protest unterdrückter Völker, die rasante Entwicklung der Waffentechnologie, demographische Faktoren, das Zusammenwachsen der Welt dank modernem Verkehr sowie moderner Kommunikationssysteme und vieles mehr. Somit ist der Faktor Persönlichkeit nur einer unter vielen. Doch wer wollte seine Bedeutung ernstlich bestreiten?

## Eine Porträtgalerie des 20. Jahrhunderts

Das Buch läßt sich mit dem Durchgang durch ein Geschichtsmuseum vergleichen, in dem die Porträts verschiedenster Größen des 20. Jahrhunderts zu betrachten sind: das Gesicht des Jahrhunderts als Abfolge von Gesichtern. Schließlich ist die Wiederbelebung historischer Museen einer der erstaunlichen Vorgänge unserer Gegenwart. Das hängt gewiß mit der Freizeitgesellschaft zusammen. Doch spielt dabei wohl auch der Wunsch eine Rolle, die Flut der Informationen und Dokumentationen hinter sich zu lassen, um eine überschaubare Auswahl von Objekten auf sich wirken zu lassen, sie prüfend zu vergleichen und darüber nachzudenken.

Natürlich haftet der Auswahl, der Gruppierung und der Beleuchtung des Ausgestellten immer ein Element der Subjektivität an. Wenn ein Museumsbesucher die Auswahl der Stücke unvollständig findet, die Gruppierung in den einzelnen Räumen und Durchgängen eigenwillig und die Beleuchtung sei es zu grell, sei es zu milde, so ist dies vielfach beabsichtigt. Nicht spontane Zustimmung wird erstrebt, sondern die Anregung zur historischen Reflexion.

Die Kunstform des biographischen Essays ist das Gegenteil von Pedanterie. Daß ein Übermaß an Systematisierungsbemühung eher erkenntnismindernd wäre, versteht sich von selbst. So mußte auch dieser Durchgang durch die Geschichte des 20. Jahrhunderts mit dem Blick auf viele der wesentlichen politischen Beweger locker gestaltet werden. Eine gewisse chronologische Abfolge ist eingehalten, dies zumeist in Verbindung mit systematischer Gruppierung. Der Leser wird erkennen, daß viele der Porträtskizzen vergleichend angelegt sind. Vorüberlegungen zu Beginn der einzelnen Kapitel führen in übergreifende Fragestellungen ein oder skizzieren den zeitgeschichtlichen Hintergrund.

Die Eingangshalle unserer Porträtgalerie erinnert daran, daß nicht wenige der späteren Unholde, Nationalhelden und Ruinierer, doch auch ein paar der rettenden Figuren schon zu Beginn des Jahrhunderts auf dem Turf waren – unerkannt und ihres späteren Wollens oder ihrer Karriere durchaus noch nicht sicher. Es gehört zu den Paradoxien des dann so rasch in Schreckenswelten nach Art des Hieronymus Bosch gestoßenen Jahrhunderts, daß die Gesellschaften sich am Anfang noch ganz sicher fühlten, während in ihrer Mitte die Ungeheuer heranwuchsen. Immerhin hatten die feineren oder auch die unruhigeren Geister schon Vorahnungen – Nietzsche, Jacob Burckhardt, Henry Adams, der junge Oswald Spengler, Max Weber, Robert Michels, H.G. Wells. Selbst künftige geschichtliche Größen wie Winston Churchill und Woodrow Wilson haben damals schon Zukunftsmodelle entworfen. Einiges davon wird in diesem Eingangsraum präsentiert: Phantasiebilder, historisch-spekulative Prognosen, aber auch Theorien politischer Führung.

In den folgenden Sälen sind vorwiegend Porträts der Größen jener Katastrophenepoche zu finden, die Hermann Kahn seinerzeit als »Époque de malaise« bezeichnet hat. Ob es wirklich gerechtfertigt ist, dem zu Ende gehenden Säkulum insgesamt die düstere Bezeichnung »das fatale Jahrhundert« anzuhängen, sei bezweifelt. Tatsächlich war es nicht nur eines der schrecklichsten in der Menschheitsgeschichte, sondern auch das an Leistungen gewaltigste. Gleichwohl ist unbestreitbar, daß es in der ersten Jahrhunderthälfte entgleiste.

Die konventionelle Historiographie, nicht zuletzt in Deutschland und Japan, läßt die »Époque de malaise« im Jahr 1945 enden, doch wird dabei übersehen, daß das erste Jahrzehnt nach dem Zweiten Weltkrieg noch ähnlich labil und katastrophenträchtig war wie die dreißiger Jahre. Wenn Henry Adams seinerzeit die Diplomatie im Zeitalter des Hochimperialismus ein »Herumtappen in den Korridoren des Chaos« genannt hatte[6], so trifft diese Charakteristik nach heutigem Kenntnisstand genauso auf die vielgerühmten Bemühungen Trumans, Eisenhowers, Attlees und anfänglich auch Adenauers zu. Erst Mitte der fünfziger Jahre zeichnete sich eine gewisse Stabilisierung ab.

Im sowjetischen Herrschaftsbereich brachte das Kriegsende ohnehin kein Ende der totalitären Alpträume. Hier übte Stalin bis 1953 seine Schreckensherrschaft aus. In China hatte die Katastrophenepoche schon mit dem Boxeraufstand von 1900 begonnen, wenn nicht schon früher, und sie ging erst 1978 mit dem endgültigen Sieg Deng Xiaopings im Machtkampf mit den Maoisten in eine neue Epoche über, die zu gedämpften Hoffnungen Anlaß gibt. Auch hinsichtlich Großbritanniens sprechen viele Gründe dafür, die Jahre von 1914 bis Mitte der sechziger Jahre als innere Einheit zu sehen.

Die Größen in den Galerien, die auf die Eingangshalle »1900« folgen, müssen also ganz wesentlich aus den Bedingungen der Katastrophenepoche verstanden werden. Manche unter ihnen waren die monströsen Urheber von Schreckenswelten, andere bloß fahrlässige oder schwächliche Mitschuldige, wieder andere haben wenigstens einen Teil der westlichen Zivilisation vor den Barbaren gerettet. Sie alle aber sind Akteure einer Krisen- und Unheilsepoche gewesen.

Der Durchgang beginnt bei den Monarchen. Die Katastrophe der großen kontinentaleuropäischen Monarchien im Ersten Weltkrieg war zweifellos ein Hauptfaktor der folgenden Destabilisierung. Kaiser und Könige machten demokratischen Ordnungen Platz oder aber jenem Typ von Machthabern, die Machiavelli in der vergleichbaren Krise des 15. und des 16. Jahrhunderts als »neue Herrscher« bezeichnet hat – harten Despoten also, die zuallererst mit den überkommenen Systemen aufräumten.

Beim Kollaps der Monarchie als Institution waren die personellen Komponenten durchaus von Bedeutung. Die großen Reiche kamen auch deshalb ins Schleudern, weil ihre Monarchen zu medioker oder innerlich zu unsicher gewesen sind. Ohne Nikolaus II., Wilhelm II. oder Viktor Emanuel III. hätten sich sinistre Figuren wie Lenin, Stalin, Mussolini und Hitler nie aus den Gullys der Geschichte hervorwagen können.

Schon vielen der Zeitgenossen ist eine absurde Inkongruenz schmerzlich bewußt geworden. Drei große Reiche zerbrachen, von denen ein jedes seine eigene Problematik, doch zugleich seine eigene Würde besaß. Die Monarchen entpuppten sich jedoch in der Krise als hilflose Figuren, die ihre Völker ins Dunkel einer üblen Zukunft hineintaumeln ließen.

Allerdings haben die Souveräne nicht durchweg versagt. Unter den Monarchien der Epoche vor dem Ersten Weltkrieg blieben einige bestehen, und neue sind installiert worden. Das 20. Jahrhundert ist zwar nicht mehr wie das 17. oder das 18. ein Jahrhundert der Könige. Doch unter den beachtlichen, gewaltigen oder fatalen Größen findet man auch eine Anzahl von Monarchen bis hin zu Ibn Saud und Schah Reza Khan Pahlewi, in denen die absolutistische Monarchie nochmals Gestalt annahm. Daß der zuletzt Genannte, ein hochmütiger und unsicherer Mann, in der Spätphase seiner Herrschaft schwer krebskrank war, ohne daß das bekannt war, mag nach dem kläglichen Zusammenbruch als Kennzeichen für die Überlebtheit dieser Staatsform betrachtet werden.

Es versteht sich von selbst, daß neben den Monarchen die Generale besondere Beachtung verdienen. Hier allerdings ist die Auswahl zwangsläufig besonders willkürlich. Sie läßt zudem erkennen, wie stark neben der berufsständischen Prägung doch auch viele andere Determinanten maßgeblich sind – nicht zuletzt die grundlegende Tatsache, ob der an die Macht gekommene Offizier ein Ehrenmann ist, ein schwächlich Angepaßter, ein Polit-Krimineller oder eine überzeugende politische Größe. Jedenfalls hat kein anderer klassischer Berufsstand eine solche Vielzahl denkwürdiger Gestalten hervorgebracht.

In dem anschließenden Raum folgen jene revolutionären Großtyrannen, die sich durchweg auch als Ruinierer ihrer Gesellschaften dem Gedächtnis der Zeitgenossen und Nachlebenden einzuprägen wußten. Zugleich aber haben sie gewalttätig versucht, eine neue, moderne Welt und den neuen Menschen zu schaffen. Sie sind die finsteren Titanen des 20. Jahrhunderts.

Von den zahllosen Revolutionären der Katastrophenepoche werden nur die wichtigsten miteinander verglichen. Vier von ihnen – Lenin, Stalin, Hitler, Mao Tse-tung – waren säkulare Ungeheuer, einer – Mussolini – nach unserem heutigen Standard ein Diktator von vergleichsweise bescheidener Verworfenheit, wenngleich er über Italien (dazu über Äthiopien, Albanien, Jugoslawien und Griechenland) viel Unheil gebracht hat. Doch Mussolini verdient in diesem Kontext Beachtung als Vorbild moderner Tyrannen, von Adolf Hitler zuvörderst.

Gleichfalls recht selektiv mußte auch bei der Erörterung von Größen der Demokratien verfahren werden, die in der »Époque de malaise« jeweils Hauptrollen gespielt haben. Es schien angebracht, sie in einem einzigen Saal zu versammeln. Das Ringen zwischen den Demokratien und den nichtdemokratischen Lebensformen ist nun einmal das Zentralthema der ersten Jahrhunderthälfte, und einige der hier Porträtierten sind von den Zeitgenossen als die Gegenspieler der großen Monster begriffen worden. So treffen wir hier vor allem auf Winston Churchill, der nicht nur als englische Jahrhundertgestalt herausragt, sondern zugleich als Retter der europäischen Demokratie.

Bei der Auswahl der hier zu Porträtierenden war zu berücksichtigen, daß die Amtsinhaber von Downing Street No. 10 von Asquith über Lloyd George bis Chamberlain und Churchill noch gute Gründe hatten, sich als die Zentralfiguren der zivilisierten Welt zu verstehen. Zeitweilig galt dies auch für bestimmte Granden der französischen Dritten Republik. Frankreich figuriert in unserer Porträtgalerie mit den ambivalenten, wenngleich beeindruckenden Größen Clemenceau und Poincaré.

Briand und sein deutscher Partner Stresemann finden sich in einem besonderen Durchgang gegenübergestellt. In den zwanziger Jahren verkörperten diese beiden letztlich gescheiterten Parlamentarier den Typ des Verständigungspolitikers und verwiesen somit auf eine bessere Zukunft in der zweiten Jahrhunderthälfte.

Doch unter den Staatsmännern der Demokratien in der Krise tauchen auch jene bemerkenswerten Präsidenten der Vereinigten Staaten auf, die Amerika und die Welt ins »amerikanische Jahrhundert« hineingestoßen haben: Theodore Roosevelt, der allerdings zu früh kam, somit zu seinem Kummer in der Weltkrise 1914–1918 keine Rolle zu spielen vermochte, dann der beim Friedenschließen im Paris der Jahre 1918/19 politisch verunglückte Messias Woodrow Wilson und der charismatische Franklin Delano Roosevelt.

Manche der in diesem Teil der Studie erörterten Größen leben heute nur noch schemenhaft im historischen Bewußtsein. Vor 80, 70, 60 oder 50 Jahren waren sie aber Persönlichkeiten, um die sich alles oder doch vieles gedreht hat.

Die eigentlichen Stabilisierer des völlig deroutierten Jahrhunderts sind aber erst Truman und Eisenhower – zwei rundum normale Amerikaner, »der kleine Mann aus Missouri« und ein General mit gesundem Menschenverstand. Sie figurieren als wichtigste jener Spitzenpolitiker des Westens, welche man auch aus größerem Abstand die Gründergeneration der freien Welt nennen kann.

Heute erscheinen sogar die Größen der Jahrhundertmitte – Truman, Eisenhower, Adenauer, Yoshida, de Gasperi, Attlee, Macmillan oder Ben Gurion – schon weithin historisch. Aber ihre Nachwirkungen sind bis heute zu verspüren, und wenn die Demokratien das Jahrhundertende unversehrt erreicht haben, so auch dank der Leistungen dieser Gründergeneration.

Im dritten Viertel des 20. Jahrhunderts war neben dem Kalten Krieg die Errichtung einer Vielzahl autonomer Staaten in Asien und in Afrika ein weiteres Hauptthema. Eigentlich wäre es geboten, den zahlreichen Freiheitskämpfern und Staatsgründern, die in diesem Zusammenhang aufgetreten sind, eine eigene große Monographie zu widmen. Wir behelfen uns damit, wenigstens einige von ihnen aus jener Phase zu porträtieren, in der sich Europa und Amerika zunehmend bewußt wurden, daß die ganze Welt ins Zeitalter der Dekolonisierung eingetreten war. Das begann mit der Unabhängigkeit Indiens im Jahr 1947 und kam bereits Mitte der sechziger Jahre zu einem gewissen Abschluß.

Außerhalb Europas und Amerikas hatte der universalgeschichtliche Vorgang viele Aspekte: Kampf der Kulturen, Dekolonisierung, Staatsgründung, Globalisierung des Ost-West-Konflikts. Letzteres fand darin seinen Ausdruck, daß sich die Größen jener Jahrzehnte als Führer der »Blockfreien« und später der sogenannten »Dritten Welt« bezeichneten, was immer diese Bezeichnung auch besagen mochte. Ihr Erscheinen erinnert daran, wie wenig es der globalen Entwicklung gerecht würde, wollte man das in Japan und Deutschland so beliebte Zäsurenjahr 1945 auch auf die Gegebenheiten in Indien, Indonesien, Nordafrika oder Schwarzafrika anwenden. Zugleich freilich kehrt der seit Lenin, Mussolini und Hitler bekannte Typus des modernen Tyrannen in mehr oder weniger abgewandelter Form auch in den Führern jener Dritte-Welt-Länder wieder, die Freude am autokratischen Regieren haben. Doch mit Nehru ist auch eine ganz erstaunliche Jahrhundertgestalt aufgetreten, die in den nach China volkreichsten Staat des Globus Traditionen europäischer Demokratie und säkularer politischer Kultur eingepflanzt hat.

Je näher wir zu den zeitgenössischen Jahrzehnten kommen, um so schwieriger wird die historische Bewertung. Hier muß man sich mit locker ausgeführten Skizzen behelfen. Viele der Akteure sind noch unter uns, und manche von ihnen entfalten die wohlbekannte Aktivität politischer Pensionäre, die nicht zuletzt darauf abzielt, nach dem Ausscheiden aus dem Amt die eigene Gestalt in ein günstiges Licht zu tauchen. Überdies hat sich seit dem großen Umbruch von den achtziger zu den neunziger Jahren vieles als ephemer herausgestellt, was in den kritischen Dekaden davor gesagt, geplant und gestaltet worden ist. Die Größen des Entspannungszeitalters – Nixon und Kissinger, Brandt und Schmidt, Tito und Breschnew – erfahren also derzeit eine neue Bewertung. Insgesamt wird ihre künftige historische Einschätzung auch stark von der Antwort auf die Frage abhängen, inwieweit sie den tiefgreifenden Wandel zum Besseren in Osteuropa und Ostmitteleuropa beschleunigt und inwieweit sie ihn verzögert haben.

Daß die großen Reformer dieser Epoche – Ronald Reagan, Margaret Thatcher, Gorbatschow, Deng Xiaoping – alle zusammen interessanter, geschichtlich folgenreicher und auch als Persönlichkeiten faszinierender waren als die Repräsentanten des Status quo, ist evident.

Zu den großen Wundern des 20. Jahrhunderts gehört schließlich der Umstand, daß der säkulare Zusammenbruch des Sowjetreiches vonstatten ging, ohne die Welt bisher in ein schreckliches Chaos zu stürzen. Noch lange wird man deshalb über die einzigartige Persönlichkeit Gorbatschows rätseln. Der glückliche Ausgang war aber auch ganz wesentlich die Leistung der Manager des Umbruchs: George Bushs, Helmut Kohls und ihrer Außenminister. Bedenkt man das totale Versagen der Generation von 1914, die ja auch die von 1919 war, so erscheint das Management des Umbruchs als eine der ganz großen Leistungen des 20. Jahrhunderts. Möglicherweise ist es deshalb gelungen, weil an der Spitze der wichtigen Staaten eben keine Giganten standen, sondern jener gute Durchschnitt, der darauf achten gelernt hat, das Boot nicht kentern zu lassen, und den zudem das auszeichnete, was in den Demokratien des späten 20. Jahrhunderts als eine Haupttugend betrachtet wird: die Dialogbereitschaft.

Hier endet unser Durchgang. In den Jahren 1990 und 1991 war in Europa und in den USA die Auffassung weit verbreitet, daß »das kurze

20. Jahrhundert«, welches eigentlich erst 1914 begonnen habe, bereits abgeschlossen sei. Francis Fukuyama betitelte sein Buch sogar »Das Ende der Geschichte«.[7]

Sie ist bekanntlich weitergegangen, aber starke Individualitäten sind nicht mehr aufgetreten. Bill Clinton, Jacques Chirac, Tony Blair, Boris Jelzin, auch Jiang Zemin in China, der vor kurzem Deng Xiaoping zur Ehre der Altäre erheben ließ – sie alle gehören zwar nicht zur Gruppe der »gewöhnlichen Dynasten und Oberbeamten«, über die einst Jacob Burckhardt im zu Ende gehenden 19. Jahrhundert geseufzt hat, doch sind sie erst recht keine »Extrapersonen«, auf die sich große Hoffnungen richten.[8] Bezeichnenderweise hat die Europäische Union, die den weiteren Niedergang Europas abwenden soll, mit Jacques Santer einen Präsidenten an ihre Spitze gestellt, der aus dem Ministaat Luxemburg kommt. Dieses Land umfaßt genau 2 586 Quadratkilometer[9] und hat 400 900 Einwohner. So endet das Jahrhundert, in dessen erster Hälfte die Großmächte Europas noch Weltpolitik machten.

Eigenartigerweise ist jetzt wieder eine Stimmung vorherrschend geworden, die in Nordamerika und in Europa genau hundert Jahre zuvor schon einmal verspürt wurde. »Im stehenden Gewässer des Fin de siècle dahintreibend«, hatte Henry Adams das Großwetterklima der neunziger Jahre des 19. Jahrhunderts beschrieben, »wo nicht ein einziger Atemzug die träge Luft der Erziehung aufrührte oder die geistige Erstarrung der Selbstzufriedenheit beunruhigte«.[10] Genauso empfand dies damals Jacob Burckhardt zu Basel, wenn er konstatierte: »Jedenfalls kann sich das vorherrschende Pathos unserer Tage, das Besser-Lebenwollen der Massen, unmöglich zu einer wahrhaft großen Gestalt verdichten. Was wir vor uns sehen, ist eher eine allgemeine Verflachung ...«[11]

Es sind ähnlich zwiespältige Empfindungen, die sich auch am Ende des Spaziergangs durch unsere Porträtgalerie einstellen werden. Denn der Durchgang durch das 20. Jahrhundert sollte wenigstens bei nachdenklichen Zeitgenossen die Naivität ertöten. So sinnt man eher unruhig als erwartungsvoll darüber nach, welche Typen wohl das 21. Jahrhundert bereithalten wird.

ERSTER TEIL

# 1900

# Die Mörder sind unter uns[1]

Am 14. Februar 1900 feiert eine bürgerliche Familie in Köln das Hochzeitsfest des ältesten Sohnes. Damals ist es noch Sitte, zu solchen Anlässen schöne Gedichte zu verfertigen. So hat der Bruder des Bräutigams ein langes Carmen verfertigt, das – mit vielen frommen Ermahnungen gespickt – dem Brautpaar ein ruhiges Leben voraussagt:

»Herrlich liegt vor Euch die Zukunft, wie das
Weite sonnbeglänzte Meer, und seeklar
Ist schon Eures Lebens Schifflein, seine
Segel bläht ein günst'ger Wind ...«[2]

Der damals 24 Jahre alte Verfasser dieses Gedichts wird ein halbes Jahrhundert später ein bedeutender Mann sein – Konrad Adenauer, Gründungskanzler der Bundesrepublik Deutschland, großer Europäer und wahrscheinlich einer jener Spitzenpolitiker, denen das westliche Europa eine vergleichsweise lange Periode von Frieden und Prosperität verdankt. Die Strophen selbst freilich sind durchschnittlich, geben aber einem Zeitgefühl Ausdruck, das damals in Europa und Amerika weit verbreitet ist: »Les illusions du progrès«.[3]

Tatsächlich verläuft nämlich weder das Leben seines Bruders noch sein eigenes »friedlich still«.[4] Er selbst gerät als Oberbürgermeister von Köln in den Hexenkessel des Ersten Weltkriegs und der Krisenjahre der Weimarer Republik. Im Herbst 1944 findet er sich in einem Kerker des NS-Regimes und entgeht nur knapp der Ermordung. Lange später erzählt er amerikanischen Journalisten, was er dort erlebt hat: »In dem Gestapogefängnis, in dem ich war, waren zu der Zeit 67 Leute. Davon sind 27 aufgehängt worden, und einer wurde erschossen, alles Deutsche; das war immerhin ein großer Prozentsatz. Es wurden sogar Kinder von 16 Jahren aufgehängt. Sie mußten aber, ehe sie aufgehängt wurden, ihre Hitlerjacken ausziehen; das habe ich selbst gesehen ... Sehen Sie, damals ist mir wie nie zuvor klargeworden, daß es doch einen Teufel gibt, daß das Böse wirklich Macht hat.«[5]

Doch im Jahr 1900 keine Ahnung davon, daß es in eine Welt hineingeht, in der die Monster regieren! So steht es in großen Teilen der zivilisierten Welt. Damals richtet sich die Aufmerksamkeit Europas nach Paris, wo zu Füßen des Eiffelturms jene spektakuläre Weltausstellung stattfindet, auf der alle Wunderwerke der modernsten Technik zu bestaunen sind: gigantische Schiffsturbinen, Kinematographen, Automobile, Rolltreppen, Riesendynamos, Elektroöfen, Telegrafengeräte, photometrische Apparate und elektromedizinische Einrichtungen.[6]

Nur wenige verspüren damals, daß sie in eine kaum mehr steuerbare Welt eingetreten sind. Einer von diesen ist der amerikanische Historiker Henry Adams, der es sich in jenen Jahren nicht nehmen läßt, von Weltausstellung zu Weltausstellung zu reisen. Ihm war erstmals in Chicago 1893 bei Besichtigung dieser technischen Wunderwerke klargeworden, daß seine in den fünfziger Jahren erworbenen intellektuellen Fähigkeiten nicht mehr zur geistigen Bewältigung des Neuen ausreichten: »... er blieb dort zwei Wochen, ganz ihrem Studium hingegeben. Er fand dort Studienmaterial, das für hundert Jahre gereicht hätte, und seine Erziehung wurde zu einem Chaos ...«[7] Jetzt, 1900, in Paris, begreift Adams die Dynamomaschinen von 40 Fuß Höhe als eine »moralische Kraft«; es ist nicht nur Selbstironie, wenn er später schreibt, daß er sie »anbetet«. Fasziniert versenkt er sich in die »übersinnliche Welt« der Röntgenstrahlen und der Atome.[8] Aber ihm wird zugleich klar, daß der ungeheure Energiezustrom nicht nur Fortschritt bedeutet, sondern Chaos – falls sich nicht ein »neuer Gesellschaftsgeist« entwickelt.[9]

Henry Adams erkennt übrigens gleichzeitig die Kollisionsgefahr der Großmächte im Zeitalter des Hochimperialismus. Zugleich konstatiert er eine durchgehende intellektuelle Insuffizienz der zeitgenössischen Staatsmänner. Der Zar, der Kaiser, der Mikado, notiert er später beim Rückblick auf die Jahrhundertwende – sie wußten nichts.[10] Die meisten Politiker folgen weiter den anerzogenen Illusionen[11] und sind nur in einem groß: in der Denkträgheit!

Erstaunlich aber, wie wenig selbst dieser klarblickende Geist die Heraufkunft einer Welt der Tyrannen und der Monster verspürte. Darin unterschied er sich allerdings nicht von den meisten seiner Zeitgenossen.

Ebenfalls im Jahr 1900 erscheint in erster Auflage die »Allgemeine Staatslehre« des damals in Heidelberg lehrenden Staatsrechtlers Georg Jellinek. Er verstand dieses systematisch konzipierte Werk als Summa einer universalgeschichtlich angelegten Theorie und Empirie des Staates. Zwar wußte Jellinek, worauf noch zurückzukommen ist, manches Kluge über den Cäsarismus auszuführen, dessen moderne Gestalt vorzugsweise am Regime Napoleons III. zu studieren war. Doch die Despotie – »eine Unterart der Monarchie« – wurde von ihm mit wenigen Sätzen abgetan: »ein reiner Schultypus, dem kein realer

Staat auf die Dauer völlig entspricht«.[12] »Willkürstaaten« kennt er zwar durchaus – in der Antike oder in Frankreich zu den Zeiten der Terreur von 1793[13], und Despoten sind für ihn »wenigstens vorstellbar«. Aber jegliche existentielle Erfahrung mit der Despotie geht ihm ab, somit auch Vorstellungen von der Fürchterlichkeit moderner Tyrannen.[14]

Bekanntlich wäre es falsch, aus solchen Äußerungen den Schluß zu ziehen, die für das 20. Jahrhundert installierte Bühnenbeleuchtung sei allein auf schönes Rosarot abgestellt gewesen. Doch kaum jemand, schon gar nicht auf seiten der deutschen Staatslehrer, vermag sich tatsächlich vorzustellen, welche Unmenschen des 20. Jahrhunderts unerkannt heranwachsen oder bereits im Untergrund agitieren.

Einer von ihnen ist Wladimir Iljitsch Uljanow, der später unter dem Decknamen Lenin Weltgeschichte macht. Seit 1900 reist er, bereits ein jüngerer Herr von 30 Jahren, auf Kosten seiner einigermaßen wohlhabenden Familie, später auf Kosten der Partei, durch Westeuropa. Seit der Hinrichtung seines Bruders wegen eines Komplotts zur Ermordung des Zaren im Jahr 1887 ist er haßerfüllt. Die Lektüre des »Kapitals« von Karl Marx hat ihn endgültig von den gemeindedemokratischen Ideen der Narodniki abgebracht. Er versteht sich auch bereits als Berufsrevolutionär, ist natürlich Atheist und hat schon eine erste Verbannungsperiode hinter sich. Die spätere Propaganda hat zu Unrecht den Anschein erweckt, er habe sich dabei in einer Art zaristischem Gulag befunden. Wer die vergnüglichen Briefe liest, die er aus Sibirien an seine Mutter Maria Alexandrowna Uljanowa gerichtet hat, kann sich des Eindrucks nicht erwehren, daß es sich bei der ersten Verbannung eher um einen »erzwungenen Ferienaufenthalt« handelte:[15] »Hier finden auch alle, daß ich während des Sommers zugenommen habe, braungebrannt bin und ganz wie ein Sibirier aussehe. Da sieht man, was die Jagd und das Leben auf dem Lande ausmachen! Sämtliche Petersburger Krankheiten mit einem Schlage verschwunden!«

Auch im Exil führt Lenin durchaus nicht das Leben eines gehetzten Wildes. Mag sein, daß kritische Biographen im Bestreben, den Mythos vom bedürfnislosen Berufsrevolutionär zu zerstören, etwas übertrieben haben, wenn sie »das müßige und sorgenfreie Leben des zukünftigen Revolutionsführers« im bürgerlichen Westeuropa stark herausstellen.[16] Die harmlosen Briefe, die Lenin und die Krupskaja nach Hause schrieben, dürfen nicht täuschen. Der junge Herr aus gutem Haus, der – polizeilich nur lässig überwacht – erst in Rußland, dann fast 17 Jahre lang im Ausland unablässig terroristische Revolutionspläne wälzt und im Untergrund konspiriert, ist in der Tat bereits ein gefährliches Monster, das Pläne einer »eisernen Partei« von Berufsrevolutionären ausbrütet, die dann erstmals in der Studie »Was tun?« im Mai 1902 in Stuttgart veröffentlicht werden.

Tatsache ist jedenfalls, daß sich Lenin seit der Jahrhundertwende frei in den Zentren der bürgerlichen Gesellschaft bewegt. Man trifft ihn in München, Genf, Paris, London, in der Bretagne, selbst in Nizza und auf Capri, wo sich auch Gorki zeitweilig aufhält.

Und Stalin? Im Jahr 1900, als Europa ein Jahrhundert des Friedens und der Humanität erwartet, steht Jossif Dschugaschwili im fernen Tiflis bereits im Begriff, in den revolutionären Untergrund abzutauchen. Anders als der arrogante Lenin entstammt er nicht dem »Erbadel«, sondern dem ärmlichen Bauerntum des verkommenen Georgien. Seine Eltern wurden erst 1864 aus der Leibeigenschaft befreit; sein Vater ist Schuhmacher. Ähnlich wie zur gleichen Zeit Adolf Hitler haßt Stalin allem Anschein nach seinen Vater und hängt an seiner Mutter.

In dem georgischen Priesterseminar zu Tiflis erhält dieser Abkömmling aus dem halb analphabetischen Milieu »den einzigen systematischen Unterricht«, den er zeitlebens genoß.[17] Es war ein Seminar, in dem es hoch herging. 1886 hatte ein aus der Schule geworfener Seminarist den Rektor umgebracht; im Jahr danach waren 87 Studenten entlassen worden.[18] Im Seminar wird Dschugaschwili zum Atheisten, auch zum Marxisten, und betreibt, wiederum ähnlich wie später Adolf Hitler in Wien, eine ausgedehnte, aber entsprechend zufällige Lektüre unterschiedlichster aktueller Autoren. Allem Anschein nach ist er ein Hauptunruhestifter unter seinen Altersgefährten. 1899 wird er aus dem Seminar verwiesen. Jetzt übernimmt er einen Job an der Sternwarte Tiflis. Dort verbringt er die Neujahrsnacht 1900.[19] Doch zu dieser Zeit ist er bereits in revolutionäre Aktivitäten verwickelt, taucht bald in den Untergrund ab, und schon 1902 wird er erstmals ins Gefängnis gesteckt.

Unnötig zu sagen, daß diese beiden später herausragenden Ungeheuer Teil eines recht ausgedehnten revolutionären Untergrunds bilden. Auch Trotzki, Jahrgang 1879, befindet sich damals schon in der ersten sibirischen Verbannung. Feliks Dserschinskij, aus polnischem Kleinadel stammend, der im Dezember 1917 den Vorsitz der Tscheka erhält, hat gleichfalls bereits seine ersten Gefängnis- und Verbannungsjahre hinter sich. Viele andere wären ebenso zu nennen.

Selbstverständlich sind die Regierungen und Polizeien Europas über die Gefährlichkeit dieses Untergrunds sehr wohl informiert. Schließlich ist Zar Alexander II. dauernd das Ziel von Attentaten gewesen, bis er 1881 ermordet wurde. Doch auch die Ermordung der Kaiserin Elisabeth von Österreich-Ungarn im Jahr 1898 durch den Anarchisten Lucheni ist 1900 noch unvergessen. Die Geschichtsforschung im 20. Jahrhundert hat inzwischen hinlänglich beleuchtet, in welchem Ausmaß Souveräne, Aristokratie und Bourgeoisie im strahlenden 19. Jahrhundert von Revolutionsängsten umgetrieben wurden. Man ängstigte sich vor terroristischen Attentaten, man fürchtete auch revolutionäre Ausschreitungen nach dem Vorbild des Pariser Kommuneaufstands von 1871 oder der Jakobinerherrschaft. Aber es fehlte doch an der Phantasie, sich den planmäßigen, ungerührten Massenmord durch politische Ungeheuer vorstellen zu können, die eben nicht nur an den Rändern der zivilisierten Welt – in Tiflis und Sibirien – auf ihre Stunde warteten, sondern ganz besonders in den Metropolen Mitteleuropas konspirierten.

Schließlich wächst 1900 auch schon Adolf Hitler (Jahrgang 1889) heran. Der unlustige Schüler der Linzer Realschule hat zwar noch nicht, wie später in Wien und dann während der Revolution 1918/19, jenen angsterfüllten Haß in sich aufgespeichert, dem dann Millionen zum Opfer fallen werden. Aber auch diese Schreckensgestalt existiert bereits.

Und noch ein anderes Monster des 20. Jahrhunderts weilt schon unter den Lebenden – Mao Tse-tung, fern in Hunan, im Dorf Shaoshan. Mao wird so früh wie Lenin, Trotzki und Stalin politisiert. Auch seinem revolutionären Wollen liegt Haß zugrunde – Haß auf den vergleichsweise wohlhabenden Vater, der ein widerlicher, autoritärer, wucherischer, emporgekommener Großbauer ist, Haß auf die in der Schule vermittelten Lehren der Klassiker und schließlich, nachdem er mit den zeitgenössischen revolutionären Strömungen in Kontakt gerät, kräftiger Haß gegen die alte Ordnung und die Mandschu-Dynastie. Wie die russischen Revolutionäre und später die Nationalsozialisten wird auch Mao Teil einer ideologisierten Bewegung, die sich ungeachtet aller Unterschiede in dem *einen*, worauf es ankommt, einig ist: »Es muß anders werden.«[20]

Soll man in diesem Zusammenhang auch Mussolini erwähnen, der 1900 im Alter von 17 Jahren steht? Er wird zum Diktator, allerdings nie zum politischen Ungeheuer. Aber die zeitgenössischen Gewaltherrscher, vor allem Hitler, haben von ihm gelernt.

Später wird er genauso wie Hitler die Entbehrungen der frühen Jahre übertreiben.[21] In Wirklichkeit geht es der Familie vergleichsweise ordentlich. Sein Vater ist Schmied, besucht ab und zu auch sozialistische Versammlungen und ist, wie bald auch sein einzelgängerischer Sohn, den Frauen gefährlich. Schon früh neigt der junge Mussolini zur Rebellion, darin Stalin und Mao vergleichbar. Noch nicht zehn Jahre alt, sträubt er sich bereits gegen den Besuch der Frühmesse, und als er einen Mitschüler beim Abendessen mit dem Messer bedroht, werfen ihn die Salesianer hinaus. Immerhin erwirbt er im

Jahre 1901 auf einer staatlichen Schule mit sehr guten Noten das Diplom eines Volksschullehrers.[22] Von der Natur mit einer schönen Stimme ausgestattet, gilt er schon damals als ausgezeichneter Redner, und seine sozialistisch-anarchistischen Neigungen treten zusehends deutlicher hervor.

Dann aber geht es mit ihm bergab. Er gammelt herum, begibt sich 1902 in die Schweiz, muß dort als Bauarbeiter oder sonstwie sein Leben fristen und saugt sich beim Blick auf die Villen in Ouchy und Lausanne mit Haß gegen die Bourgeoisie voll. Hier kommt er auch mit russischen Emigranten in Kontakt. Dabei gerät er unter den Einfluß von Angelika Balabanow, einer marxistischen Intellektuellen aus wohlhabender ukrainischer Familie. Sie macht ihn mit den sozialistischen Theoretikern bekannt, ermuntert ihn aber auch zum Vorlesungsbesuch, und so taucht Mussolini 1903 im Kolleg des liberalen Ökonomen und Soziologen Vilfredo Pareto auf, der damals durch seine Theorien über den Kreislauf der Eliten von sich reden macht. Ob er in der Schweiz auch Lenin getroffen hat, ist unsicher.[23] Mussolini ist schon in jenen Jahren polizeinotorisch, und 1904 wird er wegen Paßfälschung von der Schweizer Fremdenpolizei ausgewiesen. Nach Italien zurückgekehrt, ist er schon bald wegen seines Linksradikalismus berühmt. Im Jahr 1909 wird dieser besonders durch Antiklerikalismus ausgezeichnete junge Mann Chefredakteur des Trientiner Irredentistenblattes »Popolo«, und 1912 ist er bereits Direktor des sozialistischen Zentralorgans »Avanti!«.

Was zeigt der Blick auf die frühen Jahre dieser großen Revolutionäre und Tyrannen des 20. Jahrhunderts? Es sind – erstens – ganz sicher allesamt Gestalten, von denen es 1900 niemand für möglich gehalten hätte, daß sie in der Innenpolitik ihrer Länder oder gar in der Weltpolitik eine gewaltige Rolle spielen würden: Außenseiter, halb oder ganz verkorkste Lebensläufe, wohin man auch blickt, zugleich allerdings Gestalten von bedenkenloser Tatkraft.

Zum zweiten gehören alle (Hitler ist eine Ausnahme) dem revolutionären Untergrund an oder jedenfalls, wie Mussolini, einer unwillig tolerierten revolutionären Umsturzbewegung.

1902/03, in eben jenen Monaten, als Mussolini kurz bei ihm im Kolleg auftauchte, hatte Vilfredo Pareto in seinen »Systèmes socialistes« bereits eine Theorie des Vorgangs entwickelt. In stabilen politischen Systemen, so lehrte er dort, dominieren Eliten, die primär taktisch operieren und weder glühenden Glauben noch Heroismus aufweisen. Früher oder später werden sie somit dekadent und umsturzgefährdet. Dann kommt eine Gegen-Elite zum Zuge, die alle jene Überlebens- und Durchsetzungstalente besitzt, welche den herrschenden Eliten abgehen: Glaubensüberzeugung, Organisationstalent,

Improvisationsgeschick, Tatkraft, Bedenkenlosigkeit und Immoralismus.[24]

Auch die Revolutionäre, deren Stunde er kommen sah, würden freilich früher oder später wieder von der Dekadenz ereilt werden – eine Feststellung, die in den kommunistischen Regimen Ende des 20. Jahrhunderts in Erfüllung ging.

Ein dritter Faktor ist gleichfalls auffällig: Die künftigen Tyrannen der ersten und (im Fall Maos) auch der zweiten Jahrhunderthälfte stehen schon früh im Bann marxistischer Ideologien. Daß Lenin und Mao eigene, voluntaristische Konzepte des Marxismus entwickelt haben, ist früh bemerkt worden. Desgleichen wohlbekannt ist die opportunistische Natur der Ideologie Mussolinis, in der er marxistische, nietzscheanische, nationalistische, ja sogar kosmopolitische Ideen miteinander vermengt hat. Erst recht ist der Antimarxist Hitler der Sonderfall eines Utopisten, der nicht von Karl Marx herkommt.

Völlig zutreffend hat besonders Joachim Fest nach dem Zusammenbruch des Kommunismus darauf hingewiesen, daß die »träumenden Apokalyptiker« vom Anfang bis zum Ende mit Starkströmen des Utopismus experimentiert haben.[25] Karl Dietrich Bracher nennt das 20. Jahrhundert dementsprechend »das Jahrhundert der Ideenpolitik«.[26]

Es stimmt in der Tat, daß die großen Despotien des 20. Jahrhunderts durchweg ideologisch legitimiert und vielfach auch konzipiert worden sind. Zutreffend ist aber gleichfalls, daß die totalitären Ideologien nur deshalb so fürchterlich wurden, weil beispiellos tatkräftige politische Monster sie exekutiert haben. Die Sowjetunion unter Lenin und Stalin, Mussolinis Italien, Hitlers Deutschland, Maos China in den Perioden ihrer Alleinherrschaft waren durchweg Führerstaaten. Der ideologische Charakter dieser Systeme ist von den Persönlichkeiten der Machthaber nicht ablösbar.

## Staatsgründer von morgen

Ein im Jahr 1900 mit der Kunst der Vorausschau Begabter würde allerdings noch auf andere Persönlichkeiten geachtet haben, die durchaus nicht den politischen Machtpyramiden zugehörten, ohne die aber eine Geschichte des 20. Jahrhunderts nicht vorstellbar ist.

Der Blick hätte sich zuallererst nach Südafrika richten müssen, wo die britischen Truppen unter General Buller im Januar 1900 bei einem Angriff auf den Spion Kop im nördlichen Natal furchtbare Verluste erlitten. An der Spitze eines dreihundert Freiwillige zählenden Indian Ambulance Corps, das sich um Bergung der Verwundeten große Verdienste erwirbt, steht Mohandas Karamchand Gandhi, ein einunddreißigjähriger indischer Rechtsanwalt.

Politisch ist Gandhi damals schon kein ganz unbeschriebenes Blatt mehr. Gandhis Großvater und Vater, die aus einer alten Familie hinduistischer Parfümhändler stammten, waren bei dem Herrscher des indischen Zwergstaates Porbandar Regierungschefs gewesen. Gandhi selbst wurde 1888 nach London gesandt, um sich am Inner Temple und an der London University in Jura ausbilden zu lassen. Er paßte sich in Kleidung und Lebensstil dem spätviktorianischen Großbritannien an, ohne aber wie später Nehru tief in der englischen Geisteswelt Wurzeln zu schlagen. Als Barrister kehrte er nach Indien zurück, versagte aber beruflich völlig und war froh, als ihm eine Handelsgesellschaft eine Stelle in Südafrika anbot. Dort machte er ernüchternde Erfahrungen mit rassischer und beruflicher Diskriminierung, gegen die er sich mit juristischen Mitteln zur Wehr setzte. Sein Ziel: staatsbürgerliche Gleichberechtigung und Wahrung der indischen Würde. Tatsächlich hatte er begrenzten Erfolg. Der Natal Act von 1897 sicherte allen britischen Untertanen das Wahlrecht zu, auch einigen hundert Indern. So sympathisierte Gandhi zwar mit den Buren, stellte sich aber zu Beginn des Burenkriegs aus Prinzip den Engländern zur Verfügung.

Erst die folgenden 15 Jahre sehen dann die Entwicklung zu jener einmaligen Persönlichkeit, die bis zur Ermordung im Jahr 1948 die westliche Welt zunehmend in Bann schlägt: Gandhi, der Schüler Tolstois, der dessen Lehre unbedingter Gewaltlosigkeit mit der altindischen Idee von *ahimsa*, der »All-Liebe«, kombiniert. Gandhi, der

Zivilisationskritiker, der bald nicht allein den englischen Lebensstil, sondern die gesamte industrielle Zivilisation ablehnt und sich künftig nur noch wie ein indischer Bauer kleidet. Gandhi, der Nationalist, der immer entschiedener erst auf Autonomie, dann auf Unabhängigkeit drängt und seit seiner Rückkehr nach Indien im Jahr 1914 mit unglaublichem Geschick einen ganzen Kontinent zusehends gegen England in Bewegung setzt. Gandhi, der raffinierte, einfallsreiche Praktiker des zivilen Ungehorsams, mit dessen Hilfe die indische Nationalbewegung schließlich Großbritannien zu immer weitgehenderen Konzessionen drängt. Gandhi, der Mystiker mit seiner Lehre von Satiagraha, was »Kraft der Wahrheit« bedeutet. Gandhi, der Heilige, der Schlauheit mit Abgehobenheit und einer gewissen Verrücktheit verbindet.

Denn auch Verrücktheit ist schon damals offenkundig. Was soll die Rückkehr zur Handweberei in einer interdependenten Weltwirtschaft? Was soll man von dem Glauben halten, daß alles Übel der Welt letztlich von schlechter Verdauung und vom Schmutz herrührt? Und kann jemand wirklich ein Heiliger genannt werden, der erst einen ganzen Kontinent mit der Parole der Selbstbestimmung aufwühlt und dann entsetzt erkennen muß, daß die praktischen Konsequenzen zu grausigsten Massakern führen wie 1947/48 und ihm schließlich selbst den Tod bringen?

Doch beim Rückblick auf das 20. Jahrhundert wird man die Dekolonisierung als einen der wichtigsten Vorgänge bewerten müssen. Wahrscheinlich wäre die Auflösung des britischen Empire auch ohne Gandhi erfolgt, doch nicht so schnell und nicht mit dem Resultat, daß Indien alles in allem bis heute eine pluralistische Demokratie geblieben ist.

Auch die Gewaltlosigkeit als politisches Instrument ist in großem Stil erstmals von Gandhi praktiziert worden. Erfunden wurde das Konzept der »civil disobedience« zwar schon in der ersten Hälfte des 19. Jahrhunderts von dem radikalen amerikanischen Individualisten David Thoreau. Als Praxis unwiderstehlichen Massenprotests ist sie aber von Gandhi im Bewußtsein der zivilisierten Welt verankert worden. Als die amerikanische Bürgerrechtsbewegung der sechziger Jahre und dann die Reformbewegung im Ostblock in der Umbruchzeit 1989/90 das Konzept erneut mit durchschlagendem Erfolg zum Einsatz bringt, hat es sich zwar vom Namen dieses exotischen Befreiers gelöst, bleibt aber weiterhin eine der wirkungsvollsten Revolutionierungsstrategien des 20. Jahrhunderts.

Ein von prognostischer Kraft erhellter Rundblick im Jahr 1900 hätte auch in Europa selbst künftige Staatsgründer erkennen lassen, deren schwerwiegende geschichtliche Rolle damals weder ihnen selbst noch den Zeitgenossen deutlich war. Hier wäre in erster Linie auf Masaryk, Piłsudski, De Valera und Mustafa Kemal zu achten gewesen.

Der Blick hätte sich dabei zuerst nach Prag richten müssen. Gewiß rechnen im Jahr 1900 nur wenige im Ernst damit, daß sich Österreich-Ungarn oder Rußland demnächst auflösen werden. Tomáš Masaryk hält dies damals weder für möglich noch für wünschenswert, obwohl er sich dann im Ersten Weltkrieg für einen tschechoslowakischen Staat entscheidet und vom 21. Dezember 1918 an mit großer Selbstverständlichkeit als Staatspräsident amtieren wird. Aber noch im Jahr 1909 stellte dieser Exponent der tschechischen Nationalbewegung fest: »Wir wollen ein Österreich als Bundesstaat. Wir können nicht außerhalb Österreichs unabhängig sein, neben einem mächtigen Deutschland mit Deutschen auf unserem eigenen Territorium.«[27]

Hätte man allerdings um die Jahrhundertwende darauf tippen sollen, wer möglicherweise an die Spitze eines autonomen oder unabhängigen tschechoslowakischen Staatswesens treten könnte, würde man wahrscheinlich schon damals diesen geistig bedeutenden tschechischen Nationalliberalen genannt haben, der zusehends sozialistische Neigungen erkennen ließ. Bereits 1910 bekannte der spätere Staatspräsident Eduard Beneš in der Festschrift für Masaryk: »Sein Einfluß durchdringt unser ganzes öffentliches Leben.«[28]

Selten im 20. Jahrhundert besaß ein von nationalen Impulsen inspirierter Staatsgründer einen derart weiten kulturellen Horizont. Masaryks Vater ist ein slowakischer Kutscher, seine Mutter eine deutschsprachige Tschechin. Seine Frau, eine Musikstudentin, die er 1878 in Leipzig geheiratet hat, ist Amerikanerin. Als Professor für Philosophie an der neugegründeten tschechischen Universität Prag widmet dieser bedeutende Kenner des Platonismus dem schottischen Aufklärer David Hume eine Reihe von Büchern und macht in stark beachteten Vorlesungen die angelsächsischen Philosophen bekannt. Und kurz vor dem Ersten Weltkrieg, im Jahr 1913, erscheint der erste Band seines bedeutenden Werkes »Rußland und Europa« bei Diederichs in Jena. Dort vertritt er die aus heutiger Sicht nicht mehr ganz abseitig erscheinende These, das russische Problem sei in erster Linie religiöser Natur.

Dieser Professor, der alles andere ist als ein verhockter tschechischer Nationalist und lange Zeit auch noch zum Deutschtum ein entspanntes Verhältnis behält, versteht sich aber von Anfang an als führender Intellektueller der tschechischen Nationalbewegung. Er gibt die Kulturzeitschrift »Athenaeum« heraus und versucht sich auch bereits in verschiedenen tschechischen Parteien. In den Jahren 1899 und 1900 gilt übrigens die publizistische Aufmerksamkeit des damals mit fünfzig Jahren auf dem Höhepunkt akademischen und publizistischen Ansehens stehenden Gelehrten der Verteidigung eines Juden, Leopold Hilsner, der wegen Ritualmordes angeklagt ist.

Von Revolutionen und Revolutionären hält dieser Vorkämpfer des liberalen Verfassungsstaates, den dann die Revolution von 1918 zum Staatsgründer werden läßt, überhaupt nichts. »Der Revolutionär ist ein rousseauistischer Wilder, den die wachsende Komplikation der Gesellschaft abschreckt ... Die Revolution ist ein echter Primitivismus«, so formulierte er kurz vor der Jahrhundertwende.[29]

Hätte man mit viel Phantasie auch schon Józef Piłsudski als künftigen Wiederbegründer des polnischen Staates erkannt? Wohl kaum, denn damals – in den Jahren 1900 und 1901 – sitzt Piłsudski, 1867 in der Umgebung von Wilna geboren, wieder einmal in einem zaristischen Gefängnis ein, dann in einer psychiatrischen Klinik, weil er die Untergrundzeitschrift »Robotnik« (Der Arbeiter) der Polnischen Sozialistischen Partei herausgegeben hatte. Zuvor schon, von 1887 bis 1892, hatte er fünf Jahre in sibirischer Verbannung verbracht – erst in Kirensk an der Lena, 1000 Kilometer nördlich von Jakutsk, dann in Jakutsk selbst. Diese fünf Jahre veränderten den jungen Aristokraten. Er wurde zum Sozialisten.[30]

Ob die sozialistischen Überzeugungen dieses polnischen Patrioten wirklich sehr tief wurzeln, mag man bezweifeln. Doch wer damals gegen die zaristische Herrschaft opponiert, findet sich rasch in der Gesellschaft linksradikaler Revolutionäre. Graf Carlo Sforza, der Piłsudski nicht besonders schätzte, meinte 1931, ob er ein Sozialist, ein Demokrat oder ein Faschist sei, möge dahingestellt bleiben: »In Wirklichkeit ist er nichts anderes oder zum mindesten im wesentlichen nichts anderes als der polnische Edelmann aus dem alten Kleinadel, der dank seines guten Glücks im Kriege zu Lorbeeren kam.«[31]

Seit der Russischen Revolution von 1905 verfolgt der auch dem Terrorismus durchaus nicht abgeneigte Piłsudski zwei Strategien, die sich als richtig erweisen. Zum ersten, so meint er, müsse man eine Periode innerer oder äußerer Schwäche Rußlands zur Befreiung der Polen nutzen, dabei die Großmächte klug gegeneinander ausspielend. Zum zweiten hält es Piłsudski in dieser Lage für geboten, eine polnische Untergrundstreitmacht zu schaffen, um den neuen Staat nicht zum hilflosen Spielball der Mächte werden zu lassen. Also ein von Anfang an militärisches Staatsgründungskonzept! Am 6. August 1914 versammelt er 300 Bewaffnete um sich, um den Krieg in das gigantische Zarenreich zu tragen – eine der bemerkenswertesten Donquichotterien des 20. Jahrhunderts und zugleich eine der erfolgreichsten. Denn aus der *Kadrówka*, jenem Kader von Freiheitskämpfern, erwächst die rasch mehr als zehnmal so starke Polnische Legion. Piłsudski ist weitsichtig genug, sich nicht von den Deutschen vereinnahmen zu lassen, besteht darauf, seinen eigenen Krieg zu führen, und wird deshalb in Magdeburg gefangengesetzt. Die Polnische Legion verwandelt sich in eine Untergrundarmee, und als die Mittelmächte 1918 zusammenbrechen, wird aus dem immer leicht verrückten nationalistischen Revolutionär der erste Staatschef im wiederauferstandenen Polen.[32]

Ohne den Ersten Weltkrieg wären zwar weder Piłsudski noch Masaryk zu bedeutenden Persönlichkeiten des 20. Jahrhunderts geworden. Doch als dieser die Imperien und das Staatensystem erschütterte, sprach einiges dafür, daß sie zum Zuge kommen könnten.

Es gibt aber auch nachmals berühmte Staatsgründer, die ihren Ruhm nicht so sehr jahrzehntelanger nationalistischer Zielstrebigkeit, sondern dem Zufall verdanken. Einer von ihnen ist Eamon de Valera. Im Jahr 1900 studiert dieser spätere Präsident des Irischen Freistaats am Blackrock College bei den Vinzenzianern, danach an der Universität Dublin. Niemand kann damals voraussehen, daß dieser in sich gekehrte, ganz unirisch verschlossene junge Mann in die Politik gehen wird. Zeitweilig erwägt er, Priester zu werden, unterrichtet Mathematik, dann auch Gälisch. Doch schon vor dem Ersten Weltkrieg stößt er zum militärischen Arm der Irischen Home-Rule-Bewegung, freilich nicht in leitender Position.[33]

Der Zufall, der ihn dann auf einigen Umwegen an die Spitze der irischen Unabhängigkeitsbewegung führt, besteht darin, daß das im Osteraufstand 1916 von ihm geführte Bataillon als letztes zur Kapitulation gezwungen wird. Zu diesem Zeitpunkt sind die summarischen Erschießungen, denen fast alle anderen Führer zum Opfer fallen, schon vorbei. Zugleich hilft ihm ein anderer Zufall: als Sohn eines kubanischen Vaters und einer damals in den USA lebenden irischen Mutter gilt er, rechtlich gesehen, als amerikanischer Staatsbürger. So kommt er als einziger Führer der heroischen Verschwörergruppe von Ostern 1916 mit einer lebenslänglichen Haftstrafe davon. Und schon Mitte Juni 1917 entschließt sich der weitsichtige Lloyd George, ihn zu entlassen.

In Irland, wo man ihn triumphal feiert, wird de Valera von nun an die Seele des Kampfes für eine Irische Republik. Jedes Mittel ist ihm recht. 1918 versucht er es mit dem parlamentarischen Weg und erobert dabei 105 von 111 Unterhaussitzen Südirlands. Inzwischen sitzt er schon wieder im Gefängnis, weil er gegen die englische Truppenwerbung in Irland protestiert hat. Es gelingt ihm, Anfang 1919 trotz intensivster Fahndung von Scotland Yard nach den USA zu entkommen, und dort setzt er unter den in Irland lebenden Amerikanern einen riesigen Propagandafeldzug in Gang. Von New York aus dirigiert er ein umfassendes Terrornetz in Irland. Allein im Jahr 1920 tötet die IRA an die 500 englische Polizisten.[34] Die Emissäre de Valeras errichten unter den drei Millionen Iren eine Untergrundregierung, die auch Steuern einzieht und Fememorde vollziehen läßt. Als Ministerpräsident Lloyd George schließlich nachgibt, dem »Freistaat Irland« die Unabhängigkeit gewährt, aber die sechs nordirischen Grafschaften ausgliedert, wendet sich de Valera, inzwischen vom Dail Eireann zum Präsidenten gewählt, kompromißlos gegen diese Lösung. Das irische Parlament ratifiziert aber mit knapper Mehrheit, worauf de Valera mit seinen Anhängern erneut in den Untergrund geht. 1932 erst wird er auf legale Weise Premierminister, und von nun an ist »Dev«, wie man ihn allgemein nannte, als Ministerpräsident und Präsident bis in die siebziger Jahre hinein die dominierende Gestalt im Irischen Freistaat.

Er bleibt zeitlebens ein Puritaner, trinkt, solange er sich in Irland oder England aufhält, keinen Tropfen Alkohol, 1916 stellt er auch das Rauchen ein. Dieser völlig unbestechliche, rationale, sportliche und lästig oberlehrerhafte Staatsmann ist nur in einem Punkt ein Fanatiker: in seiner Entschlossenheit, ganz Irland in einem unabhängigen Freistaat zu vereinigen.[35] De Valera wird so zum Prototyp des radikal nationalistischen, gewalttätigen Freiheitskämpfers, dem jedes Mittel recht ist. Der arrivierte Terrorist als Staatspräsident – das ist in den zwanziger und dreißiger Jahren noch neu, seither ist es alltäglich.

Wieder ein anderer Typ von Staatsgründer begegnet uns in Mustafa Kemal, später Atatürk genannt, der nach dem Zusammenbruch des Osmanischen Reiches die moderne Türkei als Nationalstaat westlichen Typs aufbaut. Das 20. Jahrhundert wird in weiten Teilen prätorianische Staatschefs aufweisen. Mustafa Kemal ist der erste in einer langen Reihe von ihnen, wobei er verschiedene interessante Besonderheiten aufweist. Er verkörpert zum einen den Typ des Verschwörers im zweiten Glied der Militärhierarchie – noch kein Generalsrang, sondern ein kritischer Oberst, vorerst noch ein Kasinoverschwörer. Er ist – wie später auch Gamal Abdel Nasser – ein Frontoffizier (»der Sieger von Gallipoli«), der über die Unfähigkeit der politischen Führung und seiner Vorgesetzten ergrimmt ist. Er erwirbt sich Ansehen und kommt im Unabhängigkeitskampf zur Spitze – darin vergleichbar Tschiang Kai-schek oder dem finnischen General Freiherr von Mannerheim. Und er repräsentiert, wie nach ihm viele, vor allem jüngere Offiziere auf allen Kontinenten, den Typ des antitraditionalistischen, radikalen Reformers.

Im Jahr 1900 ist es aber gleichfalls nicht vorhersehbar, daß sich Mustafa Kemal zwanzig Jahre später an die Spitze des türkischen Staates emporkämpfen wird. Erst 1911 taucht in Europa mit den »Jungtürken« das bislang hier unbekannte Modell einer modernen Militärjunta auf. Um die Jahrhundertwende jedoch scheint das Sultanat trotz allem noch gefestigt, und Mustafa Kemal, damals 19 Jahre alt, vergnügt sich als junger Offizier der Militärakademie im europäischen Viertel Istanbuls.

Zur gleichen Zeit steht im kretischen Chania der Rechtsanwalt Eleutherios Venizelos ganz am Anfang einer atemberaubenden politischen Karriere. Im Jahr 1900 ist er bereits mehr als ein Jahrzehnt politisch aktiv, um die Griechen auf Kreta vom türkischen Joch zu befreien und die Insel schließlich mit Griechenland zu vereinigen.[36] Zwei Jahre zuvor war er ein Anführer des bewaffneten Aufstandes – der erste Guerillero, dem im 20. Jahrhundert der Sprung in ein Ministerium glückt. Er hat in den Bergen gekämpft und nimmt jetzt das Amt eines Justizdirektors wahr.

Wenige Weltgegenden sind so geeignet, den Typ des konspirierenden Politikers zu solcher Perfektion zu entwickeln, wie das damalige Kreta. Der türkische Sultan besitzt noch die Oberhoheit. Vier Großmächte – England, Rußland, Frankreich und Italien – ringen untereinander um Einfluß, desgleichen die Regierung in Athen. Im Hintergrund fischt auch die deutsche Regierung im trüben. Ethnische Gegensätze, Zwistigkeiten unter den Großgrundbesitzern, Unzufriedenheit der Kleinbauern und Fischer, offener Krieg und Bürgerkrieg – alles macht Chania, die Hauptstadt Kretas, zu einem Hexenkessel.

Hier also erprobt Venizelos sein politisches Genie. Das Nahziel: der Anschluß Kretas an Griechenland, was ihm gelingt. Alsdann: Erringung der Macht in Athen, um ferneren Zielen näher zu kommen. Diese lauten: Modernisierung des rückständigen Griechenlands, Verfassungsreform, Armeereform, Finanzreform, Bildungsreform, Infrastrukturausbau, Ankurbelung der Wirtschaft. Das alles soll die endgültige Zurückdrängung der Türken ermöglichen und die Befreiung der noch unerlösten griechischen Volksgruppen. Eines der großen Vorbilder ist Graf Cavour, der den modernen Nationalstaat Italien geschaffen hat, ein anderes ist Bismarck.

Aus mittel- und westeuropäischer Sicht hat man sich angewöhnt, den Weltkrieg der Jahre 1914 bis 1918 als epochale Zäsur zu betrachten. Für einen Venizelos aber stellt sich das alles ganz anders dar. Seit er denken kann, erlebt man auf Kreta und in Griechenland eine Abfolge von Kriegen, gefolgt von meist nicht lange andauernden Friedensregelungen, in denen die Ausgangspositionen für neue Kriege vorbereitet werden. Griechisch-türkischer Krieg von 1897/98, kretische Aufstände von 1897/98 und 1905, erster Balkankrieg, zweiter Balkankrieg, Teilnahme am Weltkrieg auf seiten der Entente, Krieg gegen die Türken 1919 bis 1922 mit britischer und französischer Unterstützung – aus der Abfolge dieser Zusammenstöße erwächst jene große Vision, die Venizelos verwirklichen möchte und mit der er schließlich scheitert: Wiederherstellung eines großgriechischen Reiches von Konstantinopel bis Rhodos und von Korfu bis Smyrna.

Venizelos, der bald in Paris ebenso zu Hause ist wie in Athen oder Chania, optiert ziemlich früh für das republikanische Frankreich, in dem er das große Vorbild einer modernen Gesellschaft sieht. Als der Weltkrieg dies möglich macht, werden auch Großbritannien und Italien zu zeitweiligen Verbündeten. Die Auseinandersetzung zwischen Entente und Mittelmächten hat auch eine innergriechische Pointe. König Konstantin und ein Teil der Eliten neigen zur deutschen Seite, Venizelos selbst aber treibt mit anfänglich richtigem Instinkt für das Opportune das Land in den Krieg auf seiten der Entente. Innenpolitischer Machtkampf und außenpolitische Manöver überkreuzen einander.

Einen Höhepunkt seiner Laufbahn hat dieser hochtalentierte Machtpolitiker auf der Pariser Friedenskonferenz 1919 erreicht. Er führt in Paris ein großes Haus und versteht es, subtil, mit richtigem ideologischem Zungenschlag und jeweils zum richtigen Augenblick seine Pläne durchzusetzen. Er ist ein Meister der Menschenbehandlung. Lloyd George verfällt seinem Zauber, genauer gesagt, er hofft, mit Hilfe griechischer Soldaten die Türken noch weiter zurückdrängen zu können im Interesse der eigenen Orientpolitik. Doch im letzten Moment, als das große Ziel schon in greifbare Nähe rückt, wird Venizelos gestürzt, und Mustapha Kemal treibt die griechischen Streitkräfte ins Meer. 1922 ist Griechenland vom Krieg ziemlich ruiniert, von Flüchtlingen aus Kleinasien überfüllt und mit den meisten seiner Nachbarn verfeindet – dies alles das Werk von Venizelos, der sein Spiel überreizt hat. Die anfänglichen Triumphe, auch das Raffinement im Ausspielen aller Gegner, gefolgt vom großen Kladderadatsch erinnern in manchem an die spätere Laufbahn Adolf Hitlers.

Venizelos ist allerdings ein Demagoge im Geist des liberalen Zeitalters, von bedenkenlosem Nationalismus zwar, doch kein rassistischer Diktator an der Spitze einer Großmacht. Anders als Hitler endet er auch nicht unter den Trümmern seines Palastes, erfreut sich vielmehr als Exilpolitiker in Paris eines aufs schönste angewachsenen Vermögens und pflegt seine zahlreichen Amouren. Ihm gelingt sogar nochmals ein politisches Comeback in Griechenland. Jetzt erweist er sich immerhin als weitsichtig genug, auf Versöhnung mit der neuen Türkei Atatürks hinzuwirken. Aus dem Supernationalisten wird ein Verständigungspolitiker, darin Stresemann in Deutschland, doch ebenso Menachem Begin und Itzhak Rabin in Israel, ja selbst Yassir Arafat in späteren Jahrzehnten nicht ganz unähnlich. Wie sich Vollblutpolitiker im Verlauf eines langen Lebens entwickeln, ist auch im 20. Jahrhundert sehr schwer prognostizierbar. Manche von ihnen führen insgeheim das Chamäleon als Wappentier, andere die rätselhafte Gestalt des Janus, der zugleich vorwärts und rückwärts blickt.

Niemand der hier Genannten hat im Jahr 1900 bereits die Errichtung eines neuen nationalen Staates gefordert. Der einzige, der während der Jahrhundertwende in aller Öffentlichkeit dieses Ziel proklamiert, ist Theodor Herzl.[37] Damals ist er vierzig Jahre alt und wird bereits 1904 seine Lebenskraft aufgezehrt haben. Stefan Zweig, der ihn als den ersten Mann »welthistorischen Formats« bewertet,[38] dem er in seinem Leben gegenüberstand, beschreibt anschaulich, welches Prestige dieser brilliante, wohlhabende, in Ungarn geborene, stets wie ein Dandy gekleidete Redakteur der »Neuen Freien Presse« in Wien damals genossen hat. Allerdings, so meint Zweig, war in die Anerkennung auch Spott gemischt. Seit Herzl am 14. Februar 1896 die Broschüre »Der Judenstaat. Der Versuch einer modernen Lösung der jüdischen Frage« veröffentlicht hat, nennt ihn mancher ironisch »der König von Zion«. »Er sah«, erinnert sich Zweig, »wirklich königlich aus mit seiner hohen, freien Stirne, seinen klaren Zügen, seinem langen, fast bläulich schwarzen Priesterbart und seinen tiefblauen, melancholischen Augen«.[39]

Herzl, ein Theaterautor und Theaterkritiker von hohen Graden, war anfänglich ein entschiedener Befürworter der Assimilation. Der enthusiastische Wagnerianer hatte zeitweilig davon geträumt, wie das jüdische Problem ein für allemal lösbar wäre: Tausende und aber Tausende der Juden Österreichs, so malte er sich aus, würden von ihm zum Stephansdom geführt, um dort eine Massentaufe zu empfangen.[40]

Dann erlebt er als Pariser Korrespondent der Wiener »Neuen Freien Presse« den dortigen Antisemitismus, und es erregt ihn zutiefst, als am 5. Januar 1895 in der École militaire auf Befehl eines Generals hoch zu Pferd der Gerichtsvollzieher dem Hauptmann Dreyfus die militärischen Ehrenzeichen herunterreißt und wie dieser ausruft: »Ich bin unschuldig!«, während eine Gruppe von Offizieren schreit: »Judas, Verräter!«[41]

Von jetzt an entschließt sich Herzl, die Judenfrage nicht durch Assimilation, sondern durch Absonderung zu lösen. Daraus gehen schließlich jene Aufzeichnungen hervor, die zeitweilig als Redenotiz für eine Ansprache vor dem Familienrat der Rothschilds gedacht waren.

Die Tagebücher Herzls dokumentieren, wie ihn im Jahr der Degradierung von Dreyfus die Inspiration einer nationalen Wiedergeburt der jüdischen Rasse, eines Judenstaats und der Auswanderung in ein gelobtes Land innerhalb weniger Tage geradezu rauschhaft überfallen hat. »Ich arbeite seit einiger Zeit an einem Werk, das von unendlicher Größe ist«, bringt er in den Pfingsttagen 1895 zu Papier: »Ich weiß heute nicht, ob ich es ausführen werde. Es sieht aus wie ein mächtiger

Traum. Aber seit Tagen und Wochen füllt es mich aus bis in die Bewußtlosigkeit hinein, begleitet mich überall hin, schwebt über meinen gewöhnlichen Gesprächen, blickt mir über die Schulter in die komisch kleine Journalistenarbeit, stört mich und berauscht mich. Was daraus wird, ist jetzt noch nicht zu ahnen ... Wird aus dem Roman keine Tat, so kann doch aus der Tat ein Roman werden. Titel: Das Gelobte Land.«[42]

Aus dem Strom wirrer Einfälle entsteht in der Tat ein operatives Konzept, die Romanidee verdichtet sich zu einem politischen Programm, und innerhalb weniger Wochen hat dieser Intellektuelle seine Berufung gefunden. Wie ein neuer Moses wird er das zerstreute jüdische Volk sammeln, erneuern, ihm elitäres Selbstbewußtsein einflößen, eine Fahne geben und alle Ressourcen jüdischen Kapitals zu mobilisieren bemüht sein – die Hirschs, die Rothschilds und andere, desgleichen auch die diskriminierten jüdischen Massen. Er wird in zähen Verhandlungen, so wie Moses vor Pharao, die Mächtigen Europas – den deutschen Kaiser, den Sultan in Konstantinopel, das britische Establishment – davon überzeugen, daß die jüdische Auswanderung auch im Interesse ihrer Länder wäre. Und er wird schließlich das Gelobte Land suchen: vielleicht in Argentinien, vielleicht in Uganda, wenn irgend möglich aber dort, wo die Nation ursprünglich ihre Heimat hatte: in Palästina.

Er weiß, daß er die geradezu idealtypische Figur eines säkularen Intellektuellen ist. »Ich bin der Geistesjude«, schreibt er in einem der eigenartigen Briefe dieser Wochen an den Baron Hirsch in Paris, »Sie sind der große Geldjude.«[43]

Noch ist er nicht mehr als ein wohlhabender, aber ganz einflußloser Journalist, und er ahnt: »Nach diesen aufrichtigen Aufzeichnungen werden mich manche für größenwahnsinnig halten.«[44] Doch drei Tage später vermerkt er: »Heute ein einzelner und einsamer Mann. Morgen vielleicht der geistige Führer von Hunderttausenden. Jedenfalls der Finder und Verkünder einer mächtigen Idee.«[45] Während ihn »die Qual neuer Gedankenzüge« immer noch bedrängt, schreibt er: »Ich glaube, für mich hat das Leben aufgehört und die Weltgeschichte begonnen.«[46]

Am 14. Februar 1896 veröffentlicht Herzl die Programmschrift »Der Judenstaat«, und schon im folgenden Jahr tritt im Basler Casino der Erste Zionistische Kongreß zusammen, alle Teilnehmer in feierlichem Schwarz und mit weißer Krawatte. Herzl hat diese Gründungsversammlung der modernen zionistischen Weltbewegung fast ganz aus eigenen Mitteln finanziert. Rückblickend meint er: »Fasse ich den Baseler Kongreß in ein Wort zusammen – das ich mich hüten werde, öffentlich auszusprechen – so ist es dieses: in Basel habe ich den Judenstaat gegründet.«[47]

Die folgenden Jahre bringen Reisen nach London, zum Kaiser nach Berlin, selbst nach Konstantinopel. Herzl gehört in der Geschichte des Zionismus zu jenen Persönlichkeiten, die, wie nach ihm Chaim Weizmann oder Nahum Goldmann, in erster Linie durch Einflußnahme auf höchster Ebene ihrem Ziel näher zu kommen versuchen. Als das neue Jahrhundert eintritt, ist die Bewegung bereits in vollem Gange.

So wird Herzl der visionäre Prophet des Judenstaates und dessen rastloser Organisator – eine durchaus unvergleichliche Gestalt, die im 20. Jahrhundert nicht ihresgleichen hat, denn er ist zugleich auch ein meisterlicher Organisator mit genialem Gespür fürs Showbusineß. Und er ist der erste große Diplomat des Zionismus.

Herzls Widerhall in Österreich, Deutschland und Frankreich ist beträchtlich, doch nicht überwältigend, obwohl überall schon die ersten Wellen des modernen Antisemitismus deutlich zu verspüren sind. Gewaltig aber ist die Wirkung unter den Juden in Rußland, auch in Rumänien, wo eine Abfolge von Pogromen über die jüdischen Ghettos hinweggegangen war.

Einer dieser Ostjuden aus dem Schtetl ist der 1896 zehn Jahre alte David Ben Gurion. Er trägt damals noch den Namen David Gruen und erinnert sich später daran, ein vages Gerücht vernommen zu haben: »Der Messias ist gekommen, ein großer, schöner Mann, ein Gelehrter aus Wien, sogar ein Doktor.«[48]

1901 richtet der Vater Ben Gurions ohne Wissen seines Sohnes einen Brief an Herzl, der nicht beantwortet wird: »Plonsk, 1. November 1901. Führer unseres Volkes, Sprecher der Nation, Dr. Herzl, der Sie vor Königen stehen. Ich habe mich entschlossen, Seiner Hoheit mein Herz auszuschütten ...« Er sei »mit einem großen Sohn gesegnet, der seine Studien mit Eifer betreibt. Noch in der Blüte seiner Jugend, eben erst fünfzehnjährig, steckt er voller Wissen und Gelehrsamkeit und beherrscht neben unserer Zunge, der hebräischen Sprache, auch die Staatssprache, Mathematik und mehr, seine Seele dürstet nach Wissen. Aber weil er ein Jude ist, bleibt ihm jede Schule verschlossen ...« Ob Herzl nicht raten könne? Vielleicht die höhere Lehranstalt für Rabbiner in Wien?[49]

Im Jahr 1906 trifft David Ben Gurion, der inzwischen auch schon russische Gefängnisse kennengelernt hat, mit einer Gruppe von jüdischen Siedlern in Palästina ein. Bereits in den zwanziger Jahren ist er die maßgebliche Persönlichkeit unter ihnen, ein Mann von großem Organisationsgeschick und sicherem Urteilsvermögen, der dann lebenslang unbeirrt an drei Grundgedanken festhält: Die Juden in Palästina sollen auf dem Land arbeiten; sie müssen dabei eine sozialistische Gemeinschaft aufbauen, das kulturelle Bindeglied aber muß die hebräische Sprache sein. Und je tiefer die jüdischen Siedler in Palästina Wurzeln schlagen, um so mehr festigte sich bei Ben Gurion die Überzeugung, daß es nicht vorrangig auf die europäischen Juden, sondern vor allem auf die Sabres ankomme, die in Palästina geboren sind.

Ganz anders eine weitere bedeutende Gestalt dieser Gruppe von Staatsgründern – Chaim Weizmann. Verkörpert Ben Gurion den Typ des Pioniers, so ist er der Diplomat. Schon beim Zweiten Zionistenkongreß in Basel, der auf Herzls Geheiß mit der Tannhäuser-Ouvertüre eröffnet wird und bereits 400 Delegierte von 913 Gruppen zusammenführt, nicht zuletzt aus Rußland, stellt sich Weizmann dem bewunderten Herzl zur Verfügung. Er ist zu diesem Zeitpunkt ein begabter dreiundzwanzigjähriger Chemiker aus Pinsk, der ein Jahr später im schweizerischen Fribourg promoviert, 1904 nach Manchester wechselt und 1910 die britische Staatsbürgerschaft erwirbt. Im Ersten Weltkrieg gelingt ihm eine waffentechnisch entscheidende Erfindung. Bald wird behauptet, er habe sich zum Dank dafür von Lloyd George die berühmte Balfour-Deklaration erbeten, in der England den Juden eine Heimstatt in Palästina verspricht. Den Grundstein für den diplomatischen Erfolg hatte noch Herzl gelegt, als er 1902 in London den Enthusiasmus des aufstrebenden walisischen Liberalen David Lloyd George weckte, der dann 1917 in entscheidender Stunde grünes Licht für die Balfour-Deklaration geben sollte.

Nach Meinung Weizmanns muß sich die zionistische Bewegung vor allem um das Wohlwollen Großbritanniens bemühen. Die Methode zur Erreichung seiner Ziele ist eine Kombination von diskreter diplomatischer Einwirkung auf Schlüsselpersonen der Politik erst in England, später in den USA, mit weltweiter Organisation jüdischer Einwanderung nach Palästina, dies alles unterstützt durch umfassende Public Relations. In den entscheidenden Jahrzehnten 1921 bis 1946 fungiert Weizmann als Präsident des Zionistischen Weltkongresses, und drei Tage nach der Proklamation Israels wird er zum ersten, allerdings institutionell ziemlich machtlosen Staatspräsidenten gewählt.

Doch wenn von der Generation jüdischer Staatsgründer die Rede ist, die um die Jahrhundertwende ans Werk gehen, gerät noch eine weitere, bemerkenswerte Gestalt ins Blickfeld – Wladimir Jabotinsky. Weizmann läßt vor allem in England sein Talent spielen. Ben Gurion – ungeachtet zeitweiliger Aktivitäten in Griechenland, Konstantinopel, Ägypten und den USA – ist in erster Linie der Pionier und Politiker in Palästina. Hingegen gilt Jabotinskys Hauptaugenmerk Rußland und Polen, wo die Juden am dichtesten konzentriert und am stärksten bedroht sind.

Er stammt aus Odessa, einer Stadt, in der das säkulare Judentum dominiert. Manches bei ihm erinnert an Herzl. Er ist ein Intellektueller von Rang, Verfasser von Dramen, polyglott, ein großer Redner und ein zupackender Organisator. Wie so viele seiner Generation begeistert auch er sich für die zionistischen Ideen. Während aber Trotzki, der gleichfalls aus Odessa stammt, bei den revolutionären Bolschewiki landet, ist er ein revolutionärer Zionist.

Seine große Stunde kommt allerdings erst im Krieg. Als Korrespondent einer russischen Zeitung für den Nahen Osten erlebt er jetzt an Ort und Stelle, mit wieviel Haß die Türken die jüdischen Gemeinden im Osmanischen Reich verfolgen. Und so überredet er die widerstrebenden Engländer, einige jüdische Bataillone aufzustellen. Das Konzept ist dasselbe wie zur gleichen Zeit bei Piłsudski: eine eigene Legion gutausgebildeter und hochmotivierter Soldaten soll in unsicherer Lage bereitstehen, um jeder Art von Übergriffen zu begegnen – denen der Türken, der Araber, vielleicht auch der Briten. Aus diesen Anfängen entsteht die Untergrundarmee Hagana.

Hohe Priorität mißt er dann der Aufgabe zu, eine möglichst große Zahl von Ostjuden rasch nach Palästina zu transportieren und sie entsprechend militärisch auszubilden. Warum nicht drei oder vier Millionen polnischer Juden nach Palästina bringen? Dann werden die Araber in der Minderheit sein, und die Juden stark genug, das geplante britische Mandatsgebiet diesseits und jenseits des Jordans zu besiedeln![50]

Von Ben Gurions Sozialismus und vom Primat der Landwirtschaft hält er nicht viel. Von den orthodoxen Juden erst recht nichts. Hingegen imponiert ihm seit den frühen zwanziger Jahren der militaristische Nationalismus der Faschisten. Dementsprechend organisiert er in Polen jüdische Kampfverbände. Seine ganze Aktivität ist jüdischer Nationalismus *pur sang*, mit einem Schuß von poetischem Aktivismus nach Art Gabriele d'Annunzios.

Wie gesagt: Jabotinskys hinreißende Persönlichkeit kommt erst seit 1914 voll zur Entfaltung. Aber auch er gehört zur Generation von 1900. So besitzt der Zionismus neben vielen anderen vier bedeutende Gründergestalten: den Propheten Herzl, den Pionier Ben Gurion, den Diplomaten Weizmann und den Protagonisten jüdischer Militärmacht und Selbstverteidigung, Jabotinsky.

Auch in Palästina verhält es sich eben im Jahr 1900 wie in vielen anderen Ländern. Die künftigen Staatsgründer sind allenfalls lokale Größen, mancher hat sich überhaupt noch nicht auf den Weg in die Politik gemacht. Wie viele neue Staaten künftig entstehen werden, ist ebensowenig vorhersehbar wie die Persönlichkeiten, die sie errichten und ihnen das Gepräge geben. Selbst den mit größerem Weitblick begabten Journalisten, Wissenschaftlern oder Schriftstellern fehlt es in dieser Hinsicht an konkretem Vorstellungsvermögen.

# Träume und Vorahnungen

Bis auf wenige Ausnahmen haben Politik und Öffentlichkeit im Jahr 1900 keine Ahnung, daß sich die Welt kurz vor einem Zeitalter der Diktatoren, der Freiheitskämpfer und der Eroberer befindet. Der Marquess von Salisbury, zwischen 1885 und 1902 dreimal britischer Premierminister, hat diesem Sekuritätsgefühl klassischen Ausdruck gegeben, als er feststellte: »Die Politik Großbritanniens besteht darin, lässig den Strom hinunterzutreiben und gelegentlich einen Bootshaken herauszustrecken, um eine Kollision zu vermeiden.«[51] Und Stefan Zweig, in dessen Nähe bereits Adolf Hitler aufwuchs, schrieb in nostalgischer Erinnerung an die Jugendjahre im Wien des Fin de siècle und an die »windstille« Welt seiner gutbürgerlichen Eltern, Großeltern und Urgroßeltern: »Selbst in ihren schwärzesten Nächten vermochten sie sich nicht auszuträumen, wie gefährlich der Mensch werden kann ... Jeder einzelne darum von uns, auch der Geringste unseres Geschlechts, weiß heute tausendmal mehr von den Wirklichkeiten als die Weisesten unserer Ahnen ...«[52]

Dennoch gab es jene wenigen, die Antennen für die politischen Realitäten des 20. Jahrhunderts hatten, wenn sie nicht gar selbst »Katastrophen«, »Staatsumwälzung«[53] und Konstellationen heroischer Bewährung herbeiträumten.

## Der Diktator und der Befreier: Winston Churchills »Savrola« (1900)

Einer von diesen, die mit mehr Phantasie als die Zeitgenossen ausgestattet waren, diente damals als junger Offizier in Indien, nahm 1898 in den Reihen der 21st Lancers an der Schlacht von Omdurman am Nil gegen die Scharen des Mahdi teil und veröffentlichte im Jahr 1900 einen Roman mit dem Titel »Savrola«. Ein Vorabdruck war schon 1897 in »Macmillan's Magazine« erschienen. Dieser romantische, literarisch ganz unbedeutende Roman, mit dem Winston Churchill damals seine Einkommensverhältnisse aufbesserte, ist zwar in der Folge rasch vergessen worden. Heute, am Ende des 20. Jahrhunderts, liest sich das Buch aber wie eine Vorahnung dessen, was kommen sollte: eine Welt der Diktatoren, der Verschwörer und der Freiheitskämpfer.

Die Handlung spielt in dem Phantasieland Laurania, das irgendwo fern von Europa an einer mittelmeerischen Küste gelegen ist. Ernst Jünger und Julien Gracq haben ihre Helden in den Romanen »Auf den Marmorklippen« und »Au rivage des Syrtes« später in ähnlich alte, schon von Katastrophen bedrohte Szenarien versetzt.

Die politische Konstellation ist aber hochmodern. Der »Diktator«, Präsident Antonio Molara, Sieger in einem kurz zurückliegenden Bürgerkrieg, hat »die alte Verfassung« außer Kraft gesetzt, viele seiner Gegner ins Gefängnis geworfen und deren Besitz konfisziert. Er regierte anfänglich hart und tyrannisch, sieht sich aber jetzt mit einer mächtig angewachsenen, liberalen »Volkspartei« unter ihrem »Führer« Savrola konfrontiert. Savrola ist ein strahlender, noch jugendlicher Freiheitsheld von hinreißendem Rednertalent, »der aus dem Nichts eine Partei geschaffen und sie von Erfolg zu Erfolg geführt hatte«.[54] Aus Furcht vor einer Explosion des Volkszorns wagt es der finstere, aber doch auch als kraftvolle Figur porträtierte Diktator nun nicht mehr, die Gegner einfach zu verhaften und abzuurteilen. Er schwankt, hat bereits freie Wahlen versprochen, zieht diese Zusage aber wieder zurück und läßt durch seine Garde, die zu allem auch noch Dumdumgeschosse einsetzt, eine empört demonstrierende Menge zusammenschießen. Vierzig Leichen (»Märtyrer«) bleiben vor dem Palast zurück. Savrola ist freilich alles andere als ein naiver Freiheitsheld. Er betreibt das, was man später eine Doppelstrategie nennt – einerseits die Ablösung des geschwächten Diktators mit legalen Mitteln, andererseits eine Verschwörung zur gewaltsamen Beseitigung des verhaßten tyrannischen Regimes. Churchill gelingt es durchaus, die unentschiedene Atmosphäre eines derartigen Machtkampfs in einer Reihe von Einzelszenen zu schildern. Das Ganze ist weniger ein Roman als Polit-Theater, in manchen Details Friedrich Dürrenmatts »Die Ehe des Herrn Mississippi« vorwegnehmend.

In die Handlung hat der damals offenkundig spät pubertierende Churchill auch eine Liebesgeschichte zwischen Savrola und der strahlenden Präsidentengattin Lucile eingebaut, mit der Savrola schließlich nach erst gelungener, dann gescheiterter Revolution, die zum Tod des Diktators geführt hat, ins Exil verschwindet. Der Leser erfährt aber zum Schluß »von der Rückkehr Savrolas mit seiner schönen Gemahlin in die alte Stadt«.[55]

Von Interesse ist das Buch vor allem wegen der Person des Verfassers, der während der Arbeit an dieser politischen Romanze aus

Bangalore an seine Mutter Jennie schreibt: »All my philosophy is put into the mouth of the hero«.[56] »Was er sich vor allem wünscht«, hat H.G. Wells gelegentlich zum Thema Churchill bemerkt, »ist eine Bühnenwelt voller Schurken – und er, Winston, als einziger Held unter ihnen.«[57]

Doch in unserem Zusammenhang sind vor allem die Typen erwähnenswert, auch die Revolutionsstaffage. Der Typ des Diktators in präsidentiellem Aufzug ist dem jungen Churchill durchaus geläufig. Dieser wird zwar schon als Tyrann mit viel konkretem Detail geschildert, aber er ist kein Monster, sondern gleicht in vielem jenen schon damals, doch eben auch im 20. Jahrhundert in großer Zahl regierenden Caudillos, die ihr politisches Auf und Ab erleben und denen immer der Ausweg ins Exil offensteht. Porifirio Diaz, der seinerzeit diktatorisch regierende Präsident Mexikos, aber auch die viel später auftretenden Juan Perón oder Fulgencio Batista kommen in Erinnerung. Möglicherweise hat sich Churchill durch das ihm und seinen Zeitgenossen geläufige Schicksal der kurzlebigen spanischen Republik während der Revolutionsperiode in den siebziger Jahren inspirieren lassen. Recht modern wirkt auch das Bild des geschwächten Diktators, der des Volkes und der eigenen Truppen nicht mehr sicher ist, erst mit der Konzession freier Wahlen spielt, eine freie Presse schon zulassen muß, dann aber von seinen Polizeischergen und von einem harten Admiral doch auf Repressionskurs gehalten wird.

Selbst das Revolutionsdetail mit schwerem Kampf um den Präsidentenpalast, in dem dieser schließlich ermordet wird, ruft Bilder des 20. Jahrhunderts ins Gedächtnis, etwa Salvador Allende in der Casa Montada. Churchill fehlte zwar die Anschauung des Guerillaführers. Savrola ist noch kein Fidel Castro. Aber die Schilderung des Aufstandes nimmt doch manche Erfahrungen des 20. Jahrhunderts vorweg, einschließlich eines resignierten Rückblicks des sentimentalen liberalen Freiheitskämpfers Savrola auf die unter dem Schiffsbombardement in Trümmer fallende Stadt: »Und das ist mein Lebenswerk!«[58] Lebensecht auch das Detail bis hin zum Coup im Coup durch linksradikale Revolutionäre einer sozialistischen Geheimgesellschaft.

Dennoch: Churchill hat zwar manches von den Diktaturen des 20. Jahrhunderts in Lateinamerika, auch in Süd- und Südosteuropa erahnt. Von den schlimmsten Tyrannen macht auch er sich keine Vorstellung.

## Tyrannen und Retter: H.G. Wells

Viel visionärer als Churchill war bekanntlich H.G. Wells. Er verstand seine Zukunftsromane durchaus als prophetische Gedankenexperimente. Das gilt auch für den Roman »When the Sleeper Wakes«. Das Buch erschien, fast zeitgleich mit Churchills »Savrola«, im Jahr 1899, zeichnete aber ein schon viel realistischeres Bild des modernen Tyrannen.

Der Roman spielt im Jahr 2100 christlicher Zeitrechnung in London, das inzwischen zur Mega-City von 33 Millionen Einwohnern herangewachsen ist, mit Wolkenkratzern, Rolltreppen, TV-Recordern und gewaltigem Flugverkehr – eine »mechanische Zivilisation« und eine polarisierte Zweiklassengesellschaft. Die Oberschicht lebt ein luxuriöses, skrupelloses, hedonistisches, energisches Leben; die versklavten, illiteraten Unterschichten hausen unter einem völlig verschmutzten Himmel in verslumten Hochhäusern, geben sich primitiven Vergnügungen hin und sind zum Aufstand bereit, sobald sich eine Gelegenheit zu bieten scheint. Längst ist die Demokratie zur bloßen Farce geworden. Es ist ein Zeitalter plutokratischer Oligarchien, in denen eine Tyrannis gewaltiger Machthaber die andere ablöst. Einer von diesen, »der Boss«, ist Ostrog, den seine Anhänger mit den rituellen Rufen »Hurra, Ostrog« grüßen. »Der Schläfer«, ein um 1900 eingeschläferter fanatischer Sozialist und Radikalliberaler, der jetzt erwacht ist, entdeckt erst im Lauf der Erzählung, daß er selbst von den miteinander verfeindeten Machtcliquen als »oberster Tyrann« betrachtet wird.[59]

In London bricht ein Bürgerkrieg aus. Hunderttausende gläubiger Idioten, »die Massen«, nur mit Karabinern bewaffnete Angehörige der Unterschicht, versuchen, von dem zynischen Ostrog aufgestachelt, die überlegenen Truppen des tyrannischen »Council« zu bezwingen. Sie durchschauen nicht, daß Ostrog, fasziniert von der Idee des Übermenschen, nur seine eigene Tyrannis errichten möchte.

Schließlich läßt er zu seiner Unterstützung eine Lufttransport-Armada mit schwarzen Polizeitruppen nach London fliegen, um sich endgültig durchzusetzen. »Der Schläfer«, der voller Begeisterung fliegen gelernt hat, wirft sich diesen entgegen, verjagt die Angreifer, stürzt aber selbst ab, wobei Wells offenläßt, welches Ende Ostrog und »der Schläfer« in diesem futuristischen Alptraum schließlich nehmen würden.

Ende und Botschaft des Romans sind vieldeutig. Eindeutig aber ist Wells' Befürchtung, die kommenden Jahrhunderte würden durch eine

Abfolge von Tyrannen oder tyrannischen Oligarchien beherrscht werden: »The day of the common man is past«.[60] Ähnlich wie ein knappes halbes Jahrhundert später Orwell in »1984« entwirft zwar auch Wells das Heroenbild des anarchisch-radikalen Einzelnen. In Analogie zu Christus opfert sich auch der »Schläfer« Graham allein für das um seine Befreiung kämpfende Volk.[61] Ein säkularer und radikaler Erlöser? Der Begriff wird nicht genannt, die Figur selbst kann aber so gedeutet werden.

Übrigens ist der Globus in dieser Vision des Jahres 2100 völlig neu aufgeteilt: Afrika, Südamerika, Nordamerika sind vom »Council« mit einem dichten Netz Hunderter von Banken und Syndikaten überzogen worden. Der »Council« hat auch China gekauft und neu organisiert, Asien gedrillt und die ehemals europäischen Kolonialreiche finanziell unter seine Kontrolle gebracht.

## Der Eroberer: Oswald Spenglers »Afrikasien« (1894–1897)

Von ähnlichen Annahmen geht eine weitere Zukunftsvision aus, die kurz zuvor – zwischen 1894 und 1897 – von einem Pennäler im westfälischen Soest erträumt worden ist. Wie bei Wells in England ist auch beim Autor dieser Prophetie, Oswald Spengler, Verschiedenstes zusammengekommen: klassische Bildung, insbesondere der in Deutschland mächtige Mythos von Cäsar und Napoleon, Nietzsches Vision des Übermenschen und ebenso die Beobachtung des zeitgenössischen Hochimperialismus. In diesen Jahren hatte der »scramble for Africa« seinen Höhepunkt erreicht. Der kapitalistische Imperialist Cecil Rhodes war 1890 Premierminister in Kapstadt geworden und dehnte in der Folgezeit sein Finanzimperium bis zum Sambesi aus.

Der frühreife Gymnasiast Spengler schrieb damals drei Jahre lang Phantasien eines Traumreiches nieder, von denen wir allerdings nur aus detaillierten Aufzeichnungen seiner Schwester Hilde Kornhardt wissen.[62]

Während Wells in dem eben erwähnten Roman die Befindlichkeit des Planeten in der fernen Zukunft von 200 Jahren prognostiziert, ist Spengler bescheidener. Er beschreibt 85 Jahre der Geschichte des Imperiums Afrikasien, das von einem großen Eroberer errichtet wurde. Die Hauptstadt dieses Phantasiereichs trägt den Namen Berlin und befindet sich mitten in Afrika. Afrikasien ist aber keine deutsche Kolonie, sondern ein afrikanisch-asiatisches Imperium, das wohl auch China umfaßt und die alten westeuropäischen Großmächte, anscheinend auch Rußland, überwunden hat, jedoch mit Deutschland in einem Bündnisverhältnis steht.

Interessant ist die Binnenstruktur dieses Großreiches. Im vierten Jahr wird ein staatlicher Frondienst eingeführt, der erst nach 58 Jahren wieder aufgehoben wird, als alle Gegner des Imperiums besiegt sind. Für das 44. Jahr vermerkte Spengler die Einführung einer nichtchristlichen Staatsreligion, Ornu-Religion genannt, eines afrikanischen Sonnenkultes. Sie umfaßt nach vier Jahrzehnten bereits 95 Prozent der Bevölkerung. Bald werden die Christen verboten und verfolgt. Auch eine neue Verkehrssprache wird eingeführt, das Volapük. Öffentliche Vorträge und Flugschriften sorgen für intensive »Aufklärung« der Soldaten, Bauern und Arbeiter.

Der Kaiser und Eroberer geht mit größter Grausamkeit vor: »Einzug in Delhi. Wegen eines Völkerrechtsbruches werden fünfzigtausend Engländer erschossen, und bei Agra wird eine ganze Armee niedergemacht.«[63]

In Spenglers frühwilhelminischen Traumwelten tritt aber auch die Vision von »Großdeutschland« auf. Ihm gehören die Schweiz, Böhmen und Mähren, Deutsch-Österreich und die Beneluxländer an. Später werden ihm durch Friedensvertrag die Departements Pas de Calais, Somme, Meuse, Vosges, Meurthe-et-Moselle, Aisne, Doubs, Jura, Belfort, Ardennes, Marne, Marne-Haute, Aube, Côte-d'Or und Saône-Haute angegliedert. Dasselbe vollzieht sich im Osten mit dem Baltikum und mit Polen. Der Durchdringung dieser Kolonien mit deutschen Schulen und Universitäten folgen die völlige Germanisierung und der integrale Anschluß an Großdeutschland. Im Innern wird das Reich neu in acht Bezirke gegliedert. Dieses Großreich hat Bündnisverträge mit Ungarn und mit den Balkanstaaten. Italien errichtet zur gleichen Zeit ein Imperium rund ums Mittelmeer und in Nordostafrika. Großbritannien und Frankreich zerbrechen, desgleichen Rußland, wobei die Ukraine und Weißrußland unabhängig werden. Auch die USA lösen sich auf.

Sind das allein Weltmachtphantasien eines introvertierten Pennälers? Dies ganz sicher. Aber wer Spenglers späteres Œuvre studiert, entdeckt dasselbe imperialistische Pathos, verbunden mit emphatisch-heroischer Prophetie cäsarischer Eroberer. Als er sich 1915 noch Hoffnungen macht, Deutschland könne aus dem Weltkrieg siegreich hervorgehen, schreibt er an einen Bekannten: »Allein der Besitz von Belgien, das sicherlich deutsch bleibt, ist ein ungeheurer Gewinn! 8 Millionen Einwohner, ein Seehafen am Kanal, Riesenindustrie und älteste Kultur. Auch was wir noch brauchen, ein afrikanisches Kolonialreich, werden wir bekommen.«[64]

Mit fünfzehn arbeitet Spengler bereits an einem »Cäsar«. Pläne zu einem Drama, das sich um diesen Diktator und Eroberer dreht, beschäftigen ihn auch später. Als schließlich im Ersten Weltkrieg und danach »Der Untergang des Abendlandes« die Apotheose des Cäsarentums verkündet, ist dies geschichtsphilosophisch nuanciert und wird von ihm zugleich als Phänomen kulturellen Niedergangs beschrieben – barbarisches, doch zugleich großartiges Aprèslude der Geschichte einer Hochkultur. Spengler verbindet dabei den Mythos des Cäsarismus sowie irrationale Beschwörung der Kräfte des Blutes und ursprünglich aristokratischer »Rasse« mit seinem Affekt gegen die Welt des Geldes, der Maschine und der Demokratie: »Der Cäsarismus wächst auf dem Boden der Demokratie, aber seine Wurzeln reichen tief in die Untergründe des Blutes und der Tradition hinab ...«[65]

In diesem Hauptwerk, das er im April 1917 abgeschlossen hat[66] und das ihn weltberühmt macht, diagnostiziert Spengler nicht nur den Eintritt des Abendlandes in ein »Zeitalter der Riesenkämpfe«.[67] Er feiert auch »den großen Tatsachenmenschen ...«, »der um jeden Preis Macht besitzen will und durch die Wucht seiner Erscheinung das Schicksal ganzer Völker und Kulturen wird«.[68] Wie man weiß, hat er Mussolini als Genie verehrt, hingegen den plebejischen Hitler nur für einen »Heldentenor« gehalten.[69] Und als er 1933, in »Jahre der Entscheidung«, die vielzitierten Sätze schreibt, »Die Legionen Cäsars wachen wieder auf«,[70] denkt er weit über Deutschland hinaus an den »Rassenkampf« zwischen weißen und farbigen Völkern.

Wesentlich in unserem Kontext ist jedenfalls, mit wieviel beunruhigender Präzision seinerzeit schon der Pennäler Spengler längst vor dem Auftreten Hitlers und vergleichbarer Tyrannen eine Phänomenologie des Cäsarismus skizziert hat.

Wie stark dabei der Zeitgeist um die Jahrhundertwende die Erwartungen bestimmte, geht auch aus einem anderen Text jener Jahre hervor, der den Psychologen Ludwig Klages zum Verfasser hat. In den »Blättern für Kunst« hat dieser Jünger Stefan Georges im Jahr 1899 eine hochromantische Vision veröffentlicht: »Der Eroberer«.[71]

Selten in der Vorweltkriegszeit sind cäsarisch-napoleonische Gewalthaber – »der führer«, marmorne »grösse des helden« – so vorbehaltlos gefeiert worden. Klages beschwört einen unabsehbar langen Kriegszug, der sich in der Abenddämmerung durch ein menschenleeres Land windet, zwischen der Vorhut und dem Hauptheer »der eroberer mit seinen getreuen« – auf dem Zuge »gen osten«. »In seinem blick«, lesen wir, »ist der kalte schein des nordlichts. Auf dem haupt trägt er einen reif aus bläulichem stahl. Trostlose trauer prägte mit eiserner hand dieses mannes angesicht. Aber herr ward über seine hölle namenloser stolz. Nie wärmte ihn das herdfeuer des glücks.« Die Rede ist von der »unerbittlichen klinge seines hasses«. Und dann: »Des erdballs eine hälfte unterwarf er schon, auch auf die andere wird er die siegreiche sohle setzen.« In der Ferne dämmern die Kuppeln und Paläste einer Stadt: »Die schatten zukünftiger feuersbrunst scheinen ihm vorauszufliehen, und hinter ihm wälzt sich die dumpfe wucht der kräfte-schwangeren masse, der sein zerstörer-wille eine seele lieh.«

Auch dieser Text stammt aus einem Jahrzehnt, als weder der Weltkrieg ausgebrochen noch die Eroberer namentlich aufgetreten waren. Es versteht sich, daß hier wie in vielen anderen Mythologien der George-Schule die Geschichte als Kunstwerk und als der Rohstoff großer Männer begriffen wird.[72] Zu Recht wurde immer wieder festgestellt, daß dies ein Nachklang der romantischen exaltierten Vorstellungen Thomas Carlyles ist. Carlyle hat in jenen Jahrzehnten nicht allein in Deutschland stark nachgewirkt, so bei Nietzsche, so beim »Rembrandt-Deutschen« Langbehn, der in mittelmäßiger Zeit nach »cäsarischer« Größe und nach dem genialen »Geist-Kaiser« verlangte.[73]

»Denn meiner Auffassung«, so Carlyle, der Urvater derart überhitzten Heroenkults, in seinem wieder und wieder gelesenen Essay »Über Helden, Heldenverehrung und das Heldentümliche in der Geschichte« aus dem Jahr 1841, »ist die Universalgeschichte ... im Grunde die Geschichte der großen Männer, welche darin gearbeitet haben.«[74] Noch bei Gottfried Benn, der gewiß alles war, nur kein naiver Romantiker, klingt das ähnlich: »Der soziologische Nenner, / der hinter Jahrtausenden schlief, / heißt: ein paar große Männer / und die litten tief.«[75]

Carlyle freilich verbindet mit seiner Verehrung der Genies sowie der Vorbilder an Tapferkeit, Klarheit und Wollen zudem den Glauben, die großen Männer seien vielfach von Gott gesandte Retter ihrer Völker.[76] Auch im George-Kreis ist diese Vorstellung noch weithin erkennbar. Daß sie mit dem Bild des tyrannischen Welteroberers nicht leicht zusammengeht, versteht sich von selbst. Doch im Jahr 1900, vor dem Auftreten der säkularen Tyrannen, schienen neoromantische Widersprüchlichkeit und Amoralität tolerabel.

Die schon um 1900 zu beobachtende Ambivalenz der Heldenverehrung war freilich alles andere als zufällig. Der scheinbare Retter als tatsächlicher Tyrann, der Tyrann in der Pose des Retters, auch: der bewunderte Retter als großer Ruinierer – diese Gestalt tritt im 20. Jahrhundert immer wieder auf. In der Persönlichkeit Napoleons war sie aber auch dem 19. Jahrhundert geläufig. Man sagt nicht zuviel mit der Feststellung, daß der vorhergehende Napoleon-Kult vielfach den Diktatorenkult des 20. Jahrhunderts legitimiert hat.

# Cäsar und Napoleon

Im Jahrzehnt des Fin de siècle hatte der Kult Napoleons zusammen mit dem Kult Julius Cäsars einen Gipfel erreicht, und wenn man sich im 19. Jahrhundert Ausnahmemenschen vorstellte, so diese beiden.[77]

Hegel hat Cäsar unter jene »kolossalen Individualitäten« in der Endphase der Römischen Republik eingeordnet, denen er »die höhere Berechtigung des Weltgeistes« zusprach.[78] Für Jacob Burckhardt war er »der größte der Sterblichen«.[79] Viele andere bekunden dieselbe Verehrung.

Zu Theodor Mommsens Cäsar-Bild in der »Römischen Geschichte« hat unlängst Alfred Heuss kritisch bemerkt, diese säkularisierte Apotheose mute an »wie ein Mythos oder eine weltliche Heiligenlegende«.[80] Nietzsche schließlich feiert den römischen Diktator als »schönsten Typ« des Kriegers und des amoralischen »Tyrannen«, vorbildlich und rühmenswert, denn er tritt »mit Füßen auf die verächtliche Art von Wohlbefinden, von dem Krämer, Christen, Kühe, Weiber, Engländer und andere Demokraten träumen«.[81]

Damit verbindet sich das Napoleon-Bild, an dem im 19. Jahrhundert gleichfalls viele Dramenautoren, Romanciers und Historiker arbeiten. Um die Jahrhundertwende wirkt auch in dieser Hinsicht Nietzsche am stärksten, der ihn als monumentales Vorbild finsterster Größe angestrahlt hatte: »Napoleon, diese Synthesis von Unmensch und Übermensch«;[82] Napoleon, dem man fast alle höheren Hoffnungen des Jahrhunderts verdankt;[83] Napoleon, der die Zeit von den Grundwerten moralischer Dekadenz zu kurieren vermag, weil er »in der Zivilisation seine natürliche Feindin sah«,[84] und Napoleon, der Eroberer, der einzige, »der bisher stark genug war, aus Europa eine politische und wirtschaftliche Einheit zu bilden«;[85] Napoleon, der kalte, harte Staatsmann als Künstler – »man kann bei Naturen wie Cäsar und Napoleon etwas ahnen von einem ›interesselosen‹ Arbeiten an ihrem Marmor, mag dabei von Menschen geopfert werden, was nur möglich.«[86]

Die Wirkung Nietzsches auf die Intellektuellen der folgenden Jahrzehnte kann gar nicht überschätzt werden[87] – auf Fabians wie Bernard Shaw und H. G. Wells, doch auch auf Georges Sorel, Gabriele d'Annunzio und Mussolini.

Freilich markiert der Diktatoren-Kult Nietzsches nur *einen* Aspekt der Verehrung Cäsars und Napoleons. Die meisten bürgerlichen Historiker hüten sich, den Amoralismus dieser Gestalten zu preisen. Eher neigen sie dazu, die tragische Ambivalenz zu betonen, die im

Wirken großer Machtmenschen zu beobachten sei. Doch als im 20. Jahrhundert die Diktatoren auftreten, besitzt die Öffentlichkeit in Cäsar und Napoleon historische Schablonen, die eine Einordnung erlauben. Zeitweilig ist es auch die Gestalt Napoleons III., die als Exempel des modernen Cäsarismus dient.[88]

Der Übermensch des 20. Jahrhunderts, dessen Heraufkunft Nietzsche und die von ihm Faszinierten prognostizieren, ist also ein Diktator, ein starker Mann, der Krisen beendet und Ordnung schafft, ein Retter, ein großer Feldherr und ein großer Eroberer. Napoleon, meint Burckhardt etwa, sei »der lehrreichste Typus des Cäsarismus. Er ist zugleich nach innen Sauveur der neuen französischen Gesellschaft und Welteroberer nach außen.«[89] Wie das moralisch zu bewerten sei, bleibt strittig – Nietzsche feiert den Cäsar als den großen Immoralisten, Jacob Burckhardt zeigt sich von der Ambivalenz eines Cäsar oder eines Napoleon gleichzeitig fasziniert und abgestoßen.

Eben weil es sich dann bei den Diktatoren, beginnend mit Mussolini, um anscheinend bekannte Typen handelte, hielt sich anfangs das Erschrecken in Grenzen. Viele ließen sich ohnehin von einem Kult des großen Mannes hinreißen, dabei völlig unfähig, das destruktive Potential derart historischer Größe hinlänglich zu bedenken. Selbst diejenigen, die zu Recht alarmiert waren, zögerten angesichts des Napoleon-Kults, die Tyrannis amoralischer Monster zu fürchten, obschon die überhitzten Prognosen Nietzsches genau das vorhersagten und herbeiwünschten.

## »Gewaltmenschen und Outlaws«: Visionen Jacob Burckhardts

Jacob Burckhardt stirbt 1897 an der Schwelle zum 20. Jahrhundert. Einer breiteren Öffentlichkeit ist er damals nur als Verfasser der »Kultur der Renaissance« und des »Cicerone« bekannt. Nur eine kleine Schar von Hörern seiner Vorlesungen und wenige Korrespondenzpartner sind schon mit seinen düsteren Ausblicken auf die Schreckenswelten des 20. Jahrhunderts vertraut. Die 1905 postum veröffentlichten »Weltgeschichtlichen Betrachtungen« entfalten erst langsam ihre Wirkung, verstärkt durch die Publikation der Briefe an Friedrich von Preen im Jahre 1922. Erst als die »Gewaltmenschen und Out-laws in der Geschichte«[90] wieder einmal leibhaftig auftreten, gilt er weithin als der große Prophet. Der niederländische Historiker Johan Huizinga nennt ihn jetzt »den weisesten Geist des 19. Jahrhunderts«.[91] Und der Amerikaner Hasting Nicholls schreibt in der Einleitung zur New Yorker Ausgabe der »Weltgeschichtlichen Betrachtungen« von 1943: »Tatsächlich hat Burckhardt im Jahr 1871 das Jahr 1941 besser begriffen, als dies die meisten von uns damals selbst getan haben.«[92] Übrigens trägt die amerikanische Militärzensur bei dieser Gelegenheit Sorge, alle kritischen Äußerungen Burckhardts über die »Machtgier Rußlands«, über die »Schwäche Englands« oder über Napoleon III. zu tilgen.[93]

Daß in Burckhardts Erwartungen die große Angst des bürgerlichen 19. Jahrhunderts unablässig hochkam, ist häufig bemerkt worden.[94] Die Angst galt der Revolution, sie galt dem Militarismus der Großmächte, sie galt ruinösen Diktatoren von der Art Napoleons I. Nicht zuletzt aber galten die Ängste Burckhardts den mit allgemeinem Wahlrecht ausgestatteten, somit von unterschiedlichsten Demagogen manipulierbaren Massen.

Er war nicht der einzige in jenen Jahrzehnten, dem dabei die Gestalt Napoleons III. besonders zu denken gab. Plebiszitärer Populismus, Vertrauen der Volksmassen auf den starken Mann, forcierte Industrialisierung und kriegerisches Abenteurertum – viele vorherrschende Zeittendenzen schienen in ihm verkörpert. Als einer der ersten im deutschen Sprachraum hat Burckhardt »diese neuartige, mit demokratischen Formen verkleidete, auf militärische Macht sich stützende, zukunftsträchtige Diktatur«[95] unter dem bald allgemein geläufigen Begriff »Cäsarismus« subsumiert. Legitimation einer Gewaltherrschaft durch plebiszitäre Akklamation der Massen – dies würde, so fürchtete er, zwar nicht die einzige Form künftiger Diktatur sein, gewiß aber eine der wichtigen Varianten.

Bekanntlich hat Burckhardt den Liberalismus und die moderne Demokratie verabscheut. Er war und blieb zeitlebens ein konservativer Bildungsbürger. Benedetto Croce hat deshalb in den dreißiger Jahren über Burckhardt spitz, aber zutreffend bemerkt: er »verzichtete nach dem ersten Aufblitzen seiner lebhaften Phantasie darauf, die Schlacht zu liefern und zog einen so wenig empfehlenswerten Kumpan wie den Pessimismus in seinen Verkehr ...«[96] In der Tat hat sich der vom Radikalismus seiner Jahrzehnte erschreckte Antidemokrat und Antiliberale Jacob Burckhardt in einer Mischung von Überheblichkeit und Resignation aufs Beobachten sowie aufs kritische Räsonieren beschränkt. Eigene Teilnahme am politischen Kampf war nicht seine Sache.

Burckhardts ideologische Fixierung erklärt, weshalb er ein waches Gespür dafür besaß, daß die Demokratien im 20. Jahrhundert amoralische Demagogen nach oben schwemmen würden. Sie erklärt aber auch, weshalb er nicht ahnte, daß die Demokratien künftig in hinlänglich großer Zahl Reformer, Retter, Staatsgründer, jedenfalls bedeutende Persönlichkeiten, hervorbringen würden. Selbst dort, wo derartige liberale oder demokratische Staatsmänner bereits aufgetreten waren, hat er sie in ideologischer Voreingenommenheit verkannt (»wenn ich den verlogenen hochmütigen Humanitätsschwätzer Gladstone eine Stadt wie Alexandrien bombardieren sehe«).[97] Disraeli und Abraham Lincoln sind so gut wie gar nicht in seinen Gesichtskreis getreten. So dozierte er über historische Größe, ohne die überragenden angelsächsischen Politiker seiner Gegenwart zur Kenntnis zu nehmen.

Hingegen war Burckhardts Sensorium für die »Unterminirtheit der Dinge«[98] schon des 19. Jahrhunderts untrüglich. »Nous dansons sur un volcan«, prognostizierte er bereits 1847, in den Jahren des Berliner Vormärz,[99] und diese Empfindung hat ihn zeitlebens nicht verlassen. »Mich überkommt bisweilen ein Grauen, die Zustände Europas möchten einst über Nacht in eine Art Schnellfäule überschlagen, mit plötzlicher Todesschwäche der jetzigen scheinbar erhaltenden Kräfte«, ließ er 1881 den Architekten Max Alioth wissen, einen der Vertrauten seiner späten Jahre.[100]

In immer neuen Anläufen teilte er wenigen ausgewählten Briefpartnern dabei *eine* seiner ständigen Schreckensvisionen mit: die Sorge vor dem Umkippen egalitärer, bindungsloser, von mediokren demokratischen Politikern und Schuldenmachern verdorbener Demokratien in eine autoritäre Despotie. Als sich dies in den zwanziger und dreißiger Jahren des 20. Jahrhunderts dann tatsächlich ereignete, hat man Burckhardts Prognosen wieder und wieder zitiert, etwa den Satz: »Darum wird in dem angenehmen XX. Jahrhundert die Autorität wieder ihr Haupt erheben, und ein schreckliches Haupt.«[101]

Er hielt eine Diktatur sowohl in Deutschland wie auch in Frankreich, Spanien oder Italien jederzeit für möglich. Als sie eintrat, fiel es nicht schwer, in Burckhardts düsteren Vorahnungen die Gestalten der Diktatoren in Rußland, Italien oder Deutschland zu erkennen. »Lange freiwillige Dienstbarkeit unter einzelnen Führern und Usurpatoren« prophezeite er in einem seiner nachträglich berühmt gewordenen Kollegs: »Man glaubt nicht mehr an Prinzipien, wohl aber periodisch an Retter. Stets stellt sich eine neue Möglichkeit langer Despotismen über ermattete Völker ein«.[102]

Für Europa sah dieser große Pessimist ein Wechselbad von »völliger Demokratie und absolutem, rechtlosem Despotismus« voraus, eine Welt, »deren Herrscher von Recht, Wohlergehen, bereichernder Arbeit und Industrie, Credit etc. völlig abstrahieren und dafür absolut brutal regieren könnten ...«[103] Und gelegentlich bemerkte dieser größte Spökenkieker unter den deutschsprachigen Historikern des

*Jacob Burckhardt, den erst das 20. Jahrhundert als einen Meister illusionsloser Vorausschau entdeckte, 1878 vor dem Basler Münster auf dem Weg zum Kolleg.*

19. Jahrhunderts: »Hie und da in Phantasien sehe ich solche Kerle schon leibhaftig vor mir.«[104]

In diesem Zusammenhang gebrauchte er jenen Begriff, der in der Folgezeit, seit dem Bekanntwerden des Briefwechsels mit von Preen, immer wieder zur Charakteristik monomaner Gewalthaber des 20. Jahrhunderts Verwendung gefunden hat: »die ›terribles simplificateurs‹, welche über unser altes Europa kommen werden«.[105]

Noch plastischer und zur späteren Charakteristik von Gewaltherrschern im 20. Jahrhundert besonders geeignet ist die bildhafte Formulierung »die kräftigen Ruinierer«. Soweit ersichtlich, verwandte Burckhardt den Terminus erstmals zur Charakteristik des monströsen Mongolenherrschers Timur Lenk.[106] Historische Größe hat er diesem ausdrücklich abgesprochen. Timur sei lediglich einer der großen Zerstörer Asiens gewesen: »Asien scheint dauernd und auf alle Zeiten durch die zweimalige Herrschaft der Mongolen in seiner wesentlichen Kraft geknickt worden zu sein; besonders Timur entsetzlich mit seinen Schädelpyramiden und Mauern aus Stein, Kalk und lebenden Menschen. Es ist gut, daß man sich beim Bilde eines solchen Zerstörers, wie er seinen und seines Volkes Egoismus im Triumph durch die rauchenden Ruinen der Welt spazierenführt, davon Rechenschaft gebe, mit welcher Wucht das Böse sich zu Zeiten vordrängen darf.«[107]

Zur Bezeichnung der Gewaltherrscher des 20. Jahrhunderts hat er den Begriff nicht verwenden wollen. Heute erst neigen wir dazu, im absichtlichen oder wider Willen vollzogenen Ruinieren ganzer Kontinente und Völker ein Hauptmerkmal totalitärer Despotie zu erkennen.

Häufig brachte dieser leidenschaftlich bürgerliche Antimilitarist jedoch die Vermutung zum Ausdruck, moderne Despotie und Erobertum könnten wieder zusammenfallen wie seinerzeit bei Napoleon I. Burckhardts anfänglich idealistisches Napoleon-Bild hat sich im Verlauf seines Lebens immer dunkler eingefärbt. Neben Zügen der Größe vermerkte er zunehmend grandiose Selbstsucht und Unvornehmheit des Emporkömmlings.

Sorge vor künftiger Generalsherrschaft gehörte also zu seinen ständigen Obsessionen. Eine intensive Beschäftigung mit Revolutionsgeneralen des Typs Cromwell (»fürchterlich unästhetische Persönlichkeit«,[108] aber doch »ein Sauveur gegen die Anarchie«[109]) und Napoleon I. läßt ihn vermuten, daß auch revolutionäre Exzesse des 20. Jahrhunderts periodisch in Generalsherrschaft einmünden werden. Als Friedrich von Preen ihm mitteilte, sein dritter Sohn habe die Offizierslaufbahn eingeschlagen, antwortet Burckhardt: »Ich bin schon längst der Überzeugung, daß bei den Zeiten, welche im Anzug sind, die Offiziere, soweit sie die großen Gefahren überleben, zu den Herren der Welt gehören werden.«[110] Das scheint er schon deshalb erwartet zu haben, weil er – darin dem späten Nietzsche sehr ähnlich – eine »Ära von Kriegen« heraufziehen sah.[111] Interessanterweise prognostizierte Burckhardt gelegentlich nicht so sehr die Militärdiktatur eines einzelnen, sondern, wozu es im 20. Jahrhundert in den prätorianischen Systemen Lateinamerikas und Asiens kommen sollte, »die Herrschaft einer militärischen Corporation«.[112]

Manches hat Burckhardt freilich doch nicht geahnt. Der bedenkenloseste Eroberer des 20. Jahrhunderts war keine napoleonische Gestalt, wie er gelegentlich vermutete, sondern ein militaristisch verwilderter Zivilist – Adolf Hitler.

Indessen hat Burckhardt beim Studium der Gestalt Napoleons I. verschiedentlich Beobachtungen notiert, die das Scheitern Hitlers und in geringerem Maß auch Mussolinis gut erklären können: »Woran die unsterblichen Parvenus scheitern: Sie verdanken den Ursprung ihrer Macht den außerordentlichen Ereignissen, welche sie zu beherrschen verstanden. Ihr Lebenselement wird das Außerordentliche. Wenn es ihnen zu fehlen beginnt, müssen sie neue Aufregung hervorbringen. Sie müssen das Ferment ihrer Leidenschaft in die ewig zum Gären bereite Masse von Haß und Wildheit werfen, an der die Völker sich berauschen. Erbherrscher stehen nicht in gleicher Gefahr. Was sie nicht vollbringen, überlassen sie dem Nachfolger ... Das Selbsterntenwollen charakterisiert den Parvenu.«[113]

Als historiographischer Skeptiker, der er war, verfehlte Burckhardt nicht, gelegentlich auch die eigenen düsteren Ahnungen in Zweifel zu ziehen. Einer seiner letzten zeitdiagnostischen Briefe an Friedrich von Preen brachte das deutlich zum Ausdruck: »Und nun ist es ja wohl wahr: es bleibt uns dunkel, was das zwanzigste Jahr100 unseren jungen Leuten bringen wird ... Freilich sind wir alle blind, nicht sowohl in Betreff der Dinge selber als in Betreff ihrer Stärke oder Schwäche ...«[114] Die Zeittendenzen des 19. Jahrhunderts ließen ihn aber für die Zukunft doch vorwiegend illegitime und despotische Machthaber erwarten.

Demgegenüber machte er weder legalen demokratischen Amtsträgern noch den traditionellen Monarchen große Hoffnungen: »Die innere Todesschwäche der Demokratie gegenüber frechen Fractionen kennen wir zur Genüge«,[115] und die Dynastien sind »zu weichherzig«.[116]

Wer rekapituliert, wieviel Zutreffendes Burckhardt über die »Gewaltmenschen« des bevorstehenden Jahrhunderts erahnt hat, sollte freilich auch darauf achten, was dieser große Unzeitgemäße *nicht* erkannte. Auf seine Insensitivität für die Gestaltungsfähigkeit legitimer demokratischer Führer ist schon hingewiesen worden. Es fehlte ihm aber auch völlig an Phantasie für die neuartigen Formen totalitärer Parteidiktaturen, die schon zwanzig und dreißig Jahre nach seinem Tod der Tyrannis in Rußland, Italien und Deutschland das Gepräge geben sollten.

Immerhin hat er gelegentlich düstere Vorahnungen in bezug auf Rußland zu Papier gebracht: »Ich habe es in allen Gliedern, daß im Westen etwas losbricht, sobald Rußland etwa durch weitere Gewaltereignisse völlig konfus gemacht sein wird.«[117] Gelegentlich findet man in seiner Korrespondenz auch eine hellsichtige Feststellung über den Zusammenhang zwischen Krieg und russischer Revolution: »Was soll Europa tun, solange es einen Nachbar wie Rußland hat, wo diejenigen mit ganz besonderer Leidenschaft zum Kriege treiben, welche die Niederlage der eigenen Herren wünschen, um auf diesem nicht mehr ungewohnten Wege zu ihrer geliebten Revolution zu gelangen? Und das sind vielleicht 20000 verdorbene Subjecte, aber sie schreien und schreiben am meisten.«[118]

Insgesamt fehlte es ihm jedoch an Kenntnis der damaligen Strömungen des revolutionären Sozialismus, wohl vorwiegend mangels entsprechender Neugier. Aber wer heute Burckhardts skeptische Analysen zum »revolutionären Zeitalter« studiert, glaubt zu wissen, daß ihn die Gestalt Lenins und die zu jedem Terrorismus entschlossene Untergrundpartei der Bolschewiki durchaus nicht überrascht hätten. Erst recht hätten ihn Gestalten wie Mussolini oder Hitler kaum zu erstaunen vermocht.

Hingegen hatte Burckhardt so gut wie kein Organ für die Umwälzungen in China, für den Anbruch des präsidentiell instrumentierten amerikanischen Jahrhunderts oder für die Tatsache, daß das Zeitalter der Dekolonisierung vor der Tür stand. Welche Vielzahl von Freiheitskämpfern und Staatsgründern zu seinen Lebzeiten schon heranwuchs, ist diesem weitgehend eurozentrischen Zeitdiagnostiker nicht einmal als Frage ins Bewußtsein getreten. Es war gewiß ein historischer Zufall, daß der erste Zionistenkongreß unter Leitung Theodor Herzls am 29. August 1897 im Basler Casino zusammentrat – drei Wochen nach Burckhardts Tod am 8. August 1897. Doch die Koinzidenz erinnert daran, wieviel an Wichtigem selbst diesem sehr sensiblen Beobachter entgangen ist.

Bekanntlich hat Jacob Burckhardt beim Blick in die Nebel der Zukunft nicht allein verschiedene Typen »historischer Größe« mehr oder weniger zutreffend beschrieben. Er hat in den »Weltgeschichtlichen Betrachtungen« auch in universalgeschichtlicher Perspektive über die Kriterien »historischer Größe« reflektiert. Spätere Historiker haben sich wieder und wieder damit auseinandergesetzt, und so verdienen seine Überlegungen auch in einem Bestiarium des 20. Jahrhunderts Beachtung.

Auf den ersten Blick hat das von ihm genannte Kriterium historischer Größe den Anschein der Klarheit: »Einzigkeit, Unersetzlichkeit«, dies sei der geeignete Maßstab historischer Größe. Allerdings hat Burckhardt fast im gleichen Atemzug die scheinbare Klarheit dieses Kriteriums schon wieder verwirrt, indem er eine Reihe methodischer Fragen selbst aufwarf oder diese suggerierte.

»Einzigkeit, Unersetzbarkeit«, sollte sich das auf Geisteskraft und Seelenstärke großer Persönlichkeiten beziehen – cäsarische oder napoleonische Genialität etwa, abnorme Willenskraft oder Geduld gegenüber ungeheuren Belastungen wie bei Wilhelm von Oranien und bei Friedrich dem Großen in den kritischen Jahren 1759 bis 1763?

Oder sollte charakterliche Größe der Maßstab sein – Vorbildlichkeit im Sinn der klassischen Tugendlehre etwa? Vielleicht aber auch ungeheure, alle historischen Maßstäbe sprengende Monstrosität der moralischen Verworfenheit? In diesem Punkt bleibt Burckhardt einigermaßen zwiespältig.

Zu fragen ist auch, wer eigentlich das Prädikat der Unersetzlichkeit zuerkennt. Sind das Zeitgenossen, welche sich wahrscheinlich von der Macht blenden lassen, oft aber nur vom »Lärm des Augenblicks« (modern gesprochen: von der Medienaufmerksamkeit), oder die Nachwelt?

Und von wann an wird die Nachwelt, vielleicht auch deren Historiker, einigermaßen sicher urteilen? Erst nach Jahrhunderten, wenn »das Ganze der Persönlichkeit« immer noch »magisch« nachwirkt? (Wäre dies so, dann brauchte man sich über Größe im 20. Jahrhundert noch gar keine Gedanken zu machen.)

Burckhardt ist sich zugleich dessen bewußt, daß ein denkbares Kriterium die Repräsentativität einer Gestalt sein könnte – Repräsentativität für eine große historische Krise (Cäsar wird hier als Beispiel angeführt und wiederum Wilhelm von Oranien Taciturnus, der große Schweiger), Repräsentativität auch für historische Neuanfänge von beträchtlicher Folgewirkung (Dschingis-Khan, Peter der Große).

Damit verbindet sich das wichtige Kriterium der historischen Wirkung, wobei Burckhardt in erster Linie an weltgeschichtliche Wirkung denkt. Weltgeschichtlich heißt aber für ihn: in erster Linie nachhaltige Ausstrahlung auf das ältere und neuere Abendland sowie auf Vorderasien. Bezogen auf die Dimensionen des 20. Jahrhunderts, müßte also das Kriterium die globale Auswirkung großer Persönlichkeiten sein, wenigstens aber globale Aufmerksamkeit, die diesen entgegengebracht wird.

Doch wäre es wirklich angemessen, dabei die Größe im Kontext einzelner Nationen zu vernachlässigen, an die Burckhardt weniger denkt, da ihm die enge nationalgeschichtliche Perspektive fremd ist?

Schließlich besitzen auch kleine oder mittelgroße Völker ihre großen Männer, selbst wenn deren Wirken weltgeschichtlich nicht sehr erheblich war. Entsprechen etwa Marschall Mannerheim, Józef Piłsudski, Tomáš Masaryk, doch auch Mohammed Ali Jinnah, Ben Gurion, Achmed Sukarno, Getulio Vargas, Gamal Abdel Nasser und Nelson Mandela für Finnland, Polen, die Tschechoslowakei, Pakistan, Israel, Indonesien, Brasilien, Ägypten oder Südafrika nicht ebenso dem Kriterium »Einzigkeit, Unersetzlichkeit«, obgleich ihre Bedeutung vorwiegend auf die Geschichte ihres jeweiligen Landes bezogen ist? Gilt dies nicht sogar für kräftige Ruinierer ihrer mittelgroßen oder kleinen Länder wie Juan Perón, der Argentinien heruntergewirtschaftet hat, Kwameh Nkrumah, dem Ghana seinen Niedergang verdankt, oder für Fidel Castro, unter dem Havanna zerfällt und die einstmals reiche Insel Kuba zum Armenhaus geworden ist?

Wenn man die Kriterien für »historische Größe« bei Jacob Burckhardt prüft und da oder dort in bezug auf das 20. Jahrhundert erörtert, lassen sich jedenfalls unschwer Widersprüche und Unklarheiten erkennen. Sie sind offensichtlich, selbst wenn man berücksichtigt, daß Burckhardt ja nicht allein die politischen Größen im Blickfeld hat, sondern ebenso die Dimensionen der Religion und der Kultur, während Wirtschaft, Naturwissenschaft und Technik fast völlig ausgeblendet sind.

Burckhardt war eben groß im Aufwerfen von Fragen, verzichtete aber, wie schon ausgeführt, von Anfang an »auf alles Systematisch-Wissenschaftliche«.[119] Dies deshalb, weil er in einem Zeitalter »allgemeiner Verflachung« den heterogenen Reichtum des historischen Phänomens »Größe« verdeutlichen wollte.

Denn ungeachtet aller Skepsis gehörte doch auch er zu jenen Zeitgenossen, die zu verspüren glaubten, »daß man mit gewöhnlichen Dynasten und Oberbeamten nicht mehr durchkommt«, und die deshalb nach der »Extraperson«, dem »Rechten«, dem großen Mann Ausschau halten, »damit die weltgeschichtliche Bewegung sich periodisch und ruckweise frei mache von bloßen abgestorbenen Lebensformen und von reflektierendem Geschwätz«.[120] Das Pathos der Heldenverehrung Carlyles war ihm durchaus nicht ganz fremd, auch wenn er diesem an Skepsis, an Differenzierungsvermögen und an Gelehrsamkeit turmhoch überlegen gewesen ist.

Weshalb Jacob Burckhardts zeitdiagnostische und geschichtstheoretische Überlegungen zur Rolle bedeutender Individualitäten auch für ein Verständnis des 20. Jahrhunderts aufschlußreich sind, bedarf keiner ausführlichen Begründung.

»Einzigkeit« und »Unersetzbarkeit«, somit Größe im Sinne Burckhardts, sind bei jenen Persönlichkeiten unserer eigenen Epoche zu vermuten, die das Neue erstmals durchsetzen oder doch repräsentativ gestalten – Aufmerksamkeit verdienen also in erster Linie die Revolutionäre, die Freiheitskämpfer und die Dissidenten, die Staatsgründer, die bedeutenden Reformer und die »Retter oder Erneuerer« ihrer freiheitlichen Staaten, die Versöhner und die Friedensstifter.

Die Dialektik der Geschichte bringt es allerdings mit sich, daß häufig auch Diktatoren Neues schaffen, zumindest die Welt stark verändern, sofern sie mehr sind als bloße »Abenteurer« und »Phantasten«. Der Diktator als Neuerer – das ist zwar kein erbaulicher Typ, aber dennoch kein seltener.

Überhaupt: es gibt auch eine geschichtliche Größe des Monströsen, sofern man mit Jacob Burckhardt den rein negativen Gestalten nicht die historische Größe absprechen möchte.

Gerade da das 20. Jahrhundert durch ein hohes Maß an moralischer Verworfenheit gekennzeichnet ist, sind ebenso die großen politischen Monster und jene »kräftigen Ruinierer« zu beleuchten, die Ruinen, Leichenhügel und fast irreparabel zerstörte Kulturen oder Volkswirtschaften hinterließen. Daß sie vielfach in den Zeiten ihrer Erfolge als große Retter und Titanen des 20. Jahrhunderts gefeiert wurden, macht ihre Monstrosität nicht weniger denkwürdig. Auch das Böse auf Erden, so hat Burckhardt vielfach ausgeführt, ist »ein Teil der großen weltgeschichtlichen Ökonomie«.[121]

Desgleichen verdienen jene Gestalten einige Beachtung, die große Ruinierer aufgrund ihrer Unfähigkeit waren, »abgestorbene Lebensformen« rechtzeitig zu reformieren. Monarchen des Typs Nikolaus II., Franz Joseph I., Wilhelm II. treten dabei in den Aufmerksamkeitshorizont, aber auch Gestalten vom Schlage Breschnews oder Erich Honeckers, letzterer die Westentaschenausgabe eines spättotalitären Despoten, der allerdings nicht von allgemeinhistorischem Interesse ist, sondern nur in der Geschichte Deutschlands eine längere Fußnote beansprucht.

## Politische Führung, American style: Woodrow Wilsons Theorie der »presidential leadership« (1908)

Kurz bevor der Erste Weltkrieg die in den Kulissen wartenden Größen des 20. Jahrhunderts auf die Bühne der Geschichte entläßt, entwickeln verschiedene Sozialwissenschaftler eine Typologie des politischen

Führers unter den Bedingungen der industriellen Massengesellschaft. Ihre Theorien politischer Führung sind in manchem moderner als die eben erwähnten Beobachtungen Jacob Burckhardts, deshalb auch das ganze Jahrhundert hindurch geeignet, das Phänomen bedeutender politischer Gestalten einzuordnen und zu bewerten.

Der nachmalig berühmteste dieser Politologen und Soziologen ist Woodrow Wilson. Zu dem Zeitpunkt, da er seine Theorie politischer Führung unter den Bedingungen der amerikanischen Republik vorlegte, hatte er seine Politikerkarriere zwar noch nicht begonnen. Immerhin war er aber bereits ein landesweit bekannter Politologe im Alter von 52 Jahren und Präsident der Princeton University.

Wilson veröffentlichte im Jahr 1908 eine nur etwas mehr als 200 Seiten umfassende Studie des Titels »Constitutional Government in the United States«. Diese später häufig aufgelegte Monographie ist in unserem Zusammenhang aus vier Gründen bemerkenswert.

Sie interessiert erstens deshalb, weil Wilson hier ein Konzept entworfen hat, das einen klar faßbaren Bewertungsrahmen für überragende politische Führer festlegt. Dieser Bewertungsrahmen ist der Verfassungsstaat. Historische Größe ist für ihn nicht, wie etwa bei Jacob Burckhardt, überkonstitutionell und extrakonstitutionell, vielmehr ist sie bezogen auf die zwar bereits 1787 konstruierte, dann aber doch organisch weiterentwickelte Verfassung der amerikanischen Republik.

Damit ist bereits der zweite Grund für die Bedeutung dieses Textes genannt. Im Kontext einer Analyse des amerikanischen Regierungssystems entfaltet sich dort eine Theorie politischer Führung einer Großmacht, die eben im Begriff steht, in das »amerikanische Jahrhundert« einzutreten. Wie gewichtig, wie positiv oder wie kritisch man auch immer die Rolle Amerikas im 20. Jahrhundert bewertet, *eines* dürfte doch kaum bezweifelbar sein: Es waren an die sechs oder acht amerikanische Präsidenten, von deren Entscheidungen die globalen Entwicklungen des 20. Jahrhunderts sehr maßgeblich bestimmt worden sind.

Am wenigsten galt das noch für Theodore Roosevelt, mit dem zwischen 1901 und 1909 die amerikanische Weltmachtrolle begonnen hat. Er war zwar eine außerordentlich eindrucksvolle, flamboyante Figur und hat aufgrund seiner reformerischen Programmatik die Zeitgenossen fasziniert. Eindruck hinterließ er zugleich als Inkarnation des Imperialismus im Kontext einer Republik, die alles gleichzeitig ist – hochmoralisch, habgierig, friedlich und kraftmeierisch, Neue Welt, aber doch auch schon sehr europäisch. Roosevelts Persönlichkeit bleibt jedenfalls bis heute erinnerungswürdig. Schon über den jungen Beamten Roosevelt ließ Dos Passos den damaligen Präsidenten Harrison ausrufen: »he wanted to put an end to all the evil in the world between sunrise and sunset«.[122] Die von ihm ausgehenden weltpolitischen Impulse haben sich aber im Rahmen gehalten. Teddy Roosevelt war zwar in hohem Maß repräsentativ, blieb aber doch recht folgenlos, sieht man einmal von der Tatsache ab, daß er den USA für das ganze Jahrhundert die Kontrolle über den Panamakanal verschafft hat.

Anders verhält es sich im Hinblick auf die globale Wirkung mit Woodrow Wilson selbst, doch auch mit Franklin Delano Roosevelt, mit Harry Truman und mit Ronald Reagan. Keiner von ihnen ist zwar von den Zeitgenossen als virtuoser Renaissancemensch bewundert worden wie zuvor Theodore Roosevelt. Doch war ein jeder von ihnen auf seine Art und Weise eine weltgeschichtliche Gestalt, sofern man die Wirkung betrachtet. Das gilt sogar für Dwight D. Eisenhower, ohne dessen kühle Besonnenheit Amerika und die Welt vielleicht das Wildwest-Jahrzehnt des Atomzeitalters nicht ohne Katastrophe durchschritten hätten. Und für George Bush. Nicht vorstellbar, wie der weltpolitische Umbruch der Jahre 1989 bis 1992 hätte entgleisen können, wäre damals eine politische Null wie Michael Dukakis, ein Unglücksrabe wie Jimmy Carter oder ein weltpolitisch noch unerfahrener Präsident wie Bill Clinton im Weißen Haus installiert gewesen.

Das führt zum dritten Grund, weshalb die Studie Wilsons von Bedeutung ist. Erstmals im 20. Jahrhundert hat hier ein Theoretiker das Konzept der »presidential leadership« entwickelt. Der Präsident, so führte Wilson dort aus, ist Führer der eigenen Partei, er kann die Gesetzgebung initiieren, er besitzt eine fast vollständige Kontrolle über die auswärtigen Angelegenheiten, und er setzt der Nation ihre Ziele.

Bereits im Jahre 1885 hatte Wilson eine vielbewunderte Monographie zum amerikanischen politischen System veröffentlicht. Ihr Titel »Congressional Government« ließ erkennen, daß er, damals völlig zutreffend, die beiden Häuser des Kongresses als die Zentralorgane der amerikanischen Politik einschätzte, aber eben noch nicht das Amt des Präsidenten. Wilson hatte diesen Zustand heftig kritisiert und – gestützt auf Walter Bagehots »English Constitution« aus dem Jahre 1867 – ein Idealbild des damaligen britischen Regierungssystems entworfen, in dessen Zentrum die Regierungspartei und das Kabinett standen. Beides, so meinte er, sei viel besser geeignet, Effizienz des Regierens zu ermöglichen. Anders als beim Blick auf den fast undurchschaubaren Ausschuß-Dschungel des Kongresses erkenne im britischen System auch der Wähler, bei wem tatsächlich die Verantwortung liegt.

Seit diesen Anfängen seiner Beschäftigung mit dem amerikanischen Regierungssystem hatte Wilson wieder und wieder hervorgehoben, Demokratie und politische Führung seien keine Gegensätze. Der

Führer in der Demokratie ist typischerweise Parteiführer. Das heißt: er ist einer unter vielen. Als Parteiführer wirbt er um die Mehrheit. Doch selbst wenn er ein problematischer Demagoge sein sollte, würde ihm auf Dauer aus den pluralistisch organisierten Institutionen der Republik so viel Kritik entgegenschlagen, daß die Freiheit gesichert bliebe. Ist er aber ein Staatsmann, vielleicht sogar ein politisches Genie, so bildet die freie Republik mit starker Exekutive die denkbar beste Plattform für seinen Gestaltungswillen.[123]

Bis heute ist das Konzept »presidential leadership« in zahllosen Monographien unablässig entfaltet, differenziert und weiterentwickelt worden. Seine Bedeutung für das politische Selbstverständnis der USA kann gar nicht überschätzt werden. Am Anfang aber steht Woodrow Wilson.

Schließlich – viertens – ist Wilsons Theorie nicht zuletzt deshalb von großem Reiz, weil er selbst als Präsident innenpolitisch und außenpolitisch in großem Stil »presidential leadership« ausgeübt hat, am Ende allerdings damit gescheitert ist.

Wilsons Scheitern ändert aber nichts daran, daß die amerikanische Demokratie sowie die Präsidentschaft, deren Theorie er früh konzipiert hat, das ganze 20. Jahrhundert hindurch große Politik macht. In beiden Weltkriegen rettet Amerika die Demokratien Europas und ein drittes Mal in den Jahrzehnten des Kalten Krieges. Dirigiert und repräsentiert jedoch wird die amerikanische Demokratie von ihren Präsidenten. Wilson, Roosevelt, Truman, Eisenhower, sie werden im demokratischen Europa vielfach als Retter und als Führer der Demokratien begriffen. Nie sind diese Führungsgestalten zwar unumstritten – weder im eigenen Land noch im Ausland. Aber ohne das Konzept und die Sache »presidential leadership« wären die westlichen Demokratien den totalitären Führerstaaten wahrscheinlich nicht überlegen gewesen.

## Ein Jahrhundert der Parteiführer: Robert Michels' »Soziologie des Parteiwesens« (1911)

Fast zur gleichen Zeit wie Wilsons Monographie, nämlich im Jahr 1911, also ebenfalls noch vor Ausbruch des Ersten Weltkrieges, ist in Leipzig die Studie »Zur Soziologie des Parteiwesens in der modernen Demokratie« erschienen. Recht ähnlich wie damals Woodrow Wilson, steht der Verfasser auch dieser Monographie, Robert Michels, zur aktuellen Politik in Verbindung, ohne sich ihr aber völlig verschrieben zu haben. Michels ist ein wirtschaftlich unabhängiger Millionärssohn aus Köln, Jahrgang 1876, anfänglich Berufsoffizier, hat dann mit seinen katholisch-konservativen und preußisch-deutschen Anfängen gebrochen und ist revolutionärer Sozialist geworden. Seither lebt er als Bürger mindestens dreier Welten.[124]

In Frankreich schlägt ihn der revolutionäre Syndikalismus Georges Sorels in Bann. In Deutschland schließt er sich der Bebelschen Sozialdemokratie an und ruiniert damit seine akademische Karriere. In Italien, wo er seit 1907 in Turin als Privatdozent lehrt und 1928 bis zu seinem Tod 1936 als Professor in Perugia (doch zumeist in Rom lebend), verbindet er sich mit dem linksradikalen Parteiflügel der Sozialisten, dessen aufsteigender Star damals Benito Mussolini ist. Mussolini hält zeitweilig große Stücke auf ihn und er auf Mussolini. Die beiden beeinflussen sich wechselseitig, und so findet sich Michels seit Anfang der zwanziger Jahre im politischen Lager der Faschisten.

Auch die Schweiz ist ihm nicht fremd. 1914 erhält er eine Professur an der Universität Basel, und es läßt sich kaum ein größerer Gegensatz denken als der völlig apolitische, ja antipolitische Jacob Burckhardt und der vom politischen Fieber angesteckte Robert Michels.

Dieser Kosmopolit, der mit den sozialistischen und radikalliberalen Parteien Kontinentaleuropas bestens vertraut ist, hütet sich allerdings davor, die »Soziologie des Parteiwesens« mit politisch-programmatischen Überlegungen zu befrachten. Michels schreibt vielmehr eine Untersuchung von distanzierter, wenngleich nicht ganz kühler Wissenschaftlichkeit, um vorwiegend an den Beispielfällen der sozialistischen Parteien Europas seine dreifache These zu entfalten: Politik ist Organisation; unter den Bedingungen moderner Demokratie sind politische Parteien als die entscheidenden Organisationen zu begreifen; an der Spitze der Parteien stehen aber unvermeidlicherweise oligarchische Führungen – auch und gerade in den Arbeiterparteien, die das Ziel einer Demokratisierung des Staates verfolgen.

Michels gebietet nicht allein über einen immensen Reichtum an Beispielfällen aus der aktuellen Politik. Er beherrscht auch ähnlich wie Machiavelli im »Principe« und in den »Discorsi« die Kunst, seine Thesen in plakative Überschriften zu komprimieren: »Demokratische Aristokratie und aristokratische Demokratie«. – »Das ethische Ornament der sozialen Kämpfe«. – »Die mechanische und technische Unmöglichkeit direkter Massenherrschaft«. – »Die moderne Partei als kriegführende Partei«. – »Das Führungsbedürfnis der Massen«. – »Die Dankbarkeit der Masse«. – »Das Verehrungsbedürfnis der Massen«. – »Überlegenheit des Berufsführers über alle Outsiders begründet auf die Massenpsyche«. – »Das Eindringen des bürokratischen Geistes in die Partei«. – »Der Kampf zwischen den Führern um die Macht«. – »Gleichsetzung von Partei und Person (le parti, c'est moi)«. – »Die Demokratie und das eherne Gesetz der Oligarchie«.

Wer verstehen möchte, wie die politischen Größen des 20. Jahrhunderts Prominenz erlangen, sich durchsetzen, Öffentlichkeit und Anhängerschaft manipulieren, aber auch ihrerseits häufig zu Opfern der eigenen Apparate werden, findet bei Michels eine Fülle kluger und gut systematisierter Hinweise.

Er ist ein genauer Kenner der Parteitagsregie und der Parteitagspsychologie. Er hat das Führungspersonal mit scharfem Blick studiert – den Stil ihres Auftretens, ihre Rhetorik und ihre symbolischen Gesten, ihre raschen, stets von schön klingenden Phrasen bemäntelten Kurswechsel und ihre wechselseitige Eifersucht, desgleichen jedoch ihren Fleiß, ihre Ruhelosigkeit, ihre permanente Inanspruchnahme und ihre Ämterhäufung, die ihnen vielfach den vorzeitigen Tod bringen.

Michels kennt aber auch die gläubige Einfalt der Anhänger. Über die deutschen Arbeiter, die aus frommen Protestanten zu Sozialdemokraten wurden, schreibt er: »Aber in ihrer guten Stube entfernten sie das obligate Lutherbildnis nur, um es durch einen Bebel zu ersetzen.«[125] Oder über den Kreis der regelmäßigen Teilnehmer an Parteiversammlungen: »Dieser setzt sich, den Bigotten in der Kirche vergleichbar, aus Pflichtbewußten und aus Gewohnheitsläufern zusammen.«[126] Doch zum Glück der schlauen Parteiführer finden Versammlungen »mit gegenwartspolitischen, sensationellen oder sentimentalen Themen«, ja selbst mit Themen allgemeiner Bildung (Zolltarif, Anklagen gegen leitende Staatsmänner, russische Revolution, Nordpolforschung, Körperhygiene, Spiritismus) besseren Besuch als die Versammlungen, »welche taktische oder sonstige innere Parteifragen behandeln, also den Lebensnerv der Organisation selbst berühren«.[127]

Michels analysiert, wie gesagt, im Jahr 1911 die Führerschaft der damaligen radikalen Parteien. Geistig befindet er sich zwar schon auf dem Weg zum Elitismus der späteren Faschisten. Doch das Jahr 1930 ist noch in ferner Zukunft verborgen, da er in einer ansonsten niveauvollen, differenzierten Monographie des Titels »Italien von heute. Politische und wirtschaftliche Kulturgeschichte von 1860 bis 1930« das befremdliche Kapitel »Benito Mussolini« einfügt, in dem man ein Musterbeispiel der Diktatorenverherrlichung im 20. Jahrhundert vor sich hat: »Die Anerkennung des Prinzips der Elite wurde dem Fascismus durch den Glücksumstand erleichtert, daß er einen wahren Elite-Menschen zum Duce hatte ...« Kein Substantiv und kein Adjektiv ist diesem ansonsten eher sarkastischen Stilisten dabei zu schade: »heiliger Glaube an sich selbst und an seine Mission«, »glückliches Temperament«, »gewaltige Assimilationskraft«, »gesunder Instinkt«, »Intuitionsgabe für das Mögliche und Erreichbare«, »Selbstbeherrschung« – »kurz, sein Genie«.[128]

Mussolini sei der moderne Grundtypus dessen, was Max Weber unter einem charismatischen Führer verstanden wissen wollte: frei und wildgewachsen, hat er sich sein Charisma ohne jegliche erbliche Herleitung und ohne Tradition, aus dem Glauben der Massen an ihn und eigener, selbsterworbener Dynamis geholt, ein starker Mann, »kein Schmarotzer, kein Parasit, der auf Kosten der Nation fett wird«.[129]

Michels deutet zwar in dieser späteren Monographie umsichtig an, daß Mussolini auch Haß entgegengebracht werde, und bezeichnet ihn unumwunden als »Diktator«, macht sich aber zugleich besorgte Gedanken um die »ernsteste Gefahrenfülle«, der sich dieser unersetzbare charismatische Führer aussetze, wenn er sich beim Bad in der Menge Attentätern gegenüber zu sehr exponiere.[130]

Doch mit der Führertheorie, die Michels 1911 publiziert hatte, ließ sich nicht nur der Diktator Mussolini erklären und legitimieren. Michels selbst hat erkannt, daß seine Theorie auch auf den Diktator Lenin anwendbar war. Die rasch berühmt gewordene »Soziologie des Parteiwesens« hatte nämlich 1924, nach dem Ersten Weltkrieg, eine zweite, gründlich überarbeitete Auflage erfahren, zu der Michels ein gewichtiges Vorwort verfaßte. Dort bemerkte er unter anderem, er habe auf die trotz wichtiger Gemeinsamkeiten gegebenen Unterschiede zwischen Sozialisten und Kommunisten nicht eingehen können: »Das erwies sich überdies um so weniger nötig, als hinsichtlich des Führerproblems die beiden feindlichen Brüderschaften kaum Unterschiede aufweisen.«[131] Im Klartext heißt das: Die damals schon hierarchisch organisierten Kommunisten und die sozialistischen Parteien sind gleicherweise Führerparteien.

In der Erstauflage von 1911 war weder von Lenin noch von Mussolini die Rede gewesen, während Clemenceau, Briand und Lloyd George schon als beispielhafte Führerpersönlichkeiten Erwähnung gefunden hatten. Nun aber wurde auf die totalitären Parteiführer verschiedentlich hingewiesen. Als *ein* Geheimnis der Erfolge Lenins wurde dessen »einfache Lebensführung« genannt, auch dessen volkstümliche Sprache, womit er dem in der Erstausgabe gut charakterisierten »Postulat der Entsagung« entspreche.[132] Die Oktoberrevolution galt Michels als ein »genialer Handstreich« Lenins, woran er die Feststellung knüpfte: »Mit anderen Worten, nicht eine Arbeiterdemokratie in Gestalt einer ›Millionenpartei‹ hat das Ziel erreicht, sondern vielmehr eine Elite entschlossener Männer …«[133] Michels Führertheorie vermochte also im Prinzip auch die politische Praxis des Leninismus zu erklären.

Die Frage drängt sich auf, ob nicht Lenin selbst bereits kurz nach der Jahrhundertwende, somit geraume Zeit *vor* dem Ersten Weltkrieg, ein eigenes Konzept entwickelt hat, das ihn als Theoretiker der Führer-Diktaturen des 20. Jahrhunderts bezeichnen ließe. Schließlich hat er seit 1900 in der »Iskra« und dann 1903 auf den nachträglich berühmten Parteitagen in Brüssel und London seine Theorie der Diktatur des Proletariats proklamiert, die tatsächlich als eine Diktatur von Berufsrevolutionären konzipiert war.

Georgi W. Plechanow, der in jener Phase für kurze Zeit mit Lenin gemeinsame Sache machte, hat in einer Londoner Kirche, wo die Exilrevolutionäre ihre Diskussionen abhielten, beim Blick auf diesen bewundernd ausgerufen: »Das ist der Stoff, aus dem die Robespierres gemacht werden!«[134] Für Leo Trotzki, eben aus sibirischer Verbannung auftauchend, war Lenin gleichfalls ein »Despot und Terrorist, der das Zentralkomitee in ein Komitee der öffentlichen Sicherheit verwandeln wollte, um die Rolle eines Robespierre spielen zu können«.[135] Doch Lenin war viel zu klug, offen eine Theorie des diktatorischen Führers zu verkünden.

Zum Zeitpunkt des Erscheinens seines klassischen Hauptwerks im Jahr 1911 hatte Michels jedenfalls den Schritt vom Konzept einer Oligarchie der Parteiführer zu dem des Duce einer praktisch wie theoretisch antidemokratischen Partei noch nicht getan. Seine Phänomenologie des Parteiführers war aber geeignet, sowohl die parlamentarischen oder präsidentiellen Führer der Verfassungsstaaten zu begreifen als auch die Führer der neuartigen totalitären Regime. Von Michels' Theorie führt *ein* Strang zu der faschistischen Führer-Diktatur Mussolinis und ein zweiter Strang zur bolschewistischen Führer-Diktatur Lenins, dem dann Stalin nachfolgte.

Müßte man hier nicht auch Max Webers Theorie des modernen Führers erwähnen? Sachlich wäre das zutreffend. Doch die voll ausgebildete, wenngleich nicht abschließend formulierte Führer-Theorie Max Webers ist nicht mehr in der Zeitdimension kurz vor oder nach 1900 erfaßbar. Max Webers Begriff des »charismatischen Führers« und seine Lehre von der plebiszitären Führerdemokratie entfalteten sich vor allem im Weltkrieg und kurz danach. Nachdem aber Robert Michels, Max Weber und andere mit ihnen die Schlüsselrolle der Parteiführer in modernen Demokratien erkannt hatten, war es nur ein Schritt von der Anerkennung der Oligarchie der Führer zur Anerkennung eines einzigen Führers – verfassungsstaatliche Legitimierung hin oder her. Und wie an der Entwicklung von Robert Michels beispielhaft zu studieren ist, schienen die Grenzen zwischen den Führern in Verfassungsstaaten und in Diktaturen damals noch nicht so fest gezogen wie später. So enthält schon das Vorwort zur zweiten Auflage von 1924 , in dem Michels auf den Faschismus zu sprechen kam, einen kaum verhüllten Lobpreis auf den Führer Mussolini: »Sein Heros, Benito Mussolini, ist weit davon entfernt, seine Führerrolle abzuleugnen. Er spielt sie unter dem hohen strahlenden Himmel Roms in absolutem Bewußtsein seines Rechts auf die in allem Wesentlichen unumschränkte Führerschaft einer herrschenden Millionenpartei: Tempo primo e secondo.«[136]

Doch das wurde eben 1924 geschrieben. Zwischen der ersten und zweiten Auflage des Buches aber lagen die Urkatastrophe des Ersten Weltkriegs, Lenins Oktoberrevolution, der Russische Bürgerkrieg und das Autoritätsvakuum, das aus dem Sturz der Monarchien in Rußland, Österreich-Ungarn und Deutschland resultierte. Die revolutionären Parvenus konnten nur deshalb zu großen Despoten des 20. Jahrhunderts avancieren, weil die regierenden Monarchen zuvor ohne eine Spur von Weitsicht ihre Völker in den Abgrund taumeln ließen.

ZWEITER TEIL

# »Die Könige der Welt sind alt und werden keine Erben haben«

# Ruinierer ihrer Imperien:
# Franz Joseph I., Nikolaus II., Wilhelm II.

Im Jahr 1910 kommt es in der Wiener Hofburg zu einem bemerkenswerten Zusammentreffen. Theodore Roosevelt, 1901 bis 1909 Präsident der USA, die Inkarnation des heraufziehenden amerikanischen Jahrhunderts, kehrt eben aus dem »Schwarzen Kontinent« zurück. Dort hat er monatelang Nilpferde gejagt, Löwen geschossen und vor den Studenten der Universität Kairo einen Vortrag gehalten. Jetzt macht er, von einem Schwarm von Journalisten umringt, Kaiser Franz Joseph I. seine Aufwartung. Dieser ist damals schon eine lebende Legende. Er steht im 81. Lebensjahr und trägt bereits 62 Jahre lang die Bürde des Kaisertums. Roosevelt bekommt von ihm die Worte zu hören: »Ich bin der letzte Monarch Europas.«

Die Anekdote stammt von Graf Carlo Sforza, auch er eine Person der Zeitgeschichte – Diplomat, Senator, antifaschistischer Emigrant, von 1947 bis 1951 Außenminister Italiens – und dieser fügte hinzu: »Franz Joseph ist für die politische Geschichte, was gewisse fossile neolithische Tiere, wie ich sie in den Wüsten der Mongolei unberührt habe liegen sehen, für die Naturgeschichte sind. Ein versteinerter Autokrat aus dem siebzehnten Jahrhundert, wieder zum Dasein erweckt im neunzehnten und zwanzigsten.«[2] Als Sforza dies im Jahr 1930 schrieb, schien das allen schon ferne Vergangenheit. Die sterblichen Überreste Franz Josephs I. waren am 30. November 1916, mitten im Ersten Weltkrieg und bei allgemeiner Apathie der Massen, durch weißverschneite, graue Straßen in die Kapuzinergruft geführt worden, um dort die letzte Ruhe zu finden. Zuvor, am fatalen 28. Juni 1914, hatte »der letzte Monarch Europas« noch die Ermordung seines ungeliebten Thronfolgers Franz Ferdinand zu erdulden. Möglicherweise hätte dieser die Energie aufgebracht, das Habsburgerreich zu reformieren – statt einer Föderation mit zwei gleichberechtigten Völkern eine Föderation von neun Völkern unter der Kaiserkrone. Vielleicht hätte er aber nach seiner Thronbesteigung auch nur auf seine eigene, ungestüme Art und Weise das Reich ruiniert, welches Franz Joseph durch Unbeweglichkeit und Zustimmung zu einem törichten Krieg zugrunde richtete. Doch darüber war 1930 die Geschichte ebenso hinweggegangen wie über die Bemühungen des letzten Kaisers Karls I., den Krieg noch rasch zu beenden, bevor das Reich auseinanderfiel.

In den kontinentaleuropäischen Großmächten der »Welt von gestern« regierten indessen noch zwei weitere Monarchen und verkörperten die Widersprüchlichkeiten von Traditionalismus und Modernität – Zar Nikolaus II. von Rußland und der Hohenzollernkaiser Wilhelm II. Während Franz Joseph I. und Nikolaus II. in der Tat die Müdigkeit überlebter feudalistischer Systeme erkennen ließen, war wenigstens Wilhelm II. davon überzeugt, in eigener Person die Widersprüche zwischen Traditionalismus und Modernität gelöst zu haben.

Wer aus heutiger Sicht die Geschichte des 20. Jahrhunderts überblickt, neigt gern dazu, das lange 19. Jahrhundert im Jahr 1914 enden zu lassen und das »eigentliche« 20. Jahrhundert in die Zeitspanne von 1914 oder gar 1917 bis 1991 zusammenzudrängen. Doch damit wird verkannt, welche Bedeutung die drei eben genannten Monarchen für die Katastrophe der folgenden Jahrzehnte gehabt haben. Im ersten Aufzug der Haupt- und Staatsaktion des 20. Jahrhunderts waren sie die Zentralfiguren – negative Größen alle drei, im historischen Rückblick groß nicht durch ein Übermaß an Schlechtigkeit, sondern durch Kurzsichtigkeit und Schwäche. In jenen kritischen Jahren, als die Zivilisation mit erstaunlichen geistigen Energien erst aufblühte und dann rasch schrecklich entgleiste, waren sie die eigentlichen Weichensteller in die Katastrophe.

Im Hinblick auf das Versagen dieser negativen Größen fallen vor allem drei Hauptpunkte ins Auge. Sie waren erstens unvorsichtig genug, die Züge in den Zusammenstoß rasen zu lassen, und dann zu schwach, den töricht begonnenen technischen Vernichtungskrieg raschestens, wenngleich schon unter großen Opfern, zu beenden. Sie brachten zum zweiten nicht die Weitsicht zu rechtzeitiger, durchgreifender Reform ihrer Imperien auf. Und schließlich erwiesen sich Franz Joseph I., Nikolaus II. und Wilhelm II. ungewollt auch deshalb als Ruinierer ihrer Imperien, weil sie im heimlichen Wissen um ihre eigene Unfähigkeit zur politischen und strategischen Führung nicht einmal die Intelligenz besaßen, fähige Krisenmanager zu suchen. Als sich frühere Monarchen mit ähnlichen Herausforderungen konfrontiert sahen, haben sie sich in diesem Punkt klüger verhalten, oder sie hatten mehr Glück mit ihren Ministern.

Graf Berchtold, der Ungestüm mit Ahnungslosigkeit verbindende österreichische Außenminister, war kein Metternich und der energisch-unfähige Generalstabschef Conrad von Hötzendorf kein Prinz Eugen. Mit Rußland stand es nach der Ermordung Stolypins genauso deplorabel. Doch gesellte sich dort zu dem mediokren militärischen und politischen Führungspersonal noch die beim Volk verhaßte Kaiserin Alexandra hinzu, die das unappetitliche Scheusal Rasputin an den Hof zog und damit das Prestige des Zaren weiter herunterwirtschaftete. In Deutschland schließlich war der vergleichsweise fähige

Reichskanzler von Bethmann Hollweg weder ein Bismarck noch ein Freiherr vom Stein, von seinem Nachfolger Georg Michaelis ganz zu schweigen.

Dabei waren die drei unglückseligen Herrscher der kontinentaleuropäischen Reiche viel mehr als nur das, was man im Slang der Politologie späterer Zeiten die höchsten »Entscheidungsträger« nennt. Sie verkörperten zugleich die alte Adelsgesellschaft, sinnfällig gemacht im Hofzeremoniell und in einer omnipräsenten Vielzahl traditionalistischer Symbole. Zudem geboten sie über noch weithin gläubige Völker. Als Oberhäupter oder doch Schirmherren der Staatskirchen hatten sie die Macht, das Herrschaftssystem durch metaphysische Fundierung zu festigen, die durch einen konservativ eingestellten Klerus vermittelt wurde. Sie taten auch ihr Bestes, der Öffentlichkeit durch feierliches Begehen von Gründungsjubiläen und sonstigen Jahrestagen unablässig ins Gedächtnis zu rufen, daß ihre Macht auf der denkbar überzeugendsten Grundlage ruhe: auf der Basis jahrhundertealter Traditionen.

Je weniger überzeugend die Verankerung in den Jahrhunderten war, um so größer die Anstrengungen, wenigstens diesen Anschein zu erwecken. Verglichen mit den russischen Zaren oder den Habsburgern waren die Hohenzollernkönige Parvenus, von der wagnerianischen Künstlichkeit des neudeutschen Kaisertums ganz zu schweigen. Eben deshalb wurde noch im Jahr 1915 mit beträchtlichem Aufwand das fünfhundertjährige Hohenzollernjubiläum gefeiert, denn am 30. April 1415 hatte der Burggraf Friedrich von Nürnberg von König Sigismund urkundlich die Markgrafschaft von Brandenburg samt der Kurwürde erhalten.

Zwar hat man sich damals wie später häufig darüber gewundert, wie fremdartig solche Traditionalismen in die mit Ungestüm moderner werdenden Gesellschaften hineinragten. Dennoch schienen sie noch dauerhaft und weithin legitim. »Die Monarchie wurde Ende des 19. Jahrhunderts als ebenso gegeben hingenommen wie heute das allgemeine Stimmrecht«, hat John Roberts etwas pointiert zwar, aber doch auch zutreffend festgestellt.[3]

Über die moralische Verantwortung der Souveräne für die Ingangsetzung zuvor unvorstellbarer Massentötung und für den Ruin ganzer Volkswirtschaften ist seither oft geschrieben worden. Ungewollt und voller Unverstand haben sie damit zugleich auch jene uralten Traditionen zerstört, die zwar vielfach schon als lästiger Ballast wirkten, aber doch auch manches vom Charme Alteuropas bewahrten, der künftig verloren war. »Kräftige Ruinierer« ihrer Reiche waren Franz Joseph I., Nikolaus II. und Wilhelm II. zwar nicht. Als »große Ruinierer« muß man sie am Ende eines aufgrund der Urkatastrophe des Ersten Welt-

*Kaiser Franz Joseph I. hat 68 Jahre lang regiert, vom Revolutionsjahr 1848 bis 1916 – pflichtbewußt, einfallslos und zum Schluß die ehrwürdige Überlebtheit des Habsburgerreiches verkörpernd.*

kriegs nicht besonders brillant verlaufenen Jahrhunderts aber dennoch bezeichnen.

Gleichwohl sind gegenwärtig wieder einmal Tendenzen zur historiographischen Aufwertung Franz Josephs I. und Nikolaus' II. zu registrieren. Alan Palmer hat neuerdings ein sympathisches Bild des »paternalistischen Autokraten« Franz Joseph gezeichnet und ihn als »vorsichtigen Reformer« von guten Umgangsformen sowie mit präzisem Gedächtnis gewürdigt – keineswegs die »weltferne Pappfigur der historischen Legende«.[4] Franz Joseph habe es, so argumentiert Palmer, dank großer Erfahrung über lange Jahrzehnte hinweg fertiggebracht, die Völker der Monarchie zusammenzuhalten und damit die aus ethnischer und politischer Zersplitterung resultierenden Scheußlichkeiten vermieden, an denen das Jahrhundert dann so reich sein sollte.

Dem mag wohl so sein. Doch wie die Jahre 1914 bis 1918 hinlänglich unter Beweis stellten, hätte Österreich-Ungarn nur überleben können, wenn die Monarchie um fast jeden Preis den Krieg vermieden und eine wie auch immer beschaffene fundamentale Reformpolitik betrieben hätte. Beides unterblieb aber. So muß denn selbst Alan Sked, der gleichfalls der Meinung ist, die österreich-ungarische Monarchie sei 1914 weder im unaufhaltsamen Niedergang begriffen noch ernstlich bedroht gewesen[5], schließlich doch einräumen, daß die Katastrophe so gut wie zwangsläufig war, nachdem sich die politische Führung Österreich-Ungarns auf den großen Krieg eingelassen hatte. Die Katastrophe wäre allenfalls durch einen deutschen Sieg abwendbar gewesen, aber auch in diesem Fall hätte das Habsburgerreich als unabhängige Großmacht wohl nicht überlebt.

Von einem dreiundachtzigjährigen Kaiser mit der Last geschichtlicher Erfahrungen von über sechzig Jahren eigener Amtszeit ist zwar nicht zu erwarten, daß er Energie und Einsicht zur energischen Friedens- und Reformpolitik hätte aufbringen können. Doch eben darin bestand das Verhängnis dieses kraftlos gewordenen Ruinierers wider Willen, der letztlich alles stumpf und tatenlos treiben ließ.

Erst recht kann man Nikolaus II. nicht vom persönlichen Versagen freisprechen. Ob er tatsächlich geistig beschränkt war oder nur einfach willensschwach, ist umstritten.[6] Vielleicht trifft die Vermutung zu, daß sein sehr willensstarker und fähiger Vater in dem behütet aufwachsenden jungen Mann alle Initiative ertötet hat. Als der auch physisch gigantische Alexander III. 1894 im Alter von 49 Jahren unerwartet starb, war Nikolaus gerade 26 Jahre alt und für die Übernahme des Amtes völlig unvorbereitet. In der Folge hat er nur gelernt, zwischen rivalisierenden Hofparteien zu lavieren und auf Ereignisse zu reagieren. Administrativ hat er seine Regierung nie in den Griff bekommen, denn er besaß nicht einmal einen Privatsekretär, geschweige denn ein leistungsfähiges Sekretariat.

Dazu trat eine strategische Fehleinschätzung. Lange Zeit war er davon überzeugt, Rußlands Zukunft liege in Sibirien und im Fernen Osten. Mehr als alles andere in seiner dreiundzwanzigjährigen Regierungszeit war der verhängnisvolle Zusammenstoß mit Japan sein eigenes Werk, auch wenn der Krieg 1904/05 von den Japanern eröffnet worden ist. Fast unvermeidlich erwuchs daraus die Revolution von 1905, mit der Nikolaus nur mühsam fertig wurde, dabei einmal mehr alle fortschrittlichen Kräfte in ganz Europa gegen das autokratische

Zarentum aufbringend. Daß der reformwillige Staatsmann Stolypin die letzte Chance der Autokratie war, hat der Zar offenbar gar nicht begriffen.

Arthur Nicolson, Botschafter Großbritanniens am Zarenhof, hatte Stolypin die »bemerkenswerteste Gestalt in Europa« genannt.[7] Dieser Ministerpräsident der Jahre 1906 bis 1911 war zwar ein autoritärer Konservativer, aber zugleich von der Überzeugung durchdrungen, daß Rußland weitreichende Agrarreformen, ein für das Volk repräsentatives Parlament und eine liberale Beamtenschaft benötigte.

Als Stolypin am 14. September 1911 im Stadttheater von Kiew einem Revolverattentat zum Opfer fiel, war dies eine Szene von großer Symbolkraft. Zusammen mit ihm hatte nämlich auch Nikolaus II. in Begleitung seiner Töchter die Aufführung der Oper »Das Märchen von Zar Saltan« von Rimskij-Korssakow besucht. Der Zar befand sich in der Gouverneursloge, der Ministerpräsident vorn im Parkett. Von einem Lebersteckschuß getroffen, sank Stolypin in einen Sessel und sagte mit lauter Stimme: »Ich bin glücklich, für den Zaren zu sterben.« Er machte eine Handbewegung zur Loge hin, doch der Zar rührte sich nicht. Stolypin war nämlich damals schon in Ungnade gefallen – »politisch tot war er lange schon vor seinem physischen Tod«, bemerkte ein Beobachter.[8]

Doch der geistig schwerfällige Zar versagte nicht bloß bei der Reform. Er ließ sich auch in der Außenpolitik treiben. Im Schicksalsjahr 1914 hätte Nikolaus eigentlich gelernt haben können, wie unfähig der russische Militärapparat war und wie rasch ein unglücklich verlaufener Krieg zur Revolution führt.

Die wahre Rolle des Zaren in der Juli-Krise läßt sich nur noch partiell aufhellen. Bis in die Stunde seiner Ermordung hinterließ Nikolaus II. jedenfalls den Eindruck, das hilflose, doch bis zuletzt höfliche Opfer eines Wirbels von Krisen gewesen zu sein, denen seine Willenskraft von Anfang an nicht gewachsen war.

Allem Anschein nach hat sich der Zar also ebenso unsicher treiben lassen wie damals Franz Joseph I. »Vergessen Sie eines nicht: der Hauptcharakterzug des Kaisers ist mystische Ergebenheit«, hat ihn Außenminister Sasonow boshaft, doch wohl zutreffend charakterisiert.[9] Daß die Entscheidung zur russischen Generalmobilmachung den Krieg mit den Mittelmächten fast unvermeidlich machte, war ihm höchstwahrscheinlich klar, ohne daß er aber die Kraft zum Umsteuern aufgebracht hätte. Ein Augenzeuge berichtet, daß er sich am Abend des 1. August zusammen mit der Kaiserin und seinen Töchtern bleich und erschöpft zur Abendmesse begab, um zu beten, Gott möge seinem Volk den Krieg ersparen. Kurz danach traf die Nachricht von der deutschen Kriegserklärung ein.[10]

Die Februarrevolution von 1917 überraschte ihn völlig. Wieder ließ er den Ereignissen mit untätigem Gleichmut ihren Lauf. Auf Kerenski, der ein paarmal mit ihm gesprochen hat, aber freilich Partei ist, wirkte Nikolaus II. in jenen Wochen wie ein »unnatürlicher Automat«, und er berichtete, der Zar sei eher darüber vergnügt gewesen, durch Abdankung die ständigen Audienzen und die Papierflut los zu sein.[11] So wurde Rußland herrenlos und begann sich in seine ethnischen Komponenten aufzulösen.

Neben den autokratischen Herrschern der kritischen Wochen im Juli und August 1914, die sich mehr oder weniger widerstandslos treiben ließen, darf man übrigens den britischen König Georg V. nicht ganz vergessen. Gewiß, Großbritannien war damals schon jahrzehntelang parlamentarisch regiert. Doch das Kabinett zeigte sich im Juli 1914 in der Frage des Kriegseintritts zutiefst gespalten, und formal verfügte Georg V. immer noch über die Prärogativen Heinrichs VIII. aus dem frühen 16. Jahrhundert. Einem energischen und sehr weitsichtigen Monarchen, der, aus welchen Gründen auch immer, gezögert hätte, das Empire sofort in den Krieg zu führen, hätte durchaus eine verfassungsrechtliche Vetomacht zur Verfügung gestanden. Doch auf dem Höhepunkt der Weltkrise, am 31. Juli 1914, als das Foreign Office einen persönlichen Appell des Königs an Zar Nikolaus II. entworfen hat, der diesen von der allgemeinen Mobilmachung abhalten soll, muß ihn Premierminister Asquith nach Mitternacht aus dem Bett holen. Dem verschlafenen König im Nachthemd und Morgenrock fällt nicht mehr ein als die Idee, dem Brief eine persönlichere Note zu geben. »Mein lieber Nicki« soll die Anrede lauten, und die Unterschrift »Georgie«.[12] Am 4. August hielt Georg V. im Buckingham-Palast bloß eine Sitzung des Privy Council unter Teilnahme eines einzigen Ministers und zweier Hofbeamter ab. Dort wurde die Kriegserklärung gegen Deutschland ausgefertigt, die zuvor weder vom Kabinett als Ganzem noch vom Parlament formell autorisiert worden war.[13]

Verglichen mit den Monarchen Franz Joseph I. oder Nikolaus II. trägt der deutsche Kaiser Wilhelm II. doch wohl die größte persönliche Verantwortung an der Katastrophe von 1914 bis 1918. Die beiden eben Genannten ließen sich treiben, Wilhelm aber war ein von inneren Disharmonien getriebener Treiber.

Als vorerst letzter in einer langen Reihe von Biographen hat John C.G. Röhl unlängst einmal mehr den Nachweis geführt, wie in Wilhelm II. Haßliebe zur Mutter und Englandhaß unentwirrbar zusammenströmten.[14] Von unreifem Ehrgeiz und von der Willenskraft des Technokraten Tirpitz angestachelt, war er bekanntlich die treibende Kraft hinter dem Schlachtflottenbau, mit dem Großbritannien auf einen antideutschen Kurs geradezu geprügelt wurde. Schiffahrtsromantik, Weltmachtambitionen, Familienzank, nicht zuletzt der unreife Ehrgeiz, es den bewunderten und beneideten Engländern gleichzutun, wirkten zusammen. Schon kurz nach Wilhelms Thronbesteigung befürchtete seine kluge und skeptische Großmutter, Queen Victoria, »von einem so hitzköpfigen, eingebildeten und verschrobenen jungen Mann« eine starke Belastung der deutsch-britischen Beziehungen. Im englischen Establishment erweckte er von Anfang an Mißtrauen. Der erfahrene Ministerpräsident Salisbury gab seiner Sorge in einer kurzen, knappen Feststellung Ausdruck: »Er ist falsch.«[15]

Daß der unruhige Kaiser längst vor Kriegsausbruch die potentielle Katastrophe vorbereitet hat, steht seit langem außer Frage. Gewiß war der Erste Weltkrieg ein Resultat des Hochimperialismus. Aber auf verschrobene Weise verstand Wilhelm II. den Weltkrieg zu Beginn außerdem als dynastischen Krieg – auch dies ein grotesker Atavismus. Die wirren Marginalien vom Juli 1914 sprechen eine klare Sprache. Dieser fatale Kaiser führte Deutschland auch deshalb ins Unheil, weil er an eine Verschwörung zwischen dem Zaren und Georg V. glaubte, wobei er hinter allem den Geist des bewunderten und verhaßten Onkels Eduard VII. am Werke sah. Als England in den Krieg eintrat, seufzte er kläglich: »Wenn man sich vorstellt, daß George und Nicky mit mir ein falsches Spiel getrieben haben! Wenn meine Großmutter noch am Leben wäre, würde sie dies niemals zugelassen haben!«[16]

Wie man weiß, hat Wilhelm II. bei Ausstellung des Blankoschecks an Österreich-Ungarn zu einem Strafkrieg gegen Serbien krisenverschärfend gewirkt. Seine aus dieser Phase überlieferten Rodomontaden und eine Handvoll undisziplinierter schriftlicher Weisungen lassen keinen Zweifel daran. Ebenso deutlich ist jedoch, daß ihm, als es kritisch wurde, die Bedenken vor dem großen Krieg kamen. Frecher Übermut und lebenslange Feigheit waren bei diesem letzten Hohenzollernkaiser nicht nur in den Wochen des Juli und August 1914 Zwillingsgeschwister. Bereits Mitte der neunziger Jahre hatte der preußische Innenminister von Köller geäußert: »Gott behüte uns vor einem Kriege, solange Wilhelm II. auf dem Thron ist. Denn er wird die Nerven verlieren, er ist feige.«[17] Die Feigheit im Sommer 1914 bestand in diesem Fall darin, den Beteiligten nicht mit aller Kraft den Sprung ins Dunkel zu untersagen. In den letzten entscheidenden Tagen hat sich dieser Möchtegernautokrat offenkundig genausowenig wie die Monarchen der anderen Großmächte an die Fülle seiner verfassungsrechtlichen Befugnisse erinnert.

Unsicheres Schwanken zwischen Arroganz und Ängstlichkeit charakterisierte dann auch die Rolle des Kaisers im Ersten Weltkrieg. Er taktierte zunehmend hilflos und mit immer niedrigerem Profil in der

*Ein letztes Photo des bereits zurückgetretenen und gefangengesetzten Zaren Nikolaus II., zusammen mit seinen Kindern (von links nach rechts) Olga, Anastasia, Alexei, Tatiana und Maria, im sibirischen Tobolsk, einige Wochen vor der Ermordung auf Befehl Lenins.*

Öffentlichkeit. Den großen Dummheiten und Grobheiten der Obersten Heeresleitung stimmte er schließlich stets zu, wenngleich häufig nur zögernd. Seine Personalpolitik bezüglich der Spitzenpositionen war unüberlegt und seine Einstellung zur Verfassungsreform genauso halbherzig wie seine Bemühungen um rechtzeitige Beendigung des Krieges. Als die Revolution ausbrach, gab er ebenso rasch, auch ebenso panisch auf wie Nikolaus II., versäumte aber nach dem ersten Schrecken nicht, 62 Eisenbahnwaggons voller Umzugsgut nach der holländischen Asylresidenz in Haus Doorn transportieren zu lassen.[18] Die Flucht dieses letzten Hohenzollern nach Holland war ein Akt unwürdiger Kläglichkeit, der die Idee der Monarchie in Deutschland ein für allemal erledigt hat. Zornig und verächtlich zugleich formulierte Rainer Maria Rilke aus dem Blickwinkel der Nachkriegsjahre: »Aber dem, wie Allem für Deutschland Heilsamen, war dieser aufgeputzte kaiserliche Popanz im Weg, er, und die Millionen, denen seine geile Großthuerei gefiel.«[19]

In *einem* Punkt unterschied sich Wilhelm II. jedoch ganz wesentlich von den autokratischen Monarchen der zeitgenössischen Großmächte. Ungeachtet gewisser germanisch-altdeutscher Nostalgien im Stil von Wagner-Opern erscheint er in vielem als ein sehr moderner Monarch – technikbegeistert, mit Sinn für die Naturwissenschaften ausgestattet, der Industrie zugewandt, ein Architekturfan und als Komponist dilettierend. In dieser Hinsicht war der 1859 geborene Monarch schon eine typische Größe des 20. Jahrhunderts. Auch mit seiner notorischen Flegelhaftigkeit und Schwatzhaftigkeit.

Damit verbanden sich aber sehr unzeitgemäße autokratische Allüren. Er schätzte nämlich auch ein denkbar altmodisches Hofzeremoniell mit 62 Rangabstufungen.[20] Zu den Atavismen dieser widersprüchlichen Gestalt zählte auch seine Jagdleidenschaft. Manche sahen darin eine Sublimation von Mordlust, andere eine Demonstration königlicher Macht. Die Zahlen des erlegten Wilds sprengten alle Rekorde: 44 Hirsche, 56 Rehe, 400 Hasen, 12 Sauen, 120 Fasane, 200 Rebhühner, 8 Birkhähne, 1 Fuchs wurden in einem einzigen Jahr gezählt.[21] Sehr modern war er auch darin, daß er unablässig auf Reisen sein mußte. Noch standen ihm zwar weder Executive Jets noch Hubschrauber zur Verfügung. Doch er war der perfekte Reisekaiser. »Heil Dir im Sonderzug«, spottete man. Und wenn er nicht gerade sein Reich bereiste, dann wußte man ihn auf der Yacht »Hohenzollern« – auf Nordlandfahrt, in der Ostsee bis Riga und Sankt Petersburg oder auf der Route zur Regatta von Cowes, wo er zum Befremden des englischen Hofes fast jährlich aufkreuzte. Lange vor Henry Kissinger hatte auch er das Heilige Land als Region zur Entfaltung von Medienpräsenz entdeckt.

Selbst konservative Adlige wie beispielsweise die württembergische Baronin Spitzemberg, vermerkten Wilhelms mystisch angehauchtes und aufgebauschtes Gottesgnadentum schon recht früh mit Befremden. Und der aus dem Badischen stammende deutsche Gesandte in Konstantinopel, Marschall von Bieberstein, konstatierte nüchtern: »Das Spielen mit mystisch-mittelalterlichen Begriffen, die tot oder am Aussterben sind, macht ihn lächerlich und zwingt eine Menge Menschen zur Heuchelei ...«[22]

Freilich stand er mit solchen Widersprüchen nicht allein. Das »Uneins von Hochmodernem und Uraltem«[23], von industriestaatlicher Dynamik und von nervöser Morbidezza war schließlich damals Epochensignatur. Vielleicht ist es ihm gerade deshalb gelungen, diesen Jahrzehnten deutscher Geschichte auf Dauer seinen Namen zu verleihen.

Wie Nikolaus II. und Franz Joseph I. war somit Wilhelm II. eine negative Größe, wenngleich ungleich aktivistischer – ein Ruinierer seines Landes auch er. »Niemals zuvor hat so vollkommen ein sinnbildlicher Mensch sich in der Epoche, eine Epoche sich im Menschen gespiegelt«, pointierte Walther Rathenau, der es wissen mußte.[24] In dieses Bild gehört auch das Nebeneinander von Militarismus und ebenso offenkundigem Genuß des Friedens. Denn dieser Herzensmilitarist hielt sich zugleich viel darauf zugute, als »Friedenskaiser« zu regieren. So ließ er eine Schlachtflotte bauen, die er dann nicht zum Einsatz bringen wollte, als dies 1914 geboten gewesen wäre, und sein Feldherrentum erschöpfte sich in der Veranstaltung gewaltiger Kaisermanöver, bei denen er persönlich Dutzende von Schwadronen gegen massierte Batterien von Feldhaubitzen ins Platzpatronenfeuer führte. Winston Churchill, der in der Schlacht von Omdurman erlebt hatte, wie große Kavalleriemassen von Repetiergewehren und Kanonen hinweggeputzt werden, war 1906 als Gast zugegen und registrierte das nicht ganz ohne Ironie. Dennoch beeindruckte ihn diese Demonstration »unerschöpflicher, überquellender Manneskraft und tödlicher Rüstung«.[25]

Einer der modernsten Züge dieses so nervös modernen Monarchen war das, was wir heute Mediengeilheit nennen. Wie fast alle Größen nach ihm liebte er die langen öffentlichen Reden mit anschließenden Presseberichten. Emil Ludwig zufolge hat Wilhelm II. in 17 Regierungsjahren 577 öffentliche Reden gehalten.[26] »Ein eigener Charakter«, glossiert Friedrich von Holstein diesen Kaiser, der durchaus zutreffend erkennt, daß man aus der Presse häufig mehr erfährt als von beflissenen Beamten: »Allgemeine Klage darüber, daß Seine Majestät sich vor den Vorträgen drückt. Dabei liest er aber dreißig bis vierzig Zeitungsausschnitte hintereinander weg und macht Randbemerkungen dazu.«[27]

Noch steckte zwar das Medienzeitalter erst in den Anfängen. Doch Wilhelm II. war die erste deutsche Größe des 20. Jahrhunderts, deren Bild und deren Umtriebigkeit durch die Photographie in jeder Wohnstube zu besichtigen waren. Er zog bereits einen Schwarm von Photographen hinter sich her und ließ sich auch kinematographisch ablichten.

Kennzeichnenderweise ging seine Medienpräsenz im Ersten Weltkrieg zurück. Dies einmal deshalb, weil nun über viele dramatische Vorgänge zu berichten war, die größeres Interesse beanspruchten als der Kaiser. Zum anderen aber nutzte jetzt die Oberste Heeresleitung unter Hindenburg und Ludendorff nachhaltig die Techniken propagandistischer Bildberichterstattung. Es kam dann so weit, daß auf manchen Plätzen des Landes nicht etwa ein Standbild des Kaisers stand, sondern der berühmte Hölzerne Titan, ein Koloß mit dem Bildnis Hindenburgs, in den die Bürger Eisennägel einschlagen durften, wenn sie dafür dem Roten Kreuz gespendet hatten.[28] So verschwand der Monarch während des Krieges nicht nur politisch hinter den Generalen, sondern auch optisch.

Nach dem Zusammenbruch drohte dem Kaiser dann noch ein Schicksal, das gestürzten Größen des 20. Jahrhunderts künftig öfters widerfahren sollte – die Kriminalisierung. Die siegreiche Entente hatte ihm einen Kriegsverbrecherprozeß zugedacht. Artikel 27 des Versailler Vertrags stipulierte ein internationales Tribunal gegen den »vormaligen Kaiser von Deutschland« wegen Verbrechen gegen die internationale Moral und gegen die Unverletzlichkeit von Verträgen.[29] Vorgeworfen wurden ihm »Mord«, »Massenmord« und »systematischer Terror«, auch die »Vergiftung von Brunnen«. Ursprünglich sollten übrigens Hindenburg, Ludendorff und Bethmann Hollweg gleichfalls angeklagt werden. Wilhelm II. blieb das erspart. Die niederländische Regierung weigerte sich, ihn auszuliefern, und in Deutschland brachte ihm der alliierte Rachedurst eher wieder einige Sympathien ein. Es bedurfte eines weiteren Krieges, bis eine breite Öffentlichkeit erkannte, daß die Auslösung eines technischen Vernichtungskriegs kein Herrscherprivileg ist, sondern ein Staatsverbrechen. Wilhelms einzige Strafe war die Verbannung. Eigenartigerweise fand er hier zu sich selbst. Seine Selbstkasteiung war so sehr aus dem Rahmen fallend wie seine ganze Erscheinung. Allein in den ersten einundeinhalb Jahren auf Amerongen fällte er über 1000 Bäume.[30] Doch bewies seine alles in allem behagliche Existenz während der Jahrzehnte bis 1941, daß in ihm auch ein verhinderter Landedelmann gesteckt hatte. Das hatte er mit dem sehr viel unglücklicheren Nikolaus II. und dem siegreichen Georg V. von Großbritannien gemeinsam.

Daß sich sein politischer Unverstand nicht läuterte, erstaunt nicht. Gestürzte Monarchen sind so, jedenfalls meistens. Bei den klü-

*Wilhelm II. und Winston S. Churchill, britischer Handelsminister, beim Kaisermanöver 1909. »Hier strahlt alles in den preußischen Farben schwarzweiß«, schrieb Churchill aus Deutschland an seine Frau Clementine, genannt Clemmie: »In 50 Jahren, so denke ich, wird eine klügere und sanftere Welt entstanden sein. Doch wir werden nicht mehr zu den Zuschauern gehören.« Das war gut geraten, tatsächlich starb Churchill aber erst 1965.*

geren Beobachtern in der hohen Beamtenschaft und in der deutschen Öffentlichkeit hatte sich bereits früh das dumpfe Empfinden verbreitet, daß dieser Kaiser ein Verhängnis sei. »Was an deutschen Gesandten und Botschaftern hierherkommt, beklagt sich über die absolute Unsicherheit der Politik, und die vom Amte schieben wieder alle Übelstände auf die Initiative und Willkür S.M.s, der, keinem Rate zugänglich, nur allerpersönlichste Politik treibt und das herrliche Deutschland ins Verderben führt, so nicht Gott hilft!!« Das

*Wilhelm II. am 10. November 1918 auf dem holländischen Bahnhof Eysden bei der Flucht ins Exil. Konrad Adenauer, 1917 von diesem als letzter und jüngster Oberbürgermeister einer preußischen Großstadt ernannt, kommentierte dies im Januar 1919 im britisch besetzten Köln gegenüber einem französischen Journalisten: Die deutsche Armee, »welche mit Tapferkeit gekämpft hat«, habe einen letzten schrecklichen Schlag erhalten, »die unerklärliche, schändliche, verhängnisvolle Flucht ihres obersten Chefs – Kaiser Wilhelm«.*

hatte die Baronin von Spitzemberg im April 1904 schon dem Tagebuch anvertraut, vier Jahre vor der Daily-Telegraph-Affäre, 10 Jahre vor dem Kriegsausbruch und 14 Jahre vor dem endgültigen Scheitern im Herbst 1918.[31]

Allem Anschein nach hatte Gott nicht geholfen, doch wie große Teile seines unverständigen Volkes blieb auch Wilhelm unbelehrbar. Die eigene Verantwortung an der Katastrophe wollte er nicht eingestehen. Wie zuvor pflegte er den Mythos von der neidischen Einkreisung Deutschlands, jetzt ergänzt durch die Dolchstoßlegende. Er träumte vom Revanchekrieg, haßte die »Sau-Republik«[32] und hielt sich immer noch für den legitimen Herrscher Deutschlands. Jahrelang nährte er die törichte Hoffnung, Adolf Hitler würde sein Haus auf den Thron zurückbringen.

Nur gelegentlich ließ er durchblicken, daß ihm der eigene Anteil am Unheil des Weltkrieges nicht ganz verborgen geblieben war. Im August 1939, kurz vor Kriegsausbruch, besuchten ihn die Briten Robert Bruce Lockhart und John W. Wheeler-Bennett. Bruce Lockhart rechnete er es hoch an, daß dieser sich publizistisch dagegen gewandt hatte, ihn zu einem reinen Prahlhans und Ungeheuer zu stempeln: »Als Einzelmensch ist er wahrscheinlich auch humaner, als es, sagen wir, Clemenceau gewesen ist.«[33]

Die beiden Besucher erlebten also einen, wie Wheeler-Bennett sich erinnert, »charmanten, humorvollen, höflichen alten Herrn – aber dabei äußerst hinterlistig«. Denn in langen Ausführungen verbreitete er sich jetzt darüber, alle großen Reiche hätten versagt, weil sie sich nicht mit dem ihnen zugeteilten Raum begnügt hätten. Weitere würden folgen. Auf die Frage, ob er das britische Empire oder das Dritte Reich meine, erwiderte er nur: »Das können Sie nehmen, wie Sie wollen.« Beim Abschied lud er die beiden für den nächsten Sommer wieder ein, fügte jedoch hinzu: »Aber Sie werden nicht können, denn die Maschinerie geht *ihm* durch, wie sie *mir* durchgegangen ist.«[34] So gab es also doch Momente, in denen selbst er zu spüren schien, daß gewisse Verbindungslinien zwischen ihm selbst und Adolf Hitler bestanden.

Es gibt aber Unterschiede. Viele von Wilhelms nächsten Familienangehörigen bescheinigten ihm zwar »krassen, kalten, harten Egoismus«.[35] Auch von Antisemitismus war er nicht frei, desgleichen in starkem Maß verantwortlich für die gebremste Parlamentarisierung Deutschlands. Aber verglichen mit dem Ungeheuer Adolf Hitler war er, wenngleich keine Lichtgestalt, so doch eine Persönlichkeit, die noch nicht aus dem Rahmen europäischer Zivilisiertheit herausfiel. Den Ruf eines großen, unverständigen und hochmütigen Ruinierers dürfte er aber nie mehr loswerden.

## »Wir sind nicht mehr in Mode«: Viktor Emanuel III. und Alfonso XIII.[36]

Bereits aus Sicht der zwanziger Jahre erschien der Sturz der großen Kaiserhäuser Europas als Kennzeichen einer völlig neuen Epoche. Nun registrierte man auch mit vertieftem Bewußtsein, wie alte oder uralte Monarchien weltweit durch andere Verfassungsordnungen ersetzt wurden. Schon 1912, in der Vorkriegszeit und in Europa noch nicht allzustark beachtet, hatte der chinesische Kaiserhof den Thronverzicht des fünf Jahre alten Kaisers Pu-yi erklärt. Diesem war zwar noch ein abwechslungsreiches Leben beschieden – als japanischer Puppenkaiser von Mandschukuo, als Insasse sowjetischer und rotchinesischer Gefängnisse mit entsprechender Gehirnwäsche, als zeitweilig in China Rehabilitierter und dann erneut Verfolgter bis zur posthumen Aufnahme in den Filmhimmel Hollywoods. Immerhin war aber mit der Quing-Dynastie eine mehr als zweitausendjährige Geschichte chinesischen Kaisertums zu Ende gegangen – eine auffällige Koinzidenz mit den bald danach in Europa auftretenden Zerfallsprozessen.

Im Jahr 1922 kam mit dem Abgang des allgemein verachteten türkischen Sultans Mehmed VI. eine weitere Monarchie zum Erliegen.

Während der Diktatur Mussolinis war auch die italienische Monarchie über lange Jahre hinweg nur noch ein Schatten ihrer selbst. Dort regierte seit dem Jahr 1900 Viktor Emanuel III. Niemand kann etwas für seine körperliche Erscheinung, aber der Faktor ist doch nicht ganz unwichtig. Viele haben jedenfalls in diesem von der Natur benachteiligten, nur 1,50 m großen Zwerg mit unvorteilhaft kurzen Beinen, der zudem einen weit vorspringenden Kiefer und wäßrige Augen hatte, geradezu die Verkörperung der Dekadenz des monarchischen Prinzips gesehen. Auch in den vorhergehenden Jahrhunderten waren in Europa zwar zahlreiche dekadente Fürsten aufgetreten, aber die Bedingungen hatten sich jetzt eben geändert.

Freilich durfte man sich durch die äußere Erscheinung nicht täuschen lassen. Viktor Emanuel, privat ein kenntnisreicher Numismatiker, war ein schlauer, wortkarger, undurchschaubarer König von ausgeprägtem Überlebenstalent. Der große Schock seines Lebens war die Ermordung seines Vaters Umberto I. im Jahr 1900 durch einen italoamerikanischen Anarchisten aus New Jersey. Seither regierte er, immer in Furcht vor Attentaten, aber auch ängstlich bemüht, den jeweils herrschenden Kräften möglichst zu Willen zu sein. Er hatte die Spielregeln der konstitutionellen Monarchie voll akzeptiert und beugte sich erst den Liberalen unter Giolitti, dann aber auch den Faschisten unter Mussolini.

Zwar lag die politische Macht bereits beim Parlament und bei der parlamentarisch kontrollierten Exekutive, aber noch immer hatte der König das Recht, den Ministerpräsidenten zu ernennen, und er war Oberbefehlshaber des Heeres und der Marine. In dieser Eigenschaft beging Viktor Emanuel einige große, für den Gang der Geschichte Italiens verhängnisvolle Fehler. Er ließ das Land nach dem Sturz Giolittis in den Weltkrieg treiben, der es zerrüttete. Er arrangierte sich 1922 mit Mussolini, den er ob seiner Virilität bewunderte und der seinerseits klug genug war, dem König stets höflich und protokollarisch korrekt entgegenzutreten. Nach Errichtung der unumschränkten Diktatur Mussolinis im Jahr 1925 galt der König nur noch als politischer Non-Valeur, der allenfalls gelegentlich durch sarkastische Bemerkungen erkennen ließ, wie zynisch er seine Lage einschätzte. Beim Aufbruch des Diktators zum Abessinien-Abenteuer soll er gesagt haben: »Wenn wir gewinnen, bin ich König von Abessinien. Wenn wir verlieren, werde ich König von Italien sein«.[37]

Im Sommer 1943 war es endlich so weit. Als sich der faschistische Großrat ausdrücklich gegen Mussolini wandte und den König aufforderte, die Kommandoführung der Streitkräfte zu übernehmen, ließ er den Duce verhaften. »Das ist mein Achtzehnter Brumaire«, war angeblich sein Kommentar zu dem Vorgang.[38] Viktor Emanuel brachte dann das Kunststück fertig, sich mitten im Krieg von dem auf den Abgrund zurasenden Deutschland abzukoppeln, was außer ihm im Jahr darauf nur noch dem finnischen Marschall Mannerheim gelang. Für Italien erwies er sich somit in dieser Stunde als der rechte Mann am rechten Ort. Persönlich brachte er sich durch die schwächliche Durchführung des Staatsstreichs sowie durch die klägliche Flucht nach Brindisi um allen Kredit und mußte 1944 seinem politisch unfähigen Sohn die Regentschaft überlassen, bis die Monarchie 1946 durch Volksabstimmung abgeschafft wurde. Fraglos war aber auch dieser König ein sprechendes Beispiel für die Überlebtheit der Monarchie in den großen Ländern auf dem europäischen Kontinent.

Dieselbe Beobachtung ließ sich in Spanien machen. Auch dort regierte seit 1902 mit König Alfonso XIII. ein Monarch, dem die gewaltenteilige Verfassung von 1875 im Prinzip nur wenig Spielraum ließ.

Anders als die meisten der damaligen Monarchien besitzt aber Spanien eine doppelte Tradition. Dies ist einerseits die im 19. Jahrhundert häufiger geübte Praxis militärischer »Pronunciamentos«, wie sie damals und später auch in Lateinamerika gang und gäbe sind. Andererseits hatten die Spanier auch schon mit der Republik experimentiert und verfügten wie das zeitgenössische Italien über einen starken Liberalismus. Die Monarchie war also hier ganz und gar nicht mehr sakrosankt.

Alfonso XIII., der von 1902 bis 1931 als König amtierte, wollte dies allerdings nicht wahrhaben. In vielerlei Hinsicht war er derselbe Typ wie Wilhelm II. Schon bei der Vereidigung verkündete dieser Nachkömmling der Habsburger und der Bourbonen offen ein absolutistisches Amtsverständnis. Er liebte es, sich politisch stets in den Vordergrund zu spielen. Auch er hinterging gerne seine Minister. Vor allem aber begriff er nicht, daß die absolutistische Monarchie im Europa des

20. Jahrhunderts ein Atavismus war. So stützte er sich allein auf die Armee und auf die Oligarchie der Großgrundbesitzer. Er war ein König vom Scheitel bis zur Sohle, aber kein großer Monarch, als Typ eher guter Durchschnitt. »Er ist lebenslustig wie ein Lateiner, höflich wie ein Habsburger, sportlich wie ein Engländer, stolz wie ein Spanier und selbstsüchtig wie jeder andere Mann«, hat ihn seine Frau Victoria Eugenia charakterisiert.[39]

Wie nach ihm noch viele Politiker machte er den großen Fehler, die Stärke antikolonialistischer Guerillabewegungen zu unterschätzen. Seit 1919 führte der charismatische Abd El Krim in Spanisch-Marokko einen erfolgreichen Krieg gegen die spanische Armee. Dieser bald weltweit berühmte Aufständische, Sohn eines Berberhäuptlings, ausgebildet an der mohammedanischen Universität Fes und zeitweilig bei der spanischen Verwaltung tätig, war der Bedeutendste aller Guerillakämpfer der Zwischenkriegszeit. Im Vergleich mit ihm erscheint das Format Alfonsos um so dürftiger.

Unvorsichtigerweise hatte der König selbst den zuständigen General insgeheim zu den blamabel gescheiterten Militäraktionen in Marokko ermutigt. Weil ein Untersuchungsausschuß des Parlaments alles aufzudecken drohte, tolerierte Alfonso die Militärdiktatur General Primo de Riveras. Lange Zeit glaubte man sogar, wohl zu Unrecht, er habe diese selbst angestiftet, um die Ergebnisse der Untersuchung unter den Teppich zu kehren. Als der Diktator schließlich unpopulär wurde, ließ ihn der König fallen. Doch dann erbrachten die Kommunalwahlen des Jahres 1931 massive Mehrheiten für die republikanischen Listen. Jetzt warf der König das Handtuch. Er kommentierte das mit den Worten: »Wir sind nicht mehr in Mode«,[40] sah ein, daß eine weitere Militärdiktatur aussichtslos wäre, und begab sich auf dem Kreuzer »Principe Alfonso« erst nach Cannes, dann nach Rom ins Exil.

Manche meinten später, dieser eklatant gescheiterte Monarch trage Mitschuld an den dann rasch aufflackernden Wirren und somit auch am Bürgerkrieg. Andere rühmen ihn wegen seines rechtzeitigen Abgangs, mit dem er den Politikern alle Schuld für die verfahrene Lage zuschob. Außerdem sei er sehr weitsichtig gewesen, weil er mit den Worten: »Ich bin als König geboren und werde als König sterben«,[41] nicht auf den Thron verzichtet habe. Die Republik, so glaubte er offenbar zu Recht, werde in Spanien doch nur eine Übergangserscheinung sein. In der Tat wurde dann die Monarchie im Jahr 1975 unter seinem Enkel Juan Carlos nach 44 ziemlich ereignisreichen Jahren wieder errichtet.

Vorerst machte sich jedenfalls auch in Spanien die Sogwirkung einer weltweit wirksamen Geschichtstendenz bemerkbar. Als Ernst Jünger im Jahr 1930 eine Formel zur Charakteristik des neuen Zeitalters suchte, fand er sie in dem Begriff »Die totale Mobilmachung«. Die Zeit der Monarchien mit ihren partiellen Mobilmachungen, so diagnostizierte er, sei 1914 zu Ende gegangen. In der Welt, »wie sie aus der großen Katastrophe hervorgegangen ist«, war dementsprechend für monarchische Größen kein Platz mehr: »Neben zahllosen kleinen Kronen rollen die deutsche, die preußische, die russische, die österreichische und die türkische in den Staub ... Das alte Glockenspiel des Kreml ist auf die Melodie der Internationale umgestellt. In Konstantinopel buchstabieren die Schulkinder statt der alten Arabesken des Korans die lateinische Schrift. In Neapel und Palermo ordnen faschistische Polizisten das Treiben des südlichen Lebens nach den Grundsätzen der modernen Verkehrsdisziplin ... Insbesondere sind Sozialismus und Nationalismus die beiden großen Mühlsteine, zwischen denen der Fortschritt die Reste der alten Welt und schließlich sich selbst zermalmt.«[42] Das 20. Jahrhundert schien völlig neue Ordnungen zu erfordern.

So zutreffend solche Beobachtungen auch sein mochten, so einseitig waren sie aber gleichzeitig. Denn das 20. Jahrhundert wurde zukünftig alles andere als eine Geschichte ohne Monarchen.

## Pflichtbewußt oder skandalträchtig

Am sichersten hielten sich jene Könige, die von Anfang an darauf verzichteten oder verzichten mußten, eine politisch dominierende Rolle zu spielen. Absolute Monarchen gehören im 20. Jahrhundert zu den vom Aussterben bedrohten Arten. Wer sich aber mit einer politisch nachgeordneten Rolle begnügt, hat günstige Überlebensaussichten. Im Jahrhundert der Volkssouveränität sind die Könige gehalten, jenen insgesamt bescheidenen, aber auskömmlichen Funktionen zu entsprechen, die ein Staatspräsident in parlamentarischen Systemen wahrnehmen darf: dekorative Repräsentation also, verbunden mit begrenzten Zuständigkeiten im Fall von Regierungskrisen oder von Bestandskrisen des Staates. Anders als ein auf Zeit gewählter Staats- oder Bundespräsident, der tugendhaft sein soll, dürfen sich Monarchen des Medienzeitalters oder deren Thronfolger des öfteren ein beträchtliches Maß an sexueller Libertinage erlauben, mit dem sie sich nicht nur über ihre politische Bedeutungslosigkeit hinwegtrösten, sondern auch ihren Völkern zur Unterhaltung dienlich sind.

Die Theorie einer primär repräsentativen Monarchie von hohem Unterhaltungswert ist bereits zu Zeiten der Königin Victoria, im Jahr 1867, von dem damals hochrenommierten Herausgeber des Londoner

»Economist«, Sir Walter Bagehot, entwickelt worden. Präpariert man aus Bagehots süffisant formulierten Überlegungen das verfassungsrechtliche Knochengerüst heraus, so besagen diese in schlichten Worten, daß der britische Monarch schon in der zweiten Hälfte des 19. Jahrhunderts eine primär dekorative Funktion wahrnahm, verstärkt durch die Zuständigkeiten als Oberhaupt der Church of England und als höchster Aristokrat einer zu Teilen immer noch aristokratischen Oberschicht. Im Gefühlsleben der Engländer, so argumentierte Bagehot, ist das schöne, ehrwürdige Dekor freilich von unschätzbarer Bedeutung. Der König sei zwar weder Heldenkönig noch absolutistischer Monarch mehr, doch das eigentliche Kennzeichen der englischen Monarchie bestehe darin, »daß sie die Gefühle erhält, mittels derer die Heldenkönige ihr unzivilisiertes Zeitalter regierten«, verstärkt durch gemütvollere Empfindungen kultivierterer Zeiten.[43]

Damit, so die Theorie dieses Kenners der Volksseele, ist durchaus ein hohes Maß an Sichtbarkeit der jeweiligen Monarchen verbunden. Millionen würden gegebenenfalls nicht zögern, diesen das Attribut der Größe zuzuerkennen – bestes Beispiel Queen Victoria, die ihrem Zeitalter den Namen gegeben hat.

In traditionsreichen Systemen nach Art des britischen kann jeder Monarch, der hinlänglich lange und hinlänglich anständig regiert, zu ehrwürdiger Größe emporwachsen. Das galt für den rechtschaffenen Langweiler Georg V., der von 1910 bis 1936 regierte, doch auch für Georg VI., den Monarchen der Krisenjahre 1936 bis 1952, desgleichen für die unerschütterlich pflichtbewußte Elisabeth II. Politisch gesehen, sind das Größen des schönen Scheins.

Recht realistisch hat Bagehot auch schon vermerkt, daß die traditionsbeladene Bedeutsamkeit des Amtes nicht in jedem Fall mit Tugendhaftigkeit verbunden sein kann. Der schönen Versuchungen für einen Monarchen sind viel zu viele. Doch dann besitzt er wenigstens großen Unterhaltungswert, worauf es gleichfalls ankommt. Mit »häuslichen Tugenden« hat Eduard VII. zweifellos nicht auf sich aufmerksam gemacht. Immerhin war seine geprüfte Gattin aber vorurteilsfrei genug, Mrs. Alice Keppel, der langjährigen »maîtresse en titre«, Zugang zum Sterbebett des Monarchen zu gewähren, um ihn durch ein letztes Tête-à-tête zu erfreuen. Der Unterhaltungswert Eduards VII., dieser überragenden Gestalt in der europäischen Öffentlichkeit des frühen 20. Jahrhunderts, war immens, und nicht ganz zu Unrecht hat dieser witzige und hinreißend oberflächliche Mann dem letzten süßen, schon etwas aus dem Leim gehenden Jahrzehnt der Vorkriegszeit seinen Namen gegeben. So spricht man zwar bis heute von der Edwardianischen Epoche. Der Verdacht Wilhelms II. und anderer Deutscher, Eduard VII. (»er ist ein Satan«[44]) habe das Deutsche Reich mit teuflischem Geschick »eingekreist«, beruhte freilich auf Einbildung. Er war zwar einer der klügsten, auch der kosmopolitischste aller zeitgenössischen Souveräne. Sein politisches Gewicht ist aber doch nicht sehr groß gewesen, um so beachtlicher indessen sein Talent für »Public Relations«.

Ähnlich wenig durch »häusliche Tugenden« ausgezeichnet war der nur kurz amtierende Schickeria-König Eduard VIII., doch auch er stellte, ähnlich wie viele Jahrzehnte später Kronprinz Charles und Prinzessin Diana, eine wahre Größe des Klatschjournalismus im Medienzeitalter dar, wenngleich weniger gejagt und bei seinen zahllosen Amouren anfangs noch mit Diskretion behandelt.

Pflichtbewußt oder skandalträchtig – stets fesseln die konstitutionellen Monarchen sowie deren Thronfolger die Phantasie des Publikums. Sofern sie ihre Amtsaufgaben ernst nehmen, sind sie irgendwie doch politische Größen, wie groß oder wie gering auch immer ihr Einfluß. Mediengrößen im Medienjahrhundert sind sie allzumal. Doch keiner dieser Monarchen war im Sinne Jacob Burckhardts eine weltgeschichtliche Größe, nicht einmal eine nationale Größe, auf welche das Kriterium »einzigartig, unersetzbar« zutrifft.

Gilt das auch für die anderen konstitutionellen Monarchen, die man von Skandinavien ausgehend über die Beneluxländer bis Griechenland, Spanien und Monaco durchdeklinieren könnte? Alles in allem ja, doch zumindest in nationalgeschichtlicher Hinsicht gibt es Ausnahmen von dieser Regel. Alfonso XIII. und die Rolle Viktor Emanuels III. im Sommer 1943 sind schon erwähnt worden. In nationalen Krisenphasen gewinnen selbst ansonsten wenig machtvolle Könige oft ein Gewicht, das weit über ihre konstitutionellen Zuständigkeiten hinausreicht. Dabei haben sich vor allem die beiden Weltkriege als Prüfungen der Monarchen erwiesen.

König Albert I. von Belgien etwa – »der Heldenkönig« – hat im Ersten Weltkrieg trotz militärisch aussichtsloser Lage auf alliierter Seite mit dem Rest seiner Armee weitergekämpft und wurde bis zu seinem Tod 1934 als ganz großer Mann der Entente geehrt. Sein Sohn Leopold III., der am Beispiel des Vaters beobachtet hatte, daß tapferes Weiterkämpfen trotz verlorener Sache zwar Ehre einbringt, aber dazu beiträgt, das eigene Land zu verwüsten, hat 1940 kapituliert, ist als Gefangener wenngleich in ehrenvoller Haft auf Schloß Laeken im Lande verblieben, wurde dann 1944 nach Deutschland verbracht und kam dementsprechend nach Kriegsende in Schwierigkeiten. Anders als die italienischen Monarchisten waren die Anhänger der Monarchie in Belgien klug genug, erst 1950 in einer Volksabstimmung über die Wiedereinsetzung Leopolds III. zu befinden. 57 Prozent wünschten dies, doch die Sozialisten riefen daraufhin den Generalstreik aus, und dieser fromme, verantwortungsvolle und in Maßen starrsinnige Monarch überwand sich schließlich, zugunsten seines Sohnes Baudouin abzudanken. Die Monarchie blieb somit dem Lande erhalten und damit eine Klammer um die heterogenen Landeshälften.

Innenpolitisch ähnlich bedeutsam war auch das Krisenverhalten der anderen Monarchen, deren Länder von Deutschland besetzt worden waren. Die niederländische Königin Wilhelmine begab sich mitsamt der Regierung ins Londoner Exil und hinterließ nach umsichtig vorbereiteten Plänen nur die Spitzen der Zivilverwaltung.[45] König Haakon von Norwegen blieb erst inmitten seiner Truppen, die sich kämpfend zurückzogen, und ging dann gleichfalls nach London. Genauso ehrenhaft verhielt sich König Georg II. von Griechenland.

Der Dänenkönig Christian X. verblieb zwar im Einverständnis mit der Regierung im Lande, gehörte aber zu jenen instinktsicheren Monarchen, die wissen, daß eine empörte Geste zum richtigen Moment für die Orientierung der Bürger und für den Respekt der Nachwelt mehr bedeutet als zahllose Reden aus repräsentativen Anlässen. Als die Vertreter des Deutschen Reiches die dänischen Juden zum Tragen des Judensterns zwangen, trug König Christian eines Tages beim Ausritt hoch zu Pferde selbst den Judenstern. Zusammen mit dem Kabinett, von der Bevölkerung unterstützt, doch auch stillschweigend gedeckt von verschiedenen deutschen Amtsträgern, unternahm er das menschenmögliche, die Juden zu schützen und ihnen zur Flucht vor der Deportation zu verhelfen[46], insgesamt erfolgreich.

So wurden verschiedene Monarchen in den Kriegsjahren zu moralischen Autoritäten ihrer Länder und konnten nach 1945 ihre Tätigkeit mit verstärktem Gewicht fortführen. Polarisierungen ergaben sich nur dort, wo die Linksparteien sehr stark waren, in erster Linie unter den besonderen Bedingungen Belgiens und Griechenlands. Und natürlich war die Zeit der Monarchie nach der kommunistischen Machtübernahme auf dem Balkan zu Ende.

In allen diesen Fällen ist somit die Persönlichkeit der jeweiligen Monarchen von mehr oder weniger erheblichem Gewicht für den Fortgang der Innenpolitik gewesen. Die Niederschlagung des kommunistischen Aufstands in Griechenland durch Großbritannien, später mit amerikanischer Hilfe, wäre ohne die Entschlossenheit der Könige Georg II. und Paul I. schwer vorstellbar gewesen. Die von der kommunistischen Propaganda als Ultrareaktionäre bezeichneten Monarchen Griechenlands standen dort an der Spitze des konservativen Lagers im Bürgerkrieg. Angesichts der zeitweiligen Bedeutung, die Griechenland in den Anfängen des Kalten Krieges 1944 bis 1949 zukam, wirkte die Politik dieser Könige über die engere Dimension ihres Landes hinaus.

# Kaiser Hirohito

So sind in verschiedenen Staaten Europas auch nach dem Abräumen der großen Dynastien im Gefolge des Ersten Weltkrieges da und dort durchaus erinnerungswürdige Monarchen aufgetreten. Ihre politische Bedeutung war aber doch weitgehend auf ihre jeweils größeren oder kleineren Staaten beschränkt. Gestalten von wirklich überragendem europäischem oder gar weltgeschichtlichem Rang finden sich nicht unter ihnen. In dem genannten Zeitraum begegnet man nur einer einzigen Herrschergestalt, die als »einzigartig« und »unverzichtbar« gelten kann – Kaiser Hirohito von Japan.

Seine große Stunde kam im Sommer 1945. Als der fünfundzwanzigjährige Hirohito im Jahr 1926 den Thron bestiegen hatte, beschloß er, seiner Herrschaft den Namen »Showa« zu geben – »ruhmreicher Friede«.[47] Tatsächlich aber führte er Japan in die fürchterlichsten Kriege seiner Geschichte. Die lange Friedensperiode kam erst nach dem völligen Zusammenbruch.

Aus den Tagebüchern seiner Umgebung wissen wir heute, daß Hirohito instinktsicher genug war, dem militaristischen Imperialismus der Kwantung-Armee und der Kriegspartei in Tokio nur recht zögernd zu folgen. Allen verhängnisvollen Weichenstellungen hat er anfänglich widerstrebt – der Besetzung der Mandschurei, dem Beginn des Kriegs gegen China und dessen Ausdehnung, der Besetzung der Flughäfen in Indochina im Jahr 1940 und dem durch das amerikanische Ölembargo provozierten Losschlagen im Dezember 1941.

Die letzte Entscheidung lag allerdings bei ihm als Oberbefehlshaber der Streitkräfte. So gesehen, wiegt seine Verantwortung für die Kriege einschließlich der Kriegsgreuel nicht geringer als seinerzeit die des Zaren Nikolaus II., Franz Josephs I. und Wilhelms II. bei Auslösung und Fortführung des Ersten Weltkrieges. Noch viel stärker als sie hat der mythische Gottkaiser für eine breite Öffentlichkeit die Expansionspolitik der japanischen »Herrenrasse« verkörpert und legitimiert. Die engste Führungsschicht wußte zwar, daß er alles andere als ein absolutistischer Herrscher war und den Imperialismus für problematisch hielt. Sieht man aber von seinem Durchgreifen beim Militärputsch von 1936 ab,[48] so hat er tatsächlich nichts Entscheidendes zur Domestizierung der Armee getan.

Historiker, die in ihm nicht einfach nur die Galionsfigur des aggressiven Nationalismus, wenn nicht gar den Drahtzieher einer »kaiserlichen Verschwörung«[49] sehen, führen zwei Argumente zu seinen Gunsten an. Zum einen habe er sich strikt an die Meji-Verfassung gehalten, die ihn veranlaßte, eine von der verantwortlichen Regierung in Konsens vorgeschlagene Politik zu sanktionieren. Allem Anschein nach hat ihn dabei auch das Beispiel der britischen Monarchie beeindruckt, die er 1921 anläßlich seiner Europareise als Thronfolger genauer kennengelernt hatte.[50] Zum anderen sei er vom Naturell her doch eher passiv gewesen.

In der Tat achtete Hirohito peinlich genau auf das komplizierte Protokoll seines gegen die Öffentlichkeit dicht abgeschirmten Hofes. Verfahrensregeln waren ihm heilig. Stellungnahmen hatten in Form von Fragen, von Gebärden und mittels zeremonieller Symbolik zu erfolgen; autoritative Direktheit wäre ihm unkorrekt erschienen. Von allen Höfen im 20. Jahrhundert war seiner der zivilisierteste und der am meisten stilisierte. Ob er schwächlich war, vielleicht sogar ängstlich, ist schwer zu sagen. Jedenfalls ist er kein Machtmensch und kein Reformer gewesen, der die überzüchteten Spielregeln des Herrschens energisch verändert hätte. Sein ethisches Empfinden war hochentwickelt, seine Lebensführung spartanisch – kein Alkohol, keine Zigaretten, keine Mätressen, kein stilloser Luxus.

An Breite und Qualität seiner Ausbildung überragte er die meisten anderen Monarchen des 20. Jahrhunderts. Kurz vor der Thronbesteigung hatte er im Jahr 1925 im Palast ein Laboratorium für meeresbiologische Forschung einrichten lassen.[51] Wann immer er konnte, zog er sich dorthin zurück, und als er in den fünfziger Jahren auf diesem Feld zu publizieren begann, erwies er sich als Forscher von internationaler Reputation. Nur disponierte eben die Fähigkeit zu leidenschaftsloser Analyse gleichfalls nicht dazu, sich gegen arrogante Generale und Admirale brüsk durchzusetzen.

Ob er bis zum Kriegsende jemals den Abgrund gesehen hat, der sich zwischen der aristokratischen Diszipliniertheit seines Hofes und den unter unablässiger Anrufung des Kaisers in China und anderswo begangenen Scheußlichkeiten der japanischen Soldateska auftat, wissen wir nicht. Er selbst repräsentierte nur die erhaben-heroische Seite der Macht.

Otto D. Tolischus, seinerzeit Korrespondent in Tokio, berichtet beispielsweise von der Feier zum 40. Geburtstag Hirohitos am 29. April 1941, wenige Monate vor Pearl Harbor. Unbeweglich nahm dieser, auf einem Schimmel sitzend, eine unendliche Parade von Tank- und Artillerieeinheiten, von Kavallerie und von Infanterie ab, während im ganzen Land die Massen feierlich zu den Ahnenschreinen pilgerten, um für das Haus des Kaisers zu beten.[52]

Über die religiöse Fundierung des Kaiserkults ist schon viel geschrieben worden. Man hat den Schintoismus als Zivilreligion des japanischen Nationalismus bezeichnet[53], und die Zentralfigur der in

*Als Kaiser Hirohito (hier bei einer Konferenz mit Befehlshabern des Heeres und der Marine am 3. April 1941) 1926 den Thron bestieg, stellte er seine Regierung unter das Motto »Showa« – ruhmreicher Friede. Tatsächlich führte er Japan in die fürchterlichsten Kriege seiner Geschichte. Wie gewichtig sein Einfluß auf den aggressiven Imperialismus des Militärs war, ist bis heute umstritten. Nach dem Abwurf der Atombombe hat er eine rasche, geordnete Kapitulation erzwungen. Seither figurierte diese einstige Galionsfigur eines nationalistischen Militarismus als würdiger Repräsentant des neuen, mit dem Westen verbundenen Japan.*

den dreißiger und frühen vierziger Jahren extrem überhitzten Ideologie war Hirohito.

Dieser nach außen allmächtige, nach innen aber schwache Kaiser sah sich nun ausgerechnet in den Wochen des Zusammenbruchs zur Führung aufgerufen. Der 7./9. Mai 1945 brachte die deutsche Kapitulation. Am 17. Mai war der Kaiserpalast in Tokio zusammen mit dem Zentrum der Stadt durch Brand- und Sprengbomben der amerikanischen B-29-Bomber zerstört worden. Am 22. Juni wurde Okinawa erobert. Schon vor Abwurf der Atombomben auf Hiroshima und Nagasaki am 6. und 9. August lagen die meisten japanischen Großstädte in Schutt und Asche.

Auch die Kriegspartei wußte also, daß Japan geschlagen war. Die Alternative lautete: Kapitulation zu den in Potsdam formulierten alliierten Bedingungen oder Fortsetzung des Kampfes mit der Hoffnung, in einigen Monaten die Invasion doch noch zurückzuschlagen und so eine günstigere Verhandlungsposition für die Beendigung des Krieges zu erreichen. Im Grunde hieß die Alternative nur: Kapitulation oder Kampf bis zur Vernichtung der Nation gemäß der Samurai-Tradition.

Die Vorgänge im Bunker unter dem kaiserlichen Palast zwischen dem 10. August bis zum Wendepunkt am 14. August waren an Dramatik nicht zu überbieten. Im Kabinett herrschte eine Pattsituation. Der Kaiser wurde schließlich zum Schiedsrichter angerufen und trat nun erstmals aus seiner Reserve heraus. Er war es, der die Entscheidung zur sofortigen Kapitulation traf. Er hat am 15. August auch persönlich und erstmals in der japanischen Geschichte eine Ansprache an das japanische Volk gehalten, die durch Lautsprecher in alle Städte und Dörfer übertragen wurde. Zuvor war ein Militärputsch knapp gescheitert. Rebellierende Offiziere hatten den Palast durchsucht, um die Wachsplatte mit der kaiserlichen Ansprache zu beschlagnahmen, die am folgenden Tag gesendet werden sollte.

Wahrscheinlich hat sich in der Geschichte des 20. Jahrhunderts keine Großgesellschaft in einem derartigen Psychodrama befunden wie die japanische am 15. August und danach. Die Ansprache im blumenreichen Singsang der Hofsprache war anfangs sehr schwer verständlich, doch der Aufruf zur Kapitulation wirkte dann als schwerer Schock. Ungläubigkeit, Aufbegehren, Selbstmorde, schließlich Erleichterung und die Bereitschaft, das Unvorstellbare zu akzeptieren, alles kam zusammen. Innerhalb weniger Tage vollzog sich jedenfalls ein massenpsychologischer Umschwung, irrational und außergewöhnlich, wie er bisweilen bei Personen zu beobachten ist, die unter schwerem Druck stehen.[54] Die Kapitulation wurde komplikationslos vollzogen. Man trat den alliierten Besatzungstruppen nicht feindselig, vielmehr respektvoll entgegen. Auch dank amerikanischer Vernunft wurde jetzt ein Besatzungsregime installiert, bei dem die bisherige Verwaltung, wenngleich gesäubert, die alliierten Anweisungen ausführte.

Anders als die nationalsozialistischen Führer Deutschlands brachte Hirohito auch die moralische Größe auf, gegenüber den Siegern die Verantwortung für alle japanischen Taten und Untaten auf sich zu nehmen. Als er am 27. September 1945 zum Treffen mit MacArthur fuhr, war er entschlossen, sich für sein Volk zu opfern.

Im Cut mit gestreiften Hosen und mit schwarzem Filzhut sehr formell gekleidet, wirkte der physisch ohnehin nicht stattliche Hirohito eher seltsam. Nach Austausch der ersten Höflichkeiten erklärte er feierlich: »Ich komme zu Ihnen, General MacArthur, um mich persönlich dem Gericht der Mächte zu stellen, die Sie repräsentieren, denn ich bin derjenige, der allein die Verantwortung für jede politische und militärische Entscheidung trägt, doch auch für alle Taten, die mein Volk während des Krieges begangen hat.«[55] MacArthur, der dies zwanzig Jahre danach in seinen Memoiren beschrieben hat, meinte dazu: »Das war ein gewaltiges Erlebnis. Daß Hirohito eine Verantwortung übernahm, die seinen Tod bedeuten konnte, obwohl ich wußte, wie wenig er selbst das Geschehene tatsächlich verschuldet hatte, hat mich bis ins tiefste Innere bewegt ... Er war ein Kaiser von Geburt an, doch in diesem Augenblick war mir bewußt, daß ich hier dem Ersten Gentleman Japans gegenübersaß.«

Indessen hatte es die Truman-Administration schon vor dieser Unterredung, ohne daß Hirohito das wußte, für völlig unangebracht gehalten, Japan durch die Verurteilung des Kaisers als Kriegsverbrecher gegen die Besatzung aufzubringen. Wenn man das tue, meinte MacArthur, müsse er das Kriegsrecht verhängen. Dann brauche man eine Million Besatzungssoldaten.

In der labilen Besatzungsperiode war die Beibehaltung des Kaisers in beiderseitigem Interesse. Aus amerikanischer Sicht gewährleistete der einsichtsvolle Monarch eine Form der Besatzungsverwaltung bei loyaler Mitarbeit der japanischen Behörden. Viele Japaner ihrerseits sahen im Kaiser die Personifikation geschichtlicher Kontinuität und nationaler Würde. Diejenigen, die ihn für den Exponenten eines mit Verbrechen beladenen Establishments hielten, waren in den USA und in Japan eine Minderheit. So kam es zu dem in der Tat geschichtlich einzigartigen Vorgang, daß die japanische Monarchie den Zusammenbruch des Jahres 1945 nicht bloß überstand, sondern geradezu die Brücke darstellte, auf der das Land ins demokratische Zeitalter hinüberschritt.

Ganz offensichtlich gehörte Hirohito überdies auch zu jenen, die nach der völligen Umorientierung japanischer Politik für eine dauerhafte Anlehnung an die amerikanische Weltmacht plädierten. Seit dem Englandbesuch im Jahr 1921 zählte er insgeheim wohl zu den Anglophilen. Als die kurze Besatzungsperiode zu Ende ging, wirkte er hinter den Kulissen auch für das Bündnis mit den USA.

Bei der weitgehend erschütterungsfreien Demokratisierung und Pazifizierung Japans und seiner Hinorientierung zur freien Welt westlicher Demokratien ist die undurchdringliche Persönlichkeit Hirohitos von großer Bedeutung gewesen. Und da Japan während des ganzen Jahrhunderts eine sehr wichtige Rolle im globalen System spielte, war dieser japanische Jahrhundertmonarch auf seine Art auch eine weltpolitische Größe.

## Revitalisierung des Konstitutionalismus: Juan Carlos I. von Spanien

Außer Kaiser Hirohito hat nur noch *ein* Monarch nach dem Zweiten Weltkrieg eine derart positive, weit über sein Land hinauswirkende Rolle gespielt – Juan Carlos von Spanien.

Die Transition Spaniens zur Demokratie[56] in den Jahren 1975 bis 1981 war viel mehr als nur ein innerspanischer Vorgang. So wie der Zusammenbruch der demokratischen Republik im Bürgerkrieg in Europa eine Phase schwerster Erschütterungen einleitete, wurde die Demokratisierung Spaniens unter seinem reformbereiten Monarchen zu einem Modell für die ost- und ostmitteleuropäischen Transitionen der Jahre 1988 bis 1991.

Gleichwohl war König Juan Carlos nicht der einzige Akteur. Der erschütterungsfreie Übergang gelang vielmehr, weil ein halbes Dutzend politischer Führer – Adolfo Suarez, Fraga Iribarne, Felipe Gonzales, auch der Kommunist Santiago Carrillo – vernünftig zusammenzuspielen lernte. Daher kam es weder zum Bruch noch zur politischen Explosion, sondern zu einem gleitenden Übergang. Der Prozeß wäre aber so nicht in Gang gekommen, hätte nicht eine Kette von Zufällen Juan Carlos als Nachfolger Francos an die Spitze des Staates gebracht. Sein Vater, der Thronprätendent Juan, Sohn von Alfonso XIII., war für seine liberalen Überzeugungen bekannt. Doch Franco hatte darauf insistiert, Juan Carlos schon in möglichst jungen Jahren in den spanischen Streitkräften und an der Universität Madrid studieren zu lassen. Bereits 1948, im Alter von zehn Jahren, war Juan Carlos zur Erziehung nach Spanien gekommen, seit 1955 besuchte er nacheinander die Militärakademie von Saragossa, die Marineakademie in Marín und die Luftwaffenakademie in San Javier, bevor er mit den Studien in Madrid begann.[57] Franco durfte also annehmen, daß dieser potentielle Nachfolger im autoritär regierten Spanien angemessen sozialisiert wäre.

Damals galt er bei der Falange und auch bei der Linken als gutaussehender, aber geistig unbedeutender Handlanger Francos. Dieser selbst hatte sich Mitte der sechziger Jahre noch nicht auf die Nachfolge festgelegt, zudem lagen ihm auch schon Berichte der Geheimpolizei vor, daß Juan Carlos zu progressiven Kräften Beziehungen unterhielt, was auf dessen Neigung schließen ließ, als König ein Mehrparteiensystem einzurichten.

Aber überzeugende andere Prätendenten fehlten, und so entschloß sich Franco, der Juan Carlos schätzte, ihn zum Principe de España zu ernennen. Der stets zurückhaltende, leicht melancholisch wirkende junge Mann mußte allerdings einen Eid auf die Prinzipien der falangistischen Bewegung ablegen. Er tat dies, nachdem ihm Torcuato Fernández Miranda, lange Jahre sein Mentor, den Rat gegeben hatte: »Eure Majestät brauchen sich nicht zu beunruhigen. Lassen Sie sich auf die Prinzipien der Nationalen Bewegung verpflichten, denn wir werden sie später auf gesetzlichem Weg Stück für Stück ändern«.[58]

Doch wohin Juan Carlos steuern würde, blieb unklar. Wenn er gelegentlich mit seinem liberalen Vater diskutierte, bemerkte dieser: »Ehrlich, du redest mit mir wie Franco!«[59] Dieser selbst verzichtete auf jeden Versuch, den Prinzen zu indoktrinieren, selbst wenn der gelegentlich um Ratschäge fürs künftige Regieren bat. Er meinte in solchen Momenten nur: »Was soll ich Ihnen sagen? So wie ich werden Sie nicht regieren können.«[60] In der Tat, welche Prinzipien hätte ihm dieser große Opportunist ans Herz legen können? Sicherlich Mißtrauen gegen alle Freimaurer und gegen alle Kommunisten. Doch was weiter?

Juan Carlos teilte aber nicht einmal die exzessive Furcht Francos vor kommunistischer Wühltätigkeit. Wie er später selbst erzählte, hat er schon kurz vor dem Tod des Caudillo über den rumänischen Diktator Ceauşescu (»einen an Größenwahn leidenden Geistesgestörten«[61]) eine Verbindung zu Santiago Carrillo geschaffen und diesem signalisiert: entweder ruhige Teilnahme auch der Kommunisten am Transitionsprozeß, dann würden sie in absehbarer Zeit legalisiert werden, oder aber große Komplikationen. Carrillo gab ein positives Signal.[62]

Man kann also aus allem seither bekannt Gewordenen den Schluß ziehen, daß Juan Carlos, dazu auch ermutigt durch seine Frau Sofia von Griechenland, schon längere Zeit vor der Thronbesteigung zur Einführung eines pluralistischen Parteiensystems entschlossen war, von seinem Mentor Franco jedoch gelernt hatte, alle Karten fest bedeckt zu halten.[63]

Entscheidend waren in diesem Fall wohl zwei Faktoren. Anders als Franco und die harten Falangisten kannte Juan Carlos Europa außerhalb Spaniens gut genug, um zu wissen, daß nach dem Tode des Caudillo ein Demokratisierungsprozeß starke Unterstützung finden würde. Offenbar wollte er Spanien nach Europa zurückführen – übrigens auch in den Kreis anständiger konstitutioneller Monarchien.

Hinzu kam, daß Juan Carlos, Jahrgang 1938, keinerlei Erinnerungen an den Bürgerkrieg hatte, was auch für manchen anderen Reformer jener Jahre gilt. Adolfo Suarez gehörte dem Jahrgang 1932 an, Felipe Gonzales war gar erst 1942 geboren. Sie alle – auch der Katalane Jordi Pujol, Jahrgang 1930 – konnten alles in allem als Repräsentanten einer Nachkriegsgeneration gelten.[64] Sie hatten weder an den Greueln des Bürgerkriegs Anteil, noch vermochten sie die heftigen ideologischen Gegensätze zwischen Freimaurern und konservativen Katholiken recht nachzuempfinden. Auch an den persönlichen Streitigkeiten im Exil waren sie unbeteiligt. Kein Wunder, daß der Kommunistenführer Santiago Carrillo, Jahrgang 1915, von ihnen ebenso als Fremdling aus einer fernen Zeit empfunden wurde wie die etablierten Alt-Falangisten.

Die Reformpraxis selbst interessiert in unserem Zusammenhang nicht. Ob Juan Carlos als große Persönlichkeit zu werten ist, bleibt gleichfalls unentscheidbar. Seinen Mut hat er bei dem Putsch von 1981 unter Beweis gestellt. Er war der richtige Monarch im richtigen Moment,[65] zudem, was im 20. Jahrhundert nicht allzu häufig begegnet, ein König mit Fortune. Und so ist er zu dem geworden, was sehr selten ist: ein reformerischer König, der, was noch seltener geschieht, bei den Reformen umsichtig zu Werke ging und dabei dauerhaften Erfolg hatte.

## Begründer neuer Dynastien: die Haschemitenherrscher Faisal und Abdullah

Dasselbe Zeitalter, das vielerorts den Zusammenbruch großer Monarchien bringt, erlebt jedoch im Nahen und Mittleren Osten die Etablierung neuer Dynastien. Im Jahr 1920 wird Faisal, der Sohn des Scherifen von Mekka, in Damaskus durch einen Nationalkongreß zum König Groß-Syriens proklamiert. Als ihn die französische Besatzungsmacht vertreibt, machen ihn die Briten zum König des Irak. Sein Bruder Abdullah erhält 1921 das Emirat Transjordanien und führt seit 1946 den Königstitel. Auf der arabischen Halbinsel erklärt sich im Jahr 1926 der Wahabitenherrscher Ibn Saud zum König des Hedschas. Und in Persien war ein Jahr zuvor schon Reza Khan von der Nationalversammlung als Erbkaiser auf den Thron gehoben worden.

Aus heutiger Perspektive sind zumindest Ibn Saud von Arabien und Reza Schah weltgeschichtlich bedeutsame Gestalten, weil sich im Lauf des 20. Jahrhunderts herausstellt, daß ihnen und ihren Nachfolgern aufgrund einer Laune der Natur große Teile der bekannten Welterdölvorkommen gehören. Stabilität und Instabilität der globalen Weltwirtschaftsordnung sollten seit dem Zweiten Weltkrieg in nicht unerheblichem Ausmaß von der Stabilität dieser Dynastien abhängen. Faisal I. und Abdullah waren zu Lebzeiten ebenfalls politische Schlüsselfiguren im Nahen Osten, auch wenn ihnen größere weltpolitische Bedeutung versagt blieb. Jedenfalls sind sie alle bemerkenswerte, den Durchschnitt überragende Herrscher gewesen.

Die farbigste Gestalt unter diesen Begründern neuer Dynastien ist zweifellos Emir Faisal. Als er sich 1916, bei Beginn des Aufstands gegen die Türken, auf die Straße des Ruhmes begibt, ist dieser drittgeborene Sohn Hussein Ibn Alis, des Oberhaupts der Haschemiten, erst 33 Jahre alt. Er verkörpert einen ganz neuen Typ, der im 20. Jahrhundert in unterschiedlichster Verkleidung immer wieder auftreten wird – den Typ des heroisch-exotischen Guerillakriegführers. Später werden Abd El Krim und Mao Tse-tung, Tito, Fidel Castro oder Che Guevara in ähnlicher Weise wahrgenommen. Längst nicht alle Führer von Aufstandsbewegungen schaffen zwar den Aufstieg zu autokratischer Macht. Aber wenn es ihnen tatsächlich gelingt, so dient der mehr oder weniger abenteuerliche Kampf in entlegenen Regionen vielfach als überzeugende Legitimation der Machtergreifung.

Im Falle Faisals wirkt natürlich vor allem auch die Orientromantik. Und noch etwas kommt hinzu: er hatte mit dem Geheimagenten T.E. Lawrence einen der denkwürdigsten romantischen Helden des 20. Jahrhunderts an seiner Seite. Am Ende des Ersten Weltkrieges und in den zwanziger Jahren war der Ruhm von T.E. Lawrence kaum mehr zu übertreffen. Winston Churchill, der lebenslänglich ein Faible für derartige Männer besaß, da er selbst eine zutiefst romantische Natur war, hat ihn als »einen der größten Menschen unserer Zeit« gerühmt – »nirgends sehe ich seinesgleichen«.[66] Und für Bernard Shaw war dieser britische Geheimagent »auch ein literarisches Genie«.[67]

T.E. Lawrence, dessen innere Zerrissenheit und dessen Schwindeleien[68] erst Jahrzehnte später zum Thema wurden, hat in den »Sieben Säulen der Weisheit« nicht nur ein Meisterwerk jenes Genres von Kriegsbüchern geschaffen, zu deren Charakterisierung dann bald das Stichwort »heroischer Realismus« in Gebrauch kam. Er hat darin – neben sich selbst – vor allem Faisal als den eigentlichen Helden des »Aufstandes in der Wüste« dargestellt und damit den Haschemitendynastien ihren Gründungsmythos geschaffen.[69]

Wenn je ein Guerillaführer als hinreißender romantischer Held geschildert worden ist, dann Faisal: »Unser Marsch nahm nachgerade etwas barbarisch Prächtiges an. Voran ritt Faisal in Weiß, zu seiner Rechten Scharraf in rotem Kopftuch und hennafarbenem Kleid und Mantel, zu seiner Linken ich selbst in Weiß und Scharlachrot, hinter uns die drei Banner aus verblaßter karmesinroter Seide mit goldenen Nägeln beschlagen, dann die Trommler, einen Marsch schlagend, und hinter diesen wiederum die Masse der zwölfhundert kräftigen Kamele der Leibgarde ...«[70] In derartigen Bildern, die den Farbfilm vorweg-

nahmen, hielten die Haschemiten ihren Einzug in die britische Phantasie. Faisal ist geradezu der Musterfall eines charismatischen jungen Kriegsfürsten auf dem Weg zur Errichtung einer neuen Monarchie: »Heftiger Wille und Kühnheit paarten sich in ihm mit physischer Schwäche. Sein persönlicher Zauber, seine Verwegenheit und das Rührende, das gerade darin lag, daß ein so zarter Körper der einzige Träger dieses stolzen Charakters war, machten ihn zum Idol seiner Anhänger... Hatte er Ausdauer genug, seine Träume zu verwirklichen, so mußte er Großes erreichen; denn er war ganz erfüllt von seinem Werk und lebte für nichts anderes.«[71]

Schon längst freilich hat die Forschung in allen Einzelheiten herauspräpariert, wie die Gestalten Faisals und Abdullahs in erster Linie alle Widersprüche der damaligen Nahostpolitik verkörpert haben – keine Spur von Romantik, sondern Machtpolitik pur. Militärstrategisch gesehen, hatten die von Faisal geführten arabischen Stammeskrieger vor allem die Aufgabe, die Hunderte von Kilometern lange, ungeschützte Hedschasbahn immer wieder zu unterbrechen und somit die türki-

*Aufstand in der Wüste. Lawrence of Arabia (stehend) inmitten seiner Leibwache.*

schen Armeen im arabischen Raum von ihrer Zufuhr abzuschneiden. Das allgemeine strategische Ziel bestand aus der Sicht Londons darin, den morschen osmanischen Vielvölkerstaat durch Revolutionierung unzufriedener, kriegerischer Beduinenstämme zu schwächen, wenn nicht gar zum Einsturz zu bringen. Auf lange Sicht wünschte die englische Diplomatie, im arabischen Raum die türkische Hegemonie durch eigene Vorherrschaft abzulösen. Es verstand sich von selbst, die dortigen Stämme dabei umsichtig gegeneinander auszuspielen und mit vagen Versprechungen zu täuschen. Schließlich befand man sich im Krieg, wo alles erlaubt ist.

Demgegenüber zeigten sich die Stammeshäuptlinge entschlossen, den Krieg zur Befreiung vom Türkenjoch zu nutzen und bei dieser Gelegenheit das jeweils eigene Machtgebiet zuungunsten gegnerischer Stämme auszudehnen. Die Haschemiten setzten dabei schließlich ganz auf die britische Karte, wobei bereits unklare, aber inspirierende Visionen einer freien arabischen Nation unter haschemitischer Oberhoheit eine starke Wirksamkeit entfalteten. Die Gründung der

Haschemitendynastien gehört somit durchaus in das »heroische« Zeitalter der Arabischen Bewegung.[72]

Faisal und sein diplomatisch noch begabterer Bruder Abdullah waren somit beides: Repräsentanten der arabischen Freiheitsbewegung, dabei allerdings durchaus dem Stammespartikularismus verhaftet, und zugleich Schachfiguren der britischen Nahostpolitik.

1919 hatte Faisal, begleitet von Lawrence, seinen historischen Auftritt auf der Pariser Friedenskonferenz. Er regte sogar die Phantasie des spröden amerikanischen Außenministers Lansing an, der festhielt, daß »Faisals Stimme den Duft von Weihrauch verströmte und den Eindruck erweckte, man wäre von reich verzierten Diwanen, grünen Turbanen und dem Funkeln von Gold und Juwelen umgeben«.[73] Der stolze Emir mußte aber erleben, daß ihn Großbritannien fallenließ und nicht Wort hielt. Lawrence schrieb damals zynisch, vielleicht auch resigniert, im zuerst weggelassenen Einführungskapitel zu »Sieben Säulen der Weisheit«: »Alle Menschen träumen, aber nicht gleich ... Von Anfang an war klar, daß diese Versprechungen im Falle unseres Sieges nur Papier sein würden ...«[74] Französische Truppen vertrieben Faisal aus Damaskus, das er zuvor als Alliierter der britischen Armee miterobert und wo ihn ein Nationalkongreß zum König von Groß-Syrien ausgerufen hatte.

Schließlich spielte Winston Churchill, 1921 Kolonialminister und in dieser Eigenschaft von Lawrence fasziniert und beraten, die Rolle des Schicksals. Vor der Abreise in den Nahen Osten, bei einem Dinner im »Ship Restaurant« zu Whitehall, so wußte Lawrence zu berichten,[75] improvisierten die beiden ein Alternativkonzept: Großbritannien errichtet zwei neue Dynastien – das Königreich Irak mit Faisal als Herrscher und das Emirat Transjordanien unter Abdullah, dem Bruder Faisals, beide aber durch ungleiche Verträge an Großbritannien gekettet.

Faisal und Abdullah blieb keine andere Wahl, als dem zuzustimmen. Wenn Churchill später auf letzteren zu sprechen kam, pflegte er zu bemerken: »Der Emir Abdullah ist in Transjordanien, wo ich ihn an einem Sonntagnachmittag in Jerusalem eingesetzt habe.«[76] Ursprünglich war nämlich vorgesehen gewesen, Abdullah zum König des Irak zu machen.

Beide blieben auch künftig Fürsten von Großbritanniens Gnaden, was ihnen von den Vorkämpfern der radikalen arabischen Nationalbewegung zunehmend zum Vorwurf gemacht wurde. Vor allem das unruhige, rasch zusammengebackene Königreich Irak war ethnisch und religiös recht heterogen. Faisal regierte stolz, perspektivlos, frustriert auch und starb bereits 1933. Die Befürchtung von Lawrence, »daß er sich zeitig abnutzen würde in dem Bestreben, das Unmögliche möglich zu machen«, ging in Erfüllung.[77]

Die endgültige Katastrophe der Monarchie kam allerdings erst ein Vierteljahrhundert später, am 14. Juli 1958. Faisal II. wurde von der Soldateska, die den Militärputsch durchführte, enthauptet, der Kronprinz erschossen, seine Hände und Füße abgehackt und auf Spießen durch die Stadt getragen. Ministerpräsident Nuri es-Said, seinerzeit ein Gefährte Faisals und Großbritanniens zuverlässigster Freund im Nahen Osten[78], entging gleichfalls nicht der Lynchjustiz. Man fuhr so lange mit einem Wagen über ihn hinweg, bis sein Leichman völlig plattgewalzt war.[79]

Der für Faisal geschaffene Staat blieb jedoch erhalten. Von dem nachfolgenden Diktator Kasim, der gleichfalls ein grausiges Ende nahm, führt ein ziemlich direkter Weg zu dem Tyrannen Saddam Hussein, und da noch unklar ist, ob es diesem gelingen wird, die globale Ordnung nachhaltig zu erschüttern, muß auch die Antwort auf die Frage vorerst offenbleiben, ob die Folgen des romantischen Guerillaabenteuers des arabischen Prinzen Faisal nicht doch auf lange Sicht zu den besonders erwähnenswerten weltpolitischen Verhängnissen zu zählen sind.

Demgegenüber hat sich die von Abdullah gegründete Dynastie in Transjordanien gehalten, wenngleich durch Mord, Aufruhr und Kriege immer wieder erschüttert. Abdullah selbst galt als begabter, unvoreingenommener Diplomat. Davon zeugte die Weitsicht, mit der er unablässig auf ein Arrangement mit den Zionisten in Palästina hinarbeitete. Er war aber auch ein dynastischer Visionär, der zeitlebens davon träumte, als Haschemitenkönig in Damaskus über Groß-Syrien zu herrschen. Desgleichen wünschte er, in Jerusalem zu regieren, und so ließ er sich während des ersten arabisch-israelischen Krieges 1948/49 auf die Belagerung der Heiligen Stadt ein, ohne diese ganz erobern zu können. Als er nach dem Krieg ein Geheimabkommen mit Ben Gurion abschloß, das ein friedliches, wirtschaftlich profitables Nebeneinander von Jordanien und Israel vorsah, wurde er im Juli 1951 auf den Stufen der Omaijaden-Moschee zu Jerusalem erschossen. Der Mörder war ein arabischer Schneidergeselle, der eine englische Dienstpistole benützte[80] und wahrscheinlich vom ägyptischen Geheimdienst angestiftet worden war.[81]

Immerhin hatte Abdullah unter den extrem instabilen Bedingungen des Nahen Ostens dreißig Jahre lang regiert. Sein Enkel Hussein II. sollte ihn noch übertreffen. Dieser vielleicht bemerkenswerteste Überlebenskünstler unter den Staatsmännern des 20. Jahrhunderts regiert seit 1952 und ist zugleich ein lebendiges Beispiel für die Zählebigkeit bestimmter dynastischer Neugründungen im Nahen Osten.

## Ibn Saud

Während die haschemitischen Fürsten seit dem Ersten Weltkrieg im vollen Scheinwerferlicht der Weltöffentlichkeit operierten, vollzog sich der Aufstieg Ibn Sauds lange Zeit eher im verborgenen.[82] Als Abdul-Aziz, später Ibn Saud genannt, ganz zu Beginn des neuen Jahrhunderts, im Jahr 1902, mit einer kleinen Schar von Stammeskriegern in kühnem Handstreich die Zitadelle von Riad eroberte, war er stolze zweiundzwanzig Jahre alt, ein abenteuerlicher arabischer Märchenprinz, wie er im Buche steht. Sein Vater war von mächtigen Feinden vertrieben worden und hatte schließlich beim Emir von Kuweit Asyl gefunden. Von dorther war Abdul-Aziz aufgebrochen, um das Reich seiner Ahnen wiederzuerobern. Auch Ibn Saud gehört also zu den Visionären unter den bedeutenden Persönlichkeiten des 20. Jahrhunderts. Aber er war kein utopischer, sondern ein extrem traditionalistischer Visionär. Sein Traditionalismus war religiös und politisch zugleich, beides nicht voneinander zu trennen.

Dieser arabische Reichsgründer setzte sich im 20. Jahrhundert mit religiösen Überzeugungen durch, die auf das siebte Jahrhundert zurückgehen. Wenn er im Verlauf seines Aufstiegs zur unumschränkten Herrschaft über die arabische Halbinsel an das 20. Jahrhundert gewichtige Konzessionen machte, dann nur soviel, wie er den Ulemas gerade noch zumuten konnte, ohne den Aufruhr zu provozieren.[83] Denn seit Mitte des 18. Jahrhunderts hatten sich die Saudis der wahabitischen Reformbewegung zugewandt. Intolerant, buchstabengläubig und ihren Ulemas gehorsam, waren sie entschlossen, die benachbarten Stämme der reinen Lehre sunnitischer Orthodoxie zu unterwerfen.

Das erste Reich der Saudis ist schon um die Wende vom 18. zum 19. Jahrhundert errichtet und dann vom Sultan zerstört worden. Das 19. Jahrhundert war für sie eher eine lange Phase des Niedergangs.

Von Anfang an wußte Abdul-Aziz jedoch, daß er nicht allein mit den arabischen Stämmen zu rechnen hatte. Bis zum Jahr 1918 übte das Osmanische Reich wesentlichen Einfluß aus, und Konstantinopel war seit dem Bau der Hedschasbahn viel näher gerückt. Die andere Vormacht war Großbritannien mit seinen Klienten, und einer von diesen der Emir von Kuweit am Persischen Golf. Abdul-Aziz, der dort die Bedeutung des englischen Einflusses studiert hatte, zeigte sich von Anfang an entschlossen, mit den Briten zusammenzuspielen. Zwar war er im Unterschied zu den mit ihm rivalisierenden Haschemiten klug genug, seine Autonomie nie an die englische Hegemonialmacht preiszugeben. Doch wäre die Restauration des Wahabitenreiches nicht ohne ständige britische Unterstützung gelungen. Ibn Saud brauchte die Briten, aber diese stützten sich bei ihrer komplizierten Nahostpolitik auch immer wieder auf Ibn Saud. Als später Winston Churchill, der eben von der Konferenz von Jalta zurückkehrte, am 17. Februar 1945 im Hotel du Lac der Oase von Fayoum mit dem nunmehr schon hochberühmten Monarchen Ibn Saud zusammentraf, versicherte er diesen seiner unumschränkten Hochachtung vor allem deshalb, weil er seit langen Jahrzehnten loyal zu Großbritannien gestanden habe.[84]

Ibn Saud obsiegte aber nicht nur dank eines zeitweilig recht kräftigen Stroms britischer Subsidien. Er unterwarf seine arabischen Rivalen vor allem deshalb, weil er mit der wahabitischen Bruderschaft der Ichwan eine fanatisierte Kriegerkaste besaß, die mit allen Feinden fürchterlich aufräumte. Zum Schluß wurden die Ichwans sogar Ibn Saud selbst gefährlich. Ende der zwanziger Jahre – er war bereits der Herr über Mekka und Medina und hatte auch schon sein Königtum proklamiert – mußte er einen gefährlichen Aufstand seiner anfänglich getreuen Fundamentalisten niederwerfen. Diesen begannen zunehmend all die teuflischen Erfindungen zu mißfallen, die der hoheitsvolle, gewissenlose und diplomatisch gerissene König so ganz unter der Hand eingeführt hatte – die Autos, die Telephone und sogar das Radio. Am stärksten mißfiel den wahabitischen Fundamentalisten aber der Einfluß ungläubiger englischer Berater. Deren wichtigster war John Philby, der bei Orientkennern so renommiert ist wie gut drei Jahrzehnte später sein noch berühmterer Sohn, der sowjetische Spion gleichen Namens. Doch der Ichwan-Aufstand wurde – auch mit Hilfe der Royal Air Force – in einem Blutbad erstickt. Von jetzt an war der Weg frei für das, was die Soziologen eine »modernisierende Monarchie« nennen.

Was man nachmals hochtrabend als Modernisierung bezeichnete, war damals freilich eher ein Euphemismus. Ibn Saud gehörte nämlich zu jenem Typ von Monarchen, die zur sorgfältigen Haushaltsführung und zur Betriebswirtschaftslehre ein sehr gebrochenes Verhältnis besitzen. Seine unablässigen, mit immer größeren Armeen unternommenen Kriegszüge, die Bestechung von Freunden und Gegnern, die administrative Zusammenführung heterogener Stämme und nicht zuletzt die Verschwendungssucht der eigenen Sippe erforderten sehr beträchtliche Mittel, die nur teilweise durch britische Subsidien oder durch die Einnahmen von den Pilgerscharen nach Mekka und Medina gedeckt werden konnten. Nachdem sich aber herausstellte, daß auch in Saudi-Arabien Erdölfelder lagen, genehmigte der Monarch erst vorsichtig, bald aber zunehmend vorbehaltloser der Standard Oil of California Erdölkonzessionen. Warum Ibn Saud nicht der britischen

Iraq Petroleum Company den Zuschlag gab, ist bis heute nicht ganz geklärt.[85] Spätestens gegen Ende des Zweiten Weltkrieges erkannte das Londoner Foreign Office jedenfalls, daß sich die Amerikaner sehr hemdsärmelig und mit denkbar weitreichenden strategischen Konsequenzen bei ihrem treuen Verbündeten eingenistet hatten.

Im Februar 1945 erfolgte eine Begegnung von symbolischer Bedeutung. Präsident F.D. Roosevelt empfing den inzwischen ziemlich altersschwachen Monarchen bei der Rückkehr von Jalta an Bord der U.S.S. Quincy, die auf dem Weg durch den Suezkanal im Bittersee vor Anker gegangen war. Ibn Saud reiste mit einem Gefolge von 48 Personen an, darunter zehn hochgestellte Repräsentanten der Stämme sowie eine kohlrabenschwarze Schar nubischer Leibwächter, ein Astrologe und ein Kaffeeservierer.[86] Er ließ sich auf dem Deck des Zerstörers U.S.S. Murphy, der ihn zum Ort des Treffens mit Roosevelt brachte, ein stattliches Zelt errichten, wo er die ungewohnte Schiffsreise auf einem goldenen Thronsessel sitzend absolvierte. Vorsorglich hatte er auch eine Herde von Schafen mitgebracht, um selbst auf schwankendem amerikanischem Boden über eigenes Frischfleisch zu verfügen.[87]

Wie schon auf der Konferenz von Jalta, präsentierte sich auch hier ein schon todgeweihter amerikanischer Präsident, dem sein früher so unfehlbarer Instinkt im Umgang mit schwierigen Gesprächspartnern damals wohl nicht mehr voll zu Gebote stand. Roosevelt eröffnete nämlich die Begegnung mit der Frage, ob man die Wüsten von Saudi-Arabien und Ägypten nicht zum Ergrünen bringen könne. Ibn Saud bekundete sein Desinteresse an diesem Thema und stellte fest: »Ich bin mein Leben lang ein Krieger gewesen – nicht mehr, aber auch nicht weniger. Muß es auf der Erde nicht auch Wüsten geben?«[88] Der König der Wüste erkannte allerdings rasch, weshalb Roosevelt einen so befremdlichen Auftakt für die Unterredung gewählt hatte. Allem Anschein nach diente die Begegnung aus der Sicht des Präsidenten vor allem dem Zweck, Ibn Saud vom Nutzen der jüdischen Siedler in Palästina zu überzeugen, die schon damals dafür berühmt waren, unfruchtbare Landstriche zum Erblühen zu bringen.

Schließlich rückte Roosevelt das Thema einer palästinensischen Heimstatt für die verfolgten Juden ins Zentrum der Unterredung. Doch Ibn Saud erwiderte kurz angebunden, daß er von einer Ausdehnung der jüdischen Siedlungen in Palästina überhaupt nichts halte. Auf die Feststellung des Präsidenten, allein in Polen seien drei Millionen Juden ermordet worden, bemerkte der saudische Herrscher ungerührt, dann sei ja dort wieder Platz für die Wiederansiedlung von drei Millionen. Oder man solle die Juden im besiegten Deutschland unterbringen. Roosevelt kam mit dem Thema jedenfalls nicht voran, und in die USA zurückgekehrt, erklärte er, aus der Unterredung mit Ibn Saud habe er innerhalb von fünf Minuten über das jüdisch-arabische Verhältnis mehr erfahren als zuvor in seinem ganzen Leben.[89]

Immerhin aber war der Präsident klug genug, das Thema Öl nicht anzuschneiden, obschon auch damals schon die Bürokratien in Washington die künftige strategische Bedeutung der saudiarabischen Ölfelder erkannt hatten. Man verstand sich in diesem Hauptpunkt ohne viele Worte.

Als Ibn Saud 1953 starb, war Saudi-Arabien jedenfalls schon Teil des informellen amerikanischen Imperiums. Allerdings war es dem umsichtigen König in diesen letzten Jahren gelungen, eine revolutionäre Aufteilung der Erdölgewinne durchzusetzen – fünfzig Prozent für Saudi-Arabien und fünfzig Prozent für die Aramco.[90]

Nach dem Tod Ibn Sauds folgten an die fünfzig weitere Jahre märchenhaften Reichtums und ebenso sagenhafter Korruption der Wahabiten-Dynastie, die sich unter amerikanischem Schutz zwar lange Zeit als dauerhaft erwies, inzwischen jedoch mehr und mehr von den Fundamentalisten bedroht wird, deren Aufruhr Ibn Saud 1930 schon einmal niedergeworfen hatte.

Bereits zu seinen Lebzeiten galt Ibn Saud als größter arabischer Herrscher des 20. Jahrhunderts, groß als Krieger und Reichsgründer, groß auch deshalb, weil er angeblich Traditionalismus und Modernisierung voll Klugheit miteinander zu vereinbaren wußte. Doch wie so viele Monarchen früherer Jahrhunderte vor ihm, die von der Nachwelt als große Könige gerühmt werden, ist Ibn Saud tatsächlich auch ein großer Unmensch gewesen.

Bei der Unterwerfung der gegnerischen Stämme auf der arabischen Halbinsel kamen außergewöhnlich grausame Methoden zum Einsatz. Vielfach brachten die Ichwan, wenn sie wieder einen Sieg errungen hatten, alle männlichen Gegner um und versklavten Frauen und Kinder. Es mag dahingestellt bleiben, ob Ibn Saud in seinen endlosen Kriegen wirklich 40 000 öffentliche Hinrichtungen und 350 000 gleichfalls öffentlich vollzogene Amputationen (Abhacken von Händen oder anderer Körperteile) durchführen ließ, wie neuerlich ein Kritiker der Saudis behauptet.[91] Daß er durchweg terroristisch und ohne jede Rücksicht auf Menschenleben regiert hat, ist aber kaum zu bezweifeln.

Dieser bedeutende Diplomat und Krieger war zudem völlig unfähig, eine moderne Verwaltung aufzubauen. Sinnlose Verschwendung und Korruption haben nicht erst nach seinem Tod eingesetzt. Ibn Saud gehörte noch in jene Frühphase des Königtums, in der zwischen dem Privateigentum des Herrschers und dem Staatsschatz nicht unterschieden wurde.

Sein sexueller Appetit war so beträchtlich wie der des legendären Königs Salomon oder einschlägig berühmter arabischer Kalifen.

Westliche Staatsmänner nach Art Winston Churchills vermerkten es schmunzelnd als königliche Marotte, er halte siebzig Frauen in seinem Harem und habe vierzig natürliche Söhne.[92] John Philby, der sich in jenen Jahrzehnten zumeist in der Nähe Ibn Sauds aufhielt und dessen Darstellungen der Saudi-Geschichte seither unablässig als historischer Steinbruch Verwendung finden, zitierte einen Ausspruch des damals noch vergleichsweise jungen Königs aus dem Jahr 1918: »Bei Gott, bisher habe ich 75 Frauen geheiratet, und so Gott will, soll es mit dem Heiraten nicht zu Ende sein. Ich bin immer noch jung und stark.«[93] Zugleich hat Philby vielfach hervorgehoben, der Harem habe vor allem dem Zweck gedient, zahlreiche Stämme durch überlegte Heirats- und Konkubinatspolitik an den Herrscher Ibn Saud zu binden.[94] Zweifellos spielten politische Überlegungen beim Ausbau dieses berühmten Harems eine bedeutende Rolle. Aber dies ist nur ein Teil der Wahrheit.

Ibn Saud war ein ganz altertümlicher Verächter jeder Frauenwürde. Anders als die zeitgenössischen Haschemitenherrscher hat er auch nicht daran gedacht, seinen Söhnen eine moderne Ausbildung zukommen zu lassen, von den Töchtern ganz zu schweigen. Indem er eine sehr große Zahl geldgieriger Prinzen im Luxus aufwachsen ließ, schuf er selbst alle Voraussetzungen dynastischer Verschwendung und prinzlicher Drohnenexistenz. Die spätere Herrschaft und der neureiche Lifestyle der Saudis waren somit keine Abweichung von den Herrschaftsprinzipien dieses Stammvaters, sondern deren konsequente Fortsetzung.

## Diktatoren in monarchischer Kostümierung: die Dynastie Reza Khan Pahlewi

Eine menschlich fragwürdige, wenngleich als Herrscher gleichfalls eindrucksvolle Gestalt war Reza Khan, von 1925 bis zu seiner Absetzung durch die Briten im Zweiten Weltkrieg Schah von Persien. Auch auf ihn trifft Jacob Burckhardts resignierte Feststellung zu, »das Böse auf Erden« sei allerdings »ein Teil der großen weltgeschichtlichen Ökonomie«.[95] Desgleichen handelt es sich hier um jenen »Despotismus nach den Krisen«, der seine Legitimation aus der Furcht bezieht, erneut in einen Zustand der Anarchie zu versinken.[96]

Reza Khan war ein Emporkömmling, wie er im Buche steht. In einem iranischen Kosakenverband war er durch alle Dienstgrade von ganz unten emporgestiegen. Die schon seit Ende des 19. Jahrhunderts recht chaotische innen- und außenpolitische Lage Persiens hatte sich im Gefolge des Ersten Weltkrieges, besonders der Russischen Revolution, noch chaotischer gestaltet. Die Macht kam damals auch im Iran aus der Mündung der Gewehre. 1921 putschte dieser brutale Kosakengeneral, wurde erst Oberbefehlshaber aller persischen Streitkräfte sowie Kriegsminister und dann Ministerpräsident. 1925 zwang er, damals noch unterstützt vom Klerus, das verängstigte Parlament zur Amtsenthebung des letzten, bereits ins Exil gegangenen Schahs aus dem Haus der Kadjaren, und ließ sich in aller Form als Begründer einer neuen Dynastie auf den Thron erheben.

Er war von Anfang an ein Diktator, auch wenn er bestrebt war, sich mit den Insignien traditioneller Herrschaft zu legitimieren. Als großes Vorbild diente ihm Atatürk, und gleich diesem suchte er einerseits das Land nach Jahrzehnten innerer und äußerer Wirren erneut autokratisch zu ordnen, andererseits aber zu modernisieren. Während Ibn Saud ein modernisierender Monarch von weiterhin traditionalistisch-religiöser Orientierung war, trat in der Gestalt Reza Khans ein säkularistischer Monarch auf, der überhaupt keine Bedenken trug, sein Land so rasch und so tief wie möglich zu verwestlichen.

Schah Reza war ein glühender persischer Nationalist, denn Nationalismus galt damals überall als Zeichen von Modernität. Wie Atatürk unterdrückte er gnadenlos den schiitischen Klerus, die Mullahs, nachdem er politisch fest im Sattel saß. Durchaus weitschauend führte er ein modernes Universitätssystem ein und betrieb zugleich die Emanzipation der Frau. Mit Hilfe amerikanischer und deutscher Experten gelang ihm die Sanierung der Währung. Desgleichen suchte er die Landwirtschaft zu modernisieren, eine einheimische Industrie aufzubauen und ein entsprechendes Verkehrswesen zu errichten.

Sein Reformeifer hatte allerdings Grenzen und wies vielfach chaotische Züge auf. Mit der Seßhaftmachung der Nomadenstämme kam er nicht allzuweit. Wenn er ansatzweise eine Bodenreform betrieb, so nicht in erster Linie mit dem Ziel, die Kluft zwischen Besitzlosen und Wohlhabenden zu schließen. Viel reizvoller erschien es ihm, bestimmten Großgrundbesitzern ihr Land abzunehmen, um es den Krongütern zuzuschlagen. Und er war konsequent bestrebt, in vielen Wirtschaftsbereichen Staatsmonopole zu errichten – auch dies nicht zuletzt in der Absicht, das Herrscherhaus und dessen Anhänger zu bereichern. So hat er schon früh viele jener Mißstände begründet, an denen die Pahlewi-Dynastie unter seinem Sohn dann dramatisch gescheitert ist.

Anders als Atatürk hatte Reza Schah Pahlewi keinen dauerhaften Erfolg bei dem Bestreben, sich dem Zugriff der Briten und der Russen voll zu entwinden. Die im Jahr 1927 vorgenommene Kündigung aller internationalen Verträge aus der Zeit seines Vorgängers half ihm nicht allzuviel, denn schon damals zählten die Ölfelder um Abadan zu den ergiebigsten im Nahen und Mittleren Osten, weshalb Großbritannien sich nicht abschütteln ließ. Und als der Schah, der England mehr haßte als jedes andere Land, während des Zweiten Weltkrieges allzu offenkundig für die antibritischen Achsenmächte Sympathie bekundete, wurde er zur Abdankung gezwungen und nach Südafrika verbracht, wo er 1944 starb. Immerhin hat dieser Gewaltherrscher, der niemandem traute und jedermann verachtete, Persien ins 20. Jahrhundert gestoßen.

Auf den so geschaffenen Grundlagen konnte sein Sohn Mohammed Reza Pahlewi aus dem Iran eine der zeitweilig mächtigsten Dynastien errichten, deren jäher Zusammenbruch Ende der siebziger Jahre die Weltöffentlichkeit genauso überrascht hat wie wenig später der Zusammenbruch des sowjetischen Imperiums.

Zwar bekundete Mohammed Reza nicht mehr jene animalische Brutalität, die für seinen Vater kennzeichnend gewesen ist. Doch der klägliche Abgang im Januar 1979, der in manchem an die Panik Wilhelms II. im November 1918 erinnerte, läßt doch die Tatsache etwas vergessen, daß dieser Schah alles in allem einer der eindrucksvollsten unter den absolutistischen Monarchen des 20. Jahrhunderts gewesen ist. Daß er vom Anfang seiner Regierungszeit im Jahr 1941 bis zum Ende der Dynastie im Jahr 1979 im Schatten seines dominierenden Vaters stand, ist immer wieder festgestellt worden. Manche haben ein deutliches Indiz der Vaterfixierung darin gesehen, daß Mohammed Reza Pahlewi, nachdem er die Zügel der Regierung endlich fest in den Händen hielt, seinem Vater den Titel »der Große« zulegte und vielerorts im Iran Standbilder dieses Gründers der Dynastie errichten ließ.[97] Doch war er wirklich durchgehend ein schwächlicher Herrscher?

Die Unentschiedenheiten der ersten Phase seiner Regierungszeit von 1941 bis zum Sturz des Ministerpräsidenten Mossadegh 1953 lassen sich schließlich aus den äußeren Umständen der Kriegszeit und aus den wirren Nachkriegsjahren unschwer erklären. Wenn ein junger Mann im Alter von 22 Jahren, der überdies auch noch im Ausland erzogen ist, unerwartet einem mächtigen, von ihm selbst verehrten, doch von vielen anderen gehaßten Vater nachzufolgen hat, ist ein hohes Maß an überlegener Staatskunst erst einmal nicht zu erwarten. Immerhin hat der »Baby-Schah«, wie ihn Churchill anfänglich verächtlich genannt hat, schließlich doch tatkräftig regiert, nachdem er 1953 mit Hilfe der CIA wieder nach Teheran zurückgekehrt war.

Tatsächlich hatte es von da an mehr als zwanzig Jahre lang den Anschein, als werde das Experiment diktatorischer Modernisierung unter dem Deckmantel der Monarchie gelingen. Schah Mohammed Reza war damals durchaus erfolgreich bemüht, die anfänglich weitgehende Abhängigkeit von den USA zu lockern, indem er mit der Sowjetunion eine Art iranischer Entspannungspolitik betrieb. Auch die Ölgesellschaften wurden weitgehend domestiziert. Unter Nutzung des OPEC-Kartells war der Iran in den siebziger Jahren auf gutem Wege, Saudi-Arabien als Welterdölproduzent Nr. 1 einzuholen und zugleich zur stärksten regionalen Militärmacht zu werden – eine Regionalmacht mit gelegentlich bereits bekundeten Weltmachtambitionen.

Entschiedener als sein Vater zeigte sich Mohammed Reza anfänglich auch bestrebt, die Bodenreform voranzubringen. »Die weiße Revolution des Schahs«, von der die Propaganda redete, revolutionierte in der Tat das Land, freilich anders, als der Schah sich das vorstellte. Zwar wurden zeitweilig Krongüter großzügig in Bauernland umgewandelt, desgleichen Landbesitz, der zuvor dem Klerus gehört hatte. Doch was zur Stabilisierung der Monarchie erdacht war, bewirkte das Gegenteil. Man experimentierte mit Genossenschaften, aber vielfach wurden daraus riesige Kolchosen mit Agrarstädten. Die Besitzverhältnisse blieben ungeklärt, und die Arroganz der Agrarfunktionäre erzürnte die Landarbeiter. Statt zufriedener Bauern entstand ein verzweifeltes Landproletariat, das sich in die Städte ergoß, wo es an Arbeit, an Wohnungen und an jeder Art von Infrastruktur fehlte. Natürlich ging auch die Produktivität dramatisch zurück. Zum Schluß wurden sogar Eier aus Bulgarien eingeflogen.[98]

Eine Abfolge immer grandioserer Jahrespläne sollte alles zugleich entwickeln – Raffinerien und Stahlwerke, Häfen, Autobahnen und Flugplätze, Universitäten, Schulen, Forschungseinrichtungen, doch auch den Wohnungsbau und das Gesundheitswesen. Offenkundig orientierte sich der Schah auch dabei an der Modernisierungspolitik seines Vaters, nur daß die unerschöpflichen Erdöleinnahmen jetzt einen beispiellosen Gigantismus erlaubten. Entsprechend unsteuerbar waren auch hier die sozialen Folgen der Modernisierung und entsprechend immens die Verschwendung und die Korruption.

Die Wirtschaft des Landes konnte den Zustrom der Petrodollars nicht mehr absorbieren. Eine galoppierende Inflation kam in Gang, die nicht zuletzt den Mittelstand dem Regime entfremdete. Die Infrastruktur kollabierte. Periodisch brach die Elektrizitätsversorgung zusammen. Teheran, von Automobilen verstopft und von Abgasen verpestet, erlebte in vollem Umfang die ökologischen Folgeerscheinungen ungezügelten Wachstums.

Die für viele Entwicklungsländer charakteristischen Klassengegensätze verknüpften sich im Reich des Schahs mit kulturellen Widersprüchen zwischen einer amtlich geförderten Säkularisierung und der Resistenz des muslimischen Klerus, der sich immer stärker als Repräsentant traditionalistischer, vom Modernisierungsschock verunsicherter Volksmassen artikulierte.

Wie man innerem Widerstand mit geheimpolizeilicher Überwachung und notfalls mit brutalem Zuschlagen begegnet, hatte Mohammed Reza von seinem Vater gelernt. So zögerte er nicht, mit dem Geheimdienst Savak ein despotisches Repressionsinstrument einzusetzen. Und wie schon Reza Khan suchte auch er die häßliche Wirklichkeit des Regimes hinter der Fassade eines Märchenhofes zu verstecken. Die Feiern zum angeblich 2500jährigen Bestehen der Monarchie in Persien, im Jahre 1975 mit verschwenderischem Pomp begangen, waren ein aufgelegter historischer Schwindel. Das korrupte Regime feierte dabei unter freudiger Anteilnahme der westlichen Welt altpersische Traditionen, die längst preisgegeben waren.

Schließlich, als weder Repression noch militärische Machtpolitik oder traditionalistischer Mummenschanz mehr recht verfangen wollten, versuchte sich der politisch bereits gescheiterte Monarch ein letztes Mal als liberaler Reformer. Damals saß ihm schon die Administration Carter im Genick, die sich entschlossen zeigte, an diesem langjährigen Verbündeten zu demonstrieren, wie ernst es ihr mit der Menschenrechtspolitik war.

Später erst erfuhr die Weltöffentlichkeit, daß das klägliche Ende dieser Monarchie mit dem gesundheitlichen Verfall des Herrschers zusammenfiel. Seine Erkrankung an einer Art Leukämie war von französischen Ärzten bereits 1974 diagnostiziert worden, ohne daß der Schah längere Zeit von deren Gefährlichkeit unterrichtet worden wäre. Später insistierte er selbst auf unbedingter Geheimhaltung seines hoffnungslosen Gesundheitszustandes.[99] Die schwere Krankheit mag wenigstens teilweise jene fatalistische Untätigkeit erklären, mit der dieser letzte Schah den revolutionären Erschütterungen der Jahre 1978 und 1979 ihren Lauf ließ.

Auch das Ende des Hauses Pahlewi ist zumindest in zweierlei Hinsicht bemerkenswert. Es war der erste Zusammenbruch eines mächtigen Landes der sogenannten Dritten Welt, dessen Hauptursachen ganz offensichtlich aus der Unsteuerbarkeit des Modernisierungsprozesses resultierten. Dabei zeigte sich, daß eine modernisierende Monarchie zwar zeitweilig Erfolg hat, aber irgendwann doch an ihre Grenzen stößt. Das Scheitern Reza Pahlewis war zugleich auch die Tragödie oder die Tragikomödie eines modernisierenden Monarchen.

Die zweite Merkwürdigkeit schließlich ist die Natur des nachfolgenden Regimes. Mit dem Ayatollah Khomeini erlebte die staunende Weltöffentlichkeit am Ende eines von den Kräften der Säkularisierung beherrschten Jahrhunderts erstmals wieder einen charismatischen religiösen Führer, der in seinem von der Modernisierung erschütterten Land unversehens die längst vergessene Herrschaftsordnung einer Theokratie einrichtete.

DRITTER TEIL

# Ein Jahrhundert der Generale?

»Ich bin schon längst der Überzeugung, daß bei den Zeiten, die im Anzug sind, die Offiziere ... zu den Herren der Welt gehören werden«, hatte Jacob Burckhardt im Jahr 1891 geschrieben.[1] Wer in den siebziger Jahren des 20. Jahrhunderts den Blick nach Afrika, Lateinamerika oder Asien richtete, hatte wenig Grund, diese Prognose als verfehlt zu bezeichnen. Die Zahl der Militärdiktaturen ist zwar seither stark zurückgegangen. Aber viele Diktatoren haben sich der Erinnerung doch eingeprägt, nicht eben als »Herren der Welt«, wohl aber als Herren ihrer jeweiligen Länder.

Nicht wieder aufgetreten sind allerdings Persönlichkeiten von der Art Napoleons, obschon gerade dies erwartet worden war. In seiner ersten Hälfte hat das 20. Jahrhundert zwar militaristische Zivilisten vom Schlage Hitlers oder Mussolinis erlebt, die sich Napoleon oder Cäsar zum Vorbild nahmen. Doch Militärdiktatoren sind nur vergleichsweise selten an die Spitze jener Großmächte gelangt, die weltpolitisches Gewicht hatten.

Eine Ausnahme von dieser Regel bildete Japan in dem fatalen Jahrzehnt von Mitte der dreißiger Jahre bis zum August 1945. Allerdings herrschte weder in Tokio noch auf dem japanisch kontrollierten Festland ein einziger Militärdiktator. Vielmehr hatte sich dort eine Art prätorianisches Regime etabliert.

Die zweite Ausnahme war China. Nach Unterwerfung der rivalisierenden Warlords regierte mit Tschiang Kai-schek tatsächlich ein voll ausgewachsener Militärherrscher. Sein Einflußbereich war freilich sehr stark reduziert. Zuerst raubte ihm Japan den größten Teil seines Herrschaftsgebietes, danach vertrieben ihn die Kommunisten vom chinesischen Festland. In großem Stil Weltpolitik zu betreiben war ihm daher versagt. Doch ist er neben Sun Yat-sen, Mao Tse-tung und Deng Xiaoping die bedeutendste und historisch umstrittenste Persönlichkeit der chinesischen Zeitgeschichte.

Anders als im Fernen Osten ließ sich zwar während des Zweiten Weltkrieges in Europa die Beobachtung machen, daß der Typ des Generals bei den Großmächten in eine ganz und gar dienende Rolle verwiesen war. Doch auf seiten der kleineren und mittleren Länder verhielt es sich noch anders. Der Caudillo Franco gebot damals über das Schicksal Spaniens, Admiral Horthy dominierte in Ungarn, Marschall Antonescu in Rumänien, der Generals-Diktator Metaxas in Griechenland.

Diktatorisch regierende Generale und Obristen sind jedenfalls im 20. Jahrhundert fast ausschließlich bei mittleren und kleinen Mächten aufgetreten. Gewiß finden sich auch dort Diktatoren, die sich berufen fühlten, eine weltpolitische Rolle zu spielen und zugleich ihren Machtbereich auszudehnen. Gamal Abdel Nasser in Ägypten war wohl der spektakulärste von ihnen. Auf längere Sicht aber ist er dabei genauso gescheitert wie nach ihm Saddam Hussein im Irak. Die Machtbasis dieser Herrscher ist zu schmal, als daß sie sich gegen die Großmächte oder gegen regionale Rivalen durchsetzen könnten. Alles in allem ist somit das 20. Jahrhundert durchaus auch ein Jahrhundert der Militärdiktatoren geworden. Daß aber ein Napoleon des 20. Jahrhunderts ausgeblieben ist, hing auch mit der korporatistischen Natur moderner Militärherrschaft zusammen. Als sich Jacob Burckhardt, wie schon erwähnt, dies voller Sorge vorzustellen suchte, vermutete er völlig zu Recht, das müsse nicht unbedingt die Diktatur eines einzelnen sein, denkbar wäre auch »die Herrschaft einer militärischen Korporation«.[2]

Im ausgedehnten wissenschaftlichen Schrifttum, das dann seit den sechziger Jahren des 20. Jahrhunderts die Struktur, Soziologie und Ideologie der zeitgenössischen Militärregime vergleichend untersucht hat, wird denn in der Tat auch immer wieder auf deren korporatistischen Charakter verwiesen. Die moderne Militärorganisation ist, wie beispielsweise Amos Perlmutter ausführt, »sowohl Waffenbrüderschaft und Gemeinschaft als auch Machtinstrument und Bürokratie«.[3]

Wenn die einflußreichsten Offiziere dieser Organisationen diktatorisch regieren, sind sie daher selten allmächtig. Das jeweilige Wertesystem der Organisation, das Eigeninteresse des militärisch-industriellen Komplexes, die Waffengattungen und die regionalen Kommandeure – das alles beschränkt häufig den Machtwillen des Militärdiktators. Und je höher differenziert die Gesellschaft, um so notwendiger sind auch komplizierte Kompromisse mit außermilitärischen Interessen und Bürokratien.

Kriegerethik und Autoritarismus, technische und managerielle-bürokratische Professionalität, korporativer Eigennutz, doch auch Prägung durch das jeweilige Sozialmilieu, aus dem die Offiziersschichten stammen und mit dem sie sich verbinden – vieles kommt also bei der Etablierung von modernen Militärregimen zusammen. Somit sind auch jene diktatorischen Führer, die sich in solchen Regimen aus dem Führungskollektiv und über das Kollektiv erheben, zumeist stark von ihm geprägt.

Wenn von der Rolle bedeutender Offiziere inmitten politischer Krisen die Rede ist, wäre es indessen falsch, allein an Diktaturen zu denken. Schließlich kennt die Geschichte des 20. Jahrhunderts auch Generale, die ihre Ämter in strengem Respekt vor den Geboten des Verfassungsstaates ausgefüllt haben.

Die anscheinend unwiderstehlich heraufziehende Epoche cäsaristischer Generale war übrigens zugleich das Zeitalter des von Übermut oder von Ressentiments beflügelten Nationalismus. Generale, die für kürzere oder längere Zeit auf die Bühne der Politik traten, taten dies zumeist als Nationalhelden – Carl Gustaf von Mannerheim in Finnland, Józef Piłsudski in Polen, Mustafa Kemal in der Türkei, Admiral Horthy in Ungarn. Selbst der Putschgeneral Francisco Franco, an und für sich die typische Figur des Bürgerkriegsgenerals, wurde von einer Woge des spanischen Nationalismus getragen. Es gelte, so behaupteten er und seine Anhänger, die Identität Spaniens gegen die kommunistische Weltrevolution und gegen die Internationale des liberalen Freimaurertums zu verteidigen.

Doch auch in China, wo erneut die »Zeit der kämpfenden Staaten« angebrochen schien, war der Warlord Tschiang Kai-schek viel mehr als nur die gefährlichste und erfolgreichste Bestie in der mörderischen Bürgerkriegslandschaft. Beim Kampf gegen das imperialistische Japan verkörperte er zugleich den frustrierten chinesischen Nationalismus. Es ist zu vermuten, daß sich Tschiang Kai-schek früher oder später ähnlich entschieden gegen die imperialen Ansprüche der europäischen Großmächte oder der USA gewandt hätte.

Das finnische Volk setzte in den Jahren stärkster Bedrängnis seine Hoffnung auf Feldmarschall Mannerheim, der während der allerkritischsten Monate von August 1944 bis März 1946 als Staatschef mit weitgehenden Vollmachten amtierte. Selbst die schweizerische Zivilgesellschaft fand in dem Oberkommandierenden General Henri Guisan eine Generalspersönlichkeit von Format, die den Freiheitswillen des Landes verkörperte. Und Frankreich besaß mit Marschall Pétain in Vichy und General de Gaulle in London sogar zwei Inkarnationen seines zutiefst erschütterten, aber noch nicht gebrochenen nationalen Überlebenswillens.

So kam es, daß in der Geschichte Europas, Chinas und Japans wenigstens in der ersten Jahrhunderthälfte Generale vielfach eine bedeutende Rolle spielten, in Frankreich sogar bis 1969. Allerdings läßt dieser Typ die unterschiedlichsten Ausprägungen erkennen. Verfassungstreue Generale wie Mannerheim oder Guisan stehen neben Diktatoren. Man trifft auf Sieger in Kriegen wie Piłsudski und Atatürk, auf Bürgerkriegsgenerale des Typs Tschiang Kai-schek oder Franco und auf Exponenten einer machthungrigen Militärkaste wie General Tojo in Japan. Manche waren skrupellose Figuren, die nach Art des Diktators Sulla in Rom ungerührt Tausende ihrer Gegner exekutieren ließen – Franco etwa, aber auch Tschiang Kai-schek. Andere betrieben lediglich die in Militärdiktaturen allgemein übliche Repression mit der Folge, daß man sich heute fast nur noch an ihre Infamien erinnert. Wieder andere waren von vorbildlicher Mäßigung und Verfassungstreue – Carl Gustav von Mannerheim durchgehend, Charles de Gaulle meistens. Aber selbst diejenigen, die sich den zivilen Autoritäten oder der Verfassung unterordneten, ließen nicht selten einen alarmierenden

Mangel an politischer Urteilsfähigkeit erkennen. Letzteres galt ganz besonders für die Generalität der europäischen Großmächte im Ersten Weltkrieg.

## Entfesselte Technokraten: die Kriegsgötter des Ersten Weltkrieges

Von der Schwelle des 21. Jahrhunderts aus betrachtet, gehört der Erste Weltkrieg schon zur Vorvergangenheit. Die raffiniert angelegten Grabensysteme an der Somme, in Flandern oder auf dem Hartmannsweilerkopf sind nur noch Touristenattraktionen. Längst wirken diese Anlagen wie die Ausgrabungen frühgeschichtlicher Behausungen und Grabstätten. Es bedarf schon der Phantasie, sich vorzustellen, daß buchstäblich Hunderttausende dagegen anrannten und sich des Ansturms erwehrten. Allein bei der Schlacht an der Somme, die am 24. Juni 1916 begann und schließlich, ohne daß die Front sich groß verändert hatte, in den Schlammwüsten des Herbstes versickerte, waren zweieinhalb Millionen Soldaten eingesetzt. Die Briten und ihre Verbündeten haben dort rund 650 000 Mann verloren, die Deutschen etwa 500 000.

Nicht nur die Besten einer ganzen Generation sind in den gigantischen Schlachten geopfert worden. Unheimlich und unwiederbringlich verändert hat sich dort auch der selbstsichere Patriotismus des 19. Jahrhunderts. Viele sind als rabiate Pazifisten und Antimilitaristen aus diesen »Stahlgewittern« hervorgegangen, viele andere als rabiate Nationalisten.

Doch das alles ist nur noch historische Archäologie. Das lange 20. Jahrhundert versteht seine Anfänge nicht mehr. Wer vermöchte noch nachzuvollziehen, mit wieviel Geduld die Massen im Feld und die Angehörigen in der Heimat das Unvorstellbare Jahr für Jahr ertragen haben?

Nicht mehr nachvollziehbar ist aber auch die Mentalität jener Oberbefehlshaber, die unermüdlich die »Blutpumpe«, wie Generalstabschef von Falkenhayn das genannt hat, mit frischem Leben in Gang hielten. Sogar im dritten Kriegsjahr, nach dem Scheitern zahlreicher Angriffsschlachten, waren sie immer noch nicht zur Vernunft gekommen. Kaum ist Ende 1916 um Verdun und an der Somme die normale Unruhe des Grabenkrieges wieder eingekehrt, da planen die Generale neue Großoffensiven, die jetzt endlich zum Erfolg führen sollen. Am 6. April 1917 trägt der neue Oberbefehlshaber der französischen Kriegsmaschine, General Nivelle, einer Minister- und Generalsrunde seine neuen Pläne vor. Der Salonwagen des Präsidenten Poincaré, wo diese entlarvende Sitzung stattfindet, ist übrigens auf dem später noch historisch werdenden Bahnhof von Compiègne geparkt. 850 000 Soldaten seien zusammengezogen, führt Nivelle aus, 2 700 Feldhaubitzen, 2 300 schwere Geschütze, 200 Panzer. Wenn nicht schon am ersten Tag der Durchbruch erzielt sei, werde man es nochmals am zweiten Tag versuchen, dann allerdings alles abbrechen. Doch er rechne allenfalls mit Verlusten in Höhe von 10 000 Mann.

Erstaunlicherweise steht Nivelle nach wie vor im Bann jener Doktrin, die General Foch, ein anderer großer Armeeführer, in den Vorkriegsjahren als Leiter der École militaire einer ganzen Generation eingebleut hat: »Attaque, attaque, attaque!« Noch erstaunlicher aber ist, daß niemand der hier versammelten Politiker und Generale – auch Pétain ist zugegen – Nivelle zu widersprechen wagt. Als dann die französische Armee ohne jeden Erfolg nach bloß einwöchiger Offensive 135 324 Mann an Toten und Verwundeten verloren hat[4] und zu meutern beginnt, bekunden freilich alle Beteiligten außer dem Oberkommandierenden, sie seien von Anfang an skeptisch gewesen. Der »Blutsäufer« wird nun rasch entlassen.

Der Vorgang illustriert, wie weitgehend ungebremst die Oberbefehlshaber selbst der parlamentarischen Demokratien damals schalten und walten durften, aztekischen Kriegsgöttern durchaus vergleichbar. Kein dem Volk verantwortlicher Politiker fiel ihnen in den Arm, wenn sie unter Vorlage ihrer Aufmarschpläne die formelle Genehmigung zu weiteren Schlächtereien einholten.

Die außerordentliche Machtfülle dieser Generale ist aus heutiger Sicht ebensowenig verständlich wie der technische Großkrieg und die lange Zeit ungebrochene Massenbegeisterung. Auch die Namen der großen Heerführer haben keinen hohen Klang mehr: die Marschälle Joffre, Foch, Castelnau, Pétain auf französischer Seite, Marschall Haig, Oberbefehlshaber der Empire-Streitkräfte, Cadorna in Italien oder das sogenannte Dioskurenpaar Hindenburg und Ludendorff an der Spitze der Obersten Heeresleitung. Geniale Persönlichkeiten sind sie allesamt nicht gewesen. Kein Cäsar war unter ihnen, kein Napoleon, nur lauter brilliante oder doch überdurchschnittliche Kriegshandwerker von geringer politischer Einsicht. Als Typen aber bleiben sie erinnerungswürdig.

Nie zuvor und danach haben sich die modernen Großgesellschaften Europas so willenlos militärischen Kriegsgöttern ausgeliefert. Wenigstens in den westlichen Demokratien war dann das Erschrecken so groß, daß man diesem Typ später niemals mehr freien Auslauf gelassen hat. In Deutschland und Rußland allerdings folgten den schrecklichen Generalen noch viel schrecklichere Zivilisten, bis nach 1945 sogar die Deutschen zu Verstand kamen.

Insgesamt haben diese Giganten oder Titanen, als welche sie seinerzeit häufig bezeichnet worden sind, doch sehr wesentlichen Anteil an der Vernichtung jener psychologischen, politischen und materiellen Grundlagen, auf denen die bürgerlich-aristokratische Zivilisation des 19. Jahrhundert beruht hatte. In ihnen sind also große, brutale und völlig kurzsichtige Ruinierer zu besichtigen, ohne deren Handeln sich die späteren Katastrophen kaum ereignet hätten. Aus großer Distanz betrachtet, wirken sie allesamt auf seltsame Art und Weise altmodisch, noch ganz 19. Jahrhundert. Zugleich aber sind sie, wenn man nur genauer hinsieht, bemerkenswert modern.

Dem 19. Jahrhundert noch zugehörig ist ein unreflektierter Patriotismus, der den Opfertod fürs Vaterland akzeptiert und den diese Gestalten mit weiten Teilen der Bevölkerung der damaligen Staaten gemein hatten. Sofern die Kriegsgötter des Ersten Weltkriegs in der heutigen Öffentlichkeit überhaupt noch wahrgenommen werden, knüpfen sich an ihre Taten moralisierende Betrachtungen über die Unmenschlichkeit von Kriegen. Das ist angebracht, doch wird dabei eine psychologische Wirklichkeit vergessen, die der ästhetische Militarist Ernst Jünger während seiner Nationalistenzeit auf den Punkt gebracht hat: »Denn das Vaterland ist auch eine Religion.«[5] Daraus resultierte eine patriotische Moral, für die der Tod fürs Vaterland »süß und ehrenvoll« war – ein heute völlig unbegreiflicher Gedanke. Sie erhielt den Kriegsgöttern ihr gutes Gewissen. Und sie gebot es der Öffentlichkeit, die irrsinnige, technokratische Kriegführung hinzunehmen.

In Deutschland und England verband sich das zudem mit gleichfalls noch sehr kräftigen monarchistischen Überzeugungen, deren Wurzeln tief in die Zeiten der Feudalgesellschaft zurückreichten. Nur so ist das moralische Wertesystem von Generalen wie Hindenburg, Ludendorff oder Haig zu verstehen. Überall koexistierte der religiös überhöhte Patriotismus recht eigenartig mit durchaus lebendiger christlicher Religiosität. Die Marschälle Foch und Pétain waren fromme Katholiken. Foch, der voller Optimismus bis zum Kriegsende an seiner Doktrin der »attaque à l'outrance« festhielt,[6] der mit gutem Gewissen Zehntausende in den Tod sandte und damit schließlich auch Erfolg hatte, ging täglich zur Messe.[7] Die Freimaurer in den Kabinetten der Dritten Republik mißtrauten zwar vielfach ihren streng katholischen, konservativen und antiliberalen Generalen. Der Umstand, daß ein Bruder von Foch Jesuit war, hätte beinahe dessen Karriere ruiniert. Doch Clemenceau, auch er ein religiöser Freigeist, hatte ihn 1906 dennoch zum Lehrer an der Kriegsschule gemacht. Hindenburg auf deutscher Seite war gleichfalls ein frommer Christ, wenngleich evangelischer Konfession.

Schon rein altersmäßig gehören so gut wie alle dieser Generation von Generalen, die ihren Ländern zum Schicksal wurden, eher dem 19. als dem 20. Jahrhundert an. Das gilt ganz besonders für Hindenburg, Jahrgang 1847, der als »Sekondlieutnant« im 3. Garderegiment zu Fuß 1866 während der Bataille von Königgrätz im Morgennebel gegen die Batterien zwischen Chlum und Nedelist vorgeht und, obschon von einem Schrapnell am Kopf verwundet, fünf Kanonen erobert.[8] Er nimmt auch am Deutsch-Französischen Krieg teil, beteiligt sich an dem legendären, über freies Feld geführten, daher unerhört verlustreichen Angriff der 1. Gardebrigade auf St. Privat, nimmt an der Belagerung von Paris teil und darf als Vertreter des Regiments am 18. Januar 1871 bei der Kaiserproklamation in Versailles zugegen sein. 1911 hat er seinen Abschied genommen, im August 1914 wird er mit 66 Jahren reaktiviert. Nach dem Sieg bei Tannenberg ist seine Popularität im Auf und Ab der öffentlichen Meinung über zwanzig Jahre hinweg nie mehr grundsätzlich in Frage gestellt. Daß dieser Mann, ein Preuße von altem Schrot und Korn, der Monarchie lebenslang wenigstens im Herzen die Treue hält, versteht sich von selbst. Niemand im Lande hat vor der Schlacht von Tannenberg auch nur seinen Namen gekannt. Doch von jetzt an gilt er als Retter. In der chaotischen Unruhe des 20. Jahrhunderts neigt man in Deutschland übrigens zweimal mehrheitlich dazu, sich der Erfahrung von Männern recht vorgerückten Alters anzuvertrauen – der erste von diesen ist Hindenburg, der zweite Adenauer.

Eigenartigerweise trägt es die Öffentlichkeit Hindenburg größtenteils nicht nach, daß auch er zusammen mit Ludendorff Hunderttausende in den Tod geschickt hat. Nur für die radikale Linke ist er eine Zielscheibe ihres Antimilitarismus. Denn dieser olympisch auftretende Hüne mit vertrauenerweckender tiefer Stimme gilt als General, der ein Herz für die Truppe hat und den schlimmsten Irrwitz nicht mitmacht.

Nachdem er im August 1916 das Amt des Generalstabchefs im Großen Hauptquartier übernommen hat, stellt er zur Erleichterung des Westheers schon nach drei Tagen den längst perspektivlos gewordenen Angriff auf Verdun ein. Sein Vorgänger, von Falkenhayn, hatte geglaubt, diese »Blutpumpe« werde der französischen Armee die Lebenskraft nehmen, ohne zu bedenken, daß dasselbe für die angreifenden Deutschen galt. Als Folge der Fehlkalkulation hatte das Heer in dieser Offensive, bei der nacheinander 47 Divisionen ins Feuer geschickt wurden, 282 000 Soldaten verloren.[9]

*Die deutschen Kriegsgötter des Ersten Weltkrieges: Generalfeldmarschall von Hindenburg und General Ludendorff im Hauptquartier Ost, April 1916, wenige Monate vor der Ernennung zur Obersten Heeresleitung.*

Derselbe Vorgang ein Jahr danach auf französischer Seite. Als Pétain, der »Held von Verdun«, im Frühjahr 1917 den »Blutsäufer« Nivelle als Oberkommandierender ablöst, setzt er unverzüglich durch, daß vorerst keine gewaltigen Durchbruchsschlachten mehr unternommen werden. Statt dessen verfeinert er die Defensive.

Ähnlich wie Hindenburg ist auch Pétain ein Mann des 19. Jahrhunderts.[10] 1916, im Jahr der Schlacht von Verdun, zählt er bereits sechzig Jahre. Er stammt, was sich später als wichtig erweist, aus einer Bauernfamilie, hat streng katholische Schulen besucht und ist bereits 1876 in die Kriegsschule St. Cyr eingetreten. Von den vielen neuen Erfahrungen, die dort vermittelt werden, beeindruckt ihn eine ganz beson-

*Die hohe Generalität der Alliierten und die Politiker (von links nach rechts): der französische Kriegsminister Albert Thomas, der britische Oberkommandierende General Haig, Generalissimus Joffre und David Lloyd George.*

ders: die tödliche Wirksamkeit moderner Feuerkraft. Die Artillerie und das Maschinengewehr, so lehrt er schon lange vor dem Ersten Weltkrieg, haben die Schlacht völlig verändert. Das bedeutet, daß der Verteidiger im Vorteil ist. An dieser Erkenntnis – eine Frucht der letzten Kriege des 19. Jahrhunderts – hält er bis zum Zweiten Weltkrieg fest. Kein Wunder, daß Pétain in der Zwischenkriegszeit mit großem Nachdruck den Bau der Maginot-Linie betreibt.

Eine weitere Frucht des Geistes von St. Cyr ist die Verachtung, die dieser erzkonservative Offizier den Politikern der Dritten Republik entgegenbringt. Pétain ist ein kühler Skeptiker und zugleich ein Traditionalist. Wie so viele Konservative jener Jahre, nicht nur in Frankreich, zeigt er sich früh davon überzeugt, daß die insgesamt negativen Entwicklungen moderner Gesellschaft und moderner Politik nur durch Wiederbelebung der Tradition zu kurieren sind. Als Staatschef des État Français eröffnet sich schließlich dem 1940 vierundachtzigjährigen Marschall die Möglichkeit zur Durchsetzung seines traditionalistischen Weltbildes. Er faßt sein politisches Wollen in der Parole »Travail – Famille – Patrie« zusammen. Arbeit, Familie, Vaterland – das soll die Devise »Liberté, Égalité, Fraternité« ersetzen, die seit der Französischen Revolution in Geltung ist.[11] Damit sucht Pétain in der Mitte des 20. Jahrhunderts nochmals einer Wertetafel zur Geltung zu verhelfen, von deren Bedeutung er sich längst vor dem Ersten Weltkrieg, ja lange schon vor der Affäre Dreyfus überzeugt hatte. Es gibt kein schlagenderes Beispiel für das Fortleben des 19. Jahrhunderts bis weit ins zwanzigste hinein als die Gestalt dieses Generals.

Immerhin: Pétain hat wenigstens die grundlegende Bedeutung moderner Feuerkraft erkannt. Bei manchem anderen seiner französischen und britischen Generalskollegen ist das nicht der Fall. Zu Recht machen die Kritiker der großen Generale des Ersten Weltkrieges darauf aufmerksam, sie hätten sich viel zu lange dagegen gesträubt, die Realität der modernen technischen Waffen voll in ihre Strategie einzubeziehen.

Ein Grund dafür mag in dem Umstand liegen, daß einige dieser Größen des Ersten Weltkrieges ihre praktischen Kampferfahrungen nur in Kolonialkriegen gesammelt haben. Doch diese waren zumeist nicht viel mehr als Strafexpeditionen gegen schlechtbewaffnete Kriegshaufen von Eingeborenen.

So hat sich Lord Herbert Kitchener, 1914 bis 1916 fast allmächtiger britischer Kriegsminister, bereits in den letzten Jahren des 19. Jahrhunderts den Ruf eines großen Generals erworben. 1898 hatte er an der Spitze einer britisch-ägyptischen Armee die Schlacht bei Omdurman geschlagen. Rasch hatten die Spätviktorianer, einer von ihnen der junge Churchill, dies zur romantischsten Heldentat der neueren britischen Geschichte emporstilisiert. Aber in Wirklichkeit war Omdurman ein Sieg der Logistik. Denn Kitchener, von Hause aus Ingenieur, hatte Sorge getragen, zwei Jahre lang eine Bahnlinie in den Sudan hinein zu bauen. Die Strafexpedition konnte also mit der Eisenbahn zum Schlachtfeld rollen. Dann erst wurden über 10 000 fanatisierte Derwisch-Krieger mit Maschinengewehren und Dumdumgeschossen massakriert. Die britischen Verluste beliefen sich auf ein paar Dutzend Mann. Seither war Kitchener ein Nationalheld.

Nicht einmal der Burenkrieg, wo er als Oberbefehlshaber kommandierte, konnte seinen Ruf zerstören. Kitchener besaß schon damals das Talent, die Regierung zur Aufstellung einer Massenarmee zu veranlassen. Am Schluß des Krieges in Südafrika kommandierte er fast 500 000 Mann und vermochte schließlich den Gegner mit einer Strategie der verbrannten Erde und mit Konzentrationslagern in die Knie zu zwingen.

Als er dann bis zu seinem Tod im Frühjahr 1916 erneut die britischen Armeen dirigierte, hatte er aus den Erfahrungen des Burenkrieges zwar gelernt, daß moderne Armeen große Stäbe brauchen. Aber gegen Gegner wie die Deutschen, die ausgesprochenes Geschick bei der Anlage kunstvoller Feldbefestigungen, verbunden mit dem Einsatz von Sperrfeuer und Maschinengewehren, an den Tag legten, hatte er noch nie gekämpft. Gnädigerweise fand er rechtzeitig kurz vor Beginn der Großoffensive an der Somme sein Ende (der Kreuzer, auf dem er nach Rußland reisen wollte, lief vor den Orkney-Inseln auf eine deutsche Seemine), so daß er nicht mehr erleben mußte, wie das Empire aufgrund seiner falsch konzipierten Durchbruchsstrategie in wenigen Monaten mehr Soldaten verlor als später im gesamten Zweiten Weltkrieg.[12]

Ähnlich stand es mit General Joseph Joffre. Auch er hatte jahrzehntelang in den Kolonien gedient – Tongking-Delta, Tschad, Sudan, Madagaskar, wo es auf rasches, entschlossenes Vorgehen ankam ohne großes Risiko durch feindliches Feuer. Kein Wunder, daß er und viele mit ihm dessen Einwirkung unterschätzten und zu Gefangenen einer fatalen Doktrin der Offensive um jeden Preis geworden sind.

Mit viel Glück und dank der Improvisationskunst von General Galliéni hat Joseph Joffre, damals schon Generalissimus aller französischen Armeen, im September 1914 die Schlacht an der Marne gewonnen. Von nun an galt dieser Mann zwei Jahre lang als Retter Frankreichs und als großer Hoffnungsträger. Sein Temperament war ähnlich ausgeglichen wie das Hindenburgs, und lange Zeit glaubten seine Armeen, von ihm kompetent geführt zu werden. Auch die Politiker ließen ihn gewähren. So hat er voll phlegmatischer Gelassenheit, fern der Front und ohne jede Lernfähigkeit wieder und wieder die Doktrin einer »attaque à l'outrance« erprobt, an der Hunderttausende von Soldaten zugrunde gegangen sind. Schließlich wurde es sogar dem damals recht unentschlossenen Kabinett Briand und dem Staatspräsidenten Poincaré zuviel. Man schob Joffre auf einen Posten ab, wo er keinen Schaden mehr anrichten konnte, freilich nur, um mit Nivelle einen noch viel unsensibleren Oberbefehlshaber an die Spitze zu stellen.

Einer der wenigen, die schon vor dem Krieg die ungeheure Bedeutung der modernen Feuerkraft erkannt hatten, war, wie gesagt, Philippe Pétain. Vielleicht ist dies einer der Gründe, weshalb er so langsam Karriere machte, denn 1914 war er mit 58 Jahren erst Oberst und erwog bereits, seinen Abschied zu nehmen.[13] Als zeitweiliger Lehrer an der Kriegsschule hatte er nämlich Vorlesungen gehalten, die immer wieder zu seiner grundlegenden Erkenntnis zurückführten: »le feu tue« – »das Feuer tötet«.[14] In einer Offizierskaste, wo die Autoritäten den Lobpreis der unbedingten, schneidigen Offensive singen, macht man sich damit nicht populär. Als Pétain im Krieg schließlich doch hohe Kommandos erhielt, folgte er seiner eigenen Maxime und versuchte vor allem, die Truppen vor dem gegnerischen Feuer zu schützen. Auch er war zwar davon überzeugt, daß Kriege letztlich nur durch Offensiven zu gewinnen sind. Aber er plädierte für Vorsicht. So gesehen war er im Ersten Weltkrieg der modernste der hohen französischen Generale, darin durchaus den deutschen Heerführern Hindenburg und Ludendorff vergleichbar.

Das eigentlich Moderne der hohen Weltkriegsgeneralität ist vor allem darin zu sehen, daß sie den Typ des politisch blinden Militärtechnikers geradezu idealtypisch verkörperte. Diese großen Generale waren allesamt mehr oder weniger entfesselte Technokraten. Das wirkte sich besonders deshalb verheerend aus, weil es ihnen gelang, sich der politischen Kontrolle durchgehend oder doch zeitweilig zu entziehen – und zwar nicht nur in Deutschland. Beunruhigend modern war aber auch die Art und Weise, in der eine zutiefst aufgewühlte Öffentlichkeit in nahezu blindem Vertrauen all ihre Hoffnungen auf sie projiziert hat.

Aus heutiger Sicht ist die Modernität der damals so bewunderten Heerführer Großbritanniens und Frankreichs eher nachholender Art. Ihr Vorbild war die damals weltweit bewunderte Organisation des deutschen Generalstabs. Sir Douglas Haig, der britische Oberbefehlshaber in Frankreich, und Sir William Robertson, Chef des Empire-Generalstabs, waren geradezu Exponenten des seit dem Burenkrieg in England konsequent ausgebauten Stabssystems. Dasselbe galt für die Generale Joffre und Foch in Frankreich.

Im Grunde suchten sie alle den Krieg ganz und gar rational zu organisieren mit großzügig angelegten Feldzugsplänen sowie unter Nutzung modernster Rüstungs-, Verkehrs- und Kommunikationstechnik.

Liddle Hart hat später festgestellt, der deutsche Generalstab sei seinem Wesen nach darauf abgestellt gewesen, einen kollektiven Ersatz für militärischen Genius zu bilden, auf den im Normalfall kein Heer rechnen könne.[15] Dies gilt freilich für die Generalstäbe aller seinerzeitigen Großmächte.

Kein Wunder, daß die Armeen dabei genauso ins Gigantische wuchsen wie zur gleichen Zeit die Großunternehmen. Über 65 Millionen Menschen sind damals weltweit unter die Waffen gerufen worden. Es war auch nicht besonders erstaunlich, wie rasch sich die Kriegführenden im Westen und im Süden auf eine Ermattungsstrategie einließen. Die Heerführer wußten zwar durchaus, daß große Strategie auf weiträumige Operationen bedacht sein muß. Allen Planungen lag denn auch in der Tat die Erwartung zugrunde, man werde endlich den einschnürenden Stellungskrieg hinter sich lassen können. Allein in Frankreich mußten während des Krieges 700000 Pferde durchgefüttert werden, denn nach geglückter Durchbruchsschlacht, so hofften die Strategen, würde sich die Vision eines Bewegungskrieges unter Nutzung großer Kavalleriemassen doch wieder verwirklichen lassen. Auch darin äußerte sich übrigens viel Traditionalismus. Die Produktion und Einführung von Lastwagen kam anfänglich nur zögernd in Gang, und auch die Entwicklung der Panzerwaffe haben die militärischen Spitzen nicht besonders energisch vorangetrieben.

Doch da der Durchbruch die Voraussetzung für alles weitere war, verstärkte dies die ohnehin übermächtige Neigung, alles Heil von titanischen Offensiven der Massenarmeen zu erwarten. Da sich diese aber immer wieder festliefen, degenerierte die Kriegführung im Westen zur technokratisch raffiniert inszenierten Schlächterei. Zwar ging das Kalkül für die Entente schließlich sogar auf, und der geistig bedeutende, willensstarke Generalissimus Foch, der vier Jahre lang voller Optimismus und weit entfernt von den Kampfhandlungen unablässig die Offensive predigte, hatte zu guter Letzt recht bekommen. Aber der politische Preis, den selbst die siegreichen Länder für die unmenschliche Offensivstrategie zu zahlen hatten, war unermeßlich, und das nicht allein mit Blick auf die Menschenopfer und die Schädigung der Wirtschaft. Im Ersten Weltkrieg war Frankreich noch bereit zu kämpfen, im Zweiten nicht mehr sehr ernsthaft. Willenskraft, Leidensfähigkeit und Patriotismus der Franzosen waren 1914 bis 1918 von den großen Generalen ruiniert worden. Der daraus resultierende Defätismus konnte im Mai 1940 besichtigt werden und hätte beinahe ein auf unabsehbare Zeit nationalsozialistisches Europa zur Folge gehabt – Spätfolge der unsinnigen Offensiven zwischen 1914 und 1917.

Zweifellos war Ludendorff unter diesen Kriegsgöttern des Ersten Weltkrieges der modernste – ganz ein Mann des 20. Jahrhunderts, oder doch zumindest seiner ersten Hälfte, möchte man hinzufügen. Rascher als seine Gegenspieler hat er damals die Gegebenheiten der Kriegführung zwischen industriellen Großmächten begriffen. Die Armee als riesiger Produktionsbetrieb zur Vernichtung von Gegnern, Staats- und Militärbürokratie als integrierte, vom Generalstab dirigierte Großorganisation mit dem vorrangigen Ziel eines Siegfriedens, der dem Reich unangreifbare Grenzen, eine sichere Rohstoffbasis und eine sichere Ernährungsbasis bringen sollte, Wirtschaft und Gesellschaft als Betriebsstoff für die Kriegsmaschine – das war seine Vision, und diese Vision determinierte die Praxis der 3. Obersten Heeresleitung.

Die Bolschewisten haben diesen »Kriegssozialismus« später zu kopieren versucht; insofern war Ludendorff nicht allein ein Vorbild für Adolf Hitler, sondern auch für Lenin. Zu wieviel Fehlplanung Kriegssozialismus führt und wie ruinös er sich auswirkt, hätte sich allerdings schon am deutschen Beispiel studieren lassen. Die Formel dieses militaristischen Konzepts hat Ernst Jünger 1930 mit dem Begriff »Die totale Mobilmachung« geliefert. 1935, zwei Jahre vor seinem Tod, hat Ludendorff das aufgegriffen, indem er einem der letzten seiner von Mal zu Mal törichter werdenden Bücher den Titel »Der totale Krieg« gab. Dort hat er in Umkehrung der Theorie von Clausewitz seine eigene Doktrin ausgearbeitet: Die Politik sei die Fortsetzung des Krieges mit anderen Mitteln und jede Friedensperiode nur eine Zwischenkriegszeit. Darauf müsse man sich einstellen.

Ist also letztlich doch nur Ludendorff als große Negativfigur historisch erinnerungswürdig, weil er in Theorie und in Praxis den Typ eines entfesselten Kriegshandwerkers verkörpert? Hat sich nur die 3. Oberste Heeresleitung konsequent der Kontrolle durch die Politik entzogen?

Einer gütigen Fama zufolge hätten sich in dieser Hinsicht das kaiserliche Deutschland und die beiden großen westlichen Demokratien fundamental unterschieden. Hier eine faktische, wenngleich »schweigende Diktatur«[16] der Obersten Heeresleitung, dort strikte Kontrolle der Generalität durch eine demokratisch legitimierte Exekutive.

Die Wirklichkeit in den westlichen Demokratien stellte sich leider nicht ganz so ideal dar. Kein Geringerer als Gordon Craig hat dies beim Vergleich der Verhältnisse in Deutschland, England und Frankreich unlängst unterstrichen. Tatsächlich ließ nämlich sowohl die Regierung Asquith als auch die Regierung Lloyd George ihren phantasielosen Kriegshandwerkern weitgehend freie Hand. Dasselbe galt für Frankreich, bis Clemenceau schließlich im Jahr 1917 schonungslos durchgriff und die Militärs zur Räson brachte.

Fast die ganze Dauer des Krieges hindurch bestimmte aber faktisch die große Generalität auch in England und Frankreich das Kriegsgeschehen an der Westfront. Zustimmend zitiert Craig in diesem Zusammenhang Roy Jenkins, der in seiner Asquith-Biographie vermerkte: »Unter diesen Umständen bemühte sich die Politik nicht mehr um strategische Alternativen. Sie konzentrierte sich darauf, Menschenmaterial und Munition für die Schlächterei zu liefern.«[17] Der vielgelästerte Bethmann Hollweg, meint Craig, habe sich sogar wesentlich intensiver bemüht, die Generale in den Grenzen der Staatsräson zu halten als lange Zeit das britische Kabinett. Dieses sei erst von Kitchener, dann von Robertson und Haig durchgehend überspielt worden.

Dasselbe Bild zeigte sich bis 1917 in Frankreich. Erst Clemenceau nahm die Zügel energisch in die Hand. Als Marschall Foch im März 1918 beim Krisengipfel in London auch politisch das große Wort führen wollte, herrschte er ihn an: »Schweigen Sie! Ich bin es, der Frankreich hier vertritt!«[18] Er erzwang organisatorische Umstellungen, veranlaßte die Generale, unterschiedliche Optionen vorzulegen, kurbelte die Kriegsmaterialproduktion neu an und setzte den einfallslosen Pessimisten Haig und Pétain mit Marschall Foch einen zuversichtlichen Generalissimus vor die Nase.

Schon in der Schlußphase des Ersten Weltkrieges haben die nun ausschlaggebenden Spitzenpolitiker der Entente – Lloyd George und Clemenceau – aus den Desastern ihrer entfesselten Kriegshandwerker die Lehren gezogen. Weder im Zweiten Weltkrieg noch später konnte sich die Spitzengeneralität so hemmungslos ausleben wie zwischen 1914 und 1917.

Lange Jahrzehnte später wurde im Vietnamkrieg zwar nochmals die Absurdität einfallslos technokratischer Kriegführung demonstriert. General Westmoreland war durchaus ein Geistesverwandter von Marschall Haig, und die amerikanischen Luftwaffengenerale erwiesen sich als nicht weitsichtiger. Anders jedoch als während der Schlachten in Flandern und an der Somme ist im Vietnamkrieg die politische Kontrolle nie gelockert worden. Ganz im Gegenteil: »the best and the brightest« in der Johnson-Administration diskreditierten sich nun als unsensible zivilistische Technokraten. So erfuhren sie dasselbe Schicksal, das Joffre 1916, Nivelle 1917 und Ludendorff 1918 widerfahren ist. Sie verloren die Macht, allerdings nicht, wie ihre Soldaten oder die geplagte Zivilbevölkerung, Gesundheit und Leben.

Immerhin hatten die Regierungen in Paris und London während des Ersten Weltkrieges ihren Generalen nie die Diplomatie überlassen. In Deutschland war dies anders. Unterstützt von dem unpolitischen, aber angesehenen Hindenburg, hat Ludendorff eine beträchtliche Anzahl weitreichender Fehlentscheidungen durchgesetzt. Indem er bis zum Schluß völlig unrealistisch an viel zu weitgehenden Kriegszielen festhielt, trug er mit dazu bei, jeden Ansatz für einen vernünftigen Kompromißfrieden im Keim zu ersticken. Er hat des weiteren im November 1916 die Proklamation des Königreichs Polen erzwungen, um polnische Divisionen zu bekommen, was Piłsudski freilich klugerweise ablehnte. Damit torpedierte er die Möglichkeit, im letzten Moment noch einen Seperatfrieden mit Rußland zu erreichen.

Schließlich haben Hindenburg und Ludendorff, wenige Wochen bevor durch die Russische Revolution eine neue strategische Lage entstand, die Erklärung des unumschränkten U-Boot-Krieges, somit den Kriegseintritt der USA, erzwungen. Churchills nachträglichem Kommentar ist nichts hinzuzufügen: »Von allen großen Fehlkalkulationen der deutschen Obersten Heeresleitung ist keine bemerkenswerter als ihre Unfähigkeit zu begreifen, was ein Krieg mit den USA bedeutet. Das ist wahrscheinlich das krönende Beispiel unvernünftiger Politik, die allein materielle Faktoren in das Kalkül einbezieht.«[19] Das uneingeschränkte Operieren von 200 U-Booten, so Churchill, war der deutschen Führung wichtiger als 120 Millionen Einwohner der schon damals mächtigen, unangreifbaren Neuen Welt.

Wenn Wilhelm II. als Ruinierer des eigenen Reiches verstanden werden muß, so stehen ihm Hindenburg und Ludendorff in dieser Eigenschaft nicht nach. Wieder und wieder hat man seither zu Recht den Militarismus Ludendorffs als Hauptursache des deutschen Unheils bezeichnet. Als einfallsreicher Militärstratege, als Reformer des Feldheeres und als Organisator der deutschen Kriegswirtschaft war dieser Nur-Militarist den Generalen der Entente zwar überlegen, doch fehlte es ihm völlig an Einfühlungsvermögen in die Mentalität fremder Regierungen. Diplomatie war für ihn ein Fremdwort. Er hatte kein Fingerspitzengefühl und keinen Sinn für das rechte politische Timing. So hat sein militaristischer Titanismus alles ruiniert. Es war nur konsequent, daß diese Inkarnation nervöser Willenskraft nach der ersten erfolgreichen Offensive der Entente im September 1918 urplötzlich in Panik geriet und eine vorschnelle Waffenstillstandsofferte durchsetzte.

Als ihn Wilhelm II. Ende Oktober 1918 entließ, wurde sein mangelndes Urteilsvermögen immer deutlicher. Obschon er selbst auf ein sofortiges Waffenstillstandsangebot gedrängt hatte, setzte er schon im Februar 1919 in einem Gespräch mit General Malcolm von der alliierten Waffenstillstandskommission die Dolchstoßlegende in die Luft. Das deutsche Volk und die Regierung hätten ihn fallenlassen: »Man hat uns einen Dolchstoß in den Rücken versetzt, einen Dolchstoß ...«.[20] Hindenburg, der es gleichfalls besser wußte, hat übrigens keinen Moment gezögert, diese Legende seinerzeit zu bekräftigen und damit die demokratische Republik zu diskreditieren.[21]

Ludendorff agitierte dann noch zwei Jahrzehnte lang im völkisch-rechtsradikalen Milieu – bald mit Hitler zusammen zur Feldherrnhalle marschierend, dann sich mit diesem zerstreitend und schließlich wieder versöhnend. Er wurde zum politischen und religiösen Sektierer, der als »Weltrevolutionär« gegen Juden und Jesuiten, gegen Marxisten, Freimaurer und alle Anhänger der demokratischen Republik zu Felde zog. Als Hitler 1937 großzügig die amtliche Zulassung der von Ludendorff geführten Sekte »Deutsche Gotterkenntnis« gewährte, wirkte das wie versteckter Hohn: Der einstige Feldherr und anfängliche Führer im nationalen Lager war auf das Niveau eines Sektengründers abgesunken.

In gewisser Weise ist Ludendorff der Vorläufer Hitlers, und dies nicht allein darin, daß in beiden ein starkes Element unkontrollierten Sektierertums eine Triebkraft war. Auch andere Parallelen sind frappierend: der unerwartete Aufstieg aus der Bedeutungslosigkeit zur Spitze des Deutschen Reiches, die Identifikation beider mit dem deutschen Weltmachtanspruch, die verständnislose Brutalität im Umgang mit den Völkern Ostmitteleuropas und Osteuropas, die hybride, des Augenmaßes entbehrende Willenskraft und ein völliger Mangel an Sensibilität. Gewiß, Ludendorff war kein kriminelles Monster. Aber er war gleichfalls ein Ruinierer des Deutschen Reiches, und auch er hatte anfänglich große Hoffnungen auf sich gezogen.

## Enttäuschende Hoffnungsträger: Hindenburg und Pétain

Mit dem Ende des Ersten Weltkrieges war die Wirksamkeit der großen Weltkriegsgenerale noch nicht zu Ende. Ausgerechnet Hindenburg und Pétain, deren politisches Denken am ausgeprägtesten vormodern war, sind eher zufällig und in sehr vorgerücktem Alter in die politische Spitzenposition ihrer Länder gelangt.

Auf den ersten Blick fallen die frappierenden Gemeinsamkeiten zwischen den beiden auf. Beim wiederholten Zusehen staunt man indessen über die großen Verschiedenheiten ihrer politischen Karrieren. Beide zehrten von dem ungeheuren Ruf, den sie sich als »Retter« erworben hatten – Tannenberg 1914, Verdun 1916. Beide galten sie bei Millionen ihrer einstigen Untergebenen als Oberbefehlshaber, die das Herz auf dem rechten Fleck haben. Hindenburg hatte 1916 das irrwitzige Anrennen gegen Verdun beendet und im November 1918 das vom Schock der Niederlage betäubte Heer in die Heimat zurückgeführt. Pétain hatte nach Ablösung Nivelles mit den Großoffensiven Schluß gemacht. Daß er die große Meuterei im Jahr 1917 mit drakonischen Maßnahmen erstickte, wurde ihm verziehen. Genauer gesagt: Regierung und Militärführung verstanden es, die schlimmen Vorgänge unter den Teppich zu kehren. In den dreißiger Jahren, nach dem Tod Marschall Joffres, war Pétain der letzte große Kommandeur, mit dessen Namen der Sieg im Ersten Weltkrieg verknüpft war.

Die beiden Generale traten so auf, wie man sich damals militärische Führer wünschte – von olympischer Ruhe und patriarchalischer

Würde Hindenburg, menschlich, aber zugleich streng und distanziert Pétain. Auffallend ähnlich war auch das konservative Weltbild, an dem sie ein langes Leben hindurch und noch inmitten der chaotischen Wirren des 20. Jahrhunderts festhielten. Magnus von Braun, ein Standesgenosse Hindenburgs, der 1932 dem »Kabinett der Barone« des Reichskanzlers von Papen angehört hatte, schrieb 1955, also nach dem großen Kladderadatsch: »Hindenburg war von Kindheit an an strenge Zucht, Ordnung, Entbehrungen und Gehorsam gewöhnt, er war im Milieu der alten preußischen Armee, des Königtums und der soldatischen Ehrbegriffe groß geworden ... Aus Gesprächen, die ich in den Jahren 1916 und 1917 in Pleß und Berlin und dann wieder während und nach der Ministerzeit 1932 und 1934 mit ihm hatte, ergab sich für mich ferner, daß er bezüglich der Einstellung zu dem polaren Gegensatz Großstadt-Land innerlich ganz zum Lande gehörte ...«[22]

Genauso vormodern war das Wertesystem Pétains beschaffen. Dementsprechend fiel es beiden schwer, zu den Parteien und Parlamentariern ihrer Jahrzehnte ein unvoreingenommenes Verhältnis zu finden, wenngleich es erstaunlich ist, wie intensiv sich zumindest Hindenburg in sehr vorgerücktem Alter als Reichspräsident bemüht hat, dem ihm ganz fremden parlamentarischen Betrieb sowie dessen Betreibern gerecht zu werden. Pétain, der während langer Jahre der Zwischenkriegszeit weiterhin höchste militärische Ämter bekleidete, somit ständig mit dem politischen Milieu zu tun hatte, war Ende der dreißiger Jahre so weit, die Parlamentarier rundum zu verachten.

Wenn er seit 1940 in die haßerfüllte Kritik am Parlamentarismus einstimmte, so freilich auch deshalb, um eigene Fehler vergessen zu machen. Schließlich war er selbst ein Hauptbefürworter der Maginot-Linie gewesen und hatte der französischen Armee sein skeptisches Defensivdenken eingeimpft. Die viel zu lange unterbliebene Modernisierung der Panzerwaffe und der Luftwaffe war gleichfalls in erster Linie von ihm zu verantworten.

Die Lebenswege Hindenburgs und Pétains weisen noch eine weitere Gemeinsamkeit auf. Ihrer beider Schicksal wurde Adolf Hitler. Hindenburg, der »diesen böhmischen Gefreiten« instinktiv verachtete und anfänglich nicht einmal mit ihm sprechen wollte[23], hat Hitler schließlich doch zum Reichskanzler ernannt und ihn, was schwerer wiegt, bis zu seinem Tod im August 1934 weitgehend widerstandslos seine Macht befestigen lassen. Pétains Ruf ist in den Jahren der Kollaboration gleichfalls stark lädiert worden. Allerdings war seine Zwangslage in den Jahren 1940 bis 1945 viel unentrinnbarer als die Hindenburgs in der kritischen Periode 1930 bis 1934.

Und noch etwas haben beide gemein: den Schiffbruch des Alters. Ausgerechnet in jenen schweren Krisenjahren, da Millionen zu ihnen als Retter aufschauten, ließen bei beiden die Kräfte nach. Als Hindenburg das Amt des Reichspräsidenten antrat, war er immerhin schon 78, doch nach allgemeinem Bekunden noch vergleichsweise frisch und ohne Anzeichen von Senilität. Anfang der dreißiger Jahre aber, während es im Deutschen Reich um Sein oder Nichtsein ging, ließ er schon nach fünf Uhr nachmittags, wie Reichskanzler Brüning entsetzt feststellte, Anzeichen alarmierender Konzentrationsschwäche erkennen.[24] 1933 und 1934 verdämmerte er, zumeist auf seinem Gut Neudeck in Ostpreußen.

Pétain, an der Spitze des État français, erging es ähnlich. Während der dreißiger Jahre hatte noch jedermann seine gute physische Verfassung gerühmt. 1940, zum Zeitpunkt, da er ins helle politische Rampenlicht trat, zählte er jedoch 84 Jahre. Sein Sehvermögen war schon ziemlich reduziert, auch sein Gehör, obgleich er durchaus geschäftsfähig und geistig wach war. Benoist-Méchin, der ihn 1940 und 1941 des öfteren gesprochen hat, behauptet, er habe keinerlei Anzeichen von Alter erkennen lassen.[25] Doch wurde Pétain im Verlauf des Krieges zunehmend schwunglos und vergreiste.

Daß von Grund auf lebendige Gesellschaften wie die deutsche und die französische dieser aufgewühlten Jahre ausgerechnet längst pensionierte Generale von fortschreitender Senilität an ihre Spitze stellten und lange ertrugen, gehört zu den besonderen Wunderlichkeiten jener an Seltsamkeiten ohnehin nicht armen Epoche.

Nach außen hin vermittelten sie zwar beide das Bild großer, geradliniger Standhaftigkeit. Diejenigen, die mit ihnen zu tun hatten, registrierten aber befremdet, daß sie in entscheidenden Momenten unzuverlässig waren oder die Verantwortung geschickt auf andere abschoben. Im Falle Hindenburgs wußten sowohl Groener als auch Brüning ein Lied davon zu singen. Auch Pétain pflegte die Spitzen seiner Regierung mit irritierender Plötzlichkeit auszuwechseln, wenn ihm das genehm erschien. Dem Historiker sind die Klagen der Betroffenen über die Unzuverlässigkeit großer Männer freilich wohlbekannt. Doch sowohl bei Hindenburg als auch bei Pétain hat man den Eindruck, daß sie dabei ein Verhalten befolgten, das manche Oberbefehlshaber im Krieg zur Perfektion entwickelt hatten: Abschieben der Verantwortung für sehr unangenehme Entscheidungen auf enge Mitarbeiter und demonstrative Festigkeit nach außen bei rascher Nachgiebigkeit, wenn die eigene Position bedroht ist. Also nicht Bauernschlauheit, sondern Generalsschlauheit.

Genauso ausgeprägt wie die Gemeinsamkeiten waren die Unterschiede. Das betrifft vor allem das Verständnis der eigenen Rolle. Nach 1918 war Hindenburg eher ein Getriebener als ein Antreiber, womit er sich positiv von Ludendorff unterschied. 1919 ist er erleich-

*Noch liegt die oberste Gewalt beim Reichspräsidenten: Hindenburg begrüßt den inzwischen als Reichskanzler amtierenden »böhmischen Gefreiten« vor der Staatsoper Unter den Linden, 25. Februar 1934.*

tert ein zweites Mal in Pension gegangen. Allerdings verstand es der listige Admiral von Tirpitz – auch er einer der politisch ruinösen Militärtechnokraten –, ihn 1925 durch Appell an sein Pflichtgefühl zur Kandidatur für die Reichspräsidentschaft zu veranlassen. Deutschland, so argumentierte Tirpitz, sehe in Hindenburg den Retter. Dürfe er sich diesem Ruf entziehen?[26] Hindenburg ließ sich also rufen, doch wohl mehr aus Pflichtbewußtsein als aus Ehrgeiz. Insgeheim war er sich wohl der eigenen Insuffizienz für die Aufgabe wohlbewußt. So hat Tirpitz bei dieser Gelegenheit ein letztes Mal deutsches Schicksal gespielt.

Anders Pétain. Allem Anschein nach ist ihm in den dreißiger Jahren die öffentliche Verehrung zu Kopf gestiegen. Er war auch schon vor 1940 viel politischer als Hindenburg in den Jahren seiner Pensionierung. Manche gewannen im nachhinein den Eindruck, daß er auf seine Stunde wartete. Es ist schwer nachweisbar, aber doch zu vermuten, daß ihn nicht allein die selbstsüchtige Mediokrität der französischen

*Würde ungeachtet der Niederlage: Philippe Pétain, Marschall von Frankreich und Staatschef des État français, begrüßt Adolf Hitler in Montoire, 24. Oktober 1940.*

Parlamentarier in der Überschätzung seiner eigenen Bedeutung bestärkt hat, sondern auch der Blick über die Grenzen Frankreichs. Piłsudski, der in Polen noch 1918 ein politischer Niemand war und aus Pétains Sicht kein großer General, bestimmte von 1918 bis 1935 vor oder hinter den Kulissen die Politik seines Landes. Ein vergleichbarer Fall war in Ungarn Admiral Miklós Horthy. Er war noch jünger als Pétain (Jahrgang 1868), bis 1918 Oberbefehlshaber der Österreichisch-Ungarischen Flotte und von 1920 bis 1944 Reichsverweser in Ungarn. Am stärksten wirkte naturgemäß das Vorbild General Francos. Pétain hatte dessen Aufstieg im Bürgerkrieg genau studiert und vertrat Frankreich im Jahr 1939 bis Mai 1940 als Botschafter in Madrid.

Am Tag, nachdem ihn eine große Mehrheit der Nationalversammlung in Bordeaux unter dem Schock des Desasters vom Mai und Juni 1940 mit diktatorischen Vollmachten ausgestattet hatte, verkündete der »Chef des Französischen Staates« die drei ersten Verfassungsgesetze. Sie begannen mit den Worten: »Wir, Philippe Pétain, Marschall von Frankreich, übernehmen die Funktionen des Chefs des Französischen Staates und verordnen hiermit ...«[27]

Zweierlei fällt also auf. Zum einen war Pétain allem Anschein nach davon überzeugt, Frankreich zu verkörpern und eine geschichtliche Rolle zu erfüllen. Es gehört zu den Ironien der französischen Geschichte, daß genau zur gleichen Zeit Charles de Gaulle in London, jahrelang ein Protegé und enger Mitarbeiter Pétains, mit demselben Selbstverständnis aufgetreten ist. Die andere denkwürdige Tatsache ist darin zu sehen, daß Pétain sich als Diktator begriff: ein Heerführer, in der Stunde der Not zeitweilig mit unbeschränkten Vollmachten ausgestattet. Und da unter den obwaltenden Umständen die plebiszitäre Legitimation unmöglich war, griff er weit in die Geschichte zurück, in die terminologische Mottenkiste absolutistischer Herrschaft.

Hätte er nur als klassischer Diktator fungiert, um als Exponent nationaler Sammlungspolitik einen erträglichen Waffenstillstand zu erreichen und Frankreich in zähem Feilschen mit dem siegreichen Deutschland einigermaßen über die Runden zu bringen, wäre seine Position bei dem großen Hochverratsprozeß im Sommer 1945 wahrscheinlich besser gewesen. Doch vom ersten Tage an zeigte sich dieser zum Diktator ernannte General kalt entschlossen, einen autoritären Staat und eine vormoderne Gesellschaft einzurichten. Das konkrete Vorbild war wohl die Ordnungsdiktatur des Wirtschaftsprofessors und konservativen Katholiken Salazar in Portugal. Überall in Vichy lagen im Sommer 1940 Exemplare der französischen Übersetzung des programmatischen Traktats Präsident Salazars auf den Schreibtischen: »Comment on relève un état« – Wie man einen Staat wieder hochbringt.[28] Der »Estado Nuovo« als Modell bedeutete jedoch gleichzeitig: keine Nachahmung des Hitlerschen Nationalsozialismus oder des Faschismus nach Art Mussolinis.

Im übrigen hat seither eine intensive Forschung in allen Einzelheiten gezeigt, wie in Vichy die reaktionären, antimodernistischen, auch klerikalen Ideen einiger Generationen der französischen Rechten zusammenströmten. Pétain war die würdige Galionsfigur, zugleich aber eben der Diktator, der anstelle der demokratischen Republik den »Etat français« zu errichten versuchte.

In sichtbarem Kontrast dazu steht die neunjährige Präsidentschaft Hindenburgs. Gewiß, er hat mit erheblicher Zähigkeit vollzogen, was Heinrich August Winkler neuerdings »eine konservative Umgründung der Republik« genannt hat.[29] Das entsprach seinen eigenen politischen Überzeugungen und auch dem mehrheitlichen Willen derer, die ihn aufgestellt und gewählt hatten. Auf längere Sicht hat auch er die Restauration der konstitutionellen Monarchie angestrebt. Aber tatsächlich war seine Präsidentschaft durch Respekt vor der demokratischen Verfassung gekennzeichnet. Wenn Theodor Eschenburg schreibt, er habe »sie bei seinem Pflichtbewußtsein genau gelesen, aber doch nur wie ein Feldwebel sein Exerzierreglement gelesen hat«, trifft das zu. Die Dynamik einer pluralistischen Ordnung war ihm fremd, und in der Demokratie hat er kein Herzensanliegen gesehen.[30] Aber er hat sich zu keinem Zeitpunkt verlocken lassen, zielbewußt ein autoritäres Regime unter eigener Oberhoheit anzustreben. Solange er physisch und psychisch noch gut beieinander war, ist seine Amtsführung »überaus skrupulös« gewesen, wie ihm Gerhard Schulz, einer der besten Kenner der Weimarer Verhältnisse, bestätigt.[31] Er wollte korrekt bleiben, keine Fehler machen. Eschenburg meint, er sei innerlich furchtsam gewesen.[32] Eine »ganz andere Republik« aktivistisch anzustreben, dazu fehlten ihm das Sendungsbewußtsein, der Ehrgeiz, die Gewissenlosigkeit, auch die Phantasie. Auch Karl Dietrich Bracher, der ihn kritisch bewertet, betont, daß der »politischer Einsicht bare« Reichspräsident viel eher ein von den Ereignissen und seiner Umgebung eher zögernd Getriebener war, kein Treiber.[33] Das unterscheidet ihn von Pétain in den Jahren 1940 und 1941.

Man muß allerdings auch würdigen, daß das europäische Großwetterklima in den Jahren 1925 bis 1930 anders beschaffen war als ein Jahrzehnt später. Jene Großmächte, die wirklich zählten, besaßen fest etablierte parlamentarische Systeme. Auf Diktaturen wie die in Polen, in Italien oder im Spanien Primo de Riveras sah man daher auch von Berlin aus erst einmal leicht verächtlich herab. In Deutschland selbst war der demokratische Verfassungsstaat ja noch mehrheitsfähig.

Es läßt sich beliebig darüber spekulieren, ob der »Ersatzkaiser« Hindenburg unter günstigeren Bedingungen nicht doch als eine Art Brücke hätte dienen können. Immerhin hatte er sich, allerdings auch mit einigen Gewissensskrupeln, der demokratischen Republik zur Verfügung gestellt und sich unwillig, aber letztlich doch verfassungsgehorsam, zwei Präsidentschaftswahlen unterzogen. Harry Graf Kessler, damals schon fest im linksrepublikanischen Lager angesiedelt und somit durchaus skeptisch, vermerkte am 12. Mai 1925 nach Hindenburgs Amtseinführung, die Republik einschließlich ihrer Farben Schwarz-Rot-Gold werde mit Hindenburg »hoffähig«: »Wenn die Republikaner ihre Wachsamkeit und ihre Einigkeit nicht aufgeben, kann die Wahl Hindenburgs für die Republik und den Frieden sogar noch ganz nützlich werden.«[34]

Es kam dann allerdings ganz anders. Hindenburg wurde, wenngleich recht widerwillig, nicht zur Brücke zwischen dem Kaiserreich und der Demokratie von Weimar, sondern zwischen Weimar und Hitler.

Der Vergleich dieser in die Politik verirrten großen Generale des Ersten Weltkrieges erbringt eine paradoxe Schlußfolgerung. Ausgerechnet in Deutschland mit seinen damals noch sehr lebendigen monarchischen und antidemokratischen Traditionen hat der altpreußisch geprägte Feldmarschall Hindenburg acht Jahre lang vergleichsweise korrekt als republikanisches Staatsoberhaupt fungiert. Umgekehrt aber hat im republikanischen Frankreich ein gleich Hindenburg seit dem Krieg hochrespektierter Oberbefehlshaber bei der ersten sich bietenden Gelegenheit die immerhin 65 Jahre alte Verfassung der 3. Republik außer Kraft setzen lassen und eine autoritäre Diktatur in quasimonarchischen Formen etabliert.

Die Paradoxie ist aber noch ausgeprägter. Das autoritäre Regime des sendungsbewußten Marschalls Pétain war zwar in der französischen Geschichte von großer Bedeutung und läßt die öffentliche Diskussion bis heute nicht zur Ruhe kommen. Im weiteren Kontext der europäischen Geschichte ist aber Vichy ein fast unerhebliches Phänomen – ein kollaborationistisches Regime mit autoritären Strukturen, wie sie in dem damals von Deutschland beherrschten Europa gang und gäbe waren. Am Gang der Dinge hätte es nur wenig geändert, wenn an seiner Stelle eine andere Persönlichkeit die nach der Kapitulation unvermeidliche Kollaboration irgendwie organisiert hätte. Hingegen war der so undiktatorische, republikanisch domestizierte Hindenburg ein europäisches Verhängnis, weil er, wenngleich nicht allein, Hitler möglich gemacht und die Konsolidierung des totalitären Dritten Reiches toleriert, ja sogar unverständig gefördert hat.

In Pétain ist also ein General zu betrachten, der die Institution der klassischen Diktatur wiederbelebt, aber zugleich seine reaktionäre Vision eines autoritären Staates und einer traditionalistischen Gesellschaft gestalten möchte. Der weitere Fortgang des Krieges hat aber bewirkt, daß sein von Anfang an fehlkonzipiertes Experiment folgenlos blieb. Als klassischer Diktator hat er in de Gaulle zwischen 1958 und 1962 dann nochmals einen Nachfolger gefunden. Doch dieser war ungleich intelligenter und wußte genau, wieviel an Traditionalismus und an Autoritarismus modernen Gesellschaften gerade eben noch zumutbar ist.

Hindenburg hingegen war ein Traditionalist, der sich mit der Demokratie arrangierte. Im deutschen Kontext ist er ein verfassungsgeschichtliches Unikat. Nie zuvor und danach ist hier ein General in das höchste Staatsamt gelangt. Die Umstände waren nicht dazu angetan, ein solches Experiment zu wiederholen. In der Zivilgesellschaft, die sich nach 1949 in der Bundesrepublik durchsetzte, wäre schon der Gedanke daran höchst befremdlich erschienen, ganz abgesehen davon, daß die Feldmarschälle Hitlers durch die verlorenen Schlachten der zweiten Hälfte des Krieges militärisch desavouiert und durch ihre Unfähigkeit zum Ungehorsam politisch diskreditiert waren. Denn durch sein Tun und mehr noch durch sein Unterlassen hatte der rundum rechtschaffene, fromme, nicht spektakulär ehrgeizige und pflichtbewußte Hindenburg mehr Unheil herbeigeführt als der ungleich politischere und sendungsbewußtere Marschall von Frankreich. Beide aber haben ihren guten Ruf nicht durch Militarismus verloren, sondern letztlich dadurch, daß sie sich in schwierigster Lage auf die Politik einließen, von der sie besser die Finger gelassen hätten.

## Der Grandseigneur als Retter: Marschall Mannerheim

Feldmarschall Mannerheim »war mit seiner hohen Statur, seinem schlanken, sehnigen Körper, seiner vornehmen Haltung, seinem sicheren Auftreten und seinem gutgeschnittenen Gesicht äußerlich der vollendete Typus des hochgezüchteten grand Seigneur, wie sie im 18. und 19. Jahrhundert häufiger vorkamen, aber in der Gegenwart rar geworden sind. Er besaß auch alle die Gaben, die diesen grand Seigneurs eigen waren. Er war ein ausgezeichneter Reiter, ein guter Schütze, ein galanter Courmacher, ein spiritueller Causeur, ein ungewöhnlicher Kenner der kulinarischen Künste und machte im Salon ebenso wie auf dem Rennplatz, im Klub ebenso wie auf der Parade ein blendendes Bild.«[35] So hat Wipert von Blücher, von 1934 bis 1944 deutscher Gesandter in Finnland, diese in mancher Hinsicht einzigartige Gestalt beschrieben.

In der Tat ragt Mannerheim schon als Typ aus der zunehmend technokratischen Generalität des Ersten und Zweiten Weltkrieges hervor. Er entstammt einem ursprünglich schwedischen Geschlecht, Nummer 277 im Adelskalender.[36] Als Rußland im Krieg mit Schweden Finnland okkupiert hatte, war einer von Mannerheims Ahnen Landeshauptmann, der als Leiter der finnischen Verhandlungsdelegation bei Zar Alexander I. die Fortgeltung der überkommenen Ständeverfassung erwirkte und den Autonomiestatus für das Großfürstentum Finnland hat durchsetzen helfen. Von da an waren die Mannerheims prorussisch, zumal die Zaren anfänglich eine innere Unabhängigkeit des Landes respektierten. Mannerheims Großvater war Präsident des Hofgerichts zu Wiborg, sein Vater ein Industrieller mit Geschäftsverbindungen weit nach Rußland hinein. In der Familie begegnen uns auch immer wieder Persönlichkeiten von ausgeprägt wissenschaftlichem Interesse. Der eben erwähnte Großvater Mannerheims war ein renommierter Ethnologe, sein Vater sehr literaturkundig. Mannerheim selbst hat als russischer Offizier zwischen 1906 und 1908 in dienstlichem Auftrag zwei Jahre lang einen 14000-Kilometer-Ritt durch Zentralasien von Russisch-Turkestan über Tibet bis Sinkiang unternommen. Sein Reisetagebuch, das im Februar 1940 erschien, als Mannerheim die finnische Armee im Winterkrieg gegen die Sowjetunion befehligte, gehört zu den letzten denkwürdigen Reiseberichten des frühen 20. Jahrhunderts vor Beginn des Zeitalters der Flugzeuge, der Landrover und der Satellitenphotographie.

Carl Gustaf Freiherr von Mannerheim, 1867 geboren, diente seit 1887 in verschiedenen Regimentern der russischen Gardekavallerie. 1896, bei der Krönung von Zar Nikolaus II., war er einer der vier auserwählten Offiziere der Garde-Chevaliers, die an der Treppe der Uspenski-Kathedrale Spalier standen.[37]

In den Reihen der finnischen Kavallerie machte er im Fernostkrieg 1904/05 erstmals mit den Höllen des 20. Jahrhunderts Bekanntschaft. Während der Schlacht von Mukden, so weiß er später zu berichten, wurden ganze Regimenter durch Artilleriefeuer in wenigen Stunden auf ein paar hundert Mann dezimiert. Ein deutscher Militärattaché hat die Szene geschildert, wie die Nezdin-Dragoner, kenntlich an den blauen Kragenspiegeln und mit Mannerheim an der Spitze, als die Schlacht schon verloren war, Attacke ritten, um die wankende Infanterie am Bahnhof von Mukden herauszuhauen. Mannerheims Kommentar zu dem Feldzug: »Keiner von denen, die hier heil herauskamen, kann das begreifen.«[38]

Er selbst erreichte in bitterer Kälte und mit hohem Fieber einen Lazarettzug. In der Folge wurde die Truppe in Sibirien von den Revolutionswirren gestreift. Doch ein Offizier wie Mannerheim hatte von seinen Soldaten nichts zu befürchten. Er begrüßte die ersten Schritte zum Konstitutionalismus, die Finnland die Autonomie gewährten. Sein zuvor verbannter Bruder durfte jetzt zurückkehren.

Er nahm auch am Ersten Weltkrieg teil – in den Schlachten an der Weichsel, in den Karpaten, am Dnjestr. Noch gehörte die Loyalität dieses späteren Vorkämpfers finnischer Unabhängigkeit dem Zaren, und er war überzeugt davon, daß die Entente den Krieg gewinnen würde. Und als dann die Wirren der Revolution für Finnland eine völlig neue Lage herbeiführten, veranlaßten ihn sein Verstand und seine Gefühle, in den liberalen Demokratien des Westens die wünschenswerten Verbündeten zu begreifen.

Im Revolutionsjahr 1917 kommandierte er ein Armeekorps an der Ostfront. Während des ganzen Jahres 1917 gehörte er zu jenen hochkonservativen zaristischen Generalen, die – erfolglos – zur bewaffneten Gegenrevolution entschlossen waren. Nach der Machtergreifung der Bolschewiken verließ der damals fünfzigjährige zaristische General Rußland und begann sein zweites Leben als Oberbefehlshaber einer anfänglich bunt zusammengewürfelten Truppe von Schutzwehren des neugegründeten finnischen Staates.

Der langjährige Dienst am Zarenhof und die spätere Karriere könnten vermuten lassen, daß Mannerheim stark von konservativem Denken geprägt gewesen sei. Tatsächlich aber wuchs er in einer vom westeuropäischen, speziell vom englischen Liberalismus bestimmten Geisteswelt auf. Seinem schwedischen Verleger K.O. Bonnier schrieb er: »Ich stamme aus einer Epoche, in der die Menschheit von den liberalen politischen Ideen erleuchtet wurde«.[39]

Zwischen den verfeindeten politischen Lagern in Finnland war es lange Zeit strittig, wie Mannerheims ausschlaggebende Rolle im Jahr 1918 zu bewerten sei. Mannerheim, der 1918 nur gebrochen finnisch sprach,[40] begriff sich jetzt als Vorkämpfer der finnischen Unabhängigkeit gegen die revolutionäre Sowjetmacht. Die bolschewistischen und linkssozialistischen Gruppierungen auf seiten der finnischen Arbeiterschaft sahen in ihm jedoch einen reaktionären General, der in Finnland im Auftrag der Bourgeoisie und des Adels die Gegenrevolution zum Sieg führte.

In gesamteuropäischer Perspektive war Mannerheim dreierlei gleichzeitig: ein General der Gegenrevolution, eine herausragende Gestalt finnischen Unabhängigkeitswillens, der sich gleichzeitig gegen das bolschewistische Rußland und gegen die deutsche Großmacht wandte, aber zugleich auch ein Offizier von striktem Verfassungsgehorsam. Anders als die antibolschewistische Generalität in Rußland – Kornilow, Koltschak sowie Admiral Denikin – stützte sich der »weiße« General Mannerheim auf die Kraft einer tief im Volk verwurzelten nationalen Unabhängigkeitsbewegung und vermochte sich deshalb durchzusetzen. Anders als später General Franco putschte er aber nicht gegen die legale Regierung. Er war einer jener im 20. Jahrhundert seltenen Generale, die streng legal amtieren und dann, wenn sie mit dem Kurs der Regierung nicht mehr übereinstimmen, das Amt zur Verfügung stellen.

Anders auch als Piłsudski, vielmehr durchaus vergleichbar mit Mustafa Kemal in der Türkei, war er mit Leib und Seele Offizier. Doch fehlte ihm der verzehrende Ehrgeiz und der politische Gestaltungswille, wie er Mustafa Kemal und Jahrzehnte danach auch de Gaulle auszeichnete. Mannerheim – vom Dezember 1918 bis Mitte 1919 wenige, aber entscheidende Monate Reichsverweser – hat sich zwar 1919 ein einziges Mal um die finnische Präsidentschaft beworben und ist dabei klar unterlegen. Finnland war eben damals schon ungeachtet der

Polarisierung im Innern eine Bürgergesellschaft von sehr viel geringerem Reformbedarf als zur gleichen Zeit die Türkei, und der Grandseigneur Mannerheim war im besten Sinne ein Bürgergeneral.

Er unterschied sich aber auch von Admiral Horthy, der 1919 in durchaus vergleichbarer Art und Weise die ungarischen Kommunisten unter Béla Kun niedergeschlagen hat. Zwar entstammte er wie Horthy der Aristokratie, doch diese war in Finnland viel offener für die demokratischen Forderungen der Bauernschaft und des Bürgertums, als das in Ungarn der Fall war, wo Horthy dann von 1920 bis 1944 als Reichsverweser eines wenig demokratischen Systems amtiert hat, um zu guter Letzt erst in deutscher und dann in amerikanischer Haft zu landen.

Mannerheim gehörte aber auch zu jener im 20. Jahrhundert nicht allzu häufigen Gruppe von Generalen, die außenpolitische Urteilskraft besitzen und in kritischen Momenten das Staatsschiff brüsk umzusteuern verstehen. In der völlig ungeklärten Lage des Jahres 1918 hatte sich die finnische Regierung des Premierministers Svinhufvud auf die Seite Deutschlands geschlagen, um sich so der Bolschewisten zu erwehren. Als Mannerheim von den geheimen Absprachen erfuhr, über die er als Oberbefehlshaber nicht unterrichtet worden war, lehnte er es stolz ab, sich den Anweisungen einer deutschen Militärmission zu unterstellen, und verließ unverzüglich Finnland.

Dies war im Mai 1918, als ein deutscher Sieg im Ersten Weltkrieg noch greifbar nah schien. Doch Mannerheim hatte die richtige Witterung gehabt. Als Deutschland zusammenbrach, war er auf finnischer Seite die einzige Persönlichkeit von politischem Gewicht, die in London und Paris über ein hinlänglich großes Vertrauenskapital verfügte. In seiner Not machte ihn das politische Establishment Finnlands zum Reichsverweser bis es gelungen war, die Anerkennung des unabhängigen finnischen Staates durch die siegreiche Entente zu erreichen.

Ein weiteres Mal wurde der Oberbefehlshaber Mannerheim zum Retter Finnlands im Winterkrieg 1939/40 – diesmal auch mit Unterstützung durch die finnischen Sozialisten, von denen ihn 1918 die meisten als ihren großen Feind betrachtet hatten. Die Front hielt lange genug, und die Interventionsdrohung der Westmächte war noch nicht ganz unglaubwürdig, so daß Finnland nochmals davonkam, wenngleich mit Gebietsverlusten.

In den Jahren 1940 bis 1944 verhielt sich Mannerheim opportunistisch. In erster Linie ging es ihm zwar nach wie vor um die Selbstbehauptung gegen die expansive kommunistische Großmacht. Doch diesem Grandseigneur war auch der plebejische Imperialismus Adolf Hitlers verdächtig. Er bemühte sich im Amt des Oberbefehlshabers nach Kräften, die Abhängigkeit Finnlands von Deutschland nicht zur

*Der Bürgergeneral: Carl Gustaf Freiherr von Mannerheim, Oberbefehlshaber der neuen finnischen Armee und Sieger im Unabhängigkeitskrieg, der zugleich ein Bürgerkrieg war, bei der Siegesparade in Helsinki, 16. Mai 1918. Mehr als dreißig Jahre später anläßlich der Trauerfeier für Mannerheim, am 4. Februar 1951, erklärte der finnische Parlamentspräsident Fagerholm: »Er hat dem Volk seine Dienste nie aufgedrängt, stand aber dem Volk zur Verfügung, wenn er gebraucht wurde – ein großer Soldat, ein großer Staatsmann und ein großer Bürger«.*

Satellitenrolle degenerieren zu lassen. Dabei ließ sich der nun zum Marschall von Finnland ernannte Mannerheim nicht einmal durch demonstrative Gesten wie Hitlers überraschenden Besuch zu seinem 75. Geburtstag aus der Reserve locken. Der deutsche Gesandte von Blücher, der das Zusammentreffen der beiden beobachtet hat, meint dazu, »daß größere äußerliche Gegensätze nicht vorstellbar waren: Mannerheim, der Aristokrat, groß und schlank und elegant, mit den ungezwungenen Bewegungen des Weltmannes und der natürlichen Sicherheit des Grandseigneurs. Hitler untersetzt und breitschultrig mit verkrampfter militärischer Haltung und den abgehackten Bewegungen des SA-Mannes.«[41]

Nach Stalingrad war sich Mannerheim darüber im klaren, daß früher oder später eine erneute Kehrtwendung erforderlich sein würde. Ein zweites Mal und in ähnlich kritischer Lage wie im Dezember 1918 wurde er Ende Juli 1944 zum Staatschef berufen. Der einstige zaristische General und zweimalige Sieger im Unabhängigkeitskrieg sollte nun in letzter Stunde einen Friedensschluß mit der Sowjetunion erreichen, ohne die Freiheit des Landes zu opfern. Dies gelang ihm auch. Als der deutsche Gesandte gegen die Waffenstillstandsverhandlungen protestierte, bemerkte Mannerheim mit eisiger Kühle: »Er habe seinerzeit geglaubt, daß es mit Deutschlands Hilfe gelingen würde, Rußland zu besiegen. Das sei nicht eingetreten. Jetzt sei Rußland sehr stark und Finnland sehr schwach. Er müsse jetzt die böse Suppe auslöffeln«.[42]

Die proletenhaften Reaktionen der NS-Größen ließen deutlich erkennen, wie stark ihr Radikalismus von Minderwertigkeitskomplexen und von Haß gegen die konservative Generalität bestimmt war. »Wenn kapituliert wird«, vermerkte Goebbels am 3. August 1944 höhnisch in seinem Tagebuch, »so machen das die Generäle oder die Marschälle. So war es 1918 in Deutschland, so war es 1940 in Frankreich, so war es im vergangenen Jahr in Italien, so ist es jetzt in Finnland, und so sollte es nach dem Willen der Verräterclique auch am 20. Juli in Deutschland der Fall sein. Die Generäle sind durch ihre Generalstabsschulung vollkommen verdorben. Ihnen fehlt jeder politische Weitblick. Wenn ihr Rechenexempel nicht mehr aufgeht, dann heben sie gleich die Hände ...«[43]

Wen er mit den deutschen Generälen 1918 gemeint hatte, vermerkte er einen Monat später mit Namen: Hindenburg.[44] Mannerheim aber, der sein Land kühl und entschieden vor dem Verderben gerettet hatte, galt nun bei dem Nationalsozialisten Goebbels als »eine der windigsten Figuren, die je auf unserer Seite gekämpft haben ...«[45] Goebbels prophezeite auch, Finnland habe jetzt »sein eigenes Todesurteil unterschrieben«; die Bolschewisierung sei unvermeidlich.[46] Das Gegenteil war der Fall. In erster Linie dank Mannerheim war es wieder gelungen, die Freiheit des Landes vorerst zu sichern, wenngleich weiterhin in prekärer Lage.

Mannerheim ist eine jener bedeutenden politischen Persönlichkeiten, die weitgehend nur nationalgeschichtliche Bedeutung haben. Als Typ ist er zwar nicht einzigartig, aber doch recht selten. Er begegnet fast nur in europäischen Kleinstaaten. Am ehesten mit Mannerheim vergleichbar ist Henri Guisan, Oberbefehlshaber der Schweizer Armee von 1940 bis 1945.[47] Guisan, der im Juni 1940 in fast aussichtsloser Lage das Schweizer Offizierskorps zum Appell auf das Rütli rief, wurde gleichfalls zur Verkörperung des Selbstbehauptungswillens eines demokratischen Kleinstaates. Mannerheim und Guisan waren beide eher konservativ orientierte Berufsoffiziere, die aber in den kritischen Momenten erkannten, daß die Einheit der Nation unter den Bedingungen der europäischen Krisen im 20. Jahrhundert nur dann erreichbar ist, wenn sie auch die patriotische, antitotalitäre Arbeiterschaft und deren Parteien einbezieht.

Beide mußten zeitweilig im Zwielicht operieren. Mannerheim, der nicht wie Guisan vom Krieg abzuschrecken, sondern diesen dreimal zu führen hatte, wurde zweifellos mehr abverlangt. Auch seine politische Rolle war viel ausgeprägter.

Die moralische Qualität dieser konservativen Generale wird beim Vergleich mit Pétain deutlich. Pétain hat mit vollem Bedacht die Verfassung der 3. Republik außer Kraft gesetzt und sich an dem Gedanken berauscht, ein Mann der Vorsehung zu sein. Mannerheim und Guisan hingegen sind durchweg verfassungstreu geblieben und haben zu keinem Zeitpunkt die vom Volk gewählten Amtsträger zu verdrängen oder auch nur machtpolitisch zu überspielen versucht.

Mannerheims Rolle als Reichsverweser vom Dezember 1918 bis Juli 1919 und dann nochmals als Staatspräsident vom August 1944 bis März 1946 kommt der Rolle eines Diktators altrömischer Art unter den Bedingungen moderner Verfassungsstaatlichkeit am nächsten. Dazu gehört nicht nur die strenge Legalität des Verhaltens, sondern auch die Abwesenheit von verzehrendem Ehrgeiz und die Bereitschaft, die Quasidiktatur relativ bald wieder aufzugeben.

## *Ein Revolutionär als Marschall: Józef Piłsudski*

Unter den Größen des 20. Jahrhunderts ist Piłsudski eine der widersprüchlichsten Gestalten. Schillers Feststellung zu Wallensteins Nachruhm gilt auch für ihn: »Von der Parteien Gunst und Haß verwirrt, schwankt sein Charakterbild in der Geschichte.«[48] Darin gleicht er seinen Zeitgenossen Tschiang Kai-schek, Venizelos oder Mussolini, aber auch späteren Größen wie Richard Nixon und Gorbatschow. In Polen verehren ihn viele als Wiederbegründer ihres Staates, der 123 Jahre zuvor zwischen Rußland, Preußen und Österreich aufgeteilt worden war.

Doch auf diese historische Leistung fallen Schatten, denn Piłsudski war ein Staatsgründer ohne Augenmaß. Als der neu errichtete polnische Nationalstaat 1939 von der Katastrophe ereilt wurde, war dies zu einem gut Teil auch die Spätfolge von Fehlentscheidungen, an denen Piłsudski starken Anteil hatte. Zudem war er der erste vieler Freiheitshelden, die rasch zu Diktatoren wurden, sobald sich demokratisches Regieren als schwierig erwies. So sind an seiner Person verschiedenste Merkmale späterer Autokraten zu studieren. Da sich aber Piłsudski zusehends als großer General verstand, wurde das von ihm maßgeblich geprägte politische System zu einem der ersten Prätorianerregime im 20. Jahrhundert.

Widersprüchlich wirkt jedoch auch der Marschall Piłsudski. Nach dem Zeugnis zahlreicher Beobachter war er auf seine Waffentaten stolzer als auf alles andere. Kritik an seiner Politik ertrug er, Kritik an seinen militärischen Leistungen nicht.[49] Zweifellos war er von großem persönlichen Mut und hat sich um die Aufstellung der polnischen Streitkräfte unbestreitbare Verdienste erworben. Auch sein Anteil an der entscheidenden Schlacht vor Warschau im August 1920 war zweifellos groß, obgleich er nicht der einzige Urheber dieses weltgeschichtlichen Sieges über die nach Europa hineinflutende Rote Armee gewesen ist. Tatsache aber ist eben doch, daß »der kleine polnische Marschall mit dem riesigen Kopf, der wirren Mähne und den buschigen Augenbrauen«[50] keinen einzigen Tag lang eine Kriegsschule besucht hat und seine fehlende Offiziersausbildung mit einem Übermaß an Schneid und an martialischem Auftreten zu kompensieren suchte. Und dennoch: ungeachtet solcher Widersprüche und trotz schwer erträglicher Eitelkeit bleibt dieser polnische Nationalheld eine der faszinierenden, auch historisch folgenreichsten Persönlichkeiten der ersten Jahrhunderthälfte.

Die längste Zeit seines Lebens war Piłsudski überhaupt kein Militär, sondern ein Revolutionär, und zwar durchaus noch in den Formen des 19. Jahrhunderts. Der Abkömmling aus dem polnischen Kleinadel wurde 1867 geboren. Seine Mutter, »eine ungewöhnliche Patriotin«, so erinnert er sich, sprach immer wieder gramerfüllt von dem gescheiterten Aufstand gegen Rußland im Jahr 1863. Sein Lieblingsheld war Koŝciuszko, auch dieser aus litauischem Adel stammend, Adjutant General Washingtons im amerikanischen Unabhängigkeitskrieg und dann der letzte Führer der polnischen Adelsrepublik im Kampf gegen Rußland und Preußen. Die Geschichte Polens kennt eine ganze Reihe solcher Nationalhelden, die im Europa des 19. Jahrhunderts das Bild des Freiheitskampfes prägen.

All diese Freiheitskämpfer wurden durchweg von einer nationalen Vision getrieben: Freiheit und nationale Selbstbestimmung für die Polen, die Italiener, die Deutschen, die Tschechen oder die Ungarn. Indem eine spätere Geschichtsschreibung den Ersten Weltkrieg als große historische Wasserscheide begreifen lernte, hat sie sich selbst den Blick für solche Kontinuitäten verstellt, die im Grunde bis in die heutigen Tage reichen. Tatsächlich sind nämlich auch die späteren Führer der Befreiungsbewegungen in den europäischen Kolonialreichen nationalistische Revolutionäre. Dasselbe gilt für das russische Vielvölkerreich 1905/06, 1917 und 1989 bis 1991. Im 20. Jahrhundert ist Piłsudski eine der frühen Verkörperungen dieses Typus. Und da unter den Bedingungen des zaristischen Absolutismus eine Revolution nur als Sozialrevolution denkbar war,[51] findet man ihn bis 1918 im linksradikalen Untergrund.

Wie manch einer vor ihm und viele nach ihm beginnt also auch dieser visionäre Nationalist als sozialistischer Revolutionär und wandert dann mehr und mehr nach rechts. Die im Untergrundkampf vollbrachten Heldentaten, aber auch die von ihm erduldeten Leiden stellen sein politisches Startkapital dar.

Zur historisch erinnerungswürdigen Gestalt wird Piłsudski freilich nur, weil er zugleich eine originelle operative Idee hat in Verbindung mit einer guten Nase für politische Konjunkturen. Erstens, so glaubt er, läßt sich der revolutionäre Kampf nicht allein mit Streiks und spontanen Massenaktionen gewinnen. Geboten ist intensive Guerillakriegführung. Zwar ist der Terminus Guerillakrieg noch nicht en vogue. Die Sache selbst aber ist wohlbekannt. Bereits während der Russischen Revolution von 1905 organisiert er aus den Reihen der insgeheim aufgebauten Polnischen Sozialistischen Partei (PPS) eine Anzahl von Partisanengruppen, die der russischen Armee jahrelang schwer zu schaffen machen.

Ein weiterer Ansatz besteht darin, die mit Rußland verfeindeten Großmächte für eine Unterstützung dieser Guerilla zu gewinnen. Die Maxime ist seit den Tagen des altindischen Strategen Kautilya wohlbekannt: Der Feind meines Feindes ist mein Freund. So reist Piłsudski 1905 nach Tokio, um mit Japan ein japanisch-polnisches Bündnis zu schließen. Damals ist das zwar eine ziemlich abenteuerliche Idee, die den verkehrsgeographischen Gegebenheiten des 20. Jahrhunderts weit vorauseilt. Aber auf diese Art und Weise wird Piłsudski zum Vorläufer aller späteren Führer nationaler Widerstandsbewegungen im Ersten und im Zweiten Weltkrieg, bis hin zu jenen zahllosen Revolutionären, denen Moskau oder Washington während des Kalten Krieges Geld, Waffen, Instrukteure und diplomatische Unterstützung zukommen lassen.

Unnötig zu sagen, daß das Zusammenspiel zwischen europäischen Kabinetten und illegal operierenden Aufständischen keine völlig neue Idee ist. Derlei hat schon bei den polnischen Aufständen von 1830 und 1863 eine Rolle gespielt, desgleichen im italienischen Risorgimento. Auch Bismarck hat ja während des preußisch-österreichischen Krieges von 1866 die Unterstützung einer ungarischen Aufstandsbewegung erwogen.

In den Jahren 1905 bis 1908 wird die polnische Guerilla zwar niedergeschlagen, doch das Konzept ist wiederentdeckt. Natürlich wird auch der österreichisch-ungarische Geheimdienst auf Piłsudski aufmerksam. Könnte man, so fragt man sich dort, die polnische Untergrundbewegung nicht nutzen, um im Fall eines Krieges mit Rußland in Polen einen allgemeinen, bewaffneten Aufstand auszulösen? Dafür sind aber waffengeübte, sofort einsetzbare polnische Einheiten erforderlich.

Piłsudskis Überlegungen gehen in dieselbe Richtung. Auch er erwartet in näherer Zukunft den großen Krieg und möchte eine Kadertruppe bereithalten, aus der sich dann rasch eine polnische Nationalarmee errichten läßt. In diesem Punkt kommen freilich seine eigenen Ziele und die der antirussischen Großmächte nicht zur Deckung. Diese wünschen polnisches »Menschenmaterial« in österreichischen oder deutschen Uniformen. Piłsudski aber denkt an eine unabhängige Armee zum Zweck der Wiedererrichtung Polens.

Im heimlichen Zusammenspiel zwischen Piłsudski und österreichischen Behörden entstehen somit seit 1910 in Galizien und im Raum Krakau paramilitärische Organisationen, die beim Ausbruch des Weltkrieges an die 10 000 Mann umfaßt haben sollen.[52] Daß solche Zahlen von allen Beteiligten stets mehr als nur leicht übertrieben werden, versteht sich von selbst. Am 6. August 1914 dringt Piłsudski an der Spitze einer »Kaderkompagnie« ins russische Gebiet mit der großmäuligen Ankündigung ein, jetzt werde auch Polen gegen das Zarenreich Krieg führen. Vierzehn Tage später erklärt sich ein »Oberstes Polnisches Nationalkomitee« (NKK) zur Vorform der polnischen Nationalregierung und proklamiert die Errichtung der »Polnischen Legion«. Piłsudski wird ihr Kommandant, und von nun an zeigt er sich nur noch in Uniform. Die Verwandlung des linksradikalen Revolutionärs zum Anführer einer Guerillaarmee ist abgeschlossen.

In der Mitte und gegen Ende des 20. Jahrhunderts wird der als General kostümierte Guerillaführer zur vertrauten Erscheinung. Tito und

Sukarno im Zweiten Weltkrieg, Fidel Castro, Sam Nujoma, Jonas Savimbi und Yassir Arafat lieben es, in eindrucksvollen Uniformen einherzustolzieren. Das hat gewiß auch praktische Gründe. Guerillas müssen sich gemäß Kriegsrecht als Kombattanten zu erkennen geben. Ihre Kommandanten aber möchten mittels Uniformierung zugleich die Illusion erwecken, sie seien erfahrene Generale. Daran ist übrigens auch zivilen Revolutionären vom Schlage Mussolinis, Hitlers oder Stalins im Zweiten Weltkrieg gelegen: Die Uniform macht den Feldherrn.

Der erste in dieser langen Reihe ist also Piłsudski. Immerhin kämpft er im Winter und Frühjahr 1915 an der Spitze der »Ersten Brigade« und posiert nicht bloß in frontfernen Hauptquartieren. Dies ist auch seine eigene Sicht der Dinge. Auf die selbstgestellte Frage, wie es kam, daß er im November 1918 so rasch alle Rivalen in der nationalpolnischen Bewegung überrundete, antwortete er, dabei wie Julius Cäsar von sich in der dritten Person Singular sprechend: »Aus einem einzigen Grund wurde dieser Mann willkommen geheißen ..., weil er der Kommandant der Ersten Brigade war.«[53]

Die selbstgewählte Rolle des Kriegshelden und Heerführers schließt aber nicht aus, daß er weiterhin wie auch bisher schon in den zahlreichen Gremien der polnischen Nationalbewegung politisiert und konspiriert. Denn Piłsudski ist ja nicht der einzige, der Polen befreien möchte. Polen wäre auch ohne ihn wiedererstanden. Längst betrachten ihn zudem die deutschen und die österreichischen Autoritäten als eine politische Größe, mit der zu rechnen ist. Dabei kommt dem Umstand durchaus schon Gewicht zu, daß er über eigene, ihm persönlich ergebene Soldaten verfügt. Alles in allem ist er noch im Ersten Weltkrieg und danach mindestens ebensosehr ein Politiker wie ein Soldat. Überdies sind Piłsudskis Truppen nicht die einzigen polnischen Kontingente, genausowenig wie er im Ersten Weltkrieg der einzige polnische Führer ist.

Aber Mitte 1917 ereignet sich ein weiterer Vorfall, der ihm zusätzliches Prestige einträgt. Beim Versuch, nach Ausbruch der Revolution in Rußland aus den dortigen Einheiten eine völlig unabhängige polnische Armee zu errichten, wird er vom deutschen Militärgouverneur in Polen verhaftet und erst auf der Festung Wesel, dann in Magdeburg festgesetzt. War er zuvor durch seinen kompromißlosen Kampf gegen Rußland bekannt geworden, so fügte sich dem der weitere Ruhm hinzu, nun auch von den Deutschen eingesperrt worden zu sein. In dieser Hinsicht ist er somit als ein erster jener zahlreichen Aufrührer im 20. Jahrhundert zu betrachten, die in den Augen ihrer Völker durch die bloße Tatsache der Haft zu großen Freiheitskämpfern werden. Oft führt dann der Weg geradewegs aus der Gefängniszelle ins Präsidentenpalais.

So ergeht es Piłsudski. Am 9. November 1918 wird er in Magdeburg entlassen, am 10. November schon bringt ein deutscher Sonderzug den Volkshelden nach Warschau, wo sich ihm alle politischen Autoritäten unterstellen. Am 11. November ernennt der Regentschaftsrat diesen Berufsrevolutionär, der noch nie eine Militärakademie von innen gesehen hat, zum Generalissimus. Am 14. November bereits amtiert er als vorläufiger Staatschef und bezieht das Belvedere. Damals, so schreibt er später, habe man ihn zum Diktator gemacht – ohne Gewaltanwendung von seiner Seite, ohne Bestechung, ohne Wahlkapitulation.[54]

Mit letzterem hat es freilich seine eigene Bewandtnis. Denn der Ernennung sind durchaus Gespräche vorangegangen, die von größter Bedeutung für die künftige Entwicklung Polens werden. Piłsudski, in den Augen der Öffentlichkeit immer noch ein linksradikaler Nationalist, arrangiert sich dabei mit den Konservativen, deren solide Machtbasis die Latifundien sind. In seiner unnachahmlich kraftvollen Ausdrucksweise erklärt er dann seinen alten Genossen (mit denen er aber durchaus nicht völlig und nicht für alle Zeiten bricht): »Lange Zeit sind wir zusammen in der sozialistischen Trambahn gefahren – ich bin an der Haltestelle ausgestiegen, die ›Unabhängigkeit‹ heißt.«[55]

Zwar übt er damals die Macht nicht allein aus, muß diese vielmehr mit dem Sejm und gewichtigen Konkurrenten teilen. Aber er bekleidet nun doch die entscheidende Position, so daß jetzt auch die problematischen Seiten seines Charakters deutlicher hervortreten. Zugleich verwickelt er sich in die Ambivalenz des Nationalismus, der ja zumeist beides gleichzeitig ist – einerseits die Vision der Freiheit und Größe des eigenen Volkes, andererseits ein Konfliktpotential erster Ordnung. Wenn multinationale Reiche zusammenbrechen, werden Nationalismen unterschiedlicher Volksgruppen freigesetzt. Volkstumskampf, Unterdrückung von Minderheiten und Konflikte mit deren Schutzmächten sind dann die fast unvermeidliche Folge.

Viele, die enger mit Piłsudski zu tun haben, sind damals schon der Meinung, daß er mehr als nur leicht verrückt sei. Das hat sich schon im August 1914 gezeigt, als er allen Ernstes glaubte, in Polen werde ein allgemeiner Aufstand losbrechen. Im Geiste sah er sich in jenen Wochen schon nach kurzem, siegreichem Kampf an der Spitze der Polnischen Legion in Warschau einziehen. Statt dessen hatte ihn Österreich an die Kandare genommen, und Warschau selbst war von den Deutschen erobert worden, die sich ein Königreich Polen gleichfalls nur als deutsches Satellitenregime vorzustellen vermochten.

Im November 1918 aber läßt die Laune des Kriegsglücks seine Vision »Polonia restituta« Wirklichkeit werden. Auch auf seiten der siegreichen Entente ist im Herbst 1918 die Wiederherstellung Polens bereits beschlossene Sache. Völlig unklar ist aber der Verlauf der polnischen Grenzen. Nur ein ganz kühler Kopf hätte damals die Selbstdisziplin aufgebracht, in einmalig günstiger Lage sehr bescheidene Ziele anzustreben, um nicht alle Nachbarn gleichzeitig zu Todfeinden zu machen – die Russen unter Führung der Bolschewiki, die geschlagenen Deutschen, die litauische und die ukrainische Nationalbewegung, sogar die Tschechen.

Beim Rückblick vom Ende des 20. Jahrhunderts her muß man freilich auch gerecht sein. 1919, 1920 und 1921, als Piłsudski seine großen, verhängnisvollen Fehlentscheidungen traf, glichen Ostmitteleuropa und Osteuropa einem Hexenkessel: Bürgerkrieg in Rußland zwischen »Weiß und Rot« sowie ein Bäckerdutzend neuer, nationalistischer Republiken von Finnland über die baltischen Staaten, Polen und die Ukraine bis hin zum Kaukasus. Jede dieser »Titularnationen« ist nur von dem *einen* Wunsch beseelt, die eigenen Grenzen möglichst weit auszudehnen. Entfremdung und Unterdrückung schwächerer Volksgruppen werden leichtsinnig in Kauf genommen. Krieg und Gewalt gelten als Selbstverständlichkeit.

Die Geschichte selbst ist damals auf seiten der gewalttätigen Narren. Hatte nicht Deutschland im Frieden von Brest Litowsk eben versucht, auf den Trümmern des Zarenreiches ein Hegemonialsystem in Osteuropa zu errichten? War nicht mit den Bolschewiki in Petrograd gleichfalls eine Clique von Gewaltmenschen an die Macht gekommen, denen zuvor niemand eine politische Chance eingeräumt hatte? Sprach also nicht alles dafür, die flüssige Konstellation zu nutzen und ein sehr großes Polen zu errichten, zumal ja auch Frankreich darauf drang?

In Polen selbst gehörte Piłsudski nicht zu den Heißspornen, die einen möglichst ausgedehnten polnischen Nationalstaat anstrebten – auch um den Preis der Unterdrückung jener Litauer, Weißrussen, Ukrainer oder Deutschen, die nicht einbezogen werden wollten. Piłsudski schwebte vielmehr eine Art Doppelkonzept vor. Machbar erschien ihm einerseits eine multinationale Konföderation von Polen, Litauen und der Ukraine, allerdings mit dem Machtzentrum Warschau. Andererseits betrieb er ein Zusammengehen der vom Zarenjoch befreiten jungen Republiken vom Baltikum bis zum Kaukasus, um Rußland, unter welchem Regime auch immer, dauerhaft einzudämmen. In gewisser Hinsicht war er also durchaus weitschauend, und manche haben ihn später als Säulenheiligen des Konzepts »Europe des patries« begriffen. Aber ein Heiliger war Piłsudski nicht, sondern ein Taktiker, der in jahrzehntelanger Untergrundarbeit gelernt hatte, wie man rivalisierende Cliquen gegeneinander ausspielt und zwischen heterogenen Konzepten eine schwankende Brücke baut.

*Der polnische Staatschef Marschall Piłsudski in seinem Arbeitszimmer im Schloß Belvedere, Warschau 1928.*

Mit den Risiken der geostrategischen Lage Polens ist auch er nicht fertig geworden, und späteres Unheil hat er selbst großspurig provoziert. Die Russen hat er immer gehaßt und in ihnen die unversöhnlichen Todfeinde der Freiheit Polens gesehen. Daß auch die Deutschen gefährliche Gegner waren, war ihm zwar gleichfalls stets wohlbewußt. Doch der Erzfeind war Rußland. Deshalb hat er gegen Ende seiner Tage lieber mit dem nationalsozialistischen Deutschland Hitlers und Görings paktiert als mit der Sowjetunion Stalins. Er war und blieb aber zeitlebens ein romantischer Visionär, der nie vergaß, daß das Königreich Polen einstmals noch über Wilna, Witebsk, Minsk hinausreichte und selbst Galizien, Podolien und Westpreußen umfaßte. Und er verstand sich nun auch als großer Heerführer, dem es aufgetragen war, Großpolen an der Spitze seiner mächtigen Armee wiedererstehen zu lassen.

Dabei hatte er erstaunliches Glück. Piłsudski, inzwischen legaler Staatschef Polens, brach 1920 ungeachtet aller Warnungen der Westmächte einen unüberlegten Krieg gegen das bolschewistische Rußland vom Zaun. Erst rückten die polnischen Divisionen siegreich vor. Im Mai 1920 zog er an der Spitze seiner Truppen in Kiew ein und ließ sich dort zum Marschall von Polen ausrufen. Freilich brach die Offensive ebenso schnell, wie sie erfolgreich gewesen war, kläglich zusammen.

Unter Führung General Tuchatschewskis drohte nun die Rote Armee ganz Polen zu überrennen, und nicht allein Polen. »Der Brand, den wir entfesseln werden«, schrieb Tuchatschewski großsprecherisch an die Parteiführung in Moskau, »wird nicht an den Grenzen Polens haltmachen, sondern Deutschland, Europa, die ganze Welt entflammen.«[56] In Polen und im westlichen Europa herrschte kurze Zeit eine Stimmung wie im Jahr 1241 beim Mongolensturm oder 1529 und 1683, als die Türken auf Wien marschierten.

Genau an dem Tag, den Tuchatschewski bereits für den Einzug in Warschau festgesetzt hatte, begab sich Staatschef Piłsudski zur 4. Armee, um von Südosten her in die ziemlich ungedeckte Flanke der russischen Heeresmassen hineinzustoßen. Innerhalb weniger Tage vollzog sich nun »das Wunder an der Weichsel«. Die Rote Armee brach unerwartet zusammen. Piłsudski selbst schrieb bei der Schilderung seines überraschenden Vordringens verschiedentlich: »Da glaubte ich zu träumen.«[57] Durch energische Verfolgung sicherte er Polen schließlich eine Ostgrenze, die weit nach Weißrußland hineinreichte und Galizien umschloß. Zwar wurde bald bekannt, daß das Verdienst an dem Sieg nicht ihm allein gebührte, wobei er selbst die lächerlichsten Versuche machte, den Anteil des französischen Militärberaters General Weygand und General Sikorskis zu verdunkeln. Piłsudski war und blieb zeitlebens ein Mann »von mißtrauischer und ungesunder Eitelkeit«, so Weygand in seinen »Erinnerungen«.[58] Der amerikanische Gesandte Hugh Simon Gibson, der ihn zur gleichen Zeit studiert hat, meinte in einem Kabel an das State Department: »Zweifellos ist Piłsudskis hervorstechendster Charakterzug sein Egotismus.«[59]

Bis an sein Lebensende ließ sich der Marschall jedenfalls als Retter Polens und Europas vor der roten Flut feiern, überhaupt als großen Strategen. »Ich will nur in aller Ruhe feststellen«, schrieb er beim Rückblick, »daß ich in diesem ganzen zweijährigen Krieg einen Sieg an den anderen reihte. Jedesmal, wenn ich in eigener Person den Krieg führte, errang ich Siege, die in der Geschichte dieses Krieges Einschnitte bedeuteten. Denn es waren stets strategische Siege und nicht nur die Ergebnisse einer taktischen Überlegenheit ...«[60]

Auch in dieser Hinsicht war er somit ein Vorläufer jener späteren arrivierten Zivilisten, die in sich gleichfalls das Talent des großen Strategen entdeckten. Vor allem in der ersten Hälfte des 20. Jahrhunderts, doch auch noch später, begegnet immer wieder einmal der Typ des zur Macht gekommenen Revolutionärs, der sich zur Verzweiflung der Berufsoffiziere für einen gewaltigen Feldherrn hält. Stalin und Hitler sind die berüchtigtsten Beispielfälle. Mao Tse-tung und seine Marschälle waren von derlei Selbstüberhebung gleichfalls nicht frei.

Auch Fidel Castro verstand sich lange Jahrzehnte als vorbildlicher Stratege moderner Guerillakriegführung.

Piłsudski, der als Marschall verkleidete einstige Revolutionär, bleibt aber auch deshalb erinnerungswürdig, weil er als erster im 20. Jahrhundert das installierte, was man später ein »prätorianisches Regime« genannt hat. Zug um Zug hat er es dabei verstanden, alle zivilen Rivalen auszumanövrieren und einstige Kampfgefährten der Polnischen Legion in Schlüsselpositionen zu bringen. Als er schließlich im Jahr 1926 putschte, waren zwar nur an die 1 000 Tote zu registrieren – keine sehr hohe Zahl im Vergleich mit anderen Staatsstreichen im 20. Jahrhundert. Auch die Niederträchtigkeiten seiner lässig ausgeübten Diktatur hielten sich im Rahmen. Freilich reagierte die polnische und europäische Linke mit Empörung, nachdem der ehemalige Linksradikale ein napoleonisches Regime installierte, das auf die Säbel der Offiziere, auf die Feudalaristokratie, die Bürokratie und einige Industriekonzerne gestützt war. Wie viele spätere Militärdiktatoren hat auch er die zunehmende Ausschaltung jeder Opposition mit dem Anspruch legitimiert, alle Korruption im Staate ausrotten zu wollen.

Interessanter noch als die Methoden seiner Diktatur sind deren Begründungen, denn auch diese nehmen die Legitimationen vieler späterer Diktatoren des 20. Jahrhunderts vorweg. Piłsudski hat seine faktische Alleinherrschaft von Anfang an mit dem Kampf gegen die Korruption der Parlamentarier begründet. Das Schlagwort »moralische Diktatur« legitimierte den Antiparlamentarismus und den Antiparteienaffekt dieses frühen prätorianischen Regimes. Viele lateinamerikanische oder afrikanische Militärdiktatoren, die später ihr Machtstreben gleichfalls als Kampf gegen korrupte Parteien und korrupte Parlamente tarnten, können in ihm ihren Ahnherrn erkennen. Die meisten seiner Reden gegen Parteien und Parlamentarismus waren nicht druckbar, da sie von Kraftausdrücken und obszönen Vergleichen wimmelten. Bei der Entmachtung des Sejm erklärte er: »Ich habe den Schurken, Schuften, Feiglingen, Mördern und Dieben den Krieg erklärt«[61], sprach gelegentlich vom »Dirnen-Sejm« und ließ keine Gelegenheit vorbeigehen, Korruption, Selbstsucht, antinationale Zerstrittenheit und Privilegienwirtschaft der Politiker anzuprangern. Auf die Frage eines früheren linksradikalen Gefährten: »Wohin gehst Du, Józef?«, antwortete er: »Ich weiß es nicht«,[62] doch sein Weg führte in die Richtung der Diktatoren Mussolini und Hitler.

Auch sein Ende ist denkwürdig und erinnert an die Obsequien jener Diktatoren, die nach ihm mit größtem Pomp beigesetzt wurden, um dann früher oder später dem Schweigen oder der offenen Verachtung anheimzufallen – Lenin, Stalin, Mao Tse-tung, Franco oder Tito. Bei seinem Tod im Mai 1935 feiern ihn sein Land und Europa fast ausnahmslos als überragende Gründergestalt des wiedererstandenen Polen. 75 Generale wechseln sich ab, den Katafalk in vierstündigem Trauerkondukt durch eine Millionenmenge zu ziehen. Marschall Pétain in großer Uniform, Pierre Laval und Hermann Göring erweisen ihm die letzte Ehre. Von zwei Scheinwerfern hell beleuchtet, wird der Sarg dann auf offenem Wagen durch die Nacht nach Krakau gefahren, und beiderseits der Bahngleise knien Bauern und Bäuerinnen, die von ihm Abschied nehmen. Dann wird er neben drei Königen in der Jagellonengruft beigesetzt.[63]

Vier Jahre später aber gelangt man vielerorts schon zu einer viel kritischeren Bewertung. 1939, nachdem Deutschland und die Sowjetunion Polen ein viertes Mal aufgeteilt und relativ mühelos unterworfen haben, wird deutlich, daß er ein nationalistischer Visionär ohne Augenmaß war, der zudem eine völlig veraltete Armee hinterlassen hatte. Ungewollt und voller Selbstüberschätzung wäre der Gründer Polens fast auch zu dessen erneutem Ruinierer geworden. Nur die noch groteskere Maßlosigkeit Adolf Hitlers ermöglichte schließlich die endgültige Wiederherstellung des polnischen Nationalstaats, wo man sich heute an Piłsudski weiterhin dankbar, aber doch auch verlegen erinnert.

## Der General als Kulturrevolutionär: Atatürk

In vielem ist Mustafa Kemal, seit 1934 Atatürk genannt, das genaue Gegenteil Piłsudskis.[64] Er war ein echter General und ein Heerführer von eindrucksvoller Professionalität. Auch er wird in seinem Land als eine Art Staatsgründer verehrt – Atatürk, Vater der modernen Türkei. Aber anders als Piłsudski zeichnete er sich durch außenpolitische Selbstbeschränkung aus.

Vor allem aber war Atatürk, wozu Generale nur sehr selten geneigt sind, ein kulturrevolutionärer Erneuerer von weitreichender Wirkung. Sein Werk, die säkulare Türkei, ist zwar heute wieder umstritten, aber es hat doch gehalten und gilt weiterhin als Modell erfolgreicher Modernisierung. Auch das Verhältnis Atatürks zum Verfassungsstaat war viel nuancierter und für die Demokratisierung geeigneter als das seines Zeitgenossen Piłsudski. Zwar kann auch Atatürks Regime als prätorianisch bezeichnet werden. Aber es war doch eine der politischen Evolution fähige Militärherrschaft.

In vielerlei Hinsicht war Mustafa Kemal moderner als Piłsudski, der zur gleichen Zeit wie er auf die Bühne der Geschichte trat. Er war rational, von konstruktiver Phantasie, als Präsident eher zivilistisch als militaristisch, auch skeptisch und uneitel, wenngleich aufbrausend wie dieser. Für ethnische Minderheiten brachte er freilich genausowenig Verständnis auf wie Piłsudski. So hat er die Griechen aus Kleinasien vertrieben, deren Handelstalent und geistige Beweglichkeit dem Land zuvor großen Nutzen gebracht hatten. Durch harte Unterdrükkung der Kurden hat er der modernen Türkei zugleich ein Langzeitproblem aufgebürdet, an dem sie immer noch leidet.

In manchem erinnert Mustafa Kemal an Napoleon. Auch er kommt aus kleinen Verhältnissen und hat keine sehr feinen Umgangsformen. Auf Offizierskameraden, auf Frauen und später auf Politiker und Beamte wirkt er wie ein einsamer Wolf. Andere vergleichen ihn mit einem Tiger. Der massige Kopf mit der mächtigen Nase, den buschigen Augenbrauen und eng beieinanderliegenden, kalten, ruhelosen Augen, die elastischen Bewegungen – alles erinnert an ein Raubtier.

Mit die besten, weil kritischen zeitgenössischen Porträts dieses bemerkenswerten Mannes stammen von der Romanschriftstellerin Halide Edib Adivar. Diese anfänglich begeisterte, später enttäuschte und schließlich 1927 aus der Türkei verbannte Frau hat 1920 Mustafa Kemals Anfänge als Heerführer erlebt, vor allem aber dann den politischen Führer: »Er war abwechselnd zynisch, mißtrauisch, skrupellos und von satanischer Schlauheit. Er markierte den starken Mann und legte nicht selten eine billige Heroenszene aufs Parkett. Da er eine beträchtliche, wenngleich mittelmäßige schauspielerische Begabung besaß, konnte er sich in einem Moment wie ein perfekter Demagoge gerieren – ein zweiter George Washington – und im nächsten Moment eine napoleonische Pose annehmen. Manchmal erschien er schwächlich, ja wie ein erbärmlicher Feigling, manchmal bekundete er Stärke und Wagemut allerhöchsten Kalibers. Man konnte erleben, daß er nach Art eines alten Scholastikers argumentierte, kompliziert bis zur Unverständlichkeit. Doch plötzlich gelang es ihm dann, ein verworrenes Problem wie mit einem Blitzlicht zu erhellen.«[65] Obgleich ihn seine Umgebung oft an Intelligenz, Bildung und Kultiviertheit überragte, habe es niemand mit seiner Vitalität aufnehmen können. Ihr verdanke er letztlich seine dominierende Stellung.

Früh schon gehört er zu jener Kategorie junger Männer, die große Träume haben: Große Träume für ihr Land, so sagen sie, große Träume für sich selbst, so wissen sie – beides ist nicht voneinander zu trennen. Einer der zahlreichen Frauen, die seinen Lebensweg kreuzen, schreibt er noch in den Jahren vor Beginn seiner steilen Karriere: »Ich habe Ehrgeiz, großen Ehrgeiz sogar; doch dieser richtet sich nicht auf materielle Ziele wie hohe Ämter oder viel Geld. Ich möchte meinen Ehrgeiz im Dienst an einer großen Idee verwirklichen; Dienst für mein Land, Pflichterfüllung, das wird mir Befriedigung verschaffen.«[66] Das klingt recht hochgemut, fast blauäugig. Doch Mustafa Kemal ist zeitlebens alles andere als ein verblasener Idealist. Er ist ein scharfer Nationalist, der am maroden Zustand der öffentlichen Angelegenheiten leidet und alle haßt, die dafür verantwortlich sind: den Sultan und dessen Hofschranzen, das verrottete alte Establishment, die Mullahs, die hochmütigen Repräsentanten der europäischen Großmächte und die übermütigen Griechen. Seine Fähigkeit zum kalten, berechnenden, produktiven Haß ist immer viel ausgeprägter als die Menschenliebe.

Napoleonisch ist auch sein Aufstieg. Er gelangt an die Spitze seines Landes, in dem alles drunter und drüber geht, weil er ein herausragender Soldat ist, glänzend und völlig schonungslos. Mustafa Kemal, geboren 1881 im damals osmanischen Saloniki, ist eine fast durchgehend moderne Gestalt. Alt an ihm ist nur *eines*: die Tradition unbändigen Kriegertums. Und dieser professionell sehr talentierte Zögling der Istanbuler Militärakademie kann in der Tat auch nur deshalb eine lang dauernde geschichtliche Wirkung erzielen, weil er zuallererst ein Kriegsheld ist.

Am 25. April 1915 versuchen Engländer, Neuseeländer und Australier unter dem Feuerschutz überlegener Schiffsartillerie im Handstreich die Halbinsel Gallipoli zu nehmen, um auf dem Landweg den Durchbruch nach Konstantinopel zu erzwingen. Als Kommandeur der bald legendären 19. Division gelingt es dem Obersten Mustafa Kemal, die entscheidende Höhe 161 zu sichern. Brutal treibt er seine Soldaten zu rücksichtsloser Tapferkeit an und ist selbst ein Vorbild an Todesverachtung. Der Überraschungsangriff bleibt nach einundeinhalb Tagen unter furchtbaren Verlusten der Angreifer stecken und geht in einen trostlosen Stellungskrieg über. Nach 260 Tagen müssen sich die Divisionen der Entente zurückziehen. Allein am Kap Helles, auf einem Schlachtfeld von vier Kilometer Breite und fünf Kilometer Tiefe, sind 170 000 Briten, 40 000 Franzosen und 218 000 Türken gefallen.[67] Mustafa Kemal aber, der ganz zu Beginn zufällig an der richtigen Stelle war und den Durchbruch verhindert hat, gilt nun bei den Türken, den Deutschen und sogar bei den Briten als der große Held in der Schlacht um Gallipoli.

Gleichwohl ist er aber alles andere als ein wilder Draufgänger. Verstandesbetont, kühl, zynisch, auf jedes Detail achtend, taktisch versiert, gleicht dieser Troupier durchaus den deutschen Stabsoffizieren, deren Arroganz er ressentiert. Je höher er aufsteigt, um so deutlicher entpuppt er sich auch als begabter Stratege.

1920 ist zum zweiten Mal seine Stunde gekommen. Die siegreiche Entente hat sich in Konstantinopel eingerichtet, der schwache letzte Sultan ist den Siegern zu Willen, eine starke griechische Armee hält die kleinasiatische Gegenküste besetzt, und der griechische Ministerpräsident Venizelos schickt sich an, ein großgriechisches Reich von Thrazien über Konstantinopel bis Smyrna zu errichten. In dieser Lage rebelliert General Mustafa Kemal, damals 38 Jahre alt und Oberbefehlshaber im nördlichen Anatolien, gegen die Regierung in Istanbul und stellt sich an die Spitze einer nationalen Widerstandsbewegung. Er errichtet eine Gegenregierung in Ankara, und nach mörderischen Kämpfen gelingt es ihm schließlich 1922, die griechische Invasion niederzuwerfen und die Griechen unter furchtbaren Massakern und mittels brutaler Umsiedlungen aus Kleinasien zu vertreiben. Im Oktober 1923 ist der Held des Befreiungskrieges Präsident der neu geschaffenen türkischen Republik mit der Hauptstadt Ankara.

Das also ist der General Mustafa Kemal. Gewiß, seine Karriere ist erstaunlich. Doch hätte er im Desaster des Osmanischen Reiches allein das traditionelle Kriegertum wiederbelebt, wäre dieser Offizier allenfalls von nationalgeschichtlichem Interesse. Zur europäischen Berühmtheit wird er nicht allein kraft alttürkischen Kriegertums, sondern weil er eine durch und durch moderne Figur ist. Schon seine Jugend war, so hat einer seiner ersten Biographen formuliert, »vom westöstlichen Gegensatz« bestimmt.[68]

Man darf nicht vergessen, daß in Ostasien, in Indien, in Lateinamerika und im Nahen Osten die großen Modernisierer des frühen 20. Jahrhunderts geistig zumeist in den letzten Jahrzehnten des 19. Jahrhunderts wurzeln, als das Prestige der Zivilisation Europas weltweit seinen Höhepunkt erreicht hatte. Das gilt nicht nur für die Kriegskunst, wo man in der Türkei seit den Tagen Moltkes von den preußischen Generalstäblern lernen möchte – mit der betrüblichen Folge, daß die Regierung der Jungtürken 1914 auf das falsche Pferd setzte und mit dem Verbündeten Deutschland zusammen in den Abgrund geriet. Es gilt auch im Erziehungswesen. Mustafa Kemal wird von seinem Vater nicht auf die Medrese geschickt, wo man nur die Lehren des Korans zu verinnerlichen hat. Er soll vielmehr eine moderne westliche Schule besuchen, in der die Schüler sogar Turnunterricht erhalten. Und was den allgemeinen Lebensstil angeht, so sitzt der trink- und auch ansonsten lebensfreudige Generalstabsoffizier der Militärakademie Istanbul eben nicht im Kaffeehaus hinter der Wasserpfeife, sondern man trifft ihn in den Salons, Kabaretts und Bars des europäischen Viertels Pera am Goldenen Horn.

Modern ist auch ein weiterer Zug: Mustafa Kemal gehört von Anfang an zu den politisierenden Offizieren. Wo immer er eingesetzt wird, stößt er auf bürokratischen Schlendrian und bombastische Unfähigkeit. Nachdem er 1905 das Abschlußexamen der Istanbuler Militärakademie mit Auszeichnung absolviert hat, läßt er seine Umwelt bald die Arroganz und die Ungeduld des Aufsteigers spüren. Er sieht,

*General Mustafa Kemal auf einer Inspektionsreise 1922, zusammen mit Journalisten, darunter auch seine damalige Anhängerin Halide Edip Adivar, die nach dem späteren Zerwürfnis über ihn schrieb: »Er war abwechselnd zynisch, skrupellos und von satanischer Schlauheit. Er markierte den starken Mann und legte nicht selten eine Heroenszene aufs Parkett.«*

daß fast alles faul ist im Reich des Sultans, und er sagt das auch laut, wenngleich anfänglich nur im Kasino. Spöttisch, aufgeklärt, eher antireligiös als nur einfach agnostisch, gelangt er mehr und mehr zur Auffassung, daß der Niedergang des Osmanischen Reiches eine Hauptursache in dem veralteten Bildungs- und Ausbildungswesen hat. Bei der Frage aber, wer dies zu verantworten hat, stößt man alsbald auf die Mullahs.

Natürlich findet man ihn dann im »Komitee« der aufsässigen jungtürkischen Offiziere, denen der schlaue Sultan Abdul-Hamid 1907 den Großteil der Macht überläßt. Aber auch hier eckt er an und weiß alles besser. So machen erst einmal andere, ältere das Rennen. Er selbst wartet auf die Stunde, da radikale Umgestaltung möglich ist. Diese kommt, nachdem er wider alle Erwartungen die mächtigen Feinde der Türkei besiegt hat.

Wenn sich ein solcher Mann nach einem leidenschaftlichen Freiheitskrieg im Besitz der politischen Macht sieht, ist alles möglich. Und so setzt er seit 1925 eine der frühesten und radikalsten Kulturrevolutionen des 20. Jahrhunderts in Gang. Die erste dieser Kulturrevolutionen hatte im China Sun Yat-sens begonnen, ohne aber das ganze Land zu erfassen. Eine weitere Kulturrevolution von tiefster Auswirkung ist damals im revolutionären Rußland zu beobachten. Mustafa Kemal ist kein Marxist. Aber er studiert genau, wie gnadenlos die Bolschewiki die Macht des orthodoxen Klerus im Erziehungswesen brechen, wie sie die Frauenemanzipation voranbringen, wie sie Alphabetisierungskampagnen durchführen und mit allem Überkommenen konsequent aufräumen.

Erst die Renaissance des Fundamentalismus im islamischen Kulturkreis seit der Machtergreifung des Ayatollah Khomeini im Iran läßt wieder ermessen, wie tiefgreifend und wie weitreichend diese seit Mitte der zwanziger Jahre begonnenen Modernisierungsreformen gewesen sind, doch auch wie gefährdet.

Mustafa Kemal geht dabei rascher und radikaler zu Werke, als das selbst vielen seiner Gefährten lieb ist. Immerhin erweist er sich gelegentlich, auch dies für einen General atypisch, als ein witziger Reformer. Berühmt, aber dennoch stets erwähnenswert, ist die »Hut-Reise« nach der Kleinstadt Kastamonou. Zusammen mit einigen Gefährten begibt sich der Präsident in dieses erzkonservative Kleinstädtchen. Dort tritt er am ersten Tag in Zivil auf, am nächsten in imponierender Marschallsuniform. Beide Male wettert er gegen Fez und Turban, wobei er immer wieder seinen Panamahut hochhält – damals ein Nonplusultra von westlichem Chic. Bei der Rückkehr von der Besichtigungsreise kehrt er wieder in Kastamonou ein, und siehe: die meisten Männer tragen bereits Panamahüte. Da der Vorrat beschränkt war, haben viele sogar Frauenhüte in diese nunmehr von allerhöchster Stelle als weltläufig dekretierten Hüte umarbeiten lassen. Als er sich wieder in Ankara einfindet, trägt man auch dort schon Panamahüte. Dem präsidentiellen Beispiel, das an den modischen Nachahmungstrieb appelliert, folgt dann allerdings rasch das gesetzliche Verbot des Fez zusammen mit den Kaftanen. Religiöse Kleidung darf nur noch bei religiösen Zeremonien getragen werden. Solche scheinbaren Äußerlichkeiten sind natürlich ganz und gar keine Äußerlichkeiten, und Mustafa Kemal weiß das.

Alles in allem aber ist er ein Mann, der es eilig hat. Sein ungeduldiges Empfinden, nicht viel Zeit zu haben, ist durchaus zutreffend, denn er stirbt schon 1938, mit 57 Jahren, einen schweren Tod durch Leberzirrhose. Anders als die Bolschewiki bei ihrem terroristischen Kampf gegen die Religion erweist er sich aber als ein halbwegs maßvoller Revolutionär. Der Männerwelt gegenüber werden die Kleidervorschriften gesetzlich erzwungen; gegen die Verschleierung der Frauen läßt er nur agitieren. Generell wird der orthodoxe Klerus nicht verfolgt oder gar liquidiert wie zur gleichen Zeit in der revolutionären Sowjetunion, sondern bloß aus Öffentlichkeit und Erziehungswesen auf den Bereich der Moschee zurückgedrängt. Auch die tanzenden Derwische müssen verschwinden. Gleich anderen späteren Kulturrevolutionären weiß Mustafa Kemal genau, daß Einstellungsveränderungen leichter zu erzielen sind, wenn man in der Öffentlichkeit morgens, mittags und abends ein verändertes Straßenbild vor Augen hat. Die chinesischen Revolutionäre waren seinerzeit damit vorangegangen, als sie vor und nach der Revolution von 1911 dem Zopftragen und der Einschnürung der Füße von Mädchen den Kampf ansagten.

Parallel dazu erfolgen die einschneidenden gesetzgeberischen Maßnahmen: Abschaffung des Kalifats, Einführung des gregorianischen Kalenders, der lateinischen Schrift und schließlich von Familiennamen nach westlichem Vorbild, Sprachreform, Verlegung des Feiertages vom Freitag auf den Sonntag, Einführung deutschen, schweizerischen und italienischen Rechts. Damit verbunden ist der Aufbau eines von den Ulemas freien Schul- und Hochschulwesens nach westlichem Muster. Und ganz im Mittelpunkt seiner Bemühungen steht die Befreiung und die unterschiedslose Gleichstellung der Frau.

Wie sich zeigt, sind solche Modernisierungen vorerst nicht mit einer ungehinderten Parlamentarisierung vereinbar. Auch die Pressefreiheit wird stark eingeschränkt. Mustafa Kemal kommt zwar nicht als Diktator zur Macht. Doch als er an der Spitze des neuen türkischen Staates steht, zögert er nicht, diktatorisch zu regieren.

Damit gerät er in Widerspruch zu manchem seiner Anhänger, doch auch zu seinen eigenen ideologischen Überzeugungen. Denn er ist auf recht vage Weise ein Rousseauist, der auf die Volkssouveränität schwört. Dieser radikale Westler weiß auch, daß die Türkei letztlich nur dann zur zivilisierten Welt der Demokratien gehören wird, wenn sie die Grundfreiheiten achtet und ein parlamentarisches Regierungssystem praktiziert oder einen demokratisch legitimierten Präsidentialismus. Wenn er sich bei seinem zeitweilig diktatorischen Vorgehen allerdings im Widerspruch zu seinen langfristigen Zielen findet, so entspricht er aber damit zugleich den Gegebenheiten der Zeit sowie den tieferen Schichten seines Charakters. Die Kräfte träger Beharrung, so glaubt er, sind nur zu überwinden, wenn das Spiel der politischen Kräfte nicht freigegeben wird. Und natürlich steckt auch im Zivil des Staatspräsidenten weiterhin der Offizier, dem die Kategorien von Befehl und Gehorsam in Fleisch und Blut übergegangen sind. Diskussion im Kreis der Gleichgesinnten und Erfahrenen, gewiß, aber eher früher als später, so meint er, muß stramm gehorcht werden. Zunehmendes Mißtrauen und die wohlbekannte Überzeugung großer Männer, alles besser zu wissen und zu können, läßt sich auch bei ihm beobachten.

Zum Diktator von der geistlosen Unerbittlichkeit Lenins und Stalins wird er aber nie. Und da jedermann weiß, daß mit ihm ein erprobter Kriegsheld an der Spitze des Staates steht, bedarf es auch keines Diktatorenkults mit militaristischem Gepränge nach der Art der militaristisch verwilderten Zivilisten Mussolini und Hitler.

Seit 1925 experimentiert Mustafa Kemal. Anfänglich neigt er dazu, die Modernisierung mit Hilfe seiner republikanischen Volkspartei rasch durchzupeitschen und gegen Widersacher hart durchzugreifen – auch mit Sondergerichten. Nach einiger Zeit wird ihm klar, daß man subtiler vorgehen muß. 1930 ermutigt er sogar zur Gründung einer Oppositionspartei, damit sich der im Land vorhandene Protest öffentlich artikulieren kann. Doch muß er feststellen, daß jede organisierte Opposition, wer immer sich auch an der Spitze befindet, rasch zum Sammelbecken der reaktionär-islamischen Kräfte wird, nicht zuletzt auch der Großgrundbesitzer. So entschließt er sich, rasch wieder zur gelenkten Demokratie zurückzukehren. Die von ihm dirigierte Partei dominiert, sie soll auch eine gewisse Breite der Kräfte im Lande repräsentieren unter Einschluß der Frauen.

Neben Sun Yat-sen in China entwickelte Mustafa Kemal somit als einer der ersten das Modell einer nicht totalitären, doch auch nicht demokratischen Staatspartei, die sich als Modernisierungspartei versucht. Damit wirkt er im gesamten muslimischen Bereich und darüber hinaus musterbildend. Wenn aber die Türkei schließlich doch zum

Parlamentarismus gefunden und die Korrumpierung des Einparteiensystems vermieden hat, so nur deshalb, weil sein Nachfolger Ismet Inönü den Mut aufbrachte, erneut unabhängige Oppositionsparteien zuzulassen.

Der neutürkische Nationalismus, von dem Mustafa Kemal sich leiten ließ, war gewiß nicht problemlos, wie die Minderheiten erfahren mußten. Andererseits aber bewies dieser Reformer doch ein hohes Maß an Weitsicht, indem er schließlich darauf verzichtete, das zerbrochene Osmanische Reich ganz oder teilweise wiederherzustellen. Die moderne Türkei sollte im wesentlichen nur das türkische Siedlungsgebiet umfassen, wobei die Griechen und Kurden die Zeche zu bezahlen hatten. Zwar hätte er die Erdölfelder von Mossul im heutigen Irak anfangs gerne der Türkei einverleibt, womit deren Kurdenproblem noch verstärkt worden wäre. Aber das hätte eine weitere Frontalkollision mit der nahöstlichen Hegemonialmacht Großbritannien bedeutet, und so entschied er sich zur vernünftigen Selbstbeschränkung. Vergleicht man die Außenpolitik dieses türkischen Generals mit derjenigen Piłsudskis, so erscheint sie geradezu als Musterbild von kluger Umsicht. Mustafa Kemal verstand es erstaunlich schnell, zu den meisten Nachbarn und Großmächten schiedlich-friedliche Beziehungen herzustellen. Das galt selbst für die Sowjetunion und für Großbritannien.

1930 lud er sogar den griechischen Ministerpräsidenten Venizelos zu einem Staatsbesuch ein, und 1933 besuchte ihn der französische Radikalliberale Edouard Herriot, als »Ancien Président du Conseil« ein Spitzenpolitiker der Dritten Republik. Herriot faßte seine Eindrücke wie folgt zusammen: »Der Ghazi hat alle Verhaltensweisen und Förmlichkeiten eines modernen Staatsmannes angenommen. Der Soldat von einst hat sich zu einem bürgerlichen Präsidenten von unangreifbarer Korrektheit gewandelt.«[69]

Ungeachtet aller Rationalität seines Denkens und Handelns ließ auch Mustafa Kemal charakterliche Schwächen erkennen. Je länger, je mehr gerierte er sich als oberster Erzieher aller Türken. So heterogene Oberlehrer ihrer Völker wie Antonio Salazar in Portugal, Tschiang Kai-schek und Mao Tse-tung in China, Nyerere in Tansania, Gaddafi in Libyen oder Lee Kuan Yew in Singapur hätten in ihm ihr Vorbild verehren können. Dieser Herr einer berühmten Tafelrunde von Mitstreitern hatte auch ein Alkoholproblem und wurde periodisch von Depressionen heimgesucht.[70] Er war reizbar und neigte zu schroffem Vorgehen gegen Widersacher, brachte aber doch immer wieder die Größe auf, Übereiltheiten mit einem Scherzwort oder einer selbstironischen Geste zu korrigieren. Bis zu seinem Ende blieb er ein nüchterner illusionsloser Geist. Einem Freund, der ihm kurz vor seinem

Tod mit billigen Hoffnungen Mut zusprechen wollte, gab er zur Antwort: »Das ist unnützer Trost. Man muß die Wahrheit sehen, wie sie ist.«[71] Kein General des 20. Jahrhunderts hat eine würdigere Grabstätte erhalten als das Mausoleum auf dem Denkmalshügel in Ankara. Und keiner hat auf radikalreformerische, diktatorisch regierende Offiziere so faszinierend gewirkt wie Atatürk. Schah Reza Khan und Gamal Abdel Nasser wurden gleicherweise von ihm inspiriert. So ist er nicht nur der Vater der modernen Türkei geworden, sondern auch das Vorbild vieler modernisierender Prätorianer.

## Der Mafia-General: Tschiang Kai-schek

»Er war schlank, wortkarg und ausdruckslos, abgesehen von seinen lebhaften dunklen Augen, die wie hinter einer Maske aus seinem inneren Schädel hervorzublicken schienen. Seine Begabung war weniger militärischer als politischer Natur. Sie äußerte sich in der meisterhaften Balance zwischen Fraktionen und Intrigen. Nach einer Stehaufmännchen-Figur wurde er der ›Billiken‹ genannt.« So hatte der amerikanische Botschaftsrat John Emmerson im Tschungking des Jahres 1944 Tschiang Kai-schek in Erinnerung.[72]

Generalissimus Tschiang Kai-schek war damals 57 Jahre alt und stand auf dem Höhepunkt seines internationalen Ansehens. Am nachdenkenswertesten in dieser Porträtstudie ist das Wort »Maske«. Mag sein, daß darin die wohlbekannte Unsicherheit gegenüber ostasiatischer Unergründlichkeit mitschwingt, die selbst gute westliche China-Kenner gelegentlich eingestehen. Theodore H. White, der Tschiang Kai-schek zur gleichen Zeit öfter gesehen und gesprochen hat, bekennt offen, er habe kein einziges Mal geglaubt, ihn auch nur annäherungsweise zu verstehen: »Er war chinesisch, ganz und gar chinesisch ...«[73] Und als Präsident Roosevelt im Mena House am Fuß der Pyramiden anläßlich der Konferenz zu Kairo im November 1943 den »Gimo«, wie ihn die Amerikaner leicht respektlos nannten, erstmals zu Gesicht bekam, meinte er ebenso, in ihm »dem ersten wirklichen Orientalen« begegnet zu sein.[74] Welche Geheimnisse und welche Pläne sich wohl hinter dieser Maske verbargen, war damals ebenso ungeklärt wie heute. Desgleichen ist keinerlei Übereinstimmung über die historische Bewertung Tschiang Kai-scheks zu erzielen.

Seine äußere Erscheinung war wenig einnehmend – »die Kreuzung zwischen einem Baummarder und einem Frettchen«, meinte der Empire-Generalstabchef Alan Brooke respektlos.[75] Doch daß er auf seine Zeitgenossen dennoch einen sehr starken Eindruck machte, wird von vielen bezeugt. Im Oktober 1943 besuchte ihn Lord Mountbatten, Oberbefehlshaber auf dem südostasiatischen Kriegsschauplatz. Noch nirgends, so berichtet er, habe er ein solches Maß an ehrfürchtiger Verehrung gesehen wie in der Entourage des Generalissimus: »Ich bezweifle sehr, ob fromme Christen unserem Herrn größere Verehrung erweisen würden, wenn er wieder auf Erden erscheinen würde ... Er ist eine ganz und gar atemberaubende Persönlichkeit, der mit Abstand eindrucksvollste Chinese, mit dem ich je zu tun hatte.«[76] Aus größerem Abstand stellt sich das genauso dar. Zusammen mit Sun Yat-sen, Mao Tse-tung, Tschou En-lai und Deng Xiaoping gehört Tschiang Kai-schek zu den bedeutendsten Chinesen des 20. Jahrhunderts. Die Nachwirkungen seines Handelns und Nichthandelns sind bis heute zu verspüren.

Auch unter den Generalen des 20. Jahrhunderts ist er die bei weitem faszinierendste Gestalt. Pétain und Hindenburg, selbst Piłsudski und Atatürk wirken, mit ihm verglichen, wie blasse Figuren. Sein Aufstieg erscheint genauso abenteuerlich wie derjenige Lenins, Trotzkis, Mussolinis, Hitlers oder Maos, wenn nicht noch viel abenteuerlicher. Als Typ ist er einzigartig, vielleicht eher eine Gestalt des vor uns liegenden 21. Jahrhunderts als des zwanzigsten.

Natürlich war Tschiang Kai-schek ein Geschöpf des Chaos. Nur bedenkenlose Schurken von großem Format konnten im China des 20. Jahrhunderts zur Spitze gelangen und sich dort halten. Es wäre also billig, beim Blick auf diesen Bürgerkriegsgeneral zu moralisieren. Eine Gesellschaft in Auflösung, in der Menschenleben nichts wert sind, hat ihre eigenen Spielregeln. Wer ihn oder seine Gegenspieler halbwegs gerecht beurteilen möchte, darf diese Gestalten also nicht von den politischen Rahmenbedingungen ablösen. Gut oder böse sind in diesem Fall nicht die angemessenen Kategorien.

Von Interesse ist der Typus als solcher. Man tritt dem Andenken Tschiang Kai-scheks nicht zu nahe, wenn man ihn einen Mafia-General nennt. Als solcher hat er seinen Aufstieg bewerkstelligt. Freilich war er mehr als das. Immerhin hat ihn die Kuomintang 1928 zum Nachfolger Sun Yat-sens bestimmt. Auf seine Art und Weise war auch er zeitweilig ein radikaler Reformer. Zu seinen vielen Talenten gehörte in seinen besten Jahren durchaus ein Gespür für die Bedeutung politischer Ideologie und für die Rolle einer ideologisch motivierten Staatspartei. Und er war mit langem Atem bestrebt, das zerfallene Großreich China wieder zu vereinigen.

Er war der bedeutendste Warlord im damaligen China, »der Super-Warlord« nannte ihn die chinesische Presse jener Jahre.[77] Nur einmal noch im 20. Jahrhundert – in Afghanistan nach dem Rückzug der Russen – ist ein Staat nach dem Zerfall der Zentralgewalt so unerbittlich von rivalisierenden Kriegsherren geschunden, ausgeplündert und hemmungslos zerrissen worden wie damals China. Doch China zählte schon in jenen Jahrzehnten über 400 Millionen Menschen und hatte für alle näheren und ferneren Mächte ungleich größere Bedeutung. Eine neue Ordnung konnte tatsächlich nur von einem Super-Warlord geschaffen werden, und Tschiang ist dieses Kunststück beinahe gelungen.

Doch darin erschöpfte sich seine Bedeutung nicht. Er war zugleich die Inkarnation dessen, was man als Familiendiktatur bezeichnen kann. Seit seiner Heirat mit Mai-ling Soong war er Teil eines beispiellos erfolgreichen, doch zugleich gewissenlosen Familienclans, der China politisch kontrollierte und wirtschaftlich ausplünderte. In der ersten Hälfte des 20. Jahrhunderts findet sich weltweit keine mächtigere Familie als die Soongs, mit denen Tschiang 1927 sein Schicksal verbunden hat.

Der Vater des Clans, Charlie Soong, hatte als Verleger chinesischer Bibeln und als Industrieller ein Vermögen gemacht. Seit Ende des 19. Jahrhunderts war dieser Mann, der beste Beziehungen in die USA unterhielt, zugleich ein Financier der chinesischen Revolution. Sein Haus in der internationalen Zone von Schanghai diente als Treffpunkt chinesischer Radikaler. Zum prominentesten unter diesen wurde Sun Yat-sen.

Soong hat drei Töchter und drei Söhne. Die zwanzigjährige Ching-ling bricht aus ihrem Elternhaus aus, reist nach Japan und heiratet dort 1914 den wesentlich älteren, geschiedenen Sun Yat-sen. Es ist eine leidenschaftliche Romanze mit dem Idol der fortschrittlichen chinesischen Jugend und mit der Revolution. Nach dem Tod Sun Yat-sens wird sie vom linksradikalen Flügel der Kuomintang als Hüterin seines revolutionären Vermächtnisses betrachtet. Entsprechend groß ist der Haß zwischen der Mehrheit des Clans um Tschiang Kai-schek und ihr. Somit findet sie Anschluß an die Kommunisten um Mao und Tschou En-lai, ohne freilich selbst Mitglied der KPCh zu werden. Erst wenige Tage vor ihrem Tod im Mai 1981 wird sie in die Partei aufgenommen. Die bedeutende Frau, eine ruhelose und weitgereiste Revolutionärin, kennt übrigens auch aus zweimaligen Berlin-Aufenthalten die deutsche linke Kulturszene ganz gut. Bertolt Brecht, Käthe Kollwitz, Walter Gropius und Arnold Zweig gehören zu ihrem Bekanntenkreis.[78] Schließlich wird sie nach dem Sieg der Kommunisten unter Mao Tsetung Vizepräsidentin des Zentralrats der Volksregierung. 1981 verstirbt sie als Ehrenpräsidentin Chinas.[79]

Aber Ching-ling ist die einzige Ausnahme in diesem Clan. Die anderen fünf Töchter und Söhne Charlie Soongs werden zu Zentralfiguren des Regimes Tschiang Kai-schek, das mit genausoviel Berechtigung auch als Regime der Familie Soong bezeichnet werden könnte. Mai-ling, die 1913 bis 1917 am Wellesley College studiert hat, heiratet 1927 Tschiang Kai-schek, der damals bereits als Napoleon der antikommunistischen Kräfte in der Kuomintang gilt und es seinerseits für geboten hält, sich jetzt mit dem bereits schwerreichen Clan zu verbinden. Manche Beobachter meinen, Mai-ling sei die stärkere in dieser Zweckehe gewesen. Für die Jahre während des Zweiten Weltkrieges dürfte das zutreffen, als »die Dragon Lady« die meisten Amerikaner von General Chennault über den Verleger Henry Luce bis Präsident Roosevelt um den Finger wickelt. Mit amerikanischer Naivität ist sie bestens vertraut, und so versteht sie es, das autokratische und korrupte Regime Tschiangs als einzige Hoffnung für die Demokratie in China zu präsentieren und sich selbst mit ihrem Mann als ein christliches Ehepaar. Nur gelegentlich läßt sie doch erkennen, wes Geistes Kind sie ist. Bei einem Dinner mit den Roosevelts im Weißen Haus etwa wird sie gefragt, wie denn der Generalissimus wohl mit einem Bergarbeiterstreik während des Krieges fertig würde, von dem Amerika damals betroffen ist. Statt einer Antwort fährt sich Mai-ling zum Amüsement des Präsidenten und zum Entsetzen Eleanor Roosevelts mit ihren hochrotlackierten, langen Fingernägeln langsam über die Kehle.[80]

Ihre drei Brüder haben gleichfalls an amerikanischen Eliteuniversitäten studiert und sichern sich während der zwanziger und der dreißiger Jahre die Kontrolle über die Wirtschaft Chinas. T.V. Soong ist 1924 bereits Präsident der Zentralbank von Kanton und von 1925 bis 1933 Finanzminister der nationalchinesischen Regierung. Seine Bewunderer weisen darauf hin, daß er in diesen Jahren die Finanzen Chinas ohne Rückgriff auf Auslandsanleihen saniert habe. Seine Feinde behaupten schon Mitte der dreißiger Jahre, dieser Präsident der Bank von China sei jetzt der reichste Mann im Lande, gefolgt von dem Gangster-Kapitalisten »Tu mit den großen Ohren«.[81] 1941 wird T.V. Soong Außenminister und von 1944 bis 1947 Ministerpräsident.

Seine Brüder sind vom gleichen Schlag. Noch berüchtigter ist H.H. Kung, der Mann, mit dem sich die dritte Schwester, Ai-ling, verbunden hat. Er stammt angeblich in der 75. Generation von Konfuzius ab. Auch er ist Christ, auch er hat in den USA studiert und auch er trägt aus vielen trüben Quellen seinen Anteil zur Finanzierung der Kuomintang bei. 1929 wird H.H. Kung Industrieminister, 1933 bis 1944 ist er Finanzminister, dazwischen auch einmal Premier. Man hat ihn als den Hauptschuldigen an der Inflation zu betrachten, die mehr als alles andere zur Diskreditierung des Tschiang-Regimes beiträgt. 1944 setzt er sich klugerweise mit seinem sehr großen Vermögen in die USA ab. Seine Gattin Ai-ling selbst steht im Ruf, noch härter zu sein als ihre Schwester, die »Dragon Lady«. In FBI-Akten findet sich die – allerdings nie belegte – Behauptung, sie habe Killer angeheuert, um Feinde und Konkurrenten aus dem Weg zu räumen.[82]

Dieser Familienclan mit dem Generalissimus an der Spitze ist also durchaus mit den Duvaliers, den Somozas oder der Familie Marcos vergleichbar, über deren Treiben man sich in der zweiten Hälfte des fatalen 20. Jahrhunderts erregt. Doch China hat eine andere Dimension als Haiti, Nicaragua oder die Philippinen. Die weltgeschichtlichen Folgen hemmungsloser Ausplünderung des eigenen Landes sind hier gravierender.

Und noch in anderer Hinsicht ist das Regime Tschiang-Soong unvergleichlich. Es ist das Produkt eines chaotischen Bürgerkriegs, und es steht und fällt mit diesem Bürgerkriegsgeneral. Aber dieser General ist, wie gesagt, auch deshalb so einzigartig, weil er seine Karriere als Bravo eines Gangstersyndikats in Schanghai beginnt und nie einen Anlaß sieht, sich aus dem Milieu seiner fragwürdigen Anfänge demonstrativ zu lösen. So wird er zum Musterfall eines Mafia-Generals.

Es dürfte zwar nie ganz möglich sein, alle finsteren Geheimnisse seines Aufstiegs und seiner Machtausübung zu erhellen.[83] Doch die Forschung der letzten 20 Jahre hat mittels Mosaikmethode viel ans Tageslicht gebracht. Früher war die wohlwollende Auffassung vorherrschend, Tschiang habe sich erst als er schon ein mächtiger General war unter anderem eben auch mit den einflußreichen Unterweltbossen in Schanghai, Kanton und Nanking arrangieren müssen. Aber die Verbindung mit diesen reicht bis in seine Anfänge zurück. Erst war er ihre Kreatur, dann ihr Partner und schließlich ihr Herr, ohne sich aber je voll von ihnen zu emanzipieren.

Ähnlich wie Mao, Mussolini, Stalin oder Hitler ist offenbar auch Tschiang Kai-schek in seiner Jugend durch exzentrisches Einzelgängertum aufgefallen. Soziologisch gesehen, kommt er wie diese aus dem Nichts – Sohn eines Salzhändlers in einem Dorf westlich von Schanghai. Mit achtzehn soll er »Die Kunst des Krieges« des berühmten Sun Tzu verschlungen haben, der unter anderem lehrte: »Alle Kriegführung beruht auf Täuschung«, wobei der Einsatz von Geheimagenten besonders wesentlich sei.[84] Man erinnert sich an vergleichbare Lektüre anderer Gewaltmenschen des 20. Jahrhunderts. Stalin, so wird berichtet, habe beim Schmökern in Alexander Kasbegis Sammlung von Geschichten über den heroischen Widerstand der Georgier gegen die Russen die Gestalt Kobas entdeckt, eines kaukasischen Robin Hood, und diesem lange Zeit nachgeeifert.[85] Auf Mao Tse-tung sollen »Die Räuber vom Liang-Schan-Moor« einen ähnlich tiefen Eindruck gemacht haben.[86]

Tschiang macht aber auch schon früh Bekanntschaft mit den Lehren des Konfuzianers Chu Hsi, der eiserne Selbstdisziplin lehrt. Sein

Leben lang wird sich dieser zu Jähzorn und Gewalttätigkeit neigende Mann jeden Morgen vor Sonnenaufgang erheben und, noch im Pyjama, hoch aufgereckt, die Hände über der Brust gefaltet, eine halbe Stunde oder länger meditieren, um für den kommenden Tag jene wachsame Selbstkontrolle einzuüben, wegen der man ihn fürchtet.[87]

Mit achtzehn läuft er aus der Schule weg, landet erst bei einer jener Privatarmeen, von denen es im damaligen China wimmelt, und schafft es schließlich, bei der angesehenen japanischen Militärakademie Shimbu Gakko angenommen zu werden. Es sind die Jahre 1908 bis 1910, als das militärische Ansehen Japans nach dem Sieg gegen Rußland auf einem ersten Höhepunkt angelangt ist. Zugleich aber studieren und konspirieren im Japan der Vorkriegszeit Hunderte chinesischer Intellektueller, die in ihrem Haß gegen die Mandschu-Monarchie einig sind. Auch Tschiang wird angesteckt und lernt jetzt erstmals die wirren Strömungen des politischen Untergrunds kennen.

1910 wird er graduiert und dient auch einige Monate bei der japanischen Armee. Aber schon zuvor und danach ist er in Schanghai polizeinotorisch geworden. Noch viel ungeschiedener als im Tiflis des Jossif Dschugaschwili gehen in diesen Jahren kurz vor und nach der Revolution in China revolutionäre Aktivitäten, unideologisches Banditentum und organisiertes Verbrechen ineinander über. Damals und noch lange danach kontrolliert »die Grüne Bande« die Spielhöllen, die Bordelle, doch auch einen Teil des mehr oder weniger regulären Wirtschaftslebens in der Weltstadt Schanghai, in deren Konzessionen britische, französische, amerikanische und japanische Bankiers, Kaufleute und Diplomaten die Strippen ziehen. Der junge Tschiang, eine Gestalt von beträchtlicher Brutalität und krimineller Energie, gilt jetzt als ein kommender Mann in dieser gnadenlosen Unterwelt.

Auch seine in der Legende vielgerühmte Teilnahme an der Revolution von 1911 ist, genauer besehen, ein Teil seines Gangsterlebens. Die sogenannte 83. Brigade, an deren Spitze er gestellt wird, ist eine 3000 Mann starke Banditentruppe. Immerhin hat Tschiang 1911 doch eine Reihe von Heldentaten aufzuweisen, die sich im späteren politischen Lebenslauf gut zurechtfrisieren lassen. Jedenfalls sind das seine wüstesten Jahre, in denen er sich durch Alkoholexzesse, sexuelle Ausschweifungen, Morde und Erpressungen auszeichnet und immer tiefer in die Gangsterwelt eintaucht. Der Boden wird ihm schließlich zu heiß, so daß er sich wieder nach Japan zurückzieht. Erst relativ spät, im Jahr 1917, beginnt seine politische Karriere. Sun Yat-sen, der damals Pläne für eine zweite Revolution schmiedet, ohne aber zu wissen, wie dies zu bewerkstelligen wäre, ernennt Tschiang erst zu seinem Militärberater für die Region Kanton, und bald macht sich dieser dem nicht besonders organisationsbegabten Revolutionsführer Sun

Yat-sen unentbehrlich. Tschiang ist auch weiterhin »der Mann fürs Grobe« – Sicherheitsfragen, Erpressung, Geldbeschaffung, diskretes Verhandeln mit Warlords, die China an allen Ecken und Enden mit gesetzloser Gewaltherrschaft überzogen haben.

Sun Yat-sen befindet sich damals in der letzten Phase seiner politischen Laufbahn, die durch Hinwendung zur Sowjetunion gekennzeichnet ist. Auch Tschiang zeigt sich vom sowjetischen Experiment fasziniert, wobei ihm vor allem die eiserne Disziplin der russischen Revolutionäre imponiert. Mitte 1923 ist Sun Yat-sen bereit, ihn nach Moskau zu entsenden, wo man diesen kommenden Mann der Kuomintang mit der Roten Armee, mit der Tscheka sowie mit der Art und Weise bekannt macht, in der die Partei das russische Alltagsleben dirigiert und terrorisiert.

Der mit großen Erwartungen angereiste Tschiang ist rasch völlig desillusioniert und kehrt, freilich ohne daß die Gastgeber dies anfänglich bemerken, als entschiedener Antikommunist und Russenhasser nach China zurück. Dabei ist es nicht der dortige Terror, der ihn abstößt, vielmehr die Überzeugung, daß die sowjetischen Führer um Stalin und Trotzki nur darauf aus sind, die expansive Chinapolitik der Zaren fortzusetzen. Chinesischer Nationalismus, so meint er jetzt, muß nicht nur England, Frankreich und Japan als Feinde erkennen. Hauptfeinde sind auch die Roten Zaren und deren Instrument, die Chinesische Kommunistische Partei.

Nun beginnt eine der wichtigsten Phasen in der Karriere Tschiangs. Die nationalistische Revolutionspartei Kuomintang, Sun Yat-sen an der Spitze, ist in starkem Maß unter den Einfluß sowjetischer Berater geraten, und vielerorts strömen kommunistische Kader oder Sympathisanten der KPCh in die Parteiorganisation ein. Auf der Insel Whampoa soll eine Militärakademie aufgebaut werden, um die Offiziere für eine mit russischen Waffen ausgerüstete und von russischen Instrukteuren unterrichtete neue Armee zu schaffen. Diese Armee hat zwei Aufgaben: Sie soll China von den räuberischen Warlords säubern, und sie soll zugleich Revolutionsarmee sein. Tschiang, eben aus Moskau zurückgekehrt, scheint der ideale Mann für ihre Leitung.

Strenggenommen wird er erst jetzt zum echten militärischen Führer. Schon der erste Jahrgang umfaßt 800 Offiziere.[88] Viele von ihnen entstammen konservativen Familien vom Lande. Tschiang sorgt nicht nur für strikte Disziplin und für moderne Ausbildung. Der Lehrgang sieht auch Indoktrinierung mit den nationalistischen Ideen Sun Yat-sens vor. Die »Whampoa-Clique«, bestehend aus Tschiang ergebenen Offizieren, wird künftig eine Hauptstütze seiner Macht in der Kuomintang.

Denn die Position als Leiter von Whampoa ist auch ausgesprochen politisch. Schließlich geht es um nicht mehr oder weniger als um die

*Tschiang Kai-schek am Tor zu den Ming-Gräbern in Nanking, das er in den Rang der Hauptstadt Chinas erhob, 1927. Präsident Franklin Delano Roosevelt, der 1943 mit Tschiang in Kairo zusammentraf, meinte, in ihm »dem ersten wirklichen Orientalen« begegnet zu sein.*

politische Ausrichtung der Revolutionsarmee. Die KPCh hat dies genausogut erkannt wie die Antikommunisten innerhalb der Partei Sun Yat-sens. Politischer Kommissar an der Militärakademie wird der Kommunist Tschou En-lai, der sich aber letztlich nicht durchzusetzen vermag. Auf Tschiang hingegen, dessen Verbindungen mit der mächtigen Grünen Bande weiterhin sehr eng sind, richten sich nun zusehends die Blicke der Geschäftswelt. Es wäre falsch, Tschiang einfach als konservativen Offizier zu betrachten. Er ist genausowenig konservativ wie Mussolini in Italien oder Hitler in Deutschland. Aber gleich ihnen verbindet er sich mit Teilen der Finanzwelt und – das unterscheidet ihn von den europäischen Diktatoren – mit dem organisierten Verbrechen.

Daß und wie es Tschiang gelungen ist, die mit russischem Geld und mit russischen Instrukteuren aufgebaute Armee erst insgeheim, dann offen gegen die gutorganisierten Kommunisten zu wenden, ist schon früh als Meisterleistung eines modernen Machiavellisten bewundert worden. Es ist ein Kunststück, das im 20. Jahrhundert nicht allzu vielen Generalen gelingt.

Nach kurzer Zeit beginnt die neu aufgestellte, disziplinierte und gut ausgerüstete Armee ihren Kampf zur Unterwerfung der zahlreichen Warlords, die seit dem Zusammenbruch der kaiserlichen Zentralverwaltung China kontrollieren. Tschiang läßt marschieren, exekutieren, terrorisieren und behauptet sich nach allen Regeln des Strategen Sun Tsu durch Feldzüge, Allianzen mit anderen Warlords, Bestechung, Erpressung von Kontributionen und Eintreiben von Zahlungen derer, die sich von seinem Sieg Vorteile versprechen. Er ist moderner als seine Gegenspieler, anders als diese von effizienter Grausamkeit, und er kontrolliert Kanton, wo das Geld fließt oder Widerstrebenden abgepreßt wird. So wird er zum erfolgreichsten Warlord. Zugleich aber erringt er Zug um Zug die Kontrolle über die Revolutionspartei Kuomintang, die 1924 immerhin schon mehr als 600000 Mitglieder zählt.[89]

Mitte der zwanziger Jahre ist offenkundig, daß das antikommunistische Lager einen zu allem fähigen Führer gewonnen hat. Wenn man für das 20. Jahrhundert einen Napoleon erwartet, so entspricht Tschiang Kai-schek damals am ehesten dieser Erwartung. 1927 ist das entscheidende Jahr. Nunmehr verbindet sich der erst vierzig Jahre alte »Ningpo Napoleon« in aller Öffentlichkeit mit den Mächten des Geldes, indem er Mai-ling Soong heiratet. Drei Jahre später läßt er sich taufen. 1927 ist auch das Jahr des berüchtigten Massakers an den Kommunisten in Schanghai, bei dem Tschiang nicht allein seine Armee losläßt, sondern auch die Killerkommandos der Grünen Bande. Einige Jahre später wird André Malraux die gescheiterten Revolutionäre mit dem Roman »La condition humaine« literarisch unsterblich machen[90] und damit zugleich seinen eigenen Ruhm begründen.

1928 hat Tschiang in dem von der Kuomintang kontrollierten Gebiet faktisch bereits die Position eines Diktators erreicht. Er ist Oberkommandierender der Armee und zugleich Vorsitzender des Staatsrats mit Regierungssitz in Nanking. Die Kuomintang wird nun gesäubert und zur Partei Tschiangs umfunktioniert. 1929 gehören ihr, so die Statistiken, schon 172 796 Offiziere und Mannschaften an neben 201 321 Zivilisten und 47 906 Übersee-Chinesen, die vor allem wegen ihrer Geldzahlungen von Interesse sind.[91]

Im Rückblick gleicht die Phase des Aufstiegs Tschiangs zwischen 1925 und 1937 einem Kaleidoskop mit blutigen Schlachten, undurchsichtigen Verrätereien und ebenso undurchsichtigen Geldgeschäften größten Stils. Doch im chinesischen Chaos ist die Ausdehnung des Machtbereichs der Kuomintang von der Region Kanton nach Schanghai und von dort in die nördlichen und östlichen Provinzen eine große Leistung. Allerdings gelingt es Tschiang nie, China vollständig zu kontrollieren. Von der Mandschurei aus dringt die japanische Kwantung-Armee vor. Auch die bedrängten Kommunisten leisten erbitterten Widerstand. Und die Allianzen mit anderen Warlords erinnern an das Bild von den Skorpionen, die in einer Flasche eingesperrt sind.

Indessen fällt es auch heute noch schwer, in dieser Politik eine klare Linie zu erkennen. Theodore H. White hat wohl recht, wenn er feststellt, zwischen 1927 und 1947 sei Tschiang eben doch ein Mann des alten China gewesen, der durch die Ereignisse zu abrupt in eine neue Welt verschlagen worden sei, die er nicht verstehen konnte – eine dem Chaos nicht gewachsene Übergangsfigur also.[92] General Stilwell, der Tschiang haßte, gab dem während des Zweiten Weltkriegs sehr viel drastischeren Ausdruck: »Unsere Schwierigkeiten in China haben eine einzige Ursache: wir sind mit einem unwissenden, ungebildeten, abergläubischen und bäurischen Hundesohn verbündet.«[93]

Doch dieser »bäurische Hundesohn« ist mit allen Wassern gewaschen. Beharrlich und gnadenlos verfolgt er sein großes Ziel: die Einigung des im Bürgerkrieg zerfallenen Landes unter seiner harten Führung. Und er versucht durchaus, wenngleich auf seine Art, China zu modernisieren. Das heißt aber damals: China verwestlichen. Daher stützt er sich nicht allein auf die Kapitalisten-Clique der Soongs, so unentbehrlich sie auch ist. Zeitweilig versucht er es mit deutschen Generalstäblern, deutschen Wirtschaftsexperten und deutschen Waffenlieferungen. Er bringt große Bildungsprogramme auf den Weg und leitet Rechtsreformen ein.

Vorrangig ist der Nationalismus. Was er als »Kulturalismus« und als »chinesischen Weg« verkündet, ist ein ideologisches Gebräu, das damals auch von den Nationalisten in Europa ausgeschenkt wird – unoriginell, aber zeitgemäß. Denn zusehends fasziniert Tschiang jetzt der europäische Faschismus, ganz besonders Mussolini. Blauhemden, Kampagnen für Ordnung, Disziplin und Opferbereitschaft, Massenmobilisierung, Sprüche von nationaler Wiedergeburt und ein Führerkult nach wohlbekannten Vorbildern sollen die chinesische Lethargie überwinden. Zugleich baut er unter Dai Li einen neuen Spionage- und Repressionsapparat auf, der die schöne Bezeichnung »Amt für Forschung und Statistik« erhält und für zahlreiche Morde verantwortlich ist.

Alle Versuche zur Bodenreform versanden aber, und immer noch ragt auch das alte China in Gestalt der Grünen Bande und anderer Organisationen der kriminellen Unterwelt in das nur oberflächlich modernisierte China hinein. Schon bevor die Machtstellung Tschiangs unter den Schlägen der japanischen Armee zusammenbricht, ist sein Regime, in den Worten eines amerikanischen Beobachters, eine verschlampte und ineffektive faschistische Diktatur.[94]

Es ist und bleibt aber bemerkenswert, wie lange er zögert, sich mit größter Energie gegen das Vordringen der Japaner zu wenden. Beim Einsatz seiner Armeen kennt er bis Ende 1935 nur eine einzige Priorität: Ausrottung der kommunistischen Streitkräfte in wiederholten Offensiven. Als er glaubt, den letzten entscheidenden Schlag führen zu können, wird im Lande der Unwille über seine Untätigkeit gegen die Japaner überstark. Unter wenig heldischen Umständen (nur mit einem Nachthemd bekleidet und unter Zurücklassung seines Gebisses) wird er Ende 1935 von einem der Generale jenes Jahrzehnts, dem sogenannten »jungen Marschall«, gefangengesetzt. Doch versteht er es, sich seinen Gegnern zu entwinden. Wahrscheinlich hat ihn Tschou En-lai bei der berühmten »Entführung« im Dezember 1935 gerettet. Edgar Snow behauptet, der eigentliche Retter Tschiangs sei Stalin gewesen. Die Sowjetunion fürchtete damals vor allem die Aggressivität Japans und war der Meinung, nur Tschiang besitze eine hinreichende Statur, den Japanern zu widerstehen.[95] Jedenfalls sieht sich Tschiang nun genötigt, mit den Kommunisten einen stillschweigenden Waffenstillstand einzugehen.

Als sich Japan 1937 entschließt, China militärisch zu unterwerfen, beweist der Generalissimus, daß er alles andere als ein Napoleon ist. Schon ein Jahr nach Beginn des Krieges wird er gezwungen, sich nach Setschuan zurückzuziehen. Er gleicht jetzt einem Kaiser ohne Land. Seine schäbige Hauptstadt Tschungking wird unablässig von japanischen Flugzeugen angegriffen, und er muß immer wieder in den großen Höhlen des Nan Schan Schutz vor den Bomben suchen.

Von jetzt an fließt die Lebensgeschichte Tschiangs mit der amerikanischen Fernostpolitik zusammen. Bei der Auseinandersetzung mit Japan setzt Präsident Roosevelt konsequent auf diesen zum Staatsmann avancierten General, der bis 1945 fern in Setschuan ums Überleben kämpft. Doch auch Tschiang bleibt keine andere Wahl, als sich den Amerikanern in die Arme zu werfen. Der chinesische Faschist entwickelt sich zur großen Hoffnung für die Demokratie in China. Naiverweise oder berechnend, beides trifft zu, feiern die Roosevelt-Administration und die amerikanische Presse den Mafia-General nun als vorbildlichen Patrioten, Demokraten und Christen.

1945 scheint Tschiang endlich zu triumphieren. Nach der Kapitulation Japans wird ihm die Herrschaft über China gleichsam auf silbernem Tablett präsentiert. Aber es gelingt ihm nicht mehr, das Reich ein zweites Mal voll unter seine Kontrolle zu bekommen. In Washington erkennt man jetzt auch genau, daß nur noch eine Machtteilung zwischen den Bürgerkriegsgegnern die Katastrophe verhindern könnte. Doch seit zwei Jahrzehnten hält Tschiang ungeachtet aller opportunistischen Drehungen und Wendungen an der Überzeugung fest, daß die chinesischen Kommunisten seine eigentlichen Feinde sind und vernichtet werden müssen. So kommt es erneut zum Bürgerkrieg, und das Regime bricht in einem Chaos von Inflation, Korruption, Verrat und militärischer Unfähigkeit zusammen.

Wie zuvor schon 1937/38 verliert Tschiang jetzt ein zweites Mal sein Land und muß sich erneut in einen Winkel Chinas zurückziehen – diesmal nach Formosa. Doch nun ist es der Ost-West-Konflikt, der ihn aus amerikanischer Sicht weiterhin zu einem unentbehrlichen Alliierten macht. Allerdings geben sich die unterschiedlichen US-Administrationen keiner Täuschung hin. Sie wissen, daß Tschiang unablässig versuchen wird, die USA in einen Krieg mit der Volksrepublik China hineinzutreiben, um schließlich ein drittes Comeback zu feiern. So bleiben sie vorsichtig und halten diesen längst zum fernöstlichen Weisen stilisierten, gescheiterten Warlord an kurzer Leine.

In Taiwan schließlich werden jene Landreformen durchgesetzt, die auf dem Festland versäumt wurden. Als Staatspräsident Tschiang Kai-schek 1975 im Alter von 87 Jahren stirbt, ist Taiwan bereits ein rasch heranwachsender »kleiner Tiger«, während Mao Tse-tung ein nach wie vor armes Riesenreich regiert, in dem alles drunter und drüber geht. Paradoxerweise übernimmt nun die nach-maoistische Führung auch auf dem Festland das Erfolgsrezept, mit dem Tschiang auf Taiwan gearbeitet hat: Landreform, Kapitalismus und autoritäre Einparteienherrschaft.

In manchem gleicht die späte Entwicklung Tschiang Kai-scheks derjenigen General Francos, dessen Herrschaft fast zur gleichen Zeit zu Ende geht. Beide sind sie Bürgerkriegsgenerale. Beide überleben sie letztlich nur aufgrund des Ost-West-Konflikts. Beide üben mit Billigung des Westens bis zum Ende ihrer Tage eine autoritäre Diktatur aus. Doch beide lassen schließlich soviel an wirtschaftlichen Reformen zu, daß nach ihrem Tod der Weg zur Demokratisierung frei ist. Beide sind freilich auch erbarmungslose Diktatoren, wobei Tschiang ein grausames Ungeheuer ist, in manchem durchaus mit Mao Tse-tung vergleichbar, während Franco den abendländischen Normalfall eines unsentimentalen katholisch-konservativen Bürgerkriegsgenerals darstellt. Der professionell überzeugendere General ist Franco gewesen. An Raffinesse waren sie einander ebenbürtig, und große Überlebenskünstler waren sie gleichfalls beide. Eine größere weltgeschichtliche Rolle hat aber nur Tschiang Kai-schek gespielt, und verglichen mit seinem großformatigen Schurkentum wirkt Franco eher wie ein vorsichtiger Spießbürger. Beide aber sind sie wohl überzeitliche Typen: der bedächtige Caudillo und der undurchdringliche Mafia-General.

## Auf der Suche nach Legitimität: Francisco Franco

Am Beispiel Francos läßt sich schön studieren, wie der Zeitverlauf das Geschichtsbild verändert. Von 1936 bis 1942 gab dieser Bürgerkriegsgeneral der Polarisierung Ausdruck, die Europa erfaßt hatte. Seit den Anfängen des Bürgerkriegs stand er im Lager der antidemokratischen Diktatoren. Der Haß auf ihn war bei Sozialisten und Kommunisten zeitweilig stärker als der Haß auf Mussolini oder auf Hitler. Dennoch war er von Anfang an vorsichtig bestrebt, erdrückende Umarmungen zu vermeiden. Tatsächlich ist er nicht einmal in den Jahren größter Annäherung ganz zur Kreatur Hitlers oder Mussolinis geworden. In den entscheidenden Jahren 1940 und 1941 hat er es listig verstanden, sich aus dem Krieg herauszuhalten, dabei ebensosehr vom Instinkt und vom Glück geleitet wie von schlauem Kalkül.

Noch heute liest man mit Vergnügen, wie Chefdolmetscher Paul Schmidt jene entscheidende Begegnung mit Hitler skizziert, die am 23. Oktober 1940 in Hendaye stattfand: »Klein und dick, dunkelhäutig, mit lebhaften schwarzen Augen« sitzt der spanische Diktator in Hitlers Salonwagen, ganz der subtile Südländer, der sich brutalem Zugriff klug zu entziehen versteht. Franco schmeichelt, verspricht, erhebt Bedenken, stellt Bedingungen für den Kriegseintritt »mit einer ruhigen, sanften Stimme, die in ihrem eintönigen, singenden Klang etwas an die islamischen Gebetsrufer erinnerte«.[96] Hitler und Franco gehen sich schließlich so auf die Nerven, daß »ein Wettersturz in den beiderseitigen Gefühlen« eintritt.[97] Aber trotz aller Vorsicht hat sich Franco doch viel zu sehr kompromittiert, nicht zuletzt durch Entsendung der »Blauen Division« an die Ostfront.

Verständlicherweise hat ihn dann nach dem Kriege die europäische Linke dreißig lange Jahre als hassenswerten Vorzeigediktator bekämpft. In der Tat war er das. Denn die Wasserscheide des Jahres 1945 bedeutete zugleich, daß diktatorisch regierte Länder zu Fremdkörpern im Konzert der westlichen Demokratien wurden. Und trotz aller Geschmeidigkeit dachte Franco überhaupt nicht daran, sich ideologisch anzupassen. Daß ausgerechnet diese Symbolfigur aus dem längst versunkenen Europa der Diktatoren dreißig Jahre lang politisch zu überleben vermochte, gehört auch im Rückblick zu den mehr als erstaunlichen Tatsachen neuester europäischer Geschichte. Es sei dahingestellt, ob es schwieriger war, sich von 1940 bis 1943 drei Jahre lang dem ungeduldigen Zugriff der Deutschen zu entziehen oder von 1944 bis 1975 dreißig Jahre lang der Mißbilligung durch die öffentliche Meinung der westlichen Demokratien.

Gerettet hat ihn im wesentlichen dreierlei. Der erste und wichtigste Faktor waren die Administrationen in Washington von Truman bis Nixon. Das dortige politische Establishment beurteilte zumindest mehrheitlich die moralische Qualität von Regimen primär nach geostrategischen Gesichtspunkten. Vor Stalins Tod im Frühjahr 1953 stand zu befürchten, Europa würde im Kriegsfall bis zu den Pyrenäen von der Roten Armee besetzt werden. Daher sah Washington in Spanien und Portugal wertvolle Bastionen zur peripheren Verteidigung, gegebenenfalls auch für ein Roll-back. Als sich danach die schlimmsten Besorgnisse legten, war auch jene kritische Phase der Isolierung Spaniens vorbei, in der vielerorts noch Bereitschaft bestanden hatte, den Diktator durch Sanktionen zur Abdankung zu zwingen.

Die amerikanische Realpolitik gegenüber Franco wurde durch die Erkenntnis erleichtert, daß der Bürgerkriegsgeneral wenigstens zeitweise recht behalten hatte. Sein Putsch gegen die legale republikanische Regierung war zwar ein Verstoß gegen alle guten demokratischen Sitten. Doch 1939 war das republikanische Spanien faktisch zur Sowjetrepublik geworden. Man mochte zwar zu Recht argumentieren, die Radikalisierung der Republik sei letztlich vom Staatsstreich im Juli 1936 und vom anschließenden Bürgerkrieg verschuldet worden. Aber die später gemachten Erfahrungen mit kommunistischer Machtergreifung verliehen doch dem Argument Francos einiges Gewicht, er habe im letzten Augenblick durch entschiedenes Handeln eine Entwicklung verhindert, die Spanien in den späten dreißiger Jahren ins sowjetische Lager hätte führen können. 1953, als schließlich die USA das Abkommen über wirtschaftliche und militärische Zusammenarbeit mit Spanien abschlossen, war in allen westlichen Demokratien die Doktrin bereits fest etabliert, daß eine Volksfront unter Einschluß der Kommunisten mit demokratischer Wachsamkeit unvereinbar ist. Die Polarisierung des Kalten Krieges ließ die innerspanische Polarisierung der Jahre 1936 bis 1939 nachträglich milder beurteilen.

Gerettet hat Franco aber auch seine eigene Geschicklichkeit. Als erkennbar wurde, wer bei Kriegsende obsiegen würde, hat er die provozierendsten Gestalten und Elemente der Falange in den Hintergrund geschoben. Statt dessen präsentierte er sich nun als General, der eine Ordnungsdiktatur errichtet hatte, gestützt auf die Armee, die katholische Kirche und das konservative Bürgertum. Außerdem trug er durch das Nachfolgegesetz von 1947 behutsam Sorge, seine Diktatur als Übergangsregime erscheinen zu lassen, durchaus offen für eine Restauration der konstitutionellen Monarchie. Das machte ihn zwar nicht unangreifbar, erlaubte ihm aber doch, schlau und geduldig auf Zeit zu spielen. Am Ende dieses langen Abschieds von der Diktatur stellte sich dann sogar heraus, daß das Regime Franco tatsächlich nur eine lange Zwischenphase zwischen der konstitutionellen Monarchie von Alfonso XIII. und derjenigen von Juan Carlos gewesen war.

Als die Transition des autoritären Caudillo-Staates gelungen war, erschien der jahrzehntelange Attentismus Francos in neuem Licht. Die monarchistische Rechte, die Linke und die gemäßigte Mitte in Spanien mußten nun allesamt etwas verlegen einräumen, daß die Wunden eines fürchterlichen Bürgerkrieges in der Tat vielleicht nur dann heilbar sind, wenn auf allen Seiten eine neue Generation herangewachsen ist, die von den alten Geschichten der Väter und Großväter nichts mehr wissen will. Ungewollt hatte Franco durch sein zähes Festklammern an der Macht genau diese lange Periode der Abkühlung ermöglicht – wenn auch um den Preis der »bleiernen Jahrzehnte«.

Die resolute Hinwendung zur Zukunft im Rahmen eines »paktierten Übergangs«, wie die Politologen das nennen, hatte aber noch ein weiteres Ergebnis für die historische Einschätzung der Gestalt dieses Bürgerkriegsgenerals. Dieser friedliche Übergang stand vorerst einer kritisch-strittigen Aufarbeitung der Diktatur im Wege. Seither ist die schändliche Abrechnung Francos mit den Anhängern der Republik, speziell mit Kommunisten und Anarchisten, zwar nicht völlig vergessen worden. Sie wurde aber nicht mehr politisch thematisiert. Dies alles hat zum Ergebnis, daß Franco heute nicht völlig negativ gesehen wird, obwohl sein Regime schon kurz nach seinem Tod in sich zusammengesunken ist.

Zweifellos muß Franco im Kontext der Geschichte seines Landes als eine Jahrhundertgestalt betrachtet werden. Seit er am 6. August 1936 in Sevilla das Kommando über die Aufständischen übernahm, ist er bis zu seinem Tod am 20. November 1975 die Schlüsselfigur in Spanien geblieben. Mit Ausnahme von Tschiang Kai-schek hat sich kein diktatorisch regierender General im 20. Jahrhundert so lange gehalten.

Bei genauem Zusehen ist der Typ des siegreichen Bürgerkriegsgenerals weltweit überhaupt nicht allzu häufig. Das gilt ganz besonders für Europa. Hier sind die »weißen« Generale in Rußland erfolglos geblieben. General Mannerheim war, wie erörtert, eine Persönlichkeit, die sich streng innerhalb der Grenzen der Verfassung hielt. Nur Admiral Horthy in Ungarn läßt sich mit Franco vergleichen. Doch der Bürgerkrieg gegen die roten Garden Béla Kuns war relativ kurz. Horthy wurde auch nicht zum Diktator, sondern erhielt als Reichsverweser nur die bisherigen Funktionen des konstitutionell beschränkten Königs übertragen, mit Ausnahme des Rechts der Adelsverleihung und des obersten kirchlichen Patronats.[98] Allein in Spanien ist ein langer Bürgerkrieg tatsächlich ausgefochten worden und hat zu einer dauerhaften Generalsdiktatur geführt.

Der Staatsstreich gegen die republikanische Regierung, bei dem Franco an der Spitze der Marokko-Armee mitgewirkt hat, entsprach dem in Spanien durchaus bekannten Typ eines »golpe« durch die Armee. Im späteren 20. Jahrhundert sind putschende General-Juntas dann vor allem in Lateinamerika aufgetreten. Doch Bürgerkriege waren auch dort selten. Nur die Militärdiktatur Pinochets in Chile erwuchs aus Wirren, wie sie mit denen in Spanien des Jahres 1936 vor dem Staatsstreich der Armee vergleichbar sind – noch kein ausgewachsener Bürgerkrieg, aber eine Vorphase, in der alles möglich erscheint. Somit ist Pinochet in vielem noch am ehesten mit Franco vergleichbar. Ähnlich wie die konservative Generalität in Spanien hat Pinochet im Jahr 1973 gegen eine ins linksradikale Chaos abgleitende Regierung geputscht und repressiv regiert bis zum alles andere als freiwilligen Rückzug aus dem Präsidentenamt. Kommunisten und radikalere Linke haben dementsprechend im 20. Jahrhundert vor allem zwei Militärdiktatoren ausgesondert, gegen die sie periodisch Kampagnen starteten: Francisco Franco und Pinochet. Auch aus diesem Grund ist Franco von Interesse. Er war und ist einer der am stärksten gebrandmarkten Diktatoren des 20. Jahrhunderts.

Wie ein halbes Jahrhundert später auch Pinochet gehörte Franco ursprünglich nicht in die Kategorie politisierender Generale. Er war der typische Troupier, tapfer, ein hervorragender Organisator, sehr angesehen aufgrund seiner Leistungen im Kolonialkrieg gegen Abd El Krim. Seine Landung bei Al-Hozeima im Rücken der Aufständischen brachte den Sieg im Rif-Krieg. 1922 wird ein »Diario de una Bandera« des damals dreißig Jahre alten Franco veröffentlicht. Es läßt einen jungen Offizier erkennen, dem die soldatischen Tugenden über alles gehen und der mit Politik so gut wie gar nichts im Sinne hat.[99] Doch als der Diktator Primo de Rivera beschließt, den kostspieligen Rif-Krieg abzubrechen, zeigt dieser Kommandeur der Fremdenlegion erstmals Anzeichen von Widerspenstigkeit, ohne aber seine Karriere durch offene Widersetzlichkeit zu gefährden.

1926 ist er mit 33 Jahren der jüngste spanische General. Spätere Biographen Francos glauben entdeckt zu haben, daß diesem eher unheldisch aussehenden Offizier schon damals die Verehrung der Öffentlichkeit und seiner ihm ergebenen Truppen leicht in den Kopf gestiegen ist.[100] Das Kommando in der Kolonie Marokko hat wohl auch auf seinen Umgang mit der Bevölkerung abgefärbt. »Die einfachen Leute«, so meint er auch später in Spanien, »sind wie Kinder. Sie brauchen eine feste Hand.«[101]

Wann wird auch er von der Unruhe erfaßt, die sich damals in allen Offizierskasinos auszubreiten beginnt? Die Antwort ist eindeutig: relativ spät. Allerdings gibt es ein Thema, das ihn schon vor Ausrufung der Republik offensichtlich beschäftigt: die kommunistische Internationale. Man weiß, daß er seit den späten zwanziger Jahren durch ein Abonnement des in Genf erscheinenden »Bulletin de l'Entente Internationale contre la Troisième Internationale« den Kommunismus studiert hat, allem Anschein nach mit der Absicht, sich ein theoretisches Verständnis kommunistischer Strategie und Taktik anzueignen. Von Konspirationen und Parteien hält sich dieser konservative Offizier aber nach wie vor fern.

Offenbar beginnt die Politisierung erst unter der ausgesprochen militärfeindlichen Regierung Azaña. Manuel Azaña ist ein spanischer Jakobiner, der vor allem zwei Hauptfeinde der Republik mit seinem Haß verfolgt: die katholische Kirche und die Armee. Mit dem ersten könnte Franco leben, denn im Unterschied zu seiner Frau sind bei ihm vor dem Bürgerkrieg keine Anzeichen tiefer Religiosität zu erkennen.[102] Doch Feindschaft gegen die Armee ist unverzeihlich. Aber immer noch bleibt Franco, zumindest äußerlich, ein loyaler Offizier.

Wie viele Offiziere öffnet er sich aber nun doch für den Geist der Rebellion, der in Teilen der Armee um sich greift, auch wenn er weiterhin Verschwörungen meidet. Tatsächlich leistet er der republikanischen Regierung bei der Niederschlagung des linksradikalen Aufstandes in Asturien sogar wichtige Dienste. Schon jetzt läßt er jene Grundeinstellung kalkulierender Vorsicht erkennen, die künftig ein Hauptmerkmal vor allem seiner Außenpolitik sein wird. Erst Anfang 1936, als Spanien zusehends in Anarchie versinkt und er selbst schon die Versetzung auf die Kanarischen Inseln in der Tasche hat, findet man ihn in einem Kreis konspirierender Generale.

An der Vorbereitung des Putsches vom Juli 1936 nimmt der nach den Kanaren abgeschobene Franco zwar endlich teil, spielt aber noch keine führende Rolle. Stürmische Anführer des Umsturzes halten nichts von diesem kalten Zauderer. An der Spitze des Aufstandes wäre er soviel wert »wie ein halbes Kavalleriekorps in der Nachhut«, bemerkt General Goded verächtlich.[103] Andere nennen ihn spöttisch »Miss Kanarische Inseln 1936«.[104]

Erst als die Nachricht von der Ermordung des Monarchistenführers Calvo Sotelo in Santa Cruz auf Teneriffa eintrifft, beteiligt er sich vorbehaltlos an der Verschwörung, anfänglich von Las Palmas aus, dann umgehend als Anführer der Marokko-Armee. Urplötzlich steht dieser vorsichtige Zauderer jetzt ganz an der Spitze der nationalen Erhebung. »Franco ist ein Paradebeispiel für die Bedeutung des Faktors Zufall«, kommentiert das schon im Jahr 1937 der amerikanische Journalist John Gunther.[105] Der bedeutende politische Führer der spanischen Rechten, Calvo Sotelo, ist eben ermordet worden. Nun stürzt auch noch am dritten Tag des Bürgerkriegs General Sanjurio mit dem Flugzeug ab, lange Zeit die treibende Kraft beim Militärputsch, freilich – anders als Franco – ein großmäuliger Dummkopf. Franco aber befehligt jetzt erneut die Fremdenlegion, die er schon von 1923 bis 1927 kommandiert hat, dazu die Marokkaner. Die Afrika-Armee stellt in jenen Wochen, in denen sich fast alles entscheidet, die härtesten und die kampferprobtesten Truppen. Als es Franco auch noch gelingt, mit ein paar Schiffen und mit Hilfe deutscher Ju 52 einen Teil der Afrika-Armee rasch übers Mittelmeer zu bringen, findet er sich faktisch in der Position des Oberkommandierenden.

Eigenartigerweise hat er aber schon vor seiner Abreise von den Kanaren ein Telegramm an alle Militärbefehlshaber in Spanien abgesetzt, das durchaus als »Pronunciamento« gewertet werden kann und den Eindruck erweckt, als habe er sich schon damals als Haupt der Junta gesehen. Der Aufruf dieses bald so bedingungslos antirepublikanischen Generals war unterzeichnet »Commandante General de las Canares« und schloß mit der freilich leicht umgestellten Devise der Französischen Revolution: »Brüderlichkeit, Freiheit, Gleichheit«. Offenbar geht also an diesem historischen Tag, da er das sogenannte »Manifest von Las Palmas« verfaßt, auch in seinem Kopf ziemlich viel durcheinander.

Der Verlauf des dreijährigen Bürgerkriegs soll hier nicht interessieren. Fraglos ist Franco ein hervorragender General. Doch in unserem Zusammenhang interessiert seine Politik. Zweierlei verdient es, erörtert zu werden. Als erstes ist zu fragen, warum sich Franco von vornherein mit den antidemokratischen Diktatoren Mussolini und Hitler eingelassen hat. Nach dem Zweiten Weltkrieg hatte er dies drei Jahrzehnte lang zu bereuen. Doch die Zwangsläufigkeiten waren Mitte 1936, als der Erfolg der Rebellion am seidenen Faden hing, ziemlich unausweichlich. Ungeachtet ihrer linken Orientierung und trotz des weitgehend selbstverschuldeten Chaos in Spanien stellte die republikanische Regierung die legale Autorität dar. So war es ganz selbstverständlich, daß sich die französische Volksfrontregierung Blum an ihre Seite stellte, wenngleich nicht sehr entschieden. In der kritischen Lage zu Beginn des Aufstandes brauchte Franco dringend Waffen, vor allem aber Flugzeuge für den Lufttransport seiner Einheiten von Nordafrika nach Spanien. Doch waren es sicher nicht allein logistische Erwägungen, aus denen die außenpolitische Orientierung resultierte. Francos Hinwendung zu den bedenkenlosen Diktatoren Hitler und Mussolini entsprach zugleich den damaligen Tiefenströmungen auf seiten der militanten spanischen Rechten. So wie die von den Kommunisten mitgetragene republikanische Regierung Stalin um Hilfe ersuchte und diese erhielt sowie zumindest das Wohlwollen des damals von der Volksfront regierten Frankreich erfuhr, wandte sich die Rechte an Hitler und Mussolini. Von jetzt an wurde der wesensmäßig eher unideologische Franco geradezu die Symbolfigur ideologischer Polarisierung im damaligen Europa. Und er trug von nun an keinerlei Bedenken, sein eigenes politisches Wollen als antikommunistischen Kreuzzug darzustellen.

Eine zweite wichtige Frage betrifft die Art und Weise, wie Franco seine Herrschaft legitimiert hat. Nachdem er den Alcázar von Toledo entsetzt hatte, einigte sich die Generalität darauf, ihn zum Oberbefehlshaber zu machen. Das war zweifellos verdient. Franco ist neben Mustafa Kemal unter den Militärdiktatoren des 20. Jahrhunderts der tüchtigste Heerführer gewesen. Bald danach wurde bekanntgegeben, er werde für die Dauer des Krieges das Amt des Staatschefs mit dem des Oberbefehlshabers verbinden. Analog zu den Bezeichnungen Duce und Führer nahm er nun den Titel Caudillo an.

Zwischen den verschiedenen Strömungen, die sich im nationalistischen Lager zusammengefunden hatten, konnten Konflikte nicht ausbleiben. Franco beherrschte dabei die Kunst des Finassierens und stützte sich vorwiegend auf die Armee, aber auch zunehmend auf die Kirche. Doch verstand er es ebenso, die Wünsche der radikalen Falange und die der Monarchisten zu berücksichtigen. Für einen General, der sich bisher von der Politik ferngehalten hatte, bekundete Franco damals und später ein ganz erstaunliches politisches Talent. Mit Hilfe des energischen Serrano Suñer schaffte er es im Frühjahr 1938, aus den rivalisierenden Gruppen eine Staatspartei zu bilden – die FET. Er selbst stand als Jefe Nacional an der Spitze der FET. Jetzt ließ er sich auch mit dem Titel Generalkapitän schmücken, den einstmals nur die Könige von Spanien geführt hatten, und bei feierlichen Anlässen konnte man ihn bewundern, wie er in Admiralsuniform einherstolzierte. Der Sohn eines Marinezahlmeisters in El Ferrol hat sich damit offenbar einen frühkindlichen Wunschtraum erfüllt.

Die Beobachter stimmen darin überein, daß er sich in den Jahren seines Triumphs 1938/39 einerseits als Nachfolger der glorreichen spanischen Kriegerkönige gesehen hat, andererseits als gleichrangig mit den zeitgenössischen Führern Mussolini und Adolf Hitler. Zweifellos verstand er sich als Mann der Vorsehung und Anführer eines Kreuzzugs gegen die Ungläubigen, zumal die Kirche nicht mit Anerkennung sparte.

Charakteristisch für ihn ist und bleibt die Verbindung eines oft lächerlich wirkenden Personenkults mit frommer Verneigung vor den Altären. Derselbe General, der am 20. Mai 1939 in Santa Barbara zu Madrid demütig seinen Säbel vor dem Altar niederlegt und Gott für den Sieg dankt, ordnet ein halbes Jahr später aus Anlaß des dritten Jahrestages seiner Proklamation zum Staatschef an, künftig den 1. Oktober als »Dia del Caudillo« zu feiern. Am 1. April 1940 verkündet ein Dekret die Errichtung des monumentalen Valle de los Caídos, des »Tals der Gefallenen«. Die Bauten sollen an den heroischen Kreuzzug erinnern. Doch jedermann weiß, daß der Caudillo damit auch sich selbst, dem modernen »Cid«, ein Denkmal errichtet. Große Kolonnen verurteilter Republikaner werden nun eingesetzt, um, wie Franco das sieht, durch Zwangsarbeit an diesem Monument ihre Verfehlungen zu sühnen. Von den 20 000 Sträflingen, die dort eingesetzt werden, sollen 14 000 ums Leben gekommen sein.[106]

Die ersten Jahre nach dem Ende der Kampfhandlungen lassen überhaupt die fragwürdigsten Seiten im Charakter dieses Generals hervortreten. Man mag es für böse Nachrede halten, daß der Generalissimus Franco hämisch zu lachen pflegte, wenn er während des Bürgerkriegs Tag für Tag mit einem Offizier seines Vertrauens die Hinrichtungsliste aufzusetzen pflegte.[107] Alle Seiten wetteiferten schließlich damals im Begehen von Bestialitäten, und man kann unterstellen, daß Franco davon überzeugt war, die schlimmsten Verbrechen seien anfänglich auf republikanischer Seite begangen worden.

Doch was er dann *nach* dem Sieg in Gang setzte, war ein Exempel kältester Rache. Als allerchristlichstes Land sollte Spanien zwar nicht durch regellose Massaker an den Feinden der Religion und des wahren Spaniertums befleckt werden. Franco legte Wert auf ordentliche Gerichtsverfahren. Verurteilungen sollten auch nur wegen Verbrechen erfolgen. Doch als todeswürdiges Verbrechen galt es schon, nichts gegen Mordtaten Dritter unternommen zu haben, auf die jemand Einfluß

*Die Konferenz Hitlers mit Franco in Hendaye am 23. Oktober 1940. Daß Franco klug und standfest genug war, Spanien aus dem Krieg herauszuhalten, erwies sich als eine seiner wichtigsten historischen Leistungen.*

hatte. Mit dieser Begründung ließen sich die meisten höherrangigen Gegner der Nationalisten aburteilen.

Völlig gesicherte Zahlen sind bis heute nicht zu erhalten. Charles Foltz, AP-Korrespondent in Spanien, hat 1948 behauptet, ein Beamter des Justizministeriums habe die Zahl von 192 684 Todesurteilen genannt, die vom April 1939 bis Juni 1944 allein im Bereich der zivilen Gerichtsbarkeit vollstreckt worden seien.[108] Das war Greuelpropaganda. Doch daß die Zahl der nach dem Krieg Hingerichteten sehr hoch war, ist nicht zu bezweifeln. 28 000 Personen, so neuere Angaben, wurden zwischen 1939 und 1945 hingerichtet. Am 31. Dezember 1940 sollen sich 233 373 Spanier in Haft befunden haben, die meisten wohl wegen politischer Vorwürfe. Durch Straferlaß und Amnestien sank diese Zahl auf 159 392 im Jahr 1941 und auf 54 072 im Jahr 1944.[109]

In den Jahren 1940 und 1941, während die Blutjustiz ihr Werk tat, fand Franco übrigens die Zeit, einen Roman mit stark autobiographischen Zügen des Titels »Raza« (Rasse) zu diktieren. Das Buch handelte von der fiktiven Geschichte einer galizischen Familie, beginnend im Unheilsjahr 1898 bis zum Bürgerkrieg. Kritiker haben hervorgehoben, der Caudillo habe darin seine eigene Herkunft sozial aufgebessert. Anders als Franco, der Sohn des schlichten Marinezahlmeisters, entstammt der Held dieses Romans einer alten, angesehenen kleinadligen Familie. Diese Hidalgo-Familie hat »Rasse«. Sie verkörpert die edlen, stolzen, kriegerischen Werte des Landes und steht zugleich gegen alles, was den Volkskörper Spaniens vergiftet – das Freimaurertum, den Liberalismus und den Kommunismus. Die romantische Geschichte wird dann unter dem Titel »Consejo de la Hispanidad« verfilmt. Franco, der bei der ersten privaten Vorführung dieses Films in Tränen ausgebrochen war, legte Wert darauf, sich diesen Streifen wieder und wieder vorführen zu lassen.[110]

Wer sich darüber wundert, weshalb der Diktator so großen Wert auf königlich-erhabenes Zeremoniell legt, erhält bei der Lektüre dieses Machwerks die Antwort. Francos innerstes Geheimnis, wenigstens in jenen ersten Jahren der Diktatur, ist wahrscheinlich die Unsicherheit eines vom Glück emporgetragenen, doch insgeheim verkrampften Aufsteigers, der sich klugerweise vor der Außenwelt hinter einer Maske abschirmt. Er ist »eine Sphinx ohne Geheimnisse«,[111] denn in seinem Innern haust nicht ein Dämon, sondern nur Unsicherheit. Paul Preston, der die bisher beste Biographie über Franco geschrieben hat, sieht dieses Leben als eine Variation von Masken: Maske des Wüstenhelden in Afrika, Maske des Cid im Bürgerkrieg, Maske des imperialen Führers Anfang der vierziger Jahre, Maske des Kommandeurs der belagerten Garnison Spanien Ende der vierziger Jahre, Maske des wohlmeinenden und geliebten Patriarchen, nachdem es ihm 1953 endlich gelungen ist, die internationale Isolierung zu durchbrechen. Und man könnte hinzufügen: Maske des frommen Katholiken, der täglich zur Messe geht. Tatsächlich beginnt er nämlich erst als Führer des christlichen »Kreuzzugs« im Bürgerkrieg Anzeichen strengster Religiosität an den Tag zu legen. Doch räumten selbst seine Feinde ein, daß er an der Seite seiner sehr frommen Frau ein untadeliges Privatleben geführt hat.

Dennoch fand sich wenigstens *ein* Kirchenführer, dem der aufgesetzte Caudillo-Kult zutiefst verdächtig war. Im Mai 1940 machte Kardinal Segura, Erzbischof von Sevilla, in einer Predigt darauf aufmerksam, »Caudillos« seien in der klassischen Literatur Spaniens die Anführer von Diebesbanden, und »Caudillo« sei auch ein Synonym für Teufel.[112] Der Grund für diesen Angriff? Der kämpferische Bischof, der sich auch mit der Republik angelegt hatte, war zutiefst besorgt, weil sich Franco 1940 mit dem neuheidnischen Hitler zusammentat.

Allem Anschein nach ist dem Caudillo in jenen Jahren seine unerwartete Größe zu Kopf gestiegen. »Er hat sich total monarchistische Allüren zugelegt«, spottet Hitler.[113]

Um so überraschender aber, daß Franco in den entscheidenden Fragen der Außenpolitik fest auf dem Boden der Wirklichkeit bleibt. Hier geht er mit allergrößter Vorsicht vor. Selbst Ende Oktober 1940, als große Teile Europas Hitler zu Füßen liegen, versteht er es, sich einem Kriegseintritt auf seiten Deutschlands zu entziehen. Nach der Begegnung von Hendaye schimpft Rippentrop wie ein Rohrspatz über »den undankbaren Feigling« Franco, »der uns alles verdankt und nun nicht mitmachen will«.[114] Wie Franco nach 1942 Zug um Zug sein Engagement auf seiten Deutschlands abschwächt und auf wohlwollende Neutralität gegenüber den Alliierten umschaltet, ist ein wahres Lehrstück an Opportunismus. Zugleich setzt er schon früh auf den kommenden Ost-West-Konflikt. Ein Brief an Churchill vom 18. Oktober 1944 atmet bereits den Geist des Kalten Krieges und legt dem britischen Premierminister nahe, sich dann an Spanien zu halten, wenn Rußland übermächtig wird und der Kommunismus zur inneren Auflösung Frankreichs und Italiens führe.[115]

Doch Franco erkennt nun, daß er innenpolitischen Ballast abwerfen muß. So beginnt er mit der Idee zu spielen, nach seinem Tod erneut die Monarchie einzuführen. Da Prätendenten der bourbonischen und der karlistischen Linie ihre Ansprüche geltend machen, sind kunstvolle Balanceakte nötig. Im Jahr 1947, auf dem Tiefpunkt internationaler Isolierung, läßt somit Franco die Bevölkerung Spaniens über ein Sukzessionsgesetz abstimmen. Spanien wird darin in aller Form zum Königreich erklärt, doch ist zugleich klargestellt, daß »der Caudillo von Spanien und Führer des Kreuzzuges«, Don Francisco Franco y Bahamonde, weiterhin das Amt des Staatschefs bekleidet. Zugleich sind darin Kriterien festgelegt, denen ein möglicher Nachfolger zu entsprechen hat. Kernpunkt: Der Nachfolger muß auf die Grundsätze des Movimiento Nacional einen Eid leisten. Vor allem aber soll Franco ganz allein ermächtigt werden, letztlich darüber zu bestimmen, wer Regent oder König sein solle. Von rund 17 Millionen Wahlberechtigten stimmen rund 14 Millionen mit Ja.

Natürlich paßt 1947 ein faschistischer Diktator nicht mehr in die Landschaft. Das Thronfolgegesetz soll also die Diktatur legitimistisch vergolden, und das Referendum soll sie ein klein wenig demokratisch legitimieren. Andererseits aber behält Franco, vom Volk dazu ermächtigt, alle Macht in Händen und kann zugleich mit den am Thron Interessierten spielen. Für einen Berufsoffizier ist soviel Raffinesse bei der Außen- und der Verfassungspolitik ganz außergewöhnlich. Nur wenige Diktatoren im 20. Jahrhundert haben auf diesen Feldern mit soviel Subtilität operiert.

Man beschreibt diesen überraschend politischen General durchaus richtig, wenn man seine Überlebenstechnik mit der eines Chamäleons vergleicht. 1940 hat er noch in Madrid den roten Teppich für Heinrich Himmler ausgerollt, 1947 ist nur noch Evita Perón, die Gattin des argentinischen Diktators, bereit, den völlig isolierten Franco als Staatsgast zu besuchen. 1959 aber würdigt ihn Präsident Eisenhower eines offiziellen Staatsbesuchs, anfänglich zwar etwas zugeknöpft, aber immerhin: Die Tatsache des Besuchs allein unterstreicht, daß die Jahre internationaler Ächtung schon lange vorbei sind.

Franco beeindruckt Eisenhower durch seine ruhige Würde inmitten des königlichen Pomps. Das persönliche Verhältnis erwärmt sich jedoch erst richtig, als der Präsident feststellt, daß der große Weidmann Franco auch ein begeisterter Rebhuhnjäger ist. Beim Abschied umarmen sich der Führer der freien Welt, einstmals Oberkommandierender des »Kreuzzugs in Europa« gegen die Diktatoren, und der Diktator Franco, der sich gleichfalls als Sieger in einem Kreuzzug versteht. In seinen Memoiren aus dem Jahr 1965 resümiert Eisenhower etwas gewunden: »Ich war von der Tatsache beeindruckt, daß keinerlei Besonderheiten zu bemerken waren, die einen nichtinformierten Beobachter darauf hätten hinweisen können, daß er sich in Gegenwart eines Diktators befinde.« Und er fährt enthüllend fort: »Was immer auch die Ursachen der spanischen Revolution gewesen sein mögen, fest steht, daß sich Franco als starker und dauerhafter Staatschef erwiesen hatte.«[116]

Wie so viele Diktatoren des 20. Jahrhunderts darf also auch Franco die Erfahrung machen, daß moralische Bedenken beiseite geschoben werden, sofern ein Diktator nur dauerhaft etabliert ist und außenpolitischen Nutzen bringt. In solchen Fällen dienen diskrete Bitten um Lockerung der Unterdrückung zur Beruhigung des nicht ganz guten Gewissens. So regt Eisenhower an, doch die Öffnung einer schon seit Jahren gebauten protestantischen Kirche in Madrid zu genehmigen. Großzügig verspricht Franco, die Angelegenheit zu prüfen, und der Präsident vermerkt dann befriedigt in seinen Erinnerungen, »daß die diesbezüglichen Bestimmungen etwas gemildert worden seien«.[117]

Aber wer Franco mit einem Chamäleon vergleicht, stellt damit zugleich fest, daß man es trotz äußerlicher Anpassung an die jeweilige Umwelt eben doch stets mit demselben Chamäleon zu tun hat. Franco hält nämlich mit ganz erstaunlicher Zähigkeit an Strukturen und Herrschaftsmethoden seines Regimes fest, das er Ende der dreißiger Jahre etabliert hat. Die lange Jahre verarmte Arbeiterschaft wird nach wie vor unterdrückt, das geistige Leben gegängelt und die Phraseologie der Bürgerkriegsjahre beibehalten.

Zwar wird im Verlauf der fünfziger Jahre die von England und Frankreich lange Zeit praktizierte Isolierung Spaniens von der mit Augenzwinkern betriebenen Organisation eines duldsamen Nebeneinanders abgelöst. Aber jetzt ist es Franco, der alle Vorkehrungen trifft, sein Land möglichst von den Einflüssen der pluralistischen Demokratien Westeuropas abzuschirmen. Dabei hilft ihm die Apathie des spanischen Bürgertums, doch auch der Arbeiterschaft, die sich stillschweigend darauf konzentrieren, ihre wirtschaftlichen Lebensverhältnisse zu verbessern. Wohl oder übel muß die Politik dem Caudillo und den Cliquen an seinem Hofstaat überlassen werden.

Längst regiert dieser Emporkömmling so prunkvoll wie nur je ein absolutistischer König. Niemand kann ihn zwar der Korruption bezichtigen. Doch wer frei über die Schlösser und die Jagdreviere der Krone verfügt, braucht sich auch nicht korrumpieren zu lassen. Und es trifft ja zu, daß er ein unanstößiges Privatleben führt, damit zugleich bemerkenswerten Fleiß bei der Wahrnahme seiner Amtspflichten verbindend.

Inzwischen wirkt nicht einmal sein militanter Katholizismus mehr aufgesetzt. Als das Valle de los Caídos im Jahr 1959 von dem nun 66 Jahre alten Caudillo eingeweiht wird, setzt er sich wie ein zweiter Philipp II. in Szene. Das Kirchenschiff der Kathedrale, in deren Krypta er 1975 seine letzte Ruhe finden wird, ist 262 Meter lang, das Kreuz über der Kuppel 150 Meter hoch.

An die dreißig Jahre hat Franco Zeit, seinen Nachfolger auszusuchen. Als er älter wird und als ihn schließlich die Parkinsonsche Krankheit erfaßt, dreht sich ein Großteil der spanischen Innenpolitik nur noch um die Nachfolgefrage. Eine Liberalisierung, wie sie dann rasch zustande kommt, hat dieser letzte Militärdiktator im westlichen Europa zu keinem Zeitpunkt ins Auge gefaßt. Welchen Anteil er dann doch ungewollt an der Demontage des autoritären Regimes hat, gehört deshalb zu den spannenden Fragen dieses in vielerlei Hinsicht aufschlußreichen Lebens.

Ein früh von ihm getroffener Kurswechsel erweist sich als ausschlaggebend. Er nimmt ihn in der zweiten Hälfte der fünfziger Jahre vor, als offenkundig wird, daß Spanien wirtschaftlich kollabieren müßte, wenn die autarke Staatswirtschaft jetzt nicht durch marktwirtschaftliche Reformen abgelöst würde. So läßt er den Technokraten, die teilweise aus dem Opus Dei kommen, relativ freie Hand. Sie überzeugen ihn davon, daß eine rein administrative Dezentralisierung der Wirtschaft das Regime nicht gefährden wird.

In der Tat gelingt es in der Folge, Spanien an die schon rundherum prosperierende westliche Weltwirtschaft anzukoppeln. Der Wohlstand im Lande steigt, somit auch die Zufriedenheit im Bürgertum und sogar unter der Arbeiterschaft. Mehr und mehr wird freilich auch deutlich, daß die wirtschaftlichen Interessen Spaniens die Mitgliedschaft im Gemeinsamen Markt erfordern würden, was aber ohne grundlegende politische Reformen nicht zu haben wäre. In manchem nimmt also die wirtschaftliche Liberalisierung dieses staatswirtschaftlich verkrusteten Regimes Entwicklungen vorweg, wie sie einige Zeit später in Ungarn, in Korea oder auf Taiwan zu beobachten sind: Die ökonomische Liberalisierung erzwingt früher oder später die politischen Reformen.

Auch die mit den Wirtschaftsreformen einhergehenden inneren Spannungen im späten Franco-Regime sind durchaus vergleichbar. »Der Bunker«, eine starke Gruppierung von Altfalangisten, steht gegen die Technokraten, die wohl oder übel die Öffnung nach Europa und liberale politische Reformen ins Auge fassen müssen. Die nachlassenden Kräfte Francos werden durch die Manipulation dieser Gegensätze innerhalb des Regimes verzehrt. Jedenfalls hat er aus purem Selbsterhaltungstrieb jene starken ökonomischen und gesellschaftlichen Kräfte selbst entfesselt, die dann mit zur Erosion seines Systems führen.

Dazu kommen dann aber zwei historische Zufälle. Deren erster ist die Ermordung des reaktionären Ministerpräsidenten Carrero Blanco durch die baskische ETA am 20. Dezember 1973, wenige Tage nach dem 81. Geburtstag Francos. Franco weint und schluchzt während der Totenmesse und bemerkt zu einem Adjutanten: »Sie haben das letzte Band zerschnitten, das mich mit der Welt verbindet.«[118]

Der zweite historische Zufall ist die Persönlichkeit des Thronfolgers Juan Carlos. Dieser verfolgt ein Konzept, das den Erwartungen Francos ziemlich diametral entgegengesetzt ist. Cyrus L. Sulzberger, einer der klügsten Beobachter der globalen Szenerie zwischen den dreißiger und den siebziger Jahren, vernimmt aus dem Mund von Juan Carlos im Mai 1970, fünf Jahre vor Francos Tod, er fühle sich nicht gezwungen, die Ideologie Francos fortzuführen: »Meine Vorstellung ist Kontinuität, aber nicht Weiterführung des Bisherigen. Es wird aber erforderlich sein, die Grundgedanken der Theorie Francos symbolisch fortzuführen, bis eine neue Generation die Dinge in die Hand nimmt. Wir wünschen aber keine dramatische Veränderung, keine Revolution …«[119] Wie sich rasch zeigt, ist Juan Carlos selbst der Anführer dieser neuen Generation. Franco und »der Bunker« an seinem Hof sind aber schon zu schwach, noch eine andere Nachfolgeregelung zu improvisieren.

Der vierundachtzig Jahre alte Greis nimmt ein Ende, wie so mancher Autokrat vor ihm und nach ihm. Er stirbt einen schweren Tod, wird mit gewaltigem Pomp beigesetzt und dann ziemlich rasch vergessen. Der einzige Staatschef von einem gewissen Bekanntheitsgrad, der an seiner Beisetzung teilnimmt, ist der chilenische Diktator General Pinochet.

Erst mit einigem Abstand erkennt man, daß Francos Spätzeit und Abgang viele Merkmale des Umbruchs vorweggenommen haben, der dann zwischen 1985 und 1991 die Gerontokratien des Ostblocks gleichfalls unwiderstehlich erfassen sollte. Auch dort spielen strukturelle Veränderungen in den Tiefenschichten der Gesellschaft, reaktionärer Altersstarrsinn der Machthaber, Generationswechsel und historische Zufälle ihre Rolle.

Gewiß war Franco von Anfang bis zum Schluß in erster Linie eine Schicksalsfigur Spaniens. Er hat die Weltgeschichte allenfalls in den dreißiger Jahren etwas beeinflußt, doch wären die Entwicklungen des 20. Jahrhunderts ohne ihn kaum anders verlaufen. Aber der Typ, den er verkörpert, ist von allgemeinem Interesse, nicht zuletzt als relativ seltenes Beispiel eines Generals, der gleichzeitig ein fähiger Oberbefehlshaber im Krieg und ein außergewöhnlich begabter Politiker ist. »Haben Sie schon einmal einen General mit einem klugen Gesicht gesehen?« soll Adenauer gelegentlich bemerkt haben. In der Gestalt Francos ist ein solcher General zu besichtigen. In Erinnerung bleiben wird er aber desgleichen als exemplarischer Diktator von jener sehr unerfreulichen Moralität, die diesen Typ bekanntlich auszeichnet.

Exemplarisch ist auch sein Atavismus. Denn in universalgeschichtlicher Perspektive läßt sich an diesem Bewunderer Philipps II. doch auch studieren, wie viele Gemeinsamkeiten zwischen den absolutistischen Königen früherer Jahrhunderte und zeitgenössischen Diktatoren bestehen.

## Der angelsächsische Sonderfall: Eisenhower und MacArthur

Beim Vergleich mit anderen Ländern schneidet der angelsächsische Kulturkreis hervorragend ab. Die Prinzipien verfassungsstaatlicher Ordnung sind dort offenbar felsenfest verankert, so daß Generals-Cäsarismus ausgeschlossen ist, zumindest für die Dauer des 20. Jahrhunderts.

In England sind die Generale Cromwell und Monk nur noch Schulbucherinnerungen an die Jahrzehnte des Bürgerkriegs Mitte des 17. Jahrhunderts. Marlborough, der große Ahnherr Winston Churchills, hat zwar am Hof der Queen Anne starken politischen Einfluß ausgeübt, wobei seine Gattin fast ebenso wichtig war wie ihr siegreicher Gemahl. Aber das ist offenbar das Äußerste, was die britische Zivilgesellschaft zuläßt: den General mit politischem Einfluß auf den Hof oder auf das Kabinett.

Beispielhaft dafür ist dann Douglas Haig, britischer Oberkommandierender in Frankreich. Er war der Favorit König Georgs V.[120] und wurde auch von den Tories gestützt. So ließ man ihn viel zu lange gewähren. Doch kein Gedanke daran, daß er eine politische Spitzenposition hätte anstreben können. Auch der eigenwillige Lord Kitchener war letzten Endes in die Kabinettsdisziplin eingebunden.

Im Zweiten Weltkrieg hielt Winston Churchill seine Generale an sehr kurzer Leine. Ein Hauptleidtragender war der Empire-Generalstabschef Sir Alan Brooke. Er stöhnte unablässig über strategischen Unverstand des Premierministers, suchte korrigierend einzuwirken und widersprach ihm gelegentlich auch entschieden – doch er gehorchte. Montgomery verfügte zwar über großes öffentliches Ansehen, seit er bei El Alamein für das Commonwealth den ersten größeren Sieg im Zweiten Weltkrieg errungen hatte, und erfreute sich bei seinen öffentlichen Äußerungen einiger Narrenfreiheit. Doch auch bei ihm nicht die Spur cäsarischer Gelüste.

In neuerer Zeit kam Admiral Mountbatten dem Bild eines politischen Generals noch am ehesten nahe. Er verdankte das gleicherweise seiner militärischen Tüchtigkeit, seiner Familienverbindung zum Hof und seinen politischen Fähigkeiten. Immerhin hatte er 1947 im Amt des letzten Vizekönigs von Indien die Dekolonisierung des Landes energisch abgewickelt. Als Großbritannien Ende der sechziger Jahre zusehends in eine Krise schlitterte, hat er sich, damals schon im Ruhestand, von einem Journalisten zu einer kompromittierenden Besprechung mit dem Verleger Cecil King locken lassen. King richtete an Mountbatten die Frage, ob er im Fall eines nationalen Notstandes mit Einsatz der Streitkräfte zur Niederschlagung von Unruhen an die Spitze einer Regierung der nationalen Einheit treten würde. Ob Mountbatten dem widersprochen hat, war unter den Teilnehmern an dem Gespräch später strittig.[121] Das war aber auch alles.

In den USA sind bekanntlich andere institutionelle und geschichtliche Voraussetzungen gegeben. Seitdem General Washington zum ersten Präsidenten gewählt wurde, betrachtet es die Öffentlichkeit nicht als unschicklich, wenn siegreiche Kriegshelden sich um das höchste Staatsamt bewerben. So sind Andrew Jackson und Ulysses Grant Präsidenten geworden. Admiral Dewey, der 1898 in der Bucht von Manila die spanische Flotte versenkte, hat gleichfalls nach der Präsidentschaft gestrebt, ist aber vom ganzen politischen Establishment ausgelacht worden. Für Generalskandidaturen ist die strikte Beachtung der Verfassungsvorschriften und der ungeschriebenen Usancen des politischen Systems jedenfalls selbstverständlich. Mit dieser Maßgabe hat sich auch Dwight D. Eisenhower 1952 um die Präsidentschaft beworben und dann das Amt acht Jahre lang ausgeübt. Doch nur selten in der neuesten Geschichte hatten die amerikanischen Streitkräfte einen Oberbefehlshaber über sich, der das Prinzip der politischen Kontrolle so energisch und so unentrinnbar durchsetzte wie dieser ehemalige Fünfsternegeneral.

Bleibt Douglas MacArthur. Zweifellos ist er unter den amerikanischen Generalen des 20. Jahrhunderts die farbigste Figur, ganz gewiß auch ein Mann mit cäsarischen Anwandlungen. William Manchester, der eine gleichfalls farbige Biographie über ihn geschrieben hat, gab dieser den Titel »American Caesar«.

Von einer ehrgeizigen Mutter auf die Bahn des Ruhms gesetzt, ist MacArthur immer der Erste: auf der Militärakademie zu West Point, als Adjutant von Theodore Roosevelt, als Brigadegeneral und zeitweilig als Kommandeur der legendären Rainbow Division im Ersten Weltkrieg, als jüngster Superintendent von West Point und im Alter von fünfzig Jahren als Chief of Staff im Rang eines Viersternegenerals. Doch dieser glänzende, auch wortgewaltige Offizier befremdet schon während seiner Amtszeit als Generalstabschef von 1930 bis 1935.

Während der schlimmsten Monate der Weltwirtschaftskrise findet 1932 der sogenannte »bonus march« von 25 000 notleidenden Veteranen auf Washington statt. Die Demonstranten kampieren auf der Mall vor dem Capitol Hill und werden auf Anordnung der Regierung Hoover durch ein martialisches Militäraufgebot brutal auseinandergetrieben. Der für seine konservativen Überzeugungen bekannte Generalstabschef läßt es sich nicht nehmen, bei diesem Anlaß höchstpersönlich die Oberaufsicht zu führen. Er setzt sich entsprechend in Szene, ignoriert dabei eine explizite Weisung des Präsidenten, kommt aber mit seiner Insubordination durch, indem er auf einer rasch improvisierten mitternächtlichen Pressekonferenz den Präsidenten Hoover, dessen Befehle er eben mißachtet hat, überschwenglich wegen seiner Entschlossenheit lobt.[122]

Hoovers Nachfolger Roosevelt merkt sich das alles und sagt gelegentlich zu MacArthur: »Douglas, ich denke, Sie sind unser bester General, aber ich glaube, Sie würden unser schlechtester Politiker sein.«[123] Und zu einem Besucher meint er, die beiden gefährlichsten Amerikaner seien Senator Huey Long aus Louisiana, ein Populist mit faschistischen Neigungen, und MacArthur. Ein kritischer Journalist kommentierte die hochtrabenden Reden des Generals schon damals: »Er redet wie Wilhelm II. in einem seiner religiösen Momente.«[124]

Von 1935 bis 1941 wird MacArthur als Militärberater des Präsidenten Manuel Quezón auf den Philippinen tätig. Von jetzt an ist er auf den Pazifik fixiert und kehrt erst im April 1951, nach der Absetzung durch Truman, wieder dauernd in die USA zurück.

*General MacArthur, hier beim ersten und letzten Zusammentreffen mit Präsident Truman auf der Pazifikinsel Wake, pflegte allen Politikern, auch dem Präsidenten, der ihn wenig später absetzte, mit unverhüllter Arroganz gegenüberzutreten. Intern hörte man von Truman seit langem lauter Unwerturteile über MacArthur. Er nannte ihn abwechselnd »Dr. Primadonna«, »Brass Hat« oder »der Schauspieler«.*

Zehn Jahre lang, von 1941 bis 1951, agiert er auf der Weltbühne – erst als Verteidiger der Festung Corregidor auf den Philippinen, von der ihn die Japaner vertreiben, dann als Verteidiger Australiens, als Stratege im Pazifischen Krieg, als »Prokonsul« in Japan und als Oberbefehlshaber der UN-Streitkräfte im Koreakrieg, bis ihn Präsident Truman wegen Insubordination absetzt.

Truman hat nie viel von MacArthur gehalten. Schon 1945 tauchen in seinem Tagebuch eine Reihe von abschätzigen Urteilen auf: »Dr. Primadonna«, »Brass Hat« und »der Schauspieler«. Eden Ayers aus dem Pressestab Trumans notiert, der Präsident habe den General als »den erhabensten Egotisten« bezeichnet, »der sich für eine Art Gott hält«.[125] Eisenhower äußert sich nicht minder kritisch: »Ich habe unter ihm fünf Jahre lang Schauspielunterricht in Washington genossen und vier Jahre auf den Philippinen.«[126]

In den Jahren 1945 bis 1951 macht MacArthur zweimal Weltgeschichte, zum einen als eine Art Prokonsul Amerikas in Japan, zum anderen, weil es ihm im Winter 1950/51 fast gelingt, die USA in einen dritten Weltkrieg mit China und dann wohl auch mit der Sowjetunion hineinzumanövrieren. Die Forschung hat zwar längst herausgefunden, daß er bei seiner berühmten Tätigkeit in Japan nur weitgehend den Instruktionen gefolgt ist, die ihm von Washington erteilt wurden. Doch viele Zeitgenossen sind der Auffassung, der psychologische Umschwung in Japan hin zu den USA und zur westlichen Demokratie sei in starkem Maß durch die Persönlichkeit MacArthurs bewirkt worden. Theodore H. White, ein MacArthur gegenüber alles andere als unkritischer Journalist, summierte seine Beobachtungen in den Worten: »In historischer Perspektive ist Douglas MacArthur für die Geschichte Asiens weit wichtiger als für die amerikanische Politik. Er hat das neue Japan geschaffen.«[127]

MacArthur war aber auch zeitlebens ein kompromißloser Antikommunist. Ganz unerwartet fand er sich nach Ausbruch des Koreakrieges als Oberbefehlshaber der UN-Streitkräfte ein weiteres Mal im Zentrum der Ereignisse. Welche letzten Absichten er im Herbst 1950 mit dem Vorstoß zum Yalu verbunden hat, ist schwer zu entscheiden. Vielleicht war es nur eine jener sehr riskanten Operationen, für die er berühmt war. Möglicherweise wollte er aber den Weltkrieg provozieren, solange die USA noch einen großen Vorsprung bei der Kernwaffenrüstung besaßen. Seine Forderung nach Bombardierung der Flugplätze in der Mandschurei war zweifellos ein Spiel mit dem Feuer. Wie Ludendorff im Ersten Weltkrieg plädierte auch er für einen »Siegfrieden«. Als Eisenhower zum Präsidenten gewählt war, suchte er ihn gleichfalls in eine atomare Konfrontation hineinzuhetzen.[128]

MacArthurs Absetzung wegen gefährlicher Insubordination durch den viel vorsichtigeren Truman war jedenfalls vollauf verdient. Doch ist es auch nicht erstaunlich, daß dieser General – bereits im Alter von 72 Jahren – nun noch nach der Präsidentschaft angelt. Wie ein halbes Jahrhundert zuvor Admiral Dewey, der Sieger von Manila, muß er aber feststellen, daß die amerikanische öffentliche Meinung so schnell umschlägt wie das Wetter in Nordamerika. Nach seiner Rückkehr reist er ein ganzes Jahr lang landauf, landab und bringt Hunderttausende von Fans auf die Beine, die ihm begeistert zujubeln. Aber die republikanischen Politiker bremsen ihn aus. Ein Teil von ihnen setzt auf den neoisolationistischen Senator Taft, ein anderer Teil auf den Internationalisten Eisenhower, den MacArthur verachtet. »Er ist nichts weiter als ein Büroangestellter«, ist noch eines der milderen Urteile, das diesem zu Ohren kommt.[129] Zeitweilig überlegt Taft, ob er MacArthur als Vizepräsidenten aufstellen soll. Doch die Convention entscheidet sich für Eisenhower, und MacArthur verschwindet in der Versenkung.

Das Schicksal dieser flamboyanten Gestalt bestätigt somit letztlich die Regel, daß in den USA Generale nur dann zur Spitze gelangen, wenn sie das politische Spiel strikt nach den Spielregeln der Demokratie spielen. Sind sie nicht dazu bereit, so wird man sich ihrer nur – je nachdem – als romantische Schauspieler oder als gefährliche Spieler erinnern.

Oswald Spenglers Voraussagen einer cäsarischen Epoche haben sich also auch deshalb nicht erfüllt, weil das 20. Jahrhundert alles in allem doch zum amerikanischen Jahrhundert geworden ist. Cäsarische Gestalten können es in der amerikanischen Zivilgesellschaft nicht allzuweit bringen.

## Der pathetische Gigant: General de Gaulle

Zeitlebens hat de Gaulle viele Rollen gespielt, die des Retters, des Warners, des Präsidenten, des klassischen Schriftstellers. Aber er wird vor allem als »der General« in Erinnerung bleiben. Die unauflösliche Verschmelzung seines Namens mit dem Generalsrang erfolgt an einem präzisen Datum. Als er am 18. Juni 1940 jenen Appell über die BBC absetzt, der ihn auf die Bahn zur Unsterblichkeit bringt, ist das in der Tat die einzige Amtsbezeichnung, mit der er den Auftritt zu stützen vermag: »Ich, General de Gaulle, gegenwärtig in London.«[130] Die Ironie des Vorgangs besteht aber darin, daß der damals immerhin schon 49 Jahre alte de Gaulle erst knappe vier Wochen zuvor – »à titre temporaire«, also bloß »auf Zeit« – in Anerkennung seiner Leistungen als schneidiger Kommandeur der 4. Panzerdivision zum General ernannt worden war.[131] Gerade noch rechtzeitig, möchte man sagen. Denn als Oberst hätte er nicht einmal mit Unterstützung Churchills seine Rolle als Führer des Freien Frankreich zu spielen vermocht.

Sicherlich trifft es zu, daß der Offiziersberuf ihn geprägt hat, und zwar nicht in erster Linie der Kasernendienst. Er war Kriegsteilnehmer im Ersten Weltkrieg, er gehörte der Beraterdelegation General Weygands bei der Schlacht an der Weichsel im Sommer 1920 an, war dann zeitweilig bei der Besatzung in Trier sowie im Libanon stationiert, und er hat in den dreißiger Jahren vorwiegend Generalstabsfunktionen im Pariser Verteidigungsministerium wahrgenommen.

In dieser Phase ist seine Laufbahn durchaus mit der vergleichbar, die Dwight D. Eisenhower zur gleichen Zeit in den USA absolviert. Im Umkreis Marschall Pétains lernt de Gaulle die Komplexität moderner Militärpolitik kennen und die Parlamentarier der dritten Republik verachten. So gesehen, ist er durchaus ein Geistesverwandter Pétains, aber eben mehr als eine ganze Generation jünger, noch schneidend-sarkastischer und durchgehend kritisch.

Man hat später viel davon hergemacht, daß er in der Vorkriegszeit das radikale Gedankengut der Action française in sich aufgesogen habe. Aber schon in seinem Elternhaus herrscht ein Geist des Patriotismus, der fast archaische Züge aufweist. Seine Mutter, so berichtet Pierre-Louis Blanc, habe über den Verlust Elsaß-Lothringens einen solchen Schmerz empfunden, als ob man sie selbst amputiert hätte, und sie habe das ihren Kindern eingeimpft.[132] So träumt auch der Sohn »von der blauen Linie der Vogesen«. Aber in der Tat gibt es manche Ähnlichkeiten zwischen dem Denken von Maurras (»Nur Frankreich allein!«) und der geradezu religiösen Inbrunst, mit der de Gaulle Frankreich im Herzen und auf der Zunge trägt. Ihn beeindruckt auch die Vision einer neuen Ordnung von Staat und Gesellschaft. Doch kann er weder dem Monarchismus noch dem Antisemitismus der Action française etwas abgewinnen.

Was ihn bei Maurras vielleicht am stärksten beeindruckt, ist dessen antikisierendes Pathos. Wenn es im 20. Jahrhundert überhaupt noch einmal eine Inkarnation der strengen römischen Staatsidee gibt, dann ist das dieser Offizier. Wie Julius Cäsar im »Bellum Gallicum« liebt er es, von sich in der dritten Person Singular zu sprechen. Doch de Gaulle, Sohn eines Gymnasialprofessors für Geschichte, gehört eben zugleich wie Churchill und Adenauer zu jener Generation, die noch eine klassische Bildung empfangen hat. Athen, Sparta, Rom, die Schlacht auf den Katalaunischen Feldern, Cäsar, Augustus und Nero sind für sie genauso lebendige Wirklichkeit wie die zeitgenössischen Vorgänge.

Richtig ist, daß de Gaulle ein Intellektueller in Offiziersuniform ist, darin nun dem schon erwähnten Eisenhower, doch ebenso den meisten seiner französischen Offizierskollegen recht unähnlich. Ein Intellektueller, das heißt aber auch: Er nimmt durchaus eklektizistisch vieles auf, was in der Vorkriegszeit und in der Zwischenkriegszeit auf dem Ideenmarkt zu finden ist – Nietzsche etwa, Bergson, doch auch Charles Péguy. Wer solche Namen vernimmt, weiß jedenfalls, daß dieser wortgewaltige, einzelgängerische und hochmütige Offizier mit den vorherrschenden Ismen – Positivismus, Materialismus, Liberalismus und Egalitarismus – nichts anfangen kann.

De Gaulle ist von Anfang an ein Elitist. Dies beweist die Essay-Sammlung »Le fil de l'épée« (Die Degenklinge). Das Buch erscheint 1932, ist Marschall Pétain gewidmet, der sich über die Formulierung der Widmung ärgert, und enthält im Kern viele Elemente der Weltanschauung de Gaulles. Bezeichnend schon das Motto aus Shakespeares Hamlet: »Groß ist, wer einen großen Kampf kämpft.«[133]

Erst später wird deutlich, daß de Gaulle hier erstmals eine Gesamtanschauung seiner Lebensphilosophie, seiner Auffassungen von Staat, Militär und Gesellschaft sowie zur Krise der Modernität vorgelegt hat. Die Vorrede beginnt mit dem Satz »Unsicherheit ist das Kennzeichen unserer Epoche.« Die Ordnung ist erschüttert. Ungeduld und Kritiksucht machen sich überall stärker bemerkbar als Vertrauen und Gehorsam. Doch eine derartige Krise kann nicht von Dauer sein. Die politische Öffentlichkeit verlangt nach Ordnung und Führung, sie verlangt nach großen Männern. Nichts Bedeutendes geschieht, so bringt dieser damals 42 Jahre alte Major zu Papier, »man kann nichts Großes zuwege bringen ohne große Männer, und diese sind groß, weil sie groß sein wollten.«[134] De Gaulle verweist dabei auf Disraeli und auf den Generalissimus Foch.

Krise und Dekadenz der Gegenwart, Staat, Politik, militärische Führung, Forderung nach grundlegender Neuordnung und die Vision des großen Mannes – alles findet sich hier miteinander verwoben. Daß de Gaulle in einem ungeschützten Augenblick damit sein eigenes Lebensziel skizziert hat, ist im nachhinein klar. Er trägt das Vorbild der großen Ausnahmemenschen in sich: Alexander, die altrömischen Diktatoren, Friedrich der Große, Napoleon oder Bismarck. Wie er selbst aber soweit kommen könnte, läßt sich 1932 nicht einmal erahnen.

Schon früh ist er also ein Generalstäbler, der die Vorgänge der Gegenwart in universalgeschichtlicher Perspektive erfaßt. Er entspricht ganz und gar dem Typ des gebildeten Offiziers, dessen Loblied Goethe zu singen pflegte. Auch Carlyle hätte an ihm seine Freude gehabt. Pierre-Louis Blanc, der ihn in den sechziger Jahren aus der Nähe studieren konnte, meint, seine Art und Weise zu denken, sei in vielerlei Hinsicht die eines Akademikers gewesen:[135] »Ganz ungezwungen bewegte er sich im Königreich der Ideen.«[136]

De Gaulles Verachtung der vorherrschenden Mediokrität hindert ihn aber nicht daran, der Republik loyal zu dienen. Von politischen Cliquen hält er sich fern. Wie auch bei Pétain entfalten die latenten weltanschaulichen Fixierungen erst in den Krisen ihre Wirkung. Und die Krisen erst sind es, die ihn urplötzlich nach oben katapultierten.

Doch die dreißiger Jahre sehen ihn bereits in innerem Aufbegehren gegen die Politik und gegen die strategischen Vorstellungen seiner Vorgesetzten. Der Grund dafür ist aber nicht Unbehagen am Parlamentarismus, vielmehr eine sehr praktische und, wie sich 1940 zeigt, entscheidende Frage der Militärstrategie. 1933, im Erscheinungsjahr der Studie »Vers l'armée de métier«, erfahren zumindest die Experten, daß dieser Generalstäbler eine Vision hat – die Vision des künftigen Krieges, genauer gesagt, künftiger Kriegführung.

Von jetzt an, so sagt er hier voraus, wird die Panzerwaffe schlachtentscheidend sein. Eine technische Armee schwerer und schneller Panzer, die im Verband und mit Luftunterstützung operieren, ist wieder zu Durchbruchsschlachten und zu raumgreifenden Operationen imstande. Technische Waffen aber verlangen nach einer Berufsarmee, die, so meint er, etwa 100000 Mann stark sein müßte. Eine derartige Truppe könnte und müßte auch die französische Kriegführung revolutionieren.

De Gaulles Thesen werden zwar öffentlich und intern diskutiert, er dringt aber damit nicht durch und versteht sich von jetzt an als Kassandra. Zu bestellen hat dieser Offizier im dritten Glied selbstverständlich überhaupt nichts. Schließlich ist er nicht einmal General.

Vor dem Juni 1940 könnte man ihn somit eher als »Anti-General« bezeichnen. Der Typus ist in den Armeen der ganzen Welt bekannt: ehrgeizige Obristen mittleren Alters, die eine Idee haben, die innerlich rebellieren und die Vorgesetzten wegen ihrer geistigen Zurückgebliebenheit verachten. De Gaulles Vorläufer sind die preußischen Reformer vom Schlage eines Gneisenau, Scharnhorst oder Clausewitz. Zu den Geistesverwandten, die ihm nachfolgen, werden Oberst Gamal Abdel Nasser in Ägypten, doch auch andere Dritte-Welt-Obristen gehören, die zwar keine neue Strategie erfinden, aber gleicherweise mit der Sterilität ihrer Politiker und der hohen Generalität unzufrieden sind.

Politisch ist aber de Gaulle nach wie vor ein Niemand. Als jedoch im Mai 1940 die Panzerdivisionen Guderians mit Stuka-Unterstützung die britische und die französische Front auseinanderreißen, weiß jedermann im Generalstab, daß de Gaulle recht gehabt hat. Die improvisierte 4. Panzerdivision, an deren Spitze man ihn vom 11. Mai 1940 bis zum 6. Juni gestellt hat, wird allerdings nach tapferem Kampf ins allgemeine Chaos mit hineingerissen. Und so richtet de Gaulle am 3. Juni ein ganz erstaunliches Schreiben an den Kriegsminister Paul Reynaud, in dessen Umgebung er bis zum Ausbruch der Kämpfe gearbeitet hatte und der ihn protegiert. Der erste Hauptpunkt dieses Schreibens lautet: »Unsere erste Niederlage resultiert aus der Tatsache, daß der Feind *meine* Konzeptionen einsetzte, deren Anwendung unser Oberkommando verhindert hat.«[137] De Gaulle beschwört Reynaud, ihn schnellstens in seine unmittelbare Nähe zu berufen, am besten in der Funktion eines Unterstaatssekretärs – als »Mann der neuen Kriegsführung«. Reynaud setzt seine Ernennung tatsächlich durch, und nun befindet sich der frischgebackene General für zwei kurze Wochen im Zentrum der Macht, die aber bereits auch ein Zentrum der Ohnmacht und des Defätismus ist.

In diesen zwei Wochen macht er die entscheidende Begegnung: Er trifft auf Winston Churchill, zuerst in London, wo er zu hektischen Besprechungen einfliegt, dann am 11. Juni 1940 nochmals in Tours. Dort unternimmt der britische Premierminister seinen letzten verzweifelten Versuch, Frankreich im Krieg zu halten. Als Churchill zurückkehrt, notiert sein Privatsekretär John Colville unter dem 12. Juni im Tagebuch: »Offenbar gibt es da einen jungen französischen General namens de Gaulle, von dem Winston sehr viel hält, vielleicht könnte er weiteren Widerstand in der Bretagne organisieren oder an der Atlantikküste, wohin wir dann unsere Divisionen entsenden könnten …«[138]

Churchill schildert später die erste Begegnung mit dem damals recht schweigsamen Unterstaatssekretär in den Memoiren und widmet ihm eine seither immer wieder zitierte Charakteristik: »Unter seinem undurchdringlichen, unerschütterlichen Äußeren besaß er, so schien mir, eine große Leidensfähigkeit. Im Verkehr mit dem hochgewachsenen, phlegmatischen Mann festigte sich in mir der Eindruck: Dies ist der Connétable von Frankreich.«[139]

Die dritte entscheidende Begegnung mit Churchill findet am 16. Juni statt, diesmal wieder in London. Beide ahnen schon, daß es keine französische Exilregierung geben wird, die einen Appell zum Widerstand in Nordafrika erlassen könnte. Wären Paul Reynaud, Georges Mandel, Edouard Herriot oder irgendein anderer hochrangiger Politiker damals in London zur Stelle gewesen, hätte es keinen de Gaulle gegeben. Colville vermerkt bei Gelegenheit dieser Audienz eine spöttische Äußerung Desmond Mortons: »De Gaulle ist ein großartiger Gauner, ein Typ wie Max Beaverbrook. Genau das, was wir brauchen!«[140]

Der einzige Franzose, der im entscheidenden Moment des Waffenstillstands verfügbar ist und von jetzt an das kämpfende, freie Frankreich verkörpert, ist dieser General ad interim, der ein paar Tage lang als Unterstaatssekretär im Verteidigungsministerium mehr improvisiert als administriert hat.

Nun wird aus dem Offizier und dem Intellektuellen der Politiker, vor allem aber ein Meister eindrucksvollster Selbstinszenierung. Der General organisiert, dabei völlig von Großbritannien abhängig, in England, in Afrika und im Nahen Osten die Streitkräfte des Freien Frankreich. Im Unterschied zu Mannerheim, Atatürk und Franco wird er zwar nie ein Heerführer, auch wenn ihn eine geschickte Propaganda als einen solchen zu visualisieren versucht. Er ist primär Politiker. Mit schlafwandlerischer Sicherheit und mit beispiellosem Eigensinn entgeht er der Gefahr, nur als ein von Churchill ausgehaltener Propagandist oder als General unter britischem Oberbefehl zu erscheinen. Von Anfang an versteht er es, sich wie der Chef einer legalen Exilregierung aufzuführen, stolz, unbeugsam, zäh und stets auf Krach mit Briten und Amerikanern programmiert, die bald über »das Lothringer Kreuz« seufzen.

Sein Sendungsbewußtsein ist durchaus der Verrücktheit benachbart. Was muß sich wohl Admiral Stark gedacht haben, als er im Dezember 1942 vom Chef des Freien Frankreich einen Brief mit den folgenden Sätzen erhielt: »Wenn es an Führern fehlt, tauchen andere Führer aus der Tiefe des ewigen Frankreich auf, von Karl dem Großen bis Jeanne d'Arc, auch Napoleon, Poincaré und Clemenceau. Vielleicht bin ich heute einer von denen, die getrieben werden, das Kommando zu übernehmen, weil es keine anderen Führer gibt.«[141] Bald präsentiert er sich als Retter von mythischer Größe, bald als Chef einer politischen Bewegung. Roosevelt verspottet ihn deswegen und fragt bei der Konferenz von Casablanca: »Herr General, gestern haben Sie mir gesagt, Sie seien Jeanne d'Arc. Heute bezeichnen Sie sich als Clemenceau. Wer sind Sie nun wirklich?« De Gaulles Antwort: »Ich bin beides.«[142]

Bewunderungswürdig ist auch das machiavellistische Geschick, mit dem er sich zwischen 1940 und 1944 über die wirren Strömungen im französischen Widerstand zu erheben versteht, so daß er nach dem Einzug ins befreite Paris seinen Anspruch durchzusetzen vermag, als Chef der Provisorischen Regierung die Erneuerung Frankreichs zu dirigieren. Freilich hält er sich nicht allzulange. Die Parteipolitiker sind stärker als er, und schon Anfang 1946 muß er seinen Abgang nehmen.

Doch der Mythos des Retters ist geschaffen. Wie selbstverständlich präsentiert sich de Gaulle als Inkarnation Frankreichs, und anfänglich ist der General auch bemüht, zusammenzuführen und nicht zu polarisieren. André Malraux, der sich ihm jetzt anschließt, macht allerdings auf einen wichtigen Punkt aufmerksam: De Gaulle verfügt seit 1944 sogar im linken Milieu über großes, abrufbares Prestige, populär ist er aber nicht. Man achtet ihn, doch ohne ihn zu lieben.[143]

Wie gerade das Beispiel Malraux' zeigt, beruht eine wichtige Attraktivität de Gaulles doch auch darin, daß ihn Intellektuelle als ihresgleichen erkennen. Er ist ein Meister der Sprache und der wohlüberlegten Nuancierung. Vor allem beherrscht er die Kunst, für komplexe Sachverhalte einfache, aber anspruchsvoll klingende Stichworte zu prägen und die Winkelzüge der Tagespolitik mit wohlformulierten, großen Konzepten zu verdecken. Später findet sich in den westlichen Demokratien nur noch ein einziger ihm Ebenbürtiger, der taktische Gerissenheit mit konzeptueller Gestaltungskraft verbindet: Henry Kissinger.

Als sich de Gaulle 1946 aus der Regierung zurückzieht und in den fünfziger Jahren mehr und mehr daran verzweifelt, nochmals zum Zug zu kommen, gestaltet er mit den »Mémoires de guerre« das eindrucksvollste Geschichtswerk, das ein Politiker des 20. Jahrhunderts verfaßt hat. Die drei Bände sind zudem ein grandioses Werk mythischer Überhöhung der eigenen Person und eines für die Verhältnisse der Jahrhundertmitte nochmals ganz erstaunlichen Nationalismus.

Da sich der General im Widerstand gegen Adolf Hitler profiliert hat, nimmt man seine Übersteigerungen indessen mit Gelassenheit hin. Gewisse Ähnlichkeiten zu großen Diktatoren des 20. Jahrhunderts lassen sich aber nicht ganz übersehen. Ungeachtet entscheidender Unterschiede gleicht er Lenin, Mussolini, Hitler oder Mao Tse-tung doch insofern, als auch er eine integrale Ideologie entwickelt und sich gleichzeitig auf deren politische Umsetzung versteht. Erst recht gibt es Berührungspunkte zu Pétain. Auch de Gaulle will, darin Pétain durchaus vergleichbar, die nationale Wiedergeburt – freilich in strikt verfassungsmäßigen Formen.

Nicht zuletzt ist dieser gelernte Berufsoffizier ein ganz bewundernswerter Selbstdarsteller. Der 194 cm große Mann pflegt sich zwar unnatürlich abgehoben auszudrücken, und es mangelt ihm auch nie an Pathos. Doch noch entspricht das dem Zeitstil und ist daher wirkungsvoll. Zudem sind die öffentlichen Auftritte mit sicherem Instinkt kalkuliert: so die Wiederbegegnung mit der Heimat als Chef des Freien Frankreich Mitte Juni 1944 in Bayeux, der triumphale Einzug in Paris am 25. August 1944, desgleichen die Bereisungen der Provinz oder der französischen Besatzungszone im Herbst 1945. Später, als Führer des Rassemblement du Peuple Français (RPF), und von 1958 bis 1969 als Staatschef wird er die Meisterschaft effektiver Theatralik noch vervollkommnen, dabei auch das neue Medium Fernsehen mit großem Geschick nutzend.

Eine umfassende Einschätzung der geschichtlichen Bedeutung de Gaulles muß vor allem jene Periode von 1958 bis 1969 würdigen, die David Schoenbrun als sein »drittes Leben« bezeichnet hat.[144] Dabei neigt man aus heutiger Sicht dazu, de Gaulles seinerzeit vielumstrittene, sehr aktivistische Außenpolitik doch als vergleichsweise folgenlos zu betrachten. Er ist damit gescheitert und hat Frankreich zeitweise isoliert. Aber das konnte danach korrigiert werden.

Demgegenüber wirkt seine Leistung als Erneuerer der Institutionen und der Wirtschaft Frankreichs bis heute nach, und wenngleich sich de Gaulles historische Fernwirkung alles in allem auf Frankreich beschränkt, war die Stabilisierung dieses zuvor recht labilen Landes indirekt für ganz Westeuropa von großem Nutzen.

Besonders schwer fällt es, de Gaulles Rolle in den Jahren 1940 bis 1945 zu bewerten. Er selbst hat sie sehr hoch eingeschätzt. Aber wäre die Geschichte des Zweiten Weltkrieges *ohne* einen de Gaulle anders verlaufen? Doch wohl kaum. Frankreich wäre so oder so als autonome Macht wiedererstanden, denn das entsprach nicht allein dem Willen dieses großen Volkes, sondern auch britischem und amerikanischem Interesse. Hingegen mißachtete das seltsam erhitzte Streben de Gaulles, sein Land wieder eine sehr große Rolle spielen zu lassen, zweifellos die machtpolitischen Gegebenheiten im damaligen internationalen System. Das Kapitel in den »Mémoires de guerre«, in dem die Monate nach dem 8. Mai 1945 geschildert werden, beginnt mit dem befremdlich wirklichkeitsfernen Satz: »Die Weg zur Größe ist gebahnt.«[145]

In London und Washington seufzt man jedenfalls hörbar. John Colville, der de Gaulles Karriere im alliierten Lager von Anbeginn an beobachtet hat, vermerkt unter dem 1. Juni 1945 im Tagebuch: »Frankreich wird von einem überempfindlichen Autokraten regiert, dessen törichte und unüberlegte Handlungen – etwa im Aostatal, wo er seine Truppen anwies, sich den Anordnungen des Oberbefehlshabers Eisenhower zu widersetzen – der Freundschaft Frankreichs mit den Westmächten sehr schaden. Nach Meinung aller denkenden Franzosen und ihrer Freunde im Ausland ist diese Freundschaft unverzichtbar zur Genesung Frankreichs und zur Wiederherstellung ganz Europas.«[146] Zwar scheitert de Gaulle Anfang 1946 vorerst nur innenpolitisch. Doch er steht schon damals im Begriff, Frankreich zu isolieren. Außenminister Georges Bidault, der de Gaulles Konzept durchaus fortzuführen versuchte, wenngleich viel elastischer, stößt damit gleichfalls bald an die Grenzen des französichen Handlungsspielraums.

Vielleicht ist de Gaulles erstaunlichste historische Leistung der Jahre 1944 bis 1946 doch darin zu sehen, daß er den durch Vichy diskreditierten Ideen der französischen Rechten wieder einigen Kredit verschafft hat. Manche haben auch in der Domestizierung der kommunistischen Untergrundstreitkräfte einen der wichtigsten Erfolge dieses konservativen Generals gesehen. Doch ist es wirklich vorstellbar, daß Großbritannien oder die USA einer teilweisen Sowjetisierung Frankreichs im Winter 1944/45 tatenlos zugesehen hätten?

Nun ist *contrafactual history* immer schwierig. Jedenfalls zögert man doch etwas, die sehr hohe Einschätzung, die de Gaulle seiner eigenen Leistung in den Jahren 1940 bis 1946 entgegenbringt, unkritisch zu übernehmen. Die Generale Atatürk, Mannerheim und auch Franco haben für die Geschichte ihrer Länder zweifellos eine vergleichsweise größere Bedeutung gehabt als General de Gaulle 1940 bis 1946. Wahrscheinlich ist die Fernwirkung seiner Politik dieser Jahre vor allem darin zu sehen, daß der damals von de Gaulle und um de Gaulle geschaffene Mythos überhaupt erst die in der Tat beträchtliche Leistung von 1958 bis 1969 ermöglicht hat.

Indessen hatte de Gaulle als Persönlichkeit schon in den Jahren 1940 bis 1946 kaum seinesgleichen. Stanley Hoffmann hat ihn den »heroischen Führer par excellence« genannt[147] – zu Recht, und hier gibt es Berührungspunkte mit Piłsudski. Auch sein Versuch, mit dem Rassemblement du Peuple Français in kritischster Lage 1947 und 1948 die Staatsreform zu erzwingen und die totalitäre kommunistische Partei in Schach zu halten, war in den großen Ländern Nachkriegseuropas ein einzigartiger Vorgang. Ebenso bewies er eine Art altrömischer Größe, als er sich 1952 nach Colombey zurückzog, um nur noch die Erinnerungen zu schreiben.[148] Sie erschienen 1954, 1956 und 1959. Der letzte Band gipfelt in einem Lobpreis der Stille, welche die Boisserie von Colombey umgibt, und der Schlußsatz zeigt den Autor im Angesicht der Ewigkeit: »Alter Mann, gewachsen an Prüfungen, fern dem Getriebe der Welt, spürend, wie sich die Kälte der Ewigkeit naht, aber niemals müde werdend, im Dunkel nach dem Licht der Hoffnung auszuspähen.«[149] 1959 jedoch, zum Zeitpunkt des Erscheinens dieser elegischen Betrachtung, amtiert dieser alte Mann bereits im Elysee und ist in vollem Begriff, den Staat, die Wirtschaft, die Gesellschaft und die Außenpolitik Frankreichs zu erneuern.

Erst jetzt entfaltet er den beispiellosen Reichtum seines politischen Talents. De Gaulles Rolle als Jeanne d'Arc der Jahre 1940 bis 1944 war nicht viel mehr als grandioses Theater. Frankreich ist nicht von de Gaulle gerettet worden, sondern durch die Armeen, Flotten und Flugzeuggeschwader der USA, auch Großbritanniens. Während der Befreiung und in den Monaten danach hat er sich gewiß durch Domestizie-

*General de Gaulle, der einige Monate zuvor als Staatspräsident und Ministerpräsident der Provisorischen Regierung zurückgetreten ist, bei der Rede in Bayeux, 16. Juni 1946. Er verstand sich weiterhin als Retter Frankreichs und entwarf in dieser Ansprache das Konzept der dann 1958 bis 1969 von ihm gestalteten 5. Republik: »Ein stabiles Regime, das keine Diktatur war.«*

rung der Kommunisten ein großes Verdienst erworben, auch wenn man bezweifeln mag, ob Frankreich ohne ihn so wie die Tschechoslowakei drei Jahre später widerstandslos den Stalinisten zum Opfer gefallen wäre. Aber in der Regimekrise im Mai 1958, als die Algerien-Armee meutert, ist er tatsächlich der Retter. Er hält die aufrührerischen Generale in Algerien davon ab, auch im Mutterland einen Putsch zu versuchen. Ob dieser gelungen wäre, ob eine Militärjunta sich auf Dauer hätte halten können, ist freilich ungewiß. Jedenfalls verhindert de Gaulle üble Wirren.

Was aber historisch viel wichtiger und ganz unbezweifelbar ist: De Gaulle gibt dem Land eine neue Verfassung, die sich bewährt, und sichert mit größter Raffinesse für fast ein Vierteljahrhundert eine bürgerliche Mehrheit, die bis zum Wahlsieg Mitterrands im Jahr 1981 Bestand hat. Ebenso beendet er mittels beispiellos doppelbödiger Politik den Algerienkrieg, indem er es erst auf die harte Tour versucht und dann in Raten kapituliert, ohne daß dies aber Kapitulation genannt werden darf. Sein Auftritt auf dem Balkon des Generalgouverneurs von Algier vor einer ekstatischen Masse der Algerien-Franzosen gehört zu den faszinierendsten Reden des Jahrhunderts, wenn nicht überhaupt der neuzeitlichen Geschichte. Statt ihnen zu versichern, daß er ihre Ziele teilt und bedingungslos an Algerien festhalten wird, ruft er nur bedeutungsvoll aus: »Je vous ai compris!« »Ich habe euch verstanden!« Schon sind die Massen zufrieden, und er kann sein Doppelspiel beginnen, das mit der Preisgabe Algeriens endet.

Die ganze Regierungszeit von 1958 bis 1969 ist eine einzige Abfolge von Dramen: Krieg und mühsam zurückgedämmter Bürgerkrieg, gescheiterte Attentate, die Revolte vom Mai 1968, die ihn für wenige Stunden zwingt, bei der Armee in Deutschland unter dem getreuen Schlagetot General Massu seine Zuflucht zu suchen, bis es ihm gelingt, das Land durch eine einzige Fernsehansprache wieder zur Räson zu bringen. Und wenn gerade keine innenpolitischen Katastrophen drohen, dann versteht es dieser ruhelose alte Mann, Krisen in der Europäischen Wirtschaftsgemeinschaft oder in der Nato auszulösen. Ob er dabei allein auf das Bild des französischen Staates fixiert ist, das in ihm glüht, oder auf sich selbst, ist eine müßige Frage. Er glaubt auch jetzt Frankreich zu verkörpern, dessen politischer Reife er zugleich zutiefst mißtraut.

Aber inmitten aller Unruhe und dank dieser Unruhe gelingt ihm das Wunder, sein zutiefst aufgewühltes Land zu beruhigen und ihm neues Selbstbewußtsein einzuflößen. Er nimmt eine Rundumerneuerung des politischen Systems vor. Er modernisiert zugleich die französische Wirtschaft – einerseits liberal, andererseits aber doch mit sozialen Komponenten. Und dieser General, der gleich seinem einstigen Chef und späteren Gegner Pétain geistig mehr dem 19. als dem 20. Jahrhundert angehört – er meistert die Modernität so souverän wie nur je einer der zeitgenössischen Politiker. Niemand beherrscht so wie er alle Künste des Fernsehzeitalters, so daß man die Technik seines Regierens mit dem Begriff »télécratie« zu erfassen sucht. Niemand ist auch so wild entschlossen wie de Gaulle, Frankreich mit den denkbar modernsten Waffen auszustatten: mit Atombomben, Atom-U-Booten, Atomraketen, Mirage-Düsenjägern, kurz: mit jener auf fortgeschrittene Technik gestützten Berufsarmee, für deren Errichtung er in den dreißiger Jahren erfolglos plädiert hatte.

Unerwarteterweise wird so aus dem konservativen General ein Modernisierer und Reformer par excellence. Dabei ist eine der Paradoxien dieser Gestalt darin zu sehen, daß er – auch darin ganz 19. und frühes 20. Jahrhundert – noch an den autonomen Nationalstaat, ja sogar an die französische Großmachtrolle glaubt,[150] dabei zugleich aber ungewollt die Voraussetzungen dafür schafft, ein modernisiertes Frankreich in der Europäischen Gemeinschaft langsam aufgehen zu lassen. Und dieser integrale Nationalist, den sein Leben lang die Sorge bewegt, ein zerrissenes, schlecht gerüstetes und von unfähigen Politikern geführtes Frankreich könne seine wahre Bestimmung verfehlen – er ist zugleich mit nimmermüder Aufmerksamkeit auf das dynamische, trotz aller Zusammenbrüche immer wieder mächtige Deutschland »jenseits des Rheins« fixiert. Seit 1958 jedoch inszeniert er fasziniert und faszinierend zugleich mit Adenauer als Partner das Schauspiel der deutsch-französischen Versöhnung.[151]

Genauso dramatisch wie dieses »dritte Leben« der Jahre 1958 bis 1969 nach dem »ersten Leben« von 1890 bis 1940 und dem »zweiten Leben« von 1940 bis 1958 ist dann sein Sturz. Er veranstaltet ein Referendum, das gegen ihn ausfällt, und verläßt alsbald mit großer Geste die Bühne, um sich erst in der Einsamkeit Irlands und dann erneut in der Stille des Dorfes Colombey-les-deux-Églises zu vergraben.

Persönlichkeiten, die ein solches Schicksal aufweisen und es auf hohem literarischem Niveau darzustellen verstehen, sind in der Tat überzeitliche Gestalten. Kein General des 20. Jahrhunderts hat einen derart einzigartigen Rang erreicht. Als Staatsmann und Schriftsteller ist nur Winston Churchill mit ihm vergleichbar. Das empfanden schon die Zeitgenossen, selbst die de Gaulle gegenüber sehr kritisch eingestellten, und ihrer waren viele.

Einmalig ist er aber auch in anderer Hinsicht. Ideengeschichtlich gesehen, gehört er zwar durchaus in die republikanische Tradition Frankreichs. Aber dieser glühende Nationalist und Geistesaristokrat ist zugleich ein Gegner des Parlamentarismus und der Parteien. Selbst dem Volk steht er skeptisch gegenüber, wenngleich er akzeptiert, daß

*Die seltenen, mit großem Zeremoniell abgehaltenen Pressekonferenzen de Gaulles, die zugleich im Fernsehen übertragen wurden, bildeten eine der wichtigsten Bühnen zur Inszenierung seiner politischen Überraschungsmanöver in Tateinheit mit Selbstinszenierung (im Vordergrund zu Füßen des Staatspräsidenten Informationsminister Malraux und Ministerpräsident Pompidou).*

ein Staatsmann letztlich von diesem legitimiert werden muß. Doch eine Beimischung von Verachtung ist nicht zu überhören. »Ganz Frankreich ist ein Land von Waschlappen«, hört man ihn gelegentlich sagen. »Mit einem Volk, das seine Ruhe haben will, kann man nichts anfangen.«[152]

Wären Pétain und die antiparlamentarischen Kräfte nicht ausgerechnet im Moment des Zusammenbruchs im Juni 1940 zum Zuge gekommen, hätte man sich de Gaulle durchaus im politischen Umfeld von Vichy vorstellen können. In der umfassenderen Abrechnung im dritten Band der »Mémoires de guerre« macht er Pétain denn auch in erster Linie die Kapitulation vor Deutschland zum Vorwurf, den »sogenannten Waffenstillstand«. Aus diesem Hauptfehler habe sich alles weitere ergeben. Daß Pétain bei dieser Gelegenheit aber auch, und dies anfänglich noch weitgehend aus freien Stücken, an die siebzig Jahre französischer Demokratie über Bord geworfen hat, bleibt unerwähnt.

Doch 1940 fand sich de Gaulle im Lager der Demokraten. Von diesen wurde der Krieg gegen Deutschland und gegen Italien primär als ideologischer Krieg geführt. Auch die französische Öffentlichkeit verstand die Wiedererringung nationaler Unabhängigkeit im Jahr 1944 zugleich als Sieg der Demokratie, des Parlamentarismus und der Parteien. De Gaulle mußte sich also anpassen. Unter den besonderen Bedingungen der Jahre 1944 und 1945 vermochte er sich über den heterogenen Parteigruppierungen noch zu halten. Doch dann erkannte er, daß ein Kompromiß zwischen seinen eigenen Vorstellungen von einem starken, zu großer Außenpolitik fähigen Staat und dem Selbstverständnis der Parteien nicht möglich war. Das Rassemblement du Peuple Français (RPF) in den Jahren 1947 bis 1952 stellte den Versuch dar, mittels einer Volksbewegung das verhaßte »Regime« zu stürzen, doch de Gaulle scheiterte auch damit.

Viel später, im Jahr 1962, hat ihm der Sozialist Guy Mollet vorgeworfen, als sich beider Wege trennten: »Sie haben niemals auch nur im entferntesten begriffen, was eine politische Partei ist ...«[153] Das galt auch schon 1945. Nur müßte man es noch schärfer formulieren: De Gaulle wollte überhaupt nicht begreifen, denn er allein glaubte zu wissen, was für Frankreich gut ist – das Streben nach Größe, dem alles andere unterzuordnen sei.

Erstaunlicherweise gelingt es ihm aber dann 1958 wider alles Erwarten, eine Verfassung zu schaffen, die das demokratische Prinzip mit dem Autoritarismus verbindet und die ihm selbst auf den Leib geschnitten war. Er hält sich dabei streng an die Legalität. »Glaubt etwa jemand, ich werde mit meinen 67 Jahren eine Diktatorenkarriere beginnen?«[154] führt er am 27. Mai 1958 auf jener bald legendären Pressekonferenz aus, mit der eine elf Jahre andauernde Epoche der Geschichte Frankreichs beginnt, in der sich fast alles nur um ihn allein dreht. Zwei Tage darauf investiert ihn die Nationalversammlung als Retter vor dem Chaos. Das Konzept seiner Herrschaft hatte er bereits 1946 öffentlich dargelegt. »Ich hatte den Willen bekundet«, meinte er in Erinnerung an die Grundsatzrede in Bayeux, »ein Regime zu errichten, das die Wirksamkeit eines autoritären Regimes hatte, aber ohne dessen Nachteile, ein stabiles Regime, das keine Diktatur war.«[155]

In der Tat gelang ihm dieses Kunststück. Und so war er – anders als Franco, anders auch als Atatürk – der einzige General, der die Demokratie zu domestizieren verstand, ohne sich ihr zu unterwerfen, doch auch ohne sie zu ruinieren.

Dabei ist leicht zu erkennen, daß zumeist eine tiefe Kluft besteht zwischen dem Bild, das de Gaulle sich von Frankreich macht, und den Franzosen, wie sie wirklich sind. Er selbst weiß das genau und kommt immer wieder darauf zu sprechen. Gegen Ende der sechziger Jahre verstärkt sich das. Und 1969 ist sein Zauber dahin. Alt und müde geworden, verbindet der Staatspräsident sein Verbleiben im Amt mit einem Referendum, das mit 53 Prozent der Stimmen gegen ihn ausfällt. Um 22 Uhr in der Nacht des 27. April 1969 steht es fest, daß er verloren hat. Zwei Stunden später schon, zehn Minuten nach Mitternacht, läßt er über die Nachrichtenagenturen seinen Rücktritt bekanntgeben.[156] Jene wenigen Getreuen, die er noch an sich heranläßt, zeichnen nach seinem Tod am 12. November 1970 das Bild eines Mannes, der mit den Franzosen, auch mit seinem Nachfolger, völlig gebrochen hat. Mit dem Referendum, so sagt er zu Pierre-Louis Blanc, »hat das Land darauf verzichtet, weiterhin Frankreich zu sein. Alles, was sich jetzt abspielt, hat nichts mehr mit dem zu tun, was ich gewollt habe ... Ich werde nicht mehr intervenieren. Es kümmert mich überhaupt nicht mehr ...«[157] So schildert ihn auch André Malraux. Der Dialog »Les chênes qu'on abat« (»Die Eichen, die man fällt«), ist zwar konstruiert, dürfte aber die tiefe Resignation de Gaulles durchaus wahrhaftig wiedergeben. Sein letztes Wort beim Abschied und beim Blick auf die ersten Abendsterne sei gewesen: »Sie bestätigen mir, wie bedeutungslos alles ist.«[158]

Daß sich ein General von so unzeitgemäßer Statur in der zweiten, demokratischen Hälfte des 20. Jahrhunderts so lange halten konnte, ist eine Art historisches Wunder. Auch dieser Umstand sagt etwas über die einzigartige Kraft dieses Mannes aus, den selbst viele seiner Gegner für einen Giganten hielten – pathetisch zwar und unzeitgemäß, aber ein Gigant.

VIERTER TEIL

# Die Monster

Das 19. Jahrhundert war eine Epoche fast ohne fürchterliche politische Monster. Nur Napoleon Bonaparte wies für alle, die ihn haßten, jene satanischen Züge auf wie das Geschichtsbild Hitlers oder Stalins heutzutage. So hat sich etwa der milde Biedermeiermaler Wilhelm von Kügelgen noch als alter Mann daran erinnert, daß Napoleon für seine Mutter »eine dem Abgrund der Hölle entstiegene Schreckgestalt« war – »ein Dieb, ein Räuber, ein Mörder, ein Vielfraß an Ländern und Blut«.[1] Doch genauso gab es, wie schon eingangs erwähnt, die großen Napoleon-Verehrer. Und wer den Historikerstreit betrachtet, der seither über Napoleon ausgefochten wird, erkennt darin unschwer die Fortsetzung zeitgenössischer Polarisierungen.

Aber nach ihm traten im ganzen 19. Jahrhundert keine Größen auf, für die sich die Kategorie des Monströsen aufdrängte. Liberale, Demokraten, Katholiken, Sozialisten oder Konservative wußten zwar zeitgenössische »Despoten« oder »Tyrannen« zu identifizieren, wofür je nach Standort oft Napoleon III. oder auch der harte Zar Alexander III. stand. Aber als monströse Erscheinungen sind diese nur selten bezeichnet worden.

Es kann daher nicht erstaunen, daß Jacob Burckhardt in seinen sozialdarwinistisch angehauchten Betrachtungen zur Bedeutung des Bösen auf Erden die Beispiele von sehr weit herholen mußte: römisches Weltreich, Fatimiden und Assassinen und vor allem der Mongolenherrscher Timur mit seinen Schädelpyramiden und seinen Mauern aus Stein, Kalk und lebenden Menschen: »In solchen Ländern wird man auf ewig nie mehr an Recht und an menschliche Güte glauben.«[2]

Demgegenüber das höllische 20. Jahrhundert. Durchgehend oder periodisch war es in weiten Teilen der Welt von politischen Monstern bevölkert. Man wird dabei nicht an die durchschnittlichen Diktatoren-Untaten denken. Der Begriff des Monströsen verweist vielmehr darauf, daß es in der »Universalgeschichte der Niedertracht«, wie Jorge Luis Borges das genannt hat, Ungeheuer gibt, deren Untaten aus dem Rahmen fallen.

Das müssen nicht notwendigerweise nur jene weltgeschichtlichen Schurken sein, die in aller Munde sind. Verglichen mit dem 19. oder dem 18. Jahrhundert war das zwanzigste eben auch deshalb ein höllisches Jahrhundert, weil es so viele Völker sind, die ihre jeweiligen Tyrannen als große Ungeheuer erlebt haben. Die Armenier, die Juden, die Zigeuner, die Polen, Serben, Kroaten, Slowenen, Bosniaken, Jugoslawiendeutsche, Ukrainer, Esten, Krim-Tataren, Tschetschenen und Georgier, die Tibeter, die Kambodschaner, die Ugander, die Ruander und zahlreiche andere Völker erinnern sich voller Grauen der Monster ihrer jeweiligen Nationalgeschichte.

Dennoch gibt es die säkularen Ungeheuer, von denen wohl noch in kommenden Jahrhunderten gesprochen werden wird wie früher von Herodes dem Großen, der die Kinder in Bethlehem ermorden ließ, von Attila, von Dschingis-Khan oder von Pizarro, der den Genozid an den Inkas in Gang setzte.

Was kennzeichnet die ganz großen Monster? Ihre Untaten haben viele Millionen Menschen vernichtet, weil sie in diesem Jahrhundert, da alles möglich ist, an die Spitze von Großmächten gelangten und somit eine unermeßlich große Zahl von Opfern zurückgelassen haben. Ein weiteres Merkmal ist die Infamie der Verbrechen. Absichtlich oder nachlässig herbeigeführte Hungersnöte, Ermordung der eigenen Soldaten, weil sie in Gefangenschaft gerieten, industrieller Genozid nach Art der Insektenvertilgung, periodische Hinrichtung der eigenen Spießgesellen, Einrichtung von Sklavenlagern, die vielfach Vernichtungslager für Millionen sind, Auslösung und Führung erbarmungsloser Kriege ohne jede Schonung der Zivilbevölkerung, unterschiedslose Massenliquidationen, Kannibalismen – solche und viele andere Verbrechensarten sind Untaten von Monstern. Die großen Monster sind dadurch gekennzeichnet, daß sich solche Untaten in ihren Schreckensreichen häufen. Der Begriff »Banalität des Bösen« mag umstritten sein. Doch unumstritten ist, daß in den Imperien der großen politischen Ungeheuer so etwas wie die Normalität des Bösen vorherrschend war.

Ein monströser Zug ist auch die Geheimhaltung, mit der die Verbrechen umgeben werden. Stalin ist es gelungen, den von ihm herbeigeführten Hungertod von Millionen während der Jahre 1928 bis 1932 fast völlig vor der Weltöffentlichkeit zu verbergen. Von den durch Hitler angeordneten Judenmorden in den besetzten Gebieten des Ostens ist damals zwar vieles durchgesickert. Der Genozid in den Gaskammern aber unterlag strikter Geheimhaltung und blieb dies bis zur Besetzung der Lager durch alliierte Truppen. Ähnlich wie Stalin hatte auch Mao Tse-tung dabei Erfolg, die Millionenopfer des »Großen Sprungs« und der Kulturrevolution zu vertuschen. Das Monströse besteht darin, daß sich diejenigen, die eine völlige Informationssperre verhängten, offenkundig der Ungeheuerlichkeit ihrer Taten genau bewußt waren. Gelegentlich haben sie dies sogar eingestanden wie Heinrich Himmler in seiner fürchterlichen Geheimrede vor NS-Führern am 6. Oktober 1943 zu Posen.[3]

Zur Monstrosität gehört auch die Motivation der großen politischen Ungeheuer. Sie waren durchgehend ideologische Überzeugungstäter. Motive wie krude Machtgier, individualpsychologisch erklärbare seelische Defekte und haßerfüllte Fixierungen, Furcht, wie sie für Tyrannen kennzeichnend ist, machiavellistischer Kalkül und manches mehr mag mitgespielt haben. Doch Lenin, auch Stalin, ganz sicher Hitler und Mao verstanden sich als Vollstrecker eines revolutionären Auftrags und legitimierten ihre Untaten damit. Sie kamen als Revolutionäre an die Macht und revolutionierten dann mit monströsen Methoden oder Zielen die ihrem Zugriff preisgegebenen Herrschaftsgebiete.

Man zögert etwas, diesen verworfenen Übermenschen auch die Gestalt des faschistischen Diktators Mussolini zuzuordnen. Ein Monstrum ist Mussolini nie gewesen. Seine Missetaten verbleiben im Diktatoren-Normalmaß. Zudem haben schon die Zeitgenossen in seinem gockelhaften Auftreten gewisse Züge des Lächerlichen wahrgenommen, die den schrecklichen Despoten vom Schlage der Lenin, Stalin, Hitler oder Mao Tse-tung fast völlig abgehen. Allenfalls Hitler in den Münchner Anfängen spielte bisweilen ein ähnliches Schmierentheater wie Mussolini.

Eben wegen seiner Bedeutung für Hitler muß aber auch Mussolini in diesem Zusammenhang berücksichtigt werden. Hitler hat manches von ihm kopiert, und das faschistische Vorbild ist auf die deutsche Öffentlichkeit nicht ohne Wirkung geblieben.

Seit »Glasnost« hat sich jedenfalls bezüglich Hitlers, Lenins und Stalins das Paradigma durchgesetzt, ihre Herrschaft als monströse Entgleisung der Zivilisation zu begreifen. Sie werden heute vorwiegend aus der Perspektive der Opfer gesehen und moralisch verurteilt. Demgegenüber ist die Ent-Maoisierung auf halbem Wege stehengeblieben. In der Volksrepublik China verdrängt man die schreckliche Erinnerung durch Schweigen und argumentiert, daß der Größe dieses gewaltigen Gründers der Volksrepublik leider eben auch manches Verkehrte beigemischt gewesen sei. Doch sind schon genügend Untaten bekannt geworden, die es erlauben, ihn neben Hitler, Lenin und Stalin zu rücken.

Unbestreitbar ist jedenfalls, daß in der historischen Bewertung dieser Gestalten heute moralisches Entsetzen alle anderen Fragestellungen überdeckt. Das gilt ganz gewiß für die breite Öffentlichkeit, aber doch auch für die Geschichtsforschung, und dieses Paradigma ist geboten.

Daß die Historiographie periodisch dazu neigt, vorwiegend die ungeheure Inhumanität einer geschichtlichen Gestalt ins Blickfeld zu fassen, ist freilich kein ganz neuer Vorgang. Philipp II. von Spanien beispielsweise ist gegen Ende des 18. Jahrhunderts in Frankreich und im protestantischen Deutschland recht ähnlich bewertet worden. In einem Porträt dieses Königs aus der Feder Louis Sébastian Merciers, das 1785 erschienen ist und von Friedrich Schiller der Übersetzung für wert befunden wurde, finden sich Akzentuierungen, die auch auf die Großtyrannen des 20. Jahrhunderts Anwendung finden könnten:

»Welch ein Ungeheuer, je länger ich bei seinem Anblick verweile!«[4] Der Autor fährt fort: »Kein Tyrann, finster und grausam wie dieser, bestieg seit Tiberius den Thron. Philipp der Zweite ließ das Schiff der römischen Kirche auf einer See von Menschenblut treiben …« Mercier vergißt auch nicht den Hinweis, daß kein Jahrhundert so wie das sechzehnte »durch größere Verbrechen und durch größere Begebenheiten« ausgezeichnet war.[5] In eben diesem Jahrhundert aber sei Philipp II. einsame Spitze gewesen.

So geht es weiter: »Tyrannei des Gewissens«, Pläne zur »Unterjochung von ganz Europa«, finanzielle Erschöpfung und moralische Isolierung des eigenen Reiches, Heuchelei, Grausamkeit, Mitleidlosigkeit, auch im Privatleben.[6] Andererseits jedoch wird Philipp II. zugleich als ein talentierter Herrscher dargestellt. Derselbe Autor, der ihn als Ungeheuer porträtiert, bekundet großen Respekt vor dem Administrator und vor der Jahrzehnte währenden, rationalen und entschiedenen Durchführung eines imperialen Großprojekts, das als solches amoralisch war und amoralisch durchgeführt wurde. So wie bei Mercier, bei Schiller und bei vielen nach ihnen konnte eben die historische Bewertung des großen und bösen Despoten Philipp II. nicht allein beim Paradigma moralischer Monstrosität stehenbleiben.

Für die Großtyrannen des 20. Jahrhunderts gilt dasselbe. Verschiedenste Perspektiven sind geboten, um diese finsteren Titanen auch nur annäherungsweise zu erfassen. Ihre Monstrosität besteht nicht zuletzt auch darin, daß sie sehr böse Herrscher waren, die zugleich aber großes Format hatten und die Welt gründlich verändert haben, mit Folgewirkungen bis heute. Was Hitler gelegentlich zu Stalin bemerkte, trifft ebenso auf ihn selbst zu oder auch auf Lenin und Mao Tse-tung: »Eine Bestie, aber immerhin von Format«.[7]

Bei jeder einzelnen dieser Gestalten drängen sich somit jeweils dieselben Fragen auf. Ist das moralisch gebotene Paradigma des rein Monströsen nicht doch zu einseitig? Muß ein umfassendes Verständnis dieser Gewaltigen ihrer Jahrzehnte nicht auch beleuchten, wie sie dank beispielloser Energie ihre Spießgesellen mitrissen und domestizierten, wie sie aus dem politischen und wirtschaftlichen Chaos ganz nach oben gelangten und warum sie sich vergleichsweise lange oben zu halten vermochten? Und bedarf es nicht der psychologischen Erklärung, wie Durchsetzungswille, utopische Wachträume, Haß, Destruktivität und Megalomanie zu erklären sind?

Genauso ist es immer wieder ein Anlaß zum Erstaunen, weshalb ausgerechnet die zügellosesten Willensmenschen des Jahrhunderts vom Glauben besessen waren, ihre Visionen einer neuen Gesellschaft seien wissenschaftlich sicher fundiert. Geschichtsmächtig wurde ja nicht allein die Lehre von Karl Marx, über die der gewiß nicht unparteiische, aber scharfsichtige Beobachter Vladimir Nabokov gelegentlich vermerkt hat: »Ohne seine Verworrenheiten und sein Abrakadabra, ohne seine schändlichen Verschwörungen, schamanischen Zaubersprüche und seinen magnetischen Schund wäre der Marxismus kein Marxismus.«[8] Zu dem voluntaristisch zurechtgemachten Marxismus Lenins und Stalins kam dann als weitere Ideologie auch der verkorkste Vulgärdarwinismus des Autodidakten Hitler und das sinomarxistische Ideengebräu Mao Tse-tungs.

In Wirklichkeit handelte es sich bei diesen angeblich so festgegründeten Lehren, die als Grundlagen des 20. Jahrhunderts präsentiert wurden, um abgestandene Ideen, deren Wurzeln weit ins 19. zurückgingen. Die bisher bekannte Geschichte, so die große Vision, sollte an ihr Ende gelangen – entweder nach marxistischer Lehre in einer von Egoismus und Repression freien, klassenlosen Gesellschaft oder gemäß den Ideen Hitlers im »tausendjährigen Reich« der arischen Rasse. Doch bestand die Pointe dieser Ideologien vom Idealstaat darin, daß, um nochmals Nabokov zu erwähnen, »der erste Urheber potentiell auch der erste Tyrann dieses Staates ist«.[9]

Wieweit die geschichtsphilosophische Spekulation bloß dazu diente, die tyrannische Herrschaft starker Führerpersönlichkeiten zu legitimieren, oder ob diese Führer tatsächlich an ihre Verrücktheiten glaubten – auch dies ist eine der Fragen, die sich beim Rückblick auf die großen Ungeheuer aufdrängt. Immerhin ist es Hitler und Stalin in den vierziger Jahren beinahe gelungen, das alte Europa völlig umzustürzen, um die neue Welt entsprechend den Vorstellungen ihrer dunklen Seelen zu gestalten.

Das alles muß in der Tat mit bedacht werden, auch wenn diese Themen und Fragen etwas ausgeleiert sind. Denn seit gut siebzig oder achtzig Jahren sind zahllose Beobachter, Historiker inbegriffen, bemüht gewesen, genau dies zu schildern und zu erklären. Die Gestalt der großen Ungeheuer ist von der Faszination, die sie ausüben, überhaupt nicht zu trennen. Und selbst nachdem die Faszination aufgrund unvermeidlichen Historischwerdens nachläßt, bleiben die Fragen.

# Die zweite Urkatastrophe des 20. Jahrhunderts: Lenin

Es hat sich eingebürgert, mit George Kennan den Ersten Weltkrieg als die Urkatastrophe des 20. Jahrhunderts zu bezeichnen. Doch er ist noch nicht zu Ende, da tritt eine Art zweiter Urkatastrophe auf: Lenin.

Wladimir Uljanow ist der erste unter den Söhnen des Chaos, die dem 20. Jahrhundert das Gesicht geben. Es gehört zu den Ironien, welche die Geschichte bisweilen liebt, daß ausgerechnet er einer musterhaft bürgerlichen Familie entstammte. Sein Vater war die fleischgewordene Pflichterfüllung und Selbstdisziplin. Begonnen hatte er seinen Aufstieg als Gymnasiallehrer mit den Fächern Physik und Mathematik in der romantischen Handelsstadt Nischni-Nowgorod an der Wolga, wo Europa und Asien ineinander übergehen. Als er das Amt des Kreisschulrats in Simbirsk übernahm, dem alten russischen Grenzfort gegen die Tartaren, existierten dort ganze zwanzig verlotterte Volksschulen, bei seinem vorzeitigen Tod waren es 434, die er im Panjewagen oder im Schlitten rastlos und gestreng zu inspizieren pflegte.[10] Uljanow senior war mit Leib und Seele Beamter, politisch wohl als liberal-konservativ zu bezeichnen, zarentreu, fromm, ein Mann von festen sittlichen Grundsätzen. Sein Sohn und dessen Anhänger werden zwar später ihr Bestes tun, das alte Rußland schlechtzumachen. Vieles daran ist in der Tat miserabel, etwa jene Schicht bequemer, wohlhabender Nichtsnutze des Typs Oblomow, den der Romancier Iwan Gontscharow in seinem gleichnamigen Roman karikiert hat. Denn Simbirsk hat drei berühmte Söhne: zuerst Gontscharow, dann Wladimir Uljanow, der sich ab 1901 Lenin nennt, und schließlich Alexander Kerenski, den schneidig gescheiterten Ministerpräsidenten der Revolutionsregierung zwischen Februar und November 1917. Doch in den russischen Mittel- und Oberschichten der zaristischen Zeit finden sich nicht nur die schwunglosen Rentiers vom Typ Oblomow. Rußland besitzt damals auch Zehntausende pflichtgetreuer, unermüdlich tätiger höherer und mittlerer Beamter. Sie bilden das eigentliche Rückgrat des Riesenreiches und bringen es seit den Tagen des reformerischen Zaren Alexander II. weit voran – bis 1904/05 und erneut in den Krisenjahren seit 1914 die Katastrophen hereinbrechen.

Einer jener zahlreichen Forscher, die später das Rätsel Lenins und des Leninismus zu entschlüsseln versuchen, bemerkt deshalb zu Recht: »Lenin ist das Produkt des Besten, was das zaristische System hervorgebracht hat: des Schulwesens und der Kultur der moralistischen Intelligenzija«.[11] Selbst als Lenin ins Lager der Staatsfeinde gerät, profitiert er noch vom Erfolg seines Vaters. Dieser war als »wirklicher Staatsrat« in den Erbadel erhoben worden, und seine Witwe bezog eine recht auskömmliche Pension, mit der sie ihre revolutionären Kinder unterstützte.

Lenins Mutter, eine geborene Blank aus wohlhabender Medizinerfamilie, die von Wolgadeutschen abstammte, verkörpert eine weitere Besonderheit russischen und europäischen Bürgertums des 19. Jahrhunderts: jene breite Schicht gebildeter Frauen, die voller Familiensinn, gleichfalls nimmermüde, in unaufgeregter Schaffenskraft große Familien aufzogen. Als ihre begabten Kinder nacheinander auf politische Abwege geraten, hält sie ihnen die Stange, und das nicht zuletzt ihrem zweitältesten Sohn, dem späteren Lenin. Während dieser früh Züge von Zynismus, von Grobheit und ein hohes Maß an Kälte erkennen läßt, ist sie allem Anschein nach eine jener kultivierten Frauen, die sich bemühen, dem Nachwuchs Klavierspielen beizubringen, die Singstimmen zu schulen und die Gedichte romantischer Lyriker ins Gemüt einzusenken.

Paradoxerweise hat Lenin, der kompromißlose Ruinierer des russischen Bürgertums, wichtige Grundeinstellungen des Elternhauses doch verinnerlicht: eiserne Disziplin, völlige Unerschütterlichkeit bei der Verfolgung seines Lebensplans, auch Wille und Kraft zur autoritären Ordnung des sozialen Umfeldes. Als Kommandant des riesigen Konzentrationslagers, in das er das alte Rußland verwandelt, reüssiert er nicht zuletzt dank der ihm eingepflanzten, wenngleich grotesk pervertierten Sekundärtugenden seiner gutbürgerlichen Eltern.

Selbst die weicheren, romantischen Züge der Mutter machen ihm gelegentlich zu schaffen, auch wenn er sie unterdrückt. Maxim Gorki wußte später zu berichten, was Lenin voller Rührung äußerte, nachdem er wieder einmal ergriffen die »Appassionata« angehört hatte. Der Tyrann, den damals schon zahllose Russen als leibhaftigen Satan verfluchten, erstaunte Gorki bei dieser Gelegenheit durch den Ausspruch, auch er würde gerne »liebevolle Dummheiten sagen und den Menschen die Köpfe streicheln«. Aber heute müsse man »die Köpfe einschlagen, mitleidslos einschlagen, obwohl wir unserem Ideal nach gegen jede Gewaltanwendung gegenüber den Menschen sind ... Hmhm, ein teuflisch schweres Amt.«[12]

Solche Seufzer sind wohlfeil. Man kennt derlei Diktatorensentimentalitäten. Von Hitler ließe sich eine lange Latte derartiger Worte zusammenstellen – auch er hatte schließlich eine Mutter, die ihn mit Liebe verwöhnte und deren Andenken er selbst dann noch sentimental beschwor, als er bereits Weisung zur industriellen Vernichtung der Juden gegeben hatte.

Die völlig normale Familie Uljanow, der erst eine spätere Lenin-Hagiographie die Neigung zu revolutionärem Denken andichtet, erlebt rasch hintereinander zwei Katastrophen. 1886 verstirbt der Vater an einer Gehirnblutung. Zahlreiche Biographen werden später darauf aufmerksam machen, daß auch Lenin im gleichen Alter und wohl an demselben Leiden frühzeitig stirbt, auch er von rastloser Tätigkeit erschöpft wie sein Vater.

Viel einschneidender ist die folgende Katastrophe, aus deren Fernwirkung schließlich die zweite Urkatastrophe des 20. Jahrhunderts erwächst. Der älteste Bruder Lenins, Alexander Uljanow, wird bei der Planung eines Attentats auf den Zaren ertappt. Dieser ruhige, sehr tapfere, völlig aufrichtige junge Mann hatte sich kurz zuvor zum Studium der Biologie nach Sankt Petersburg begeben und war dort einem radikalen Studentenclub beigetreten. Man mag mit Sigmund Freud darüber spekulieren, ob junge Männer häufig erst nach dem Tod ihrer dominierenden Väter zur eigenständigen Aktivität finden.[13] Tatsache ist jedenfalls, daß der anfänglich so friedlich mit der Erforschung von Regenwürmern befaßte Bruder Lenins an dem dilettantischen Vorhaben mitwirkt, den provozierend repressiven Zaren Alexander III. mit einer Bombe zu ermorden, die in ein medizinisches Lexikon verpackt werden sollte. Da er sich zu seiner Tat bekennt, wird er 1887 durch den Strang hingerichtet.

Manche Biographen Lenins meinen zwar, er sei nicht in erster Linie zum Aufrührer geworden, um den Bruder zu rächen. Vielmehr habe ihn erst die soziale Ächtung seiner Familie zur Rebellion getrieben, anschließend in den Untergrund. Und Lenins dann lebenslanger Haß auf das liberale Bürgertum sei in erster Linie daraus zu erklären, daß sich die gute Gesellschaft von seiner Mutter und von den Geschwistern zurückzog.

Natürlich wäre es viel zu schlicht, die Entwicklung Lenins auf das atavistische Motiv der Blutrache abzustellen. Doch da der Bruder eines wegen versuchten Zarenmordes Hingerichteten auf längere Sicht keine Chance zu einer erfolgreichen bürgerlichen Karriere hatte, muß dieses Familienunglück eben doch als entscheidender Einschnitt gewertet werden.

Freilich kam in Lenin zugleich der Protest einer ganzen politischen Generation zum Ausbruch. Man darf schließlich nicht vergessen, daß sich Teile der Studentenschaft im Rußland der achtziger Jahre des 19. Jahrhunderts in ähnlich antiautoritärer Revolte befanden wie achtzig

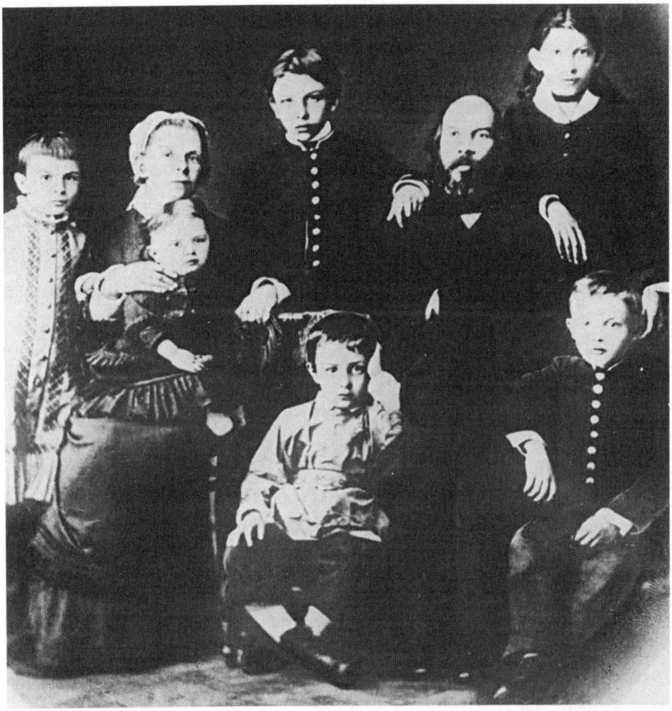

*Die gutbürgerliche russische Beamtenfamilie des Schulinspektors im Gouvernement Simbirsk, Ilja Uljanow. Ganz rechts sitzend Wladimir Iljitsch im Alter von neun Jahren, der als Revolutionär den Decknamen Lenin annahm. In der Mitte stehend Lenins älterer Bruder, der sich als Student an der Planung eines Mordanschlags auf den Zaren beteiligte und hingerichtet wurde.*

Jahre später die akademische Jugend des Westens. Kein Wunder, daß auch der trotz der Missetaten des Bruders auf dem Gymnasium eben noch mit einer goldenen Uhr ausgezeichnete Primus Wladimir Uljanow von der allgemeinen Unruhe erfaßt wurde, kaum daß er die Universität Kasan bezogen hatte. Die anschließende Verweisung von der Hochschule kann zwar als unangemessene Härte verstanden werden. Doch verglichen mit der späteren »Sippenhaft« in den Zeiten Stalins war die Verbannung auf das Gütchen seiner Mutter in Kokuschkino eine recht glimpfliche Strafe. Dort erst fand er genügend Muße, die revolutionäre Literatur ausgiebig zu studieren.

Immerhin ist auffällig, daß sich Lenin auch danach noch mit Erfolg bemühte, als Externer an der Universität Sankt Petersburg die Jura-

Examen zu absolvieren. Offenbar hatte er die Hoffnung auf eine bürgerliche Karriere noch nicht aufgegeben. Vielleicht hat ihn erst die anschließende erfolglose Tätigkeit als Rechtsanwalt in Samara davon überzeugt, daß er innerhalb des Systems aus zwei Gründen zum Mißerfolg bestimmt war: einmal als Bruder des Verschwörers Alexander Uljanow, der auch selbst schon durch Renitenz aufgefallen war, zum anderen als Provinzler, dem im feinen Sankt Petersburg keine Chance gewinkt hätte. Von diesem zweiten, vermutlich nicht unwichtigen Motiv seiner Abneigung gegen die gute Gesellschaft in der russischen Hauptstadt ist in den späteren offiziellen Biographien naturgemäß nie die Rede.

In Samara, wo er als Provinz-Rechtsanwalt nur ein paar Mandanten findet, beginnt dieser ziemlich auf dem trockenen sitzende junge Mann das ernsthafte Studium sozialistischer Theorien und erfährt, wie so viele mit ihm und nach ihm, ein marxistisches Erweckungserlebnis. Haß, Ressentiment und das Überlegenheitsgefühl eines begabten politökonomischen Autodidakten sind künftig seine Triebfedern.

Doch war Wladimir Uljanow je vom Erbarmen mit dem Schicksal der Industriearbeiter getrieben? Oder mit den noch vielfach geknechteten Bauern auf den adligen Besitzungen? Er selbst durfte aufgrund der Ernennung seines Vaters den Titel eines Edelmanns führen, und kurze Zeit konnte er sich sogar als Gutsherr fühlen. Allem Anschein nach war sein Verhältnis zum Bauerntum von Anfang an nur sehr abstrakter Natur. In der großen Hungersnot des Jahres 1891, die eine neue Welle der Unruhe auslöst, irritiert er bereits durch Zynismus. Alle Welt möchte Hilfsmaßnahmen für die Hungernden auf dem Land in Gang setzen. Doch Lenin spricht sich dagegen aus, weil die Zerstörung der bäuerlichen Wirtschaft und die Industrialisierung des Landes die Revolution näher brächten.[14]

Lenins Gegner haben in seiner Härte, die sich schon damals artikuliert, einen angeboren sadistischen Zug erkennen wollen. Alexander Kerenski, neun Jahre jünger als Lenin, auch er der Sohn eines Schuldirektors aus Simbirsk, behauptet später, der einzelgängerische, wenngleich begabte Lenin habe schon als Junge gern mit dem Luftgewehr auf herumstreunende Katzen Jagd gemacht und Krähen flügellahm geschossen.[15]

1893, im Alter von 23 Jahren, zieht Lenin von der Wolga nach Sankt Petersburg, das 32 Jahre später seinen Namen erhalten wird. Betrachtet man ihn aus dem Blickwinkel der bürgerlichen Gesellschaft, so gerät er hier endgültig auf die schiefe Bahn. Versteht man ihn als das vielbewunderte Vorbild zahlloser Revolutionäre des 20. Jahrhunderts, so ist festzustellen, daß er erst jetzt, in den konspirativen Zirkeln der Hauptstadt, zu seiner revolutionären Berufung findet.

Als Lenin nach der Oktoberrevolution zum Titanen des 20. Jahrhunderts emporgewachsen ist, suchen Freunde und Gegner, Propagandisten und Wissenschaftler jede Phase seines unruhigen Lebens in den folgenden Jahrzehnten aufzuhellen. Nachdem er Erfolg hat, ist man selbstverständlich geneigt, jeden einzelnen der konspirativen Winkelzüge als bedeutsam zu erkennen und die zahllosen Schriften, Briefe, Ansprachen und sonstigen Äußerungen, die er vor dem Oktober 1917 herausschleudert, als »genial« zu bezeichnen.

Gewiß ist in diesem Leben als Berufsrevolutionär einige Bewegung und Bewegtheit, schon deshalb, weil es ihn nie allzulange irgendwo hält. Doch zweifellos gibt es in jenen Jahrzehnten in Europa hinreißendere Revolutionäre. Verglichen mit Garibaldi, dem Vorbild-Revolutionär des 19. Jahrhunderts, wirkt Lenin wie ein zänkischer, glanzloser Langweiler, unablässig geschäftig zwar, aber ganz und gar nicht strahlend – keine kühnen Handstreiche, kein riskantes Entkommen aus großen Gefahren, keine hochromantischen Amouren.

Auch ein Vergleich mit dem Zeitgenossen Sun Yat-sen ist aufschlußreich. Dieser westlich gebildete chinesische Arzt macht sich fast zur gleichen Zeit wie Lenin auf den revolutionären Weg und weist ebenfalls eine viel bewegtere Vita auf. Als Verschwörer ist Sun Yatsen kühner und als Revolutionär anfänglich erfolgreicher. Immerhin schafft er es, nach Abschaffung der uralten Institution des Kaisertums wenigstens für ein paar Wochen Provisorischer Präsident der Republik China zu werden. Auch seine ideologische Entwicklung ist interessanter, und seine organisatorischen Techniken sind vielfältiger als die Lenins.

Unter den russischen Revolutionären muß man Trotzki als eine viel farbigere Persönlichkeit betrachten. Dieser Feuerkopf unternimmt eine abenteuerliche Flucht aus der sibirischen Verbannung und treibt sich zeitweilig im revolutionären Untergrund herum. Er ist besinnungslos tapfer und steht in Sankt Petersburg zweimal im Mittelpunkt der Revolution – 1905 und 1917. Anders als Lenin ist er ein brillanter Redner. Er schreibt aber auch besser, und niemand würde zögern, ihn ein revolutionäres Genie zu nennen.

Allein schon physisch wirkt der frühzeitig kahl gewordene, untersetzte Lenin eher unscheinbar. In Sankt Petersburg läßt sich der listige britische Agent Bruce Lockhart selbst noch im Jahr 1917 täuschen und vermerkt, Lenin gleiche »mehr einem Lebensmittelhändler aus der Provinz als einem Menschenführer«.[16] Maxim Gorki, der schon lange vor Lenin eine Weltberühmtheit ist, während eine breitere Öffentlichkeit in Europa vor der Oktoberrevolution nicht einmal den Namen Lenins kennt, hat lange Jahre Gelegenheit, diesen zu studieren. Gewiß hält er ihn für eine bedeutende Gestalt des marxistischen Milieus.

*Ein Photo Lenins für einen gefälschten Paß aus dem Februar 1917, ausgestellt auf den Namen Konstantin Petrowitsch Iwanow.*

Doch seine ausgedehnte Korrespondenz gibt keinen Hinweis darauf, daß er vor der Oktoberrevolution in Lenin einen der Gewaltigen seiner Zeit erspürt hat. Läßt Lenin in den 25 Jahren seiner konspirativen Aktivitäten wirklich schon Größe erkennen? Oder Genie? Oder Charisma?

Zweifellos gleicht er in manchem Karl Marx. Will man es negativ formulieren, so kann man ihn als eine Kombination von Bücherwurm und Revolutionsfanatiker bezeichnen. Akzentuiert man den Sachverhalt angemessen positiv, so ist er als Theoretiker der Revolution anzusprechen, zugleich aber als deren Organisator. Das Zusammenfallen von Fähigkeit zur Ideologiebildung mit organisatorischer Effizienz begegnet im allgemeinen nicht allzu häufig. Im 20. Jahrhundert aber weisen verschiedene Revolutionäre genau diese Begabung auf: neben Lenin und Sun Yat-sen fallen auch Mussolini, Hitler und, mit Einschränkungen, Mao Tse-tung in diese Kategorie. Sie sind Ideologen mit weitgespanntem theoretischem Ehrgeiz, und sie wissen zugleich, wie man die Revolution praktisch ins Werk setzt.

Der Vergleich von Lenin mit Karl Marx läßt allerdings zugleich deren Unterschiede erkennen. Marx ist ein originaler Theoretiker, aber ein alles in allem wenig begabter Organisator. Demgegenüber zeichnen sich Lenins Theorien weder durch große Originalität noch durch brillante Beweisführung, noch durch hinreißende sprachliche Kraft aus. Als Organisator und politischer Taktiker ist Lenin hingegen erstklassig. So kommt es, daß Marx zwar über den 18. Brumaire des Louis Napoleon oder über den Kommuneaufstand von 1871 geistvolle Essays verfaßt, aber keine Revolution zustande bringt, während Lenin zum Gründungsheros des Sowjetreichs wird.

Im nachhinein wird freilich jede einzelne Schrift Lenins als sehr scharfsinnig erachtet. Doch vielfach greift er nur das auf, was in der Luft liegt. Die Überzeugung, daß in Rußland keine Bauernrevolution Erfolg haben wird, sondern nur die Abfolge von bürgerlicher Revolution und Revolution der Arbeiterklasse, ist schließlich seit Anfang des 20. Jahrhunderts weithin Gemeingut der russischen Marxisten. Selbst Lenins vielgerühmte Theorie vom Imperialismus als höchster Stufe des Kapitalismus ist bloß eine Vergröberung der Analysen von John Hobson. Den ehrgeizig-schwerfälligen Traktat »Materialismus und Empiriokritizismus« belegt Maxim Gorki anläßlich einer heftigen Diskussion im Jahr 1908 auf Capri mit den abwertenden Urteilen »oberflächlich«, »unsachgemäß«, »talentlos«, ein »Kinderbuch«, Beweis für die Frechheit und Unwissenheit des Verfassers.[17]

Liest man Lenins philosophische oder politökonomische Schriften unvoreingenommen und ohne sich vom Ruhm des angeblich genialsten aller Revolutionäre blenden zu lassen, so erkennt man doch bald die engen Grenzen dieses Fanatikers. Bertrand Russell, der ihn im Mai 1920 recht unvoreingenommen aufsuchte, schrieb beim Rückblick auf die Unterredung enttäuscht: »Ich glaube nicht, daß ich ihn vorher für einen großen Mann gehalten hatte, aber im Laufe unserer Unterhaltung wurde ich mir vor allem seiner intellektuellen Grenzen bewußt und seiner eher beschränkten marxistischen Orthodoxie, wie auch eines deutlichen Hanges zu boshafter Grausamkeit.«[18] Als Theoretiker ist Lenin in der Tat häufig unpräzise, nicht subtil, flach, oft unoriginell, widersprüchlich, von primitiver Polemik und von quälender Langeweile. Als Praktiker des Willens zur Macht ist er indessen unübertroffen.

Seine erste politische Leistung besteht darin, die Chaoten zu organisieren. Aus den marxistischen Exilanten, die sich in sektiererischer Vereinzelung unaufhörlich miteinander streiten, formt dieser unduldsamste aller Sektierer eine kleine Gruppe von halbwegs disziplinierten Berufsrevolutionären. Das 20. Jahrhundert, dies weiß er, ist das Zeitalter der politischen Parteien. Je hierarchischer sie organisiert sind, meint er, um so schlagkräftiger sind sie. So entwickelt er erst im Exil und nach der Machtergreifung im russischen Großreich das Konzept einer Parteiherrschaft völlig neuen Typs. Solange Lenin lebt und noch ein paar Jahre darüber hinaus, bis Stalin ihnen den Garaus macht, werden die Führer der Bolschewiken zwar immer noch über jeden Schritt unablässig diskutieren, sich letztlich aber doch der Willenskraft Lenins und dann der seines Nachfolgers unterwerfen.

Viele der zeitgenössischen Beobachter und der späteren Biographen stimmen darin überein, daß Lenin vor allem ein begabter Organisator war, darin Stalin und Hitler ebenbürtig, während ihn der unordentliche Mao Tse-tung in diesem Punkt nie erreicht hat. Er besitzt ein hervorragendes Talent, für die Aktivitäten der Bolschewiki Geld zu beschaffen. Bezüglich der Herkunft dieser Mittel kennt er keinerlei Skrupel. Ob sie aus Banküberfällen stammen oder, wie im Krieg, vom deutschen Geheimdienst, kümmert ihn wenig. Dieselben Charakteristiken kehren immer wieder: kalte Überlegenheit, Durchsetzungsvermögen in innerparteilichen Machtkämpfen, Sinn fürs Detail und praktisches Verständnis, sofern es um die konkrete Durchführung der Revolution geht. Auf H.G. Wells, der sich im Herbst 1920 mit ihm im Kreml ganz entzückt unterhält, wirkt »dieser kleine, erstaunliche Mann« deshalb so erfrischend, weil er offen zugibt, wie gewaltig und kompliziert das Unterfangen ist, das Projekt Kommunismus in Rußland zu verwirklichen.[19]

Lenins enorme Willensstärke steht außer jedem Zweifel. Hätte Nietzsche nicht zuvor schon das Schlagwort »Wille zur Macht« in Umlauf gebracht, müßte es zur Kennzeichnung Lenins erfunden werden. Er besitzt auch große Vitalität, verbunden mit Diszipliniertheit und klarem Sinn für das gerade eben noch Machbare. Außerdem ist er ein geschickter, gnadenloser Debatter. Derlei lernt man in fast dreißig Jahren im Exil oder im Untergrund. Wie die Praxis der von ihm errichteten Herrschaft beweist, ist zwar auch sein eigenes Theoriegebäude eine einzige Ansammlung von Ungereimtheiten. Obwohl er sich ein Vierteljahrhundert in den entwickelten Industriegesellschaften des Westens aufhielt, hatte er von dem, was sie prosperierend machte, nur ganz verquere Vorstellungen. Die komplizierte Wirtschaft des damaligen Schwellenlands Rußland kannte er erst recht nicht. Doch unter vielen Wirrköpfen oder halbgebildeten Machern ist ein unbedenklicher, organisationsbegabter Einäugiger König. Sie bewundern seinen theoretischen Durchblick und beugen sich der diktatorischen Strenge.

In den langen Jahren, da er unter den linksradikalen Exilrussen um politischen Einfluß ringt, bewährt er sich auch, um das Bibelwort abzuwandeln, als revolutionärer »Menschenfischer« von hohen Graden. Interessant ist beispielsweise, wie der eben aus Rußland entkommene Trotzki die erste Begegnung mit Lenin im London des Jahres 1902 schildert. Als Trotzki auftaucht, liegt Lenin noch im Bett. Er unternimmt dann mit dem Neuankömmling aus dem russischen Untergrund einen langen Spaziergang durch die Stadt, macht ironisch auf Sehenswürdigkeiten aufmerksam, die Trotzki gar nicht interessieren (»Das ist ihr berühmtes Westminster!«), erweist sich als ruhiger Zuhörer und sucht den Unbekannten unmerklich zu examinieren.[20]

Ilja Ehrenburg berichtet gleichfalls bewundernd von Begegnungen im Pariser Emigrantenmilieu des Jahres 1909. Ehrenburg ist damals stolze sechzehn Jahre alt, hat aber immerhin schon eine Verhaftung hinter sich und nimmt beglückt wahr, wie der unter den Revolutionären in Rußland schon hochberühmte Lenin dem »Bengel« das Gefühl zu vermitteln versteht, daß er ihn ernst nimmt.[21]

Bei der Revolution von 1905 ist Lenins revolutionärer Elan jedoch noch auffällig gebremst, ganz anders als 1917. Ein Grund dafür ist möglicherweise darin zu sehen, daß physische Tapferkeit nicht zu seinen besonders ausgeprägten Charaktereigenschaften gehört. Als im Februar 1905 erstmals in Sankt Petersburg die Revolution ausbricht, beschränkt er sich über lange Monate hinweg darauf, aus dem sicheren Exil seine Anhänger zu terroristischen Gewalttaten aufzuhetzen. Er berauscht sich geradezu bei der Vorstellung, welche Mordwerkzeuge sie zum Einsatz bringen sollten: Gewehre, Revolver, Bomben, Messer, Schlagringe, Stöcke, petroleumgetränkte Lumpen, um Brände zu entfachen, Stricke oder Strickleitern, Schaufeln zum Barrikadenbau, Schießbaumwolle, Stacheldraht, Nägel gegen die Kavallerie und so weiter und so fort. Hoch von den Dächern sollen die revolutionären Kampfgruppen Steine auf die Truppen schleudern und sie mit kochendem Wasser übergießen. Spione, Polizisten, Gendarmen – sie alle sollen getötet, Polizeistationen in die Luft gesprengt werden.[22] Doch wagt sich Lenin erst im Oktober nach Rußland, bleibt aber auch dann noch vorsichtig im Hintergrund. Als er einmal persönlich bei einer Massendemonstration zugegen ist, die von Kosaken mit den Säbeln auseinandergetrieben wird, erweist er sich als Ritter von der traurigen Gestalt. »Lenin rannte als erster davon. Er sprang über eine Barriere und verlor dabei seine Melone. Sein kahler, schweißbedeckter Schädel glänzte in der Sonne. Dann stürzte er, rappelte sich wieder auf und rannte weiter«, erinnert sich später Tatjana Alexinskaja.[23] Er ist am härtesten, wenn er sich weit vom Schuß befindet.

So sinnt man immer wieder dem Problem nach, warum sich ausgerechnet dieser Mann im Schicksalsjahr 1917 durchsetzen konnte und wie er sich dann in den kritischsten Jahren von 1917 bis 1924 an der Spitze des Sowjetstaates gehalten hat. War er tatsächlich »ein Genie«, wie dies hunderttausendfach behauptet wurde, nachdem die Macht konsolidiert war? Oder ist er eben doch nicht viel mehr als ein vom Glück begünstigter Putschist, dem ein riesiges Land unter einmaligen Umständen zum Opfer fiel?

Die erste Antwort auf diese Frage muß lauten: Lenin besaß das richtige Revolutionskonzept. Seit dem Jahr 1905 hatte er sich eine Revolutionsstrategie zurechtgelegt, die 1917 Erfolg hat. Charakteristischerweise kam die entscheidende Idee nicht von ihm selbst, sondern von Trotzki und dem »Freibeuter der Revolution« Parvus-Helphand.[24] Die Mehrheit der russischen Sozialdemokraten hatte damals und später für ein Zweiphasenmodell plädiert: zuerst die bürgerliche Revolution, später die der Arbeiterklasse. Die Anarchisten drangen auf permanente Revolution. Parvus-Helphand hingegen hielt es für möglich, die bürgerliche Revolution bruchlos in eine sozialistische Revolution zu überführen. Der durchgehend wenig originelle Lenin polemisierte erst dagegen und übernahm dann das Konzept. Von nun an stand ihm die Fata Morgana eines bewaffneten Aufstands der Bolschewiki vor Augen.

Hinzu kommt ein Weiteres. Lenin trägt keinerlei Bedenken, à la Baisse zu spekulieren. Er weiß, daß die Bolschewiki nur dann Erfolg haben können, wenn Europa zusammen mit Rußland im Chaos versinkt. Bereits vor dem Kriegsausbruch hat er das destruktive Potential der Nationalitätenfrage genau erkannt und plädiert deshalb für das Selbstbestimmungsrecht der Nationalitäten, wohl wissend, daß dies den Zentralstaat zerbrechen wird. Als im August 1914 die Kanonen zu donnern beginnen, verzichtet er darauf, gleich zahlreichen anderen Sozialisten undifferenziert die Friedensschalmei zu blasen. Zwar arbeitet auch er nach Kräften mit defätistischer Antikriegspropaganda. Aber er verbindet damit eine furchtbare Parole: Die kriegsmüden Völker sollen den Krieg in den Bürgerkrieg übergehen lassen, um bei dieser Gelegenheit die Adelskaste und die Bourgeoisie zu vernichten, die für die Kriegskatastrophe verantwortlich sind. An dieser Grundlinie hält er während des ganzen Krieges fest. Daß das nicht ohne physische Ausrottung oder Austreibung der herrschenden Klassen möglich sein würde, ist ihm völlig klar.

Gewiß verfehlt Lenin nie, die Befreiung des Proletariats, das Absterben des Staates und den Aufbau einer neuen Gesellschaft zu beschwören. Aber in Wirklichkeit sind ihm die menschlichen Kosten der Revolution gleichgültig. Maxim Gorki, der Lenin gut kannte, meinte, Individuen seien für ihn ziemlich bedeutungslos gewesen: »Er dachte nur an Parteien, Massen, Staaten …« War er also so etwas wie »eine denkende Guillotine«? Jedenfalls, urteilte Gorki, war er ein Misanthrop, der das Volk nur im allgemeinen liebte, wenn er weit in die Zukunft blickte – »doch dies durch Nebelbänke voller Haß«. Selbst die Arbeiter betrachtete er als geschichtlichen Rohstoff. »Die Arbeiterklasse ist für ihn das, was für den Metallarbeiter das Erz ist«, hat Gorki im November 1917 gewarnt.[25] Adolf Hitler wird später seine lieben Deutschen genauso sehen.

In zahlreichen Äußerungen läßt Lenin schon vor der Machtergreifung keinen Zweifel daran, daß die gegnerischen Klassen – Feudaladel, Kapitalisten jeder Art, bürgerliche Intelligenz, die Popen, aber auch die Kulaken – kein Existenzrecht hätten. Ob das nur eine schonungslose politisch-gesellschaftliche Unterdrückung bedeuten würde oder die massenhafte physische Liquidierung, blieb noch etwas im unklaren. Aber er wußte, daß man die Eier zerschlagen muß, wenn man ein Omelett backen will.

Als erster der revolutionären Tyrannen des 20. Jahrhunderts kündigt er somit schon lange im voraus an, wie er zu regieren gedenkt. Hitler und Mao Tse-tung, die beiden anderen Größen, die sich aus dem Nichts zur Spitze hochkämpfen müssen, verhalten sich später genauso. In Lenins Fall ist der Zweite Kongreß der Russischen Sozialdemokratischen Arbeiterpartei im Jahr 1903 in Brüssel so etwas wie die Stunde der Wahrheit. Nach Meinung vieler, die zwar den Sozialismus wollen, doch irgendwie in halbwegs humanen und demokratischen Formen, dekuvriert er sich hier als naßforscher Möchtegerntyrann. Wütend versucht er, alle auf das Konzept einer konspirativen Organisation von Berufsrevolutionären zu verpflichten, die einer diktatorischen Führung zu folgen haben. Er entfremdet sich dabei auch den bei vielen Sozialisten in Rußland geradezu legendären Parteiführer Plechanow. In die erbitterten Auseinandersetzungen spielt nicht zuletzt ein Generationskonflikt mit hinein. Plechanow, den manche schon »den Alten« nennen, ist 1903 zwar erst 47 Jahre alt, doch der zu allem entschlossene Jungrevolutionär Lenin ist 33.

Plechanow bemerkt kritisch, Lenin habe die Idee der Diktatur des Proletariats mit der Diktatur über das Proletariat verwechselt, und unterstützt nun mehr und mehr die gemäßigteren Menschewiken. Selbst Lenins bisher getreuer Freund Martow wendet sich von ihm ab. Trotzki bezeichnet Lenin als einen »Despoten und Terroristen«. Er wolle eine pseudojakobinische Diktatur über die Massen errichten, einen Ausschuß zur öffentlichen Sicherheit über die Partei stellen und alle Widersetzlichen durch die Guillotine ausrotten.[26]

Offenkundig gehört Lenin also ähnlich wie seinerzeit Cromwell, Robespierre oder Marat zur Rasse der kalten Ungeheuer, die im 20. Jahrhundert bald in vielen Ländern auftreten. Persönlich ist er bedürfnislos. Soweit ersichtlich, läßt er sich auch nicht von persönlicher Rankünе oder von Verfolgungsängsten leiten, wie Stalin das später tun wird. Es geht ihm um die Sache, und nur um die Sache der Revolution.

Der späteren offiziellen Fama zufolge war die Revolution seine einzige Geliebte. Seine langjährige Verbindung mit Nadeschda Krupskaja scheint dies zu bestätigen. Damals tritt in Rußland jener Typ der äußerlich reizlosen, dafür aber fanatisch fleißigen Revolutionsbiene auf. Die Krupskaja stammt aus abgestiegener adliger Familie, ist ursprünglich Lehrerin, glühende Marxistin, voller Enthusiasmus für die Arbeiterbildung, aber auch zu jeder Art von Flugblatt-Agitation und zu anderen subversiven Tätigkeiten freudig disponiert.

Die beiden heiraten 1898 in der sibirischen Verbannung. Seither dient die Genossin Krupskaja Lenin und gleichzeitig der Revolution, zieht mit ihm von Stadt zu Stadt und findet sich schließlich an seiner Seite im Kreml. Sie ist kein Gegengewicht gegen seine fanatische Einseitigkeit, bestärkt ihn vielmehr darin und ermuntert alle, die sich vom leninschen Fanatismus anstecken lassen. Im Rückblick meint Trotzki, die Krupskaja sei »Mittelpunkt der gesamten Organisationsarbeit« gewesen.[27] Nach Lenins Tod schreibt sie dann noch die Heiligenlegende, aus der alle Biographen zu schöpfen haben.[28]

Lenin entkommt ihr nicht, will ihr gar nicht entkommen. Doch ganz läßt sich seine Sexualität nicht unterdrücken. Schließlich entdeckt er einen anderen Typ von Anhängerin – die attraktive, brillante, zugleich aber schwer steuerbare Inès Armand. Seit 1910, als er in Paris mit ihr zusammentrifft, lebt er mit Duldung der Krupskaja in einem Dreiecksverhältnis. Dieses lockert sich immer nur dann, wenn die unruhige Inès Armand einen anderen Liebhaber hat.

Auch sie ist eine Revolutionärin von recht freier Lebensweise. Die gefeierte Schönheit, Tochter eines französischen Opernsängers, die den reichen Unternehmer Armand geheiratet und ihm vier Kinder geboren hatte, verläßt diesen, zieht zu seinem jüngeren Bruder, von dem ihr fünftes Kind stammt, und ist seither in sibirischer Verbannung oder im Exil anzutreffen.

Daß sie Lenin stark fasziniert und beunruhigt hat, kann vermutet werden. Doch eindeutige Belege für eine große Leidenschaft fehlen. Was aus dem Briefwechsel der beiden veröffentlicht wurde, ist teilweise zurechtgemacht. Inès Armand ist von Lenin für konspirative Aufgaben eingesetzt worden. Aber er sieht in ihr offenbar viel mehr als nur eine Genossin. Als sie 1920 im Kaukasus an Typhus stirbt, ist Lenin, so berichtete Madame Kollontai, »gar nicht wiederzuerkennen«. Der Machthaber des Sowjetstaates sei damals mit geschlossenen Augen im Trauerzug einhergeschritten: »Wir glaubten jeden Moment, er werde zu Boden stürzen.«[29]

Bis zum Frühjahr 1917 ist Lenin jedoch ein sehr frustrierter Revolutionär. Damals ist er bereits 47 Jahre alt, davon hat er 17 im Exil verlebt. Schon setzt er dann und wann unter einen Brief die Unterschrift »der Alte«. Seit Kriegsbeginn sitzt er in der Schweiz auf dem trockenen, wenngleich unablässig konspirierend, schreibend und planend. Er ist zwar davon überzeugt, das richtige Konzept zu haben, kann aber überhaupt nichts bewirken. Kein Gedanke daran, daß er kurz davor steht, das ganze Jahrhundert in eine neue Richtung zu stoßen.

Die Kräfte und Spannungen, die der Krieg in den Gesellschaften des Westens entfesselt hat, vermag er vom Schweizer Hochsitz aus viel genauer zu erfassen als das, was sich im fernen Rußland zusammenbraut. Kein Wunder, daß er die Weltrevolution in den Knochen spürt, aber von der Februarrevolution in Rußland völlig überrascht wird.

Noch im Januar 1917 hält er im »Zürcher Volkshaus« einen Vortrag über die Revolution von 1905. Die Zuhörer vernehmen, wie dieser eigenartige Russe weitschweifig die seinerzeitige Lage analysiert. Er hat zwar keinen Anlaß, darauf hinzuweisen, daß er selbst im Jahr 1905 zu spät kam und den richtigen Moment verpaßt hat. Wohl aber formuliert er die Vermutung, ähnlich wie damals werde es in den nächsten Jahren in ganz Europa zu Volkserhebungen kommen. Doch dann macht er eine Einschränkung: »Möglicherweise werden wir, die Älteren, die entscheidenden Schlachten dieser Revolution nicht mehr erleben ...«[30]

Drei Monate später ist alles verändert. Die neue kommunistische Zeitrechnung beginnt eigentlich am Abend des 3. April, als Lenin, von Stockholm her kommend, am Finnländischen Bahnhof in Petrograd eintrifft. Die Deutschen hatten ihm bekanntlich raffiniert und verblendet zugleich den berühmten »plombierten« Zug von der Schweiz nach Saßnitz zur Verfügung gestellt. Zwar sind die Bolschewiki immer noch schwach und trauen sich nichts zu. Doch in Petrograd besitzen sie die stärkste Parteiorganisation in ganz Rußland. Erstmals wird Lenin öffentlich wie ein ganz großer Mann empfangen. Ein paar tausend Soldaten und Arbeiter umjubeln ihn. Wie ein Triumphator zieht er in einem Panzerkorso in die Stadt, dessen Tanks von einer in Petrograd stationierten Panzerdivision zur Verfügung gestellt worden sind. Trotzki, der selbst nicht dabei war, aber viele Teilnehmer gesprochen hatte, hat die Szene für die Heldenchronik der Revolution festgehalten: »Die Soldaten verlangten, daß Lenin auf einem Panzerwagen Platz nähme, und es blieb ihm nichts übrig, als diese Forderung zu erfüllen. Die herabgesunkene Nacht gestaltete den Zug besonders imposant. Bei gelöschten Lichtern der übrigen Panzerwagen durchschnitt der Scheinwerfer des Autos, in dem Lenin fuhr, grell die Finsternis.«[31]

Lenin verliert keinen Moment, die Genossen auf seinen mehr als riskanten Revolutionskurs einzuschwören. Offenbar ist er mit dem festen Entschluß nach Petrograd gekommen, nur ja nicht die Fehler des Jahres 1905 zu wiederholen. Als Redner kann er es zwar mit Trotzki nicht aufnehmen. Doch die neunzigminütige Ansprache, die er nach der Ankunft im Kshesinskaja-Palais, dem Hauptquartier der Bolschewiki hält, gleicht, so erinnert sich später ein Teilnehmer, einem Elementarereignis.[32]

Sein Programm ist so radikal und sein Auftreten so fanatisch, daß ihn viele anfänglich für einen Abenteurer halten. Denn er propagiert nichts anderes als den sofortigen Übergang von der bürgerlich-demokratischen zu einer sozialistischen Revolution. Aber innerhalb weniger Tage zwingt er die Zögernden vorerst auf seinen Kurs, oder er überspielt sie.

In der Revolutionsgeschichte des 20. Jahrhunderts wird man von Piłsudski über Nehru bis Khomeini oder Nelson Mandela immer wieder dem Phänomen des im revolutionären Milieu legendären Führers begegnen, der aus dem Exil oder aus dem Gefängnis zurückkommt und sich unvermutet den Führern vor Ort, einer komplexen Lage und nicht zuletzt den Massen gegenübersieht, die nach Orientierung verlangen. Lenin ist der erste von ihnen. Die schonungslose Entschlossenheit, mit der er alles vorantreibt, ist seither immer wieder analysiert, bestaunt und nachgeahmt worden.

Wenn es eines Beweises für die überragende geschichtliche Bedeutung einer Einzelpersönlichkeit bedürfte, so wäre dies Lenin im Petrograd des Jahres 1917. Vor seinem Eintreffen wagen die Führer der Linksradikalen von einer raschen Machtergreifung nicht einmal zu träumen. Im April 1917 sehen viele in ihm einen fanatischen Phantasten. Selbst im September 1917 ist die Meinung im Zentralkomitee der Bolschewiki noch recht unentschlossen. Lenin droht damals mit

*Lenin mit einer Gruppe von Kommandeuren vor einem Aufgebot der Roten Armee, Mai 1919, auf dem Roten Platz in Moskau.*

Rücktritt. Er weiß nämlich, daß auf den 12. November die Wahl einer verfassunggebenden Versammlung festgesetzt ist, die am 28. November zusammentreten soll. Hätte diese erstmals in der russischen Geschichte demokratisch gewählte Konstituante ihre Arbeit unbehindert aufnehmen können, wäre das 20. Jahrhundert vielleicht in eine ganz andere Richtung verlaufen. Im kritischsten Moment der Entwicklung ist aber mit Lenin ein Antidemokrat zur Stelle, der die Evolution der Demokratie kupiert und eine moderne Tyrannis errichtet.

Kein Revolutionär vor oder nach Lenin ist jedenfalls so rasch und so unwiderruflich zum Titanen eines neuen Zeitalters geworden. Hitler braucht dreizehn Jahre, bis er sich hochgekämpft hat, und Mao Tse-tung mehr als zwei Jahrzehnte. Zudem ist beider Werk nicht von langer Dauer. Viele andere erfolgreiche Revolutionäre bleiben weltgeschichtlich ohnehin zweitrangige Figuren, weil sie nicht an die Spitze von echten Großmächten gelangen. Lenin aber genügen knappe sieben Monate. Vor der Ankunft in Petrograd ist er allenfalls unter den

*Lenin bei einer Rede in Moskau am 5. Mai 1920. Das Photo ist nicht nur ein Spitzenprodukt leninistischer Revolutionspropaganda, sondern zugleich ein Paradebeispiel photographischer Geschichtskorrektur. Das Photo mit Trotzki rechts unten wurde nach dessen Sturz gegen eines ohne ihn ausgetauscht.*

europäischen Sozialisten, bei der Ausländerpolizei und im deutschen Auswärtigen Amt eine bekannte Größe, und zu dem eben genannten Vortrag im »Zürcher Volkshaus« finden sich im Januar 1917 nur ein paar Studenten ein.[33] Doch schon im Juni 1917 zittert das bürgerliche Rußland vor ihm. Ende Oktober 1917 hat er schließlich die beiden wichtigsten Städte Petrograd und Moskau fest unter Kontrolle. Spätestens im Herbst 1918, als die Revolutionen über Wien, Budapest und Berlin hinweggehen, ist er bereits in den Rang einer weltgeschichtlichen Größe emporgestiegen. Die Sympathisanten der russischen Revolution feiern ihn. Die von Ausrottung bedrohten Klassen in Rußland und Millionen von Menschen im westlichen Europa halten ihn für ein Genie der Zerstörung und des weltrevolutionären Umsturzes. Bald beginnen ihn sogar die im Weltkrieg siegreichen Regierungen der Entente zu fürchten.

Zu den Sympathisanten gehört beispielsweise der immer etwas romantische amerikanische Revolutions-Globetrotter John Reed. Im Jahr 1917 und bis zum Frühjahr 1918 ist dieser linksradikale Reporter in Petrograd ein »participant observer« der Revolution. Seine 1919 in den USA erscheinende Reportage wird bis zum Ende der Sowjetunion zu einem Kultbuch amerikanischer Linksradikaler. »Zehn Tage, die

die Welt erschütterten« – das ist nicht die präzise Darstellung eines Putsches, sondern ein breit ausgemaltes Revolutionsdrama mit zwei überragenden Helden: Trotzki und Lenin. Von den beiden ist Lenin der größere. Reeds Schilderung des Zweiten Gesamtrussischen Sowjetkongresses am 8. November 1917 im Smolny fixiert bereits das Heroenbild, das später auch in einer Unzahl von Geschichtswerken vielfach variiert wird: »Es war genau 8 Uhr 40, als ein Ausbruch jubelnder Begeisterung den Eintritt des Präsidiums, mit Lenin – dem großen Lenin – in seiner Mitte, ankündigte. Eine untersetzte Gestalt mit großem, auf stämmigem Hals sitzendem Kopf, ziemlich kahl. Kleine, bewegliche Augen, großer sympathischer Mund und kräftiges Kinn; jetzt rasiert, der bekannte Bart jedoch, den er fortan wieder tragen würde, schon wieder sprossend. In abgetragenem Anzug, mit Hosen, viel zu lang für ihn. Zu unauffällig, um das Ideal eines Mobs zu sein, aber doch geliebt und verehrt wie selten ein Führer in der Geschichte. Ein Volksführer eigener Art – Führer nur dank der Überlegenheit seines Intellekts; nüchtern, kompromißlos und über den Dingen stehend, ohne Effekthascherei – aber mit der Fähigkeit, tiefe Gedanken in einfachste Worte zu kleiden und konkrete Situationen zu analysieren. Sein Scharfsinn ist verbunden mit der größten Kühnheit des Denkens.«[34]

Das Leninbild der Gegner ist freilich anders. Fast zur gleichen Zeit, da John Reed und viele andere die Oktoberrevolution als Befreiung des russischen Volkes und »neue Epoche der Menschheit« preisen[35], konstatiert Winston Churchill im April 1919: »Von allen Tyranneien, die in der Geschichte aufgetreten sind, ist die der Bolschewiken die schlimmste, die destruktivste und die erniedrigendste.«[36] Churchill ist aber nur einer von vielen angsterfüllten Beobachtern im damaligen bürgerlichen und christlichen Europa, wennschon einer der einflußreichsten.

Im zeitgenössischen Deutschland werden solche Einschätzungen weitgehend geteilt. So kann man beispielsweise in den Novembertagen 1918, als das deutsche Kaiserreich in sich zusammensinkt, im Zentrumsorgan »Germania«, das auch dem damaligen Kölner Oberbürgermeister Adenauer zur täglichen Lektüre dient, folgendes lesen: »Zwei Strömungen haben die Welt erfaßt und kämpfen in gewaltigem Ringen um die Vorherrschaft: die Demokratie und der Bolschewismus ...«[37] Ein paar Wochen später wird im selben Blatt die Alternative personalisiert: »Wilson oder Lenin?«[38] Dort ist auch schon, unter Bezugnahme auf den sozialdemokratischen »Vorwärts«, vom »Bolschewismus asiatischer Prägung« die Rede – eine Anspielung auf Lenins angeblich tatarische Herkunft.[39] Der Terminus hält sich. Im März 1946 wird Konrad Adenauer in einem angsterfüllten Brief an den nach den USA emigrierten SPD-Politiker Sollmann schreiben: »Die Gefahr ist groß. Asien steht an der Elbe.«[40]

Vom Zeitpunkt der Oktoberrevolution an ist der reale Lenin vom global wahrgenommenen Lenin-Image überhaupt nicht mehr zu trennen. Die Anhänger und die Feinde sehen in ihm nun alles verkörpert, was sie von der Revolution erhoffen oder befürchten. Man haßt in ihm den Hauptschuldigen am Massenterror der russischen Revolution und an der Zerstörung des alten Rußland. Er gilt als geniales Meistergehirn der Weltrevolution. Weltweit verehren ihn aber auch schon Millionen als Begründer einer neuen Gesellschaft, die den neuen Menschen hervorbringt. Chaos, Terror, innere und äußere Gefährdung, aber ebenso Hoffnung auf eine neue Ordnung – er steht für beides.

Heute findet sich kaum mehr ein ernstzunehmender Historiker, der nicht einräumen würde, daß Lenin die erste der großen monströsen Gestalten war, die im 20. Jahrhundert aufgetreten sind. Wie im Falle Hitlers und Stalins schon lange, wird nun auch bei ihm die zweifellos gewaltige historische Leistung von der moralischen Verwerflichkeit überlagert.

Wann wurde Lenin zum Massenmörder? Zweifellos liegt der Terror in der Konsequenz des gesamten Leninschen Denkens. Doch es war ursprünglich ein rein gedanklicher Terrorismus. Vor dem 26. Oktober 1917, der vergleichsweise unblutig verläuft, hatte er keinen einzigen Menschen auf dem Gewissen. Trotzki berichtet von einer gespenstischen Szene. Kurz nach der Machtergreifung findet sich das Zentralkomitee in einem verräucherten Zimmer des Smolny ein – graugrüne, übernächtigte Gesichter, entzündete Augen und schmutzige Kragen. Die Anordnungen werden wie im Schlafe erteilt, in den Worten, meint Trotzki, »war etwas Somnambulisches, Mondsüchtiges.« Schließlich bemerkt Lenin zu Trotzki: »Wissen Sie, gleich nach den Verfolgungen und der Illegalität zur Macht …« Dann fährt er in deutscher Sprache fort: »Es schwindelt«[41], und bekreuzigt sich. Wer die Bluttaten ins Auge faßt, die von nun an durch Lenin, Trotzki nicht zu vergessen, ins Werk gesetzt werden, tut gut, sich diese psychologischen Voraussetzungen in Erinnerung zu rufen. Beides ist anfangs irgendwie unwirklich: die Gewaltphantasien und die Möglichkeit zu weiträumigen, politisch motivierten Massenmorden.

Lenins Terrorismus vor der Oktoberrevolution war rein intellektueller Natur, und auch nach der Machtergreifung verhält er sich im Grund nicht viel anders als vorher. Er ist ein Schreibtischtäter, wie er im Buch steht: Sitzungen im Kreis der engsten Gefährten, Analyse von zahllosen Informationen, Telefonate, nie abreißende Strategiediskussionen und komplizierte taktische Überlegungen. Da er jetzt unumstrittener Vorsitzender ist und vom mächtigen Prestige des siegreich bestandenen Abenteuers Revolution zehrt, vermag er seine Führungsrolle voll auszuspielen. Er bestimmt nun darüber, an welches Gremium die Informationen gelangen, wo die Entscheidungen fallen und wie die Entscheidungen aussehen. Die Genossen würden zwar immer noch gerne unendlich palavern. Doch in Revolutionen ist Zeit einer der knappsten Rohstoffe. So setzt er bis auf die Sekunde fest, wie lange jeder reden darf, und trifft dann die Entscheidungen. Schweigend zuhören, die Augen oft hinter der Hand verborgen, das Wesentliche erfassen, alsdann Beschlüsse und Dekrete formulieren, die anfangs mehr propagandistische als praktische Bedeutung haben – das ist eine seiner bemerkenswertesten Fähigkeiten.[42]

Doch die Auswirkungen seiner Entscheidungen sieht er nicht. Er besucht weder die Front noch die Hungergebiete, weder Konzentrationslager noch Gefängniszellen, und nimmt an keiner einzigen Massenexekution teil. Immer nur Sitzungen, häufiger Austausch von Zetteln, Studium von Telegrammen und Akten, gelegentlich Auftritte vor Auditorien, die mit Anhängern vollgepackt sind und dem großen Revolutionsführer applaudieren. Auch zur grausigen Ermordung der Zarenfamilie im fernen Jekatarinburg gibt der neue, im Kreml installierte rote Zar zwar grünes Licht, aber ohne die eigenen Hände zu beschmutzen.

Andere Mitglieder des Zentralkomitees können sich der Wirklichkeit nicht entziehen: Trotzki, Stalin, Swerdlow reisen unablässig im Land umher, sie haben mit eigenen Augen gesehen, was Terror ist, sie wissen, wie Leichenhaufen riechen und was die zur Alltäglichkeit gewordene Folter bedeutet. Lenin weiß es auch, aber er sieht nicht, was er anrichtet, fühlt deshalb auch nichts, will auch gar nichts fühlen. Die eigentliche Schmutzarbeit tun andere.

Ein derartig bürokratischer Führungsstil, den Stalin später kopiert, eignet sich zwar hervorragend, vom grünen Tisch aus gewaltige Veränderungen in Gang zu setzen. Er verführt aber zugleich dazu, den täglichen Strom der Entscheidungen gleichsam nur noch somnambul zu treffen.

Die abstrakte Grausamkeit der vorrevolutionären Theorien geht also im Falle Lenins ganz ungeschieden in den konkreten Terrorismus über, der aber gleichfalls unanschaulich und voluntaristisch ist. Bezeichnenderweise hebt er unmittelbar nach der Revolution alle rechtsstaatlichen Vorschriften auf, die unter der Zarenherrschaft mühsam genug durchgesetzt worden waren. Zugleich setzt er im ganzen Land Revolutionstribunale ein.

Das angebliche Gründungsdekret der Tscheka soll er am 2. Dezember 1917 selbst verfaßt haben, und ihr mörderischer Terrorapparat war von Anfang an dem Rat der Volkskommissare unterstellt, faktisch also

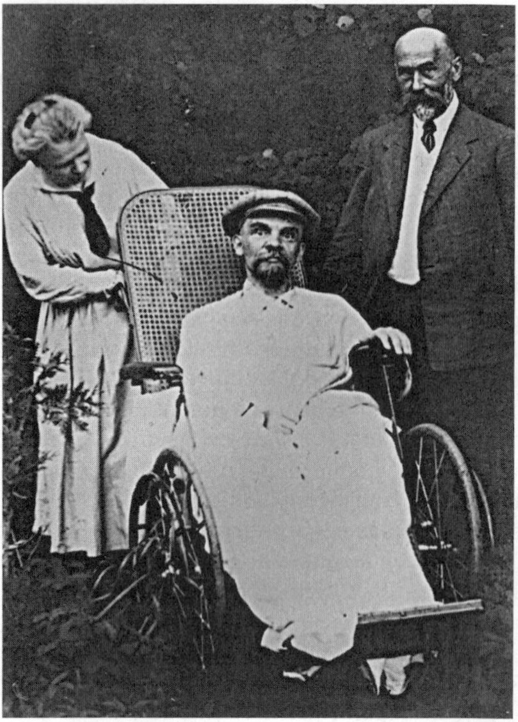

*Wie später auch Hitler, Stalin und Mao Tse-tung war Lenin in der letzten Lebensphase nur noch ein physisches Wrack, ohne aber die Macht aus der Hand zu geben. Das Bild zeigt ihn im Sommer 1923, von den Gehirnschlägen gelähmt, zusammen mit seiner Schwester Maria Uljanowa und einem Neurochirurgen.*

ihm persönlich.[43] Der Zeitpunkt, zu dem die Tscheka installiert wurde, ist nicht unwichtig. Die Gründung erfolgt bereits ein paar Monate bevor die Gegenrevolution spürbar einsetzt. Als dann die mit Expropriation, Auslöschung, Hunger und Verelendung Bedrohten zur Gegenwehr schreiten, ist dies erst recht ein Anlaß für unumschränkten Terror.

In größtem Stil wird der Massenterror Ende August 1918 proklamiert, zusammen mit den Berichten über das Attentat der Sozialrevolutionärin Fania Kaplan auf Lenin. Schon zwei Monate später beläuft sich die Zahl der Hingerichteten auf 10000 bis 15000. Man muß solche Mordtaten mit den Opfern des gestürzten Regimes vergleichen. In

102 Jahren zaristischer Herrschaft von 1815 bis 1917 sind insgesamt 6 321 Todesurteile wegen im weitesten Sinne politischer Delikte verhängt worden.[44]

Es ist müßig zu fragen, wie sich die Lage in Rußland *ohne* Lenins Putsch und ohne den von ihm initiierten Bürgerkrieg gegen den Klassenfeind entwickelt hätte. Tatsache ist jedenfalls, daß zuallererst er selbst und seine Anhänger es waren, die die Dialektik von Gewalt und Gegengewalt in Gang gesetzt haben. So gesehen trägt er die Hauptverantwortung für die Greuel und Menschenopfer des Bürgerkriegs.

Lenin hat den Terror aber nicht nur durch eine Reihe allgemeiner Erlasse organisiert. Es sind auch viele Einzelfälle bekannt, in denen er zu schärfstem Vorgehen aufgefordert hat. »Vernichten« ist damals eine seiner Lieblingsvokabeln. Im Dezember 1917, kurz nach der Machtergreifung, verfaßt er einen Aufsatz, in dem er die Reichen mit den Gaunern in eins setzt und diese als »Ungeziefer«, »Flöhe«, »Wanzen« oder »Parasiten« bezeichnet, von denen die russische Erde gesäubert werden müsse. Zu jenen Parasiten, deren »Ausrottung und Unschädlichmachung« er für geboten erachtet, rechnet er auch »die Tagediebe und Hysteriker unter der Intelligenz«.[45] Der terroristische Brutalismus seiner Sprache nimmt durchaus vorweg, was später auch bei Stalin und Hitler so abstoßend wirkt.[46]

Als der Zweite Gesamtrussische Sowjetkongreß unmittelbar nach der Oktoberrevolution – Lenin ist zufällig nicht anwesend – den Beschluß faßt, die Todesstrafe für Deserteure an der Front solle abgeschafft werden, reagiert Lenin voller Entrüstung. »Welch ein Unsinn!« ruft er aus, »wie will man eine Revolution machen ohne Exekutionen!«[47] Der Beschluß wird künftig von den Bolschewiki ignoriert. Erschießungen haben stets ein doppeltes Ziel: sie sollen Gegner vernichten, und sie sollen abschrecken.

So ist er mit Todesurteilen stets schnell zur Hand. Während einer Sitzung des Rats der Volkskommissare schiebt Lenin dem Tscheka-Chef Feliks Dserschinski einen Zettel zu mit der Frage: »Wie viele gefährliche Konterrevolutionäre?« Dieser antwortet: »Circa 1 500.« Lenin macht auf dem Zettel ein Kreuz, worauf 1 500 erschossen werden. Es paßt ins Bild, daß Lenins Sekretär später behauptet, dies sei ein Irrtum gewesen. Lenin habe nur vermerkt, die Sache sei erledigt.[48] Bezeichnenderweise trägt er auch Sorge, daß über seinen Anteil an der Ermordung der Zarenfamilie möglichst nichts durchsickert. Denn Lenin ist einer jener Tyrannen, die ihre Beteiligung an konkreten Mordtaten vorsichtig tief im dunkeln belassen. Diesen Zug hat er gleichfalls mit Hitler gemeinsam.

Die Gesamtzahl der Bürgerkriegsopfer schon unter Lenin läßt sich nur noch mittels demographischer Berechnungen ungefähr ermitteln.

Richard Pipes schätzt, daß vier Millionen bei den Kämpfen und Epidemien ihr Leben verloren haben. Fünf Millionen gingen bei der Hungersnot zugrunde, für die wiederum in erster Linie Lenin die Hauptschuld trifft. Zwei Millionen retteten sich durch Emigration. Andere Autoren geben noch höhere Zahlen an.[49]

Aber auch die anschließende Schreckensherrschaft Stalins wäre kaum möglich gewesen, hätte Lenin nicht die Strukturen zur Ausübung totaler Alleinherrschaft geschaffen. Alles, was in den letzten Jahrzehnten über Lenins Herrschaftsstil bekanntgeworden ist, läßt frühere Behauptungen als illusionär erscheinen, er habe eine Art Räte-Demokratie praktiziert oder zumindest erstrebt. Peter Scheibert, der über die ersten Jahre der Revolution von 1918 bis 1922 eine der gründlichsten Studien verfaßt hat, meint zu diesem Herrschaftsstil, in dem selbstherrliche, letztlich nur Lenin verantwortliche Kommissare regierten: »Unter der Hülle eines riesigen, unkoordinierten Apparates angeblicher Selbstbestimmung – den Räten – erstand in Gestalt der großzügig entsandten Kommissare die alt-russische, vor-staatliche Praxis selbstherrlicher ›Statthalter‹ neu, die sich und ihren Troß auf Kosten der Bevölkerung durchbrachten. Das Moskauer Rußland war auferstanden.«[50]

Das Moskauer Rußland – dies ist das Rußland der großen Zaren Iwan IV. und Peter I. Beide sind sie auf ihre Art große Modernisierer, beide aber auch große Ungeheuer. Besonders Stalin hat sie uneingeschränkt bewundert. Lenin muß auch deshalb als die zweite Urkatastrophe des 20. Jahrhunderts bezeichnet werden, weil er Stalin möglich gemacht hat.

Gewiß ist in Betracht zu ziehen, daß Lenin im April 1917 in ein Land kommt, das im Kriege verroht ist. Trotzki gegenüber rechtfertigt er den Terror gegen die Feinde gelegentlich damit, diese verfügten über »Hunderttausende von Leuten, die durch die Schule des Krieges gegangen sind«.[51] Das gilt aber nicht allein für die Gegenrevolution. Ganz Rußland ist voller Waffen und voller Soldaten, die töten gelernt haben. Man muß sie fürchten, man kann sie aber auch nutzen. Nicht allein der Krieg braucht Menschenmaterial, sondern auch die Revolution.

Ein Blick auf Vorgeschichte und Regierungsstil Lenins läßt verstehen, weshalb er an die Weltrevolution glaubt. Sie ist seine *idée fixe,* Frucht theoretischen Nachdenkens, letztlich ein Wunschtraum. Der Glaube an die Weltrevolution signalisiert aber zugleich Milieuschädigung. Wer sich fast zwei Jahrzehnte lang nur in einem Untergrund bewegt, in dem Möchtegern-Revolutionäre aus vielen Ländern ihre Obsessionen austauschen, hält es schließlich für wahrscheinlich, daß unter extremen Bedingungen vielerorts Revolutionen auslösbar sind.

*Stalin, die rechte Hand Lenins, der Mann für die Organisation, vor allem aber der Mann fürs Grobe.*

Und in der Tat scheinen Lenin die Revolutionen der Jahre 1917 bis 1919 recht zu geben.

Somit trägt er überhaupt keine Bedenken, die Revolutionierung der westlichen Welt nach Kräften zu fördern. Daß dies zu Gegenreaktionen der bedrohten Regierungen führen muß, ist ihm klar, erscheint ihm aber genauso wie der Klassenkampf im Innern ganz unvermeidlich.

Zwischen Defensive und Offensive will er nicht unterscheiden. Kaum sind die ausländischen Interventionen im Bürgerkrieg abgewehrt, da treibt er die Rote Armee auch schon zum revolutionären Angriffskrieg gegen Polen, um das Regime Piłsudskis zu stürzen und, so die Begründung, »den polnischen Arbeitermassen zu helfen«.[52] Das geht zwar gründlich daneben, und als Trotzki zum Frieden rät, weil die Truppen nicht mehr kämpfen wollen, bricht er das gescheiterte Unternehmen ab.[53] Doch schafft er damit ein Vorbild für weltrevolutionäre Offensive aus der Defensive heraus, in der dann Stalin im Zweiten Weltkrieg ein Meister wird.

Der Antisowjetismus in Europa, in den USA und in Japan, den die sowjetische Führung bis zum Ende der UdSSR kritisiert und bedauert, hat schon in Lenin einen Verursacher. Wer die Welt revolutionieren möchte, provoziert gegnerische Koalitionen.

Lenins taktisches Vorgehen in den folgenden Jahren und der Fortgang der Ereignisse sind in siebzig Jahren des Sowjetstaates und der Sowjetforschung so häufig wiedererzählt worden, daß sich jede Präzisierung erübrigt. Von nun an ist jedenfalls er es, der die Partei voranpeitscht: mit fanatischen Ansprachen, mit knapp formulierten Thesen und mit einem unablässigen Strom von Beschlußvorlagen. Noch als Ruine auf dem Krankenbett ist er unangefochten die Nummer eins, auf dessen Weisungen – von der Krupskaja auf Zettel geschrieben – man autoritätsgläubig wartet. Der bedenkenlose Generalsekretär Stalin wettert zwar gegen die »Weiberwirtschaft« im Umfeld des todkranken Lenin, wagt es aber nicht, ernsthaft aufzubegehren.

Schon zu Lebzeiten Lenins löst sich sein Bild zusehends von der realen Gestalt und nimmt übermenschliche Züge an. Dem unscheinbaren Mann mit der Ballonmütze strömt beides zu: die Verehrung der Anhänger und der verzweifelte Haß seiner Opfer. Im Sommer 1920 liest man im amtlichen Organ des Innenkommissariats: »Vor drei Jahren hat der neue Gott der Menschheit Lenin den Weg zur Herrschaft des Sozialismus gezeigt.«[54] Die Parteipropaganda beginnt, dem Diktator die Züge eines Messias zu verleihen. Die meisten Biographen Lenins sind allerdings der Meinung, er selbst habe diesen Personenkult nicht ausdrücklich gefördert, und tatsächlich ist der Führerkult zu seinen Lebzeiten noch weniger entwickelt als später bei Stalin, Hitler und Mao. Aber bereits während der langen Erkrankung Lenins gibt es kein Halten mehr.

Die letzte Stufe der Vergöttlichung ist erreicht, als das Politbüro beschließt, für Lenin ein Mausoleum zu erbauen und den mumifizierten Leichnam auszustellen.[55] Aufmerksame Beobachter erkennen sofort, was das bedeutet. Der Moskauer Korrespondent Paul Scheffer schildert am 16. Februar 1924 im »Berliner Tageblatt« nicht nur die Beisetzung selbst, an der angeblich 800000 bis 900000 Menschen teilnahmen. Er sieht auch schon Ansätze für eine »Übermenschlichung«. Soll die »Unsterblichkeitskommission« aus Lenins sterblicher Hülle eine Ikone machen?[56] Genau das ist vorgesehen. Die Vergöttlichung dieses glaubenslosen Revolutionärs durch eine gleichfalls atheistische Partei wird immer eine der großen Merkwürdigkeiten bleiben.

Als Lenin demonstrativ zur Ehre der Altäre erhoben wird, hat dies außerhalb Rußlands vorerst nur Kopfschütteln zur Folge. Sofern man kritischer darauf achtet, läßt sich der Vorgang als Beleg für kommunistischen Machiavellismus verstehen. Trotz atheistischer Propaganda und trotz der Christenverfolgung, so die Vermutung, sind die Millionen russischer Bauern immer noch religiös geprägt. Der Leninkult ist

»der erste entschiedene Schritt zu einer Traditionsbildung im Sowjetstaat«, wie Paul Scheffer registriert. Lenin wird in der Tat zur Ikone und deckt im atheistischen Staat das sonst unerfüllt bleibende religiöse Bedürfnis. Daß der Vorgang in den politischen Salons vielfach durchaus richtig eingeordnet wird, beweist eine Äußerung, mit der Carlo Sforza einen 1931 veröffentlichten Essay über Lenin einleitet: »Lenin ist seit 1924 tot; aber etwas viel Bedeutsameres und Komplizierteres als er, der Leninismus, lebt noch immer in Rußland – und zwar als eine Religion.«[57]

So weist die leninistische Sowjetunion schon 1925 viele Merkmale einer atheistischen Kirche auf: heilige Schriften einschließlich eines kurzgefaßten Katechismus, welche als wissenschaftliche Erkenntnis präsentiert werden, einen Religionsgründer, der als Heiland verehrt wird, fanatische Anhänger, eine hierarchisch disziplinierte Organisation, einen Sitz der Orthodoxie, bald auch eine Inquisition – die Reihe ließe sich fortsetzen. Man wird dabei an das Bonmot des Spötters Bernard Shaw erinnert, die Kunst des Regierens bestehe in der Organisation von Idolatrie.[58]

Doch damit ist die Vorbildhaftigkeit Lenins noch nicht erschöpft, wobei in der Außensicht die Gestalt des Gründers und das System kaum zu trennen sind. Von größter Bedeutung ist auch, daß die Unzufriedenen in aller Welt nunmehr zweierlei haben: eine Leitfigur, die vorexerziert hat, wie man gnadenlos Revolution macht und Bürgerkriege gewinnt, und einen Bestand faktischer Anweisungen zur Revolutionierung.

Lenin findet zahlreiche Nachahmer, und diejenigen Kommunisten, die beim Umsturz eigene Wege gehen möchten, sehen sich von vornherein im Rechtfertigungsnotstand. Aber Lenins Theorie dient ja nicht allein der Machtergreifung. Sein Gesellschaftsexperiment, die revolutionäre Sowjetunion, beansprucht gleichfalls Vorbildlichkeit.

Lenins Konzept der Weltrevolution lief der Oktoberrevolution in Rußland voraus. Die politische, sozioökonomische und kulturelle Ordnung der gesamten Menschheit sollte mit weltrevolutionärem Elan zerschlagen und dann neu konstruiert werden. In dieser Hinsicht ist Lenin für Generationen späterer Revolutionäre vorbildlich geworden. Seine Person, sein Konzept des bewaffneten Aufstandes, sein Staats- und Gesellschaftsmodell, auch sein Traum eines Exports der Revolution faszinierten weltweit – bis weit in die zweite Jahrhunderthälfte hinein, als die Revolutionäre selbst so ferner Länder wie Kuba und Nicaragua dies aufgriffen. In Machiavellis »Principe« findet sich die berühmte Formulierung, alle bewaffneten Propheten hätten gesiegt, die unbewaffneten seien zugrunde gegangen.[59] Lenin gilt in diesem Sinn als der größte aller bewaffneten Propheten des Jahrhunderts.

Kein Wunder, daß auch die Vorgänge beim Zusammenbruch des Sowjetimperiums an historisch wohlbekannte Abrechnungen mit einem verhaßten Aberglauben erinnern. Die siegreichen Christen liebten es, Götterstandbilder und Kaiseraltäre zu entweihen. Ähnlich zerstörten die Priester in den Reihen spanischer Konquistadoren die Götzenbilder des Azteken, und in der puritanischen Revolution bereitete es der Menge viel Freude, steinernen Madonnenfiguren den Kopf abzuschlagen und die Bilder von Heiligen zu verbrennen. Dasselbe Schicksal widerfuhr nun den riesigen Leninstatuen in den baltischen Republiken, in Prag, aber auch in vielen Städten der Sowjetunion selbst. Längst vor dem Umbruch war die Revolution Lenins versteinert. So folgt auf den Sturz der weltlichen Autoritäten, welche den Kult erzwungen hatten, die Schändung der Altäre.

Lenin stellte 1918 »Rußland auf den Kopf«, hat Marc Chagall gelegentlich bemerkt, »genau so, wie ich meine Gemälde hänge.«[60] Siebzig Jahre dauerte es, bis Rußland die Kraft zur Wiederherstellung der Normalität fand.

# »Eine Bestie, aber immerhin von Format«:[61] Stalin

»Lenin ist ein Wahnsinniger, sein Anhang besteht aus Lumpen« – so charakterisiert im Dezember 1919 der eben exilierte, einer großbürgerlichen Familie entstammende Vladimir Nabokov seinen Kommilitonen vom Trinity College zu Cambridge die neuen Herren Rußlands.[62] Später haben über siebzig Jahre kommunistischer Propaganda Lenin und seine revolutionären Mitstreiter gewissermaßen nobilitiert. Die schäbige Kate der Dschugaschwili im kaukasischen Gori, wo Stalin aufwuchs, wurde ähnlich ehrfürchtig in ein Heiligtum umgestaltet wie die Geburtsgrotte des Erlösers zu Bethlehem. In Wirklichkeit war aber die Russische Revolution die Machtergreifung sozial gestrandeter Existenzen oder von Brutalos niedrigster sozialer Herkunft. Und der proletarischste von ihnen allen war Stalin. Unter den Gewaltigen des 20. Jahrhunderts weist er die primitivste Herkunft auf.

Zwischen der feinen Gesellschaft Sankt Petersburgs, in der Nabokov aufwuchs, und dem Dritte-Welt-Milieu im fernen Georgien, aus dem Jossif Dschugaschwili sich emporzuarbeiten versuchte, liegen Welten.

Stalin ist also eine Gestalt von vorgestern und von morgen. Je beängstigender sich gegen Ende des 20. Jahrhunderts die demographische Situation in den Slums der Dritten Welt gestaltet, um so mehr wird die entwickelte Welt jene Millionen ungebildeter, harter, zu allem entschlossener junger Leute fürchten, die in Dreck, Kriminalität und Verachtung heranwachsen, vielleicht aber genauso zum Schicksal des 21. Jahrhunderts werden wie einstmals der schreckliche Georgier. Stalin ist ihr großer Vorläufer. Mit ihm gelangte erstmals ein roher Aufsteiger aus der Dritten Welt an die Spitze eines in den Ober- und Mittelschichten bereits ziemlich zivilisierten Landes.

Man hat später auf nach wie vor recht ungesicherter Quellenlage zahlreiche Überlegungen angestellt, wie Stalins imponierende Durchsetzungskraft zu erklären sei, aber auch seine exzessive Roheit. Über die Jugendjahre und die Vorgeschichte des Wegs in den Kreml wurde schon so viel geschrieben wie sonst nur noch über Adolf Hitler. Somit erübrigt sich jede Erörterung der mehr oder weniger komplizierten psychologischen Erklärungsversuche – Haß auf den gewalttätigen,

*Stalin, der Revolutionär, unter anderen nach Sibirien Verbannten (hintere Reihe, zweiter von links), 1912. Kurz zuvor war er im Januar desselben Jahres auf einer Geheimkonferenz in Prag auf Vorschlag Lenins in Abwesenheit zum Mitglied des Zentralkomitees der Bolschewiki bestimmt worden.*

trunksüchtigen, halbanalphabetischen Vater, verkrüppelter Arm, geistige Repression im Priesterseminar und anderes mehr.

Der grundlegende Sachverhalt ist doch darin zu sehen, daß Stalin einer jener zahllosen jungen Männer war, die im gnadenlosen Dschungel eines Dritte-Welt-Landes überlebt haben. Man hat viel von dem Schüler des Priesterseminars mit der schönen Singstimme hergemacht, der sich ungebärdig aufbäumt. Viel wichtiger aber ist wohl die spätere Prägung im bereits revolutionären Untergrund der Erdölarbeiter von Baku sowie die Teilnahme an jenen berüchtigten, »Expro« (Expropriationen) genannten Überfällen, bei denen revolutionäre Geldbeschaffung und autochthones Banditentum ungeschieden ineinander übergehen. Dazu kommt natürlich auch die hohe Schule des Knasts in der sibirischen Verbannung. Wer die Geschichte der revolutionären Guerilla im Lateinamerika der vergangenen Jahrzehnte studiert, aber auch die der Rote-Armee-Fraktion oder der italienischen

»Brigade Rosse«, entdeckt in dem jungen Stalin, der in Tiflis und anderswo Erpressungen, Geldüberfälle, wahrscheinlich auch schon erste Ermordungen organisiert, einen inzwischen wohlbekannten Typus.

Die späteren Wächter über die revolutionäre Heiligenlegende haben zwar mit Entrüstung den Vorwurf zurückgewiesen, der immer wieder verhaftete, eingelochte, deportierte und entfliehende Stalin habe wahrscheinlich doch mit der zaristischen Geheimpolizei Ochrana partiell zusammengearbeitet. Demgegenüber suchten die Feinde Stalins Indiz auf Indiz eben dafür beizubringen. Im Licht seither gewonnener Erfahrungen mit politischem Untergrund scheint es indessen eher unerheblich, ob und wie viele Gegner der Autoritäten er verpfiffen hat. Wesentlich ist nicht die Frage, ob jemand im revolutionären Untergrundkampf seine »Reinheit« bewahrt, was immer recht schwer ist, wenn nicht völlig unmöglich. Interessant ist allein das Endprodukt eines solchen Bildungsprozesses, das sich aus fast zwanzig Jahren Überlebenskampf im Dschungel ergibt.

Die Herkunft von ganz unten mag auch erklären, weshalb sich Stalin zeitlebens mit einer Clique umgibt, die ähnlich grob, unzivilisiert und opportunistisch ist wie er selbst. Unter denen, mit denen er eng zusammenarbeitet und die er später vielfach liquidiert, findet sich kein Intellektueller, kein eigenständiger Kopf, erst recht keine Persönlichkeit, die so etwas wie einen moralischen Kompaß besäße. Das hängt gewiß damit zusammen, daß die Führung der Bolschewiken nicht eben eine Auswahl des Besten ist, was sich in der russischen Gesellschaft findet. Doch bezeugt die trostlose Abfolge der Woroschilow, Kalinin, Mikojan, Molotow, Kirow, Jagoda, Beria, Chruschtschow, Malenkow, Schdanow, daß er sich nur im Kreis gewalttätiger und hündisch gehorsamer Kader wohl fühlt.

Daß Stalin seine Frau Nadeschda in den Tod trieb, vielleicht sogar selbst ermordete, fällt nicht aus dem Rahmen historisch bezeugter Tyrannen-Viten.[63] Sein Familienleben ist freudlos und vermittelt keine emotionale Stabilisierung.

Entsprechend primitiv sind seine Vergnügungen vor allem in den späteren Jahren: trostlose Schmausereien und Gelage bis weit in die Nacht hinein, oft aufgelockert durch Cowboyfilme oder durch Propagandastreifen, die ihn als großen Führer des Landes und Feldherrn zeigen, manchmal auch durch historische Monumentalschinken.

Indessen zeigen sich auch bei ihm deutlich ausgeprägte Merkmale eines begabten, lernwilligen Autodidakten. Es existieren Zeugnisse, daß er gerne las – historische Werke über berühmte Zaren, überhaupt viel zur russischen Geschichte, die Schriften der modernen Theoretiker des Sozialismus, auch die seiner Konkurrenten, in Maßen schließlich zeitgenössische russische Literatur und viele Zeitschriften.[64] Freilich fehlen ihm die kritischen Maßstäbe, und nach Art vieler Tyrannen verabsolutiert er seine eigenen Auffassungen.

Kein Wunder jedenfalls, daß eine derartige Gestalt voller Haß steckt und jede Menge offenen und versteckten Sozialneids pflegt. Aristokraten, Offiziere, zaristische Beamte, Besitz- und Bildungsbürger, doch auch »feiste« Kulaken haben von ihm kein Mitleid zu erwarten. Ihm sind aber auch alle Studierten zuwider, die große theoretische Sprüche klopfen, erst recht das kultivierte Bürgertum oder avantgardistische Literaten und Maler.

Im Vergleich mit den im Exil herumsitzenden und permanent diskutierenden Intellektuellen oder Halbintellektuellen weist ein derartiger junger Mann, der 1917 in Georgien oder in Sibirien bereits an die zwanzig Jahre härtester Prüfung überstanden hat, eine viel größere Durchschlagskraft auf. Er kennt das vorrevolutionäre Rußland, dessen Industrieproletariat, desgleichen die Stimmung unter den Nationalitäten auch ganz von unten. Er hat gelernt, daß im Dschungel nur die erbarmungslosesten der Raubtiere überleben. So verachtet er einerseits die Intellektuellen, auch wenn er zugleich wegen der Defizite der eigenen Bildung voller Ressentiments steckt. Die Grausamkeit, mit der er bei erster sich bietender Gelegenheit mit Trotzki, Bucharin, Kamenew oder Radek abrechnet, wird so verständlicher. Indem er die Intellektuellen vernichtet, triumphiert er zugleich über seine tief verborgenen Minderwertigkeitskomplexe. Nicht zuletzt erklärt der stolze, doch auch primitive Antiintellektualismus seine tiefsitzende Abneigung gegen die klügeren, geistig beweglichen Juden. Daraus resultiert zwar kein industriell durchgeführtes Mordprogramm wie im Fall Adolf Hitlers, aber doch viele sonst nur schwer begreifbare Exzesse.

Im Jahr 1928, als Stalin bereits alle linken und rechten Rivalen um die absolute Macht ausgeschaltet hat, vergleicht der Vorzeigeintellektuelle Bucharin den Generalsekretär Stalin entsetzt mit Dschingis-Khan und stöhnt verzweifelt: »Er wird uns erwürgen.«[65]

Aber Stalin wird nicht erst zum Würger, seit er skrupellos mit den Altrevolutionären aufräumt. Von Beginn der Revolution an ist er so etwas wie die rechte Hand Lenins, der Mann für die Organisation, vor allem aber fürs Grobe. In verschiedensten Funktionen, zuletzt ab 1922 als Generalsekretär der Partei, bewährt er sich als dessen williger Vollstrecker. Stalins hervorragendes Talent besteht darin, seinerseits große Seilschaften gleichfalls williger Vollstrecker heranzuziehen, die ihrerseits wiederum willige Vollstrecker finden, bis die ganze Partei und der gesamte Staatsapparat nur noch aus verängstigten Funktionären des revolutionären Tyrannen Stalin zusammengesetzt sind. Doch als er dies erreicht hat, beginnt er alsbald, die schon etablierten willigen Vollstrecker durch eine jüngere Garde ähnlicher Typen zu ersetzen.

Dem Entsetzen der revolutionären Kader über Stalins Blutdurst, dem, so schätzt man, insgesamt etwa eine Million Bolschewiken zum Opfer fallen, haftet allerdings ein Moment absurder Künstlichkeit an. Sie selbst haben nämlich überhaupt keine Bedenken getragen, die Bevölkerung Rußlands mit Massenterror zu überziehen, gleich, ob sie der rechten oder der linken Fraktion in der KPdSU angehörten. Von Anbeginn aber ist Stalin einer der bedenkenlosesten Staatsterroristen. Man darf annehmen, daß ihn Lenin 1912 nicht nur deshalb ins Zentralkomitee bugsierte, weil er sein Organisationstalent kannte, sondern ebenso wegen schon vielfach bewiesener Schonungslosigkeit.

Die Herkunft aus den untersten Volksschichten erklärt übrigens auch einen anderen Zug Stalins, der oft Verwunderung hervorgerufen hat – den Personenkult. Damit steht er nicht allein. Mussolini, Mao Tse-tung, Hitler, Tito, Ceauşescu, Kim Il-Sung – sie alle kommen ganz oder fast ganz von unten. Als sie sich zu cäsarischen Höhen aufgeschwungen haben, vollzieht sich geradezu eine Explosion des Infantilismus. Denn anders läßt sich die Massierung übermenschlicher Verehrung nicht erklären, die sie um ihre Personen inszenieren lassen. Stalin beginnt damit früh, im Jahr 1929, am 50. Geburtstag, kaum daß er die volle Macht in Händen hält. Gewiß dient dies wie jeder Cäsarenkult früherer Zeiten der massenpsychologischen Fundierung seiner Herrschaft. Seit Napoleon tun die modernen Tyrannen in dieser Hinsicht eher zuviel als zuwenig. Doch bei Stalin ist das Bedürfnis, zuviel zu tun, besonders stark ausgeprägt.

Großen Wert legt er darauf, als erster und getreuester Jünger Lenins zu gelten. Aber ihn verlangt nach mehr. Er weiß zwar genau, daß er alles andere ist als ein origineller Kopf. Doch eben deshalb drängt es ihn, als ebenso bedeutender Theoretiker zu gelten wie Lenin und Karl Marx. Schon wenige Wochen nach dem Tode Lenins hält er deshalb an der Swerdlow-Universität, wo künftige Parteifunktionäre ausgebildet werden, eine Reihe von Vorlesungen. Sie erscheinen unter dem Titel »Über die Grundlagen des Leninismus«.[66] Damit ist zweierlei erreicht. Die Partei besitzt darin einen Katechismus, dessen Formeln in Millionen von Köpfen eingebleut werden. Zudem hat der Generalsekretär auf diese Weise seinen eigenen Namen eng und auf Dauer mit dem des großen Lenin verbunden.

Wie Lenin, so kann Stalin sich brüsten, ist auch er jetzt ein großer Theoretiker. Daß das Büchlein größtenteils von Stalins Sekretär Xenofontow verfaßt wurde, besagt gar nichts. Stalin verbietet diesem, künftig noch weiter über den Leninismus zu schreiben. In der Großen Säuberung wird dieser Mann, der zuviel wußte, ermordet.[67]

Natürlich sind Stalin seine intellektuellen Defizite wohlbewußt. Doch das hindert ihn nicht, die führenden Gelehrten seines Landes darin wetteifern zu lassen, ihm jeweils genialste Verdienste in ihren Disziplinen zuzuschreiben. Eher harmlos zu nennen ist demgegenüber das Vergnügen daran, Städte, Straßen und Plätze mit dem eigenen Namen schmücken zu lassen, bereits zu Lebzeiten hohe Denkmäler zu errichten und höchste militärische Titel zu führen. Mächtige Herrscher sind so. Ein Hautgoût von Emporkömmlings-Infantilismus umgibt jedenfalls auch ihn.

Zu den Faktoren der Herkunft, die vieles erklären, gehört auch Stalins Georgiertum. In dieser Hinsicht haben die Biographen viel von Romantizismen hergemacht, die über den jungen Stalin bekanntgeworden sind. Er habe als Schüler den georgischen Freiheitskämpfer Koba bewundert und deshalb auch lange Zeit im Untergrund diesen Decknamen geführt. Desgleichen werden ihm einige georgische Gedichte zugeschrieben.

Viel wichtiger als solche Anekdoten ist aber die Tatsache, daß er sich schließlich ganz bewußt von der Sprache und Kultur seiner Heimat löst, um ein Russe zu werden. Die georgische Färbung seines Russisch wird er zwar nicht los, doch ansonsten geriert er sich bald wie ein geborener Großrusse. Dieser Typ des hundertfünfzigprozentig Assimilierten mit ausgeprägt chauvinistischen Neigungen ist in allen Ländern bekannt, aber auch gefährlich. Um die eigene Herkunft vergessen zu lassen, entwickelt er häufig zwei verheerende Einstellungen: Unduldsamkeit gegenüber nationalen Minderheiten, im Falle Stalins gegenüber dem georgischen Volk, aber generell auch chauvinistische Überlegenheitsattitüden gegenüber fremdem Volkstum. In diesem Punkt gibt es auffällige Gemeinsamkeiten zwischen dem Georgier Stalin und dem Deutsch-Österreicher Adolf Hitler.

Die gnadenlose Brutalität, mit der Stalin 1922 mit dem Unabhängigkeitsstreben der Georgier aufräumt, befremdet selbst den sonst gar nicht zimperlichen Lenin. Und bis zu seinem Tod ist der gnadenlose Umgang mit Minderheiten einer der finstersten Züge der ohnehin finsteren Stalinschen Herrschaft. Er hinterläßt ein breites Trümmerfeld zerbrochener, erniedrigter, haßerfüllter Völkerschaften. Wäre der Begriff Genozid nicht für die Untaten Hitlers und seiner willigen Vollstrecker reserviert, müßte er für die durchaus mörderische Gesinnung erfunden werden, mit der Stalin den Georgiern, Tschetschenen, Krim-Tataren, Wolga-Deutschen, Ukrainern, Esten oder Letten das Leben zur Hölle macht. Wenn diese 1941 bis 1944 partiell mit den deutschen Invasoren kollaborieren, so deshalb, weil sie zuvor von Stalin terroristisch mißhandelt worden sind.

Zu den frühen Fixierungen zählen auch seine ideologischen Überzeugungen. Die kritischeren unter Stalins Biographen neigen zwar dazu, ihn vorwiegend als Techniker der Macht zu sehen. Das ist er ganz sicher, doch anders als später die glaubenslose Generation Breschnews bewegt sich Stalin schon vor 1917 jahrzehntelang in einem Milieu, wo die Fragen der reinen Lehre und der ideologisch richtigen Politik so ernst genommen werden wie im Kreis der frühen Kirchenväter die christlichen Dogmen. Die Frage, ob er an die marxistisch-leninistische Ideologie glaubt, ist falsch gestellt. Er kennt gar nichts anderes als diese, selbst wenn er sie je nach Lage subjektiv ausdeutet. Wie alle, die im sozialistischen Untergrund mitarbeiten, lernt auch er es, mitzureden und in Grenzen mitzudiskutieren. Der im Machtkampf unterlegene Trotzki hat ihn natürlich später schlechtgemacht – »Praktiker ohne theoretischen Horizont, ohne breite politische Interessen und ohne Kenntnis fremder Sprachen«.[68] Doch in einer Umgebung von Revolutionären, die bis in die Gene ideologisiert sind, setzt man sich ohne Fähigkeit zur überzeugend marxistisch und bald leninistisch geprägten Argumentation nicht durch.

Einige der furchtbarsten Mißgriffe und Bluttaten Stalins sind wohl in erster Linie das Ergebnis ideologischer Verranntheit, die er mit Lenin und vielen anderen Parteiführern teilt. Das gilt beispielsweise für die Zerstörung des russischen Bauerntums zwischen 1927 und 1934. Was von ihm als verschärfter Klassenkampf mit dem Ziel einer Liquidierung der Großbauern propagiert wurde, war in Wirklichkeit ein »Kampf der Partei gegen eine bäuerliche Nation«.[69] Zwar hat Stalin mittels grausamster Übergriffe, mit Massendeportationen und durch billigend in Kauf genommene Hungersnöte schließlich die Bauern auf Dauer der Sowjetherrschaft unterworfen, jedoch zugleich die Lebens- und Produktionsbedingungen auf dem Land grundlegend zum Schlechteren verändert. Die russische Landwirtschaft hat sich von diesem Eingriff nie mehr erholt und war bis in die Jahre Gorbatschows eine Art Achillesferse des Regimes.

Man schätzt heute, daß dieses Jahrhundertverbrechen gegen die eigene Bevölkerung mindestens sieben Millionen Todesopfer gefordert hat.[70] Ist eine derartige Vernichtung von Menschen und von Werten noch mit rationalen Kategorien faßbar, von moralischen Mindeststandards des Regierens ganz zu schweigen?

Beweglicheren Geistern von schwankendem Urteilsvermögen wie Nikolai Bucharin kamen tatsächlich Zweifel. Doch im Grunde entsprach die Expropriation der Bauern zum Zweck der Kapitalbildung für die forcierte Industrialisierung und im Interesse einer integrierten Zentralverwaltungswirtschaft durchaus der Logik des Systems, an das Stalin glaubte. Sie bewies aber zugleich die engen Grenzen seiner Begabung. Denn welcher vernünftige Staatsmann führt mit Vorbedacht eine derartige Katastrophe herbei? Der beste Kommentar dazu wurde fast zwei Jahrhunderte zuvor von Montesquieu gegeben, als er im

5. Buch des »Esprit des lois« ein Kurzkapitel zur »Idee der Despotie« formulierte: »Wenn die Wilden in Louisiana nach Früchten verlangen, hacken sie den Baum ganz an der Wurzel ab und pflücken dann die Frucht. Despotische Regierungen verhalten sich genauso.«[71]

Daß bei der übereilten Gewaltsamkeit, mit der Stalin vorging, auch charakterliche Deformationen des Despoten ihre Rolle spielten, ist nicht zu bestreiten. In erster Linie bekundet dieses finstere Kapitel seiner Tyrannis aber doch die Faszination ideologischer Verblendung, die er ebenso kraftvoll verkörperte wie vor ihm Lenin. Die Ideologie an der Macht – dies ist ein Zentralaspekt der ansonsten schwer begreiflichen Persönlichkeit Stalins.

Indessen wäre es falsch, aus lauter Abscheu über die Bluttaten Stalins oder deshalb, weil seine angebliche Genialität jahrzehntelang übertrieben wurde, die Fähigkeiten dieses Mannes gering zu veranschlagen. Wer beispielsweise den stets konkreten, völlig phrasenlosen Stil brieflicher Weisungen auf sich wirken läßt, die Stalin 1925 bis 1936 an Molotow gerichtet hat, sieht einen kräftigen Intellekt am Werk.[72] Ein Machthaber, der das System der Fünfjahrespläne auf den Weg bringt, eine Zentralverwaltungswirtschaft begründet, eine moderne Rote Armee aus dem Boden stampft und das sowjetische Ausbildungssystem, künftiges Rückgrat der Modernisierung, mit langem Atem voranbringt, ist keine Mediokrität.

Allem Anschein nach ist Stalin als Administrator, als Außenpolitiker, doch auch als militärischer Oberbefehlshaber im Amt gewachsen. Die ideologischen Fixierungen bewirken zwar, daß sich aus Tausenden rationaler Einzelfallentscheidungen eine Gesamtsumme der Unvernunft ergibt. Aber immerhin ist es doch eine Leistung, ein grundlegend unvernünftiges und kriminelles System von Brest Litowsk bis nach Wladiwostok und von Leningrad bis Baku zum Funktionieren zu bringen.

Auch der Feldherr und der Diplomat Stalin macht zwar viele schlimme Fehler, doch versteht er sich durchzusetzen. Zwischen 1941 und 1945 erhalten zahlreiche westliche Diplomaten, Offiziere und Staatsmänner Gelegenheit, ihn genauer zu beobachten. Die Urteile sind bemerkenswert anerkennend – günstiger beispielweise als vielfach die über Hitler, der oft durch hemmungslose Monologe oder Ausbrüche selbst die ihm eher Wohlgesinnten irritiert hat.

Relativ günstig urteilte beispielsweise Botschafter Harriman, der zwischen 1941 und 1946 ständig mit Stalin zu tun hatte: »Für mich war er besser informiert als Roosevelt, realistischer als Churchill und in mancher Hinsicht der durchschlagskräftigste der Kriegsführer. Gleichzeitig war er natürlich ein mörderischer Tyrann. Ich muß gestehen, daß Stalin für mich der unergründlichste und widersprüchlichste

Charakter bleibt, den ich je kennenlernte.«[73] Dieselbe Einschätzung vertraute der britische Empire-Generalstabschef Brooke seinem Tagebuch an, als er im August 1942 Stalin am Verhandlungstisch im Kreml erlebte: »Zweifellos ist er ein außergewöhnlicher Mann, aber nicht anziehend. Er hat ein unangenehm kaltes, schlaues, grausames Gesicht. Wann immer ich ihn anschaue, kann ich mir vorstellen, wie er Leute ins Verderben schickt, ohne mit der Wimper zu zucken. Andererseits ist er zweifellos rasch von Begriff und erfaßt alles Wesentliche, worauf es in diesem Krieg ankommt.«[74] Bei der Konferenz in Teheran verstärkte sich Brookes Hochachtung noch. Stalin, meinte er, habe in militärischen Fragen erstklassigen Verstand – mehr als Churchill oder Roosevelt.[75] Außenminister Eden, der gleichfalls öfter mit ihm zu tun hatte, hielt ihn für »unheimlich und düster«, respektierte aber seine scharfe Intelligenz und sein außergewöhnliches Verhandlungsgeschick.[76] Und noch etwas fiel ihm auf: »Er war der ruhigste Diktator, den ich jemals kennenlernte, mit Ausnahme von Salazar. Aber zweifellos ein Mann voller Kraft.«[77]

Alles in allem gewinnt man den Eindruck, daß sich die angelsächsischen Diplomaten und Generale durchgängig ein realistischeres Bild von Stalin machten als ihre Chefs Churchill und Roosevelt. Auch diese hatten zwar ihre Vorbehalte, ließen sich aber beim Verhandeln doch des öfteren von der kräftigen Persönlichkeit Stalins, auch von seinem sachlichen Argumentationsstil beeindrucken. Sie verfielen immer wieder der Illusion, Stalin in ihrem Sinn lenken zu können. Noch in Potsdam sagte Churchill wiederholt zu Eden, der deswegen tief besorgt war: »Ich mag diesen Mann.« Eden vermerkte daher im Tagebuch: »Ich bin voller Bewunderung dafür, wie Stalin ihn zu nehmen versteht.«[78]

De Gaulle war alles in allem wachsamer und kälter. Im Dezember 1944 hatte er etwa fünfzehn Stunden lang Gelegenheit, den sowjetischen Führer zu studieren. Sein Urteil ist gut formuliert, aber konventionell: ein Despot, besessen vom Willen zur Macht, seit langem entschlossen, aus Rußland eine große Industriemacht zu machen und es zum gegebenen Zeitpunkt in den Weltkrieg zu führen, ein Diktator, der sich listig mit Bonhomie tarnt, doch nicht ohne finsteren Charme.[79]

Bei all dem ist zu berücksichtigen, daß sich Stalin erst seit dem Sommer 1941 der Herausforderung gegenübersah, in eigener Person komplizierte und weitreichende außenpolitische Verhandlungen zu führen. Die überzeugende Art, wie er damit fertig wurde, bezeugt seine Lernfähigkeit selbst in fortgeschrittenem Alter.

Alle, die Stalin auf den Kriegskonferenzen studierten, konnten sich vorstellen, kraft welcher Fähigkeiten er in den zwanziger Jahren über

*Stalin, der Diplomat (hier zusammen mit Churchill und Roosevelt auf der Konferenz von Teheran, November 1943). Auch die westlichen Propagandaapparate tun in den Jahren der Großen Allianz 1941 bis 1945 ihr Bestes, Stalin als bedeutenden Staatsmann und Heerführer zu illuminieren. Doch er beeindruckt auch skeptische Insider. Averell Harriman, Botschafter der USA in Moskau während dieser Jahre, meinte rückblickend: »Für mich war er besser informiert als Roosevelt, realistischer als Churchill und in mancher Hinsicht der durchschlagskräftigste der Kriegsführer.«*

die Trotzki, Sinowjew, Kamenew oder Bucharin obsiegte und wie er selbst Lenin imponiert hatte. Gute Vorbereitung, ruhiger, sachbezogener Diskussionsstil, überlegtes Finassieren, ein glänzendes Gedächtnis, fürchterliche Jovialität und ein noch furchtbarerer Nimbus halfen ihm gleicherweise. Letzterer umgab den Generalsekretär der KPdSU bereits 1922 und 1923, erst recht aber in den frühen vierziger Jahren. Wer einem Gesprächspartner gegenübersitzt, der schon Millionen kalten Herzens vernichtet hat, wägt seine Worte und Argumente.

Im Verhältnis zu den Untergebenen der eigenen Tyrannis mußte sich der Faktor Furcht allerdings verhängnisvoll auswirken. Nachdem Stalin mit viel Fähigkeit zur intriganten Koalitionsbildung alle Nebenbuhler ausmanövriert hatte, vor allem den geistig viel bedeutenderen Trotzki, hatte er niemanden mehr, der ihm widersprach.

Somit konnten sich alle evidenten Mängel seines Intellekts ungebremst auswirken: der fehlende wirtschaftliche Sachverstand, ein von Jugend an eingeübtes Mißtrauen und jene ganz unverbindliche, barsche Grobheit des Machtmenschen, deren Zutagetreten Lenin in dem berühmten Testament vom Heiligen Abend 1922 zu spät bedauern ließ, daß er »unermeßliche Macht in seinen Händen konzentriert hatte«.[80]

Würdigt man also die Prägung, die der Dritte-Welt-Revolutionär Stalin aufgrund seiner Herkunft schon vor 1917 erfahren hat, und stellt man zudem den immanenten Terrorismus des sowjetischen Systems in Rechnung, dann ist vieles, was Stalin unternommen, vorangebracht und aufgebaut hat, verständlich, wenngleich moralisch monströs. Der Sklavenstaat, dessen Abgründe die westliche Öffentlichkeit erst nach der Lektüre von Solschenizyns »Archipel Gulag« voll zu ermessen lernte, war allerdings das Werk der gesamten Führung der Bolschewiki, nicht allein Stalins. Dennoch bleiben Rätsel, die bisher von keinem Forscher überzeugend erklärt worden sind. Dabei wirkt sich zweifellos der Umstand aus, daß die Archive der Stalinzeit nach wie vor nur partiell zugänglich sind. Zugleich sind aber die Rätsel auch mit so monströsen Verbrechen verbunden, daß selbst eine ungehinderte, systematische Bewertung aller noch vorhandenen Quellen die Motivstruktur des Ungeheuers im innersten Entscheidungszentrum des Kreml wohl nie voll entschlüsseln könnte. Hitlers Weisung zur Ermordung der europäischen Juden, über die wir viel besser unterrichtet sind, führt vor vergleichbare Unbegreiflichkeiten.

Bis heute rätselt man deshalb über Stalins Motive, aus denen die Große Säuberung erwächst – »The Great Terror«, wie es im Englischen zutreffender lautet. Soweit es allein um die Vernichtung von Spitzenfunktionären ging, fällt es nicht schwer, dafür rationale Erklärungen zu finden. Tyrannen leben gefährlich, und sie haben ein langes Gedächtnis. Daß Stalin, der selbst mit viel List und viel Glück seine Rivalen politisch ausmanövriert hatte, das Aufkommen neuer Rivalen fürchtet, ist begreiflich. Zwar gehört die Ermordung der Nummer 2 im Politbüro, des Genossen Sergei Kirow, offenbar mit Wissen oder unter der Beteiligung des NKWD, zu den bis heute nicht voll aufgeklärten Jahrhundertverbrechen. Wenn Stalin tatsächlich grünes Licht gab, was plausibel ist, hat man im Auftritt des Tyrannen bei der Trauerfeier, da er die Stirne des toten Kirow küßt, eine Szene großartiger Ruchlosigkeit zu bestaunen, wie sie zuvor nur in den Königsdramen Shakespeares gestaltet wurde.

Auch die Ausrottung der Anhänger Kirows paßt noch in das Schema präventiver Beseitigung von Feinden. Genauso ist nachvollziehbar, weshalb Stalin, einmal in Fahrt gekommen, auch die bereits entmachteten Gegner aus den zwanziger Jahren physisch vernichten wollte.

Selbst für die Hinrichtung des Marschalls Tuchatschewski lassen sich noch rationale Beweggründe erkennen. Dieser schneidige Haudegen, ursprünglich ein zaristischer Offizier aus kleinadliger Familie, war 1920 mit der Roten Armee bis zur Weichsel vorgestoßen und hatte 1921 den Matrosenaufstand in Kronstadt getreulich niedergeworfen. Freilich stand er Trotzki viel näher als dem Generalsekretär Stalin. Beim Sturz Trotzkis und seiner Anhänger schimpfte er kräftig, aber unklug und prahlte, er werde dem Generalsekretär eines Tages mit

*Stalin, der Tyrann, die willigen Vollstrecker und einige der Opfer in den Anfängen der großen Terrorperiode 1936. Zu den Vollstreckern zählen Molotow (rechts neben Stalin), jahrzehntelang dessen wichtigster Apparatschik, Chruschtschow und Schdanow (erster und zweiter in der ersten Reihe von links), Malenkow, Bulganin und der Georgier Beria (erster, vierter und fünfter von links in der zweiten Reihe). Sie alle führen Stalins Anordnungen widerspruchslos aus und sind nach seinem Tod im März 1953 die Erben. Das prominenteste Opfer der hier versammelten Führungsgruppe ist der Generalstabschef Tuchatschewski (ganz rechts), den Stalin 1937 liquidieren ließ.*

dem Krummsäbel die Ohren abschlagen. Tuchatschewski war, so erinnerte sich der Komponist Schostakowitsch an ihn, ein sehr ehrgeiziger und gebieterischer Mann – arrogant, aufbrausend, großzügig, »ein Liebling der Götter«.[81] Ein solcher Mann mußte sich im Mausgrau furchtsamer stalinistischer Funktionäre bereits wie ein gefährlicher Exot ausnehmen.

Wenn es in Moskau überhaupt einen General gab, der das Zeug zu einem russischen Bonaparte hatte, so war dies Tuchatschewski. Man muß sich daran erinnern, daß im Europa der dreißiger Jahre das Heraufziehen einer Ära von Generalsdiktatoren nicht ausgeschlossen werden konnte. Piłsudski war zu dem Zeitpunkt, als Stalin gegen Tuchatschewski vorging, zwar schon beigesetzt, doch noch regierte die von ihm etablierte Offiziersclique in Polen. Franco in Spanien hatte eben seinen halb geglückten, halb vorerst im Bürgerkrieg steckengebliebenen Staatsstreich durchgeführt.

Stalin haßte und fürchtete solche Typen, witterte aber zugleich, daß sie im politischen Dschungelkampf ängstlich sind. Als er nämlich erst gegen Offiziere in der Umgebung Tuchatschewskis losschlug, zögerte der Marschall feige, klappte rasch kläglich zusammen und wurde liquidiert. Welches Gewicht bei dem allem die berüchtigten Dokumente hatten, die vom deutschen SD zusammengestellt und zurechtgefälscht, schließlich Stalin über die Tschechoslowakei zugespielt wurden, ist unklar. Vielleicht hatte auch hier der NKWD seine Hand im Spiele. In dem aufgeheizten Klima der Großen Säuberung sprachen jedenfalls nach Auffassung Stalins gewichtige Argumente für ein präventives Vorgehen.

Dasselbe gilt für die Beseitigung des Geheimdienstchefs Jeschow, mit welcher die Serie großer Prozesse kurz vor Beginn des Weltkrieges abgeschlossen wurde. Aus Sicht eines Tyrannen ist es immer recht naheliegend, sein schlimmstes Werkzeug, Mitwisser vieler Verbrechen, nach getaner Arbeit ungerührt zu vernichten. An guten Begründungen dafür mangelt es nie. Damit ist dann auch ein Sündenbock für alle Exzesse gefunden. Das alles hat in einer Tyrannis seine innere Logik. Und da dabei zahlreiche kleinere Ungeheuer beseitigt werden, hält sich sogar die moralische Betroffenheit in Grenzen.

Auch für die Vernichtung der engeren Mitarbeiter einer gestürzten Größe gibt es aus Sicht des obersten Tyrannen durchaus plausible Gründe: sie könnten versucht sein, ihren jeweiligen Patron zu rächen, und dürften gleichfalls von dessen verschwörerischen oder verräterischen Untaten gewußt haben, wenn denn die offizielle Begründung für die Prozesse und Liquidierungen zutrifft.

Hier ist aber der Punkt, wo die systemimmanente Rationalität nicht mehr nachvollzogen werden kann. Die Säuberung von ein paar Hundert Spitzenfunktionären paßt immerhin noch ins Bild eines hierarchisch organisierten totalitären Staats. Aber macht es noch Sinn, innerhalb weniger Jahre mit zumeist abenteuerlichen Beschuldigungen und mit meistenteils erpreßten Geständnissen rund eine Million mehr oder weniger hochgestellter Parteimitglieder der mittleren und unteren Ebene zu ermorden? Macht es noch Sinn, dabei auch viele eigene Anhänger zu vernichten, nicht zuletzt zahlreiche ausländische Genossen?

Über Partei, Armee und Staatsapparat hinaus hat die damalige Terrorwelle bekanntlich die ganze Gesellschaft erfaßt, und die Opfer sind ähnlich zahlreich wie die der Kampagne gegen die Kulaken. Sergei Mikojan, der Sohn jenes hochgestellten Funktionärs, der als Stalinist begann und sich bis in die sechziger Jahre hielt, hat in den Glasnost-Jahren über eine Aufstellung des KGB zur Zeit Chruschtschows berichtet. Danach wurden vom 1. Januar 1935 bis zum 22. Juni 1941 an die 20 Millionen verhaftet und etwa 7 Millionen getötet.[82]

Gewiß, in Grenzen lassen sich auch dafür rationale Erklärungen finden. Stalin wollte eine völlig neue Partei aus überzeugten Stalinisten errichten, seine eigene Partei. Seit Mitte der dreißiger Jahre standen bereits ganze Jahrgänge vergleichsweise gut ausgebildeter Kader zur Verfügung, die alle durch Parteischulen oder durch technische Ausbildungsgänge geschleust worden waren. Das war die Generation der Malenkow und Chruschtschow, aber auch die der Breschnew, Kossygin, Gromyko, Tschernenko und Andropow. Die meisten jener Größen, mit Ausnahme Gorbatschows, die bis in die achtziger Jahre das Gesicht der Sowjetunion prägen sollten, gehörten dieser neuen stalinistischen Generation an. Die Ermordung einer Million Funktionäre schafft nämlich mindestens eine Million offener Stellen für den ämterhungrigen Nachwuchs.

Des weiteren schien es aus Sicht Stalins rational, mit Hilfe einer regellosen Schreckensherrschaft die dringend erforderlichen Sklavenheere für die Zwangsarbeit zu rekrutieren. Robert Conquest schätzt, daß sich 1938 rund 8 Milionen, die zu langjähriger Haft verurteilt waren, in Lagern befunden haben.[83]

Daß derart weitreichende Eingriffe von den Betroffenen als satanischer Terror empfunden wurden und später ganz allgemein als kriminell erkannt worden sind, versteht sich von selbst. Derartiger Massenterror ist aber auch unvernünftig. Dies gilt ganz besonders für die Säuberung der Armee. Die Eliminierung von Tuchatschewski und seiner Umgebung ist immerhin verständlich. Aber hätte es nicht ausgereicht, Offiziere, denen man mißtraut, bloß abzusetzen? So ist Adolf Hitler verfahren, der ja gleichfalls nicht zu den Zartbesaiteten gehörte. Die Ermordung großer Teile des Offizierskorps fällt somit in das große Kapitel unnötigen Terrors, das bei Stalin ein ganzes Buch füllt. Schließlich mußte ihm durchaus bewußt sein, daß in Europa ein Krieg drohte. Das Deutsche Reich Adolf Hitlers von 1937 und 1938 war nicht mehr das machtlose Deutschland von 1933 und 1934, sondern eine auf Angriff programmierte Kriegsmaschine. Doch schon neun Tage nach Hinrichtung Tuchatschewskis wanderten 980 der besten sowjetischen Offiziere ins Gefängnis und warteten auf ihren Prozeß, darunter 21 Korpskommandeure und 37 Divisionskommandeure.[84] Stalins Schlag richtet sich übrigens auch gegen die politischen Kommissare. Die Zahl der abgeschlachteten Offiziere des Heeres, der Luftwaffe und der Marine ist bis heute nicht voll zu ermitteln. Auch hier erfaßte der Terror selbst die Basis der Sozialpyramide des Offizierskorps. Einige Gewährsleute nennen 43 000 Offiziere, die ermordet, entlassen oder in die Gulags verfrachtet wurden, andere 40 000 oder ein paar Tausend weniger.[85] Angesichts eines drohenden Krieges ist ein derartiger Aderlaß nicht mehr mit rationalen Kategorien erfaßbar.

Unglaublicherweise wiederholte sich dasselbe dann nochmals im Gefolge des Zweiten Weltkrieges. Eigentlich hätte Stalin, so meint man, doch erkennen müssen, daß die Dezimierung des Offizierskorps zu den schlimmen Niederlagen der Jahre 1941 und 1942 geführt hatte. Doch was geschieht? Wie Marschall Schukow 1957 berichtete, werden 126 000 Offiziere, die aus der Gefangenschaft zurückkehrten, degradiert und in Arbeitslager verfrachtet.[86] Schukow selbst, in dem Stalin einen zweiten Tuchatschewski wittert, entkommt nur mit viel Glück einer Verhaftung und überlebt fern der Macht als Kommandierender General des Militärbezirks Odessa. Stalin argwöhnt nämlich, unter den Offizieren, die das kulturell fortschrittliche Ungarn, Österreich oder Deutschland mit eigenen Augen gesehen haben, könnten sich Aufrührer erheben wie seinerzeit die Dekabristen nach den Befreiungskriegen der Jahre 1813/14. Genauso werden Hunderttausende befreiter Gefangener als Verräter oder doch potentielle Verräter in

Straflager geschickt. Dies alles vollzieht sich in einem internationalen Großwetterklima, in dem bereits Sturmwarnung vor einem dritten Weltkrieg gegeben wird. Außerdem plant der Diktator, vor dem doch die Nomenklatura seit Jahrzehnten zittert, Anfang der fünfziger Jahre nochmals eine durchgreifende Säuberung, wahrscheinlich nach dem Vorbild der Jahre 1936 bis 1938.

Für derartige Eingriffe lassen sich keine plausiblen politischen Erklärungen mehr finden. Die Blutopfer sind zu groß, die Zerrüttung aller Funktionsbereiche – Landwirtschaft, Partei, Armee – zu schwerwiegend. Bietet sich also eine psychische Erkrankung des Tyrannen als Erklärung an?

Neuerdings hat Alan Bullock in detaillierten Vergleichen die Verbrechen Stalins und Hitlers als Folgen klinischer Paranoia zu erklären versucht. Diese stelle sich in mittleren Jahren ein und führe zum gleichzeitigen Auftreten von Größenwahn und Verfolgungswahn. Die Krankheit könne aber auch zu einer Projektion der irrationalen Ängste des Besessenen auf unschuldige Dritte oder ganze Kollektive führen.[87]

Ziemlich wahrscheinlich ist, daß Stalin seit den späten vierziger Jahren tatsächlich von akutem Verfolgungswahn geplagt wurde. Chruschtschow, der ihn seit Mitte der dreißiger Jahre genau studiert hat und viele schreckliche Szenen erwähnt, erinnerte sich später an einen unheimlichen Ausspruch aus dem Jahr 1951: »Ich bin am Ende. Ich traue niemandem mehr, nicht einmal mir selbst.«[88]

Ob psychische Störungen bereits in den dreißiger Jahren für die irrationalen Exzesse ursächlich gewesen sind, läßt sich indessen nur spekulativ beantworten. Es gibt auch einfachere Erklärungen. Stalin hat immer unter den Bedingungen des Dschungels gelebt. Anfangs verfolgte, dann arrivierte Außenseiter waren sein ständiger Umgang, eine terroristische Ideologie diente als geistige Landkarte. Wer als willensstarker Gewalttäter schließlich ganz zur Spitze gelangt, der regiert so unbarmherzig weiter, wie er es beim Aufstieg gelernt hat, nur eben jetzt völlig ungebremst und mit entsprechend ungeheuren Folgeschäden.

Auffällig ist die Abkapselung von konkreten Begegnungen mit der Realität im Lande. Stalin regiert grundsätzlich vom Schreibtisch aus und jeweils mittels einer Gruppe mediokrer, brutaler, ihrerseits verbrecherischer Helfer. Immer seltener unternimmt er Besichtigungen. Bezeichnenderweise läßt er sich seit 1933 auf keiner Kolchose mehr blicken,[89] hat aber eine Freude an der Vorführung von Propagandafilmen, die ihm vorgaukeln, daß alles strahlend vorangeht. Filme spielen beim Wirklichkeitsverlust der schlimmsten Tyrannen der dreißiger und der vierziger Jahre anscheinend eine wichtige Rolle, auch bei Hitler.

*Dieses von der Propaganda häufig herausgestellte Photo des Generalsekretärs der KPdSU aus dem Jahr 1938 zeigt Stalin, wie er gesehen werden wollte: ernst, von unermüdlicher bürokratischer Arbeitskraft, schlicht gekleidet, undurchdringlich, der erste Diener des ersten sozialistischen Staates.*

Ins Ausland traut sich Stalin nach dem Jahr 1917 nur zweimal – 1943 nach Teheran und 1945 nach Potsdam, letzteres in langsamer Zugreise, wobei ganze Divisionen des Geheimdienstes die Strecke bewachen. Wie im 16. Jahrhundert Philipp von Spanien vergräbt er sich hinter dem Schreibtisch und in Besprechungszimmern. Verglichen mit ihm ist übrigens Hitler in den Jahren 1920 bis 1941 geradezu ein Muster an Reiselust und Kommunikationsfähigkeit. Erst im Verlauf des Krieges beginnt auch er sich in entlegenen Führerhauptquartieren einzuigeln, periodisch unterbrochen von Reisen auf den Obersalzberg, wo er dem Grauen der Ostfront und der Bombennächte an der Heimatfront gleichfalls weit entrückt ist.

Ein Hauptgrund für Stalins Unlust, sich unter Menschen zu zeigen oder zu fliegen, ist die Furcht vor Attentaten. Tatsächlich ist aber nicht bekannt, daß irgendwann einmal ein Anschlag gegen ihn geplant oder gar unternommen worden wäre. Die Überwachungsmaschinerie war von großer Perfektion.

Zu seinem Wirklichkeitsverlust trägt sicher auch die Niveaulosigkeit der engsten Untergebenen bei, mit denen er sich umgibt und dieser des Nachts zu trostlosen Fressereien und Saufereien in seine Datscha fahren läßt, wobei er selbst zumeist ziemlich nüchtern bleibt, während von den Kumpanen insgeheim jeder um sein Leben zittert.

Kurz, er ist ein grauer, langweiliger und ganz schrecklicher Despot. Aber eben deshalb wünscht er, daß man ihm göttliche Ehren erweist.

Weniger rätselhaft als der ruinöse Umgang mit dem eigenen Land ist Stalins Außenpolitik. Die Erfahrung der Welt als Dschungel gilt auch für die internationalen Beziehungen. Wer im Ersten Weltkrieg zur Macht gekommen ist und den Bürgerkrieg sowie die Interventionen der Großmächte England, USA, Japan nur mit viel Glück überlebt hat, macht sich in dieser Hinsicht nie Illusionen. Daß Stalin in den dreißiger Jahren eine massive militärische Hochrüstung betreibt, ist nicht bloß eine Tatsache, sondern auch verständlich. Und will man es einem sehr mißtrauischen Tyrannen, der die Jahrzehnte von 1914 bis 1945 erlebt hat, eigentlich verdenken, wenn er die Periode nach dem Zweiten Weltkrieg nur als eine weitere Zwischenkriegszeit begreift?

Wer keinem einzigen seiner engsten Anhänger mehr richtig traut, kann auch Truman, Churchill, Attlee und Eisenhower nicht trauen. Erstaunlich ist nicht, daß sich Stalin auf alle komplizierten Kooperationsangebote der USA – Baruch-Plan zur Atomkontrolle, Byrnes-Plan zur gemeinsamen Sicherheitskontrolle Deutschlands, den Marshallplan von 1947 – nicht einlassen will. Im Gegenteil: Erstaunlich wäre gewesen, wenn er es getan hätte. Daß sich im Westen ernstzunehmende Staatsmänner finden, die mit Stalin zusammen ein dauerhaftes Vertrauenverhältnis aufbauen möchten, spricht für ihren Friedenswillen, doch nicht für ihren psychologischen Scharfsinn.

Das Image Stalins in den Ländern des Westens ist ähnlich unterschiedlich wie das seines Vorgängers Lenin. Anhänger und Sympathisanten verehren das Stalinbild der offiziellen Propaganda, die russischen Emigranten und westliche Antikommunisten halten ihn für einen Teufel. Die Mehrzahl der Staatsmänner urteilt differenzierter über ihn. Hitler hält ihn zwar, wie schon erwähnt, für eine Bestie, gesteht ihm immerhin aber Format zu, und Churchill, Roosevelt und Truman denken ähnlich.

Bemerkenswert ist, wie naiv sich viele Intellektuelle in die Desinformationspolitik Stalins einspannen lassen, der sich seit 1929, nachdem er fest im Sattel sitzt, intensiv der Pflege seines Außenbildes widmet und damit vor allem auch die Absicht verfolgt, die schrecklichen Hungersnöte bei der Kollektivierung auf dem Land zu vertuschen. Vergleichsweise realistisch bleibt noch Emil Ludwig, der ihn im Dezember 1931 interviewt und ein alles in allem günstiges Bild von ihm zeichnet: »Wenn er spricht, läßt Stalin die Silben fallen wie schwere Hammerschläge. Seine Antworten sind kurz und klar, nicht die eines Mannes, der die Dinge vor einem großen Publikum übermäßig vereinfacht, sondern die eines logischen Denkers, dessen Gehirn langsam und ohne die geringste Gemütsbewegung arbeitet.« Immerhin schränkt

*Stalin, der Führer des Weltkommunismus, im Kreis von Ostblockführern, 1949. Verschiedene spätere Größen der nachstalinistischen Ära sind hier um ihn versammelt: (von links nach rechts) Mao Tse-tung, Bulganin, Walter Ulbricht, der bis zu seinem Sturz 1971 die DDR in stalinistischem Geist administrierte, und Chruschtschow.*

er ein: »Unter den Herrschern unserer Zeit – und ich bin den meisten unter ihnen begegnet – ist er der undurchdringlichste. Alles an ihm, seine Rede, sein Gang, seine Gestik, ist langsam. Nichts, was Vertrauen in Menschen oder Freundschaft für sie verriete …«[90]

Bernard Shaw, der zeitlebens ein Faible für Diktatoren hat, reist 1932 nach Moskau. Auf dem Höhepunkt der mörderischen Kampagne gegen die Bauern schafft er es tatsächlich, eine Audienz zu erhalten, und dieser »Magier der Vernunft« schreibt alsdann: »Ich war auf einen russischen Arbeiter gefaßt und sah einen georgischen Gentleman vor mir.«[91] Den Hitler-Stalin-Pakt kommentiert er am 28. August 1939 in der »Times« mit den Worten: »Hitler steht jetzt unter der gewaltigen Fuchtel Stalins, der ein überwältigendes Interesse am Frieden hat.«[92] H.G. Wells macht 1934 seine Aufwartung. Nach dem Interview mit Stalin zeigt er sich noch mehr angetan als Bernard Shaw vor ihm: »Nie bin ich einem offeneren und ehrenhafteren Mann begegnet … Bevor ich ihn erlebt habe, hatte ich angenommen, er habe diese Position erlangt, weil die Menschen ihn fürchteten, doch ich habe begriffen, daß er sie dem Sachverhalt verdankt, daß niemand ihn fürchtet und alle ihm vertrauen.«[93] Soweit die kritischen Fabier.

Daß Stalin von seiten seiner treuen, zynischen, ängstlichen Anhänger aus den Berufsständen der Dichter, Philosophen, Schauspieler,

Professoren nichts anderes als Verehrung entgegengebracht wird, versteht sich von selbst. Als er schließlich am 5. März 1953 einen einsamen, schlimmen Tod stirbt, kommentiert das Bertolt Brecht mit den folgenden Worten: »Den Unterdrückten von fünf Erdteilen, denen, die sich schon befreit haben, und allen denen, die für den Weltfrieden kämpfen, muß der Herzschlag gestockt haben, als sie hörten, Stalin ist tot. Er war die Verkörperung ihrer Hoffnung.«[94]

Nachdem Chruschtschow im Februar 1956 seine berühmte Geheimrede vor dem XX. Parteitag gehalten hat, kann sich die völlig unkritische Stalin-Bewunderung nicht einmal mehr in der Sowjetunion halten. Die Grundlinie lautet nun: ein großer Führer, aber mit schweren Fehlern und bedauerlichen Exzessen, wobei allerdings fast ausschließlich die an Genossen begangenen Untaten irritieren. Selbst im Westen bleibt eine differenzierende Betrachtungsweise vorherrschend.

Denn in der bald schon legendären Geheimrede und danach nochmals 1961 auf dem XXII. Parteikongreß wurde nur ein Teil des Schleiers beiseite gezogen. Lediglich einzelne Dissidenten sprachen schon die ganze Wahrheit aus. Milovan Djilas, der Stalin verschiedentlich von nahem studiert und sein Leben lang über ihn nachgedacht hat, schrieb schließlich: »Alles in allem war Stalin ein Ungeheuer, das, während es abstrakten, absoluten und fundamental utopischen Ideen anhing, in der Praxis nur den Erfolg anerkannte und auch nichts anderes anzuerkennen vermochte – Erfolg, Gewalttat, physische und geistige Vernichtung.«[95] Man könne an ihm Wesenszüge aller früheren Tyrannen erkennen: von Nero und Caligula bis zu Iwan dem Schrecklichen, Robespierre und Hitler. Von ihnen allen sei er der kompletteste und erfolgreichste gewesen, seine Gewaltherrschaft die perfideste und totalste.[96]

Warf man Anfang der achtziger Jahre die Frage nach den Leistungen Stalins auf, so erhielt man eine Reihe von Antworten, in denen durchaus auch auf Errungenschaften seiner Herrschaft hingewiesen wurde. Er habe, konnte man damals vielfach lesen, das revolutionäre Experimentieren Lenins in eine neue, dauerhafte Ordnung überführt. Seit 1928 habe er die Sowjetunion mit einer Abfolge von Fünfjahresplänen in eine gewaltige Industriemacht verwandelt. Damit schien bewiesen, daß es einen sozialistischen Modernisierungspfad gibt, der nicht bloß utopisches Konzept ist, sondern empirisch faßbare Realität. Unter Stalin sei die ursprünglich allseits ungefestigte Schöpfung Lenins zur respektgebietenden Militärmacht geworden, schließlich zur Atommacht und zur Supermacht. Stalin habe in schwierigster Lage den Angriff Deutschlands zurückgeschlagen, auch Japan erst abgeschreckt, dann besiegen helfen. Er habe der Sowjetunion neue sichere

Grenzen gegeben, sie zum Zentrum eines Weltsystems kommunistischer Staaten gemacht und die Voraussetzungen für die weitere Ausbreitung des Kommunismus geschaffen.

Erst der Zusammenbruch des Systems in den Jahren 1989 bis 1991 hat auch diese scheinbaren Leistungen desavouiert. Die neue Ordnung hat die Sowjetunion viel zu stark vom Weltmarkt abgeschnitten, so daß die Modernisierung zum Stillstand kam, bis schließlich aus der gewaltigen Industriemacht eine veraltete Industriemacht wurde. Der sozialistische Modernisierungspfad erwies sich als Sackgasse und die Militärmacht als ruinöse Verschwendung. Besonders verhängnisvoll war die Kollektivierung der Landwirtschaft. Sie hatte zur Folge, daß die einstige Kornkammer der Welt erst furchtbare Hungersnöte erlebte und schließlich landwirtschaftliche Produkte um den Preis kostbarer Devisen importieren mußte. Nicht einmal die von Stalin emporgezogene Atomrüstung kann heute noch als große Leistung gelten. Hatte man noch bis Ende der achtziger Jahre in Atomwaffen eine Bestandsgarantie für alle Zeiten erblickt, so stellte sich nun heraus, daß sie zur Bekämpfung inneren Zerfalls völlig unbrauchbar sind. Sie verschaffen nicht einmal mehr internationales Prestige, sondern verursachen nur Probleme. Die Gesundheitsschädigung und die ökologischen Spätfolgen der nuklearen Crash-Programme Stalins wurden der Öffentlichkeit erst seit Glasnost bewußt. Sogar der Ostblock, wie ihn Stalin zwischen 1945 und 1953 schuf, hat sich nicht halten lassen. Von Ausbreitung des Kommunismus redet ohnehin niemand mehr.

Stalins Werk, Stalins Denken, Stalins Befürchtungen und Stalins Stolz sind völlig unzeitgemäß geworden. Spätestens während der Reformperiode von 1987 bis 1991 hat sich auch in den kommunistischen Staaten Europas die Erkenntnis durchgesetzt, daß die politische, wirtschaftliche und kulturelle Reformunfähigkeit zu einem gut Teil das Erbe Stalins war. »Die stalinistische Bürde und Hinterlassenschaft«, hatte Milovan Djilas schon im Jahr 1982 sehr hellsichtig geschrieben, »äußert sich heute in einer geistigen Stagnation und ökonomischen Ineffektivität, aber auch in einer Akkumulation physischer, militärischer Kraft und das in erster Linie deshalb, weil die herrschende Schicht dermaßen verknöchert und zugleich von Unruhe erfaßt ist, daß sie die eigene ›stalinistische‹ oder ›leninistische‹ Wirklichkeit nicht rational zu ergründen vermag.«[97]

Gewiß wird der Historiker das machiavellistische Talent und die diplomatische Raffinesse Stalins zu würdigen haben. Doch darin unterschied sich dieser schlaue, brutale Machtmensch nicht von anderen Tyrannen vor ihm oder nach ihm. Zudem haben sich viele seiner Entscheidungen als große Fehler erwiesen. Der Freundschaftsvertrag vom 28. September 1939 mit Hitler nach der Zerschlagung Polens und das viel zu lange Vertrauen in die Zurückhaltung Hitlers – ein Fehler. Stalins Verhalten vor und kurz nach der deutschen Invasion im Juni 1941 – ein beinahe tödliches Versagen, ganz unabhängig von der gegenwärtig nicht voll aufklärbaren Frage, ob und wann er selbst in den Krieg eintreten wollte.[98] Die Kriegführung – am Ende zwar erfolgreich, aber aufgrund unablässiger Eingriffe Stalins in die militärischen Operationen ähnlich verlustreich wie die Hitlers. Die Berliner Blokkade – Fehlkalkulation eines Diktators, der nur Sinn für die Landstreitkräfte hat und die Möglichkeiten des Lufttransports unrichtig einschätzt. Der Koreakrieg, für den Stalin schließlich persönlich grünes Licht gab – ein weiterer Fehler, denn er führte rasch zum militärischen Containment. Der gesamte Kalte Krieg gegen die Westmächte – eine ruinöse, gefährliche Rivalität, schwere Hypothek für die zweite Jahrhunderthälfte und schließlich zum Bankrott führend. Der amerikanische Botschafter Charles E. Bohlen, der Stalin auf den großen Kriegskonferenzen studierte und dort häufig dolmetschte, hat durchaus recht mit der Feststellung: Stalin war nicht der Meisterdiplomat, wie das manchmal behauptet wird, und er machte gravierende Fehler.[99]

Stalins früher als gigantisch erachtete Leistungen stellen sich somit aus größerem zeitlichem Abstand nur noch als recht relativ dar, wenn nicht als rundum verhängnisvoll.

Was bleibt? Immerhin hat er die Sowjetunion zur Ausbildungsgesellschaft gemacht, die in vielen Bereichen der Naturwissenschaft, der Technik oder der Medizin Höchstleistungen erbrachte. Lernen und eiserne Disziplin erhielten unter ihm einen hohen Stellenwert. Man mag auch darin ein besonders raffiniertes Mittel sozialer Kontrolle von Heranwachsenden sehen. Dennoch war die Stalinsche Ausbildungsgesellschaft nach dem chaotischen Jahrzehnt zwischen 1914 und 1924 die Basis für einen erneuten Aufschwung auf vielen Gebieten. Wenn die Sowjetunion ungeachtet aller Strukturmängel dennoch das Ende der achtziger Jahre als halbwegs funktionierende Industriegesellschaft erreicht hat, so in erster Linie dank der Forcierung des Ausbildungswesens, das auf die Stalin-Ära zurückgeht.

Doch alles in allem denkt man am Ende des 20. Jahrhunderts nicht mehr in erster Linie an die Leistungen Stalins, sondern an seine Verbrechen, die allein schon wegen der Unsumme der Opfer einzigartig sind. Die Zahlen derer, die aufgrund von Entscheidungen Stalins ihr Leben verloren haben oder lange Haftstrafen zu verbüßen hatten, sind beim heutigen Forschungsstand nicht einmal annäherungsweise präzisierbar. Erst recht nicht quantifizierbar sind charakterliche Deformation und Lebensleid, die er den Völkern der Sowjetunion zugefügt hat. Nimmt man alle überlieferten Zeugnisse zusammen, so war die Sowjetunion zu Zeiten Stalins ein unglückliches Land.

Einer breiteren Öffentlichkeit, doch auch der Geschichtsforschung, sind erst durch Solschenizyns »Archipel Gulag«[100] die Augen dafür geöffnet worden, daß sich in den fast drei Jahrzehnten stalinscher Herrschaft wohlverborgen ein ganzer Ozean menschlicher Tragödien ausgedehnt hatte. 40 Millionen Menschen, hat der Dissident Roy Medwedew geschätzt, sind dem Tyrannen direkt oder indirekt zum Opfer gefallen.[101] Empirisch irgendwie angemessen aufgearbeitet ist dies alles bis heute nicht.

Erst im Zeichen von Glasnost beginnt dann in der Sowjetunion die radikale Entstalinisierung, und erst jetzt wird auch die politische Sprengkraft deutlich, die daraus resultiert, daß sich viele Millionen Sowjetbürger der schrecklichen Biographien ihrer Familien erinnern. Westlichen Korrespondenten, die nunmehr nach Moskau kommen, begegnen auf Schritt und Tritt Gesprächspartner, die in eigener Person oder deren Eltern und Großeltern unter Lenin und Stalin Schrecklichstes erduldet haben. Bis in die höchsten Ränge der Nomenklatura reicht das zunehmend offener artikulierte Entsetzen über den Terrorismus, der 1917 begann und in veränderten Formen noch in den psychiatrischen Kliniken der Breschnew-Ära weiterlebte.

1995, als alles zu Ende ist, wird sogar der letzte Generalsekretär der KPdSU, Michail Gorbatschow, in seinen Memoiren berichten, daß auch sein Großvater Pantelei Jefimowitsch bei der großen Säuberung der Jahre 1937/38 wegen angeblich konterrevolutionärer Tätigkeit verhaftet wurde, wobei die Nachbarn alsbald um das Haus einen Bogen zu machen begannen, als wäre die Pest im Hause. Als Pantelei Jefimowitsch nach zwei Jahren Haft zurückkehrte und von seinen Foltern berichtete, war er ein gebrochener Mann. Dem Großvater von Raissa Maximowa, der Frau Gorbatschows, der ein paar tausend Kilometer entfernt auf einer Kolchose im Altai arbeitete, war es zur gleichen Zeit genauso ergangen.[102] Und auch Gorbatschows Großvater mütterlicherseits wurde seinerzeit zur Zwangsarbeit verurteilt. Ähnlich traumatische, vielfach noch schlimmere Erfahrungen wurden in der gesamten Sowjetunion gemacht. Ein Regime, das sich derartiges zuschulden kommen läßt, kann sich auf die Enkel der Gepeinigten nicht mehr verlassen. Stalin hat eben nicht nur das Sowjetreich gleichzeitig emporgeführt und auf Selbstzerstörung programmiert. Zu den vielen Paradoxien seiner Herrschaft gehört auch die Tatsache, daß er Gorbatschow möglich gemacht hat.

## Der Vorbild-Diktator: Benito Mussolini

Am Ende unseres Jahrhunderts der Diktatoren hat sich der vernünftige Grundsatz durchgesetzt, vor jeder Erörterung der historischen Bedeutung einer ehemals berühmten Gestalt zuerst deren Opfer zu zählen. In dieser Hinsicht gehört Mussolini ganz zweifellos zu den vergleichsweise unblutigen Tyrannen.

Stanley G. Payne registriert für die Jahre vor 1940 neun Hinrichtungen aus politischen Gründen (meist slowenische Terroristen) und weitere siebzehn während der Kriegszeit bis 1943.[103] Für die Zeit vor 1943 nennt ein anderer Forscher, Hans Woller, 42 Todesurteile des Tribunale Speciale per la Difesa dello Stato.[104] Payne schätzt weiter, daß während der ganzen Dauer des faschistischen Regimes rund 5 000 Personen aus politischen Gründen Haftstrafen erhalten haben, etwa 10 000 wurden ins interne Exil verbannt.[105] Renzo de Felice hat eine differenzierte Statistik der politischen Prozesse vorgelegt. Danach ist die Zahl der Freisprüche vor den Staatsgerichtshöfen oder bedingte Haftverschonung relativ hoch.[106] Für die Betroffenen war das gewiß eine harte Prüfung; Infamien werden von vielen berichtet, und sie bleiben unvergessen.

Später wird dem Regime vor allem auch die Brutalität in der Schlußphase vom August 1943 bis zum April 1945 angelastet. Doch damals herrschen auch in Mittel- und Norditalien Krieg und Bürgerkrieg – »los desastres de la guerra«, mit Goya zu sprechen. In solchen Phasen suchen alle Seiten einander mit Greueltaten zu übertreffen. Mussolini selbst ist damals nur noch ein Schatten seiner selbst. Er ist, wie der Biograph Renzo de Felice das formulierte, schon bei der Verhaftung am 25. Juli 1943 eines politischen Todes gestorben.[107]

Angelastet wird ihm von Anfang an die berüchtigte Ermordung seines brillanten sozialistischen Gegners Giacomo Matteotti im Juni 1924 durch die »ceka« des Regimes. Zwar war ein einwandfreier Nachweis nicht möglich, daß Mussolini die Entführung und den Mord tatsächlich angeordnet hat. Doch hat er die Mörder gedeckt und alles zu vertuschen versucht.[108]

Zweifellos klebt also einiges Blut an seinen Händen. In dieselbe Reihe wie die Ungeheuer Lenin, Stalin, Hitler oder Mao gehört er dennoch nicht. Bei nüchterner historischer Betrachtung muß man feststellen, daß die 1943 bis 1945 vor allem durch Kommunisten begangenen Untaten gegen Funktionäre, Spitzel, Polizisten des Regimes und andere Mißliebige die Mussolini zur Last gelegten Verbrechen quantitativ und qualitativ weit übertroffen haben. Wie häufig bei Gegenrevolutionen fällt die Abrechnung der jahrzehntelang Unterdrückten grausamer aus als die der endlich gestürzten Revolutionäre. Hans Woller schätzt, daß bei der regellosen Abrechnung der Jahre 1943 bis 1945 vor allem in den Industriestädten des Nordens, wo die Faschisten am stärksten waren, schon 1944 etwa 5000 ermordet worden waren.[109] Allein in der Provinz Rovigo mit 340000 Einwohnern werden vom Juni 1945 bis März 1947 schließlich 13 zum Tode verurteilt, 42 erhalten Haftstrafen länger als 10 Jahre.[110]

Natürlich warfen zum Schluß viele der einstmals begeisterten Italiener Mussolini vor allem auch vor, daß er das Land in einen ruinösen Krieg geführt hat. Die Despotie der Faschisten galt schließlich dem offen erklärten Ziel, ein neues Imperium Romanum zu erobern. In der Tat sind also Mussolini in allererster Linie die von ihm großspurig begonnenen und kläglich verlorenen Kriege anzulasten, bei denen Äthiopien, Libyen, Teile des Balkans und Italien selbst partiell verwüstet worden sind mit Hunderttausenden von Toten und Millionen Geschädigter. In diesem Punkt sind die Fälle Mussolini und Hitler durchaus ähnlich gelagert, wenngleich der Duce weder die Macht noch die Absicht hatte, ein so gewaltiges Reich zu errichten wie der Diktator Deutschlands. Doch ein wildgewordener Zivilist und ein gemeingefährlicher Träumer ist auch er gewesen.

Freilich haben die Verheerungen des deutschen Imperialismus ganz Europa erfaßt. Sie wiegen um ein Vielfaches schwerer als jene, die Mussolini zur Last zu legen sind. Auch die Spätfolgen der Eroberungslust Hitlers waren viel gravierender. Ohne sein Verschulden wären die sowjetischen Armeen nicht bis zur Elbe und zur Donau vorgedrungen. Die dauerhafte militärische Präsenz der USA in Europa ist eine ungewollte, aber von ihm mit bewirkte Langzeitfolge. Ohne Hitler wäre die zweite Hälfte des 20. Jahrhunderts in Europa anders verlaufen. Demgegenüber blieben die Nachwirkungen Mussolinis doch größtenteils auf Italien beschränkt, und sie sind auch dort bald überwunden worden.

Hitler selbst hat in Mussolini einen Hauptschuldigen für sein eigenes Scheitern gesehen, als er unter den Trümmern der Reichskanzlei im Februar 1945 resigniert Bilanz zog. Da Deutschland bei seinen »islamischen Freunden« als Komplize der Italiener erschien, sei es ihm verwehrt gewesen, in Nordafrika eine revolutionäre Politik zu betreiben. Italiens Kriegseintritt ganz am Ende des Frankreichfeldzuges habe England die ersten Siege verschafft und den Anglophilen in aller Welt wieder Mut eingeflößt. Dann habe Mussolini durch den Angriff auf Griechenland Deutschland gezwungen, entgegen der Planung auf dem Balkan einzugreifen. So sei der Angriff auf Rußland vom 15. Mai auf den 22. Juni verschoben worden mit der Folge, daß der Feldzug nicht vor dem Winter beendet werden konnte. »Aus Dankbarkeit« habe er, Hitler, den Duce immer als ebenbürtig behandelt und die Stimme der Vernunft unterdrückt.[111]

Solche Schuldzuweisungen ex post sind nicht ernst zu nehmen. Tatsächlich sind die meisten der Fehlentscheidungen, aus denen sich die Katastrophe Deutschlands ergab, von Hitler selbst getroffen worden. Mussolini ist ihm wie ein Schakal gefolgt oder ist von Hitler, der durchaus ein brutaler Freund war, mitgeschleppt worden. Immerhin trifft es zu, daß sich Mussolini zwischen 1935 und 1941 in Äthiopien, in Nordafrika und auf dem Balkan als Unruhestifter betätigt hat. Doch ohne den »Universalputschisten« Hitler wäre er kontrollierbar geblieben.

Historisch gewichtiger ist demgegenüber Mussolini als Vorbild in den Jahren 1922 bis 1933, und zwar in dreifacher Hinsicht: Mussolini als Vorbild für Hitler, Mussolini als Vorbild für die deutsche Öffentlichkeit und Mussolini als Größe im damaligen europäischen Staatensystem.

Bekanntlich hat Hitler immer wieder beteuert, wie sehr ihn das Beispiel Mussolinis ermutigt habe. Hitlers Münchner Anfänge und die Kristallisierung seiner Ideologie sind zwar 1919 bis 1921 allem Anschein nach unabhängig vom faschistischen Vorbild zu erklären. Das ändert sich aber nach dem »Marsch auf Rom«, der sich vom 24. bis zum 30. Oktober 1922 abspielt. Schon am 3. November schreit Hermann Esser bei einer Kundgebung im Münchner Hofbräuhaus, Deutschlands Mussolini heiße Adolf Hitler.[112]

Von da an liegen die Parallelen auf der Hand. Hitler und Mussolini – beide »aus der Tiefe des Volkes« aufgestiegene Frontsoldaten, beide radikale Feinde sowohl der verknöcherten Konservativen als auch der Marxisten, beide gewalttätig auftretend, aber doch auch im Wissen, daß man Bundesgenossen braucht.

Hitlers Konzepte der Machtergreifung lassen die Vorlage deutlich erkennen. Bei dem ridikülen Putsch am 9. November 1923 schwebte ihm ziemlich sicher das Beispiel des faschistischen »Marsches auf Rom« vor. Desgleichen ließ er sich später von der Überlegung leiten, genauso wie Mussolini einerseits einen Legalitätskurs zu steuern, andererseits aber nach dem Vorbild der faschistischen »Squadre« mittels der SA die Straße zu erobern. Auch Hitlers Entschlossenheit, erst mit den konservativen Kräften eine Koalition einzugehen und sie dann politisch abzuservieren, fand in dem Ministerpräsidenten Mussolini der Jahre 1922 bis 1925 ihr Vorbild.

*Mussolini, durchaus zivil gekleidet, an der Spitze der Faschisten beim Marsch auf Rom, 28. Oktober 1922. Bekanntlich ist Mussolini aber dann im Zug nach Rom gereist, um hier eine Regierung zu übernehmen, in der die Faschisten zwar schon dominierten, ohne aber bereits die alleinige Staatspartei zu bilden. Die weitgehend unumschränkte Diktatur ist erst 1924/25 errichtet worden.*

So könnte man fortfahren. Zweifellos hat Hitler, lernfähig wie er damals war, die theatralischen Elemente der Faschisten kopiert. Bei Mussolini war viel Verdi im Spiel (vermittelt durch d'Annunzio). Bei Hitler war es Wagner. Opernhafte, martialische Aufmärsche, die Standarten, Fahnenweihen und Totenehrungen, der absonderliche Hitlergruß, der im Jahr 1926 eingeführt wird, das Braunhemd, doch auch das Konzept der SA sind Anleihen aus der faschistischen Requisitenkammer.

Hitler gibt das auch unumwunden zu.[113] Er ist sich durchaus bewußt, wie stark das Vorbild Mussolinis auch in Deutschland gewirkt hat. Als er 1929 über die Mittel verfügt, an der Brienner Straße zu München in großem Stil die Parteizentrale einzurichten, erhält das zum »Braunen Haus« umgebaute Palais Berlow einen »Senatssaal« nach faschistischem Vorbild, und in seinem eigenen Arbeitszimmer prangt außer einem Bild Friedrichs des Großen und einem Gemälde, der das Regiment List beim Angriff in Flandern zeigt, eine Büste Mussolinis.[114] Nachdem es Hitler schließlich 1934 gelingt, die Ämter des Reichskanzlers und des Reichspräsidenten in einer Hand zu vereinen, entscheidet er sich nach dem Vorbild Mussolinis für die Amtsbezeichnung »der Führer und Reichskanzler«. Mussolinis Titel lautet: »Regierungschef und Duce des Faschismus«.[115]

Freilich ist Hitler schon früh bemüht, die eigene Ideologie von der Mussolinis abzusetzen. Die Forschung hat seither die Unterschiede hinlänglich deutlich gemacht, nicht zuletzt Hitlers Rassismus. Doch genauso auffällig sind ideologische Gemeinsamkeiten. Hitler und Mussolini begreifen sich als Führer junger Völker, denen die etablierten imperialistischen Vormächte bisher den Platz an der Sonne verwehrt haben. Ihre Träume, Planungen und schließlich die Kriegsstrategien zielen auf Errichtung großräumiger Imperien. Mussolini schwebt die Wiederherstellung eines mittelmeerischen Imperium Romanum vor mit weiträumigem Ausgreifen in den Nahen Osten und zum Roten Meer hin. Hitlers »grand design« ist neben der Errichtung deutscher Hegemonie auf dem Kontinent die Eroberung von »Lebensraum« in Ostmitteleuropa und Osteuropa. Beide wollen auch prinzipiell den Krieg, und jeder beneidet den anderen, wenn dieser bei einem seiner Gewaltstreiche Erfolg hat. Bis zu einem bestimmten Punkt kann also Mussolini durchaus als Vorläufer Hitlers verstanden werden. Ab 1938 kehrt sich allerdings das Verhältnis um. Von jetzt an wirkt der aggressive und längere Zeit erfolgreichere Hitler als Vorbild und verführt Mussolini, alle bisher partiell noch befolgten Grundsätze der Vorsicht und der Staatsklugheit über Bord zu werfen.

Die Gestalt Mussolinis hat aber auch in weiterem und näherem Vorfeld der Machtergreifung die deutsche Öffentlichkeit stark beeindruckt, selbst wenn es im Ganzen schwer ist, das Gewicht dieses Faktors genau zu bestimmen. Paradoxerweise erwies es sich dabei als verhängnisvoll, daß Mussolini weder ein besonders blutiger noch vor 1935 ein kriegerischer Diktator war. Als er 1929 sogar mit dem Vatikan einen prekären Frieden schloß, fiel es vielen nicht mehr schwer, sich auch in Deutschland eine ähnlich schwungvolle, aber doch halbwegs domestizierbare Ordnungsdiktatur vorzustellen.[116]

In nahezu grotesker Weise tritt dies bei dem Publizisten Emil Ludwig zutage, also ausgerechnet bei einem Intellektuellen aus dem liberalen Spektrum. Noch heute muß man den Bestseller vom Herbst 1932, »Mussolinis Gespräche mit Emil Ludwig«, als eines der peinlichsten Bücher des Diktatoren-Lobpreises im 20. Jahrhundert betrachten: »Der Condottiere, den ich einst in einem dieser römischen Palazzi dargestellt hatte, Cesare Borgia, Held der Romagna, schien mir wieder erstanden ...«[117] Mussolini wird als Diktator porträtiert, der zu einer tiefsinnigen staatsphilosophischen Diskussion fähig ist, »ein Mann von der feinsten Höflichkeit, wie alle echten Diktatoren«,[118] humorvoll, natürlich, aktiv, stolz, konstruktiv, ein starker Charakter, innerlich einsam, sogar voll Mitleid mit den Menschen und natürlich eine Größe, die Cäsar liebt: »Er allein hat in sich den Willen des Kriegers mit dem Genie des Weisen vereinigt.«[119]

Zahlreiche ähnliche Charakteristiken ließen sich noch zur Seite stellen. Emil Ludwigs Text ist aber deshalb so aufschlußreich, weil er verdeutlicht, wie genau Mussolinis Erscheinung in jenes Bild des großen Mannes paßt, an dem sich das damals vielfach noch renaissancebegeisterte Bildungsbürgertum in Deutschland, doch nicht nur in Deutschland, ergötzte. Dabei fällt nicht allzusehr ins Gewicht, ob die Bewunderer Mussolinis von der Weltanschauung her Liberale, Konservative oder Katholiken sind – wesentlich ist die Prägung durch das humanistische Gymnasium, durch Jacob Burckhardts »Kultur der Renaissance in Italien« oder auch durch Nietzsche. Rainer Maria Rilke, Rudolf Borchardt, Oswald Spengler – sie und viele andere sehen in dem Staatsmann im Palazzo Venezia einen Helden: viril, genial, geschichtsbewußt und natürlich ein charismatischer Führer.

Damit verband sich ein anscheinend neuer Entwurf der politischen Ordnung, desgleichen des Verhältnisses zwischen Kapital und Arbeit. Mussolinis Italien schien einen »dritten Weg« zu konkretisieren: weder Kapitalismus noch Kommunismus, keine bürgerliche Demokratie mehr, doch auch kein Terrorismus nach Art Lenins und Stalins, »permanente Revolution« zwar, wie Mussolini stets betonte, aber zugleich eine geordnete Revolution.

Man darf dabei nicht vergessen, daß der Faschismus nicht allein die Elemente einer politischen und wirtschaftlichen Erneuerungsbewegung beinhaltete. Er verstand sich auch als Kulturrevolution, in die vieles einfloß: die neoklassizistische Diktatorenarchitektur, Kult der Jugend, des rauschhaften, kraftvollen Lebens und der kriegerischen Tüchtigkeit, Neuheidentum, Pathos der Ordnung und Cäsarismus, zeitweilig sogar die Experimentierfreude mancher Futuristen.

Die verführerische Wirkung auf Deutschland, doch auch auf Spanien, Österreich und Ungarn, wäre nicht so stark geworden, hätten die in den zwanziger Jahren noch allmächtigen westlichen Demokratien den italienischen Diktator nicht akzeptiert. Als dieser zum Nationalisten mutierte linksradikale Journalist 1922 mit einer gewaltsamen Revolution droht und daraufhin vom König Viktor Emanuel III. zum Ministerpräsidenten berufen wird, enthält die Ministerliste nur wenige Faschisten. Giovanni Giolitti, der große Liberale und zugleich ein alterfahrener Fuchs, wiegt sich damals in der Hoffnung, erst durch Mussolini die Sozialisten vernichten zu lassen und dann diesen wieder loszuwerden.

So betrachtet man Mussolini auch in den westlichen Hauptstädten durchaus entspannt. Die Jahre 1917 bis 1922 haben überall die absonderlichsten Gestalten nach oben geschwemmt – Lenin in Petrograd, den Kommunisten Béla Kun in Budapest, den Anarchisten Eisner in München, Piłsudski in Polen, de Valera in Dublin. Manche sind geblieben, andere wieder verschwunden. Ende 1925, als Mussolini eine voll ausgewachsene Diktatur errichtet hat, muß man dies zwar ernster nehmen. Doch jetzt und später kommen viele realpolitische Überlegungen ins Spiel. Italien wird als Ordnungsmacht im Mittelmeer gebraucht. Um das neugewonnene Südtirol zu sichern, übt es seit 1931 auch eine nützliche Funktion aus, den Anschluß Österreichs an Deutschland zu unterbinden. Je labiler die Friedensordnung in den dreißiger Jahren wird, um so intensiver bemühen sich die Auswärtigen Ämter in London und in Paris, Italien als Garantiemacht der Ordnung von Versailles einzubinden sowie gegen Deutschland in Stellung zu bringen.

Daher erstaunt es wenig, daß man die unerfreulichen Aspekte dieser Diktatur übersieht und statt dessen lieber alles rühmt, was dem energischen Mussolini anscheinend gelungen ist: die Pünktlichkeit der Eisenbahnen, die Trockenlegung der Pontinischen Sümpfe, die Errichtung eines riesigen Industriegebiets in Mestre gegenüber von Venedig, die Hebung des Lebensstandards der Massen. Hat er nicht das geschaffen, was man später eine Entwicklungsdiktatur nennt?

Wie dann noch häufig in der zweiten Jahrhunderthälfte kann man im Falle Italiens alle Argumente hören oder lesen, weshalb ein unterentwickeltes Land, das zugleich von heftigen Übergangskonflikten zerrissen wird, einen starken Mann und die mobilisierende Staatspartei braucht. Einparteiensystem, Führerkult, fehlende Pressefreiheit, gelenkte Wirtschaft, Spitzelwesen und Einkerkerung politischer Gegner – dies alles erscheint zwar im Falle Mussolinis genauso unschön wie später im Falle Gamal Abdel Nassers in Ägypten, Kwameh Nkrumahs in Ghana, Julius Nyereres in Tansania oder Hafez al-Assads in Syrien. Erst viel später werden sich Politologen finden, die mit guten Gründen darlegen, daß und weshalb Mussolini ein Vorläufer vieler Dritte-Welt-Diktatoren ist, die bis in die achtziger Jahre hinein für die Entwicklung notwendig erscheinen und daher auch akzeptabel.[120]

So wird es verständlich, daß beispielsweise Winston Churchill, damals britischer Finanzminister im zweiten Kabinett Baldwin, keine Bedenken trägt, im Januar 1927, am Ende einer schönen winterlichen Urlaubsfahrt am Mittelmeer, in Rom den Duce zweimal »privat« zu treffen. Seine Frau Clementine hatte ihm schon im Jahr zuvor während eines Rombesuchs geschrieben, was für einen vorzüglichen Eindruck Mussolini auf sie gemacht hatte: »Ich bin sicher, er ist eine sehr große Persönlichkeit.«[121] Von jetzt an ist Churchill für eine Reihe von Jahren des Lobes voll für Mussolini und spielt »die Systemgegensätze«, wie man das später im Umgang mit anderen Diktatoren nennt, umsichtig herunter. Noch in Rom gibt er ein Interview, das an 50 bis 60 italienische und internationale Pressevertreter verteilt wird, in dem sich zum Thema »Faschismus« sehr verständnisvolle Sätze finden: »Unterschiedliche Länder, unterschiedliche Gepflogenheiten ... Man darf kein Problem beurteilen, ohne dabei auf die Atmosphäre und das Umfeld zu achten. Wäre ich ein Italiener gewesen, hätte ich mich sicher von ganzem Herzen von Anfang bis zum Ende an Ihrem triumphalen Kampf gegen die bestialischen Bestrebungen und Leidenschaften des Leninismus beteiligt.«[122] Mussolini selbst rühmt er als freundliche, schlichte, ruhige Persönlichkeit, der nichts anderes am Herzen liege als das Wohl des italienischen Volkes.[123]

In England bleibt dieses Interview nicht unkritisiert, und so vermeidet Churchill künftig derartig positive Stellungnahmen. Aber sein Wohlwollen für Mussolini endet erst 1935, als dieser sich anschickt, über Äthiopien herzufallen.

Im Dezember 1940, Italien ist inzwischen ein Kriegsgegner, weiß Churchill in einer Rundfunkrede an das italienische Volk nunmehr genau zu sagen, worin die Tragödie der italienischen Geschichte liegt: »Schuld daran ist ein einziger Mann ... Daß er ein großer Mann ist, streite ich nicht ab, doch daß er in 18 Jahren unumschränkter Macht Euer Land an den fürchterlichen Abgrund des Ruins geführt hat, kann niemand bezweifeln.« Jetzt vermerkt Churchill spöttisch, daß Mussolini die Erben des alten Rom mit den wilden, heidnischen Barbaren verbündet hat.[124]

Bei seinem zeitweiligen Flirt mit Mussolini ist Churchill nur *ein* demokratischer Staatsmann unter mehreren. Man übertreibt nicht mit der Feststellung, daß die Toleranz gegenüber Diktatoren, die zwischen 1933 und 1938 auch Hitler zuteil wurde, zuerst am Beispiel Mussolinis eingeübt worden ist.

Gewiß hat dabei die Persönlichkeit des Diktators eine wesentliche Rolle gespielt. Wer es fertigbringt, aus dem politischen Nichts kommend, innerhalb von zwei kurzen Jahren italienischer Ministerpräsident zu werden und dann alle erfahrenen Berufspolitiker auszumanövrieren, besitzt zweifellos großes politisches Geschick.

In mancherlei Hinsicht ist Mussolini dabei ein beachtlicheres politisches Talent als Lenin oder Trotzki. Diese haben mit Gewalt geputscht und sich dann fast ausschließlich mit nacktem Terror an der Macht gehalten. Mussolini hingegen muß in einem pluralistischen System zahlreiche gut plazierte Gegenspieler ausmanövrieren. Auch darin hat er mit Hitler viel mehr gemeinsam als mit den kommunistischen Despoten.

Relativ bald sind viele Beobachter darin einig, in Mussolini einen gerissenen Machiavellisten zu sehen, der die ehrgeizigen Führer der faschistischen Bewegung energisch zu bändigen wußte. Er besitzt zudem eine hinreißende Rednergabe, und seine propagandistischen Fähigkeiten sind lange Zeit unübertroffen.

Wie geschickt er sich in Szene zu setzen weiß, kann man etwa am Beispiel der Bebilderung jener berühmten Mussolini-Biographie studieren, die seine Anhängerin und zeitweilige Geliebte Margherita G. Sarfatti verfaßt hat. Das Buch kommt Mitte der zwanziger Jahre in ganz Europa in großer Auflage heraus und wird in Italien an den Schulen verteilt.[125]

Das Titelbild zeigt einen scheuen, tiefgründigen, verführerisch wie ein junger Dichter dreinblickenden, in schwarzen Anzug gekleideten Mussolini – hohe Stirn, faszinierende dunkle Augen, ein paar Manuskriptblätter in der beringten Hand. Der Eindruck, in diesem politischen Genie stecke auch ein Dichter, kommt nicht von ungefähr. In der Tat weiß Frau Sarfatti zu berichten, Mussolini habe einige Novellen verfaßt.

Ein paar Dutzend Seiten weiter: »Der Zwanzigjährige als Revolutionär in Lausanne 1904. Die erste Photographie seines Lebens.« Hier wirkt der künftige große Diktator tatsächlich wie ein anständig kostümierter Arbeiter, ein Dritte-Welt-Typ, nicht unsympathisch, doch noch ganz unfertig. Es folgen Photos von Mussolini als Bersagliere und an der Front – Hinweis darauf, daß er nicht nur den Krieg preist, sondern auch selbst freiwillig für die Ehre Italiens in den Krieg gezogen ist.

*Benito Mussolini als linksradikaler Journalist und Chefredakteur der Zeitung »Der Klassenkampf« in Forli, 1910.*

So geht es fort: Mussolini zu Pferde an der Spitze der faschistischen nationalen Miliz vor dem Kolosseum in Rom, doch auch: Mussolini »In den Ferien« – ein Dandy auf einem Segelboot, angetan mit Blazer, weißer Segelhose, eleganten weißen Schuhen und mit Borsalino. Dann Mussolini »bei der jungen Löwin, die er zärtlich liebkost« und, so die Bildunterschrift, »auf den Namen ›Italia‹ taufte«.

Gegen Ende des Buches werden die Photographien immer feierlicher: Mussolini hinter einem gewaltigen Imponierschreibtisch »im Arbeitszimmer des Palazzo Chigi«, Dokumente studierend, und Mussolini »als Ministerpräsident in Lausanne (wo er zwanzig Jahre vorher als Landstreicher verhaftet worden war)«. Aber auch: Mussolini, ganz Staatsmann, in feierlichster Uniform, mit Kardinal Gasparri nach Unterzeichnung der Lateranverträge, wodurch er mit der Kirche seinen prekären Frieden macht. Schließlich, letztes Bild, »Mussolini bei der Besichtigung eines Kriegsschiffes«, wobei der Betrachter daran erinnert wird, daß der »Duce«, wie er sich seit Ende der zwanziger Jahre nennen läßt, im Jahre 1925 als Ziel seiner Außenpolitik die Gründung eines Imperiums proklamiert hat.[126] Er möchte aus den Italienern ein neues Geschlecht von Soldaten züchten, um ein Jahrhundert der italienischen Vorherrschaft heraufzuführen. Derartige gutgemachte Propaganda-Biographien verraten häufig mehr von der Eigenart einer politischen Größe als zahllose Reden.

Schon in der zweiten Hälfte der zwanziger Jahre wird mit dem Duce ein ganz lächerlicher, aber wirksamer Kult des »ducismo« veranstaltet. Zahllose weitere, vielfach recht primitiv gemachte Biographien erscheinen. Die Presse huldigt ihm als dem Mann des Jahrhunderts, und vor allem in den Schulen muß das Lob des einstigen Lehrers Mussolini verkündet werden.

Von Anbeginn an kennt und nützt der Journalist Mussolini die Gesetze des Medienzeitalters. Schon vor dem »Marsch auf Rom« ist er ein Darling der italienischen und der internationalen Journaille. Lange Jahre stöhnt seine Umgebung, weil er nicht davon abzubringen ist, selbst wenig bedeutenden Journalisten immer wieder einmal Interviews zu geben. Dieser junge Polit-Gott, der so ganz anders ist als die steifen Staatsmänner anderer Länder, hat hohen Unterhaltungswert. Er weiß, wie man die Phantasie in Bann schlägt. Alles imponiert: der Revoluzzer gegen ein verknöchertes System, doch auch der Umstand, daß aus dem linken Bürgerschreck ein zwar immer noch revolutionär daherredender, aber doch nun mehr auf Ordnung und Effizienz bedachter Führer geworden ist. Es imponiert der Redner (den Balkon des Palazzo Venezia nennt er »meine Bühne«)[127], es imponieren der Frauenheld und anfänglich auch ein Touch von mediterranem Banditenhäuptling mit martialischer Leibwache. Mussolini ist ein Führer für Intellektuelle, er ist ein Pressestar, ein Sportler, ein südlicher Macho, aber eben auch und vor allem ein Kraftmensch, der sich trotz oder gerade wegen seines kurzen, gedrungenen Wuchses brutal Respekt zu verschaffen versteht.

Das Porträt wäre allerdings unscharf, würde man nicht hinzufügen, daß manche Beobachter seine Schwächen sehr genau erkennen. Ähnlich wie Hitler ist zwar auch Mussolini ungeheuer belesen. Schließlich hat er ein Lehrerseminar besucht und ist 1901 mit einem Volksschullehrerdiplom abgegangen. Damals zählte er achtzehn Jahre. Doch auf vielen Feldern ist und bleibt er ein Autodidakt. Dies dürfte ein Grund dafür sein, weshalb er in diplomatischen Gesprächen oder Interviews zu knappen Stellungnahmen neigt. Er möchte sich keine Blößen geben, was ihm natürlich nicht immer gelingt.

Hochmütig registrieren Lord Curzon und Sir Austen Chamberlain bei seinem ersten Erscheinen als Ministerpräsident auf der Lausanner Konferenz von 1922, wie linkisch er auftritt.[128] Er merkt das selbst und meidet zeitweilig internationale Konferenzen, obwohl er dank eisernen Fleißes bessere Sprachkenntnisse besitzt als die meisten anderen Staatsmänner seiner Zeit, denn er spricht ziemlich gut Deutsch, Französisch und Englisch. Die Arroganz französischer oder britischer

*Der Diktator als Arbeiter und als Triumphator.*

Gesprächspartner merkt er sich genau. Seiner Abneigung gegen Großbritannien und Frankreich, die immer deutlicher hervortritt, liegt wohl nicht bloß der Neid auf die etablierten Großmächte zugrunde. Wahrscheinlich hegt er auch verborgenen Groll wegen sozial herablassender Behandlung. Hingegen spürt er, daß ihn Hitler, der Kanzler des mächtigen, heimlich gefürchteten Deutschland, verehrt und als Gleichrangigen behandelt.

Da Mussolini vor der Etablierung im Zentrum der Macht immerhin an die zwei Jahrzehnte hinter sich hat, die er in anarcho-sozialistischen und linksradikalen Milieus verbrachte, geht er an seine Aufgabe als Diktator mit der Überzeugung heran, daß die wohlhabenden Klassen korrupt und alle Beamten faul sind. Auch dies sind Züge, die er mit vielen späteren Diktatoren gemeinsam hat. Entsprechend unbezähmbar ist anfänglich sein Aktivismus, doch auch seine Tendenz, möglichst vieles allein zu entscheiden. Auf seine Art ist er durchaus ein harter Arbeiter. Doch die Zentralisierung der Entscheidungen führt zu Entscheidungsblockaden.

Typisch für den frisch etablierten Tyrannen ist auch sein nimmerruhendes Mißtrauen, verbunden mit der Neigung, Untergebene zurechtzuweisen und zu erniedrigen. Er läßt niemanden in sein Inneres schauen und beklagt sich gelegentlich, so Emil Ludwig gegenüber, über seine Einsamkeit.[129]

Bei diesem Regierungsstil sind Sprunghaftigkeit und Oberflächlichkeit unvermeidlich. Mussolini ist weder geneigt noch fähig, die Kompliziertheit administrativer, ökonomischer, technischer und nicht zuletzt militärstrategischer Zusammenhänge zu durchschauen. Diktatoren wie er tendieren zum Voluntarismus und vermögen auf lange Sicht Wunsch und Wirklichkeit nicht mehr zu unterscheiden.

Georges Sorel hatte Mussolinis Voluntarismus schon 1913 erkannt, als dieser noch die Rolle des linksradikalen Agitators spielte. »Eines Tages«, meinte Sorel, »wird er an der Spitze eines verschworenen Bataillons stehen und das italienische Banner mit seinem Schwert grüßen. Er ist ein Volksführer des 15. Jahrhunderts, ein echter Condottiere. Ihr kennt ihn nur noch nicht richtig. Der Mann hat genug Energie, um die Fehler eines ganzen Kabinetts wieder auszubügeln.«[130]

Gerechterweise muß man aber feststellen, daß Mussolini von 1922 bis Mitte der dreißiger Jahre eine durchaus umsichtige, verschlagene Außenpolitik betreibt. Großmäulig macht er zwar schon früh die ganze Welt auf seine imperialistischen Pläne und auf seine Kriegsbegeisterung aufmerksam. Doch da er in Kenntnis eigener militärischer Schwäche vorsichtig bleibt, halten das viele fälschlicherweise für bloße Großsprecherei. In Wirklichkeit ist er kalt entschlossen, alle sich bietenden Gelegenheiten opportunistisch auszunutzen.

Als sich Hitler mit Briten und Franzosen anlegt, wird Mussolini von zwei Befürchtungen vorangetrieben. Er möchte verhindern, daß die Demokratien obsiegen, denn dann, so weiß er, müßte er seinen großartigen Plänen einer partiellen Wiederherstellung des Römerreiches den Abschied geben. Zugleich fürchtet er jedoch die Übermacht eines siegreichen Deutschlands und sucht deshalb 1939 in Albanien, 1940 gegen Frankreich und gegen Griechenland sowie in Nordafrika vollendete Tatsachen zu schaffen. Das führt ihn ins Verderben, denn jetzt wird jedermann vor Augen geführt, daß er selbst nur eine Operngröße und Italien keine besonders potente Großmacht ist. Seit dem Abessinien-Abenteuer läßt er in der Außenpolitik jedes Augenmaß vermissen und erweist sich damit genauso wie der viel gefährlichere Hitler eher als ein Genie demagogischer Innenpolitik.

Seit langem hat die Forschung deutlich gemacht, daß Mussolini noch im Jahr 1922 keine operativ umsetzbaren Vorstellungen besitzt, wie er Italien gestalten möchte. Dieser große Opportunist verspürt jedoch, daß die reine Machtausübung allein nicht ausreichend wäre. Zweierlei ist erforderlich: Das neue Regime muß ein unverwechselbares Profil erhalten und, damit verbunden, eine legitimierende Ideologie.

Tatsächlich gelingt es Mussolini, in vergleichsweise kurzer Zeit jenen Typ einer modernen Tyrannis zu errichten, der dann immer wieder nachgeahmt wird. Diese Diktatur eines einzelnen bedient sich zwar der klassischen Mittel: Verbot organisierter Opposition, Eliminierung der Gegner, Polizeiüberwachung, Kontrolle der Justiz durch die Regierung, regierungsamtliches Informationsmonopol. Neu aber ist die Bewegungspartei zum Zweck der Massenmobilisierung. Im Unterschied zum Leninismus ist sie hier voll der Staatsgewalt in Gestalt des Diktators unterstellt. Neu ist auch eine Wirtschaftsordnung, die das Privateigentum an den Produktionsmitteln nicht abschafft, dieses aber gleichfalls der staatlich-politischen Kontrolle unterwirft.

Anderes ist von den Leninisten entlehnt, so die Rolle der Gewerkschaft, die zum politischen Zwangsinstrument der Diktatur pervertiert wird, doch unter Beibehaltung bestimmter sozialfürsorgerischer Funktionen. Ähnlich wie vor ihm die Radikalliberalen und zur gleichen Zeit die Kommunisten beansprucht Mussolini auch ein politisches Monopol im Ausbildungswesen. Mit durchaus ingeniösem Machiavellismus wird die Krone in dieses System eingebunden, schließlich auch die Kirche neutralisiert.

Die Ideologie dient dazu, diese Diktatur als Ordnung von vorbildlicher Modernität zu glorifizieren. Der Diktaturbegriff selbst wird bejaht. Mussolini trägt auch keine Bedenken, den erst von seinen Gegnern geprägten Terminus »totaler Staat« gleichfalls positiv auf die eigene Herrschaft zu beziehen. Es fällt nicht schwer, in den Mythen, Schlagworten und Symbolen der Ideologie Mussolinis eine neuheidnische »religion civile« zu erkennen. Mussolini ist ein ideologischer Zauberkünstler wie wenige. Er versteht es, eine heterogene Mixtur als geschlossene Weltanschauung zu präsentieren. Seine Wirkung in Italien, doch auch weit über Italien hinaus, ist überhaupt nur voll zu verstehen, wenn man erkennt, daß er mit großem Geschick viele neue Strömungen einer Kultur im Umbruch zu bündeln weiß. Er ist überzeugt und vermag auch viele im Ausland davon zu überzeugen, daß er die neue Zeit verkörpert. Kein Zufall, daß der Aufstieg des Faschismus mit der Parteihymne, der »Giovinezza«, verbunden ist.

Eine geschickte Propaganda in Europa und über die Italo-Amerikaner auch in den USA preist den Duce als Jahrhundertgestalt und Italien als ein Land, das zur modernen Vorbildgesellschaft bestimmt ist. Schärfere Beobachter erkennen jedoch, daß hier eine neue Form der Despotie erprobt wird. Der Soziologe Hermann Heller hält sich 1928 ein halbes Jahr in Italien auf und veröffentlicht dann eine vernichtende Analyse »Europa und der Faschismus«.[131] Er ist aber der Meinung, daß der faschistische Staat inzwischen ganz auf der Person Mussolinis beruht. Dies unterscheide das Regime gleichfalls wesentlich von der kommunistischen Parteidiktatur der Sowjetunion.

Da die Demokratien seit Herbst 1929 unter der Weltwirtschaftskrise leiden und weil andererseits eine große Mehrheit im Westen das Modell Stalins voller Entsetzen ablehnt, kommt der Diktator Italiens mit seinem eigenen Modell ganz gut über die Runden. Er scheitert wie Hitler nicht an der Innenpolitik, sondern an außenpolitischer Maßlosigkeit.

Im Juli 1943 zeigt sich zudem, daß Mussolinis persönliche Diktatur in zwei Zentralpunkten doch ungefestigt war. Sein Sturz ist in doppeltem Sinn das Ergebnis einer Palastrevolution. Am 24. Juli 1943 ermannt sich der faschistische Großrat und beschließt in formeller Abstimmung, alle immer noch bestehenden Regierungsorgane zu reaktivieren und dem König den Oberbefehl über die Streitkräfte Italiens zu übertragen.[132] Am folgenden Tag wird Mussolini nach einem kurzen Gespräch mit dem König im Palast verhaftet und aus Rom verbracht.

Vor dem Hintergrund seiner einstigen Sprüche wirkt der schließliche Abgang des Diktators wie eine Schmierenkomödie. Beim Vergleich mit dem Ende der Ungeheuer Lenin, Stalin, Hitler oder Mao mag man darin aber den Beweis sehen, daß Mussolini doch viel mehr als diese ein menschlich-allzumenschlicher Held gewesen ist. Bald läßt er die Möglichkeiten einer »italienischen« Beendigung des Krieges sondieren, bald phantasiert er vor den letzten Anhängern im Hof der Präfektur zu Mailand von einer heroischen Schlacht in den Bergen des Veltlin (»mit der Sonne im Gesicht sterben«),[133] oder er kündigt an, Mailand in ein zweites Stalingrad zu verwandeln.[134] Am Schluß versucht er, sich in die Schweiz zu retten. Unentschlossenheit, Planlosigkeit sowie ein völliger intellektueller und emotionaler Zusammenbruch kennzeichnen seine letzten Wochen und Monate.

Später wird die Tatsache viel Aufmerksamkeit finden, daß der Duce der »Repubblica Sociale Italiana« wieder zu seinen sozialistischen Anfängen zurückgefunden habe. Psychologisch verständlich ist dies zwar ebenso wie Hitlers fast zeitgleiche antijunkerliche Radikalisierung fünf Minuten vor zwölf. Schließlich ist Mussolini vom König und den eher konservativen Kräften im eigenen Lande gestürzt worden. Mehr als eine Fußnote der Geschichte ist Mussolinis erneute Linkswendung aber nicht. Denn historische Bedeutung für Italien und in gewissem Maß für Europa hat, mit Renzo de Felice zu sprechen, nur Mussolini, »der Faschist«, erlangt, nicht aber Mussolini, der linksradikale Revolutionär.

Der ideologische Kurswechsel ganz zum Schluß beweist nur einmal mehr, in welchem Maß dieses Vorbild späterer Diktatoren im innersten Wesenskern ungefestigt gewesen ist. Wenn es überhaupt eine

*In Erwartung des Endes, 1944/45. »Übrigens stirbt jeder den Tod, der seinem Charakter entspricht«, hatte Mussolini Anfang der dreißiger Jahre in einem Interview mit Emil Ludwig bemerkt.*

Konstante bei ihm gab, so war dies ein lebenslänglicher Opportunismus, verbunden mit dem Hang zu pathetischer Schauspielerei.

Maddalena Mollier, der er ein letztes Interview gewährt, schon mit der Auflage, es nur posthum zu veröffentlichen, hört von ihm, er habe niemals etwas verkehrt gemacht, wenn er seinem Instinkt folgte, sondern immer nur dann, wenn er sich von seinem Verstand leiten ließ: »Aber haben Sie schon einmal einen Diktator erlebt, der alles Für und Wider klug abwägt?«[135]

Auch außenpolitisch ist er jetzt völlig orientierungslos. Über die Deutschen und Hitler denkt er nun so kritisch wie diese über ihn. Natürlich sind sie schuld, daß der Krieg verlorenging. Doch derselbe Mussolini, der jetzt in den Deutschen das Unglück Italiens beklagt, hat beim letzten Gespräch mit dem deutschen Botschafter Rahn einen aufgeschlagenen Band des schwäbischen Spätromantikers Eduard Mörike auf dem Schreibtisch liegen und bemerkt lächelnd: »Ja, das ist alles, was uns bleibt.«[136]

Einerseits erwartet Mussolini nun die Herrschaft Stalins, andererseits prognostiziert er eine große europäische Rolle der USA. Und einem seiner Gesprächspartner gegenüber erklärt er jetzt, die europäischen Staaten müßten sich nach dem Krieg zu einer großen Gemeinschaft zusammenschließen.[137] Dazwischen betont er aber immer wieder einmal mit Nachdruck, wie wichtig doch die kriegerischen Tugenden seien.[138] Bis zum Schluß bleibt Mussolini eine Ansammlung von Widersprüchen – widersprüchlicher als jeder der anderen großen Diktatoren der ersten Jahrhunderthälfte.

Somit bleibt der Beobachtung nicht viel hinzuzufügen, die Hermann Heller im Jahr 1929 veröffentlicht hat: »Fascismus ist Mussolinismus und dieser, je nach der augenblicklichen Situation, Staatsverneinung oder Staatsvergottung, Sozialismus oder Kapitalismus, Syndikalismus oder Zentralismus, Katholizismus oder Paganismus. Und dieses zynisch zersetzende Spiel mit allen normativen Gehalten, seien sie nun religiöser, ethischer oder juristischer Natur, dieses von der eindrucksvollen Kraftnatur Mussolinis gespielte Spiel ist es, das manche Ästheten anziehen mag, dem Faschismus aber jede Bedeutung über die augenblickliche italienische Machtlage hinaus benimmt und ihn dort als geistesgeschichtlichen Niedergang und echte politische Reaktion kennzeichnet.«[139]

Daß der Instinkt diesem politischen Chamäleon manchmal die richtigen Vorahnungen eingab, beweist eine Bemerkung, mit der Mussolini das berühmte Interview mit Emil Ludwig abschloß: »Übrigens stirbt jeder den Tod, der seinem Charakter entspricht.«[140]

# Adolf Hitler: Vergleichbarkeit, Unvergleichbarkeit

Unter den Tyrannen, die ihrem Jahrhundert zum Schicksal wurden, fällt Hitler völlig aus dem Rahmen. Kein Romancier könnte einen unglaublicheren Lebenslauf erfinden. Daß Revolutionäre vom Schlage Lenins, Trotzkis oder Stalins als Herrscher im Kreml Platz nehmen, ist zwar gleichfalls ein unerhörter Vorgang. Doch die Oktoberrevolution kann als Erfüllung einer langen Vorgeschichte des revolutionären Marxismus begriffen werden. Soziologisch gehören die Bolschewiki einer politischen Subkultur mit unverwechselbarem Profil an. Sie sind Berufsrevolutionäre und haben jahrzehntelang ihren ganzen Lebenszweck allein darin gesehen, die große Umwälzung gedanklich durchzuspielen. So verfügen sie über eine Ideologie, über eine Revolutionstheorie und über ein Konzept despotischer Parteiherrschaft. Obgleich ihre Vorstellungen von der Funktionsweise der neuen Ordnung nur recht vage sind, wissen sie jedenfalls genau, was alles beseitigt und welche Gegner liquidiert werden müssen.

Sogar Mussolini, dessen Karriere mit derjenigen Hitlers am meisten Ähnlichkeit hat, betritt nicht unvorbereitet die Weltbühne. Fast zwei Jahrzehnte lang, bevor er 1921 seine eigene faschistische Partei gründet, hat er als prominenter Linksradikaler parteipolitische Turnübungen gemacht.

Bei Hitler ist das ganz anders. Jede vergleichende Bewertung muß beim Erstaunen darüber ihren Ausgang nehmen, daß sich im Frühherbst 1919 ein völlig unbekannter, ziemlich grotesk wirkender jüngerer Mann urplötzlich in die Politik stürzt. Als das Reichswehrkommando 4 in München Hitlers Fähigkeiten als Volksredner entdeckt, genauer gesagt, als er sich selbst entdeckt, besitzt er nicht den geringsten politischen Hintergrund. Wie dieser Einzelgänger, der nichts ist und nichts hat außer mächtigen Visionen und einem »granitenen« Willen, seinen schwindelerregenden Aufstieg bewerkstelligt und dann abstürzt, bleibt aus der Rückschau vom Ende des Jahrhunderts genauso unbegreiflich, wie es für die Zeitgenossen war.

Eigentlich beginnt dieses Leben so normal wie das von Millionen. Hitler kommt weder aus gutem Haus noch aus dem Kohlenkasten, er erfährt in Familie und Schule jene Mixtur von Glück, Frustration und

*Der Meldegänger: Adolf Hitler in einem Unterstand der Westfront, 1916.*

langweiliger Routine wie die meisten Menschen. Kurz, er ist überhaupt nichts Außergewöhnliches und hat auch kein irgendwie spektakuläres Schicksal.

Gewiß mag man lange darüber nachsinnen, wie es kommt, daß ausgerechnet die beiden verhängnisvollsten Revolutionäre ihres Zeitalters Beamte zu Vätern hatten. Denn Lenin und Hitler bringen dem Staat, welchem ihre Väter dienten, Haß entgegen und verachten den Stand der Beamten. Genauso macht die Tatsache nachdenklich, daß der später durch rohe Fühllosigkeit notorische Hitler in der Obhut einer Mutter aufwuchs, die ihren begabten Sohn offenbar geliebt und bewundert hat. Es gehört zu den abgründigen Rätseln der menschlichen Seele, wie ein Mensch die viehische Ermordung aller Juden Europas anzuordnen vermag, der während des ganzen Ersten Weltkrieges das Photo seiner Mutter als Talisman mit sich führt und eine Vergrößerung davon in seinem ansonsten unpersönlich eingerichteten Schlafzimmer in der Reichskanzlei stehen hat.[141] Ist dieser Schrekkensmensch so etwas wie ein österreichischer »Citizen Kane«, der zum skrupellosen Giganten wird, weil er durch den frühen Verlust der Mutter aus dem Gleis geriet? Kann man diesen unharmonischen Charakter als Resultat einer Ödipus-Konstellation deuten?[142] Oder ist ein verborgener Todestrieb in ihm mächtig gewesen? Goethe pflegte in solchen Fällen zu bemerken, irgendwie hätten die Dämonen »ihre Pfoten« im Spiel gehabt.[143] Doch dämonologische Erklärungen des Phänomens Hitler sind genauso spekulativ wie das meiste, was Psychologen bis heute in ihn hineingeheimnißt haben. Sicher ist jedoch, daß in der Familie, doch auch im Umfeld, in dem er sich bis zum Ersten Weltkrieg bewegt, keinerlei hochgradige Politisierung oder gar revolutionäre Gestimmtheit auffällt.

*Der verwilderte Landsknecht: Hitler in SA-Uniform.*

Noch einmal: Würde es sich nicht um Hitler handeln, so müßte man seine ganze etwas verworrene Familiengeschichte einschließlich der Jugendjahre in Linz und der Wiener Jahre als völlig unspektakulären Lebenslauf betrachten. Er selbst hat zwar später Sorge getragen, auch diese Lebensphasen als eine Art politischer Vorschulzeit zu illuminieren. In Wirklichkeit weist aber die Entwicklung Hitlers bis zu seinem 30. Geburtstag im Frühjahr 1919 überhaupt nichts Abgründiges auf und schon gar nichts Bedeutsames. Trotzki und Stalin, die sich zur Zeit, da Hitler in Wien lebt, gleichfalls für kurze Zeit dort aufhalten, sind im gleichen Alter wie Hitler schon tief ins revolutionäre Milieu eingetaucht, während er das recht ziellose Leben eines Unpolitischen führt.

Vergeblich sucht man nach Anzeichen, die auf politisches Temperament oder politische Begabung hinweisen. Der Wiener Hitler erscheint als einer jener zahllosen jungen Leute, die dazu bestimmt sind, in irgendeinem vergessenen Winkel der Gesellschaft als gescheiterte Existenzen zu landen, da vielseitig begabt, aber unruhig, undiszipliniert und vom Pech verfolgt. Dieser Egomane versucht zwar schon früh, seine wenig eindrucksvollen Anfänge als harte Lehrjahre eines politischen Genies zu verklären. Seitdem aber eine kritische Beschäftigung mit Hitlers Frühzeit in Gang kam, ist wohlbekannt, daß er in »Mein Kampf« einen in vielen Aspekten zurechtgeschwindelten Bericht gegeben hat.

In den Wiener Jahren ist er zwar ein rastloser Beobachter, Leser, Diskutierer, Maler, Opernfan, der nicht allein eine Unmenge von kunstgeschichtlichen, technischen und naturwissenschaftlichen Informationen in sich hineinsaugt, sondern zweifellos auch Giftstoffe des sich zersetzenden Habsburgerreiches. Viele Komponenten Hitlerscher

Weltanschauung, die später befremdlich, närrisch und schlicht politkriminell zu Tage treten, strömen schon damals in sein Gehirn und werden gespeichert. Desgleichen kann er am Beispiel der deutschvölkischen Agitatoren Schönerer und Lueger erkennen, welche Massenwirkung mit Agitation gegen Slawen und Juden zu erzielen ist, doch ebenso, daß die Zukunft den gut organisierten Parteien gehört. Aber auch die Wiener Jahre, über die nachträglich so viel geschrieben und vermutet worden ist, zeigen manches, nur keinen außergewöhnlichen Lebenslauf. Hitler zeichnet sich nicht einmal durch Antisemitismus aus.

Heute gehört es zu den ziemlich gesicherten Tatsachen, daß dieser wie ein Schwamm alles in sich saugende Einzelgänger entgegen seinen späteren Bekundungen weder ein politisch überdurchschnittlich aktiver junger Mann noch gar ein fanatischer Antisemit war.[144] Offenbar unterhielt Hitler in Linz und Wien zu den verschiedensten Juden normale, wenn nicht gar wohlwollende Beziehungen.

Man muß also die unpolitische Ziellosigkeit des frühen Hitler betonen, zugleich aber darauf hinweisen, daß er eine sehr viel reicher und breiter angelegte Gestalt ist als die zeitgenössischen russischen Revolutionäre. Seine gewiß nicht erstklassigen, aber doch wiederum nicht zu verachtenden künstlerischen Anlagen und Neigungen sowie die unablässige Beschäftigung mit der deutschen Geschichte erinnern noch am ehesten an Mao Tse-tung, der gleich dem widersprüchlichen Hitler schließlich zum fühllosen Brutalo wird, ohne aber die Fähigkeit zu verlieren, Gedichte in kalligraphischer Schrift zu Papier zu bringen. Aber kann man sich einen Stalin vorstellen, der dreißig- oder vierzigmal »Tristan und Isolde« besucht und es sich selbst in entscheidenden Wochen des Krieges, Ende Juli 1940, nicht nehmen läßt, die jährliche Pilgerfahrt nach Bayreuth anzutreten, um dort wenigstens die Klang- und Raumvisionen der »Götterdämmerung« in sich aufzunehmen?[145]

Eine der Merkwürdigkeiten des 20. Jahrhunderts besteht eben doch auch darin, daß die großen Tyrannen jeweils auf ihre Art und Weise zu verwirklichen suchen, was sie bei zwei der größten Potenzen des 19. Jahrhunderts vorzufinden glauben. Ob die Ungeheuer Lenin, Stalin und Mao Tse-tung die Erkenntnisse von Karl Marx mißverstanden, pervertiert oder unter den jeweiligen Bedingungen ihrer Zeit konkretisiert haben, ist und bleibt umstritten. Dasselbe gilt aber auch für die Frage der Einwirkungen Richard Wagners auf Hitler.[146]

Hitler hat jedenfalls von Anfang bis zum Ende Wagner als sein großes Vorbild verehrt – ein großes Talent, das sich gegen alle Vorurteile und Neider durchsetzt, weil es nur seinem Werk lebt. Daß die begeisterten Wagnerianer um die Jahrhundertwende und noch weit danach viele Züge einer enthusiastischen Sekte aufweisen, ist wohlbekannt. Hitlers Wagner-Enthusiasmus erscheint deshalb nicht ganz so absonderlich, wenn man sich klarmacht, wie stark Wagner auf so unterschiedliche Zeitgenossen wie Baudelaire, Ludwig II., Nietzsche, Thomas Mann und selbst den jungen Konrad Adenauer gewirkt hat, der sich nach 1945 allerdings klugerweiser hütete, davon ein großes Aufheben zu machen. Mythengefräßig, aber doch auch mit der Kennerschaft eines echten Opernfans, hat Hitler vor allem in Linz und Wien, doch auch später, die entgrenzten Wagnerschen Traumwelten bei unablässigen Opernbesuchen in sich hineingesogen wie Christen bei regelmäßigem Gottesdienstbesuch die Geschichten und Lehren der Bibel. Das hat er selbst so gesehen. Der Journalist Frederick Oechsner schrieb 1942, Hitler habe ihm versichert: »Für mich ist Wagner etwas Göttliches. Seine Musik ist meine Religion. Ich gehe in seine Aufführungen, wie andere in die Kirche gehen.«[147] Viele Elemente der so verschwommenen Hitlerschen Religiosität sind aus Wagner erklärbar – Schicksalsglaube, individuelles Sendungsbewußtsein, fatalistische Bereitschaft, schuldig zu werden, doch auch Ekel vor der Modernität, verbunden mit Erlösungssehnsucht.

Manches Absonderliche und Fürchterliche mag so eine Erklärung finden, jedenfalls teilweise. Gewiß ist die politische Symbolik des frühen Hitler auch stark von dem theatralischen Rummel der italienischen Faschisten beeinflußt worden. Gabriele d'Annunzio und Mussolini gehören in dieser Hinsicht zu seinen Lehrmeistern. Aber ganz unübersehbar spielt Hitler in der Kampfzeit, und ebenso als Reichskanzler, den revolutionären Volkstribunen Rienzi, der das römische Volk in tiefster Erniedrigung findet, dem die begeisterte Menge mit den Rufen »Heil, Rienzi!« huldigt und der beides zugleich ist: ein politischer und ein künstlerischer Revolutionär. Im Winter 1942, bei den endlosen Monologen im Führerhauptquartier, hat Hitler behauptet, eine Rienzi-Aufführung in Linz habe ihm den Gedanken eingegeben, »auch so ein Volkstribun oder Politiker zu werden«.[148] Der einstige Spezi aus Linzer und Wiener Jahren, »Gustl« Kubizek, behauptet dasselbe. Hitler habe noch 1939 in Gegenwart von Winifred Wagner erklärt: »In jener Stunde begann es.«[149] Was der desillusionierte Nietzsche über den zuvor vergötterten Richard Wagner schrieb, trifft inhaltlich ganz und gar auch auf Hitler zu: »Er ist der größte Mime, das erstaunlichste Theater-Genie, das die Deutschen gehabt haben, unser Szeniker par excellence.«[150]

Doch verinnerlicht Hitler noch Problematischeres als die Inszenierung von Massenszenen à la »Rienzi« mit Blechmusik, Fanfaren und Heilrufen oder die Wunschvorstellung, aus Deutschland eine Art politisches Gesamtkunstwerk zu machen, das »Meistersinger-Land«. Genauso stark bewegt ihn »Der Ring des Nibelungen«. Am 20. April

1933, die Machtergreifung ist eben vollzogen, eröffnet der Reichsrundfunk die Feierstunde zum 44. Geburtstag des Führers mit Siegfrieds »Schmiedelied«.[151] Die von Wagner erfundene »Poesie der Macht« bewirkt wohl auch die kosmische Entgrenzung der inneren Mythenwelten Hitlers bis hin zur Vision des Weltenbrands »Muspilli«.

Am seltsamsten ist, daß Hitler sich anscheinend auch mit Parsifal identifiziert, den er in neuheidnischem Geist interpretiert hat. Joachim Köhler versammelt in seiner Studie »Wagners Hitler« viele Belege, aus denen hervorgeht, daß durchaus Zusammenhänge zwischen den antisemitischen Wahnsinnsphantasien Hitlers und dem mythologisch entgrenzten Antisemitismus Wagners bestanden haben. Hitler als rassebewußter Gralsritter, der die Welt vom »Blutverderb« reinigt, der Ordensburgen errichten läßt, die SS gründet und einen absurden Kult mit der »Blutfahne« treibt – dies alles könnte in der Tat auch eine Erklärung des rational völlig unerklärlichen, als geheime Reichssache verfügten Massenmordes an den Juden sein.[152] Seine Entschlossenheit, einen neuheidnischen Kult zu erschaffen, zielt gleichfalls ganz offensichtlich darauf ab, das Christentum durch eine Art Wagnerianische Religion ablösen zu lassen.

Nach den rauschhaften Feiern anläßlich der geglückten Rheinlandbesetzung beispielsweise, im März 1936, fährt ein triumphierender Hitler im Sonderzug durchs nächtliche Ruhrgebiet zurück und läßt schließlich eine Platte mit dem Parsifal-Vorspiel auflegen. Hans Frank, der dabei war, berichtet, Hitler habe dabei gesagt: »Aus Parsifal baue ich mir meine Religion. Gottesdienst in feierlicher Form ohne theologisches Parteiengezänk ... Ohne diese ekelhaften Kutten und Weiberröcke ... Im Heldengewand allein kann man Gott dienen.«[153]

In diese Interpretation fügt sich auch Hitlers Besuch bei dem halb verrückten Antisemiten Houston Stewart Chamberlain in Bayreuth am 30. September 1923, dem Schamanen der völkischen Antisemiten. Goebbels nennt diesen später den »Vater unseres Geistes«.[154] Das ist wenige Wochen vor dem mißglückten Münchener Putsch, bei dem sich Hitler offenkundig nicht mehr als Trommler, sondern bereits als politischer Erlöser verstand, als den ihn Chamberlain anschließend feiert. Ein Brief Chamberlains an Hitler vom 7. Oktober 1923 mag ihn darin bestätigt haben: »Daß Deutschland in der Stunde seiner höchsten Not sich einen Hitler gebiert, das bezeugt sein Lebendigsein.«[155] Am 1. Januar 1924, der gescheiterte Putschist Hitler sitzt damals ein und erwartet seinen Prozeß, bezeichnet ihn Chamberlain in einem Flugblatt der »Großdeutschen Zeitung« als eine der seltenen Lichtgestalten, die Gott Deutschland geschenkt habe[156], und er fügt hinzu: Erkenne man die Gefahr des todbringenden Einflusses des Judentums, »so müssen schleunigst Maßregeln gegen sie ergriffen werden, das sieht wohl jeder ein, aber keiner wagt's auszusprechen; keiner wagt die Konsequenz von seinem Denken auf sein Handeln zu ziehen; keiner außer Adolf Hitler«.[157]

Daß in diese Chaos-Seele auch viele andere Ideen eingeflossen sind, ist bekannt. Neben dem Festspielhügel in Bayreuth wird später die Kultstätte Nietzsches in Weimar zu einem weiteren Fixpunkt seiner mythologischen Landkarte. Aber Richard Wagner wirkt doch am stärksten.

Es wäre unangemessen, so vergleichsweise ausführlich auf diesen Aspekt der Hitlerschen Karriere einzugehen, gäbe es nicht tatsächlich gute Gründe für den Verdacht, daß er ein Ungeheuer aus dem Geist der Musik ist, oder formulieren wir vorsichtiger: *auch* aus dem Geist Musik. In diesem Punkt ist die Weltanschauung Hitlers vom historischen Materialismus der marxistischen Revolutionäre Lichtjahre entfernt.

Er gehört jedenfalls früh zum besonders gefährlichen Orden der konkreten Träumer. Wie intensiv sich der autodidaktische Bücherwurm Hitler daneben auch in Schopenhauer versenkt hat, wissen wir nicht.[158] Es gibt aber keine bessere Kurzformel für die Art und Weise, wie Hitler seine zukünftige Welt sowie seine phantastische Laufbahn erst erträumt und dann inszeniert als den Titel von Schopenhauers Hauptwerk: »Die Welt als Wille und Vorstellung«.

Im Unterschied zu den kommunistischen Größen ist Hitler somit ein Beispiel für die Kraft der Subjektivität. Im Grunde gleicht er dem Helden eines Fantasyfilms, dessen imperiale Phantasien, Verbrechen, Obsessionen und Phobien aus der Tiefe des eigenen Gehirns aufsteigen. Er ist vormodern, wirkt aber auch wie eine Figur der Postmoderne.

Wann erfolgt aber dann die Politisierung des Unpolitischen? Die Antwort ist recht eindeutig: nicht in Wien, sondern erst in den vier Jahren als deutscher Soldat an der Westfront und in der Revolution 1918/19.

Auch in diesem Punkt ist Hitler von den zeitgenössischen Revolutionären denkbar verschieden. Diese sind zwar auch Söhne des Chaos, doch es ist das Chaos der Revolution, in dem sie reüssieren. Er aber ist in erster und letzter Linie ein Sohn des Krieges. In seiner Gestalt nimmt gewissermaßen die Frontgeneration, die von leichtsinnigen Monarchen, Generalen und Politikern in die Höllen des Krieges gestoßen und dort mit noch größerem Leichtsinn vier Jahre lang festgehalten wurde, an der bürgerlichen und aristokratischen Welt eine perverse Rache. Er beweist, wozu Menschen fähig sind, denen man beigebracht hat, daß sich selbst infamste Tötungsarten mit erhabenen politischen Zielen legitimieren lassen.

Man kann es auch anders ausdrücken: Der empfindsame, von ästhetischen Phantasien bewegte Hitler verwildert. Er wird zum Landsknecht. Verwilderung lautet also der häßliche Sachverhalt: nationalistische Verwilderung, militaristische Verwilderung, imperialistische Verwilderung, moralische Verwilderung. Es ist richtiger, den Vorgang konkret beim Namen zu nennen, statt, wie es dann üblich wird, abgehoben davon zu sprechen, daß er in den Schützengräben neue Wertetafeln gefunden habe, auf denen die Begriffe Kameradschaft, Opfer, Nation, Weltmacht, Krieg und Sieg eingemeißelt sind.

Daß von jetzt an, und erst von jetzt an, sein ganzes Sinnen und Denken dem Krieg gilt, ist evident. Eine gewisse sozialdarwinistische Indoktrination bereits in der Vorkriegszeit mag durchaus schon gegeben sein. Doch Extremreaktionen von weltgeschichtlicher Folgewirkung wie im Falle Hitlers pflegen sich meist nicht aus der Lektüre von Büchern oder völkischer Hetzliteratur zu ergeben. Es sind existentielle Grenzsituationen, die Menschen zutiefst verändern. Ernst Jünger, gleich Hitler vier Jahre an der Westfront und anfänglich ein Gesinnungsmilitarist wie dieser, hat im Jahr 1922 ein präzises Psychogramm dieser Generation gegeben: »Der Krieg, aller Dinge Vater, ist auch der unsere; er hat uns gehämmert, gemeißelt und gehärtet zu dem, was wir sind. Und immer, solange des Lebens schwirrendes Rad noch in uns kreist, wird dieser Krieg die Achse sein, um die es schwirrt.«[159]

Schon in dieser Phase von Hitlers Lebensweg spielt der Zufall eine Rolle. Dem Österreicher Hitler gelingt es in den emotional aufgeladenen Tagen des August 1914 entgegen allen rechtlichen Vorschriften beim bayerischen Infanterieregiment 16 als Freiwilliger angenommen zu werden – ein Zufall. So verbindet er sein Schicksal mit dem Deutschen Reich und wird diesem zum Schicksal. Bekanntlich erwirbt der entlaufene Österreicher dann erst im Alter von 42 Jahren, am 26. Februar 1932, durch Ernennung zum Braunschweigischen Regierungsrat die deutsche Staatsangehörigkeit – ein Jahr vor der Ernennung zum Reichskanzler. Zwischen 1925 und 1932 agitiert er in Deutschland als staatenloser Ausländer.

Genauso gehört es zu den Zufällen, daß dieser keinen Einsatz scheuende Soldat die vier Jahre Westfront überlebt. Allein in der Schlacht von Ypern, wo Hitlers Regiment Ende Oktober 1914 eingesetzt wird, sind von 3600 Mann vier Tage später nur noch 611 unversehrt. Hitlers Kompanie zieht mit 250 Mann in die Schlacht, Anfang Dezember sind nur noch 42 im Einsatz. Während des gesamten Krieges fallen vom Regiment List 3754 Mann.[160]

Gehört es auch zu den Zufällen, daß er die Höllen der Westfront dennoch als Krieger verläßt und nicht als Pazifist? Determiniert ist überhaupt nichts. Der Krieg läßt schließlich Millionen ursprünglich patriotischer Soldaten zu Pazifisten werden. Doch Millionen erfahren auch, wie der britische Militärhistoriker John Keegan das formuliert, »die Macht des Appells an Männlichkeit, Kameradschaft und Heldentum«.[161] Weder der jahrzehntelang erstaunliche politische Erfolg Mussolinis noch der Adolf Hitlers ist erklärbar, wenn man nicht erkennt, daß sie die Erfahrungen, die moralischen Energien und den Haß einer ganzen Generation von Frontkämpfern artikuliert und politisch transformiert haben.

Das unterscheidet Hitler also ganz grundlegend von den russischen Revolutionären. Lenin, Trotzki und Stalin sind weithin aus dem Milieu marxistischer Berufsrevolutionäre erklärbar. Hitler weist eine ganz andere Milieuprägung auf, die er unter den Frontsoldaten an der Westfront erfährt. Hier lernt er übrigens auch Angehörige jener Klassen kennen, die in der ersten Jahrhunderthälfte noch zahlenmäßig dominieren – Industriearbeiter und Bauern. Daß man Bauern erforderlichenfalls zu tapferen Kriegern machen kann, weiß man im ganzen 19. Jahrhundert. An der Westfront erlebt Hitler aber zugleich den nationalistischen, militaristischen, zum Kriegertum fähigen Industriearbeiter.

Es war also nicht nur Demagogie, wenn er 1924 in »Mein Kampf« zu Papier brachte, die Kriegsjahre seien für ihn »die unvergeßlichste und die größte Zeit meines irdischen Lebens« gewesen.[162] Allem Anschein nach hatte er nach allen Frustrationen der Wiener Jahre endlich das Gefühl, zu sich selbst zu kommen und etwas wert zu sein. Zwar wirkt er auf manche seiner Kameraden als etwas spinnerter Einzelgänger, mit dem keiner recht warm wird. Er selbst aber fühlt sich erfüllt. Zugleich entdeckt er hier den sozialen Rohstoff, mit dem kriegerische Weltmachtpolitik möglich ist.

Jetzt aktiviert das Kriegserlebnis alle völkischen, alldeutschen, sozialdarwinistischen, nietzscheanischen und auch antijüdischen Ideen, die er aus den Wiener Jahren in sich gespeichert hat. Entscheidend ist doch wohl erst die Programmatik der Kriegszieldiskussion. Wer in Hitlers späterem Weltmachtprogramm nur die Konkretisierung von Angelesenem begreift, mißversteht das Wesentliche. Der Krieg ist sein großes Urerlebnis, Kriegserinnerungen sind, wie Goebbels im Tagebuch vermerkt, »sein unerschöpfliches Lieblingsthema«.[163] Besucher, die später im Allerheiligsten seines Arbeitszimmers im Braunen Haus vorgelassen werden, können dort ein Gemälde bewundern, das Hitlers Regiment List in Flandern beim Angriff zeigt.

Die erst rauschhafte, im Verlauf des Krieges dann kalt entschlossene Identifikation mit dem Deutschen Reich hat aber auch noch einen anderen Aspekt von weitreichender Bedeutung. Hitler erfährt die »Volksgemeinschaft«, wie er dies dann wieder und wieder propagiert, als Kampfgemeinschaft. Von Anbeginn an verbindet ihn mit Deutschland nicht ein natürlicher, im Frieden gewachsener Patriotismus, sondern die seelische Erhitztheit einer Ausnahmekonstellation. Nationalismus und knallharter Militarismus werden deckungsgleich, und für beides liefert der gängige Vulgärdarwinismus die passende geschichtsphilosophische Begründung.

Hitler beginnt somit als ein Möchtegerndeutscher, so wie Napoleon ein Möchtegernfranzose und Stalin ein Möchtegernrusse gewesen ist, und er bleibt das. Der Typ ist gefährlich, weil er das Staatsvolk, mit dem er sich identifiziert, letztlich instrumental behandelt, als menschlichen Rohstoff zur Verwirklichung von grandiosen Träumen. Auf vertrackte Weise spricht Hitler stets von sich selbst, wenn er den Juden vorwirft, ihre Gastvölker wie Viren befallen zu haben.

Gewiß ist die Unbedenklichkeit, mit der er schließlich im Krieg die Existenz des Deutschen Reiches aufs Spiel setzt, ein typisches Kennzeichen von Cäsarenwahn. Er benimmt sich aber zugleich wie ein erstmals ins Kasino eintretender Spieler, der gewaltige Güter rauschhaft am Spieltisch verschleudert, die ihm dank einer Laune des Schicksals, dank eigener Energie, doch auch dank der Dummheit von Millionen in die Hand gefallen sind. Dies unterscheidet ihn gleichfalls von Lenin. Viel stärker als bei diesem kommt bei ihm immer wieder ein Element des politischen Glücksrittertums zum Vorschein, erklärbar auch aus dem Umstand, daß er letztlich von außen kommt.

Die Bedeutung der vier Jahre Westfront für Hitler kann somit gar nicht überschätzt werden, ebensowenig die des Zusammenbruchs. Als unerwartet die Niederlage hereinbricht, nachdem ihn der Schock drohender Erblindung eben erst zutiefst aufgewühlt hat, brennen bei ihm alle Sicherungen durch. Erst jetzt, inzwischen ist er bereits dreißig Jahre alt, stürzt er sich in die Politik. Dabei artikuliert er bereits in den ersten Ansprachen, die von ihm überliefert sind, so gut wie alles, was ihn später so furchtbar macht, auch den rabiaten Antisemitismus.

Vielleicht trifft es also wirklich zu, daß erst die mörderische Oktoberrevolution 1917 in Rußland und die Novemberrevolution 1918 in Deutschland die antisemitische Besessenheit ausgelöst haben. Zugleich erkennt er im nachrevolutionären München des Jahres 1919, wie so viele vor ihm und nach ihm, welche demagogischen Möglichkeiten sich eröffnen, wenn man den Zorn auf die Juden als Sündenbock lenkt. Haß auf die »Novemberverbrecher«, dumpfe Ängste vor den Bolschewisten in Rußland, alles verstärkt durch manichäische Phantastereien, verbinden sich jetzt mit raffiniertem demagogischem Kalkül.

Daß Hitler in den vier Münchner Jahren vom ersten Auftreten im Jahr 1919 bis zum Putsch am 8./9. November 1923 recht grotesk und widersprüchlich wirkt, daß er sich mit abstoßender Brutalität äußert, die er später raffinierter zu tarnen versteht, daß er viele taktische Fehler macht, daß er große Kenntnislücken aufweist, ist damals ebenso evident wie später. Genauso offenkundig sind jedoch seine Rednergabe, sein unbändiges politisches Temperament, seine Härte und sein Selbstbewußtsein.

Man sagt nicht zuviel mit der Feststellung, daß so etwas wie eine explosionsartige Entladung großer demagogischer Begabung erfolgt. Und im Unterschied zu den anderen revolutionären Größen im damaligen Europa vollzieht Hitler eigentlich ganz allein seinen Aufstieg aus dem Nichts, anfangs allerdings nur in die erste Etage des deutschen Nachkriegsradikalismus.

Der perspektivlose, berufslose und namenlose Gefreite, der sich im aufgewühlten München urplötzlich seiner Rednergabe bewußt wird, bringt keinerlei politische Erfahrung mit und keinerlei Organisation. Er muß erst eine kleine Partei von Spießbürgern kapern, die gleichzeitig rechtsradikal, linksradikal und antisemitisch sind. Er muß alles improvisieren: eine profilierte Weltanschauung, ein innen- und außenpolitisches Konzept, einen erfolgreichen Agitationsstil, neuartige politische Symbole und neue Riten, eine Massenpartei, eine Bürgerkriegsarmee, die Finanzierung der Kampagnen, einen Propagandaapparat, kurz: alles oder doch fast alles. Denn einiges sieht er seinen marxistischen Gegnern ab, später auch manches dem bewunderten Mussolini. Doch mehr als jeder andere Revolutionär, der vor ihm oder nach ihm ein großes Land erobert, ist er anfangs auf sich selbst gestellt.

1919, als er sich auf den Weg macht, wirkt er sehr fremd und durchaus abstoßend: »ein bleiches, mageres Gesicht unter einer unsoldatisch hereinhängenden Haarsträhne, mit kurzgeschnittenem Schnurrbart und auffällig großen, hellblauen, fanatisch kalt aufglänzenden Augen«. So hat Professor Karl Alexander von Müller diesen abgerissenen Soldaten in Erinnerung, auf den er im Juni 1919 aufmerksam wird, wie er »mit einer seltsam gutturalen Stimme unaufhaltsam und mit wachsender Leidenschaft« am Ende eines Vortrags von Müllers auf eine Gruppe von Teilnehmern einredet.[164] Diese Gestalt bringt aber nach knapp eineinhalbjähriger Agitation das Kunststück fertig, mehr als 6000 Hörer im riesigen Rund des Zirkus Krone zu versammeln und gut zweieinhalb Stunden lang zu faszinieren. Ein paar Tage später redet er schon vor 20000 Zuhörern – für damalige Verhältnisse ein beispielloser Zustrom.[165]

Nunmehr kommt ihm zugute, daß er kein Nur-Revolutionär und kein Nur-Politiker ist. Wer sich von Richard Wagners »Rienzi« zu den großen Aufmarschbildern, doch auch zur Erfindung des Führergrußes »Heil Hitler« inspirieren läßt, versteht sich auf die dramaturgische Inszenierung von Politik. In den Jahren der »Kampfzeit« verfügt Hitler über die Fähigkeit, große Massen in rauschhafte, manchmal auch weihevolle Stimmung zu versetzen. Er spricht die Phantasie an, weil er selbst Phantasie hat. Wer genauer hinsieht und hinhört, erkennt zwar den Phantasten. Einleuchtendes, Absurdes, Genialisches und auch schon Polit-Kriminelles gehen ungeschieden ineinander über.

Anfangs will Hitler bekanntlich nur den »Trommler« eines großen Retters spielen, der erst noch auftreten soll. Niemand wird je voll entschlüsseln, wie genau, warum und aufgrund welcher Einflüsterungen sich in Hitlers aufgeregtem Gehirn die Überzeugung bildet, selbst der Erwählte zu sein. Daß große Sektenprediger schließlich glauben, Propheten des Höchsten zu sein, ist nichts Außergewöhnliches. Zudem kann Hitler im München der zwanziger Jahre hinlänglich die Kläglichkeit der eigenen Mitbewerber und die Langweiligkeit der hochgestellten konservativen Amtsträger studieren. Zum ersten und letzten Mal in seiner Laufbahn gerät er jetzt auch unter den Einfluß eines radikalkonservativen Intellektuellen. Der Dramendichter, Übersetzer und Antisemit Dietrich Eckart, der zugleich ein bayerisches »Urvieh« ist, stachelt ihn nicht nur an, schafft Verbindungen und dient als Financier. Er suggeriert Hitler zugleich, daß er das Talent zum Führer habe. Höchstwahrscheinlich zündet in dieser Phase auch die Mythologie der völkischen Wagner-Clique in Bayreuth. Gleicht er nicht dem Rienzi, dem Siegfried oder dem Parzifal?

Die Selbststilisierung zum Führer ist Hitlers wichtigste Erfindung dieser frühen Jahre. Natürlich überläßt er es anderen, dies der Welt bekanntzugeben. Schon Ende Juli 1921, also noch vor Mussolinis »Marsch auf Rom«, proklamiert der üble Schreihals Hermann Esser – man nennt ihn den »kleinen Hitler« – Hitler zum »Führer«, und am 3. November 1922 ruft er bei einer Versammlung im Hofbräuhausfestsaal aus: »Deutschlands Mussolini heißt Adolf Hitler.«[166]

Der Titel Führer ist, wie niemand besser als Hitler weiß, bloß ein Euphemismus für den viel gefährlicheren Begriff Diktator.[167] Mit der damals grassierenden Germanentümelei ist der Terminus bestens vereinbar. Führer – das suggeriert die begeisterte Unterstützung eines großen Herrschers durch seine treue Gefolgschaft. Das Wort artikuliert überhaupt höchste Ansprüche, hat aber zugleich viele Facetten und läßt sich somit auf unterschiedliche Bereiche ausweiten – die Partei, die Kultur, den Staat, die Wirtschaft, sogar in die religiöse Dimension. Ein großer Mime kann daraus verschiedenste Rollen gestalten. Hitler gelingt dieses Kunststück. Seine weitere Laufbahn bis hin zum physischen und intellektuellen Bankrott im Berliner Führerbunker des Jahres 1945 läßt sich als Abfolge von Variationen zum Thema Führer begreifen, wobei Hitler stets den Führer spielt und den Diktator meint.

*Der Redner: sichtlich erschöpft verläßt Hitler nach einem seiner rednerischen Exzesse während des Landtagswahlkampfs im Mai 1932 die Marienkirche in Wilhelmshaven.*

Die Hauptrolle, in die Hitler bereits in diesen frühen Anfängen hineinschlüpft, ist somit die des Führers. Sie umschließt alle anderen. Von Anfang an umwittert ihn dabei »die Aura des Ungewöhnlichen«, wie »Putzi« Hanfstaengl das nachträglich umschreibt, der die vielfach absonderlichen Münchener Anfänge erlebt hat, doch auch die Sogwirkung, die von dem Redner und Organisator Hitler ausging.[168] »Die Aura des Außergewöhnlichen« – Max Weber hat dafür den Begriff des »charismatischen« Herrschers eingeführt, und so wird Hitler als Paradebeispiel des charismatischen Führers in den Handbüchern der politischen Soziologie weiterleben.

Aber das farblose Adjektiv »charismatisch« wirkt doch auch verhüllend. Tatsächlich ist Hitler der schärfste Demagoge, der je im neuzeitlichen Europa aufgetreten ist. Und seine Führergabe besteht in allererster Linie darin, andere Demagogen in seinen Bann zu ziehen und einzusetzen. »Wir wollen das Volk aufregen, nein, nicht nur aufregen, aufpeitschen wollen wir es«, ist eine seiner unvergeßlichen Formulierungen, die er am 6. März 1921 im »Völkischen Beobachter« veröffentlicht.[169]

Das ist ein weiterer großer Unterschied zu den kommunistischen Führern. Diese putschen sich an die Macht und regieren von da an alsbald und durchgehend terroristisch. Hitler versucht zwar 1923 auch einen dilettantischen Putsch. Doch anders als Lenin oder Stalin muß er sich dreizehn lange Jahre als Demagoge emporkämpfen, bis schließlich auch er terroristisch regieren kann. Und in den ersten vier Jahren seiner Herrschaft erringt er seine größten innenpolitischen Erfolge nicht als finsterer Tyrann, sondern wiederum als gerissener Demagoge.

Denn Hitler muß einen anderen Weg gehen als Lenin und Stalin vor ihm oder später Mao Tse-tung. Zehn lange Jahre, von 1923 bis 1933, kein Putsch, keine intrigante Machtergreifung im bereits etablierten Führungskollektiv eines totalitären Staates, auch kein Bürgerkrieg nach russischem Vorbild. Nachdem er sich 1923 beim Münchener Putsch blamiert hat, begibt er sich auf den langen Marsch an die Spitze der Institutionen einer Demokratie. Benito Mussolini hat ihm zwar vorgemacht, wie man innerhalb einer Koalitionsregierung rasch die ganze Macht erringen kann. Doch anders als der italienische Diktator braucht Hitler mehr als ein Jahrzehnt, überhaupt eine Koalitionsregierung bilden zu können. Dann allerdings streift er sehr viel rascher als dieser alle Fesseln ab.

Auch die Parteiorganisation muß er sich selbst schaffen. Daß das Kunststück, innerhalb von neun Jahren die erste integrative Volkspartei in Deutschland aufzubauen, ein sehr viel größeres Maß an Subtilität erfordert als die brutalen Bürgerkriegsmaßnahmen der Kommunisten, versteht sich.

Das hat jedoch eine sehr wichtige Konsequenz. Hitlers Regime weist zwar alle Merkmale einer modernen Tyrannis auf. Doch der Despot ist als Führer der am besten organisierten Partei eines führenden Industriestaates zur Macht gekommen. Im Unterschied zu den Tyrannen Rußlands hat er Armee, Bürokratie und Wirtschaft nicht zerschlagen, sondern sich erst mit ihnen arrangiert und sie dann unterworfen. Somit ist dieses neue Regime für wenige Jahre viel besser in Form und nach außen schlagkräftiger als die Demokratien des Westens und die Stalinsche Autokratie zusammengenommen. Die Glückssträhne Hitlers hat erst ein Ende, als er die relative Subtilität des volksverbundenen Führers aufgibt und nur noch monströse Brutalität an den Tag legt.

Der Demagoge Hitler wirkt aber auch deshalb so durchschlagend, weil er damit eine zweite Rolle verbindet: die des Propheten. Schon die wüsten, aufreißerischen, vielfach im Landsknechtston formulierten Reden der Münchener Anfänge, als er sich noch als den »Trommler« für einen vielleicht Größeren bezeichnet, werden von einem unüberhörbar religiösen Grundmotiv durchzogen.

Das beginnt schon früh. In den Tagen seiner innerparteilichen Machtergreifung im Juli 1921, als er die anderen Gründerfiguren der Deutschen Arbeiterpartei zur Seite stößt und »den Posten eines Ersten Vorsitzenden mit diktatorischer Machtbefugnis« fordert[170], hält er eine Rede, deren Stichworte aufhorchen lassen: »Nicht Judendiktatur, sondern Diktatur der Genies ... Heute stehen wir hier als Apostel. Eine neue Zeit wollen wir schaffen ...«[171] Und kaum hat er sich mit vereinsrechtlichen Tricks die NSDAP unterworfen, da beginnen auch schon die treuen Jünger Hermann Esser und Rudolf Heß, angeführt von Hitlers »Lehrer« Dietrich Eckart, den Führerkult zu orchestrieren. Diese Verbindung des Demagogischen mit dem Prophetischen weist von nun an die so charakteristische Kombination auf: Haßpropaganda gegen das Weimarer System, die Westmächte, die Bolschewiken und die Juden, verbunden mit machtpolitischen Träumereien und mit organisierter Gewaltsamkeit, aber eben auch mit schwülstigem, pseudoreligiösem Anspruch.

Als sich der Germanist Günter Scholdt in den frühen neunziger Jahren daranmacht, die Fluten hymnischer NS-Lyrik und die entsprechende Prosa systematisch zu analysieren, formuliert er: »Stünden einem fernen Jahrhundert an Überlieferungen aus dem Dritten Reich nur noch Hitler-Gedichte und einige Photodokumente von NS-Veranstaltungen zur Verfügung, so müßten künftige Historiker wohl zwangsläufig zum Ergebnis kommen, Deutschland sei damals eine militante Theokratie gewesen.«[172] Doch die Dichter besingen ihren Herrscher nur deshalb in pseudoreligiösen Versen, weil dieser selbst sich als Gottgesandten begreift.

Beides – die politische Führerrolle und die Prophetenrolle – ist mit einem exzessiven Selbstbewußtsein verbunden, das sich bei keinem anderen jener zeitgenössischen Tyrannen erkennen läßt, die sich fast zur gleichen Zeit wie Hitler auf den Weg machen.

Solange er nicht den Erdrutschsieg bei den Septemberwahlen 1930 errungen hat, der ihn nun in der Tat in die Rolle eines Spitzenpolitikers versetzt, können sich nüchterne Beobachter über ihn nur wundern. Beim Putsch am 8./9. November 1923 ist er ein relativ junger Mann von 34 Jahren. In der bayerischen Politszene kennt man ihn zwar schon bestens, doch außerhalb der weiß-blauen Landesgrenzen ist er noch ein Nobody. Dennoch besitzt er die Frechheit, sich allen Ernstes zum Reichskanzler proklamieren zu lassen. Immerhin ist er jedoch klug genug, den weltberühmten General Ludendorff als »Reichsverweser«

vorzuschieben. Aber als er die konservativen Autoritäten im damaligen Bayern mit Waffengewalt zur Mitarbeit zwingt, bemerkt er barsch: »Ludendorff ist bereitgestellt und wird gleich geholt werden.«[173] »Ludendorff ist bereitgestellt …« – eine solche Formulierung sagt alles.

Indessen bricht ihm die Narretei politisch nicht für alle Zeit das Genick. Sie macht ihn nur etwas vorsichtiger. 1925 und 1926 inszeniert dieses erstaunliche Individium sein Comeback in der NSDAP, indem es die Rolle des politischen Führers auch schon mit der Rolle des Gründers einer politischen Religion verbindet. Der politische Führer: das ist der in Windjacke und Gamaschenhosen nach wie vor recht seltsam anzuschauende Hitler, der auf dem Weimarer Parteitag von 1926 mit ausgestrecktem Arm im sechssitzigen, offenen Mercedes-Kompressor steht und 5000 Mann seiner Anhänger vorbeiparadieren läßt.[174] Der quasireligiöse Anspruch äußert sich darin, daß dieser nach wie vor machtlose Häuptling einer rechtsradikalen Splitterpartei von seinen Anhängern erwartet, selbst im Alltag mit »Heil Hitler!« zu grüßen, damit dem politischen Propheten auf seinem Ego-Trip freiwillig dienend.

1926 ist das Jahr, da der unermüdliche Tagebuchschreiber Joseph Goebbels, den er inzwischen als bedeutendsten Jünger eingefangen hat, bewundernd zu Papier bringt: »Er ist ein Genie. Das selbstverständlich schaffende Instrument eines göttlichen Schicksals. Ich stehe vor ihm erschüttert.«[175] Und Goebbels vermerkt zugleich einen selbstbewußten Ausspruch des Führers: »Mein Kopf wird nicht in den Sand rollen, bis meine Mission erfüllt ist.«[176]

Wenigstens im engeren Kreis ist schon Mitte der zwanziger Jahre bekannt, daß Hitler jetzt zwei weitere große Rollen auf sich zukommen sieht. Er sieht sich dazu bestimmt, dem deutschen Volk als Staatskünstler eine neue Identität zu geben, und er ist zugleich entschlossen, das »Architekturbild des Landes« als gewaltiger Bauherr umzugestalten.[177] Aus jenen Monaten hat sich die Skizze eines mächtigen Triumphbogens erhalten, doppelt so hoch wie der Arc de Triomphe, den er in Berlin errichten will.[178]

Die vier Rollen – demagogischer Führer, Prophet, Baumeister und Staatsmann – kennzeichnen ihn in den Jahren 1933 bis 1939. Bekanntlich ist seine Macht auch nach dem 30. Januar 1933 noch nicht endgültig gesichert, ja nicht einmal nach dem Tode Hindenburgs, als er, Mussolini nachahmend, die beiden Rollen des Parteiführers und des Staatsmanns in die offizielle Titulatur eingehen läßt – »Führer und Reichskanzler«. Denn noch sind Millionen von Skeptikern, wenn nicht von Gegnern zu überzeugen.

Alfred Jodl, in jenen Tagen erst Major und Gruppenleiter der Operationsabteilung des Heeres, später einer der willigen Vollstrecker der Hitlerschen Kriegsstrategie, ruft am 31. Januar 1933 einer seiner begeisterten Sekretärinnen zu: »Fallen Sie doch bloß nicht auf diesen Scharlatan herein!«[179] Soviel zum Führer und zum Propheten.

Doch derselbe Jodl vermerkt am 29. September 1938, nach erfolgreichem Abschluß der Zitterpartie während der Sudetenkrise, im Tagebuch, das Genie des Führers habe wieder einmal den Sieg davongetragen. Er hoffe jetzt, »daß die Ungläubigen, Schwachen und Zweifelnden bekehrt sind und bekehrt bleiben«.[180] Selbst als alles zu Ende ist, schreibt dieser desillusionierte Chef des Wehrmachtsführungsstabes in der Gefängniszelle, von der dann der Weg zum Galgen der Sieger führt: Er habe »im Schatten eines Titanen« gelebt.[181]

Spätestens Mitte der dreißiger Jahre ist die Phase erreicht, in der Hitler endgültig abhebt. Sein von Anfang an völlig unnatürliches Selbstbewußtsein wird durch die unbestreitbaren innenpolitischen Erfolge weiter gefestigt. Vor 1933 glaubte man seiner großen Klappe und seinen selbstbewußten Versprechungen. Doch dem Glauben muß bisweilen durch Beweise nachgeholfen werden. Eben diese Beweise seiner Genialität scheint Hitler aber zwischen dem Frühjahr 1933 und dem Frankreichfeldzug im Frühjahr 1940 zu erbringen.

Auf kurze Sicht bewährt er sich als Staatsmann. Jetzt glaubt man diesen geborenen Polarisierer sogar als eine integrierende Größe zu entdecken, die das divergierende politische Wollen der Partei, der Reichswehr, der Reichsbürokratie und der Wirtschaft in einen überlegenen Willen aufnimmt. Seine Fähigkeiten zur Amalgamierung auseinanderstrebender Strömungen und Temperamente waren übrigens auch zuvor schon beachtlich. Immerhin hatte er schon in der »Kampfzeit« die recht heterogene NSDAP zusammenzuhalten verstanden. Diese Leistung gelingt ihm nun noch einmal in der Phase des innenpolitischen Wirtschaftswunders von 1933 bis 1937.[182] Bei der ständigen Begegnung mit den Volksmassen verspürt er beglückt, wie ihn zahllose Deutsche auch in der Rolle des religiösen Führers verehren. Albert Speer etwa berichtete von einer triumphalen Fahrt durch Thüringen im Herbst 1934. Hitler genoß das, gab Autogramme und rief Speer schließlich zu: »So wurde nur ein Deutscher bisher gefeiert, Luther! Wenn er über das Land fuhr, strömten von weitem die Menschen zusammen und feierten ihn. Wie heute mich!«[183]

Später, da er schon ganz in einer weiteren Rolle aufgeht, der des Eroberers, ist er immer noch geneigt, sich mit großen Religionsgründern zu vergleichen. Wiederum war es Albert Speer, der sich an ein nächtliches Gespräch im Führerhauptquartier in Winniza in der Ukraine zu erinnern wußte, bei dem Hitler gegen einen Vergleich mit dem Propheten Mohammed nichts einwenden wollte. Dieser sei der Schöpfer

*Der Führer: Erntedankfest in Bückeburg, 30. September 1934. Ein Hitlerforscher schreibt rückblickend: »Stünden einem fernen Jahrhundert an Überlieferungen aus dem Dritten Reich nur noch Hitler-Gedichte und einige Photodokumente von NS-Veranstaltungen zur Verfügung, so müßten künftige Historiker wohl zwangsläufig zum Ergebnis kommen, Deutschland sei damals eine militante Theokratie gewesen«.*

eines neuen Glaubens gewesen, zugleich der Gründer eines Weltreiches, jedenfalls mehr als ein herkömmlicher Staatsmann.

Ganz hemmungslos beginnt Hitler sich nun auch in der Rolle des gewaltigen Bauherrn zu verwirklichen. Es gibt kein zuverlässigeres Indiz für seinen Cäsarenwahn als die grandiosen Bauvorhaben, denen er sich in diesen Jahren zuwendet. Albert Speer, so ordnet er bereits 1936 an, soll bis 1950 das Zentrum Berlins völlig neu gestalten – ein massiver Führerpalast (er muß notfalls »wie eine Festung verteidigt werden können«), eine riesige große Halle (mit einem Kuppeldurchmesser von 250 Metern und einer Höhe von 290 Metern, die 180 000 Menschen faßt, der Welt größtes Gebäude), eine imponierende Achse, fünf Kilometer lang, an der die Zentralbauten von Staat, Militär und Wirtschaft liegen, ein Triumphbogen, zwei Zentralbahnhöfe. Als Speers Vater die Pläne zu sehen bekommt, kommentiert er sie mit den Worten: »Ihr seid komplett verrückt geworden!«[184]

Wer nach bloß dreijähriger Regierungszeit so bauen möchte, hat die Maßstäbe verloren, oder aber er plant die Hauptstadt eines Imperiums, das aus einem siegreichen Krieg entstanden ist. Tatsächlich spricht Hitler schon früh davon, hier solle »die Hauptstadt des germanischen Reiches« entstehen.[185] Doch überall möchte er in großem Stil epochale Bauten errichten – auf dem Reichsparteitagsgelände zu Nürnberg, in Augsburg und natürlich in Linz, wo er aufgewachsen ist. Eine Beimischung von Infantilität ist in seinen Träumen selten ganz abwesend.

Denn jetzt, da die Aufrüstung rasant voranschreitet, kann er endlich jene weitere Rolle gestalten, von der er gleichfalls schon lange geträumt hat – die des Eroberers. Natürlich hütet er sich, die Sache beim Namen zu nennen. Als er den Krieg gegen Polen ausgelöst hat, bezeichnet er sich mit stolzem Understatement als »den ersten Soldaten des Großdeutschen Reiches«. Je länger, je mehr hält er sich nun für die Inkarnation des modernen Feldherrn. Wie weit er mit seinen Eroberungen gehen wollte, ob er durchgehend und ausschließlich das Ziel der Schaffung von Lebensraum im Osten anpeilte, sei dahingestellt. Es ist wahrscheinlich.

Sicher ist jedenfalls, daß Hitler stets eine Art Stufenkonzept verfolgt hat. In einer fulminanten Ansprache, die er am 23. November 1939 in der neuen Reichskanzlei an die für seinen Geschmack viel zu wenig kriegslüsternen militärischen Oberbefehlshaber richtet, skizziert er dieses Stufenkonzept sinngemäß wie folgt: Erstens, seit 1919, Heranziehung einer zur Führung fähigen »Minorität«, dann, beginnend mit der Machtergreifung, Neubau des Reiches: »Ich mußte alles neu reorganisieren, angefangen vom Volkskörper bis zur Wehrmacht.« Schließlich phasenweise Wiederherstellung der deutschen

Machtposition mit dem Ziel der Vergrößerung des Volksraumes durch eine Abfolge von Vorstößen und Angriffskriegen. Auch in dieser Ansprache bezieht er alles auf die eigene Persönlichkeit: »Ich bin überzeugt von der Kraft meines Gehirns und von meiner Entschlußkraft ... Das Schicksal des Reiches hängt nur von mir ab ... Ich werde in diesem Kampf stehen oder fallen. Ich werde die Niederlage meines Volkes nicht überleben.«[186]

Es ist oft schon und zu Recht bemerkt worden, daß sich Hitler seit Beginn des Krieges mit zunehmender Einseitigkeit in der Feldherrnrolle gesehen hat. Der Staatsmann, als der er zwischen 1933 und 1938 beachtliche innen- und außenpolitische Erfolge errang, verschwindet zunehmend hinter dem Feldherrn. Auch Hitlers demagogische Faszination läßt nach. Hans Frank, der mit Hitler seinen Aufstieg nimmt, alsdann von ihm zum Komplizen seiner Verbrechen gemacht wird und schließlich am Galgen endet, schreibt im Rückblick zutreffend, daß Hitlers Abstieg mit dem Verfall des Redners begonnen habe.[187] Dieser scheut jetzt zunehmend den Kontakt mit den Massen und igelt sich in seinen Hauptquartieren ein, abgesehen von gelegentlichen Aufenthalten auf dem Obersalzberg. Die Partei und die Politik im Innern überläßt er weitgehend seinen Kreaturen. Mehr und mehr sind es nur noch zwei große Themen, die fast seine ganze Zeit in Anspruch nehmen: die Kriegführung und die Rüstung.

Selbst sein ursprüngliches Faible für die Außenpolitik verläßt ihn. Diplomatie als Kunst des Möglichen hat ihn ohnehin nie gereizt, allenfalls, solange Deutschland noch schwach war, als Kunst, das Unmögliche durch Schaffung von faits accomplis und Gewaltandrohung dennoch möglich zu machen. Im Grunde aber findet er, daß Krieg auch ein Wert an sich ist, der eigentliche Muntermacher für eine sonst in trägem Pazifismus degenerierende Menschheit. Er genießt ihn anfänglich, bis ihn dieser zerbricht. Man übertreibt nicht mit der Feststellung, daß die seltsame Existenz dieses furchtbaren Mannes in der Feldherrnrolle ihre Erfüllung findet. In seinem vielfach rätselhaften Lebenslauf gibt es einige durchgehende Konstanten, und dazu gehört vor allem das überhitzte Bekenntnis zum Kriegertum, das seit den ersten politischen Auftritten in den Münchner Bierkellern alle seine grundsätzlichen Äußerungen durchzieht.

Damals, als alles erst anfing, hatte es ihm bezeichnenderweise die Gestalt des britischen Militärdiktators Cromwell besonders angetan. Bei ihm fand er eine Kombination von Merkmalen, die ihm imponierten: religiöser Fanatismus, gleicherweise Verachtung für die Monarchie und für das Parlament, das alles verbunden mit brutaler Kriegergesinnung. Der Cromwell-kritische Churchill hat dies übrigens als »Autokratie des Schwertes« recht kritisch glossiert.[188] Hanfstaengl bekam von Hitler zu hören: »Ja, Cromwell, Cromwell – das ist mein Mann!«[189]

Als Hitler sich schließlich 1939 zur Feldherrnrolle entschließt, hat er gegenüber den primitiven Münchner Anfängen sehr viel gelernt. Die Aufzeichnungen seiner zahllosen Lagebesprechungen, spätere Berichte der Generale oder die Protokolle von 91 gründlichen Konferenzen, die er zwischen 1942 und 1945 mit Speer und dessen Mitarbeitern über Rüstungsfragen abgehalten hat,[190] zeigen einen durchaus fähigen, differenziert argumentierenden, auch hervorragend informierten Hitler.[191] Doch die Grundeinstellung ist weiterhin die eines Landsknechtsführers von gröbster Brutalität, dem die eigenen Soldaten ebenso gleichgültig sind wie die Zivilbevölkerung, von den Gegnern ganz zu schweigen.

Da Hitler bis zum Oktober 1941 von Erfolg zu Erfolg eilt, führt die Feldherrnrolle anfangs auch zu einer Überhöhung der Rolle des Staatsmanns und vor allem auch des großen Bauherrn. Es ist kennzeichnend, daß der Führer unmittelbar vor dem Waffenstillstand mit Frankreich in den Morgenstunden des 24. Juni einen Blitzbesuch im besetzten Paris vornimmt – begleitet von den Architekten Albert Speer und Hermann Giesler sowie von dem Bildhauer Arno Breker. Die Besichtigung des Arc de Triomphe und Hitlers Verneigung vor Napoleons Sarkophag im Dôme des Invalides lassen erkennen, daß er sich spätestens von jetzt an in Analogie zu Napoleon sieht, auch wenn er sich weiterhin hütet, diese Negativgestalt der deutschen Nationalgeschichte öffentlich positiv zu erwähnen.

Mehr als je zuvor kreisen seine Gedanken nun um die Errichtung gewaltigster Monumentalbauten. Hermann Giesler soll München umkrempeln und dort auch die Grabstätte für den Führer errichten.[192] Während aber Napoleon unter dem Laternenlicht des Invalidendoms ruht, stellt sich Hitler ein Gebäude wie das Pantheon in Rom vor. Der Sarkophag würde dann unter dem offenen Lichtauge stehen. Das Wittelsbacher-Palais, so meint er, müsse allerdings abgerissen werden, um Platz zu schaffen. Ähnlich grandios soll Linz, die Heimatstadt Hitlers, ausgebaut werden, denn dorthin möchte er sich im Alter zurückziehen. Und wie nur irgendein Pharao ordnet er an, in dem riesigen Glockenturm, der sich dort erheben soll, seine Eltern zur letzten Ruhe zu betten. Speer aber erhält den Auftrag, Berlin umzugestalten. Ein besonderes Vergnügen bereiten Hitler die Gespräche über die Planungen wohl auch deshalb, weil die beiden Architekten einander spinnefeind sind. Denn nach Art vieler politischer Machthaber ist Hitler ein Meister in der Kunst, seine eigenen Anhänger gegeneinander auszuspielen.

Je mehr der Feldherr Hitler scheitert, desto gespenstischer werden diese Planungen. Alle, die ihn im Frühjahr 1945 tief im Führerbunker

*Der Triumphator: Hitler bei einem Blitzbesuch in Paris, unmittelbar vor dem Waffenstillstand mit Frankreich.*

unter den Trümmern der Reichskanzlei stundenlang vor dem Holzmodell von Linz hocken sehen und seinen langatmigen Erklärungen zuhören müssen, wissen, daß der einstige Herr Europas endgültig in einer Mischung von Senilität und Infantilismus versunken ist.

Auch mit dem Feldherrn geht seit 1942 eine spürbare Verwandlung vor. Wie die Besprechungsprotokolle beweisen, kümmert sich Hitler zwar nach wie vor um jedes Detail und redet oft bis auf die Regimentsebene in den Ablauf der Operationen hinein. Doch genauso wie der Staatsmann zum außenpolitischen Manövrieren nicht mehr fähig ist, läßt auch seine Strategie die Phantasie früherer Jahre vermissen. Wo er nochmals initiativ werden möchte, wie im Winter 1944 bei der Ardennenoffensive oder wenig später bei der Verlegung unersetzlicher Panzerverbände nach Ungarn, demonstriert er lediglich die völlige Abwesenheit von Urteilsvermögen.

Ausgeprägt ist nur noch seine brutale Entschlossenheit, ohne jede Flexibilität ein Festkrallen in den jeweiligen Stellungen zu erzwingen. Da er fast so gut wie allen in seiner Umgebung den Willen gebrochen hat, findet er dabei Gehorsam. Auch hier Regression. Er pflegt dann von den eigenen Erfahrungen im Schützengrabenkrieg zu monologisieren. Nur einmal gerät er damit an den Falschen, als Generaloberst Rudolf Schmidt, Oberbefehlshaber der 2. Panzerarmee, ihm trocken erwidert: »Ihre Kriegserfahrung trägt ein Spatz auf dem Schwanz weg.«[193]

Schließlich widerfährt dem Feldherrn Hitler dasselbe Schicksal wie dem Staatsmann und dem Großbaumeister. Während er als großer Bauherr beim Betrachten von Holzmodellen nur noch groteske Figur macht und der Außenpolitiker vom Zerbrechen der Großen Allianz seiner Feinde träumt, operiert der Stratege mit nichtexistenten Armeen oder diskutiert – im Februar 1945 – die Produktion einer Flotte von vierstrahligen Fernbombern, die Amerika kapitulationsreif bombardieren sollen.[194] Intellektuell ist er in diesen letzten Monaten wieder bei der Primitivität seiner Anfänge als zorniger Landsknecht angelangt.

Vom Ende her gesehen, und nicht nur vom Ende allein, erinnert er aber auch stark an Napoleon. Was einer der neueren Forscher über diesen und vergleichbare Gestalten schreibt, trifft auch auf Hitler zu: »Der Retter taucht unter tragischen Umständen auf (Staatsstreich, Revolution, nationale Niederlage), und er tritt in einer apokalyptischen Atmosphäre wieder ab.«[195] Neben der in schwindelnde Höhen aufsteigenden und wieder abstürzenden Lebenskurve sind zahlreich weitere Ähnlichkeiten zu beobachten: Brutalität, völlige Fühllosigkeit gegenüber menschlichem Leiden, Unvornehmheit, Stolz des Emporkömmlings, dranghafte Eroberungssucht, widersprüchliche Verbindung von Modernität mit anachronistischem Kriegertum. Napoleon wie Hitler möchten als große Bauherren in die Geschichte ihrer Länder eingehen, sie sind überhaupt geschichtstrunken und betrachten jede ihrer Bewegungen im Spiegel. Beide sind sie Abenteurer, die mit dem Schicksal ihrer Länder va banque spielen, und man behält sie als große Ruinierer in Erinnerung. »Beweglichkeit (»Vitesse! Vitesse!«) ... Beweglichkeit und Feuerwerk, Beschwörungen und Knallfrösche ... Was er hinterließ, was übrigblieb, sind Militärstraßen, die die Städte umgehen, und die Gesellschaft im Chaos der Balzacschen Romane.« So hat Gottfried Benn diese motorischen Typen charakterisiert, die nichts Dauerndes schaffen und ganze Völker als Kanonenfutter für ihre imperialen Visionen verheizen.[196]

Auf seine Weise ist Hitlers Vision, Deutschlands Ernährungs- und Rohstoffbasis durch Eroberungen auf Jahrhunderte hinaus zu sichern, genauso atavistisch wie seinerzeit die Kriege Napoleons. Er ist noch in der Zeit des Brotmampfens aufgewachsen. Daß Europa bereits 25 Jahre nach seinem Tod dank verstärkter landwirtschaftlicher Produktivität auf Getreide-, Fleisch- und Butterbergen sitzen wird, kann er sich nicht vorstellen. Und daß die freiwillige Eingliederung in den Welthandel auch die Rohstoff- und Energieprobleme Deutschlands eleganter lösen würde als die Ausbeutung der Ukraine oder Aserbeidschans, geht gleichfalls über seinen Horizont. Seine gewaltigen Feldzüge sind nicht allein ein zivilisatorischer Rückfall und sie verspielen nicht nur das Deutsche Reich. Sie beruhen zu allem auch noch auf falschen Prämissen und bekunden einen Mangel an gedanklicher Subtilität.

An Napoleon erinnert aber auch die ganz herzlose Kälte, mit der dieser Feldherr Leiden und Tapferkeit seiner Soldaten für nichts geachtet hat. Dasselbe gilt für die Deutschen der sogenannten »Heimatfront«. Er hat mit allen wie mit Zinnsoldaten gespielt.

Allerdings gibt es bekanntlich auch Unterschiede zu Napoleon. In Hitlers Laufbahn fehlt die heroische Szene an der Brücke von Lodi, überhaupt die Präsenz inmitten seiner Soldaten auf dem Schlachtfeld. Daß ein moderner Eroberer, der einen Kontinentalkrieg zu führen hat, nicht mehr hoch zu Roß seine Bataillen schlägt, mag Zeitstil sein. Dennoch bleibt es auffällig, wie vorsichtig sich der im Ersten Weltkrieg so tapfere Hitler in seinem Krieg weit von allem Kampfgeschehen entfernt hält und es sogar unterläßt, ähnlich wie Churchill wenigstens der von Terrorbombardements betroffenen Bevölkerung Mut zuzusprechen. Doch auch Napoleon hat sich gelegentlich davongemacht: 1812 im russischen Winter und erneut nach den verlorenen Kriegen 1814 und 1815.

Jedenfalls läßt Hitler in vielem durchaus die Züge eines Napoleon des 20. Jahrhunderts erkennen. So haben auch manche der Granden des Dritten Reiches gedacht, als sie sich in Nürnberg auf den Prozeß vorbereiteten. »In hundert Jahren«, suchte Göring den Mitangeklagten klarzumachen, »ist Hitler wieder das Symbol Deutschlands! Was haben Napoleon, Friedrich der Große oder der Zar Peter anderes getan? Auch sie gelten in der Geschichte nicht als Mörder ...«[197] Der Prozeß müsse zum Anfang eines mythischen Bildes von Hitler werden. Ähnlich hat sich auch Generaloberst Jodl vor dem Gerichtshof geäußert: »Gehandelt hat er, wie alle Heroen in der Geschichte gehandelt haben und immer wieder handeln werden. Er hat sich auf den Trümmern seines Reiches und seiner Hoffnungen begraben lassen. Möge ihn deswegen verurteilen, wer mag – ich kann es nicht.«[198]

Diese Verteidigungslinie brach aber schon in Nürnberg selbst zusammen, als die gestürzte NS-Prominenz in stummem Entsetzen die Vorführung des Films über die vor kurzem befreiten Konzentrationslager ansehen mußte. Wenigstens ein Teil der Angeklagten erkannte sofort, daß die geheime Judenvernichtung das historische Urteil für unabsehbare Zeit bestimmen würde. Der immer noch mit guten Antennen für die öffentliche Meinung ausgestattete Chef von Goebbels' Rundfunkpropaganda, Hans Fritzsche, brach noch im Gerichtssaal in Tränen aus und schluchzte: »Keine Macht des Himmels oder der Erde – wird diese Schande von meinem Land nehmen! – nicht in Generationen – nicht in Jahrhunderten!«[199] Hitler als völlig aus dem Rahmen fallender Mörder und Jahrhundertverbrecher – dieses Bild hat sich durchgesetzt.

Das läßt sich besonders eindrucksvoll an Albert Speer studieren. Wenn es eine repräsentative Persönlichkeit der Hitler verfallenen jungen NS-Generation gegeben hat, so ist dies Speer. Aus dem idealistischen Baumeister war seit dem 8. November 1942, als ihn Hitler zum Organisator der Rüstung ernannt hatte, ein harter, illusionsloser Realist geworden. Nach 1945 wurde er zum Vorläufer jener deutschen Dauerreflexion über Hitler, die dann bis zum Jahrhundertende das Geschichtsbild des Tyrannen fixierte. Somit hat sein Urteil Gewicht. Viele von Hitlers Unrechtsakten, formulierte er am 24. August 1960, lagen in der Tradition der europäischen Geschichte: die Morde an Röhm und anderen, der Bruch vieler Verträge, der Krieg, auch der Wille, Europa zu unterwerfen. Selbst mit dem offiziellen Antisemitismus des Regimes sei er noch nicht völlig aus der europäischen Tradition ausgebrochen: »Womit er wirklich ausbrach, war die Radikalität, mit der er seinen verrückten Judenhaß ernst nahm und zu einer Sache auf Leben und Tod machte.« Der Judenhaß als Motor und Zentralpunkt Hitlers, Auschwitz (das wird von Speer hier nicht erwähnt, aber mitgedacht) als Hauptziel seines politischen Wollens – dies sei das eigentliche Monströse gewesen.[200]

Speer hat damals, im Jahr 1960, eine Auffassung formuliert, die in Deutschland selbst, doch auch im Ausland, erst im Gefolge des Auschwitz-Prozesses und später uneingeschränkt akzeptiert werden sollte. Heute dominiert sie durchweg, wenn Hitler als Monster und nur als Monster begriffen wird.

In diesem Zusammenhang ist alles monströs: die Zahl der Opfer – zwischen 5,1 und 6 Millionen,[201] die Fühllosigkeit Hitlers, der technisch-industrielle Massenmord, dem ganz offensichtlich die zwanghafte Wahnvorstellung zugrunde lag, gefährliches Ungeziefer vernichten zu müssen. Monströs ist ebenso, daß Hitler nach Art eines tückischen, im dunkeln mordenden Ungeheuers dieses Verbrechen so geheim wie möglich durchführen ließ. Monströs sind diese Untaten auch deshalb, weil sie so völlig aus der Zivilisiertheit herausfallen, die Deutschland vor der Machtergreifung Hitlers erreicht hatte. Als monströs haben es nicht zuletzt die einstigen Anhänger Hitlers empfunden, daß der Heros, an den sie geglaubt hatten, wie ein blutgieriges Mon-

*Das Herz der Finsternis: Hitler zusammen mit Speer während des Krieges bei einem Schneespaziergang auf dem Obersalzberg. »Meist war er bei dieser Gelegenheit nicht gesprächig«, erinnerte sich Speer. »Stumm gingen wir, oft jeder seinen eigenen Gedanken nachhängend, nebeneinander her.«*

ster unerhörte Mordtaten beging. Das unterscheidet Hitler fundamental von Napoleon.

Warum ist Hitler zum Massenmörder geworden? Und wann? Viele einstmals jüngere Anhänger Hitlers glaubten, bei ihm habe ein phasenweiser Verrohungsprozeß stattgefunden. »Vor 1934 war er menschlich; von 1934 bis 1938 war er übermenschlich; von 1938 an war er unmenschlich und tyrannisch. Ich glaube, die Macht stieg ihm zu Kopf...« So urteilte nachträglich der Reichsjugendführer Baldur von Schirach.[202] Bei Hans Frank[203] und Albert Speer finden sich ähnliche Überlegungen.

Eine solche Einschätzung verharmlost. Alle Hinweise sprechen dafür, daß in erster Linie die vier Jahre an der Westfront Hitlers moralisches Empfinden abgetötet haben. Gesprächsweise hat er dies selbst gelegentlich zugegeben. Es ist eine Gesprächsaufzeichnung vom 25./26. September 1941 überliefert, also genau aus jenen Monaten, in denen er allem Anschein nach die Vergasung aller europäischen Juden anordnete. »Im reinsten Idealismus« sei er ins Feld gezogen und dann »den Weg durch die Hölle« gegangen. Im Anblick des Todes und der

Verletzung von Tausenden sei ihm klargeworden, daß das Leben »ein dauernder grausamer Kampf ist.« Ohne diese Härtung würde er »die Zyklopenarbeit, als einzelner einen Staat neu zu bauen«, bestimmt nicht auf sich genommen haben. Anschließend bemerkte er noch: »Gewiß, von Haus bin ich vielleicht ganz anderer Art. Ich möchte niemand leiden sehen und keinem weh tun; aber wenn ich erkenne, daß die Art in Gefahr ist, dann tritt an die Stelle des Gefühls eiskalte Vernunft. Ich sehe nur die Opfer, welche die Zukunft fordert, wenn ein Opfer heute nicht gebracht wird.«[204]

Der Massenmörder Lenin hat sich, wie schon erwähnt, Maxim Gorki gegenüber nach dem Anhören der »Appassionata« in ähnlichem Sinne geäußert. Eigentlich möchte man »liebevolle Dummheiten sagen und den Menschen die Köpfe streicheln«. Aber heutzutage »muß man die Köpfe einschlagen, mitleidlos einschlagen, obwohl wir unserem Ideal nach gegen jede Gewaltanwendung gegenüber den Menschen sind. Hm – hm, ein teuflisch schweres Amt.«[205]

Der Vergleich beider Äußerungen ist enthüllend. Im Kern hat Lenin mit Hitler manches gemeinsam. Beide werden von zwanghaften Obsessionen getrieben, die Feinde ihrer Sendung vernichten zu müssen. Beide sind sie zum Morden entschlossen, noch ehe sie die Gelegenheit dazu finden. Und sie fallen auch in die Kategorie der gelegentlich sentimentalen Massenmörder. Letztlich beweisen solche Äußerungen zudem, daß ihnen ihre Verbrechen durchaus bewußt sind.

Im Falle Hitlers sprechen zahlreiche Passagen seiner Reden und die genauso verräterischen Redeentwürfe aus der Phase von 1919 bis 1923 dafür, daß er bereits von Mordphantasien getrieben ist. In Kenntnis des Holocaust achtet man nachträglich besonders auf die Äußerungen über die Juden. Aber Hitler vermittelt damals generell den Eindruck eines Mannes, der gegenüber allen, die er als Feinde identifiziert, auf brutalste Gewalt programmiert ist und hinlänglich viele Theorien auf Lager hat, um seine neurotisch unfriedlichen, haßerfüllten Affekte zu legitimieren.

Wenn sich die monströse Gestimmtheit Hitlers längere Zeit nicht voll auswirkt, so aus demselben Grund wie auch bei Lenin vor 1917: Er ist noch nicht an der Macht. Und weil er in manchem eben auch ganz anders ist als der wesensmäßig kalte Lenin oder der recht primitive Stalin, ist seiner zweifellos bereits dominierenden Brutalität doch lange, vor allem in Gegenwart von Damen, ein spürbares Erbe von österreichischem Charme beigemischt, desgleichen ein Element bohemienhafter Faulheit und Läßlichkeit, das allerdings bald völlig verschwindet. Zwar treibt er sich zwischen 1918 und 1930 in einem Milieu von Desperados, politischen Exzentrikern, Männerbündlern und Landsknechtsnaturen herum, das zur bürgerlichen oder aristokratischen Welt in ähnlichem Gegensatz steht wie das Milieu der bolschewistischen Berufsrevolutionäre. Aber viele Übergänge zur bürgerlichen Gesellschaft sind doch vorhanden, und völlig ausgegrenzt ist er nie. Schon als »der Trommler« in die feinen Münchner Salons der Bruckmann, Bechstein und Hanfstaengl gebeten wird, wollen viele einen gewissen Zivilisierungsprozeß erkennen, und nach der Machtergreifung setzt sich das fort.

Täuschend wirkt eben auch, daß ihm die Popularität im eigenen Lande erlaubt, den Terror dosiert einzusetzen. Im Winter 1935/36 sinkt die Zahl der KZ-Häftlinge unter 10000, nach einigem Auf und Ab werden bei Kriegsausbruch in den Konzentrationslagern um die 25000 Menschen gequält.[206] Einige hundert Regimegegner sind ermordet worden, Tausende mußten emigrieren oder sind durch vielfache Schikanen zerbrochen worden. Aber zur gleichen Zeit – 1937 und 1938 – verhaftet Stalins NKWD an die 1575000 Personen. 681692 von ihnen, so die derzeit vorliegenden Zahlen, werden exekutiert.[207] Zu den rund 965000, die Anfang 1935 in den Zwangslagern vegetieren, kommen allein im Jahr 1937 weitere 700000.[208]

1937 meint Hitler noch zu Goebbels: »Stalin ist wohl gehirnkrank. Anders kann man sich sein Blutregiment nicht erklären.«[209] Doch vom Beginn des Krieges an stürzt er sich selbst in eine Abfolge kalt verfügter, rasch alle Maße sprengender Mordtaten. Wie wohlbedacht er dabei vorgeht, zeigt sich schon darin, daß die Weisung für die Euthanasie-Morde, die im Oktober 1939 erging, auf den 1. September – den Tag des Kriegsbeginns – zurückdatiert wurde.[210] Auch die Ausrottung der Zigeuner wird jetzt vorbereitet.[211] Unmittelbar mit der Niederwerfung Polens beginnen dort auch schon Mordkampagnen gegen die Juden. Viele Indizien lassen also den Schluß zu, daß Hitler ähnlich wie den Eroberungskrieg auch seine Mordpläne vorbedacht hatte und nur auf die erste beste Gelegenheit wartete. Spätestens 1941 und 1942 sind diese Verbrechen mit denen Stalins qualitativ und quantitativ zu vergleichen, und je weiter es in den Krieg hineingeht, um so ähnlicher wird er Stalin, den er gleichzeitig fürchtet, aber nun auch bewundert.

Es gibt keinen exakteren Hinweis auf die fortschreitende Verrohung Hitlers als der Respekt vor dem feindlichen Ungeheuer im Kreml.

Nachdem er sich auf das Abenteuer des Rußlandfeldzuges eingelassen und dort jene riesigen Fabriken entdeckt hat, die viele Tausende überschwerer Panzer produzieren, bekommt der sehr fromme und sehr konservative Großadmiral Raeder von Hitler ein überraschendes Stalinbild vermittelt. »Das ist eine ungeheure Persönlichkeit ... Wenn Stalin noch zehn bis fünfzehn Jahre an der Arbeit geblieben wäre, wäre Sowjetrußland der gewaltigste Staat der Erde geworden, da können 150, 200, 300 Jahre vergehen; das ist so eine einmalige Erscheinung!«[212]

Nach dem 20. Juli 1944 leuchtet ihm auch vollends die Mordgier ein, mit der Stalin das Offizierskorps der Roten Armee dezimiert hat: »Heute sähe er ein, daß Stalin durch seinen Prozeß gegen Tuchatschewski den entscheidenden Schritt für eine erfolgreiche Kriegsführung getan habe. Indem er den Generalstab liquidierte, habe er frischen Kräften Platz gemacht, die nicht mehr aus der Zarenzeit stammten.«[213] Doch das Verhältnis zu dem sowjetischen Tyrannen ist durch Ambivalenz gekennzeichnet. Zwar bewundert er ihn und sein brutales Regime bedenkenloser Revolutionäre und bedauert, nicht selbst von Anfang an mit den konservativen Schichten so umgesprungen zu sein wie die Bolschewisten. Zugleich aber fürchtet er Stalin, betrachtet ihn weiterhin »als Haupt der bolschewistischen Weltverschwörung« und weiß, daß sich der sowjetische Herrscher nun rächen wird.[214]

Politisch bleibt Hitlers finale Bolschewisierung im Führerbunker unter der Reichskanzlei jedoch folgenlos. Aus dem vorsichtigen Drängen von Goebbels, sich irgendwie mit Stalin zu verständigen, wird nichts. An einen großen Neubau des Reiches, von dem Hitler noch einmal Anfang Dezember 1944 träumt, kurz bevor die Ardennenoffensive losbricht, auf die er nun seine letzten Hoffnungen setzt, ist erst recht nicht mehr zu denken. Selbst die Rachegelüste sind nicht mehr voll umsetzbar: Bischof Graf Galen soll »der verdienten Strafe zugeführt werden«, mit dem Adel wird aufgeräumt werden, die Kirchen will er »sehr energisch beim Genick fassen«.[215] Vor allem aber sollen nun die Parteiführer »nicht nur die Träger des staatlichen, sondern auch des gesellschaftlichen Lebens sein«. Doch eben die Parteibosse waren es ja, die neben den Mißerfolgen im Krieg damals das Prestige des Regimes ruiniert haben. Sie sind mit ihrem Führer aus dem sozialen Nichts aufgestiegen, haben kurze Zeit ihre charakterliche Minderwertigkeit unter Beweis gestellt und müssen jetzt zusammen mit ihm die politische Bühne verlassen.

Ähnlich wie zur gleichen Zeit Mussolini taucht er nun wieder in die primitive Radikalität seiner Anfänge ein. Mit den Generalen, dem Adel, auch dem Bürgertum hat er gebrochen. Hermann Göring ist für ihn jetzt das abschreckende Beispiel eines aus der feinen Welt stammenden Nationalsozialisten, der schrecklich versagt hat. Es ist kein Zufall, daß auch das Verhältnis zu Speer unheilbar zerbricht und Hitler die alte Lumpengarde aus der »Kampfzeit« wieder an sich herankommen läßt. Bormann und Goebbels hatte er ja immer in seiner Nähe gehalten. Der Rabauke Hermann Esser, der pornographische Antisemit Julius Streicher und der trunksüchtige Robert Ley tauchen nun nochmals auf. Die charakterliche Qualität und das soziale Profil jener

*Das Wrack: Hitler mit Frontoffizieren der Leibstandarte Adolf Hitler auf dem Berghof, 1944, und mit Hitlerjungen, die sich beim Endkampf um Berlin ausgezeichnet haben. Das enthüllende Photo dokumentiert nicht nur den physischen Verfall. Die tätschelnde Armbewegung macht auch deutlich, daß der Hundeliebhaber Hitler zwischen Tieren und Menschen nicht mehr zu unterscheiden vermag.*

politischen Figuren, die sich letztmalig im Führerbunker unter der Reichskanzlei einfinden, gleichen in manchem jener Runde geistig anspruchsloser, brutaler Spießgesellen, mit denen sich Stalin zeitlebens umgeben hat.[216] Freilich hält der Führer immer noch auf Distanz. Keine Rede von versumpfender Sentimentalität oder von Alkoholexzessen.

Am Schluß haßt und verachtet Hitler nicht nur den Adel und die Kirchen, sondern das deutsche Volk überhaupt. Speer gegenüber begründet er bekanntlich den »Nero-Befehl« vom 19. März 1945 und weitere Weisungen zur Verwandlung Deutschlands in eine Wüste damit: »Das Volk hat sich als das schwächere erwiesen und dem stärkeren Ostvolk gehört ausschließlich die Zukunft. Was nach diesem Kampf übrigbleibt, sind ohnehin nur die Minderwertigen, denn die Guten sind gefallen.«[217]

Die verächtliche Abwendung ganz zum Schluß verweist auf eine Tatsache, die in den posthumen Einschätzungen Hitlers insgesamt zu wenig beleuchtet wird. Er hat zum Deutschtum und zum Deutschen Reich von Anfang an in einer unnatürlich überhitzten Beziehung gestanden, was manches erklärt. Ob überhaupt und wie lange Hitler die Deutschen auf seine perverse Weise liebte, ist unklar, aber auch unerheblich. Daß er ihre Geschichte auf lange Zeit verpfuscht hat, ist sicher.

Aber aus gutem Grund machen die Deutschen im nachhinein wenig Aufhebens von der Tatsache, daß sie selbst am meisten Ursache hätten, sich als Opfer Hitlers zu bedauern. Diese Zurückhaltung eines ansonsten mit Wehleidigkeit nicht sparsamen Volkes ist naheliegend. Stumm und ohne vorerst viel davon zu reden, haben sich die Deutschen nach Eintritt der Katastrophe doch der Dummheit geschämt, mit der sie einen unheimlichen Kapitän auf die Brücke der »Titanic« geholt hatten, der genial und verrückt und kriminell war, alles in einem. Viele haben noch an ihn geglaubt, als das Schiff schon in die Tiefe schoß, und manche der Überlebenden selbst dann noch, als sie in den Rettungsbooten schlotterten. Der geistige Zustand Deutschlands in den Jahren 1930 bis 1945 gibt dem Historiker noch sehr viel größere Rätsel auf als das Ungeheuer Hitler.

Zu den Rätseln, die auch Hitler immer noch aufwirft, gehört die Tatsache, daß er trotz ungeheuren Sendungsbewußtseins offenbar in ständiger Furcht lebte, bei seinen waghalsigen Unternehmungen zu scheitern. Speer erinnerte sich an eine Szene auf dem Obersalzberg, als er im November 1936 mit Kardinal Faulhaber eine längere Unterredung hatte, dann lange Zeit schweigend in die Abenddämmerung hinausblickte, um schließlich zu bemerken: »Es gibt für mich zwei Möglichkeiten: Mit meinen Plänen ganz durchzukommen oder zu scheitern. Komme ich durch, dann werde ich einer der Größten der Geschichte – scheitere ich, werde ich verurteilt, verabscheut und verdammt werden.«[218] Derart von Selbstzweifel geprägte Äußerungen schimmern in zahlreichen Reden auf, auch in anderen Gesprächen, die er mit Vertrauten geführt hat. Neben seinen nie ganz aufklärbaren physischen und seelischen Defekten mag diese Sorge ein Hauptmotiv der Unrast gewesen sein, die sein Leben erfüllt. Hitler weiß wenigstens in selbstkritischeren Momenten, daß er ein Abenteurer ist, dessen Bluff aufgedeckt werden könnte. Und je stärker er sich tyrannisch verfinstert, um so mehr bekundet er auch die Psychologie des Verbrechers, dessen geheime und weniger geheime Untaten ans Tageslicht kommen könnten.

Über den abenteuerlichen, schließlich gescheiterten Schwedenkönig Karl XII., der sich gleich Hitler in den Weiten Rußlands verlor, meinte der skeptische Voltaire gelegentlich, der König sei groß, rätselhaft und verrückt gewesen. Das sei der Stoff, aus dem Geschichte gemacht werde.[219] So verhält es sich auch mit Hitler, der dem allerdings noch die Dimension des Verbrecherischen hinzufügt. Er beginnt wie Karl XII. und endet wie Richard III.

# Ein Monster mit dem »Mandat des Himmels«: Mao Tse-tung

Weltruhm beruht häufig auf Mißverständnissen. So zog die Achtundsechziger Generation in Paris, Berlin und Mailand hinter riesigen Mao-Transparenten her und schwenkte das rote Büchlein des großen Vorsitzenden Mao. Dieser chinesische Revolutionär verkörpert für sie eine doppelte Revolution: er war ein großer Guerillaführer der Dritten Welt, der zwei Jahrzehnte lang unermüdlich gekämpft hat, bis die Bürgerkriegsgegner vernichtet oder vertrieben waren. Und mit der Kulturrevolution von 1966 bis 1969 praktizierte er zudem ein Gegenmodell zum bereits bürokratisch erstarrten Sozialismus in Moskau und Ost-Berlin, den die Utopisten jener Jahre damals respektvoll und verächtlich zugleich den »real existierenden« nannten.

»Die Utopie an die Macht« – das war der große Slogan auf den Mauern der Sorbonne, wo die revolutionäre Jugend Westeuropas im Mai 1968 für kurze Zeit ihr neues Jerusalem errichtet hat. Doch als das eigentlich neue Jerusalem galt Peking, und der utopische Heiland hieß Mao Tse-tung, damals bereits ein gealterter Revolutionär im Alter von 75 Jahren, den sein Leibarzt Dr. Li Zhisui unter Einsatz aller technischen Mittel westlicher Medizin bei Tolerierung befremdender altchinesischer Praktiken mühsam aufrechterhielt. Schon die Transparente waren verlogen. Sie zeigten einen ewig jungen Mao, der wie eine Sonne strahlt. Dies entsprach der damals von Mitstreitern des großen Vorsitzenden verbreiteten Behauptung, Mao werde mindestens zehntausend Jahre lang leben. Lin Piao, der sich später gegen ihn auflehnte und bei der Flucht über der Wüste Gobi abstürzte, soll sogar verkündet haben, er werde ewig leben.[220]

Heute führt die Erinnerung an das Mao-Bild der Achtundsechziger lediglich zu Kopfschütteln. Eine auch nur halbwegs angemessene historische Behandlung dieser Gestalt wird jedoch noch lange auf sich warten lassen. Wenig ist letztlich historisch gesichert. Wer beispielsweise beobachtet, wie die Anfänge Hitlers in Wien erst neuerdings wieder dank detaillierter Quellenkritik anders bewertet werden müssen,[221] kann ermessen, wieviel sich am heutigen Mao-Bild ändern würde, wenn die chinesischen Quellen frei zugänglich wären. Die Faktenbasis der vorhandenen Literatur ist zwar bereits besser als die

Darstellung halbverrückter römischer Kaiser aus der Feder Suetons, an den man immer wieder erinnert wird. Doch letztlich bleiben viel mehr Fragen als Gewißheiten.

Vergleichsweise sicher ist allerdings doch so viel, daß das Bild Mao Tse-tungs vom Ende der sechziger Jahre eine Illusion war. Das Epos vom Großen Marsch der Volksbefreiungsarmee unter Führung Maos, der am 16. Oktober 1934 begann, nach 370 Tagen zu Ende war und über 6000 Meilen führte,[222] war damals schon längst zur revolutionären Folklore degeneriert, am Leben erhalten von rotchinesischen Propagandaapparaten. Der Guerillaführer Mao besaß in dem amerikanischen Journalisten Edgar Snow zudem einen faszinierten Gewährsmann. Snow war längere Zeit im Hauptquartier der Guerillas gewesen und hatte im Jahr 1938 ein vielgelesenes Buch »Red Star over China« veröffentlicht,[223] aus dem dann die meisten späteren Darstellungen geschöpft haben.

Zweifellos war Mao vor der Machtergreifung ein bedeutender, taktisch gerissener, durch große Willenskraft ausgezeichneter Revolutionsführer.[224] Doch als er am 1. Oktober 1949, auf dem Tor des Himmlischen Friedens stehend, ein Millionenmeer von Menschen zu seinen Füßen, die Macht über China übernahm, wuchs der Rebell in eine völlig neue Rolle hinein. »Die Plazierung der Führung auf dem als symbolisch geltenden Gebäude«, so schreibt Herbert Kremp, »war ein historischer Gestus: Macht über die Geschichte, gleichsam auf ihr stehend«. Wer am Eingang zum Kaiserpalast ein neues Zeitalter ausruft, stellt sich in die Nachfolge der Vorgänger.

Natürlich blieb Mao weiterhin ein marxistischer Revolutionär. Seine zahlreichen theoretischen Traktate lassen keinen Zweifel daran. Auch die Funktionsbezeichnungen blieben marxistisch korrekt. 1945 hatte er sich zum Vorsitzenden des ZK und des Politbüros der kommunistischen Partei Chinas wählen lassen, und am 1. Oktober 1949 erhielt er zusätzlich die Ämter des Vorsitzenden im Zentralen Volksregierungsrat und im Revolutionären Militärrat. Somit war er nur immer der Vorsitzende Mao, bald »der große Vorsitzende Mao«, 1954 bis 1959 auch zeitweilig Staatsoberhaupt der Volksrepublik.

Doch die formellen Amtsbezeichnungen verhüllten die Tatsache, daß Mao nicht nur wie schon mancher siegreiche Revolutionär vor ihm und nach ihm rasch zum Tyrannen mutierte, allerdings immer wieder gebremst durch selbstbewußte Spitzenfunktionäre. Es war eine ganz besondere Form der Despotie, die ihm behagte. Offenbar verstand er sich nicht allein als Vorsitzender der marxistischen Revolutionspartei, sondern zugleich als Kaiser Chinas, dem das neue »Mandat des Himmels« zugefallen war. Der einstige Hilfsbibliothekar in der Universitätsbibliothek von Peking[225] hatte sich auf diese Rolle sehr gründlich vorbereitet durch eingehende Lektüre altchinesischer Geschichtswerke und von Handbüchern der Regierungskunst,[226] die ihn bis in seine letzten Tage immer wieder beschäftigten. Er wollte von Anfang an beides sein: ein großer marxistischer Revolutionär und ein großer chinesischer Kaiser. Hinter seinem Rücken wurde geflüstert, dabei habe er vor allem ein Faible für die größten Tyrannen in der Geschichte Chinas entwickelt.[227] Sein Leibarzt Li Zhisui, der das berichtet, fügt hinzu, Mao sei auch ein großer Bewunderer Napoleons gewesen, weil dieser durch massierten Einsatz von Artillerie die Militärstrategie revolutioniert habe. Mao schätzte bei ihm aber auch die Verbindung von militärischer und politischer Genialität mit dem Sinn für die wissenschaftliche Forschung.

Doch aufschlußreicher als Berichte über die schwer faßbaren Einflüsse altchinesischer Traditionen ist die Beobachtung des Lebensstils des großen Vorsitzenden. Zwanzig lange Jahre hatte er mit seinen revolutionären Freunden, die natürlich auch Rivalen um die Macht waren, unter härtesten Bedingungen ums Überleben gekämpft. Von 1949 bis 1976 lebte er aber im Luxus und gab allen Gelüsten nach wie ein allmächtiger Kaiser. Daß er sich einen Harem aus jungen Maoistinnen gehalten hat, steht außer Zweifel. Leibärzte, die nach dem Tod ihrer hochgestellten Patienten ihr Wissen preisgeben, sind gewiß fragwürdige Figuren. Man weiß das, seit Lord Moran, Churchills langjähriger Leibarzt, kurz nach Churchills Tod seine sehr indiskreten Erinnerungen veröffentlichte.[228] Nur beschreiben eben scharf beobachtende Mediziner die großen Männer zumeist doch so, wie sie sich hinter den Kulissen der Macht tatsächlich darstellen.

Mao erscheint bei Li Zhisui als ein völlig fühlloser Sex-Maniac. Marschall Peng Dehuai, der das und anderes später büßen wird (er stirbt 1974 im Gefängnis), soll ihn 1953 und 1957 wegen des Mißbrauchs von Mädchen der Kulturarbeitsgruppe der zentralen Garnisonstruppen im Politbüro mit den Worten angegriffen haben, Mao führe sich auf wie ein Kaiser mit 3000 Konkubinen.[229] Da sich Mao nur selten wusch und auch nicht selbst kämmte, infizierte er sich verschiedentlich mit Geschlechtskrankheiten, die er an die zahlreichen Konkubinen weitergab. Auf Vorhaltungen des Arztes hin meinte er nur: »Wenn mir nichts weh tut, ist das auch nicht schlimm. Warum regen Sie sich so auf?«[230]

Unablässig reiste er in seinem privaten Luxuszug mit elf Waggons von einem Palast zum anderen.[231] Er schätzte luxuriöse Bäder und Swimmingpools, natürlich auch Essen vom Feinsten.[232] Mao trank mäßig, rauchte aber unmäßig. Wegen seiner ungesunden Lebensweise traten immer wieder Erkrankungen auf. Er litt auch unter chronischer Schlaflosigkeit, und so hatte sich eine Abhängigkeit von Schlaftabletten entwickelt. Li Zhisui, der von 1954 bis 1976 um ihn war, zeichnet mit vielen Beispielen das abstoßende Bild eines Führers, der sich für Gott hält und dem jedes Empfinden abgeht – unfähig zur Liebe, zur Kameradschaft oder zur menschlichen Wärme, ohne Freunde, isoliert von normalen Kontakten mit der Bevölkerung, ein selbstsüchtiges, aber auch undiszipliniertes Monster. Entschuldigend meinte Mao gelegentlich, er habe auf der Universität der Rebellen seine Examen gemacht.[233]

Doch war Mao wirklich von Anfang an ein ungebärdiger Rebell? Gleich den meisten seiner späteren Mitstreiter entstammt er keiner vornehmen Familie. Er kommt aus einer ungebildeten, doch alles andere als armen Bauernfamilie in der tiefsten chinesischen Provinz. Wenn spätere Biographen über die soziale Herkunft Maos schreiben, wiederholen sie immer wieder, was von diesem selbst zu hören war: Sein Vater sei ein harter, grober, durch Wucher wohlhabend gewordener Bauer gewesen. Der junge Mao habe ihn wegen seiner Härte und Schlechtigkeit gehaßt, während er seine Mutter liebte, die das einzige Kind im Haus verzärtelte. Es lassen sich also Parallelen ziehen von Mao (Jahrgang 1893) zu den Anfängen des vierzehn Jahre älteren Stalin. Beide leiden unter ihren Vätern, beide vollziehen den Aufstieg zu höchsten Höhen aus recht primitiven Verhältnissen, beide durchlaufen ein Seminar (bei Stalin ist es ein Priesterseminar, bei Mao ein Lehrerseminar), in dem sie eine Bildung empfangen, die sie von dem illiteraten Milieu absetzt, dem sie entstammen. Beide rebellieren auch gegen jene alte Kultur, in deren Geist sie erzogen werden. Sie sind also in doppeltem Sinn entwurzelte Existenzen: Zum einen lassen sie ihre ungebildeten Familien verachtungsvoll hinter sich, zum anderen wenden sie sich auch gegen den Geist jener traditionellen Institutionen, in denen sie die erste und einzige intellektuelle Formung erfahren. Beide aber können und wollen die Primitivität ihrer Anfänge bis zum Ende ihres Lebens nicht verleugnen.

Immerhin lernt Mao auf dem Lehrerseminar zu Tschangscha im heimischen Hunan vier Jahre lang sehr diszipliniert – das erste und einzige Mal in seinem langen Leben. Dort legt er die Basis für seine literarische und historische Bildung. Später wird es in Amerika und Europa Eindruck machen, daß dieser große und ungestüme Revolutionär auch Gedichte im klassischen Stil verfaßt und diese kalligraphisch zu Papier bringt. Das hat er in Tschangscha gelernt.

In diesem Punkt zeigen sich eher Parallelen zu Hitler als zu Stalin. Auch Hitler ist ja gleichzeitig beides: Produkt einer spätbürgerlichen Kultur und ein Rebell mit Chaos im Herzen. Was dem einen die Opern, die klassizistische Architektur und das Phantasiebild der altdeutschen Welt, das ist dem anderen die altchinesische Literatur, die

*Stationen Maos auf dem »Langen Marsch« zur Macht. Eines der ersten von ihm bekanntgewordenen Photos zeigt ihn (rechts) als Chef einer Propaganda-Abteilung der Kuomintang, mit der die Kommunistische Partei Chinas damals verbündet war. Die folgende Aufnahme inmitten von führenden Genossen (links von Mao der spätere Außenminister Tschou En-lai) stammt aus den*

konfuzianische Philosophie und die Geschichte der großen Kaisergestalten. Sie beide saugen aber bereits auch die Gifte der Modernität in sich hinein und verwirklichen dann ihre eigenen perniziösen Ideologien. Im Falle Maos sind dies all jene wirren Theorien der Revolutionierung und der Neuordnung, von denen eine ganze Generation erfaßt ist, wobei er selbst seit 1919 ins marxistische Milieu eintaucht. Hitler und Mao werden definitiv zu Revolutionären, als sie in die politische, wirtschaftliche und kulturelle Krise ihrer Gegenwart geraten. Für Hitler ist dies der Erste Weltkrieg und die revolutionäre Situation der Jahre 1918/19. Maos Leben verbindet sich seit 1918/19 mit dem Chaos, das damals in China eine Art Normalzustand bildet.

Verglichen mit den Verhältnissen in China, ist das Deutschland der Weimarer Republik, in dem Hitler seinen Aufstieg vollzieht, trotz der Bürgerkriegsstimmung und der Wirtschaftskrise geradezu ein Modell an Ordnung und an Effizienz. China aber gleicht einer aufgewühlten Bürgerkriegslandschaft. Die Zentralautorität ist längst zerbrochen. Raubgierige Warlords führen brutalste Feldzüge gegeneinander. In diesem ziemlich unübersichtlichen Chaos spielen aber auch die imperialistischen Großmächte ihre Rolle – Japan, Großbritannien, Frankreich und die Sowjetunion.

Jene Revolutionäre, die im Jahr 1921 unter Teilnahme Maos in Schanghai die kommunistische Partei Chinas gründen, finden sich da-

*Jahren in Yenan. Schon damals hat Mao sich gerne in der Pose des Dichters und Denkers ablichten lassen. Manche sind später der Meinung, daß seine utopischen Verrücktheiten auch als Indiz dafür zu werten sind, daß mit diesem verhinderten Dichter die Phantasie an die Macht kam.*

mals in einer viel komplizierteren Lage als die Bolschewiki in den Jahren 1918 und 1919. Zwar sind auch Lenin und seine Genossen anfänglich mit dem Zerfall des Staates konfrontiert, desgleichen mit dem Eingreifen Japans, Großbritanniens und der USA. Doch dauert das in China schon viel länger an. Die imperialistische Bedrohung vor allem durch Japan ist außerdem viel unausweichlicher. Selbst das revolutionäre Rußland ist von Anfang an nur ein recht zweifelhafter Freund der chinesischen Kommunisten. Die klügsten und mißtrauischsten unter ihnen, wozu Mao gehört, erkennen früh, daß Trotzki, Stalin, Borodin und Marschall Blücher auf ihre Weise durchaus auch die expansive Politik der Zaren fortführen.

Die besonderen Bedingungen Chinas erklären vieles. Wie alle Bürgerkriegsparteien sind auch Maos Kommunisten von dem Willen beseelt, die zerbrochene Einheit und ein Minimum an Ordnung im Reich wiederherzustellen. Daß dies nur mit brutalsten Mitteln erreichbar ist, versteht sich. Tschiang Kai-schek, der erfolgreichste aller Warlords, steht den Kommunisten dabei ebenso im Wege wie die japanischen Invasoren, desgleichen die USA und Großbritannien.

Das erklärt auch die Zahl der Opfer, die sich naturgemäß nur schätzen läßt. 1960 vernimmt Edgar Snow von Tschou En-lai, zwischen 1934 und 1954 seien 830 000 Volksfeinde getötet worden. Mao Tsetung räumt 1956 ein, bisher habe man zwei bis drei Millionen liquidiert.[234] Wo immer sie an die Macht kamen, sind die chinesischen Kommunisten mit ihren Gegnern genauso unerbittlich verfahren wie die Rote Armee im Russischen Bürgerkrieg oder Titos Partisanen. Genauso wurden alle Untaten hinter heroischen Kulissen versteckt.

Ebenso verständlich ist unter diesen Umständen, daß das Denken Maos und seiner Mitkämpfer von Anbeginn eine viel stärkere Beimischung von Nationalismus aufweist als das der russischen Kommunisten. Zwar finden sich auf seiten der chinesischen Kommunisten von Anfang an treue Parteigänger Moskaus. Überwiegend aber ist die Führung um Mao vehement antijapanisch, antibritisch, erst latent, ab 1947 ganz offen antiamerikanisch, doch eben auch latent antirussisch. Das erklärt die ambivalente Einstellung Maos zu Stalin. Es erklärt später seine Verachtung für Chruschtschow.

1927 sind alle Versuche gescheitert, die Revolution auf Arbeitermassen der Großstädte zu stützen. Jetzt entwickelt Mao seine revolutionäre Strategie, die primär auf die Revolutionierung des Landes setzt. Schon in diesen Jahren muß er sich bereits ideologisches Abweichlertum vorwerfen lassen. Doch noch wesentlicher ist das durchgehende, rassistisch und nationalistisch bedingte Mißtrauen gegen Moskau. Bis Ende der fünfziger Jahre weiß sich Mao jedoch in einer abhängigen Position und muß häufig gute Miene zum bösen Spiel machen. Er braucht sowjetische Waffenlieferungen, sowjetische Instrukteure, sowjetische Entwicklungshilfe und industrielles Know-how aus der Sowjetunion, nicht zuletzt beim Aufbau einer eigenen Nuklearkapazität.

Wesentlich für seine gesamte Entwicklung ist jedenfalls, daß er sich von Anfang bis zum Ende seiner Laufbahn in einer Welt voller feindlicher Mächte weiß. Die Feindschaft der Umwelt ist allerdings auch verständlich, weil Mao seinerseits die Rolle des Unruhestifters spielt: Auch in der Staatengesellschaft bleibt er, was er mehr als ein Vierteljahrhundert im chinesischen Bürgerkrieg war – ein Rebell, der keinem traut, der es mit jedem aufnimmt und keine Rücksicht kennt.

Kaum hat Mao Tse-tung in China die Macht übernommen, da ermuntert er auch schon den nordkoreanischen Kommunistenführer Kim Il-sung, Südkorea mit Waffengewalt zu erobern. Nach dem Ende des Kalten Krieges erst wird aus russischen Archiven der Telegrammwechsel Stalins mit Mao Tse-tung und Kim Il-sung bekannt. Mao hat dort argumentiert, die USA würden wegen eines so kleinen Territoriums keinen dritten Weltkrieg beginnen.[235]

Am liebsten läßt er andere die heißen Kastanien aus dem Feuer holen. So schürt er den Krieg Ho Chi-Minhs in Indochina, erst gegen Frankreich, dann gegen Südvietnam und schließlich gegen die USA. Aber er engagiert auch die Volksrepublik selbst. Als sich die USA der

Mandschurei nähern, ist auch er – diesmal auf Drängen Stalins – zur Entsendung chinesischer Armeen bereit. Zwei Krisen in der Formosa-Straße, 1955 und 1958, werden von der Volksrepublik China begonnen. 1962 schlägt er gegen Indien los. Während zweier Jahrzehnte schürt er mit chinesischen Emissären und Waffenlieferungen weltweit Revolutionen nach dem Vorbild Chinas – in Schwarzafrika, im pazifischen Raum, im Nahen Osten, selbst im revolutionären Untergrund Lateinamerikas und an der Adria, wo in Albanien Enver Hodscha unterstützt wird. Die militärischen Zusammenstöße mit der Sowjetunion 1969/70 werden gleichfalls von Mao ausgelöst.

Sowjets, Amerikaner, Japaner und zahlreiche kleinere Nachbarn sehen in ihm ziemlich übereinstimmend einen gefährlichen Einzelgänger. Chruschtschow weiß eine üble Anekdote von ihm zu berichten. 1957 habe er in Moskau ausgeführt, in der Tat könnte China in einem Atomkrieg 300 Millionen Menschen verlieren: »Doch was heißt das schon? Krieg ist Krieg. Das Jahr wird vorbeigehen, wir werden uns wieder ans Werk machen und noch viel mehr Babies produzieren als zuvor.«[236] Ein Jahr später begründet Mao vor dem 8. Kongreß der KPCh, weshalb auch der Verlust des halben Volkes nicht zwangläufig zum Untergang der Zivilisation führen müsse. Zur Zeit des Kaisers Wu habe China 50 Millionen Menschen gehabt, während der folgenden Kriege seien diese auf 10 Millionen reduziert worden.[237] Kein Wunder, daß Chruschtschow, Breschnew, Johnson und Nixon diesem Vorsitzenden, der wie ein chinesischer Hitler spricht, das Schrecklichste zutrauen, vor allem dann, als auch er über Kernwaffen verfügt.

Längst glauben viele, die mit Mao zu tun haben, bei diesem die klassischen Symptome von Cäsarenwahn entdeckt zu haben. Zwar bekunden selbst hochgestellte Funktionäre, Mao werde sehr, sehr lange, wenn nicht ewig leben. Er selbst aber spürt doch, daß er nicht mehr viel Zeit hat. Auch diese Obsession hat er mit Hitler gemeinsam, und daraus mögen jene verrückten Kampagnen resultieren, die außerhalb Chinas niemand verstehen kann, es sei denn die westeuropäischen Maoisten.

Wie Lenin und Stalin, auch wie Hitler in den Schlußphasen des Zweiten Weltkrieges, ist er eines jener Ungeheuer, die gegen das eigene Volk Krieg führen. Zuerst, während des Koreakrieges, startet er die Kampagne der »drei Selbst«: China soll von ausländischem Kapital, von ausländischen Ideen und vom Einfluß des Vatikans gesäubert werden. Die Opfer sind also die chinesischen Christen und alle, die mit Ausländern zu tun hatten. Dem folgt eine Kampagne gegen Konterrevolutionäre – vergleichbar dem Massenterror im russischen Bürgerkrieg. Spezifisch maoistisch ist allerdings das Bestreben, viele Opfer zur Selbstkritik und zur völligen Unterwerfung unter den Willen der Partei zu nötigen. Die Zahl der Ermordeten geht schon damals in die Hunderttausende. Es folgen »die drei Antikampagnen« zur Einschüchterung der bisher Selbständigen und der »Bürokraten«. Doch in allen diesen Kampagnen kann man immerhin noch rational nachvollziehbare Zwangsmaßnahmen kommunistischer Revolutionierung erkennen. Dasselbe gilt für den Ersten Fünfjahresplan nach sowjetischem Vorbild.

Völlig irrational ist hingegen der berühmte »Große Sprung« der Jahre 1957/58. Jetzt plant Mao eine technologische Revolution, die dazu dienen soll, Großbritannien in fünfzehn Jahren einzuholen. Die Idee ist ebenso verführerisch wie verrückt: Wenn man die Menschenmassen von 600 Millionen Chinesen zu einer einzigen revolutionären Anstrengung voranpeitscht, so glaubt Mao, können sie Wunderdinge vollbringen. Somit werden Millionen Bauern der Bewirtschaftung ihrer Felder entzogen und bei riesigen Bewässerungsprojekten eingesetzt, oft fern von ihrer Heimat. Auf dem Land läßt Mao zahlreiche Dörfer zu riesigen Volkskommunen zusammenfassen. 740 000 Genossenschaften mit 120 Millionen ländlichen Haushalten, so rühmt die offizielle Propaganda, sind in kürzester Zeit in nur noch 26 000 Volkskommunen verwandelt worden.[238] 99 Prozent aller Bauern Chinas, heißt es, leben jetzt dort. Entsprechend hochtrabend sind die Sprüche, mit denen Mao das Experiment feiert, das er mit 600 Millionen Chinesen durchgeführt hat: »Unsere Nation ist wie ein Atom, und nach der Spaltung des Atomkerns unserer Nation wird eine so ungeheure thermische Energie freigesetzt, daß wir imstande sein werden, Dinge zu vollbringen, die uns früher unmöglich waren.«[239] Der Vorgang gleicht in vielem dem Kampf Stalins gegen die Kulaken, und die Folgen sind ähnlich furchtbar. Zuerst laufen großartige Statistiken in Peking ein. Mao ist euphorisch. Doch auf einige Monate des Enthusiasmus folgen schreckliche Hungersnöte.

Wie viele Menschen dabei in den Jahren 1958 bis 1961 das Leben verloren haben, ist bis heute nicht sicher eruierbar. Die Zahlen schwanken zwischen 30 und 46 Millionen.[240] Daß sich hier eine der ganz großen Tragodien des 20. Jahrhunderts vollzogen hat, ist sicher.

Mao selbst erweckt anfangs den Anschein, von der Katastrophe selbst überrascht worden zu sein. Vielleicht ist es ihm tatsächlich erst in vollem Umfang aufgegangen, was er angerichtet hat, als er Mitte 1959 nach dem Dorf Schaoshan reist, in dem er geboren ist und dessen Verhältnisse er genau kennt. Zwar getraut sich niemand so recht, ihm das ganze Ausmaß administrierter Hungersnot zu schildern, die nach zwangsweiser Schließung der individuellen Kochstellen ausgebrochen ist. Doch meint er nun großzügig, wenn dies so schwierig sei, dann solle man eben die große Volksküche wieder schließen.[241]

*Mao Tse-tung versuchte die Revolution mittels immer neuer, sichtlich irrationaler Kampagnen vor bürokratischer Erstarrung zu bewahren, zuletzt in der Kulturrevolution, bei der fanatisierten Schülern und Studierenden eine Schlüsselrolle zufiel. Das Photo zeigt den Großen Vorsitzenden Mao im Jahr 1966, inmitten von Roten Garden, die das rote Mao-Büchlein schwenken.*

Die Lage wird noch durch den wahnsinnigen Einfall verschärft, in zahllosen Dörfern Mini-Hochöfen zur Rohstahlproduktion einzurichten. Auch von dieser Idee ist Mao fasziniert. Der Leibarzt Li Zhisui berichtet, wie der Große Vorsitzende im Sonderzug nachts durch das Land fährt und beglückt registriert, wie von Horizont zu Horizont die Feuer der Öfen das Dunkel erhellen. Dann aber erfährt der Arzt von einem der Sekretäre Maos, wie es sich tatsächlich verhält. Die Parteisekretäre haben befohlen, die Öfen entlang der Eisenbahnlinie zu errichten, auf der Maos Zug üblicherweise entlangfährt. In einer Provinz hat der Parteisekretär sogar angeordnet, die Reispflanzen von weit entlegenen Feldern zu entfernen und entlang der Bahnlinie zu pflanzen, damit Mao sich persönlich von der üppigen Ernte überzeugen kann.[242]

So setzt er sich denn auch in seinem Heimatdorf nieder und schreibt eines jener Agitprop-Gedichte im klassischen Stil, das den Maoisten in aller Welt zur Erbauung dient. Es trägt die Überschrift »Gekommen nach Schaoschan« und lautet:

»Fern ist Erinnerung kaum,
gebannt der vergängliche Strom:
meine Heimat zweiunddreißig Jahre zuvor.
Rote Fahnen, rotten zusammen der Fronbauern Speere,
schwarze Hände, halten oben
der Zwingherren Peitsche.
Weil sie sich opfern, opfern zu vielen, erstarkt ihr Wille,
wagt Befehle an Sonne und Mond: schafft neue Tage.
Freudenblick: Reis und Bohnen,
ein tausendfaches Gewoge;
rings im Lande die Helden, herab im Abenddunst.«[243]

Selbsttäuschung und Fremdtäuschung gehen hier bruchlos ineinander über.

Am meisten Aufmerksamkeit erweckt schließlich die Große Kulturrevolution. Ähnlich wie Stalins Große Säuberung richtet sie sich primär gegen die Parteibürokratie. Wie bei allen früheren revolutionären Kampagnen Maos spielen auch hier innerparteiliche Auseinandersetzungen eine beträchtliche Rolle. Aber die Kampagnen sind zugleich Selbstzweck. Sie sollen jede bürokratische Erstarrung der Revolution verhindern.

Anders als bei den sowjetischen Säuberungen kommen aber zumindest die höchsten Funktionäre nach Erduldung schlimmer Drangsale und Erniedrigungen doch zumeist mit dem Leben davon. In diesem Punkt unterscheidet sich Mao von Stalin. Aber auf den nachgeordneten Ebenen, in der Wissenschaft und im Ausbildungswesen fordert die Kulturrevolution zahllose Opfer. In Peking und anderswo werden in Sportstadien und Theatern Prügelorgien und öffentliche Ermordungen durchgeführt. Denunzianten haben große Zeiten. Die Kulturrevolution richtet sich ebenso gegen traditionelle Kultstätten wie gegen die moderne Wissenschaft. Nicht zuletzt fällt der von Mao und seiner Clique aufgehetzte Mob über ethnische Minderheiten her, besonders in Tibet und in der Inneren Mongolei. Opfer dieser Revolution sind zu guter Letzt jene Millionen fanatisierter Jugendlicher selbst, die jahrelang agitieren, andere quälen, ernsthafter Arbeit entwöhnt sind und schließlich nach Maos Tod, als jedermann sie loswerden will, in ferne Provinzen abtransportiert werden, um dort in Arbeitslagern zu vegetieren oder umzukommen.

*Der Kult um Mao Tse-tung übertraf noch den um Hitler und Stalin (hier ein Aufmarsch der Volksarmee zu Ehren des »großen Steuermanns« in der Provinz Guizhu).*

*Die Vergöttlichung Maos in China strahlte auch auf Westeuropa aus (Maiunruhen in Frankreich 1968).*

Wiederum existieren keinerlei verläßliche Zahlen über die Opfer der Kulturrevolution. Manche sprechen von vier Millionen.[244] Das Hauptopfer ist die Gesellschaft als Ganze. Sie wird auf Jahre hinaus brutalisiert, in Psychosen gestoßen, verängstigt und zugleich mit Haß auf die Täter erfüllt.

Die Frage, wieweit Mao damals noch voll zurechnungsfähig war, ist ähnlich schwer zu beantworten wie die nach der geistigen Verfassung Hitlers oder Stalins in den Jahren ihrer größten Untaten. Genauso wie Lenin, Stalin und Hitler ist auch Mao in der Endphase ein gesundheitliches Wrack. Sein Tod wirkt wie eine Erlösung von einem sehr bösen Kaiser und seiner ruchlosen Kaiserin. Am 9. September 1976 stirbt er. Noch im selben Jahr wird die »Viererbande« gestürzt, darunter auch Maos Witwe, die Genossin Tschiang Tsching. Wie die anderen großen Ungeheuer hinterläßt auch er eine vielfach ruinierte Gesellschaft, deren neue Führer und deren Menschen in ihrer Mehrheit nur ein einziges Ziel haben – ein anderes China zu gestalten als dasjenige des verstorbenen Tyrannen.

Doch da die kommunistische Partei an der Macht bleiben wird, fällt die offizielle Distanzierung von Mao ähnlich behutsam aus wie diejenige Chruschtschows von Stalin. Man kritisiert seine schweren Fehler, entfernt seine Anhänger und beginnt eine neue Wirtschaftspolitik. Dennoch darf er weiter als großer proletarischer Revolutionär bezeichnet werden. Die schwersten Vorwürfe lauten, er habe die subjektiven Willenskräfte der Menschen überschätzt und zugleich »das Volk mit dem Feind verwechselt«.[245]

Im Europa der frühen neunziger Jahre ist bekanntlich nach dem Kollaps des Kommunismus sowjetischer Orientierung ein verdientes Scherbengericht am utopischen Traum erfolgt. Utopische Visionen werden als stärkste Triebkraft jener geistigen Verwirrungen verstanden, die zum Nationalsozialismus und zu den verschiedenen Varianten des Kommunismus geführt haben.[246] Lenin und Hitler waren zweifellos wahnwitzige und erbarmungslose Utopisten, beide übrigens auf ihre schreckliche Weise recht puritanische Gestalten. Der gigantischste dieser Utopisten des 20. Jahrhunderts aber war Mao, gigantisch auch deshalb, weil es ihm jahrzehntelang gelungen ist, einer leichtgläubigen westlichen Öffentlichkeit das Bild eines musterhaften Revolutionärs und eines großen Weisen vorzugaukeln. André Malraux hat noch in den sechziger Jahren, als er es schon hätte besser wissen können, Maos »gelassene Heiterkeit« gerühmt und die »fast freundschaftliche Ehrerbietung seiner Umgebung«. Mao habe auf ihn gewirkt wie ein Monolith, wie ein »in Bronze gegossener Kaiser« und »eine aus einem Kaisergrabe auferstandene Sagengestalt«.[247] Ähnlich Kissinger: Mao, so rühmt er bei der Schilderung ihrer ersten Begegnung, sei »konzentrierte Willenskraft« und habe »Schwingungen von Kraft, Macht und Willen abgesondert« – ein wahrer Koloß.[248] Erst viel später ist bekanntgeworden, daß dieser kranke Herrscher Chinas vor dem Besuch Nixons im Jahr 1972 medizinisch gewissermaßen »aufgepumpt« werden mußte. Als der amerikanische Präsident mit ihm sprach, stand im Nebenraum eine Gruppe von Ärzten mit einem Sauerstoffapparat bereit.[249]

Die Anekdote illustriert, wie stark die Wirkung der großen revolutionären Ungeheuer auf Autosuggestion beruht. Das gilt nicht allein für die Anhänger oder für Pathetiker vom Schlag eines Malraux, sondern selbst für zynische Realisten wie Kissinger und Nixon. Die Szene hat in der Tat Symbolkraft: demokratische Staatsmänner in Ehrfurcht erstarrend vor dem berühmten Monster, das insgeheim bereits moribund ist, den Beatmungsapparat in der Nähe.

## ZWISCHENBETRACHTUNG

# Führer der Demokratien oder Die Retter, die Stabilisierer und der gute Durchschnitt

Übergroße Gestalten kommen in Demokratien nur selten zum Zug. An politischen Größen ist zwar kein Mangel. Doch sie treten im Rudel auf und wachen darüber, daß sich brillante politische Raubkatzen nicht zu den höchsten Positionen durchbeißen. De Gaulle, der davon ein Lied zu singen wußte, formulierte im dritten Band der »Mémoires de guerre« die Grundregel des parlamentarischen Systems in Frankreich: »Über das Dickicht der Demokratie darf kein Kopf hinausragen!«[1] Damals, als er das schrieb, im Jahr 1957, hatte diese übergroße Gestalt bereits resigniert. Doch ein Jahr danach bekam er seine zweite Chance und wurde dann für elf lange Jahre zu einem der erfolgreichsten Reformer des 20. Jahrhunderts, bis er ein zweites Mal scheiterte.

»Ein großer Mann ist ein öffentliches Unglück« – diese skeptische, wohl erstmals im alten China formulierte Auffassung ist in die Konstruktionspläne der pluralistischen Verfassungsstaaten eingegangen. Die politischen Größen, so will es das Prinzip der »checks and balances«, sollen sich aneinander abarbeiten. Kein einzelner darf mächtig genug werden, das Staatsschiff auf die Klippen zu steuern oder in ein Schlachthaus zu verwandeln.

Doch die Qualität der Regime steht in unserem Zusammenhang nicht zur Erörterung, sondern die maßgeblichen Spitzenpolitiker. In dieser Hinsicht weisen die Demokratien einen großen Reichtum interessantester Persönlichkeiten auf. Der harte Wettbewerb schleift zwar die größten Eigenwilligkeiten ab, doch es bleibt noch genügend Individualität, die fast jeden von ihnen zu einem lohnenden Studienobjekt macht.

Ganz überragende Gestalten haben die Demokratien zwar nur selten aufzuweisen, wohl aber viel guten Durchschnitt. An Intellekt, Erfahrung, Wirklichkeitssinn, meist auch an Moralität sind aber selbst die durchschnittlichen Politiker der Demokratien den großen Diktatoren in der Regel klar überlegen. Eben weil sie sich auf dem politischen Markt durchsetzen müssen, wird es ihnen schwergemacht, allein ihren

*Die Zusammenarbeit zwischen den Demokratien erfährt im Verlaufe des Jahrhunderts eine zunehmende Verdichtung bei gleichzeitiger Bereitschaft, auch einstige Gegner in die Kooperation einzubeziehen. Die Pariser Friedenskonfrenz von 1918/19 war bereits durch multilaterales Zusammenwirken der Spitzenpolitiker vor allem der Großmächte gekennzeichnet (auf dem Photo die Ministerpräsidenten Lloyd George, Orlando und Clemenceau mit Präsident Wilson). Doch Deutschland, das in diesen Monaten seine ersten Schritte als Demokratie tat, fehlte und mußte sich einem Diktat unterwerfen.*

Träumen und Doktrinen zu folgen. Die öffentliche Kontrolle nötigt sie zudem, ihren Gelüsten und Lastern, an denen auch in Demokratien kein Mangel herrscht, nur mit großer Behutsamkeit nachzugehen. Die ganz überragenden Persönlichkeiten gelangen somit in Demokratien nur selten zur Spitze.

Man ruft sie meist in der Stunde der Not: Lloyd George und Clemenceau im Jahr 1917, als der Krieg schon fast verloren scheint, Winston Churchill in gleichfalls unheildrohender Lage am 10. Mai 1940, de Gaulle inmitten der Staatskrise und vor dem Abgrund des Bürgerkrieges am 29. Mai 1958. Auch Margaret Thatcher, die einzige Frau unter diesen Großen, die ihr Land aus der Krise herausführen, gelangt in einem Moment ins Amt des Premierministers, als der langsame Sinkflug Großbritanniens in den freien Fall übergegangen ist.

In gewisser Hinsicht sind auch Stresemann und ein Vierteljahrhundert später Adenauer große Persönlichkeiten, die sich der historischen Erinnerung in erster Linie deshalb einprägen, weil sie energisch zupackend mit schwersten Krisen fertig werden. Stresemann hat das Amt des Reichskanzlers nur 110 Tage lang ausgeübt, vom 13. August bis zum 30. November 1923. Doch in diesen wenigen Monaten wird die erste schwere Bestandskrise der Weimarer Republik überwunden sowie die zeitweilige Stabilisierung vorbereitet: Abbruch des ruinösen Ruhrkampfs, Beendigung der Inflation durch Schaffung der Rentenmark, Niederschlagung der Aufstände im Innern, Beginn der Entspannungspolitik nach Westen hin.

Ebenso Adenauer. Historische Verklärung hat zwar später den Eindruck erweckt, als sei seine Ära ein von Anbeginn an unaufhaltsamer Aufstieg der Bundesrepublik. In Wirklichkeit beginnt er in ziemlich verzweifelter Lage als ein Krisenmanager, der erst 1952 und 1953 das Schlimmste überstanden hat. Im Grunde aber hat er, pessimistisch, wie er nun einmal ist, die ganze lange Periode von 1949 bis 1963, der er den Stempel seiner Persönlichkeit aufdrückt, als eine Abfolge von Existenzkrisen des westdeutschen Staates begriffen, und dies nicht völlig zu Unrecht.

Ein ähnliches Bild zeigt sich in den USA. Wenn Franklin Delano Roosevelt bis heute relativ unumstritten als der größte aller amerikanischen Präsidenten des 20. Jahrhunderts begriffen wird, so deshalb, weil er sich unerwarteterweise in den Wirbeln der Weltwirtschaftskrise als brillanter Krisenmanager bewährt hat. Bei Lichte betrachtet, war die entscheidende Wahl im November 1932, die Roosevelt ins Weiße Haus brachte, nur eine Abwahl des unglücklichen Präsidenten Herbert Hoover, der sein Land immer mehr in die Rezession hatte schlittern lassen. Daß damals ein charismatischer Retter gewählt wurde, ahnten nur wenige. Erst 1936, 1940 und 1944 wissen die Amerikaner, was sie an Roosevelt haben. Der bedeutende Rang Roosevelts ist dann aber rasch erkannt worden, auch im Ausland. So hat beispielsweise der durchaus in nationalsozialistischer Gesinnung schreibende Giselher Wirsing in einem im Frühherbst 1934 erscheinenden Sammelband »Köpfe der Weltpolitik« mit uneingeschränkter Anerkennung formuliert: »Der amerikanische Präsident Franklin D. Roosevelt weist, darüber kann kein Zweifel sein, Eigenschaften auf, die nur bedeutenden Führern eigen sind ... Roosevelts Stärke ist sein Mut zum Experiment. Erst zu einem späteren Zeitpunkt wird man das historische Profil dieses Mannes völlig klar zu sehen vermögen.«[2]

Der späte Nachruhm Harry S. Trumans hat denselben Grund. Diese Verkörperung des amerikanischen »common man« war alles andere als glänzend und charismatisch – in mancher Hinsicht geradezu ein Antityp zu dem Patrizier Roosevelt. Aber insgesamt bewährt auch er sich trotz vieler Mißgriffe als Krisenmanager, etwa bei der Berliner Blokkade 1948/49 oder in den kritischen Phasen des Koreakrieges 1950/51 und indem er jene Allianzen zusammenbringt, die man damals »die freie Welt« nennt. Ähnlich verhält es sich nach ihm mit Dwight D. Eisenhower.

Das Ansehen Ronald Reagans, der wahrscheinlich als einer der großen Präsidenten des 20. Jahrhunderts im Gedächtnis bleiben wird, beruht gleichfalls darauf, daß er die USA und mit ihnen die westliche Allianz aus einer tiefen Krise der Wirtschaft, der Außenpolitik und des Selbstvertrauens herausgeführt hat.

Solche Persönlichkeiten sind selten und auch deshalb außergewöhnlich, weil sie gegen den Strom schwimmen und alle Kräfte darauf verwenden müssen, der Umwelt ihre Sicht der Konstellation und ihre Konzepte aufzuzwingen. Der Regelfall im Leben der Demokratien ist jedoch nicht die außergewöhnliche Persönlichkeit, sondern das gute, oft auch das weniger gute Mittelmaß.

Beim Rückblick von der Schwelle des 21. Jahrhunderts auf die größeren und kleineren Demokratien zeigt sich somit eine ganze Reihe durchaus bedeutender Individualitäten. Allerdings sind es zumeist relative Größen, und sie verschwinden in der Menge ihrer Mitbewerber. Eben weil sie in jeder Epoche und in jeder der geschichtlich bedeutsamen Demokratien in großer Zahl auftreten, fallen diese oftmals tüchtigen Politiker nach ihrem Abtreten häufig viel schneller dem Vergessen anheim als die säkularen Bösewichte der Diktaturen.

Natürlich hängen Vergessen und Zeitgenossenschaft eng miteinander zusammen. Wer als jüngerer Mensch vom Charisma eines brillanten Politikers fasziniert ist oder die Fehler eines anderen mit Entsetzen registriert hat, behält solche Gestalten vierzig oder fünfzig Lebensjahre lang im Gedächtnis. Das heißt aber zugleich: Selbst die Großen der Zeitgeschichte verblassen doch mit dem Wechsel der politischen Generationen in der Erinnerung.

Das erste Drittel des 20. Jahrhunderts hatte viele Größen – so etwa Briand, Poincaré, Tardieu, Lloyd George, Baldwin, Stresemann oder Brüning, Theodore Roosevelt und Woodrow Wilson, in den kleineren Ländern Venizelos, Tomáš Masaryk oder den belgischen Sozialisten Vandervelde. Sie und andere waren der politisch bewußten Generation der fünfziger und der sechziger Jahre noch in lebendigstem Bewußtsein, heute sind sie nur noch Objekte der Historiker- und Politologenreflexion. Den Größen der Jahrhundertmitte und unserer Jahrzehnte wird es ähnlich ergehen. Bei der Frage, welche Persönlichkeiten besonders erinnerungswürdig sind, spielt aber nicht nur die Generationsabfolge hinein. Jeder historische Abschnitt hat auch seine besondere Perspektive.

Die Jahrzehnte von 1914 bis 1945 wurden, wie eingangs erwähnt, in erster Linie als Katastrophenepoche erlebt, zugleich aber als zweimaliger Triumph der Demokratien. So richtete sich die historische Neugier auf die Retter: Clemenceau, Lloyd George und Woodrow Wilson. Diese haben aber in ihrer Rolle als Friedensmacher im Paris des Jahres 1919 auch jene Entscheidungen getroffen, die schon sehr bald als eine Ursache der späteren Katastrophen begriffen wurden. Auf vertrackte Art und Weise waren sie also zugleich Retter und Weichensteller, die künftige Karambolagen mit verschuldeten.

Der Zweite Weltkrieg kannte dann nochmals die großen Retter – Churchill und Roosevelt. Da die Kriegsstrategie der beiden in Verbindung mit der Rußlandpolitik die Sowjetisierung Europas bis zur Elbe zur Folge hatte und auf Umwegen in den Kalten Krieg führte, erschienen auch sie wiederum wie die Großen von 1917, 1918 und 1919 als sehr ambivalente Gestalten.

Genauso war die Frage unausweichlich, ob die Schuld an der Beinahekatastrophe der Demokratien nicht doch auch an Personen festzumachen war. So wurde in Großbritannien leidenschaftlich über den großen Appeaser Neville Chamberlain gestritten und in Frankreich über Edouard Herriot, über den pazifistisch orientierten, edlen Ministerpräsidenten Léon Blum oder über die intelligenten, zupackenden, doch zugleich völlig gescheiterten Realpolitiker Édouard Daladier und Paul Reynaud. In ihnen und ihresgleichen sah man wichtige historische Gestalten, allerdings Inkarnationen gescheiterter Politik. Als ähnlich tragische Figur, groß durch ihr folgenschweres Scheitern, erschien auch Heinrich Brüning in Deutschland.

Zugleich richtete sich die Aufmerksamkeit auf jene Größen der Zwischenkriegszeit, die mit mehr Glück das Unheil hätten verhindern können – vielleicht Gustav Stresemann, vielleicht Aristide Briand?

Heute, ein halbes Jahrhundert nach dem Zweiten Weltkrieg, ist die Krisenepoche zwar noch nicht ganz vergessen. Aber es sind nun doch ganz andere Perspektiven, von denen sich die Jahrhundertbetrachtungen leiten lassen.

Von vorrangigem Interesse ist jetzt die von Paul Kennedy artikulierte Frage nach dem Aufstieg und dem Niedergang der großen Mächte – ein Thema, das schon seit Beginn des Jahrhunderts immer wieder erörtert wurde. In Großbritannien begann es mit einer ersten unruhigen Diskussion über den Abstieg dieser damals dominierenden Weltmacht. »Wird das Empire, das heute die hundertste Wiederkehr der Schlacht von Trafalgar feiert, auch das nächste Jahrhundert überleben«, fragte der spätere Herausgeber des »Observer«, J.L. Garvin, im Jahre 1905, und er war nur *ein* Skeptiker unter vielen.[3] Wie befürchtet, ist der Abstieg Großbritanniens aus der ersten Liga dann tatsächlich eingetreten. »Die imperiale Größe strebte dem Ausgang zu; der Wohlfahrtsstaat trat ein«, hat A.J.P. Taylor in seiner 1965 erschienenen »English History, 1914–1945«[4] das Jahr 1945 beschrieben. Für den Übergang vom Empire zum Wohlfahrtsstaat stehen bei den Tories die Gestalten Churchills und Macmillans, bei Labour Clement Attlee und Harold Wilson sowie deren unglückliche Erben Heath und Callaghan. Letztere hatten die von den Vorgängern zubereitete Suppe auszulöffeln. Auch für Frankreich war das Jahrhundert in weiten Teilen ein Kampf um den Rang in der Staatengemeinschaft. Niemand war stärker darauf fixiert als der pathetische Gigant General de Gaulle.

In Wirklichkeit hat 1900 ein amerikanisches Jahrhundert begonnen, in dem die weltpolitisch maßgeblichen Präsidenten am ehesten dem Bild von bedeutenden Staatsmännern der Demokratien zu entsprechen vermochten: Theodore Roosevelt, mit dem alles anhob, Woodrow Wilson, Franklin Delano Roosevelt, Harry S. Truman, Eisenhower und Nixon bis hin zu Ronald Reagan und George Bush.

Auch der Wiederaufstieg Deutschlands als Demokratie, der mit Adenauer begann und mit der Wiedervereinigung unter Helmut Kohl einen vorläufigen Abschluß fand, fällt in die Fluchtlinie der Perspektive von Aufstieg und Niedergang. Chamberlain, Churchill, Attlee, Adenauer und Kohl sind somit in diesem Zusammenhang von Bedeutung.

Genauso aktuell erscheint uns gegenwärtig die Frage nach der Reformfähigkeit moderner Demokratien. Sie ist mit den Strukturkrisen und den konjunkturellen Krisen eng verbunden. In ihrem Licht interessieren wiederum Lloyd George und der junge Churchill, Attlee, Margaret Thatcher, aber auch Woodrow Wilson, Franklin Delano Roosevelt und Ronald Reagan. Sie alle waren mehr oder weniger große Reformer. Darin besteht auch die eigentliche Bedeutung de Gaulles, der nach 1958 den französischen Staat und die französische Wirtschaft tiefgreifend reformiert hat. Wer Sinn für die großen Donquichotterien des 20. Jahrhunderts hat, wird natürlich den hinreißend bockbeinigen General im London der Jahre 1940 bis 1944 ins Herz schließen. Eine weitreichende historische Wirkung erzielte de Gaulle aber vor allem als Reformer Frankreichs in der Jahrhundertmitte von 1958 bis 1969. Demgegenüber hält sich die Reformneigung der Deutschen in Grenzen: Nach Adenauer und Erhard sind keine in dieser Hinsicht bemerkenswerten Männer mehr zu verzeichnen.

Eine weitere Perspektive, die sich heute aufdrängt, ist die Zeitgeschichte des Kalten Krieges. Fast genau fünfzig Jahre lang mußte man im Ost-West-Konflikt das große Epochenschicksal der zweiten Jahrhunderthälfte erkennen. Die Bewertung der einzelnen historischen Gestalten ist davon nicht zu trennen.

In der Jahrhundertmitte wurden Truman, Acheson, Eisenhower, Dulles oder Adenauer zumeist als sehr große Persönlichkeiten gesehen, die mit viel Härte und Geschick zweierlei verhindert hatten: die Sowjetisierung des westlichen Europa und die Katastrophe eines dritten Weltkrieges. Sie erschienen als Architekten dessen, was man damals »die freie Welt« nannte. Die Stabilisierung der Demokratien wurde als ihre überragende Leistung betrachtet. Als sich dann aber in den siebziger Jahren die Denkschule der Entspannung durchsetzte, wurde ihr Wirken mit zweifelnden Fragen relativiert. Waren sie nicht allesamt »kalte Krieger«, also mitschuldig an den Ost-West-Spannungen, die in den nuklearen Holocaust zu führen drohten? Vorbildlich erschienen jetzt die großen Männer der Entspannungspolitik: Willy Brandt und Helmut Schmidt, Nixon und Kissinger.

Nachdem die nukleare Katastrophe ausgeblieben ist und die im Ostblock begangenen Verbrechen offen zutage liegen, gewinnt auch die ursprüngliche Einschätzung der Gründer der freien Welt wieder mehr Plausibilität. Nun wird gefragt: Wie konnte es gelingen, diesen Terrorregimen zu widerstehen? Dabei ist zu berücksichtigen, daß sich die Demokratien neben der Bedrohung durch die kommunistischen Staaten mit zwei weiteren Herausforderungen konfrontiert sahen – mit den machtpolitischen Veränderungen der Dekolonisierungsepoche und mit den völlig neuartigen Paradoxien der Kernwaffen. Ganz offensichtlich sind die Staatsmänner der Demokratien trotz aller Unterschiede ihrer Ansätze mit diesen Problemen erfolgreich fertig geworden.

Welchen Anteil die einzelnen Persönlichkeiten an dem unerwartet positiven Ausgang der Auseinandersetzung hatten, wird noch lange strittig sein. Zweifellos ist aber die Leistung beim Management des

Umbruchs der Jahre 1989 bis 1991 hoch zu bewerten. Politische Größen, die man zuvor eher als guten Durchschnitt betrachtete wie George Bush oder Helmut Kohl sowie James Baker und Hans-Dietrich Genscher, haben dabei in einem knappen Jahr Verdienste erworben, die sie turmhoch über die unglückseligen Friedensmacher von 1919 emporragen lassen.

Zu den großen Leistungen demokratischer Staatskunst in der zweiten Jahrhunderthälfte gehört ebenso der Aufbau transatlantischer und europäischer Interdependenzsysteme. Dank der Errichtung eines erneuerten Freihandelssystems, dank Marshallplan und NATO, nicht zuletzt auch dank der unterschiedlichen Formen der Europäischen Gemeinschaften waren die Rahmenbedingungen ungleich günstiger als während des Katastrophenzyklus von 1919 bis 1939.

Auch in dieser Hinsicht hat der Faktor Persönlichkeit eine entscheidende Rolle gespielt. Am interessantesten ist dabei die Arbeit an der Einigung Europas. Deutlicher als früher ist heute erkennbar, wie nacheinander zwei Generationen mit recht unterschiedlichen Ansätzen kreativ geworden sind. Eine erste Generation der »Europäer« bestand fast durchweg aus Persönlichkeiten, die ihre schon vor dem Zweiten Weltkrieg entwickelten Vorstellungen von internationaler Zusammenarbeit mit neuem Elan und neuen Konzepten zu verwirklichen begannen. Häufig wurde schon festgestellt, daß dabei Persönlichkeiten aus den Grenzregionen Frankreichs, Deutschlands und Italiens – Robert Schuman, Adenauer und de Gasperi – den Anstoß gegeben haben. Aber alles in allem ist die Herkunft der »großen Europäer« doch recht heterogen. Man findet hier Politiker aus den Benelux-Ländern wie Paul-Henri Spaak, einen Geschäftsmann wie Jean Monnet und einen in die Politik gelangten Professor wie Walter Hallstein, erster Präsident der Europäischen Wirtschaftsgemeinschaft.

Nicht selten geschieht es, daß derart neue Initiativen nach dem Abtreten der Gründergeneration wieder versanden. Bemerkenswerterweise ist dieser ersten Generation bedeutender Europäer aber eine Nachfolgegeneration gefolgt, die das Begonnene auf ihre Art und Weise weiterführte: Helmut Schmidt, Valéry Giscard d'Estaing und Edward Heath, Helmut Kohl, François Mitterrand, Giulio Andreotti und Jacques Delors. Sowohl die erste wie die zweite Generation weist allerdings nicht nur Leistungen auf, sondern auch Widersprüche und Fehleinschätzungen.

Die Errichtung supranationaler und transnationaler Einheiten hat jedenfalls zu einem bemerkenswerten Perspektivenwechsel geführt, der auch für die Einschätzung historischer Bedeutsamkeit wesentlich ist. Während in der Katastrophenepoche von 1914 bis Ende der vierziger Jahre der mehr oder weniger autonome Nationalstaat noch unangefochten als Maßstab erfolgreicher Außenpolitik begriffen wurde, setzte sich in der zweiten Jahrhunderthälfte die Auffassung durch, daß Sicherheit, wirtschaftliche Wohlfahrt und demokratische Stabilität nur durch Integration der Demokratien erreichbar sind. Was François Duchêne in bezug auf Jean Monnet formuliert hat,[5] gilt für viele Größen der Demokratien in der zweiten Jahrhunderthälfte – sie sind eine erste und eine zweite Generation von Staatsmännern der Interdependenz.

FÜNFTER TEIL

# Staatsmänner der Demokratien in der Krise

# Downing Street No. 10

Beginnend mit dem würdigen Marquess of Salisbury bis Tony Blair hatte Großbritannien im 20. Jahrhundert nur ganze 20 Premierminister, von denen einige mit Unterbrechung mehrmals das Amt versahen. Das ist eine vergleichsweise kleine Zahl, etwas mehr als die 18 Präsidenten der USA, aber viel weniger als die zahllosen Kabinettschefs im Frankreich der Dritten und der Vierten Republik oder in Italien von 1946 bis in unsere Tage.

Drei dieser britischen Premierminister sind aus heutiger Sicht das, was man große Persönlichkeiten nennen kann – groß durch ihre geschichtliche Leistung und durch ihr politisches Temperament: David Lloyd George, Winston Churchill und Margaret Thatcher. Demgegenüber ist eine größere Zahl denkwürdig durch ihren Amtsverlust nach kurzer Amtszeit oder am Ende einer längeren Karriere als Premierminister. Am spektakulärsten ist nach wie vor das Schicksal von Neville Chamberlain, dessen Appeasement-Politik katastrophal scheitert und der Deutschland schließlich aus lauter Verlegenheit den Krieg erklären muß. Bemerkenswert aber auch das Scheitern von Anthony Eden bei der Suez-Krise 1956 und das von Edward Heath, den die Gewerkschaften bezwingen.

Zur jeweiligen individuellen Leistung kommen noch Aspekte hinzu, die mit der weltgeschichtlichen Bedeutung Englands zusammenhängen. Schon aus Sicht der späten sechziger Jahre schien es hoch an der Zeit, den Weg Großbritanniens im 20. Jahrhundert als Geschichte eines tragischen, aber unvermeidlichen Abstiegs zu begreifen: »Imperial Sunset«, wie das Max Beloff nannte, einer der klarsten Köpfe unter den britischen Politologen. Der erste Band der von ihm so betitelten Monographie des britischen Abstiegs erschien 1969, und sein Thema war die bereits weit zurückliegende Epoche von 1897 bis 1921.[1]

In dieser Perspektive müssen die Premierminister vom Marquess of Salisbury bis Winston Churchill und Harold Macmillan als eine Art Manager des Abstiegs verstanden werden. Max Beloff selbst vertrat die Auffassung, daß bereits in der britischen Außenpolitik der Zwischenkriegszeit das Element der Selbsttäuschung über die eigenen Möglichkeiten maßgeblich war.[2] Viele andere Autoren sahen dies ge-

*Anfänglich wurden Lloyd George und Churchill als Dioskurenpaar betrachtet (hier im Ersten Weltkrieg). Churchill war elf Jahre jünger und bewunderte in Lloyd George den reiferen, umsichtigeren Parlamentarier. Für den Labour-Führer Ramsey MacDonald (links) hatten beide nicht viel übrig.*

nauso. Correlli Barnett brachte drei Jahre später eine vergleichbare Studie zum Zeitraum von 1914 bis 1940 heraus unter dem provozierenden Titel »The Collapse of British Power«.[3] Der Historiker Paul Kennedy hat das Thema in demselben Sinne weitergeführt. In seinem 1987 erschienenen Monumentalwerk »The Rise and Fall of the Great Powers« bildete die Geschichte des britischen Empire schließlich nur noch einen besonders großartigen und besonders melancholischen Beispielfall der allgemeinen weltgeschichtlichen Gesetzmäßigkeiten von Aufstieg und Abstieg imperialer Mächte.[4]

So zutreffend das alles im Rückblick auch erscheinen mag, so wenig ist diese Perspektive geeignet, das Selbstverständnis jener britischen Premierminister zu verstehen, die von der Jahrhundertwende an bis in die sechziger Jahre von Downing Street No. 10 aus Weltpolitik betrieben haben. 1921 beispielsweise konstatierte General Smuts, Premierminister der Südafrikanischen Union und zeitweilig Mitglied des Kriegskabinetts von Lloyd George, das britische Empire sei aus dem Kriege »als die größte Weltmacht« hervorgegangen. Es wäre ein Gipfel der Torheit, es dieser hervorragenden Position zu berauben.

Ein Echo dieser Vorstellungen findet sich auch bei jenem nach Bayern verschlagenen österreichischen Desperado, der 1923 in München

*Die Appeaser: In Großbritannien galten Stanley Baldwin und Neville Chamberlain über Jahrzehnte hinweg als besonders befähigte Staatsmänner. An Baldwin wurde vor allem seine »Englishness« gerühmt. Von Chamberlain meinten viele bis zum Appeasement Hitlers in München, er sei ein besonders harter Knochen.*

einen grotesken Staatsstreich inszeniert hatte, zur Strafe eine kürzere Festungshaft aufgebrummt bekam und kurz danach das Ergebnis seines Nachdenkens unter dem Titel »Mein Kampf« einer an ihm noch wenig interessierten Öffentlichkeit unterbreitete. England sei »die größte Weltmacht der Erde«[5], sinnierte Hitler damals, und wenn »der jugendliche Nationalstaat« Deutschland seinerseits wieder zur Weltmacht aufsteigen wolle, müßte er sich mit England (und Italien) gegen Frankreich verbünden. Eine Ironie der Geschichte will es, daß Rudolf Heß, später Stellvertreter des Führers, dem Hitler das damals diktierte, im Mai 1941 in den entscheidenden Wochen des Weltkrieges heimlich nach Schottland fliegt, um dort die Möglichkeiten einer Verständigung zwischen den beiden Weltmächten herauszufinden.

Selbst wenn also die großen Herren in Downing Street durchaus erkennen, wie prekär die Machtstellung Großbritanniens geworden ist, hätten sie sich doch allesamt nicht träumen lassen, daß sie schon wenige Jahrzehnte später vor allem als Manager des Abstiegs einer Weltmacht bewertet würden. Eine solche Sicht der Dinge wäre ihnen auch deshalb verfehlt erschienen, weil England in jenen Jahrzehnten sein machtpolitisches Selbstverständnis mit einem ideologischen Anspruch verbindet. Denn in beiden Weltkriegen kämpft Großbritannien als Vormacht der Demokratien. Die großen Kriegspremiers sind somit sehr viel mehr als nur Führer des Empire. In den Augen der Länder des Westens verkörpern sie zugleich die bedrohten Ideen des Parlamentarismus und der westlichen Zivilisation.

Dies alles färbt auf die Amtsträger in Downing Street No. 10 ab. In der ganzen ersten Jahrhunderthälfte bekleiden sie einen Rang, der in vielem mit dem der amerikanischen Präsidenten während der zweiten Jahrhunderthälfte vergleichbar ist. Daß sie zugleich Akteure beim Kollaps des Empire sind, wird erst später in vollem Umfang deutlich.

Fast alle von ihnen und auch die anderen, die mehr oder weniger glanzlos regieren, sind guter Durchschnitt. In einigermaßen ruhigen Perioden verstehen sie zu glänzen, während sie in kritischer Lage mangelnde Urteilsfähigkeit bekunden. Immerhin hat Großbritannien das Glück, in kritischsten Stunden immer wieder Premierminister von einzigartigem Format zu finden. Im Ersten Weltkrieg ist dies David Lloyd George, im Zweiten Weltkrieg Winston Churchill und zum Ende des Krisenjahrzehnts der siebziger Jahre Margaret Thatcher.

## *Führungskraft, gepaart mit Phantasielosigkeit: Herbert Asquith*

Zu denen, die Unheil anrichten und schließlich abserviert werden, gehört Herbert H. Asquith. Er amtiert immerhin acht Jahre, übertrifft damit David Lloyd George, Clement Attlee und Harold Macmillan, gilt lange Zeit als besonders tüchtiger Kabinettschef und ist heute so gut wie vergessen. Letzteres nicht ganz zu Recht, denn er ist ein Beispiel für verheerende Folgen, die auch den Demokratien blühen können, wenn sich harte Führungskraft mit Phantasielosigkeit und mit Anfällen von Lethargie verbindet. Asquith ist einer jener Führer, vor denen sich ein Land hüten muß.

Selten hatte ein britischer Premierminister so heterogene Kabinette mit so ausgeprägten Individualisten zu leiten. Neben vielen anderen gehören diesen gleich zwei ganz außergewöhnliche junge Talente an, Lloyd George und Winston Churchill, beide auch perfekte Opportunisten. Sie beginnen als Vorkämpfer des Wohlfahrtsstaates, fordern eine drastische Reduktion des Schlachtflottenbaus und geben sich pazifistisch. Wenige Jahre später, als Churchill schließlich McKenna als Marineminister abgelöst hat, ist er indessen ein ebenso überzeugter Navalist und fest entschlossen, erforderlichenfalls an der Seite Frankreichs Krieg gegen Deutschland zu führen. In der Juli-Krise von 1914 treibt er »mit all seiner dämonischen Energie«, wie der Friedensapostel John Morley klagt, zur sofortigen Mobilmachung.[6]

Der ebenso charismatische Lloyd George vergißt jetzt gleichfalls alle einstigen Forderungen nach ausgeglichenem Budget und kennt als Munitionsminister nur noch ein einziges Ziel: die Nation für den totalen Krieg in Form zu bringen.[7] Denn in dem Vorkriegskabinett von Herbert Asquith müssen liberale Imperialisten und pazifistische Liberale zur Zusammenarbeit veranlaßt werden, und als Asquith sein Kriegskabinett bildet, hat er auch noch den hochmütigen Lord Curzon, ehemals Vizekönig von Indien, und den Kommißkopp britischer Machart, Kriegsminister Lord Herbert Kitchener, zu verkraften.

Die schwierigen Balanceakte gelingen Asquith acht Jahre lang, weil er nur wenig eigene Überzeugungen hat. Sein Hauptziel besteht zumeist darin, das Kabinett zusammenzuhalten und von Tag zu Tag über die Runden zu kommen. In dieser Hinsicht ist er der Vorläufer von Harold Wilson und John Major. An der Spitze eines Kabinetts von pazifistischen Überzeugungstätern einerseits und von Opportunisten andererseits ist er der beweglichste Opportunist.

Dieser Einserabsolvent von Oxford, der dort klassische Philologie studiert hat, um anschließend Anwalt zu werden, ist jedenfalls in der Politik kühl bis ans Herz hinan. Im Privatleben ist er eher romantisch. Der Aufsteiger aus Yorkshire hat sich durch Heirat mit einer sehr wohlhabenden, temperamentvollen Gesellschaftsdame verbunden, die er offenbar liebt, die ihm ein schönes Vermögen zuführt und außerdem seiner politischen Karriere sehr förderlich ist. Da trifft ihn mit Sechzig nochmals der *coup de foudre*. Er verliebt sich in die fünfundzwanzigjährige, etwas überkandidelte Venetia Stanley, an die er innerhalb von drei Jahren, von 1912 bis 1915, 560 Briefe schreibt, mit dem Briefkopf von Downing Street No. 10, versteht sich, viele von ihnen gespickt mit Staatsgeheimnissen.[8] Allein im Monat August 1914 sind es 26 substantielle Briefe.[9] Außerdem hat er wie so mancher Politiker vor ihm und nach ihm ein Alkoholproblem.

Das alles ließe sich jedoch belächeln. In privaten Dingen ist das britische System schon damals recht tolerant, sofern sich allzu menschliche Verirrungen einigermaßen unter der Decke halten lassen. Zur eher verhängnisvollen Gestalt aber wird Asquith, weil er keine Phantasie hat, und auch weil er bequem ist. In den entscheidenden Tagen der Juli-Krise 1914 sind seine Gedanken vorwiegend bei den Problemen Irlands, die England periodisch beschäftigen, bei Venetia Stanley, der er oft zwei- oder dreimal täglich schreibt, und bei der Gestaltung seiner gesellschaftlichen Aktivitäten. So läßt er seinem Außenminister Grey ziemlich freie Hand, der erst einen Vermittlungsversuch unternimmt und nach der deutschen Invasion in Belgien dem

Schicksal Großbritanniens im 20. Jahrhundert eine fatale Wendung gibt, indem er es an der Seite Frankreichs und Rußlands in den Weltkrieg hineinführt. Leichtsinnigen Spitzenpolitikern fallen nach getanem Werk häufig noch schöne, tragische Aussprüche ein, denn Grey ist es, der beim Blick auf den abendlichen St. James Park die später so viel zitierten Worte spricht: »Die Lampen gehen in ganz Europa aus, wir werden sie in unserem Leben nie wieder leuchten sehen.«[10]

In jenen Stunden, von denen an die Unheilsgeschichte Europas und des britischen Empire ihren Lauf nimmt, ist die ganze Energie des Premierministers Asquith vorwiegend darauf gerichtet, die Regierung seiner Partei vor dem Auseinanderplatzen zu bewahren. Nachdem ihm alles mit Ausnahme des Kabinetts entglitten ist, vergißt er nicht, Venetia Stanley am Ende der entscheidenden Unterhaussitzung ein paar Zeilen zu schreiben, die ihn in seiner ganzen Mischung von geschäftsmäßiger Kälte und Sentimentalität dekuvrieren: »Um halb fünf hatten wir die ganze Sache hinter uns ... Ich werde nun eine kleine Spazierfahrt unternehmen ... Wir stehen am Vorabend schrecklicher Dinge. Ich wünschte, Du wärst näher bei mir, Darling. Was wäre es doch für eine Freude, könnten wir den Sonntag zusammen verbringen.«[11]

Nachlässig, wie er sein Land in den Krieg hineingeführt hat, versieht dieser arrogante »Macher« dann noch mehr als zwei Jahre lang das Amt eines Kriegspremiers – »träge, betrunken und völlig unangefochten«, so Winston Churchill, der ihn jetzt verachtet.[12] Gewiß wird England durch den hektischen Aktivismus Churchills ebenso geschädigt wie durch das perspektivlose Treibenlassen des Premierministers. Aber immerhin liegt bei diesem die letzte Verantwortung. Doch routiniert übersteht Asquith das Gallipoli-Debakel, läßt dabei Churchill ungerührt über Bord gehen und meint sogar, nach den unannehmbar hohen Verlusten bei der gescheiterten Großoffensive an der Somme noch weitermachen zu können. Er bleibt bis zu seinem Sturz das Musterbild eines brillanten Parlamentariers, der in ruhigen Friedensperioden sehr gut ist, aber nie richtig begreift, was der Krieg der Bevölkerung abverlangt und wie er strategisch geführt werden müßte. Und während die Truppen des Empire im Dreck der Schützengräben krepieren, findet er die Zeit, für Venetia Stanley ein witziges kleines Stück zu verfassen. Thema: eine Szene des Totengerichts, in dem ihm der Totenrichter das Bild seines Charakters vorhält: »In der Welt waren Sie das klassische Beispiel von Glück: überdurchschnittliche Intelligenz, dazu ein Temperament, mit dem man es in der Welt weit bringen kann – Energie, unter dem Deckmantel von Lethargie ... Die wahrhaft großen Männer sind die Genies oder die Heiligen. Doch Sie fielen in keine der beiden Kategorien.«[13]

Das alles und noch viel mehr weiß Lloyd George, der ihn schließlich ablöst. Churchill, der lange zu ihm aufblickt, meinte bewundernd: »Es gab zu meiner Zeit nicht einen britischen Politiker, der es auch nur halb so gut verstand wie er, Männer und Angelegenheiten in Bewegung zu setzen«. Am überzeugendsten sei er im kleinen Kreis gewesen: »Wenn er am besten in Form war, konnte er einen Vogel von einem Baum herunterreden.«[14] Beim Vergleich von Asquith mit Lloyd George wird deutlich, wie es in der Krise ungeachtet aller komplexen Bedingungen auf die Persönlichkeit an der Spitze ankommt. Richard Haldane, Asquith' Förderer und jahrzehntelanger Freund, hat damals den Unterschied zwischen den beiden genau auf den Punkt gebracht: »Als Vorsitzender eines alle Aspekte umsichtig abwägenden Ratskollegiums ist Asquith unübertroffen. Er kennt die Präzedenzfälle, handelt nach festen Grundsätzen und weiß, wie und wann man Kompromisse schließen muß. Lloyd George aber schert sich den Teufel um Präzedenzfälle und hat keine Prinzipien, aber er hat Feuer im Bauch, und das brauchen wir jetzt.«[15] Noch pointierter äußert sich damals Arthur Balfour, 1902 bis 1905 ein Vorgänger im Amt des Premierministers, über Lloyd George: »Wenn er ein Diktator sein möchte, so soll er das sein. Wenn er glaubt, daß er den Krieg gewinnen kann, dann meine ich, man soll's ihn versuchen lassen.«[16]

Der Begriff Diktator prägt sich ein. In der Folge bewertet es die ganze angelsächsische Welt, und nicht nur sie allein, als Zeichen großer Staatsklugheit, daß die parlamentarischen Demokratien fähig sind, in der Krise eine Art Diktator an die Spitze zu stellen. Das große Vorbild Lloyd Georges im Ersten Weltkrieg legitimiert den parlamentarischen Diktator Winston Churchill im Zweiten.

Natürlich ist der Terminus Diktator eine Übertreibung. Auch Lloyd George konnte und wollte nicht uneingeschränkt regieren. Rücksichtnahmen nach vielen Seiten waren unvermeidlich. Da waren die starken Figuren des Kriegskabinetts, die drei Parteien der Kriegskoalition, der König, die hohe Generalität, die mächtigen Pressezaren, die Gewerkschaften, die Industriellen. Dennoch agierte Lloyd George als großer Dompteur, zumindest ein »Beinahediktator«, wie es der kühle Maurice Hankey formulierte, der unter Lloyd George als Kabinettssekretär amtierte. Wie so viele hat auch er den Premierminister bewundert, der nimmermüde ein Arbeitspensum von oft über zwanzig Stunden absolvierte, daneben aber immer noch die Zeit für sein legendäres Liebesleben fand.[17] »Der Bock« wurde er deshalb im Kreis der Insider genannt.

Später empfindet sogar Hitler vor Lloyd George Respekt. Bei seinem wilden Aufstieg aus den Münchner Bierkellern beschimpft er zwar noch den damaligen Premierminister Lloyd George aufs unflätigste (»Bandit«, »ungewaschener Flegel«, »Demagoge«).[18] Doch Ende der zwanziger Jahre übernimmt er die weitverbreitete Einschätzung. Jetzt hebt er rühmend hervor, daß England im Kriege »sich seinen Diktator gewählt hat«.[19] Lloyd George in England, ja sogar Clemenceau in Frankreich, erhalten nun die lobende Bezeichnung »eiserne Köpfe, die letzten Endes die Nationen zu einheitlichem Handeln fortgerissen haben«.[20] Das ist freilich auch ein recht durchsichtiges Argument für die von ihm selbst angestrebte Diktatur. Hitler kann nicht verstehen, daß die Demokratien in der Tat nur in kritischen Momenten den großen Raubkatzen die Manege freigeben, ohne diese aber deshalb auf Dauer in einen Löwenkäfig zu verwandeln.

Wie man weiß, haben Hitlers Faible für Lloyd George und Lloyd Georges Faible für Hitler den Nachruhm dieses Kriegspremiers später zeitweilig verdunkelt. Als Hitler den damals Dreiundsiebzigjährigen 1936 auf dem Obersalzberg aufs herzlichste empfängt und, vor dem hinreißenden Alpenpanorama sitzend, mit ihm drei Stunden lang eine große Tour d'horizon durch die europäische Politik vornimmt, kommt Lloyd George ganz hingerissen ins Hotel zurück: »Er ist tatsächlich ein großer Mann, Führer ist der richtige Name für ihn, denn er ist ein geborener Führer – ein wahrer Staatsmann.«[21] Anschließend läßt er sich durch Deutschland fahren, kehrt begeistert zurück, weiß sogar manches Enschuldigende zur nationalsozialistischen Diktatur aufzulisten und wird eine Zeitlang zu einem Protagonisten der Appeasementpolitik.

Es gibt in der Tat eine ganze Reihe von Gemeinsamkeiten zwischen Lloyd George und Hitler. Sie sind im Grunde beide Fremdlinge in der Nationalkultur der Länder, in denen sie zur Spitze gelangen – der Waliser David Lloyd George und der Österreicher Adolf Hitler. Beide kommen sie aus sozial wenig angesehenen Verhältnissen. Lloyd George, Sohn eines Lehrers in Wales, ist der erste britische Premierminister, der weder vom Adel abstammt noch aus gutsituierter bürgerlicher Familie. Beide sind sie große, höchst erfolgreiche Populisten, beide raschester taktischer Kehrtwendungen fähig, beide diktatorisch veranlagt, beide große Redner, und beide gerieren sie sich als Kämpfer gegen Standesdünkel und Privilegien. Bei beiden beobachten viele auch eine Art magischer Ausstrahlung. John Maynard Keynes beispielsweise, der David Lloyd George auf der Pariser Friedenskonferenz beobachtet und in »The Economic Consequences of Peace« im

Jahr 1919 eine brillante Porträtstudie dieses brillanten Mannes vorgelegt hat, beschreibt ihn als abgefeimten und gefährlichen walisischen Zauberer.

Freilich muß man auch die großen Unterschiede erkennen. Lloyd George war ungleich subtiler als Hitler, von bloß normaler, in zivilisierten Gesellschaften gerade noch erträglicher Skrupellosigkeit – ein Raubtier zwar, aber eben durch jahrzehntelange Zugehörigkeit zum Parlament domestiziert und kein Ungeheuer. Die wohltätige Wirkung gefestigter demokratischer Institutionen ist am Beispielfall Lloyd George schön zu studieren, desgleichen später an Churchill.

In Großbritannien wird Lloyd George jedenfalls bis in die Mitte des 20. Jahrhunderts als eine ganz außergewöhnliche Persönlichkeit gesehen: »Er war eine Art englischer Napoleon – ein meisterhafter Regierungschef, der sich allein dank individueller Leistung an der Macht hielt«, schrieb 1965 der Historiker A.J.P. Taylor, der freilich alle radikalen Nonkonformisten bewunderte. Denn obschon Lloyd George wirtschaftlich durchaus auch für sich selbst gut zu sorgen verstand und den schönen Seiten des Lebens herzlich zugetan war, kämpfte er unablässig auf die eine oder andere Art für alle Zukurzgekommenen, denen irgendwie Unrecht geschah. So hat er vor dem Ersten Weltkrieg als radikalliberaler Minister einige Tragpfeiler des späteren britischen Sozialstaates errichtet. Manche Beobachter wollten auch in seiner eher prodeutschen Politik in den zwanziger und noch in den dreißiger Jahren einen Reflex dieser Neigung sehen, jederzeit instinktiv für die Benachteiligten einzutreten. Die Geschichte evolutionärer Sozialreform und Demokratisierung besitzt in ihm jedenfalls eine der Vorzeigegrößen. Bei den Unterschichten hat er deshalb Kredit. Als Organisator der Kriegsindustrie im Ersten Weltkrieg vermag er den Patriotismus der Arbeiterschaft ähnlich aufzupeitschen wie später Josef Goebbels im Zweiten Weltkrieg in Deutschland und, ruhiger und weniger ehrgeizig als Lloyd George, Ernest Bevin in England.

Lloyd George hat auch das moderne Kabinettssystem geschaffen. Er war ein Genie der Improvisation, doch auch administrativer Effizienz. Unter Asquith gehörten dem Kabinett 22 Minister an. Rasch bildete der neue Premier ein Kernkabinett von fünf Ministern und nahm bald noch General Smuts als Vertreter der Dominions mit auf, einen mit Großbritannien versöhnten Nationalhelden der Buren.

Schließlich hat Lloyd George mit der politischen Kontrolle der Admirale und Generale endlich Ernst zu machen versucht. Die Domestizierung der Admiralität ist ihm tatsächlich gelungen. Auf dem Höhepunkt seines Ringens mit Admiral Jellicoe begab er sich höchstpersönlich einen Tag lang in die Admiralität, usurpierte dort kurze Zeit dessen Leitung und ordnete eine Reihe organisatorischer Veränderungen an. Jellicoe mußte schließlich gehen. Doch am Empire-Generalstab unter General Robertson sowie an dem Oberkommandierenden Haig in Flandern biß selbst er sich die Zähne aus. Entscheidend aber waren Lloyd Georges Neuerungen bei der Koalitionskriegführung. Er erreichte eine vergleichsweise enge Koordination der Militärstrategie, erkannte auch die Vorzüge eines integrierten Transportpools für die Atlantikrouten und drang auf gemeinschaftliche Außenpolitik. Dies waren die Anfänge einer Praxis, auf der sich im Zweiten Weltkrieg und danach in der Atlantischen Allianz aufbauen ließ. Lloyd George erweist sich somit als eine der Gründergestalten nicht allein der modernen britischen Demokratie, sondern auch des Interdependenzsystems der Demokratien.

Unter den Friedensmachern, die sich 1919 in Paris an der Neuordnung der Welt versuchten, war er nach anfänglichen populistischen Sündenfällen der praktischste und zugleich von relativem Weitblick, was sich auch darin äußerte, daß das britische Empire jetzt seine größte Ausdehnung gewann. Zudem hat er es verstanden, die jahrzehntelang unlösbar scheinende Irlandfrage weiter voranzubringen, als es jedem Premierminister vor ihm und nach ihm gelungen ist.

Wenn man also in Mussolini oder Hitler typische Figuren jenes Massenzeitalters erkennt, in dem die traditionellen Ordnungen zerbrechen, ohne daß die neue Stabilität der Demokratien schon geschaffen ist, so stellt Lloyd George einen jener Künstler dar, dem die evolutionäre Entwicklung der Massendemokratie geglückt ist, darin durchaus vergleichbar Franklin Delano Roosevelt in den USA, der zwar anders als er ein Patrizier war, aber gleichfalls ein charismatischer Empiriker.

Doch eben am Beispiel dieses napoleonischen Selfmademan aus Wales läßt sich das Grundgesetz der Demokratie studieren, dem zufolge die parlamentarische Konkurrenz allzusehr herausragende Größen zurechtstutzt. 1922 wurde er gestürzt, und bis zu seinem Tod im Jahr 1945 konnte er kein Regierungsamt mehr erhalten.

Studieren läßt sich an seinem Beispiel ebenfalls, wie das Bild großer Persönlichkeiten aus dem öffentlichen Bewußtsein verschwindet, wenn erst einmal jene Generationen abgetreten sind, die von ihrem Charisma gepackt waren. Schon 1970, als Harold Macmillan ein sympathieerfülltes Porträt von Lloyd George zu Papier brachte, meinte er mit der Melancholie eines älteren Staatsmannes: »Am Ende des ersten Viertels des 20. Jahrhunderts war er die hervorragendste Erscheinung in der britischen Öffentlichkeit und tatsächlich auch in Europa« – doch heute in der breiten Öffentlichkeit fast vergessen.[22] Jetzt, am Ende des Jahrhunderts, gilt dies genauso. Dreißig oder vierzig Jahre nach dem Abtreten selbst einer unumstrittenen Größe sind doch wohl eine Zeitspanne, jenseits deren das große Vergessen beginnt.

## *»Einbalsamieren, begraben, verbrennen!«: Stanley Baldwin*

Vergessen ist erst recht herabgesunken über Stanley Baldwin, der immerhin dreimal britischer Premierminister gewesen ist: 1923, von 1924 bis 1929 und dann nochmals von 1935 bis 1937. Diese viel bewunderte Größe der Zwischenkriegszeit ist ein großartiger Redner, anfänglich etwas unterschätzt als provinzielle Erscheinung, doch tatsächlich ein sehr geschickter Manipulierer und der unumschränkte Herr und Meister seiner Partei, gefährlich als Gegner, manchmal aktivistisch, manchmal lethargisch, ein konservativer Konsensus-Politiker, der auch mit Labour kann, und nicht zuletzt ein Staatsmann, unter dem England ein tüchtiges Stück Wegs bei dem weltpolitischen Abstieg zurücklegt. Er versteht sich höchst salbungsvoll zu geben, weshalb ihn die Tory-Damen anerkennend »der Vikar« nennen. Was Robert Rhodes James über ihn schreibt, gilt freilich für viele Politiker: Im Grunde seines Wesens sei er ein aufrichtiger Mensch gewesen, »dennoch weiß man nie genau, wann er verschlagen war und wann aufrichtig«.[23]

Daß er dem genialen Lloyd George nicht das Wasser zu reichen vermag, ist evident. Aber dieser Meister der Durchschnittlichkeit hat es geschafft, sowohl Lloyd George, in den dreißiger Jahren aber auch Churchill vom Zentrum der Macht fernzuhalten. Lloyd George meint deshalb in widerwilliger Bewunderung von ihm: »Er ist der beachtlichste Gegner, dem ich je begegnet bin.«[24] Churchill setzt ihm damals mächtig zu, weil er sich 1935 nicht rasch genug zur britischen Nachrüstung entschließen will. Er nennt ihn bei einer Nachtsitzung im Unterhaus einen »epileptischen Leichnam«, und auf die Frage, was wohl geschehen würde, wenn Baldwin im Amt verstirbt, knurrt er: »Einbalsamieren, begraben und verbrennen. Nur kein Risiko eingehen.«[25]

In den zwanziger und in den dreißiger Jahren manövrieren sich die parlamentarischen Ausnahmegestalten in Großbritannien allerdings selbst ins Abseits – Lloyd George, Winston Churchill, ebenso der hochmütige Lord Curzon. Letzterer ist ein Mann, an dessen Karriere sich studieren läßt, daß und warum jetzt die Zeit der großen Aristokraten auch in Westminster zu Ende geht, denn der Journalist und Schriftsteller Winston Churchill ist für seine Klasse schon atypisch und Lord Home, der 1963/64 nochmals kurz in Downing Street No. 10 einzieht, nur noch eine Verlegenheitslösung. Lord Curzon hingegen war 1898 bis 1905 der glänzendste Vizekönig von Indien und 1916 bis 1924 durchaus eine Schlüsselfigur der Außenpolitik in verschiedensten Kabinetten. Botschafter d'Abernon hat ihn wie folgt charakterisiert: »Pomp und Zeremonie waren ihm die natürlichen Attribute einer würdigen Laufbahn – nicht bloße Begleitung, sondern das Wesen, der Kern selbst.«[26] Er ist auch noch einer jener unvergeßlichen Aristokraten, die sich aufrichtig darüber zu wundern vermögen, daß selbst Angehörige der britischen Unterschicht wie Menschen aussehen. Churchill wußte sich noch in hohem Alter schmunzelnd daran zu erinnern, was man im Ersten Weltkrieg von einem der Truppenbesuche erzählte, die der Lord Curzon of Kedlestone in Frankreich durchgeführt hatte. Als diesem eine mobile Badeeinheit vorgeführt wurde, veranlaßte ihn das zu dem Ausspruch: »Mir war bisher völlig unbekannt, daß die niedrigen Klassen eine so weiße Haut haben«.[27]

Doch derart hochgeborene Herrschaften können schon in den zwanziger Jahren nicht mehr Premierminister werden. Das Parteiensystem des Landes ist im Umbruch: Labour steigt auf, die Liberalen sind im Niedergang. Im Umbruch ist aber auch die alte Klassengesellschaft, und etwas gefährdet erscheint sogar die globale Führungsposition Großbritanniens. Es erstaunt nicht, daß in dieser Lage keine überragende Größe die Entwicklung in die Hand nimmt. Wie zur gleichen Zeit in Frankreich operieren vielmehr zahlreiche Größen gegeneinander – guter Durchschnitt, schlechter Durchschnitt, und zum weniger guten Durchschnitt zählt der Schotte Ramsay MacDonald.

## *»Der Verräter«: Ramsay MacDonald*

An MacDonald bewahrt nur noch die Labour Party ein verächtliches Andenken. Er gilt als der große Verräter ihrer Parteigeschichte. Denn dieser eitle Politiker, der 1924 die erste, kurzlebige Labour-Regierung bildete, hat sich in den Tiefen einer Währungskrise in der Nacht vom 23. auf den 24. August 1931 von König Georg V. bewegen lassen, an der Spitze einer Nationalen Regierung aus Konservativen und Liberalen für vier Jahre an der Macht zu bleiben und die eigenen Parteifreunde der Labour Party in die Opposition fortziehen zu lassen. Bis heute ist nicht ganz klar, ob die Regierungsumbildung von längerer Hand vorbereitet war oder ob sich MacDonald in wenigen entscheidenden Stunden vom König in die Pflicht nehmen ließ.

Er ist immer noch von einem gewissen Interesse, weil er erkennen läßt, wie derartige Vorgänge, die eine Demokratie und deren Parteien tief entzweien, häufig durch einen Menschen ausgelöst werden, dessen charakterliche Defekte zugleich die Bruchlinien der Zeit erkennen lassen. Im Jahr 1931 zählt MacDonald bereits 65 Jahre. Auch er wurzelt geistig noch in der Vorkriegszeit und ist zu Ansehen und Vermögen gelangt, weil er, aus bescheidenen Verhältnissen kommend, 1896 die Tochter des großen Gladstone heiraten konnte. Er stößt dann zur Labour Party, die sich damals ganz in ihren Anfängen befindet, verzankt sich fürs Leben mit den Liberalen, entwickelt aber zugleich eine ganz eigenartige Sympathie für die Tories, genauer gesagt: für deren Lebensstil auf gepflegten Landsitzen und in prunkvollen Stadtpalästen. Immerhin hat er Überzeugungen, wozu vor allem der Pazifismus gehört. Am 3. August 1914 stellt er sich im Unterhaus gegen den Krieg, flirtet 1917 mit den Revolutionären in Rußland, schafft es 1922 mit zwei Stimmen Mehrheit Vorsitzender der oppositionellen Labour Party zu werden und ist 1924 erstmals der Premierminister einer kurzlebigen Labour-Regierung.

Man erzählt sich viele Geschichten von seiner Selbstbezogenheit. Als Premierminister zweier Labour-Regierungen – 1924 und erneut 1929 bis 1931 – pflegte er sich selbst den eigenen Mitarbeitern gegenüber abzuschirmen. Auch innerhalb der eigenen Partei hatte er kaum Freunde. Daß ein derartiger Mann, der zu alldem auch noch humorlos und nur ein schnellschwatzender Parlamentarier, aber kein überzeugender Redner ist, insgesamt doch fünf kritische Jahre lang in Downing Street No. 10 residiert, sagt viel aus über den Zustand des Parteiensystems und des Landes, das mühsam seinen Weg aus der Weltwirtschaftkrise sucht. Doch politisches Talent besitzt er natürlich, sonst könnte er sich nicht halten. Vor allem vermag er auf Gesellschaften großen Charme zu entfalten, und recht vital ist er auch.

In Deutschland weiß man es zu schätzen, daß er sich für eine Verständigungspolitik einsetzt. Selbstverständlich gehört er stets zu den entschiedensten Befürwortern des Völkerbundes. Und so beginnt unter ihm jene galoppierende Appeasementpolitik, die danach von Baldwin und Chamberlain fortgeführt wird. Kein Wunder also, daß die schlimmsten Verunglimpfungen MacDonalds wiederum von Winston Churchill formuliert werden. Er nennt ihn im Unterhaus »unseren modernen Don Quichote« oder »ein Wunderwesen ohne Knochen«.[28] An seine Frau schreibt er: »Der elende Ramsay ist beinahe ein Fall von Geisteskrankheit – am besten wäre er in einem Heim aufgehoben.«[29]

## *Der Entspannungspolitiker: Neville Chamberlain*

Auf Baldwin folgen Chamberlain und Churchill – der eine immer wieder apostrophiert als eine gescheiterte Größe, der andere als Retter, dem die Demokratien Europas im 20. Jahrhundert ihr Überleben verdanken. Auch wenn die inzwischen ein gutes halbes Jahrhundert umspannende Forschung zu einem nuancierten Urteil über beide gekommen ist, bleibt doch diese grundlegende Einschätzung unverändert.

Chamberlains Tragödie besteht darin, daß er ein durchaus starker Premierminister ist. Doch im Zentralpunkt, auf den damals alles ankommt, liegt er völlig falsch. Dieser von Grund auf nüchterne, geistig gut organisierte Sohn eines an Temperament und Kreativität freilich sehr viel bedeutenderen Vaters kann nicht erkennen, daß er es bei Hitler mit einem der gefährlichsten Ungeheuer der Weltgeschichte zu tun hat. Im Foreign Affairs Committee des Kabinetts, wo die Entscheidungen fallen, macht Außenminister Halifax am 18. März 1938, da sich die Krise um die Tschechoslowakei schon abzeichnet, die entlarvende Bemerkung, er unterstelle Hitler »keine Eroberungsgelüste von napoleonischen Dimensionen«.[30] Genau dies ist auch die Meinung des Premierministers Neville Chamberlain. Er gehört gewiß nicht zum Club der Harmlosen, aber doch der Hoffenden, die selbst bei gefährlichen Gegenspielern die Fähigkeit zum realistischen Kalkül unterstellen. Und so finassiert er zusammen mit Halifax bis zu jenen entscheidenden Sitzungen des Kriegskabinetts vom 24. bis 28. Mai 1940, während sich das Desaster von Dünkirchen vollzieht, um wider alle Wahrscheinlichkeit doch noch ein Arrangement mit Hitler zu erreichen.

Eine hinreißende Persönlichkeit ist er nicht, vielmehr ein *no-nonsense*-Politiker. Aber eben das empfiehlt ihn der Mehrheit konservativer Parlamentarier. Brillante Premierminister sind ihnen verdächtig, und deshalb halten sie ihn bis in die kritischen Wochen des Mai 1940 für den geeigneten Führer. Lediglich seine Unnahbarkeit und seine geringe Geschmeidigkeit werden bedauert. »Rab« Butler, der als Appeaser beginnt und wohl auch deshalb später nie Premierminister wird, bemerkte gelegentlich über Chamberlain, dieser erinnere an die Könige aus dem Haus Stuart: »Er ist klar, aufrichtig und unflexibel.«[31] Seit den frühen zwanziger Jahren ist Chamberlain in verschiedenen Kabinettsfunktionen tätig und hat vor allem den Ruf eines harten Finanzministers, der die Hauptbücher der Nation genauestens kennt.

Harold Nicolson, der im Lager der Kritiker steht, vermerkt allerdings Mitte 1938 im Tagebuch: »Er hat den Verstand und die Manieren einer Kleiderbürste.« Während der Krise um den Anschluß Österreichs schreibt er: »Die Seele dieses Eisenwarenhändlers wird England nicht retten.«[32] Lloyd George äußert sich dem sowjetischen Botschafter Maisky gegenüber ähnlich vernichtend: Willensstark und noch viel reaktionärer als Baldwin sei Chamberlain: »Sein Horizont ist beschränkt ... Seiner Mentalität nach ist Chamberlain ... ein Bettstellenfabrikant aus der Provinz!«[33]

Doch hohe Beamte von der Art Sir Alexander Cadogans, der ihm seinen Aufstieg verdankt, finden ihn noch im Jahr 1940 wesentlich überzeugender als Churchill. »Old Neville immer noch der beste von allen«, notiert Cadogan am Ende jener Serie weltgeschichtlich bedeutsamer Kabinettssitzungen vom 24. bis zum 28. Mai, bei denen sich der kämpferische Churchill schließlich gegen Halifax und auch gegen Chamberlain durchsetzt.[34] Chamberlain selbst verachtet fast alle in seiner Umgebung, insbesondere unsteuerbare Romantiker von der Art Churchills. Denn er selbst ist völlig unromantisch. Dafür versteht er aber etwas davon, wie man die eigene Partei auf Vordermann bringt. Sobald er Premier ist, plaziert er seine Vertrauensleute in den Schlüsselpositionen. So wie man viel später von einem »System Kohl« spricht, könnte man für die späten dreißiger Jahre auch von einem »System Chamberlain« sprechen, von dem Premierminister Churchill erst durch die schwere Erkrankung und dann durch den Tod Chamberlains am 9. November 1940 definitiv erlöst wird.

Später werden zwar viele sagen und schreiben, Chamberlain habe viel zuwenig von Außenpolitik verstanden. Es kann kaum erstaunen, daß sein älterer Halbbruder Austen Chamberlain, der hochangesehene, ruhmvolle Mitarchitekt des Locarno-Vertrags und Träger des Friedensnobelpreises, ihm einmal beim Dinner in Gegenwart Anthony Edens mit schönem Freimut ins Gesicht sagt: »Natürlich, Neville, verstehst Du nichts von Außenpolitik.«[35] Ältere Brüder sind so. Die Bemerkung ist aber doch ungerecht, weil auch Neville Chamberlain, Sproß einer bis in die Fingerspitzen politischen Familie und ausgezeichnet durch mehr als fünfzehnjährige Zugehörigkeit zu verschiedenen Kabinetten, selbstverständlich klare außenpolitische Grundvorstellungen hat. Wie fast jeder britische Politiker der Zwischenkriegszeit weiß Neville Chamberlain, daß der Erste Weltkrieg eine im nachhinein nicht mehr nachvollziehbare Dummheit war. Längst ist auch die 1919 noch häretische Streitschrift von John Maynard Keynes »The Economic Consequences of the Peace« in großen Teilen des britischen Establishments zum intellektuellen Gemeingut geworden. Im nachhinein bedauern jetzt auch viele, den Lockungen von Exilpolitikern aus Mitteleuropa sowie dem Prinzipienreiter Woodrow Wilson gefolgt zu sein, die zur Gründung neuer Staaten mit vielen unzufriedenen Minderheiten und zu künstlichen Grenzziehungen den Anstoß gegeben haben. Desgleichen ist allbekannt, wie gering inzwischen die Bereitschaft der desillusionierten Dominions ist, dem Mutterland in einem weiteren Krieg nochmals Gut und Blut zur Verfügung zu stellen.

Das alles weiß Chamberlain, und zugleich ist er als langjähriger Finanzminister bestens mit den Kosten sowie den Paradoxien globaler Militärstrategie vertraut. Eine erfolgreiche Verteidigung des Commonwealth gegen die großen Unruhestifter Deutschland, Italien und Japan ist schon Mitte der dreißiger Jahre schwer vorstellbar. Wer also das Empire nicht völlig ruinieren möchte, muß mindestens in Europa Frieden halten. Chamberlain ist noch keine zwei Monate Premierminister, da liegt ihm ein umfassendes, streng geheimes Memorandum des Generalstabs vor, das die künftige Entwicklung recht präzise prognostiziert: Ein Krieg, der in *einer* der kritischen Regionen – Mitteleuropa, Mittelmeer, Ferner Osten – ausbricht, könne leicht in eine weitere oder in alle drei überspringen. Derzeit seien aber die britischen Streitkräfte zu schwach, die Territorien, den Handel und die vitalen Interessen des Commonwealth gleichzeitig gegen Deutschland, Italien und Japan zu verteidigen.[36] Besonders skeptisch wird nicht nur in diesem Memorandum die Militärmacht Frankreichs betrachtet.

Chamberlain macht sich solche durchaus vernünftigen Lagebeurteilungen voll zu eigen. Zusätzlich fallen bei ihm noch zwei weitere Faktoren stark ins Gewicht, die der kluge und boshafte Tagebuchschreiber Nicolson mit scharfem Blick erkannt hat: »Der Premierminister«, schreibt er nach einem Lunch mit dem schlauen sowjetischen Botschafter Maisky, »ist scharf antirussisch, aber auch antiamerikanisch«.[37]

Das alles erklärt hinlänglich, weshalb Chamberlain entschlossen ist, weder für Österreich noch für die Tschechoslowakei in den Krieg zu ziehen. Selbst die Behauptung, Chamberlain habe eine prekäre Doppelstrategie verfolgt – britische Aufrüstung und gleichzeitige Entspannungspolitik Deutschland gegenüber –, kann nicht voll überzeugen. Aus Sorge, dadurch der britischen Wirtschaft das Rückgrat zu brechen, hat dieser nüchterne Rechner selbst nach der Konfrontation um die Tschechoslowakei im Jahre 1938 immer noch gezögert, ein Crash-Programm britischer Nachrüstung auf den Weg zu bringen. Die eiligst improvisierte Garantieerklärung für Polen vom März 1939 war gewiß als Warnung gedacht, stellte aber noch mehr einen Versuch dar, das kritische House of Commons zu beschwichtigen. Selbst das zögerliche Ultimatum vom 2. September 1939 an Deutschland mit der anschließenden Kriegserklärung wird ihm offensichtlich von dem empörten Unterhaus aufgezwungen.

Chamberlains Appeasement-Politik ist bekanntlich mit der Kriegserklärung noch nicht zu Ende. Deutschland, so hofft er noch immer, müßte doch eigentlich einsehen, daß die Chancen für einen siegreichen Krieg allenfalls gering sind, hingegen das Risiko sehr erheblich, sich wirtschaftlich zu erschöpfen. Das hat er am 30. Juli 1939 seiner Schwester geschrieben,[38] und daran hält er weiterhin fest. Doch was für Deutschland gilt, trifft ebenso auf Großbritannien zu. Nach Beginn der Feindseligkeiten vermeidet Chamberlain deshalb jede ernsthaftere Kriegführung und hofft, die Wirtschaftsblockade könnte Hitler schließlich doch friedensreif machen. John Colville, damals Chamberlains Privatsekretär, berichtet später, der Premierminister habe ihm des öfteren gesagt: »Wir müssen der Sache Einhalt gebieten, bevor das Blutbad beginnt.«[39]

So denkt er noch im Frühjahr 1940, und zwar über seinen Sturz hinaus. Denn auch als Churchill am 10. Mai zum Premierminister ernannt wird, bleibt Chamberlain in den Reihen der Tories weiterhin eine politische Größe, mit der zu rechnen ist. Bis zur »Schlacht um England« im Spätsommer 1940 und selbst noch danach ist sein Kalkül ja durchaus richtig: Wie immer der Krieg auch ausgeht, wird er selbst bei günstigem Ausgang das Empire ruinieren, somit auch in England die Welt von gestern für immer verschwinden lassen.

Chamberlain ist also der Prototyp des verantwortungsvollen Realisten an der Spitze einer Demokratie, die ihre Ruhe haben möchte. Der vor 1940 positiv besetzte Slogan »Appeasement« zur Bezeichnung außenpolitischer Strategie gegenüber den Diktatoren wird zwar bald aus dem Verkehr gezogen, doch nur, um in der zweiten Jahrhunderthälfte durch das Schlagwort »Entspannung« ersetzt zu werden. Wenn man anerkennt, daß Chamberlain nicht aus Schwäche, sondern aus Vernunft um fast jeden Preis einen weiteren Weltkrieg vermeiden wollte, darf man ihn durchaus als Vorläufer der späteren Entspannungspolitiker bezeichnen. So gut wie alles, was diese kennzeichnet, ist bei ihm schon faßbar: die Einsicht in die ruinöse Last des Wettrüstens, dazu die Angst vor einem Inferno, denn damals wecken Bombenkrieg und Giftgas ähnliche Befürchtungen wie später die Kernwaffen. Typisch auch schon die künftige kaltschnäuzige Hinnahme der Unterdrückung ferner Völker, so nur der große Krieg vermieden wird. Vergleichbar sind auch die Verfahren, mit denen totalitäre Gegner zur Zurückhaltung veranlaßt werden sollen: Dialogbereitschaft, kalkulierte Drohungen, bei denen nie ganz klar ist, wieviel Ernsthaftigkeit und wieviel Bluff sie beinhalten, Angebote zur wirtschaftlichen Zusammenarbeit und zum offenen oder stillschweigenden Interessenausgleich auf Kosten Dritter. Ebensowenig fehlt auch später die starke Abhängigkeit dieser Art von Politik von den Schwankungen der öffentlichen Meinung, die bald den Frieden um jeden Preis verlangt (wie im September 1938), bald entrüstetes Auftreten (wie im März sowie im Juli und August 1939). In den Jahrzehnten des Kalten Krieges geht dieses Kalkül tatsächlich auf, weil an der Spitze der Sowjetunion keine Desperados stehen.

Für Großbritannien sucht Chamberlain jedenfalls bis zum Ende seiner Tage jene harte Option zu umgehen, für die sich Winston Churchill dann bedingungslos entscheidet: den schonungslosen Kampf gegen den Tyrannen, selbst um den Preis des wirtschaftlichen Ruins und unter Inkaufnahme des Risikos völliger Vernichtung.

## *Der Premierminister des sterbenden Empire: Winston S. Churchill*

Auch aus dem Abstand von über fünfzig Jahren ist die Krise der europäischen Demokratien während der dreißiger Jahre und ihre Errettung zwischen 1940 und 1945 ein erregendes Thema. Die damaligen Größen des Tages werden weiterhin vorwiegend nach ihrem Anteil daran beurteilt. Das gilt für Léon Blum, Pierre-Etienne Flandin, Édouard Daladier, Paul Reynaud oder auch Pierre Laval in Frankreich. Es gilt für die Spitzengarnitur in Westminster und ganz besonders für den Warner und Retter Winston Churchill.

Selbst bei den einstigen Kriegsgegnern ist es heute unumstritten, daß Churchills Standhaftigkeit in den Monaten Mai bis Oktober 1940 auf lange Sicht auch die Freiheit jener Völker gerettet hat, die er leidenschaftlich bekämpfte. Doch unter den Größen der Demokratien ragt Churchill nicht nur als Kriegspremier über alle anderen weit empor. Er fällt auch in anderer Hinsicht völlig aus dem Rahmen. 1901 hat er erstmals einen Sitz im Unterhaus errungen, 1964, ein Jahr vor seinem Tod, verläßt er »alt und lebenssatt« das House of Commons. Somit ist er der Prototyp des Parlamentariers schlechthin. Weder im Kapitol zu Washington noch im Palais Bourbon, auch nicht im Reichstag zu Berlin oder im Bundeshaus zu Bonn findet sich seinesgleichen.

Wir wissen aber heute auch, daß die Geschichte des britischen Empire bloß noch eine melancholische Erinnerung darstellt – unwiederbringlich, doch zugleich historisch einzigartig wie kein anderes Imperium in der neueren Geschichte Europas. Niemand verkörpert so einzigartig wie Churchill Apotheose, Tragödie und »imperial sunset«. Das viktorianische Weltreich steht auf dem Höhepunkt seines Ansehens, als der junge Winston im Morgenglanz seines Lebens bei der

Malakand Field Force das britische Indien erlebt und 1898 bei der Attacke der Lancers unter Herbert Kitchener an der Schlacht vor Omdurman teilnimmt. Während seiner kurzen Amtszeit im Colonial Office 1921 erfährt das Empire seine weiteste Ausdehnung, denn er schafft es, den ölreichen Irak bis zum Jahr 1958 zu einem Eckpfeiler britischer Macht im Nahen Osten zu machen. Noch einmal gelingt es ihm 1940 bis 1945, Kanadier, Australier, Neuseeländer, Inder und Südafrikaner zur Verteidigung des Mutterlandes aufzubieten. Doch 1954 muß er als Premierminister dann selbst den Abzug aus der Suezkanalzone konzedieren. Er erlebt, wie der Enkel eines ägyptischen Fellachen, Gamal Abdel Nasser, 1956/57 das britische Expeditionskorps in Suez zum schmählichen Rückzug zwingt. Inzwischen ist er schon ein alter Mann von 82 Jahren und im Ruhestand, doch als ihn sein Privatsekretär Anthony Montague Browne fragt, wie er denn anstelle Edens als Premierminister gehandelt hätte, faßt er in einem einzigen Satz zusammen, was zum Suez-Abenteuer zu sagen ist: »Ich würde das niemals riskiert haben, ohne mich mit den Amerikanern abzustimmen, aber wenn ich es begonnen hätte, würde ich niemals gewagt haben, das Unternehmen abzubrechen.«[40] Zwei Jahre danach wird der probritische Ministerpräsident Nuri es-Said in Bagdad ermordet, als er 1958 dem wütenden Mob in Frauenkleidern entkommen möchte. Schließlich muß Churchill noch in stummer Resignation zusehen, wie Macmillan auch die unter Königin Victoria erworbenen schwarzafrikanischen Besitzungen aufgibt. Zu der berühmten »Wind-of-change«-Rede Macmillans in Kapstadt bemerkt er nur entrüstet: »Er hat um eines schönen Schlagworts willen einen ganzen Kontinent durcheinandergebracht.«[41]

In dieser Hinsicht ist Churchill ganz und gar eine Gestalt der Vergangenheit, die bereits recht fremd in die zweite Jahrhunderthälfte hereinreicht. Tatsächlich aber hat ausgerechnet dieser Premierminister, dessen ganzes Sinnen und Denken um die Sicherheit des Empire und um die Unabhängigkeit Großbritanniens kreiste, mehr als jeder andere dazu beigetragen, daß die Demokratien von den vierziger bis zu den neunziger Jahren des 20. Jahrhunderts schließlich unter den Schutz der amerikanischen Hegemonialmacht traten. Sein Leben begann, so schrieb er 1930 in »My Early Life«, als die Führungsschicht Großbritanniens davon überzeugt war, sie könne die Welt die rechte Regierungskunst und die Wirtschaftsweisheit lehren: »Gelassen ruhte sie in ihrem Glauben an Macht und Sicherheit.«[42] Und dieses Leben endete im Zeitalter der NATO, innerhalb deren sich Großbritannien allenfalls noch durch die 1951 bis 1955 von Churchill sehr gepflegte »special relationship« mit den USA auszuzeichnen vermochte, ein sterbendes Empire mit von Jahr zu Jahr schrumpfendem Machtpoten-

*Churchill wurde schon früh als politisches Wunderkind betrachtet. »Seit Menschengedenken hat wohl kaum ein anderer die öffentliche Aufmerksamkeit in einem solchen Maß beschäftigt wie Winston Churchill«, schrieb der kenntnisreiche Beobachter der europäischen Szenerie, Botschafter Lord d'Abernon, bereits im Jahr 1929. Seinen Weg in die Kabinette machte Churchill nicht zuletzt dank opportunistischer Wendigkeit, doch auch mit glänzend improvisierten Reden, die er in den Anfängen zu Hause gründlichst einstudierte (hier bei einer Wahlrede in Manchester, 1908).*

tial. Ohne es anfänglich zu wollen und ungeachtet aller Vorbehalte wurde Churchill, in den fünfziger Jahren bereits eine Art Leitfossil aus der Viktorianischen Epoche, ganz gegen seine tieferen Instinkte, aber doch der Vernunft gehorchend, zu einem Mitbegründer der atlantischen Gemeinschaft.

Dieses lange Leben weist also Paradoxien auf, die um so deutlicher hervortreten, je größer der historische Abstand wird. Als Großbritannien im Jahre 1965, an einem ziemlich windigen, unfrohen Januartag, mit gebührendem Pomp von Winston Churchill Abschied nahm, zögerte niemand, ihn als einen Giganten zu würdigen, der Gigantisches geleistet hatte. Dieses Urteil hat sich seither kaum verändert. Die Herausgeber eines neuesten Sammelbandes, in dem viele erstklassige Sachkenner den derzeitigen Forschungsstand umreißen, beginnen mit dem Satz, er sei »vielleicht die größte Gestalt im 20. Jahrhundert«.[43]

Doch stellt sich die Frage: war diese alles in allem so ganz unumstrittene Größe wirklich eine typische Gestalt des 20. Jahrhunderts? William Manchester erinnerte schon vor längerem nicht ohne Grund an jenen berühmten Artikel, den G.W. Steevens von der »Daily Mail« im Jahr 1898 über den damals 24jährigen jungen Löwen Winston Churchill verfaßt hatte. Dort fand sich neben einer Würdigung seiner demagogischen Fähigkeiten auch die Feststellung, er habe das Zeug, »ein großer politischer Führer, ein großer Journalist oder der Gründer einer großen Werbefirma zu werden«. Doch Steevens fügte hinzu: »Er hat das 20. Jahrhundert in den Knochen.«[44] Manchester weist eben dies aber zurück und entwickelt ein eindrucksvolles Plädoyer für seine These: tatsächlich hatte er das 19. Jahrhundert in den Knochen. Man könnte und müßte aber noch weiter in die Geschichte zurückgehen. Hatte dieser Ururenkel des großen Marlborough nicht zudem das späte 17. und das frühe 18. Jahrhundert in den Knochen?

Es wird dabei immer ein Anlaß zum Staunen bleiben, daß ihn von 1933 bis 1939 (neben viel anderem) vor allem zweierlei in Atem hält: sein sechs lange Jahre dauernder Kampf gegen die Appeasement-Politik *und* die Arbeit an der Biographie seines bedeutenden Urahnen Marlborough. Indem er den Aufstieg, den Triumph und den Sturz dieser Größe am Übergang vom 17. zum 18. Jahrhundert schildert, gestaltet er bereits im Vorgriff die eigene Leistung als Kriegspremier von 1940 bis 1945. Es kann gar kein Zweifel daran bestehen, daß Churchill sich seit dem 10. Mai 1940 in der Rolle Marlboroughs gesehen hat: Staatsmann und Feldherr, der dem »Krieg zur See« genauso seinen Stempel aufdrückte wie dem »Krieg zu Lande«.[45] Und als Amerika und Rußland im Kriege standen, hätte er gegen den Vergleich sicher nichts einzuwenden gehabt: »Er hielt die Große Allianz genauso mit seiner Diplomatie wie mit seinen Siegen zusammen.«

Bemerkenswert ist und bleibt aber doch, wie weitgehend Churchill seine eigene Rolle geschichtlich vorgeformt sieht. Nicht allein Marlborough dient ihm dabei zum Vorbild. Am 12. Mai 1935 zieht er in einem Brief an Lord Rothermere eine direkte Linie von Elisabeth I., die Philipp II. von Spanien widerstanden hat, über Wilhelm III. und Marlborough bei ihrem Kampf gegen Ludwig XIV. und Premierminister Pitt, den großen Gegenspieler Napoleons, bis zur Gegenwart, als »wir alle gegen Wilhelm II. von Deutschland« Widerstand leisteten. Nur so, unterstreicht er, habe England seine Freiheiten bewahrt und die gegenwärtige Stellung erreicht. An dieser traditionellen Auffassung wolle er auch Hitler gegenüber festhalten.[46]

Ebenso könnte man ihn jedoch als eine Figur der Zeitenwende vom 18. zum 19. Jahrhundert begreifen. In den dreißiger Jahren hat Churchill ja nicht allein den »Marlborough« geschrieben. Bis in die letzten Wochen vor dem Kriegsausbruch galt seine Arbeit auch einem anderen, gleichfalls auf vier Bände angewachsenen Werk, das dann zwar erst in den Jahren 1956 bis 1958 das Licht der Öffentlichkeit erblickte. Es zeigt den leidenschaftlichen Warner Churchill wiederum beim Bemühen, sich inmitten der Verwirrungen und Gefährdungen der dreißiger Jahre jener dichten Humusschicht der politischen Kultur Großbritanniens zu vergewissern, die sich im Verlauf langer Jahrhunderte herausgebildet hatte.

Diese »History of the English-Speaking Peoples« war ein Werk aus dem Geiste Edmund Burkes. Wie Burke in den »Reflections on the Revolution in France« war Churchill auch hier bemüht, die Geschichte der englischsprachigen Völker als Ergebnis eines sehr langen, insgesamt bruchlosen Entwicklungsprozesses zu begreifen: Nationalgeschichte als Zivilisationsgeschichte, Zivilisationsgeschichte als Geschichte der Ausbreitung von Rule of Law und Parlamentarismus, im Idealfall auch die Geschichte eines harmonischen Zusammenwirkens der Stände zum Besten des Landes. Bei seinem Kampf gegen Baldwin und Chamberlain sah sich Churchill durchaus selbst in der Rolle eines Edmund Burke: »Der Erste Minister«, formulierte er durchaus beziehungsvoll, »ignorierte die Warnungen Burkes und anderer, die Grundlagen der Monarchie, ja der ganzen zivilisierten Gesellschaft seien durch die brodelnden Ereignisse jenseits des Kanals gefährdet.«[47]

Selbstverständlich hat Churchill seinen zentralen Platz in der Geschichte Europas nur deshalb errungen, weil er für die Bedingungen des 20. Jahrhunderts ein sehr realistisches Verständnis bewies. Früher als viele andere hat er beispielsweise die Bedeutung der Ölfeuerung für die Schlachtflotte, doch auch der Tanks und der Luftwaffe begriffen. Seine ruhelosen Analysen, mit denen er das globale Kräftesystem sechs Jahrzehnte lang in immer neuen Ansätzen durchdrang, galten jeweils den aktuellen Trends, die sich unablässig veränderten – also der Gesamtheit eines wirren Jahrhunderts. Man wird nicht zum Retter des eigenen Landes, wenn man die Gegenwart und die Gefahren der Zukunft nicht sicher zu erfassen versteht. Doch diese Leistung erwuchs aus einem Persönlichkeitskern, der wesensmäßig unmodern war.[48]

Churchill wird zu einem der wenigen ganz Großen des 20. Jahrhunderts, weil er unzeitgemäß ist. Alle anderen maßgeblichen britischen Premiers von Lloyd George über Chamberlain und Attlee bis Margaret Thatcher können als mehr oder weniger reinrassige Produkte des 20. Jahrhunderts begriffen werden. Churchill, und Churchill allein, ist anders.

Dies zeigt sich immer wieder, wenn man einige Facetten seiner reichen Persönlichkeit betrachtet. Dank seiner ganz einzigartigen politischen Begabung war er gewiß ein Vollblutpolitiker, doch zugleich alles andere als ein Nur-Politiker. Schon relativ früh hatte sich das britische Establishment über Churchill seine feste Meinung gebildet: Dieser große Parlamentarier ist ein Genie oder doch fast ein Genie. Niemand hat dem schöneren Ausdruck gegeben als Lord d'Abernon. Unter dessen zahlreichen Porträtstudien zu Spitzenpolitikern der zwanziger Jahre findet sich auch eine Profilskizze Churchills. Im Jahr 1929, als die Erinnerungen des langjährigen Botschafters in Berlin erschienen, war Churchill noch Finanzminister im Kabinett Baldwin und bereits 54 Jahre alt. »Seit Menschengedenken«, schreibt d'Abernon damals, »hat wohl kaum ein anderer die öffentliche Aufmerksamkeit in einem solchen Maß beschäftigt wie Winston Churchill.«[49] Eine solche Feststellung aus der Feder eines kultivierten und erfahrenen Beobachters der an politischen Talenten überreichen englischen Szenerie will schon etwas heißen. Churchill, stellt d'Abernon fest, sei während der letzten dreißig Jahre, seit er ins öffentliche Leben trat, »das allgemeine und unvermeidliche Gesprächsthema in allen Gesellschaftsschichten« gewesen. D'Abernon sieht in ihm »den am besten ausgerüsteten Kämpfer seiner Generation« und meint, daß seine vielgestaltige Begabung »an das Genie streift« – also das rednerische Talent, das Geschick im Prägen zündender Schlagworte, die stilistische Brillanz, das Niveau seiner Malerei, der Mut und »das ewige Wachsein seines Intellekts«.[50] D'Abernon resümiert: »In dem langen Lauf der britischen Geschichte gab es wohl kaum einen führenden Minister, der trotz der unvermeidlichen Belastung mit den Sorgen des Amtes die Geschichte und Literatur um einen wesentlicheren Beitrag so bereichert hat wie Churchill.«[51]

Wohlgemerkt, d'Abernon schrieb dies im Jahr 1928. Churchills weltgeschichtliche Leistung als Kriegspremier von 1940 bis 1945 lag noch ebenso im Nebel der Zukunft wie die zweite Amtszeit als Premierminister in den Jahren 1951 bis 1955. Und die bedeutendsten Werke des Schriftstellers Churchill waren gleichfalls noch nicht erschienen – weder die vierbändige Marlborough-Biographie und die »History of the English-Speaking Peoples«, die er zwischen 1930 und 1939 verfaßte, noch die voluminöse »Geschichte des Zweiten Weltkrieges«. Aber auch einige der schönsten Bilder Churchills im spätimpressionistischen Stil sind gleichfalls erst danach entstanden. Soviel also zum Genie Churchill, das bis Ende des 20. Jahrhunderts in England, Amerika, Italien, Rußland oder Deutschland nicht seinesgleichen gefunden hat. Nur de Gaulle ist halbwegs mit ihm vergleichbar.

Dieses Genie aber hatte Defekte. Lloyd George, sein Freund und Konkurrent, hat zu diesem Punkt vermerkt: »Sein Verstand war eine mächtige Maschine, doch in ihrem Material oder in der Konstruktion lag ein versteckter Defekt, der verhinderte, daß sie immer zuverlässig lief. Was das war, konnte man nicht sagen. Doch wenn der Mechanismus versagte oder falsch lief, waren die Folgen verheerend …« Lloyd George dachte dabei an den verunglückten Angriff auf die Dardanellen, doch auch an andere Vorgänge.[52] Stanley Baldwin, dessen Abneigung gegen Churchill während der dreißiger Jahre ähnlich ausgeprägt war wie der Haß Churchills auf ihn, formulierte dieselbe Beobachtung mit folgenden Worten: Bei der Geburt Churchills hätten ihm zahlreiche gute Feen ihre Gaben in die Wiege gelegt. Doch dann sei eine Fee gekommen und habe ihm mit den Worten: »Niemand hat ein Recht auf so viele Gaben«, zwei Eigenschaften weggenommen – die Urteilskraft und die Weisheit. »Deshalb«, schloß Baldwin, »hören wir ihm im Unterhaus so gerne zu, aber wir vermeiden es, seinem Rat zu folgen.«[53]

Ob Lord d'Abernon sein so rundum positives Porträt aus dem Jahr 1928 zehn Jahre später noch genauso positiv geschrieben hätte? 1938 gilt Churchill nämlich in großen Teilen der eigenen Partei nurmehr als brillanter Querkopf. Doch seine Wirkung auf wohlinformierte ausländische Journalisten ist immer noch ungebrochen. Der Amerikaner John Gunther beispielsweise schreibt 1936, Churchill könne immer noch Premierminister werden, und meint, letztlich sei er es gewesen, der die Regierung zu ihrem Wiederaufrüstungsprogramm veranlaßt habe. Gunthers Fazit: »Man sagt, sein Urteilsvermögen sei defizitär; er ist zu ungestüm und auch schwankend; doch manche glauben, daß er in einer sehr kritischen Lage in Großbritannien als Führer der Nation hervortreten könnte.«[54]

Seitdem der Historiker Robert Rhodes James im Jahr 1970 eine Monographie des Titels »Churchill. A Study of Failure« veröffentlicht hat,[55] ist die Neigung wiederum weit verbreitet, in diesem genialisch gestarteten Parlamentarier einen Politiker zu sehen, der 1939 schon fast gescheitert ist.

Nach Meinung großer Teile des britischen Establishments war Churchill in der Tat aufgrund gravierender Mängel an Urteilskraft während der dreißiger Jahre in die politische Wüste geraten, wo er mit ein paar Gefährten herumirrte, auf deren Verstand und Charakter man gleichfalls nicht viel gab. Dieser Empire-Romantiker hatte sich leidenschaftlich gegen die notwendigen Konzessionen an die indische Unabhängigkeitsbewegung gewandt. Überdies warf er sich dann noch in einem Moment, da die Daumen maßgeblicher Politiker schon deutlich nach unten zeigten, zum Verteidiger Eduards VIII. auf, der die Gesellschaft der geschiedenen Mrs. Simpson dem Verbleiben auf dem Thron vorzog. Schließlich irritierte er seit 1934 als hartnäckiger Warner vor der Entspannungspolitik gegenüber dem hitlerischen Deutschland und verscherzte sich damit sowohl bei Baldwin als auch bei Chamberlain den letzten Kredit.

Aber es war in erster Linie dieser scheinbare Mangel an Urteilskraft in bezug auf das Ungeheuer Adolf Hitler, der es dann ermöglichte, daß Churchill 1940 seine welthistorische Rolle spielen konnte.

Ungeachtet aller britischen Vorbehalte mußten Churchills Gegner jedenfalls einräumen, daß er als Parlamentarier schlechthin einzigartig war. In der britischen Verfassungsgeschichte spricht man vom »Golden Age of Parliament«, das von den Reformen im Jahr 1832 bis zum Jahr 1868 dauerte. Damals war das Unterhaus noch einer der besseren Clubs in London, wo wirtschaftlich unabhängige, sehr eigenwillige, rednerisch begabte und von Fraktionszwang nicht geknechtete Persönlichkeiten einander in freier Rede von der Richtigkeit ihrer Politik zu überzeugen versuchten. Robert Peel, Lord Palmerston, der junge Gladstone und der junge Disraeli kommen in Erinnerung. Dann erst beginnt das Zeitalter der Parteimaschinen und der von wachsamen Whips domestizierten Fraktionen.

In diese spätere Epoche des disziplinierten Parlamentarismus wird Churchill hineingeboren, hier hat er sich von 1901 bis 1965 zu tummeln (von 1955 an reduziert und zunehmend durch Abwesenheit glänzend). Doch das Anziehende und Irritierende dieses großartigen Parlamentariers besteht eben darin, daß er bis zur Übernahme des Premierministeramtes am 9. Mai 1940 immer wieder als Einzelgänger oder als Anführer einer kleinen Gruppe von Einzelgängern auftritt. Das gilt vor allem für die dreißiger Jahre. Im Mai 1940, als er mit seinem teilweise verdächtigen Anhang endlich zur Spitze vorgedrungen ist, bemerkt sein gescheiterter Rivale Lord Halifax zu »Rab« Butler: »Bald werden die Gangster alles unter ihrer Kontrolle haben.«[56]

Churchill ist aber eben zugleich auch ein hervorragendes Beispiel für die disziplinierende Wirkung des Parlaments und des Kabinettsystems. Dieser Einzelgänger war weder ein Team-Player noch eine Gestalt, die bereit war, sich unterzuordnen. Lord Beaverbrook, der ihn kannte wie nur wenige, schrieb in seinen Erinnerungen, wenn er oben war, hatte Churchill »das Zeug zu einem Tyrannen« an sich.[57] Doch selbst in den Zeiten höchster Machtfülle zwischen 1940 und 1942 konnte und wollte er der Kabinettsdisziplin nicht entkommen. Er blieb, so urteilt John P. Mackintosh nach systematischer Analyse des Kabinettsystems im 19. und im 20. Jahrhundert, »ein altmodischer Staatsmann«, der bei politischen Grundsatzentscheidungen die Meinung des Kriegskabinetts einholte.[58]

Die Verbindung der Ämter des Premierministers, des Vorsitzes im Defence Committee und Chiefs of Staff Committee sowie des Führers der Konservativen Partei erlaubten Churchill zwar durchaus, sowohl die Kriegführung als auch seit 1941 die Große Allianz mindestens so souverän zu steuern, wie das seinerzeit Marlborough getan hatte. Er hat von diesen Möglichkeiten stets vollen Gebrauch gemacht. Die hohe Generalität seufzte über seine unablässigen Eingriffe, und Außenminister Eden wußte es gleichfalls nicht zu schätzen, daß Churchill sowohl die Grundlinien als auch die operative Taktik der Kriegsdiplomatie durch den Direktkontakt mit Roosevelt und Stalin monopolisierte. Während des Krieges hat Churchill allein an Roosevelt an die 950 Botschaften gerichtet.[59]

Dennoch wies das Kriegskabinett die Züge einer Koalitionsregierung mit sehr mächtigen Bevollmächtigten der Unterhausparteien auf. Von einem demokratischen Diktator Churchill kann allenfalls metaphorisch gesprochen werden. Die Innenpolitik verblieb weitgehend die Domäne von Churchills Stellvertreter Attlee, der, kühl bis ans Herz hinan, jedem Diktaturgelüst Churchills entgegengetreten wäre. Und zur altmodischen Grundeinstellung Churchills gehörte auch sein ganz selbstverständlicher Respekt vor den Prärogativen der Krone.

Bis heute besteht weitgehende Übereinstimmung darüber, Churchills größte historische Leistung darin zu erkennen, in den kritischen Monaten vom Mai bis Oktober 1940 nicht kapituliert zu haben. Eben darin kam aber zum Ausdruck, daß er im innersten Wesenskern keine Gestalt des 20. Jahrhunderts war, dessen Spitzenpolitiker vieles sind: kühle Rechner, kriegsscheue Pragmatiker, Illusionäre, welche an das Gute selbst bei den Todfeinden glauben, allzeit auch kurzsichtige Taktiker, die den Vorteil ihrer Partei oder das Überleben ihrer Regierung über die Zukunft des eigenen Landes stellen, und manches andere mehr.

Churchill war in den kritischen Phasen von 1933 bis 1941 von allem das Gegenteil. 1940, als die Zukunft Europas auf des Messers Schneide

*Die Kriegskoalition krempelt die Ärmel auf. In der vordersten Reihe Churchill mit den Labour-Führern Attlee und Bevin. Chamberlain und Lord Halifax sind in die zweite Reihe verbannt (Karikatur von David Low).*

stand, war er kein Rechner, sondern ein bedenkenloser Kämpfer, der das gesamte Empire in den Kampf für die Freiheit Großbritanniens warf. Als Warner vor dem Hitlerschen Deutschland hatte er taktische Konzessionen an Baldwin oder Chamberlain vermieden. Er hatte sich jahrelang selbst marginalisiert und riskierte damit, erst wieder im Kabinett aufgenommen zu werden, als sich seine Warnungen bewahrheitet hatten.

Pazifisten hat er stets wie ein altgermanischer Berserker verachtet. Bei der wahrscheinlich entscheidenden Auseinandersetzung mit Halifax und Chamberlain am 28. Mai 1940, als ein Arrangement mit dem siegreichen Deutschland als Möglichkeit im Raume stand, rief er aus: »Falls unsere lange Geschichte der britischen Insel an ihr Ende gelangen soll, dann soll sie enden, wenn jeder von uns, an seinem eigenen Blut würgend, am Boden liegt.«[60] Dies war zwar pathetisch, und der »heilige Fuchs« Halifax notierte denn auch im Tagebuch: »Winston redete den unglaublichsten Mist … Ich bin entsetzt, wenn ich sehe, wie sehr er sich in leidenschaftliche Gefühlszustände hineinsteigern kann, wenn er eigentlich einen klaren Kopf brauchte und seinen Verstand benutzen sollte …«[61] Aber nur so und nicht anders hat Churchill das Anschwellen des Defätismus im Frühsommer 1940 verhindert.

Ein paar Jahre zuvor hatte sich Gottfried Benn in einem Brief an F. W. Oelze an einer Definition historischer Größe versucht. »Der ganz große Mann«, so schrieb er damals im Jahr 1935, wenige Jahre vor Churchills Entschluß, die Schlacht um England zu wagen, muß vieles anders sehen »als der mittelgroße und nahezu große: … Der große Mann ist untergangs- und verlustbereit …«[62]

*Zum Kummer seiner Generale und Admirale hielt sich Churchill für einen begabten Strategen, dabei seinem großen Ahnherrn, dem Duke of Marlborough, nacheifernd. Das Photo zeigt ihn bei einer Konferenz im Juni 1943 in Eisenhowers Hauptquartier in Algier. Links von Churchill sitzen Außenminister Eden und der Empire-Generalstabschef Sir Alan Brooke, rechts der amerikanische Generalstabschef und spätere Außenminister George Marshall; stehend rechts General Montgomery, der die 8. Armee bei El Alamein zum Sieg über das Afrika-Korps geführt hatte.*

»Untergangs- und verlustbereit ...« – offenbar hat eben dies im Jahr 1940 die Größe Winston Churchills ausgemacht. Es fällt nicht schwer, in bedenkenloser Untergangsbereitschaft auch ein Hauptmerkmal Hitlerscher Eroberungspolitik zu erkennen. So gesehen, stießen 1940 in der Tat zwei Gestalten aufeinander, die recht eigentlich aus dem Rahmen des 20. Jahrhunderts herausfielen – das untergangsbereite Ungeheuer Hitler und ein wesensmäßig recht altmodischer, doch auf seine Weise gleichfalls untergangsbereiter Staatsmann, der, man muß das wiederholen, viel mehr vom alten Europa des 17., 18. und 19. Jahrhunderts in sich spürte als von der vorsichtigen Rechenhaftigkeit des zwanzigsten.

Man hat es als ein Merkmal besonders guter Intuition gesehen, daß Churchill die bösartige Gewaltbereitschaft Hitlers sehr frühzeitig begriffen hat. Viel Intuition war freilich nicht nötig, die Gefährlichkeit der Nationalsozialisten zu erfassen. Im Grunde hat Churchill seit dem Aufstieg der Hitlerschen NSDAP in den Jahren seit 1930 nur jene zutreffenden Schlüsse gezogen, die bei skeptisch-realistischer Lagebeurteilung am Platze waren. Eigentlich erstaunlich ist also nicht seine richtige Einschätzung der Gefährlichkeit des Hitlerschen Deutschland. Erstaunlich sind vielmehr die Fehleinschätzungen Baldwins, Chamberlains und ihrer Anhänger, nicht zuletzt des britischen Botschafters Henderson in Berlin.

Ganz offenbar war Churchill bereits in den Jahren 1930 bis 1933, als Hitler seinen atemberaubenden politischen Aufstieg erfuhr, über ihn und die Größen der NSDAP bestens informiert. Schon 1930 berichtete Fürst Bismarck von der deutschen Botschaft in London über ein Gespräch mit Churchill, in dem dieser erkennen ließ, wie genau er die Vorgänge in Deutschland beobachtete. Hitler, so sagte er zu Bismarck, habe ja im Augenblick erklärt, daß er nicht daran denke, einen auswärtigen Krieg zu führen. Doch sei er überzeugt, daß Hitler und seine Anhänger die erste Gelegenheit benutzen würden, um wieder zu den Waffen zu greifen.[63] Und am 23. März 1933, da der Reichstag das Ermächtigungsgesetz beschließt, hält Churchill im Unterhaus eine erste seiner großen, warnenden Reden und erklärt, weshalb er Deutschland von nun an als Sicherheitsbedrohung einschätzt: Eine Flut von »Wildheit und Kriegslust« sei dort zu erkennen, und zahlreichen Deutschen werde allein wegen ihrer Rasse der normale Schutz verweigert, auf den man in einer zivilisierten Gesellschaft Anspruch hat. Einem solchen Regime gegenüber dürfe man nicht abrüsten.[64]

Zweifellos hatte Churchill stets eine große Sensibilität für Sicherheitsgefährdungen. Die dramatische Wiederbewaffnung Deutschlands, vor allem der Aufbau der Luftwaffe, hat ihn daher mehr alarmiert als viele andere britische Politiker, und sein Gefühl für Fairneß wurde vor allem durch die diskriminierende Behandlung der deutschen Juden verletzt. Was ihn an Hitler aber vor allem beunruhigte, hat Churchill im Kriege im Augenblick größter Gefahr während der Schlacht um England in der Rundfunkansprache vom 11. September 1940 klar formuliert: »Dieser böse Mann, in dem so viel Haß steckt und der so viele Arten von Haß verkörpert, der die Seele deformiert ...«[65]

Es steht ganz außer Frage, daß Churchill mit seinem Mißtrauen gegen Hitler und mit seinem berserkerhaften Kampfeswillen von Anfang an im Recht gewesen ist. Nachträgliche Kritik an seiner Leistung als Kriegspremier richtet sich denn überhaupt nicht gegen die Bereitschaft zum Kämpfen im Jahr 1940, sondern gegen eine Vielzahl von

Entscheidungen der folgenden Jahre, in denen sich wiederum, mit Lloyd George zu sprechen, »ein versteckter Defekt der Maschine« offenbarte. Tatsächlich weist Churchills fünfjährige Amtszeit als Kriegspremier nicht allein große Leistungen auf, sondern zugleich viele Mißgriffe. Die Desaster von Norwegen im Frühjahr 1940, der Angriff auf die französische Flotte in Mers-el-Kabir, die durchgehenden Fehler auf dem Balkan von 1941 bis 1944, viele seiner zur stillen Verzweiflung von Generalstabschef Alan Brooke betriebenen strategischen Einfälle, die allzu intensive Forcierung der Großen Allianz mit Stalin, der moralisch verwerfliche und letztlich erfolglose Luftkrieg gegen die deutsche Zivilbevölkerung, die kaltschnäuzige Polenpolitik, das Festhalten an dem Konzept des Siegfriedens – diese und viele andere Entscheidungen, für die Churchill gewiß nicht allein verantwortlich war, die er aber doch stark betrieben oder gedeckt hat, sind bis heute umstritten. Sie werden immer wieder als Beispiele für allzu stürmischen Aktivismus und für Urteilsschwäche genannt. Kein Wunder also, daß dieser ungestüme alte Mann längst nicht bei allen, die mit ihm zu tun haben, einen günstigen Eindruck hinterläßt.

Hier nur ein Beispiel von vielen. An einem Wochenende im Jahr 1935 sucht Robert Menzies ihn in Chartwell, dem Wohnsitz Churchills, auf. Menzies ist damals ein aufstrebender australischer Politiker, der eher aus Zufall bei Churchill eingeführt wird. Churchill nimmt an diesem Nachmittag stolz ein Bad im selbsterbauten Swimmingpool und wandert ruhelos im Garten auf und ab, um den Besuchern schließlich beim Tee einen langen Vortrag über den prekären Zustand der Landesverteidigung zu halten. Menzies notiert im Tagebuch: »Mein Eindruck: ein bemerkenswerter Mann, der zu gut lebt und jener mentalen Selbstdisziplin ermangelt, die einen von Exzessen des Geistes oder des Körpers abhält. Immerhin, eine atemberaubende Persönlichkeit ...«[66]

Im Februar 1941, während des »Blitz«, kommt Menzies wieder nach London, diesmal bereits als australischer Premierminister. Man kann sich keinen treueren und konservativeren Freund Großbritanniens vorstellen, als es Menzies damals ist. Doch er wird während der gesamten langen Reise, die ihn auch zu den australischen Truppen in Ägypten führt, den Eindruck nicht los, daß Churchill ganz sorglos nach Art eines gewaltigen Kriegsgottes Brigaden, Divisionen und ganze Geschwader dahin oder dorthin entsendet und dabei mit Vorliebe auf die Soldaten aus den treuen Dominions zurückgreift.

Jetzt ist es in Chequers, dem Amtssitz des Premierministers, wo er wieder auf Churchill trifft. Der trägt seine gräßliche Luftschutzkombination, und Menzies vermerkt nun: »Was für eine stürmische Erscheinung das ist; er stampft in dem Raum auf und ab, als ob er dauernd aus

*Die Konferenz von Kairo Ende November 1943. Noch übte Großbritannien die Herrschaft über Indien, Ägypten, weitere Länder des Nahen Ostens und über große Teile Afrikas aus. Churchill fühlte sich bei diesem Zusammentreffen mit Roosevelt (links) und Generalissimus Tschiang Kai-schek (ganz links, rechts von Churchill die »dragon lady«) noch als Herr eines Weltreichs, auch wenn der amerikanische Einfluß rasch größer wurde. Hinter Churchill zwei künftige konservative Premierminister (Anthony Eden, erster von links stehend, und, vierter von links, Harold Macmillan, damals Churchills Beauftragter im Mittelmeerraum).*

der Tür herausschießen und dann wieder flugs zurückkommen möchte. Selbst bei der Unterhaltung entfaltet er seine Rhetorik. Er ist ein Meister bissiger Sentenzen, aber, möchte ich meinen, ohne echten Humor. Er genießt es zu hassen, es hat ihm offenbar eine schlichte Freude bereitet, mich wissen zu lassen, was er von de Valera hält, der für ihn – unter anderem – ein Mörder und ein Meineidiger ist ... Könnte der Premierminister besser zuhören und wäre er weniger geneigt, alle Meinungen von Experten oder von Ortskennern weit von sich zu weisen, wäre mir in seiner Nähe etwas wohler. Doch er läßt keinerlei Zweifel an der Richtigkeit seiner Auffassungen aufkommen; er ist ein heiliger Schrecken – ich habe mich müde zu Bett begeben.«[67]

Am kommenden Tag nimmt Menzies an einer Sitzung des Kriegskabinetts teil, wo die fatale Entscheidung getroffen wird, britische Truppen, darunter viele Australier, nach Griechenland zu entsenden – »das griechische Abenteuer«, wie Insider das schon damals nennen. Menzies besitzt die Kühnheit zu fragen, was wohl geschieht, wenn das Unternehmen fehlschlägt. Churchill erwidert, die Truppen könnten dann wohl sicher evakuiert werden mit Ausnahme der Verwundeten. Alles wird nach einer Diskussion von 45 Minuten Dauer entschieden; hätte es nicht die kritischen Zwischenfragen gegeben, wäre man in zehn Minuten fertig gewesen. Ungeduldig verweist der Premierminister auf die nach seinem Willen verfaßte Vorlage des Chiefs of Staff Committee, erklärt brüsk: »Ich unterstütze das Projekt«, und läuft dann um den Tisch herum, ohne allerdings mehr als drei oder vier Sätze von irgend jemandem herauszulocken. Menzies schließt: »Ich war der einzige, der Fragen gestellt hat, und ich komme mir vor wie ein neuer Junge in der Klasse, der sich schon in der ersten Woche den Fauxpas leistet, an den Schulleiter das Wort zu richten.«[68]

Berichte von derartigen Szenen gibt es unzählige. Dennoch hat sich bis heute die Auffassung gehalten, daß selbst die vielen folgenschweren, auch moralisch bedenklichen Fehler, die Churchill zweifellos begangen hat, den geschichtlichen Rang dieser Größe der Demokratie nicht sehr zu mindern vermögen. Dies gilt vor allem auch in bezug auf jene Kritiker, die nachträglich wieder die Meinung vertreten, Churchill habe das Empire in einem Übermaß an Berserkerwut zwischen 1941 und 1945 selbst ruiniert und somit verschuldet, daß die transatlantischen »Cousins« das Erbe antreten konnten.[69]

Diese Sicht der Dinge ist jedoch schon im Ansatz verfehlt. Hätte Churchill 1940 tatsächlich ein Arrangement mit Hitler versucht, so ist doch sehr zweifelhaft, ob das überhaupt zu tragbaren Bedingungen möglich gewesen wäre. Selbst wenn Großbritannien wider Erwarten bei einem Kompromißfrieden seine Unabhängigkeit bewahrt hätte, wäre die Zukunft alles andere als sicher gewesen. Unerträgliche Rüstungslasten, ständige Pressionen durch den auf dem Kontinent siegreichen Hitler, unablässiges Werben um amerikanische Unterstützung hätten insgesamt die Erosion des Commonwealth kaum aufhalten können. Auf Hitlers Garantien für das Empire, von denen dieser propagandistisch so viel hermachte, wäre genausowenig zu geben gewesen wie auf seine Versprechungen in München 1938, die er schon wenige Monate später gebrochen hat.

Doch auch wenn man davon ausgeht, daß nach Hitlers Kriegserklärung an die USA die Niederlage Deutschlands ziemlich unvermeidlich war, läßt sich schwer vorstellen, wie andere Einzelentscheidungen Churchills in grundlegenden strategischen Fragen die folgen-

*Winston S. Churchill, alt und lebenssatt.*

schwere wirtschaftliche Schwächung Großbritanniens bei Kriegsende sowie den Aufstieg der USA und der UdSSR hätten verhindern können. Das Empire, wie es dem »ästhetischen Imperialisten« Churchill vorschwebte, war so oder anders zum Untergang verurteilt. Daß sich Indien, Burma und auf längere Sicht auch die Staaten des Nahen und Mittleren Ostens auf die Dauer unter Kontrolle hätten halten lassen, ist schwer vorstellbar.

Nachträglich ist dies gewiß sehr viel leichter zu erkennen als damals. Heute, an der Schwelle zum 3. Jahrtausend, ist Großbritannien erneut auf den Rang einer insularen Macht von bloß begrenztem Gewicht zurückgesunken, vergleichbar England im 15. und 16. Jahrhundert vor Elisabeth I. Die Geschichte des britischen Empire ist genauso definitiv, wenngleich nicht ganz so abrupt, zu Ende gegangen wie 1922 die tausendjährige Siedlungsgeschichte der Griechen in Kleinasien oder eine teilweise 800 Jahre zurückreichende deutsche Ostsiedlung.

Churchills herkulischer Kampf im Zweiten Weltkrieg war also ein letztes, vergebliches Aufbäumen. In der Perspektive des »Imperial Sunset« nimmt er deshalb einen einzigartigen Platz ein, weil er nochmals mit größter Energie bemüht war, das unabwendbare Schicksal aufzuhalten. Leidenschaftlicher als jeder andere britische Politiker im 20. Jahrhundert hat er sich dem Unvermeidlichen entgegengestemmt. In seiner Gestalt manifestiert sich ein letztes Mal Glanz und Ruhm des Empire, und mit seiner »Geschichte der englischsprachigen

Völker« entwirft er zu spät freilich und wirkungslos eine kulturelle Legitimation für die Einheit der weißen Dominions im Zeichen von Common Law, Parlamentarismus und britischer Zivilisiertheit. Er verkörpert zugleich auch die Tragödie des Scheiterns. Schon 1943 zeichnet es sich ab und 1945 wird es zur Gewißheit, daß Amerika die neue Weltmacht ist und die Sowjetunion gleichfalls eine furchterregende Großmacht, während der Bankrott Großbritanniens nur durch amerikanische Kredite verhindert wird.

Churchill hat zwar während des Krieges keine Gelegenheit versäumt, auf seine Abkunft von einer amerikanischen Mutter hinzuweisen. Tatsächlich aber unterschied sich seine Einschätzung Amerikas bis weit in die dreißiger Jahre hinein kaum wesentlich von den Auffassungen, die damals im britischen Establishment vorherrschend waren. Er betrachtete die USA als wenig vertrauenswürdige Großmacht – sei es aufgrund überzogener wirtschaftlicher oder maritimer Machtansprüche, sei es wegen des damals noch vorherrschenden Isolationismus. Immerhin besaß dieser einzigartige Sohn der lebenslustigen Lady Randolph geborene »Jennie« Jerome ein unverkrampftes Verhältnis zu Amerika. Seine während der dreißiger Jahre fertiggestellte »History of the English-Speaking Peoples« kann als durchaus origineller Versuch gewertet werden, eine historische Grundlage für ein transatlantisches Bündnis zu schaffen. 1937 brachte er seine Überzeugungen knapp auf den Punkt: »Die großen Theorien der Regierungskunst, die von der britischen Rasse entwickelt wurden und die sich die englischsprachigen Völker als Grundlage ihrer Systeme zu eigen gemacht haben, sind die Grundlage, auf der die Zivilisation ruht und ohne die sie zusammenbrechen wird.«[70]

Sehr überlegt hat er somit damals und später die weltanschauliche Basis für das machtpolitische Bündnis mit Amerika ausgemalt. Sicher begriff er dann die NATO in erster Linie als ein Bündnis der angelsächsischen Großmächte und weniger als multilaterale Allianz der Demokratien. Doch ohne seine zähen Anstrengungen von 1940 bis 1945 und dann nochmals in den Aufbaujahren der nordatlantischen Allianz zwischen 1951 und 1955 wäre es Amerika nicht so leichtgefallen, den Isolationismus aufzugeben und faktisch die Rolle einer europäischen Großmacht zu übernehmen. So wurde aus Churchill nicht allein ein Monument der Vergangenheit. Wer ihn allein als den Heros von 1940 und als Verkörperung der Empire-Idee versteht, übersieht die Leistung, mit der er die europäische Zukunft der zweiten Jahrhunderthälfte maßgeblich beeinflußt hat. Diese Inkarnation der Größe und der Illusionen des britischen Empire war zugleich der Begründer einer neuen, bis heute haltbaren Staatengemeinschaft: der atlantischen Allianz.

# Retter der Dritten Republik

»Deutschland ist Hitler. Doch Frankreich ist eine ganze Menge Leute. 618 von ihnen gehören der Nationalversammlung an, die sich in eine verwirrende Zahl von Parteien und Gruppierungen aufgliedert. In den 65 Jahren des Bestehens der Französischen Republik hat es 98 Kabinette gegeben mit einer durchschnittlichen Lebensdauer von acht Monaten. Heute leben in Frankreich 15 ehemalige Premierminister, von denen jeder auf Lebenszeit das Recht auf den Titel ›M. le Président‹ in Anspruch nehmen darf …« So schrieb ein amerikanischer Journalist im Jahr 1937.[71]

1947 oder 1957 wäre das Bild nicht viel anders gewesen, nur die Zahl der Présidents du Conseil hatte sich inzwischen erhöht, und Paris hatte es nicht mehr mit dem Deutschland Hitlers zu tun, sondern mit der Bundesrepublik Konrad Adenauers.

Keine westliche Demokratie hat im 20. Jahrhundert einen solchen Reichtum an politischen Talenten aufzuweisen wie Frankreich in den Jahrzehnten der Dritten und der Vierten Republik. Nirgendwo war das politische Leben nervöser und das Überleben der Regierungen schwieriger. Doch im Unterschied zu England gibt es nur wenige Politiker, die tatsächlich weltpolitische Bedeutung erlangten. Zwar hatte die Schwächeperiode der europäischen Demokratien in den dreißiger Jahren ganz wesentlich mit Frankreich zu tun. Jean-Baptiste Duroselle hat seiner Anatomie der Dritten Republik in den Jahren 1932 bis 1939 die knappe, alles auf den Punkt bringende Bezeichnung gegeben: »La Décadence«.[72]

Im Grunde war es eine Art kollektiver Selbstmord, der sich damals vollzog. Ein gutes Dutzend von Größen kommt in Erinnerung, die alle auf ihre Weise Anteil daran hatten: Pierre Laval und Präsident Albert Lebrun, André Tardieu, Étienne Flandin, Édouard Herriot, Léon Blum, Édouard Daladier, Georges Bonnet, Maurice Thorez, Paul Reynaud. Den Historikern sind diese Namen noch bekannt. Eine breitere Öffentlichkeit erinnert sich aber allenfalls noch vage an Pierre Laval, der sich später durch Kollaboration mit den Deutschen diskreditierte und das schlimmste Ende von allen genommen hat. Steht es mit den »monstres sacrés« der vorhergehenden Jahrzehnte anders?

In der Tat gibt es drei überragende Persönlichkeiten, die über dem guten und weniger guten Durchschnitt der Jahrzehnte von der Jahrhundertwende bis zur großen Weltwirtschaftskrise hinausragen: Georges Clemenceau, Raymond Poincaré und Aristide Briand.

## *Der Tiger: Georges Clemenceau*

Clemenceau ist geradezu die Verkörperung des politischen Raubtiers. Die Journaille findet deshalb für ihn bei seinem politischen Comeback im Jahr 1906 den Beinamen »der Tiger«.[73] So sieht ihn jedermann im Inland und Ausland, vor allem in jenen Krisenmonaten, da sein Intimfeind, Staatspräsident Poincaré, Clemenceau Ende 1917 ins Amt des Ministerpräsidenten berufen muß. Churchill, der den alten Clemenceau Anfang 1918 in Aktion erlebte und in ihm einen Artverwandten erkannt hat, skizziert rückblickend, wie dieser demokratische Diktator im Palais Bourbon auf Freund und Feind gewirkt hat: »Er streifte auf der Rednertribüne einher, ohne irgendein Manuskript oder Buch oder Notizzettel, bellte scharfe Sätze heraus, Sätze im Stakkato, wie sie gerade aus seinem Geist hervorbrachen. Er glich einem wilden Tier, das knurrend und haßerfüllt hinter den Gittern hin und her rennt. Im Halbrund vor ihm saß eine Nationalversammlung, die am liebsten alles unternommen hätte, ihn von diesem Platz fernzuhalten, doch die nun, da sie ihn installiert hat, weiß, daß man jetzt gehorchen muß ... Der letzte verzweifelte Einsatz mußte nun ausgespielt werden. Frankreich hatte sich entschlossen, den Käfig zu öffnen und den Tiger auf alle Feinde loszulassen, gleich, ob sich diese jenseits der Schützengräben befanden oder im eigenen Lager. Worte, Beredsamkeit, Argumente waren nicht mehr nötig, um die Lage zu bezeichnen. Und mit bösem Fauchen stürzt sich das wilde, bejahrte, unbezähmbare Raubtier in volle Aktion.«[74]

Nie mehr, in keinem europäischen Parlament des 20. Jahrhunderts, ist nach Clemenceau eine derartige Raubkatze ganz an die Spitze geklettert. Verglichen mit ihm ist Churchill geradezu ein Musterbild an parlamentarischer Domestiziertheit. Figuren vergleichbaren Kalibers, etwa Franz Josef Strauß in Deutschland, wirken wie ein schwächliches Remake dieses parlamentarischen Kämpfers. Ein Teil der Tragödie der Demokratien in den zwanziger und den dreißiger Jahren besteht darin, daß die großen Raubtiere – Mussolini, Hitler – im feindlichen Lager stehen. Bei den liberalen, sozialdemokratischen oder sonstwie gemäßigten Parteien finden sich im Italien der zwanziger Jahre nur der ausgebrannte Giolitti (Mateotti wird rasch ermordet) oder im zeitgenössischen Deutschland bemühte, ehrbare Mediokritäten wie Heinrich Brüning, Otto Wels oder Theodor Heuss. In Frankreich steht es nicht anders, und nur England besitzt mit Churchill eine vergleichbare Figur.

1919 bis 1920, da Clemenceau im guten und im bösen den folgenden Jahrzehnten seinen Willen aufzwingt, ist er bereits ein Greis im Alter von bald achtzig Jahren, doch von einmaliger Vitalität. Churchill hat später beschrieben, wie Clemenceau mit ihm selbst im Gefolge am 30. und 31. März 1918 während der großen deutschen Frühjahrsoffensive, da alles auf Spitze und Knopf steht, eine Frontbesichtigung durchführt. Frühmorgens um acht verlassen fünf große, mit Trikoloren in Satin gekennzeichnete Militärfahrzeuge die Rue Dominique in Paris, und einen ganzen langen Tag rast die Kolonne von Hauptquartier zu Hauptquartier. Clemenceau konferiert mit der Generalität, läßt sich auch aufs Schlachtfeld fahren, wo man in der Ferne schon Gewehrfeuer hört und wo die Granaten einschlagen, vergißt jedoch nicht, zwischendurch stilvoll zu tafeln, und kehrt nachts um ein Uhr wieder nach Paris zurück. Ein paar Stunden nach dieser Parforcetour schreibt Churchill an seine Frau Clemmie: »Er ist eine außerordentliche Persönlichkeit. Jedes Wort, das er spricht – vor allem allgemeine Bemerkungen über das Leben und darüber, wie man leben sollte – verdient, daß man genau zuhört. Sein Elan und seine Energie sind unbezähmbar. 15 Stunden lang sind wir gestern über schlechte Straßen mit hoher Geschwindigkeit in Motorfahrzeugen unterwegs gewesen. Ich selbst war total fertig – und er ist 76 Jahre alt!«[75]

Viele sind in jenen Jahren der Meinung, daß Clemenceau bereits den größten Teil seiner Lebenskraft im Kampf gegen Autoritäten und im Amt befindliche Mediokritäten verbraucht hat. Sein erstes Ministeramt erhält er erst 1906, im Alter von 65 Jahren. Denn nach Meinung des wohlhabenden Bürgertums, der katholischen Kirche, der konservativen Generalität, der Geschäftswelt und der Banken gibt es jahrzehntelang nur wenige Radikale, die so hassenswert und so zu fürchten sind wie dieser Sohn eines gleichfalls radikalen Vaters. Anders als Clemenceau ist der neunzehn Jahre jüngere Poincaré, einer seiner vielen Konkurrenten, schon 1893 im Alter von 33 Jahren zu seinem ersten Portefeuille gekommen.

1871 hat Clemenceau, damals Bürgermeister des aus vielen Gründen berüchtigten XVIII. Arrondissements Montmartre, mit den radikalen Kräften in der Kommune sympathisiert, war jedoch vorsichtig genug, sich nicht völlig zu kompromittieren. Die Revolutionäre haben ihm damals mißtraut, doch die Regierung Thiers in Versailles genauso. Als der Aufstand niedergeschlagen ist, taucht er erst einmal kurze Zeit ab, doch dann findet man ihn ein Vierteljahrhundert lang zumeist bei den extremsten linken Gruppierungen in der Assemblée Nationale. Er ist ein hundertfünfzigprozentiger Parlamentarier in der jakobinischen Tradition – antiklerikal, antibourgeois, antiautoritär, antimilitaristisch, ein Feind des Großkapitals, natürlich auch nationalistisch. Wer mit dreißig die Belagerung von Paris durch die Deutschen erlebt hat, vergißt nicht und hat durchaus keinen Grund, zu vergessen.

Doch wäre es falsch, Clemenceau, diese spätere Verkörperung des republikanischen Nationalismus, der dann den insgesamt verhängnisvollen Siegfrieden von Versailles erzwingt, bereits in diesen Anfängen allein aus antideutschem Nationalismus zu erklären. Tatsächlich haßt er nämlich seine innenpolitischen Feinde noch viel mehr als die Preußen. Jahrzehntelang gehört er zu den leidenschaftlichsten Gegnern der Kolonialexpansion, bekämpft die Kolonialisierung Indochinas, die westliche Beteiligung an der Niederschlagung des Boxeraufstandes, anfänglich auch die expansive Marokkopolitik Frankreichs vor dem Ersten Weltkrieg. Außenpolitisch gehört er jedenfalls eher zu den Gemäßigten. Das ändert sich erst, als die Gewitterwolken des großen Krieges am Horizont aufziehen.

Denn dieser nationalistische Republikaner ist auch ein Kosmopolit, der die Welt wesentlich besser kennt als viele seiner provinziellen Landsleute. Im Unterschied zu fast allen späteren Ministerpräsidenten Frankreichs hat er in sehr jungen Jahren Amerika gewissermaßen von unten kennengelernt (nur Chirac am Ende des 20. Jahrhunderts wird ihm darin ähnlich sein). 1865 bis 1869, also in der Periode der »Reconstruction« nach dem Bürgerkrieg, treibt er sich als Französischlehrer, als Reitlehrer und als anonymer Korrespondent für den »Temps« in der Neuen Welt herum, heiratet dort eine seiner Schülerinnen namens Mary Plumner, die ihm alsdann drei Kinder zur Welt bringt und von der er sich nach sieben Jahren wieder scheiden läßt. Vor dem Amerika-Aufenthalt hatte dieser junge Feuerkopf, der von Beruf examinierter und promovierter Arzt ist, bereits unter dem verhaßten Napoleon III. zwei Monate lang wegen Verbreitung radikaler Plakate, mit denen die Arbeiter aufgewiegelt werden sollten, im Gefängnis verbracht. Danach hatte er den berühmten Liberalen John Stuart Mill in England besucht und eines seiner Bücher ins Französische übersetzt.

Auch später ist er bemüht, seinen globalen Gesichtskreis zu erweitern und damit zugleich finanziell nützliche Beziehungen anzuknüpfen. So unternimmt er beispielweise im Januar 1910 eine lange Reise durch Lateinamerika. Er kennt England gut, Deutschland wenigstens von der Durchreise, und sein wichtigster Beobachtungsposten ist Karlsbad, wo er zwischen 1891 und 1913 insgesamt zweiundzwanzigmal zur Kur weilt, dies auch deshalb, weil man damals dort Gott und die Welt aus ganz Europa trifft.

Ungeachtet aller politischen Leidenschaft ist Clemenceau ein Mann von großer intellektueller Kultur, der Freund Mallarmés, ebenso Zolas (mit dem er während der Dreyfusaffäre in vorderster Linie kämpft), überhaupt in engem Umgang mit vielen linken Schriftstellern, Malern und Bildhauern. 1928, ein Jahr vor seinem Tod, veröffentlicht er ein kleines Büchlein über seinen Freund Claude Monet. In der Phase von 1893 bis 1903, da er sich von der Politik zurückgezogen hat, wirft sich dieser leidenschaftliche Publizist auch selbst auf die schöngeistige Schriftstellerei, ohne allerdings Bleibendes zu hinterlassen.

Im übrigen läßt er sich vom Fest des Lebens in der Belle Époque nichts entgehen. Es ist bekannt, daß er eine Reihe von Mätressen hat oder doch Seelenfreundinnen. Hunderte von zärtlichen Briefen, die er an manche dieser Damen schrieb, sind erhalten geblieben. Er wohnt stilvoll, sammelt ostasiatische Kunst, ist ein begeisterter Reiter und Jäger, er liebt das Pistolenschießen, ficht auch gerne und ist als Duellant gefürchtet. Die spöttische Charakteristik »links denken, rechts leben« kommt erst viel später auf. Doch zweifellos kann Clemenceau in diesem Punkt als ein Vorläufer vieler Radikaler im 20. Jahrhundert betrachtet werden.

Man muß diesen Hintergrund ausleuchten, um den Politiker Clemenceau angemessen zu verstehen. Im Gedächtnis gehalten hat sich der »Tiger« des Jahres 1918, der den französischen Widerstandswillen in den kritischsten Monaten des Krieges hochpeitscht. Den Deutschen haben sich besonders jene Bilder von den Beratungen in Paris eingeprägt, bei denen Clemenceau, dessen Hände wegen eines Ekzems in grauen Handschuhen verborgen sind, in unerbittlichem Haß die Rolle eines französischen Cato spielt, der Deutschland auf unabsehbare Zeit schwächen möchte, ohne aber damit ganz durchzudringen. An ihm läßt sich eben auch studieren, wie ein Krieg aus einem reichen und durchaus subtilen Geist die allerschärfsten Seiten hervortreibt. Denn ursprünglich war dieser Radikale ein Antiimperialist, der für das Lebensrecht jedes Volkes Verständnis hatte. Er haßte zeitlebens die Erinnerung an das imperialistische Rom und gehörte zu jenen Intellektuellen seiner Generation, die in dem Griechenland des Demosthenes die Vorbildkultur verehrten.

Politisch ist dieses Leben deutlich in zwei Hälften aufgeteilt. Bis 1893, da er ein erstes Mal nach schweren Angriffen der Gegner scheitert und sogar seinen Wahlkreis verliert, ist er ein doktrinärer Radikalliberaler. Jean-Baptiste Duroselle, dem wir die einfühlsamste Biographie Clemenceaus verdanken, fragt dort zutreffend: Was hat er von 1871 bis 1893 eigentlich politisch gewollt? Antworten darauf finden sich so viele, wie es Biographen dieses Mannes gibt, doch eine jede von ihnen wirft weitere Fragen auf.

Ist dieser noch junge Mann, der ein bemerkenswertes Geschick entwickelt, Kabinette zu stürzen, denen er selbst nicht angehört, vielleicht gar kein konstruktives Talent, sondern bloß ein geborener Frondeur? Ist er ein Oppositioneller aus Haß, doch auch aus kämpferischer Freude daran, Gegner politisch zu ruinieren? Ist er ein radikalliberaler Doktrinär, der zugleich aber viel zu eigenwillig ist, sich einer Strömung auf Dauer anzuschließen, und deshalb selbst nicht vorankommt? Liebt er die Rolle des Königmachers im Hintergrund, dem man nachsagt, vor 1913 sei kein Präsident der Republik gegen seinen Willen ins Amt gekommen?[76] Ist er ein verkappter Idealist, der letztlich bestimmte Prinzipien – Trennung von Kirche und Staat, Ausweitung der Demokratie – stets über das persönliche Avancement stellt? Ist er damals wirklich einer jener Männer, die nur und vor allem an die Macht wollen? Muß man in ihm nicht auch einen jener Politiker erkennen, die nicht allein *für* die Politik, sondern *von* der Politik leben? Daß er tüchtig Geld macht, machen muß, um seinen durchaus großzügigen Lebensstil halten zu können, bleibt nicht unbeobachtet. Jahrelang hängen ihm Verdächtigungen aus dem berüchtigten Panama-Skandal und aus anderen Affären an, bei denen viel Geld im Spiel ist. Er selbst weist natürlich den Vorwurf der Korruption leidenschaftlich von sich.

Mit jeder dieser Fragen erfaßt man einen Teil von Clemenceaus Wesen. Doch er gehört zeitlebens zu jenen Ausnahmemenschen im Spiel der Politik, deren Handeln nie ganz zu entschlüsseln ist.

Auf die erste Phase folgt eine Zwischenperiode von zehn Jahren, die in manchem an Churchill in der politischen »Wildnis« erinnert. Damals wird Clemenceau zum Schriftsteller und steigert noch seine stets unerschöpfliche Publizistik, teilweise aus denselben Gründen wie Churchill: man muß leben.

Dann das politische Comeback. 1902 läßt sich Clemenceau in den zuvor von ihm so verachteten Senat wählen. 1906 wird er Innenminister und noch im selben Jahr für eine Periode von mehr als zweieinhalb Jahren Ministerpräsident. Urplötzlich entdeckt nun eine überraschte Öffentlichkeit in dem einstigen Radikalen den kalten Verfechter republikanischer Staatsautorität, für den die Begriffe »Law and Order« Selbstverständlichkeiten sind. Clemenceau selbst gebraucht jetzt mit Vorliebe das Wort »ordre« und hält dem Generalsekretär der Gewerkschaft CGT entgegen: »Ihr Mittel ist die Aktion, das bedeutet Unordnung. Meine Pflicht besteht darin, Ordnung zu schaffen.«[77] Er setzt gegen streikende Arbeiter Truppen ein und stellt einige Aufrührer vor Gericht. Zugleich sucht er allerdings die Unruhe in der Arbeiterschaft mit vergleichsweise entschiedener Sozialgesetzgebung aufzufangen. Er ist der erste Président du Conseil, der den Posten eines Arbeitsministers einrichtet. Aber auf seiten der Linken ist er nun ganz unglaubwürdig geworden. Das Bürgertum indessen will noch nicht so recht daran glauben, daß es in diesem gefürchteten Radikalen jetzt einen seiner entschlossensten Verteidiger gewonnen hat. Haßerfüllt nennen ihn seine Gegner »le premier flic de France«, was er selbst jedoch als Ehrentitel betrachtet. Nicht einfach ein ordinärer Straßenköter sei dieser angebliche Tiger, lästern seine Feinde, sondern eine Gossenkatze. Kurz, der endlich in höchsten Ämtern angelangte Clemenceau weist alle wohlbekannten Merkmale des arrivierten Linksradikalen auf, der im Besitz der Macht zum ebenso radikalen Konservativen mutiert ist.

Als Ministerpräsident bemüht sich Clemenceau auch, wenngleich vorerst ohne Erfolg, mit England ein Bündnis gegen Deutschland zustande zu bringen. Mehr und mehr verwandelt sich der militante Antimilitarist in einen Befürworter republikanischer Wehrhaftigkeit. Manchmal äußert sich der neue Clemenceau dabei so schrill wie ein deutscher Militarist. »Vouloir mourir« (»Sterben wollen«), lautet beispielsweise die Überschrift eines Leitartikels vom 24. Mai 1913, in dem er den Krieg preist, »der Menschenleben in einem gewaltigen Sturm von Eisen hinwegfegen wird«.[78]

Doch im Jahr 1913 erfolgt ein nochmaliger Karriereknick. Clemenceau hat sein möglichstes getan, die Wahl seines Rivalen Poincaré zum Staatspräsidenten zu verhindern, und ist damit nicht durchgedrungen. Von jetzt an weiß er, daß Poincaré alles tun wird, ihn aus den Kabinetten herauszuhalten. Als Frankreich in den Krieg gestoßen wird, muß sich Clemenceau damit begnügen, die Kriegführung von gewichtigen Kommissionen des Senats aus zu beeinflussen. Dies ist nicht bloß eine Verlegenheitslösung, da ihm der Weg zum Kabinett versperrt ist. Clemenceau hält damit zugleich an seiner jakobinischen Grundlinie fest, die Armee unbedingt der politischen Führung zu unterwerfen. Ein Hauptpunkt seiner berechtigten Kritik besteht darin, das Kabinett führe nicht, sondern überlasse die Kriegsstrategie den Generalen. Zugleich kämpft er leidenschaftlich gegen die Militärzensur und überschüttet die Regierung mit einer Fülle kritischer Leitartikel.

In seiner Haltung gegenüber dem Pazifismus hat er inzwischen eine vollständige Kehrtwendung vollzogen. Pazifisten sind für ihn jetzt schlechthin Vaterlandsverräter. Auch allen Überlegungen, irgendwie einen Verständigungsfrieden zu erreichen, setzt er die Forderung nach einem Siegfrieden entgegen. Während des Kriegs erweist er sich somit ähnlich unvernünftig kampfentschlossen wie in Deutschland die Vaterlandspartei und deren Lieblingsgeneral Ludendorff. Damit wird Clemenceau zwar zum Retter Frankreichs, und seine Gestalt gilt künftig als Schulbuchbeispiel dafür, daß Demokratien in der Stunde der

Not genauso widerstandsfähig sind wie Autokratien – und offenbar erfolgreicher. Es ist auffällig, daß viele Politiker und Intellektuelle der französischen Rechten nach 1918 endgültig ihren Frieden mit der Republik machen, nachdem sie erkannt haben, daß auch alterprobte Republikaner bedingungslos national und schonungslos kämpferisch sind. Freilich muß man hinzufügen: oft auch genauso unvernünftig.

Längst schon fragt Clemenceau nicht mehr danach, mit wem er sich dabei verbünden muß. »Ich möchte eine Mehrheit, und ich werde sie bekommen«, sagt er zu Aristide Jobert. »Wenn es keine Mehrheit von links ist, dann wird das eine Mehrheit von rechts sein. Und dennoch ... ich bleibe ein alter Jakobiner.«[79] Man hat zu Recht bemerkt, daß Clemenceaus Verwandlung in einen harten Konservativen typisch für eine ganze Schicht von Radikalliberalen und Sozialisten in der Dritten Republik ist. Indem sie sich am Machtspiel in der Metropole beteiligen, entfernen sie sich weit von dem mentalen Universum jener Schichten in der Provinz, deren Interessen, Wertvorstellungen und Nöte sie freilich immer noch im Munde führen: »In dem Augenblick, da sie ministerielle Funktionen bekleiden und wenn die Fünfzig überschritten sind, haben die Radikalen und ihre Verbündeten die Brücken zur Vergangenheit abgebrochen ... Sie sprechen immer noch für die da unten, leben aber wie die oben.«[80] Die französische Demokratie überlebt dank dieser ständigen Blutzufuhr neuer Generationen, doch ihre arrivierten Größen sind nun auch kaum mehr fähig, die Leiden der Frontsoldaten und ihrer Familien nachzuempfinden. Mit dem denkbar besten Gewissen rufen sie zum Kampf bis zum Letzten auf und verwerfen jeden Gedanken an einen Verständigungsfrieden. Das hat nicht nur in Frankreich Zukunft.

Historisch am folgenreichsten aber ist Clemenceaus Rolle auf der Pariser Friedenskonferenz von 1919. Denn seine Diktatur, »die nur formal den Respekt vor den parlamentarischen Institutionen wahrte«, wie René Rémond das mit schönem Understatement formuliert, hat sich noch über ein Jahr in die Zeit nach dem Waffenstillstand erstreckt.[81] Jetzt, in der Stunde des Triumphs, ist Clemenceau fest entschlossen, auf den Sieg im Krieg einen Siegfrieden folgen zu lassen.

Daß im Jahr 1919 theoretisch ein verständigungsbereiterer Kurs möglich gewesen wäre, wird erkennbar, wenn man die Vorstellungen von Woodrow Wilson und Lloyd George betrachtet. Und man darf immerhin fragen, wie die Zukunft Europas verlaufen wäre, wenn sich damals ein Briand an Clemenceaus Stelle befunden und vielleicht einen weitsichtigeren Kurs gesteuert hätte. Die Frage, ob Deutschland bei vernünftigeren Bedingungen und durch weniger harte Auflagen langfristig selbst auf den Weg der Vernunft gefunden hätte, ist nur spekulativ zu beantworten. Mit seiner harten, geschickten und völlig anti-

*Clemenceau bei einer Frontbesichtigung. Churchill, der den Ministerpräsidenten bei einer dieser Fahrten begleitete, schrieb danach an seine Frau Clemmie: »15 Stunden lang sind wir gestern über schlechte Straßen mit hoher Geschwindigkeit in Motorfahrzeugen unterwegs gewesen. Ich selbst war total fertig – und er ist 76 Jahre alt.«*

deutschen Sicherheitspolitik hat Clemenceau jedenfalls Tatsachen geschaffen, die der Intransigenz immer wieder Anhaltspunkte boten.

In einer Untersuchung der alliierten Kriegsziele stellte Georges-Henri Soutou vor einigen Jahren die These auf, der Friede von Versailles sei in gewissem Maße das Werk von Ökonomen gewesen. Sicherheitsgarantien waren gewiß von Bedeutung, indem man den Rhein zur strategischen Grenze Frankreichs machte. Aber damit verband sich zugleich ein breiter Fächer von antideutschen Maßnahmen, die insgesamt dazu bestimmt waren, Frankreich zur dominierenden Wirtschaftsmacht in Europa zu machen.[82]

Das deckt sich mit den damaligen Schlußfolgerungen von Lord Keynes, der als Mitglied der englischen Delegation fasziniert beobachtete, wie Clemenceau in allen Deutschland betreffenden Fragen als souveräner Spielführer agierte. »Clemenceau, auf seinem Brokatstuhl thronend, mit grauen Handschuhen angetan, trockener Seele und von jeder Hoffnung entfernt, sehr alt und müde, dabei jedoch die Szene mit zynischem, fast koboldhaftem Ausdruck überblickend – das ist unvergeßlich. Seine Fehler entsprangen dem Urteilsvermögen und nicht seinem Charakter. Er wußte, was er wollte: Deutschland für eine Generation oder mehr zerschmettern. Dieses Ziel hat er mit einseitiger Entschlossenheit verfolgt, wobei er mit den Schwächen seiner Kollegen geschickt zu spielen verstand.«[83] Dabei habe er vor allem darauf abgezielt, den »Riesenbau von Eisen, Kohle und Verkehrsmitteln«, worauf Deutschlands neue Stärke beruhte, zu zerstören.[84] Keynes' Schlußfolgerung, die er schon 1919 publiziert, lautet: »Das ist die Politik eines Greises, dessen lebhafteste Eindrücke und lebendigste Vorstellungen der Vergangenheit und nicht der Zukunft angehören. Er sieht das Ganze vom Standpunkt Frankreichs und Deutschlands, nicht dem der Menschheit und der europäischen Kultur, die sich zu einer neuen Ordnung durchringt.«[85]

Man wird also die übergroße Gestalt Clemenceaus, der im Paris des Jahres 1919 zu einer Schicksalsfigur des frühen 20. Jahrhunderts wurde, heute in der Tat kritisch sehen müssen. Im Gefolge des Zweiten Weltkrieges ist der praktische Nachweis geführt worden, daß die von Keynes angedeuteten Ordnungsvorstellungen in der Tat dem engen nationalistischen Sicherheitsdenken überlegen sind, das 1919 zwar verständlich war, aber doch deutlich rückwärtsgewandt. Clemenceau ist also ein durchaus ambivalenter Großer. Einerseits repräsentiert er die siegreiche liberale Demokratie, andererseits den damit verbundenen republikanischen Nationalismus. Als antimilitaristischer Patriot hatte er während seiner radikalen Jahrzehnte begonnen, als enger Nationalist hat er schließlich der europäischen Politik eine unheilvolle Orientierung gegeben.

Nachdem »der Tiger« in den Stunden der Not und des Triumphes alle unerläßlichen Grausamkeiten vollzogen hatte, ereilte ihn dasselbe Schicksal wie später Winston Churchill. Während dieser im Juni 1945 durch eine Volkswahl abgelöst wurde, kam in Frankreich ein anderes, subtiles Verfahren zum Einsatz: die stets mit einem Höchstmaß von Intrigen verbundene Wahl zum Staatspräsidenten. Da Poincaré 1920 auf eine erneute Kandidatur verzichtete, konnte Clemenceau erwarten, für seine Verdienste mit dem Einzug in den Elysée-Palast belohnt zu werden. Das Wahlgremium aber wollte nicht mitspielen und zog ihm den unbedeutenden Paul Deschanel vor. Dieser erhielt 734 Stimmen, ein gewisser Célestin Jonnart bekam 66 und der Retter Clemenceau ganze 56 Stimmen. Damit war »das Gesetz der Demokratie« wieder in Kraft gesetzt.

Clemenceau zog sich alsbald aus der Politik zurück und wollte anfänglich auch auf das Schreiben von Memoiren völlig verzichten. Ohnehin hatte ihn die eigene Vergangenheit noch nie interessiert. Ein Tiger hat es nicht nötig, seine Taten nachträglich in günstiges Licht zu setzen. Statt dessen begibt sich der Greis, inzwischen achtzig Jahre alt, im noch beschwerlicheren Zeitalter der Eisenbahnen und Dampfschiffe ein letztes Mal auf Reisen: erst nach Ägypten und in den Sudan, dann nach Südostasien – Ceylon, Singapur, Java, Indien. Schließlich unternimmt er eine Vortragsreise in die USA, die ihn nach New York, nach Chicago, nach Springfield zum Haus Abraham Lincolns, nach Saint Louis, Baltimore, Washington und Philadelphia führt. Alle Vorträge hält er in englischer Sprache. Überhaupt war ihm seine überragende Rolle im engsten Führungskreis der Entente in den Jahren 1917 bis 1919 durch seine Beherrschung des Englischen psychologisch und sachlich sehr erleichtert worden.

Dann verliebt er sich erneut, in Madame Baldensperger, und beginnt einen alten Wunsch zu verwirklichen: in systematischem Aufriß die wesentlichen Erkenntnisse des modernen Denkens festzuhalten. Die Weltreisen nach Ägypten und nach Südostasien haben nicht zuletzt dem Zweck gedient, einen lebendigen Eindruck der dortigen Hochkulturen zu gewinnen. Da er eigentlich Mediziner ist, nehmen naturwissenschaftliche Themen in diesem recht erstaunlichen Werk einen zentralen Platz ein.

Dieser eingefleischte Materialist hat sich nach dem Rückzug ins Privatleben intensiv in die Entwicklungen der modernen Naturwissenschaften vertieft, liest vieles, was von Ernest Rutherford bis Max Planck oder Einstein über die damals sensationelle Atomtheorie veröffentlicht wird, und diskutiert alles intensiv mit ausgewählten Pariser Gelehrten. Im Alter von 86 Jahren veröffentlicht er dann tatsächlich zwei Bände, die den schönen Titel erhalten »Au Soir de la pensée«.[86]

Sie erinnern nochmals daran, daß Clemenceau zeitlebens viel mehr gewesen ist als ein Nur-Politiker. Gregor Dallas, der über ihn neuerdings eine sympathieerfüllte Biographie geschrieben hat, porträtiert Clemenceau sogar als »uomo universale« im Stil des 18. Jahrhunderts – ein Philosoph wie Condorcet oder Baron d'Holbach, mit ausgedehnten Kenntnissen der Künste, der Wissenschaften und der Staatstheorie.[87] Wie Goethe, wie Churchill oder wie Charles de Gaulle begreift er das eigene Leben als eine Art Kunstwerk und die Politik als Menschheitsabenteuer. Er ragt eben auch durch Bildung und wissenschaftliche Neugier aus den politischen Zelebritäten seiner Epoche weit hervor. Das macht ihn ebenso einmalig wie sein gefürchtetes politisches Temperament oder der Ruhm, im kritischen Jahr 1918 die Dritte Republik gerettet zu haben, gefolgt von der zweifelhaften Reputation, eine der Größen zu sein, die 1919 einen dauerhaften Frieden verspielten. In diesem letzten Werk trifft er auch abschließende Feststellungen zur Theorie der Staatsformen, zu den Bewegungskräften der Gesellschaft und zu den Fragen von Krieg und Frieden. Doch schon der knappe Umfang, den er diesen Themen widmet, beweist, daß er inzwischen die Politik weit hinter sich gelassen hat.

Noch befindet man sich in jener glücklicheren Periode der Zwischenkriegszeit, da die demokratischen Regierungssysteme nicht überall von Zweifeln umstellt sind wie schon fünf und zehn Jahre später. Gleichwohl macht sich Clemenceau, dieser große Demokrat, der sein ganzes Leben für die Republik gekämpft hat, keine Illusionen mehr. Die Demokratie, so schreibt er jetzt, ist kein absolutes Gut, immerhin aber eine Lösung, die ungeachtet ihrer Fehler alles in allem doch weniger schlecht ist als andere Staatsformen. Winston Churchill wird dies später genauso formulieren. Ein Kernsatz seiner Überlegungen bringt eine Skepsis zum Ausdruck, wie man sie damals auch bei Pareto findet und die seither an Aktualität nichts eingebüßt hat: »Die Demokratie schließlich, lange die höchste Hoffnung der Völker, wenn sie unter schlechten Regierungen litten, hat inzwischen dank ihrer unkorrigierbaren Trägheit und der nur zu auffälligen Verschlechterung des Charakters die heftigsten Reaktionen der Sowjets und des Faschismus ausgelöst, gar nicht von dem zu sprechen, was sich möglicherweise in Vorbereitung befindet.«[88] Daß die Sowjetunion und Mussolinis Italien moderne Formen der Tyrannei darstellen, ist Clemenceau schon geläufig. Zu letzterem hört man ihn verächtlich sagen: »Mussolini wird noch ins Totenbett furzen. Er wird ein klägliches Ende nehmen.«[89]

Seine knapp skizzierten elitesoziologischen Vorstellungen lassen an Pareto oder Michels denken. Es ist eben wahr, meint er, daß wir immer nur durch Oligarchien regiert worden sind, die ihre Interessen mit Ideologien dekorieren. An die Vorzüge des allgemeinen Wahlrechts will er nicht mehr glauben, und genauso skeptisch ist auch alles, was er über die öffentliche Meinung schreibt.[90]

Ähnlich pessimistisch klingt das, was der alte Tiger über Krieg und Frieden zu Papier bringt. Der Mensch, kann man bei ihm lesen, zerstört, und dann baut er wieder auf. Man schickt die Soldaten in den Krieg und kümmert sich dann voller Sorge um die Verwundeten. Aber warum sind Kriege, die vielleicht ja nur eine andere Form des Wirtschaftskriegs sind, doch bewegender und romantischer als die »Bücherideologie« des ewigen Friedens?

Hier nun gibt Clemenceau sein letztes Geheimnis preis. Der höchste Wert ist für diesen einstigen Radikaldemokraten jetzt nicht mehr die Demokratie, sondern die Vaterlandsliebe: »Ich möchte nicht die Schönheit der heroischen Regung bestreiten, die den Menschen zum höchsten Opfer treibt – zur Verteidigung seines Heimatrechts, für die erhabene Unabhängigkeit seines Vaterlandes und zur Bewahrung des Grundgesetzes seiner Würde. Dieser Mensch tötet, aber er bietet gleichzeitig auch das Opfer des eigenen Lebens an, seine höchsten Hoffnungen für eine Sache, die sich weit über ein einzelnes Schicksal erhebt.«[91] Obgleich er die Hoffnung nicht aufgibt, daß die Welt dank Evolution der Vernunft friedlicher werden könnte, ist auch diese Säule der französischen Demokratie inzwischen beim Nationalismus angelangt, den er als Patriotismus bezeichnet.

Clemenceau stirbt am 24. November 1929, wenige Wochen nach dem Tod Gustav Stresemanns, der zusammen mit Aristide Briand versucht hatte, die in Versailles gemachten Fehler wenigstens teilweise zu reparieren. Im Letzten Willen verbittet sich Clemenceau alle Feierlichkeiten und schreibt eine einfache Beisetzung in heimischer Erde vor, wie das später auch de Gaulle, Churchill und Adenauer tun werden. Er will in Colombier, in der Vendée, an der Seite seines Vaters begraben werden und mit einem kleinen Büchlein im Sarg, das ihm seine liebe Mutter einst gegeben hat.

Auch solche Details sind nicht unwichtig. Lenin und Stalin wurden in Mausoleen zur öffentlichen Verehrung ausgestellt. Hitler, der sich dann allerdings im Garten der Reichskanzlei mit einigen Benzinkanistern verbrennen lassen mußte, hatte ursprünglich eine gewaltige Krypta in München vorgesehen. In bezug auf die letzte Ruhestätte unterscheiden sich die wirklich Großen der Demokratien, sosehr auch sie manchmal irren, von den totalitären Herrschern doch zumeist durch sichereres Stilgefühl.

## *Der wachsame Bürger: Raymond Poincaré*

Clemenceau trägt einen Raubtiernamen und prägt sich damit dem historischen Gedächtnis ein. Raymond Poincaré hingegen gewinnt Einfluß und Ansehen, weil sich fleißige, solide, sparsame und rechtsbewußte Bürger in diesem brillanten Juristen wiedererkennen. Zwar erhält Poincaré schon relativ früh ein Portefeuille, doch im Alter von 35 Jahren entschließt er sich, von nun an ein gutes Jahrzehnt lang kein Ministeramt mehr zu übernehmen, um als Anwalt wirtschaftlich völlig unabhängig zu werden. Dabei hat er Erfolg. 1913 besitzt er, auch dank des väterlichen Erbes, ein Vermögen von an die zweieinhalb bis drei Millionen Franc.[92] Während dieser Phase macht er sich auch im literarischen Paris einen Namen. Es gelingt ihm nämlich, das Vermächtnis des Schriftstellers Edmond de Goncourt gegen den Zugriff gieriger Verwandter zu verteidigen und somit die Zukunft des Prix Goncourt zu sichern. Das ist einer der Gründe, weshalb dieser für die zeitgenössische Literatur und die Künste so offene Politiker 1905 in die Académie Française gewählt wird. Er ist eine Persönlichkeit von großer humanistischer Kultiviertheit. Doch hält er sich fern vom Reich der Phantasie und der Träume.[93] Auf Dauer lebt Poincaré ausschließlich für die Politik, obgleich er nicht von ihr leben müßte.[94]

Zweimal in der Epoche vor dem Weltkrieg, 1894 und 1906, amtiert er als Finanzminister. 1894 betraut man den jungen Poincaré mit dem

Finanzressort, weil sich das Renommee der altetablierten Politiker wieder einmal auf einem Tiefpunkt befindet. Tatsächlich entspricht er damals und bis zum Ende seiner politischen Karriere den Forderungen nach völliger Unbestechlichkeit.

Verwundert stellt die Öffentlichkeit zudem fest, daß es anscheinend doch Finanzminister gibt, die rechnen können und die sparen wollen. Poincaré beginnt nämlich seine Tätigkeit, indem er zu allererst im eigenen Ministerium dem Prinzip der Wirtschaftlichkeit Geltung verschafft. Sein ganzer Ehrgeiz richtet sich auf das Ziel, den Staat auf eine gesicherte Finanzbasis zu stellen. Das heißt allerdings auch: man muß neue Felder der Besteuerung erschließen. Seither gilt Poincaré in Frankreich als einer der Väter der Steuerprogression. Freilich möchte er dieses gefährliche Instrument noch milde gehandhabt sehen. Nur die Erbschaftssteuer soll davon betroffen werden. Dieser Erzliberale lehnt es entschieden ab, etwa eine Steuererklärung auf das Einkommen zu erheben, wie das Sozialisten vom Schlage eines Jean Jaurès fordern.[95]

Bis ans Ende seiner politischen Tage sieht sich Poincaré verschiedentlich mit der Aufgabe konfrontiert, die Staatsfinanzen zu ordnen, ohne die Währung zu zerrütten. Im Jahr 1926 wird er einmal mehr zum Président du Conseil berufen (es ist sein 4. Kabinett), um den Franc zu retten, denn zu ihm haben das Bürgertum und die internationale Finanzwelt damals noch Vertrauen. Dieses Kunststück gelingt ihm, und sein Ruf leidet nicht einmal sehr darunter, daß er den Franc auf ein Fünftel der Parität vor 1914 abwerten muß. Der Krieg hat eben auch in Frankreich seinen Preis gekostet und den von Renten lebenden alten Mittelstand ziemlich ruiniert. Dieses Opfer im Interesse der Konvertibilität ist aber nötig, erklärt er in einer großen Kammerrede, denn der Wohlstand des Landes hängt heute vom industriellen Export ab. Man glaubt ihm das, weil er Poincaré ist, und preist ihn als den Retter des Franc.[96]

In seiner Eigenschaft als umsichtiger Finanzminister wird er zum Prototyp für die kommenden Jahrzehnte. Um den Ökonomen Raymond Poincaré wird seither ein Mythos der Art gewoben wie später in Deutschland um Ludwig Erhard. Immer wenn nach ihm ähnlich solide Bürger in der Rue de Grenelle amtieren, etwa Antoine Pinay oder Raymond Barre, berufen sie sich auf die Grundsätze des »Poincarisme«.[97] Ein Politiker, der um die Kaufkraft des Geldes besorgt ist und sich nicht selbst bereichert – das begründet auch im Frankreich der ersten Jahrhunderthälfte die Anwartschaft auf historische Größe.

Poincaré ist ein ungeheuer fleißiger Arbeiter und ein ganz klarer Kopf. Seine Schwäche: er ist kein Schaumschläger. Rednergabe ist ihm versagt, das Charisma des Windhundes geht ihm ab. Eben deshalb vertrauen ihm so viele.

Jahrzehntelang ist Poincaré allein an den Finanzen, an der Rechtspolitik, an den unendlichen Händeln jener Zeit um die Trennung von Kirche und Staat sowie an der Abwehr sozialistischer Forderungen interessiert.

Seit dem Jahr 1911 aber geht mit diesem geborenen Innenpolitiker eine sichtliche Veränderung vor sich. Auslöser ist die zweite Marokkokrise, als Deutschland das Kriegsschiff »Panther« zum marokkanischen Hafen Agadir entsendet. Die vielerörterten Einzelheiten dieses von Berlin über alle Gebühr hochgespielten Konfliktes interessieren nicht. Entscheidend ist die innenpolitische Rückwirkung in Frankreich. Alle Kräfte, die seit Jahren nach einer entschiedenen Politik gegen das übermächtige Deutschland rufen, werden gestärkt. Jetzt tritt auch Poincaré offen für einen Kurs der Festigkeit ein. Schon 1907 war er in einem Komitee tätig gewesen, das den programmatischen Namen »Vers l'Alsace« trug. Denn dieser selbstbeherrschte, durchaus friedliebende Parlamentarier der linken Mitte leidet unter einem verborgenen Trauma. Im Alter von zehn Jahren, während des Krieges 1870/71, hat er in seinem lothringischen Elternhaus eine wenig erfreuliche preußische Soldateska erlebt. Einer der Kerle hat auf die Anrichte ein Friedhofskreuz geschmiert, ein anderer in die Suppe gespuckt.[98] In späteren Kriegen passieren zwar schlimmere Dinge, und derlei vergißt sich vielfach auch, genau wie die Erinnerung an die seinerzeit bis 1873 dauernde deutsche Besatzung. Aber ein stark entwickeltes Sicherheitsbedürfnis gegenüber Deutschland kann aus solchen und anderen Erfahrungen doch unterstellt werden, und seit Agadir öffnet sich Poincaré sichtlich für nationalistische Emotionen, die in der französischen Öffentlichkeit schon seit Jahren moussieren.

Im Januar 1912 wird Poincaré erstmals Ministerpräsident und löst das Kabinett Caillaux ab, das sich nach Meinung der Kritiker durch allzu große Nachgiebigkeit gegen Deutschland diskreditiert hatte. Er tut nun sein Bestes, offen und mehr noch hinter den Kulissen eine Allianz mit England zustande zu bringen. Der geheime Briefwechsel zwischen dem britischen Außenminister Grey und Botschafter Cambon, der dann 1914 beim englischen Kriegseintritt eine gewisse Rolle spielt, fällt in seine Amtszeit. Poincaré läßt es zudem nicht an symbolischen Gesten fehlen. So bekennt er sich in Cannes vor dem Standbild zum Gedenken an Eduard VII. zur Entente cordiale mit Großbritannien. Man lernt ihn damals auch als einen Exponenten der Einkreisungsstrategie gegenüber dem übermächtigen Deutschland kennen. 1912 begibt er sich nach Sankt Petersburg, um das Bündnis mit Rußland zu vertiefen. Spätestens von nun an, da er, allgemein umjubelt, wieder nach Paris zurückkehrt, gesellt sich zu dem Image des soliden, unbestechlichen Finanzfachmanns und des Freundes der Künste ein weiterer Zug: Poincaré, der Lothringer, der Deutschland mit gebührender Härte entgegentritt. So wird er 1913 nicht nur mit den Stimmen der Linken zum Präsidenten der Republik gewählt; auch die Rechtspresse unterstützt seine Kandidatur weitgehend.

Man braucht nicht zu unterstellen, daß dieser umsichtige, durchaus verantwortungsvolle Rechner insgeheim eine militärische Revanchepolitik betreibt. Poincarés Diplomatie im Juli und August 1914 zielt durchaus noch auf Vermeidung des Krieges ab, freilich durch Abschreckung und nicht durch kompromißbereite Verständigung: Deutschland soll durch russisch-französische Festigkeit mit Unterstützung Großbritanniens zur Räson gebracht werden. Da der außenpolitisch unerfahrene Ministerpräsident Viviani erst kurze Zeit amtiert, ist Poincaré im Paris jener Wochen der starke Mann, trotz der verfassungsrechtlich schwachen Stellung des Staatspräsidenten. Als das Deutsche Reich Frankreich törichterweise dann von sich aus den Krieg erklärt, vermag Poincaré vor den versammelten Kammern dieselbe Rolle zu spielen wie damals Wilhelm II. in Berlin. Dieser rief aus: »Ich kenne nun keine Parteien mehr, ich kenne nur noch Deutsche.« Poincarés Formel lautet »union sacrée«. Doch anders als Wilhelm II. kann der immer noch streng rechtlich denkende Poincaré mit gutem Grund erklären: »Frankreich hat das Recht auf seiner Seite ...«[99]

Vier lange Jahre muß er dann allerdings erleben, wie die Regierung an ihm vorbei Politik macht. Er ist nicht sehr viel mehr als eine Symbolfigur im goldenen Käfig des Elysée und kann nicht allzuviel bewirken. Am brutalsten läßt ihn Clemenceau zwischen 1918 und 1920 seine institutionelle Ohnmacht fühlen. Anläßlich einer Frontbesichtigung streut er die hämische Bemerkung aus: »Tatsächlich gibt es nur zwei unnütze Organe: die Prostata und den Präsidenten der Republik.«[100] Poincaré selbst sieht das genauso. »Präsident der Republik = Null«, vermerkt er am 14. März 1919 im Tagebuch.[101]

Nach dem Sieg wird Poincaré indessen gebührend gefeiert. Jetzt gilt er als einer der Retter Frankreichs, zugleich als eine Art Standbild. Der von Wuchs eher unscheinbare Präsident hat zwar physisch mit dem Hünen Hindenburg nicht viel gemeinsam. Doch ähnlich wie bei diesem überstrahlt sein Prestige längst das, was er bisher bewirkt hat.

Und seine Rolle beginnt sich nun dramatisch zu ändern. Während der zwanziger Jahre wird er in guten und in weniger guten Zeiten zu einer Schlüsselfigur europäischer Politik. Nach Ablauf der siebenjährigen Präsidentschaft legt er nämlich die mit so wenig politischer Macht ausgestattete Präsidentenwürde nieder und kehrt in die Tagespolitik zurück. Erst übernimmt er den Vorsitz der sehr wichtigen interalliierten Reparationskommission, gibt dieses Amt allerdings rasch auf, da er feststellt, daß die USA nicht mehr mitziehen. Am Versailler Vertrag hatte ihm insgeheim schon immer mißfallen, daß sich General Foch mit der Forderung nach dauernder Besetzung des linken Rheinufers und mit dem Konzept nicht durchsetzen konnte, im Rheinland einige vom Reich losgelöste Länder nach Art Luxemburgs zu errichten. Im Schicksalsjahr 1923 übernimmt er den Vorsitz des außenpolitischen Senatsausschusses und bald darauf die Regierung.

Viele schreiben oder sagen, in Poincarés harter Forderung, Deutschland solle den Versailler Vertrag buchstabengetreu erfüllen, komme eine typisch advokatorische Denkweise zum Ausdruck. Doch das ist nur die argumentative Außenseite. In Wirklichkeit verfolgt er ein genuin politisches Konzept, mit dem er beinahe Erfolg hat. Bei seiner antideutschen Sicherheitspolitik hat sich Frankreich seit 1923 zusehends von den einstigen Alliierten verlassen gesehen. Die USA sind zum Isolationismus zurückgekehrt, doch auch England wünscht alles andere als die Hegemonie Frankreichs auf dem Kontinent. Eben das erscheint aber Poincaré 1923 erreichbar. Deutschland ist militärisch ohnmächtig und steckt aufgrund der Inflation in tiefen Schwierigkeiten. Somit scheint es möglich, auch ohne Mitwirkung der Briten und der Amerikaner den deutschen Wirtschaftsgiganten endgültig auf die Knie zu zwingen. Dieses Konzept liegt der sorgfältig geplanten Besetzung des Ruhrgebiets zugrunde.

Eine kurze Zeit hat es den Anschein, als müsse sich das Deutsche Reich unterwerfen. Reichskanzler Stresemann gibt am 26. September 1923 den passiven Widerstand an der Ruhr auf, um die Rentenmark zu retten. Die Ablehnungsfront der Deutschen im besetzten Gebiet kommt sichtlich ins Wanken. Doch dann unterläuft Poincaré ein entscheidender Fehler. Er zögert ein paar Wochen zu lange, den Triumph in einer festen Vereinbarung mit der Reichsregierung auch völkerrechtlich auf Dauer abzusichern.

Jetzt beginnen sich die Kosten der französischen Intervention auf den Finanzmärkten auszuwirken. Die britischen Banken entschließen sich, ermutigt von der Regierung, zur Unterstützung Deutschlands, und London bekommt auch das New Yorker Bankenzentrum auf seine Seite. Die Wahlen vom 11. Mai 1924 bringen die Entscheidung. Poincarés »Bloc National« wird geschlagen, ein Linkskartell kommt an die Macht.

Von allen französischen Politikern der Zwischenkriegszeit hat also der so wenig charismatische, erst spät mit der Außenpolitik befaßte Poincaré den härtesten, riskantesten Kurs gesteuert. Hätte er Erfolg gehabt, würde die Geschichte des 20. Jahrhunderts wahrscheinlich anders verlaufen sein. Es wäre dann Deutschland viel schwerer gefallen, die französische Hegemonie auf dem Kontinent nochmals herauszufordern. Als besonders tragisch empfand es Poincaré, daß ausgerechnet er, der Meister der Finanzen, durch eine Franc-Schwäche zum Aufgeben gezwungen wurde.

In Deutschland sah man in ihm damals nicht ganz zu Unrecht die Verkörperung französischen Revanchewillens. Poincaré hat aber durch seinen Alleingang an der Ruhr, bei dem ihn nur Belgien unterstützte, auch die Entente mit Großbritannien faktisch zerstört, deren Bedeutung ihm früher so klar vor Augen gestanden hatte. Von nun an sahen viele Engländer und Amerikaner in Frankreich und nicht mehr in Deutschland den europäischen Störenfried.

Es spricht für Poincarés Rationalität, daß er sich alsbald auf den Boden der parlamentarischen Tatsachen stellte. 1926 gelang ihm erneut eine Regierungsbildung, und von nun an achtete er bloß noch darauf, daß Briands Verständigungspolitik nicht allzuweit ging, ohne sie aber völlig zu konterkarieren. Die Linke drang jetzt auf Verständigung, und Poincaré, der, ursprünglich von Mitte-Links kommend, längst an politisch anderen Ufern angelangt war, spielte jetzt den Part des wachsamen Lothringers – patriotisch, auf wirtschaftliche Stabilität bedacht und unablässig bestrebt, für sein Land ein Maximum an Reparationen zu sichern.

Wieweit Poincaré damit im Irrtum war, wieweit er das Richtige wollte, ist nicht zu entscheiden. Die Machtergreifung der Nationalsozialisten schien ihm nachträglich recht zu geben. Doch ob die Hitler-Bewegung so stark geworden wäre, wenn der verständigungsbereite Briand früher und ungehemmter seine Versöhnungspolitik hätte betreiben können, muß offenbleiben.

Auch Poincaré, dieser tüchtigste, ehrenhafteste und mächtigste aller bürgerlichen Ministerpräsidenten im Frankreich der ersten Jahrhunderthälfte, ist somit eine durchaus ambivalente Größe – erinnerungswürdig als Finanzminister, aber als Außenpolitiker nicht unbedingt ein Vorbild für die Jahrzehnte nach 1945. Das bei allem Respekt distanzierte Urteil Viscount d'Abernons dürfte doch wohl Bestand haben: Keiner unter den Staatsmännern seiner Zeit habe »einen größeren Einfluß auf Gedeih oder Verderben, vielleicht auf Gedeih und Verderben, ausgeübt«.[102]

Auf Journalisten einer viel jüngeren Generation wirkt er damals zwar noch eindrucksvoll, aber doch auch abstoßend. William Shirer, gewiß kein frankophober Amerikaner, hat ihn Mitte der zwanziger Jahre verschiedentlich bei Kammerdebatten erlebt: »Präzise, pedantisch, mit hoher, schriller, durchdringender Stimme, mit Schweinsäuglein, spitzem Teufelsbart – das alles wirkte nicht menschlich. Er hatte keinerlei Wärme, keinen Charme, selbst seine Umgangsformen waren eiskalt.« Dennoch, so beendete Shirer dieses wenig schmeichelhafte Porträt, »genoß er dank seiner Integrität und seiner erstaunlichen Fähigkeit zu harter, aufreibender Arbeit weithin ein großes Ansehen. Es gab wenige seinesgleichen.«[103] Man ehrt ihn als »Retter des Franc«.

Im Unterschied zu seinem Intimfeind Clemenceau ist der so hervorragende Parlamentarier Poincaré in der heutigen Öffentlichkeit Frankreichs weitgehend vergessen.[104] Wie kommt das? Ein Hauptgrund dafür ist wohl die Tatsache, daß er ein kalter, geistig gut organisierter Rechner war, dem politisches Temperament abging. »Er ist unablässig damit beschäftigt, kein Gelächter zu erregen, aber auch keine Träume«, hat Léon Daudet seinerzeit haßerfüllt, aber doch zutreffend geschrieben.[105] Zunehmend erweckt dieser Ausbund bürgerlicher Tugendhaftigkeit doch den Verdacht, daß es ihm letzten Endes allein um die politische Macht geht. Als sich der jahrzehntelange Kämpfer im laizistischen Lager 1913 auch mit Stimmen der antirepublikanischen und klerikalen Rechten zum Präsidenten der Republik wählen läßt, ist er nach Meinung mancher seiner bisherigen politischen Freunde moralisch erledigt. Nachdem Poincaré zum Präsidenten gewählt ist, schreibt ihm Clemenceau einen schneidenden Brief: »Ich beehre mich, Ihnen mitzuteilen, daß Sie von jetzt an für mich Luft sind. P.S. Mitteilungen von Ihnen werden nicht entgegengenommen. Jeder Brief wird ungeöffnet zurückgesandt.«[106]

Erst nach dem Weltkrieg kommt heraus, daß sich der bislang nur zivilgetraute Laizist Poincaré drei Monate nach der Wahl zum Präsidenten der Republik insgeheim hatte kirchlich trauen lassen. Seine Gegner argwöhnen, er habe damit ein Wahlversprechen an klerikale Deputierte honoriert. Doch wird auch eine einfache Erklärung dafür gegeben: Seine Frau habe erst jetzt vom Tod ihres geschiedenen Mannes erfahren.[107] Wie immer es sich verhalten haben mag (viel spricht für Opportunismus oder blinde Verliebtheit): Tatsache ist, daß sich Poincaré von nun an auch auf das rechte Lager stützt und von manchem Radikalen als Verräter betrachtet wird. Das Motiv für diese Entwicklung scheint für alle, die Poincaré jetzt ablehnen, ganz offenkundig: grundsatzlose Entschlossenheit, um jeden Preis ganz nach oben zu kommen und oben zu bleiben. Zynische Gegner Poincarés bemerken jedoch, das sei kein Verrat an seinen Überzeugungen, denn er habe schon lange keine mehr gehabt.[108]

Auch Poincarés Eitelkeit ist schließlich unübersehbar. Während Clemenceau lange Zeit gar nicht ans Memoirenschreiben denkt, veröffentlicht Poincaré zu seinen Lebzeiten zehn dicke Bände Memoiren über sein Septennat, in denen er seine Gegner in schlechtem Licht erscheinen läßt. Der Leser findet dort beispielsweise unter dem 6. April

1919 zu Clemenceau den Eintrag: »Das ist dieser Verrückte, aus dem das Land einen Gott macht ... Er nimmt keinen Rat an. Er hört auf niemanden und, wehe, vielleicht wird er uns in den Abgrund führen ...«[109] Neben Machtwillen und verdeckter Eitelkeit kennzeichnet ihn schließlich zunehmend auch die Bosheit einer trockenen Seele.

Eines seiner politischen Opfer ist Aristide Briand. Während Briand als Ministerpräsident im Kriege den Eindruck erweckt, letztlich einem Friedensschluß doch nicht abgeneigt zu sein, steht Poincaré an der Spitze derer, die einen Verständigungsfrieden starrsinnig verhindern.[110] Er schilt Briand im Kabinett einen Lügner[111], ist Ende 1916 auch an seinem Sturz beteiligt und bremst ab Mitte der zwanziger Jahre dessen Versöhnungspolitik immer wieder aus. Briand ist zwar eher noch egoistischer und opportunistischer als Poincaré, gewiß auch weniger tugendhaft. Aber er hat Temperament, er ist eine reiche Seele, und er liebt weder abstrakte Prinzipien noch die Wollust unermüdlicher Schreibtischarbeit, sondern die Menschen. Deshalb erinnert man sich seiner bis heute, während Poincaré ins Schattenreich der vergangenen Größen eingetaucht ist.

# Eine Republik ohne Retter: Weimar

Weimar, so hat Rudolf Morsey den Sachverhalt präzise umschrieben, war eine »Instabilitätsrepublik«.[112] Diese 1919 rasch improvisierte und 1933 kollabierte Demokratie läßt zum einen jenes Strukturmerkmal erkennen, das parlamentarische Vielparteiensysteme üblicherweise auszeichnet. Eine Vielzahl von Größen ringt miteinander, geht prekäre Verbindungen ein und verhindert, daß einzelne sehr bedeutende Talente der Epoche das Gepräge geben und die Richtung bestimmen. In diesem Punkt unterscheidet sich die Weimarer Republik nicht grundlegend vom Frankreich der Dritten und der Vierten Republik.

Allerdings macht sich im Deutschland dieser Jahre eine weitere Eigenart verschärfend bemerkbar. Die Staatsform ist neu, jede der Größen trägt ihre Biographie aus dem Kaiserreich mit sich. Daher erstaunt es nicht, daß selbst die bedeutenden Gestalten den Blick vorwiegend in die Vergangenheit richten. Fatalerweise wird so das Restaurative zur Zeitsignatur.

Man betrachte beispielsweise Heinrich Brüning, Reichskanzler in den kritischen Jahren von 1930 bis 1932. Im nachhinein weiß man, daß die Zukunft des Rechtsstaates, der pluralistischen Gesellschaft, überhaupt des Überlebens der Zivilisiertheit in Deutschland damals in allererster Linie davon abhing, ob Brüning sich halten, das hieß aber: ob er den unsicheren Reichspräsidenten und die noch labileren Wählermassen überzeugen würde.

Er ist ein tüchtiger Mann, neben Ludwig Erhard, Helmut Schmidt und dem unglückseligen Reichskanzler Cuno, unter dem die Inflation zu galoppieren begann, der erste und einzige unter den deutschen Kanzlern, die sich während des Studiums oder doch danach mit Fragen der Wirtschaft gründlich befaßt haben. Dieser ehemalige Offizier einer Maschinengewehreinheit, die im Krieg immer wieder an gefährdete Frontabschnitte geworfen wurde, ist auch nicht *vieux jeu*. Er verkörpert das, was Mussolini zur gleichen Zeit großmäulig *aristocrazia trinceresta* nennt – die Aristokratie der Frontgeneration, die den Krieg nicht in der Etappe oder in Bürokratien und Parlamenten oder bei Stäben mitgemacht hat, sondern im Schützengraben. Dieser Mann ist zudem rational, unendlich wohlmeinend, staatstragend gesinnt, völlig unkorrupt und bemerkenswert selbstlos.

Zugleich aber ist Heinrich Brüning weitgehend rückwärtsgewandt. Brüning habe, so resümiert Morsey, der ihn genau studiert hat, die Summe seines politischen Wollens, in den zwei Jahren seiner Reichskanzlerschaft versucht, »soviel wie möglich von dem zurückzugewinnen, was 1918 verlorengegangen war: Monarchie, Preußentum, militärische Gleichberechtigung, die alten Reichsgrenzen und wirtschaftliche Sicherheit. Um die Machtstellung des Reiches wieder aufzurichten, nahm er im Zeichen einer weltweiten Wirtschaftskrise eine zeitweilige Außerkraftsetzung der parlamentarischen Demokratie und Massenverelendung in Kauf...«[113]

Wie restaurativ Brüning war, bewies er nochmals nach dem Zweiten Weltkrieg. Von tiefstem Mißtrauen gegen alle und jeden, vor allem aber gegen Frankreich getrieben, wollte und konnte er nicht erkennen, daß das politische Spiel in Europa künftig nach den neuartigen Regeln der europäischen Integration betrieben werden mußte, wozu eine zeitweilige Hinnahme französischer Führungsaspirationen gehörte, sowenig diese auch auf realem Vermögen beruhten.

Noch viel ausgeprägter war naturgemäß die Vergangenheitsfixierung bei den Repräsentanten der radikaleren Rechten. Im Jahr 1925 schon bekundete die Wahl Hindenburgs zum Reichspräsidenten, daß eine Mehrheit der Deutschen einem Repräsentanten der alten Ordnung doch am meisten Vertrauen entgegenbrachte, dies vor allem deshalb, weil er im Krieg ein Hoffnungsträger gewesen war und auch danach ein Repräsentant unbeugsamer, doch eben zugleich vergangenheitsorientierter nationaler Gesinnung.

Von den bedeutenderen Politikern war Gustav Stresemann in der Tat einer der wenigen, die spürten, was die Zukunft verlangte. Auch bei ihm fehlte es zwar nicht an restaurativen Instinkten. Aber gewichtiger war doch der Sinn für das Neue. Eben deshalb ist er in der zweiten Jahrhunderthälfte lange Zeit als einzige Größe begriffen worden, die über ihre Epoche herausragt. Brüning hingegen firmiert wie so mancher seiner Zeitgenossen der Dritten Republik in Paris – André Tardieu, Édouard Daladier, Paul Reynaud beispielsweise – als gescheiterter Hoffnungsträger.

Faßt man jene Politiker ins Auge, mit denen sich damals größere Hoffnungen verbanden, so fällt noch eine weitere Eigentümlichkeit des Weimarer Systems auf. Die wenigen überdurchschnittlichen Gestalten repräsentierten jeweils bestimmte Milieus. Daher scheiterte jeder von ihnen an der Aufgabe, über die engere Schicht der Anhänger und Sympathisanten hinaus mehrheitsfähig zu werden oder wenigstens doch für die Mehrheiten im Reichstag und unter den Wählern tolerabel.

Reichspräsident Friedrich Ebert ist die bedeutendste Gestalt unter ihnen. Länger als fünf kritische Jahre füllt er das Präsidentenamt würdig und integrierend aus. Da er schon während des Krieges den Typ des patriotischen, politisch kompromißbereiten, nichtrevolutionären Sozialdemokraten verkörpert hat, wählt ihn eine breite Mehrheit in der Weimarer Nationalversammlung im Februar 1919 zum Reichspräsidenten. Die Amtsdauer wird 1922 vom Reichstag bis 1925 verlängert. Bei genauerem Zusehen erkennt man also, daß er sich nie einer Volkswahl unterziehen mußte. Von den Rechtsparteien niederträchtig befehdet, stirbt Ebert indessen, noch bevor er den Nachweis zu führen vermag, daß er als überzeugender Repräsentant der Republik tatsächlich weit über das sozialdemokratische Milieu hätte hinausgreifen können. Kein Sozialdemokrat nach ihm hat über ein vergleichbares Ansehen verfügt.

Milieugebunden sind aber auch die Größen aus dem katholischen Zentrum. Wilhelm Marx, von 1922 bis 1928 Vorsitzender des Zentrums, zeichnet sich ähnlich wie Ebert bei den Sozialdemokraten durch charakterliche Integrität, durch nüchternen Wirklichkeitssinn und durch nimmermüde Pflichterfüllung aus. Doch genauso wie Ebert mangelt es ihm an Charisma. Er ist jedoch ein Meister behutsamer parlamentarischer Taktik, und so schafft er eine zweimalige Reichskanzlerschaft. Insgesamt versieht er dieses Amt etwas mehr als vier Jahre lang, und es spricht für sich, daß er damit der am längsten amtierende aller Reichskanzler der Weimarer Republik gewesen ist. Doch bei der Wählerschaft ist er nicht mehrheitsfähig, obschon ihn 1925 der »Volksblock« aus Zentrum, SPD und Deutscher Demokratischer Partei gegen Hindenburg aufstellt. Erst recht nicht gelingt es dem Zentrum zu Zeiten des Reichskanzlers Brüning, bei Reichstagswahlen jemals über 12,5 Prozent hinauszukommen.

Doch nicht nur Friedrich Ebert, Wilhelm Marx oder Heinrich Brüning sind in erster Linie innerhalb ihres politischen Milieus hervorragende Größen und werden dort bis heute ehrender Erinnerung für wert gehalten. In der Innenpolitik jener Jahre gilt das auch für Stresemann, der doch als Außenpolitiker immerhin über sechs Jahre hinweg einen prekären überparteilichen Konsens verkörpert hat.

Walther Rathenau hingegen, den bis zu seiner Ermordung im Juni 1922 mancher als kommende Größe betrachtet, ist nicht einmal im eigenen Milieu der Großindustriellen und der Banken unumstritten. Den einen paßte seine Erfüllungspolitik nicht, den anderen mißfiel seine republikanische Orientierung, wieder andere hielten ihn für einen hochgestochenen und unpräzisen Literaten. Was die bürgerliche Gesellschaft an ihm hatte, wurde vielen erst bei seinem Staatsbegräbnis bewußt. Vielleicht wäre er dank seines internationalen Ansehens in die Rolle des Verständigungspolitikers hineingewachsen, die dann Stresemann so leidenschaftlich und so wirkungsvoll gespielt hat. Als

Opfer der nationalistischen Vendetta ist er eine jener Größen der Republik, denen es nicht beschieden war, ihr Persönlichkeitspotential über längere Dauer zu entfalten. Seine politische Laufbahn wirkt ähnlich unabgeschlossen wie die Friedrich Eberts und Gustav Stresemanns.

Alles in allem hat die erste deutsche Demokratie mit ihren Größen kein Glück gehabt. Sie wurden wie Matthias Erzberger oder Walther Rathenau ermordet, sie starben zu früh wie Friedrich Ebert und Gustav Stresemann, oder sie waren nur guter Durchschnitt und ohne mitreißendes Temperament wie Wilhelm Marx, Heinrich Brüning und mancher andere. Das alles mochte zu verkraften sein. Demokratien können durchaus recht und schlecht überleben, auch wenn einige Jahrzehnte lang ganz bedeutende Führer ausbleiben, die politischen Biß haben. Die Dritte Republik in Frankreich hat jahrzehntelang so gelebt und überlebt. Kritisch wird die Lage aber, sobald zweierlei zusammentrifft: eine sehr schwere Krise und das Auftreten eines außergewöhnlichen Demagogen, der entschlossen ist, die Demokratie zu zerstören.

Genauso gilt das Umgekehrte: Wenn hervorragend positive Talente auftreten und wenn die Krisen aufgrund glücklicher Umstände abklingen, sind selbst »Instabilitätsrepubliken« stabilisierbar. Einige Jahre lang hatte es den Anschein, als sei mit Gustav Stresemann ein derart außergewöhnliches Talent gefunden. Doch die Instabilitätsrepublik stand unter einem Unstern, und so blieb auch er eine ephemere Erscheinung.

# Verständigungspolitiker: Aristide Briand und Gustav Stresemann

Mit Aristide Briand und Gustav Stresemann tritt ein neuer Typus auf die Bühne des europäischen Polit-Theaters: der Verständigungspolitiker. Wenn sich bei Erinnerung an diese bedeutenden Parlamentarier die Assoziation zum Theater einstellt, so auch deshalb, weil der erste gemeinsame Auftritt der beiden tatsächlich in einem theatralischen Rahmen stattfindet.

Die große Premiere steigt am 16. Oktober 1925. Ort der Handlung ist Locarno am Lago Maggiore, und die Regieanweisung lautet: goldener Herbst, ein milder Oktoberabend. Nach zähen Verhandlungen haben die Delegationen Belgiens, Deutschlands, Frankreichs, Großbritanniens und Italiens jenen Vertrag paraphiert, in dem die Unterzeichnerstaaten ihre Grenzen wechselseitig gegen jeden Angriff garantieren. Zuvor haben die einstigen Kriegsgegner demonstrativ von gleich zu gleich verhandelt. Nun liegt ein multilaterales Abkommen moderner Friedenssicherung vor, das alle Unterzeichnerstaaten binden soll.

Als die Delegationen ihr Werk getan haben, verbreitet sich vor Ort der Eindruck, jetzt sei die Epoche der »Stahlgewitter« endgültig abgeschlossen. Locarno markiert nach Auffassung des britischen Außenministers Austen Chamberlain »die eigentliche Wasserscheide zwischen den Kriegsjahren und den Friedensjahren«.[114] »Mit Locarno muß eine neue Epoche anfangen«, formuliert auch Aristide Briand.[115] Stresemann, von dem der Vorschlag für den Locarno-Vertrag ausgegangen ist, schwärmt gleichfalls von der großen »Entwicklung des europäischen Friedensgedankens, die von der Zusammenkunft in Locarno ihren Ausgang nimmt«.[116] Sie alle haben vorerst recht, nur daß eben die Friedensjahre sehr viel kürzer sind als erwartet. Weder die große Weltwirtschaftskrise ist vorgesehen noch Adolf Hitler. Dies ist die historische Tragödie von Locarno, somit auch der Verständigungspolitiker.

Am Abend des 16. Oktober 1925 will aber niemand glauben, daß man eben eine Illusionsarchitektur errichtet hat. Paul Schmidt, damals ein junger Dolmetscher im Auswärtigen Amt, der in der Folge erlebt, wie und von wem der Friede erneut zerbrochen wird, hat von der

Stimmung jenes Abends eine nostalgische Schilderung gegeben – »das Eindrucksvollste, was ich jemals in meiner langen Laufbahn erlebt habe«.[117] Auf der Piazza vor dem Rathaus von Locarno feiern die begeisterten Tessiner die Verständigungspolitiker mit brausendem Beifall, überall prangen Transparente mit dem Wort »Pace«, die Glocken von Madonna del Sasso läuten, am Ufer des Sees steigen die Raketen eines großartigen Friedensfeuerwerkes auf, die Friedensstifter auf schmalem Balkon genießen die historische Stunde, und das in großen Rudeln umherschweifende internationale Pressekorps berichtet, daß von nun an ein neuer Geist in Europa herrschen wird – »der Geist von Locarno«.

Locarno wird jetzt zum politischen Mythos jenes glücklichsten Jahrfünfts der Zwischenkriegszeit. Versöhnung, Friede, Abrüstung und Europa sind die Stichwörter dieser Jahre. Selbst im damaligen Großbritannien halten sich die Politiker etwas darauf zugute, wenn man sie »gute Europäer« nennt.[118] Doch die eigentlichen Helden der Locarno-Politik sind Briand und Stresemann. Beide haben ihre Talente bisher nur als führende Parlamentarier ihrer jeweiligen Länder unter Beweis gestellt. Beide sind sie auch während des Krieges bedenkenlose Annexionisten gewesen, Briand als französischer Ministerpräsident und Stresemann als einflußreichster Parlamentarier der Nationalliberalen. Doch das stört die Friedensfreunde nicht, ganz im Gegenteil. Kein überzeugenderer Missionar als ein Saulus, der zum Paulus bekehrt wurde!

Rasch wird damals auch die Nützlichkeit des Friedensnobelpreises erkannt. Austen Chamberlain im Verein mit dem amerikanischen Bankier Dawes erhalten ihn rückwirkend für 1925, Briand und Stresemann für 1926. Das ist die moderne Form der Heiligsprechung. In der zweiten Jahrhunderthälfte greift man diese Tradition wieder auf. Adenauer, Robert Schuman, de Gasperi oder Jean Monnet, die den Typ des Verständigungspolitikers durchaus auch verkörpern, gehen zwar leer aus, nicht aber Willy Brandt, der in manchem als eine Reinkarnation des großen Versöhners Aristide Briand verstanden werden kann. Und 1990 geht der Nobelpreis an Gorbatschow.

Als Briand und Stresemann den Geist von Locarno verkörpern, steht Europa im Banne widersprüchlicher Mythen. In Deutschland wirken der patriotische Mythos von Langemark sowie der vollends militaristische Mythos der Großen Frühjahrsschlacht von 1918, in Frankreich der Mythos vom heldenhaften Widerstand in Verdun, dann der rauschhafte Mythos des glorreichen 11. November 1918. Es gibt auch die negativen Mythen, die bewußt oder unbewußt das Verhalten steuern: etwa der Mythos vom sinnlosen Sterben der englischen Bataillone in den Schlammwüsten von Paschendaele oder der

Mythos vom Ringen um den Hartmannsweilerkopf im Elsaß, wo Tausende von Deutschen und Franzosen Jahr für Jahr sinnlos verblutet sind.

Den Mythen des Großen Krieges wird jetzt der humane Mythos von Locarno entgegengesetzt. Auf die Menschen guten Willens wirkt er auch deshalb so stark, weil das Wesen des Friedens so faßbar veranschaulicht ist. Ein altmodischer Konferenztisch in einem recht schlichten Rathaus der neutralen Schweiz, um den die Delegationen auf ungemütlichen Holzstühlen in drangvoller Enge plaziert sind; ein mildes, versöhnliches Urlaubsklima fern von den Metropolen und Schlachtfeldern; naiver Jubel einfacher Leute; gute alte »Welt von gestern« also, dank der Vernunft großer Parlamentarier wieder zum Leben erweckt – das ist der anschauliche Friedensmythos von Locarno.

Dieser Mythos lebt aber nicht nur vom diplomatischen Ergebnis, vom Flair Locarnos und von der Hoffnung. Er lebt vor allem auch von der Personifizierung in den Außenministern Briand und Stresemann. Austen Chamberlain, der gleichfalls mitgewirkt hat, wird bald vergessen, ebenso der Diktator Mussolini, der unter dem Schutz seiner Leibgarde während der Konferenz gleichfalls kurz aufgetaucht war, um dann ebenso rasch wieder zu verschwinden.[119]

»Man muß also die Mythen als Mittel einer Wirkung auf die Gegenwart beurteilen«, hatte Georges Sorel knapp zwanzig Jahre zuvor in den »Réflexions sur la violence« gelehrt.[120] Intuitiv haben Briand und Stresemann dies begriffen.

Locarno, »der Geist von Locarno« und die Hoffnungsträger von Locarno nehmen also in vielem vorweg, was sich dann im 20. Jahrhundert wieder und wieder entfaltet. Wie in Locarno muß auch künftig vieles zusammenkommen, wenn Friedenspolitik gelingen soll. Dazu gehört nicht zuletzt die ständige Betonung der Tatsache, daß Verständigungspolitik ein Prozeß ist und daß ein solcher Prozeß erlahmt, wenn man ihn nicht unablässig mit neuen Initiativen voranbringt.

Ein wesentlicher Faktor für das Gelingen ist auch diskrete, kundige Vorbereitung komplizierter Initiativen. Häufig sind es wichtige Personen im Hintergrund, denen das entscheidende operative Konzept zu verdanken ist, die auf das Timing Einfluß nehmen und die das Projekt durch die gefährlichen Stromschnellen steuern. Im Fall der Locarno-Initiative spielt Lord d'Abernon, der britische Botschafter in Berlin, diesen Part, sekundiert von hohen Beamten des Auswärtigen Amtes. Später, 1950, wird Jean Monnet die inspirierende Rolle für den Schumanplan sowie die Europäische Verteidigungsgemeinschaft spielen. Altiero Spinelli übt auf italienischer Seite vergleichbaren Einfluß auf den Ministerpräsidenten de Gasperi aus. Wiederum zwei Jahrzehnte später agiert dann Egon Bahr als graue Eminenz der »neuen Ostpolitik« Bundeskanzler Brandts.

Sorgsame diplomatische Vorbereitung ist schon deshalb unerläßlich, weil Europa seit dem Ersten Weltkrieg in das Zeitalter multilateraler Konferenzdiplomatie eingetreten ist. Dabei treten jene protokollarischen, völkerrechtlichen, machtpolitischen und psychologischen Probleme auf, die nur von größeren Apparaten zu bewältigen sind. Im Fall von Locarno sind es nicht allein die Interessen der Großmächte, deren Berücksichtigung zwingend ist. Auch die Regierungen kleinerer und mittlerer Länder – Belgien, die Tschechoslowakei, Polen – müssen mit komplizierten Formeln eingebunden werden.

Von 1926 an verlagert sich dann der Schwerpunkt multilateraler Diplomatie zum Genfer Völkerbund, von dem Reichspräsident Hindenburg schlicht, aber wahr bemerkt: »Die wollen uns nicht wohl.«[121] Doch Stresemann macht ihm klar, daß eben deshalb überzeugende deutsche Präsenz um so wichtiger ist.

Nun ist auch früheren Jahrhunderten die multilaterale Diplomatie wohlbekannt. Allerdings beherrschen die maßgeblichen Akteure beim Wiener Kongreß oder beim Berliner Kongreß noch die europäischen Verkehrssprachen. Doch das 20. Jahrhundert ist das Zeitalter der arrivierten Kleinbürger und der international zu Ehren gekommenen Banditen. In Locarno entspricht nur noch der britische Außenminister Austen Chamberlain dem überkommenen Bild des großen Diplomaten. Dieser innerlich schwache, doch hochmütig auftretende Sohn eines sehr dominierenden Vaters hat in Paris und Berlin studiert mit der Folge, daß er seither frankophil und germanophob ist. Immerhin versteht er aber seine Partner und greift deshalb immer wieder korrigierend in die Übersetzungen ein.[122] Briand und Stresemann sind indessen, wie später viele ihresgleichen, von Übersetzern abhängig. In Locarno fehlen noch die Übersetzerkabinen mit elektronisch übermittelter Parallelübersetzung. Am Verhandlungstisch, bei den Pressekonferenzen oder beim vertraulichen Tête-à-tête – immer muß alles recht umständlich konsekutiv übersetzt werden. Insgesamt ist dies eher von Vorteil. Die Politiker müssen sich entgegen ihrer Neigung zu langen Monologen vergleichsweise kurz fassen.

Jedenfalls kann die Bedeutung der jetzt voll einsetzenden multilateralen Gipfeldiplomatie gar nicht überschätzt werden. Das heißt zugleich: Regierungschefs und Außenminister müssen wieder die zeitweilig vergessene Kunst der persönlichen Diplomatie lernen. Bei den Friedensschlüssen zu Paris im Jahr 1919 ist multilaterale, zugleich aber persönliche Diplomatie bereits in großem Stil praktiziert worden. Auf der Konferenz von Rapallo findet dies im Jahr 1922 seine Fortsetzung.

*Staatsmänner mit Damen: Unterzeichnung des Locarno-Vertrags. Von links nach rechts: Mrs. Baldwin, Herzogin von Sutherland, Lady Birkenhead, Außenminister Vandervelde (Belgien), Briand, Lady Chamberlain, Reichskanzler Luther, Premierminister Baldwin; dahinter: zweiter von oben, links, Chamberlain, schräg hinter Briand Stresemann und am Treppengeländer Winston Churchill neben seiner Frau Clementine.*

Rapallo 1922, Locarno 1925, danach die Genfer Sitzungen des Völkerbunds – für die deutschen Spitzenpolitiker bedeutet dies, ohne jede Vorbereitung mit den ausländischen Gegenspielern und mit den Tücken moderner Konferenzdiplomatie konfrontiert zu werden, wozu auch unkontrollierbare Schwärme von Journalisten gehören. Aber für Aristide Briand ist der direkte Austausch mit Gustav Stresemann gleichfalls eine völlig neue Erfahrung. Die große Leistung der beiden Außenminister bei diesen und späteren Zusammenkünften ist erst vor dem Hintergrund solcher Rahmenbedingungen zu verstehen.

Zu diesen Rahmenbedingungen gehört aber auch, daß Frankreich und Belgien auf der einen Seite, Deutschland auf der anderen aus einer Epoche haßerfüllter Konfrontation kommen, die mit dem Waffenstillstand 1918 noch längst nicht aufgehört hat. Das Jahr 1923 mit der Besetzung des Ruhrgebiets durch Frankreich und Belgien hat erneut an den Rand bewaffneter Zusammenstöße geführt. Immer noch stehen völlig überlegene Sieger dem militärisch wehrlosen Besiegten gegenüber. Deutschland möchte also durch Verständigungspolitik aus dem inferioren Status quo herauskommen, Frankreich hingegen ist daran gelegen, den überlegenen Status quo zu bewahren, zugleich aber doch die Konfrontation abzubauen.

Wie kommt es, daß Briand und Stresemann diese Herausforderung gewissermaßen auf Anhieb bewältigen und seit der Konferenz von Locarno als die großen Verständigungspolitiker gelten? Man hat zwar damals und später oft auf Gemeinsamkeiten der aus dem Kleinbürgertum herausführenden politischen Karrieren verwiesen. Doch die Unterschiede zwischen Briand und Stresemann sind viel ausgeprägter als die Gemeinsamkeiten.

Aristide Briand, geboren 1862, ist eigentlich noch eine Gestalt der Belle Époque.[123] Dies hat er mit vielen Spitzenparlamentariern der Dritten Republik gemeinsam. Clemenceau, Poincaré, Millerrand, Caillaux und ein Dutzend weiterer Größen der Dritten Republik wären hier zu nennen. Bei aller Unterschiedlichkeit von Herkunft und Machtbasis haben sie jedoch *eines* gemeinsam: Sie sind Parlamentarier eines politischen Systems, in dem die Regierungen fast so rasch wechseln wie das Wetter. Wer reüssieren will, muß sich opportunistisch anpassen und sollte es vermeiden, jemals absolute Positionen zu beziehen. Man überlebt nur mittels einer unendlichen Abfolge von Kompromissen.

Unbestrittener Großmeister dieses Spiels ist Aristide Briand. Sein Vater betrieb in Saint-Nazaire, das im Zweiten Weltkrieg bei den deutschen U-Boot-Fahrern Berühmtheit gewinnt, ein »Café chantant«, wo kräftiges Essen, entsprechende Spirituosen und leichte Mädchen zu finden sind. Von Jugend auf bis ins fortgerückte Alter ist ihm nichts Menschliches fremd. Der junge Advokat, damals schon ein radikaler Sozialist, verursacht einen großen Skandal, weil er mit der Gattin eines Bankiers auf einer Wiese vor der Stadt in eindeutiger Position erwischt wird. Zwei Instanzen verurteilen ihn und die Delinquentin wegen Verletzung der öffentlichen Moral, eine dritte spricht ihn frei, doch er entschließt sich nun, in die Politik zu gehen. Spätestens jetzt ist ihm die Bourgeoisie verhaßt, und er wendet sich begeistert der Arbeiterbewegung zu.

Anfänglich lebt er von Sensationsprozessen und von journalistischer Arbeit. 1896 ist er bereits Generalsekretär der »Confédération Générale du Travail« (CGT) und Chefredakteur des Agitationsblatts »Lanterne«. Dieser junge Frechdachs ist damals in jeder Hinsicht

»anti« – antibourgeois, antiklerikal und, als die Regierung reguläre Soldaten gegen streikende Arbeiter einsetzt, auch antimilitaristisch. Er plädiert in dieser Phase für die »legale Revolution«. Wenig später wird Georges Sorel die Idee des Generalstreiks als den mächtigen Mythos der Arbeiterschaft theoretisch verklären.[124] Auch Briand plädiert dafür.

1902 zieht er – immerhin schon vierzig Jahre alt – in die Nationalversammlung ein. Er ist jetzt bereits auf dem besten Weg ins politische Establishment und distanziert sich dabei immer nachdrücklicher vom dogmatischen Volksschullehrerflügel sowie von den doktrinären Revolutionstheoretikern in der eigenen Partei, die ihn entsprechend hassen. 1906 übernimmt er sein erstes Ministerium – das für Unterricht und Kultur. Clemenceau gehört derselben Regierung als Innenminister an, Poincaré als Finanzminister. Jahrzehntelang werden sich diese drei dann aneinander abarbeiten. Von nun an ist Briand von den »chaires musicales« der Kabinette nicht mehr hinwegzudenken. Es gibt keine Regierungskombination, in die er sich nicht einzufügen wüßte.

1913 verfaßt der Schriftsteller René Schickele, damals Pariser Korrespondent deutscher Blätter, ein brillantes Porträt des bereits berühmten Briand: »Nie hat jemand Briand ein Buch lesen sehen. Wo hätte er auch die Zeit hergenommen? Er war Parteisekretär, Abgeordneter, Leiter der ›Lanterne‹ oder der ›Humanité‹, und wenn er auch selten selbst schrieb, so redigierte er um so eifriger. Er war nicht der Mann langwieriger Ausführungen, er stellte Wegweiser, gab die Parole aus und ließ die anderen marschieren ... Was Aristide Briand an politischer Bildung besitzt, sind die Ablagerungen einer von den verschiedensten Intelligenzen und Instinkten sprudelnden Umgebung in einem großen Gedächtnis und einem elektrischen Verstand, der von allen Dingen das für die eigene Person passende Maß nimmt.«[125]

Dieser scharfe Beobachter vermerkt auch ein Lieblingsschlagwort, das Briand 1909 in die öffentliche Diskussion geschleudert hat, »l'apaisement«.[126] In nordrhein-westfälische Polit-Programmatik übersetzt, heißt das: »versöhnen, statt spalten!« »Apaisement«, damit ist gemeint: innere Befriedung. Später wendet Briand das Schlagwort auch auf die Außenpolitik an. Es fällt dann nach 1938 in der anglisierten Form »appeasement« weltweiter Verachtung anheim.

Briand, so fährt Schickele fort, habe den Sozialismus improvisiert und dessen Regierungsfähigkeit unternommen. Dabei ging dieser einstige Vorkämpfer einer sozialen Republik so weit, einen Eisenbahnerstreik »mit der Dampfwalze seiner Polizei« zu unterdrücken.[127] Und da Schickele in jenen Jahren selbst zu den Radikalen gehört, bezeichnet er Briand zornig als »verbraucht. Ausgesaugt. Müdegestreichelt.

Totgeschwatzt«.[128] Weil er skrupellos sei, nenne man ihn einen Staatsmann. »Heute schon«, so Schickele, »ein Meister in seinem Handwerk unter den Regierenden der Erde«, sei Briand »ein Beispiel und ein Vorläufer all jener, die in diesem und dem nächsten Jahrhundert aus der Tiefe des Volkes emporkommen werden, um ihre heftigen Instinkte in der Kunst des Regierens auszuwirken.«[129]

Die Prophezeiung geht in Erfüllung. Im Ersten Weltkrieg, da Frankreich ums Überleben kämpft, ist der einstige Pazifist Aristide Briand vom Oktober 1915 bis zum Rücktritt im März 1917 Regierungschef. Für den Geschmack Clemenceaus und seiner Anhänger neigt er freilich viel zu stark einem Verständigungsfrieden zu. Der rechtsradikale Charles Maurras beschuldigt ihn noch Anfang der dreißiger Jahre öffentlich, im dunkelsten Augenblick des Krieges in mittelbarer Verbindung mit dem Feind gestanden zu haben.[130] Tatsächlich jedoch hat auch Briand seinen Anteil an der Fortführung der Schlächterei. In den Monaten Dezember 1916 bis Februar 1917, als sich unter amerikanischem Druck für wenige Wochen eine wenngleich nur entfernte Möglichkeit von Friedensverhandlungen abzeichnet,[131] gehört er zu denen, die das im Einvernehmen mit Poincaré entschieden vom Tisch fegen. Im Herbst 1918 will er keinen Waffenstillstand schließen, sondern plädiert dafür, direkt nach Berlin zu marschieren. Damals hatte ihn aber Clemenceau schon völlig ausmanövriert.

Doch Briand ist ein Stehaufmännchen. 1921 wird er kurzfristig Außenminister und gilt von nun an als Exponent internationaler Verständigung. Sein großer Gegenspieler ist jetzt Raymond Poincaré. Als dessen antideutsche Konfrontationspolitik des Jahres 1923 scheitert, wird Briand nach den Wahlen vom Mai 1924 Außenminister und hält sich im Auf und Ab der Koalitionen (zeitweilig sogar unter Poincaré) bis Anfang 1932.

Briand, der in Locarno erstmals mit Stresemann zusammentrifft, ist also schon damals eine Zelebrität. Wer den Innenpolitiker Briand studiert hat, weiß, welche Talente er nun in den internationalen Beziehungen vorrangig einsetzen wird: seine sagenhafte Kunst, Kompromisse herbeizuführen, seinen spöttischen Humor und sein hinreißendes Rednertalent. Er ist eben immer beides: die Inkarnation des Parlamentariers der Dritten Republik und zugleich die Inkarnation des Versöhnungspolitikers im Zeitalter der Weltkriege.

Der enge Rathaussaal in Locarno ist diesem Meister der Verhandlung in kleinem Kreis genauso gemäß wie jenes berühmte Restaurant des Père Léger in dem Juradörfchen Thoiry, wo er 1926, nur von dem getreuen Professor Oswald Hesnard als Dolmetscher assistiert, mit Stresemann über eine Gesamtlösung aller zwischen Deutschland und Frankreich schwebenden Fragen verhandelt, mit der er dann in Paris scheitert. Briand brilliert aber auch immer wieder auf der Tribüne des Völkerbundes. Im ganzen 20. Jahrhundert wird sich kein weiterer Außenpolitiker finden, der die erprobten Techniken des Parlamentarismus so meisterhaft einsetzt wie er. Nicht nur die Verhandlungspartner, auch die Journalisten bewundern ihn als Magier, dem lange Zeit fast alles gelingt. Niemand eignet sich besser zur Entkrampfung als dieser immer aufgeräumte, doch nie allzu präzise Bretone, der eine intuitive Fähigkeit besitzt, Vertrauen zu schaffen und Gegensätze abzubauen.

Damit hat er selbst bei Stresemann Erfolg, obgleich dieser ihm trotz seiner kleinbürgerlichen Herkunft und trotz gleichfalls bewährter parlamentarischer Könnerschaft alles andere als ähnlich ist.[132] Denn ein ehrbares deutsches Bierlokal, dessen Umfeld Stresemann entstammt, ist schließlich keinem lockeren »Café chantant« vergleichbar. Die Neo-Germanen (immerhin eine Reformburschenschaft), bei denen Stresemann gesellschaftlich sozialisiert wird, haben mit den radikalsozialistischen Gruppierungen, in denen sich der junge Briand tummelt, ebensowenig etwas gemeinsam wie der politische Aufstieg des Nationalökonomen Stresemann als Manager im Verbandswesen des Kaiserreichs mit der sozialistischen Karriere Briands. Kann man in Briand ein Produkt der Belle Époque sehen, in der selbst die Radikalen dem Lebensgenuß zugetan sind, so ist der Nationalliberale Stresemann, immerhin fünfzehn Jahre jünger als Briand, ein reinrassiges Produkt der Wilhelminischen Ära: ein kaisertreuer Deutscher, ein Flottenenthusiast und natürlich ein scharfer Gegner der Sozialdemokraten.

Immerhin lernt auch Stresemann, seit 1907 Mitglied des Reichstages und mit 28 Jahren der jüngste Abgeordnete, die hohe Kunst des Parlamentarismus. Allerdings betätigt er sich in einem Parlament, dessen Fraktionen ungleich disziplinierter sind als die der Assemblée Nationale, zugleich freilich viel machtloser.

Erst während des Krieges und vor allem nach der Niederlage erlernt Stresemann jenen Opportunismus, dessen Vorzüge Briand schon viel früher entdeckt hat. Er verabschiedet seine monarchischen Überzeugungen, ungeachtet residualer Nostalgien. Er lernt es, mit vaterlandstreuen Sozialdemokraten zu koalieren, und entdeckt, daß Außenpolitik nicht nach dem Prinzip Alles-oder-nichts gestaltet werden darf, sondern unter dem Gebot des Sowohl-als-auch steht. 1925 tritt also Briand ein Stresemann gegenüber, der inzwischen die Techniken parlamentarischer Regierung gleichfalls meistert, nicht zuletzt die Kunst der Kompromisse, bei denen vieles ungelöst im Schweben bleibt.

Nach dem Zusammenbruch hat Stresemann auch seinen kompromißlosen Nationalismus zu relativieren gelernt. Er wird nicht nur zum

Vernunftrepublikaner, sondern begreift, daß man in der Außenpolitik nur mit Augenmaß und Kompromißbereitschaft reüssiert. Das gilt ganz besonders für eine geschlagene, zur militärischen Selbstbehauptung nicht mehr fähige Großmacht wie Deutschland. Ob sich der einstige Imperialist Stresemann während der ganzen zwanziger Jahre nur vorsichtig getarnt hat, bis bessere Zeiten kommen, wird auch Jahrzehnte nach seinem Tod noch umstritten sein. Tatsache ist, daß er sich bis zu seinem Tod leidenschaftlich für eine realistische Verständigungspolitik einsetzt. Unter den Historikern hat sich daher die Auffassung mehr und mehr durchgesetzt, daß Stresemann genauso wie auf der anderen Seite Briand aus den Irrtümern der Kriegsjahre seine Lehren gezogen hat.

Denn beide sind Politiker mit einer nationalistischen Vergangenheit.[133] Bekanntlich gehört Stresemann im Ersten Weltkrieg von Anfang an zu den entschiedenen Befürwortern eines Siegfriedens, dem eine großzügige Westexpansion folgen soll mit Wegnahme strategisch und wirtschaftlich interessanter Gebiete Frankreichs. Belgien soll künftig von Deutschland kontrolliert werden, in welchem Status auch immer. Der große Englandhasser Stresemann, als der er sich damals versteht, plädiert jedenfalls in den ersten Kriegsjahren für eine Kontrolle der Kanalküste und träumt davon, Calais zu einem »deutschen Gibraltar« zu machen. Im Osten möchte er das Baltikum von Rußland abgetrennt sehen. Dabei ist Stresemann ein durchaus moderner Imperialist: Seine Idee einer Kontinentalhegemonie des siegreichen Deutschland ist vorwiegend auf das Konzept wirtschaftlicher Kontrolle des Umfeldes abgestellt.

In dieser Hinsicht ist Briand, vom Oktober 1915 bis März 1917 an der Spitze der »Nationalen Union« Ministerpräsident, eine Art Geistesverwandter. An den verrückten Offensiven der französischen Generale ist dieser einstige Antimilitarist durchaus nicht ganz unschuldig. Und so wie Churchill die Gallipoli-Expedition betreibt, plädiert auch Briand für eine Mittelmeerstrategie. Die insgesamt ziemlich kläglich verlaufende Expedition General Sarrails nach Saloniki ist sein wichtigster Beitrag zur großen Strategie der Entente. Desgleichen hat er Anteil an jener heillosen Kriegszielpolitik zugunsten von Rußland, Italien und Rumänien, die einem rechtzeitigen Kompromißfrieden zur Beendigung des Schlachtens im Wege steht.

Deutschland gegenüber gehört Briand zu den Annexionisten. Er möchte nicht allein Elsaß-Lothringen zurückgewinnen, sondern gleichzeitig das Saargebiet und Teile von Rheinland-Pfalz annektieren. Ob das gesamte linksrheinische Gebiet annektiert, als Protektorat von Deutschland abgetrennt oder auf lange Zeit unter alliierte Besatzung gestellt werden soll, bleibt offen.[134] Und ähnlich wie Stresemann hält auch Briand es damals für geboten, das wirtschaftliche Blockdenken nach dem Krieg fortzusetzen. Seiner Meinung nach soll Deutschland auf Dauer ökonomisch eingeschnürt werden.[135]

Als Annexionisten und als Befürworter moderner wirtschaftlicher Hegemonie sind Stresemann und Briand somit einander ebenbürtig. Im Unterschied zu Briand befindet sich Stresemann aber damals außerhalb der Exekutive, wenngleich er parlamentarisch schon recht einflußreich ist. Seine Forderung nach einem »Siegfrieden« ist typisch wilhelminisch, beweist aber auch, daß er, wiederum anders als Briand, nur über unvollständige und gefilterte Informationen verfügt.

In der Nachkriegszeit kommen beide viel früher als andere zur Vernunft. Stresemann entschließt sich nun, vorrangig mit den USA und Großbritannien Politik zu machen und pragmatisch Ballast abzuwerfen. Dazu gehört auch das Eingehen auf die Wünsche Englands, daß Deutschland sich endlich mit den in Versailles gezogenen Westgrenzen abfinden solle, damit man die verbleibenden Fragen friedlich-schiedlich und vielleicht eher im deutschen Sinne zu lösen vermag. Briand seinerseits erinnert sich nun wieder der eigenen pazifistischen Anfänge. Er wünscht zwar die hegemoniale Stellung Frankreichs weiterhin beizubehalten, sieht sich aber gezwungen, seinerseits auf das angelsächsische Verlangen nach Errichtung einer europäischen Friedensordnung einzugehen.

Beide sind somit Protagonisten eines aufgeklärten Nationalinteresses. Sie haben begriffen, daß jetzt eine Art neues europäisches Konzert errichtet werden soll. Als ideale Basis dieses Konzerts versteht Briand den Völkerbund. Stresemann läßt sich darauf ein und entwickelt ein beträchtliches Geschick, mit den Konzepten kollektiver Sicherheit pfleglich umzugehen.

Auf internationaler Bühne ist Briand die eindrucksvollere Persönlichkeit. In Locarno bestimmt er »den Ton und die Atmosphäre dieser Tage«.[136] Bei den Völkerbundskonferenzen in Genf, wo sich Herbst für Herbst die Außenminister Europas versammelten, spielt er gleichfalls die erste Geige. Er war damals »der beste politische Kopf Europas«, meinte später Salvador de Madariaga, der als hoher Funktionär beim Völkerbund diesen Spielmacher der Verständigungspolitik gründlich studiert hat.[137]

Doch auch Stresemann faszinierte viele Beobachter. Botschafter d'Abernon, der in die Entstehung der Locarno-Politik genauesten Einblick hatte, attestierte ihm »eine überragende Rolle«.[138] Er wirkte auf ihn nach Aussehen und Temperament wie ein Bruder Winston Churchills. Allerdings sah d'Abernon auch die Schwächen Stresemanns. Er habe ein ausgesprochenes Talent besessen, Mißtrauen und Feindschaft zu erwecken: »Vielleicht war sein Geist zu beweglich, um den Eindruck der Zuverlässigkeit zu vermitteln. Vielleicht waren seine Ausdrucksmöglichkeiten zu gut und zu klingend, seine Äußerungen zu geistreich, um maßvoll und überlegen zu wirken.«[139]

Genau vier Jahre lang dauert die Zusammenarbeit zwischen Briand und Stresemann. Am 5. Oktober 1925 treffen sie in Locarno erstmals zusammen, am 3. Oktober 1929 stirbt Stresemann. Schon die Zeitgenossen sind der Auffassung, daß das europäische Großwetterklima in jenen vier Jahren von diesen beiden Verständigungspolitikern bestimmt wird. Damals veranschlagt man allerdings die Bedeutung Außenminister Chamberlains genauso hoch. In der Tat kann das Gewicht Großbritanniens bei der Friedenspolitik in der Locarno-Epoche gar nicht überschätzt werden. Doch der großartig auftretende, kluge und kalte Austen Chamberlain wird von kundigen Zeitgenossen als eine im Kern eher weiche Figur eingeschätzt. »Geradezu der Idealtyp des Mannes der Upper Class, zum Herrschen geboren«, hat ihn Salvador de Madariaga noch fast ein halbes Jahrhundert später in Erinnerung; allerdings sei Steifheit sein beherrschendster Wesenszug gewesen.[140] Graf Sforza, der ihm wegen seiner zeitweiligen Sympathie für den Diktator Mussolini grollte, urteilte freilich schon zu Lebzeiten Chamberlains viel unbarmherziger. Er entdeckte an ihm »die skeptische Mutlosigkeit der venezianischen Patrizier unmittelbar vor dem Sturz der Serenissima, die allen Stolz und Mut ihrer Väter verloren hatten«.[141] Immerhin hat Chamberlain dann die Verständigungspolitik nachdrücklich unterstützt, dies auch deshalb, weil Locarno der strahlendste Erfolg in seiner Laufbahn war und ihm den Hosenbandorden und den Nobelpreis einbrachte. Sein historisches Andenken hat freilich auch darunter gelitten, daß mit seinem Namen der Beginn jener Appeasement-Politik verbunden war, die sein Bruder Neville als Premierminister völlig in Mißkredit brachte. Er ist aber eben auch vergessen worden, weil Briand und Stresemann so ganz offensichtlich durch erstklassiges politisches Temperament faszinierten. Hans Luther, der als Reichskanzler an den Verhandlungen von Locarno teilnahm, hat sie in der Rückschau des Jahres 1952 recht einprägsam beschrieben: »Stresemann war ein Besessener, Briand ein Magier.«[142]

Im nachhinein ist leicht zu erkennen, daß beide von einer einmalig vorteilhaften Konstellation begünstigt wurden. Noch war Frankreich trotz zeitweiliger Währungsschwächen die militärisch führende Macht und konnte es sich leisten, gegenüber Deutschland von Hegemonialpolitik auf Gleichgewichtspolitik im Rahmen des Völkerbunds umzuschalten. Das Deutsche Reich war schon wieder eine wirtschaftliche Großmacht, mußte sich jedoch wegen militärischer Machtlosigkeit noch zurückhalten. Die maßgeblichen britischen Außenpolitiker aber – Chamberlain, Baldwin, Churchill – lebten geistig noch in der Viktoria-

*Reichsaußenminister Stresemann mit seiner Familie, 1928.*

nischen Ära, in der sie groß geworden waren. Die Locarno-Verträge und der Internationalismus im Völkerbundsrahmen dienten ihnen im Grunde dazu, die strategischen Verwicklungen auf dem Kontinent zu liquidieren.[143] Selten danach war es in der britischen Politik so chic, als »guter Europäer« zu gelten. Die Katerstimmung aufgrund der Narreteien des Weltkriegs trug gewiß dazu bei, doch zugleich hoffte man sich durch Verständigungspolitik erneut im Zentrum eines Gleichgewichtssystems zu etablieren.[144] Dennoch kam es eben doch ganz entscheidend auf Briand und Stresemann an. Auf der Genfer Szene agierten sie als weitschauende Staatsmänner. Sie verstanden es, bald verbindlich, bald drängend, nicht selten beschwörend, die Interessen des eigenen Landes idealistisch zu überhöhen und international akzeptabel zu machen. Ebenso wichtig aber war ihre Rolle in der Innenpolitik Deutschlands und Frankreichs. Stresemann brachte das Kunststück fertig, seinen Kurs in einer Abfolge von Koalitionen abzusichern. Auch Briand gelang die Ausbalancierung der um Poincaré gescharten, prononciert nationalen Kräfte. Man hat ihn zwar damals und später häufig als Zauberer bezeichnet, doch das war eine Verharmlosung. »Das politische Leben ist ein harter Arbeitgeber, und man wird schwerlich ein halbes dutzendmal Ministerpräsident lediglich durch Friedensliebe«, hat Graf Sforza dies kommentiert.[145] Für Stresemann gilt cum grano salis dasselbe.

Daß ihr Werk dann so rasch in die Krise geriet, ist in starkem Maß die Folge der großen Weltwirtschaftskrise, aber zugleich auch des Todes von Stresemann. Die Koinzidenz ist immer wieder für erwähnenswert befunden worden. Am 3. Oktober 1929 erliegt Stresemann einem Schlaganfall. Am 24. Oktober 1929 beginnt mit dem »Schwarzen Donnerstag« an der New Yorker Börse recht eigentlich die Weltwirtschaftskrise. Die Rezession läßt den Mythos von Locarno verblassen und führt in Deutschland zum politischen Erdrutsch.

Stresemanns Tod jedenfalls wird bis heute als eine fatale Zäsur betrachtet. »Ob Stresemann, wäre er am Leben geblieben, die radikale Opposition in Deutschland und die revolutionären Veränderungen in der Staatenwelt hätte zähmen können, muß offenbleiben. Tatsache ist: Bald nach seinem Tod vollzog sich der außenpolitische Kurswechsel …« So urteilt Klaus Hildebrand im Jahr 1995.[146] Heinrich August Winkler schätzt die Bedeutung Stresemanns ähnlich ein: »Der einzige Staatsmann, den die Weimarer Republik hervorgebracht hat, sollte sich bald als außen- wie innenpolitisch unersetzbar erweisen.«[147]

Ähnlich Briand in Frankreich: »Der Apostel des Friedens … verstarb am 7. März 1932, in dem Augenblick, als sein Ruhm zur Neige ging.« Mit diesem Satz ließ der Altmeister französischer Zeitgeschichtsschreibung jene Monographie beginnen, die den Titel trägt »La Décadence« und die verhängnisvollen Jahre 1932 bis 1939 zum Thema hat.[148] Auch hier wird der Tod Briands als Epochenzäsur und Ende seiner politischen Grundlinie verstanden, die mit den Stichworten Verständigungspolitik, Völkerbund, Europa faßbar ist.

Tatsächlich erlag Briand, der 1931 für das Amt des Staatspräsidenten kandidierte, einer Vendetta der nationalistischen Rechten, wobei auch verschiedenste Gegner der Linken bei der geheimen Abstimmung Rechnungen beglichen. Von da an war er ein gebrochener Mann. Elfmal hatte er das Amt des Ministerpräsidenten bekleidet, siebzehnmal (teilweise in Verbindung damit) das des Außenministers, insgesamt 25 Kabinetten hatte er angehört, und nun zog man ihm den mediokren Paul Doumer vor, von dem, mit den Worten William Shirers, nur eines in Erinnerung geblieben ist – daß er im darauffolgenden Jahr ermordet wurde.[149]

## Amerika betritt die Weltbühne

### *»Das sehenswerteste amerikanische Naturwunder nach dem Niagara«: Theodore Roosevelt*

Das Jahrhundert, welches man »das amerikanische« nennt, beginnt genaugenommen schon im Jahr 1898. Damals macht sich die Kontinentalmacht USA auf, ihre »historische Mission« über die Weiten des Pazifiks und in den karibischen Raum auszudehnen. Dabei stehen die Reste des moribunden spanischen Kolonialreichs im Wege, und sie müssen beseitigt werden. Am 30. April 1898 versenkt der bald legendäre Admiral Dewey in der Manila Bay die spanische Pazifikflotte. Dann landen Marines auf den Philippinen – erst als Befreier, dann als Besatzer und schließlich als Unterdrücker einer Guerilla-Bewegung von Filippinos, die jahrelang Widerstand leisten. Die Inseln erhalten einen amerikanischen Gouverneur und verbleiben länger als ein halbes Jahrhundert im Status eines US-Territoriums. Desgleichen setzen sich amerikanische Reguläre und Miliztruppen gegen die unpopuläre spanische Kolonialarmee auf Kuba durch. Kuba gerät gleichfalls in Abhängigkeit von den USA, und Puerto Rico erhält ein ähnliches Statut wie die Philippinen. Der »splendid little war«, der Amerika nur 345 im Kampf gefallene Soldaten kostet, befördert die USA auf einen Schlag in den Rang einer pazifischen und atlantischen Großmacht.

Die Verantwortung für den zögernd begonnenen, doch dann rasch gewonnenen Krieg und für die sehr viel mühsamere Neuordnung der eroberten Territorien trägt Präsident William McKinley. In Europa wird dieser kluge und zugleich herzlich langweilige Präsident im fernen Amerika natürlich kaum wahrgenommen. Auch in den USA selbst behält man später nur noch wenig von ihm in Erinnerung, außer daß er im Jahr 1901 von einem halbverrückten Anarchisten ermordet wurde und daß schon bei seiner Wahl 1896 der höchste Berg Nordamerikas in Alaska auf den Namen Mount McKinley getauft worden ist. Doch McKinley ist neben Jimmy Carter auch der frömmste aller Präsidenten eines vielerorts eher gottlosen Jahrhunderts, in dem die Amerikaner fast durchweg dadurch ausgezeichnet sind, daß ihnen christliche Prinzipien und bohrende Gewissenqualen mehr zu schaffen machen als dem Rest der Welt. Das mag erklären, weshalb McKinley von 1898 bis 1901 ein Imperialist mit schlechtem Gewissen ist, gewissermaßen ein Hund, den man zum Jagen tragen muß.

Theodore Roosevelt, damals McKinleys Unterstaatssekretär für die Navy und einer der schärfsten Imperialisten der Epoche, von dem sogar Wilhelm II. noch lernen konnte, lästert in jenen Wochen, die der Kriegserklärung an Spanien vorangehen: »Er hat zwei Botschaften vorbereitet, eine für den Krieg und eine für den Frieden, und er weiß nicht, welche er absenden soll.«[150]

Doch dieser vergessene, wenig begeisternde Präsident ist in vielem sehr viel typischer für das folgende Jahrhundert amerikanischer Weltpolitik als etwa sein Nachfolger Theodore Roosevelt. Schon im Spanisch-Amerikanischen Krieg herrscht in den USA jenes polarisierte Meinungsklima, das dort periodisch aufzutreten pflegt: während der Jahre 1914 bis 1916, dann nochmals 1939 bis 1941, erneut in der Epoche des Vietnamkrieges und zuletzt 1991 in den Wochen vor Beginn des Golfkriegs. Immer findet sich ein Lager, das mit hochmoralischen und realpolitischen Argumenten die Regierung zum entschiedenen Eingreifen drängt. Immer treten den Interventionisten aber auch empörte Kritiker eines gegnerischen Lagers entgegen, die auf ihre Weise gleichfalls hochmoralisch und realpolitisch für den Frieden sowie für isolationistische Selbstbeschränkung demonstrieren und jeden Imperialismus ebenso ablehnen wie den frisch-fröhlichen Einsatz der Navy, der Army oder der Air Force.

Die jeweiligen Präsidenten von McKinley über Woodrow Wilson und Franklin Delano Roosevelt bis hin zu Clinton aber stehen inmitten dieser Psychodramen. Wenn sie diese nicht im eigenen Innern auskämpfen wie McKinley oder Woodrow Wilson, diktiert ihnen wenigstens die politische Klugheit die Rolle des zögernden Imperialisten. Freilich: letzten Endes folgen sie dann doch den tieferen Beweggründen des amerikanischen 20. Jahrhunderts. In diesem Sinne ist McKinley in der Tat ein Vorläufer.

Bekanntlich wird aber nicht Präsident McKinley der Held des Spanisch-Amerikanischen Krieges und des kommenden Jahrzehnts, sondern der eben schon genannte Unterstaatssekretär Theodore Roosevelt. Wie ein Zyklon hat er das Ministerium durcheinandergewirbelt, um die Navy kriegsbereit zu machen, und er ist es auch, der eine kurze Abwesenheit seines Ministers listig nutzt, um Admiral Dewey vom Asien-Geschwader die telegraphische Weisung zu erteilen, im Kriegsfall sofort die Philippinen anzugreifen.[151]

Freilich ist Teddy Roosevelt auch einer jener nicht allzu zahlreichen Kriegstreiber, die sich in eigener Person ins Feuer begeben. Nach Kriegsausbruch hält es ihn nicht mehr hinter dem Schreibtisch. Der immerhin schon vierzig Jahre alte Familienvater packt eine Phantasieuniform von Brooks Brothers zusammen mit zwölf Brillen ein (denn dieser Held ist extrem kurzsichtig), begibt sich als Oberstleutnant an der Spitze einer Abteilung von Schlagetoten, »Rauhreiter« genannt, nach Kuba und führt seine wilde Truppe persönlich zum Sturm auf die Höhen von San Juan, wodurch »der kleine, großartige Krieg« siegreich entschieden wird. Diese große Show macht ihn landesweit bekannt. McKinley hält es jetzt für nützlich, den »Mr. Imperialism« als *running mate* auf sein Ticket für die Präsidentenwahl 1900 zu nehmen, und 1901, nach der Ermordung McKinleys, ist Roosevelt Präsident.

So gut wie alle zeitgenössischen Beobachter und alle Historiker stimmten und stimmen darin überein, daß Theodore Roosevelt die USA ins 20. Jahrhundert hineingestoßen hat. Zwar hat der Verleger Henry Luce erst im Zweiten Weltkrieg das Schlagwort vom amerikanischen Jahrhundert geprägt. Aber viele Äußerungen Theodore Roosevelts belegen, daß diese Vision ihn durchgehend bestimmt hat. Das gilt für die Außenpolitik und für die Innenpolitik gleicherweise.

Henry Kissinger formulierte 1994, am Ende des 20. Jahrhunderts: »Er war der erste amerikanische Präsident, der das Land nachdrücklich auf die Pflicht hinwies, seinen Einfluß weltweit geltend zu machen und Beziehungen zum Rest der Welt zu unterhalten – im eigenen Interesse.«[152] Mit Roosevelt beginnt der amerikanische Globalismus: als Konzept, doch auch objektiv. Er ist es, der die USA als mächtigen Akteur in die Oligarchie globaler Großmächte einführt, zu denen damals Großbritannien, Rußland, Frankreich, Deutschland und, seit 1904/05, auch Japan zählen. Die Vereinigten Staaten, ursprünglich nur die Vormacht in der westlichen Hemisphäre, etablieren sich jetzt voll als pazifische Macht, wirken aber auch überlegt auf das europäische Gleichgewicht ein.

Konzeptuell erfaßt Roosevelt die Weltpolitik in Begriffen und Leitideen, die dann für den größten Teil des Jahrhunderts gültig sind. 1902 erklärt er in einer Botschaft an den Kongreß: »Mehr und mehr verpflichten die wachsende gegenseitige Abhängigkeit und die Komplexität der internationalen politischen und wirtschaftlichen Beziehungen alle zivilisierten, friedfertigen Mächte dazu, für eine richtige Gestaltung der Weltpolitik zu sorgen.«[153] Was hier in wolligem Politologen-Slang formuliert ist – Interdependenz von Politik und Wirtschaft und die Überzeugung, daß es Mächte gibt, die für internationale Ordnung zu sorgen haben –, könnte auch aus einer *State of the Union Message* von George Bush oder von Bill Clinton stammen. Nur würden es die heutigen Präsidenten vermeiden, die überlegene Zivilisiertheit der Demokratien provozierend zu betonen. Erst recht dürften ihre politisch korrekten Redenschreiber Sorge tragen, die bei »Teddy« Roosevelt noch ganz naiv rassistischen Zungenschläge von der zivilisatorischen Sendung der weißen Rasse konsequent zu meiden.

Aber auch in der Innenpolitik stößt Roosevelt die amerikanische Demokratie ins 20. Jahrhundert. Mit ihm beginnt die Reihe der aktivistischen Präsidenten. Der Historiker Arthur S. Link gebrauchte in bezug darauf den Ausdruck »Wiederbelebung der Präsidentschaft«.[154] Sieht man einmal von den Jahren Abraham Lincolns im Bürgerkrieg ab, so war das Verhältnis zwischen Präsident und Kongreß im ganzen 19. Jahrhundert durch eine Vorherrschaft des Kongresses gekennzeichnet. Das ändert sich geradezu schlagartig mit Roosevelt. Er vergrößert den Einflußbereich, die Macht, die politische Dynamik des Präsidentenamts gegenüber den Abgeordneten, doch genauso gegenüber den mächtigen Kräften der Gesellschaft. Entschlossener als irgendein Präsident vor ihm setzt er sich mit den Trusts auseinander und greift damit die Aufgabe auf, von der Bundesexekutive aus in die Wirtschaft Ordnung zu bringen. Er ist ein Konservativer, der auf Ordnung hält, doch genauso ein populistischer Reformer ohne großen Respekt vor mächtigen Kapitalisten. Als erster Präsident wagt er es, in einen Arbeitskampf als Schlichter einzugreifen – ein bisher unerhörter Vorgang. Und er ist weltweit der erste Staatsmann, der ein großangelegtes Programm ökologischer Reformen durchsetzt.

Nicht alle loben Roosevelt wegen seines Exekutivaktivismus. »Seine Tendenz, die Exekutive zu einem stärkeren Verfassungsorgan zu machen als die Häuser des Kongresses, wird sich als ein schlechtes Konzept erweisen ...«, schreibt am 26. Oktober 1902 ein Harvard-Student an seine Mutter.[155] Sein Name ist Franklin D. Roosevelt, Neffe des Präsidenten und später selbst die Verkörperung von »presidential leadership«, der kein Mittel scheuen wird, dem Kongreß seinen Willen aufzuzwingen.

1912/13, bei seinem erneuten, erfolglosen Griff nach der Präsidentschaft, profiliert sich Theodore Roosevelt auch als institutioneller Reformer: Er fordert eine Intensivierung der Demokratie durch Elemente direkter Demokratie – Primaries, Kommunalreform, Referenden, Plebiszite. Er geht sogar so weit, unter bestimmten Bedingungen zu verlangen, Gerichtsentscheidungen durch Volksabstimmungen außer Kraft zu setzen.[156]

Doch Roosevelt markiert nicht nur eine Wasserscheide in der Innenpolitik und in der Außenpolitik der USA. Ein Drittes kommt hinzu: Er wirkt zugleich als faszinierende Persönlichkeit, an die sich rasch ein Mythos knüpft. Er ist ein Populist und ein Medienstar, wie er im Buche steht, der erste unter den Bedingungen des voll entfalteten Medienzeitalters und der Massendemokratie. Seither weiß Amerika, was die Persönlichkeit eines Präsidenten bewirken kann, und überträgt die zuerst nur von Theodore Roosevelt eingelösten Erwartungen auf das Amt selbst.

Schon bevor er Präsident wird, prägt er sich dem ganzen Land mit einer großen Show ein. Seine Attacke an der Spitze der »Rauhreiter« auf die spanischen Stellungen von San Juan Ridge auf Kuba im Krieg von 1898 macht ihn zum Nationalhelden. Jetzt porträtieren ihn die Magazine als die amerikanische Version eines Renaissancemenschen: Schriftsteller, Soldat, Politiker, Wissenschaftler, Abenteurer, Geschäftsmann.[157] Er ist ein Individualist, eine Persönlichkeit von ruheloser Dynamik und stürmischer Schaffenskraft. Als Polizeipräsident von New York, als Gouverneur des Staates New York, als Krieger, als Wahlkämpfer, als Präsident, als Ruinierer des ursprünglich selbst in der eigenen Partei durchgesetzten Nachfolgers, später als Weltreisender und als Großwildjäger ist er von unerschöpflichem Unterhaltungswert. Er genießt es, Medien und Massen zu faszinieren. Er beschäftigt die Phantasie des ganzen Volkes, auch die des einfachen Mannes. Einer seiner Bewunderer meint, nach dem Niagara sei er »das sehenswerteste amerikanische Naturwunder«.[158] Sein Zähnefletschen, seine schrille Stimme und seine heftigen Bewegungen, seine Sportlichkeit, seine abenteuerlichen Reisen, seine Kraftworte (»speak softly and carry a big stick with you«), seine Zusammenstöße mit den Mächtigen der Wirtschaft machen ihn rasch zur lebenden Legende. Er ist ganz und gar Leben und Lebensfreude – Vitalität pur.

Doch daß diese Persönlichkeit auch ihre dunklen Seiten hat, daß die Extravertiertheit innere Anspannung und Nervosität verrät, kann man sich leicht vorstellen.

Dieser Macho par excellence ist ein hochgradig emotionaler Mensch. Als seine tiefgeliebte erste Frau im Kindbett stirbt, stürzt er sich in die Politik, unterbrochen von wochenlangen Jagdpartien im Wilden Westen, wo er Bären und Alligatoren nachstellt. Das Baby übergibt er seiner Schwester und kümmert sich jahrelang kaum um dessen Schicksal. In den Monaten, da seine zweite Frau nach Geburt des vierten Sohnes schwer krank daniederliegt, verläßt er Washington, um als Anführer der »Rauhreiter« Kriegsruhm zu erwerben. Und da ihm Präsident Wilson im Ersten Weltkrieg nicht gestattet, in eigener Person eine Division von Freiwilligen nach Frankreich zu führen, schickt er seine Söhne stellvertretend in die Schlacht, doch als der heißgeliebte Quentin dann den Fliegertod stirbt, bricht ihm dies das Herz.[159]

Auch Anwandlungen von Megalomanie treten periodisch auf, und gelegentlich wirkt er wie ein Halbverrückter. Jedenfalls ist er ein ganz einzigartiger Mann von großer Ausstrahlung und Kraft. Als Beispiel dafür, welch hinreißende Gestalten in Demokratien gelegentlich auftreten können, nach denen man dann ein ganzes Jahrhundert lang vergebens Ausschau hält, wird er später nur noch von Winston Churchill übertroffen.

Nach dem Ende seiner Präsidentschaft hinterläßt er auch bei den Monarchen und Präsidenten Europas, die er jetzt aufsucht, einen starken persönlichen Eindruck. Scharfe und kritische Beobachter fühlen sich freilich eher abgestoßen. »Alles an ihm ist gemeinplätzig, die kleine, untersetzte Gestalt, die sich steif und massig bewegt, die laute, klanglose Stimme, die Allerweltsgebärde. Er hält die Gemeinplätzigkeit für einen Beruf, sie ist seine Philosophie – nicht etwa nur eine natürliche Eigenschaft, sondern sein moralischer, intellektueller, staatsmännischer Wille«, schreibt René Schickele, der ihn 1910 bei einem Vortrag in der Sorbonne erlebt hat. Doch auch Schickele kann sich dem Roosevelt-Mythos nicht entziehen: »Theodore Roosevelt, der moderne Mensch, der Lebenstechniker, das menschliche Abbild einer perfektionierten Lokomotive ...«[160] Optimismus, Weitsicht, periodische Aufwallungen von Großmut, aber auch Gemeinplätzigkeit, Kraftmeierei und schrilles Moralisieren – das alles kennzeichnet künftig das nach Amerika benannte Jahrhundert. Somit ist dieser Präsident eine Verkörperung vieler Tugenden und Untugenden der jungen Weltmacht.

Besonders problematisch ist Roosevelts Image südlich des Rio Grande. Die USA erfreuen sich aber später in Kriegs- und Friedenszeiten recht lange der Tatsache, daß dieser bedenkenlose Protagonist amerikanischer Weltmacht in der kolumbianischen Provinz Panama eine Revolution inszenieren ließ. Der Panamakanal und das in Panama errichtete Satellitenregime gewährleisten eine ausschließlich amerikanische Kontrolle der Verbindung zwischen Atlantik und Pazifik. In Lateinamerika weiß man seinen Imperialismus aber weniger zu schätzen.

Sogar der in Portsmouth auf amerikanischem Boden zwischen Russen und Japanern vermittelte Frieden, der 1906 ausgerechnet Roosevelt den Friedensnobelpreis einbringt, zeitigt langfristig recht problematische Auswirkungen. Gewiß, auch dadurch wird ein Beispiel geschaffen. Jimmy Carter, der 1978 mit dem Abkommen von Camp David den Friedensprozeß im Nahen Osten voranbringt, darf sich in dieser Hinsicht als ein Urenkel des großen Theodore Roosevelt verstehen. Aber es ergeht Roosevelt wie vielen angeblich ehrlichen Maklern vor ihm und nach ihm. Rußland ist den USA wenig dankbar, und in Japan sieht man durch ihn eine Tradition konfrontativer amerikanischer Fernostpolitik mit bekanntermaßen fatalen Folgen markiert.

In gewisser Hinsicht wird Roosevelt auch ein Jahrzehnt zu früh Präsident. Er hat zwar die Basis für jene aktive Weltpolitik gelegt, vor allem durch den Bau einer mächtigen Kriegsmarine, dank deren die USA dann den Ersten Weltkrieg für die westlichen Demokratien entscheiden. Er selbst aber kann die Früchte seiner Vorarbeit nicht mehr

*Besuch des ehemaligen Präsidenten Theodore Roosevelt bei Kaiser Wilhelm II., 1910. Roosevelt hat dabei den deutschen Kaiser durchaus zutreffend eingeschätzt: »Im Grunde wußte er sehr gut, daß er kein absoluter Monarch war. Aber Hand in Hand mit dieser untergründigen Einsicht in die realen Tatsachen ging eine seltsame Selbsttäuschung, daß jeder Souverän sein Land noch in dem Sinne repräsentiere, wie das vor zwei oder drei Jahrhunderten geschehen wäre«.*

pflücken. 1912 scheitert er bei den Präsidentschaftswahlen an Woodrow Wilson, der dann jene Rolle spielt, die eigentlich Roosevelt auf den Leib geschnitten wäre. Selbstverständlich gehört er schon frühzeitig im Krieg zu jenen, die leidenschaftlich für den Kriegseintritt auf seiten der Entente agitieren. Die Annäherung der USA an Großbritannien ist zu einem gut Teil auch sein Werk. Als Amerika schließlich von Deutschland förmlich in den Krieg hineingeprügelt wird, möchte er nochmals eine große Show geben. Doch Wilson hat, wie eben erwähnt, keine Lust, seinem Gegenspieler, der ihn jahrelang mit seinem Haß verfolgt hat, die Aufstellung und Führung einer Division von Freiwilligen zu genehmigen. Noch einmal plant Roosevelt nun, 1920 erneut die Präsidentschaft zu erringen. Statt dessen erkrankt er und stirbt unerwartet am 6. Januar 1919, kurz nach dem Waffenstillstand im Westen und genau in jenen Wochen, als Präsident Wilson in London und in Paris wie ein Messias gefeiert wird. Das Leben vieler Großer pflegt im Schiffbruch zu enden. Und so verläßt auch diese Inkarnation des amerikanischen Globalismus die Weltbühne als ein tragischer Held.

## *Der Messias: Woodrow Wilson*

Zu eben der Zeit, da Woodrow Wilson in Amerika als Präsident amtiert, postuliert Max Weber in Deutschland, daß Demokratien von parlamentarisch erprobten Berufspolitikern geführt werden sollen, die gleicherweise für die Politik und von der Politik leben. In den europäischen Demokratien hält man dies denn auch bald für ein gottgegebenes Schicksal. Eigenartigerweise aber entzieht sich ausgerechnet die älteste, spätestens seit den vierziger Jahren auch mächtigste der demokratischen Republiken recht häufig dieser Erwartung. Immer wieder einmal gelingt es dort bedeutenden oder weniger bedeutenden Seiteneinsteigern, ins Weiße Haus einzuziehen. Theodore Roosevelt oder Herbert Hoover sind solche Fälle, Dwight D. Eisenhower, Jimmy Carter und Ronald Reagan desgleichen. Gewiß, diese Präsidenten haben sich schon vor ihrer Präsidentschaft in der einen oder anderen Weise politisch betätigt. Aber sie zeichnen sich doch dadurch aus, daß sie nicht über jahrzehntelange Erfahrung als Berufspolitiker verfügen.

Einer der denkwürdigsten Seiteneinsteiger ist Thomas Woodrow Wilson. Dreißig Jahre lang betätigt sich dieser Princeton-Mann als Professor der Politischen Wissenschaft, als Universitätspräsident und Verfasser interessanter theoretischer Abhandlungen, aber auch einer fünfbändigen, populärwissenschaftlich geschriebenen Geschichte der USA. Er ist schon über fünfzig, als er sich der Politik zuwendet. Rasch wird er Gouverneur von New Jersey, dann Präsident. Jetzt macht er sich einen großen Namen als Reformer. Wenn im amerikanischen Parteiensystem von nun an die Demokraten den Part der großen, progressiven Reformpartei spielen, so ist dies in starkem Maß Woodrow Wilson zu verdanken. Franklin Delano Roosevelt wird das fortsetzen, Lyndon B. Johnson wird es mit den Programmen der »Great Society« übersteigern, und erst mit Ronald Reagan tritt auch im Lager der Republikaner wieder ein originärer Reformer auf.

Wilson ist es, der in Amerika erstmals jene sozialpolitischen, fiskalischen und wirtschaftspolitischen Maßnahmen durchsetzt, die damals in Europa teilweise erst postuliert, teilweise schon durchgeführt werden, also: Beseitigung der Auswüchse des Laissez-faire-Kapitalismus, Regulierung der Frauen- und Kinderarbeit, Arbeitsschutz, Einräumung größeren Spielraums für die Gewerkschaften, Erbschaftssteuer, progressive Einkommenssteuer, Kontrolle der Trusts, Ausweitung der Möglichkeiten demokratischer Partizipation, Einführung einer beim Zentralstaat verankerten Geldpolitik.

Auch Wilsons Bedeutung für die Geschichte des amerikanischen Präsidentenamts kann gar nicht überschätzt werden. Viel mehr noch als Theodore Roosevelt muß er als Schöpfer der modernen Präsidentschaft betrachtet werden, darin Franklin Roosevelt zwischen 1933 und 1945 fast ebenbürtig. Zwar hatte schon der erste Roosevelt als großer Initiator und als mächtiger Chef der Exekutive Zeichen gesetzt. Doch bei Wilson kam hinzu, daß er sich auch als Führer der eigenen Partei im Kongreß verstand. Darin wurde er zum Vorbild für spätere Präsidenten, vor allem dann, wenn es diesen gelungen war, eine parlamentarische Mehrheit zu erringen. Das entsprach übrigens genau dem schon erwähnten theoretischen Konzept des Professors der Politischen Wissenschaft Wilson, das dieser 1908 unter dem Titel »Constitutional Government in the United States« veröffentlicht hatte. Dort hatte er das Bild von Parteien entwickelt, die prinzipienfesten Parteiführern als Instrumente der Mobilisierung und der Kommunikation dienen. Mit den Patronage-Parteien und mit deren Parteimaschinen, die sich zwischen die Amtsträger und die Wähler schieben, hatte er nicht viel im Sinn. Wenn es irgendwann einen »innengeleiteten« Politiker mit stahlhartem Willen gegeben hat, dann war das dieser Sohn eines presbyterianischen Geistlichen, der Pflichtgefühl, Sendungsbewußtsein, auch evangelische Schuldgefühle tief verinnerlicht hatte.

Wilson ist jedenfalls einer der modernsten Theoretiker und Praktiker des amerikanischen Regierungssystems. Selbst die kandidatenorientierte amerikanische Parteipolitik unserer Tage entspricht in vielem seinem Konzept, das die Schranken zwischen Exekutive und Legislative zugunsten von »executive leadership« so niedrig wie möglich zu legen sucht.[161]

Hätte aber Wilson nur als Reformer gewirkt, so wäre er außerhalb Amerikas weithin vergessen, und auch dort würden nur noch die Historiker seiner gedenken. Zu einem der Großen des 20. Jahrhunderts wird er im Ersten Weltkrieg, und zwar während eines vergleichsweise kurzen Zeitraums von nicht viel mehr als zwei Jahren.

Nach sehr langem Zögern hat Wilson, von Deutschland durch Erklärung des uneingeschränkten U-Boot-Kriegs provoziert, Amerika in den Krieg geführt, damit den Sieg der Entente gesichert und maßgeblichen Einfluß auf die Neugestaltung Europas genommen. Die Auswirkungen der Wilsonschen Prinzipien auf dem Balkan sind bis heute zu besichtigen. Er war es auch, der für längere Zeit die Linie der USA gegenüber der revolutionären Sowjetunion festgelegt hat. 1918 und 1919 standen sich in Europa zwei Persönlichkeiten gegenüber, von denen sich jede auf ihre Weise als Revolutionär verstand: Lenin als Führer zur kommunistischen Weltrevolution und Wilson als Führer der demokratischen Weltrevolution.[162]

*Präsident Woodrow Wilson spricht kurz vor dem Ersten Weltkrieg, am 14. Juli 1914, in Philadelphia vom Balkon der Independence Hall. Das Photo zeigt den ganzen Mann: ein großer innenpolitischer Reformer mit einem Touch von Messias schon damals, ein guter Redner, aber zugleich ein zum Belehren disponierter Professor, jedenfalls jahrelang ein begabter, in Europa unterschätzter Zauberer auf der politischen Bühne der USA.*

Innerhalb kürzester Zeit hat Wilson dabei ein Konzept des idealistischen Internationalismus und des globalen Interventionismus improvisiert, das im amerikanischen öffentlichen Bewußtsein bis zur Gegenwart nachwirkt. Die Überzeugung, daß ein Krieg nur dann legitim ist, wenn man ihn als Kreuzzug für menschheitliche Werte und gegen finstere Tyrannen führt, ist den Amerikanern von ihm tief eingebrannt worden[163], und die acht Worte in der Kriegserklärung »the world must be made safe for democracy« bilden künftig einen der folgenreichsten Programmsätze des 20. Jahrhunderts.

Kissinger, der Wilsons Ideen ablehnt, ist der Auffassung, seine Prinzipien hätten für das ganze 20. Jahrhundert bis heute den Grundstein für das außenpolitische Denken der USA abgegeben, während sich die nationalistische Realpolitik Theodore Roosevelts zur Legitimation amerikanischer Außenpolitik nicht durchgesetzt habe. Man mag das für überpointiert halten. Daß es aber die offizielle amerikani-

*Präsident Wilson nach Verkündigung seiner Vierzehn Punkte.*

sche Außenpolitik schätzt, ihre internationalen Engagements mit Wilsonschen Ideen universeller Rechtsordnung, des Selbstbestimmungsrechts, der Menschenrechte und kollektiver Friedenssicherung zu legitimieren, ist unbestreitbar, selbst wenn sich bei einer Analyse der Motive und der Konzepte im einzelnen kein so eindeutiges Bild ergibt.[164] Wilson ist ein Pfarrerssohn – der einzige, der es im 20. Jahrhundert zum Präsidenten gebracht hat. Die geistliche Luft, die er in seiner Jugend einatmete, erklärt manches in seinem Charakter und von seiner Weltanschauung. Er ist zumeist todernst, streng und selbstkritisch.

Ganz anders als Theodore Roosevelt ist Wilson ein zutiefst dem Frieden verpflichteter Mensch. Mit ihm gelangt erstmals nach dem Bürgerkrieg wieder ein Südstaatler ins Weiße Haus. Als Kind hat der 1854 Geborene die Schrecken von Krieg und Niederlage erlebt. Friedensengel, deren Flügel in zartem Alter angesengt wurden, halten oft zäh an ihren Erfahrungen fest, wenn andere längst wieder die Kriegstrompeten blasen. Immerhin hält er die USA fast drei Jahre aus dem Krieg heraus, trotz intensiver britischer Propaganda und trotz heftigen innenpolitischen Drucks all derer, die aus welchen Gründen auch immer eine Intervention befürworten. Es gehört ein gehöriges Maß deutscher Dummdreistigkeit dazu, diesen Präsidenten in den Krieg zu stoßen.

Als er dann aber den Rubikon überschritten hat, gibt er im ernsten Bewußtsein der Gerechtigkeit seiner Sache allen Sentimentalitäten den Abschied. Im Zweiten Weltkrieg ist die harte Repression nationalsozialistischer Sympathisanten in den USA voll begründet. Die Verfolgung der ethnischen Minderheit von Deutschamerikanern und Austro-Amerikanern im Ersten Weltkrieg hingegen ist eine Infamie, die aber auch nach Auffassung Wilsons durch den Kreuzzugscharakter des Krieges gerechtfertigt wird.

Zu den zahlreichen Handlungen, mit denen er sich im Gedächtnis des 20. Jahrhunderts einprägt, gehört auch die Rolle des Friedensstifters mittels persönlicher Diplomatie. Theodore Roosevelt ist ihm dabei vorangegangen. Im Jahr 1905 hatte er die Verhandlungsführer Japans und Rußlands zum Friedenschließen nach New Hampshire reisen lassen. Wilson aber trifft die präzedenzlose, verhandlungstaktisch leider verkehrte Entscheidung, im Dezember 1918 in eigener Person über den stürmischen Atlantik zu reisen und mit kürzerer Unterbrechung insgesamt fast ein halbes Jahr in Paris über die Friedensverträge zu verhandeln.

Seither gehört es zu den großen Streitfragen der amerikanischen Demokratie, ob Präsidenten gut beraten sind, wenn sie persönliche Gipfeldiplomatie betreiben. Franklin Delano Roosevelt entschließt sich im Zweiten Weltkrieg gleichfalls dazu und hält sich dabei für schlauer und weitschauender als Churchill und Stalin. Truman reicht die eine Erfahrung 1945 in Potsdam. Danach zeigt er sich als Präsident nicht mehr in Europa und vermeidet multilaterale Gipfelbegegnungen. Die Republikaner kritisieren zwar jahrelang die Fehler von Roosevelts persönlicher Diplomatie, doch im Sommer 1955 entdeckt auch Eisenhower die Vorzüge der »summitry« – sowohl beim Umgang mit dem Gegner als auch bei der Führung des eigenen Lagers.

Seither zweifelt kein amerikanischer Präsident mehr an der Notwendigkeit periodischer Auslandsreisen und persönlichen Verhandelns, ganz abgesehen davon, daß dies innenpolitische Dividenden abwirft. So begibt sich Kennedy 1961 nach Wien zum Kräftemessen mit Chruschtschow, Nixon läßt es sich nicht nehmen, Mao Tse-tung in Peking und Breschnew in Moskau aufzusuchen. Sie und alle anderen Präsidenten der zweiten Jahrhunderthälfte können in Wilson den Vorläufer erkennen, dessen Fehler man allerdings vermeiden möchte.

Wenn sich die führenden Staatsmänner im 20. Jahrhundert zusehends vor allem auf multilateralen Konferenzen begegnen, so hängt das auch aufs engste mit der Revolutionierung des Verkehrswesens zusammen. Es dauert ein gutes halbes Jahrhundert, bis Amerika und Europa, aber auch die Europäer untereinander die Vorteile persönlichen Verhandelns voll zu nutzen beginnen. Noch in den zwanziger Jahren muß sich der internationale Konferenzbetrieb auf die Eisenbahnen, die Kanalfähren und die Schnelldampfer stützen. Als Präsident Wilson mit der »George Washington« zur Pariser Friedenskonferenz reist, ist er vom 3. bis zum 12. Dezember 1918 unterwegs.[165] Der Faktor Verkehrsmittel spielt auch später eine wesentliche Rolle. Genua, Rapallo, Locarno und Genf werden in den zwanziger und dreißiger Jahren nicht zuletzt deshalb zu Schauplätzen internationaler Konferenzen, weil sie in komfortablen Schlafwagenzügen leicht zu erreichen sind. Wenn sich demgegenüber die amerikanischen Präsidenten Harding, Coolidge sowie Hoover, lange Zeit sogar Roosevelt von den Konferenzen in Europa fernhalten, hat dies zwar sicher gewichtige politische Gründe. Doch zu einem gut Teil hängt der amerikanische Isolationismus der Zwischenkriegszeit eben auch mit den Verkehrsbedingungen zusammen.

Spätestens die Krisenkonferenz in München im September 1938 signalisiert, daß jedenfalls Europa jetzt ins Zeitalter problemlosen Flugverkehrs eingetreten ist. Chamberlain und Daladier kommen eingeflogen, und der Zweite Weltkrieg bringt dann endgültig den Durchbruch zur interkontinentalen Gipfel-Fliegerei. Von nun an kann fast jeder Ort auf dem Globus für Gipfelkonferenzen ausgesucht werden – Casablanca, Kairo, Teheran, Washington, Quebec, Jalta oder Potsdam. Für ältere Staatsmänner ist das freilich noch mühsam. Als beispielsweise der 69 Jahre alte Churchill im Dezember 1943 die Konferenzen in Kairo, in Teheran und dann nochmals in Kairo endlich hinter sich hatte, warf ihn eine Lungenentzündung mit kritischen Nachwirkungen nieder.[166]

Somit hält sich der Drang amerikanischer Präsidenten oder sowjetischer Diktatoren, persönliche Diplomatie zu betreiben, anfangs noch in gewissen Grenzen. Mit Einführung der Langstreckenjets vom Typ DC-8, BAC VC-10 und der Iljuschin Il-62, die schon fast 1000 km in der Stunde zurücklegen, ist im Jahr 1958 die Zeitgrenze endgültig gefallen. Von nun an treffen die Großen unablässig auf unterschiedlichsten Ebenen zusammen: bilateral, im Allianzrahmen, bei der UN in New York, aus Anlaß bedeutender Beisetzungen oder auf den G-7-Gipfeln. Oft ballen sich ganze Herden von Staats- und Regierungschefs zusammen, so 1975 bei der KSZE-Konferenz in Helsinki oder beim Pariser KSZE-Gipfel Mitte November 1990, der den Friedensschluß am Ende des Kalten Krieges besiegelt.

In größerem Stil beginnt die Gipfeldiplomatie in der letzten Phase des Ersten Weltkriegs. Clemenceau, Lloyd George und Orlando treffen erstmals am 1. Dezember 1917 bei Errichtung des Conseil supérieur de guerre in Versailles zusammen.[167] Ein langes Jahr haben sie schon zusammengearbeitet, noch mehr miteinander gestritten, als im Dezember 1918 auch Präsident Woodrow Wilson zu ihnen stößt. Auf seine Weise ist Wilson genauso willensstark und genauso schwierig wie die europäischen Größen. Wenn der Pariser Friedenskonferenz von 1919 anders als dem Wiener Kongreß ein Jahrhundert zuvor keine stabile Neuordnung gelingt, so gewiß nicht deshalb, weil an großen Persönlichkeiten Mangel bestünde. Das Gegenteil ist richtig. Wilson, Lloyd George und Clemenceau sind so starke Figuren, daß Europa noch nach Jahrzehnten an ihrer Entscheidungsfreudigkeit leidet. Oder weniger zurückhaltend formuliert: Die Großen Drei suchen das gegenwärtige Chaos zu beenden, indem sie gemeinsam ein großes zukünftiges Chaos vorbereiten.

Auf amerikanischer Seite beginnt alles mit schönsten Hoffnungen. Wenige Vorgänge des 20. Jahrhunderts sind im Gedächtnis der Beteiligten und der Zuschauer lange Zeit so lebendig geblieben wie der triumphale Einzug Wilsons erst in London, dann in Paris, Rom und Mailand. Die amerikanischen Korrespondenten kabeln begeistert nach Hause, daß ihr Präsident wie ein Messias begrüßt worden ist. Sinnfälliger ließe sich die Heraufkunft des amerikanischen Jahrhunderts dank starker Präsidenten überhaupt nicht inszenieren. Doch Hunderte von Korrespondenten, Diplomaten und Konferenzbummlern, die dann erleben, was der gepriesene Messias mit den hartgesottenen Gegenspielern Lloyd George, Clemenceau und Orlando aushandelt, vergessen dies genausowenig. Viele der kommenden Größen sind zugegen und machen sich allesamt ihr Bild von dem Präsidenten, so Herbert Hoover, Franklin Delano Roosevelt und John Foster Dulles.

Als die konkreten Verhandlungen über die Friedensschlüsse und die Gründung des Völkerbundes beginnen, schlägt die Stimmung um. Einer der ersten, dem dies auffällt, ist der große amerikanische Philanthrop Herbert Hoover. Nach Woodrow Wilson und dem amerikanischen Oberkommandierenden, General Pershing, ist Herbert Hoover wohl der populärste Amerikaner im damaligen Europa. Dieser erfolgreiche Ingenieur, dem 1929 bis 1933 eine desaströse Präsidentschaft bevorsteht, hat seit Kriegsbeginn vier Jahre lang riesige Hilfsorganisationen für die notleidende Bevölkerung aufgebaut und kennt die Lage von Belgien bis Rußland besser als jeder andere. Bei einem Gespräch Mitte Dezember 1918 berichtet er Wilson, »daß die gesamte Atmosphäre plötzlich von Strömungen unbeschreiblicher Bösartigkeit« durchsetzt sei. Überall Rachsucht, aufgepeitschter Nationalismus, Machtgier und Gehässigkeit. Das idealistische Amerika werde in Europa als die Gans mit goldenen Eiern betrachtet.[168]

Seither sind zahllose Studien erschienen, welche die Motive, Reaktionen, Erfolge und Niederlagen Wilsons bis in die feinsten Nuancen offenlegen. Den bis heute maßgeblichen Akzent setzt schon kurz nach der Konferenz John Maynard Keynes, von Lloyd George als »Wirtschaftskobold« bezeichnet.[169] Er porträtiert Woodrow Wilson als einen blinden und tauben Don Quichote, wobei offenbleibt, wie man das bewertet. Ist er eine zutiefst bedauernswerte Gestalt, oder ist er bloß verächtlich? Wilsons Geist, meinte Keynes, war mit Prinzipien vollgestopft, aber nicht mit politischen Strategien. Bei den Sitzungen sei er inkompetent gewesen, wobei er auch eine echt theologische Fähigkeit zur Selbsttäuschung besessen habe.[170]

Der Präsident muß in diesen Monaten genau das betreiben, was er am meisten haßt: Gleichgewichtspolitik, und dies in einem Staatensystem, das völlig aus dem Leim gegangen ist. Er tut dies mehr schlecht als recht, hilft aber immerhin, eine Zerstückelung Deutschlands und eine Abtrennung des linken Rheinufers zu verhindern. Denn auch Wilson beginnt nun zu begreifen, was Lloyd George schon vor ihm erkannt hat: Man müßte das Kunststück fertigbringen, die Revanche eines wiedererstarkten Deutschland zu verhindern, ohne aber gleichzeitig Frankreich zur kontinentalen Hegemonialmacht werden zu lassen.

Das alles und vieles mehr noch entdeckt er, und während dieser edle Idealist über die Grenzen im Westen, im Osten und im Süden, über die Reparationen und über mögliche Bündnisgarantien verhandelt, beginnen seine schönen Grundsätze immer mehr zu verblassen. Von Woche zu Woche deutlicher schält sich jene neue Landkarte Europas in der Zwischenkriegszeit heraus, wo alter Haß, alte Frustrationen, alte Unterdrückung und alte Furcht durch neuen Haß, neue Frustrationen und neue Unterdrückung abgelöst werden.

Wilson entfernt sich in Paris jedoch nicht allein von den eigenen Prinzipien. Zugleich entfremdet er sich vielen seiner idealistischen Anhänger, die ihm auch deshalb gefolgt waren, weil er versprochen hatte, sie in eine bessere Welt zu führen. Sein weitgehendes Nachgeben vor europäischer Realpolitik führt schon bei den zahlreichen Amerikanern, die auf der Konferenz zugegen sind, zu einem Schock. Dies pflanzt sich dann nach Amerika fort, als Wilson endlich mit einem enttäuschenden Ergebnis zurückkehrt. Das idealistische, humanitäre, pazifistische, mehrheitlich immer noch isolationistische Amerika fühlt sich in Gestalt des Präsidenten (aber auch durch den schlecht verhandelnden Präsidenten selbst) getäuscht und enttäuscht. Der gesundheitliche Zusammenbruch Wilsons vertieft schließlich die Empfindung, daß zwar große Konzepte in diesem Messias Gestalt angenommen haben, die aber alsdann tragisch oder wegen persönlicher Unfähigkeit Wilsons gescheitert sind.

Die Bedeutung der Persönlichkeit Wilsons für den resignierten Isolationismus zwischen 1920 und 1940 kann gar nicht hoch genug eingeschätzt werden. Finanziell und diplomatisch bleiben die USA in Europa zwar auch künftig weiterhin im Spiel. Militärisch und psychologisch ziehen sie sich aber zurück. Anläßlich des Abschiedsbesuchs Herbert Hoovers bei Clemenceau bekommt der Amerikaner zu hören: »Es wird noch zu Ihren Lebzeiten einen zweiten Weltkrieg geben, und man wird Sie wieder in Europa brauchen.«[171]

Erst im Januar 1943 wagt sich in Gestalt von Franklin Delano Roosevelt wieder ein amerikanischer Präsident über den Atlantik, und zwar nach Casablanca, um dort den Kriegspremier Winston Churchill zu treffen. Inzwischen hat Amerika seine militärische Stärke erneut eingesetzt. Zwei Monate vor der Konferenz von Casablanca war in Marokko eine amerikanische Armee an Land gegangen, um in »die Festung Europa« von Nordafrika und vom Mittelmeer her einzudringen.

Als Typ ist Franklin Delano Roosevelt viel weniger idealistisch als Woodrow Wilson. Nicht umsonst hatte er volle sieben Jahre, von 1913 bis 1919, wie zuvor sein Onkel Theodore Roosevelt als Unterstaatssekretär im Navy Department amtiert. So war er zwar kein Imperialist mit schlechtem Gewissen, aber doch ein vorsichtiger Machtpolitiker – ähnlich umsichtig wie seinerzeit McKinley, wenngleich ganz ohne dessen Skrupel. Doch genauso wie Wilson, aber diesmal mit guten Gründen, verstand auch er den Krieg als einen Kreuzzug.

## *Cäsar: Franklin D. Roosevelt*

Am 13. und 14. Januar 1941 weilt Thomas Mann als Gast im Weißen Haus, wo Eleanor Roosevelt als Gastgeberin fungiert. Zweimal findet der Präsident persönlich für ihn Zeit, einmal beim Frühstück, dann in der Cocktail-Stunde zwischen einer Pressekonferenz und einem abendlichen Konzert. Thomas Mann befindet sich offenbar in ähnlicher Stimmung wie seinerzeit Goethe, als dieser 1808 beim Erfurter Fürstentag zu Napoleon gebeten wird.

Seine Mäzenatin jener Jahre, Agnes Meyer, erhält einige begeisterte Schilderungen: »Ergriffen von seiner Gegenwart. Lebhaftes Gespräch ... Naivität, Gläubigkeit, Schlauheit, Schauspielerei, Liebenswürdigkeit ... Diese Mischung von Schlauheit, Sonnigkeit, Verwöhntheit, Gefallustigkeit und ehrlichem Glauben ist schwer zu charakterisieren ... aber so etwas wie Segen ist auf ihm, und ich bin ihm zugetan als dem, wie mir scheint, geborenen Gegenspieler gegen Das, was fallen muß. Hier ist einmal ein Massen-Dompteur modernen Stils, der das Gute oder doch das Bessere will und der es mit uns hält wie kein Mensch in der Welt. Wie sollte ich es nicht mit ihm halten? Ich bin gestärkt von ihm gegangen.«[172] In anderen Briefen nennt er ihn einen »Rollstuhl-Cäsar«.

Der Zeitpunkt dieser Aufzeichnung ist ebenso aufschlußreich wie Thomas Manns Akzentsetzung. Roosevelt steht damals auf dem Gipfel seines Ansehens. Eben ist er zum dritten Mal wiedergewählt worden und bereitet jetzt die Inaugurationsrede vor. Doch über Europa vom Nordkap bis Brest flattert das Hakenkreuzbanner, und die Luftwaffe fliegt Nacht für Nacht ihre Angriffe gegen London. Roosevelt begreift zwar die USA bereits als »Arsenal der Demokratie« und unterstützt Großbritannien im Rahmen des verfassungsrechtlich gerade noch Zulässigen mit Kriegsmaterial und sonstigen Hilfsgütern. Doch der Hinweis auf seine Schlauheit erklärt auch, weshalb er noch nicht in den Krieg eingetreten ist, vielmehr den Neutralismus im Kongreß und in beträchtlichen Teilen der Öffentlichkeit raffiniert umgeht.

Dennoch erwähnt Thomas Mann hier treffsicher jenen Hauptaspekt, der dann bis zum Tode des Präsidenten mehr und mehr das öffentliche Bewußtsein in den Demokratien beherrscht: Roosevelt als der mächtigste, entscheidende Gegenspieler Adolf Hitlers (denn Hitler ist »Das, was fallen muß«). Dies ist in der Tat ein innerster Kern des Roosevelt-Mythos, der bei vielen Amerikanern oder europäischen Emigranten noch jahrzehntelang nachwirkt. Das ist jene Generation, deren stärkste Erfahrung der Zweite Weltkrieg darstellt und die ihr entsprechendes Roosevelt-Bild bis zur Gegenwart in Memoiren, Geschichtswerken oder Brief- und Tagebuch-Editionen weitergeben.

Roosevelt als Führer und Retter der Demokratien – das alles ist im Januar 1941 schon angelegt. Es verstärkt sich in dem Maße, wie der »Commander-in-chief« Flotten, Luftflotten und Armeen dirigiert und in der Runde der Großen Drei die Kriegsstrategie festlegt, aber auch mit Möglichkeiten der Nachkriegsordnung spielt, ohne sich jedoch in vielen wichtigen Fragen schon definitiv festzulegen.

Dieses Rooseveltbild der Kriegsjahre verbindet sich allerdings mit einem anderen, das gleichfalls die Einschätzungen der Historiker bis heute bestimmt, wenn sie so gut wie einhellig Roosevelt als den größten Präsidenten des 20. Jahrhunderts bezeichnen. Er gilt seit 1933 bei einer Mehrheit von Amerikanern vor allem deshalb als Retter, weil er Amerika nach dem Schock der Weltwirtschaftskrise revitalisiert hat.

Der Schriftsteller James A. Michener, auch er als junger Mann ein Angehöriger der Roosevelt-Generation, doch damals durchaus noch nicht den Demokraten zuneigend, berichtet in seinen Lebenserinnerungen von einer langen Fahrt als Anhalter durch den Mittelwesten.

Die Meinungsführer im Land verkünden im Herbst 1936 weitgehend die Auffassung, daß der republikanische Präsidentschaftskandidat Alf Landon gewinnen wird. Doch alle Auto- und Lastwagenfahrer, mit denen Michener spricht, sagen fast unisono: »Ich wähle F.D.R. Er hat die Nation wieder auf Vordermann gebracht.«[173]

Parallelen zu Hitler in Deutschland liegen im Jahr 1936 auf der Hand. Roosevelt und Hitler sind jeweils populär, weil sie recht unkonventionell, aber durchaus mit Ausstrahlung begabt, »die Nation auf Vordermann gebracht haben«. Beide sind sie neue Männer, die genau zum gleichen Zeitpunkt ins Amt kommen – Hitler wird am 30. Januar 1933 Reichskanzler, Roosevelt wird am 2. März 1933 vereidigt. Auch ihre Todestage sind einander merkwürdig benachbart. Roosevelt stirbt am 12. April 1945, was bei Hitler im Zustand weit fortgeschrittenen Realitätsverlustes die Hoffnung erweckt, seinem Schicksal wie durch ein Wunder entgehen zu können. Doch noch im selben Monat muß er sich selbst den Tod geben. Jedenfalls ist es beiden gelungen, von der Talsohle der Weltwirtschaftskrise ausgehend, das Vertrauen verzweifelter Massen zu gewinnen.

Roosevelt demonstrierte dabei, daß dies durchaus im Rahmen des demokratischen Verfassungsstaates gelingen kann. In Deutschland hingegen fand Hitler mit der Behauptung Glauben, daß das nur durch eine nationalsozialistische Führerdiktatur möglich sei. Auch die damalige Öffentlichkeit erkannte schon, daß hier zwei gleicherweise charismatische Gestalten, wenngleich von radikal unterschiedlicher Moralität, derselben Krise mit sehr konträren Rezepten begegneten.

Sehr viele jedenfalls, die damals in Amerika wieder eine Zukunftsperspektive gewannen, wurden zumeist bis zum Ende ihrer Tage zu Roosevelt-Bewunderern. Schon früh tauchte dabei die Bezeichnung »Cäsar« auf, die später auch dem geschichtsbewußten Thomas Mann so unmittelbar einleuchtete. Der Wirtschaftswissenschaftler Adolf A. Berle, der eine wichtige Rolle beim sogenannten ersten »New Deal« spielte, pflegte den Präsidenten in seinen Briefen ironisch hochachtungsvoll als »Cäsar« oder »mein Cäsar« anzureden. Vier Jahre lang nahm der Präsident keinen Anstoß daran. Dann, als die Opposition ihm wegen seines Vorgehens gegen den Supreme Court 1937 vorwarf, eine Diktatur installieren zu wollen, warnte die wachsame Bürochefin »Missy« LeHand den Präsidenten, derlei Anreden könnten in die Öffentlichkeit dringen. Jetzt erst ließ Roosevelt dem ironischen Briefschreiber ausrichten, daß die Bezeichnung Cäsar in einer Welt der Hitler, Mussolini und Franco kompromittierend sei und künftig zu unterbleiben habe.[174]

Doch die Assoziation war in der Tat naheliegend. Wie seinerzeit Julius Cäsar stammte Franklin Delano Roosevelt aus einer alten Patrizierfamilie, und wie dieser verband auch er sich (»ein Massen-Dompteur«) mit der Volkspartei. Ein anderer jener frühen New Dealer, John Kenneth Galbraith, schrieb im Rückblick auf Roosevelt: »Ich hielt ihn für einen Mann, der die Vereinigten Staaten mit den Augen eines wohlmeinenden Großgrundbesitzers sah, dem sowohl das Leben seiner Pächter in all seinen Aspekten als auch das Land, das sie bewohnten, am Herzen lag …«[175] 1933, als die Lage völlig verzweifelt war, erschien er, meint Galbraith weiter, »als rettender Engel«. Doch schon bald wandten sich manche aus der Klasse, der er entstammte, wieder gegen ihn und bezeichneten ihn als Verräter.

Denn obwohl Roosevelts Erfolg zu einem Großteil darauf beruhte, daß er von ungeheuer gewinnender Wesensart war, hat er in den dreißiger Jahren die amerikanische Öffentlichkeit zeitweilig stark polarisiert. Spätestens nach Pearl Harbor, das zum nationalen Schulterschluß führte, wurde das dann mehr und mehr vergessen. Wer die Giftigkeit der Angriffe kennenlernen möchte, denen er zeitweilig ausgesetzt war, findet Beispiele dafür bei Henry Louis Mencken, einem Großmeister amerikanischer Literaturkritik und Zeitkritik jener Jahrzehnte. Roosevelt war für Mencken ein Verräter der eigenen Klasse, ein Betrüger, der als Messias daherkommt, ein Scharlatan, der Amerika die Augen verblendet hat, »the Führer«, ein Quacksalber, umgeben von einem erstaunlichen Pack unverschämter Nobodies – »einer Gang halbgebildeter Pädagogen, verfassungsfeindlicher Anwälte, blauäugiger Reformer und anderer kläglicher Zauberkünstler«.[176] Roosevelts New Deal sei ein politisches Schwindelunternehmen. Doch selbst in derartigen Verunglimpfungen ist eine heimliche Bewunderung für die politischen Zauberkünste dieses Präsidenten zu verspüren, der niemanden gleichgültig ließ.

Gewiß ist Roosevelts Triumph nur vor dem Hintergrund der Erfolglosigkeit seines Vorgängers Herbert Hoover zu begreifen. Der Selfmademan Hoover wußte unendlich viel mehr als Roosevelt. Als Bergbauingenieur und Inhaber einer erfolgreichen Anlagefirma, danach als Organisator umfassender Hilfsunternehmen während des Ersten Weltkrieges kannte er Lateinamerika und Europa besser als jeder andere amerikanische Präsident vor ihm und nach ihm. Er war auf seine Weise sehr humanitär und stand innerhalb der republikanischen Partei auf dem reformerischen Flügel. Doch wie sich zwischen 1929 und 1933 herausstellte, war er leider ein Pechvogel. Während der großen Rezession packte er fast alles falsch an. Er kam auch mit der Presse nicht zurecht, war hölzern, abweisend, etwas pompös und langweilig, wo Roosevelt warmherzig, unterhaltsam und optimistisch war. Wenn man heute aus dem Abstand von fast siebzig Jahren die Ansprachen der beiden miteinander vergleicht, so wirken diese gleicherweise wenig substantiell. Hoover rief dazu auf, Vertrauen zu haben, Roosevelt erklärte mit gleichfalls aufgesetztem Pathos: »Das einzige, wovor wir uns fürchten müssen, ist die Furcht selbst.«[177] Warum also glaubte man Roosevelt seine Witzchen und seine Politikersprüche, während Hoover nicht mehr ankam?

Ein Grund lag sicher darin, daß Roosevelt im Jahr 1932 als ein neuer Mann erschien. Doch ganz offensichtlich war es anfänglich vor allem der Zauber einer herzlichen, gewinnenden Persönlichkeit, der den Unterschied ausmachte. Der alte Richter Oliver Wendell Holmes, der vor ihm schon manchen Präsidenten studiert hatte, brachte das 1934 auf die Kurzformel: »Eine zweitklassige Intelligenz, aber ein erstklassiges Temperament.«[178] Thomas Manns Schilderung der Ausstrahlung dieses Mannes wird fast von allen Journalisten, Politikern, Diplomaten oder Wissenschaftlern und Mitarbeitern Roosevelts bestätigt, die damals mit ihm zu tun hatten. Immer wieder sind es dieselben Attribute, die als Geheimnis seiner Wirkung gezeichnet werden. Eine gewinnende, schöne dunkle Stimme (unschätzbare Gabe der Natur im Zeitalter des Radios), ein prächtiger Kopf, strahlende blaue Augen, imposante Figur, obwohl er wegen seiner Polio-Erkrankung nur gelegentlich mit allergrößter Mühe zu stehen vermochte und ansonsten ein Leben im Rollstuhl führte (den aber die PR-Leute Roosevelts auf Photos und in Wochenschauen umsichtig aus dem Bild zu rücken verstanden), dazu Witz, gute Laune, Entspanntheit, Optimismus, generelle Freundlichkeit, verbunden mit gelegentlichen Sarkasmen gegen seine Feinde – so könnte man fortfahren. Er war ein geborener Schauspieler, der aber eben deshalb völlig natürlich wirkte. Dabei verstand er es gleicherweise, die einfachen Amerikaner und die Intellektuellen in seinen Bann zu schlagen.

Es hat neben ihm im 20. Jahrhundert nur noch drei amerikanische Präsidenten gegeben, die mit den Medien so meisterhaft umzugehen verstanden: Theodore Roosevelt, John F. Kennedy und Ronald Reagan. Seine Präsidentschaft markiert einen Höhepunkt in der klugen Behandlung der Journalisten und in jenen Künsten, die man *news management* nennt.[179] Bei Pressekonferenzen mit damals vierzig bis fünfzig Washingtoner Korrespondenten war er brillant, selbst den politischen Gegnern unter ihnen fiel es schwer, sich seinem Zauber zu entziehen.[180] Vor allem wußte er, daß Korrespondenten ganz unabhängig von ihrer politischen Orientierung unablässig nach Neuigkeiten verlangen.

Wenn er als Gegenspieler der Diktatoren Mussolini und Hitler verstanden werden kann, dann auch darin, daß er genauso wie diese begriffen hatte, daß politische Macht unter den Bedingungen des Massenzeitalters in stärkstem Maß über die Medien ausgeübt wird. Doch anders als diese besaß er die Brillanz, diese Macht in einem System mit freier und kritischer Presse zu erringen und nie mehr zu verlieren.

Sein Regierungsstil war lässig, vielfach chaotisch und ohne Interesse an klaren Zuständigkeitsregelungen. Einer seiner demokratischen Parteifreunde meinte gelegentlich: »Entweder ernennt der Boß vier Leute, um den Job von einem zu erledigen, oder einen, der mit dem Job von vieren fertig werden muß.«[181] Das war wohl kaum Machiavellismus, denn anders als ein Diktator hatte Roosevelt in der eigenen Administration ja keinen Rivalen zu fürchten. Wahrscheinlich bekundete das eher genuine Lässigkeit und fehlende administrative Talente. Die meisten, die ihn aus der Nähe beobachteten, waren der Meinung, daß er nie völlig auf bestimmte politische oder ökonomische Strategien festgelegt war. Er ging intuitiv vor und war im allgemeinen geneigt, sich den Strömungen der öffentlichen Meinung anzupassen. Clare Boothe Luce, die mit Vorliebe schlecht über andere Leute redete, nicht zuletzt über Präsidenten der Demokraten, bemerkte gelegentlich, jeder große Führer im Zweiten Weltkrieg habe seine typische Geste gehabt: Hitler seinen ausgestreckten Arm, Churchill das Victory-Zeichen. Und Roosevelt? Bei dieser Frage pflegte sie den Finger zu befeuchten und ihn in die Luft zu strecken.[182] Richard Hofstadter, zu Zeiten Roosevelts einer der besten Kenner amerikanischer Ideengeschichte und zugleich ein scharfer Beobachter der Präsidenten, hat daher seiner Porträtstudie Roosevelts die Überschrift gegeben: »Der Patrizier als Opportunist«.[183]

Damit sind zwei wichtige Aspekte der Leistung Roosevelts angesprochen. Seine Reform des amerikanischen Systems erfolgte nicht allein in Konkurrenz zu den Systemen eines nationalen Sozialismus, mit denen Italien und Deutschland experimentierten. Zugleich war der Öffentlichkeit in den USA und in Europa bewußt, daß noch ein weiteres Konkurrenzmodell vorhanden war – die Sowjetunion Lenins und Stalins.

In den Anfängen hütete sich Roosevelt allerdings, den Anschein zu erwecken, als sei er im Begriff, in den USA so etwas wie ein neues Modell der kapitalistischen Demokratie zu entwerfen. 1933, als alles begann, ahnten nur wenige, daß auch in Washington Weltgeschichte improvisiert wurde. Das wurde erst im Rückblick deutlich. Adolf A. Berle, der, wie eben vermerkt, in Roosevelt von Anfang an den Cäsar eines neuen Zeitalters erkannt hatte, schrieb mehr als dreißig Jahre danach, der Kraftakt, den Gründungsprozeß durch den New Deal einzuleiten, sei Roosevelt bereits in den ersten hundert Tagen der ersten Amtszeit gelungen. Allein zwischen März und Juli 1933 verdoppelte sich die industrielle Produktion in den USA. Immer wieder im 20. Jahrhundert, so Berle, mußten Regierungen »sozusagen über Nacht neue Machtstrukturen, neue Apparate aus dem Boden stampfen, um Gefahren abzuwenden, die Wohlfahrt, Sicherheit und Freiheit der Nation bedrohten«. In den Vereinigten Staaten habe sich diese Aufgabe im Februar und März 1933 gestellt.[184] Die Gegner Roosevelts hingegen hielten ihn anfänglich für eine Eintagsfliege. In den Erinnerungen der Verlegerin und großen Gesellschaftsdame Katharine Graham von der »Washington Post« findet sich eine hübsche Anekdote. Sie nimmt im März 1933 zusammen mit ihrer streng republikanischen Mutter, der späteren Mäzenin Thomas Manns, an der Inauguration teil. Eben ist ein Regenschauer vorbeigegangen, Roosevelt strahlt triumphierend in hellem Sonnenschein auf der Plattform, während Hoover verschwindet. Doch die Mutter, die Roosevelt haßt, meint nur trocken: »Abwarten. In vier Jahren sind wir zurück.«[185]

Der Historiker Alexander DePorte hat viel später zutreffend bemerkt, Roosevelt habe die USA gewissermaßen aus einem System in ein anderes bewegt. Damit war der Übergang von der polyzentrischen internationalen Ordnung des 19. und frühen 20. Jahrhunderts zum Bipolarismus der zweiten Jahrhunderthälfte gemeint.[186] Doch dasselbe gilt für die amerikanische Wirtschafts- und Sozialpolitik. Als Roosevelt starb, war das neue System des New Deal fest etabliert. Seine Anhänger sahen darin eine tiefgreifende und unumkehrbare Reform des Laissez-faire-Kapitalismus, bei dem nun der steuernde, einsammelnde und umverteilende Staat neben die immer noch wesentlichen Marktkräfte trat.

Roosevelt war und ist in dieser Sicht der Retter und Erneuerer des amerikanischen Kapitalismus, damit zugleich auch der sozialstaatlich domestizierten Marktwirtschaft in der von Amerika dominierten westlichen Welt. Die Kritiker nannten ihn jedoch damals und später einen leichtsinnigen Krypto-Sozialisten.

Doch was im Rückblick als tiefgreifende Systemveränderung erscheint, kam weitgehend ungeplant zustande und war in jeder Phase rasch improvisiert. Kluge Beobachter spürten allerdings schon damals, daß mit Roosevelt einer der brillantesten Reformer des 20. Jahrhunderts auf den Plan getreten war. Nachdem John Maynard Keynes im Mai 1934 den nunmehr etwas mehr als ein Jahr alten New Deal bei einem vierzehntägigen Aufenthalt in Amerika und in vielen Gesprächen vor Ort studiert hatte, schrieb er aus dem Mayflower Hotel zu Washington an Felix Frankfurter: »Hier, nicht in Moskau, befindet sich das ökonomische Laboratorium der Welt. Die jungen Leute, die es in Gang halten, sind großartig. Ich bestaune ihre Kompetenz, ihre Intelligenz und ihre Weisheit ...«[187]

Als schließlich der Krieg kommt, nach Roosevelts Tod die Nachkriegszeit und dann rasch der Kalte Krieg, ist aus den Resultaten hektischer Improvisation längst das erfolgreichste Modell moderner Demokratie geworden. Der »American way of life«, dem England, Frankreich, Westdeutschland, Japan, doch auch Lateinamerika jetzt begegnen, ist der Lebensrhythmus, die Wirtschaftsordnung, das Sozialsystem, das Erziehungswesen und die selbstbewußte demokratische Ideologie des Rooseveltschen Amerika. Die Besatzungsoffiziere, Diplomaten, Professoren, amerikanischen Gewerkschaftler und Wirtschaftsplaner, die zwischen 1944 und 1955 jenes System der Demokratien errichten helfen, das man »die freie Welt« nennt, gehören fast ausnahmslos jener Generation an, auf die der Reformer Roosevelt einen unauslöschlichen Eindruck gemacht hat.

Tatsächlich reichte die Langzeitwirkung des sozial und planerisch engagierten Reformers Roosevelt bis in die sechziger und die siebziger Jahre hinein. Als sich schließlich Ende der fünfziger Jahre auch die deutschen Sozialdemokraten, wenig später ebenso die Mitte-Links-Strömungen in Italien ziemlich vorbehaltlos den USA zuwandten, geschah dies auch deshalb, weil dort mit Kennedy und Johnson erneut demokratische Präsidenten zum Zuge gekommen waren, in deren Wirtschafts- und Sozialpolitik sich die gemäßigte Linke Westeuropas wiedererkennen konnte. Das hielt bei vielen bis zur Wahl Ronald Reagans vor, der eben nicht allein durch seinen Antikommunismus provozierte, sondern auch deshalb, weil er in den USA alles zu demontieren suchte, was ihm sozialistisch, etatistisch und zentralistisch erschien. Etwas überspitzt, doch nicht ganz unzutreffend könnte man somit formulieren: Das amerikanische Jahrhundert, das jetzt weltweit hereinbricht, ist, genau betrachtet, das Rooseveltsche Jahrhundert. Und es geht zu Ende, als die von Roosevelt errichtete Vorbildgesellschaft sogar in Amerika selbst nicht mehr für vorbildlich gehalten wird.

In den USA hat es gute dreißig Jahre gedauert, bis sich gegen die auf Roosevelt zurückgehende Sozial- und Wirtschaftsordnung erneut eine radikale Reformbewegung formierte. Als sie schließlich mit Ronald Reagan an die Macht kam, wies dieser allerdings die Unterstellung weit von sich, er wolle das große Werk Franklin Delano Roosevelts zerstören. Denn auch Reagan gehörte als junger Mann zur Roosevelt-Generation. So hielt er es für besser, den Angriff gegen Lyndon B. Johnson zu richten, der in typisch texanischem Größenwahn den New Deal übersteigert habe.

Der opportunistische Reformer Roosevelt hat also global einen langen Schatten geworfen. Es gab allerdings Herausforderungen, denen gegenüber er nicht opportunistisch sein wollte, sondern wo er gerissene und zähe Führungskraft bewies. Dazu gehörte seine Außenpolitik in der kritischsten Periode des Zweiten Weltkrieges vom Zusammenbruch Frankreichs bis zum Angriff Hitlers auf die Sowjetunion. In dieser unentschiedenen Phase hatte er wohl entscheidenden Anteil am Überleben Großbritanniens.

Doch es war dann eben die Außenpolitik Roosevelts, die bald nach seinem Tod zu stärksten Zweifeln Anlaß gegeben hat. Die Kritik richtete sich allerdings nicht gegen seine raffinierte Europapolitik der Jahre 1940 und 1941, die auch heute noch als Meisterleistung gilt. Die historischen Kontroversen drehen sich um andere Fragen. Deren wichtigste ist Roosevelts Rußlandpolitik.

Natürlich führte an der Großen Allianz mit Stalin kein Weg vorbei, nachdem Hitler mit seiner Kriegserklärung an die USA ein noch größeres Ausmaß an Dummheit manifestiert hatte als seinerzeit die Oberste Heeresleitung, als sie auf den uneingeschränkten U-Boot-Krieg gedrungen hatte. Die Fragen gelten nicht dem Kriegsbündnis als solchem, sondern seiner Intensität und den damit verbundenen Konzessionen. Daß Hitler ein Ungeheuer war, das vernichtet werden mußte, hat Roosevelt erst geahnt und dann gewußt. Aber weshalb hat er verdrängt, daß auch Stalin ein Ungeheuer war? Und warum hat er es ziemlich widerstandslos hingenommen, daß dieser 1944 und 1945 Polen und den Balkan in sein monströses System hineinzwang?

Die Antwort ergibt sich, wenn man die Persönlichkeit Roosevelts in Betracht zieht. Auch auf der Weltbühne agierte er vergleichsweise spielerisch, experimentell, vieldeutig, kompromißbereit und immer in der Hoffnung, für jedes vertrackte Problem eine zeitweilig haltbare Lösung zu finden. Dieser bewundernswert opportunistische Innenpolitiker, den sein weniger talentierter Gegner Herbert Hoover »ein Chamäleon im Plaid«[188] nannte, glich auch als Außenpolitiker einem Chamäleon. Er begann als Navalist und hatte zeitlebens viel für Seemacht übrig. Später, als er der Administration Woodrow Wilsons angehörte, doch auch noch danach, war er aufgrund seiner grundsätzlichen Stellungnahmen alles in allem eher der idealistischen Traditionslinie zuzuordnen. Der Historiker Gerhard L. Weinberg ist mit Robert Divine der Meinung, in den zwanziger und dreißiger Jahren sei Roosevelt im tiefsten Innern ein Isolationist gewesen, auch ein Pazifist.[189]

Sofern es überhaupt möglich ist, bei Roosevelt in den entscheidenden Jahren 1940 bis 1945 festere Grundsätze zu erkennen, laufen sie auf die Maximen einer vorsichtigen Gleichgewichtspolitik hinaus, verbunden mit idealistischer Rhetorik. In diesem Zentralpunkt unterschied er sich sowohl von Theodore Roosevelt als auch von Wilson. Der erstere praktizierte Realpolitik und erfreute sich zugleich an naßforschen realpolitischen Sprüchen. Wilson seinerseits sprach idealistisch, versuchte auch so zu handeln und war unglücklich, wenn die Umstände ihn zwangen, von den eigenen Grundsätzen abzuweichen. Roosevelt aber besaß in den fünf letzten, weltpolitisch entscheidenden

Jahren seiner Präsidentschaft ein hochentwickeltes Talent, beides in Wort und Tat miteinander zu vermischen. Ohnehin gab er seine innersten Überlegungen nur ungern preis, so daß sich seine Biographen meist damit behelfen, daß sie feststellen, er sei eben absichtsvoll unergründlich gewesen. Vielleicht war er aber auch bloß sprunghaft und launisch.

Zweifellos lag ihm damals die Sache der Demokratie sehr am Herzen. Man darf unterstellen, daß in seiner entschiedenen Feindschaft gegen das Hitlersche Deutschland ein sehr starkes Motiv moralischer Empörung maßgeblich war. Immer wieder führte er Amerika vor Augen, daß es im Krieg um die Freiheit in der Welt gehe, in erster Linie um die Freiheit.

Doch Roosevelt war in jungen Jahren auch ein Schüler Admiral Mahans,[190] der seine Generation aufrief, die geostrategische Bedeutung der Gegenküsten nie zu vergessen. Würden sich Deutschland und Japan damit beschieden haben, allein in ihren jeweiligen Regionen die Rolle von Großmächten unter anderen Großmächten zu spielen, wäre dies nicht so beunruhigend gewesen. Alarmierend indessen war die Perspektive, daß die USA mittelfristig in Europa einer Weltmacht Deutschland und im Fernen Osten einer Weltmacht Japan allein gegenüberstehen könnten. Diese Sorge war es auch, weshalb Roosevelt Deutschland und Japan entgegentrat, sobald sich eine solche Gefahr seit 1940 abzuzeichnen begann. Ziemlich sicher ist dennoch, daß Roosevelt Amerika möglichst lange aus dem Krieg heraushalten wollte. Sein Verständnis von amerikanischer Gleichgewichtspolitik bestand in den entscheidenden Monaten vom Mai 1940 bis Dezember 1941 darin, Großbritannien unablässig zu ermutigen und mit Kriegsmaterial zu beliefern, vor allem aber die amerikanischen Streitkräfte kriegsbereit zu machen.

Nach dem Jahr 1933 bildet das Jahr 1941 den zweiten Höhepunkt der historischen Leistung Roosevelts. Über die Nahziele seiner Strategie im Atlantik und seiner Japanpolitik rätselt man bis heute. Sie veränderten sich unablässig. Tatsache ist, daß der Krieg, anders als im Frühjahr 1917, nicht von Amerika begonnen wurde. Ob Roosevelt die USA absichtlich in den Krieg hineinmanövriert hat, wird sich nie voll aufklären lassen. Nach dem Überfall auf Pearl Harbor bestand für einen kurzen Moment die Gefahr einer ausschließlichen Verwicklung in den pazifischen Krieg. Ohne Hitlers Vermessenheit, den USA von sich aus den Krieg zu erklären, wären dem Präsidenten gegenüber Deutschland erst einmal die Hände gebunden gewesen. Jetzt aber war Amerika in einen Weltkrieg hineingezwungen worden, so daß sich nun auch jenes Lager, das für eine Neutralität um fast jeden Preis plädiert hatte, von einem Tag auf den anderen umstellte.

*Präsident Franklin Delano Roosevelt zusammen mit seiner Frau Eleanor nach der 3. Inauguration am 20. Januar 1941 – ein demokratischer Cäsar. So sah ihn der deutsche Emigrant Thomas Mann, der ihn acht Tage zuvor aufgesucht hatte und danach begeistert schrieb: »Hier ist endlich einmal ein Massen-Dompteur großen Stils, der das Gute oder das Bessere will und der es mit uns hält wie kein Mensch in der Welt. Ich bin gestärkt von ihm gegangen.«*

Charakteristisch war die Reaktion Charles A. Lindberghs. Unter deutschem Einfluß war dieser Nationalheld mehr als zwei Jahre lang zur Galionsfigur der Isolationisten geworden. Aber zwei Tage nach Pearl Harbor schrieb er ins Tagebuch: »Wir haben den Krieg selbst heraufbeschworen, aber unter den gegenwärtigen Umständen sehe ich keine andere Möglichkeit als den Kampf; wäre ich Kongreßabgeordneter, so hätte ich sicherlich auch für die Kriegserklärung gestimmt.«[191] Und drei Tage später, als auch Deutschland und Italien den Krieg gegen Amerika vom Zaun brachen, vermerkte er noch viel entschiedener: »Wir befinden uns in einem Krieg, in dem wir angreifen müssen, wenn wir siegen wollen. Wir müssen in Asien und Europa angreifen – eigentlich auf der ganzen Welt.«[192] Besonders aufschlußreich ist, wie er jetzt über Roosevelt urteilte, zu dem er zwar nach wie vor kein Zutrauen hatte und den er für rachsüchtig hielt. Dennoch schrieb er: »Mein erster Gedanke war, direkt an Präsident Roosevelt zu schreiben und ihm meine Dienste anzubieten, ihm zu sagen, daß ich zwar in der Vergangenheit gegen ihn gewesen sei und meine Meinung nicht geändert habe, daß ich in Kriegszeiten aber bereit sei, meinen persönlichen Standpunkt dem allgemeinen Wohl und der Einheit des Landes unterzuordnen.«[193]

Dank meisterlicher Außen- und Innenpolitik ist es Roosevelt somit im Dezember 1941 gelungen, die ganze Nation vorbehaltlos in den Krieg hineinzuführen. Anfänglich war es in allererster Linie noch ein Ringen, bei dem der amerikanische Präsident die Rolle des Führers der Demokratien wahrnahm. Es war jene frühe Phase alliierter Kriegsstrategie, als Winston Churchill im Dezember und Januar 1941/42 zu einem dreiwöchigen Besuch in Washington weilte. Spiritueller Höhepunkt dieses Aufenthalts war ein gemeinsamer Besuch des Weihnachtsgottesdienstes in der Methodistenkirche von Alexandria, Va., wo diese beiden nicht durch besondere Frömmigkeit ausgezeichneten Staatsmänner der Öffentlichkeit die gemeinsame Wertebasis christlicher Zivilisation vor Augen führten. Der politische Höhepunkt war ein Auftritt Churchills vor den versammelten Häusern des Kongresses, vor denen er eine der besten Ansprachen seiner langen Laufbahn hielt.

Von jetzt an begannen sich aber die späteren Komplikationen der Außenpolitik und Kriegsstrategie Roosevelts deutlich abzuzeichnen. Am 1. Januar 1942 veröffentlichten 26 »United Nations«, die im Krieg gegen Deutschland standen, eine gemeinsame Erklärung.[194] Neben den USA und Großbritannien unterzeichneten nun auch Rußland und China. Spätestens zu diesem Zeitpunkt war Roosevelt nicht mehr lediglich »the Soldier of Freedom«, wie ihn James Mac Gregor Burns porträtiert hat. Er wurde nun zur Zentralfigur einer »Großen Allianz«, der das Ungeheuer Stalin und der Mafia-General Tschiang Kai-schek angehörten. Nach Lage der Dinge war dieses Kriegsbündnis unvermeidlich. Es brachte aber in Roosevelts (und auch in Churchills) Außenpolitik eine immer schwerer lastende moralische Zwiespältigkeit hinein. Noch stärker als bisher schon mußte der Präsident jetzt mit dem Konzept kältester Gleichgewichtspolitik arbeiten. Je länger die gemeinsame Kriegführung andauerte, um so unentrinnbarer wurde das. Wie sollte die Welt geordnet werden, wenn der Sieg schließlich errungen war?

In den ersten Jahren der »Großen Allianz« taucht in verschiedenen Unterhaltungen, die Roosevelt führte, das Bild von den »vier Weltpolizisten« auf. Dem sowjetischen Außenminister Molotow, der Anfang Juni 1942 nach Washington kam, gab Roosevelt zu bedenken, daß nach dem Kriege vier »policemen« für Entwaffnung und weitere Bändigung der Kriegsgegner zuständig sein sollten – die USA, Rußland, Großbritannien und China, das man zur Kontrolle Japans brauche.

Das sei besser als ein neuer Völkerbund mit 100 Signatarstaaten. Bei dieser Gelegenheit deutete er auch an, daß seiner Meinung nach das Kolonialzeitalter zu Ende sei.

Bei einem langen Gespräch mit Erzbischof Spellman im September 1943, also noch vor der Konferenz von Teheran, zeigte Roosevelt sich stark beeindruckt von der Stärke Rußlands. Dieses würde wohl seine Hegemonie über Ost- und Mitteleuropa errichten. Vielleicht bleibe Frankreich verschont, wenn es zu einer Volksfront-Regierung nach Art derer von Léon Blum komme. Über die Brutalität der Herrschaft Stalins machte er sich keine Illusionen. Die Länder Europas würden gewaltige Veränderungen durchmachen müssen, »um sich Rußland anzupassen«. Doch den betroffenen Völkern bleibe keine andere Wahl, als die russische Herrschaft einfach zu ertragen. Vielleicht, so tröstete er sich selbst und den Kardinal, würde im Lauf von zehn oder zwanzig Jahren der europäische Einfluß die Russen weniger barbarisch machen. Wie dem auch sei, »jedenfalls könnten die USA und Großbritannien nicht gegen Rußland kämpfen«.[195]

Solche und ähnliche Überlegungen lagen also dem Versuch zugrunde, zu Stalin ein positives persönliches Verhältnis aufzubauen, dabei aber zum großen Verdruß Churchills eine gewisse Äquidistanz zwischen dem russischen Diktator und dem Premierminister des Mutterlands aller Demokratien zu halten. Rein abstrakt gesehen, schienen die USA dabei in der Tat in einer beneidenswert zentralen Lage. Alle drei Großmächte würden in der Nachkriegszeit wirtschaftlich von Amerika abhängen. Dieses wäre dann in der Lage, seine Streitkräfte wieder zurückzuziehen, um vor allem Rußland, Großbritannien und China die Kontrolle Japans und Deutschlands zu überlassen. Doch Amerika würde gleichfalls beteiligt sein, außerdem dank seiner gewaltigen Flotten und Luftstreitkräfte stets imstande, bei Differenzen zwischen den anderen Großmächten als »balancer« zu agieren.

Jedenfalls kam Roosevelt Stalin sehr, sehr weit entgegen. Zweimal reiste er um die halbe Welt, um diesen in Teheran und in Jalta auf der Krim zu treffen. Bei den formellen Gesprächen war er oft ostentativ bereit, eine vermittelnde Position zwischen den Sowjets und den Briten zu beziehen. Und er irritierte Churchill, indem er sich des öfteren auf bilaterale Gespräche einließ. Auch seine Verharmlosung des Despoten, den er freundschaftlich »Uncle Joe« nannte, paßt in dieses Bild geflissentlichen Liebeswerbens.

War es in erster Linie der Einfluß von Harry Hopkins, auf den die Überschätzung der sowjetischen Macht und das Ausblenden aller moralischen Vorbehalte zurückging? Seit kurzem wird aufgrund russischer Aktenfunde behauptet, Hopkins sei vom Kreml als wichtigster Einflußagent in Washington betrachtet worden. Spielte Selbstüberschätzung Roosevelts dabei eine Rolle, der von seinem eigenen Verhandlungsgeschick eine sehr hohe Meinung hatte? Kam darin seine Neigung zum Ausdruck, mit möglichst vielen Akteuren möglichst lange in möglichst harmonischen Beziehungen zu stehen? War Roosevelt insgeheim ängstlich? Oder war er ganz einfach der Meinung, man müsse erst einmal – wie 1918 – die Kriege in Europa und im Fernen Osten erfolgreich beenden, um dann erst die wirklich schwierigen Fragen zu lösen, natürlich viel klüger als die »peacemakers« im Jahr 1919?

Die kritischsten Fragen in diesem Zusammenhang beziehen sich auf Roosevelts Einstellung gegenüber Ländern, die keine Großmächte sind: Polen, die ČSSR, die Balkanstaaten, Korea. Und warum fand er eigentlich die Gefahr eines vom totalitären Deutschland kontrollierten Europa unerträglich, während er augenscheinlich keinen Gedanken daran verschwendete, notfalls auch Stalin entschieden entgegenzutreten? Was Richard Hofstadter vor einem halben Jahrhundert ausgeführt hat, läßt sich nach fünfzig Jahren intensiver Roosevelt-Forschung jedenfalls wiederholen: »Wenn Roosevelt jemals eine spezifische Strategie konzipierte, aggressivem sowjetischem Imperialismus zu begegnen, dann ist dies bis heute nicht veröffentlicht worden.«[196]

Im letztlich entscheidenden Jahr 1945, da der Test auf den »Grand Design« einer Verständigung auch mit Stalin anstand, war Roosevelt ein schwerkranker Mann. Er hatte sich im Amt aufgerieben. Wer nur immer die strahlenden, entspannten Auftritte beobachtete, konnte nicht wissen, wie hart dieser Präsident als Oberbefehlshaber und oberster Außenpoliker der USA tatsächlich gearbeitet und dabei seine Gesundheit ruiniert hat. Die heute zugänglichen Akten bezeugen, welche Überfülle von Arbeit er dabei auf sich lud.[197]

Roosevelts Kondition hatte seit einer Grippe im Winter 1943 stark nachgelassen.[198] Im Juni 1944 erschreckte er seine Umgebung mit Todesgedanken.[199] Daß er sich dennoch ein viertes Mal wählen ließ, bekundete seinen cäsarischen Leichtsinn. Jedenfalls war das Nachlassen seiner geistigen und physischen Kräfte ausgerechnet in der Phase 1944 und 1945 eine Tragödie. Als Lord Moran, Churchills Leibarzt, Roosevelt auf dem Flughafen in Jalta am 3. Februar 1945 erstmals wieder zu Gesicht bekam, notierte er im Tagebuch: »Der Präsident sah alt und dünn und mitgenommen aus; er hatte ein Cape oder einen Shawl um seine Schultern und wirkte wie eingeschrumpft; er sah mit offenem Mund starr vor sich hin, so, als begreife er nicht, was sich um ihn herum abspielt. Wir alle waren über sein Aussehen schockiert und redeten nachher darüber.«[200] Moran gab ihm nur noch ein paar Monate.[201] Die danach veröffentlichten Photos vermitteln gleichfalls den Eindruck eines kranken, partiell abwesenden Mannes. Als Roosevelt

*Präsident Roosevelt und der kurz zuvor als Vizepräsident aufgestellte Harry S. Truman im Garten des Weißen Hauses, 18. August 1944. Bis zu Roosevelts Tod am 12. April 1945 sind die beiden nur noch selten zusammengetroffen.*

starb und der außenpolitisch völlig unvorbereitete Truman an seine Stelle trat, war alles offen.

In der Stunde seines Todes kam übrigens sinnfällig zum Ausdruck, daß Roosevelt nicht allein im politischen Raum das Öffentliche und das Private mit lässiger Desinvolture nebeneinander herzuführen verstand. Er erlitt den tödlichen Schlaganfall, während er in Palm Springs einer Porträtmalerin Modell saß, kurz vor dem Lunch einige Dokumente studierte und sich eine Zigarette anzündete.[202] Sein letzter Blick fiel dabei auf Lucy Mercer Rutherford, die ihn wieder einmal aufgesucht hatte. Mit ihr hatte er 1918 als Unterstaatssekretär in Washington eine stürmische Affäre gehabt. Als ihm seine Mutter daraufhin mit Enterbung drohte (schließlich war er seit 1905 verheiratet und hatte vier Kinder), brach er das Verhältnis ab, Lucy Mercer heiratete und trat nach dem Tod ihres Mannes insgeheim wieder mit Roosevelt in Verbindung.

Allem Anschein nach hatte sich das Ehepaar Roosevelt nach der Affäre mit Lucy Mercer innerlich ziemlich entfremdet. Insider vermuteten, daß Roosevelt später auch mit seiner einflußreichen Bürochefin »Missy« LeHand zeitweilig mehr als nur Arbeitsbeziehungen unterhielt. Eleanor Roosevelt ging heimlich gleichfalls ihre eigenen Wege. Daß sie Beziehungen welcher Art auch immer mit lesbischen Freundinnen pflegte, ist erst lange nach ihrem Tod bekanntgeworden.

In der Öffentlichkeit aber gaben die beiden das Bild einer perfekten politischen Partnerschaft ab. Franklin Delano und Eleanor wurden, wie der älteste Sohn James das später bezeichnete, »business partners«.[203] Eleanor Roosevelt kümmerte sich dabei vor allem um den linken Flügel der New-Deal-Koalition – Linksintellektuelle, Gewerkschaftler, Schwarze. Sie verfügte bereits über einen eigenen kleinen Stab und war die erste jener mehr oder weniger politischen Präsidentengattinnen, deren letzte zeitgenössische Ausprägung Hillary Clinton darstellt.

Wie auf den Feldern der Politik verstand es Roosevelt jedenfalls auch im Privatleben glänzend, viele seiner Absichten und Handlungen hinter ehrbaren Kulissen im verborgenen zu halten. Kein Wunder also, daß die Rußlandpolitik des Präsidenten bis heute Grund zum Rätseln abgibt.

In den immer wieder einmal aufflammenden Kontroversen um Amerikas angebliche Mitschuld am Kalten Krieg sind Roosevelts Absichten während der Konferenz von Jalta und danach bis in die Stunde seines Todes am 12. April 1945 recht unterschiedlich interpretiert worden. Die problematischen Kompromisse, die er dort einging, lassen sich nur als verzweifelter Versuch interpretieren, trotz aller evidenten Gegensätze den Kurs verständnisvollen Eingehens auf das Sicherheitsbedürfnis Stalins fortzusetzen. In manchem glich Roosevelt nun seinem unglücklichen Vorgänger Woodrow Wilson, der 1919 gleichfalls viele Konzessionen gemacht hatte, um wenigstens die Idee des Völkerbundes zu retten. Auch bei Roosevelt begann sich das Konzept der Vereinten Nationen seit der Konferenz von Teheran zusehends zu verselbständigen. Nach der Rückkehr von Jalta räumte er auf einer feierlichen gemeinsamen Sitzung des Kongresses ein, daß Jalta gewiß anfänglich noch keine perfekte Vereinbarung sei, aber doch die Grundlage für einen dauerhaften Weltfrieden und eine haltbare Weltordnung.[204] Bei dieser Gelegenheit konnte er das Zittern seiner Hände nicht ganz verbergen.

Dann, in seinen letzten Wochen, begannen sich alarmierende Telegramme Churchills, Stalins und Botschafter Harrimans auf Roosevelts Schreibtisch zu türmen. Es wurde deutlich, daß Stalin unter freien Wahlen in Polen, die prinzipiell vereinbart waren, lediglich Wahlen nach dem wohlbekannten sowjetischen Vorbild verstand. Am 24. März 1945 soll Roosevelt nach Lektüre eines Telegramms Averell Harrimans ergrimmt mit den Fäusten auf die Lehne seines Rollstuhls geschlagen und ausgerufen haben: »Averell hat recht, wir können mit Stalin keine Geschäfte machen. Er hat jedes Versprechen gebrochen, das er in Jalta gegeben hat.«[205] Unnötig zu betonen, daß dieser Ausbruch vorzugsweise von denen stark hervorgehoben wird, die Roosevelt wenige Wochen vor seinem Tod bereits auf dem Weg der Vernunft sehen möchten, der dann zur Containmentpolitik gegen das Ungeheuer Stalin führte.

Aber der Präsident ließ sich schließlich doch nicht zu heftigen Reaktionen provozieren. Ein Kabel an Churchill, das einen Tag vor seinem Tod herausging, enthielt den Satz: »Ich neige dazu, das allgemeine Problem der Sowjetunion so sehr als möglich zu minimieren, denn diese Probleme scheinen in der einen oder anderen Form Tag für Tag aufzutauchen, und die meisten von ihnen erledigen sich von selbst ...«[206] Das klingt nun wieder ganz nach dem alten Roosevelt des »Grand Design«, über den der tief skeptische britische Generalstabschef Brooke schon 1943 in Teheran zu Lord Moran geseufzt hatte: »Stalin hat den Präsidenten im Sack.«[207] Der Historiker John Charmley hat dieses letzte Telegramm Roosevelts verächtlich mit den Worten kommentiert: »Hier war die authentische Stimme von FDR zu hören, des Mannes, für den die Staatskunst im kreativen Zaudern bestand.«[208]

Unnötig auch hier zu betonen, daß Historiker, die mit der Entspannungspolitik gegenüber der Sowjetunion sympathisierten, darin lange Zeit durchaus keinen Makel gesehen haben. Sie urteilten etwas gnädiger. Der Historiker John Lewis Gaddis meinte beispielsweise, Roosevelt habe eben den Problemen Osteuropas gegenüber eine ganz eigentümliche Verbindung von Naivität und Realismus bekundet, vermerkte aber zugleich mit leiser Melancholie, daß Roosevelts Nachfolger weniger taktvoll gewesen sei »als der behutsame und differenziert denkende Landedelmann von Hyde Park«.[209] Gaddis' Studie erschien im Jahr 1972, als in der Ära Nixons und Breschnews die Entspannungspolitik legitim erschien und der Kalte Krieg eher als eine Verirrung.

Der Außenpolitiker Roosevelt ist und bleibt also eine durchaus ambivalente Gestalt. Bei dem feierlichen Gedenkgottesdienst am 17. April 1945 in der Londoner St. Paul's Cathedral hat ihn Churchill, der die Tränen nicht zurückhalten konnte, »den größten Vorkämpfer der Freiheit« genannt.[210] Dies trifft in vollem Umfang zu, doch nur für jene, die der Despotie Hitlers entkamen und nicht alsbald wieder unter die Despotie Stalins gerieten. Vor allem für Polen war dieser Präsident eher eine negative Größe.

Viel spricht für die Vermutung, daß sein Tod am 12. April 1945 zumindest für Europa das wichtigste Ereignis dieses an Wichtigem randvollen Jahres gewesen ist. Daß er das Äußerste versucht hätte, den Kalten Krieg zu vermeiden, ist ziemlich sicher. Wie hart er dabei geblieben wäre und auf welchen Feldern er nachgegeben hätte, weiß niemand. Die Entwicklung hätte aber wahrscheinlich doch einen anderen Verlauf genommen, vielleicht keinen guten.

Erinnert man sich an Jacob Burckhardts Kriterien, so wird man Roosevelt das Prädikat historischer Größe zusprechen müssen. Hätte er die USA nicht aus der Weltwirtschaftskrise herausgeholt, wäre Amerika wohl kaum in der Lage gewesen, im Zweiten Weltkrieg zur globalen Führungsmacht und zur Vorbildgesellschaft aufzusteigen. Zumindest bis Pearl Harbor und bis zur Kriegserklärung durch Deutschland hat er eine historisch einmalige Rolle gespielt. Von da an ist zu fragen, ob nun nicht auch jeder andere amerikanische Präsident das 1944 und 1945 unwiderstehlich mächtige Land zum Sieg geführt hätte. Und vielleicht hätte es ein solcher Präsident doch vermieden, Stalin in Europa und im Fernen Osten in jene sehr starke Position gelangen zu lassen, die den Demokratien dann 45 lange Jahre voll größter Probleme bescherte.

## ZWISCHENBETRACHTUNG

# Der Niedergang Europas und die Neuordnung unter der Pax Americana

Zusammen mit dem säkularen Ringen zwischen den totalitären Großreichen und den Demokratien wird im 20. Jahrhundert noch ein weiteres Stück aufgeführt, sein Thema: der Niedergang Europas. Zu Ende geht nicht nur die vergleichsweise kurze Epoche des Hochimperialismus, sondern fast ein halbes Jahrtausend abendländischer Überseegeschichte.

Seitdem sich europäische Abenteurer und Herrscher in den letzten Jahrzehnten des 15. Jahrhunderts ins Zeitalter der Entdeckungen stürzten, standen zumindest die Großmächte, doch nicht nur sie allein, unter dem Gesetz globaler Expansion. Sie verwirklichten sich selbst, indem sie sich die Erde untertan machten – christianisierend, zivilisierend, raubend und versklavend, Kriege führend, Handel treibend, modernisierend, schließlich auch noch liberalisierend, demokratisierend und mit Entwicklungspolitik experimentierend.

Dieser Geschichtsprozeß endet mit dem Rückzug auf Europa. Im Westen vollzieht sich das innerhalb kürzester Fristen zwischen 1947 (Unabhängigkeit Indiens) und 1975 (Zusammenbruch des portugiesischen Kolonialreichs). 1989/91 kollabiert schließlich auch noch das russische Imperium.

Das Abenteuer der Weltherrschaft ist zu Ende, Europa kehrt zu sich selbst zurück, nervös bemüht, die nachimperiale Zukunft in der Enge des Kontinents gemeinsam zu organisieren. So etwa könnte der Gesamtvorgang skizziert werden, in dem die letzten Dramen des imperialen Zeitalters über die Bühne gehen. »Und die Räuberwelten versinken / von Capetown bis Shanghai«, hat Gottfried Benn schon in der Zwischenkriegszeit den Vorgang sarkastisch beschrieben und etwas melancholischer hinzugefügt, »die hohe Rasse aus Norden / die abendländische Pracht / im Raum ist still geworden – aus die Mythe der Macht.«[1]

Tatsächlich haben die europäischen Mächte im Verlauf relativ kurzer Jahrzehnte einen geschichtlich ganz beispiellosen Machtverlust erfahren. Auch in dieser Hinsicht wird vor allem im Licht des 19. Jahrhunderts deutlich, welches Drama sich im zwanzigsten abgespielt hat. So ist es beispielsweise Großbritannien in der kurzen Periode zwischen 1887 und 1899 gelungen, dem Empire Gebiete einzuverleiben, die vierundzwanzigmal so groß waren wie das Mutterland.[2] In den ersten Jahren des 20. Jahrhunderts entsandte England an die 500 000 Soldaten, damals eine ungeheure Zahl, allein nach Südafrika, um dort die kleine Republik der Buren zu unterwerfen.[3] Das Empire, dem beim Tod der Königin Victoria am 22. Januar 1901 ein Viertel der Erde angehörte, war die größte und historisch beispielloseste aller imperialen Mächte, doch nicht die einzige. Europa insgesamt dominierte. Als das Jahrhundert begann, hatten sich nur noch wenige Länder aus dem Sog der europäischen Machtpolitik heraushalten können. Zwei künftige Großmächte gehörten dazu: Japan und die Vereinigten Staaten sowie ein paar schwer zugängliche Regionen wie Äthiopien, Tibet und das Königreich Siam.

Durchaus nicht alle Briten, Franzosen, Deutschen oder Italiener waren damals Imperialisten. Selbst bei denen, welche die Weltherrschaft Europas für geboten erachteten, fanden sich neben den scharfen Treibern von der Art des britischen Kolonialministers Joseph Chamberlain oder des deutschen Kaisers Wilhelm II. genügend Spitzenpolitiker, die man allenfalls zu den sehr zögerlichen Imperialisten zu zählen hat. Und im linken politischen Spektrum Großbritanniens, Frankreichs, Italiens und Deutschlands gab es schon hinlänglich viele Kritiker des Kolonialsystems, die zwar damals noch nicht durchdrangen, denen nach Ende des Zweiten Weltkrieges aber die Zukunft gehören sollte. Ironischerweise war übrigens einer der heftigsten Imperialismuskritiker im Italien der Vorkriegszeit der lautstarke Linksradikale Benito Mussolini.

Erstaunlich aus heutiger Sicht aber ist und bleibt doch das hybride Selbstbewußtsein, mit dem damals die europäischen Eliten die Welt bereits regierten oder an der imperialistischen Ausbreitung teilzunehmen wünschten. Überzeugtheit von der Überlegenheit des Christentums, jahrzehntelange Gewöhnung an die Leistungsfähigkeit ihrer Wirtschaft, ihrer unwiderstehlichen Militärtechnologie und ihrer naturwissenschaftlichen Zivilisation verbanden sich vielfach mit kaltschnäuzigem Egoismus und mit rassistischen Überzeugungen.

Unter den seinerzeitigen Größen in England, Deutschland und anderswo verspüren Hunderte der entschlossensten Individuen die Berufung, sich die Erde untertan zu machen. Der sehr kultivierte Lord Curzon etwa, von 1898 bis 1905 Vizekönig von Indien und bis in die frühen zwanziger Jahre eine ragende Größe der britischen Außenpolitik, verkörperte aufs schönste diesen Typ. Zu den indischen Untertanen sowie den ihm unterstellten Landsleuten spricht er »wie eine Gottheit zu Küchenschaben«.[4] Ähnlich göttergleich tritt Herbert Kitchener auf. Bei Omdurman läßt er eine Armee von an die 50 000 Derwischen in wenigen Stunden zusammenschießen, und als Oberbefehlshaber im Burenkrieg sucht er den Willen der Buren mit einer Strategie der verbrannten Erde zu brechen. In den von ihm eingerichteten Konzentrationslagern gehen circa 20 000 Familien zugrunde.

An Erbarmungslosigkeit und rassistischem Hochmut ist Wilhelm II. seinen englischen Vettern durchaus ebenbürtig. Die weithin mit Kopfschütteln aufgenommene »Hunnenrede« an das nach China ausrückende deutsche Expeditionskorps bekundet, daß sich hier ein Nachkömmling auf den Weg gemacht hat, der die bereits gelassen etablierten Kolonialherren einholen möchte. Der deutsche Kaiser und seine Generalgouverneure in Schwarzafrika, der »ästhetische Imperialist« Churchill und Nikolaus II., der sich voller Unverstand mit den Japanern anlegt – sie alle und viele andere gleich ihnen sind Imperialisten mit denkbar gutem Gewissen.

So geht es weiter in den Weltkrieg hinein, auch noch in die Zwischenkriegszeit und selbst in den Zweiten Weltkrieg. Während aber in England und Frankreich die Einsicht langsam einzusickern beginnt, daß die Imperien in der überkommenen Form nicht mehr haltbar sind, vollzieht sich in Italien und Deutschland zeitweilig eine gegenläufige Entwicklung.

Auf die Gentleman-Imperialisten, die zumeist doch ein Gewissen haben, folgen die Gangster. Es fällt nicht schwer, in Mussolini und Hitler rohe, plebejische Gestalten zu erkennen, die auf ihre brutale Weise große neue Imperien im Schnellverfahren zusammenrauben möchten. Hitlers zeitweilige Sympathie für die Briten hat vor allem darin ihren Grund, daß er in ihnen prachtvolle Räuber und Kolonialherren bewundert.

Auch in der Einstellung zur Zukunft der Imperien ist Europa in der Zwischenkriegszeit ein Kontinent der Widersprüche. In England sind während der dreißiger Jahre bereits die regierenden Skeptiker tonangebend, in Deutschland und in Italien die räuberischen Narren. Jedenfalls steht Europa bis 1945 noch im Zeichen des Imperialismus. Und sowohl England wie Deutschland führen ein letztes Mal einen Krieg der Imperien. Churchill, der seine Kabel an Roosevelt mit der Formel »former naval person« unterzeichnet, zwingt das widerstrebende britische Establishment, zum letzten Mal die Rolle der maritimen Weltmacht zu spielen. Hitler träumt von einem kontinentalen Großreich.

Wer manche der politischen Größen Europas bis weit in die vierziger Jahre hinein porträtieren möchte, könnte sich somit zu Gemälden jener Art inspiriert sehen, auf denen seinerzeit die Herrscher des

17. und des frühen 18. Jahrhunderts verewigt wurden – aufgewühlte Ozeane, kämpfende Flotten, belagerte Festungen und Schlachtenszenen im Hintergrund. Es ist vielleicht doch kein Zufall, daß Winston Churchill, einer der Gewaltigen dieser Epoche, sich als Historienmaler des großen Herzogs von Marlborough literarische Unsterblichkeit zu erschreiben versuchte. Tatsächlich läßt sich das 20. Jahrhundert in dieser Hinsicht mit der Epoche des Barock vergleichen, als die spanische Weltmacht in einer Abfolge großer Kriege ihren Abstieg begann und das Osmanische Reich sich erschöpfte, während Frankreich, England, Preußen und Rußland zu geschichtsmächtigen Akteuren heranwuchsen. Nur ganz selten in der Geschichte haben sich derart dramatische Aufstiege und Zusammenbrüche großer Reiche in der vergleichsweise kurzen Dauer eines einzigen Jahrhunderts zusammengedrängt. Dabei waren die zeitgenössischen Kollisionen und Machtverschiebungen aber ungleich gewaltiger als die der Jahrzehnte Wallensteins, Prinz Eugens, Karls XII. von Schweden oder Marlboroughs.

Daß die europäischen Großmächte des 20. Jahrhunderts nicht allein sich selbst in zwei tödlichen Kriegen erschöpften, sondern daß Europa als Ganzes dabei zugleich seine Kraft verströmte, wurde gerade den tatkräftigsten und schrecklichsten der damaligen Staatsmänner zu spät bewußt. Im nachhinein erst erkennen die Historiker, wie zwingend der britischen und französischen Appeasement-Politik der dreißiger Jahre die durchaus zutreffende Einsicht zugrunde lag, daß ein weiterer Krieg Millionen den Tod und den europäischen Imperien das Ende bringen würde. Die Deutschen kamen erst nach der Niederlage von 1945 zur Vernunft.

Der politischen und weltwirtschaftlichen Schwächung war übrigens eine längere psychologische Vorgeschichte vorangegangen, die seither oft beschrieben worden ist. Schon vor Beginn des Jahrhunderts und erst recht im nachhinein haben kritische Beobachter in zahlreichen zeitgenössischen Romanen, Philosophien, publizistischen Essays, Gedichten oder in den Gemälden und Tonwerken Vorahnungen des Niedergangs, der Dekadenz und der Selbstzerstörung aufgespürt. Es fehlt damals auch nicht an Propheten des imperialen Niedergangs.

Während 1897 in London mit den Planungen für das grandiose diamantene Jubiläum der Königin die Viktorianische Ära ihrem Höhepunkt entgegenstrebt, veröffentlicht beispielsweise Rudyard Kipling die Hymne »Recessional«. Darin erinnert er die selbstzufriedenen Briten daran, daß ihr Weltreich ebenso vergänglich ist wie die längst zerstörten phönizischen Weltmetropolen Tyrus und Sidon.

Selbst im kaiserlichen Berlin, dessen Staatsmänner von einem »Griff nach der Weltmacht«[5] phantasieren, sinniert der nüchterne Publizist Alfred Kerr in einer Silvesterkolumne vom 31. Dezember 1899,

*Eine Szene von großer Symbolkraft: Premierminister Churchill, der seine Telegramme an Roosevelt oft scherzhaft als »Former Naval Person« zu unterzeichnen pflegte, überreicht dem Präsidenten, der wie ein Imperator hoch aufgerichtet ist, zu Beginn der Atlantik-Konferenz auf dem Schlachtschiff »Augusta« einen Brief König Georgs VI. Das Photo ist auch deshalb von Reiz, weil es eines der wenigen ist, die Roosevelt, der seit Mitte der zwanziger Jahre gelähmt ist, aufrecht zeigen (gestützt von seinem Sohn Elliot). Im nachhinein weiß man, daß dieses Treffen den Beginn des amerikanischen Imperiums in Europa markiert: die Pax Britannica geht zu Ende, die Pax Americana beginnt. Dank Churchill und Roosevelt wurde auch nichts aus der deutschen Weltmacht, die damals, im August 1941, zum Greifen nahe schien.*

ob in Europa vielleicht doch ein epochaler Niedergang eingesetzt hat bei ungewissen Aussichten selbst für Deutschland: »Uralte Kulturländer Europas sind an der Stirn gezeichnet. Spanien ist ausgebrannt, Italien kommt nicht mehr ernsthaft in Betracht, und Frankreich, im tödlichen Niedergang, könnte das Schicksal Polens haben, an einem bösen Tag.«[6]

Das alles intensiviert sich nach dem Kriegsausbruch von 1914. Noch hofft man in Deutschland auf den Siegfrieden, da gibt Oswald Spengler seinem kulturmorphologischen Manifest des heroischen Pessimismus den Titel »Der Untergang des Abendlandes«. Das findet ein Echo in Frankreich, wo der Stichwortgeber Paul Valéry ausgerechnet im Jahr 1919, also zur Stunde des Sieges, einen Essay, betitelt »Die Krise des Geistes«, veröffentlicht, der mit dem nachdenklichen Satz beginnt: »Nous autres, civilisations, nous savons maintenant que nous sommes mortelles.«[7] Bezeichnenderweise begreift Valéry den Niedergang nicht allein als Krise einzelner Großmächte, sondern generell als Niedergang Europas. 1927, kurz zuvor wurde der Mythos von Locarno geboren und in Europa herrscht eher wieder euphorische Stimmung, legt er mit einem weiteren Essay nach, dem er den Titel gibt »Bemerkungen zur Größe und Dekadenz Europas«.[8]

Wie stets kann man lange darüber philosophieren, welches Gewicht solchen und anderen Diagnosen des Niedergangs zukommt, die im intellektuellen Bereich artikuliert werden. Bis weit in den Zweiten Weltkrieg hinein, so hat es den Anschein, stellen die Themen Krise, Selbstzerstörung und Niedergang zwar schon ein zunehmend stärker intoniertes Leitmotiv dar, aber nach wie vor spielt das Orchester vor allem die Themen Imperialismus, Machtpolitik, Fortschritt und Titanismus.

Am absurdesten ist das Nebeneinander der Themen Imperialismus und Niedergang Europas mit Adolf Hitler verbunden. Wieweit er von überhitzten Visionen einer deutschen Weltmacht getrieben wurde, wieweit von rassistischen Obsessionen eines großgermanischen Reiches, war ihm selbst nie bis ins letzte klar. Tatsächlich hat er auf seine Weise die Europaidee propagandistisch eingesetzt, mit antibolschewistischer Pointe. In diesem Punkt gibt es Assoziationen zu Napoleon, der sich im »Memorial von Sankt Helena« gleichfalls als Einiger Europas porträtierte, während er vor dem Sturz allein an die Hegemonie Frankreichs gedacht hatte, genauer gesagt: an seine eigene grenzenlose Herrschaft.

Ähnlich Hitler. Ausgerechnet der Ruinierer des alten Europa verabschiedet sich nun Ende Februar 1945, im Führerbunker unter den Trümmern der Reichskanzlei sitzend, mit den Worten: »Ich bin für Europa die letzte Chance!«[9] Den sogenannten Bormann-Diktaten haftet bekanntlich der Ruch des Apokryphen an. Doch dieses Hitler zugeschriebene Wortzitat deckt sich mit analogen Ausführungen der vorhergehenden Jahre. Auf seine Weise war auch er davon überzeugt, nur ein vereintes Europa werde sich im Kampf der Kontinente zu behaupten vermögen. Daß er selbst es war, der die Staaten des Kontinents entscheidend geschwächt und Rußland das Tor nach Mitteleuropa und zum Balkan aufgestoßen hatte, wollte dieser seltsamste aller neuzeitlichen Europäer nicht wahrhaben.

Genauso blind, wenngleich von edleren Motiven getrieben, stemmt sich Churchill in England dem imperialen Niedergang entgegen. Die zornige Ansprache, die er im November 1942 beim Dinner des Lord Mayor von London im Mansion House formuliert, bekundet nicht nur herrischen Trotz, sondern auch verborgene Verzweiflung: »Der König hat mich nicht zum Premierminister ernannt, um über die Liquidierung des Britischen Empire zu präsidieren.«[10] Genau dazu muß er sich aber widerstrebend bereit finden. Linkssozialistische Kritiker glossieren Churchills Empire-Nostalgie mit der Bemerkung, sein größtes Talent habe eben doch immer darin bestanden, »die Öffentlichkeit davon zu überzeugen, daß man Tatsachen nicht zur Kenntnis zu nehmen brauche«.[11]

Das alles kann hier nur angedeutet werden. Für die globale Machtstellung Europas bedeutet der Zweite Weltkrieg jedenfalls die große Wendemarke. Die zweite Hälfte des 20. Jahrhunderts steht unter völlig anderen Vormächten als die erste. Seit 1945 müssen die kontinentaleuropäischen Mächte und Großbritannien zur Kenntnis nehmen, daß sich zwei neue Imperien in Europa installieren: das amerikanische und das sowjetische. 45 lange Jahre sind sie die eigentlichen Großmächte Europas, um die wohl oder übel alles gravitiert. Europa, dessen Gouverneure bis vor kurzem noch die überseeischen Weiten regiert hatten, muß sich nun an amerikanische Prokonsuln, Generale, reisende Außenminister und eine Abfolge unsteuerbarer Präsidenten gewöhnen oder, noch schlimmer, an brutale russische Generalsekretäre und deren Satrapen.

Daß die epochalen Niedergangsvisionen in der Schlußphase des Zweiten Weltkrieges und danach vor allem in Italien und Deutschland nunmehr alles überlagern, kann nicht erstaunen. Am 1. März 1944 vertraut der im achtundsiebzigsten Jahr stehende Altliberale Benedetto Croce im eben von alliierten Truppen eroberten Salerno seinem Tagebuch an, er erwarte eine endlose Folge von Revolutionen und Kriegen, die wahrscheinlich zum völligen Ruin führen: »Finis Europae ... Andere Aussichten haben wir nicht.«[12] Der ebenfalls schon greise Soziologe Alfred Weber veröffentlicht 1946 eine verquollene Monographie, in der er von einem ganzen Jahrtausend abendländischer Geschichte

Abschied nimmt.[13] Thomas Mann ringt seinen nachlassenden Kräften eine makabre Erzählung des Titels »Die Betrogene« ab, in der die hektische Liebesbeziehung einer gealterten, krebskranken, am Ende ins Koma sinkenden Düsseldorfer Dame mit einem jungen Amerikaner karikiert wird, der kraftstrotzend ist und zugleich von herzhafter Primitivität.[14] Im Berlin kurz vor Beginn der Blockade höhnt Gottfried Benn in einem seiner vielen Briefe an F.W. Oelze über das von der UNESCO zwangsverwaltete geistige Europa, »hinsichtlich dessen man doch nur hoffen kann, daß baldigst ein Kosackenhacken vorstößt u. es rechts in den Atlantik u. links ins Mittelmeer verfrachtet, – dann ist es gewesen u. endlich ist Ruhe.«[15] Mit den politischen Größen seiner Jahrzehnte ist Benn schon längst fertig. Das 21. Jahrhundert, konstatiert er apodiktisch, werde nur noch zwei Typen zulassen – Verbrecher und Mönche.[16] Diese Feststellung geistert dann jahrelang durch die Nachtstudios.

Die Katastrophenpublizistik geht in Deutschland und in anderen Ländern in die melancholisch-gedämpfte Stimmung eines Aprèslude über, wird schließlich vom Optimismus der Europabewegung, vom Neo-Biedermeier der Wirtschaftswunderjahre und von vielem anderem überlagert. Als Grundstimmung bleibt jedoch, daß die Epoche imperialer Expansion vorbei ist. Statt dessen gewinnen andere Ideen gedanklich und politisch an Strahlkraft, der Glaube an die Gemeinschaft freier Demokratien, das Konzept einer Wiederherstellung der wohlstandsmehrenden, friedlichen Fortschritt verbürgenden liberalen Weltwirtschaft im Zeichen der Pax Americana und die Vision der Vereinigten Staaten von Europa.

SECHSTER TEIL

# Die Gründergeneration der freien Welt

Von 1945 bis zum Ende des Kalten Krieges leben zumindest die Demokratien der nördlichen Weltkugel im amerikanischen Jahrhundert. Das heißt aber auch: Fast fünfzig Jahre hindurch wird jetzt ohne Unterbrechung das Stück »Presidential Leadership« gespielt. Wie schon erwähnt, ist das ursprüngliche Skript dieser Daueraufführung im Jahr 1908 von Woodrow Wilson verfaßt worden, damals noch Präsident der ehrwürdigen Universität Princeton. Doch das vieldeutige Stück hat mit den Drehbüchern und den Inszenierungen von Broadway-Musicals manches gemeinsam. Einige Regisseure arbeiten die triumphalen Partien heraus, andere die Tragödien, wieder andere das dramatische Auf und Ab. Journalisten, die unablässig neue Rezensionen über die periodischen Neuinszenierungen schreiben, sind häufig der Meinung, daß dabei vorzugsweise absurdes Theater gespielt wird, wenn nicht gar eine Schmierenkomödie. Desgleichen weisen die insgesamt zehn Träger der Hauptrollen von Franklin Delano Roosevelt bis George Bush jede denkbare Unterschiedlichkeit des Charakters, der sozialen Herkunft, des Führungsstils und der Intelligenz auf. Dennoch sind und bleiben sie im guten und im weniger guten die Hauptakteure und finden dabei nicht allein in den USA Millionen faszinierter Zuschauer, sondern ebenso im fernen Japan und im fernen Europa.

Gewiß suchen auch die Führer anderer Demokratien in der zweiten Jahrhunderthälfte die Illusion zu erwecken, als wären sie die eigentlichen Größen, von denen geschichtsmächtige Impulse ausgehen. De Gaulle und seine schwächlicheren Nachfolger in Frankreich bemühen sich ebenso intensiv darum wie Macmillan und Margaret Thatcher in England, Kakuei Tanaka in Japan oder Helmut Schmidt in der Bundesrepublik Deutschland. Als Persönlichkeiten stellen sie in der Tat des öfteren die amerikanischen Präsidenten in den Schatten. Dennoch müssen sie resigniert oder in erfolglosem Aufbäumen zur Kenntnis nehmen, daß weltgeschichtliche Größe und Großmachtpotential eng miteinander verknüpft sind.

Natürlich weiß man, daß im amerikanischen Regierungssystem der jeweilige Präsident nur die hervorragendste Größe unter mehreren anderen Größen ist. Das wird selbst bei jenen Persönlichkeiten augenscheinlich, nach denen später eine ganze Ära benannt wird. Der nachmals als sehr bedeutend eingeschätzte Harry Truman beispielsweise fühlte sich 1946 und 1947 politisch sehr schwach. So mußte er sich glücklich preisen, den hochgeachteten General Marshall für das Amt des Außenministers zu gewinnen. Seit 1947 glaubten viele außerhalb der USA, dieser ehemalige Generalstabschef sei die eigentlich treibende Kraft in der Weltpolitik Washingtons und werde von nun an die amerikanische Außenpolitik genauso langfristig konzipieren wie seinerzeit die Globalstrategie im Zweiten Weltkrieg. Dies ist zwar nicht ganz der Fall, doch dem Namen dieses mächtigen Außenministers wird durch den Marshallplan so etwas wie historische Unsterblichkeit zuteil.

Marshall brachte in das Amt sein ungeheures Ansehen ein, das er im Zweiten Weltkrieg erworben hatte. Truman nannte ihn »den größten aller gegenwärtig lebenden Amerikaner«.[1] Manche sahen in ihm einen amerikanischen Moltke, denn er war auch ein Mann von altpreußischer Strenge. Doch eben deshalb war dieser General zutiefst von der Überzeugung durchdrungen, daß der demokratisch legitimierte Präsident in erster und letzter Instanz zu bestimmen hat.

Mit Marshall schien in Amerika eine Epoche der Generalität heraufzuziehen, zumal damals mit den Militärgouverneuren MacArthur in Japan und General Clay in Deutschland weitere hohe Offiziere in Schlüsselpositionen tätig waren. Es waren die Jahre, als besorgte Linksliberale auch in den USA einen »Garnisonstaat« heraufziehen sahen.[2] Aber ebenso bemerkenswert, ja noch gewichtiger waren die Größen des Ostküsten-Establishments, das nach dem Krieg in Dean Acheson, von 1948 bis 1953 Trumans Außenminister, seinen hervorragendsten Exponenten besaß. Dieser moderne Patrizier erinnerte in manchem an jene brillanten, kultivierten und elastisch-machtbewußten britischen Außenminister, die im 19. Jahrhundert die Pax Britannica heraufgeführt hatten. Freilich blieb auch Dean Acheson peinlichst bemüht, die präsidentielle Führung nie in Frage zu stellen.

Marshall und Acheson waren nur die bekanntesten Vertreter einer vergleichsweise breiten Schicht bemerkenswerter Staatsdiener, die sich 1941 bis 1945 an den Spitzen der Ministerien und der Streitkräfte eingefunden hatten. Erfahrene europäische Beobachter, die dem Provinzialismus amerikanischer Parteipolitik eher mit Reserve begegneten, zeigten sich von der Qualität dieser neuen Elite tief beeindruckt. So vermerkte beispielsweise der Bankier Felix Somary, seit den Jahren vor dem Ersten Weltkrieg ein intimer Kenner der Führungsschichten in Wien, Berlin und London, Mitte der fünfziger Jahre in seinen Erinnerungen: »Unter den Führern der Kriegswirtschaft, die fast aus dem Nichts die großen Heere und Flotten schufen, habe ich kaum einen gefunden, der nicht von äußerster Bescheidenheit war oder der mit seiner Leistung renommiert hätte. Man hatte Amerika oft als ein Land der Prahlerei, ohne Sinn für Qualität bezeichnet. Als es im Krieg um die harte Entscheidung ging, sandte die Nation Männer ganz anderen Charakters nach Washington: Diese schufen Höchstleistungen mit der größten Selbstverständlichkeit – und gemeinsam war fast allen ein unamerikanischer Zug: sie konnten schweigen und zuhören.«[3]

Viele von ihnen hatten Washington 1945 wieder verlassen. Doch manche waren geblieben oder ließen sich in kritischer Stunde reaktivieren. Wenn der von seinem ganzen Zuschnitt her durchaus provinzielle Harry Truman nicht allzu viele Fehler machte, so war das in erster Linie dem Augenmaß, der weltpolitischen Erfahrung und der Entschlossenheit dieses neuen Establishments zu danken.

Vollends in den Jahren der Eisenhower-Administration erhielt die imperiale Republik dann eine Führung, die global zu denken gelernt hatte. Eisenhower war in vielerlei Hinsicht die Inkarnation der neuen militärischen Elite. Aber mit ihm wurde ein General Präsident, der sich die Werte der Zivilgesellschaft ganz und gar zu eigen gemacht hatte und somit klug genug war, betont zivil aufzutreten und die Generalität an sehr kurzer Leine zu führen.

Eisenhowers Außenminister John Foster Dulles erschien demgegenüber als Exponent der Wallstreet. Als erfahrener Kenner der globalen Finanzmärkte war er schon vor dem Ersten Weltkrieg im Lateinamerikageschäft tätig gewesen. 1919 traf man Dulles wie so viele dieser Generation bei der Pariser Friedenskonferenz (sein Onkel war Woodrow Wilsons Außenminister Lansing). In der Zwischenkriegszeit führten ihn seine Geschäftsreisen immer wieder nach Europa. Und da er zugleich ein frommer Puritaner war, verband sich in seiner Person der Dollarglobalismus mit universalistischem Moralismus. In manchem erinnerte Dulles durchaus an Woodrow Wilson, obschon er in der republikanischen Partei von New York seine politische Heimat hatte.

In Eisenhower und Dulles wirkten somit die Exponenten verschiedener Eliten zusammen, die allesamt global orientiert waren: das Militärestablishment, das aus Wallstreet stammende Establishment internationaler Wirtschaftsanwälte und die gleichfalls zu weltweiter Verantwortung aufrufenden Führungsschichten christlicher Religionsgruppen.

Auch unter den folgenden Präsidenten ist ungeachtet aller parteipolitischen Unterschiede Elitenkontinuität zu beobachten. Betrachtet man »the best and the brightest«,[4] die erst unter Kennedy, dann unter Johnson amtieren, so sind es vielfach Persönlichkeiten, die wie Clark Clifford schon unter Truman eine maßgebliche Rolle spielten. Manchmal sind es Nachwuchskräfte aus den Bürokratien der Kriegsjahre und der Nachkriegszeit, nicht selten auch Professoren, die im Zweiten Weltkrieg als Offiziere gedient haben. Fähig, globalistisch ambitioniert, meistenteils arrogant, bilden Dean Rusk, McGeorge Bundy, Walt W. Rostow, Paul Nitze, Henry Kissinger, General Maxwell Taylor und Dutzende ihresgleichen das Establishment des Kalten Krieges. Die Führungsrolle der USA im Konzert der Demokratien wäre ohne diese Führungsschicht im State Department, im Pentagon und in Schlüsselpositionen des Weißen Hauses mit vielen Verzweigungen in die Universitäten und Forschungsinstitute nicht vorstellbar.

Man sollte dabei nicht ganz vergessen, wie stark in den ersten Jahrzehnten der imperialen Republik auch Kirchenvertreter am Globalismus mitwirken. Reinhold Niebuhr steht für eine ganze Generation von Theologen, die innenpolitisch dem linken New Deal zuzurechnen sind, außenpolitisch aber den Kampf gegen die totalitären Tyrannen theologisch legitimieren – erst gegen Hitler, dann gegen Stalin und dessen Nachfolger. In der katholischen Kirche spielt Kardinal Spellman eine vergleichbare Rolle, beginnend mit dem Zweiten Weltkrieg bis in die Jahre des Vietnamkriegs. Und im geistlichen Umfeld der republikanischen Präsidenten von Eisenhower über Nixon bis Ronald Reagan taucht auch immer wieder der Evangelist Billy Graham auf, der berühmteste Prediger und Organisator weltweiter Missionskampagnen.

Der Führungswille Amerikas visualisiert sich anfänglich vorwiegend in den Außenministern. Außenminister Byrnes hält sich 1946 monatelang zur Verhandlung über die Friedensverträge in Europa auf, sein Nachfolger Marshall immerhin eine ganze Reihe von Wochen. Noch ist es nicht in erster Linie der Präsident, in dem die amerikanische Weltpolitik der Jahre 1945 bis 1953 sichtbar wird, sondern die Außenminister Byrnes, Marshall und Acheson. Begleitet von ihren Stäben und mit immer zahlreicher werdenden Scharen von Journalisten im Gefolge, überqueren sie die Ozeane, während es die Präsidenten vorziehen, das amerikanische Imperium vom Weißen Haus aus zu regieren. Nachdem Truman im Sommer 1945 Berlin und Potsdam im zerschmetterten Deutschland aufgesucht hat, zieht es ihn bis zum Ende seiner Präsidentschaft überhaupt nicht mehr nach Europa. Wer von ihm Dollars oder Truppen will, muß zu ihm nach Washington reisen.

Auch Eisenhower hält es anfänglich für nicht angebracht, den Globus zu umkreisen. Wohlüberlegt läßt er seinen Außenminister Dulles mit großem Getöse auf der Weltbühne agieren. Erst viel später erkennen die Historiker, wie entschieden Eisenhower damals Tag für Tag alle Fäden amerikanischer Außenpolitik in den Händen gehalten hat. »The Hidden-Hand Presidency« lautet seither das Schlagwort.[5]

Seitdem im Jahr 1942 der damals 52jährige transatlantische General mit dem optimistischen Lächeln und dem nur mühsam unterdrückten cholerischen Temperament das Oberkommando auf dem europäischen Kriegsschauplatz übernommen hat, ist der Name Eisenhower in Europa wohlbekannt. In den Augen der Welt verkörpert er die gewaltige amerikanische Kriegsmaschine, aber auch die angloamerikanische Allianz. 1951/52 hat der reaktivierte Fünfsternegeneral die Militärorganisation der NATO mit Sitz in Fontainebleau aufgebaut. Als Präsident aber macht sich Eisenhower in Europa rar. Erst 1955 begibt er sich zu einem Ost-West-Vierergipfel nach Genf. Im Dezember 1957 bekundet er durch persönliches Auftreten bei der NATO, daß das Bündnis jetzt definitiv ins Zeitalter der nuklearen Verteidigung eingetreten ist. Erst 1959 und 1960 unternimmt er dann große Weltreisen, denn seine Berater haben ihn mit dem Argument überzeugt, er könne damit die ungebremsten Reiseaktivitäten Chruschtschows konterkarieren.

Von jetzt an schalten sich die Präsidenten kontinuierlich in die Jet-Diplomatie ein. Das hat auch zur Folge, daß sie weithin sichtbarer werden. Die gesteigerte persönliche Präsenz der amerikanischen Präsidenten im Bewußtsein des Auslands hat aber noch einen weiteren Grund. In der zweiten Hälfte der fünfziger Jahre beginnt in Europa und Japan das Fernsehzeitalter. Kennedy ist in Europa der erste amerikanische Fernsehpräsident – ein Staatsmann, wenn schon nicht zum Anfassen, so doch zum unablässigen Anschauen, wenigstens auf dem Bildschirm, zumal Jackie Kennedy mit dem Glanz der Macht das Leuchten der Schönheit verbindet. Das Fernsehen bewirkt, daß sich die Aufmerksamkeit immer ausschließlicher auf die Präsidenten konzentriert. Außenminister und präsidentielle Sicherheitsberater treten nun nicht mehr so dominierend wie früher ins Bild. Nur noch Kissinger besitzt zum häufigen Ärger Nixons das Geschick und die Kühnheit, sich als Größe mit eigenem Profil neben, wenn nicht gar über dem Präsidenten zu plazieren. Alle Vorgänger und Nachfolger Kissingers halten sich ansonsten in bezug auf ihre Präsidenten eher an das biblische Gebot: »Du sollst keine fremden Götter neben mir haben.« Dies alles verstärkt in den Jahrzehnten von Kennedy bis Bush den durchaus zutreffenden Eindruck, daß tatsächlich die Präsidenten im Weißen Haus die Hauptakteure sind und bleiben wollen.

Eine Ausnahme bildeten anfänglich die sogenannten Prokonsuln MacArthur und General Lucius D. Clay. Auch dieser Eindruck war gewollt. Die für alle Art von Militarismus so anfälligen Japaner und Deutschen sollten konkret erfahren, daß sie von nun an nicht Politikern, Diplomaten oder zivilen Administratoren zu parieren hatten, sondern Generalen, die in den Begriffen Befehl und Gehorsam denken.

Der bemerkenswerteste dieser Prokonsuln war General MacArthur. Schon der Einzug in das von Feuerstürmen verwüstete Yokohama bekundete seinen Sinn für orientalische Symbolik. Noch vor der feierlichen Unterzeichnung der Kapitulation Japans am 2. September 1945 war er mit einer Eskorte von zwei B-17 auf dem Atsugi-Flugplatz, vierzig Meilen südlich von Tokio, gelandet. Dort empfing ihn ein kleines amerikanisches Vorkommando. Ohne eine militärische Eskorte fuhr er alsdann durch die von Bomben und Bränden verwüstete Region in das zufällig übriggebliebene New Grand Hotel in Yokohama. Entlang der fünfzehn Meilen vom Flughafen nach Yokohama standen zu beiden Seiten lange Kolonnen japanischer Soldaten mit dem Rücken zur Straße gewandt, insgesamt zwei Divisionen, 30 000 Mann, voll unter Waffen. Die japanische Armeeführung mochte das angeordnet haben, um mögliche Attentäter abzuschrecken. In dem von tiefem Schock ergriffenen Land, wo manche Offiziere zur Meuterei neigten oder Selbstmord begingen, schien alles möglich. MacArthur wußte aber oder erfuhr bald, daß dies zugleich als ein zutiefst symbolischer Vorgang gedeutet werden konnte: Genauso war früher auch der Kaiser bewacht worden, wenn er feierlich durchs Land zog.[6]

Der Tenno wurde dann zwar im Amt belassen, und der zuerst nur für Entwaffnung und Demokratisierung Japans zuständige MacArthur regierte das Land mittels der traditionellen japanischen Verwaltung. Aus japanischer Sicht verkörperte aber dieser General ganz allein das siegreiche Amerika. MacArthur selbst sah das genauso. Sein Amtssitz war das sechsstöckige Bürohaus Dai Itchi im Zentrum Tokios, privat bewohnte er die hochherrschaftliche Residenz der einstigen amerikanischen Botschaft, das Große Haus.[7]

Präsident Truman haßte MacArthur allerdings von Anfang an und hätte ihn nach Beendigung des Kriegs im Pazifik am liebsten unverzüglich abberufen. Doch dieser hatte mächtige Freunde im Kongreß und blieb sechs lange Jahre, in denen Japan zur Demokratie überging und den wirtschaftlichen Wiederaufbau begann. Hochmütig im Auftreten, inmitten eines Hofstaats ergebener Offiziere und von gleichfalls bewundernden Journalisten umringt, spielte er eine ähnliche Rolle wie seinerzeit die britischen Vizekönige in Indien. 1951 wurde er schließlich wegen seiner Fehler in Korea von Truman abgesetzt und verlor damit auch seine Ämter in Japan. Doch bei seiner Abreise säumte eine Viertelmillion Japaner seinen Weg zum Flughafen, und die Korrespondenten wußten die üblichen Rührgeschichten zu berichten: Viele hätten sich tief verneigt, manche hätten sogar vor Rührung geweint.[8]

Verglichen mit MacArthur, der zeitlebens den romantischen Helden spielte und nie von cäsarischen Anwandlungen frei war, kann General Lucius D. Clay geradezu als das Musterbild eines Staatsdieners im Generalsrang betrachtet werden. Clay war ein Ingenieuroffizier, der sich nie durch ein Frontkommando ausgezeichnet hatte, wohl aber als ein sehr talentierter Manager der Logistik. Er hatte allerdings einen politischen Hintergrund. Sein Vater war von 1897 bis 1910 US-Senator für Georgia gewesen, und die Ernennung erst zum Stellvertretenden Militärgouverneur in Deutschland unter Eisenhower, schließlich zum Chef der Militärregierung verdankte der Sohn einer Periode kurzer, aber intensiver Zusammenarbeit mit dem späteren Außenminister James Byrnes, der wie einstmals sein Vater ein Südstaaten-Senator war und seit 1943 an der Spitze des War Mobilization Office als eine Art Rüstungszar amtierte.[9]

Ganz anders als MacArthur blieb Clay zur politischen Szenerie Washingtons stets in denkbar engem Kontakt und reagierte durchaus sensitiv auf die jeweils vorherrschenden Tendenzen offizieller amerikanischer Deutschlandpolitik. Doch wie so mancher Besatzungsgeneral vor ihm begann er sich innerlich zunehmend mit dem Wohl und Wehe der ihm unterstellten Bevölkerung zu identifizieren. Während der Berlin-Blockade machte er deutsche Geschichte, indem er Truman in der Überzeugung bestärkte, daß eine Versorgung West-Berlins über eine Luftbrücke logistisch machbar sei. Und im Frühjahr 1949, als Stalin die Blockade aufhob, brachte er seinen ganzen Einfluß zur Geltung, die Gründung eines »West-Staates«, der Bundesrepublik Deutschland, unumkehrbar zu machen.

Die damaligen deutschen Politiker hielt er kühl auf Distanz, doch nicht zuletzt deshalb bewunderten sie ihn. »Vom Scheitel bis zur Sohle die Verkörperung eines Mannes, der weiß, was er will«, charakterisierte ihn rückblickend Reinhold Maier, der als Ministerpräsident von Württemberg-Baden Gelegenheit hatte, ihn genau zu studieren.[10] Und so reagierte Clay in psychologisch entscheidenden Jahren auch in Deutschland als eine Art Prokonsul, der die amerikanische Weltmacht repräsentierte. »Er sieht aus wie ein römischer Kaiser und handelt auch so«, wird ein hoher britischer Offizier zitiert, der Clays brüsken Verhandlungsstil erlebt hatte.[11] John McCloy, von 1949 bis 1952 Hoher Kommissar in der Bundesrepublik, spielte dann auf seine Weise eine vergleichbare Rolle. Sein amerikanischer Biograph reiht auch ihn unter die »Gründungsväter des amerikanischen Internationalismus« ein.[12]

So sind es eben anfänglich nicht nur die Präsidenten oder Außenminister, in denen die Pax Americana Gestalt annimmt. Aus japanischer und deutscher Sicht erscheinen die Prokonsuln als die entscheidenden Größen, deren man sich noch nach Jahrzehnten erinnert.

Ist es überhaupt schon angebracht, die unmittelbare Nachkriegszeit mit Begriffen wie »freie Welt« zu erfassen und deren führende Politiker als transnationale Größen? Schließlich ist unverkennbar, daß die jeweilige Nationalgeschichte in der Nachkriegszeit durchaus weitergeht, auch in den USA. Amerika kehrt zur Normalität zurück. Beobachter, die mit Erinnerungsvermögen geschlagen sind, fühlen sich anfänglich sogar an die Jahre 1919 und 1920 erinnert. »Das Land begibt sich beängstigend schnell zu Bett«, bemerkt am Ende des Zweiten Weltkriegs der kluge Bankier Bernard Baruch und meint damit die

Wiederkehr des Isolationismus.[13] Dazu kommt es dann allerdings nicht. Spätestens die »Große Debatte« vom Winter 1950/51 und die Präsidentschaft Eisenhowers bringen den endgültigen Triumph der Internationalisten über die Neoisolationisten. Amerika akzeptiert jetzt die neue Rolle als Führungsmacht der Demokratien. Doch auch die Größen dieser Epoche – Truman, Eisenhower, General Marshall, Dean Acheson, John Foster Dulles – verstehen sich natürlich weiterhin in erster Linie als Amerikaner.

Dasselbe gilt für die europäischen Mächte. Das Bewußtsein, zusammen mit allen freien Ländern in einem Boot zu sitzen, ist zwar schon da, wird aber überall noch überlagert von vorrangiger Fixierung auf das jeweilige Nationalinteresse. Clement Attlee, Ernest Bevin, Churchill, Eden, Macmillan haben ungeachtet ihrer parteipolitischen Gegensätze doch *eines* gemeinsam: Sie betreiben primär britische Politik im Rahmen des Commonwealth. Dasselbe Bild zeigt sich in Frankreich, in den Niederlanden oder in Belgien. All diese Länder pochen weiterhin auf ihre Souveränität. Sie wollen sich zudem nur höchst ungern von den Kolonialimperien trennen. Erst recht öffnen sie sich nur sehr zögernd der Überlegung, daß unter den Bedingungen des Kalten Krieges auch die Bundesrepublik Deutschland und Japan in die Gemeinschaft der westlichen Demokratien gehören.

In Europa haben die Spitzenpolitiker dieser »Gründergeneration der freien Welt« ihre Wurzeln fast durchgehend in der Zwischenkriegszeit, wenn nicht gar in den Jahrzehnten vor dem Ersten Weltkrieg, und sie suchen anfänglich das alte Spiel mit dem überkommenen Personal weiterzuführen. Nur wenige bringen den Weitblick auf, die anfangs kaum lösbar erscheinenden Schwierigkeiten mit frischen operativen Ansätzen zu bewältigen. Doch diese wenigen sind es, deren man sich später als der Gründer des neuen Europa erinnert.

Einer von diesen ist Robert Schuman. Wenn es irgendeinen französischen Politiker gibt, der im eigenen Lebenslauf mehr als ein halbes Jahrhundert wechselvoller deutsch-französischer Beziehungen zum Ausdruck bringt, so ist er das.[14] Der fromme Katholik wurde 1886 im Reichsland Elsaß-Lothringen geboren, hat vor dem Ersten Weltkrieg in Bonn seinen juristischen Doktor gemacht und ist von 1919 bis 1940 französischer Abgeordneter. Sein Hauptaugenmerk richtet sich damals auf die Vertretung der Interessen des Wahlkreises Thionville sowie des lothringischen Katholizismus. 1940/41 stecken ihn die Deutschen zeitweilig ins Gefängnis, 1942 flieht er in die »Zone libre« und muß dort bis 1944 untertauchen. Danach erst gelingt diesem führenden Christlichen Demokraten der politische Aufstieg. 1947/48, in sehr kritischen Monaten, ist er bereits Ministerpräsident, und von 1948 bis 1952 amtiert er als Außenminister.

Im Verlauf dieser kurzen vier Jahre setzt er dann einen Prozeß in Gang, der die Entwicklung der zweiten Jahrhunderthälfte grundlegend bestimmen wird: die deutsch-französische Versöhnung im Rahmen der Integration Europas. Woran Briand und Stresemann letztlich gescheitert sind, das gelingt diesem eher unscheinbaren Parlamentarier, dessen Karriere in der Zwischenkriegszeit so unspektakulär und farblos gewesen ist.

Selbst Pierre Mendès-France, der sich Mitte der fünfziger Jahre das Image eines jugendlichen Reformers der Vierten Republik zu schaffen versteht, ist, genau besehen, noch stark durch die Erfahrungen der Zwischenkriegszeit geprägt, was auch erklärt, weshalb er vor allem einer Wiederherstellung der Entente cordiale einen hohen Stellenwert beimißt. Immerhin war dieser Anwalt von 1932 bis 1940 Abgeordneter bei den Radikalsozialisten und hat 1942 den Weg ins Lager de Gaulles gefunden. Als Ministerpräsident 1954/55 macht er dann für wenige Monate Weltpolitik. Er gibt Indochina auf und befreit Frankreich damit von der Last eines Kolonialkrieges, der viel zu viele Kräfte bindet, außerdem nicht mehr zu gewinnen ist und das Land moralisch vergiftet. Mendès-France beginnt auch schon mit der Dekolonisierung Tunesiens. Schließlich ist er es, der das Traumschiff der Europäischen Verteidigungsgemeinschaft versenkt und statt dessen jene atlantische Form einer Integration der Bundesrepublik in die westliche Militärallianz innenpolitisch durchsetzt, die dann bis zur Gegenwart Bestand hat.

Erst aus größerem historischem Abstand läßt sich erkennen, daß diese beiden Politiker bei der partnerschaftlichen Einbeziehung der Bundesrepublik Deutschland in die westliche Gemeinschaft Entscheidendes geleistet haben. Robert Schuman bringt jene Abfolge supranationaler Integration auf den Weg, der von der Montanunion über die EWG bis zur Europäischen Union führt. Der andere, ebenso wichtige Strang – NATO-Integration in Verbindung mit der WEU – hat zwar genauso wie die Montanunion viele Väter; Anthony Eden, John Foster Dulles und auch Adenauer gehören dazu. Aber ohne Mendès-France wäre der Erfolg kaum möglich geworden.

Im großen und ganzen aber gilt für Paris in der Nachkriegsepoche dasselbe wie für London: kein eigentlicher Bruch zur Vorkriegszeit, weder personell noch institutionell. Wie schon damals rotieren zahlreiche Größen unablässig auf den »chaires musicales« der französischen Kabinette. Desgleichen funktioniert in London nach wie vor das System, in dem die Premierminister mit ihrer jeweiligen Partei dominieren.

Überdies halten sich Großbritannien und Frankreich auch nach 1945 noch immer für Weltmächte, auf die es ankommt. Im Falle Englands ist dies bis in die frühen sechziger Jahre hinein berechtigt, während in Paris schon in den fünfziger Jahren, aber auch unter de Gaulle, Anspruch und Wirklichkeit zusehends auseinanderklaffen. Jedenfalls bildet in den USA, in Großbritannien, in Frankreich und in den kleineren der befreiten Länder Europas das Jahr 1945 in bezug auf die politischen Eliten keine scharfe Zäsur. Die Übergänge zur Zwischenkriegszeit oder – in den USA sowie in England – zur Kriegszeit sind fließend. Immerhin aber wirken die Erfahrungen der Zwischenkriegszeit und der Kriegsjahre doch so traumatisch, daß sich zumindest die Weitsichtigeren in Frankreich, in England sowie in den Beneluxstaaten zu neuen Konzepten durchringen.

Und wie verhält es sich mit der Bundesrepublik Deutschland, die sich als erneuerter deutscher Kernstaat in der Rechtsnachfolge des zertrümmerten Deutschen Reiches begreift? Wie steht es mit Japan und mit Italien? Diese drei Länder haben viel gemeinsam. Sie sind mit ihrem Großmachtanspruch gescheitert und dazu verurteilt, vorerst demutsvoll im Konzert der siegreichen Demokratien einen neuen Platz zu suchen. Nicht allein ihre Konzepte der Hegemonialpolitik sind völlig diskreditiert, auch die Ordnungsformen des totalitären Führerstaates in Italien und Deutschland oder des autokratischen und gleichfalls militaristischen Prätorianer-Regimes in Japan haben keinen Kredit mehr. Man muß sich wohl oder übel erneut den Ordnungen der Demokratie zuwenden, die viele vor kurzem verächtlich oder resigniert zum alten Eisen werfen wollten. Das ist die Stunde der alten demokratischen Eliten.

Weltgeschichtlich am wichtigsten wird Adenauer. Wäre es ihm nicht gelungen, die Bundesrepublik trotz aller Absurditäten der deutschen Teilung zu stabilisieren, würde die politische Stabilisierung des westlichen Europa so gut wie unmöglich geworden sein. Im Grunde gibt es zwischen 1949 und 1963 nur einen einzigen wirklich großen, unersetzlichen Europäer, nämlich den deutschen Bundeskanzler. Doch dieser Stabilisierer Deutschlands und Europas ist 1949 schon 73 Jahre alt. Er wurde 1876 geboren, ist in der Bismarckzeit zur Schule gegangen und muß als ein typischer Exponent der Weimarer Politikergeneration gelten, die Anfang der dreißiger Jahre schrecklich scheiterte und 1933 von den siegreichen Nationalsozialisten aus den Ämtern gejagt wurde. In den Jahren seit 1945 verspürt er zwar bald, daß ihm jetzt eine Schlüsselrolle beim Bau des neuen Europa zugefallen ist. Doch beginnt auch er als ein Mann von gestern, wenn nicht gar von vorgestern.

Ähnlich steht es in Japan. Shigeru Yoshida gehört zu derselben Alterskohorte wie Adenauer – Jahrgang 1878. Als Diplomat hat er anfänglich Posten in China wahrgenommen, kam 1920 an die Botschaft in London, dann wieder nach China, wurde 1930 Botschafter in Rom, ging 1935 in Pension, war in den folgenden Jahren aber immer noch in die Außenpolitik involviert, vor allem gegenüber den USA. Man durfte ihn als einen Exponenten der westlich orientierten Denkschule in Japan verstehen, und so wird er im September 1945 zum ersten Außenminister des besetzten Landes, später Ministerpräsident. Er begründet jene neue Grundlinie »abhängiger Unabhängigkeit«, die den Wiederaufstieg Japans unter amerikanischer Hegemonie ermöglicht.[15] Doch kein Zweifel: Diese Verkörperung des modernen, mit dem Westen verbundenen Japan begreift sich in erster Linie als Japaner. Und auch er wurzelt tief in der Geschichte Japans während der langen Periode seiner Modernisierung und seines Aufstiegs zur Weltmacht.

Dasselbe Bild in Italien, der dritten geschlagenen Großmacht, die nun im internationalen Konzert der Nachkriegszeit wieder mitspielen darf, wenngleich nicht mehr als Trompeter, sondern nur noch als zweiter Geiger. Die maßgebende Größe jener Nachkriegsjahre ist Alcide de Gasperi. Schon 1911 bis 1918 war er ein gut katholischer Parlamentarier, doch nicht auf dem Monte Citorio in Rom, sondern als Abgeordneter für das Trentino im Österreichischen Reichsrat zu Wien. Als Mussolini 1922 an die Macht kommt, ist de Gasperi bereits Fraktionsvorsitzender des Partito Popolare Italiano in Rom. Er wird nun von der faschistischen Polizei genauso observiert und zeitweilig kujoniert wie ein Jahrzehnt später die Zentrumspolitiker in Deutschland, zu denen er viele Ähnlichkeiten aufweist. Gleich Adenauer und gleich Yoshida nimmt man auch ihn für kürzere Zeit in Haft. Genauso wie diese kommt er aber doch einigermaßen glimpflich davon. Lange Jahre findet er als Bibliothekar im Vatikan einen Unterschlupf. Er ist ein eher unscheinbarer Mann, der einstmals im zweiten Glied stand. Doch in der entscheidenden Periode von 1945 bis 1953 leitet er insgesamt neunmal als Ministerpräsident eine ganze Abfolge italienischer Kabinette und verkörpert nun das neue, europäisch gesinnte Italien.

Ähnlich Graf Sforza, der 1943 aus der amerikanischen Emigration zurückkehrt und 1947 bis 1951 als Außenminister amtiert. Auch er ist ein Mann von gestern und vorgestern. Als einziger unter den sonst eher aus schlichten Familien stammenden Gründern der freien Welt entstammt er den ehemals mächtigen Oberschichten – Abkömmling einer Nebenlinie der einstigen Herzöge von Mailand, deren gefürchteter Urahn als Kondottiere begonnen hat und 1450 durch geschickte Heirat zur Macht kam. Sforza selbst ist noch älter als Adenauer und Yoshida – Jahrgang 1872. Wie Yoshida hat auch er ursprünglich dem diplomatischen Dienst seines Landes angehört, war 1920/21 als Parteigänger der Liberalen Außenminister Italiens, hat in den Anfängen Mussolinis wie so manche seiner liberalen Parteifreunde ein paar politische Fehler gemacht, sich aber dann in 17jährigem Exil deutlich genug von dem Regime distanziert und während dieser Jahre vor allem in den USA viel Goodwill erworben.

Das sind also einige der maßgeblichen Größen jener heute schon legendären Epoche, in der die Nachkriegswelt der Demokratien Gestalt annahm. Bemerkenswerterweise erinnert man sich ihrer aber nicht in erster Linie deshalb, weil sie, jeder auf seine Weise, die nationalstaatliche Kontinuität ihrer Länder verkörpern. Aus dem Abstand von nunmehr bereits vierzig und fünfzig Jahren wird vielmehr deutlich, was sie ungeachtet aller Verschiedenheiten miteinander gemeinsam haben: Sie sind die Gründergeneration der freien Welt und des vereinten Europa.

Der Terminus »freie Welt« kommt Ende der vierziger Jahre in Umlauf. Er besagt nichts anderes, als daß die Demokratien des Westens (wozu bald auch Japan gehört) dem zweiten Ansturm totalitärer Großmächte nur dann zu widerstehen vermögen, wenn sie sich zusammenschließen. So gesehen herrscht auch hier eine gewisse Kontinuität zur Kriegszeit, wenngleich nunmehr andere Gegner drohen.

Damit verbinden sich die Erfordernisse des wirtschaftlichen Wiederaufbaus. Wie in der Sicherheitspolitik sind großräumige Lösungen geboten. Im Rückblick ist noch viel besser erkennbar als damals, wie die westliche Welt jener Nachkriegsepoche auch in vielen anderen Dimensionen zusammenwächst. Die Wissenschaften, die Mediensysteme, das Verkehrswesen, die Lebensstile, die Literatur und die Künste – alles bleibt zwar einerseits noch national, doch zugleich entsteht eine immer dichtere Interdependenz.

Gewiß sind von Anfang an unterschiedliche Ansätze erforderlich. Das westlich konzipierte Japan schafft das Comeback in die Reihe der Weltmächte in einem amerikanisch-japanischen Bilateralismus, der kompliziert ist, aber dennoch tragfähig. Bei der Stabilisierung Westeuropas laufen durchgehend atlantische und europäische Konzepte nebeneinander her, werden manchmal als widersprüchlich erfahren, erweisen sich aber schließlich doch immer wieder als kompatibel. Die maßgeblichen Führer jener Jahre akzeptieren, daß sich Europa sowohl atlantisch wie europäisch organisieren muß.

Komplikationen tauchen immer dann auf, wenn die europäische Komponente überbetont wird. Das ist zweimal der Fall, und beide Male gehen die Irritationen von Frankreich aus. Die damals wie später hochgelobte Europäische Verteidigungsgemeinschaft der Jahre 1950 bis 1954, die in Wirklichkeit eine Fehlkonzeption ist, bildet die erste dieser Irritationen. Fortschritte auf dem Wege der Stabilierung werden erst möglich, als das Projekt am 30. August 1954 in der Assemblée Nationale versenkt wird. Genau besehen ist der so sehr gerühmte Jean

Monnet, auf den das Konzept der EVG zurückgeht, in dieser Hinsicht ein gescheiterter Projektemacher, während sich der britische Außenminister Eden und Pierre Mendès-France als Staatsmänner erweisen, die langfristig Tragbares zustande bringen.

Urheber der nächsten Irritation in den Jahren 1958 bis 1969 ist de Gaulle. In der französischen Innenpolitik muß man ihn als wichtigsten Reformer des 20. Jahrhunderts ehren. Er besitzt auch die Klugheit, das Kolonialreich in die Form eines informellen Empire zu überführen, und überläßt Algerien seinem trüben Schicksal. Außenpolitisch aber ist er eine eher verderbliche Größe, weil er dreierlei gleichzeitig versucht: ein Europa gegen die USA, ein Europa ohne England und ein Europa unter französischer Führung. Wie er dies inszeniert, ist ein großartiges Lehrstück der Diplomatiegeschichte. Doch angesichts der Machtverhältnisse und der Interessen aller Beteiligten ist es zugleich eine Donquichoterie.

Wenn sich das neue System der Demokratie insgesamt doch viel besser bewährt als das Völkerbundsystem, so deshalb, weil es jetzt unter amerikanischer Führung steht. Dieses Hegemonialsystem weist insgesamt ein liberales Gepräge auf, es ist eine Schöpfung des angelsächsischen Pragmatismus und daher wenigstens für die vernünftigeren Staatsmänner Europas akzeptabel. Es funktioniert aber auch deshalb, weil sich beiderseits des Atlantiks hinlänglich viele politische Führer finden, die von der Notwendigkeit partnerschaftlicher Zusammenarbeit überzeugt sind und diese praktisch zu gestalten vermögen.

Die beiden Gründer-Präsidenten Truman und Eisenhower verstehen das. Auch Außenminister Dean Acheson begreift es, John Foster Dulles schon weniger. Erst recht tun sich die Herren des Pentagon und der amerikanischen Treasury schwer mit dem Konzept eines liberalen Imperiums. Dennoch besteht der Hauptunterschied zur Zwischenkriegszeit darin, daß nunmehr Amerika willens ist, im Fernen Osten, im westlichen Europa und im Mittelmeerraum die Lasten einer Hegemonialmacht zu tragen.

Im Hinblick auf die Größen der Demokratien ergibt sich daraus eine einschneidende Veränderung. Jeder Präsident der USA ist nunmehr von erstrangiger Wichtigkeit, ganz gleich, ob er fähig ist oder nicht. Die Größen im westlichen Europa und in Japan sind demgegenüber nur noch zweitrangig. Man braucht freilich nicht ganz so skeptisch zu sein wie André Malraux, der 1972 in einer Anwandlung von Resignation bitter bemerkt hat: »Die grundlegende Tatsache ist der Tod Europas. Als ich zwanzig Jahre alt war, befanden sich die USA bezüglich ihrer weltpolitischen Bedeutung etwa in ähnlicher Lage wie gegenwärtig Japan. Europa stand im Zentrum von allem, und das britische Empire war die große Supermacht. Heute aber liegen alle dominierenden Kräfte außerhalb Europas. Die USA sind die große Weltmacht, daneben gibt es die Sowjetunion. Europa ist als weltpolitischer Faktor faktisch verschwunden, und dieser Wandel hat sich in kürzester Zeit vollzogen.«[16]

Wie dem auch sei: So gut wie alle Staatsmänner im damaligen Europa sind vorwiegend noch nationalgeschichtlich wirksame Größen. Die Weitschauenden unter ihnen suchen bald die Schwäche der eigenen Staaten zu überspielen, indem sie die europäische Zusammenarbeit verdichten. Vor allem nach Erreichung des Alters, da man seine Memoiren schreibt, rücken sie ihr gutes Europäertum ins rechte Licht, selbst wenn sie zuvor tatsächlich immer noch vorrangig britische, französische, bundesdeutsche, italienische oder holländische Politik betrieben haben. Es gelingt ihnen so, ein befriedetes, prosperierendes und demokratisches Westeuropa zu schaffen. Aber sie alle verspüren, daß ihnen die Kraft zur globalen Gestaltung versagt ist. Selbst de Gaulle muß das registrieren, und weil er es nicht akzeptieren möchte, führt er sein Land zeitweilig in die Isolierung.

Den offenkundigsten Machtverlust erfahren die Premierminister Großbritanniens. Im Unterschied zu Frankreich waren sie unter sehr viel günstigeren Ausgangsbedingungen in die beiden ersten Nachkriegsjahrzehnte eingetreten. Im westlichen Europa hat nach 1945 allein Großbritannien allen Grund, sich als echte Siegermacht zu begreifen. Auch das britische Empire in Gestalt des Commonwealth of Nations ist noch nicht zu einem Club der Ehemaligen ohne viel politische Substanz degeneriert. Anders als in der Vierten Republik, deren neidische Größen und deren komplizierte Parteien einander nun wieder ebenso behindern wie in den Jahrzehnten der Dritten Republik, verfügt der jeweilige Premierminister mit seiner Partei zudem noch über eine Machtfülle, die im Prinzip weltpolitisch bedeutsames Handeln ermöglicht hätte. Aber eben nur im Prinzip. Selbst in der heute schon weit zurückliegenden Gründerphase der freien Welt ist es den englischen Premierministern allenfalls noch vergönnt, als Juniorpartner der amerikanischen Präsidenten eine gewisse Rolle zu spielen. Ansonsten besteht ihre historische Rolle darin, das Empire mit einiger Würde zu liquidieren. Daß sie im Verlauf der ersten beiden Nachkriegsjahrzehnte auch die Möglichkeit gehabt hätten, aus Großbritannien die Zentralmacht des sich neu formierenden Europa zu machen, wollen sie nicht wahrhaben. So spielt ein britischer Premier nach dem anderen die Rolle des weltpolitischen Juniorpartners der USA und der Vormacht im Commonwealth weiter. Die zeitweilig noch denkbare Führungsrolle in Europa wird dabei übersehen oder vernachlässigt.

# »Amerika hatte damals unglaubliches Glück«:[17] Truman und Eisenhower

Worin besteht die historische Leistung der Präsidenten Truman und Eisenhower? Ist es berechtigt, diese alles in allem gewiß nicht genialen Amerikaner als epochale Figuren zu begreifen?

Der Historiker zögert, die Widersprüchlichkeit geschichtlicher Epochen auf den Begriff zu bringen. Das gilt auch für jene Periode der späten vierziger und der fünfziger Jahre, in der die euro-atlantische Welt der Nachkriegszeit Gestalt angenommen hat. Erst aus größerem Abstand ist erkennbar, was sich in jenen fünfzehn Jahren vollzog, die im Zeichen der Präsidentschaft Trumans und Eisenhowers standen.

Sicherlich trifft es zu, daß mit ihnen der Kalte Krieg begonnen hat, der den folgenden Jahrzehnten das Gepräge gab. Aber dieser Kalte Krieg liegt heute als abgeschlossene Epoche hinter uns. Die interessanteste Frage ist nicht die, warum er offenbar unvermeidlich war, sondern wie und wem ein doppeltes Kunststück gelang: erstens die Vermeidung eines dritten Weltkrieges, zweitens der Wiederaufbau einer Gemeinschaft prosperierender Demokratien in Europa und Asien. Ganz offensichtlich ist damals eine unerwartete Stabilisierung gelungen, ohne die das 20. Jahrhundert genauso chaotisch weitergegangen wäre wie seit dem August 1914.

Wenn es überhaupt ein geeignetes Stichwort zur Bezeichnung des Vorgangs gibt, so ist dies der Titel von Henry Kissingers berühmter Dissertation »A World Restored«. Sie wurde in den letzten Jahren der Truman-Ära begonnen und im Frühjahr 1954 abgeschlossen, als sich die Präsidentschaft Eisenhowers noch ganz in ihren Anfängen befand. Wie die meisten seiner Generation war sich Kissinger (Jahrgang 1923) bewußt, eine revolutionäre Periode zu durchleben. Da er aber ein geistvoller Mann war und kein Feld-Wald-und-Wiesen-Analytiker, zog er es vor, die zeitgenössische Ordnungsaufgabe amerikanischer Politik in einem historischen Modell zu verfremden.

Dieses Modell gewann er mittels Analyse der Restauration des europäischen Staatensystems, die noch während der Napoleonischen Kriege 1812 begann und 1822 einen gewissen Abschluß erreicht hatte. Das große Thema jener Jahre: wie eine von Grund auf verunsicherte politische Generation dank weniger genialer Staatsmänner – Metternich, Castlereagh – ihre Hoffnungen auf Frieden »ohne einen großen Krieg und ohne eine permanente Revolution schließlich doch zu verwirklichen vermochte«.[18] Damals sei es gelungen, nach einem fünfundzwanzigjährigen internationalen Chaos der Revolutionskriege und der imperialen Feldzüge Napoleons eine bereits für unvorstellbar gehaltene Stabilisierung zu erreichen, die immerhin für mehr als eine Generation Bestand haben sollte und auch danach bis zum Schicksalsjahr 1914 nicht völlig zusammenbrach.

Tatsächlich lagen die Analogien auf der Hand. Europa, die USA und die Mächte Asiens blickten Anfang der fünfziger Jahre des 20. Jahrhunderts gleichfalls auf eine längere Epoche der Instabilität zurück. Kissinger war zwar klug genug, die Analogien nur an ganz wenigen Stellen zu personalisieren, also Hitler zu Napoleon und Churchill zu Castlereagh in Beziehung zu setzen.[19] Von Lenin, von Stalin oder dessen Nachfolgern war überhaupt nicht die Rede, genausowenig von Roosevelt, Truman, Acheson oder Eisenhower. Die Konstellation aber schien ihm vergleichbar, wobei er auf den Sieg konservativer Staatskunst über die revolutionären Extremisten hoffte, ohne ihn jedoch schon für sicher zu halten. »Der Konservative«, formulierte er, »setzt sich durch, weil er die Erfahrung seiner Nation und die Bedeutung weiterbestehender Beziehungen kennt, die den Schlüssel zu einer stabilen internationalen Organisation liefern.«[20] Kissinger war übrigens auch das methodische Problem wohlbewußt, daß historische Leistung oft darin besteht, bestimmte Katastrophen *nicht* eintreten zu lassen. Im nachhinein ist aber der Nachweis fast unmöglich, was an Negativem ohne entschlossenes Eingreifen hätte eintreten können.

Anders als die Jahre 1814/15 brachte die Epoche von 1945 bis 1960 zwar keine umfassenden Friedensschlüsse, aber doch wenigstens eine labile Stabilisierung, wie sie in den ersten Jahren nach Kriegsende nicht vorstellbar war. Doch nur wenige Jahre später waren in Westeuropa die schwierigsten Etappen wirtschaftlicher und politischer Stabilisierung bereits erfolgreich zurückgelegt. Jetzt hatte der amerikanische Wirtschaftsgigant eine neue, funktionierende Weltwirtschaftsordnung ins Leben gerufen und den europäischen Volkswirtschaften in kritischster Phase mit dem Marshallplan unter die Arme gegriffen. Die NATO war errichtet und nach der »Great Debate« der Jahre 1950/51 war die 7. Armee als Rückgrat des zentraleuropäischen Abschreckungssystems nach Deutschland entsandt worden, wo sie für vier lange Jahrzehnte verbleiben sollte. Die Westintegration der Bundesrepublik Deutschland unter amerikanischer Oberaufsicht (sowie des neuen Verbündeten Japan) befand sich gleichfalls auf dem Wege, und seit 1949 wurde der Sowjetunion kein »window of opportunity« mehr eröffnet. Schließlich ist der Versuch aggressiver Ausdehnung des Kommunismus 1950 in Korea vereitelt worden, wenngleich verlustreich und um den Preis fataler Unpopularität der Truman-Administration.

Zweifellos war die Herausforderung durch totalitäre Weltmächte ein Hauptbeweggrund für die Abkehr der USA vom traditionellen Isolationismus. »Der Zweite Weltkrieg«, hat Ronald Steel den Vorgang charakterisiert, »warf Amerika in die Arme der Welt, und seine Angst vor dem Kommunismus hielt es davon ab, sich zurückzuziehen.«[21] Nur wäre es eben unrichtig, darunter vorwiegend das Ergebnis eines sterilen Antikommunismus zu verstehen. Der Gesamtvorgang war viel umfassender. Von den dreißiger Jahren bis in die fünfziger Jahre hinein befanden sich die Demokratien in Europa, in Lateinamerika und in Asien in der Existenzkrise. Im Grunde waren es fünfzehn knappe Jahre, in denen Amerika, das zu Beginn dieser Phase noch als eine Art Ableger der europäischen Verfassungsstaaten begriffen werden konnte, in die Rolle einer letztverantwortlichen Vormacht und Schutzmacht der Demokratien hineinwuchs.

Die Vormachtstellung Amerikas beruht dabei auf einer Kombination verschiedener Faktoren: ideologische Führung, kulturelle Ausstrahlung, Militärmacht und Wirtschaftskraft. Vor allem letztere erwies sich als ausschlaggebend. Seit dem Zweiten Weltkrieg trug der amerikanische Wirtschaftsgigant für eine Reihe sehr kritischer Jahre die von Rezession und Krieg stark angeschlagenen westlichen Volkswirtschaften auf seinen Schultern, prosperierte selbst dabei und ließ sie prosperieren.

Bereits Mitte der fünfziger Jahre herrschte zumindest in den westlichen Demokratien eine kurz zuvor noch unvorstellbare Stabilität und Prosperität. Sogar im Fernen Osten trat nach Beendigung des Koreakrieges im Jahr 1953 und ein Jahr darauf des Indochinakrieges eine gewisse Beruhigung ein. Der dritte Weltkrieg schien zwar immer noch möglich. Doch alles in allem unterscheidet sich die zweite Jahrhunderthälfte ganz grundlegend von den chaotischen Vorgängen der Jahrzehnte 1914 bis 1945, obwohl das paranoide Monster Stalin erst im Frühjahr 1953 starb und obgleich späterhin Chruschtschow sowie in China Mao Tse-tung und seine Gefährten weiterhin für hinlängliche Unruhe sorgten.

Ebenso wie die vorhergehende Instabilität hatte diese günstige Entwicklung viele Ursachen. Ganz maßgeblich aber war doch die globale Gestaltungskraft der Vereinigten Staaten. Kritische Analytiker wie Raymond Aron sprachen in diesem Zusammenhang von der »imperialen Republik«.[22] Wohlwollende Beobachter vermieden zwar so negativ besetzte Begriffe wie »Imperium« oder »Hegemonie« und hoben statt dessen die »Führungsrolle« der USA als Vormacht der Demokratien hervor. Aber worin unterscheidet sich »leadership« von Hegemonie? Wie immer man es auch bewertet, Tatsache ist, daß Amerika zwischen 1945 und 1960 zur stabilisierenden Großmacht wurde.

*Truman nach der überraschenden Wiederwahl im November 1948 mit der »Chicago Daily Tribune«, die den Wahlsieg seines republikanischen Konkurrenten Dewey verkündet.*

Die Triebkräfte amerikanischer Außenpolitik sind so vielschichtig und widersprüchlich wie nur denkbar. Aber die USA waren damals auf dem Weg zur »imperialen Präsidentschaft« schon weit vorangeschritten. Der Anteil der beiden Präsidenten Truman und Eisenhower an der Stabilisierung kann also nicht ganz unerheblich gewesen sein.

Zieht man Jacob Burckhardts schon mehrfach genanntes Kriterium zur Bestimmung geschichtlicher Größe heran, so ist Truman der »Unersetzlichere« von beiden. »Schicksale von Völkern und Staaten, Richtungen von ganzen Zivilisationen können daran hangen«, hatte Burckhardt seinerzeit formuliert, »daß ein außerordentlicher Mensch gewisse Seelenspannungen und Anstrengungen ersten Ranges in gewissen Zeiten aushalten könne.«[23] Niemand wäre jedoch damals auf den Gedanken gekommen, ausgerechnet in Harry Truman einen Ausnahmemenschen zu sehen. Ausgebliebene Katastrophen werden zwar rasch vergessen. Doch der Zivilisation in Westeuropa drohte damals eine ähnliche Gefahr wie kurz zuvor schon einmal in den Jahren 1939 bis 1944. 1947 hatte Winston Churchill, damals britischer Oppositionsführer, voll düsterer Vorahnungen ausgerufen: Europa ist »ein

Trümmerhaufen, eine Leichenhalle und eine Brutstätte der Pestilenz und des Hasses«.[24] Noch Anfang der fünfziger Jahre schien die Lage weiterhin sehr kritisch. Der durchaus nicht an exzessivem Pessimismus leidende Harold Nicolson vermerkte zu Silvester 1950 im Tagebuch: »So endet ein fürchterliches Jahr, und noch viel Schlimmeres steht vor der Tür ... Auf uns allen lastet ein schreckliches Gefühl von Schwäche und von finsteren Vorahnungen. Keinen Augenblick lang können wir uns auf Frankreich, Italien oder Deutschland verlassen. Selbst die USA haben kalte Füße. Es herrscht dort ein Isolationismus à la Hoover. Im Nebel des Jahresendes lauert die Angst. Wir werden von Glück sagen können, wenn wir ohne Krieg durch das Jahr 1951 hindurchkommen.«[25]

Wenn die Krise dann doch vorüberging, so gewiß vor allem auch deshalb, weil die Macht der USA damals außerordentlich erschien. Ganz und gar nicht außerordentlich aber war die Persönlichkeit Harry Trumans. Das eigentlich Verblüffende liegt deshalb darin, daß mit diesem ein eher durchschnittlicher, ganz zufällig ins höchste Amt gelangter Amerikaner Außerordentliches bewirkt hat.

Bis zu seinem überraschenden Wahlsieg im November 1948, mit dem er ein eigenes Mandat errang, stand Truman ganz im Schatten seines Vorgängers und wurde an diesem gemessen – natürlich mit negativem Befund. In jenen Jahren, so schrieb James Reston, wurde seine Intelligenz nur noch von seiner Unpopularität übertroffen.[26] Und der Journalist Arthur Krock, intimer Kenner der Washingtoner Szenerie auch er, zog gleichfalls unschmeichelhafte Vergleiche. Roosevelt habe alles in großem Stil betrieben, Trumans Charakter hingegen sei durch »eine seltsame Mischung von Kleinlichkeit und Größe« gekennzeichnet gewesen.[27] Nüchterne ausländische Beobachter sahen das ähnlich. Heinz Krekeler, damals Generalkonsul der Bundesrepublik Deutschland in den USA mit Sitz in New York, berichtete am 28. Dezember 1950 nach Bonn, überall im Lande, auch bei Beamten der eigenen Administration, werde Truman scharf kritisiert: »Es gibt dementsprechend nur sehr wenige maßgebende Stimmen im Lande, die dem Präsidenten das Prädikat eines großen Staatsmannes von umfassender Schau und tiefer Einsicht in die Weltzusammenhänge zubilligen.«[28]

Aber ein Menschenalter später waren die Kleinlichkeiten und die Kritik vergessen. 1980 wiesen Trumans Landsleute bei einer Gallup-Umfrage nach den besten Präsidenten der USA Truman den dritten Platz hinter John F. Kennedy und Franklin Delano Roosevelt zu.[29] Wie die Erstplazierung Kennedys zeigt, dürfen derartige Popularitätsbekundungen nicht eben als Manifestationen gereifter historischer Urteilskraft verstanden werden. Doch auch in einer unlängst erschienenen Studie, die den Titel »Rating the Presidents« trägt und sich auf Einschätzungen durch zahlreiche Historiker und Politologen stützt, figuriert Truman an siebenter Stelle *aller* amerikanischen Präsidenten.[30] Tatsache ist, daß das Ansehen Trumans nach seiner Präsidentschaft eine bemerkenswerte Aufwertung erfahren hat. Denn als er Anfang 1953 das Weiße Haus verließ, erklärten 56 Prozent der Amerikaner, sie seien mit ihm unzufrieden; nur 31 Prozent hielten ihm noch die Stange.[31]

Truman selbst machte sich durchaus keine Illusionen. Dieser sehr unprätentiöse »kleine Mann aus Missouri« wußte die eigenen Fähigkeiten recht zutreffend einzuschätzen. Als seine Präsidentschaft bereits ihrem Ende entgegenging, schrieb das brieflich so mitteilungsfreudige »Familientier« Truman an die bewunderte Tochter Margaret: »Deinen Dad wird man nie unter die großen Männer rechnen. Aber Du kannst davon überzeugt sein, daß er auf seinem Niveau das Beste getan und seinem Land alles gegeben hat, was er hatte ...«[32]

Von allen Präsidenten im 20. Jahrhundert war Truman der einzige, der kein College besucht hat.[33] Er sprach deftig wie die meisten seiner Landsleute und war direkt und offen. Er gab sich einfach, war es aber auch und unternahm überhaupt keine Anstrengung, seine Provinzialität zu verheimlichen. Auf der Potsdamer Konferenz wisperte Admiral King dem Leibarzt Churchills, Lord Moran, zu: »Er ist ein viel typischerer Amerikaner als Roosevelt.«[34] Tatsächlich gab es seit Abraham Lincoln keinen Präsidenten mehr, der dem Bild des »common man« so sehr entsprach wie Truman. Das war nicht unbedingt ein Vorteil, denn die Einstellung der amerikanischen Öffentlichkeit zu ihren Präsidenten ist zwiespältig. Einerseits möchte sie sich in ihnen wiedererkennen, andererseits aber sehnt sie sich insgeheim doch auch nach einem Staatschef, der wie ein republikanischer Monarch auftritt.

Truman selbst war mit dieser ambivalenten Erwartung bestens vertraut. Als Mann aus dem Volk zeigte freilich auch er sich von der Mystik der Präsidentschaft durchdrungen. Deshalb legte dieser kleingewachsene, so gar nicht charismatische oder präsidentiell aussehende Mann größten Wert darauf, daß ihm als dem Inhaber des Präsidentenamts der gebührende Respekt erwiesen wurde.

Seine Laufbahn entsprach ganz und gar dem altvertrauten Muster provinzieller Politikerkarrieren. Er ist durch die Parteimaschine des berühmten und später berüchtigten Parteibosses von Kansas City, Tom Pendergast, nach oben gekommen. Im nachhinein wunderten sich viele darüber, von welchen Zufälligkeiten später das Schicksal Europas und Asiens abhing. 1934 war es Truman gelungen, als Senator für Kansas nach Washington zu gehen. Aber 1940 scheiterte dieser spätere Retter des freien Europa in einem schmutzigen Wahlkampf beinahe gegen den Gouverneur von Kansas, Lloyd Stark, der Trumans alten Boß Pendergast wegen Unregelmäßigkeiten ins Gefängnis gebracht hatte. In den Anfängen jenes Wahlkampfs von 1940 gab ihm niemand mehr eine Chance. Auch Präsident Roosevelt, für dessen New Deal sich Truman sechs Jahre lang eingesetzt hatte, hielt sich stark zurück. Truman gewann schließlich den entscheidenden Kampf um die Aufstellung als Kandidat der Demokraten mit einer knappen Mehrheit von bloß 8 000 von insgesamt 665 000 abgegebenen Stimmen.[35] Nach der Wiederwahl zum Senator hatte er kein anderes Lebensziel mehr, als dieses Amt sechs Jahre lang und dann vielleicht noch ein weiteres Mal wahrzunehmen.

Ähnliche Zufälle waren im Spiel, als Truman im Sommer 1944 wider Erwarten und ganz gegen seinen Willen Vizepräsident wurde. Wie so häufig in den vorhergehenden Jahrzehnten war diese Vizepräsidentschaft das Ergebnis eines Kuhhandels zwischen den Bossen in einem jener legendären »verräucherten Hinterzimmer« der Convention. Der bisherige Vizepräsident Henry W. Wallace war den Bossen zu links, für den angesehenen Senator James Byrnes von South Carolina konnten sich die Parteiführer des Nordostens ebenfalls nicht erwärmen (»zu rassistisch, zu gewerkschaftsfeindlich«). Da ein treuer Anhänger Roosevelts aus dem amerikanischen Süden aufs Ticket sollte, fiel die Wahl auf Harry S. Truman. Dieser sträubte sich, auch Roosevelt selbst war nicht begeistert. Doch die Bosse bekamen schließlich ihren Willen und Amerika damit nach dem Tod Roosevelts am 12. April 1945 einen Präsidenten, den außerhalb von Washington und Kansas kaum jemand kannte. Heute weiß man übrigens, daß Roosevelt damals recht genau darüber informiert war, wie kritisch es 1944 um seine eigene Gesundheit stand. Weshalb er sich dennoch Truman aufnötigen ließ und diesen dann nach der Wahl nicht besser mit den laufenden Geschäften vertraut gemacht hat, bleibt bis heute eines der vielen Rätsel der Rooseveltschen Präsidentschaft. Jedenfalls kannten die Bosse die Stärken und die Schwächen Trumans genau, und so mag man lange darüber nachsinnen, ob möglicherweise über das Schicksal der europäischen Zivilisation in einem »verräucherten Hinterzimmer« Chicagos entschieden worden ist. Später meinten viele: nicht ausdenkbar, wie Henry W. Wallace anstelle Trumans in den kritischen Fragen entschieden haben würde!

Hätte Truman nach siebenjähriger Amtszeit nur seine Innenpolitik vorzuweisen gehabt, wäre er schon längst vergessen. Auf diesem Feld war und blieb er ziemlich farblos. Seine große historische Leistung ist die Stabilisierung der Nachkriegsdemokratien und das Containment der Sowjetunion. Nur war eben längere Zeit unklar, ob er die Kraft dazu aufbringen würde.

Als Truman 1955, mitten im Kalten Krieg, die beiden Bände seiner Memoiren schrieb, neigte er naturgemäß dazu, die Containment-Elemente der eigenen Außenpolitik stark zu unterstreichen und dabei die Tatsache beiseite zu schieben, daß lange Zeit auch er gegenüber Moskau einen Zickzackkurs verfolgt hat. Denn tatsächlich kamen in diesem so brüsk auftretenden Präsidenten aus dem Mittleren Westen der USA alle Widersprüchlichkeiten damaliger amerikanischer Weltpolitik sichtbar zum Ausdruck. Truman war nämlich nicht nur der Präsident, der sich mehr und mehr zum weltweiten Containment der Sowjetunion und seit 1950 auch der Volksrepublik China durchgerungen hat. Er trägt zugleich eine Hauptverantwortung für gravierende Fehler zwischen 1945 und 1950.

Schließlich war er es, der unmittelbar nach Kriegsende die gewaltigen Armeen der USA fast völlig aus Europa zurückgezogen und Knall auf Fall aufgelöst hat. Die Army wurde von 8 Millionen im Jahr 1945 auf 1,5 Millionen im Jahr 1947 reduziert.[36] Die Navy mußte 4000 Schiffe verkaufen und weitere 2000 »einmotten«.[37] Gewiß trug der Präsident damit nur dem überwältigenden Wunsch der amerikanischen Öffentlichkeit und des Kongresses Rechnung. Aber auch Truman spielte im Herbst 1945 gerne die Rolle des großen Abrüsters. Besuchern erzählte er damals zuweilen, er habe die Modellkanone auf seinem Schreibtisch durch einen glänzenden Pflug ersetzt. Sein Held sei der legendäre Römer Cincinnatus, der nach ruhmreichen Kriegstaten auf seinen Bauernhof zurückkehrte.[38]

In den folgenden Jahren wurde sich Truman der sowjetischen Gefahr zwar immer stärker bewußt, wie aus seinen viel später erst bekanntgewordenen Briefen und Tagebuchaufzeichnungen hervorgeht. Doch fünf lange Jahre weigerte er sich, daraus die Konsequenz zu ziehen, den Millionenarmeen des Ostens eine glaubwürdige Abschrekkungsstreitmacht entgegenzusetzen. Dem lagen vor allem budgetäre Sachzwänge zugrunde. Im Haushaltsjahr 1944/45 hatte der Verteidigungshaushalt mit 81,5 Milliarden Dollar eine untragbare Höhe erreicht. Nach Kriegsende mußte sich das ändern. 1947 war der Verteidigungsetat auf spärliche 13 Milliarden zurückgefahren. Und ungeachtet aller Spannungen mit der Sowjetunion verblieb er bis zum Ende des Fiskaljahres 1950 auf so unverantwortlich niedrigem Plafond. Dieses Fiskaljahr endete zufällig am 30. Juni 1950, fiel also mit dem Beginn des Koreakrieges zusammen.[39]

Die Folgen waren alarmierend. Am Samstagabend des 24. Juni 1950, den der Präsident gemütlich und fern von Washington bei seiner Familie im feucht-schwülen Independence, Miss., verbrachte, wurde er telephonisch von dem Einmarsch der nordkoreanischen Armee in Südkorea unterrichtet. Erregt kam er von dem Telefonat mit den Worten zurück: »Ich fürchte, das ist der Beginn des dritten Weltkrieges.«[40] Erst jetzt wurde ihm in vollem Umfang bewußt, daß die USA in Europa und im Fernen Osten militärisch ziemlich nackt dastanden, wofür in erster Linie er selbst die Verantwortung trug. Jedenfalls lag die Gesamtstärke der US-Army zu diesem Zeitpunkt noch bei sage und schreibe 591 000 Mann.[41] Der sarkastische Dean Acheson kommentierte die absurde Diskrepanz zwischen tatsächlicher militärischer Stärke und dem Anspruch, die Führung der freien Welt wahrzunehmen, gelegentlich mit den Worten, die amerikanische Außenpolitik in der Nachkriegszeit lasse sich in drei Sätzen zusammenfassen: »1. Bringt die Jungs nach Hause; 2. Amerika darf nicht den Weihnachtsmann spielen; 3. Amerika darf sich nicht herumschubsen lassen.«[42]

Das streng geheime Memorandum des Nationalen Sicherheitsrats, NSC-68, das faktisch eine Verdreifachung der amerikanischen Verteidigungsausgaben vorsah und nach Ausbruch des Koreakrieges maßgeblich wurde, lag dem Präsidenten bereits im April 1950 vor und beinhaltete die Feststellung, daß die bisherige Containment-Politik ein reiner Bluff gewesen sei. Amerika befinde sich in schlimmster Gefahr.[43] Doch dessenungeachtet hatte Truman noch am 1. Juni 1950 erklärt, niemals in den vergangenen fünf Jahren sei die Welt einem wahren Frieden näher gewesen.[44]

Somit standen im Sommer 1950 in ganz Europa einschließlich der Bundesrepublik Deutschland insgesamt nur zwölf bis vierzehn NATO-Divisionen, darunter eine amerikanische. Diese Truppen waren schlecht bewaffnet, schlecht ausgebildet und ohne zentrale Führung. Im Kriegsfall wäre ein Durchmarsch der Roten Armee, die damals zweieinhalb Millionen Mann unter Waffen hatte, bis zum Atlantik und den Pyrenäen nicht zu verhindern gewesen.

Dabei konnte keine Rede von einer kalkulierten Substitution konventioneller Streitkräfte durch Kernwaffen sein. Mitte 1947 verfügten die USA nur über dreizehn Atombomben vom Nagasaki-Typ, deren Einsatzfähigkeit überdies einen außerordentlichen personellen und zeitlichen Aufwand erforderte. Ein Team von 77 Spezialisten hätte eine Woche lang zu arbeiten gehabt, um sie einsatzfähig zu machen.[45] Erst seit der Krise um Berlin im Jahr 1948 ließ Truman den Rückstand langsam korrigieren. Anfang 1950 ordnete er schließlich auch nach langem Zögern die Produktion der Wasserstoffbombe an.[46] Doch der Aufbau einer Luftflotte von Trägerflugzeugen wurde viel zu lange vernachlässigt. Noch Mitte der fünfziger Jahre waren wohlinformierte Experten der Auffassung, es könnte gut vierzehn Tage dauern, bis die USA nach Kriegsausbruch soweit wären, Atombomben gegen die Sowjetunion zum Einsatz zu bringen.[47] Genau betrachtet, verhielt sich

Truman also ähnlich leichtsinnig wie seinerzeit Baldwin, Chamberlain oder die französischen Kabinette während der Aufrüstung Deutschlands von 1935 bis 1939, indem er zwei schwer vereinbare Linien verfolgte: einerseits die auf Roosevelt zurückgehende Politik relativ geduldigen Verhandelns mit Moskau, andererseits einen Stil bulliger Kraftgebärden, verbunden mit einer indirekten Strategie wirtschaftlicher Stärkung der westlichen Demokratien. Ein Historiker, der sich von der präsidentiellen Rhetorik, von den Truman-Memoiren und von den intern artikulierten kräftigen Sprüchen nicht täuschen läßt, sondern die Praxis Trumanscher Sicherheitspolitik gebührend ins Bild einbezieht, gelangt zu einem recht skeptischen Bild der ersten fünf Jahre dieses Präsidenten.

Das alles änderte sich schlagartig seit Beginn des Koreakrieges, also in den letzten zweieinhalb Jahren seiner Präsidentschaft. Jetzt erst stimmte Truman einem massiven Aufrüstungsprogramm zu – konventionell, nuklear, Landstreitkräfte, Seestreitkräfte und Luftwaffe gleicherweise. Für das Fiskaljahr 1950/51 bewilligte der Kongreß 48,2 Milliarden für Militärausgaben und für 1951/52 60 Milliarden Dollar.[48] Erst jetzt wurde aus dem lockeren, noch ziemlich zufälligen globalen Assortiment von Basen und Stationierungsländern ein umfassendes Containment-System rings um die Sowjetunion und das kommunistische China.

Warum Stalin den direkten Zusammenstoß in Europa vermieden hat, ist auch heute noch nicht hinlänglich erforscht. Neben dem anfänglichen Atommonopol und der in zwei Weltkriegen demonstrierten Leistungsfähigkeit der amerikanischen Rüstungsindustrie mag durchaus auch der sehr brüske, konfrontative Stil Trumans von Bedeutung gewesen sein. Man kannte in Moskau seine Grobheit und seine impulsive Sprunghaftigkeit, so daß es ratsam schien, keine übergroßen Risiken einzugehen.

In der Tat war Truman unkalkulierbar. Daß er das totalitäre Sowjetsystem haßte, war bald bekannt, obgleich er in Potsdam mit Stalin persönlich ganz gut zurechtgekommen war. Bekannt waren auch seine raschen, von des Gedankens Blässe nicht angekränkelten Reaktionen, die anfänglich auf Unerfahrenheit zurückgingen. So ist beispielsweise die vielberufene Standpauke zu erklären, die Außenminister Molotow nur wenige Tage nach Roosevelts Tod zuteil wurde. Und als er schließlich Mitte Mai 1945 den pfiffigen Harry Hopkins nach Moskau entsandte, um das zerschlagene Porzellan zu kitten, meinte er immer noch brummig, ihm sei es egal, ob Hopkins Stalin gegenüber die Sprache der Diplomatie gebrauche oder einen Baseballschläger.[49] Truman erwies sich aber durchaus als lernfähig und suchte derartige Voreiligkeiten rasch zu korrigieren. Dennoch besaß er eine ausgeprägte Neigung zu harschen Interviews, zu sehr entschiedenen Reden und zu riskanten Erwiderungen, wozu glücklicherweise auch so weitreichende Entscheidungen wie der Entschluß zum Halten Berlins mittels der Luftbrücke und das Eingreifen in Korea gehörten.

Er war jedenfalls ganz und gar kein außenpolitischer Stratege, vielmehr ein Praktiker, der auf konkrete Herausforderungen brüsk reagierte. Dabei kam ihm ein bemerkenswerter Fleiß beim Studium zahlloser Dossiers zugute. Im Unterschied zu den meisten seiner Nachfolger war dieser altmodische Präsident der Meinung, daß ein US-Präsident außer in Wahlkampfzeiten ins Oval Office gehört. So erwies er sich stets als ein ausgezeichnet informierter Staats- und Regierungschef mit gutem Verständnis für den Kern komplizierter Fragen.

Gewiß erinnert man sich seiner Administration auch wegen einer Vielzahl langfristig angelegter strategischer Planungen: Marshallplan, Punkt 4-Programm, militärischer Aufbau in Westeuropa gemäß den Empfehlungen des State Department und des Pentagon seit September 1950. Doch solche Initiativen wurden in den Großbürokratien Washingtons konzipiert, und die maßgebenden Persönlichkeiten waren Exponenten des neuen Establishments wie Acheson, Lovett, Marshall, Kennan oder Paul Nitze. Man hat nicht den Eindruck, daß Truman zu umfassendem konzeptuellem Denken fähig war. Wenn rasche Reaktionen auf akute Krisen nicht ausreichten, verließ er sich auf die Vorschläge seiner Minister.

Eine der wichtigsten und positivsten Eigenschaften Trumans bestand nämlich darin, fähige Minister an sich zu binden, sie zu ermutigen und bei politischen Angriffen abzuschirmen. Er bleibt als bedeutender Präsident in Erinnerung, weil er so bedeutende Köpfe wie Marshall und Acheson gestalten ließ, ohne ihnen allerdings freien Auslauf zu gestatten. Zudem war er bemerkenswert uneitel. Den Ruhm des Marshallplans überließ dieser selbstlose Mann seinem Außenminister.[50] Indem er den in allen Parteilagern hochangesehenen General mit dem kostspieligen Hilfsprojekt für Europa identifizierte, erleichterte er zugleich auch dessen Annahme durch den republikanisch dominierten Kongreß.

Wenige Präsidenten haben durch die gesamte Amtszeit hindurch von den parteipolitischen Gegnern so viel einzustecken gehabt wie Harry Truman. Angesichts seiner Umstrittenheit und Unerfahrenheit ist er schließlich doch bemerkenswert erfolgreich geblieben. Dies nicht zuletzt deshalb, weil er im innersten Persönlichkeitskern ein schlichter Mensch war. Dieser Typ kommt oft mit ein paar recht altmodischen Eigenschaften über die Runden: Fleiß, Genauigkeit im Detail, Offenheit, Loyalität gegen die Mitarbeiter und Grobheit gegen Widersacher, Unerschrockenheit, gesunder Menschenverstand und

Patriotismus. Zu allem hatte er offenbar auch eine Fee, die trotz vieler Mißgriffe über ihn wachte. Der europäische Bankier Felix Somary, der viel und recht kritisch über diesen für das freie Europa schicksalhaften Präsidenten nachgedacht hat, meinte dazu: es war »die Fee der Demokratie«. Mitte der fünfziger Jahre, als die Präsidentschaft Trumans ebenso überstanden war wie das rundum so kritische Nachkriegsjahrzehnt, resümierte Somary: »Die Insassen eines Autos, dessen Fahrer den Beruf nie erlernt hat, müssen zufrieden sein, wenn sie nicht im Graben landen, und der amerikanische Wagen hielt sich unter Truman auf der Straße, wenn man auch angesichts der Bewegungen des Fahrers nie recht aus der Todesangst herauskam. Amerika hatte damals unglaubliches Glück.«[51]

Glück hatte Amerika aber auch mit dem Nachfolger Trumans. Wie Truman ist auch Eisenhower vorwiegend deshalb erinnerungswürdig, weil sich die Weltmachtposition der USA unter ihm verstetigt hat. Universalgeschichtlich betrachtet, erscheint seine Präsidentschaft als ziemlich bruchlose Fortsetzung der unter Roosevelt und Truman begonnenen Globalisierung. Die Vormacht des insularen Kontinents wächst nun definitiv in die Rolle der imperialen Republik hinein.[52] Jetzt findet der Begriff Pax Americana häufige Verwendung.[53]

In diesem Prozeß markiert die Präsidentschaft Eisenhowers die Phase der Konsolidierung. Truman hatte noch weitgehend improvisiert und halb ungewollt in den Notstandsgebieten Europas und Asiens die Strukturen des amerikanischen Imperiums geschaffen. Dean Acheson, der dabei von 1949 bis 1953 eine Schlüsselrolle spielte, gab seinen Erinnerungen an diese Jahre daher zu Recht den Titel »Present at the Creation«.[54] Eisenhower erst war es, der dieses neue Weltsystem in des Wortes wahrster Bedeutung systematisierte.

Die Präsidenten der vierziger und der fünfziger Jahre begriffen sich freilich noch nicht als Architekten eines globalen Imperiums. Der Sheriff, der sein Büro verläßt, in der Stadt, wo es drunter und drüber geht, kräftig Ordnung schafft und dann wieder zurückreitet, ist ein wohlbekanntes Bild der amerikanischen Folklore, das auch Roosevelt und Truman nicht fremd war. Noch Eisenhower zögerte, die Stationierung kampfstarker Armeen, Luftflotten und Marineeinheiten in Übersee als permanent zu begreifen. Dennoch markiert seine Präsidentschaft den Beginn eines dauerhaften weltweiten Militärengagements.

Eisenhowers Sieg über den Neoisolationisten Senator Robert Taft in einem erbitterten Vorwahlkampf stellt eine Art weltgeschichtliche Wasserscheide dar. Von jetzt an waren die Isolationisten selbst in der republikanischen Partei nur noch eine Minderheit. Dem neuen Präsidenten gelang es dann relativ rasch, für das globale Engagement einen überparteilichen Konsens zu schaffen. Als Eisenhower im Januar 1961 das Weiße Haus verließ, war der Neoisolationismus schon lange kein Thema mehr.

Und es war in erster Linie Eisenhower, der die politischen Eliten und die Wähler in den USA davon überzeugt hat, die Kosten und Risiken einer weltpolitischen Führungsrolle noch längere Zeit tragen zu müssen. Das gelang ihm dank seinem Prestige. Die Öffentlichkeit nahm diesem erfahrenen General die Versicherung ab, das globale Engagement werde Amerika nicht in weitere Kriege verwickeln, vielmehr deren Ausbruch verhindern. Und Eisenhower machte auch glaubhaft deutlich, daß er trotz aller Bündnisverpflichtungen die Militärausgaben nicht steigern würde, sondern ihnen, wie man das in Amerika bildhaft formuliert, »mit der Fleischaxt« zu Leibe gehen wolle.

Hegemonie setzt allerdings zugleich voraus, daß auch die Verbündeten eine Führungsrolle der Schutzmacht freiwillig akzeptieren. Nicht nur die Öffentlichkeit in den USA mußte damals von der Notwendigkeit des amerikanischen Übersee-Engagements überzeugt werden. Auch die europäischen Demokratien und Japan wollten sicher sein, daß die imperiale Republik mit ihnen fair und in liberalem Geist umgehen würde. In dieser Hinsicht hatte man vor allem in Europa zu Eisenhower mehr Vertrauen als zu jedem anderen Amerikaner. An seinem Beispiel läßt sich besonders schön erkennen, wie die freie Welt als eine der Grundtatsachen der zweiten Jahrhunderthälfte anfänglich aus der anglo-amerikanischen Kriegsallianz erwachsen ist.

1942 war Eisenhower als Oberkommandierender der US-Streitkräfte nach Europa entsandt worden. In drei langen Kriegsjahren, von 1942 bis 1945, verkörperte dieser dynamische, so eminent sympathische transatlantische General mit dem strahlenden, optimistischen Lächeln das Bündnis der Demokratien. Er verstand es, die gewaltige alliierte Kriegsmaschine in Europa zu bündeln und schließlich zum Sieg zu führen.

Von Anfang an wurde erkennbar, daß Eisenhower nicht bloß ein sehr begabter Organisator war, sondern auch über das hinreichende politische Fingerspitzengefühl verfügte, mit allen Primadonnen fertig zu werden, die im damaligen europäischen Konzert mitwirkten – mit Premierminister Winston Churchill, mit General Montgomery, mit dem Empire-Generalstabschef Alan Brooke, selbst mit General de Gaulle. Eisenhower erwies sich zudem als ein Meister in der Kunst, die Journalisten um den Finger zu wickeln. Er begriff aber auch, daß Amerika seine Kriege als ideologische Kreuzzüge führen müsse. Da der große Feldzug die Erlegung eines Monsters zum Ziel hatte, war dies durchaus die richtige Sicht der Dinge. Noch 1948 gab Eisenhower seinen Kriegserinnerungen deshalb den Titel »Kreuzzug in Europa«.[55]

*Triumphaler Empfang General Eisenhowers in New York, 1945.*

1951/52 kehrte er dann als Oberbefehlshaber der NATO-Truppen nach Europa zurück, diesmal nicht mit Sitz in Nordafrika oder in England, sondern in Fontainebleau im Herzen Frankreichs. Die integrierte NATO, von jetzt an bis in die neunziger Jahre die Grundlage europäischer Friedensordnung, war anfänglich sein Werk. Damals akzeptierte man ihn auch in Paris. De Gaulle war in jenen Jahren auf dem Weg in die politische Bedeutungslosigkeit, und so bequemte sich das Establishment der Vierten Republik seufzend in die amerikanische Führung. Die Beneluxländer, Norwegen und Dänemark, Griechenland und die Türkei im östlichen Mittelmeer, sogar die ehemaligen Kriegsgegner Italien und Deutschland sahen jetzt in dem bereits mythischen Oberbefehlshaber der Kriegsallianz den amerikanischen Führungswillen personifiziert.

Mit großer Unvoreingenommenheit drang Eisenhower nun auch darauf, die schwachen westlichen Streitkräfte durch Kontingente der Bundesrepublik Deutschland zu unterstützen. Er fand sich sogar zu einer Ehrenerklärung für die deutschen Soldaten bereit, nachdem er im Jahre 1945 zeitweilig vergessen hatte, daß man kriegsgefangene Soldaten nicht für die Untaten eines kriminellen Regimes bestrafen darf.[56] Spätestens im Sommer 1959, als Eisenhower einen triumphalen Kurzbesuch in Bonn absolvierte, erkannte er, wie vorbehaltlos man ihn nun gerade auch im westlichen Kernstaat Deutschlands als Führer der Demokratien zu bejubeln bereit war.

Mehr als jeder andere Präsident vor ihm und nach ihm ist Eisenhower also während seiner Amtszeit von den Regierungen, aber auch von einer Mehrheit der Europäer in den NATO-Staaten als legitimes Oberhaupt der Allianz geschätzt worden. Nach der Rückkehr zur Macht im Jahr 1958 hat nicht einmal de Gaulle es gewagt, allzu auffällig aus der Reihe zu tanzen. De Gaulle und Macmillan wußten nämlich seit der Kriegszeit, daß es ein Fehler gewesen wäre, diesen amerikanischen Heerführer zu unterschätzen, der sich nach außen so pflegeleicht präsentierte.

Natürlich steckte in Eisenhower ein harter Kern. Er wußte, was er wollte und was er wert war. Man durfte sich von dem breiten Lächeln nicht täuschen lassen. »Er war ein hartgesottener Hundesohn«, erinnerte sich Richard Nixon später in einer Mischung von Respekt und Ressentiment an den großen Patron aus den fünfziger Jahren.[57] Charme allein reicht nicht aus, um die Wehrmacht aus Frankreich hinauszuwerfen oder den unsteuerbaren Chruschtschow immer wieder auszubremsen. Wer im nachhinein die Protokolle der ständigen Telefonate Eisenhowers mit den Gebrüdern Dulles studiert, erkennt, daß damals ein Profi im Weißen Haus saß, der guten Willens war, doch auch kühl bis ans Herz hinan. Gelegentliche Zornesausbrüche im innersten Kreis standen dazu nicht im Widerspruch.

Dieser außerordentlich intelligente General (Nummer 1 der Jahrgangsklasse 1925/26 in der Generalstabsschule Fort Leavenworth[58]), wies indessen noch andere bemerkenswerte Züge auf. Er gehörte zu jener nicht allzu zahlreichen Gruppe von Offizieren, die den Krieg als solchen verabscheuen. Am 16. April 1953, etwas mehr als einen Monat nach dem Tode Stalins, hielt er vor der American Society of Newspaper Editors seine erste große Grundsatzrede als Präsident und gab ihr den Titel »Die Chance für den Frieden«.[59] Sie beinhaltete zwar viel antisowjetische Propaganda, wie üblich verpackt in Friedensrhetorik, doch zwei Punkte ließen aufhorchen. Sehr ungewöhnlich war es nämlich, daß ausgerechnet ein ehemaliger Berufsoffizier schon im Frühjahr 1953 auf die Gefahren des atomaren Rüstungswettlaufs hinwies und zudem die finanziellen Kosten des Wettrüstens kritisierte. Kann ein Generalspräsident konkreter werden als mit dem Hinweis: »Was kostet ein moderner Bomber? Soviel wie dreißig moderne, solide gebaute

Schulen oder zwei Kraftwerke, die Strom für jeweils 60 000 Menschen produzieren, oder zwei tadellose, voll ausgerüstete Krankenhäuser.«[60] Friedensliebe, Rüstungskontrolle und Reduktion der Verteidigungslasten – diese Themen zogen sich von nun an wie ein roter Faden durch seine ganze Präsidentschaft.

Es wäre zu einfach, dies allein aus dem Umstand zu erklären, daß Eisenhower es nicht mehr nötig hatte, nach Kriegsruhm zu streben. Tatsächlich machte dem physisch durchaus tapferen Offizier das Kriegführen auch früher schon keine große Freude. Darin unterschied er sich von seinem Freund George Patton oder auch von seinem einstigen Chef Douglas MacArthur. Im April 1943, die Kampagne gegen das deutsche Afrikakorps in Tunesien befand sich eben in der Endphase, richtete der Oberbefehlshaber Eisenhower einen bemerkenswerten Brief an seinen Bruder Arthur, der erst Jahrzehnte später bekannt wurde. Auslöser dieses Briefes: in der amerikanischen Presse war davon die Rede, Eisenhowers geliebte Mutter Ida sei eine christliche Pazifistin, ihr Sohn aber ironischerweise ein großer General. Wütend schrieb Eisenhower: »Ich bezweifle, ob irgendeiner dieser Leute mit ihrem akademischen oder doktrinären Haß auf den Krieg diesen so verabscheuen, wie ich dies tue.« Wahrscheinlich, so fuhr er fort, hätten sie nie im Dreck vermodernde Leichen gesehen, nie den Gestank verwesenden Menschenfleisches in die Nase bekommen und nie ein Feldlazarett vollgepackt mit Schwerverwundeten besucht. Eisenhower erklärte dann, weshalb er dennoch kein Pazifist sei: Er hasse die Nazis noch mehr als den Krieg, außerdem handle er aus Pflicht gegenüber dem Vaterland.[61]

Offenbar entsprach Eisenhowers ziemlich unkriegerische Einstellung der Familientradition. Seine Vorfahren waren Mennoniten vom Niederrhein, und das pazifistische Erbe des eigenen Elternhauses hat auf ihn auch im Präsidentenamt noch nachgewirkt. Bei einem weltberühmten, siegreichen General ist diese zumindest ambivalente Einstellung zum Krieg doch erwähnenswert. Aber im Zeitalter der ABC-Waffen war Eisenhower nicht der einzige General, der grundsätzliche Zweifel am Krieg zum Ausdruck brachte. Selbst der romantische Krieger MacArthur äußerte im Jahr 1955, die technischen und naturwissenschaftlichen Entwicklungen hätten aus dem Krieg »ein Frankenstein-Monster« gemacht.[62]

Eher atypisch für einen General war auch Eisenhowers Entschlossenheit, das Militärbudget eisern in engen Grenzen zu halten. Er, der selbst nie einen Dollar in der freien Wirtschaft verdient hatte, war in Sachen Finanzpolitik ein Erzkonservativer.

Die republikanische Partei, die nun seine politische Heimat wurde, hatte zum Militär von alters her eine zwiespältige Einstellung. Einerseits waren die Republikaner durchweg patriotisch, also auch allem Militärischen gegenüber positiv eingestellt. Andererseits ist die Grand Old Party auch die Business-Partei, somit zugleich entschlossen, gegen exzessive Besteuerung Widerstand zu leisten. Große stehende Heere, kostspielige Übersee-Expansion und exorbitant teurer Schlachtflottenbau erschienen vielen Republikanern von alters her als kostspieliger Luxus. Der praktische Antimilitarismus verband sich dabei häufig mit Isolationismus. Vor allem in der alten Garde der republikanischen Partei konnte der finanzpolitische Konservatismus bis weit in die fünfziger Jahre hinein mit viel Sympathie rechnen.

Schließlich lagen die zwanziger Jahre noch nicht allzuweit zurück, als die republikanischen Präsidenten Harding und Coolidge durch Rückkehr zur Laissez-faire-Politik nochmals einen lang dauernden Wirtschaftsboom erzeugten. Als Harding 1921 den Amtseid ablegte, war Dwight D. Eisenhower bereits ein Offizier im besten Mannesalter. Zwar hatte auch er dann die Wirtschaftskrise und den New Deal durchlebt, was erklärt, weshalb er das inzwischen geschaffene Sozialsystem durchaus nicht mehr demontieren, sondern eher ausbauen wollte. Doch während er den Neoisolationismus der altrepublikanischen Garde ablehnte, war auch er aus Überzeugung ein fiskalpolitisch Konservativer.

Als er die Präsidentschaft antrat, umgab er sich jedenfalls alsbald mit ähnlich eingestellten Ministern und Beratern. »Acht Millionäre und ein Klempner«, spottete man damals. Der ehemalige Klempner stammte aus dem Parteilager der Demokraten und erhielt das Arbeitsministerium. Inwieweit es dem aus kleinen Verhältnissen kommenden Eisenhower schlicht imponierte, sich nunmehr mit schwerreichen Kabinettsmitgliedern zu umgeben und in der Freizeit mit ihnen Golf zu spielen, sei dahingestellt.

Jedenfalls wurde neben Außenminister John Foster Dulles der Finanzminister George M. Humphrey in der ersten Amtszeit zum wichtigsten Minister im Kabinett. Eisenhower und Humphrey waren beide davon überzeugt, daß die Stabilität der freien Welt auf der Stabilität des amerikanischen Dollars beruhte.[63] Von dieser Auffassung ließ sich der Präsident durchgehend leiten – mit der Folge, daß die fünfziger Jahre nach den zwanziger Jahren zur erfolgreichsten Periode in der amerikanischen Wirtschaftsgeschichte wurden. Das Bruttosozialprodukt in der ganzen Dekade wuchs um 37 Prozent. Da Amerika weltweit die Rolle einer Konjunkturlokomotive spielte, kommt Eisenhower somit auch ein Hauptverdienst am großen Boom zu, der damals Westeuropa und Japan wirtschaftlich prosperieren ließ und politisch stabilisierte.

So wurde ausgerechnet ein siegreicher General zum Friedenspräsidenten. Sein Kalkül war ebenso einfach wie richtig: Wenn es nur gelingen würde, weltweit kostspielige Kriege nach Art des Koreakrieges zu vermeiden, müßten auch weitgehende Einsparungen im Verteidigungshaushalt und somit die Konsolidierung des Bundeshaushalts möglich sein. Niemand unterstellte ihm, den Frieden um jeden Preis anzustreben. Eben deshalb wirkten seine subtil vorgebrachten Drohungen mit Gewaltanwendung glaubhaft. Seit er 1953 den Koreakrieg allein mit dieser Taktik beendet hatte, verstand er es, bis ins Jahr 1961 jeder militärischen Konfrontation aus dem Wege zu gehen, ohne dabei nachzugeben.

Eisenhower war sich durchaus der Paradoxien des Atomzeitalters bewußt. Ein Krieg zwischen den atomaren Giganten konnte nicht mehr gewonnen, sondern nur noch von beiden verloren werden. Zwar richtete er nicht zuletzt aus Kostengründen die amerikanische Verteidigungspolitik vorwiegend auf nukleare Systeme aus, doch zugleich wuchsen seine Zweifel an der Rationalität dieses Wettrüstens. Mitte der fünfziger Jahre verfügten die USA bereits über rund 5000 Atombomben und nukleare Gefechtsköpfe. Schon damals hatte er den Stabschef der Air Force gefragt: »Was sollen wir denn mit dieser ungeheuren Menge von Waffen anfangen?« Als Eisenhower sein Amt an Kennedy übergab, waren es an die 20000. Jetzt kam ihm dies erst recht »unglaublich« vor.[64]

Eben die Einsicht in die Absurdität nuklearer Kriegführung war es denn auch, die aus dem nach dem Zweiten Weltkrieg zum Antikommunisten gewordenen Eisenhower zugleich den ersten Entspannungspräsidenten machte. Im Sommer 1955 traf er in Genf mit den Nachfolgern Stalins zum ersten großen Entspannungsgipfel zusammen. Der General, unter dem die NATO zu einem funktionsfähigen Militärapparat geworden war, profilierte sich nun als Befürworter unideologischer Gleichgewichtspolitik. Allianzpolitik und Entspannung kamen fortan gleicherweise zum Einsatz. Bundeskanzler Adenauer verfolgte dies von seinem Hochsitz im schweizerischen Mürren aus mit höchst gemischten Gefühlen. In einem bitteren Brief an Dulles beklagte er die »Rehabilitierung Rußlands durch die angelsächsischen Mächte« und fügte hinzu: »Als Folge sieht man die Preisgabe Deutschlands durch die angelsächsischen Mächte sich entwickeln.«[65]

Auch in den folgenden Jahren betrieb Eisenhower unermüdlich das, was man später Dialogpolitik nennt. Er brachte sogar das Kunststück fertig, Chruschtschow, der ihm kurz zuvor mit dem Berlin-Ultimatum vom Dezember 1958 gedroht hatte, zu einem ausgedehnten Staatsbesuch in die USA einzuladen und damit die Kollisionsgefahr umsichtig hinauszuschieben. Parallel zum ständigen Gespräch über regionale Krisen betrieb man auch schon eine recht intensive Rüstungskontrolldiplomatie. Der Historiker Robert A. Divine, der sie später geschildert hat, gab seiner Monographie zwar den Titel »Blowing on the Wind«.[66] Aber ein Anfang war gemacht. Es begann das, was man auf seiten der nichtnuklearen Verbündeten später voll Erbitterung »die atomare Komplizenschaft« der Supermächte nannte. Nur mußten die immer besorgten Alliierten bei nüchterner Prüfung doch einräumen, daß Eisenhower sie nie verraten hatte.

Acht lange Jahre brachte somit dieser bemerkenswerte Präsident sich selbst und die Welt über die Runden. Doch wie stets, wenn ein bedeutender Staatsmann mit kühler Überlegung alle Konfrontationen hinausgeschoben hat, mußten schließlich die Nachfolger die heißen Kartoffeln aus dem Feuer holen. Laos, Kambodscha und Vietnam, Kuba, Berlin, der Kongo – alle Krisen der sechziger Jahre schwelten schon, als Eisenhower die Amtsgeschäfte an Kennedy übergab. Daß er sich dann rasch in einen recht konfrontativen Expräsidenten verwandelt hat, ist nur noch von biographischem Interesse. Als Präsident hat sich Eisenhower jedenfalls durch Augenmaß und Subtilität ausgezeichnet. Wenn die Welt während der fünfziger Jahre den noch weitgehend der Regeln entbehrenden Kalten Krieg und die Wildwestjahre des Atomzeitalters heil durchschritten hat, ist dies in starkem Maß Eisenhower zu verdanken, der zwar kein Genie war, aber ein Vorbild an Klugheit.

Unter den Präsidenten der zweiten Jahrhunderthälfte war er zudem ein Glückspilz, dem fast alles von selbst zufiel und der im Innern wie nach außen ein fast nachtwandlerisches Talent zur Konsenspolitik besaß. Vor ihm und nach ihm war die amerikanische Politik, doch auch das westliche Bündnis durch Polarisierung gekennzeichnet. Er aber verstand sich als Stabilisierer und wurde so eine Art ruhender Pol einer sehr unruhigen Welt.

## Britische Reformer: Clement Attlee und Ernest Bevin

Im Vergleich mit Churchill, dem bisher letzten Giganten in Downing Street No. 10, sind die folgenden Premierminister wieder guter Durchschnitt, nicht mehr, aber auch nicht viel weniger. Längst hat man inzwischen erkannt, daß das große Thema britischer Geschichte im 20. Jahrhundert, ganz besonders aber der Jahrzehnte von Churchill bis Macmillan, unter dem Stichwort »Imperial Sunset« zusammengefaßt werden kann. Die eigentliche Leistung dieser Premierminister besteht darin, beim Gleitflug im imperialen Abendhimmel den Turbulenzen umsichtig ausgewichen zu sein. Der einzige, dem dies nicht gelang, ist denn auch als gescheiterte Größe in Erinnerung geblieben – Anthony Eden, dessen Stern im Herbst 1956 in der Suezkrise verglühte.

Der Wahlsieg Labours im Juli 1945 schien für England den postimperialen Wohlfahrtsstaat herbeizuführen.[67] Wenige Jahre lang hatte es sogar den Anschein, als werde der demokratische Sozialismus Großbritanniens auch für die kontinentalen Demokratien zum Vorbild. Clement Attlees Biograph Kenneth Harris gibt die seinerzeitige Stimmung im westlichen Europa durchaus richtig wieder, wenn er betont, durch Verstaatlichung der Grundstoffindustrien, durch Gründung des Wohlfahrtsstaates, auch durch Errichtung einer Parteiendemokratie habe die Regierung Attlee auf Großbritannien selbst, doch ebenso im Ausland einen stärkeren Eindruck gemacht als jede andere Regierung des 20. Jahrhunderts vor ihr.[68] Da die künftigen Eliten der anglophonen Dritten Welt damals in London studieren oder von fern nach Westminster schauen, wird das vom Kabinett Attlee gestaltete Modell des demokratischen Sozialismus für ein gutes Vierteljahrhundert zum Exportartikel. Hatte England damit nicht endlich den Stein der Weisen gefunden, einen »dritten Weg« zwischen Kapitalismus und Kommunismus?

Dauerhaftes Ansehen erwuchs der Regierung Attlee vor allem auch aus der Entschlossenheit, mit der sie die Dekolonisierung anpackte. Natürlich verläuft dieser Prozeß nicht ohne innere Widersprüche. Attlee und Bevin entscheiden sich, Indien 1947 in die Unabhängigkeit zu entlassen, sind aber noch längst nicht der Auffassung, damit etwa das Zug um Zug in ein partnerschaftliches Commonwealth of Nations umgestaltete Empire schon preiszugeben. Afrika und der Nahe Osten sollen die englische Großmachtstellung weiterhin sichern.

Schließlich ist auch Attlee ein Kind des Viktorianischen Zeitalters – nur neun Jahre jünger als Churchill und 1915 alt genug, als Bataillonschef 850 Mann in der Hölle von Gallipoli zu führen. Dieser Sozialist hat sich nämlich zum Verdruß der radikalen Pazifisten in seiner Partei schon am zweiten Tag nach Kriegsausbruch freiwillig gemeldet. 1919 nimmt er als Major seinen Abschied. Im Zweiten Weltkrieg organisiert er als Innenminister und Stellvertreter desselben Winston Churchill, der ihn ein Vierteljahrhundert zuvor in den Schlamassel von Gallipoli entsandt hatte, die britische Kriegsanstrengung. 1947 verfügt er, ohne das Kabinett zu befragen, den Bau einer britischen Atombombe. Wenn es also irgendwann einen patriotischen Briten gegeben hat, dann ist das Attlee.

Doch gibt es eben auch den anderen Attlee, der aus gutbürgerlicher Familie kommt, dem im Milieu der Public School und am University College in Oxford die Überzeugung zuwächst, daß ein Gentleman auch Verpflichtungen gegenüber den Zukurzgekommenen hat, der dann persönlich die Slums im Londoner East End entdeckt und sein Leben fortan der Arbeiterbewegung widmet. Attlee träumt seinen

*König Georg VI. mit den neuernannten Labour-Ministern, links neben ihm Premierminister Clement Attlee, rechts Außenminister Ernest Bevin, ein großer Favorit der Krone, im Garten von Buckingham Palace. 24 Stunden nach Bildung der Labour-Regierung befinden sich Attlee und Bevin bereits auf dem Weg nach dem Flughafen Norholt, von wo aus sie nach Potsdam fliegen, um anstelle von Churchill und Eden die britische Delegation zu leiten.*

eigenen sehr humanitären und sehr rationalen Traum von einer vollkommenen Gesellschaft mit gleichen Chancen für alle, mit gründlich geplanter, gerechter Verteilung des Wohlstandes, mit öffentlicher Fürsorge für Arbeitslose, Kranke und Alte sowie mit staatlicher Industriepolitik. Die Tories verspotten das freilich als Träume von einem »neuen Jerusalem«, das in England verwirklicht werden solle.[69]

Aber Attlee, ein Vorbild an politischer Moralität und Barmherzigkeit, läßt sich zeitlebens von solchem Spott nicht beirren. Wer einen ruchlosen Überzeugungstäter studieren möchte, muß sich der Gestalt Lenins zuwenden. Attlee ist demgegenüber ein zutiefst humanitärer, von den Nachwirkungen evangelischen Geistes bewegter Überzeugungstäter, der aber mit ähnlich rationaler Entschiedenheit wie Lenin seine Vision verwirklicht. Doch es ist ein »neues Jerusalem«, in dem die Gebote der Rule of Law und der politischen Kultur Großbritanniens ganz selbstverständlich gelten. In den ersten Nachkriegsjahren ist es nicht der sehr ferne, wenig profilierte Harry Truman, in dem die demokratische Linke Europas die reformerische Alternative zum Stalinismus personifiziert sieht. Wenn es überhaupt eine Inkarnation des demokratischen Weges zu einer sozialistischen Gesellschaft gibt, so ist das noch am ehesten der sozialistische Humanist Clement Attlee.

Aus wieder anderem Holz als Attlee ist Außenminister Bevin geschnitzt.[70] Die Labour Party verfügt damals über eine ganze Reihe bedeutender Gestalten. Während Attlee kein Wort zuviel sagt, präzise Entscheidungen trifft und eines der am besten organisierten Gehirne in der langen Abfolge britischer Premierminister des 20. Jahrhunderts besitzt, gleicht Bevin von Physis und von Temperament der Bilderbuchfigur des John Bull. Im Großen Streik von 1926 hat er die Klassengesellschaft leidenschaftlich bekämpft, doch im Zweiten Weltkrieg noch überzeugender als im vorigen Krieg Lloyd George die Arbeiterschaft bei der Stange gehalten. Der Außenminister Bevin betreibt nüchternste britische Interessenpolitik, so daß die Beamten des Foreign Office ihre helle Freude daran haben. Bevin läßt sich nicht einmal von Churchill an Antikommunismus übertreffen, denn als Chef der Dockarbeitergewerkschaft hat er mit der Wühlarbeit der britischen Kommunisten eine Reihe unvergeßlicher Erfahrungen gemacht. Und Bevin ist ein bedeutender Reformer. Noch an der Spitze der Transportarbeitergewerkschaft hat er ein Konzept der Planwirtschaft entwickelt, das dann Schule macht.

War Attlee der trockenste aller britischen Premierminister, so ist Bevin der bulligste Chef, den das Foreign Office je besaß. Beide unterscheiden sich allerdings in wesentlichen Punkten sehr positiv von ihren Vorgängern. Denn sie können rechnen und wissen deshalb, daß die globale Entfaltung britischer Militärmacht schleunigst ein Ende haben muß. Sie haben auch seit Jahrzehnten mit der indischen Unabhängigkeitsbewegung sympathisiert und wissen, daß mit der Indien-Romantik Churchills endlich Schluß gemacht werden muß. Somit beginnen sie rechtzeitig eine glaubhafte Dekolonisierungspolitik. Als Churchill und Eden nach 1951 wieder an die Macht kommen, suchen sie das zwar erneut zu verzögern. Doch die Dekolonisierung ist im Gang, und der Tory Macmillan schwenkt dann erneut auf den Weg ein, den Labour gewiesen hatte.

Die zweite große außenpolitische Leistung Attlees und Bevins ist ihr Beitrag zur Containment-Politik. Früher als die Truman-Administration sind sie entschlossen, das Vordringen Stalins im Mittleren Osten, im östlichen Mittelmeer und in Deutschland zu stoppen. Nicht die NATO ist die erste westliche Militärallianz, sondern der Brüsseler Pakt von 1948, und es ist im wesentlichen Bevin, der ihn zusammengebracht hat. Da man sich nur einmal im Leben von Diktatoren bloß halb gerüstet überraschen läßt, bringt diese alte Garde rechter Labour-

Führer nach Ausbruch des Koreakrieges ein großes Aufrüstungsprogramm auf den Weg, das allerdings mit dazu beiträgt, ihre Regierung in einem Strudel von wirtschaftlichen Schwierigkeiten und innerparteilichen Krächen untergehen zu lassen. Immerhin ist es in den entscheidenden Jahren von 1948 bis 1951 eine Labour-Regierung, die zusammen mit den USA bei der Gründung der westlichen Allianz die Hauptrolle spielt.

Wenn es durchaus berechtigt ist, in innenpolitischer Hinsicht das Jahr 1945 als große Zäsur zu begreifen, so gilt dies eben nicht für die Commonwealth-Politik und in den entscheidenden Sicherheitsfragen. Von Churchill bis Macmillan begreifen alle Premierminister der Jahrhundertmitte Großbritannien weiterhin als eine Großmacht, was nebenbei auch die Zurückhaltung gegenüber den Projekten der europäischen Einigung erklärt. Aus dem Blickwinkel jener Jahre ist das völlig verständlich, hat aber jahrzehntelange Fernwirkungen, die man sich damals nicht klarmacht. Das Empire in den modernisierten Formen des Commonwealth und der sonstigen britischen Einflußzonen ist nach wie vor eine Realität: strategisch, ökonomisch und zugleich lebendige Wirklichkeit in den Herzen und Köpfen.

## Im Abendglanz: Harold Macmillan

Im Abendglanz des Empire ist Harold Macmillan die letzte jener Größen, die nochmals eine imperiale Rolle zu spielen versuchen. Wie so vielen britischen Premierministern ist zwar auch ihm keine überlange Amtszeit beschieden. Knapp sieben Jahre sind es, die sich zwischen dem Suez-Debakel vom Herbst 1956 und jenem innenpolitischen Debakel vom Herbst 1963 erstrecken, als er zum Opfer allgemeiner Malaise wird. Man mag es für einen symbolischen Vorgang halten, daß sowohl Eden wie Macmillan, die beiden letzten Größen aus der Kriegsgeneration des Ersten Weltkriegs, ihren Rücktritt vom Krankenbett aus vornehmen müssen. Zwischen 1957 und 1963 aber erlebt England nochmals eine Blütezeit, auf deren Höhepunkt Macmillan eine Unterhauswahl mit dem Slogan gewinnt: »You never had it so good!« Und diese sieben Jahre genügen ihm, das Kolonialreich in Afrika und das informelle Imperium im Nahen Osten geräuschlos und mit schönem Anstand zu liquidieren. Zugleich bereitet er schon den Übergang zu jener postimperialen Epoche britischer Politik vor, in der die Regierungschefs von Downing Street No. 10, die noch kurz zuvor ein Weltreich regiert hatten, sich mit einem unfroh eingenommenen Platz im neuen Europa begnügen müssen. Macmillan verfehlt zwar aufgrund des Vetos de Gaulles den Beitritt zur Europäischen Wirtschaftsgemeinschaft, aber er zeigt doch den Weg.

Dieser Politiker aus einer Verlegerfamilie versteht es dann übrigens, nach dem Scheitern im Jahr 1963 den eigenen Nachruhm bis zu seinem Tod im Jahr 1986 literarisch wieder aufzupolieren. Zwischen 1966 und 1975 veröffentlicht er sechs voluminöse Memoirenbände sowie einen Band mit Porträtstudien früherer Premierminister. Kein Premierminister außer Churchill hat sich sowohl im Amt wie danach so effektvoll in Szene zu setzen verstanden. Ein vergleichbares Beispiel in Deutschland ist Helmut Schmidt. Auch dieser brilliert während einer insgesamt nicht allzu ereignisreichen Amtszeit durch glänzende öffentliche Auftritte und hält sich im nachhinein durch eine Reihe lesenswerter Erinnerungsbände im Gedächtnis.

Wer allerdings Macmillans Persönlichkeit und Leistung mit Churchill vergleicht, kann ermessen, wie sich echte Größe von gutem Durchschnitt unterscheidet. Dennoch verdient auch Macmillan im nachhinein einige Aufmerksamkeit. Zum letzten Mal, wenn man von dem kurzen Nachspiel des schottischen Edelmanns Douglas-Home absieht, tritt mit ihm ein Repräsentant jenes Establishments aus Adel und wohlsituiertem Bürgertum auf, von dem sich die britischen Massen in guten und weniger guten Zeiten geduldig regieren ließen. Danach erst kommt auch in den Spitzenpositionen der Tories von Edward Heath über Margaret Thatcher bis John Major das Zeitalter der tüchtigen, mit der alten Oberschicht unzufriedenen Aufsteiger aus dem Kleinbürgertum. Im Grunde gehört auch die Familie Macmillan erst seit kurzem der guten Gesellschaft an. Der Großvater war noch ein Kleinpächter, der Vater aber schon Mitinhaber des Verlagshauses Macmillan. Er kann es sich leisten, seinem Sohn eine vorzügliche Erziehung in Eton und Oxford zuteil werden zu lassen. Wie vor ihm Disraeli, so schreibt einer seiner Biographen, kommt Macmillan aus der Welt der Bücher.[71]

1920 heiratet er in günstiger Stunde in die Familie des Duke of Devonshire ein, der damals als königlicher Generalgouverneur in Kanada residiert, und findet sich von nun an in jener Oberschicht, die ihre Wochenenden auf weitläufigen Schlössern verbringt, im Herbst die Moorhühner jagt und während der Wintermonate in London stilvolle Soireen gibt. Die Ehe ist allerdings nicht glücklich. Macmillans Frau unterhält über lange Jahre eine Liaison mit dem konservativen Abgeordneten Robert Boothby.[72] Als der gehörnte Macmillan davon erfährt, soll er jahrelang mit seiner Frau kein einziges Wort mehr gesprochen haben. Spät erst renkt sich das wieder ein.

In vielem zeigt sich hier noch der Lifestyle der britischen Oberschicht. Allerdings ist Macmillan schon früh in mancherlei Hinsicht ganz anders und bleibt das auch. Er gehört jener edwardianischen Generation an, die, so hat es der zornige Correlli Barnett später formuliert, in allererster Linie für den britischen Niedergang verantwortlich ist.[73] Vorzuwerfen ist ihnen nach Auffassung Barnetts und anderer Kritiker freilich nicht, *daß* sie studiert haben, sondern *was* sie studiert haben, nämlich keine Naturwissenschaften, keine Technologie, keine Wirtschaftswissenschaften, sondern klassische Fächer, die zur intellektuellen Verfeinerung führen, aber nicht zur Tatkraft. Dazu kommt der milde Geist, der im edwardianischen Oxford herrscht: Man verabscheut Gewalt, sinnt schönen sozialen Utopien nach, hat ein Herz für die Elenden im eigenen Land und in aller Welt, verachtet die Berufsoffiziere, aber auch jene Philister, die bloß an Geschäfte denken oder an so irdische Dinge wie die industrielle Produktion. Häufig verbindet sich das mit edler, angestrengter Religiosität. Letzteres ist auch bei dem jungen Macmillan der Fall.

Diese eher läßliche Generation gerät in die Stahlgewitter des Ersten Weltkrieges und nimmt von hier einige bleibende Erfahrungen mit. Sie entdeckt die zupackenden, leidensfähigen britischen Arbeiter und weiß von nun an, daß England noch eine Zweiklassengesellschaft ist. Sie entdeckt den Patriotismus (bei Macmillan mit lebenslänglicher Abneigung gegen die Deutschen verbunden). Sie entdeckt auch die Unfähigkeit der Generalität.[74] Und viele aus dieser Generation werden künftig in allen Fragen von Krieg und Frieden nur noch gebrochene Antworten geben: Einerseits mißtraut man den »Hunnen« und allen autoritären Militaristen, andererseits aber weiß man für den Rest des Lebens, was Krieg wirklich ist, und tut alles, ihn zu vermeiden. Bei Macmillan, der 1923 in den Reihen der Tories eine politische Laufbahn einschlägt, kommt dann noch ein weiterer Faktor hinzu: Sein Wahlkreis in Stockton ist ein Arbeiterwahlkreis. Als die Weltwirtschaftskrise alles erschüttert, gehört deshalb auch Macmillan zu jenem linken, reformerischen Flügel der Konservativen, die Arbeitslosigkeit, Wohnungsnot, Krankenversicherung und Industriepolitik gebührend ernst nehmen. Seine programmatische Studie »The Middle Way« verschafft ihm bei denen Respekt, die sozial und effizient sein wollen, ohne deshalb zu planungsgläubigen Sozialisten zu werden.

In den dreißiger Jahren stagniert die Karriere Macmillans, obwohl die Tories dominieren. Ein Grund dafür ist der Umstand, daß er sich jener kleinen Gruppe zugesellt, die mit Churchill die Appeasementpolitik kritisiert. Dies ist ein bemerkenswerter Punkt. Die Antiappeasementlinie Churchills und seiner Anhänger mußte trotz aller schlechten Erfahrungen in den Schlammwüsten Flanderns mit innerer Logik einen Zweiten Weltkrieg riskieren. Wenn es hart auf hart kommt, folgt Macmillan doch seinen patriotischen Instinkten. Somit wendet er sich jetzt zeitweilig wieder von den Ideen »kollektiver Sicherheit« ab, die ihm nach den Erlebnissen der Jahre 1914 bis 1918 überzeugend erschienen waren.

Ende der fünfziger Jahre lernt die Welt dann wieder den Friedenspolitiker Macmillan kennen. Als Premierminister plädiert er gegenüber Chruschtschow für Entspannung fast um jeden Preis, und dies nicht allein deshalb, weil es inzwischen Kernwaffen gibt, sondern auch in Erinnerung an die Leiden seiner Generation im Ersten Weltkrieg. Er ist eben damals wie später ein Politiker, der die inneren Widersprüchlichkeiten der Epoche in der eigenen Person zu verarbeiten hat.

Unter Churchill macht er endlich politische Karriere und wird dessen Beauftragter für den Mittelmeerraum, wo er in Jugoslawien und in Griechenland die aktivistische Mittelmeerpolitik des Premierministers rücksichtslos exekutieren hilft. Dabei erweist er sich als fähig und hinlänglich unbedenklich, versteht es aber schon damals, Schlauheit und Härte hinter patrizischer Fassade zu tarnen. Daß er im Frühjahr 1945 mit dafür verantwortlich wird, alle russischen Kriegsgefangenen sowie alle auf deutscher Seite kämpfenden russischen Einheiten den Sowjets zu übergeben und damit einem vorhersehbar schrecklichen Schicksal, ist ihm aber damals nicht vorgeworfen worden, sondern erst mehr als dreißig Jahre später. In Nordafrika entwickelt er zudem zu einigen Größen wie Eisenhower oder de Gaulle intensive Arbeitsbeziehungen, die sich in der Folge als wichtig erweisen.

Spätestens jetzt beginnt es Macmillan zu dämmern, daß das amerikanische Jahrhundert angebrochen ist. Dem späteren Labourpolitiker Crossman, der zu jener Zeit wie so viele Intellektuelle in den Kriegen des 20. Jahrhunderts mit Geheimdienst- und Propagandaaufgaben beschäftigt ist und in jenen Monaten nach Algier kommt, vertraut er bei einer ersten nächtlichen Unterredung seine neueste Entdeckung an: »Lieber Crossman, wir spielen die Rolle der Griechen in diesem amerikanischen Imperium. Sie werden die Amerikaner so vorfinden wie seinerzeit die Griechen, als sie mit den Römern zu tun hatten – große, vulgäre, umtriebige Kerle, die aber kräftiger sind als wir und zugleich auch verbummelter. Sie haben sich noch nicht so verausgabt wie wir, sind aber viel korrupter. So müssen wir Engländer das Hauptquartier managen, wie seinerzeit die Griechen die Feldzüge des Kaisers Claudius dirigiert haben.«[75] Auch später im Verhältnis zu Eisenhower und Kennedy, so darf man vermuten, hat sich Macmillan in dieser Rolle gesehen. Crossman gewann seinerzeit den Eindruck, daß Macmillan sich beim Vergleich mit dieser Umgebung seiner eigenen Führungsqualitäten bewußt wurde und seither den Ehrgeiz auf die höchsten Ämter richtete.[76]

Den Karriereknick in der Oppositionszeit von 1945 bis 1951 nutzt Macmillan, indem er sich auf seiten der Gruppe um Churchill an der Europabewegung beteiligt. 1949 und 1950 findet man ihn im Straßburger Europarat, wo er seine Kenntnis des maßgeblichen außenpolitischen Personals in Westeuropa vertieft und auch für dieses neue Spielfeld europäischer Nachkriegspolitik ein Gespür entwickelt.

Ab 1951 geht es dann steil bergauf. Erst wird er Wohnungsbauminister, wobei er sich große Meriten erwirbt, dann Verteidigungsminister und Außenminister, schließlich Schatzkanzler unter Anthony Eden. Nach dessen Scheitern macht ihn das damalige Establishment der Tories im altbewährten, durchaus undurchsichtigen Verfahren zum Premierminister. Klug weiß Macmillan davon abzulenken, daß er selbst im Vorfeld des Suez-Abenteuers zu den Kriegstreibern gehört hat. Jetzt, nach dem Desaster, ist er der große Zauberer, der die Beziehungen zu den USA wieder kittet.

Der Unterschied zu Churchill und Eden ist aber doch auffällig. Anders als diese beiden glaubt Macmillan je länger, je weniger mehr daran, daß Großbritannien noch eine ganz unabhängige Weltmachtrolle spielen kann. Es muß sich anpassen und künftig die Amerikaner, nebenbei auch die Russen, klug zu dirigieren versuchen, um wenigstens die Fassade der Großmacht noch aufrechtzuerhalten. Außerdem gilt es, sich mit den leider wiedererstarkten kontinentalen Mächten Frankreich und Deutschland zu arrangieren. Macmillan legt nun Wert darauf, auch als großer Europäer zu gelten, muß jedoch feststellen, daß de Gaulle der Meinung ist, auf einem Hühnerhof sollte es nur einen einzigen Hahn geben. Denn der schlägt ihm die Tür zur EWG vor der Nase zu und ruiniert damit die Macmillansche Außenpolitik.

Diejenigen, die damals und später der Auffassung sind, daß Macmillan in den sieben Jahren seines Amtes als Premierminister vor allem ein begnadeter Staatsschauspieler ist, sehen ihn wohl richtig. Je länger er amtiert, um so selbstgefälliger wird er. Zwar hält er sich selbst für einen Realisten und ist dies auch, versäumt es aber dennoch, Großbritannien wirtschaftlich, sozialpolitisch und auch außenpolitisch hinlänglich mit den neuen Gegebenheiten vertraut zu machen. Im Dezember 1962, als Macmillans Stern schon deutlich am Verlöschen ist, konstatiert Dean Acheson in einer vielbeachteten Rede: »England hat ein Weltreich verloren, aber seine neue Rolle noch nicht gefunden.«[77] Das ist natürlich in erster Linie auf Macmillan gezielt, der sich nun lächerlich macht, indem er eine richtigstellende Erklärung veröffentlichen läßt. Darin ist davon die Rede, was die Engländer gegen Philipp II., Napoleon und den deutschen Kaiser alles geleistet haben.[78]

Er blendet, er repräsentiert, er versteht es, die Welt nochmals glauben zu machen, daß Großbritannien, das nun auch Wasserstoffbomben besitzt, weiterhin eine Weltmacht sei. In Wirklichkeit weiß er, daß eine seiner bedauerlichen Aufgaben darin besteht, mit Hilfe des Kolonialministers Ian Macleod die Dekolonisierung voranzutreiben.

Ganz offensichtlich war also dieser einst vielbewunderte Premierminister der letzte in einer längeren Reihe, die mit Asquith beginnt. Bald werden ihn zwar europäisch orientierte Tories, Edward Heath an der Spitze, als den Bannerträger einer entschlossenen Neuorientierung hin auf Europa feiern, und tatsächlich ist er in dieser Hinsicht eine Übergangsfigur mit allen Zwiespältigkeiten solcher Gestalten. Aber den Weltmachtanspruch will er noch nicht ganz aufgeben. Er selbst liebt das auch von Bismarck gern verwandte Bild, ein Staatsmann müsse die Geschicklichkeit besitzen, mit fünf Bällen gleichzeitig zu spielen.[79] Kritische Beobachter sind der Meinung, daß ihm am Ende alle Bälle auf den Boden fielen. Er wirft das Handtuch, als er sich ähnlich wie sein Vorgänger Eden im Krankenhaus befindet und politisch immer noch an den Folgen einer Spionageaffäre laboriert, in die sein Verteidigungsminister Profumo und zwei Callgirls aus dem »Swinging London« der frühen sechziger Jahre involviert sind. Als Privatmann erinnert er sich dann erneut seiner Anfänge in der Welt der Bücher und zeichnet nicht ohne Geschick in den Memoiren, deren Volumen mit sechs Bänden und 3 433 Seiten an Churchills Erinnerungen herankommt, das Bild eines, so glaubt er, großen Premierministers, dem alles gelang und der leider nur den Abgang etwas verpatzte.

## Der Stabilisierer Europas: Konrad Adenauer

Beim Blick auf Adenauer fällt es schwer zu entscheiden, was denkwürdiger ist: die Persönlichkeit oder die geschichtliche Leistung.[80] Aus größerem zeitlichen Abstand jedenfalls wächst die Neigung, ihn nicht allein im engen Rahmen deutscher Geschichte des 20. Jahrhunderts zu begreifen. Scharfsichtigen Beobachtern war es schon früh aufgefallen, daß der Kölner Oberbürgermeister wie die späte Reinkarnation eines einstmals wohlbekannten Typus aus dem alten Deutschland wirkte: »Hätte er in früheren Jahrhunderten gelebt, so wäre er einer jener großen Kirchenfürsten geworden, die durch zwei Eigenschaften ausgezeichnet sind: die Kunst, mit der sie als streitbare Politiker im Wechselspiel der deutschen Geschichte ihr Ziel verfolgten, und die Kraft, mit der sie einen unbändigen Bauwillen in Taten umzusetzen verstanden.« So beschrieb der Architekt Fritz Schumacher den Oberbürgermeister Adenauer, der ihn während der ziemlich chaotischen Jahre nach dem Ersten Weltkrieg mit dem Auftrag nach Köln geholt hatte, unter seiner Oberleitung die Stadt in großen Teilen völlig neu zu gestalten.[81]

Als Schumacher seine Porträtstudie des Oberbürgermeisters im Jahr 1935 veröffentlichte, war Adenauer abgesetzt und politisch verfemt. Niemand hätte sich damals vorstellen können, er würde 1949 und in gleichfalls ziemlich auswegloser Lage nochmals vor die Aufgabe gestellt, einen Neubau viel größeren Stils zu dirigieren. Jetzt ging es nicht nur um die Modernisierung der immerhin noch überschaubaren und steuerbaren Großstadt, in der Adenauer geboren wurde und groß geworden ist. Die Aufgabe war schwieriger, eigentlich unlösbar: aus jenen Bruchstücken des zerbrochenen Deutschen Reiches, die zu den Claims der Westmächte gehörten, und aus einer kaputten Gesellschaft wieder ein halbwegs autonomes, funktionierendes Staatswesen zu gestalten.

Jedermann war damals davon überzeugt, die deutsche Katastrophe im Zweiten Weltkrieg und in den folgenden Jahren sei nur mit dem Dreißigjährigen Krieg vergleichbar, und tatsächlich erinnert Adenauer in mancherlei Hinsicht an die großen Bürgermeister jener längst vergangenen Katastrophenepoche, die sich rastlos in die Aufgabe stürzten, ihrer Stadt wieder einen gesicherten Platz inmitten der Großmächte zu verschaffen und damit auch die Basis für den wirtschaftlichen Wiederaufbau zu legen.

Ein Mann wie der Bürgermeister Otto von Guericke aus Magdeburg kommt dabei in den Sinn, der 1631 die völlige Zerstörung der Stadt erlebt, danach in schwedische Dienste tritt, alsbald einen umfassenden Plan für den Wiederaufbau entwirft, aus dem jedoch nichts wird, und der dann in kompliziertesten multilateralen Verhandlungen länger als zwei Jahrzehnte hindurch rastlos und schließlich ohne Erfolg bemüht ist, die Autonomie Magdeburgs zu bewahren. Eine vergleichbare Persönlichkeit ist der Basler Bürgermeister Wettstein, auch er ein rastloser Diplomat, dem es gelingt, seine Stadt an die Schweizer Eidgenossenschaft anzubinden, um Sicherheit und künftige Prosperität zu gewährleisten.

Historische Analogien sind immer nur teilweise zutreffend, sie eignen sich aber doch zur Verdeutlichung grundlegender Sachverhalte. Ende des 20. Jahrhunderts ist es in Deutschland weitgehend vergessen, daß in früheren Jahrhunderten deutscher Geschichte der Kampf ums Überleben in einer Welt überstarker Mächte die Regel und nicht die Ausnahme bildete. Wie in den Jahrzehnten nach 1945 hatte auch im Barockzeitalter Mitte und Ende des 17. Jahrhunderts völlige Unsicherheit bezüglich des endgültigen Verbleibs der Territorien und des Verlaufs der Grenzen geherrscht, während nur eines ziemlich sicher schien – das Hereinbrechen weiterer Kriegskatastrophen.

Daß in den Westzonen Deutschlands mit Adenauer eine Gestalt auftrat, die dem bereits sehr selten gewordenen Erscheinungsbild jener vorsichtigen, stolzen, schlauen, mißtrauischen, aber ungeachtet aller Verheerung gestaltungsfrohen, unkonventionellen, auch gottesfürchtigen Bürgermeister des 17. Jahrhunderts glich, war ein geschichtlicher Zufall. Später, als sich der Ärger über den autoritären Stil Adenauers gelegt hatte, als das Land aufblühte, die politischen Institutionen stabil blieben, als der dritte Weltkrieg nicht ausbrach und sogar die von Adenauer noch in eine ferne Zukunft geschobene Überwindung der absurden Teilung Deutschlands zustande kam, neigten viele dazu, die Ära Adenauer nicht bloß als einen geschichtlichen Zufall, sondern als Glücksfall zu betrachten.

Adenauers Lebensstil, ob als Oberbürgermeister zu Köln oder als Bundeskanzler zu Bonn, erinnert gleichfalls an eine Bürgermeistervita des 17. Jahrhunderts. Das Familienleben ist ehrbar, gekennzeichnet durch Treue und fürsorglichen Realismus. Wenn die erste Frau stirbt, heiratet man eine nächste und legt großen Wert darauf, daß sich die zahlreichen Kinder aus beiden Ehen vertragen. Strenge bei der Erziehung verbunden mit gleichzeitiger Sorge um das glückliche Fortkommen des Nachwuchses sind selbstverständlich. Sparsamkeit bis an die Grenze zum Geiz und möglichst unauffällige Mehrung des eigenen Vermögens gehören gleichfalls dazu, mühsam abgewendeter Bankrott aufgrund verfehlten Spekulierens nicht ausgenommen. Was bei Adenauer der rasch gefaßte Entschluß ist, sein ganzes, nicht unbeträchtliches Vermögen in spekulativen Papieren anzulegen, so daß er während der Weltwirtschaftskrise nur durch die Gnade Gottes und der Deutschen Bank dem völligen Bankrott entgeht (im Sommer 1930 steht er bei ihr mit 1,4 Millionen Mark in der Kreide[82]), hätte auch einem der Bürgermeister jener ferneren Epoche widerfahren können, die sich manchmal auf Fernhandelsgeschäfte mit höchst ungewissem Ausgang einließen. Charakteristisch für diesen Menschenschlag ist aber auch eine – gleichfalls diskrete – christliche Mildtätigkeit und die disziplinierte Frömmigkeit mit regelmäßigem Besuch der Messe.

Die Analogien ließen sich noch weiterführen. Wer etwa das im ganzen doch schlichte Rhöndorfer Wohnhaus Adenauers durchschreitet (die Villa des Kölner Oberbürgermeisters war viel prächtiger als das spätere Anwesen des Bundeskanzlers), erkennt auch, daß dieser Sammler altdeutscher und niederländischer Maler zu den barocken Jahrhunderten ein besonderes Verhältnis hatte.

Jedenfalls wird man Adenauer nur richtig verstehen, wenn man ihn als späte Ausprägung eines Politikers begreift, wie er allein in den Spitzenpositionen der großen deutschen Städte reifen konnte. Er ist zeitlebens der große Bürgermeister par excellence und in dieser Hinsicht zugleich die überzeugendste Verkörperung zähen, kräftigen Stadtbürgertums, das mit ihm erstmals in der deutschen Geschichte die Möglichkeit zur Gestaltung großräumiger Zusammenhänge erhalten und kraftvoll wahrgenommen hat.

Adenauers Aufstieg aus kleinen Verhältnissen zum Oberbürgermeister der rheinischen Metropole, der mit sechshundertfünfzigtausend Einwohnern zweitgrößten Stadt Preußens, ist oft schon nacherzählt worden, auch wenn wir über die innere Entwicklung dieses erfolgreichen Mannes bisher nur Bruchstückhaftes wissen.

Das Klima einer wirtschaftlich, kulturell, bald auch wissenschaftlich blühenden, wieder einmal in vollem Aufstreben begriffenen altjungen Großstadt stimuliert. Natürlich wirkt die Prägung durch das pflichtbewußte Elternhaus stark, desgleichen das vielschichtige Kölner Milieu jener Jahrzehnte. Aber entscheidend für Adenauers Weltbild und für seine Art, mit allen Aufgaben fertig zu werden, ist die Berufserfahrung, die er in den Jahren eines raschen Aufstiegs und dann als Oberbürgermeister von 1917 bis 1933 sammeln kann. Die Tätigkeit im Preußischen Staatsrat, dem er zwischen 1921 und 1933 als dessen Präsident vorsteht, eröffnet ihm einen weiteren Einblick in die größeren Zusammenhänge, verschafft ihm über die maßgebenden Persönlichkeiten in Preußen und im Reich ein Urteil aus erster Hand, läßt ihn auch die Probleme des Gesamtstaats noch besser verstehen. Hinzu kommen die vielfältigsten Funktionen in Aufsichtsräten, Ehrenämter in der westdeutschen Gesellschaft, weitgespannte gesellige Inanspruchnahme. Die dank der rheinischen Bürgermeisterverfassung außerordentlich selbständige Position an der Spitze einer gleichfalls selbstbewußten Stadt macht ihn zu dem, was er ist, als die Wechselfälle der deutschen Geschichte ihn 1949 ganz nach oben führen.

Es ist also das Amt des Oberbürgermeisters zu Köln, in dem Adenauer sein bemerkenswertes Fingerspitzengefühl für die Zusammenhänge zwischen Wirtschaft und Politik ausbildet. Hier entdeckt er zudem sein überragendes Talent für die Verwaltung, gewinnt Verständnis für das unauflösliche Ineinander von Innen- und Außenpolitik, sammelt auch erste Erfahrungen im Umgang mit Briten und Franzosen, kompromittiert sich dabei zugleich, was ihm lebenslang anhängt, und erwirbt jene intime Personalkenntnis quer durch die Bereiche der Gesellschaft, ohne die seine zweite Blitzkarriere schwer vorstellbar wäre. Zugleich gewinnt er jene Reputation im katholischen Lager, aber auch schon darüber hinaus, von der er zwischen 1945 und 1949 gleichfalls in reichem Maß zehren kann.

Nach guter Bürgermeisterart ist er ein Pragmatiker. Zeitlebens bleibt ihm der scharfe Blick für das juristische und administrative Detail. Er hält auf Ordnung, Disziplin, auch Selbstdisziplin, und verabscheut alles Chaotische, Schweifende, Romantische. »Wissen Sie«, bekommt später einer der mit ihm vertrauten Journalisten zu hören, »welches Buch ich als Nummer eins auf den Index setzen würde? Den Faust!«[83]

Aber dieser angebliche Feind alles Faustischen plant und kalkuliert durchaus in großem Stil. Keine Routine, kein traditionalistisches Vor-sich-hin-Wursteln! Bekanntlich haben enttäuschte Linkskatholiken und gescheiterte Sozialisten der Ära Adenauer später das Etikett »Restauration« aufgeklebt. Doch man kann dem großen und ziemlich bedenkenlosen Macher Adenauer vieles vorwerfen – zu den restaurativen Typen aber zählt er nicht. Er ist vielmehr seinem ganzen Naturell nach ein ungeduldiger Neuerer. Wie alle bedeutenden Bürger verbindet er realistische Vorsicht mit Wagemut, liebt großzügige Entwürfe und bekundet unbürokratischen Gestaltungswillen, was ein hohes Maß von Pingeligkeit gegenüber Untergebenen nicht ausschließt. Auf diese Weise setzt er nach dem Ersten Weltkrieg in Köln den Grüngürtel durch, holt die Fordwerke in die Stadt, baut das Messegelände aus und läßt sich dann als Kanzler nach 1949 auf kühne europäische oder innenpolitische Projekte ein: die Montanunion, die EVG, die EWG, die Idee eines deutsch-französischen Zweibundes, desgleichen den Aufbau einer deutschen Kernkraftindustrie und das unerprobte Modell der dynamischen Rente.

Auch Freude am Repräsentieren, am Prunk, an der Selbstdarstellung gehört zu diesem Oberbürgermeisterstil, der in der Kanzlerdemokratie fortlebt. In Bonn wird es sich später rasch einbürgern, Adenauers Geburtstag am 5. Januar zu feiern, als regiere im rheinischen Prunkschlößchen Palais Schaumburg kein republikanischer Kanzler, sondern ein Serenissimus, wie sie vor dem November 1918 noch zu Dutzenden in deutschen Landen residierten. »Es war eine Mischung aus rheinischem Karneval und Kaisers Geburtstag«, kommentierte dies die Gräfin Werthern.[84]

Adenauer zögert nie, seinen Stolz öffentlich zu bekunden: Stolz des Bürgers auf den persönlichen Erfolg, auf eigene Fachkompetenz, auf Besitz, Bildung und öffentliches Ansehen. Wann immer sich Gelegenheit dazu bietet, preist er die berufliche Leistung, spornt an zur Modernität auf den Feldern von Technik, Wissenschaft und Verkehr, glaubt an die Berge versetzende Kraft der individuellen Tüchtigkeit und an die allzeit präsente Energie des Schaffenden. Darin ist er noch ganz ein Kind der Wilhelminischen Ära, als Bürgertum und Arbeiterschaft vom Pathos des Fortschritts durchdrungen waren.

Wie die meisten schöpferischen Gestalten haßt auch Adenauer alles, was die Gestaltungsfreude und Unabhängigkeit einschnüren könnte: die Bürokratie, falls er sie nicht selbst instrumental nützen kann; den organisierten Schlendrian in jeder Form; die bedenklichen, nicht selten gestaltungsunwilligen und traditionalistischen Parteigremien und Fraktionen, sofern sie ihm nicht freudig zu Diensten sind.

Man geht nicht fehl mit der Feststellung, daß in Adenauers Tugenden und auch in seinen bisweilen Anstoß erregenden Verhaltensweisen Wesenszüge durchschimmern, wie sie für erfolgreiche Aufsteiger kennzeichnend sind. Adenauer wird ein exemplarischer Bürger, weil ihn das Bürgertum akzeptiert – ihn, einen Mann ohne bemerkenswerten Familienhintergrund und ohne Vermögen. Die tüchtigen »homines novi« sind meist die zuverlässigsten Garanten der Ordnung, die sie vorfinden. Sie sind voller Energie und kennen keine trägen Selbstzweifel an den Werten ihrer Klasse. Sie neigen dazu, ihre eigene, recht brüske und mitunter auch skrupellose Art, das Leben zu meistern, als generelles Prinzip der Gesellschaftsordnung zu betrachten. Zupackend, aber auch flexibel, wie sie ihren eigenen Weg gemacht haben, reagieren sie in Krisenlagen der von ihnen geleiteten Gemeinwesen gleichfalls dynamisch, zumeist auch listig, jedenfalls vollkommen realistisch. Sie sind, wenn es sein muß, opportunistisch, knochenhart, ungemütlich und durchweg unsentimental. Adenauers Persönlichkeit hat somit schon längst die entscheidende Prägung erfahren, als ihn die Nationalsozialisten im März 1933 aus dem Kölner Rathaus verjagen.

Haben ihn die folgenden zwölf Jahre innerlich tatsächlich so stark verändert, wie das zuweilen behauptet wird? »Es ist wirklich schwer, die Menschen zu kennen und sie nicht zu verachten«, hat er im Rückblick auf die Tage seines Sturzes bemerkt, als ihn fast jedermann in Köln links liegenließ.[85] Im Kloster Maria Laach, wo er längere Zeit Zuflucht findet, taucht er stärker als je zuvor in die spirituelle Dimension ein. Und in Erinnerung an die Monate im Gestapo-Gefängnis Brauweiler meint er im Jahr 1958 zu einem amerikanischen Reporter: »Sehen Sie, damals ist mir wie nie zuvor klargeworden, daß es doch einen Teufel gibt, daß das Böse wirklich Macht hat.«[86]

Es versteht sich von selbst, daß all das, nicht zuletzt die vom Dritten Reich erzwungene Untätigkeit, Narben hinterlassen hat. Aber im Grunde ist der nun schon siebzig Jahre alte Parteiführer, der 1946 die Bühne der deutschen Nachkriegspolitik betritt, von dem kantigen, autoritären, mit allen Wassern gewaschenen, aber zugleich frommen Oberbürgermeister der Jahre vor 1933 nicht allzusehr verschieden.

Wie alle in der CDU-Gründergeneration postuliert nun auch Adenauer nachdrücklich die Erneuerung deutscher Politik aus dem Geist der Bibel und der christlichen Soziallehren. Auffallend sind allerdings der starke Akzent auf dem personalen Freiheitswillen und das nicht nur in der damaligen CDU eher unübliche Insistieren auf wirtschaftsliberalen Grundsätzen. Adenauer gehört damals zu den schärfsten

Antisozialisten im Nachkriegsdeutschland, wobei er den nationalen Sozialismus der Hitler-Bewegung, den Sozialismus sowjetischer Herkunft in der Ostzone und den demokratischen Staatssozialismus des SPD-Vorsitzenden Schumacher zumindest rhetorisch in denselben Topf zu werfen pflegt. Er allein ist es, der Ludwig Erhard in der CDU durchsetzt, während er gleichzeitig den sozialistischen CDU-Flügel niederringt. Daß er Erhard später nur noch unwillig erträgt und zu guter Letzt ruinieren hilft, ist ein anderes Kapitel. Genauso unbarmherzig geht er übrigens mit dem Oppositionsführer Kurt Schumacher um, zu dessen Beisetzung den Urlaub zu unterbrechen er nicht für angezeigt hält. Spät erst, nunmehr mit Blick auf Ollenhauer und Wehner, beklagt er Schumachers Hinscheiden als großen Verlust. Nur tote Sozialdemokraten sind gute Sozialdemokraten.

Der unerwartete, bald auch unaufhaltsame Aufstieg des Pensionärs in Rhöndorf ist schon damals bestaunt und später oft geschildert worden. Auch im nachhinein wirkt er erstaunlich. Im Herbst 1944 sitzt der 68jährige Adenauer noch in Brauweiler im Gefängnis und erwartet seine Hinrichtung. Die Erinnerung an diese Zeit wird ihn bis an sein Lebensende verfolgen. Schon 1946 sichert er sich dann aber im Handstreich den CDU-Vorsitz in der britischen Zone, 1948 wird er Präsident des Parlamentarischen Rats, der in der Bonner Pädagogischen Akademie das Grundgesetz ausarbeitet, 1949 ist er Bundeskanzler, und bereits 1953 erklärt das Magazin »Time« den Kanzler der Deutschen zum »Mann des Jahres«.

Die Mitwelt registriert dies mit einer Mischung von Hochachtung und Verblüffung, doch bemerkenswert ist eben auch der elitensoziologische Vorgang. Die deutsche Feudalaristokratie, repräsentiert vom letzten Hohenzollernkaiser, zuletzt geschichtlich gefordert im Junkertum des Reichspräsidenten von Hindenburg und in den übervorsichtig finassierenden Generalen von Reichswehr und Wehrmacht, hat abgewirtschaftet. Der populistische Totalitarismus eines Demagogen »aus der Tiefe des Volkes« hat in Trümmer, Schuld und Fremdherrschaft geführt. Adolf Hitler mit seiner rasch aufgestiegenen Lumpengarde der sogenannten NS-Elite ist abserviert. Der Typ des kommunistischen Funktionärs vom Schlage Wilhelm Piecks oder Walter Ulbrichts wird dort abgelehnt, wo die Deutschen die Freiheit zur Selbstbestimmung haben. Auch die sozialdemokratische Funktionärsschicht eines Kurt Schumacher, Ernst Reuter oder Erich Ollenhauer ist weder mehrheitsfähig, noch entspricht sie dem erneuerten bürgerlichen Zeitalter, das seit 1948 in Westeuropa heraufzieht. Im entscheidenden Moment kann sich auch der klassische Typ des bürgerlichen Parlamentariers, etwa Theodor Heuss oder der bei den Sozialdemokraten gelandete Carlo Schmid, nicht durchsetzen. Zum Zuge aber kommt ein Mann, dessen Wurzeln tief in die städtisch-bürgerliche Geschichte Deutschlands zurückreichen und der in einer geschichtsstolzen Großstadt gelernt hat, wie man vernünftige und freiheitliche Politik macht.

Es ist und bleibt bemerkenswert, wie rasch und wie gut sich dieser geistig und physisch robuste Mann im achten Lebensjahrzehnt seinen neuen Rollen gewachsen zeigt. Er entdeckt seine Berufung zum Parteiführer, der er früher nie gewesen ist. Er erlebt, daß er über das Talent zum Volksredner verfügt. Er erweist sich als bemerkenswerter Parlamentarier. Und schließlich bemerkt eine erstaunte Welt, daß dieser gestandene Kommunalpolitiker größere Begabung zur Außenpolitik besitzt als die meisten jener Deutschen und Europäer, die oft jahrzehntelang in diesem Metier tätig waren.

In den Jahren 1946 bis 1949 vollzieht Adenauer seinen politischen Aufstieg als Parteiführer. Er bringt auf Anhieb das Kunststück fertig, die heterogene CDU zur stärksten politischen Kraft zu machen, Gravitationsfeld für alle Kräfte der Mitte und der demokratischen Rechten. Zwar nicht eben spielend, aber doch in kürzester Zeit bindet er die disparatesten Kräfte zusammen: Katholiken und Protestanten, die einander jahrhundertelang feindlich gesinnt waren, Liberale und Konservative, Kapital und Arbeit, industrielle und agrarische Interessen. Ihm gelingt das Kunststück, sogar Kurt Schumacher zu überspielen, den damals viele für den bedeutendsten Parteiführer halten.

Im vorgerückten Alter lernt Adenauer nun auch noch die Kunst der massenwirksamen Auftritte. Ein wirklich begnadeter Redner ist er nicht. Dafür ist seine Stimme zu hell. Vielleicht hängt dies auch mit der Distanz zusammen, welche er üblicherweise zwischen sich und all jene legt, die er nicht genau kennt und erst taxieren muß, bevor er sie etwas näher heranläßt. In der Öffentlichkeit tritt er als recht hoheitsvoller Herr auf, patrizisch, wenngleich kein Patrizier von Geburt, aber dafür ausgestattet mit dem Hochmut des Arrivierten. Deshalb respektiert man ihn auch, und alle, die politisch von ihm abhängen, fürchten die kalte Arroganz und die kalkulierten Peitschenhiebe dieses Mannes, von dem viele glauben und schreiben, daß er die Menschen verachte.

Nachdem er bei den ersten großen Auftritten vor großen Zuhörermassen gewissermaßen Blut geleckt hat, wird aus dem früher weitgehend emotionslos argumentierenden Verwaltungsjuristen sogar ein Volksredner. Im vorgerückten Alter lernt er nun noch, mit welchen Künsten sich Tausende von Zuhörern begeistern lassen, und während der späten vierziger, der fünfziger und der frühen sechziger Jahre ist die Technik, mit der er ganze Säle bald zu atemlosem Zuhören, bald zu Beifallsstürmen hinzureißen versteht, ziemlich einmalig.

Die in großzügigen Schriftzügen kurz vor den Auftritten aufs Papier geworfenen Redeentwürfe enthalten eine Abfolge von Stichwor-

*Der Wahlredner Adenauer, Bamberg 1957.*

ten, ein paar suggestive Zahlen und Zitate, an die sich Polemiken gegen politische Gegner anknüpfen lassen. Davon ausgehend mischt er in unnachahmlich rheinischem Tonfall, der selbst den schärfsten Invektiven einen Zug ins Versöhnliche gibt, nüchterne Argumentation mit gepfefferter, oft persönlich verletzender Polemik und billigen, daher sehr volkstümlichen Witzchen. Die Masse spürt dann: ihm ist es Ernst, er hat seine Sache durchdacht, er hat auch Humor, und er weiß zudem, daß man sich bei politischen Versammlungen einfindet, um gut unterhalten zu werden. Während Hitler seine großen Reden zunehmend wie der Hohepriester eines neuheidnischen Gottesdienstes zelebrierte, bringt Adenauer dann und wann ein entspannendes Element von Kölscher Karnevalsstimmung in die Ansprachen. Man darf annehmen, daß er bei den vielen Büttenreden, denen er als Kölner Oberbürgermeister beizuwohnen hatte, die Tempi und die Tonlage sehr genau studiert hatte, deren Beherrschung den Könner vom rhetorischen Stümper unterscheidet. Mit besonderem Vergnügen greift er Zwischenrufe auf, denn er bleibt bis ins hohe Alter von bemerkenswerter Schlagfertigkeit. Sein Unterhaltungswert ist stets groß, auch bei Bundestagsdebatten und Pressekonferenzen. Er versteht es, selbst Journalisten, die ihm überhaupt nicht gewogen sind, zum Lachen zu bringen.

So lernt er einerseits die hohe Kunst der Wahlkampfauftritte, andererseits die parlamentarische Arbeit in großen Zusammenhängen. Wohlvertraut war ihm der Parlamentarismus immer. Wer an die zwanzig Jahre lang mit der Kölner Stadtverordnetenversammlung konfrontiert war und während der ganzen Dauer der Weimarer Republik dem Preußischen Staatsrat zu präsidieren hatte, kennt alle Verfahrenstricks. Er hat auch alle Temperamente studiert, die in solchen Gremien auftreten. Je länger, je mehr beherrscht Adenauer die ganze reiche Klaviatur, die man meistern muß, um als erstklassiger Parlamentarier zu gelten. Aber im innersten Wesenskern bleibt er der Oberbürgermeister, der nach Grundsätzen und Herrschaftstechniken regiert, die er sich in einem Vierteljahrhundert rastloser Kölner Stadtpolitik angeeignet hat. Will man die Eigenart seiner Führungskunst als Bundeskanzler begreifen, findet sich hier der Schlüssel.

Wer ihn von früher her kennt oder jetzt beim Aufstieg an die Spitze brüsk beiseite geschoben wird, weiß genau, daß mit diesem Mann nicht gut Kirschen essen ist. Hermann Pünder, der in Köln als junger Mann unter dem Oberbürgermeister Adenauer gedient hat und von ihm als Oberdirektor des Vereinigten Wirtschaftsgebiets kalt überspielt wurde, hat in seinen Papieren einen Ausspruch über Adenauer aus dem Jahr 1948 hinterlassen, der es in sich hat: »Er ist unzuverlässiger als ein Franzose, verlogener als ein Engländer, brutaler als ein Amerikaner und undurchsichtiger als ein Russe – also der gegebene Staatsmann für unser geschlagenes und mißhandeltes Volk!«[87]

Ein kluger Beobachter hat gelegentlich bemerkt, nach dem Schiffbruch von Staat und Nation sei den überlebenden Deutschen nichts anderes übriggeblieben, als ein Floß zu bauen, denn die wichtigste Eigenschaft eines Floßes ist Stabilität. Stabilität war demnach auch »die Konstruktionsidee der Bundesrepublik: aus dem Wrack des Deutschen Reiches ein verwaltungsfähiges Provisorium zu machen, einen Ersatz für die verlorene Einheit von Staat und Nation«.[88] Dieses Floß, dessen Kapitän und unentwegter Ausbesserer Adenauer war, wurde, so schreibt Rüdiger Altmann, von dem dieses eindrucksvolle Bild stammt, »ins Schlepptau der westlichen Siegermächte genommen. Die DDR schwamm nach Osten davon und wurde ans Festland des sowjetischen Imperiums gezogen.«

Ob es wirklich zwingend war, das wracke Staatsschiff aufzugeben und sich vorerst ausschließlich auf die Stabilisierung des Floßes zu konzentrieren, war zu Lebzeiten Adenauers strittig und ist es unter den Historikern bis heute. Heute überwiegen aber die Stimmen derer, die in Adenauers Entscheidung für den bedingungslosen Westkurs die einzig vernünftige Schlußfolgerung aus der Konstellation sehen.

Deutschland, auch ein wiedervereinigtes Reich, müsse sich, so sah es Adenauer, dauerhaft mit dem Westen verbinden. Die autonome Außenpolitik einer Großmacht in prekärer Mittellage hatte zweimal ins Unheil geführt. Sie war für den reduzierten deutschen Kernstaat erst recht nicht mehr gangbar. Sicherheit und Prosperität, vor allem auch der Bestand der Demokratie selbst, schienen nur noch in einem System engster Einbindung in die Gemeinschaft der westlichen Demokratien gewährleistet. Nie mehr Isolierung also, nie mehr Einkreisung durch Rußland und Frankreich gleichzeitig! Das steht spätestens im Jahr 1947 für Adenauer fest, der noch den französischen Flottenbesuch in Kronstadt im Jahr 1891 und die britisch-französische Entente erlebt hat, dem aber vor allem eine heillose Angst vor einem Wiederaufleben des Kontrollratssystems von Potsdam in den Knochen sitzt. Kein Wunder, daß er sich auch von der Vision der Vereinigten Staaten von Europa faszinieren läßt, selbst wenn diese nur die Form staatenbundlicher Zusammenarbeit annehmen sollte.

Zwar zögert Adenauer während der ganzen fünfziger Jahre nie, die Versöhnung mit Frankreich zu proklamieren, doch zugleich umwirbt er die kleineren und mittleren Mächte Westeuropas, weil ihm an einer wie auch immer strukturierten europäischen Gemeinschaft schon aufgrund der Sorge gelegen ist, die USA könnten sich irgendwann wieder hinter den Atlantik zurückziehen. Tatsächlich aber kennt er, wenn es hart auf hart geht, bis zu Beginn der sechziger Jahre nur eine einzige Priorität: die amerikanische Weltmacht und somit die NATO. Adenauer beginnt als ein entschiedener Atlantiker, verfällt allerdings am Ende seiner Tage der Vision eines deutsch-französischen Zweibunds.

Daß die westlichen Siegermächte die Bundesrepublik unter den Bedingungen des Ost-West-Konflikts ohnehin nur dann wieder aufkommen lassen würden, wenn sie sich verläßlich in die westliche Staatengemeinschaft einfügt, ist für Adenauer eine Grundtatsache, der sich alles unterzuordnen hat. Auch das spricht für Integration, wie das große Schlagwort der fünfziger Jahre lautet. Integration auf allen Ebenen und in allen Schlüsselbereichen: Europarat und Montanunion, EVG und EWG, NATO und Westeuropäische Union. Damals ist allen Beteiligten bewußt, daß man sich dabei auf ganz unerprobte Experimente einlassen muß. Im nachhinein wirkt Adenauers außenpolitische Innovationsbereitschaft jener Jahre bereits legendär. Es ist erstaunlich, mit wieviel Frische der schon recht betagte Kanzler sich auf alles Unvertraute einließ. Die Analyse seiner Politik läßt eindeutig erkennen, daß eine im Fluß befindliche Konstellation, die zur Innovation einlud und nur durch Innovation zu bewältigen war, Adenauers eigenen Vorstellungen von »großer Politik« entsprach. Auch auf dem Feld der internationalen Beziehungen war er ein Mann, der am Entwurf und an der Durchführung großangelegter Projekte seine Freude hatte. Insofern kam die Konstellation der Jahre 1950 bis 1963 seinem politischen Temperament in idealer Weise entgegen.[89]

Erstaunlich ist aber auch, wie schnell sich Adenauer in der ihm eigentlich ganz fremden Außenpolitik zurechtfindet. In den Anfängen seiner Kanzlerschaft ist noch durchaus offen, ob er den fast unlösbaren Problemen gewachsen sein wird. Oft knirscht es vernehmlich. Erst seit Unterzeichnung der Westverträge im Mai 1952 gilt er als eine Persönlichkeit, die weit über die engräumigen Verhältnisse der Bundesrepublik hinausragt. Doch noch lange danach werden in Washington, London und Bonn die chronisch unruhigen Deutschen mit allergrößtem Mißtrauen betrachtet. Allein der undurchdringliche Adenauer erscheint als der große Dompteur. Sein Altersgenosse Winston Churchill nennt ihn nun den größten deutschen Staatsmann seit Bismarck – ein von den Propagandaleuten des Kanzlers begeistert aufgegriffenes Kompliment, zugleich aber ein Ausdruck skeptischer Einschätzung aller jüngstvergangenen Größen der deutschen Politik. Jedenfalls neigt man im Ausland seit 1953 dazu, in Adenauer, und fast allein in ihm, den überragenden Stabilisierer des westdeutschen Kernstaates zu erkennen. Im Jahr 1961, als der inzwischen weltberühmte, so ganz nebenbei inzwischen 85jährige Kanzler wieder einmal mit großem Gefolge kreuz und quer die USA bereist und dabei auch dem Parlament von Texas einen Besuch abstattet, führt ihn der damalige Vizepräsident Johnson, der spätere Präsident, mit den Worten ein: »Konrad Adenauer, Kanzler der Bundesrepublik Deutschland, einer der Giganten unseres Zeitalters.«

Alle seither erschienenen Memoiren und eine Flut archivalischer Quellen bezeugen, daß Adenauer die ausländischen Politiker, Diplomaten, Generale und Journalisten stets durch zweierlei beeindruckt hat: einerseits durch seine starke Persönlichkeit, andererseits durch seine politische Leistung. Die politische Leistung – das war, knapp formuliert, die Errichtung des neuen Deutschland, was direkt und indirekt auch zur Stabilisierung des freien Europa führte. Die Persönlichkeit, das war der zähe, stets bestens präparierte Verhandler, dessen Eigensinn man oft verwünschte, den man aber dennoch als Garanten der Westorientierung und demokratischer Stabilität betrachtete.

Adenauer ist damals und später häufig mit Bismarck verglichen worden. An diesem Vergleich stimmt fast gar nichts. Anders als Bismarck konnte und wollte er keine autonome Politik mehr betreiben. Mit ihm beginnt jener prinzipielle Multilateralismus, der den bundesdeutschen Außenpolitikern bald zur zweiten Natur wird. Desgleichen war die politische Ordnung der Bundesrepublik nicht einmal im Ansatz mit dem Bismarckreich vergleichbar. Denn zwischen der Gesellschaft zu Zeiten Bismarcks und den bundesdeutschen Eliten, an deren Spitze sich Adenauer fand, lagen zwar nicht Welten, aber immerhin doch drei Regimewechsel und zwei katastrophale Zusammenbrüche. Natürlich war die Bonner Society nur noch ein Aprèslude des kaiserlichen Berlin. Staatsempfänge in der engen Bad Godesberger Redoute oder im restaurierten kurfürstlichen Schloß Brühl, der Bundespresseball im Kurhaus von Bad Neuenahr – das war die ganze Herrlichkeit. In gewisser Hinsicht ist es charakteristisch, daß man während der durch braves Mittelmaß gekennzeichneten fünfziger Jahre ausgerechnet in dem aus dem Kleinbürgertum emporgekommenen Adenauer eine der letzten ragenden Gestalten der einstigen Oberschicht erkennen wollte. Wenn er im Ausland so gesehen wurde, hat er dies freudig genossen. Doch da er selbst noch genau wußte, was eine spätfeudale und großbürgerliche Gesellschaft ist, stieg es ihm nicht zu Kopfe.

Nicht zuletzt wiesen der genialische, trotz nüchternster Realpolitik immer wieder von starken Aufwallungen des Hasses sowie durch chronische Gewaltsamkeit gekennzeichnete Bismarck und der stets selbstbeherrschte Adenauer ein sehr unterschiedliches Naturell auf. Autoritäre Persönlichkeiten waren sie freilich einer wie der andere. Doch Bismarck beugte sich letztlich der Autorität des Monarchen und Adenauer den Geboten der demokratischen Grundordnung, wenn sie beide darüber zuweilen auch klagten.

Fragt man, auf welchen westeuropäischen Staatsmann der Jahre 1949 bis 1963 Burckhardts Kriterium historischer Größe – »Einzigkeit, Unersetzlichkeit« – zutrifft, so stößt man in der Tat nur auf einen einzigen Namen: Konrad Adenauer. Dies auch deshalb, weil er mit beträchtlicher Kaltschnäuzigkeit die Sicherheit der Bundesrepublik, die Stabilisierung Westeuropas und die Stärke der atlantischen Allianz den recht unsicheren Möglichkeiten einer Wiedervereinigung vorangestellt hat. Er war zu keinem Zeitpunkt geneigt, Sicherheit und Wohlfahrt des ihm anvertrauten Staates durch den Schornstein gesamtdeutscher Hoffnungen zu jagen.

Seine große Leistung erhellt gerade aus dem Umstand, daß man im nachhinein sehr rasch vergessen durfte, was alles hätte schiefgehen können. Die großen Tendenzen der europäischen Nachkriegspolitik, doch ebenso die Trends der westdeutschen Innenpolitik drängten zwar in die Richtung, die die Entwicklung tatsächlich genommen hat. Aber das alles mußte in unendlicher Arbeit, mit dem Gefühl für die großen Linien wie für das kritische Detail konkret ausgestaltet, stabilisiert, im öffentlichen Bewußtsein verankert, nach innen und außen legitimiert werden. In einem Volk und auf einem Kontinent, deren neueste Geschichte nicht durch ein Übermaß an politischer Vernunft gekennzeichnet war, hat er es geschafft, für schwierigste Fragen vernünftige Lösungen zu finden, und die Deutschen wie das Ausland zur Erkenntnis geführt, daß das Vernünftige nützlich, aber auch moralisch annehmbar sei.

Es war ein verblüffender Vorgang: Das neue Deutschland wird von einem Staatsmann gestaltet, der, geboren am 5. Januar 1876, schon im preußischen Köln zur Schule ging, als Bismarck noch als Reichskanzler amtierte. Dieser Mann hat sein Land auf den Weg einer diesmal mit den liberalen, weltweiten Zeittendenzen in Einklang befindlichen Modernität geführt. Unter ihm hat das Volk mit der Demokratie seinen Frieden gemacht, hat auch die Kunst des Sicheinfügens in die Bedingtheit des internationalen Systems gelernt. Das ist wohl nur deshalb gelungen, weil Adenauer den damals immer noch autoritätshungrigen Deutschen bewies, daß parlamentarische Demokratie und autoritative Führung keine Gegensätze sind und daß man ein friedliches, kooperatives Mitglied der Staatengesellschaft werden kann, ohne deshalb auf Würde und gemessenen Stolz zu verzichten. So hat er die neue Zeit aus der Substanz des alten Deutschland gestaltet und international akzeptabel gemacht.

Jedenfalls ist die Bundesrepublik Deutschland schon Mitte der fünfziger Jahre neben Großbritannien und Frankreich wieder eine der großen europäischen Mächte – ein Wirtschaftsgigant, wichtigster kontinentaler Juniorpartner der USA, zentraler Akteur beim Aufbau der Europäischen Gemeinschaften und zugleich ein Land, dessen Bedeutung nicht zuletzt darin besteht, daß sein Schadenspotential immens ist, wenn man es nicht pfleglich behandelt.

Die Lage des geteilten Deutschland im Mittelpunkt der Ost-West-Spannungen bedingt jedoch, daß es vorerst noch dramatisch weitergeht, wenngleich die Katastrophen ausbleiben. Offenbar spürt Adenauer, daß die Öffentlichkeit in dieser Situation für politische Symbolik besonders ansprechbar ist. Die Zeitgenossen ahnen es zwar, und die Historiker der kommenden Generation wissen es, wie kompliziert und wie verschlungen die Diplomatie des unergründlichen Adenauer tatsächlich angelegt war. Auf einen Journalisten wie den berühmten Amerikaner Theodore H. White beispielsweise, der sich jahrelang in China aufgehalten hat, wirkt er nicht nur wegen seiner Physiognomie ganz und gar orientalisch. Doch Adenauer, dessen durch einen Autounfall markierte Gesichtszüge auch andere Beobachter an einen Mongolen erinnern, versteht sich bestens, so er nur will, auf einprägsame Gesten und symbolische Auftritte. Komplizierte außenpolitische Manöver werden begreiflich, indem er sie sinnfällig ins Bild setzt, und die nimmermüden Presseabteilungen Adenauers tun ihr Bestes, solche Szenen und Bilder im öffentlichen Bewußtsein zu verankern.

Als der neugewählte Bundeskanzler im Herbst 1949 hoch auf dem Petersberg den drei Hohen Kommissaren – diese sind nach wie vor die eigentlichen Autoritäten im Lande – seinen Antrittsbesuch abzustatten hat, tritt er demonstrativ auf den Teppich, vor dem er bescheiden verbleiben sollte. Künftig redet niemand mehr von dem peinlichen Vorgang, denn eigentlich hätten die Hohen Kommissare beim Bundeskanzler ihre Aufwartung zu machen gehabt. In Erinnerung bleibt nur die Teppichszene.

Ein paar Monate später hält Adenauer im Berliner Titania-Palast vor 1800 geladenen Gästen in Gegenwart der westalliierten Stadtkommandanten eine Grundsatzrede, in der er den Anspruch auf seine außenpolitische Eigenständigkeit zum Ausdruck bringt. Abschließend fordert er die Anwesenden zur allgemeinen Überraschung auf, mit ihm das damals noch verpönte Deutschlandlied zu singen – die dritte Strophe, wohlgemerkt, doch wer kann damals schon die dritte Strophe!

Geradezu verzweifelt ist Adenauer in den Anfängen bemüht, dem eigenen Land und der ganzen Welt nachzuweisen, daß das rheinische Bonn, seine Hauptstadt, nun eines der Zentren ist, in denen große europäische Politik gemacht wird. Die Bundesrepublik ist noch längst nicht souverän, da gelingt ihm im Mai 1952 das Kunststück, zur Unterzeichnung des Generalvertrags, den er unter der Hand als Deutschlandvertrag bezeichnen läßt, die Außenminister der drei Westmächte, Dean Acheson an der Spitze, in die ehemalige Pädagogische Akademie zu Bonn am Rhein, wo das Grundgesetz beschlossen wurde und jetzt der Deutsche Bundestag residiert, scheinbar unter seiner Stabführung zusammenzubringen. So kann er sich mit Blick auf die kommende Bundestagswahl als Staatsmann unter Staatsmännern präsentieren. Acheson telegraphiert damals bewundernd an Präsident Truman: »Adenauer hat sich wieder einmal als europäischer Staatsmann offenbart … Er starrt nicht auf die beim Blick auf das Detail drohenden aktuellen Gefahren, sondern vertraut auf die großen Zukunftsmöglichkeiten. Ich hoffe, er bleibt uns noch lange erhalten.«[90]

Am 17. Juni 1953, als die SED-Diktatur in der DDR für ein paar Stunden ins Wanken gerät, macht er zwar nicht durch lautes Reden auf sich aufmerksam. Doch ein paar Tage später leistet er vor über hunderttausend Berlinern, die vor dem Schöneberger Rathaus der Opfer des Aufstandes gedenken, feierlich einen »Schwur für das gesamte deutsche Volk«: Er wolle nicht ruhen und nicht rasten, »bis ganz Deutschland wieder vereint ist in Frieden und Freiheit«.[91]

Mit der ihm eigenen Kaltschnäuzigkeit hat er zwar keine Bedenken, die Wiedervereinigung mit allen vertrackten Fragen, die daran hängen, vorerst als unlösbar von der Tagesordnung zu nehmen und in die Wiedervorlagemappe zu legen. Tatsächlich jedoch hält er trotz scharfen Drucks Chruschtschows, Kennedys und Macmillans in den Jahren der Berlinkrise an der Nichtanerkennungspolitik sowie an den

Positionen in Berlin fest und riskiert dabei den Ausbruch des dritten Weltkrieges. Sein Gespür für die Bedeutung symbolischer Gesten verläßt ihn nur am 13. August 1961, als der russische Satrap Walter Ulbricht Ost-Berlin abzuriegeln beginnt. Statt sofort demonstrativ in die nun für lange Zeit tragisch geteilte Stadt zu eilen, zieht Adenauer es vor, weiter Wahlkampf zu machen und Willy Brandt zu attackieren. So bleiben nicht nur Auftritte in Erinnerung, die er inszeniert, sondern auch solche, die er allzu vorsichtig unterläßt oder auch nicht unterläßt.

Unter den Gesten, die für immer im Gedächtnis bleiben, sind vor allem jene, die mit dem Ost-West-Konflikt zu tun haben. Seitdem der einstige Oberbürgermeister von Köln im Jahr 1918 in der Zentrumszeitung »Germania« die Berichte von den Greueln Lenins und seiner Anhänger verfolgt hat, ist tiefe Furcht vor dem Kommunismus eine der Hauptkonstanten seines politischen Weltbildes. Deshalb bildet der Entschluß, im September 1955 nach Moskau, gleichsam in die Höhle des Löwen, zu reisen, einen der Höhepunkte und zugleich einen der schwierigsten Momente Adenauerscher Kanzlerschaft.

Die Zeitzeugen versäumen es nicht, von einer Abfolge schwer deutbarer Gesten zu berichten. Als Chruschtschow am Verhandlungstisch einen seiner zügellosen Auftritte gibt und Adenauer mit den Fäusten droht, zögert auch dieser nicht, aufzuspringen und gleichfalls die Fäuste zu ballen. Beide trauen einander seither nicht über den Weg. Chruschtschow wird Adenauer künftig als Kriegstreiber verunglimpfen, und auch der Kanzler hält Chruschtschow für das bedenklichste Sicherheitsrisiko, mit dem der Westen seit langem konfrontiert ist.

Unmittelbar danach aber eine andere Szene des Polit-Theaters: Adenauer und die sowjetischen Gastgeber besuchen im Bolschoitheater gemeinsam eine Galaaufführung von »Romeo und Julia« mit der Musik von Prokofjew, und als die Häupter der einstmals verfeindeten Familien Capulet und Montague sich in die Arme sinken, schüttelt der Kanzler Bulganin demonstrativ die Hände. Das Bild geht um die Welt, genauso wie einige Wochen später ein anderes Photo, das ihn im Heimkehrerlager Friedland zeigt, wie er die deutschen Kriegsgefangenen begrüßt, deren Schicksal im Mittelpunkt der Moskauer Verhandlungen stand.

Noch weit nach dem Ende seiner Kanzlerschaft bildet die Heimführung der deutschen Kriegsgefangenen den innersten Kern des Adenauermythos in der Bevölkerung. Bei einer Umfrage nach den größten Verdiensten Adenauers nennen die Befragten diese zugleich humanitäre und patriotische Tat an erster Stelle. An zweiter und dritter Stelle folgen »Die Aussöhnung und Freundschaft mit Frankreich« und »Daß er Deutschland wieder zu Ansehen und Geltung in der Welt verholfen hat«.[92]

*»Present at the Creation«, wie Dean Achesons Memoirentitel den Vorgang erfaßt: Der britische Außenminister Eden, Bundeskanzler Adenauer, der amerikanische Außenminister Acheson und der französische Außenminister Robert Schuman in Bonn aus Anlaß der abschließenden Verhandlungen über den Deutschland-Vertrag, Mai 1952.*

Nicht zuletzt die Frankreichpolitik Adenauers wird durch Gesten versinnbildlicht. Als die Beziehungen noch sehr gespannt sind, gibt er sich größte, wenngleich vorerst ziemlich vergebliche Mühe, den ersten Besuch des französischen Außenministers Robert Schuman im Jahr 1950 als Anfang einer neuen Ära ins Bild zu setzen. Denn der als deutscher Staatsbürger aufgewachsene, wie Adenauer selbst gut katholische Lothringer Robert Schuman kann als Mann zweier Welten verstanden werden. Er hat in Bonn promoviert, war dort zehn Jahre nach Adenauer in einer katholischen Studentenverbindung aktiv und scheint die uralte Tradition des Karolingerreiches zu verkörpern, dem einstmals Frankreich ebenso angehörte wie das spätere westliche Deutschland. Adenauer und Schuman verhandeln stundenlang unter vier Augen in deutscher Sprache, ohne recht voranzukommen, und der Hohe Kommissar François-Poncet meint nervös und verärgert zu dem mit ihm im Vorzimmer wartenden Herbert Blankenhorn, in spätestens einer Stunde werde er mit Eimer und Besen ins Nebenzimmer eilen, um den Redefluß der beiden Herren zu unterbrechen und die auf dem Boden liegenden Scherben aufzusammeln.[93]

Die bedeutenden Gesten setzen sich fort, als Adenauer auf dem Höhepunkt der Weltkrise um Ungarn und Suez im November 1956 darauf besteht, den schon länger geplanten Besuch in Paris nicht abzusagen, sondern daraus eine Demonstration deutsch-französischer Entente im Schatten eines drohenden dritten Weltkrieges zu machen.

*Versöhnungsszene zwischen Adenauer, Bulganin und Chruschtschow beim Moskau-Besuch Adenauers, September 1955. Doch dauerte es nicht lange, bis die Auseinandersetzungen über die Teilung Deutschlands und in der Berlin-Frage wieder in voller Schärfe entbrannten.*

Ähnlich die unablässig im Gedächtnis gehaltenen Bilder der Zusammenkünfte mit General de Gaulle: im September 1958 erster Besuch Adenauers in der schlichten Boisserie zu Colombey-les-deux-Églises, im Juli 1962 das gemeinsame Tedeum in der Krönungskathedrale der französischen Könige zu Reims sowie die Parade französischer und deutscher Panzerkolonnen auf dem Truppenübungsplatz Mourmelon in der Champagne, schließlich de Gaulles umjubelter Staatsbesuch im Spätsommer 1962, den dann aber zum Verdruß Adenauers der noch größere Massen anziehende Staatsbesuch Kennedys im Sommer 1963 in den Schatten stellt.

Zur gleichen Zeit wird Adenauer aber auch immer häufiger von der Befürchtung gequält, daß sein Werk auf Sand gebaut sei. Wie viele andere zeitgenössische Größen – Clemenceau, Churchill, de Gaulle – treibt ihn in den letzten Lebensjahren die Empfindung um, in einem Europa zu leben, dessen demographische, geistige und moralische Kraft am Erlahmen ist. Hochmütig hat er anfänglich registriert, wie sich Großbritannien und Frankreich im Abstieg befanden, während der Nachfolgestaat des Deutschen Reiches unter seiner Führung nochmals wirtschaftlich aufblüht, durchaus vergleichbar dem Kaiserreich in den Jahren seiner Jugend. Doch nun registriert er auch in Deutschland all jene Symptome, die heute vor aller Augen liegen: Wertewandel, nicht zuletzt im Innern der Kirchen, Entchristlichung, nachlassende Arbeitsmoral, Gefährdung der Wettbewerbsfähigkeit aufgrund zu hoher Lohnkosten, Überwuchern des Sozialstaats, Verschlechterung des Ausbildungswesens, Geburtenrückgang und ökologische Belastung im Zusammenspiel mit dem Verfall von Staatsgesinnung und Nationalgefühl. Aus vielen Gesprächen weiß er, daß die europäischen Partner mit denselben Problemen konfrontiert sind. Und da im Alter die Phobien der jungen Jahre wieder hochkommen, sorgt er sich um die Zukunft der »weißen Rasse«. Wie die allerkonservativsten Briten oder Franzosen mault er über die Dekolonisierung, wenngleich nur in vertraulichen Unterredungen. Sein Alptraum: »Eine ganz kleine Insel« freier Völker in einem »Meer von Kommunismus auf der ganzen Welt«. Und in einer seiner pessimistischen Stunden hört man ihn sagen: »Da sitzt man nun, und alles schwimmt einem weg.«[94]

Solche Befürchtungen sind es, die bei ihm in den Jahren nach dem Rücktritt nochmals hektische Bemühungen um die Errichtung »Europas« auslösen, ohne daß auch er genauer zu sagen wüßte, wie dies angesichts divergierender Auffassungen in den Mitgliedsstaaten konkretisiert werden könnte.

Rastlos unternimmt er, selbst als er bereits von der eigenen Partei ehrfurchtsvoll, aber unerbittlich aufs Altenteil verbannt ist, noch einige hochpolitische Reisen. Er, der wie viele Deutsche seiner Generation siebzig Jahre hindurch nur selten aus dem eigenen Land herauskam, sieht ohnehin einen der schönsten Aspekte seines hohen Amtes stets auch darin, daß es ihm Gelegenheit zu zahllosen Reisen eröffnet – in die Hauptstädte und sonstigen Vorzeigeorte des westlichen Europa, in die USA, bis hin zu den damals noch nicht so nah gerückten Ländern wie Griechenland, der Türkei, Persien oder Japan. Gewiß betrachtet Adenauer solche Reisen als Teil eines von ihm durchaus global konzipierten wirtschaftlichen und politischen Comeback Deutschlands. Zugleich aber befriedigen sie auch eine nimmersatte Neugier, mit der dieser erstaunliche Greis nach der Begegnung mit immer neuen Ländern und Kulturen verlangt, nicht zu vergessen die dort zu besichtigenden Kunstsammlungen.

Adenauers Reisefreudigkeit ist bis in die letzten Wochen seines Lebens ganz ungebrochen. 1966 unternimmt er einen hochpolitischen Besuch in Israel, den die dortigen Protagonisten des von ihm teils offen, teils streng geheim entwickelten deutsch-israelischen Sonderverhältnisses durchgesetzt haben. Dabei fliegt er im Hubschrauber zu dem gleichfalls im Ruhestand befindlichen Ben Gurion im Kibbuz Sdeh Boker im Negev, zögert aber auch nicht, mit dem Ministerpräsidenten Eschkol in Jerusalem einen heftigen Streit auszutragen.

Im Februar 1967 bricht er nach Spanien auf, um dem gealterten Diktator Franco persönlich die frohe Botschaft der Einigung Europas zu verkünden, in der auch Spaniens Zukunft liege. Nebenbei dient der

*Adenauer und de Gaulle*

große Auftritt im Madrider »Ateneo« aber auch dem Zweck, gegen den von den USA, der Sowjetunion und Großbritannien betriebenen Atomwaffensperrvertrag zu polemisieren. Seit längerem ist zudem Adenauers vorrangige Fixierung auf Westeuropa von einer weiteren Perspektive abgelöst worden. Nun flicht er in seine Ansprache, die später als sein politisches Testament gewertet wird, den bedeutungsvollen Satz ein: »Aber auch nach Osten müssen wir blicken, wenn wir an Europa denken.«[95]

Für einen Einundneunzigjährigen ist die mit dem Zeremoniell eines Staatsbesuchs abgewickelte Reise in das verschneite, naßkalte Spanien, wo er sich tagelang von morgens um sieben bis nachts um zwölf auf den Beinen zu halten hat, eine Verrücktheit. Manche glauben später, daß sich Adenauer im Escorial, in dessen unendlichen Zimmerfluchten er lange vor dem Sterbebett Philipps II. verharrt, oder im steingewordenen Pathos des Valle dos Caídos den Tod geholt hat.

Tief in der Gruft der spanischen Könige, wo Adenauer unbedingt die Ruhestätte Karls V. besichtigen möchte, bemerkt er damals einige leere Sarkophage. Sie seien, sagt der Mönch, der ihn führt, für künftige Könige bestimmt. Am kommenden Morgen beim Frühstück erschreckt er die Damen seiner Umgebung mit einer befremdlichen Bemerkung: »Ich habe Heimweh nach Spanien – zu einem der leeren Sarkophage.« Seine Tochter Libeth Werhahn, die das Geschick ihres

Vaters geerbt hat, tragische Anwandlungen mit spöttischen Sarkasmen zu überspielen, erwidert darauf: »Vater, du bist ja gar nicht bescheiden.«[96] Am 19. April 1967, wenig mehr als zwei Monate später, stirbt Konrad Adenauer nach schwerem Todeskampf in Rhöndorf.

Noch zu seinen Lebzeiten ist die unstatthaft törichte Äußerung von Franz Josef Strauß immer wieder in der deutschen Presse wiederholt worden, die Bundesrepublik Deutschland sei wirtschaftlich ein Riese, politisch aber ein Zwerg.[97] Das stimmt nicht einmal für die fünfziger Jahre, geschweige denn für das folgende Jahrzehnt.

Die Trauerfeier im Kölner Dom, zu der sich am 25. April 1967 die Crème de la crème der westlichen Demokratien einfindet, bekundet, daß man diesen einstigen Oberbürgermeister altdeutschen Zuschnitts in den ausländischen Kabinetten für einen Giganten gehalten hat, weil er maßgeblich dazu beitrug, Europa und damit zugleich die ganze westliche Welt zu stabilisieren – um den Preis einer zeitweiligen Hinnahme der Teilung Deutschlands. Am bemerkenswertesten aber ist die Anwesenheit David Ben Gurions. Da er die Gebote des Sabbats zu beachten hat, legt der damals Achtzigjährige den Weg von der Botschaft Israels in Bad Godesberg zum Deutschen Bundestag, wo die offiziellen Trauerfeierlichkeiten stattfinden, zu Fuß zurück, um in Adenauer nicht nur den Meister der Realpolitik zu ehren – eine Kunst, in der deutsche Staatsmänner des 20. Jahrhunderts bislang nur selten exzelliert hatten. Seine Anwesenheit bringt auch ohne große Worte in Erinnerung, daß Adenauer zugleich eine moralische Größe war, selbst wenn er sich zeitlebens hütete, allzulaut und allzuhäufig die Moraltrompete zu blasen. In dieser Hinsicht war er eher ein Meister der leisen, skeptischen Töne – auch das eine Seltenheit in der deutschen Politik des 20. Jahrhunderts.

## Der George Washington Israels: Ben Gurion

In Amerika wird Ben Gurion häufig mit George Washington verglichen. Das ist in mancherlei Hinsicht berechtigt. Wie dem ersten Präsidenten der Vereinigten Staaten ist auch Ben Gurion ein Ehrenplatz auf dem Areopag bedeutsamer Staatsgründer sicher.

Die großartige Gestalt dieses an Wuchs kleinen Mannes ragt weit über den eng begrenzten Zeitraum des 20. Jahrhunderts hinaus. Als er an einem unvergeßlichen Nachmittag des 14. August 1948 im Museumsgebäude von Tel Aviv unter dem Bild Theodor Herzls mit dem Hammer auf das Rednerpult klopft und ausruft: »Der Staat Israel ist geboren!«, ist das ein weltgeschichtlicher Vorgang. Ben Gurion steht damals erst im 61. Lebensjahr, doch beim Anblick seines mächtigen Hauptes, das von einem zerzausten weißen Haarkranz umgeben ist, drängt sich Beobachtern der Eindruck auf, als sei einer jener uralten Richter, von denen das Alte Testament berichtet, in die Gegenwart des 20. Jahrhunderts eingetreten.

Die Namen Ben Gurions erinnern an die historischen Dimensionen dieses Vorgangs. Der Vorname David, der bei jedem Juden die Erinnerung an den mächtigen Kriegerkönig wachruft, der als Jüngling den Riesen Goliath besiegt hatte, war ihm von seinem Vater, einem frommen und gelehrten Kaufmann im polnischen Płonsk zugelegt worden, das damals zu Rußland gehörte. So heißt er ursprünglich David Gruen. 1910 aber, als er in Jerusalem in die Redaktion der zionistischen Zeitung »Achdut« (Einheit) aufgenommen wird, unterzeichnet er den ersten Artikel mit dem Namen Ben Gurion, an dem er dann festhält. Ben Gurion heißt »der junge Löwe«. Man nimmt an, daß er dabei an den kühnen und leidenschaftlichen Joseph Ben Gurion gedacht hat, eine gleichfalls legendäre Gestalt der jüdischen Nationalgeschichte. Dieser hatte eine führende Rolle beim heroischen Aufstand gegen die Römer gespielt – ein Nationalheld, der scheiterte.

Unter den Großen des 20. Jahrhunderts ist bereits der junge Zionist Ben Gurion einer jener nationalistischen Utopisten, die sich an historischen Bildern und Reminiszenzen berauschen, aber bei Licht betrachtet anfänglich kaum eine Chance haben. David Gruen betritt 1906, neunzehn Jahre alt, zusammen mit einer Gruppe zionistischer Einwanderer in dem damals dem Osmanischen Reich angehörenden Jaffa erstmals den Boden Palästinas. Für die weltweit zerstreuten Juden, auch für die in den Großstädten, Kleinstädten und Dörfern des damaligen Polen, ist Palästina das Land der Träume. Doch die Realität erweist sich als denkbar wenig traumhaft: staubige, heruntergekommene Dörfer und Städte, die außer berühmten Namen nichts Erhabenes mehr aufweisen, ziemlich unfruchtbares Land, malariaverseuchte Sumpfgebiete, dazu ein Gemisch heterogenster Völkerschaften – das ist Palästina, wohin zionistische Organisatoren oder einzelne Enthusiasten wie der Baron Rothschild jene jüdische Einwanderung in Gang gebracht haben, in deren Gefolge blühende Landschaften entstehen.

Ben Gurion muß jahrelang als Tagelöhner auf dem Land bereits wohlhabenderer Juden arbeiten, mit der Folge, daß sich in ihm eine tiefe Aversion gegen bourgeoise Mentalität und eine kapitalistische Klassengesellschaft herausbildet. Der Sozialist Ben Gurion weiß zwar auch später genau, daß ohne den ständigen Geldstrom von den Konten reicher Sympathisanten in Amerika, England, Frankreich oder, vor 1933, in Deutschland alle zionistischen Visionen nicht zu verwirklichen wären. Aber die Wirklichkeit in Palästina belehrt ihn darüber, daß letztlich doch alles von der Entschlossenheit der jüdischen Arbeiter abhängt, die das Land urbar machen und auch stark genug sind, sich letztlich gegen den Willen der jeweiligen Autoritäten unerbittlich durchzusetzen. So macht er seinen Weg in die Weltgeschichte als Pionier unter Pionieren, von 1921 bis 1933 als Leiter der Gewerkschaftsorganisation Histadrut und schließlich als Führer der zionistisch-sozialistischen Partei Mapai.

Sieht man ihn und seine Mitstreiter vor dem Hintergrund abendländischer Religionsgeschichte, so ist dieser jüdische Führer, der schließlich zum ersten Ministerpräsidenten Israels wird, eine befremdliche Gestalt. Zwar entstammt er einer gläubigen Familie und hat die Lehren des orthodoxen Judentums früh in sich eingesogen. Ein Leben lang studiert er die Geschichte des jüdischen Volkes, die Archäologie Palästinas und die Eigenart jüdischen Denkens im großen Strom abendländischer Geistesgeschichte.

Zuallererst aber versteht er sich als völlig unorthodoxer Arbeiterführer in den Traditionen der europäischen Arbeiterbewegung. Unter dem Eindruck der Russischen Revolution erwägt er sogar ernsthaft, ob das Gesellschaftsmodell, das Lenin und Trotzki damals in Rußland erproben, nicht auch auf dem Boden Palästinas zu verwirklichen wäre. 1923 besucht er die Sowjetunion, erkennt zwar alsbald mit dem ihm eigenen Realismus, wie tyrannisch und korrupt es dort zugeht, bleibt aber immer noch ein Bewunderer Lenins: »Er ist groß, dieser Mann ... Er hat ein scharfes, weitreichendes Auge, das das Dickicht des Lebens und seiner Geheimnisse durchdringt, das die herrschenden Kräfte der Zukunft aus den Tiefen der Wirklichkeit heraufholt.«[98]

Wenn man also Ben Gurion mit George Washington vergleicht, so ist dieser Vergleich vor allem geeignet, die Einzigartigkeit des jüdischen Staatsgründers erkennen zu lassen. Die Vereinigten Staaten sind seinerzeit durchaus nicht von Pionieren und sozialistischen Arbeiterführern gegründet worden, sondern von wohletablierten Handelsherren, Grundbesitzern und Anwälten. George Washington ist ein für die Verhältnisse seiner Zeit führender, auch recht wohlhabender agrarischer Großunternehmer, der zeitlebens nie in eigener Person den Boden aufgegraben oder einen Pflug übers Land geführt hat, sondern diese Aufgaben seinen rund dreihundert Sklaven überließ. Wer den mit Repräsentationsräumen, Pferdestallungen und Sklavenwohnungen wohlausgestatteten Landsitz von Mount Vernon besucht und ihn mit dem einfachen, mit Büchern vollgestopften Wohnhaus Ben Gurions in der Siedlung Sdeh Boker vergleicht, ermißt den ganzen Unterschied.

Es ist auch bezeichnend, wie sich die ersten amerikanischen Präsidenten nach Ablauf ihrer Amtszeit verhalten. George Washington, doch auch der viel demokratischere Thomas Jefferson ziehen sich auf ihre schönen Landsitze zurück. Ben Gurion aber, der 1953 erstmals zurücktritt und schon zu diesem Zeitpunkt eine Weltberühmtheit ist, verläßt Jerusalem, um noch einmal zum Pionier zu werden. Ein Leben in dem kleinen Kibbuz im Negev, mitten in der Wüste, umgeben von idealistischen jungen Leuten – das ist der Traum, den er zuerst für die Periode von zwei Jahren und dann, nach dem zweiten Abschied, von 1963 bis zu seinem Tod im Jahr 1973 Wirklichkeit werden läßt. Seit den fernen Tagen, als der römische Diktator Cincinnatus wieder zu seinem Pflug zurückgekehrt ist, hat es kein so eindrucksvolles Beispiel schlichten republikanischen Lebensstils gegeben.

Der ganz junge David Gruen im »Schtetl« zu Płonsk gilt noch als eine eher romantische Seele. Er schreibt Gedichte, verliebt sich unsterblich und treibt sich ziemlich haltlos mehr als ein Jahr lang in der Großstadt Warschau herum, wo er Ingenieurwesen studieren möchte. Selbst als er bereits in Palästina als Tagelöhner gehärtet worden ist und beim Selbstschutz der Siedler an ersten Feuergefechten mit arabischen Nachbarn teilgenommen hat, möchten ihn die Gefährten in der Landarbeiterbaracke zu Sejera nicht in die Selbstschutzorganisation Hashomer aufnehmen, da er mit den Gedanken immer woanders sei.

Freilich wird schon früh berichtet, die Göttin der Beredsamkeit habe ihn, wie man das seinerzeit im alten Griechenland auszudrücken pflegte, auf den Mund geküßt. Er kann auch schreiben und übt sein großes Talent jahrzehntelang erst in recht obskuren zionistischen Blättern, dann zusehends in den Zentralorganen der Mapai und der Histadrut. Die große Klappe, die flinke Feder, Organisationstalent, ein vorzügliches Gedächtnis und taktische Versiertheit bilden auch im damaligen Palästina das wichtigste Betriebskapital eines erfolgreichen Gewerkschaftlers und Parteipolitikers. Das hätte aber nicht ausgereicht, die vielen politischen Begabungen hinter sich zu lassen, die im Heroenzeitalter des Zionismus in großer Zahl unterwegs sind. Bald zeigt sich, daß Ben Gurion ganz außergewöhnlichen Biß hat. Keiner ist streitsüchtiger als er, was im Yishuw etwas heißen will, keiner militanter. Visionäre Ideen sind zwar unter diesen Einwanderern in großer Anzahl zu finden. Doch wie zur gleichen Zeit Lenin oder Trotzki in den Reihen der Bolschewiki, gehört Ben Gurion zu jener viel selteneren Gruppe von Visionären, die etwas davon verstehen, wie man Visionen umsetzt, Anhänger begeistert und Gegner ausmanövriert. Anders als die bolschewistischen Berufsrevolutionäre ist er aber ein echter Arbeiterführer, der Schwielen an den Händen hat, deshalb nur selten die Bodenhaftung verliert und trotz zeitweiligen Flirts mit den kommunistischen Ideen ein Demokrat bleibt. Anders könnte er sich unter den ungestümen Pionieren auch gar nicht halten.

Und noch etwas unterscheidet ihn von anderen Funktionären in den zionistischen Organisationen. Sein Großvater ist ein begeisterter Hebraist, der neben dem Hebräischen das Deutsche und das Polnische beherrscht und gegen Ende seines Lebens auch noch Russisch lernt. Der Vater weist eine ähnliche Bildung auf.

Aus diesem Holz ist auch Ben Gurion geschnitzt. Früh lernt er Deutsch, schon um Kant im Urtext zu lesen, ebenso Polnisch und Russisch. Im Heiligen Land wirft er sich auf das Studium des Arabischen. Als er vor dem Ersten Weltkrieg ein paar Jahre lang des festen Glaubens ist, den Zielen der Zionisten sei durch Zusammenarbeit mit den osmanischen Autoritäten am besten gedient, lernt er Türkisch und studiert in Konstantinopel mit einem gefälschten Abiturzeugnis Rechtswissenschaft. Als er schließlich erkennen muß, daß die harten türkischen Generale im Ersten Weltkrieg die Minderheiten auch in Palästina viel brutaler behandeln als vorher, begibt er sich nach New York, aber immer noch im Schmuck eines türkischen Fez. Als man ihn deswegen verspottet, gibt er den Tarbusch in den Kostümfonds der Poale Zion und wirft sich aufs Studium der englischen Sprache. Ein Zeitzeuge berichtet später, man habe ihn Tag für Tag in der Bibliothek der New York Library bei einer ausgedehnten Lektüre von Büchern über das politische System der USA angetroffen.

So schafft er sich die Voraussetzung für eine nimmermüde Lektüre von Büchern und Dokumenten in fast allen westlichen Kultursprachen. Auf seinen ruhelosen Reisen ist er anfänglich abends selten mit Gleichgesinnten zusammen. Er pflegt die Gastgeber nur um ein Bett und einen Schreibtisch zum konzentrierten Studium zu bitten. Die Fähigkeit, mit zäher Energie Neues zu lernen, verläßt ihn das ganze Leben über nicht. Im Alter von dreiundsechzig Jahren setzt er sich plötzlich in den Kopf, Autofahren zu lernen, zum Entsetzen seiner Leibwache ausgerechnet auf der Corniche in Richtung Monaco. Fünf Jahre später ist er kaum davon abzubringen, einen Fallschirmspringerlehrgang zu absolvieren. Seine geistige und physische Spannkraft beginnt erst spät nachzulassen, nachdem er sich endgültig nach Sdeh Boker zurückgezogen hat. Doch auch jetzt pflegt er neben der Geschichte des jüdischen Volkes, die ihn zeitlebens fasziniert, noch ein neues Interessengebiet: die Biologie.

Mitte der zwanziger Jahre, als er sich auf dem Weg zur Spitze befindet, ist er somit doch schon mehr als ein aktivistischer Funktionär. Außerdem müssen selbst seine zahlreichen Feinde einräumen, daß es diesem leidenschaftlichen Mann in allererster Linie um die jeweils für richtig erachtete Politik geht.

Es ist also eine Kombination von Fähigkeiten, die Ben Gurion selbst unter den an großen Gestalten nicht armen Zionisten einzigartig macht. In den zwanziger Jahren setzt sich dieser Führer der jüdischen Arbeiterschaft in dem von den Briten verwalteten Protektoratsgebiet Palästina gegen die bürgerlichen »Revisionisten« um Wladimir Jabotinsky durch, der sich auf das zumeist aus Polen stammende zionistische Bürgertum stützt, das seinen ganzen Ehrgeiz dareinsetzt, aus Tel Aviv oder Haifa ein Klein-Warschau oder ein Klein-Łódż zu machen. Zu Beginn der dreißiger Jahre fühlt Ben Gurion sich schon stark genug, den hochangesehenen Präsidenten des jüdischen Weltkongresses, Professor Chaim Weizmann, mit Unterstützung der palästinensischen Zionisten aus seinem Amt zu verdrängen. Mehr als zwei Jahrzehnte lang sind durch eine Abfolge von Rivalität, zeitweiser Versöhnung und neuen Kämpfen zwischen den beiden gekennzeichnet. Alles endet in Bitterkeit. Chaim Weizmann wird zwar der erste, aber ganz machtlose Staatspräsident Israels.

Die Gründe für das, was man bald den Kampf der Giganten nennt, sind ein Gemisch von politischen Differenzen und menschlichen Unvereinbarkeiten. Der große Chemiker Weizmann setzt auf erschütterungsfreie Zusammenarbeit mit Großbritannien. Es geht das Gerücht um, er habe im Ersten Weltkrieg für die kriegswichtige Erfindung der synthetischen Herstellung von Aceton Lloyd George um eine jüdische Heimstatt in Palästina gebeten und damit die Balfour-Deklaration initiiert. Ben Gurion und ein Großteil der Siedler in Palästina sind nicht nur mißtrauischer gegen die britische Mandatsmacht, sondern auch militanter. Als zwischen 1945 und 1948 ausgerechnet die Labour-Regierung mit dem Außenminister Bevin einen prononciert antizionistischen Kurs fährt, nimmt Weizmanns Einfluß rasch ab, obwohl dann maßgeblich er es ist, der Präsident Trumans Unterstützung für die rasche Errichtung eines jüdischen Staates herbeiführt.

Je weiter Ben Gurion auf die internationale Bühne vorstößt, um so ähnlicher wird er den anderen Staatsgründern wie de Valera, Nehru, Jinnah und später den Schwarzafrikanern in den fünfziger Jahren. Auch er bringt eine Doppelstrategie zum Einsatz, verhandelt also in London oder in Jerusalem mit den britischen Autoritäten und schürt vor Ort den Aufstand.

Die Vorgeschichte Israels und die ersten fünfzehn Jahre, in denen er den Staat konsolidiert, sind ohne diesen rebellischen, realistischen und zu allem entschlossenen Mann nicht vorstellbar. Das wissen nicht allein die Angehörigen der jungen Garde wie Moshe Dayan oder Shimon Peres zu schätzen, die Ben Gurion großzieht,[99] sondern selbst die Gegner und seither die historische Forschung. Im Verlauf des 20. Jahrhunderts gibt es nur wenige Parteipolitiker von vergleichbarer Statur.

Dabei ist er von Anfang an bis zu seinem Scheitern im Jahr 1963 geradezu die Verkörperung einer auf Konfrontation bedachten Innen- und Außenpolitik. Der Begriff Konsens ist für ihn ein Fremdwort. Sogar inmitten einer Welt äußerer Feinde folgt er auch im Innern unbeirrbar seinen kämpferischen Instinkten, die ihm eines gebieten – streiten, streiten und nochmals streiten. Manches erklärt sich aus seinem Naturell, doch ein Hauptgrund ist gewiß auch der Umstand, daß er einem Volk temperamentvoller, eigenwilliger, vielfach auch doktrinärer Individuen angehört, von denen jeder einzelne alles besser zu wissen glaubt als die Gesamtheit der Konkurrenten. Dies ist ein Grund, weshalb Ben Gurion sich mit ähnlich unverträglichen Artgenossen wie de Gaulle, Adenauer oder auch Truman auf Anhieb versteht. Letzten Endes gelingt die Staatsgründung auch deshalb, weil er es schafft, in zwanzigjährigem Kampf eine Staatspartei und eine staatstragende, bald allerdings auch den Staat vereinnahmende Gewerkschaftsbewegung und damit Organisationen aufzubauen, welche die Regierbarkeit eines fast unregierbaren Volkes ermöglichen.

Es wäre erstaunlich, wenn ein derartiges Energiebündel nicht auch von starken sexuellen Energien getrieben würde. Das beginnt schon in Polen. Er diszipliniert sich jedoch, führt nach rascher Heirat im New York des Jahres 1917 eine zwar nicht musterhafte, doch haltbare Ehe. Aber Politiker haben kein normales Familienleben, und ein ahasverisch von Ort zu Ort reisender Ben Gurion schon gar nicht. Gelegentlich reitet ihn bei seinen langen Abwesenheiten von zu Haus der Teufel. Erst nach seinem Tod wird bekannt, daß er in London während des Zweiten Weltkrieges mit der attraktiven, blauäugigen Engländerin Doris May eine lange Romanze unterhielt. Sie sympathisiert mit Israel, ist aber katholischer Konfession und auf ihre Weise eine genauso nationalistische Britin, wie Ben Gurion ein nationalistischer Israeli ist. 1940/41, während der deutsche »Blitz« auf London herabsaust, läßt er sich von dieser Oxford-Absolventin, die im Büro der Jewish Agency arbeitet, auch im Griechischen unterrichten.

Die Ehe stabilisiert sich wieder, doch als die Familie Dayan später ein ähnliches Problem hat, bekommt Dayan unter Verweis auf die Beispielfälle König David und Admiral Nelson von ihm zu hören: »Ein Mann kann sein ganzes Leben lang ein Asket, ein Heiliger und für öffentliche Aufgaben ungeeignet sein, doch ist auch das Gegenteil möglich.« Und Ruth Dayan gibt er als Trostwort mit auf den Weg: »Sie müssen sich daran gewöhnen, daß sich das private und das öffentliche Leben großer Männer auf parallelen Ebenen abspielt, die sich niemals begegnen.«[100]

Der Vergleich mit George Washington rückt noch einen anderen Aspekt des Staatsgründers Ben Gurion ins Blickfeld: Wie Washington ist auch er ein bemerkenswerter militärischer Oberbefehlshaber, der sich nicht zuletzt mit der Guerillakriegführung bestens auskennt.

Sowohl die Vereinigten Staaten als auch Israel müssen ihre Unabhängigkeit gegen britische Truppen erkämpfen. Im Europa der zweiten Jahrhunderthälfte verbreitet sich zwar zusehends die Auffassung, demokratische Republiken hätten pazifistisch zu sein, wenn sie Gott wohlgefällig sein möchten. Die Entstehungsgeschichte der USA und Israels folgt hingegen ganz anderen Gesetzen. Beide sind als Zivilgesellschaften ins Leben getreten, deren Führer soldatischen Geistes und deren Bürger zugleich auch Kämpfer waren.

Die Judenemanzipation im westlichen Europa hatte zwar auch die Bürger mosaischen Glaubens »wehrwürdig« gemacht, wie man das seinerzeit nannte, und so erhält denn David Gruen 1908 im fernen Palästina den Einberufungsbefehl des russischen Wehrersatzamtes, kehrt nach Polen zurück, da sein Vater dreihundert Rubel Strafe bezahlen mußte, läßt sich einziehen, flieht aber alsdann aus der Kaserne, um mit gefälschten Papieren nach Palästina zurückzureisen. Aber für die jahrhundertelang zum Verzicht auf den Militärdienst gezwungenen Juden, die sich nur noch an die kriegerische Erbarmungslosigkeit längst verstorbener, mythischer Ahnen erinnerten, war die Militarisierung der Gesinnung vielfach doch ein tiefgreifender kultureller Einschnitt. Die Umwandlung in eine zähe Kriegergesellschaft war überhaupt nur unter den Bedingungen des Pionierlebens in Palästina zu vollziehen, und Ben Gurion ist eine der treibenden Kräfte dieser militanten Zivilgesellschaft.

Alles beginnt mit der Selbstverteidigung gegen räuberische Araber. In seinen Aufzeichnungen schildert Ben Gurion, wie sich die jungen Männer im Kibbuz des Jahres 1909 primitive Waffen besorgen und erste bewaffnete Auseinandersetzungen bestehen. Dann kommt der Erste Weltkrieg. Wie viele andere Zionisten sieht auch Ben Gurion jetzt die Möglichkeit, eine legale jüdische Streitmacht zu errichten. Erst betreibt er zusammen mit seinen Freunden die Errichtung einer jüdischen Miliz auf seiten der Türken. Als diese aufgelöst wird, schlägt er sich nach einem Zwischenaufenthalt in New York auf die britische Seite und tritt im Frühjahr 1918 zusammen mit einer größeren Anzahl palästinensischer Juden, die sich nach den USA abgesetzt haben, der Jüdischen Legion bei, die dann später die Bezeichnung »39. Königliches Füsilierbataillon« erhält. Ben Gurion kommt allerdings nicht mehr zum Einsatz. Doch sein jüdischer Nationalismus weist von jetzt an nicht nur eine sozialistische Komponente auf, sondern ebenso die Überzeugung von der überragenden Bedeutung bewaffneter Selbstbehauptung. »Das Land Israel wird unser sein«, schreibt er 1917, damals noch in den USA, »wenn die Mehrheit seiner

Arbeiter und Soldaten aus unserem Volk kommt.«[101] Arbeiter und Soldaten als Grundlage des Judenstaates, dies ist eine Formel, an der er bis zum Lebensende festhält. Die Untergrundarmee Haganah, eigentlich überhaupt keine Armee, sondern ausschließlich auf dem Milizgedanken beruhend, hat in ihm einen der nachhaltigsten Befürworter.

Ähnlich wie George Washington im vorvorigen Jahrhundert bringt Ben Gurion aber dann die Weitsicht auf, aus den nur mit leichten Waffen ausgerüsteten, für kompliziertere militärische Operationen lange Zeit ungeeigneten Selbstschutzverbänden eine moderne Armee zu machen. In den Monaten vor der Staatsgründung, die unvermeidlicherweise zum Zusammenstoß mit den arabischen Armeen führen muß, läßt sich der längst zum Parteiführer avancierte ehemalige britische Gefreite von der Jewish Agency mit der Verantwortung für die Verteidigung beauftragen. Mit Erstaunen registriert nun seine Umgebung, wie er unablässig Besprechungen mit den Offizieren der Haganah abhält und ganze Berge von Lehrbüchern, Waffenkalendern und Instruktionsvorschriften verschlingt. Gegen heftigste Widerstände setzt er durch, die Haganah mit schweren Waffen auszurüsten sowie eine Luftwaffe und eine Kriegsmarine aufzubauen, was bedeutet, einen beträchtlichen Teil der im Ausland aufgebrachten Mittel für den Erwerb ausgemusterter Flugzeuge, Panzer, Kanonen und Torpedoboote aus dem Zweiten Weltkrieg auszugeben.

In den entscheidenden Wochen des jungen Staates, als alles am seidenen Faden hängt, greift Ben Gurion auch in die Durchführung der Operationen ein. Die Entscheidung, um jeden Preis und unter dem Risiko von Rückschlägen an anderen Fronten eine Brigade in Marsch zu setzen, um das belagerte Jerusalem mit Munition zu versorgen und zu verproviantieren, ist ein Vabanquespiel, erweist ihn aber als strategischen Kopf. Zur Erbitterung vieler Anführer der Untergrundstreitkräfte setzt er jetzt auf die »professionals« und bringt vorwiegend jüdische Offiziere, die während des Krieges in den britischen Streitkräften gedient haben, in Schlüsselpositionen. Israel, so bleut er seiner Partei und dem engeren Kreis seiner Mitarbeiter unablässig ein, braucht beides zugleich: eine Milizarmee, in der die Frauen als Zeichen ihrer Gleichberechtigung, doch auch, weil sie gebraucht werden, Kriegsdienst leisten, und eine möglichst ultramoderne Bewaffnung. Er ist überzeugt, daß Israel diese Quadratur des Kreises lösen muß, will es nicht untergehen. Als er 1963 endgültig aus dem Amt des Ministerpräsidenten scheidet, ist Israel immer noch ein Kleinstaat von sehr verletzlicher territorialer Ausdehnung, zugleich aber doch schon die stärkste Militärmacht im Nahen Osten und insgeheim auf bestem Weg, eine Atommacht zu werden.

Die Menschheit verdankt jüdischen Philosophen oder Propheten eine Vielzahl idealistischer Visionen zur Gestaltung der internationalen Beziehungen. Aber Ben Gurion ist die geradezu idealtypische Verkörperung eines Realpolitikers. Er macht sich keinerlei Illusionen, der Kampf um Sicherheit, Einfluß und Hegemonie könne je zu Ende gehen. Der Nahe Osten, so hat er gelernt, ist keine potentielle Friedenszone, sondern ein permanenter Kriegsschauplatz, auf dem die Akteure Allianzen eingehen und diese wieder auflösen, auf dem nur die Kriege ewig sind, lediglich unterbrochen durch kürzere oder längere Perioden von Waffenstillständen.[102] Zionisten bleibt demzufolge keine andere Option als illusionslose Machtpolitik.

Von dieser düsteren Philosophie ausgehend, ist Ben Gurion je nach den Umständen zu jeder Art von taktischem Arrangement bereit. Auch die Innenpolitik, so weiß er, steht unter dem Gesetz des gnadenlosen Machtkampfes. Der Parteipolitiker Ben Gurion findet sich, wie schon ausgeführt, unablässig im Mittelpunkt heftigster Kontroversen. Er traut keinem, vergißt nichts, verzeiht wenig, ist aber immer wieder fähig, selbst mit seinen Feinden unvoreingenommene Allianzen einzugehen, die dann allerdings nie lange halten. Bald beschimpft er seinen bürgerlichen Rivalen Jabotinsky von der »Revisionistischen Partei« als »Wladimir Hitler«, bald versucht er – so im Jahr 1934 in London fernab vom palästinensischen Kampffeld – mit ihm in tage- und nächtelangen Geheimgesprächen eine Übereinkunft zu treffen, befreundet sich fast mit ihm und geht dann wieder auf Konfrontationskurs, weil die Anhänger nicht mitziehen. Als Jabotinsky 1940 in den USA stirbt, findet Gurion jede Menge von Vorwänden, dem Letzten Willen des Rivalen, im Heiligen Land begraben zu werden, nicht zu entsprechen. Erst sein Nachfolger erweist sich zu diesem Akt der Humanität bereit.

Ähnlich wechselhaft gestalten sich die Beziehungen mit Chaim Weizmann, in dem Ben Gurion letztlich nur ein notwendiges Übel sieht. Als er Weizmann schließlich das Amt des ersten Staatspräsidenten Israels einräumen muß, setzt er unschöne Standards für das Verhältnis zwischen Kabinettschef und Staatspräsident. Wie später fast jeder seiner Nachfolger beklagt sich Weizmann jetzt darüber, der Ministerpräsident habe ihn zum Gefangenen in seiner Residenz in Rechovot gemacht.

Dieselbe Mischung militanter Unnachgiebigkeit mit zeitweiligen Waffenstillständen und prekären Allianzen zeigt sich beim Blick auf die nichtzionistischen Akteure, die auf Palästina einwirken. Vor dem Ersten Weltkrieg ist Ben Gurion lange davon überzeugt, daß die Zionisten ihren Zielen am ehesten im Zusammenspiel mit den türkischen Autoritäten näher kommen könnten. Doch 1918 findet man ihn in einem jüdischen Bataillon, das dazu bestimmt ist, unter dem Kommando des britischen Generals Allenby die türkischen und deutschen Streitkräfte aus Palästina hinauszuwerfen. Als Großbritannien zwischen 1919 und 1947 Mandatsmacht ist, fährt er einen Schlingerkurs zwischen Kooperation und Konfrontation, bei zunehmendem Überwiegen der letzteren. In den Jahren 1945 bis 1949 haßt er den britischen Außenminister Bevin genauso wie dieser ihn.

Gegenüber der arabischen Bevölkerung hält er zwar größtenteils an dem Ziel fest, die Juden durch immer neue Einwanderungswellen zur demographischen Mehrheit in Palästina zu machen. Doch Mitte der dreißiger Jahre ist er wiederum unvoreingenommen genug, mit dem arabischen Führer Mussa Alami Möglichkeiten eines langfristigen Arrangements auszuloten. Aber auch diese Gespräche führen schließlich zu nichts, genausowenig wie seine Sondierungen bei König Abdullah von Transjordanien, den er noch aus den Jahren in Istanbul persönlich kennt. Manchmal hat man den Eindruck, daß das Scheitern von Bemühungen um friedlich-schiedliche Lösungen bei Ben Gurion zu den stets wiederkehrenden Grundmustern gehört. Als Nahum Goldmann nach dem Unabhängigkeitskrieg zu bedenken gibt, man dürfe die Araber nicht zu Erbfeinden machen, gibt er zur Antwort: »Wäre ich ein arabischer Führer, so würde ich niemals eine Vereinbarung mit Israel unterzeichnen ... Wir haben ihr Land genommen. Sicher, Gott hat uns dieses Land versprochen. Aber was kümmert sie diese Verheißung. Unser Gott ist nicht ihr Gott.«[103]

Obwohl er Stalin für einen gefährlichen Kriminellen hält, zögert Ben Gurion keinen Augenblick, in den kritischsten Wochen und Monaten des ersten Palästinakrieges 1948/49 von der Tschechoslowakei, die damals schon in den Ostblock hinübergeglitten ist, kriegsentscheidende Lieferungen von Jagdflugzeugen entgegenzunehmen. Die Phase guter Beziehungen zur Sowjetunion ist aber bald zu Ende. Nun sucht er wieder mit den Briten anzuknüpfen, denn nach dem Unabhängigkeitskrieg steht Israel ziemlich allein; keine Großmacht von Rang ist bereit, den Judenstaat vorbehaltlos zu unterstützen. Erstaunt vernimmt der englische General Robertson bei einem Besuch im Februar 1951 aus dem Mund des israelischen Ministerpräsidenten die Worte: »Warum sollten wir nicht dem britischen Commonwealth beitreten?«[104] Und 1956 geht er mit Frankreich und Großbritannien eine heimliche Allianz ein, um den ägyptischen Präsidenten Nasser zu stürzen. Zusehends gelingt es ihm nun, die westlichen Kabinette, vor allem Washington, davon zu überzeugen, daß Israel im Ost-West-Konflikt fest auf seiten des Westens steht, formelle Allianzen hin oder her.

Am erstaunlichsten ist seine Unvoreingenommenheit gegenüber den Deutschen. Nach Gründung der Bundesrepublik erkennt er sehr rasch, daß großzügige Wiedergutmachungsleistungen der schuldbewußten Deutschen an den Staat Israel zum Schlüsselfaktor beim Aufbau einer modernen Wirtschaft werden könnten. An dieser genialen, von völliger Vorurteilslosigkeit gekennzeichneten Idee hält er trotz heftigster innenpolitischer Widerstände fest und trägt überhaupt keine Bedenken, die Zusammenarbeit mit Bonn auf geheime Lieferungen schweren Kriegsgeräts auszudehnen. Er setzt auf das »neue Deutschland«. Doch das ist primär das Ergebnis nüchternsten realpolitischen Kalküls. Außerdem stimmt die Chemie zwischen ihm und Adenauer. Auch dieser, mit dem er im Frühjahr 1960 im New Yorker Waldorf-Astoria-Hotel schließlich zusammentrifft, ist ein Realpolitiker vom Schlage Ben Gurions, genauso streitsüchtig, autoritär, unvoreingenommen, stolz, geschichtsbewußt und auf das Ziel ausgerichtet, den ungefestigten eigenen Staat über die Runden zu bringen.

SIEBENTER TEIL

# Größen der Dritten Welt

Als fast ein Drittel des 20. Jahrhunderts vergangen ist, veröffentlicht Carlo Graf Sforza, damals schon im amerikanischen Exil, seine bereits erwähnte Porträtgalerie der politischen Größen im damaligen Europa[1], gefolgt von einem vergleichbaren Band »Europäische Diktaturen«.[2] Beide Bücher sind typisch für die eurozentrische Perspektive, die damals noch vorherrscht. Eigenartigerweise enthält der erste dieser Bände auch eine Porträtstudie Sun Yat-sens, der mit folgender Begründung aufgenommen wird: »Selbst das unwandelbare Asien schaut nach Männern aus.« Sun Yat-sen, den Sforza aus den Jahren 1912 und 1913 als »verschwommene Gestalt« in persönlicher Erinnerung hatte[3], habe im Leben wie ein melancholischer Kerenski gewirkt; erst im Tode erscheine er seinen Landsleuten wie ein allmächtiger Lenin und werde mit seinem Testament zur Gefahr für Konfuzius und dessen fünfundzwanzig Jahrhunderte alte, bisher nie angefochtene Herrschaft.[4]

Schon in den mittleren Jahrzehnten des 20. Jahrhunderts wäre eine insgesamt eurozentrische Perspektive undenkbar. Nach dem Schwellenjahr 1917 werden die amerikanischen Präsidenten nicht allein Europa zum Schicksal, sondern bald auch Asien. Nun treten aber auch die Größen Indiens weltweit ins Blickfeld – seit Anfang der zwanziger Jahre ist dies der Mahatma Gandhi, bald auch Nehru. Vor dem Zweiten Weltkrieg gelten die beiden als die bekanntesten Revolutionäre Asiens. Sun Yat-sen aber, neben Gandhi der bedeutendste fernöstliche Revolutionär im ersten Viertel des Jahrhunderts, wird vorwiegend nur von Experten wie Sforza zur Kenntnis genommen.

Hingegen erscheint der Generalissimus Tschiang Kai-schek seit Ende der zwanziger Jahre als eine der neuen Größen im Fernen Osten. Mao Tse-tung und den bald weltweit präsenten Außenminister der Volksrepublik China Tschou En-lai beginnt man erst 1948 voll wahrzunehmen, als die chinesischen Kommunisten vor dem Sieg im Bürgerkrieg stehen.

Daß auch in Burma, Indonesien, Pakistan, Ceylon und Indochina revolutionäre Führer am Werk sind, wird noch wenig beachtet. Sukarno beispielsweise hat seine Karriere als Kämpfer gegen den Kolonialismus schon in den frühen zwanziger Jahren begonnen. Er ist erst ein Studentenführer, der Washington, Lincoln und Garibaldi bewundert, bald Gründer einer eigenen Partei, die weder islamistisch ist noch kommunistisch, wohl aber nationalistisch. Er lernte die Gefängnisse der niederländischen Kolonialmacht kennen, läßt sich tief mit der japanischen Besatzungsmacht ein und erlebt als Präsident der Republik Indonesien von 1945 bis 1967 ein wechselreiches Auf und Ab. Doch erst 1955 gelingt ihm mit der Einberufung der asiatisch-afrikanischen Konferenz nach Bandung der Durchbruch zu weltweiter Bekanntheit.[5] Zwar ist sein Ehrgeiz ungeheuer, auch eine Weltrolle zu spielen. Aber von 1947 bis zu seinem Tod im Jahr 1964 agiert doch Ministerpräsident Jawaharlal Nehru als eine Art Doyen unter jenen neuen Größen, die jetzt jeweils an der Spitze ihrer von europäischem Kolonialismus befreiten Länder stehen.

Im Westen sind vor allem Intellektuelle und Frauen von Nehru hingerissen. Albert Einstein feiert ihn als den »Premierminister von morgen«. Die von allem Orientalischen faszinierte Romanschriftstellerin Pearl S. Buck schreibt, er sei »einer der wenigen wahrhaft großen Männer in der ganzen Welt«. Und die ansonsten kritische Soziologin Alva Myrdal, die Schweden zeitweilig als Botschafterin in Indien vertritt, äußert in einem Interview allen Ernstes, Nehrus unvergleichliches Charisma habe ihn wie eine Strahlung umflossen.[6] Selbst in den USA des selbstgerechten, den Blockfreien ganz und gar nicht gewogenen Außenministers John Foster Dulles strömen 600 Korrespondenten herbei, als Nehru im Dezember 1956 dort eine Grundsatzrede hält, und man führt ihn ganz selbstverständlich als einen der wichtigsten Staatsmänner der Welt ein.[7]

Genauso bedeutend und genauso typisch für die neue Welt dekolonisierter Staaten erscheint damals noch ein anderer Präsident: der ägyptische Revolutionär Oberst Gamal Abdel Nasser, der den arabischen Nationalismus verkörpert. Wie in Italien, Deutschland und Japan vor dem Zusammenbruch 1945 ist der Nationalismus jetzt auch im Nahen Osten die massenwirksamste aller Ideologien. Und in der westlichen Öffentlichkeit besitzen nationalistische Größen der Dritten Welt denselben Sympathiebonus wie anfänglich Mussolini in Europa. Doch während rabiater Nationalismus in Europa inzwischen als gemeinschädlich erkannt wurde, gilt er in Asien, im Nahen Osten und in Afrika noch als respektabel, zumindest aber als tolerabel.

Nehru, Nasser und Sukarno kann man während der fünfziger und der sechziger Jahre als eine Art Heilige Drei Könige der Dritten Welt bezeichnen, von denen sich jeder für den bedeutendsten Führer der antikolonialistischen Befreiungsbewegung hält.

Andere suchen sich zwar gleichfalls neben ihnen ganz nach vorn zu schieben. Am besten gelingt das Präsident Tito, also ausgerechnet einem Europäer, der zugleich Kommunist ist. Aber obschon Tito die Dritte-Welt-Rhetorik meisterlich beherrscht, bleibt er doch vorwiegend eine bedeutende Gestalt des Ost-West-Konflikts und der kommunistischen Weltbewegung.

Noch einer weiteren Größe der sogenannten Dritten Welt gelingt es damals für wenige Jahre, globale Aufmerksamkeit auf sich zu ziehen: Kwameh Nkrumah, Ministerpräsident Ghanas. Seitdem Ghana 1957 als erste der britischen Kolonien in Afrika unabhängig geworden ist, agiert er als Repräsentant des dort zeitgemäßen Nationalismus. Die

Herrlichkeit dieses selbsternannten Führers des Panafrikanismus dauert allerdings nur knappe zehn Jahre. Dann wird er gestürzt, und alle Welt erkennt, daß Nkrumah ein politischer Hochstapler war, der sein kleines, aber ursprünglich wohlhabendes Land ruiniert hat. Doch als erster in einer langen Reihe arrivierter afrikanischer Revolutionäre bleibt er in Erinnerung.

Die geschichtliche Bedeutung dieser Führungsgruppe kann kaum überschätzt werden. Nachdem im Jahr 1947 die Dekolonisierung des indischen Subkontinents und 1949 die Indonesiens vollzogen wurde, ist man Anfang der fünfziger Jahre weder in London noch in Paris bereit, die Gesamtheit der globalen Imperien kurzfristig aufzugeben. Dasselbe gilt für nachgeordnete Kolonialmächte wie Portugal oder Belgien. Daß die Kolonialreiche im Nahen Osten, in Asien, im pazifischen Raum und in Schwarzafrika dann doch so vergleichsweise rasch liquidiert werden, ist zwar nicht allein der antikolonialistischen Diplomatie Nehrus, Nassers, Sukarnos oder Nkrumahs, sondern gleicherweise Washington und Moskau zu verdanken, und vielfach wären die Kolonialmächte ohne den Druck der jeweiligen Befreiungsbewegungen nicht zum Rückzug bereit gewesen. Aber die erste Generation der arrivierten Unabhängigkeitskämpfer hatte doch maßgeblichen Anteil daran.

## Vorläufer des »Clash of Civilizations«: der Mahatma Gandhi

Am Ende des 20. Jahrhunderts ist es schon fast vergessen, daß die ersten Größen der überseeischen Unabhängigkeitsbewegung zwei Inder waren – der Mahatma Gandhi und Jawaharlal Nehru.

Von 1919 an, als er erstmals zum zivilen Ungehorsam gegen die Briten aufruft, bis zu seiner Ermordung Anfang 1948 fesselt vor allem Gandhi die Phantasie Europas und Asiens. Er ist ein ganz neuer Typ von Revolutionär. Dieser von Gestalt kleine, dürre und in westlichen Augen überaus seltsame Hindu unterscheidet sich von allen bisher bekannten revolutionären Führern. Er ist derjenige in den überseeischen Kolonien Europas, der mit radikalster Kompromißlosigkeit, aber eben auch mit der Fähigkeit, weltweite Aufmerksamkeit zu erregen, die Autonomie seines Landes einfordert. Gandhi entwickelt dabei massenwirksame Strategien des gewaltlosen Widerstandes, die sich als beispiellos erfolgreich erweisen – nicht allein in Indien, sondern sogar noch, was fast niemand für denkbar hält, im Jahr 1989, als die Statthalter Moskaus in der DDR, in der Tschechoslowakei und in den baltischen Staaten von gewaltlosen Revolutionen in die Knie gezwungen werden.

Vermutlich macht aber Gandhi als antiwestlicher Kulturrevolutionär den stärksten Eindruck auf die westliche Öffentlichkeit, die sich der völligen Andersartigkeit Asiens immer bewußt gewesen ist.

Churchill mit seiner Gabe für plastische Formulierungen hat ihn 1931 wie folgt skizziert: »Herr Gandhi, ein aufrührerischer Rechtsanwalt aus dem Londoner Gerichtsbezirk Middle Temple, der jetzt als Fakir posiert, wie man sie im Orient gut kennt, und der nun halb nackt die Stufen zum Palast des Vizekönigs emporsteigt, um, während er immer noch eine Kampagne von ›civil disobedience‹ organisiert und durchführt, mit dem Repräsentanten des Königs von England und Kaisers von Indien von gleich zu gleich zu verhandeln.«[8] Wie Churchill haben viele Briten Gandhi als raffinierten Heuchler betrachtet. Tatsächlich aber war dieser Verkünder abseitig traditionalistischer Wirtschaftsideen und mit bewußter Ablehnung westlicher Kleidung eine Leitfigur des kulturell motivierten Aufstands gegen die Dominanz des Westens. Das Stichwort »Clash of Civilizations« wird zwar erst 1993 von Samuel P. Huntington gegeben.[9] Suche nach eigener kultureller Identität und Antiwestlertum bilden aber eine kräftige Unterströmung in den Befreiungsbewegungen Indiens, Schwarzafrikas oder des Nahen Ostens. Gandhi ist die erste Persönlichkeit von Weltrang, die dies verkörpert. Nach seiner Ermordung am 30. Januar 1948 während der chaotischen Teilung Indiens dauert es dreißig Jahre, bis in der Gestalt des iranischen Ayatollah Khomeini wiederum ein Individuum auf die Weltbühne tritt, in der dieses große Thema zwar befremdlich, aber unübersehbar Gestalt gewinnt. Möglicherweise wird also Gandhi, der nach seinem Tod außerhalb Indiens langsam vergessen worden ist, im nächsten Jahrhundert als einsamer und großer Vorläufer kommender Dinge wiederentdeckt.

Gewiß ist anfänglich auch Gandhi der Faszination des spätviktorianischen England erlegen. Doch wie nach ihm Mohammed Ali Jinnah oder Solomon Bandaranaike, die Staatsgründer Pakistans und Ceylons (beide brillante, in Oxford ausgebildete Juristen), war auch Gandhi früh zur Kultur seiner Vorfahren zurückgekehrt. Huntington, der den Typus später analysiert, erklärt das so: »Um ihre Nation in die Unabhängigkeit und weiter führen zu können, mußten sie sich indigenisieren.«[10] So wurde aus dem Rechtsanwalt Mohandas Karamchand Gandhi »der Mahatma« (»dessen Seele groß ist«). Der säkularisierte Barrister M. A. Jinnah entdeckte wieder die Kräfte des Islam und gab keine Ruhe, bis dieser zum Fundament Pakistans wurde, eines unabhängigen Muslimstaates. Bandaranaike schließlich wandte sich vom

Christentum wieder dem Buddhismus zu und trat an die Spitze der singhalesischen Freiheitspartei.[11] Auch Lee Kuan Yew, eine der Größen des ultramodernen, von ihm selbst zum asiatischen Modellstaat des späten 20. Jahrhunderts emporgebrachten Singapur, paßt in dieses Muster. Er war unter dem Namen Harry Lee gleichfalls ein sehr angesehener Barrister gewesen, zugleich ein Linksradikaler, und fand dann zum Konfuzianismus zurück. Helmut Schmidt, der diese Konversion registriert, meint anerkennend: »Heute ist Singapur die sauberste und ordentlichste Großstadt der Welt ...«[12]

## »Eine verquere Mischung von Ost und West«: Jawaharlal Nehru[13]

In vielerlei Hinsicht gibt es kaum gegensätzlichere Persönlichkeiten als Gandhi und dessen Schüler Nehru. Gewiß ist auch Nehru anfänglich dem Zauber Gandhis verfallen. Die Hinwendung des orientierungslosen, damals schon dreißigjährigen Nehru zu Gandhi erinnert dabei in manchem an die Berufung der Apostel durch Jesus.

1919 ist so etwas wie das Schicksalsjahr des modernen Indien. 1,1 Millionen Inder waren im Ersten Weltkrieg rekrutiert gewesen und hatten in Frankreich, im Mittleren Osten und in Ostafrika auf britischer Seite gekämpft. 37 000 waren gefallen.[14] Doch zum Dank dafür, konstatiert nun die empörte indische Nationalbewegung, gewährt die Kolonialverwaltung dem Subkontinent nicht größere Autonomie, erläßt vielmehr strenge Gesetze gegen politische Agitation. Gandhi entschließt sich alsbald, dagegen eine Protestkampagne des passiven Widerstands zu organisieren. Er nennt diese Strategie Satjagraha (»Festhalten an der Wahrheit«). Sie bezweckt zweierlei. Das offen bekundete Ziel besteht darin, den Gegner zur Einsicht in sein Fehlverhalten zu veranlassen. Gibt es ein besseres Mittel dazu als den gewaltlosen Widerstand und die geduldige Hinnahme von Bestrafung? Natürlich wird dabei das christliche Gewissen potentiell schuldbewußter Engländer klug mit einkalkuliert.

Das weniger offen ausgesprochene Ziel von Satjagraha besteht darin, eine verschworene Gemeinschaft politischer Protestler und Märtyrer zu schaffen. Es gilt, die bisher recht apathischen Massen Indiens zur passiven Gegenwehr zu veranlassen. Gandhi hatte diese Technik bereits in Südafrika erfolgreich eingesetzt. Kann eine Kolonialmacht mit einigen Zehntausenden von Administratoren, Soldaten und Polizisten auf Dauer dem unablässigen passiven Widerstand von vielen Millionen widerstehen? Dies also der Kalkül. So ganz gewaltlos laufen die Demonstrationen freilich nicht immer ab. Gebildetere Inder begreifen zwar die Überlegungen Gandhis und halten sich daran. Aber die Massen geben bei solchen Kampagnen leicht der Versuchung nach, regellos zu plündern und gelegentlich auch zu morden.

Nehru läßt sich, wie er später berichtete, von Gandhis Aufruf spontan überzeugen: »Ich habe mich in alles hineingestürzt, ohne an die Konsequenzen zu denken«.[15] Doch als im Frühjahr 1919 die Kampagne in Gang kommt, ereignet sich ein entsetzlicher Vorfall – das Amritsar-Massaker. Das 20. Jahrhundert kennt eine ganze Reihe solcher Zwischenfälle, die das psychologische Klima eines ganzen Landes schlagartig verändert haben: die Ermordung von über hundert Demonstranten durch das Feuer einer Infanterieeinheit vor dem Winterpalast zu Sankt Petersburg am 9. Januar 1905, die die Revolution von 1905 auslöste, das Massaker südafrikanischer Polizisten an schwarzen Demonstranten in Sharpeville am 21. März 1960 (72 Tote, 180 Verletzte) oder der tödliche Schuß auf den Studenten Benno Ohnesorg am 2. Juni 1967 in Berlin, der Zehntausende deutscher Studenten zu Rebellen machte.

Aufgeputscht durch vorangegangene Ausschreitungen eines unorganisierten Mobs gegen einzelne Engländer und englische Banken, feuert eine Kolonne britischer Truppen unter dem Kommando des Brigadiers R.E.H. Dyer ohne Warnung direkt in eine friedlich versammelte Menge von Männern, Frauen und Kindern. Das Schießen wird erst nach zehn Minuten wieder eingestellt, und die Irrsinnstat hinterläßt 379 Tote sowie 1200 Verwundete.[16] Nach diesem 13. April 1919 ist Indien ein anderes Land. Was Nehru am meisten empört, ist aber weniger die Untat an sich als die unsensible Reaktion der britischen Öffentlichkeit darauf.[17]

Mit dem Entschluß, sich nun bedingungslos an Gandhis Kampagne zu beteiligen, entscheidet der Rechtsanwalt Jawaharlal Nehru über seine eigene Zukunft. Nach seiner Verurteilung wegen zivilen Ungehorsams ist an weitere Anwaltstätigkeit nicht mehr zu denken. Nehrus Vater Motilal reagiert darauf heftig, ja verzweifelt. Er hatte eines der renommiertesten Rechtsanwaltsbüros in Britisch-Indien aufgebaut, das viel Geld abwarf, hatte seinen Sohn jahrelang in England als Anwalt ausbilden lassen und muß nun zusehen, wie dieser alle schönen Pläne ungestüm ruiniert. Dabei sind die indischen Wünsche nach größerer Autonomie dem älteren Nehru durchaus nicht fremd. Motilal Nehru ist auch bisher schon politisch tätig gewesen, doch eben auf dem überwiegend moderaten Flügel der Kongreßpartei, im Rahmen der Legalität und in prinzipieller Hinnahme der britischen Oberherrschaft.

*Mahatma Gandhi und Jawaharlal Nehru im Jahr 1946. Die Bedeutung dieser beiden wesensmäßig so verschiedenen Führer der indischen Nationalbewegung für den globalen Dekolonisierungsprozeß kann gar nicht überschätzt werden.*

Es folgt eine Reihe langer, dramatischer Gespräche Motilals mit Gandhi. Dieser aber, der damals wie einst Jesus ein Menschenfischer ist, zeigt sich nicht gesonnen, den frisch gewonnenen Jünger aufzugeben. Auch Jawaharlal Nehru stellt sich gegen den bislang dominierenden Vater. Der Konflikt zwischen Vater und Sohn endet schließlich, indem sich auch Motilal der Bewegung Nehrus anschließt, wenngleich nicht unter Teilnahme an Gesetzesverletzungen, sondern als Finanzier und durch politische Stellungnahmen in der Kongreßpartei.

Von jetzt an gehört der junge Nehru zu den erklärten Anhängern Gandhis und legt den Eifer eines Neubekehrten an den Tag. Er hängt die Anwaltstätigkeit an den Nagel, bequemt sich zum einfachen Leben, gibt sogar das Rauchen auf, wird Vegetarier und beginnt die heiligen Schriften der Baghavad Gita zu lesen.[18]

Doch es dauert nicht lange, da sind auch tiefe Gegensätze zu verspüren. Zwar posiert Nehru, wie der Mahatma das erwartet, dann und wann mit einem Spinnrad. Doch er weiß genau, daß die Zukunft Indiens von der Teilnahme am Welthandel abhängt, und hält Gandhis

Träume von einer Föderation kleiner Dorfrepubliken mit vorindustrieller Wirtschaft für atavistisch.

Bald tritt er auch wesentlich radikaler auf als Gandhi, vor allem nach einer längeren Europareise 1926/27, die ihn in engere Verbindung mit den Kommunisten bringt. Zwar hält er sich nur drei Tage in Moskau auf und kommt durchaus nicht als Kommunist zurück, ist aber doch davon überzeugt, daß der Planwirtschaft die Zukunft gehört. Zudem begreift er den indischen Befreiungskampf nunmehr stärker als zuvor in marxistischen Kategorien. Im sowjetischen Kommunismus, so glaubt er von nun an, ist doch ein Prinzip Hoffnung vorhanden. Die Bauern und Arbeiter in der Sowjetunion scheinen sich besser zu stehen als anderswo. Planwirtschaft dürfte somit das geeignete Instrument sein, um ein abhängiges Entwicklungsland in die Modernisierung zu stoßen. Gewiß lehnt Nehru, der hochgemute Idealist, schon damals und erst recht später die terroristischen Zwangsmethoden der sowjetischen Kommunisten ab. Doch läßt auch er sich wie noch viele nach ihm vor den einbalsamierten Leichnam Lenins führen und zeigt sich tief beeindruckt.[19]

In den folgenden Jahren ist Nehru jedenfalls neben Subhas Chandra Bose, der sich später mit den Japanern einläßt und 1945 in den Wirren des japanischen Zusammenbruchs umkommt, der Anführer des revolutionären Flügels der Kongreßpartei. Er fordert die völlige und sofortige Unabhängigkeit Indiens. Dreißig Jahre später beschreibt der schwerreiche Unternehmer G.D. Birla den revolutionären Nehru von damals, mit dem er manchmal zusammenging, aber noch häufiger aneinandergeriet, als einen ungeduldigen, bockigen jungen Aristokraten, der viel zu viel redet, ein großer Charmeur ist, aber seltsamerweise keine engen Freunde hat. Mit Gandhi habe er oft gestritten, dessen Entscheidungen aber schließlich stets akzeptiert.[20]

Tatsache ist, daß Nehru eben kraft seiner unbändigeren Radikalität Gandhi politisch den Rang abläuft, genauer gesagt: Der Mahatma tritt ihm freiwillig die politische Führung ab. Spätestens 1936, als seine im Gefängnis verfaßte Autobiographie in England zum Bestseller wird, hat Nehru sich auch im Bewußtsein Europas und der USA als führende Persönlichkeit eigenen Gewichts neben Gandhi fest etabliert.

Während des ganzen langen Unabhängigkeitskampfes, der immerhin mehr als ein Vierteljahrhundert andauert, ist Nehru ein glühender indischer Patriot. Kritiker meinen sogar: nicht in erster Linie ein Inder wie viele andere, sondern ein stolzer Brahmane. Sein Lebenswerk besteht jedenfalls darin, Indien eine neue politische und kulturelle Identität zu vermitteln. Auch er persönlich, so sehen das viele, findet die eigene Identität erst, als er sich kompromißlos gegen England auflehnt. Doch in seinem Fall liegen die Dinge viel komplizierter. Tatsächlich wird man diesem Vorkämpfer der indischen Unabhängigkeit nur dann gerecht, wenn man ihn als Mann zweier Welten begreift. »Eine verquere Mischung von Ost und West«, hat er sich selbst genannt.[21]

1905, im Alter von sechzehn Jahren, wird der verwöhnte, etwas feminine Sohn eines erfolgreichen und dominierenden Vaters in der feinen Privatschule Harrow eingeschrieben. Die spätviktorianische Ära ist in England eben von der edwardianischen Spätblüte abgelöst worden. Zwar gibt es noch hinlänglich viele ältere Imperialisten vom Typ General Kitcheners oder ganz junge Empire-Politiker wie Winston Churchill, und das Indienbild von Millionen wird durch die Romane und Gedichte Rudyard Kiplings bestimmt. Aber in Cambridge, wo Nehru zwei Jahre lang und nicht besonders brillant studiert, in Oxford, in Bloomsbury und in anderen bürgerlichen Vierteln Londons findet sich auch eine aparte Welt der leicht müden, forciert zynischen, mit reizbaren Nerven ausgestatteten jungen Gentlemen und ihrer anstrengend-emanzipatorischen Gefährtinnen. Humanitär verfeinert, friedliebend und intellektuell überlegen haben diese sozialen Orchideengewächse der englischen *leisure-class* für barbarische, kriegerische, imperialistische oder auch nur von kühlem Nutzen-Kalkül bestimmte Außenpolitik nicht mehr viel übrig. Der kostspielige, blutige und moralisch fragwürdige Burenkrieg hat bei dieser Generation zu einer Katerstimmung geführt, die wenigstens ansatzweise an das Vietnam-Trauma der späteren Achtundsechziger Generation erinnert. Soweit diese Schicht überhaupt politischen Anteil nimmt, gilt ihre Aufmerksamkeit häufig den utopisch beflügelten, elitistischen und antikapitalistischen Ideen der Fabian Society.

Im gleichen Jahr 1905, da »Master Joe«, wie der junge Nehru genannt wird, in Harrow eintrifft, veröffentlicht der »Fabian« H.G. Wells, Starautor dieser jungen Generation progressiver Intellektueller, den Zukunftsroman »A Modern Utopia«. Wells skizziert darin das Profil einer künftigen Elite, die den kommenden Weltstaat regiert. Er nennt sie den Orden der Samurai. Sie bilden eine klug gezüchtete intellektuelle Oberschicht, ausgezeichnet durch überlegene Intelligenz, Kreativität und Sensibilität. Vom Handel oder vom Reichtum halten sie nicht viel, wie ihnen die gröberen Genüsse überhaupt nicht reizvoll erscheinen. So verzichten sie auch auf Fleisch, Alkohol und Tabak. Sie glauben daran, daß der Mensch wesensmäßig gut ist, und verabscheuen die Lehre von der Erbsünde. Zwar sind sie sich ihrer gesellschaftlichen Überlegenheit voll bewußt, doch eine konsequente Eugenik ist dazu bestimmt, die Klassen der Stumpfen und Dummen mittelfristig zu eliminieren. Auch von rassischen und ethnischen Gegensätzen halten sie nichts; allein das geistig verfeinerte Individuum zählt. Es versteht sich von selbst, daß sie auch religiös tolerant sind.

Trotz ihrer Kultiviertheit gilt ihre Aufmerksamkeit aber durchaus auch der politischen Gestaltung. Doch ihre Staatskunst ist nicht utilitär, vielmehr zutiefst human. Die Samurai setzen nicht so sehr auf Organisation oder Zwang, sondern auf gesellschaftliche Kreativität, auf Entwicklungsfähigkeit und auf politische Konstruktivität.[22] Ein harmonischer, durch Kultursynthese gekennzeichneter Weltstaat scheint ihnen erreichbar.

Ist auch Nehru ein moderner Samurai? Wer die in vielem einzigartige Gestalt dieses immer etwas abgehobenen Idealisten studiert, entdeckt an ihm in der Tat verschiedene Züge jener fabianischen Fabel vor dem Hintergrund des intellektuell verfeinerten, durchaus blasierten, aber auch wohlmeinenden Harrow, Cambridge oder London des Jahrzehnts vor dem Ersten Weltkrieg.

Vor allem im Alter hat sich Nehru immer wieder an die frühe Prägung im edwardianischen England erinnert. US-Botschafter Galbraith bekommt von ihm in entspannten Momenten zu hören, er sei »der letzte Engländer, der Indien regiert«.[23]

Damals, in den frühen sechziger Jahren, weiß jedermann, daß die zehnjährige Sozialisierung dieses geistig formbaren Inders im England der Jahre 1906 bis 1916 weltgeschichtliche Folgen hatte. Englischer Parlamentarismus, englischer Pluralismus und englische Toleranz haben sich Nehru so unauslöschlich eingeprägt, daß er Indien eben nicht nach dem terroristischen Modell Lenins formt, sondern nach den idealistischen Vorstellungen der Fabier, die alles zugleich sind: wohlmeinend, humanitär, elitistisch, arrogant und von der Idee rationaler Planung besessen.

Das gewaltigste Sozialexperiment fabianischen Denkens ist nicht das von Clement Attlee und seinen Mitstreitern reformierte England zwischen 1945 und 1951, sondern das Indien Jawaharlal Nehrus. Der Führer im Unabhängigkeitskampf besitzt genügend Autorität, die 1947 rund 350 Millionen Inder von zweierlei zu überzeugen: von dem Erfordernis parlamentarischer Demokratie (einschließlich Frauenstimmrecht) und von der zwingenden Notwendigkeit eines säkularen Staates.

Wie viele seiner Altersgenossen ist auch der junge Nehru ein Agnostiker. Ob er sich in vorgerückten Jahren pantheistischen Ideen öffnete, sei dahingestellt. Jedenfalls hat er Indien in den entscheidenden Jahrzehnten als eine prinzipiell säkulare Republik gestaltet, in der Hindus, Muslime, Christen, Sikhs, doch auch Agnostiker wie er selbst, tolerant zusammenzuleben hatten. André Malraux berichtet, Nehru habe auf die Frage, was ihm nach der Unabhängigkeit am schwersten fiel, geantwortet, »einen rechten Staat mit rechten Mitteln zu schaffen« und »vielleicht auch, einen weltlichen Staat in einem Land zu erschaffen, in dem alles von der Religion her bestimmt ist«.[24]

Einen »rechten Staat mit rechten Mitteln zu schaffen« – das war die Absage an den Weg Lenins und Stalins. Das Bekenntnis zu einer säkularen Republik – damit verwarf Nehru den Weg des Muslims Ali Jinnah, aber auch den der Hindu-Nationalisten. Nehru war gewiß nicht der einzige, dem dieses einzigartige Kunststück zu verdanken ist, aber er war doch der wichtigste unter jenen Staatsgründern des unabhängigen Indien, die den neuen Staat auch aus englischem Geist gestaltet haben.

Es ist bis heute historisch umstritten, welche Verantwortung Nehru an dem Zerbrechen der Einheit Indiens im Jahr 1947 trifft. Ob die Errichtung der miteinander verfeindeten Staaten Indien und Pakistan vermeidbar gewesen wäre, wenn er sich im richtigen Moment zu einer lockeren Konföderation bereit gefunden hätte, ist im nachhinein nur spekulativ zu beantworten. Dem agnostischen Nehru fiel es schwer, die Forderung der Muslim-Partei nach religiös fundierter Autonomie gebührend ernst zu nehmen. Hinzu kam das ausgesprochen schlechte persönliche Verhältnis zwischen dem Moslem-Führer Jinnah und Nehru. Als schließlich die Teilung unvermeidlich wurde, kam auch noch gravierend ins Spiel, daß der aus vornehmster brahmanischer Familie in Kaschmir stammende Nehru entschlossen war, das vorwiegend von Muslimen besiedelte Kaschmir um jeden Preis Indien anzugliedern.

Dieser Preis war sehr hoch, und er ist bis heute nicht ganz abbezahlt. Die chaotischen, religiös bedingten Schlächtereien bei der Teilung haben 1947 und 1948 Hunderttausenden das Leben gekostet. Mahatma Gandhi war das prominenteste Opfer. Der große Staatsgründer Nehru hat dem Subkontinent also auch die Hypothek dauerhafter, bis heute nicht ausgeräumter Spannungen zwischen Indien und Pakistan hinterlassen, die 1971 sogar zu einem Krieg zwischen den beiden Ländern führten. Die Schuld für diese Entwicklung lag nicht allein bei Nehru, aber eben doch auch bei ihm.

Noch ein weiteres Erbe englischer Kultur des frühen 20. Jahrhunderts in der spezifisch fabianischen Ausprägung erweist sich von großer Bedeutung für die Zukunft Indiens. Nehru ist davon überzeugt, daß umfassende Wirtschaftsplanung nicht allein geboten, sondern zugleich möglich ist. Gewiß wäre es falsch, darin allein das Ergebnis der Bücher und Ansprachen der Webbs', von Bernard Shaw oder von H.G. Wells zu sehen, an denen er sich anfänglich orientiert hat. Die Fünfjahrespläne Stalins haben ihn gleichfalls beeindruckt. Zudem begriffen auch viele nichtmarxistische Ökonomen der späten vierziger

*Premierminister Nehru mit Edwina Mountbatten, der Frau des letzten Vizekönigs Lord Mountbatten, anläßlich des Abschiedsempfangs für 7000 geladene Gäste.*

und der fünfziger Jahre solche Pläne als ein nützliches Mittel der Entwicklungspolitik.

1951 läßt Nehru den ersten indischen Fünfjahresplan in Gang setzen, 1956 den zweiten und 1961 den dritten. Diesen liegt die Philosophie zugrunde, daß die Hauptinvestitionen in die Schwerindustrie fließen müssen. Logischerweise führt dies zu riesigen Staatskonzernen und zu starker Zentralisierung. Da Indien immer einen vergleichsweise breiten privaten Sektor behält, wirken sich die dabei unvermeidlichen Fehlplanungen, die Ressourcenverschwendung und die Korruption allerdings nicht ganz so verheerend aus wie in den kommunistischen Ländern.

Jedenfalls zeigt sich Nehru auch auf dem wirtschaftlichen Feld sehr stark vom britischen Sozialismus fabianischer Observanz beeinflußt. Daß er im Jahr 1947, als er die Geschicke Indiens übernahm, in Wirtschaftsfragen genausowenig konkrete Erfahrungen hatte wie seinerzeit Lenin im Jahr 1917, ist offenkundig. Im Grunde hat der in jungen Jahren sehr verwöhnte Nehru überhaupt nie ein rechtes Verhältnis zum Geld gehabt[25], aber auch nicht zur Wirtschaft. Cyrus L. Sulzberger, ein gnadenloser Beobachter der Größen in der Mitte des 20. Jahrhunderts, vermerkte 1952 nach einem eineinhalbstündigen Interview mit dem Ministerpräsidenten Nehru: »Er ist ein Wirrkopf, der zweifellos in eine Wolke des Idealismus gehüllt ist, und seine Bewunderer tragen viel dazu bei, ihn darin zu bestärken. Daß er ehrlich, intelligent und möglicherweise dynamisch ist, steht außer Frage. Trotzdem habe ich das Gefühl, daß er sich durch viele schwierige Probleme tastet, ohne recht zu wissen, wohin er geht, und ohne vorgefaßten moralischen, politischen oder wirtschaftlichen Plan ...«[26] Die zahlreichen seither erschienenen Biographien und Monographien vermitteln keinen anderen Eindruck. An der starken Prägung durch die britischen Theorien, die Nehru früh in sich aufgenommen hatte, ist jedenfalls nicht zu zweifeln.

Manchmal scheint es, als sei seinem Verhältnis zu England, sowohl zu Beginn als auch und wieder auf dem Gipfel des Lebens, eine spürbar erotische Komponente beigemischt. Es gibt kein deutlicheres Indiz dafür als Nehrus berühmtes Verhältnis mit Edwina Mountbatten.

1947, Nehru zählt 58 Jahre und ist bereits die Zentralfigur der indischen Unabhängigkeitsbewegung, erlebt er einen *coup de foudre*. Admiral Mountbatten ist von Premierminister Attlee als letzter britischer Vizekönig nach Indien entsandt worden. Dieser imponierende, durchaus noch nicht von Dekadenz gezeichnete Offizier aus der von Nehru so bewunderten englischen Oberschicht hat Edwina Mountbatten an seiner Seite, »eine der reichsten, schlanksten, schnellsten, unerschrokkensten« Gesellschaftsdamen der dreißiger und der vierziger Jahre.[27] Die beiden führen seit langem eine offene Ehe, und während Mountbatten, Nehru und der Moslemführer Jinnah schwierigste letzte Verhandlungen über die Unabhängigkeit führen, entspinnt sich zwischen Nehru und Edwina Mountbatten eine Romanze. Beide finden dies in hohem Maße vergnüglich, Mountbatten zumindest politisch nützlich. Die Freundschaft hält bis zum Tode Edwina Mountbattens im Jahre 1960 – gelegentliche Besuche bei Nehru in Indien, Treffen in England auf Schloß Broadlands, hochgestimmte Briefwechsel. Nehru ist offensichtlich verzaubert. Im tiefsten Innern genießt er doch wohl auch den Triumph, seit 1947 nicht allein anstelle des Vizekönigs Indien zu regieren, sondern zugleich mit dessen Frau eine Affäre zu haben, von der man hinter vorgehaltener Hand spricht.[28]

Nehru war aber nicht allein eine ambivalente Schicksalsfigur für die Zukunft des indischen Subkontinents. Indem sich dieser hochgeachtete Führer der regionalen Großmacht Indien mit stärkstem Nachdruck für den Neutralismus im Ost-West-Konflikt einsetzte, hat er eine globale Schlüsselrolle gespielt, die gar nicht überschätzt werden kann. Gewiß wirkten dabei die Gegensätze zu Pakistan und Ceylon mit hinein. Sehr wesentlich war aber auch in dieser Hinsicht die Prägung durch den Idealismus der Fabier. Zur Sowjetunion hin gab es keine ideologischen Berührungsängste, und das Verhältnis zu den USA war auch davon geprägt, daß in den Gestalten von Nehru und John Foster Dulles zwei ähnlich selbstgerechte, unentwegt moralisierende Persönlichkeiten aufeinanderstießen – Exponent eines linken Internationalismus der eine, von christlich-antikommunistischem Sendungsbewußtsein erfüllt der andere. Was Nehru Blockfreiheit nannte, war im Grunde eine Schaukelpolitik, zumeist in größerer Nähe zu Moskau und Peking als zu Washington. Mit Blick auf Nehrus Tochter, die Ministerpräsidentin Indira Gandhi, hat Kissinger später festgestellt: »Die moralischen Ansprüche indischer Führer schienen mir perfekt darauf abgestimmt, die Schuldkomplexe des liberalen, leicht sozialistischen Westens auszubeuten. Für eine physisch schwache Unabhängigkeitsbewegung bildeten die ethischen Überzeugungen der Kolonialmächte unentbehrliche Waffen, mit deren Hilfe sich deren machtpolitische Überlegenheit paralysieren ließ.«[29] Das galt ebenso für Jawaharlal Nehru. Als Ministerpräsident Indiens und als ein Anführer der Blockfreien hat er jene penetrant moralisierende Politik fortgesetzt, die sich im Unabhängigkeitskampf gegen Großbritannien so hervorragend bewährt hatte.

Im Gesamtkontext seiner gegenüber London, Washington und Moskau ausgeprägt unabhängigen Außenpolitik machte er auch die chinesischen Kommunisten international hoffähig, dies zu einem Zeitpunkt, als sie noch ganz und gar dem Ostblock angehörten. Nach Proklamation der Volksrepublik China nahm er unverzüglich diplomatische Beziehungen zu Peking auf, akzeptierte sogar 1950 die Besetzung Tibets, obwohl dem das indische Nationalinteresse hätte entgegenstehen müssen, und half dem chinesischen Außenminister Tschou En-Lai den Anschein zu erwecken, als sei China ein blockfreies Land. Daher wurde sein Prestige in der Blockfreienbewegung, aber auch in Indien selbst, stark erschüttert, als sich China 1962 zum Krieg im Himalaja entschloß, Indien blamierte und Nehru zwang, sich an die USA um Hilfe zu wenden. Er hat sich von diesem Schlag nicht mehr erholt. Was im Umgang mit dem Westen durchaus von Nutzen war, erwies sich im Hinblick auf die hartgesottenen chinesischen Revolutionäre als verblasener Idealismus.

Nachdem der Ost-West-Konflikt friedlich zu Ende gegangen ist, sind viele geneigt, Nehru als weitschauenden Vorkämpfer der Entspannungspolitik zu feiern, die sich schließlich überall durchgesetzt habe. Dies ist richtig, aber nicht ganz. Denn man muß doch hinzufügen, daß das sowjetische Imperium nach vierzig Jahren Kaltem Krieg nicht in sich zusammengesunken wäre, hätte eine wachsame Containment-Politik nicht dessen Ausdehnung verhindert. In dieser Beziehung brachte Nehru des öfteren die Kabinette in Washington und London zur Verzweiflung. Wie so mancher andere im 20. Jahrhundert war Nehru eben auch in puncto Außenpolitik eine ambivalente Größe. Immerhin hat Dean Acheson, der kein Dummkopf war, von ihm bemerkt: Hätte er nicht existiert, so hätte man ihn erfinden müssen. Aber er war doch, fügte Acheson hinzu, »einer der schwierigsten Menschen, mit denen ich je zu tun hatte«.[30]

Nehru wußte das selbst genau. Im Jahr 1937 schrieb er, wieder einmal im Gefängnis, einen Essay über den politischen Führer Nehru. Das Stück wurde unter dem Titel »Der Rashprati« anonym veröffentlicht und zeichnet ein Bild, wie es durchaus von einem sehr kritischen Dritten verfaßt sein könnte: »Mit einer Energie, die in seinem Alter erstaunlich ist, ist er wie ein triumphierender Cäsar durch Indien gezogen, eine Spur von Ruhm und von Legenden hinter sich lassend.«[31] Er wirke manchmal wie ein Gott, wenn er hoch aufgereckt und unbeweglich im Fond seines Wagens stehe, manchmal aber auch natürlich. Doch – ist die Natürlichkeit nicht nur ausgeklügelte »trickery« des Politikers? Er hat, so kann man in diesem enthüllenden Selbstporträt weiter lesen, »alle Anlagen zum Diktator in sich« – Popularität, Willensstärke, Energie, Stolz, Ungeduld mit anderen und eine gewisse Verachtung für ineffiziente Schwächlinge: »Er kann nicht ruhen und rasten, denn wer einen Tiger reitet, kann nicht absteigen.« Darin liege eine Gefahr für Jawaharlal und für Indien selbst. Indien dürfe seine Freiheit nicht durch Cäsarismus erringen, selbst wenn es unter einem »wohlmeinenden und effizienten Despoten« zeitweilig florieren könnte.

In der Tat hat Nehru die Rolle eines »wohlmeinenden Diktators« vermieden, auch wenn mancher seiner Kritiker meinte, von 1947 bis in die frühen neunziger Jahre sei Indien fast durchgehend von der brahmanischen Dynastie der Nehru regiert gewesen, die so tragisch endete. Nehrus geliebte Tochter Indira Gandhi, die langjährige Ministerpräsidentin, wurde 1984 von zwei ihrer Leibwächter aus dem Volk der Sikhs ermordet und deren Sohn, Rajiv Gandhi, 1991 von tamilischen »Tigern«.

Aber wenn Jawaharlal Nehru auch kein Diktator wurde, vielmehr das größte und vielleicht schwierigste Entwicklungsland an die Demokratie gewöhnt hat, so war er doch wohl eine indische Vorwegnahme jenes Typs künftiger Herrscher, die H.G. Wells 1905 als Orden der Samurai beschrieben hatte.

## »Von der Humanität durch Nationalität zur Bestialität«:[32] Indira Gandhi

Mit Nehru betritt erstmals auch ein Herrschertyp die Bühne, bei dem demokratischer Populismus und Familiendynastie ineinanderfließen. Ungeachtet vieler Verschiedenheiten weisen die populistischen Dynastien der Bandaranaike auf Ceylon, der brahmanischen Nehrus in Indien und der Familie Bhutto in Pakistan manche Gemeinsamkeiten auf. Dazu zählt nicht zuletzt der Umstand, daß dort durchgehend tatkräftige Frauen über lange Jahre hinweg auf der politischen Szene dominieren.

Im Jahr 1930, als sich Nehru wieder einmal im britischen Gefängnis befand, hatte er an seine damals dreizehn Jahre alte Tochter Indira einen Geburtstagsbrief gerichtet, dem viele weitere Aufzeichnungen folgten, aus denen bald ein systematischer Aufriß der Weltgeschichte erwuchs, von den alten Hochkulturen bis zur Schwelle der Gegenwart. Nehru schloß dieses Geschichtspanorama nach dem Muster von H.G. Wells' »Outline of History« mit den Worten an Indira: »Das ist das Heute. Die Schaffung des Morgen liegt bei Dir und Deiner Generation, den Millionen Mädchen und Jungen auf der ganzen Welt, die heranwachsen und sich darauf vorbereiten, in diesem Morgen eine Rolle zu spielen.«[33] Selten im 20. Jahrhundert ist eine spätere politische Größe von ihrem Vater so sorgfältig auf die kommenden Aufgaben vorbereitet worden wie Indira. Das hatte Vorteile und Nachteile. Sie war Einzelkind, vaterfixiert, unsicher und anfangs recht idealistisch.

Nehrus Bild der Gegenwart, das er für das heranwachsende Mädchen entwarf, war recht akkurat. Das Britische Empire – »sehr krank; die politischen und wirtschaftlichen Kräfte, die an seiner Auflösung arbeiten, werden immer stärker«.[34] Auch die Sowjetunion – so das Nachwort vom 14. November 1938 – zwar nach wie vor ein Bollwerk gegen die faschistischen Mächte, aber zugleich von Krankheit befallen, worunter er Stalins Große Säuberung verstand.[35] In den USA demgegenüber das faszinierende Experiment Franklin Delano Roosevelts: »Er wurde praktisch ein Diktator (wenn auch ein demokratischer)«.[36] Doch Nehru nannte ihn einen Retter. Weltweit aber gilt: »Wir leben in einem Zeitalter der Revolution, einer Revolution, die mit dem Ausbruch des Weltkrieges im Jahr 1914 begann.«[37] Überall Umwälzungen: »In der Zeit, in der wir leben, scheint der Gang der Ereignisse schneller denn je zu sein. Das Tempo ist beschleunigt, und die Veränderungen überstürzen sich.«[38] Alles steht schon im Schatten des Krieges.

Zu den Kennzeichen des epochalen Umbruchs, den Nehru hier diagnostizierte, gehörte nicht allein der Unabhängigkeitskampf Indiens, sondern auch die Frauenbewegung. Indische Frauen, so schrieb er damals im Jahr 1933, sind immer noch »ein untergeordnetes Geschlecht«.[39] Für Indira wünschte er sich ein anderes Schicksal: Sie solle »zu einem Kind des Lichts heranwachsen, furchtlos, heiter und unerschütterlich, was immer auch kommen mag«, aber auch »zu einem tapferen Freiheitssoldaten im Dienste Indiens«.[40]

35 Jahre später, am 25. Januar 1966, leistet Indira Gandhi als Ministerpräsidentin des unabhängigen Indien den Eid auf die Verfassung. Es gehört zu den Ironien der Weltgeschichte, daß die Suffragettenbewegung zwar in England begonnen hat. Aber nicht in Großbritannien oder in den USA treten erstmals Frauen an die Spitze moderner Demokratien, sondern in den einstigen Kolonien Ceylon und Indien. In Colombo übt von 1960 bis 1965 und erneut 1970 bis 1977 Frau Bandaranaike das Amt des Premierministers aus, in Neu-Delhi Indira Gandhi von 1966 bis 1977 und dann erneut von 1980 bis 1984. Indira hält sich insgesamt länger an der Macht als ihr Vater – eine stolze, aufbrausende, zähe, wenig artikulationsfähige, manchmal erbarmungslose, vielleicht auch innerlich unsichere Frau, die sich von allen Seiten bedroht sieht.

Der gewalttätige und vulgäre Johnson ist von ihr hingerissen, als sie ihn in Washington besucht, und bemerkt zu Indiras Cousin, der damals indischer Botschafter ist: »Was für ein nettes Mädchen, und wie schön. Wir müssen ihr helfen, daß sie gewählt wird. Was soll ich tun? Soll ich ihr Nahrungsmittel schicken? Soll ich sie angreifen? Ich tue, was Sie mir sagen.«[41] Cyrus L. Sulzberger, der sich 1969 heranpirscht, ist gleichfalls entzückt: Sie habe mehr Charme als ihr als Charmeur berühmter Vater.[42]

Aber andere kommen überhaupt nicht mit ihr klar. Als sie Pakistan zerschlägt, sieht Nixon, dem sie mit eisiger Kälte und voll Herablassung entgegentritt, in ihr eine kaltblütige Praktikerin der Machtpolitik und meint, sie sei skrupelloser als er selbst.[43] Der britische Premierminister Callaghan erinnert sich an ein recht unglückliches diplomatisches Frühstück mit Indira: »Sie war sauer, und ich war eigensinnig, und wir beide saßen minutenlang da, ohne daß wir einander ansprachen oder ansahen.«[44] Ideologisch ist diese Brahmanin, die wie eine Königin auftritt, viel sozialistischer als der moderate Labour-Premierminister Callaghan. Und natürlich befremdet es im Westen, daß sie Mitte der siebziger Jahre zeitweilig den Notstand ausruft und an die 600 ihrer politischen Gegner kurzerhand ins Gefängnis steckt.[45]

*Jawaharlal Nehru mit seiner Tochter Indira Gandhi. 1966 bis 1977 und erneut 1980 bis zu ihrer Ermordung am 31. Oktober 1984 war sie Ministerpräsidentin Indiens.*

Demgegenüber lassen die Memoiren Margaret Thatchers ausgesprochene Sympathie für Indira Gandhi erkennen. Ihre Politik mißfällt der englischen Premierministerin zwar fast durchweg, denn sie ist nicht bereit, die sowjetische Intervention in Afghanistan zu verurteilen, und will auch die Vorteile der Marktwirtschaft nicht begreifen. Aber sie beeindruckt durch die Kraft ihrer Persönlichkeit, vor allem aber durch ihr bemerkenswertes Interesse an allen wissenschaftlichen und technischen Mitteln zur Verbesserung der landwirtschaftlichen Produktivität.

In der Tat hat die »grüne Revolution« in Indien unter Indira Gandhi begonnen, und Frau Thatcher ist der Ansicht, dieser eminent praktische Sinn sei wohl typisch weiblich gewesen.[46] Solidarität einsamer, tatkräftiger Frauen, die sich nicht nur in den üblichen Widrigkeiten behaupten müssen? Wahrscheinlich. Als Margaret Thatcher 1984 beim Parteitag in Brighton nur mit knapper Not dem Bombenanschlag der IRA entkommt, erhält sie auch ein Telegramm von Indira Gandhi. »Wir kannten einander gut, und ich bewunderte sie«, fährt sie in dem Bericht der Memoiren fort, »drei Wochen später fiel sie einem brutalen Mordanschlag von zwei Männern ihrer eigenen Leibwache zum Opfer.«[47]

Zwar setzt auch Indira Gandhi den Sozialismus fabianischer Observanz fort. Sie verstärkt ihn sogar, indem sie die Banken verstaatlicht. Aber alles in allem ist sie viel indischer als ihr Vater. Erst unter ihr nimmt die Familie Nehru die Züge einer Dynastie an.[48] Die bitteren, schließlich in Katastrophen einmündenden persönlichen Auseinandersetzungen mit der Familie tragen alle Merkmale wohlbekannter dynastischer Irrungen und Wirrungen. Der Absturz ihres flugbegeisterten Sohnes Sanjay hat sie seelisch zerbrochen.

Vor allem aber signalisieren die letzten Regierungsjahre Indira Gandhis, daß die großen Jahrzehnte der säkularen Republik auch in Indien zu Ende gehen. Ihre Ermordung ist die direkte Folge der Auseinandersetzungen mit den radikal-terroristischen Sikhs um den Goldenen Tempel von Amritsar. Dabei trifft auch sie einige Schuld, denn sie hat die langgezogene, absurde Belagerung geduldet und dann, die Interessen ihrer Kongreßpartei fest im Blick, die Erstürmung des Tempels angeordnet.

Wenige durchschreiten so wie sie das ganze Jahrhundert von den idealistischen Anfängen bis zu seinem häßlichen Ende in Stammes- und Religionshaß. Sie beginnt wie ihr Vater im Zeichen des Fabianismus und utopischer Hoffnungen auf sozialistischen Fortschritt. Ein schöner Brief Nehrus an Indira vom 26. Oktober 1930 erinnert sie daran, daß 1917 – ihr Geburtsjahr – das Jahr der Revolution Lenins ist, den der Schwärmer Nehru für einen großen Mann »mit einem Herzen voll Liebe und Mitgefühl für die Armen und Unterdrückten« hält.[49] Aber damals hat auch Gandhi schon im stillen zu wirken begonnen. Hier und später beschwört Nehru »unsere Träume von einer schöneren Zukunft«.[50]

Anfang der achtziger Jahre ist »diese schöne neue Welt« Wirklichkeit. Indira Gandhi gilt jetzt als eine Art Doyen unter den Staatsmännern. Da sie von früh an dabei war, kennt sie viele, die das 20. Jahrhundert gestaltet haben: Gandhi, Mountbatten, Churchill, Attlee, Truman, Eisenhower, Adenauer, de Gaulle, Nasser, Tito, Chruschtschow bis hin zu den Großen der achtziger Jahre. Sie hat alle überlebt, ist aber mit ihren erst 67 Jahren ausgebrannt und verhärtet.

Ihr Leben, das in nationalem, demokratischem und sozialistischem Überschwang aufblühte, endet in Familientragödien und im unversöhnlichen Haß fundamentalistischer Religionsgruppen. Der Vater war noch »eine seltsame Mischung von Ost und West«, tatsächlich mehr westlich als östlich. Sie selbst ist bereits eine tragische Übergangsfigur zum schrecklichen 21. Jahrhundert.

In gewisser Hinsicht ist sie aber auch ein Opfer des Medienzeitalters. Weil sie sich auf dem Weg zu einem Fernsehinterview mit Peter Ustinov befand, hatte sie darauf verzichtet, wie sonst bei Gängen in die Öffentlichkeit unter dem Sari die kugelsichere Weste zu tragen. Sie wollte als schlanke Frau erscheinen und nicht als gepanzerte Zielscheibe möglicher Attentäter. Einer ihrer Leibwächter, der Unterinspektor Beant Singh, grüßte sie auf dem Weg durch den Palastgarten mit zusammengelegten Händen und feuerte ihr dann fünf Pistolenschüsse in den Leib. Sein Mitverschworener Satwant Singh nutzte die Verwirrung und durchlöcherte die bereits zu Boden gestürzte Ministerpräsidentin mit weiteren 25 Schüssen aus seiner Sten-Maschinenpistole.[51]

## Ein großer Unruhestifter der Jahrhundertmitte: Gamal Abdel Nasser

Weltpolitisch bedeutsam war auch Nasser. Auch in ihm haben die Blockfreien einen ihrer Anführer gesehen. Noch wichtiger: Er hat die Positionen Großbritanniens im Nahen Osten nachhaltiger erschüttert als jeder andere arabische Staatschef. Seit Suez 1956 wußte man zumindest außerhalb Londons, daß Großbritannien keine Weltmacht mehr war. Ohne die unablässige Propaganda von Radio Kairo und ohne die ägyptische Unterstützung der algerischen Unabhängigkeitsbewegung wäre auch das französische Nordafrika nicht so rasch und nicht so vollständig unabhängig geworden, wie dies tatsächlich der Fall war. Nasser hat aber auch die Araber zum Festhalten an ihrer Konfrontationspolitik mit Israel ermutigt. Und seitdem am 20. Oktober 1955 der sowjetische Frachter »Stalingrad« mit der ersten Lieferung moderner Ostblock-Panzer in Alexandria einlief, hat dieser lebenslang antikommunistische Ägypter der Sowjetunion die Tür in den Nahen Osten weit geöffnet. Die Sowjetunion ist erst wieder 1976 unter Anwar Sadat, dem einstigen Gefährten und Nachfolger Nassers, aus Ägypten vertrieben worden. In anderen Ländern des Nahen Ostens hat sie sich bis zum Ende des Kalten Krieges gehalten. Auch zwei der schwersten Krisen des Ost-West-Konflikts – die Suezkrise 1956 und der Sechstagekrieg von 1967 – sind direkt von Nasser ausgelöst worden.[52]

Der britische Premierminister Eden, der Nasser haßte und an ihm gescheitert ist, hat ihn deshalb für einen der größten Unruhestifter der zweiten Jahrhunderthälfte gehalten – eitel, größenwahnsinnig, ehrgeizig wie Mussolini und gleich diesem am wirtschaftlichen Wohlergehen des eigenen Volkes letztlich recht desinteressiert.[53] Eden wußte, wovon er redete. In Ägypten hingegen und bei den arabischen Massen weithin im Nahen Osten erinnerte der um den »Rais« veranstaltete Personenkult an die Jahrzehnte Mussolinis und Hitlers. Auch hierbei war viel Naivität nationalistischer Schafsköpfe im Spiel, doch die historische Wirkung war gleichfalls erheblich.

Verglichen mit dem komplizierten Nehru hatte Nasser eine einfachere Persönlichkeitsstruktur. Er war zwar Offizier, 1952 noch Oberst und 1954 bereits ägyptisches Staatsoberhaupt. Doch wichtiger als die Prägung durch das Militär war in seinem Fall die Herkunft aus der unteren Mittelschicht.

Nassers Vater ist ein Saidi aus Oberägypten, und die Saidis gelten als stolze Leute. 1918, im Geburtsjahr Gamal Abdel Nassers, hat sich dieser Vater von seinen bäuerlichen Ursprüngen bereits entfernt und ist zum Postamtsvorsteher in Alexandria geworden. Aber der Sohn wächst doch inmitten der Armut des Nildeltas auf, und wie einstmals Mussolini oder zur gleichen Zeit Chruschtschow und Tito macht er unentwegt ein großes Aufheben davon, daß er sehr einfachen Verhältnissen entstamme und deshalb genau wisse, welch ein bedrücktes, ärmliches Leben die Massen vor der Revolution geführt haben.

Als Schüler saugt er die politische Unruhe der dreißiger Jahre in sich auf und nimmt an antibritischen Demonstrationen teil. »Wo ist der Mann, der das Land aufbauen muß«, schreibt der damals Siebzehnjährige an einen Freund, »damit das schwache, gedemütigte Ägypten sich wieder aufrichten kann, um frei und unabhängig zu leben? Wo ist Würde? Wo ist Nationalismus?«[54] Damals schon oder wenig später macht die junge Generation in Indonesien, in Indien, an der Goldküste und in Tunesien ähnlich prägende Erfahrungen. Die Stärksten, rednerisch Begabten, organisatorisch Talentierten unter ihnen werden zu Rebellen und, so sie Glück haben, zu politischen Größen.

Obwohl Nasser, darin Hitler, Mussolini, Stalin oder Nkrumah nicht unähnlich, viele Bücher verschlingt (Biographien von Julius Cäsar, Napoleon, Gandhi, Atatürk), geht seine Bildung nicht tief und er lernt auch nichts von der Welt kennen. Kein Vergleich mit Atatürk, von Nehru ganz zu schweigen. Er tritt mit achtzehn Jahren in die Armee ein, verbringt ein paar Jahre auf Posten im Sudan und freundet sich hier schon mit einem Teil jener jüngeren Offiziere an, die sich dann 1952 mit ihm zur Macht putschen. Anwar el Sadat weiß später davon zu berichten, wie er Nasser 1938 in einem Kreis politisierender junger Offiziere der Garnison Mankabad erstmals begegnet ist. Nasser habe ernst gewirkt und sich vorwiegend auf die Rolle des Zuhörers beschränkt, zugleich aber zwischen sich und seinen Kameraden »eine fast unüberwindliche Barriere« errichtet.[55] Im Jahr 1942, als die Panzerdivisionen Rommels in El Alamein stehen, erlebt Nasser die Kapitulation des jungen Königs Faruk vor der militärischen Überlegenheit

Großbritanniens. Damals übernimmt Nasser die Führung der Geheimorganisation der Freien Offiziere.[56]

Dieser Offizier ist also von Anfang an antibritisch. 1948/49, seit dem unglücklichen Krieg gegen die Juden, ist er auch antiisraelisch, somit auch ein Gegner all jener, die Israel unterstützen. Es versteht sich von selbst, daß er schon deshalb, aber nicht nur deshalb, die reiche, verlebte und korrupte ägyptische Oberschicht haßt, die ungeachtet gelegentlichen Aufbegehrens der Kolonialmacht letztlich zu Willen ist.

Nasser hat offensichtlich zwei bemerkenswerte Talente. Er versteht es, eine Clique Gleichaltriger zu begeistern – sie nennen ihn hochachtungsvoll »der Lehrer«. Und er ist ein begabter Verschwörer. Als der Putsch in der Nacht vom 22. Juli 1952 den liederlichen Playboy Faruk aus dem Land jagt, kennt zwar im Ausland kaum jemand den Namen Nassers. Doch hinter den Kulissen ist er bereits der eigentliche Drahtzieher, der schon ziemlich genau weiß, *was* er möchte: die kosmopolitische Oberschicht in Kairo und Alexandria entmachten, die Briten aus dem Land drängen, mit einer besser ausgerüsteten und besser geführten Armee die Juden vernichten sowie die damals dreiundzwanzig Millionen Ägypter durch große Modernisierungsprojekte aus der Misere herausführen.

Viel weniger klar ist ihm allerdings, *wie* diese Vorhaben zu erreichen sind. Kann man, soll man, muß man mit den antikolonialistischen Amerikanern gegen die Briten zusammengehen? Immerhin hat die Botschaft der USA die putschenden Offiziere ermutigt und hält zunächst weiterhin gute Verbindung zum neuen Regime. Oder soll man es wagen, die Sowjets ins Spiel zu bringen? Dagegen spricht, daß Nasser ein überzeugter Muslim ist und daß er, selbst ein Verschwörer, der gleichfalls verschwörerischen kommunistischen Partei zutiefst mißtraut. Es stellt sich auch noch eine weitere Frage: Soll man es bei der Militärdiktatur belassen oder vielleicht doch eine von den Offizieren mehr oder weniger gelenkte Demokratie errichten, vergleichbar dem, was in der Türkei unter Atatürk zu beobachten war? Anfänglich spielt Nasser mit diesem Gedanken, um dann allerdings rasch festzustellen, daß dies nur die verhaßte Moslem-Bruderschaft begünstigen würde, vielleicht aber auch die kommunistische Partei.

Schließlich macht Nasser erst gegen die Briten, dann gegen Frankreich, das seine nordafrikanischen Besitzungen verteidigt, und bald auch gegen die USA Front. Man erkennt zugleich, daß er der geborene Diktator ist. Nasser besitzt ein begeisterndes Rednertalent, er versteht große Volksmassen zu elektrisieren und verfügt über sehr gutes Gespür für die Manipulation einzelner Gruppierungen innerhalb des Offizierskorps. Schon im Sommer 1956, nach der Verstaatlichung des Suezkanals, erst recht aber nach dem Scheitern der britisch-französi-

*Ministerpräsident Gamal Abdel Nasser auf dem Weg nach Kairo, 28. Oktober 1954. Schon in den Monaten zuvor hatte er sich zusehends als starker Mann des Revolutionsrats präsentiert und schließlich am 14. Oktober 1954 den Staatspräsidenten General Nagib in Schutzhaft nehmen lassen.*

schen Intervention, ist genau zu erkennen, daß mit ihm eine zweite Generation tyrannischer Diktatoren heraufzieht. Weitere Vertreter dieser Generation werden folgen, so Gaddafi in Libyen und eine lange Reihe schwarzafrikanischer Tyrannen.

Schon die Zeitgenossen haben erkannt, daß die Suezkrise von 1956 eine weltgeschichtliche Zäsur darstellt. Zum letzten Mal versuchen zwei ehemalige Großmächte, Frankreich und England, in heimlichem Zusammenspiel mit Israel einen revolutionären Diktator, der ihre nahöstliche Machtposition bedroht, mit Waffengewalt zu stürzen. Nasser selbst ist zwar zu schwach, sie aufzuhalten. Doch als sich die

USA und die Sowjetunion gemeinsam gegen die Intervention wenden, gilt er fortan bei allen, die den Kolonialismus abschütteln möchten oder schon abgeschüttelt haben, als der große Held. So wie der Imperialismus Europas mit der Besetzung Ägyptens im Jahr 1882 seinem Höhepunkt zuzustreben begann, läutet die letztlich siegreiche Abwehr der Intervention von 1956 das Ende des Kolonialzeitalters ein.

Das ungeheure Prestige Nassers erklärt auch, weshalb nur wenige unter den Führern und Intellektuellen der Befreiungsbewegungen Afrikas oder Asiens an der Diktatur und an dem Staatssozialismus Nassers Anstoß nehmen.

Diejenigen, die sich ihn zum Vorbild nehmen, arbeiten vielfach mit denselben Instrumenten wie er. Nassers Machtelite besteht aus jüngeren Offizieren und Technokraten. Als Organisation zur Mobilisierung der Massen wird eine Einheitspartei geschaffen, die je nach Bedarf des öfteren umgegründet wird. Als Ideologie dient ein nationaler Sozialismus – »arabischer Sozialismus« nennt Nasser dies, »afrikanischer Sozialismus« heißt das südlich der Sahara. Das Sozialistische besteht in der vollständigen oder doch weitgehenden Enteignung von Bankiers, Großgrundbesitzern, nicht zuletzt ausländischen oder inländischen Großunternehmen. Die Verstaatlichung der Suezkanalgesellschaft zeigt, wie man dabei vorgeht. Sozialistisch ist der Aufbau schwerindustrieller Kombinate, vor allem aber auch großer Wasserkraftwerke. Sozialistisch ist auch die Kontrolle des Außenhandels, die Planungseuphorie und die bürokratische Gängelung. Natürlich darf ein Fünfjahresplan nicht fehlen. In Ägypten wird der erste im Jahr 1958 begonnen. Nicht zuletzt aber beruht das Sozialistische in der Behauptung, vielleicht sogar in der Absicht, das alles solle dem Wohl des Volkes dienen. Dieses sieht sich denn auch unablässig aufgerufen, in großer Zahl für den Diktator zu demonstrieren.

Ein ägyptischer Journalist hat die Eigenart der Diktatur Nassers mit den folgenden Worten umschrieben: »Er war schlau genug, die Konservativen« – also technokratische Kader – »mit der Lenkung der Wirtschaft zu betrauen und die Radikalen mit der Propaganda.«[57] Nassers Diktatur weist allerdings zwei weitere erwähnenswerte Eigentümlichkeiten auf. Er sucht sich, darin Mussolini seit Ende der zwanziger Jahre nicht unähnlich, auch mit der Geistlichkeit zu arrangieren. Zumindest trägt er Sorge, nicht in einen Gegensatz zur Religion zu geraten. Da er allem Anschein nach an die Lehren des Islam glaubt, fällt ihm dies nicht schwer. Zum zweiten proklamiert er sich zum Vorkämpfer panarabischer Einheit und greift damit Strömungen auf, die schon lange im arabischen Raum wirksam sind. Natürlich hat der Panarabismus eine antikolonialistische und eine antijüdische Komponente. Indem sich Nasser aber selbst als Führer der arabischen Einheit präsentiert, stellt der Panarabismus zugleich auch – meist versteckt, bisweilen ganz offen – die traditionellen arabischen Regime in Frage.

Der Sozialismus, den Nasser in der Nationalcharta von 1962 proklamieren läßt, ist recht weitgehend. Schon zuvor sind Großgrundbesitzer durch Bodenreform entmachtet worden. Zug um Zug hat sich die Staatsbürokratie dann die Kontrolle über Banken, Versicherungen, die Großindustrie, über mittelständische Unternehmen, Medien, Dienstleistungsunternehmen und den Außenhandel angeeignet. Nach ausländischen Vorbildern werden Mindestlöhne und die Anfänge einer Gesundheitsfürsorge eingeführt. Hinzu tritt ein rascher Ausbau des Ausbildungswesens.

Nasser stellt diese durchaus tiefgreifenden Umgestaltungen nunmehr als vorbildlich für den ganzen arabischen Raum hin. Panarabismus bedeutet also Übernahme des revolutionären ägyptischen Modells und Akzeptanz des ägyptischen Führers. Und er begnügt sich nicht mit Dauerpropaganda. Seine Agenten sind unablässig tätig, die bestehenden traditionellen Regime zu unterminieren und gleichgesinnte Offiziere zum Putsch zu ermutigen. Entsprechend haßerfüllt ist die Gegenwehr der Saudis, vor 1958 auch der Haschemiten in Bagdad.

Höhepunkt des Nasserismus in der arabischen Welt ist der hybride Versuch, Ägypten und Syrien zu einer Arabischen Republik zu verschmelzen. Da der Diktator Nasser innerhalb dieser Union mit großer Selbstverständlichkeit auch für Ägypten die Führungsrolle beansprucht, ist das Experiment von vornherein zum Scheitern verurteilt. In den sechziger Jahren versucht er dann, den Jemen unter seine Kontrolle zu bringen, und führt dort eine Art Kolonialkrieg, der letztlich erfolglos ist, an der ägyptischen Wirtschaft zehrt und ihn selbst zunehmend unpopulär macht. Immer deutlicher treten die problematischen Züge seines Charakters hervor: Verschlagenheit, Mißtrauen, Ungeduld, autoritäre Behandlung der Mitarbeiter, Unlust, zuzuhören und kritische Argumente zu prüfen, Cäsarenhochmut. Eine Vielzahl von Untergebenen schirmt ihn ab. Akten studiert er nicht gern, läßt sich vielmehr alles persönlich vortragen und entscheidet dann. Allem Anschein nach sind seine Fehlgriffe im Verlauf der sechziger Jahre auch auf schlechten Gesundheitszustand zurückzuführen – Diabetes, Arteriosklerose in den Beinen und wohl auch psychische Deformationen, bedingt durch starke Schmerzen.[58] Aber er bleibt persönlich unbestechlich, jedoch zugleich freudlos. An der Welt der Bücher ist er nicht interessiert, verschlingt eher ganze Stapel von Zeitungen, und wenn er abends müde ist, läßt er sich manchmal drei Filme hintereinander vorführen. Für die gewaltige kulturelle Vergangenheit Ägyptens hat er keinen Sinn. Sein unanstößiges Eheleben ist von den öffentlichen Angelegenheiten strikt getrennt.

Am meisten leidet sein Prestige aber an den Niederlagen gegen Israel. Beide Kriege, für die er als Präsident die letzte Verantwortung trägt – 1956 und 1967 –, sind in starkem Maß von ihm provoziert worden. In beiden Fällen werden den ägyptischen Streitkräften verheerende Niederlagen bereitet. Im November 1956 wird Nasser gemeinsam von den USA und der Sowjetunion gerettet. Auch der Sechstagekrieg von 1967 ist erneut durch starken amerikanischen und sowjetischen Druck auf Israel beendet worden. Die siegreichen israelischen Panzerverbände hätten in Kairo einrücken können, ohne auf ernsthaften Widerstand zu stoßen.

Nasser nimmt 1967 die Verantwortung für das Debakel auf sich, tritt zurück oder tut wenigstens so, läßt sich aber dann doch bewegen, weiter an der Spitze des Staates zu bleiben. Doch der einstmals vor Energie berstende, stolze Diktator ist inzwischen ein gebrochener Mann. 1970 stirbt er völlig erschöpft im Alter von nur 52 Jahren.

Wenn er auch keine wirklich bedeutende Gestalt war, so besaß Nasser doch jene Fähigkeiten, die den »starken Mann« im 20. Jahrhundert häufig gekennzeichnet haben: bedenkenlose Willensstärke, Organisationstalent, hinreißende Beredsamkeit, ein großes Sendungsbewußtsein, das die eigenen Möglichkeiten überschätzen läßt, sowie Mißtrauen und Unversöhnlichkeit gegenüber ausgesuchten Feinden. In seinem Fall waren dies an erster Stelle die Juden und alles, was sich unter dem Schlagwort Zionismus subsumieren ließ, an zweiter Stelle die Kolonialmächte, allerdings nicht die Sowjetunion, und schließlich all jene in der arabischen Welt, die seinem Führungsanspruch widerstrebten – die traditionellen Monarchen, doch bald auch die Diktatoren in Bagdad und in Syrien.

Alles in allem ist Nasser das Musterbild des revolutionären Dritte-Welt-Diktators. Zwar läßt sich sein Regime gut als Beispielfall prätorianischer Herrschaft begreifen, doch im Vergleich mit den zeitgenössischen Militärdiktatoren Pakistans, Koreas oder Argentiniens war er weniger durch die Professionalität des Militärs geprägt. Erst recht ist er kein Heerführer wie Atatürk gewesen, der zusammen mit Tschiang Kai-schek die erste Generation von Militärdiktatoren anführte. Tatsächlich war er vor allem ein radikaler Politiker, als solcher mit Mussolini, aber auch mit Sukarno, Nkrumah und sogar mit Fidel Castro vergleichbar, und das Feld, auf dem er am meisten brillierte, war die Propaganda. Der Historiker Paul Johnson hat spöttisch, aber doch zutreffend bemerkt: »Er hat alle Propagandaschlachten gewonnen und alle militärischen Schlachten verloren.«[59] Da seine Stärke gleichzeitig auch darin bestand, eine Clique mehr oder weniger Gleichgesinnter auf gemeinsames Handeln einzuschwören, ist er zu einem Star der Blockfreien geworden. Denn dort war stets beides gefragt: verschlungenes Manövrieren möglichst fern von den Fernsehkameras und dann immer wieder der große öffentliche Auftritt. Nasser hat als Medienstar begonnen und ist dies bis zum Ende geblieben.

Und wie so mancher Diktator vor ihm und nach ihm gehörte auch er zu denen, die als strahlende Kämpfer gegen Korruption und Ineffizienz anfangen, aber schließlich ein ruiniertes Land zurücklassen, das unter Großbürokratien und neuer Korruption erstickt. Zwar gelang es ihm mit dem Bau des Assuanstaudamms und zahlreichen Infrastrukturmaßnahmen zeitweilig, die Folgen der Bevölkerungsexplosion halbwegs in Schranken zu halten. 1947 lebten in Ägypten an die 19 Millionen,[60] 1970, bei Nassers Tod, waren es bereits an die 35 Millionen Menschen.[61] Die Kombination von Polizeistaat, Persönlichkeitskult, bürokratischen Hierarchien und Gewöhnung an die Unfreiheit hat aber schließlich ein apathisches Volk hinterlassen.

Auch die nimmermüde Reise- und Konferenzaktivität Nassers paßt ins Bild. Viele Dritte-Welt-Potentaten, die zu Hause Mißwirtschaft verwalten und kostspielige Feindschaften mit ihren Nachbarn pflegen, haben ihm nachgeeifert. Nasser war auch insofern ein typischer Diktator des 20. Jahrhunderts, als er die Ressourcen seines Landes durch untragbare Rüstungsausgaben, verlustreiche Kriege und aktivistische Außenpolitik verschwendet hat. Zudem beging er den Fehler, sich an die weniger leistungsfähige der beiden im Ost-West-Konflikt miteinander rivalisierenden Weltmächte, die Sowjetunion, zu binden.

Am Ende lief nichts mehr. Nassers Karriere ist eine Geschichte des Scheiterns. Anwar Sadat, ursprünglich sein Gefährte, mußte schließlich dessen gesamtes Lebenswerk liquidieren, um Ägypten mit amerikanischer Hilfe und dann mit verringerter Rüstungslast wenigstens halbwegs über die Runden zu bringen. Vom Ende des Jahrhunderts her gesehen, war Nasser also allenfalls ein großer Unruhestifter. Unter denen, die ihr Land in die Sackgasse geführt und wirtschaftlich ruiniert haben, nimmt er gleichwohl einen hohen Rang ein.

## »Der Erlöser Afrikas«: Kwameh Nkrumah

Darf man eine Gestalt wie Kwameh Nkrumah[62] in einem Atemzug mit Persönlichkeiten vom Range Gandhis, Nehrus oder selbst Nassers nennen? Schließlich repräsentierten die ersten drei uralte Kulturvölker, zudem Länder von großem geostrategischem Gewicht. Aber Kwameh Nkrumah aus Ghana?

Die britische Kronkolonie Goldküste, aus der das Dominion Ghana entstand, zählte 1957, im Jahr der Unabhängigkeit, rund 4,7 Millionen

Menschen.[63] Weder von der Lage her noch weltwirtschaftlich kam dem Land größere Bedeutung zu. Wichtig erschien Ghana nur aus einem einzigen Grund. Es war die erste schwarzafrikanische Kolonie, die 1957 vom Londoner Colonial Office nach längeren Verhandlungen mit einer schönen Westminster-Verfassung ausgestattet und dann in die Unabhängigkeit entlassen wurde. Der Vorgang fand nicht nur bei Afrikanisten Interesse. Auch die Weltpresse nahm Anteil. Denn in Afrika galt Ghana als eine Art Pilotprojekt für das, was man damals »nation building« nannte. Doch die Aufmerksamkeit galt auch einem Mann, der sich an die Spitze der radikalen Convention People's Party gesetzt hatte und immer wieder Schlagzeilen machte: Kwameh Nkrumah.

Seit 1951 führt er den Vorsitz einer Kolonialregierung, die den Gouverneur Sir Charles Arden-Clarke berät, wenngleich noch unter britischer Oberherrschaft. Doch schon 1957 reist er als erster Regierungschef des eben unabhängig gewordenen Ghana zur Konferenz der Ministerpräsidenten des Commonwealth nach London. Alsdann entfaltet er eine rastlose Reisetätigkeit – nach den USA und Kanada, nach Indien (wo ihn Nehru sehr kühl behandelt), zur UN nach New York, in den Ostblock und zur Blockfreien-Konferenz 1961 in Belgrad, auf der man ihn als Sprecher Schwarzafrikas betrachtet. Nkrumah hat nämlich früh und zutreffend erkannt, welche Chance darin liegt, daß er der erste Ministerpräsident eines schwarzafrikanischen Landes ist, das von Großbritannien die Unabhängigkeit erhält. Davon profitiert er neun Jahre lang und läßt keine Gelegenheit aus, in großem Stil auf der Weltbühne zu agieren.

In vielerlei Hinsicht ist dieser durch Charme, Größenwahn und Bedenkenlosigkeit gekennzeichnete Demagoge repräsentativ. Er verkörpert die zeitweilig faszinierende Utopie des Panafrikanismus, die sich dann mit seinem Sturz im Februar 1966 für den Rest des 20. Jahrhunderts verabschiedet. Er geht zugleich als erster den Weg, den mit ihm und nach ihm die meisten schwarzafrikanischen Staaten gehen: von der Westminster-Demokratie zur modernen Tyrannis. Vorlauter und vorbehaltloser als Nehru repräsentiert er auch jene rasch wachsende radikale Gruppe der Blockfreien-Bewegung, die den Westen beschimpft und, wie ein ziemlich düpierter Harold Macmillan am 5. Oktober 1960 seinem Tagebuch anvertraut, »mit Rußland flirtet – vielleicht sogar mehr als nur flirtet«.[64] Und er ist einer jener Diktatoren, denen es in kurzer Zeit gelingt, das eigene Land zu ruinieren.

Als Führer einer totalitären Einheitspartei ist Nkrumah aus demselben Holz geschnitzt wie Julius Nyerere in Tansania, Jomo Kenyatta in Kenia, Robert Mugabe in Simbabwe, Sam Nujoma in Namibia und zahlreiche andere afrikanische Führer. Sie alle behaupten so wie er, daß »nation building« aus zahllosen Stämmen, die politische Mobilisierung einer zuvor apathischen Bevölkerung und die Wiederentdeckung afrikanischer Identität zweierlei benötigen: eine allumfassende Staatspartei und den charismatischen Führer. Und auch als Ruinierer seines zuvor recht wohlhabenden Landes hat er in Afrika, Lateinamerika und Asien viele, die ihm gleichen. In dieser Eigenschaft gehört er in die große Gruppe entsprechender Diktatoren von Juan Perón über Sukarno und Julius Nyerere bis Fidel Castro. Nkrumah hat dies alles recht früh und als Beispiel für viele vorexerziert – einschließlich des wenig rühmlichen Abgangs. In einem Punkt freilich war er einzigartig: Offenbar glaubte er allen Ernstes, aus Schwarzafrika eine Föderation machen zu können mit sich selbst als dem großen Führer.

Wie viele afrikanische Intellektuelle jener Jahrzehnte, hat Nkrumah den Panafrikanismus am nachhaltigsten im afroamerikanischen Milieu der USA sowie in England verinnerlicht. Ganz gegen Ende seiner Herrschaft, als er zwischen wahr und falsch nicht mehr recht zu unterscheiden vermag, läßt er zwar seine Propagandisten in der Zeitschrift »The Spark« verkünden, erst mit ihm habe der Panafrikanismus begonnen.[65] Tatsächlich weiß aber niemand genauer als er, daß diese Bewegung zusammen mit anderen Pan-Bewegungen schon gegen Ende des 19. Jahrhunderts entstanden ist. Der erste Panafrikanische Kongreß wurde 1900 in London abgehalten. Nkrumah selbst gehörte 1945 zusammen mit den im Milieu ursprünglich viel berühmteren Ideologen W.E.B. Du Bois und George Padmore zu den Organisatoren eines Panafrikanischen Kongresses, es war schon der fünfte, der wiederum in England stattfand, diesmal in Manchester.

Damals war er sechsunddreißig Jahre alt und hatte, ursprünglich ein Volksschullehrer an der Goldküste, zuvor zehn Jahre in den USA studiert. Die Gegenstände seiner Studien an der Lincoln University in Pennsylvania lassen verstehen, weshalb dieser politisch umtriebige Intellektuelle bis zum Ende nie mehr als eine höchst eklektizistische Weltanschauung zu entwickeln vermochte. Er belegte Philosophie, Soziologie, Pädagogik, »Negro History« und Theologie, stopfte sich den Kopf mit Schriften von Hegel, Marx, Lenin, Nietzsche und Freud voll, erwarb einige Diplome und besuchte landauf, landab die unterschiedlichsten afro-amerikanischen Organisationen. Der Konfession nach war er Katholik, was ihn aber nicht davon abhielt, auch einmal als Präsident einer »African Students' Association« bei der Beisetzung eines hochgeachteten Panafrikanisten als Zeremonienmeister animistischer Kulthandlungen zu agieren.[66] Ebenso kokettierte er zeitweilig mit dem Freimaurertum und ein Leben lang mit dem Sozialismus. Besonders gern nannte er sich einen »katholischen Marxisten«.[67] Erst relativ spät, er war bereits Staatspräsident, legte er seine ziemlich wirre Ideenwelt, die man afrosozialistisch nennen könnte, auch in Buchform vor. Voll Stolz auf seine wissenschaftliche Bildung erfand er jetzt ein Abrakadabra zur Kennzeichnung des Sozialismus: S = M + C + UGi. S = Sozialismus, M = Materialismus, C = Conscientismus, U = Vereinigung, Gi = ein befreites Territorium.[68] Doch damals war er von seiner Einzigartigkeit bereits so überzeugt, daß er die von ihm erfundene Weltanschauung, den »Conscientismus«, als Nkrumahismus bezeichnen ließ. Nun wollte er den Sozialismus im afrikanischen Geisteserbe erkennen. Er endete schließlich, jetzt schon im Exil bei Sekou Touré, beim Vulgärmarxismus.[69]

Nkrumah gehört also zu jenen asiatischen und afrikanischen Intellektuellen, die an westlichen Universitäten studieren, dort allerdings nur mäßigen Erfolg haben, dafür aber als Rebellen eine große politische Karriere machen. Diese Karriere beginnt er 1947, als ihn der Soziologe J.B. Danquah, der eben die »United Gold Coast Convention« (UGCC) gegründet hat, als Generalsekretär einstellt. Danquah, ursprünglich die treibende Kraft der Unabhängigkeitsbewegung, wird sich nach der Machtergreifung Nkrumahs in der Opposition finden und geht 1965 im Gefängnis zugrunde, in das ihn der Diktator geworfen hat, ohne ihm je auch nur einen Prozeß machen zu lassen.[70]

Nkrumah selbst verläßt nach zwei Jahren die UGCC, weil sie ihm nicht radikal genug ist, und gründet eine eigene Massenpartei, die Convention People's Party (CPP). Das Geheimnis seines Erfolgs ist einfach und zuvor schon von Nehru erprobt: Radikalisierung der nationalistischen Bewegung mit der Parole »Dominion status now!«[71] und Zurückdrängen der Gemäßigten. Wie viele nach ihm, nützt Nkrumah dabei einen grundlegenden Fehler der Kolonialverwaltung aus, die das Schulsystem wohlmeinend ausgebaut hat, ohne aber zu bedenken, daß die eher schlecht als recht ausgebildeten Absolventen dann auch Jobs verlangen, und zwar White-Collar-Jobs, am liebsten im Schulwesen und in der Verwaltung. Diese Jobs stehen aber den meisten nicht zur Verfügung, und so bilden die arbeitslosen Absolventen mit Mittelschulabschluß nach der 7. Klasse eine Art Sturmtruppe des radikalen Nationalisten Nkrumah. Man nennt sie »Standard VII boys« oder auch, da sie oft obdachlos unter den Veranden der Wohlhabenderen schlafen müssen, »verandah boys«.

Wie es sich gehört, wird der Aufrührer vom Generalgouverneur ins Gefängnis gesteckt. Wie aber ebenso zu erwarten, mehrt das nur dessen Prestige bei den Massen in Accra. 1951 finden Wahlen zum Legislative Council statt. Sie führen zum Triumph der Convention People's Party. Nkrumah, inzwischen 41 Jahre alt, wird am 12. Februar aus dem Gefängnis entlassen, am 13. Februar vom britischen Gouverneur auf

*Staatspräsident Kwameh Nkrumah von Ghana und die ceylonesische Ministerpräsidentin Sirimavo Bandaranaike bei Eröffnung der Commonwealth-Konferenz in London, Juli 1964.*

Christiansborg Castle freundlichst empfangen und findet sich am 26. Februar desselben Jahres bereits an der Spitze des Executive Council. Er macht also anfänglich seinen Weg als antikolonialistischer Agitator, der zugleich ein talentierter Organisator, ein erstklassiger Selbstdarsteller und ein begabter Redner ist.

Die Briten stört es nicht besonders, daß der wahrscheinlich erste Ministerpräsident Ghanas ein recht zweifelhafter Radikaler sein wird, der für jede Gruppe das zu verkörpern scheint, was sie sich am meisten wünscht. David Apter, der seinerzeit die Vorgänge in Ghana wissenschaftlich am genauesten studiert hat, meint dazu: »In den Augen der Radikalen ist er ein Radikaler, für die Amerikaner ist er ein Afroamerikaner, für die Briten ein Angloafrikaner, für die Nationalisten ein afrikanischer Sozialist und für die Marxisten ein sozialistischer Afrikaner.«[72]

Journalisten von Weltrang, die für ein paar Tage einfliegen, um ihre Porträts der jeweiligen Größen dann global zu vermarkten, fallen jahrelang auf ihn herein. Einer von ihnen ist beispielsweise John Gunther, dessen Reportage über Nkrumah aus dem Jahr 1955 bereitwillig alle Klischees verbreitet, die über den ersten Schwarzen umlaufen, der es in einer britischen Kolonie zum Ministerpräsidenten gebracht hat: »der Nehru Afrikas«, »der Gigant von Ghana«.[73]

Jahrelang läßt sich der britische Premierminister Macmillan vom Charme dieses Volksführers einwickeln. Er rühmt noch in den Memoiren, als sich Nkrumah längst als übler Diktator entpuppt hatte, dessen »zahlreiche private Tugenden«.[74] Als britischer Premierminister hat es Macmillan letztlich zu verantworten, daß dem damals schon hinlänglich bekannten Demagogen das Ashanti-Land in den Rachen geworfen wird. Dort wohnen die arbeitsamen Kakaopflanzer, auf deren Arbeit der Wohlstand Ghanas beruht. Ihre Partei ist die National Liberation Movement, ihre stolzen Häuptlinge verachten den Emporkömmling Nkrumah und fordern anders als dieser eine föderalistische Verfassung. Doch Großbritannien setzt auf Zentralismus und bahnt so dem künftigen Diktator den Weg. In den folgenden Jahren betrachtet es Nkrumah als eine seiner Hauptaufgaben, die Chiefs im Ashanti-Land zu entmachten und die Erlöse aus den Kakaoernten für große Prestigeprojekte zu verpulvern: Ausbau des Hafens von Tema, ein riesiger Voltastaudamm (das Vorbild Nasser mit dem Assuanstaudamm läßt ihn nicht ruhen), dazu ein gewaltiges Kongreßzentrum, wo 1958 die »Erste All-Afrikanische Völkerkonferenz« zusammentritt.

Zwar will Präsident Eisenhower, dem Nkrumah 1960 seine Aufwartung machen möchte, von diesem Zögling der Lincoln University nicht viel wissen. Doch Kennedy empfängt ihn aufs freundlichste, ist ebenso wie Macmillan von ihm angetan und macht eine Finanzierungszusage für den Voltastaudamm.[75] Sehr angetan sind aber auch Chruschtschow und Mao. Vor allem in der Sowjetunion macht man den großen Mann Afrikas mit den Vorzügen der Planwirtschaft und totalitärer Kontrolle vertraut.

Schließlich läßt Nkrumah die letzten Masken fallen. Als drei Oppositionsführer, die von ihm des Hochverrats angeklagt worden sind, von dem gesetzestreuen Chief Justice Sir Arku Korsah freigesprochen werden, setzt Nkrumah ihn ab. Der Nachfolger zögert nicht, die drei zu verurteilen.[76] Ghana ist nun ein Einparteienstaat mit unfreiem Parlament, mit politisierter Justiz, mit uniformierter Staatsjugend, mit gleichgeschalteten Medien, mit staatlich kontrollierten Gewerkschaften, mit unrentablen Staatsunternehmungen, mit hoher Besteuerung und mit staatlichen Außenhandelsmonopolen. 1962 läßt sich Nkrumah auf Lebenszeit zum Präsidenten ausrufen.

Von Anfang an hatte er den heroischen nationalen Erretter gespielt. Doch spätestens Anfang der sechziger Jahre ist er mehr als nur leicht übergeschnappt. Von seinen Anhängern läßt er sich nämlich »Osagyefo« (Heiland, Erretter) nennen. Er hat auch ein Nkrumah-Institut errichten lassen, das der Verbreitung seiner Lehre dienen soll.

Das gleichgeschaltete Parlament hat eine fast zehn Meter hohe Statue des Osagyefo errichten lassen, und die Jungen Pioniere singen im Chor: »Nkrumah ist unfehlbar«, »Nkrumah ist unser Führer«, »Nkrumah ist unser Messias«, »Nkrumah ist unsterblich«.[77]

Auch sein Panafrikanismus läßt jedes Augenmaß vermissen. Er möchte die politische Einheit Afrikas realisieren, noch bevor sich die vom Kolonialismus befreite Staatenwelt verfestigt. Die Parole lautet diesmal: »Union government for Africa«.[78] Substantiell würde dies bedeuten: ein Bundesstaat mit eigener Währung, mit eigener Außenpolitik und mit völlig neuer Grenzziehung für die politischen Einheiten.

Doch ergeht es Nkrumah wie Nasser mit seinen panarabischen Ideen. Er befindet sich dabei in Rivalität mit gleichfalls selbstbewußten Konkurrenten. Der stolze Negus von Abessinien, seit dem Überfall Mussolinis auf Äthiopien eine Weltberühmtheit, denkt natürlich überhaupt nicht daran, einem zufällig arrivierten Nobody aus dem ghanaischen Busch den Vortritt einzuräumen. Viele jüngere Radikale betrachten den Negus zwar bereits als eine sehr antiquierte Gestalt. Aber übergehen kann man ihn nicht, und so kommt die Zentrale der 1963 errichteten Organisation für die Afrikanische Einheit zum Verdruß Nkrumahs nicht nach Accra, sondern nach Addis Abeba im äthiopischen Bergland.

Es gibt auch noch andere Konkurrenten. Da sind vor allem die Spitzenpolitiker Nigerias. Das damals 33 Millionen Menschen umfassende Nigeria verfügt über große Ölvorkommen und ist administrativ, politisch und infrastrukturell ein starkes, partiell auch schon recht entwickeltes Land, das 1960 in die Unabhängigkeit entlassen wird. Die Nigerianer blicken, wie Macmillan im Januar 1960 an die Königin schreibt, »mit einer Mischung aus Eifersucht und Verachtung« auf Ghana herab,[79] zumal Nkrumah sich von Anfang an wie der Kaiser von Afrika aufspielt. Bei der Commonwealth-Konferenz 1957 in London räumt er den Premierministern der drei Regionen Nigerias nur einen auf fünfzehn Minuten begrenzten Termin ein und fordert sie auf, sich kurz zu fassen.[80]

Ein weiterer Führer der afrikanischen Unabhängigkeitsbewegung findet sich in Kenia. Dort wartet Jomo Kenyatta auf seine Entlassung aus dem Gefängnis. Wie im Fall von Stalin oder Tito ist auch dies ein angenommener Name und bedeutet »brennender Speer«. Kenyatta hat eine ähnliche Laufbahn wie Nkrumah hinter sich. Dieser ehemalige Lehrer hat in England mit einer soziologischen Dissertation über den Stamm der Kikuyus promoviert, von deren unschuldigem Leben er ein idealisiertes Bild entwarf.[81] Er ist zugleich ein nationalistischer Kikuyu-Führer, den die Briten schließlich wegen Beteiligung an dem

Mau-Mau-Aufstand zu sieben Jahren Zwangsarbeit verurteilt haben.[82] 1963 aber wird er Regierungschef Kenias und 1964 Staatspräsident – bis zu seinem Tod im Jahr 1973 ein (übrigens prowestlicher) Autokrat und zugleich ein schwarzer Staatschef, unter dem die indische Minderheit viel zu leiden hat. Auch Kenyatta ist also aus der Sicht Nkrumahs eher ein Rivale, und ihrer gibt es noch mehr.

Wie kurz zuvor Nasser in Ägypten, sucht auch Nkrumah zuerst mit kleineren Schritten voranzukommen. Ein paar Jahre lang experimentiert er mit kleinräumigen Unionen: Union Ghanas mit Guinea, Union mit Mali, Union mit Togo, Zusammenarbeit mit Obervolta und Dahomey, Union mit dem Kongo. Aber auch Zusammenschlüsse in kleinem Rahmen werfen größte Schwierigkeiten auf. Die Versuche engerer oder lockerer regionaler Zusammenschlüsse in Westafrika scheitern allesamt.[83] Nkrumah will jedoch nicht aufgeben und verlegt sich immer mehr darauf, gegen amtierende Regierungen zu konspirieren. Zunehmend sieht man in ihm daher nicht mehr den Einiger Afrikas, sondern einen intriganten Unruhestifter. Ausgerechnet bei einer Konferenz der OAU in Accra hagelt es Vorhaltungen, in Ghana würden Revolutionäre und Terroristen ausgebildet. Nkrumah muß Besserung geloben, doch wer will ihm glauben? Nach dem Sturz wird bekannt, daß in Ghana auch chinesische Instrukteure »Freiheitskämpfer« ausbildeten. Er selbst und seine Anhänger sind überzeugt, daß die CIA den Putsch veranlaßt hat. Es ist bemerkenswert, wie Nasser und Nkrumah fast gleichzeitig mit ihren Ideen panarabischer und panafrikanischer Zusammenschlüsse Schiffbruch erleiden, denn die konservativen Regierungen der Region verabscheuen sie als Revolutionäre und reagieren dementsprechend.

Nkrumah wird also seine zunehmende Radikalität zum Verhängnis. In Afrika gilt er längst nicht mehr als ein zuverlässiger Blockfreier, sondern als Parteigänger Moskaus und Pekings. Nachdem große Teile des Kontinents dekolonisiert worden sind, geht zudem seine Bedeutung von selbst auf das Maß zurück, das der Größe seines Landes entspricht. Hinzu kommt die wirtschaftliche Misere. Bei der Unabhängigkeit im Jahr 1957 besaß Ghana ein Guthaben von 350 Millionen Pfund Sterling, damals eine beachtliche Summe für ein kleines Land. 1966, als Nkrumah während eines Aufenthalts in Peking unerwartet von der Armee gestürzt wird, hat das Land fast den doppelten Betrag an Schulden.[84]

Sechs Jahre nach dem Sturz lebt der Diktator im Exil in Guinea, das der sehr finstere Diktator Sekou Touré regiert, ursprünglich ein Gleichgesinnter, der ihm aber bald einen Maulkorb verpaßt. Nkrumah stirbt 1972 an einer Krebserkrankung in einer Klinik in Bukarest, wo damals der Diktator Ceauşescu, eine gleichfalls lange Zeit weit überschätzte Größe, noch in hohem Ansehen steht. Mit ihm verschwindet die Idee einer panafrikanischen Union und wird zum Gegenstand historischer Seminare. Er selbst ist heute fast vergessen. Nur in Ghana gilt er noch als große Heroengestalt, und jene schwarzafrikanischen Radikalen, die sich als seine Erben betrachten, feiern ihn weiterhin als Propheten des panafrikanischen Traums.[85]

## Der arrivierte Revolutionär: Tito

Manches im Lebenslauf Titos ist heute noch ungeklärt und umstritten. Die Forschung gräbt in der ersten Schicht historischer Quellen, und vieles Erstaunliche mag vielleicht im 21. Jahrhundert noch aus Belgrader oder Moskauer Archiven an den Tag kommen. Doch die meisten Zeitgenossen waren und sind ziemlich übereinstimmend der Meinung, daß Tito alles in allem ein bedeutender Mann war – viel Glanz, erstaunliches Prestige, hinlänglich schwere Verantwortung für nachtschwarze Untaten und von Anfang bis zum Ende jenes Zwielicht, das lange regierende Diktatoren häufig umgibt.

Helmut Schmidt hat ihn einen Riesen genannt, auch im Hinblick darauf, daß wohl noch nie im 20. Jahrhundert das Oberhaupt eines vergleichsweise kleinen, künstlichen Landes ein so gewaltiges Staatsbegräbnis erhalten hat wie Tito im Mai 1980.[86] Jedermann war nach Belgrad gekommen, der global Rang und Namen hatte – kommunistische Diktatoren, Breschnew und der chinesische Parteichef Hua Guo Feng an der Spitze, demokratische Staatsmänner und Dritte-Welt-Potentaten. Nur der Papst fehlte, und Präsident Carter ließ sich durch Vizepräsident Mondale vertreten.

Andere Akteure äußern sich etwas vorsichtiger. Margaret Thatcher nennt Tito rückblickend einen »hochbegabten Gaukler«.[87] Das klingt noch halbwegs bewundernd. Doch fehlt es auch nicht an schroffen Urteilen. Paul Johnson, ein vom Linksradikalen zum Konservativen mutierter Historiker, bezeichnet Tito als »erfahrenen politischen Gangster«, der mit den Techniken des Überlebens wohlvertraut war.[88] Ähnlich bewertet ihn Andreas Graf Razumovsky, der sich als Belgrader Korrespondent hinreichend kritische Informationen über Tito und den Titoismus verschafft hatte. In dem spektakulären Schisma zwischen Tito und Stalin sieht er den »Kampf zwischen zwei Mafiabossen«, versäumt aber doch nicht, Tito »die Eigenschaften eines würdevollen balkanischen Monarchen« zu attestieren, der diese Rolle überzeugender gespielt habe als viele seiner Vorgänger aus den Dynastien Karadjordjević, Obrenović und Petrović-Njegos. Der von Svetozar Stojanović geprägte Begriff »Charismarch« erfasse genau diese Eigenschaften – ein Herrscher, der mit souveränem Charisma regiert.[89]

Ein Riese, ein hochbegabter Gaukler, ein charismatischer Herrscher, ein balkanischer Monarch, ein Mafiaboß, ein erfahrener politischer Gangster – jede dieser vergröbernden Bezeichnungen erfaßt nur einen Teilaspekt eines zwielichtigen Machtmenschen, an dem nichts eindeutig ist außer seinem persönlichen Format.

Die Unklarheiten beginnen schon mit dem Geburtsdatum. In den offiziellen und offiziösen Geschichtswerken wird der 25. Mai 1892 genannt. Djilas aber, der Tito am gründlichsten studiert hat, auch am unehrfürchtigsten, gibt den 7. Mai 1892 an. Da der Berufsrevolutionär Josip Broz unter vielen Verkleidungen überlebte und sich verschiedenste Identitäten zulegte, darunter seit den späten dreißiger Jahren auch den Namen Tito, verwundern solche Differenzen nicht.

Nicht einmal die Herkunft ist völlig eindeutig. Tito wird in dem Dorf Kumrovec im nordwestlichen Kroatien geboren. Er stammt aus einer kinderreichen Bauernfamilie – insgesamt hat er fünfzehn Brüder und Schwestern. Wie häufig bei Größen, die aus dem sozialen Nichts aufgestiegen sind, wird die Armut der eigenen Anfänge etwas übertrieben. Seine Mutter jedenfalls kam aus einer wohlhabenden Familie slowenischer Bauern. Die bedrückenden wirtschaftlichen Verhältnisse im Hause Broz sind in erster Linie dem Leichtsinn des Vaters zu verdanken. Nachdem aber Tito als Führer der revolutionären jugoslawischen Kommunisten die Macht in Belgrad übernommen hat und gar nicht mehr richtig übersieht, über wie viele Paläste und Villen er eigentlich verfügt[90], ist die Legende von den ärmlichen Anfängen durchaus zwingend. Das erlebt beispielsweise Präsident Nixon auf seiner Europareise im Jahr 1970. Tito läßt es sich nicht nehmen, den Gast nach Kumrovec zu führen. Nixon möchte gleichfalls mit seiner eigenen schlichten Herkunft Eindruck schinden und erzählt Tito die von ihm schon oft breitgewalzte Geschichte von dem Pony, das er sich als Kind sehnlichst wünschte, ohne es je zu bekommen. Doch Tito wischt das mit der Bemerkung beiseite: »Wir waren elf Kinder in diesem einen Raum.«[91] Für manche Größen des 20. Jahrhunderts sind eben die einfachen Anfänge so wichtig wie für Minister in der Welt von gestern die Grafentitel.

Dies ist allerdings der Punkt, wo die schlichte Herkunft Titos nicht mehr ganz so eindeutig ist. Noch in den siebziger Jahren hält sich in Belgrad das Gerücht, Josip Broz sei der natürliche Sohn eines Grafen Erdödy. Hat man ihn nicht häufig beobachtet, wie er diesem hohen Herrn die auf der Jagd erlegten Hasen und Fasane hinterhertrug? Wurde er in Kumrovec nicht mit der Bezeichnung »der kleine Graf« gehänselt? Graf Razumovsky, der dieses Gerücht genüßlich ausbreitete, vermutet, das Bewußtsein, »eigentlich ein Graf zu sein«, habe im Leben des jungen Josip Broz und des späteren Tito eine bestimmende Rolle gespielt.[92] Ließe sich so nicht vieles erklären – die stattliche Erscheinung, das gewinnende Auftreten, die Neigung, selbst während der Untergrundaktivitäten in den dreißiger Jahren auffällig gut, ja überelegant gekleidet zu sein, die unbezwingliche Lust, in Schlössern zu repräsentieren, der Umstand auch, daß Tito so offenkundig ein *homme à femmes* ist? Denn es ist schon recht auffällig: Kaum haben sich die Partisanen im Oktober 1944 in Belgrad festgesetzt, unternimmt er bereits eine Besichtigung der königlichen Paläste in Dedinje und läßt den Weißen Hof des Prinzen Paul für sich restaurieren.[93] Wenige seiner Besucher würden es später bestreiten, daß man an dem in den Herrn auf Brioni verwandelten Revolutionär einen befremdlichen Schloß-Tick studieren kann.

Tatsache aber ist auch, daß Tito die ersten dreißig Jahre ein völlig durchschnittliches, bescheidenes Leben führt. Nichts, aber auch gar nichts deutet auf höhere Ziele hin, weder die Wanderjahre im Schlosser- und Mechanikerberuf, die ihn auch nach Wien und Stuttgart führen, noch der seit 1912 freiwillig abgeleistete Militärdienst in der K.u.K.-Armee. Djilas erklärt zwar: »Tito wurde sozusagen als Aufrührer geboren«,[94] und der Hofbiograph Dedijer behauptet, Tito habe zu Beginn des Krieges eine aufrührerische Rede gehalten.[95] Aber viele Anzeichen sprechen dafür, daß Tito, als er im Ersten Weltkrieg erst gegen die Serben, dann gegen die Russen zum Einsatz kam, ein pflichtbewußter Soldat gewesen ist. Ob er damals wirklich »ein guter österreichischer Patriot« war, somit auch antiserbisch, wie Ante Ciliga ausführt,[96] bleibe dahingestellt. Jedenfalls ist 1915, als er in russische Gefangenschaft geriet, die silberne Tapferkeitsmedaille schon ausgefertigt gewesen. 1966, bei einem Staatsbesuch in Wien, hat sich Außenminister Kreisky dann erboten, ihm den Orden als Erinnerung zu überreichen. Doch Tito dankte verbindlichst.[97]

Daß der Kriegsgefangene in den Strudel der Russischen Revolution gerät, ist sicher. Umstritten ist aber, wie lange er sich nach 1917 in der Sowjetunion aufgehalten hat und von wann an er ein Berufsrevolutionär im Dienst Moskaus wurde. Zu den unklaren Fragen dieses Lebenslaufes gehört auch die nach Beginn und Dauer seiner Ehe mit der russischen Kommunistin Denissowa-Bjelaussowa.

Wann Tito sich dem Bolschewismus verschrieben hat, ist bis heute nicht restlos geklärt. Die offiziöse Biographie Vladimir Dedijers erschien 1953 und bekundete naturgemäß das Bestreben, Tito möglichst früh schon als einen in Jugoslawien aktiven Revolutionär zu porträtieren. Ciliga zufolge, der dies zu Beginn der siebziger Jahre veröffentlicht hat, ist aber Tito schon 1920 in die jugoslawische Sektion der russischen KP eingetreten, und nach der Rückkehr nach Jugoslawien im Jahr 1920 sei er von 1923 bis 1925 nochmals in Rußland gewesen[98] und dort zum Berufsrevolutionär ausgebildet worden.

Gesichert ist seine Verurteilung als Terrorist zu fünf Jahren Zuchthaus im Jahr 1928. Ob die Beschuldigung des illegalen Waffenbesitzes begründet war oder nicht, muß gleichfalls offenbleiben. Es gibt jedenfalls gewichtige Indizien dafür, daß Tito bereits in den zwanziger Jahren ein sowjetischer Agent war und selbst in den dreißiger Jahren nach seiner Entlassung aus dem Gefängnis weniger ein jugoslawischer Revolutionär als ein Spezialagent der Komintern gewesen ist. Zwischen 1934 und 1939 hielt er sich in Moskau und in Paris auf, aber auch kurze Zeit – unter Pseudonym – in Jugoslawien. Seine Rolle bei den Moskauer Säuberungen ist undurchsichtig. Ungeklärt ist auch, ob er sich während des Bürgerkrieges zeitweilig mit Aufträgen der Komintern in Spanien aufhielt, wie André Malraux Anfang 1946 dem amerikanischen Journalisten Sulzberger gegenüber behauptet hat.[99]

Zum Zeitpunkt, als ihn die Komintern 1938 formell zum Sekretär der jugoslawischen KP einsetzt, ist er jedenfalls ein harter, bedenkenloser, in Untergrundaktivitäten versierter Berufsrevolutionär und ein bedingungsloses Werkzeug Stalins. Von seiner zweiten Frau, einer aus Deutschland gebürtigen Kommunistin, die unter dem Vorwurf der Spionage für die Gestapo verhaftet worden war, hat er sich tunlichst distanziert.[100] So überlebt er die Moskauer Säuberungen, säubert dann selbst im Auftrag der Komintern die zerstrittene jugoslawische Partei und beseitigt alle Konkurrenten um die Führung.

Auch nach der Besetzung Jugoslawiens durch die Wehrmacht und die Truppen Italiens ruft er durchaus nicht zum sofortigen Widerstand auf. Das geschieht erst am 4. Juli 1941, in dem Moment also, da nach dem deutschen Überfall aus Moskau entsprechende Anweisungen ergehen. Es ist auch kein Zweifel daran möglich, daß Tito dann während der ganzen Jahre als Partisanengeneral mit Moskau in ständigem Funkkontakt steht und von dort seine Direktiven erhält, ohne daß er dem Zentralkomitee der KP alles mitteilt.

1941 ist er immerhin schon fast fünfzig Jahre alt und entspricht durchaus jenem Typ des Komintern-Agenten, wie er den Polizeibehörden in ganz Europa hinlänglich bekannt ist und bald in den Romanen von Manès Sperber oder von Arthur Koestler porträtiert wird.

Ein unverwechselbares Profil gewinnt dieser Führer der jugoslawischen Kommunisten erst im Krieg, ganz im Gegensatz zu Männern wie Gottwald, Pieck, Gheorghiu-Dej, Ulbricht, Dimitrow, Rakosi, die nach dem Krieg als Satrapen Stalins in Mitteleuropa und auf dem Balkan erst die Volksdemokratien und dann unverhüllte kommunistische Terrorregime errichten werden. Diese haben sich im Weltkrieg relativ sicher meist fern der Front in der Sowjetunion aufgehalten. Bedroht wurden sie damals nur von dem unberechenbaren Mißtrauen des sowjetischen Tyrannen. Die geringe Freudigkeit, sich im Kampf zu exponieren, teilen die Apparatschiks Stalins übrigens mit diesem selbst. Nur einmal im Zweiten Weltkrieg wagte es Stalin, sich in die Nähe der Front zu begeben – das aber nicht, ohne bei dieser Gelegenheit an Roosevelt und Churchill ein stolzes Telegramm zu schicken.[101] Tito hingegen hat sich als Partisanengeneral inmitten seiner Anhänger profiliert und legitimiert. Er ist kein Apparatschik, sondern ein Kämpfer, darin mit Mao Tse-tung durchaus vergleichbar. Auch Titos Macht kommt aus der Mündung der Gewehre; sie beruht nicht auf der Roten Armee und der Geheimpolizei Stalins.

Als Sekretär der kleinen, scharf verfolgten Kommunistischen Partei Jugoslawiens von 1938 bis 1941 ist Tito noch ein politischer Niemand. Eine gewisse Bekanntheit gewinnt er erst 1943. Damals, zu Beginn des Jahres, findet sein Konkurrent Mihajlović, Chef der royalistischen Partisanen, heraus, daß der Bandenführer Tito mit dem Kommunistenführer Josip Broz identisch ist. Zuvor hat Mihajlović geglaubt, es handle sich bei Tito um einen aus Moskau eingeflogenen russischen Agenten.

Von jetzt an sucht Tito nicht mehr die Verborgenheit im dunklen Untergrund wie früher, als er der Komintern als Spezialagent gedient hatte. Nun legt er alles darauf an, persönlich bekannt zu werden und ein eigenes, unverwechselbares Profil zu gewinnen.

Der entscheidende Tag für seine künftige Karriere ist der 29. November 1943. Damals ruft ihn die vom ZK der Kommunistischen Partei handverlesene Zweite Tagung des »antifaschistischen Rats der Volksbefreiungskämpfer« (AVNOJ) zum »Marschall von Jugoslawien« aus.[102] Der 29. November wird künftig zum Staatsfeiertag Jugoslawiens. Bei Lichte besehen ist die Usurpation des Marschalltitels eine ziemliche Frechheit. Denn erst einige Monate zuvor hatte sich Stalin stolz den Titel »Feldmarschall« zugelegt. Die Annahme des bombastischen Titels zeugt auch deshalb für den Übermut Titos, weil er damals nicht mehr als 60 000 Mann unter seinem Kommando hat[103] – keine sehr stattliche Streitmacht inmitten der Millionenarmeen des Zweiten Weltkrieges.

Doch Tito verfolgt jetzt ein taktisches Hauptziel: Er wünscht dringlichst, Waffen von den Engländern zu bekommen, die seit Herbst 1943 die dominierende Militärmacht in Süditalien und in der südlichen Adria sind. Vladimir Dedijer, der später die ziemlich verlogene Biographie Titos verfaßt, macht damals in Kairo für den neugebackenen Marschall Propaganda, und Cyrus L. Sulzberger publiziert am 5. Dezember 1943 im »New York Times«-Magazin einen ersten biographischen Abriß von Tito,[104] sogar mit Photo. Das erste Zusammentreffen Sulzbergers mit Tito findet allerdings erst am 15. April 1945 in der jugoslawischen Botschaft zu Moskau statt. Sulzberger notiert bei dieser Gelegenheit: »Er ist ein stämmiger Mann von mittlerer Größe; er sieht ziemlich gut aus, er hat blaue Augen und eine Ähnlichkeit mit Göring.«[105] Tito wird Sulzbergers gute Dienste nie vergessen. Dieser erfahrene Balkanexperte ist seither sein beliebtester westlicher Journalist und erhält immer wieder Exklusivinterviews.

Bekanntlich hatte Titos Bemühung um Profilierung gegenüber den Briten Erfolg. Auch die zeitliche Abstimmung war perfekt. Auf der Rückreise von der Konferenz in Teheran macht Churchill Anfang Dezember 1943 in Kairo Station. Dort finden jene berühmten Unterredungen mit Fitzroy Maclean und William Deakin statt, die sich im Auftrag des britischen Geheimdienstes bereits monatelang im Lager Titos aufhielten und einen denkbar guten Eindruck von der Kampfkraft seiner Partisanenverbände gewonnen haben. Maclean, konservativer Abgeordneter für Lancaster, ist eine eindrucksvolle schottische Abenteurerfigur, die selbst den hartgesottenen Kämpfern Titos Respekt einflößt. Und der junge Deakin wird von Churchill geschätzt, seit er ihm als Forschungsassistent bei der Arbeit an der Marlborough-Biographie zur Hand gegangen ist. Auch Randolph Churchill plädiert damals nachdrücklich für die vorbehaltlose Unterstützung Titos. Im Hintergrund wirken sich zudem und seit Monaten schon gefilterte Berichte des SOE in Kairo aus, die wesentlich von Captain James Klugman beeinflußt sind. Klugman aber ist, wie man später erfährt, seit den Studienjahren in Cambridge als Kominternagent tätig.[106] So kommt es zu jener weitreichenden Entscheidung Churchills vom 10. Dezember 1943, den royalistisch-bürgerlichen serbischen Nationalisten Mihajlović fallenzulassen und statt dessen alle Lieferungen von Kriegsmaterial auf die angeblich erfolgreicheren Partisanen Titos zu konzentrieren.

Diese britischen Lieferungen sind selbst für die durch üppige Waffenproduktion gekennzeichneten Verhältnisse des Zweiten Weltkrieges beachtlich: 346 Flugzeuge, über 2 000 Lastkraftwagen, 134 000 automatische Schußwaffen sowie eine ganze Panzerbrigade, deren Mannschaften raschestens in Italien ausgebildet werden.[107] Ab September 1944, als eine Direktverbindung möglich wird, steigt auch die Sowjetunion in großem Stil in die Waffenlieferungen an Tito ein. Doch zu diesem Zeitpunkt ist der Machtkampf in großen Teilen Jugoslawiens schon weitgehend entschieden. Razumovsky hat doch wohl recht mit der Feststellung: Seine Macht über die Kommunistische Partei Jugoslawiens verdankt Tito Stalin, seine Herrschaft über Jugoslawien im Jahr 1944 Winston Churchill.[108]

*Premierminister Churchill trifft Marschall Tito in Neapel, 12. August 1944. Tito hatte sich Ende November 1943 den bombastischen Titel »Marschall von Jugoslawien« zulegen und dann für das Zusammentreffen mit Churchill eine prächtige Uniform schneidern lassen.*

Aus der Rückschau ist unschwer zu erkennen, welche Schlüsselrolle Tito seit Ende 1943 beim Kampf um die Einflußzonen auf dem Balkan zugewachsen ist. Früher als anderswo zeichneten sich hier die Fronten des Kalten Krieges ab. Dazu gehört auch jene berühmte Fifty-Fifty-Formel über den Einfluß auf Jugoslawien, die Churchill im Oktober 1944 in Moskau mit Stalin vereinbarte. Doch Churchill hat sich in Jugoslawien selbst ausmanövriert. Tatsächlich verstand sich Tito während des ganzen Zweiten Weltkrieges und noch Jahre danach als getreuer Gefolgsmann des großen Stalin, so sehr diesem Marschall Jugoslawiens und erfolgreichen Partisanenführer auch schon der Kamm geschwollen war. An Titos Bestreben, die eigene Politik mit Moskau eng abzustimmen, ist gar kein Zweifel möglich. 1943 glaubte Churchill allerdings noch, Tito mittels Militärberatern und Waffenlieferungen steuern zu können, während man sich im Politbüro Titos über die Naivität des britischen Premierministers nur wunderte. Erst 1945, zu spät, erkannte Churchill seinen Irrtum.

Bis zum Tode Titos und darüber hinaus hat die jugoslawische Propaganda dann am Mythos des heldenhaften Partisanenkampfes mit Tito als dem heroischen Anführer gewoben. Auch Politik und Medien des Westens zeigten sich dafür durchaus empfänglich. An Entschlossenheit, an Energie und an politischem Gespür fehlte es damals Tito zweifellos nicht. Djilas, der sich Mitte der fünfziger Jahre von Tito abwandte und dann lange Jahre im Gefängnis verbrachte, hat 1968 in einem langen Gespräch mit Sulzberger den Mut Titos und dessen politische Führungsstärke nachdrücklich bekräftigt, Titos Fähigkeiten als militärischer Führer allerdings angezweifelt.[109] Auch in seiner 1980 erschienenen Biographie bezeichnete er Tito als »eine Persönlichkeit aus einem Stück ..., aus Macht und Kampf, kämpferischer Macht«.[110]

Dieser charismatische, häufig jähzornige, aber zumeist klug kalkulierende und durchaus der Jovialität fähige Führer war während der ganzen vierziger Jahre so erbarmungslos wie nur wenige in jenem fürchterlichen Jahrzehnt. Von allen großen und kleinen Unmenschen in der Geschichte des Balkans im 20. Jahrhundert hat er neben Ante Pavelić die breiteste Blutspur hinter sich zurückgelassen. Da er seit Beginn des Aufstandes das Politbüro der jugoslawischen Kommunisten sowie die Partisanengruppen recht autoritär dirigierte, ist er in allererster Linie für die Greueltaten seiner Anhänger verantwortlich.

Schon bald nach der Besetzung Jugoslawiens im Frühjahr 1941 ist das Chaos im Land schwer zu überbieten. Deutschland und Italien sind bedenkenlose Besatzungsmächte, auch Italien. Der entlaufene Österreicher Adolf Hitler läßt seinen antiserbischen Emotionen freien Lauf und ordnet härteste Repressionsmaßnahmen gegen alle Angriffe an. In Jugoslawien müsse man, meint er bei einer Gelegenheit, alle europäischen Hemmungen abstreifen, genauso wie beim Kampf gegen russische Partisanen.[111]

Doch bald respektieren die Brutalos um Hitler Tito auf ähnliche Weise, wie sie im Krieg Marschall Stalin bewundern gelernt haben. Tito, so vermerkt beispielsweise Goebbels am 20. Dezember 1943 in seinem Tagebuch, »treibt eine sehr schlaue Bandenführung, die nach allen Kräften bemüht ist, einen ernsthaften Zusammenstoß mit unseren Truppen zu vermeiden«.[112] Nicht ohne Faszination registriert er, wie der Einfluß Churchills durch den »Statthalter Stalins in Jugoslawien«[113] Zug um Zug zurückgedrängt wird. Als Titos Stern immer heller erstrahlt, wächst die Bewunderung: »Man kann diesem sogenannten Marschall eine gewisse Achtung nicht versagen. Er ist ein richtiger Bandenhäuptling und dazu ein Mann von Format. Es wäre wünschenswert, daß wir einige solcher Marschälle unter unseren dekadenten Generälen zu verzeichnen hätten. Sie würden sicherlich die Kriegführung im Westen wie im Osten anders betreiben, als das heute vielfach der Fall ist.«[114] Das schließt natürlich äußerste Grausamkeit gegen die Tito-Partisanen nicht aus. Goebbels' letzte Bemerkung über Tito im März 1945 ist gleichfalls erwähnenswert. In Kroatien herrsche ein grauenhaftes Durcheinander: »Die Ustaschen führen ein Terrorregiment, das jeder Beschreibung spottet. Tito ist der lachende Dritte dabei. Er erweist sich tatsächlich als Volksführer von hohen Graden.« Goebbels schließt resigniert: »Im übrigen aber habe ich den Eindruck, als wenn unsere Soldaten in diesem Raum des Südostens lediglich das Chaos verteidigen.«[115]

Das ist recht genau beobachtet. Tatsächlich führt Tito seit langem einen dreiseitigen Vernichtungskrieg: gegen die Deutschen, gegen die Ustaschen des von Deutschland ausgehaltenen, grausamen Diktators Pavelić (»eine wahrhaft armselige Figur«, verglichen mit Tito, meint Goebbels[116]), und gegen die Tschetniks des unglückseligen royalistischen Partisanenführers Mihajlović – »unsere Hauptgegner«, so Milovan Djilas.[117] Letztere schlagen sich in ihrer Verzweiflung zum Schluß auf die Seite der Deutschen und erleiden nach dem Sieg Titos ein grauenhaftes Schicksal.

Alle Zahlen der Blutopfer, die von verschiedenen Seiten genannt werden, sind weitgehend fiktiv. Die Deutschen reden von 65 000 getöteten Partisanen. Die Behörden Titos sprechen später von 1 700 000 jugoslawischen Kriegstoten. Neuere Schätzungen belaufen sich auf etwas mehr als eine Million Menschen, wobei offenbleibt, wer wen tatsächlich umgebracht hat.[118] Die Morde, die zum Zeitpunkt des Sieges und danach von den Partisanen Titos begangen werden, gehen in die Zehntausende. In den Erinnerungen von Djilas, der zu den Tätern gehört, werden diese Untaten, auch jene gegen die Volksdeutschen in Jugoslawien, nur mit großer Verlegenheit erwähnt. Als Kardelji bei einer der Diskussionen im ZK zum Schicksal der etwa 500 000 Volksdeutschen bemerkt, »wir hätten dadurch die produktivste Bevölkerungsgruppe verloren«, schweigt Tito. Dies wohl deshalb, meint Djilas, »weil er der Ansicht war, daß gehandelt werden mußte. Mit dem Argument der Unabwendbarkeit und ›der deutschen Verbrechen‹ beruhigte auch ich mein Gewissen.«[119] Die Abrechnung mit allen irgendwie erreichbaren Gegnern und Klassenfeinden durch die Partisanen Titos dauert jedenfalls jahrelang an und übertrifft an Intensität noch die Vendetta Francos gegen seine Bürgerkriegsgegner.

Seit 1948, nach dem Bruch mit Stalin, wendet sich Tito gegen eine neue Kategorie von Feinden, von denen gleichfalls Tausende kläglich zugrunde gehen – die heimlichen Anhänger der Sowjetunion. Viele nehmen in dem berüchtigten Konzentrationslager auf der Insel Goli Otok ein schlimmes Ende.

Die schlimmsten Massenvernichtungen der Jahre seit 1944, berichtet Djilas, gleichfalls entschuldigend, seien gar nicht im kommunistischen Zentralkomitee beschlossen worden. Tito und sein Innenminister Rancović hätten das persönlich verfügt.[120] Djilas erinnert sich an eine Szene, bei der Tito Ende 1945 auf einer Sitzung des Zentralkomitees ausgerufen habe: »Nun reicht es aber mit diesen Todesurteilen und mit dem Töten! Die Todesstrafe hat keine Wirkung mehr – es fürchtet sich auch keiner mehr vor dem Tode!«[121]

Der schrankenlose Terrorismus der siegreichen Kommunisten erklärt, weshalb die ethnischen Konflikte in Jugoslawien Jahrzehnte hindurch nur unter der Decke schwelen. Der jugoslawische Föderalismus, den die Mannschaft um Tito konstruiert, wird von wohlwollenden westlichen Beobachtern als dessen große und genuine Lebensleistung gerühmt. In manchem erinnert die Art, wie Tito die ethnischen Spannungen scheinbar gelöst hat, an die Vorgehensweise Stalins in der Sowjetunion: zuerst grausamer Terror, damit verbunden Scheinautonomie bei gewissen Konzessionen im sprachlich-kulturellen Bereich, doch alles unter der eisernen Diktatur einer lange Zeit straff zentralistisch organisierten kommunistischen Partei. Und wie in der Sowjetunion Stalins liegt die höchste Macht bei einem einzelnen Diktator. Ein Vierteljahrhundert lang bis zum ersten Aufbegehren der Kroaten in den Jahren 1970 und 1971 herrscht ethnische Kirchhofsruhe, da man sich an den Terror Titos bestens erinnert. Er hat es jetzt leicht, den jovialen Herrn zu spielen, weil jedermann im Lande weiß, daß sich hinter der Bonhomie ein gnadenloser Mörder verbirgt.

Weitgehend übersehen werden im Westen auch die in kommunistischen Parteien üblichen, umfassenden Säuberungen. Sie fordern zwar keine Menschenleben, stürzen die Existenz der Betroffenen aber ins Bodenlose und haben eine allgemeine Servilität zur Folge.

Anders als der viel vorsichtigere, doch auch bäurische Stalin gibt der Diktator Tito von Anfang an der Verlockung nach, wie ein Monarch aufzutreten. Alle Zeitzeugen stimmen darin überein, daß dieser einstige Mechaniker und Berufsrevolutionär bei erster sich bietender Gelegenheit die Allüren eines Balkanfürsten angenommen habe: prunkvolle Wohnsitze in beschlagnahmten und luxuriös restaurierten Schlössern, Errichtung eines eigenen Gestüts, unablässige Jagden. Auch die Freude an schönen Frauen, die jedoch überzeugte Kommunistinnen sein müssen, paßt ins Bild. Selbst kritische Beobachter können nicht bestreiten, daß er die neue Rolle alles in allem hervorragend spielt.

Der Lebensstil des Parteichefs und Ministerpräsidenten Tito steht freilich in provozierendem Kontrast zu dem Elend, das weithin in dem zerstörten, völlig heruntergekommenen Land herrscht. Chruschtschow, der genau zu beobachten versteht, schildert in seinen Erinnerungen die Eindrücke von einem Jugoslawienbesuch im Jahre 1955, also immerhin schon zehn Jahre nach dem Krieg: »Das Land war sehr arm. Es war vor dem Krieg ein armes Bauernland gewesen, und die Hitler-Okkupation war lang und schwer gewesen. Wir sahen, daß die Bauern nur mit sehr primitivem Gerät arbeiteten, meist noch ohne Traktoren ... Jugoslawien war ein isoliertes, verwüstetes Land ...«[122]

Die Kontraste im ersten Jahrzehnt der Diktatur Titos sind also eher noch augenfälliger als in der sonstigen kommunistischen Welt: fürstlicher Lebensstil des Diktators im Weißen Hof und auf der Insel Brioni, zugleich aber Konzentrationslager und volle Gefängnisse landauf, landab sowie allerorten die Misere eines von Krieg und Bürgerkrieg verwüsteten Entwicklungslandes.

Der prunksüchtige Diktator Jugoslawiens ist freilich nur die auffälligste Figur innerhalb einer Schicht arrivierter Funktionäre, die im ganzen Ostblock als »neue Klasse« alle Privilegien der gestürzten alten Klassen in Anspruch nehmen. Nur zwei Einschränkungen müssen sie hinnehmen. Die Privilegien sind mit der politischen Funktion verbunden, und man kann sie nicht vererben. Als aber der Konflikt mit Stalin ausbricht, sind nicht allein die Privilegien gefährdet, sondern, wie Tito genau weiß, auch Leib und Leben.

Dann kommt, für die Weltöffentlichkeit völlig unerwartet, der Bruch mit Moskau. Erst dieser Vorgang macht aus dem kommunistischen Balkanpotentaten eine weltgeschichtliche Figur. Später wird man das Aufbegehren regierender Kommunisten gegen die sowjetische Führungsmacht nicht mehr mit einem Übermaß an Verblüffung registrieren. Seit Mitte der fünfziger Jahre sind Polen und Ungarn vom Bazillus des Nationalkommunismus befallen, die chinesische KP unter Mao Tse-tung geht ihren eigenen Weg, später beginnt sich der Nationalkommunist Ceauşescu in Rumänien freizuschwimmen, und im Prager Frühling von 1968 folgt dann die tschechoslowakische Führungsgruppe um Alexander Dubček.

Als aber Radio Prag am 28. Juni 1948 den Bannstrahl der kommunistischen Internationale, des sogenannten Informbüros, gegen die KP Jugoslawiens ausstrahlt, ist dies eine Sensation.[123] Denn bis zu diesem Zeitpunkt war Tito der schärfste Stalinist im Ostblock gewesen, dabei auch rabiat antiwestlich.

Das Intrigenspiel, aus dem in einer Abfolge anfangs geheimer Verhandlungen und Briefwechsel die Exkommunikation erfolgte, ist bis heute nicht völlig aufgeklärt. Aus sowjetischer Sicht ging es darum, sämtliche kommunistischen Parteiführungen auf dem Balkan einer lückenlosen Kontrolle zu unterwerfen. Da in Jugoslawien keine russischen Truppen stationiert waren und da es auch dem sowjetischen Geheimdienst nicht gelungen war, die Parteiführung und die Armee so stark wie anderswo zu durchdringen, schien ein Akt scharfer Disziplinierung hier besonders geboten.

Wie früher und später war der Balkan auch damals eine Region tödlicher Machtspiele. Tito hatte 1947 der Versuchung nicht widerstehen können, eine expansive Politik zu betreiben und im Zusammenspiel mit dem seit dem Reichstagsbrandprozeß von 1933 legendären bulgarischen Kommunistenführer Dimitrow Allianzen vorzubereiten, über die Moskau wohl nicht in allen Einzelheiten orientiert war. Zeitweilig bestand der Plan, mit zwei Divisionen nach Albanien einzumarschieren, eine Balkanföderation zu errichten, vielleicht sogar eine osteuropäische Föderation, beginnend mit einem Bündnis zwischen Bulgarien und Jugoslawien. Bei einer erregten nächtlichen Auseinandersetzung im Februar 1948 in Stalins Kanzlei warf dieser Dimitrow vor: »Ihr meldet uns, ebenso wie die Jugoslawen, nichts von dem, was ihr tut. Wir erfahren alles auf der Straße. Ihr stellt uns vor vollendete Tatsachen!«[124] Tito war allerdings vorsichtig genug gewesen, sich zu diesem Zeitpunkt nicht mehr in eigener Person nach Moskau zu begeben. Die rumänische Kommunistin Ana Pauker wußte damals von einer Redensart kommunistischer Führer aus der Vorkriegszeit zu berichten: »*Nach* Moskau, wann du willst, *aus* Moskau, wenn sie dich lassen.«[125]

Niemand wußte dies besser als Tito selbst. Schließlich hatte er sich während der Großen Säuberung persönlich in Moskau aufgehalten und dabei höchstwahrscheinlich eine Reihe eigener Genossen ans Messer geliefert. Der Grimm gegen Tito war eben deshalb besonders groß, weil sich dieser über lange Jahre hinweg als gehorsames Werkzeug Stalins bewährt hatte. Im nachhinein wurde ihm selbst und seinem engsten Kreis freilich klar, daß er seit Kriegsende Anlaß zum Verdacht gegeben hatte. Eine Rede in Ljubljana vom 27. Mai 1945, in der er siegestrunken, wenngleich vor allem gegen England und Amerika gerichtet, erklärte: »Wir werden von niemandem mehr abhängig sein«, hatte prompt zu einer offiziellen Rüge des sowjetischen Botschafters geführt.[126] Natürlich registrierte es Stalin auch mit Befremden, wie Tito um sich herum seinen eigenen Personenkult inszenierte.

Als 1947 und in den ersten Monaten des Jahres 1948 immer kritischere Signale aus Moskau kamen, ist es Tito wohl klargeworden, daß sein Leben nur noch an einem seidenen Faden hing. Er mußte entweder einen innerparteilichen Putsch durch moskautreue jugoslawische Kommunisten oder die Ermordung durch einen Attentäter befürchten, zeitweilig auch einen Einmarsch der Roten Armee zusammen mit anderen Ostblockeinheiten. Bald war das Zerwürfnis in der Tat so weit gediehen, daß die Moskauer Propaganda die ehemaligen Genossen in

Jugoslawien des Trotzkismus verdächtigte und sie schließlich als Faschisten bezeichnete.

Wenn man Djilas glauben darf, der damals der obersten Führungsmannschaft in Jugoslawien angehörte, hat sich Tito in dieser Krise alles in allem recht tapfer gehalten. Es hieß zwar, die Auseinandersetzungen hätten ihn so mitgenommen, daß er gallenkrank wurde, doch nach außen hin strahlte er Ruhe und Selbstsicherheit aus.[127] Auch auf Cyrus L. Sulzberger, der ihn im September 1949 aufsuchte, als Gerüchte über einen Einmarsch von Ostblocktruppen die Runde machten, wirkte er bemerkenswert unaufgeregt.[128] Als das Kominform ihn aufforderte, persönlich zu erscheinen, entzog er sich dem. Und während man über ihn in seiner Abwesenheit verhandelte, brachte er die Frechheit auf, sich mit einem Hund beim Schwimmen in der Adria photographieren zu lassen.[129]

Im Westen wurde er zwar schon früh als »Häretiker« bezeichnet. Tatsächlich lagen aber dem Konflikt ursprünglich so gut wie keine Differenzen über die kommunistische Lehre zugrunde, es sei denn, man versteht unter dem Wunsch nach nationaler Unabhängigkeit eine ideologische Abweichung. Welche Rolle der Faktor Nationalismus beim Aufbegehren gegen Moskau spielte, geht aus einer Feststellung von Djilas hervor. Die berühmte Resolution des Informbüros vom 28. Juni 1948, welche die Jugoslawen vor die Alternative stellte, zu kämpfen oder sich zu unterwerfen, beides mit sehr ungewissem Ausgang, sei am gleichen Tag veröffentlicht worden, als 1389 die Schlacht auf dem Amselfeld stattfand, die zur fünfhundertjährigen Unterdrükkung der Serben durch die türkischen Eroberer führte.[130]

Von ideologischen Differenzen ist also in den entscheidenden Jahren 1948 und 1949 noch nichts zu verspüren. Sulzberger, der Tito im November 1950 in Užice aufsuchte, notierte: »Neben seinem Schreibtisch stand eine Büste Lenins, aber keine von Stalin.«[131] Tito bleibt bis zum Lebensende ein Leninist. Doch er ist ein Leninist, der sich davon überzeugen läßt, daß ein Überleben im Kampf mit Stalin nur unter zwei Bedingungen möglich ist: erstens Entwicklung einer eigenen Ideologie und zweitens Rückversicherung bei den westlichen Großmächten.

1957 erfaßt Ernst Halperin Tito mit dem Begriff »Der siegreiche Ketzer«.[132] Ketzertum bedeutet unstatthaftes Abweichen von einer Orthodoxie. In diesem Sinn ist der Tito der Jahre 1948/49 noch kein Ketzer. Er gleicht in der Tat viel eher einem kleinen Mafiaboß, den der allmächtige »Pate« vernichten möchte. Somit scheint es vorerst hinlänglich, den Bannfluch des Kominform mit dem schlichten Verweis auf das Recht jeder kommunistischen Partei zurückzuweisen, autonom über ihren eigenen Weg zu bestimmen.

Es sind dann vor allem Kardelj und Djilas, die Tito überzeugen, daß das bloße Beharren auf einem »eigenen Weg« nicht ausreicht. Eigenständigkeit, so ihr Argument, muß ideologisch substantiiert und organisatorisch konkretisiert werden.[133]

Da um den von Eitelkeit nicht freien Parteiführer schon seit 1943 ein Personenkult im schönsten Ostblockstil inszeniert worden ist, werden ihn seine Anhänger künftig also auch als großen Theoretiker einer ganz neuartigen Variante des Marxismus-Leninismus feiern – des »jugoslawischen Modells«. Die Insider kennen freilich die ideologische Unbildung dieses Pragmatikers der Macht. Was in den folgenden Jahren als Konzept der Arbeiterselbstverwaltung und der jugoslawischen Demokratie theoretisch entwickelt und organisatorisch ausgestaltet wird, ist nicht Titos eigenem Denken entsprungen. Aber nachdem er sich einmal von der Nützlichkeit einer titoistischen Ideologie überzeugt hat, ist dieser bedeutende Schauspieler und begnadete Selbstdarsteller auch deren bester Verkäufer.

Damit setzt er allerdings im Osten und sogar im Westen eine ideologische Tendenz in Gang, die rasch Eigendynamik gewinnt. In Polen, in Ungarn und überall dort, wo der sowjetische Druck schwer auf den Parteiführungen lastet, beginnt man den Titoismus als Alternative zur sowjetischen Orthodoxie zu studieren.

Ein vergleichbarer Vorgang vollzieht sich im Westen. Zahlreiche Marxisten, denen der Stalinismus mißfällt, richten ihre Blicke nun nach Belgrad, wo angeblich ein demokratischeres Modell des Kommunismus praktiziert wird – ein »dritter Weg« jenseits von Stalinismus und Kapitalismus. Das berühmte jugoslawische Modell hat auch den großen Charme, daß aus sprachlichen und vielen anderen Gründen kaum jemand, der sich damit befaßt, die Herrschafts- und Wirtschaftspraxis konkret zu studieren vermag. Man ist also auf die rosigen Interpretationen angewiesen, die von den jugoslawischen Kommunisten selbst verbreitet werden.

Echte Kommunisten zeigen sich wenig beeindruckt. Chruschtschow berichtet, das Moskauer Politbüro habe nach dem Tode Stalins von hochrangigen Genossen eine Studie zur Frage anfertigen lassen, was es eigentlich mit der ökonomischen und soziopolitischen Struktur Jugoslawiens auf sich habe. Der Befund sei beruhigend gewesen. Trotz einiger Besonderheiten stütze sich der Staat auf die Diktatur der werktätigen Klasse. Es bestehe kein Anlaß, Jugoslawien zu den kapitalistischen Ländern zu rechnen.[134] Amüsiert erinnert sich Chruschtschow, wie die Jugoslawen versuchten, ihm die Eigenart der demokratischen Arbeiterselbstverwaltung zu erklären: »Was sie da vom Miteigentum alles redeten, schien mir pures Larifari zu sein ...«[135] Immerhin findet er doch, daß die Idee der Dezentralisierung einige Aufmerksamkeit verdiene.

Die zweite Bedingung für das politische Überleben Titos ist die Rückversicherung beim Westen. Schon Anfang 1949 wird im State Department die große Nützlichkeit eines innerkommunistischen Schismas erkannt. Könnte der Nationalkommunismus nicht mit unabsehbaren Folgen auf den ganzen Balkan und darüber hinaus ausstrahlen? Vielleicht sogar auf China, wo Mao Tse-tung eben seine chinesische Variante kommunistischer Autokratie errichtet? Auch die geostrategische Bedeutung eines antisowjetischen Jugoslawien ist evident.

Somit entschließen sich die USA und Großbritannien dazu, Tito mit Krediten, mit Waffen und mit anderen Mitteln zu stützen, ohne aber dafür innere Reformen oder gar eine Hinwendung zum Westen zu verlangen. Nichts erscheint nützlicher als ein Kommunist, der den Moskauer Führungsanspruch leidenschaftlich ablehnt. Der amerikanischen Rechten und allen aufrechten Feinden terroristischer Diktaturen fällt es zwar schwer, die prinzipienlose Raffinesse einer solchen Politik zu bewundern, doch das ficht Acheson und Bevin nicht an.

1953 wird Tito von Churchill, der jetzt wieder britischer Premierminister ist, zum Staatsbesuch nach London eingeladen. Erstmals muß es die Queen lernen, einem etablierten Massenmörder freundlich die Hand zu schütteln. Nur wenige protestieren, so der zum Katholizismus konvertierte Schriftsteller Evelyn Waugh. Seit seiner Stationierung im Mittelmeerraum 1944/45 ist er mit den Verbrechen der Kommunisten Titos, vor allem auch gegen die Christen in Jugoslawien, hinlänglich vertraut.[136] Doch im Umgang mit Tito gelten stets die moralisch wenig erbaulichen Gebote der Realpolitik. Nach dem Ausbruch des Kalten Krieges ist er wieder der erste marxistisch-leninistische Diktator, der höflich in die gute Stube gebeten wird. Im Falle Titos fällt dies besonders leicht, denn er ist souverän im Auftreten und – so Djilas – »offenen und klaren, vernünftigen Verstandes«.[137] »Er scheint voller Common sense«, schreibt auch Churchill nach dem Besuch in London erfreut an Präsident Eisenhower.[138]

Der Staatsbesuch in Großbritannien erfolgt wenige Tage nach Stalins Tod. Damit ist Titos unmittelbare Gefahr für Leib und Leben vorbei. Alsbald korrigiert er daher seine zuvor allzu ausgeprägte Annäherung an den Westen. Von jetzt an wird er bis zum Tod eine kontinuierliche Schaukelpolitik betreiben, deren Nähe oder Ferne zur Sowjetunion jeweils in starkem Maß durch die Vorgänge in Moskau und im Ostblock bestimmt wird.

Nach allen Seiten plädiert er nun für Entspannungspolitik und für pragmatischen Umgang mit den Systemgegensätzen. Selbstverständlich ist die Unabhängigkeit Jugoslawiens, und damit Titos Regime in einem Klima ost-westlicher Détente bestens gesichert. Würde einmal für die Entspannungspolitiker der zweiten Jahrhunderthälfte eine Gedenkstätte errichtet, müßte die überlebensgroße Statue des Staatspräsidenten Tito dort einen Ehrenplatz erhalten.

1955 und 1956 glaubt Tito im Ostblock zu dominieren. Chruschtschow hält es 1955 sogar für angebracht, eine demütigende Reise nach Belgrad zu unternehmen und die Beziehungen in aller Form wieder zurechtzurücken. 1956 hat es für wenige Monate den Anschein, als wäre der gesamte Ostblock vom Bazillus des Titoismus befallen. Nun rechnet auch Chruschtschow in der berühmten Geheimrede mit Stalin ab, der seinerzeit Tito wegen Rechtsabweichlertum aus der kommunistischen Familie vertrieben hatte.

Aber als die antistalinistischen Reformen in Ungarn im Herbst 1956 rasch aus dem Ruder laufen, protestiert Tito durchaus nicht gegen die Niederschlagung des Aufstandes durch russische Panzerdivisionen. In einer dramatischen nächtlichen Unterredung auf der von Herbststürmen umtosten Insel Brioni beratschlagen Chruschtschow, Malenkow und Tito gemeinsam, wie und mit welchen Führungsfiguren die Lage in Ungarn stabilisiert werden könnte.[139] Am Ende verliert Tito doch viel Gesicht, weil er es zuläßt, daß der tragisch gescheiterte Ministerpräsident Imre Nagy aus der schützenden jugoslawischen Botschaft entlassen wird. Danach wird Nagy der Prozeß gemacht, der mit seiner Hinrichtung endet. Auch Titos Politik gegenüber den Prager Reformkommunisten im Jahr 1968 bleibt im Zwielicht. Er ist und bleibt ein kühler Rechner, der je nach Lage sich Moskau nähert oder sich von Moskau wieder entfernt und vorwiegend ein einziges Ziel im Auge hat: die Erhaltung der eigenen Macht. Das gilt auch für die Innenpolitik. Anfänglich läßt er den Reformern um Djilas etwas Leine, später den reaktionären serbischen Kommunisten um Ranković, dann den kroatischen Nationalkommunisten in Zagreb. Aber jedesmal schlägt er zu, wenn die Umstände dies nahelegen.

In zunehmendem Maße versteht Tito es schließlich, sich über die europäische Dimension des Ost-West-Konflikts zu erheben. Es verdient Bewunderung, mit welcher Raffinesse sich dieser aus einfachsten Verhältnissen stammende kommunistische Balkanfürst in eine zentrale Position der Blockfreienbewegung zu manövrieren versteht, die im Jahr 1955 während der Konferenz im indonesischen Bandung von Nehru und Sukarno eigentlich als primär außereuropäische Plattform konzipiert worden war.

Im Juli 1956, als sich das Prestige des siegreichen Ketzers Tito auf dem Höhepunkt befindet, gelingt es ihm, den indischen Ministerpräsidenten Nehru und den ägyptischen Präsidenten Nasser nach Brioni zu locken. Damit hat er sich in die Blockfreienbewegung eingeklinkt, und im September 1961 darf er in Belgrad das erste globale Treffen der

Blockfreien ausrichten. Delegationen aus 25 Ländern nehmen teil, und von jetzt an gehört der inzwischen fast siebzigjährige Tito zu den Großen der Welt. Seit 1953 ist er Staatspräsident Jugoslawiens; 1963 läßt er sich auf Lebenszeit zum Präsidenten wählen. Mit großer Energie und mit offenkundiger Freude daran, große Politik zu machen, unternimmt er jetzt ausgedehnte Weltreisen – immer bestrebt, das Netz der Blockfreienbewegung noch weiter zu spannen. Bald besitzen die Blockfreien in ihm einen ihrer rührigsten Manager.

Bei derart globaler Rückversicherung erscheint es ihm auch risikolos, sich zu Zeiten Breschnews wieder enger mit der Sowjetunion einzulassen. Kein sowjetischer Generalsekretär könnte es jetzt noch wagen, die geachtete Galionsfigur der Blockfreien zu bedrängen. Längst sind die Zeiten vorbei, da Tito bemüht sein mußte, von Washington, London, Neu-Delhi oder Bonn ernstgenommen zu werden. Jetzt pilgert jedermann zu ihm nach Belgrad oder Brioni, um sich im Gespräch mit dem weltläufigen Staatsmann kundig zu machen. Das sind die Jahre, in denen ihn Helmut Schmidt als Riesen entdeckt und da es auch die rabiat antikommunistische Oppositionsführerin Margaret Thatcher für angebracht hält, die noch nicht sehr große eigene Bedeutung bei der Begegnung mit Tito zum Strahlen zu bringen. Natürlich läßt es sich auch Präsident Nixon nicht nehmen, respektvollst seine Aufwartung zu machen.

Den meisten Besuchern ergeht es dabei wie Bruno Kreisky. Sie finden ihn »klug, sympathisch, aber ein bißchen pompös«.[140] Des Umstandes, daß Tito seinen Aufstieg als Unmensch vollzogen hat und immer noch als unumschränkter Diktator regiert, wird in den Autobiographien westlicher Staatsmänner naturgemäß nur beiläufig und voller Milde gedacht.

Mehr und mehr aber werden sich die Besucher in den späten siebziger Jahren dessen bewußt, daß Tito inzwischen der einzige Staatsmann ist, der noch in die schrecklichen dreißiger und frühen vierziger Jahre zurückblickt. Dieser bis ins hohe Alter rüstige Mann hat alle überlebt: die Potentaten Alexander und Paul von Jugoslawien, Hitler, Stalin, Churchill, Nehru, Nasser, Nkrumah, Kaiser Haile Selassie, sogar Mao Tse-tung und Tschou En-lai.

Im Frühjahr 1980 stirbt Tito einen schweren Tod. Seine Beisetzung nach monatelangem Koma ist ein Weltereignis. Im nachhinein drängt sich die Einschätzung auf, daß der Tod dieses letzten bedeutenden Kommunisten aus der Stalin-Ära doch eine Zäsur bedeutet, die über Jugoslawien hinaus Bedeutung hat. Wenig später folgen weitere Leichenbegängnisse, die nochmals Anlaß zur Beisetzungsdiplomatie geben: Breschnew, Andropow und Tschernenko werden zu Grabe getragen. In den Zentralen des Weltkommunismus, wo die Gerontokratien regieren, wird, so hat es den Anschein, überhaupt nur noch gestorben. Das beginnt schon 1976 mit Mao Tse-tung und Tschou En-lai. In Europa jedenfalls markiert Titos Tod den Anfang vom Ende des europäischen Kommunismus.

Mit Tito ist aber auch das kommunistische Jugoslawien am Ende. Seine feierliche Bestattung vollzieht sich in der Hauptstadt eines Landes von nur 22 Millionen Menschen, dessen Wirtschaft schon damals zerrüttet ist – Außenhandelsdefizit von 6,5 Mrd. Dollar, Inflationsrate von fast 30 Prozent, 800 000 Arbeitslose. Chruschtschows herbe Feststellung zum jugoslawischen Modell, dieses sei bloß »Larifari«, hat sich bereits zu Titos Lebzeiten bewahrheitet. Jugoslawien steckt in derselben Misere wie die kommunistischen Länder des Ostblocks. Daß Tito die heterogenen Völker Jugoslawiens dauerhaft integriert habe, steht 1980 gleichfalls schon zu bezweifeln. 1971 hatte er zwar die Nationalbewegung in Kroatien nochmals zerschlagen, mußte aber doch bereits jene institutionellen Reformen konzedieren, die rasch zur konföderalistischen Verlotterung Jugoslawiens führen sollten.

Doch sein persönliches Ansehen ist so groß, daß man 1980 über sein zerrüttetes innenpolitisches Erbe großzügig hinwegsieht. Er ist und bleibt im Gedächtnis als eine große Figur des Zweiten Weltkrieges, des Kalten Krieges, des Entspannungszeitalters und der Dritten Welt.

Wenig später aber ist von seinem Lebenswerk überhaupt nichts mehr übriggeblieben. Jugoslawien ist zerfallen. Der Kommunismus in jeder Form, auch der titoistischen, ist diskreditiert. Auf die doktrinären Streitigkeiten zwischen Moskau und Belgrad sieht man mit ähnlichem Unverständnis zurück wie auf den Theologenzank des 16. oder des 17. Jahrhunderts. Die Blockfreienbewegung hat sich nach dem Ende des Kalten Krieges aufgelöst. Und von der Partisanenmythologie, mit der Tito seine Herrschaft jahrzehntelang legitimierte, hat eine skeptische Forschung auch nicht mehr viel übriggelassen.

Was indessen bleibt, ist die Erinnerung an eine Persönlichkeit von einzigartiger Kraft und Ausstrahlung. Alles in allem hat der europäische Kommunismus nur wenige Größen von überzeitlichem Format aufzuweisen. Zwei von ihnen – Lenin und Stalin – waren entsetzliche Monster. Andere Ostblockgrößen wie Chruschtschow, Breschnew, Gierek, Ulbricht sowie Honecker waren allenfalls Funktionärsdurchschnitt und als Persönlichkeiten ziemlich uninteressant.

Auch Tito war zeitweilig ein Monster, aber anders als Lenin und Stalin doch auch mehr: eine weltläufige Persönlichkeit und ein Kommunist, dem selbst Churchill Common sense bescheinigt hat. Tito ist zudem ein ganz bemerkenswerter Überlebenskünstler gewesen, und nur ganz wenige Staatschefs eines kleinen Landes haben über Jahrzehnte hinweg eine so glänzende Rolle gespielt.

ACHTER TEIL

# Die kritischen Dekaden

# Supermacht in der Krise oder Fünf Unglücksraben: Kennedy, Johnson, Nixon, Ford, Carter

Bei aller Unterschiedlichkeit ihres Führungsstils hatten die Präsidentschaften von Roosevelt, Truman und Eisenhower doch *eines* gemeinsam gehabt: vergleichsweise lange Amtszeiten. Roosevelt blieb zwölf Jahre im Amt, Truman beinahe acht Jahre und Eisenhower wiederum acht Jahre. Da nach Roosevelt nur noch eine zweimalige Amtszeit verfassungsrechtlich erlaubt ist, sind sowohl Truman als auch Eisenhower in Ehren geschieden, wenngleich, wie wäre das in Demokratien anders vorstellbar, von der Gegenpartei heftig angefeindet.

Mit Kennedy aber beginnt eine Serie von Präsidentschaften, die allsamt ein katastrophales Ende nehmen. Kennedy wird nach etwas mehr als zweieinhalbjähriger Amtszeit an dem schrecklichen 22. November 1963 ermordet. Johnson ist 1968 wegen des Vietnamkrieges so unpopulär, daß er sich nicht mehr zur Wiederwahl stellen kann. Nixon wird 1974 mit der Drohung eines Impeachment aus dem Weißen Haus gejagt. Sein Nachfolger Gerald Ford verliert 1976 als Amtsinhaber gegen den zuvor völlig unbekannten Herausforderer Jimmy Carter. Dasselbe Schicksal widerfährt diesem selbst im Jahr 1980. Erst mit Ronald Reagan kehren wieder normale Verhältnisse ein.

Nicht alle Beobachter lassen sich zwar zu Kennedys Lebzeiten von ihm blenden. Doch die veröffentlichte Meinung feiert ihn fast durchgehend als eine Siegfriedsgestalt. Bei seiner Ermordung ist man weltweit der Meinung, daß die Demokratien einen Führer verloren haben, der das Zeug zu einem der Großen des 20. Jahrhunderts in sich hatte. Erst seit Mitte der siebziger Jahre dringen Informationen ans Tageslicht, die dunkle Schatten auf die Gestalt dieses Götterlieblings fallen lassen.

Unglücklich geht es weiter. Kennedys Nachfolger Johnson hält sich seit langem für einen Giganten, und bis zum Frühjahr 1968 ist auch die amerikanische Öffentlichkeit geneigt, ihn so zu sehen. Doch wenige Monate später schon gilt er als eine gigantische Fehlbesetzung.

Ähnlich schwankend ist die Einstellung Nixon gegenüber. Nachdem über Watergate Gras gewachsen ist, gelingt dem Pensionär Nixon zwar in der öffentlichen Meinung ein erstaunliches Comeback. Doch es bleibt der Eindruck, daß mit ihm ein einsamer, innerlich instabiler, zerrissener und niemandem trauender Mann das Präsidentenamt diskreditiert hat.

Von den fünf gescheiterten Präsidenten ist Gerald Ford der normalste. Helmut Schmidt, der auch mit Nixon, Carter und Reagan zu tun hatte, hält Ford für den zuverlässigsten von ihnen, auch für einen Pragmatiker so ganz nach seinem Herzen.[1]

Ein ganz anderer Mann ist Jimmy Carter. Hendrik Hertzberg, ein Journalist beim »New Yorker«, der von 1979 bis 1981 das Redenschreiberteam Carters geleitet hat, bringt seine Verehrung dieses Präsidenten in den folgenden Worten zum Ausdruck: »Jimmy Carter ist ein Heiliger.«[2] Das ist so gemeint, wie es klingt, ganz und gar unironisch, und Hertzberg führt viele Beispiele an, wobei er vor allem auf die Aktivitäten Carters nach dem Ausscheiden aus dem Weißen Haus eingeht. Doch auch Heilige scheitern, und manche Gegner Carters vermuten: Eben seine Orientierung an überzeitlichen christlichen Prinzipien ist es, die ihn und das Land in die Krise geführt hat.

Es ließe sich also kaum eine größere Gegensätzlichkeit der Charaktere vorstellen als die zwischen den moralisch zwielichtigen Präsidenten Kennedy, Johnson, Nixon auf der einen Seite, dem »wiedergeborenen« Fundamentalisten Carter auf der anderen und dem beruhigend normalen Pragmatiker Gerald Ford in der Mitte. Die Schwierigkeiten der USA und des Westens in den sechziger und den siebziger Jahren haben gewiß viele objektive Ursachen, die nichts mit dem Charakter und dem politischen Wollen der Präsidenten zu tun haben. Daß aber auch und in starkem Maße die Präsidenten an der Systemkrise gewichtigen Anteil haben, ist nicht zu bestreiten.

Historisch gebildete Beobachter gewinnen den Eindruck, daß die USA nun in mancherlei Hinsicht Züge der Römischen Republik in der Verfallszeit annehmen. Die vom Ehrgeiz ihres Vaters und von eigenem Machtwillen besessenen Brüder John und Robert Kennedy erinnern an die Gracchen, die seinerzeit als große und zwiespältige Reformer die Republik aufgewühlt haben. Ungeheurer Reichtum wird nun zum politischen Schlüsselfaktor. Auf Truman und Eisenhower, die alles in allem noch ein festgefügtes viktorianisches Wertesystem besaßen, folgt der charismatische, zugleich aber von Grund auf verlogene Kennedy, dann der vulgäre Johnson, der sich beim politischen Aufstieg ein Vermögen zusammengerafft hat und nun auf seiner nicht eben mit erlesenem Geschmack ausgestatteten Ranch in Texas prahlerisch, aber zugleich innerlich unsicher auf die Pauke schlägt. Typisch *nouveau-riche*, meint der sarkastische André Malraux, als er sich 1972 mit dem gleichfalls angewiderten Cyrus L. Sulzberger über die Mediokrität der zeitgenössischen Präsidenten ausläßt. Johnson und Nixon fehle nicht bloß das Charisma, sie seien auch Figuren ohne Stil. De Gaulle, der sich in die finsteren merowingischen Wälder an der östlichen Grenzmark Frankreichs zurückzog, so lästert Malraux – er hatte noch Stil. Selbst der alte Churchill im Zustand des Verfalls war noch ein Grandseigneur. Und nun dieser neureiche Viehzüchter Lyndon B. Johnson![3]

Doch die Analogie zum römischen Altertum mag zu weit hergeholt sein. Gore Vidal, und nicht nur er, macht darauf aufmerksam, daß sich mit Kennedy, Johnson und Nixon die Normalität des amerikanischen Regierungssystems wiederherstellt. Schon im späteren 19. Jahrhundert, schreibt dieser zynische Enkel eines US-Senators für Oklahoma wieder und wieder, war Korruption eher die Regel als die Ausnahme im öffentlichen Leben der USA.[4] Bis heute sind die Zweifel nicht ausgeräumt, ob 1960 vielleicht nicht Kennedy, sondern Nixon die Präsidentschaftswahlen gewonnen hatte und nur durch Wahlbetrug in Texas und Illinois gescheitert ist. Der berühmte Präzedenzfall im Jahr der Hundertjahrfeier 1876 kommt dabei in Erinnerung, als aller Wahrscheinlichkeit nach Rutherford B. Hayes aus Ohio dem demokratischen Präsidentschaftskandidaten Samuel J. Tilden von New York die Wahl mit Hilfe eines politischen Kuhhandels »gestohlen« hat. Nixon hatte 1960 auf eine Wahlanfechtung mit der Feststellung verzichtet: »Unser Land kann sich nicht die Agonie einer Verfassungskrise leisten.«[5]

Auch in anderer Hinsicht scheinen sich frühere Eigentümlichkeiten des US-Systems durchzusetzen. Bei den Wahlkämpfen gewinnt die Verfügbarkeit gewaltiger Geldmittel wieder zunehmend an Bedeutung – bei Kennedy, bei Johnson, auch bei der Wahl Nixons 1968 und 1972. Die Presse ist so parteiisch wie eh und je in der amerikanischen Geschichte. Bis lange nach seinem Tod sehen linksliberale Blätter wie die »Washington Post« oder die »New York Times« keine Veranlassung, die dunklen Hintergründe des Aufstiegs und der Präsidentschaft Kennedys so kritisch auszuleuchten, wie dies dann 1973/74 mit Nixon geschieht. Unnötig zu betonen, daß die republikanisch orientierten Blätter genauso voreingenommen berichten.

John F. Kennedys Aufstieg und seine Glorie als Präsident sind ein Produkt der Madison Avenue. Das perfekt gestylte Image strahlt auch auf Europa aus. Dabei ist der Glanz junger, kraftvoller Männlichkeit von großer Bedeutung, mit dem er sich von den bejahrten Regierungschefs anderer Länder so strahlend abhebt. Unter den Größen der sechziger Jahre ist nur noch sein Todfeind Fidel Castro mit ihm vergleichbar. Präsident Kennedy zählt beim Amtsantritt 43 Jahre, der noch viel jüngere Castro erst 33. Doch wirkt zweifellos auch der fortschrittliche Touch seiner Reden und seiner symbolischen Gesten. Während der ganzen fünfziger Jahre ist das linke Lager in Italien, in Großbritannien und in der Bundesrepublik Deutschland größtenteils antiamerikanisch. Dies auch deshalb, weil man hier den frommen, zugleich aber mit Wasserstoffbomben drohenden Wallstreet-Anwalt John Foster Dulles ebenso haßt wie den im Weißen Haus amtierenden General Eisenhower, der anscheinend so lässig regiert und seine Amtsgeschäfte immer wieder mit Golf-Urlauben unterbricht. Kaum ist Kennedy Präsident, da entdeckt die gemäßigte Linke ihr Herz für die USA.

Heute kann kein Zweifel mehr daran bestehen, daß bei Kennedy Image und Wirklichkeit weiter voneinander entfernt waren als je bei einem Präsidenten vor ihm oder nach ihm. Seit den vierziger Jahren wußten er und seine Ärzte, daß er die Addisonsche Krankheit hatte. 1947 erleidet er einen schweren Zusammenbruch, als er mit Pamela Digby Churchill in einem Hotelzimmer zusammen ist. Diese bedeutendste Lebedame des 20. Jahrhunderts, die unter Clinton als Botschafterin der USA in Frankreich stirbt, hört bei dieser Gelegenheit von dem Arzt: »Ihr junger amerikanischer Freund hat nur noch weniger als ein Jahr zu leben.«[6] Bis zu seinem Tod wird er mit Cortison behandelt. Wäre er kein schwerreicher Mann, so hätte er die Präsidentschaft überhaupt nicht erreicht. Daß er dann auch noch eine Rückenmarkoperation überlebt, die ihn neun Monate ans Krankenbett fesselt, ist ein medizinisches Wunder. Allerdings ist es eine der vielen von ihm in die Welt gesetzten Lügen, es habe sich dabei um eine Sportverletzung gehandelt. In Wirklichkeit riskierte er sein Leben, um einen angeborenen Defekt an der Wirbelsäule zu beseitigen. Genauso unwahr sind die von ihm ausgestreuten Dementis seiner Addison-Erkrankung. Später wäre es wohl keinem Präsidentschaftskandidaten gelungen, als chronisch kranker, dauernd von Schmerzen gepeinigter Mann ins Weiße Haus zu gelangen. Die Presse versäumt es aber in seinem Fall, kritisch zu recherchieren.

Daß John F. Kennedy lange Jahre das Leben eines Playboys geführt hat, sickert zwar durch. Doch daß dieser sexbesessene Sohn eines ebenso gearteten Vaters in der Öffentlichkeit die perfekte Illusion einer jungen Musterfamilie inszenierte, während er gleichzeitig immer wieder Callgirls ins Weiße Haus oder zu anderen Treffpunkten kommen ließ, wird erst Mitte der siebziger Jahre bekannt. Premierminister Macmillan wundert sich doch etwas, als der Präsident zu ihm sagt: »Ich weiß ja nicht, wie's mit Ihnen steht, Harold. Doch wenn ich nicht alle drei Tage eine Frau habe, kriege ich diese schrecklichen Kopfschmerzen. Und Sie?«[7] Der korrekte Außenminister Dean Rusk sieht sich während einer Rundreise durch Europa gezwungen, auf Weisung des Präsidenten die der Rockefeller-Stiftung gehörende Villa Serbelloni räumen zu lassen, damit Kennedy sich dort, nur vom Sicherheitsdienst des Weißen Hauses bewacht, mit einer Dame aus dem europäischen Jet-Set vergnügen kann. Tags darauf trifft Kennedy, dieser erste Katholik in der amerikanischen Präsidentengeschichte, den Papst.[8]

Erst Mitte der siebziger Jahre wird anläßlich der Untersuchungen des Church Committee über die CIA-Untergrundaktivitäten die Liaison mit Judith Campbell bekannt. Sie ist zur gleichen Zeit die Mätresse des Gangsterbosses Sam Giancana, den Beauftragte der CIA damals zur Ermordung Fidel Castros zu veranlassen suchen.[9] Wer die Hintermänner des Attentats auf Kennedy waren, ist bis heute unbekannt. Ein Racheakt Castros ist nach Lage der Dinge nicht auszuschließen.

Gewiß hatte Kennedy auf dem pazifischen Kriegsschauplatz als Kommandant des Torpedoboots PT-109 persönlichen Mut und auch Einsatzbereitschaft für seine Mannschaft bewiesen, wenngleich kritische Stimmen nie verstummen, die hervorheben, daß er als Kapitän im Grunde genommen versagt hat. Doch seine Stilisierung zum großen Kriegshelden und schließlich zur Zentralfigur eines Kriegsfilms ist eine freundliche Übertreibung, über die sich der Präsident selbst spöttisch amüsiert, denn Selbstironie ist stets einer seiner rühmenswerteren Charakterzüge.[10]

1956 macht Kennedy, damals schon Senator, auch als Buchautor auf sich aufmerksam. Der Sammelband »Profiles of Courage« enthält eine Reihe von Porträts einstiger amerikanischer Politiker, die sich allesamt durch Mut auszeichneten. Das angeblich auf dem Krankenbett verfaßte und überall begeistert rezensierte Buch erhält 1957 den Pulitzerpreis. Doch die Essays sind größtenteils im Schreibbüro Kennedys entstanden, genauso wie die meisten seiner berühmten Reden. Die weitgehende Autorschaft Ted Sorensens und die Rolle des Starjournalisten Arthur Krock, eines Freundes der Kennedy-Familie beim Lobbying für den Pulitzerpreis, werden erst später bekannt.

Es paßt auch ins Bild, daß Kennedy im Weißen Haus genauso wie Nixon ein raffiniertes System von Abhörgeräten installieren läßt. Ohne daß die Betreffenden dies wußten, wurden im Oval Office sowie im Sitzungsraum des Kabinetts 600 Telefonate und Gespräche aufgezeichnet. Als Arthur M. Schlesinger, der kurz nach Kennedys Ermordung eine huldigende Biographie über ihn veröffentlicht hatte, später mit dieser Entdeckung konfrontiert wurde, bemerkte er nur, damals wäre es »unvorstellbar« gewesen, daß der Präsident so etwas getan haben könnte.[11] Kennedy, so hatte ihn auch Schlesinger porträtiert, schien ein neues augusteisches Zeitalter heraufzuführen. An die fünfzig berühmte Künstler und Intellektuelle waren zur Inauguration geladen – Robert Frost als Hofdichter, aber auch W.H. Auden, Alexis Léger, Paul Tillich, Jacques Maritain und John Steinbeck.[12] Und drei Jahre lang lud das imperiale Präsidentenpaar jedermann, der in der Welt des Geistes und der Künste gut und teuer war, an die Dinnertafel: Pablo Casals, André Malraux, Strawinsky oder Thornton Wilder.

An diesem Präsidenten war also wenig echt außer seinem zähen

*Heile Welt in Hyannisport, Sommer 1960. Das zwielichtige Sexualleben Kennedys ist erst lange nach seiner Ermordung bekannt geworden.*

Willen, aus dem voraussehbar kurzen Leben alles herauszuholen. Zweifellos hielt er sich für einen Menschen, für den die üblichen moralischen Normen keine Geltung haben. »Evidenterweise müssen sexuelle Freibeuter, die in der amerikanischen Politik Karriere machen wollen, unablässig lügen«, hat Gore Vidal, der vor allem Jackie Kennedy gut kannte, die Lage Kennedys beschrieben.[13] Und auch die gesundheitliche Verfassung zwang zur Unwahrhaftigkeit. Aber Kennedy besaß ein großes Geschick, seine Außenkontakte dort, wo es um Vertrauliches ging, bilateral zu behandeln.[14] Keiner von denen, die nicht dem innersten Kreis angehörten, kannte ihn wirklich.

In gewisser Hinsicht ist er schon eine Gestalt der Postmoderne. Mit dem Nebeneinander von Machtwille, charismatischem Auftreten, Verrücktheiten, ständiger Furcht vor Enttarnung und Selbstironie bildet er eine einzigartige Erscheinung unter den Präsidenten des 20. Jahrhunderts. Am ehesten gleicht ihm später Clinton. Nur vermißt man an diesem Aufsteiger aus kleinbürgerlichem Milieu in Arkansas die bedenkenlose Desinvolture Kennedys.

*Enthusiastischer Empfang Kennedys in Berlin, 26. Juni 1963.*

So erlebt die Öffentlichkeit die Präsidentschaft dieses vermeintlichen Götterlieblings wie eine einzige Abfolge von Feuerwerken. An kritischen Beobachtern fehlt es zwar nicht, doch die politische Substanz dieser Präsidentschaft scheint lange Zeit von geringerem Interesse als die perfekte Inszenierung.

Wie nach ihm Präsident Johnson glaubt auch Kennedy an die Allmacht Amerikas. Noch einmal scheint alles gleichzeitig möglich: hohe wirtschaftliche Wachstumsraten, ein zügig vorangetriebenes Programm der Raketenrüstung, von dem man bis in die Jahre Reagans zehren wird, und das berauschende Ziel, einen amerikanischen Astronauten noch in den sechziger Jahren auf den Mond zu entsenden. Ebenso massiv baut Kennedy die konventionellen Streitkräfte aus und bringt auch eine kostspielige Sozialgesetzgebung innerer Reformen auf den Weg, die vor allem das Ziel hat, die immer noch diskriminierten Afroamerikaner besserzustellen.

Ob er im Konflikt mit der Sowjetunion ein Falke ist oder schon in den kritischsten Monaten der Krisen um Berlin und Kuba ein Entspannungspräsident, läßt sich schwer bestimmen. Seine entsprechenden Entscheidungen und Reden sind ebenso vieldeutig wie die ganze Erscheinung. Vielleicht ist es wirklich seiner Besonnenheit zu verdanken, daß der Menschheit während der Kuba-Krise ein dritter Weltkrieg erspart blieb, und auch die Berlin-Krise hat er entschärft, indem er den Mauerbau akzeptierte – wahrscheinlich schon vorweg mit der Folge, daß er auch hier nur mit Unwahrheiten durchkam.[15] Doch möglicherweise trug er selbst dazu bei, daß die Spannungen der Jahre 1960 bis 1963 beinahe außer Kontrolle gerieten. Ob er durch anfängliche Fehler Chruschtschows riskantes Vorgehen auf Kuba, doch auch gegenüber Berlin nicht ungewollt mitverursachte, ist bis heute umstritten.

Da Kennedy großartig verkündete, der Sowjetunion und China auch in der Dritten Welt entgegenzutreten, herrscht bis heute auch darüber Streit, ob die unheilvolle Verstrickung in Vietnam bereits von ihm verschuldet wurde oder ob tatsächlich erst sein Nachfolger Johnson dafür verantwortlich ist. Robert S. McNamara, einer der Hauptschuldigen an dem Debakel, vermutet im Rückblick, Kennedy würde sich doch wohl eher aus Vietnam zurückgezogen haben.[16] Tatsache ist aber, daß Kennedy für den Coup gegen Präsident Diem, der mit dessen Ermordung endete, persönlich grünes Licht gegeben hat. Danach war Südvietnam, wie nun jedermann wußte, kaum mehr als ein amerikanisches Protektorat, und ein baldiger Rückzug wäre nur mit allergrößtem Gesichtsverlust möglich gewesen. Freilich war Kennedy ein Präsident, dem jede rasche Kehrtwendung zuzutrauen war, auch diese.

Historiker und Publizisten zögern inzwischen, Kennedy als großen Präsidenten zu betrachten. Was Lloyd George in bezug auf Churchill sagte, gilt genauso für Kennedy. Auch er hatte einen »versteckten Defekt« in der Maschine, und »wenn der Mechanismus versagte oder falsch lief, waren die Folgen verheerend«.[17] Doch verglichen mit Kennedy war Churchill geradezu ein Musterbild viktorianischer Ehrenhaftigkeit. Gleichwohl bewahrte das amerikanische Publikum an John F. Kennedy noch jahrzehntelang ein ehrendes Gedenken. Auf die Frage nach dem Präsidenten mit der anziehendsten Persönlichkeit nannten 1983 60 Prozent der Befragten Kennedy und nur 8 Prozent Franklin Delano Roosevelt. 40 Prozent, gefolgt von 23 Prozent für FDR und jeweils 8 Prozent für Truman und Eisenhower, meinten sogar, Kennedy habe es von allen Amtsinhabern des Weißen Hauses im 20. Jahrhundert am besten verstanden, Vertrauen zu erwecken. Und obwohl Kennedys innenpolitische Gesetzgebung, anders als die Franklin Delano Roosevelts, ziemlich steckengeblieben war, glaubten 27 Prozent, er sei der beste Innenpolitiker gewesen, nur 22 Prozent nannten Roosevelt. Hedley Donovan, der als Reporter und Herausgeber von »Fortune« neun amerikanische Präsidenten von nahem studiert hatte, kommentiert das mit der Feststellung: »Für Millionen, nicht nur in Amerika, ist John Kennedy der romantische, zum Märtyrer gewordene Held und auf immer jung. Mehr als jede konkrete Tat oder Politik stellt genau diese Legende seine größte Leistung dar.«[18]

Auch Lyndon B. Johnson hat es verstanden, sich über einen längeren Zeitraum hinweg das Vertrauen der Wählerschaft zu sichern. 1966 und 1967 wurden die USA bereits von schweren Rassenunruhen mit schlimmen Brandschatzungen erschüttert, und zahlreiche Antikriegs-Demonstrationen verbreiteten ein Klima der Unruhe, doch immer noch war eine Mehrheit der Amerikaner der Meinung, ihr Präsident sei weltweit der geachtetste Staatsmann. Im Januar 1968, also kurz vor der fatalen Tet-Offensive des Vietcong, wurde er als zweitbester Präsident nach Eisenhower genannt.[19] Dann nahm die Zustimmung dramatisch ab, und seither gilt Johnson eher als Unperson. Ein Harris Poll aus dem Jahr 1988 ermittelte, daß die Amerikaner Johnson in jeder Hinsicht für einen der schlechtesten US-Präsidenten im 20. Jahrhundert halten.[20]

Doch von 1964 bis Anfang 1968 wurde dieser Präsident als eine gewaltige Erscheinung betrachtet. Er wirkte viel amerikanischer als der snobistische Kennedy, und so konnte sich der durchschnittliche Wähler in ihm wiedererkennen. Gleich Millionen anderer Amerikaner war Johnson mit Hilfe von Roosevelts New Deal aus bedrückten Verhältnissen emporgestiegen. Zwar kam er nicht, wie er immer wieder vorgab, aus sehr einfachen Verhältnissen, wohl aber aus einem großen, wenngleich recht verwahrlosten Haus in dem lausigen Hill Country von Texas. Hill Country – das ist eine endlos leere, abweisende Gegend, Endstation für ganze Generationen enttäuschter Einwanderer.

Alle, die damals und später mit Johnson zu tun haben, sind sich darin einig: ein riesiger Mann, unablässig redend, rund um die Uhr aktiv, ein unerschöpflicher Organisator, vulgär, von bärenhaftem Charme, sentimental, naturburschenhaft, listig, drohend, geldgierig, verlogen, sexbesessen, auch er undankbar gegenüber seinen Wohltätern, geradezu besinnungslos egoistisch, aber eben von ungeheurer Vitalität. Er will aus dem Hill Country heraus, er will nach oben, er will reich werden, und der Königsweg zum Erfolg ist die Politik.

Somit repräsentiert Johnson den in Amerika seit gut hundert Jahren bestens bekannten Typ des Berufspolitikers, der vorankommt, indem er erst als Abgeordneter seinem Wahlkreis, dann als Senator einem großen oder weniger großen Staat den in Washington angesammelten Geldsegen und zahllose gesetzgeberische Vorteile zugute kommen läßt. Das Hill Country erhält dank Johnson Kraftwerke, Straßen und Dämme gegen die Überschwemmungen. Nach Texas dirigiert er, nachdem er 1949 im Alter von vierzig Jahren Senator geworden ist, große Unternehmen der Luft- und Raumfahrtindustrie, Rüstungsaufträge für die Navy Base in Corpus Christi, Luftwaffenstützpunkte und Vergünstigungen für die Ölindustrie. Das ohnehin schon reiche Texas wird durch Johnson noch reicher, und Johnson macht sein Vermögen im Dienste für Texas. Er brachte alles zustande, kann man bei James A. Michener lesen, »wenn es nur für Texas und für sein privates Bankkonto etwas abwarf«.[21] Schon Mitte der fünfziger Jahre ist er Majority Leader im Senat. Als er 1963 Präsident wird, sind Insider der Meinung, daß noch nie zuvor ein reicherer Mann ins Weiße Haus Einzug gehalten hat. Er erklärt zwar nun, alle seine Geschäftsinteressen würden treuhänderisch verwaltet. In Wirklichkeit aber läßt er zu seinen Anwälten, die mit der Vermögensverwaltung betraut sind, private Telefonleitungen legen. Einige von ihnen behaupten später, noch als Präsident habe Johnson seine Geschäfte bis in die kleinsten Details gesteuert.[22]

Es wäre ungerecht, würde man nicht auch die großen Leistungen Johnsons beleuchten. Das Weltraumprogramm der USA, in dem spätere Generationen vielleicht einmal die größte Tat der Menschheit im 20. Jahrhundert erkennen werden, ist nicht zuletzt das Werk des Senators und Vizepräsidenten Lyndon B. Johnson. Er ist auch vom Anbeginn seiner Laufbahn bis in den Ruin des Jahres 1968 hinein und selbst noch als Memoirenschreiber ein überzeugter Sozialreformer. Gäbe es den New Deal nicht schon 1933, so hätte er für Johnson erfunden werden müssen. Die Notstandsmaßnahmen Roosevelts bringen zurückgebliebenen Regionen von Texas einen Strahl Hoffnung. Kein Wunder, daß Johnson von Anbeginn an zu den glühenden Anhängern Roosevelts gehört. An der Gesetzgebung des New Deal, vor allem am Fair Deal Trumans hat er einen zunehmend gewichtigen Anteil. Zwar wird es zum Trauma seiner späten Jahre, daß Kennedy 1960 an ihm vorbeizieht. Doch als Vizepräsident Kennedys befindet er sich wenigstens am Rande des Zentrums der Macht. Als es 1963 kritisch wird, überzeugt er den Präsidenten von der zwingenden Notwendigkeit, auf die bereits jetzt gefährlich aufflammenden Rassenunruhen mit weitreichender und kostspieliger Gesetzgebung zu antworten.[23] Die Bürgerrechtsgesetzgebung der sechziger Jahre wäre ohne ihn nicht verwirklicht worden. Clark Clifford, der die Jahrzehnte von Roosevelt bis Carter mitgestaltet hat und Johnson durchaus nicht unkritisch schildert, schreibt ohne jede Einschränkung: »Er ist *der* Bürgerrechtspräsident unseres Jahrhunderts.«[24]

Der einstige Absolvent des Southwest Texas Teachers' College in San Marcos gehört auch zu denen, die in umfassenden, entsprechend kostspieligen Erziehungsprogrammen das effektivste Mittel zum sozialen Aufstieg der schwarzen Unterschicht, desgleichen der notleidenden Weißen in den Elendsregionen der USA erkennen. Genauso glühend ist sein Enthusiasmus für den Umweltschutz, für die staatliche Gesundheitsfürsorge und für gezielte regionale Industriepolitik, um Arbeitsplätze zu schaffen. Die Demokratische Partei in den USA schätzt zwar das Wort Sozialismus nicht besonders. Doch wenn man für kurze Jahrzehnte in den westlichen Demokratien mit einigem Recht von einem sozialdemokratischen Jahrhundert sprechen kann, so ist Johnson eine seiner herausragenden Größen.

Schon am Tag nach der Ermordung Kennedys legt Walter Heller vom Council on Economic Advisers dem neuen Präsidenten einen umfassenden Plan für den »Krieg gegen die Armut« vor. Dieser stimmt unverzüglich zu und hat damit sein großes Thema für den Rest der ersten Amtszeit.[25] Noch viel grandioser ist dann das Konzept »The Great Society«, das Johnson im Mai 1964 vor Zehntausenden begeisterter Zuhörer im Stadion der University of Michigan vorträgt. »The Great Society« – mit diesem vollmundigen Slogan zieht er 1964 in den Wahlkampf.

Nach ein paar Jahren zeigt sich zwar, daß selbst das reiche Amerika nicht stark genug ist, beides gleichzeitig zu finanzieren – die Verwirklichung von Johnsons Traum einer gerechten, befriedeten, neuen Gesellschaft und den Krieg in Vietnam. Selbst als der Krieg zu Ende ist, stellt sich heraus, daß manche der Programme viel zu kostspielig sind, zudem auch nicht richtig greifen. Johnsons heute nur noch geringes Ansehen hängt auch mit der Katerstimmung im Gefolge der Great Society zusammen, und manche sind nun geneigt, diese ausschließlich als Produkt der Megalomanie eines Präsidenten zu erklären, der sich in den Jahren 1965, 1966 und 1967 für einen Alleskönner hält. Nur darf bei aller Kritik nicht ganz das Epochenklima vergessen werden. Jahrelang befanden sich die schwarzen Ghettos in einem vorrevolutionären Zustand. Über viele Universitäten ging eine Welle der Radikalisierung hinweg. In dieser Lage schien es geboten, der Unruhe mit kühnen Reformen zu begegnen, ohne vorerst groß über die Kosten nachzudenken.

Johnson ist also die widersprüchliche, explosive Mixtur eines Machtmenschen und eines Idealisten, wobei der Machtmensch dominiert. Sein Gegner Nixon, der für diesen Typus eines Politikers alles in allem Verständnis aufbrachte, resümierte 1991 im Rückblick gegenüber der Journalistin Monica Crowley: »Johnson war hart, hart, hart. Er war ein Patriot, doch er war auch ein berechnender Bastard.« Die Bürgerrechtsgesetzgebung sei eine große historische Leistung. Hingegen hätten die Programme der Great Society vor allem den Zweck gehabt, die linksliberale Anhängerschaft zufriedenzustellen.[26] Jeden-

*Hintergrundgespräch Präsident Johnsons mit Journalisten im Oval Office, 26. März 1965.*

falls, so Nixon weiter, wußte Johnson, was er wollte, und hat es zumeist auch bekommen.

Clark Clifford hingegen, der im schlimmen Jahr 1968 Verteidigungsminister war, konnte sich auch im nachhinein keinen rechten Reim auf Johnson machen: »Lyndon Johnson war der komplizierteste Mensch, den ich jemals getroffen habe: ein Mann wie eine mächtige, altmodische Lokomotive, die keiner stoppen kann, aber zugleich von genuinem sozialem Engagement.« Dieses sei das Resultat seiner ärmlichen Herkunft gewesen, auf die er einerseits stolz war, derentwegen er sich andererseits zugleich geniert habe, die ihn aber doch für soziale Notlagen sensitiv machte.[27]

Fest steht jedenfalls, daß Johnson von Anfang bis zum Ende ein großer Flegel blieb. Bei einem Besuch im Vatikan, er war damals noch Vizepräsident, ließ er den Hubschrauber mitten im Privatgarten Papst Pauls VI. landen. Als der verdutzte Papst herbeieilte, holte Johnson unter Zuhilfenahme eines großen Taschenmessers aus einem mitgebrachten Paket stolz sein Gastgeschenk heraus: eine lebensgroße Büste von ihm selbst. Unvergeßlich ist auch die Szene, in der er, nunmehr schon Präsident, vor der Weltpresse das Hemd hochzog, um die Narbe einer jüngst überstandenen Gallenblasenoperation zu demonstrieren.[28]

Er war und blieb ein wesensmäßig unausgeglichener Mensch. In den sechziger Jahren trug dazu auch sein gespanntes Verhältnis zum Kennedy-Clan bei. Unter John F. Kennedy war Johnson als Vizepräsident ziemlich kaltgestellt, und die Kennedys ließen ihn fühlen, für wie ungehobelt sie ihn hielten. Dennoch mußte er nach der Ermordung des Präsidenten wohl oder übel dessen Bruder Robert Kennedy als Justizminister im Kabinett behalten, immer in Sorge, dieser könnte 1968 gegen ihn als Präsidentschaftskandidat antreten.

Aber im November 1964 erzielt er dann einen Erdrutschsieg – 486 Wahlmänner im Elektorenkolleg gegen 52 für den Rechtsrepublikaner Barry Goldwater. Im Repräsentantenhaus triumphieren die Demokraten mit 295 Sitzen über die Republikaner mit 140, im Senat mit 68 zu 32. Der Präsident erhält mehr Stimmen als Roosevelt 1936 oder Harding im Jahr 1920[29] und peitscht jetzt seine große Reformgesetzgebung durch den bald legendären 89. Kongreß – insgesamt 435 Gesetze.[30]

Spätestens von jetzt an fühlt sich Johnson wie ein Gigant. Zugleich befinden sich die USA wieder einmal auf einem Höhepunkt ihrer Macht. Die von Kennedy auf den Weg gebrachten Rüstungsprogramme haben das Militärpotential in allen Bereichen stark ausgeweitet. Ein großes Steuersenkungsprogramm prolongiert einen der längsten Booms in der amerikanischen Wirtschaftsgeschichte – noch einmal erscheint alles möglich. Im Glauben an die Allmacht Amerikas entscheidet sich Johnson nun dazu, den Vietcong militärisch niederzuwerfen.

Da er damit seine eigene Präsidentschaft ruiniert und Amerika in seine schlimmste innere Krise seit dem Bürgerkrieg geführt hat, suchten viele zu erklären, was den Präsidenten zu dieser Abfolge von Mißgriffen veranlaßt hatte. Unterstaatssekretär George W. Ball, der wegen Vietnam schon im September 1966 aus der Regierung ausschied, erinnerte dabei daran, daß Johnson aus der tiefsten amerikanischen Provinz kam und nicht viel von fremden Ländern verstanden hat.[31] Anders als Truman besaß er auch keine historische Phantasie. Wie alle Präsidenten neigte er zudem zur Dramatisierung. Außerdem machte er mit seiner Generalität dieselben Erfahrungen wie seinerzeit die Kabinette in London und Paris während des Ersten Weltkriegs. Generale sind und bleiben nun einmal Meister im Entwerfen großartiger technokratischer Planungen, wie ein Krieg sicher gewonnen werden könnte, sofern die politische Führung nur genügend Truppen und Kriegsmaterial zur Verfügung stellt. In der Tat muß man bis zum Gallipoli-Abenteuer von 1915 oder zu den ruinös verunglückten Angriffsschlachten von 1916 und 1917 zurückgehen, um in der Geschichte der Demokratien eine vergleichbare Abfolge von Fehlentscheidungen zu entdecken.

Phantasielos waren freilich auch die Top-Zivilisten: Verteidigungsminister McNamara, Sicherheitsberater George McBundy und nach ihm Walt W. Rostow. Vor allem McNamara hatte kein Sensorium dafür, wie sich ein Dschungelkrieg auf die Truppe auswirkt. Zu lange konnte er nicht begreifen, daß Kriegführung mehr ist als ein Managementproblem.[32] Er machte sich auch keine rechte Vorstellung von der Korruption in Südvietnam. Walt Rostow seinerseits war ein großer Befürworter der Luftkriegführung. Als Analytiker hatte er schon im Zweiten Weltkrieg am Bombenkrieg gegen Deutschland mitgewirkt, danach alles evaluiert, was man falsch gemacht hat. Nun drang er darauf, endlich einmal einen technischen Krieg mit aller Macht und mit dem rechten Konzept zu führen.[33]

Es gibt auch andere Erklärungen. Clark Clifford, den Johnson in seiner Not nach dem Ausscheiden McNamaras als Verteidigungsminister beruft, teilt eine aufschlußreiche Beobachtung mit. Truman, so schreibt er, besaß die Fähigkeit, komplizierte Zusammenhänge zu vereinfachen. Johnson hingegen bestand darauf, einfache Sachverhalte zu komplizieren.[34] Dazu kam ein Regierungsstil, der für viele Autokraten kennzeichnend ist: Er schätzte es nicht, wenn ihm seine unmittelbaren Untergebenen in die Karten schauten.[35] Kritik konnte und wollte er nicht ertragen, weder von außen, erst recht nicht aus dem inneren Kreis. Alle, die mit diesem gewaltigen Egomanen zu tun hatten, stimmen zudem darin überein, daß das berühmte Johnsonsche »treatment« von Überredung und brutaler Einschüchterung seine Umgebung völlig demoralisierte. Nachdem er herausgefunden hatte, wie Intellektuelle und Generale mit sich umspringen lassen, hat er mit ungeheurer Energie seine zumeist falschen Vorstellungen durchzusetzen verstanden. Dabei war er einerseits ängstlich, weil er ein Eingreifen Rotchinas oder der Sowjetunion befürchtete, andererseits aber doch entschlossen, irgendwie den Sieg zu erreichen. Seine Besessenheit, als eine Art »target officer« die Luftangriffe auf Nordvietnam bis in jede Einzelheit selbst zu kontrollieren[36], erinnert fatal an die Art und Weise, wie Adolf Hitler oft bis auf die Regiments- und Bataillonsebene in die Kriegführung hineinregiert hat.

Als immer wieder »leaks« erfolgten, mißtraute er allen und jedem. Daß er unter der Anspannung des Krieges immer stärker zu trinken begann, vermochte seine Urteilskraft gleichfalls nicht zu schärfen.[37] Schließlich zog er sich als ein gebrochener Mann nach Texas zurück und hinterließ seinem Nachfolger Nixon einen Krieg, der weder gewonnen werden konnte noch verloren werden durfte, und eine zutiefst aufgewühlte amerikanische Gesellschaft.

Richard Nixon ist eine eher noch rätselhaftere Natur als Johnson: weniger kraftvoll, weniger hemdsärmlig, viel reflektierter, aber zugleich, sofern das überhaupt möglich ist, noch mißtrauischer und von noch stärkeren Ressentiments erfüllt. Während sich Johnson anfänglich durchaus im politischen Mainstream der USA befunden und erst zum Schluß seiner Amtszeit die Nation völlig polarisiert hat, ist Nixon von Anfang an ein Polarisierer.

James Reston schreibt mit Blick auf die Watergate-Affäre, im Falle Nixons sei ihm klar geworden, daß der Charakter einer Persönlichkeit die Politik mehr beeinflussen kann, als er sich dies je vorgestellt hätte.[38] Freilich kann man eine Feststellung aus dieser Feder nicht ganz unkritisch übernehmen. Reston von der »New York Times« war in den Jahren der Präsidentschaft Nixons einer seiner Hauptgegner in der Medienlandschaft. Bis ans Lebensende hat Nixon behauptet, er sei einer Vendetta linksliberaler Journalisten zum Opfer gefallen und nicht dem eigenen Charakter. In aufgewühlten Zeiten, so sahen es der Präsident und sein innerster Kreis, degeneriere alles Regieren dazu, das Chaos ein wenig besser zu managen.[39] Theoretisch ist das möglich. Doch jeder Versuch, gegen das Chaos die »Mystik« des Präsidentenamts einzusetzen, muß scheitern, wenn man die Presse gegen sich hat. »Die Roosevelts, usw.«, so rief Nixon in der Kambodscha-Krise ergrimmt aus, »hatten nur deshalb Erfolg, weil sie die Presse auf ihrer Seite hatten.«[40] Ob also Nixon untergegangen ist, weil er den Machtkampf mit seinen Gegnern in den Medien, im Senat und in den radikalisierten Universitäten verlor oder weil tatsächlich die finsteren Elemente seines Charakters dem Land, doch auch ihm selbst Unheil brachten, bleibt bis heute ein kontrovers diskutiertes Zentralproblem seiner Präsidentschaft.

Es gibt aber zu denken, daß auch so gut wie alle seiner engen Mitarbeiter in Nixons Charakter die Ursache dessen gesehen haben, was er selbst als große Tragödie verstanden hat. Sie sind nun allerdings gleichfalls Partei. Denn die getreue »Palace Guard« der »Germans« mit Haldeman und Ehrlichman an der Spitze wurde im fünften Akt des Watergate-Dramas von Nixon selbst den Wölfen vorgeworfen. Kissinger ist nur dank großer Raffinesse diesem Schicksal entkommen. Lediglich William Safire hat damals seinen Humor behalten und danach das intelligenteste von zahllosen Büchern über Nixon geschrieben.[41]

Manche Facetten von Nixons Charakter, meinte Haldeman, sind »hell und leuchtend, andere dunkel und rätselhaft«.[42] Und dieser Treueste der Treuen, den der Präsident kalt ins Gefängnis wandern ließ, seufzte schon gelegentlich, als er noch auf dem Gipfel der Macht war: »Kissinger liebt die Intrige, und der Präsident genauso.«[43] »Nixon war nie im Einklang mit sich selbst«, resümiert auch Kissinger und spricht von einem nie endenden »titanischen Kampf« zwischen den schwarzen und den eher sensitiven Seiten dieses unharmonischen Naturells. Anders als seine großen Vorbilder Churchill und de Gaulle sei Nixon ein Fatalist gewesen, der nicht daran glaubte, letztlich Erfolg zu haben.[44] Fatalismus war übrigens ein Charakterzug, den er mit Kennedy gemeinsam hatte.

Safire vergleicht Nixons Wesen mit einer Schichttorte. Ganz oben die glasierte Oberfläche: »streng, würdig, sauber«. Dann die erste Schicht: »ein fortschrittlicher Politiker«, in dem auch ein wirklich netter, manchmal sentimentaler Mensch steckt (»Mr. Nice Guy«). Gleich darunter: »ein unnötig aggressiver Mann«; dieser muß sich alles erkämpfen, ist daher voller Selbstmitleid, wenngleich nicht selbstsüchtig. Die nächste Schicht ist der Pokerspieler Nixon, der eine lange Erfolgssträhne hinter sich hat, dann verliert, dann wieder obenauf ist und den Tisch bis zum bitteren Ende nicht verlassen möchte. Darunter findet sich der haßerfüllte Nixon, der seinen Feinden immer niedrigste Motive unterstellt und ihnen mit fragwürdigsten Methoden begegnet.

Doch es gibt noch weitere Schichten. Da ist Nixon der realistische Analytiker mit Verständnis für die Motive der Völker und die jeweils wesentlichen Machtverhältnisse. Der Außenpolitiker Nixon hat ein feines Gespür dafür, welche Koalitionen man gegen wen zur richtigen Zeit zustande bringen kann. Daraus resultiert seine Entschlossenheit, die eigenen Vorstellungen von Weltordnung dem Rest der Welt aufzuzwingen. Es gibt jedoch auch den Nixon, der gleichzeitig ein Zuschauer und ein Akteur ist, ein Politiker, der unablässig handelt, sich dabei aber ständig selbst beobachtet, kritisiert und applaudiert, immer in der Sorge, welches Bild er einmal in der Geschichte abgeben wird. Safire schildert alsdann einen sehr tapferen Nixon – kühn, risikobereit, mitunter freilich ganz atemberaubend waghalsig. Schließlich ist Nixon in Safires Augen vor allem der ganz einsame Mensch, der sich zwar mit dem Volk identifiziert, zugleich jedoch nur mit wenigen Menschen zu tun haben möchte und allen mißtraut. Dieser Nixon brütet stundenlang vor sich hin, ein »yellow pad« auf den Knien, entnimmt sein Bild der Wirklichkeit lieber dem Aktenstudium als der Auseinandersetzung mit seinem Team und träumt von seiner historischen Aufgabe.

Welche dieser Schichten ist der »wirkliche« Nixon? Die Antwort liegt auf der Hand: der wirkliche Nixon ist natürlich aus allen Schichten zusammengesetzt, und eben das ist das Problem dieses seltsamen Präsidenten.[45]

Natürlich legt Nixon selbst Wert darauf, nur einige wenige dieser Schichten offenzulegen. Bevor Kissinger 1971 nach Peking reist, diktiert der Präsident ein Memorandum, das zeigt, wie er selbst gesehen werden möchte: »Bei Ihren Pressegesprächen sollten Sie vor allem darauf hinweisen, wie einzigartig R.N. auf das Treffen mit den chinesischen Führern vorbereitet ist und daß er in vielerlei Hinsicht ähnliche Eigenschaften besitzt wie Tschou En-lai. Ich liste nur einiges auf, was betont werden sollte: 1. Feste Überzeugungen. 2. Er ist trotz aller Widerstände hochgekommen. 3. Am besten ist er in einer Krise. Cool. Die Ruhe selbst. 4. Ein harter, kühner, starker Führer. Risikobereit, sofern das erforderlich. 5. Ein Mann der weiten Perspektiven. Er kümmert sich überhaupt nicht um die Schlagzeilen von morgen, sondern allein darum, wie sich seine Politik in ein paar Jahren darstellen wird. 6. Ein klarer Kopf. Ein Mann, der ohne Unterlagen arbeitet. Bei Unterredungen mit 73 Staatsmännern hat R.N. stundenlang mit ihnen ohne Unterlagen gesprochen. 7. Ein Mann von hartem Stil, sehr *tough*, wenn nötig – stählern, aber doch auch subtil und im Auftreten fast sanft zu nennen.«[46]

Wer damals mit Nixons Denken gründlicher vertraut ist, kennt auch die Fixierung auf seine bedeutenden Amtsvorgänger. In der ersten Amtsperiode trifft sich der engste Stab Nixons Morgen für Morgen um 8.15 Uhr im sogenannten Roosevelt-Raum, wo zwei Bilder hängen – eines von Theodore Roosevelt, dem Präsidenten mit dem *big stick*, und eines von Franklin Delano Roosevelt, der verschlagen, machiavellistisch und unerhört einfallsreich an geheimen »grand designs« gearbeitet hat. Nixon sieht zu beiden empor. Als er nach dem gewaltigen Wahlerfolg vom November 1972 seine zweite Inaugurationsrede vorbereitet, beauftragt er die Redenschreiber, nur zwei Beispiele anzusehen: die Ansprache Franklin Delano Roosevelts nach dem Erdrutschsieg von 1936 und die Theodore Roosevelts im Jahr 1905.

Doch dieser Realpolitiker hat noch zwei weitere Vorbilder. Im Kabinettsraum hängt ein Gemälde Woodrow Wilsons – »ein wahrhaft großer Führer«, so weiß er noch 1992 in einem seiner letzten Gespräche zu rühmen, groß als Idealist, freilich auch an mangelndem Realismus gescheitert.[47] Der andere ist Dwight D. Eisenhower – »überlebensgroß«, fest, ein Realist, doch zu unidealistisch und zu vorsichtig, wenn es darum gegangen sei, sich vor seine loyalen Mitarbeiter zu stellen, womit Nixon sich selbst meint.[48] Nixon selbst dagegen wollte beides gleichzeitig sein: Realist und Idealist.[49]

Ein derartiger Präsident wird unvermeidlicherweise polarisieren. Jeder Präsident enttäuscht zwar früher oder später viele seiner Anhänger und Wähler. Doch Nixon hat letztlich alle erbittert. Die konservativen Republikaner entfremdet sich dieser einstige Kommunistenjäger und kalte Krieger, indem er gegenüber Breschnew und Mao jene Entspannungspolitik betreibt, die den Linksliberalen so sehr am Herzen liegt. Die Linksliberalen aber, die 1972 eben deshalb im Begriff sind, mit »Tricky Dick« ihren Frieden zu machen, sind kalt entschlossen, ihn zu vernichten, nachdem sich »der alte Nixon« im Verlauf des Watergate-Skandals so häßlich dekuvriert.

Am 7. November 1972 erringt Nixon nach Lyndon B. Johnson den zweitgrößten Wahlsieg im 20. Jahrhundert. 47,1 Millionen Amerikaner geben ihm ihre Stimme, 29,1 votieren für den Radikalpazifisten George S. McGovern. Nixon erhält 520 Wahlmänner, McGovern 17. Allmächtig ist er aber auch in der Stunde seines Triumphs nicht. Die Demokraten behalten ihre Mehrheit im Kongreß. Ebenso muß er die liberalen Medien, große Teile der Bundesbürokratie und auch viele Gerichtshöfe weiterhin als seine Gegner betrachten.[50]

Doch nun ist er entschlossen, mit allen seinen Feinden abzurechnen, auch mit den unsicheren Kantonisten im eigenen Lager. Dabei stößt er die eigene »Palastwache« vor den Kopf. Am 8. November gibt der so glänzend bestätigte Präsident vor dem hochgestimmten Stab im Weißen Haus einen unglaublichen Auftritt. Siegreiche Regierungen, so führt er bedeutungsvoll aus, gleichen oft »erloschenen Vulkanen«. Den Begriff hat er in der Disraeli-Biographie von Robert Blake gefunden, die ihn damals gerade beschäftigt. Auch Eisenhower sei es 1956 so ergangen. Nixon kündigt deshalb Organisationsreformen im Weißen Haus sowie in der Regierung an und läßt finster durchblicken, daß er jetzt aufräumen möchte. Dann sagt er den Mitarbeitern, wie stolz sie sein könnten, dem ersten Team angehört zu haben. Das alles erklärt er im Stehen, übergibt dann an Haldeman und verläßt den Raum. Was gemeint ist, wird klar, als dieser jeden auffordert, unverzüglich schriftlich seinen Rücktritt zu unterbreiten.[51] Auf Kissinger, dessen Stuhl damals stark am Wackeln ist, wirkt Nixon bei dieser Gelegenheit ausgesprochen grimmig. Die Gefährten aus vier dramatischen Jahren gemeinsamen Kampfes seien von ihm behandelt worden, als gehörten sie einer unwiderruflich abgeschlossenen Vergangenheit an.[52]

Die erst 1995 veröffentlichten Tagebuchaufzeichnungen Haldemans bestätigen den in jenen Wochen schon deutlich werdenden Eindruck, daß Nixon tatsächlich zum erbarmungslosen Durchgreifen entschlossen ist – gegen Minister und Beamte, die bisher nicht richtig mitgezogen haben, ganz besonders aber gegen jene, denen indiskrete Kontakte mit linksliberalen Journalisten unterstellt werden (einer von diesen ist Kissinger).[53] Nixons Umgebung hört auch düstere Drohungen gegen die liberalen Demokraten um Ted Kennedy.[54] Offensichtlich plant Nixon zugleich, den Regierungsapparat stärker als zuvor der Kontrolle des Weißen Hauses zu unterwerfen, und fühlt sich jetzt auch stark genug, die Programme der Great Society weit zurückzuschneiden.[55]

*Nixon und Mao*

*Washington, so sahen das die Gegner Nixons, besaß im Jahr 1974 eine Zitadelle des Bösen, das Weiße Haus, und eine Trutzburg demokratischer Wachsamkeit, die »Washington Post«, deren Reporter Carl Bernstein und Bob Woodward den Watergate-Skandal aufgedeckt hatten. Die Karikatur in »Newsweek« erschien im Mai 1974. Am 8. August 1974 erklärte Nixon seinen Rücktritt.*

In dieser Atmosphäre von Enttäuschung im innersten Kreis des Präsidenten und von vagen Zukunftsängsten im linksliberalen Lager kocht nunmehr die Watergate-Affäre auf. Nixons Gegner, die von jetzt an keine Ruhe mehr geben, sehen in dem aus dem Weißen Haus veranlaßten Einbruch ins Hauptquartier der Demokraten in der Nacht des 17. Juni 1972, ein halbes Jahr vor den Präsidentschaftswahlen, und in den anschließenden Vertuschungsversuchen ein Indiz dafür, daß diesem Präsidenten alles zuzutrauen ist. Auch aus dem Abstand von immerhin achtzehn Jahren schreibt James Reston: »Es war klar, daß wir jetzt nicht nur mit dem hinlänglich bekannten Doppelspiel der Politiker zu tun hatten, sondern mit wohlüberlegten Bemühungen ganz an der Spitze der Regierung, das politische System insgesamt zu korrumpieren, das heißt: den Kongreß, die Presse und das Volk zu täuschen und die Sicherungen der Verfassung außer Kraft zu setzen.«[56]

Einer der Mitarrangeure von Nixons Sturz ist der mächtige »Tip« O'Neill, damals Majority Leader im House, ein New-Deal-Demokrat von altem Schrot und Korn. Als einer der ersten hatte O'Neill bereits im Januar 1973 ein Impeachment-Verfahren ins Auge gefaßt.[57] 1987 publiziert dieser Vollblutparlamentarier aus Boston seine Erinnerungen und räumt nun ein, Nixons Leistungen vor Watergate seien doch größer, als sich dies in den Augen seiner Parteifreunde darstelle. Niemand sei nämlich besser auf das Präsidentenamt vorbereitet gewesen als Nixon. Er habe die Öffnung nach China vollzogen und die amerikanischen Truppen in Vietnam nach Hause gebracht. Ja sogar in der Sozialpolitik sei er viel gemäßigter gewesen, als sein Image dies vermuten lassen würde.[58] Gleichwohl hätten die Jahre im Weißen Haus den einstmals ganz umgänglichen Pokerspieler Nixon verändert: »Nixon war ein heimtückischer und nervöser Präsident, der seinen Laden völlig abdichtete« und in alle Departments Leute seines Vertrauens setzte. Sein Stab habe fast wie eine Geheimgesellschaft gearbeitet, entschlossen, um jeden Preis zu gewinnen. Erpressung und Korruption – dies habe Nixons Präsidentschaft von allen anderen unterschieden. Inwieweit diese Einzigartigkeit zu Recht behauptet wird, mag strittig sein. Jedenfalls war so die Stimmung beschaffen, die aus Watergate eine Haupt- und Staatsaktion gemacht hat. In historischer Perspektive ist unschwer zu erkennen, daß die USA damals eines jener ungeheuren Psychodramen aufführten, wie sie in Demokratien immer wieder einmal fällig sind. Der Panamaskandal und die Dreyfusaffäre im Frankreich der Dritten Republik Ende des 19. Jahrhunderts kommen dabei in Erinnerung, aber auch der Sturz des Parteienestablishments um Craxi und Andreotti in Italien am Ende des 20. Jahrhunderts.

Nichts mit Watergate Vergleichbares habe sich zuvor in der amerikanischen Geschichte ereignet, liest man bei O'Neill, und dieser wiederholt damit nur das, was in zahllosen Leitartikeln formuliert und von einer überwältigenden Mehrheit aller Amerikaner empfunden wurde.

In der Tat hatte Nixon völlig vergessen, daß politische Führung in Demokratien letztlich auf Vertrauen beruht – Vertrauen bei den engsten Mitarbeitern, Vertrauen im Kabinett und in der eigenen Partei, Vertrauen bei der Presse und ein Minimum von Vertrauen selbst bei den politischen Gegnern. Der Rechtsrepublikaner Barry Goldwater, gewiß ein innerparteilicher Gegner Nixons, doch ansonsten ein gerader Mann, schrieb über ihn: »Er war das unehrenhafteste Individuum, das ich in meinem ganzen Leben getroffen habe. Präsident Nixon hat seine Frau belogen, seine Familie, seine Freunde, langjährige Kollegen im Senat der Vereinigten Staaten, Mitglieder seiner Partei, das amerikanische Volk und die Welt.«[59]

Doch weist die große Tragödie des Präsidenten ganz hinreißend komödienhafte Züge auf. Das beginnt schon mit dem Einbruch selbst. Allem Anschein nach hat John Dean, damals ein maßgeblicher Macher im Weißen Haus und die Zentralfigur der Affäre, den dilettantischen Einbruch im Hauptquartier der Demokraten angeordnet, um Informationen darüber zu erhalten, welche demokratischen Politiker mit Callgirls in Beziehungen standen.[60] Ausgerechnet Dean, der den Einbruch angeordnet hat, erhält dann, ohne daß dies Nixon und Haldeman bekannt ist, den Auftrag, die Sache aufzuklären, und reißt schließlich den Präsidenten in den Abgrund, um die eigene Haut zu retten.

Komödienhaft ist auch der Umstand, daß der mißtrauische, um Vertuschung bemühte Nixon die ihn belastenden Tonbänder nicht verbrennt, sondern selbst oder durch die getreue Rose Mary Woods nur die etwa zwanzigminütige Aufzeichnung einer offenbar besonders heiklen Unterredung löscht. So bleibt genügend übrig, was ihn vollends kompromittiert.

Erst recht komödienhaft ist dann die Tilgung der unflätigen Beschimpfungen und Flüche, an deren Stelle in den an den Special Prosecutor übergebenen Abschriften jeweils der Vermerk »Expletive deleted« tritt, was Nixon später mit der entwaffnenden Feststellung zu erklären sucht, er habe dabei an seine fromme Mutter gedacht, die sich für ihn geschämt hätte. Der Höhepunkt dieser präsidialen Komödie ist schließlich die Szene in der Nacht vor Nixons Abdankung, als der von Sinnen geratene, schluchzende Präsident Henry Kissinger bittet, sich mit ihm auf die Knie niederzulassen und zu beten. Kissinger weiß allerdings nichts Besseres zu tun, als dies bei der Rückkehr unverzüglich seinen Mitarbeitern zu erzählen. Inzwischen ist aber auch Nixon klargeworden, daß er sich vor Kissinger lächerlich gemacht hat, und prompt geht nach ein paar Minuten sein Anruf ein, er möge über die Szene doch auf jeden Fall Stillschweigen bewahren.[61] Es sind nicht zuletzt solche Verhaltensweisen des Präsidenten, die die gewaltige Watergate-Affäre zur Schmierenkomödie gemacht haben und die es verbieten, Nixon einen bedeutenden Präsidenten zu nennen.

Paradoxerweise hat dann ausgerechnet der unauslöschlich stigmatisierte Expräsident bis ans Ende seines Lebens nichts unversucht gelassen, sich als großer politischer Führer neben andere Große zu plazieren. Bei keinem Präsidenten außer Theodore Roosevelt zu Beginn des Jahrhunderts ist ein derart ausgeprägter Heroenkult zu beobachten. Doch nicht einmal der bombastische Roosevelt hat das eigene Standbild mit so peinlicher Bemühtheit aufs Piedestal gehoben wie Nixon.

Anders als mancher seiner Vorgänger und Nachfolger war Nixon ein nimmermüder Leser. Ihn interessierten vor allem historische Werke. Zwischen 1962 und 1967, als er nur noch in den Randzonen der Politik stand und erstmals über mehr Zeit verfügte, warf er sich auf das Studium bedeutender Persönlichkeiten. Er hat damals alles verschlungen, was von Churchill und über den bewunderten Churchill auf dem Markt war. Daneben versenkte er sich in viele andere lesbar geschriebene historische Gesamtdarstellungen und Biographien: die Geschichtsbücher Will Durants, Edward Gibbons »Decline and Fall of the Roman Empire«, A.J.P.Taylors »Bismarck«, Carl Sandburgs »Lincoln«. Später beeindruckte ihn Robert Blakes »Disraeli«, auf den er häufig zu sprechen kam, denn Disraeli war ein Staatsmann nach seinem Herzen: ein gesellschaftlicher Außenseiter, aber erfolgreich, ein innenpolitischer Reformer und ein kühler Praktiker der Gleichgewichtspolitik. Auch nachdem sich Nixon im Jahr 1968 mit bewundernswürdiger Zähigkeit wieder emporgearbeitet hatte, suchte er weiterhin das eigene Schicksal zum Vorbild bedeutender Staatsmänner in Beziehung zu setzen.

Nach dem zweiten und definitiven Absturz kehrt der leidenschaftliche Leser Nixon zu dieser Liebhaberei zurück und versucht sich nun in eigener Schriftstellerei. Die Tendenz zur Selbststilisierung ist in seinen literarisch und professionell unbedeutenden Büchern mit Händen zu greifen. 1982 veröffentlicht er eine Sammlung biographischer Essays unter dem Titel »Leaders«. Inspiriert von Churchills »Great Contemporaries«, aber anders als dieser ohne darstellerische Kraft, entwirft er hier Porträtskizzen so heterogener Größen wie Churchill, de Gaulle, General MacArthur, Konrad Adenauer, Chruschtschow, Tschou En-lai und Breschnew, das Ganze verbunden mit Erinnerungen an eigene Begegnungen und übersät mit flachen Ausführungen zu den Themen Führung, Charisma, Mut, Ehrgeiz, Würde, Geschichtsmächtigkeit und zu anderen Attributen großer Führer. Viele Rezensenten erkennen, daß Nixon in erster Linie von sich selbst spricht.[62]

Das Thema beschäftigt ihn bis ans Ende seiner Tage. Noch im Jahr 1992 steht er der jungen Journalistin Monica Crowley für eine ganze Serie von Gesprächen zur Verfügung und erteilt dabei allen Vorgängern und Nachfolgern Zensuren, beginnend mit Theodore Roosevelt (»überlebensgroß«) über Franklin Delano Roosevelt (»ein Titan«) und Truman (»ein zäher Hundesohn«) bis Carter (»hochmütige Selbstgerechtigkeit«) und Clinton (»zu viele Versprechungen, zuwenig gehalten«).[63]

Wer die Geduld aufbringt, die Bücher, Interviews und Ansprachen dieses Expräsidenten zu lesen, entdeckt immer noch den alten Nixon: scharfes analytisches Urteilsvermögen und zugleich verzehrendes Ressentiment, das weder durch Humor noch durch Altersweisheit gemildert ist. Dazu kommen Selbstgerechtigkeit und auch Undankbarkeit. Spät am Abend seines Lebens überhäuft ihn ausgerechnet Bill Clinton aus dem Lager der Demokraten mit ostentativen Aufmerksamkeiten, während sich zuvor die Republikaner Reagan und Bush eher reserviert verhalten hatten. Das hält Nixon aber nicht davon ab, seiner Vertrauten der letzten Jahre eine ganze Menge von Unwerturteilen über die Clintons ins Ohr zu flüstern.

Jedenfalls ist sein Blick unablässig auf die ganz Großen des 20. Jahrhunderts gerichtet, und nie verläßt ihn der Ehrgeiz, doch einer von ihnen sein zu wollen. Es bringt ihn fast um, daß er in der Geschichte amerikanischer Präsidenten auf alle Zeiten als negative Größe figurieren wird.

Erst nach dem Sturz ging Nixon auf, daß die Öffentlichkeit von ihm Selbstkritik erwartete. Er entschied sich dafür, dies 1977 in einer Serie von Fernsehinterviews mit David Frost zu tun, wofür er 600 000 Dollar erhielt, zuzüglich weitere 20 Prozent vom Gewinn.[64] Jetzt endlich rang er sich zu klaren Worten des Bedauerns durch, das amerikanische Volk in zwei Jahre der Agonie gestoßen zu haben. Er räumte ein, schreckliche Fehler gemacht zu haben, die »eines Präsidenten unwürdig« waren und den »standards of excellence« nicht entsprochen hätten, von denen er einmal als junger Mann geträumt habe.[65]

Auf Nixon folgt Gerald Ford. Doch auch er scheitert, wenngleich nicht aufgrund charakterlicher Defekte. In seinem Fall ist es ein Scheitern aus Durchschnittlichkeit. Es ist bezeichnend, daß nur wenige Präsidenten der letzten Jahrzehnte im nachhinein so gute Noten erhalten haben, von den eigenen Kabinettsmitgliedern und Parteifreunden, aber auch von den parteipolitischen Gegnern, die rückblickend fast nur Gutes über ihn zu sagen wissen. Es gibt kein schöneres Lob eines politischen Gegners als die Feststellung Tip O'Neills, der Republikaner Ford habe zwar im Repräsentantenhaus zumeist »falsch« abgestimmt, aber »wenigstens hat er sich auf anständige Weise falsch verhalten«.[66] Alle Beobachter sind sich nachträglich bald in zwei

Hauptpunkten einig: Zum einen ist es Gerald Ford trotz nochmaliger Aufregung über den Pardon für Nixon gelungen, die tief aufgewühlte amerikanische Republik wieder zu beruhigen, zum anderen hat er die unter dem nervösen Nixon in Verwirrung geratene atlantische Allianz stabilisiert.

Besonders begeistert äußert sich Kissinger. Schon als Großwesir am Hofe des Sultans Nixon war es ihm gelungen, die Aufmerksamkeit der ganzen Welt auf sich zu ziehen, doch er mußte Tag und Nacht befürchten, der neidische Präsident könnte ihn unversehens vernichten.

Wie sehr es Nixon erbitterte, wenn Kissinger immer wieder einmal bei den Medien allen Ruhm zu ernten versuchte, der doch eigentlich dem Präsidenten gebührte, dokumentiert beispielsweise ein Tagebucheintrag seines Stabschefs H.R. Haldeman vom 19. November 1972. Eben hatte Nixon einen gewaltigen Wahlsieg errungen, dies nicht zuletzt deshalb, weil selbst viele Liberale seine trilaterale Entspannungspolitik gegenüber Peking und Moskau als diplomatische Meisterleistung betrachteten. In dieser stolzen Stunde wird ihm zugetragen, daß Kissinger der italienischen Journalistin Oriana Fallaci ein Interview gegeben hat, in dem er mehr oder weniger unverhüllt und in der Tat zu Unrecht behauptete, die Sache mit China habe er allein zustande gebracht.[67] Nixon zögert nicht, seinem allzu offenkundig auf dem Egotrip befindlichen Sicherheitsberater direkt ins Gesicht zu sagen, schließlich sei nicht er es, der die Entscheidungen treffe. Und er fährt fort: Wenn schwierige Entscheidungen getroffen werden, ist meistens Kissinger derjenige, der wackelt. Durch Haldeman läßt der Präsident dann noch eine finstere Drohung ausrichten: Kissinger solle ruhig wissen, daß alle Besprechungszimmer im Weißen Haus mit Aufnahmegeräten ausgestattet seien. Der Präsident verfüge also über lückenlose Aufzeichnungen von allen Unterredungen.[68] Ein paar Wochen muß Kissinger befürchten, bei Bildung der zweiten Administration Nixon über Bord zu gehen. Doch dann gelingt ihm der große Coup. Über die Weihnachtstage wird die nordvietnamesische Führung durch heftige Angriffe von B-52 gegen Hanoi buchstäblich in den Frieden hineingebombt. Das löst zwar weltweit einen Sturm der Entrüstung aus, doch so gelingt es, noch vor Beginn der zweiten Amtszeit Nixons die Pariser Verhandlungen über einen Friedensschluß in Vietnam erfolgreich abzuschließen. Da sich Kissinger zugleich einige Wochen in Demut übt, macht ihn Nixon nun zum Außenminister, und je stärker Nixon 1973 in Bedrängnis gerät, um so heller leuchtet der Stern Kissingers. Beim Wechsel von Nixon zu Ford verkörpert er die außenpolitische Kontinuität.

So entschließt sich Nixons Nachfolger, den erfahrenen Außenminister zu behalten, und Kissingers Bericht über die erste Unterredung mit dem neuen Präsidenten spricht Bände: »Als ich sein Büro nach eineinhalb Stunden verließ, wurde mir plötzlich klar, daß ich zum ersten Mal seit Jahren nach einer Unterredung mit einem Präsidenten frei von Anspannung war ... Bei Ford, so wußte man, gab es keine verborgenen Absichten, keinen morbiden Verdacht, keine Komplexe.«[69]

Für gut zweieinhalb Jahre gehört die Weltbühne nun Kissinger fast ganz allein, denn Ford ist klug und selbstbewußt genug, diesen vielbewunderten Verhandler, Troubleshooter und Konzeptualisten ziemlich uneingeschränkt agieren zu lassen. Er übernimmt jetzt »praktisch die Rolle des Präsidenten«.[70] John Foster Dulles hatte die Welt bereits daran gewöhnt, daß amerikanische Außenminister nimmermüde globale Jet-Diplomatie betreiben. Auch in diesem Punkt übertrifft ihn Kissinger bei weitem. Die siebziger Jahre kennen zwar schon viele Größen, denen globale Aufmerksamkeit zuteil wird: Generalsekretär Breschnew, die bereits dem Tod entgegensehenden chinesischen Führer Mao Tse-tung und Tschou En-lai, Indira Gandhi in Indien, die hochmütigen, aber nicht allzuviel ausrichtenden Staats- und Regierungschefs im westlichen Europa, dazu Anwar El Sadat, Menachem Begin, den Schah im Iran und auch bereits Hafez al Assad in Damaskus. Als allergrößter dieser Großen erscheint damals aber Henry Kissinger, und indem Kissinger die Aufmerksamkeit der ganzen Welt auf sich zieht, vergrößert er die globale Handlungsfähigkeit Amerikas. Es ist eine circensische Leistung von hohen Graden, daß und wie er die Illusion zu erwecken versteht, die USA seien nach wie vor die schlechthin ausschlaggebende Supermacht. Das Kunststück gelingt ihm nach dem Debakel Nixons 1973/74 und obwohl das Regime in Saigon 1975 kläglich zusammenbricht, wobei sich die angebliche Stabilisierung Indochinas als illusionär herausstellt. Dennoch erweckt Kissinger den Eindruck, alles souverän meistern zu können: die Energiepreisexplosion, bewirkt durch das OPEC-Kartell, die Dauerdrohung eines neuen Nahostkrieges, selbst den raschen, dramatischen Aufstieg der sowjetischen Militärmacht und die globale Expansion der Sowjetunion. An Kissinger läßt sich damals studieren, wieviel politisches Temperament verbunden mit unablässiger Beweglichkeit und ständiger Medienpräsenz zu erreichen vermag.

Fragt man allerdings aus dem Abstand von über 20 Jahren, was von dieser seinerzeit vielbewunderten Diplomatie geblieben ist, muß die Antwort doch wohl lauten: fast gar nichts. Immerhin hat Kissinger aber Amerika und die damit verbundene Allianz in einer Schwächeperiode über die Runden gebracht.

Unerwarteterweise treten aber schon zu Zeiten Kissingers, erst recht unter Carter, neue Größen auf die weltpolitische Bühne, mit denen man nicht gerechnet hat. Einige von ihnen glaubt man noch ignorieren zu können. Am 30. Juni 1975 gibt der russische, vor kurzem zwangsexilierte Dissident Alexander Solschenizyn zum Verdruß Kissingers im Washingtoner Hilton vor 2 500 Zuhörern einen großen Auftritt. Auch er ist eine jener Gestalten, die in den Drehbüchern des 20. Jahrhunderts eigentlich nicht vorgesehen sind: ein Überlebender aus den Straflagern Stalins, der mit der Leidenschaftlichkeit eines alttestamentlichen Propheten dem Westen die Herrschaft der Kommunisten vorhersagt, die ihn eben aus ihrem Imperium ausgewiesen haben.

Mitte der siebziger Jahre waren Stalinismus und Entstalinisierung im öffentlichen Bewußtsein des Westens nicht viel mehr als leblose Erinnerungen. Das änderte sich schlagartig im Jahr 1974 mit dem Erscheinen des »Archipel Gulag«. Möglicherweise zum letzten Mal in einem Zeitalter, in dem nur noch Bilder stärkere Emotionen zu erwekken vermögen, hat damals die Kraft eines großen Schriftstellers alle machtpolitischen und ideologischen Aspekte des Kommunismus beiseite geschoben und den entsetzten Blick auf die Qualen der zahllosen Opfer gerichtet, ebenso aber auf den Zynismus der Folterknechte. Seither war es unvoreingenommenen Menschen sehr schwer gemacht, kommunistische Systeme noch diskutabel zu finden. Damals ist aber auch Solschenizyn in der westlichen Öffentlichkeit für wenige Jahre eine moralische Großmacht.

Doch hätte er nur zur »Trauerarbeit« aufgerufen, wäre seine Wirkung nicht so tiefgreifend gewesen. Das eigentlich Irritierende seines damaligen Auftritts in Washington und bei anderen großen Ansprachen lag in dem Umstand, daß dieser dem Archipel Gulag Entronnene mit erschreckendem Ernst vor der nach-stalinistischen Sowjetunion warnte. Dabei brach er mit jedem Tabu politischer Korrektheit in der damaligen Entspannungsperiode. Er setzte die Sowjetunion Breschnews und das China unter Mao mit dem Deutschland Hitlers gleich, wies allerdings auf einen wesentlichen Unterschied hin: Hitler habe nur große Teile des europäischen Kontinents erobert, während die Kommunisten bereits die Hälfte der Menschheit kontrollierten. In einer Phase, da Kissinger den Osthandel als Instrument der Entspannungspolitik einsetzen wollte, warnte Solschenizyn davor, den sowjetischen Militärapparat damit zu stärken. Es wies darauf hin, daß der Totalitarismus im Ostblock mit dem Ende Stalins nicht zu Ende gegangen war, sondern nur verfeinert wurde. Kurz, Solschenizyn bestätigte alles, was manch ein Amerikaner den einheimischen Antikommunisten – dem AFL-CIO-Gewerkschaftspräsidenten George Meany, dem Senator Jesse Helms oder dem kalifornischen Gouverneur Ronald Reagan – nicht mehr unbesehen abnehmen mochte. Wer selbst aus der Hölle kommt, dem glaubt man, daß »das Reich des Bösen«, wie Reagan es später nennen sollte, kein Feindbild ist, sondern real existiert.[71]

Selbstverständlich wirkte Solschenizyn auf die offizielle Politik störend. Charakteristisch war die Reaktion des ja durchaus redlichen Präsidenten auf die Anregung, Solschenizyn im Weißen Haus zu empfangen. Höflich ließ er mitteilen, keine Zeit zu haben, doch sein Pressesprecher Ron Nessen bekam von ihm zu hören, dieser »verdammte Pferdearsch« wolle nur empfangen werden, um für seine Bücher und Vorträge zu werben.[72] Später bedauerte Ford die Absage als einen der größeren Fehler seiner kurzen Administration.

Fords Präsidentschaft markiert jedenfalls jene Zäsur, von der an für fünf lange, weltpolitisch entscheidende Jahre die Entspannungspolitik zum beherrschenden Thema der inneramerikanischen Auseinandersetzungen wird. Schon 1976 bringt der Rechtsrepublikaner Ronald Reagan mit gleichfalls heftiger Kritik am Appeasement gegenüber der Sowjetunion Ford bei den Vorwahlen in große Verlegenheit. Gegen Ende seiner Amtszeit geht der Präsident so weit, den Begriff »Entspannung« ganz aus dem Verkehr zu ziehen.

Daß die europäischen Staatsmänner Willy Brandt, Helmut Schmidt und Giscard d'Estaing den damaligen Entspannungskurs Washingtons, besonders die Rüstungskontrollpolitik, für alternativlos erklären, ist nach Meinung der konservativen Gegner Kissingers nicht beruhigend, sondern eher ein schlimmes Zeichen. In Paris und Bonn, argwöhnen manche amerikanische Entspannungsgegner damals schon und später, beginne man sich vorsichtig auf die neuen Machtverhältnisse einzustellen.

Fords Abwahl im November 1976 hat eine ganze Reihe von Gründen, wozu auch der Pardon für den Vorgänger Richard Nixon gehört. Doch seine Gegner haben sich vor allem auch auf die Entspannungspolitik eingeschossen. Reagan hält ihm vor, die Entspannung sei eine Einbahnstraße, zugleich aber das alleinige Werk des Außenministers. Als Ford sich dieses innerparteilichen Herausforderers endlich erwehrt hat, schlägt Carter in dieselbe Kerbe. Bei der ersten Fernsehdebatte sagt er Ford ins Gesicht: »Soweit es um die Außenpolitik geht, so ist Mr. Kissinger der Präsident dieses Landes gewesen.«[73]

Jimmy Carter ist der letzte unter den gescheiterten Präsidenten. Bei Licht betrachtet, hat er in der Weltpolitik viel größere Spuren hinterlassen als die gewaltigen Showtalente Johnson, Nixon und Kissinger. Impulse aus der Carter-Ära sind bis heute zu verspüren. 1980 hat sich Amerika als Schutzmacht für die Ölversorgung des Westens in der Golfregion militärisch engagiert, und der Golfkrieg gegen Saddam Hussein war letzten Endes die Konsequenz der Carter-Doktrin. Carters Menschenrechtskampagne hat zudem auch jene Prinzipienpolitik angestoßen, aus der in Lateinamerika, im Mittelmeerraum, vor allem auch in Osteuropa und Ostmitteleuropa »die dritte Welle« der Demokratisierung im 20. Jahrhundert ihre Legitimation erfuhr.[74]

Dieser Präsident, der immer dann erfolgreich war, wenn er sich ohne Ablenkung durch andere Krisen auf die Lösung eines einzigen Problems konzentrieren konnte, hat auch die strategische Lage im östlichen Mittelmeer bis heute verändert. Der trotz aller Rückschläge bis zur Gegenwart andauernde Friedensprozeß zwischen Israel und der arabischen Welt wurde zwar von Kissinger initiiert, hat aber erst 1978 von Carter im Camp-David-Abkommen eine tragfähige Vertragsbasis erhalten.

Die Wiederbelebung der antisowjetischen Containment-Politik hat gleichfalls unter Carter eingesetzt. Er ist letztlich derjenige gewesen, der die Verpflichtung zur Produktion und dann zur Installierung der Pershings und Cruise Missiles in Westeuropa eingegangen ist. Die entscheidende Wende im strategischen Kräfteverhältnis nach vollzogener Nachrüstung in Europa Mitte der achtziger Jahre geht auf ihn und seinen Sicherheitsberater Brzezinski zurück. Das antisowjetische Containment durch Unterstützung der Mudschaheddin in Afghanistan und Pakistan wurde gleichfalls unter Carter initiiert.

Letzten Endes ist auch erst in den Jahren der Carter-Administration aus der Öffnung der USA gegenüber China jene strategische Partnerschaft geworden, die in den achtziger Jahren zum Niedergang des sowjetischen Imperiums maßgeblich beigetragen hat. Gewiß war der weltpolitische Umbruch zwischen 1987 und 1991 in erster Linie das Werk der Administrationen Reagan und Bush. Doch nicht Nixon und Kissinger waren es, die dazu die Vorarbeit geleistet haben, sondern Carter.

Das alles ist aus dem Abstand von nunmehr fast zwei Jahrzehnten gut erkennbar. Es macht den schon während seiner Amtszeit rätselhaften Carter zu einem der paradoxesten Präsidenten des 20. Jahrhunderts. Denn selbst aus größerem Abstand ist nicht zu bestreiten, daß auch Carter eklatant gescheitert ist, und zwar nicht zuletzt aufgrund seiner Außenpolitik. »Die Carter-Administration war kein Desaster, kam aber dem garantierten Mindestlohn für eine Präsidentschaft enttäuschend nahe.«[75] Das schreibt Hedley Donovan in einer abgewogenen Studie über die ihm persönlich bestens bekannten Präsidenten seit Franklin Delano Roosevelt. Der »garantierte Mindestlohn«, den die amerikanischen Wähler am 4. November 1980 auszahlten, bestand in 49 Stimmen im Elektorenkolleg für Carter und 489 für Reagan. 12 der Stimmen für Carter kamen aus dem heimischen Georgia – dem einzigen der Südstaaten, wo er noch eine Mehrheit zu erringen vermochte.

*Präsident Carter vermittelt in Camp David das Friedensabkommen zwischen dem israelischen Ministerpräsidenten Begin und dem ägyptischen Präsidenten Sadat, der deswegen später von fundamentalistischen Verschwörern aus den Reihen der eigenen Soldaten ermordet wird.*

Aus Sicht der amerikanischen Öffentlichkeit erinnerte Carter auf fatale Weise an zwei weit zurückliegende Amtsvorgänger, die sich vor allem auch deshalb im Gedächtnis gehalten haben, weil sie so eklatant gescheitert sind: Herbert Hoover und Woodrow Wilson. Wie Herbert Hoover ist Carter ein Ingenieur, ein selbständiger Unternehmer, eine zutiefst humanitär eingestellte Persönlichkeit und ein Außenseiter in der eigenen Partei.

Die Schwächen Hoovers und Carters führen viele Beobachter auf die Prägung durch die Ingenieurausbildung zurück. Eine allzu präzise, wenig flexible Planung, der täuschende Glaube, aller Schwierigkeiten durch eine rational funktionierende Regierungsmaschinerie Herr werden zu können, die unbelehrbare Überzeugtheit von der Richtigkeit der eigenen Berechnungen, die Neigung, sich ganz auf die sachlich überzeugende Lösung eines komplizierten Einzelproblems zu konzentrieren, auch eine gewisse Unfähigkeit, die politische Verknüpfung der Einzelentscheidung instinktiv zu erfühlen[76] – dies alles seien die Resultate entsprechender *déformation professionnelle*. Hoover wie Carter hätten versucht, die amerikanische Wirtschaft technokratisch zu managen – und beide hinterließen nach Meinung der Wähler eine schlimme Rezession.

Innerhalb der ohnehin schon zerstrittenen Demokratischen Partei war Carter, so hat das der erfahrene Präsidentenberater Clark Clifford formuliert, »der perfekte Außenseiter«.[77] Zum Verdruß der Parteifreunde hat er sich nur wenig um das selbstbewußte Establishment im Kongreß bemüht. Nach acht Jahren republikanischer Herrschaft, spottete Tip O'Neill, kam er wie ein Ritter auf weißem Pferd in die Stadt geritten mit einer Truppe von Amateuren im Gefolge.[78] Die »Georgia-Mafia« kennt Washington zwar nicht, besitzt aber ein hervorragendes Talent, erfahrene politische Fuhrleute vor den Kopf zu stoßen.

Die Ähnlichkeiten mit Wilson sind gleichfalls evident. Beide wurzeln geistig in Dixieland, beiden gelingt es innerhalb kürzester Zeit, sich bundesweit durchzusetzen. »Die großartigste Kavallerieattacke in der Geschichte amerikanischer Präsidentschaftskampagnen«, kommentiert ein kundiger Journalist Carters meisterhaft geplanten Feldzug zur Nominierung im Jahr 1976.[79] Und gleich Wilson zeigt sich auch Carter fest entschlossen, die Welt mit der Kraft idealistischer Prinzipien zu beglücken. Ob die amerikanische Menschenrechtspolitik wirklich ursächlich für das Scheitern des mit Amerika verbündeten Schahs im Iran war, mag bezweifelt werden. Wahrscheinlich war diesem todkranken Herrscher so oder so nicht mehr zu helfen. Doch die Öffentlichkeit sieht in Carter einen Hauptschuldigen. Und so wie Kissinger und Ford durch das unerwartete Auftreten Solschenizyns überrascht werden, tritt mit dem Theokraten Khomeini eine weitere Persönlichkeit auf die Weltbühne, die im Drehbuch rationaler Außenpolitik nicht vorgesehen ist. Spätestens in der 444 Tage andauernden Geiselkrise[80] offenbart Carter, daß er in eigener Person das Schlimmste kombiniert, was bei einem Präsidenten auftreten kann: Er ist ein Krisenmanager, der zwei linke Hände hat, und er ist ein Pechvogel.

Ins Bild paßt auch seine Entscheidung, mit Außenminister Cyrus Vance und dem Sicherheitsberater Zbigniew Brzezinski zwei Persönlichkeiten mit der Außenpolitik zu betrauen, die recht divergierende Ansätze gegenüber der Sowjetunion verfolgen. Brzezinski ist ein kalter Krieger, der zwar die Lage richtig einschätzt und dem die langfristig positiven Auswirkungen Carterscher Außenpolitik in erster Linie zu verdanken sind. Aber diesem politologischen Konzeptualisten von der New Yorker Columbia University geht Kissingers faszinierend-ruchloses Charisma völlig ab. Er ist auch unfähig, die Medien so zu manipulieren, wie der große »Henry the K«. Vance hingegen ist zwar in vielen wichtigen Punkten ein Erbe der Kissingerschen Entspannungspolitik, doch erst recht ohne Kissingers Charisma, auch ohne dessen hochentwickeltes Gefahrenbewußtsein und, wie jedermann bald erkennt, kein Machiavellist, sondern eine »Taube«.

Carter bringt es somit tatsächlich fertig, die beiden unvereinbaren Tendenzen amerikanischer Politik gegenüber der Sowjetunion institutionell in seine Administration einzubauen. Daß er vier Jahre lang daran festhält und sich erst im letzten Jahr seiner Präsidentschaft für den Kurs Brzezinskis entscheidet, ist ein Beweis mehr für seinen Mangel an Urteilskraft und zugleich ein weiterer Grund für sein Scheitern.

Ist es überhaupt angemessen, diesem gescheiterten Präsidenten im Vergleich mit anderen Größen des 20. Jahrhunderts einige Beachtung zu schenken? Das ist es insofern, als spätestens seit Kennedy die positiven Leistungen, doch auch die Mißgriffe amerikanischer Präsidenten die Öffentlichkeit aller westlichen Demokratien zu Recht genauso beschäftigen wie der Glanz und das Elend ihrer eigenen Präsidenten, Bundeskanzler oder Premierminister. Wenn strategisch und wirtschaftlich fast alles von den Entscheidungen der Führungsmacht abhängt, stellen selbst die mit Unglück geschlagenen Präsidenten historisch bedeutsame Größen dar: der zwielichtige, unvollendete Götterliebling Kennedy, der gescheiterte texanische Gigant Johnson, das widersprüchliche Nervenbündel Nixon, der normale, aber gleichfalls gescheiterte Gerald Ford und als letzter dieser Unglücksraben der fromme Jimmy Carter, von dem zu vermuten steht, daß er sich insgeheim für einen Präsidenten im Auftrage Gottes hielt, während er auf politische Profis wie George W. Ball eher als der Dirigent des Orchesters auf der »Titanic« gewirkt hat.[81]

## Ahnungslose Ruinierer ihres Imperiums: Chruschtschow und Breschnew

Worin bestand die Bedeutung Chruschtschows und Breschnews? Kann man die beiden überhaupt als Persönlichkeiten von Rang verstehen? Oder bestand ihre historische Einmaligkeit nicht in erster Linie darin, daß mit ihnen zwei weit überschätzte Figuren ein Riesenreich regierten, wobei jeder auf seine Weise dessen Bankrott vorbereitete? So ist man zu fragen versucht, jetzt, da das einstmals stolze Sowjetsystem nur noch als gigantische Ruine zu besichtigen ist.

Von den beiden war Chruschtschow zweifellos die farbigere Gestalt, auch die absonderlichere.[82] Nur ganz selten im Verlauf der neueren Geschichte ist ein derart bizarrer Führer an die Spitze eines größeren Landes, geschweige denn einer Weltmacht gelangt. Daß dieser seelisch instabile, cholerische und rastlose Rüpel voll gewalttätiger Unerfahrenheit die Menschheit nicht in ein atomares Inferno gestürzt hat, muß auch aus heutiger Sicht als ein Wunder betrachtet werden. Vielleicht geht Chruschtschow letztlich als der Mann in die Weltgeschichte ein, dem unbeabsichtigt fast das Kunststück gelungen wäre, den Globus in die Luft zu sprengen.

Westlichen Staatsmännern erschien er anfangs ganz unbegreiflich. Sie waren daran gewöhnt, daß der schreckliche Sowjetstaat von kalten, unergründlichen Monstern regiert wurde – erst Lenin, dann Stalin. Und jetzt dieser impulsive Gewaltmensch! »Chruschtschow ist ein Rätsel«, notierte Harold Macmillan, damals britischer Außenminister, am 22. Juli 1955, nach einem ersten Zusammentreffen anläßlich des Genfer Entspannungsgipfels. »Wie ist es möglich, daß dieser vulgäre Mensch mit Schweinsäuglein, der unaufhörlich redet, tatsächlich das Oberhaupt, ja der künftige Zar dieser Millionen Menschen und dieses ungeheuren Landes ist?«[83] Doch das Rätsel ließ sich leicht erklären. Chruschtschow war, wie Michael R. Beschloss es später genau auf den Punkt gebracht hat, »die unvergeßliche, wandelnde Demonstration des Triumphs der russischen Unterschicht«.[84]

Sein Aufstieg zur Spitze war das Ergebnis zweier Revolutionen. Die Revolution der Bolschewiki in den Jahren 1917 bis 1920 eröffnete dem unkultivierten, aber bauernschlauen und umtriebigen Sohn eines armen Landarbeiters den Weg in die neue Machtelite. 1935, im Alter von 41 Jahren, war der ehemalige Maschinenschlosser bereits Erster Sekretär des Moskauer Parteibezirks, also eine Art Oberbürgermeister der sowjetischen Hauptstadt. In dieser Eigenschaft brachte er große Projekte jener Jahre voran, insbesondere den Bau der Moskauer Untergrundbahn.

Wie oft bei solchen Karrieren hatte auch der Zufall seine Hand im Spiel. Chruschtschow nannte dies später »sein Lotterielos«.[85] Als die Anhänger Stalins die ursprünglich als »rechts« geltende Moskauer Industrieakademie gleichschalteten, war er ein Hauptrádelsführer und wurde Sekretär der dortigen Parteiorganisation. In dieser Eigenschaft lernte er Nadjeschda Sergejewna Allilujewa kennen, die hier gleichfalls studierte und damals schon mit Stalin verheiratet war. Wahrscheinlich hat sie ihrem Mann Nikita Chruschtschow als Musterbild jener jungen, bedenkenlosen, stalinistischen Garde geschildert, die der Generalsekretär damals heranzog, um mit ihrer Hilfe die Altrevolutionäre hinwegzuräumen und zu vernichten.[86]

Jetzt erfolgte zwischen 1934 bis 1938 eine Art zweiter Revolution, die Große Säuberung, in deren Verlauf Stalin die erste Führungsgarnitur der Bolschewiki zusammen mit Millionen weiterer Sowjetbürger fast ausnahmslos liquidierte. Das beförderte Chruschtschow ganz an die Spitze. 1938 machte ihn Stalin zum unumschränkten Herrn der Ukraine, 1939 zum Vollmitglied des Politbüros. Bis zum Tod des Diktators war Chruschtschow der treueste aller Stalinisten. In den Schrekkensjahren 1936 bis 1939 überschlug er sich in wilden Reden gegen echte oder auch bloß angebliche Feinde des Tyrannen. Ganz erbarmungslos wütete er in der Ukraine als Stalins Bluthund, nicht zuletzt gegen den eigenen Parteiapparat. Schon Mitte 1938, als er erst wenige Monate in Kiew amtierte, waren von den 86 Mitgliedern des Zentralkomitees der ukrainischen KP nur noch drei am Leben.[87] Vom September 1939 bis Juni 1941 spielte er eine schlimme Rolle bei der Sowjetisierung der ehemals polnischen West-Ukraine. Als die Ukraine 1944 wieder voll unter sowjetischer Kontrolle stand, übte er weitere fünf Jahre lang ein erbarmungsloses Strafregiment aus. Auch seine Tätigkeit als hoher Polit-General bei der Roten Armee zwischen 1941 und 1944, deren er sich später oft rühmte, war eine Abfolge terroristischer Maßnahmen gegen alle, die mit den Deutschen zusammengearbeitet hatten oder zu wenig Kampfbereitschaft an den Tag legten. So war es nur konsequent, daß Stalin diesen rastlosen Mann, der gehorsam über Leichen ging, 1949 erneut zurückrief und zum Ersten Sekretär der Moskauer Parteiorganisation machte. Anders als die meisten seiner hochgestellten Genossen überlebte er den Tyrannen Stalin, weil er das war, was Churchill gelegentlich als das seltenste aller Tiere bezeichnet hat: »Ein seinem Herrn treu ergebener Tiger«.[88]

Nach Stalins Tod verstand es Chruschtschow, sich das Amt des Ersten Sekretärs zu sichern. Zwischen 1953 und 1958, in der Periode der kollektiven Führung, setzte der einstige Darling Stalins alle anderen Größen der kollektiven Führung schachmatt, so daß »der kleine Pinja«, wie er sich verharmlosend nannte, 1958 zum weitgehend unumschränkten Herrn des Sowjetreiches geworden war. Als Macmillan Anfang März 1959 nach zahlreichen Gesprächen mit der russischen Führung seinen Gesamteindruck in der Verschwiegenheit seines Tagebuchs zusammenfaßte, tat er das mit einem Blick auf die weit zurückliegende französische Revolutionsgeschichte. »Chruschtschow ist der absolute Herrscher Rußlands und hat alles völlig unter Kontrolle ... Dem Versuch mit einem ›Direktorium‹ war keine Dauer beschieden. Jetzt regiert der Erste Konsul.«[89] Macmillans Charakteristik der Wesenszüge Chruschtschows hat sich auch in der Folge als richtig erwiesen: »Impulsiv; sehr empfindlich, was die eigene Würde anbelangt, doch unsensibel für die Empfindungen anderer; schlagfertig, jeden wichtigen Punkt genau begreifend; mit außergewöhnlich gutem Gedächtnis begabt und über ein enzyklopädisches Wissen gebietend; vulgär, aber dennoch einer gewissen Würde fähig, wenn er einmal einfach ist und vergißt, sich in Szene zu setzen; rücksichtslos und doch sentimental ...«

Wenn es irgendwann seit dem Ende Adolf Hitlers ein Sicherheitsrisiko für den Weltfrieden gab, so war dies der cholerische, innerlich instabile, primitive und trunksüchtige Chruschtschow. Bei vielen seiner hemmungslosen Ausbrüche erinnerte er an Hitler in seinen schlimmsten Momenten.[90] Wie dieser verstand er sich auf kalkulierte Wutausbrüche, doch anders als Hitler setzte er das Instrument zügelloser Haßausbrüche und Beschimpfungen bei jeder sich bietenden Gelegenheit ein, so daß die Wirkung auf Dauer nachließ. Und gleichfalls anders als Hitler drohte er nur mit Krieg, da ihm die Vernichtungskraft der Kernwaffen durchaus geläufig war. Aber alle westlichen Staatsmänner fürchteten einen Kriegsausbruch aufgrund von Fehlkalkül oder von cholerischen Überreaktionen.

Chruschtschows Bereitschaft, die USA ausgerechnet an dem empfindlichsten Punkt Berlin und im amerikanischen Hinterhof der Karibik herauszufordern, war Abenteurertum der schlimmsten Sorte. Hätte er es in Washington, London, Paris und Bonn nicht mit kühlen Gegenspielern zu tun gehabt, die in den Jahren 1936 bis 1940 einige Erfahrungen im Umgang mit einem hemmungslosen Tyrannen gesammelt hatten, wäre die Lage wahrscheinlich rasch unkontrollierbar geworden. Erschwerend kam nämlich hinzu, daß der labile Chruschtschow zusehends die wohlbekannten Züge cäsarischen Größenwahns erkennen ließ. Schmeichler konnten überhaupt nicht dick genug auftragen, und als er sich sicher fühlte, genoß auch der nunmehr so groß gewordene »kleine Pinja« einen schrankenlosen Personenkult. 1964 zeigte sich freilich, daß dieser anscheinend absolute Herrscher eben doch nicht so fest im Sattel saß wie seinerzeit Stalin. Als er unter maßgeblicher Beteiligung des eigenen Kronprinzen Breschnew gestürzt wurde, hatte die Welt die gefährlichste Wegstrecke der zweiten Jahrhunderthälfte glücklich durchschritten.

Chruschtschow ist auch ein sprechendes Beispiel dafür, wie sich ideologische Indoktrination in schlichten Köpfen der zweiten Generation eines totalitären Systems auswirkt. Er glaubte an den Kommunismus, so daß westliche Intellektuelle bei ihm anerkennend konstatierten, er habe doch wenigstens eine Vision. Zu welchen lächerlichen Vorstellungen das führte, zeigt der Umstand, daß Chruschtschow 1957 die Forderung aufstellte, die USA im Verlauf von drei oder vier Jahren in der Fleisch-, Butter- und Milchproduktion einzuholen. Die Sowjetunion hätte dabei ihre eigene Fleischproduktion innerhalb kürzester Zeit um das Dreifache steigern müssen.[91] Daß ausgerechnet Chruschtschow, der sich zu Recht für einen Landwirtschaftsexperten hielt, so groteske Ideen ausheckte, beweist das Ausmaß seiner ideologischen

Verranntheit. Kein Wunder, daß seine Amtszeit in landwirtschaftlichen Versorgungsengpässen endete. Noch verrückter war die Proklamation im Entwurf zum neuen Parteiprogramm, die UdSSR werde die industrielle Produktion der USA bis 1970 eingeholt haben und die Sowjetbürger würden dann den höchsten Lebensstandard in der Welt genießen.[92] So paßte es ins Bild, daß Chruschtschow im September 1959, anläßlich seines Amerikabesuchs, vor Mitgliedern des US-Senats voraussagte, ihre Enkel würden unter dem Kommunismus leben.[93]

Zweifellos war der impulsive, extrovertierte, jeden Tag eine neue Idee aufgreifende Chruschtschow für die damalige Nomenklatura ganz untypisch. Aber mit seinem maßstablosen Geltungsbedürfnis erscheint er doch auch als Exponent starker zeitgenössischer Tendenzen der Sowjetgesellschaft. Unzweifelhaft hatte die Sowjetunion in der Ära Chruschtschow die Kriegsfolgen überwunden und war auf dem wirtschaftlichen Wachstumspfad angelangt. Die Investitionen im Bildungswesen, insbesondere in den Bereichen der Technologie, begannen sich auszuzahlen. Als 1957 der erste »Sputnik« um den Globus kreiste, womit die Menschheit ins Zeitalter der Raumfahrt eintrat, schien die UdSSR tatsächlich auf bestem Weg, die USA zu überholen. Der amerikanische Journalist John Gunther, der damals seine Monographie »Rußland von innen« fertigstellte, meinte zu diesem spektakulären Vorgang: »Amerika hat einen Prestigeverlust erlitten; noch peinlicher ist, daß Amerika in einer Ära, in der dem Prestige und der Wissenschaft so viel Bedeutung zukommt, nicht mehr mit Recht behaupten kann, in der Wissenschaft an erster Stelle in der Welt zu stehen. Zum ersten Mal in ihrer jüngeren Geschichte sind die Vereinigten Staaten gezwungen, ihre außenpolitischen Ziele nicht von einer unbestrittenen Machtposition, sondern von einer verhältnismäßig schwachen, unterlegenen Position aus zu verfolgen.«[94] Allgemein ist die offensive Politik Chruschtschows in Berlin, am Kongo oder in Kuba als direkte Folge technologischen Überlegenheitsgefühls bewertet worden.

Seit Chruschtschow sah sich die Sowjetunion als zweite Supermacht mit legitimen Ansprüchen anerkannt. Hochschätzung und Überschätzung der sowjetischen Macht hatten zwar bereits im Zweiten Weltkrieg begonnen, als Churchill und Roosevelt Stalin hofierten, wenngleich mit Hintergedanken. Doch die Jahre 1945 bis zu Stalins Tod im März 1953 können insgesamt als ein weltpolitischer Vorgang verstanden werden, in dem sich die Stalinsche Sowjetunion aus dem Konzert der Staatengemeinschaft entfernte. In Europa wurde sie zwar als furchterregende Großmacht begriffen. Doch Stalin war zunehmend kein Mitspieler, sondern ein nur noch selten sichtbares böses Monster, das tief im Kreml oder in seiner Datscha in Kunzewo verborgen gefährliche Anschläge ausheckte. Beim Tod des Tyrannen war die Sowjetunion international isoliert.

Zugleich war Stalin umsichtig bemüht gewesen, seine Expansionspolitik nicht allzu provokativ zu inszenieren. In Europa wurde die Errichtung eines Sicherheitsgürtels abhängiger Staaten als defensive Maßnahme präsentiert. Da die Invasion Deutschlands die Sowjetunion an den Rand des Zusammenbruchs geführt hatte, schien das Konzept exzessiver Vorwärtsverteidigung sogar vielen westlichen Beobachtern halbwegs plausibel. Auch im Fernen Osten betrieb Stalin keine Abenteuerpolitik. Selbst in Korea war er vorsichtig genug, lediglich einen Stellvertreterkrieg zu riskieren. Wohin ihn seine Paranoia getrieben hätte, wäre er länger am Leben geblieben, weiß niemand. Jedenfalls entfaltete er noch keine bombastischen Supermachtambitionen.

Das alles änderte sich fast schlagartig, als Chruschtschow zunehmend energisch die Zügel der sowjetischen Außenpolitik in die Hand nahm. Zu Recht hat man im Hinblick auf das einstige kaiserliche Deutschland vom »ruhelosen Reich« gesprochen.[95] Unter Chruschtschow wurde auch die Sowjetunion zum ruhelosen Reich. Er entstammte zwar einer völlig anderen Schicht als der bramarbasierende Wilhelm II. Doch die Mentalität der beiden weist manche Ähnlichkeiten auf. Wie dieser hat sich auch Chruschtschow als Newcomer im Kreis der etablierten Mächte gefühlt und den eigenen Weltmachtanspruch provozierend angemeldet. Ungeduldig und mit dem Stolz des Emporkömmlings wollte er von den USA als gleichrangig anerkannt werden. Auch er stand dem Westen ambivalent gegenüber. So wie der nervöse Enkel Königin Victorias England gleichzeitig bewundert und voller Ressentiments gehaßt hat, war Chruschtschow von Amerika fasziniert und abgestoßen zugleich. Beide waren zudem entschlossen, ihren Weltmachtanspruch auf modernste Militärmacht zu stützen. Während sich Deutschland seinerzeit auf die Flottenrüstung eingelassen hatte, forcierte Chruschtschow den Bau von Atomwaffen mit Megasprengköpfen und Interkontinentalraketen, betrieb allerdings gleichzeitig den Ausbau einer sehr modernen U-Boot-Waffe, ohne dabei die konventionelle Kriegsmarine zu vernachlässigen.

Verglichen mit der kulturellen Leistungsfähigkeit und der zivilisatorischen Entwicklung des Wilhelminischen Deutschland glich zwar die Chruschtschowsche Sowjetunion eher einem Entwicklungsland. Doch auch Chruschtschow war vom technologischen Potential und von der politischen Vorbildlichkeit des eigenen Staates überzeugt. Im Vergleich mit seinen unglaublich anmaßenden Reden und Pressekonferenzen erscheint der provozierend auftrumpfende letzte Hohenzollernkaiser zwar geradezu als Muster staatsmännischer Zurückhaltung.

Hingegen glichen die beiden einander mit ihrer ungebremsten Freude an rasch hingesagten, verächtlichen Werturteilen über andere Mächte oder Staatsmänner.

Die Engländer, höhnte Chruschtschow, hätten »außer diplomatischen Tricks nichts im Kopf«. Die Franzosen verglich er mit den Bewohnern von »Froschteichen«.[96] Die ihm besonders verhaßten Deutschen bezeichnete er als »Bastarde«.[97] Mao Tse-tung nannte er bald einen »Wahnsinnigen auf dem Thron«, bald einen »größenwahnsinnigen Kriegstreiber«,[98] bald einen »alten Stiefel«.[99] Dem amerikanischen Präsidenten Eisenhower bot er im Juni 1960 einen Altersposten als Kindergartendirektor an.[100] Amerika sei eine »Schande für die Zivilisation« und der UN-Sicherheitsrat ein »Spucknapf«.[101]

Doch Chruschtschow beließ es nicht bei provozierenden Sprüchen. So wie seinerzeit Deutschland mischte er sich in Regionen ein, die bislang unbestritten zum Einflußbereich anderer Großmächte gehört hatten. Er suchte im östlichen Mittelmeer Fuß zu fassen, wollte Indien auf seine Seite ziehen, riskierte den Zusammenstoß mit den USA in Kuba, mischte direkt und indirekt bei den Unruhen im Kongo mit und ermutigte Ho Chi-minh in Nordvietnam zur Intransigenz.

Nie hielt es ihn lange am Schreibtisch im Kreml. Von seiner Tochter Rada wird der Ausspruch überliefert: »Vater muß man bremsen ... Er muß ständig etwas umbauen. Sogar in der Datscha stellt er den Schreibtisch jeden Sonntag um.«[102] Sein Schwiegersohn Adschubei meint dazu: »Es war eine Art Energieausstoß in den freien Raum.«[103] In diesem Punkt gibt es keinen größeren Gegensatz als den zwischen Stalin und Chruschtschow. Während der sich stets vor Attentaten fürchtende finstere Tyrann Stalin sich im Kreml oder in seiner Datscha zu Kunzewo versteckt hielt, bereiste der quirlige Chruschtschow unablässig sein Imperium und das Ausland.

Ein Höchstmaß an Reiselust bekundete er auch in den internationalen Beziehungen, beginnend mit dem ersten Ausflug zur Versöhnung mit dem Ketzer Tito im Juni 1955. Von jetzt an war er dauernd unterwegs, erst mit dem Ministerpräsidenten Bulganin im Gefolge, seit der Etablierung seiner Autokratie ganz allein. Und je outrierter er sich gab, um so größer wurde sein Neuigkeitswert. Dieser moderne sowjetische Führer fand sich überall ein: in China, auf dem Entspannungsgipfel in Genf, in London, in Indien, in Warschau und Ost-Berlin, in den USA und bei den UN-Vollversammlungen in New York, auch in Paris. Hätte man ihn nicht gestürzt, so wäre er auch noch nach Bonn gekommen.

Jede dieser Reisen war spektakulär, häufig skandalös und manchmal blamabel. Insgesamt aber machte Chruschtschow dadurch deutlich, daß die Sowjetunion eine Supermacht war, die sich nirgendwo ausschließen ließ. So hat er die ganze Welt ungeachtet immer noch begrenzter Ressourcen an die globale Präsenz seines Landes gewöhnt. Zweifellos hat ihm das häufige Reisen auch ein besseres Gespür für die weltpolitische Situation vermittelt. Wie viele Politiker vor ihm und nach ihm neigte zwar auch er dazu, nur zu sehen, was er sehen wollte, aber viele, die ihn begleiteten, wußten doch zu bezeugen, daß er scharf beobachtete und in Grenzen lernfähig war. Er lernte sogar aus seinen zahlreichen Fehlern.

Die Auswirkungen dieser aktivistischen Diplomatie waren so ambivalent wie alles, was Chruschtschow anpackte. Bei seinem Rücktritt war die Sowjetunion jedenfalls wieder ein respektiertes, wenngleich nach wie vor gefürchtetes Mitglied im internationalen Konzert. Selbst die USA erkannten jetzt das Sowjetimperium als Weltmacht an und zeigten sich zunehmend zu bilateralen Supermacht-Arrangements bereit – »atomare Komplizenschaft«, wie man das bald nannte.

Mit Chruschtschow begann somit jene mehr als dreißigjährige Phase, in der Moskau neben Washington als zweites Zentrum der Weltpolitik agierte und entsprechend hofiert wurde. Indem er früh die Formel der »friedlichen Koexistenz« in Umlauf brachte, machte Chruschtschow zudem deutlich, daß auch ihm das Einmaleins des Atomzeitalters geläufig war – ungeachtet aller unruhigen Expansionspolitik. Zwar war der Westen bis ans Ende der Ära Chruschtschow nie sicher, ob die Friedensbeteuerungen des sowjetischen Diktators aufrichtig gemeint seien. Die Erinnerungen an die einstige Friedenspropaganda Adolf Hitlers zwischen 1934 und 1938 wirkten noch nach. Doch anders als Stalin hat Chruschtschow eben doch eine intensive Dialogpolitik und die Anfänge der Rüstungskontrolle begonnen. Diese Anfänge waren noch stürmisch und so labil wie die gesamte Erscheinung Chruschtschows, aber man konnte darauf weiterbauen.

Letzten Endes freilich war er eine genauso verhängnisvolle Gestalt wie der umtriebige deutsche Kaiser Wilhelm II. Indem er das sowjetische Imperium auf allen Kontinenten in eine ruhelose Weltpolitik hineinstieß, bereitete Chruschtschow dessen langfristige Überbürdung vor, an der es schließlich zugrunde ging. Und so wie seinerzeit den Deutschen, die ihren »Platz an der Sonne« einforderten, begegnete die Staatengesellschaft auch der Sowjetunion mit Einkreisungspolitik.

Chruschtschow brachte sogar das Kunststück fertig, dabei den einzigen starken Verbündeten zu verprellen. Der Konflikt mit der Volksrepublik China hatte gewiß objektive Gründe. Die Päpste von Säkularreligionen sind unduldsame Leute. Daß die Verrücktheiten Mao Tse-tungs an den Spannungen eine Hauptschuld trugen, ist evident. Doch Mao war Chruschtschow auch persönlich zuwider, nachdem die beiden erstmals im Jahr 1954 miteinander verhandelt hatten. Nach der Rückkehr warnte er seine Genossen: »Ein Konflikt mit

China ist unvermeidlich.«[104] Die in Rußland oft anzutreffende Abneigung gegen alles Mongolische und Chinesische hat allem Anschein nach bei Chruschtschow eine wichtige Rolle gespielt. Wer die entsprechenden Ausführungen in seinen späten Tonbanddiktaten liest, kann nicht daran zweifeln, daß hier neben ideologischem Vorranganspruch auch kulturelle Stereotype im Spiel waren. »Mao Tse-tung«, stellte er dort fest, »hat Politik mit asiatischer Schläue nach seinen Regeln gespielt: mit Schmeichelei, Treulosigkeit, grausamer Rache und Betrug.« An anderer Stelle bekannte er: »Sein Chauvinismus und seine Arroganz jagten mir kalte Schauer den Rücken hinunter.« Und er resümierte diese Auflistung beunruhigender Beobachtungen: »Eines weiß ich jedoch ganz sicher über Mao. Er ist ein Nationalist, und zumindest solange ich ihn kannte, platzte er fast vor ungeduldiger Begierde, die Welt zu beherrschen.«[105]

Das ist zwar erst aus dem Rückblick formuliert, war aber wohl durchgehend Chruschtschows Meinung. Und da er grobe Offenheit für gute Diplomatie hielt, kann man davon ausgehen, daß er zum Glück für den Westen das Seine dazu beigetragen hat, den sowjetisch-chinesischen Konflikt unversöhnlich zu machen. Ob der Westen den Kalten Krieg wirklich heil überstanden hätte, wenn Chruschtschow mit dem ihm eigenen Ungestüm die Sowjetunion nicht auf einen rabiat antichinesischen Kurs festgelegt hätte, bleibt immerhin zu fragen.

War schon der Außenpolitiker Chruschtschow eine sehr widersprüchliche Gestalt, so gilt das für den Innenpolitiker Chruschtschow nicht minder. Seine Geheimrede im Februar 1956 vor dem XX. Parteitag hat den Ostblock erschüttert. Wer einen Stalin als Verbrecher dekuvriert, stellt eigentlich auch das totalitäre System in Frage. Eben davor schreckte Chruschtschow jedoch zurück. Das blutige Terrorregime wurde zum historischen Unfall erklärt. Nicht das System sei verwerflich gewesen, sondern nur der Tyrann, den seine kriminelle Energie und eine Verkettung böser Zufälle an die Spitze der Sowjetunion geführt hatten. Da Chruschtschow, wie jedermann wußte, jahrzehntelang zur engsten Kumpanei des Monsters gehört hatte, konnte ihm sachlich niemand widersprechen, nachdem er endlich auspackte. Freilich zerstreute er damit nicht die Zweifel an seiner eigenen Integrität.

Immerhin: die Rede wurde gehalten und damit zerstörte Chruschtschow, ohne das zu wollen, auf längere Sicht die Legitimität des Systems. Als Gorbatschow Mitte der neunziger Jahre seine Memoiren verfaßte, suchte er sich auch über Chruschtschow klarzuwerden. Dessen Abrechnung mit Stalin, so meint er, »brachte den Totalitarismus moralisch in Mißkredit, ließ Hoffnungen auf eine Reform des Systems aufkommen und verlieh neuen Entwicklungen in Politik und Wirtschaft wie auch im Geistesleben Auftrieb.«[106] In der Tat hat die politische Generation Gorbatschows, die ein Vierteljahrhundert danach das spättotalitäre Regime demontierte, in der Ära Chruschtschow ihre politische Prägung erfahren.

Wie fast alle, die sich mit Chruschtschow befassen, sieht auch Gorbatschow im Rückblick dessen innere Widersprüchlichkeit und rastlose Planlosigkeit. Chruschtschow habe versucht, das System zum Funktionieren zu bringen, indem er gleichzeitig dessen Methoden anwandte. Denn letztlich sei er selbst noch »Gefangener überlebter Strukturen und ideologischer Dogmen« geblieben.[107]

Doch mehr als jeder sowjetische Führer vor ihm und nach ihm, viel ausgeprägter auch als Gorbatschow, hat Chruschtschow die Bereitschaft gezeigt, bei zahllosen Besichtigungen die Probleme des Landes vor Ort kennenzulernen. Gewiß trat er dabei oberlehrerhaft und doktrinär auf. Aber allein schon der Umstand, daß er sich auf die Kolchosen und in die Betriebe wagte, selbst wenn seine Zuhörer weitgehend nur aus Funktionären bestanden, war ein dramatisches Abgehen vom bürokratischen Terrorismus Stalins. Ob er tatsächlich auf die Dauer versucht hätte, das Volk gegen die träge Nomenklatura zu mobilisieren, ist unklar. Jedenfalls finden sich in den vagen Ideen von einem »Volksstaat« auch schon Elemente von Glasnost. Behutsam ließ er bisweilen auch kritischen Schriftstellern mehr Spielraum. Im legendären goldenen Herbst des Jahres 1962 erschien Solschenizyns »Ein Tag im Leben des Iwan Denissowitsch« – damals ein sensationeller Text sowjetischer Vergangenheitsbewältigung. Die fortschrittlichen Literaten der Moskauer Sektion der Schriftstellerunion trauten der Obrigkeit allerdings nicht. Ausgerechnet am Tag vor dem Ausbruch der Kubakrise, am 21. Oktober 1962, erschien in der »Prawda« Jewtuschenkos Gedicht »Die Erben Stalins«, das die Verse enthielt:

»Manche Erben schneiden Rosen im Ruhestand
Und denken heimlich, er wird nicht dauern.
Andere schmähen Stalin auf der Tribüne,
Aber nachts ergreift sie Wehmut nach vergangener Zeit.«[108]

Das war gut beobachtet. Chruschtschow selbst und nicht erst Breschnew setzte bereits im März 1963 wie zuvor schon einmal im Jahr 1957 den Deckel auf den brodelnden Topf. Er blieb bis zum Ende ein halbherziger Reformer – unstet, impulsiv, ohne klare Linie auch hier. Den Stalinisten, die nachts »Wehmut nach der vergangenen Zeit« ergriff, ging jedoch selbst sein recht zielloses, noch wenig fokussiertes Experimentieren zu weit, und so wurde er gestürzt. Daß ihm zudem verschiedene Mißgriffe in der Außenpolitik angelastet wurden, versteht sich.

Im nachhinein hat er sich mutig und resigniert zugleich zur Entstalinisierung bekannt. 1970, als im Politbüro bekannt wird, daß demnächst im Ausland seine Memoiren veröffentlicht werden, unterzieht ihn die Kontrollkommission des ZK einer hochnotpeinlichen Befragung. Stolz hält er diesen Funktionären entgegen: »Ich habe mich auch an Stalin infiziert und mich dann von Stalin befreit, aber ihr nicht.« Laut beklagt er sich darüber, unter Hausarrest zu stehen, und erklärt: »Bitte sehr, verhaften und erschießen Sie mich. Ich habe das Leben satt … Heute hat das Radio von dem Tod de Gaulles berichtet. Ich beneide ihn.« Ein letztes Mal schlägt er, wie man das von ihm kennt, auf den Tisch und schreit: »Ich bin für das Kreuz bereit, nehmen Sie die Nägel und den Hammer.«[109]

Ob Chruschtschow wirklich, wie Gorbatschow meint, den ersten Versuch machte, »die Gesellschaft von totalitären zu demokratischen Formen zu führen«, sei dahingestellt.[110] Zur Gestaltung fehlte es ihm an konstruktiver Phantasie und an Weitblick. Nach der Stalinschen Erstarrung war jedoch die mit seinem Namen verbundene Tauwetterperiode eine Tat. Daß er sowohl kurzfristig wie langfristig scheiterte, läßt sich nicht bestreiten. Seine Weltpolitik führte ins Debakel, die sowjetische Wirtschaft verfehlte die Modernisierung, und als die Reformen unter Gorbatschow tatsächlich hereinbrachen, schwemmten sie den Kommunismus hinweg, an den Chruschtschow noch fest geglaubt hatte.

Jedenfalls war Chruschtschow an die zehn Jahre lang, von 1955 bis 1964, die faszinierendste Gestalt auf der Weltbühne – eine Persönlichkeit, von der man gleichzeitig viel erhoffte und Schrecklichstes befürchtete. Beides traf nicht ein, und statt dessen wurde der historische Nachweis dafür erbracht, daß Mediokrität an der Spitze eines großen Landes tödlich sein kann.

War Chruschtschow eine immerhin bedeutende Mediokrität, überfordert zwar, aber doch lernfähig und voller Temperament, so war sein Nachfolger Breschnew nichts anderes als medioker. Zu Recht gilt er heute als Unperson. Schon während seiner letzten Regierungsjahre fand er sich in einen Zustand intellektueller Debilität versetzt. Die Verkalkung der Hirngefäße hatte schon in den frühen siebziger Jahren begonnen. Sedative, mit denen er reichlich behandelt wurde, machten seine Abgeschlagenheit nur noch schlimmer.[111] Bereits Mitte der siebziger Jahre, lästerten böse Zungen in Moskau, hörte er auf zu arbeiten und widmete sich vorwiegend der Jagd, dem Angeln, dem Essen und noch weniger anständigem Zeitvertreib.[112] Ausländische Gesprächspartner mußten schließlich feststellen, daß er nur noch in der Lage

*Chruschtschow verstand es, sich in große Wutausbrüche hineinzusteigern, bei denen nie klar erkennbar war, ob er schauspielerte oder ob er sich von emotionalen Aufwallungen in einen Weltkrieg reißen lassen würde (hier nach dem geplatzten Pariser Gipfeltreffen, Mai 1960).*

war, von lange vorbereiteten oder von seinen Beratern rasch beschriebenen Zetteln abzulesen. Auch physisch war er schließlich nur noch ein Schatten seiner selbst. »Breschnew konnte nur noch trippeln, mit den kurzen Schritten eines rasch gealterten Mannes, der unförmig dick geworden war«, liest man bei Kreisky.[113] So oder ähnlich schrieben im nachhinein viele.

Zunehmend erweckte damals auch der Umstand Befremden, daß das ganze Politbüro einem Altersheim glich. Gerontokratie war die beschönigende Bezeichnung für dieses Führungsgremium, das ursprünglich wie Breschnew selbst aus energischen Männern im besten Alter bestanden hatte, dessen Durchschnittsalter aber gegen Ende der Amtszeit Breschnews über siebzig Jahre lag.

Kaum versteckt begann man schon seine Witze zu machen. 1981, zum 75. Geburtstag des Generalsekretärs, erschien in der Zeitschrift

»Aurora« eine Erzählung des Titels »Jubiläumsnacht«. Sie handelte von einem Dichter, der immer noch schrieb, obschon jedermann meinte, er sei schon längst verstorben. Dies war eine Satire auf Breschnew, der sich im Zustand der Altersdemenz für seine literarischen Verdienste den Leninpreis verleihen ließ.[114]

Da er offenbar zu den Menschen gehörte, denen Titel und zeremonielle Ehrungen etwas bedeuten, erhielt er 1976 den Rang eines Marschalls der Sowjetunion und 1978 den 1945 von Stalin gestifteten »Siegesorden« – angeblich für überragende Verdienste im Zweiten Weltkrieg.[115] Als andere kämpften und starben, hatte Breschnew es sich in Wahrheit als hochgestellter Politruk in Stabspositionen wohl sein lassen, doch man wußte, daß er bei den langen abendlichen Gelagen unermüdlich Kriegserinnerungen zum besten gab, wenn er nicht jüdische Witze erzählte oder über Fußball und Eishockey diskutierte, wovon er tatsächlich etwas verstand.[116] 1977 übernahm er auch das Amt des Staatsoberhaupts und ließ wie zuvor Stalin und Chruschtschow um seine Person einen peinlichen Breschnew-Kult veranstalten. Während aber Chruschtschow noch schlichten Gemüts an die meisten Lehren des Kommunismus geglaubt hatte, war Breschnew die Fleisch gewordene Galionsfigur einer zynischen, raffgierigen Nomenklatura.

Wem die Ehre zuteil wurde, ins Büro des großen Mannes geführt zu werden, dem fiel eine mächtige Porzellanvase ins Auge, auf der Breschnew in ordensübersäter Marschalluniform zu bewundern war – »Symbol seines Lebenserfolgs als eines wahrhaft arrivierten Parteifunktionärs«, wie Lothar Rühl das spöttisch glossiert hat: »Überhäuft mit Ehren und Würden war er zu nichts anderem fähig, als einem Zustand seines großen Landes zu präsidieren, in dem das Wachstum schrumpfte und die angehäufte Macht der Waffen keinen Nutzen stiftete.«[117]

In den frühen achtziger Jahren begannen aber in Moskau auch Gerüchte von engen Beziehungen der Familie Breschnew zur Mafia zu kursieren. Es gab in der Spätphase Breschnews kein mieses Schurkenstück von Bestechung, Diebstahl, Hehlerei, Erpressung, Schmarotzertum, Nepotismus und Schlimmerem, das man nicht mit den Breschnews in Verbindung brachte. Zusehends erschien der vor sich hin dämmernde Spitzenfunktionär nunmehr auch als Verkörperung der Korruption. Ganz fremd war sie ihm nie gewesen, seit er 1950, noch in der Spätzeit Stalins, als Erster Parteisekretär zusammen mit Tschernenko Moldawien terrorisiert und sich dabei bereichert hatte.[118] So bleibt Breschnew im nachhinein als massige Inkarnation geistloser und mafioser Stagnation in Erinnerung.

Dieses Bild ist richtig und falsch zugleich. Es läßt nämlich vergessen, daß Breschnew als dynamischer Macher begonnen hatte. Wie schon vor ihm Chruschtschow verwandte auch er seine besten Jahre darauf, das Politbüro seinem Willen zu unterwerfen. Anfang der siebziger Jahre hatte er sich weitgehend durchgesetzt. Seine Führung in dem immer noch kollegialen Gremium schien aber erträglich, weil er schlau genug war, in die Herzogtümer der hier versammelten Spitzenfunktionäre nicht allzu grob einzugreifen. Schon dies war ein sicheres Rezept für Stagnation. Heftige Machtkämpfe aufgrund der immer latenten Rivalität zwischen den Apparaten blieben auch deshalb aus, weil das Politbüro Jahr um Jahr vor sich hin alterte, wobei jeder der Aspiranten auf die höchste Macht umsichtig den Tag erwartete, an dem der gesundheitlich längst schwer angeschlagene Breschnew das Handtuch werfen mußte. Daß es ihm dank seiner Ärzte mehr als zehn Jahre gelang, den längst fälligen Führungswechsel zu vermeiden, war eine wichtige Komponente beim Niedergang der Sowjetunion.

Auch der Fall Breschnews beweist, daß der labile Gesundheitszustand von Autokraten an der Spitze großer Reiche von denkbar weitreichender Bedeutung werden kann. Inwieweit Hitlers wohl spätestens im Jahr 1938 sich festsetzende Überzeugung, er habe nicht mehr lange zu leben, seine Entschlossenheit zu kriminellen Endlösungen verstärkt hat, ist umstritten, doch Gewicht hatte dieser Faktor. Sein physischer Verfall seit 1942 war unübersehbar. Daß die Sowjetunion in der Spätzeit Stalins jahrelang von einem wohl klinisch kranken Paranoiker terrorisiert wurde, ist gleichfalls weitgehend unumstritten. Mao Tse-tung war gegen Ende seines Lebens gleichfalls physisch und psychisch ein Wrack.

Anders als die Genannten ordnete Breschnew zwar keine Terrorakte an, die den normalen Verworfenheitspegel totalitärer Systeme übersteigen. Immerhin aber befanden sich 1979 rund drei Millionen Häftlinge in sowjetischen Lagern und Gefängnissen und weitere zwei Millionen als Zwangsarbeiter auf irgendwelchen Baustellen.[119] Auch die häufige Einweisung von Regimegegnern in psychiatrische Kliniken war eine Besonderheit der Breschnew-Ära. Der tschechoslowakischen Führung gegenüber, die nach dem 20. August 1968 zu Verhandlungen in den Kreml verbracht wurde, hat er sich wie der Boß einer Gangsterbande aufgeführt. Am gravierendsten für die Zukunft des Systems war aber in seinem Fall nicht die Grausamkeit, sondern das untätige Treibenlassen der Dinge. Darin kam nicht allein der lässige Zynismus eines zu Bequemlichkeit neigenden saturierten Funktionärs zum Ausdruck, sondern eben doch auch Krankheit.

Bis in die Mitte der siebziger Jahre hingegen erschien Breschnew durchaus noch vorzeigbar – kein kalter Fisch wie Lenin und Stalin, kein Hektiker wie Chruschtschow, sondern eher ein zupackender, durchsetzungsfähiger Manager. Selbst Alexej Adschubei, der dem langjährigen Kronprinzen Chruschtschows den Sturz seines Schwiegervaters nie verziehen hat, gesteht ihm im Rückblick »Lebendigkeit«, »schlichte Umgangsformen«, »gute Haltung«, »Optimismus« zu und schildert ihn als einen umgänglichen, stets zu einem Scherz bereiten Mann von »lebensfroher Oberflächlichkeit«.[120]

»Lebensfrohe Oberflächlichkeit« – dies kennzeichnet Breschnew wohl am besten. Andere Beobachter wie beispielsweise Bruno Kreisky gaben ihm keine überragenden Noten: »Breschnew war weder von überragender Intelligenz, noch besaß er die Schläue und Originalität Chruschtschows.«[121] Doch er verstand es, sich in Szene zu setzen, und je nachdem, wie er wollte, Jovialität auszustrahlen oder einzuschüchtern.

Viele, die ihm begegnet sind, bezeugen, daß er ein Stimmungsmensch und mitunter auch nachtragend war. Kissinger, der ihn 1972 erstmals traf, registrierte bei ihm einen »physischen Magnetismus« sowie eine Mischung von Brutalität und Anziehungskraft, hielt ihn aber für viel weniger subtil als beispielsweise Tschou En-lai.[122] Auf Willy Brandt machte er im Rückblick des Jahres 1989 einen ähnlichen Eindruck: »Daß mich ein Geistesriese oder eine moralische Größe empfangen würde, hatte ich auch 1970 schon nicht erwartet.«[123]

Fünfzehn Jahre zuvor, als Breschnew noch an der Macht war, hatte Brandt seine Eindrücke natürlich viel positiver formuliert: »im Kreis der Parteifunktionäre geformt ..., ohne freilich den engen Typ des Parteifunktionärs zu verkörpern«. Und: »trotz der Massigkeit des Körpers fast zierlich wirkend, lebhaft in den Bewegungen und im Mienenspiel, vital, fast südländisch ausholend in den Gesten«. Schließlich: »eine ›russische Seele‹, die sich auch rascher Tränen nicht schämt ... Er kann vor anderen von Herzen lachen, und es gibt sogar kleine Anflüge von Ironie.«[124] Somit deuten alle Anzeichen darauf hin, daß erst im Vollbesitz der Macht und auch als Folge von Erkrankung ein Persönlichkeitsverfall einsetzte.

Die anfängliche Bereitschaft, von Breschnew ein alles in allem recht günstiges, vertrauenerweckendes Bild zu zeichnen, kann allerdings nicht überraschen. Immerhin agierte er von 1964 bis Anfang der achtziger Jahre als einer der Gewaltigen auf der Weltbühne. Viele westliche Staatsmänner, aber auch ansonsten eher kritische Journalisten hielten ihn schon deshalb für sehr bedeutend, weil er sich an der Spitze einer Supermacht befand, und darin unterschieden sich Konservative und Sozialdemokraten nur wenig. Es ist schon bemerkenswert, wie Franz Josef Strauß in seinen 1989 veröffentlichten Memoiren voll naivem Stolz berichtete, daß der nach allgemeiner Auffassung 1978 schon weitgehend geschäftsunfähige Breschnew ihm nach einer Unterredung in Gymnich die Ehre erwiesen habe, ihn unter unablässigem Händeschütteln zum Wagen zu geleiten.

Kein Wunder also, daß sich auch der Entspannungskanzler Helmut Schmidt trotz verschiedener Einschränkungen über diesen roten Zaren achtungsvoll äußerte. Die Sowjetunion habe in den sieben Jahrzehnten ihres Bestehens »vier große, historisch bedeutsame Staatslenker gehabt: Lenin, Stalin, Chruschtschow und Breschnew.« Sie seien »Machtmenschen des großrussischen Typus« gewesen, wie ihn einstmals die Zaren und Großfürsten verkörperten, jeder auf seine Art machtbewußt und »konservativ«.[125]

Schmidt machte sich zwar über Breschnews Expansionswillen keine Illusionen und registrierte auch das Bestreben, der Sowjetunion militärische Überlegenheit zu verschaffen. Zugleich aber attestierte er dem Diktator, der 1968 immerhin die kleine Tschechoslowakei vergewaltigt und die Rote Armee nach Afghanistan entsandt hatte, einen ernsten Friedenswillen.[126] Sein »sicherer Instinkt für den Vorteil seines Staates« imponierte durchaus.

Bei soviel Respekt spielte auch der Umstand eine wesentliche Rolle, daß die Sowjetunion unter Breschnew zur militärischen Supermacht emporgewachsen war, die im Begriff stand, die USA zu überholen. Zwar waren sich die Analytiker durchaus nicht darüber einig, welche politischen Absichten dieser gewaltigen Überrüstung zugrunde lagen. Doch am unaufhörlichen Aufwuchs militärischer Macht in allen Dimensionen konnte kein Zweifel bestehen. Mehr und mehr gelangten die Sowjetexperten zu der Schlußfolgerung, daß diese kommunistische Weltmacht nur noch einen einzigen Zweck hatte: den unablässigen Ausbau des militärisch-industriellen Komplexes. Breschnew aber, der unter Chruschtschow nicht zufällig einige Zeit lang ZK-Sekretär mit Zuständigkeit für die Schwerindustrie, später auch für die Verteidigungs- und Raumfahrtindustrie gewesen war, verstand sich als Schirmherr dieses militärisch-industriellen Komplexes, der das Land aussaugte.

Jahrelang vermuteten westliche Analytiker, die Sowjetunion gebe zwischen 13 und 19 Prozent ihres Bruttosozialprodukts für die Streitkräfte aus. Schon dies schien über die Jahre hinweg eine ungeheure Belastung. 1990/91 wurden diese Schätzungen auf 25 bis 30 Prozent korrigiert. Außenminister Schewardnadse selbst war es, der vor dem letzten Parteitag der KPdSU den gesamten Rüstungsaufwand der Sowjetunion in den Jahrzehnten von 1965 bis 1985 mit jährlich bis zu 25 Prozent des Bruttosozialprodukts bezifferte. Allein zwischen 1965 und 1980, also in der Ära Breschnew, hätten sich die Rüstungsausgaben verdoppelt.[127]

Diese Überrüstung verfehlte nicht ihre Wirkung. Tatsächlich war die Sowjetunion während der mehr als siebzig Jahre ihres Bestehens nie so einflußreich wie in der Ära Breschnew. Die USA behandelten

*Breschnew und Ford beim Treffen in Wladiwostok, 23. November 1974. »Beide waren rauhe, aktionsgeladene Freilufttypen«, vermerkte Kissingers Mitarbeiter Bill Hyland, ganz im wohlwollenden Geist damaliger Entspannungspolitik: »Sie liebten Sport und gute Geschichten und wären zu anderen Zeiten und an anderen Orten wohl echte Freunde geworden«.*

sie als gleichberechtigt, und in der kontinentaleuropäischen Öffentlichkeit und in den Kabinetten waren schon erste Anzeichen vorauseilender Unterwürfigkeit zu erkennen. Nach einer gewissen Atempause hatte Breschnew Mitte der siebziger Jahre die riskante Weltpolitik Chruschtschows wieder aufgenommen, diesmal auf der Grundlage stark gewachsener maritimer Stärke und wesentlich verbesserter Lufttransportkapazität.

Im nachhinein erscheint zwar die Breschnewsche Afrika-, Asien- und Lateinamerika-Strategie als ein verheerendes Exerzitium weltpolitischer Überdehnung. Tatsache aber war eben doch, daß die Sowjetunion auf dem Wege war, ein weltweites Stützpunktsystem und eine wachsende Anzahl von ihr abhängiger Länder zu schaffen. Angola, Äthiopien, Mozambique, Afghanistan, Vietnam, Laos, Nicaragua und Kuba fanden in diesem Zusammenhang die größte Beachtung. Hätte sich der westliche Abwärtstrend Anfang der achtziger Jahre nicht umgekehrt, so würde das historische Urteil über den geduldigen Machtpolitiker Breschnew wahrscheinlich anders lauten.

Gewiß hatte sich Breschnew bereit gefunden, an die Détente-Politik Chruschtschows wieder anzuknüpfen. Dem lag nicht zuletzt das Konzept zugrunde, die Engpässe in der eigenen Wirtschaft und in den anderen Volkswirtschaften des Ostblocks durch massive Importe westlicher industrieller Produkte und Nahrungsmittel zu überwinden, alles finanziert durch Petrodollars.[128] Dies führte zwar zu drückender Verschuldung, doch Breschnew und seine Berater waren klug genug zu wissen, daß ein ganz großer, sehr starker Schuldner vor allem für die Gläubiger ein Problem ist.

Ob der Détente-Politik zudem die Absicht zugrunde lag, bei fortwährender Verschiebung der »Korrelation der Kräfte« auch in Europa, im Mittelmeerraum und in der Golfregion gegebenenfalls die eigene Einflußsphäre auszudehnen, war in der westlichen Öffentlichkeit strittig und läßt sich beim jetzigen Kenntnisstand nur vermuten. Jedenfalls gab es bis zum Ende der Breschnew-Ära kaum Anzeichen, die darauf hinwiesen, daß sich die Sowjetunion aufgrund der verfehlten Politik dieser großen Mediokrität in eine zunehmend ausweglose Situation manövriert hatte, aus der sie nicht mehr herausfand.

Im Jahr 1977, auf dem Höhepunkt der Ära Breschnew, veröffentlichte Raymond Aron eine recht resignierte Monographie mit dem fast wehleidigen Titel »Plädoyer für das dekadente Europa«, deren letztes Kapitel mit einer Anspielung auf Karl Marx die Überschrift trug: »Zwei Gespenster gehen um in Europa: Die Freiheit und die Rote Armee«.[129] Es war ihm damals nicht klar, was sich in Zukunft durchsetzen würde. Raymond Aron selbst erlebte es nicht mehr, daß Breschnew in geschichtlicher Perspektive heute als der große Ruinierer des Sowjetreiches dasteht, dessen Militarismus, dessen Weltmachtambitionen, dessen bürokratische Trägheit und dessen völliges Unverständnis für die menschliche Freiheit das Land in den Abgrund geführt haben.

## Comeback der religiösen Führer: der Ayatollah Khomeini und Papst Johannes Paul II.

In den letzten Jahrzehnten des 19. Jahrhunderts, als die Weltgeschichte noch überschaubar schien, hatte Jacob Burckhardt zwischen drei »Potenzen« der geschichtlichen Welt unterschieden: Staat, Religion und Kultur. Ob diese Differenzierung heute noch zeitgemäß ist, sei dahingestellt. In unserem Kontext ist jedenfalls auffällig, daß zwar in den Dimensionen der Politik, doch auch der »Techniken, Künste, Dichtungen und Wissenschaften«[130] im 20. Jahrhundert zahlreiche starke Individualitäten hervorgetreten sind, viel weniger aber in der Religion. Die großen politischen Revolutionäre mögen zwar auch als Gründer von Säkularreligionen begriffen werden. Besonders im Fall Adolf Hitlers gehen politischer und pseudoreligiöser Anspruch ungeschieden ineinander über. Genuin religiöse Führer von großer Ausstrahlung sind aber Mangelware.

Unsere Epoche ist ja in vielem mit dem Krisenzeitalter der Renaissance und der Reformationszeit vergleichbar. Auch damals waren überall in Europa große Herrscher wie Karl V. und kraftvolle Ungeheuer hervorgetreten – Cesare Borgia und zahlreiche andere Renaissance-Tyrannen, Heinrich VIII. von England, die schrecklichen Konquistadoren und in den Randzonen des Abendlandes der grausame Eroberer Mehmet II. Zugleich aber fanden sich überragende religiöse Führer, die an Statur den Staatsmännern, Heerführern und Tyrannen der frühen Neuzeit durchaus ebenbürtig waren.

Demgegenüber das 20. Jahrhundert. Gewiß weist es im religiösen Bereich durchaus eindrucksvolle Mahner, Märtyrer oder Kirchenführer auf, doch keinen Martin Luther, keinen Jean Calvin und keinen Ignatius von Loyola.

An und für sich wäre es nicht erstaunlich gewesen, wenn die großen Katastrophen und die weltanschaulichen Krisen des 20. Jahrhunderts auch Propheten vom Rang eines Jeremia oder große Kirchenführer von mächtiger Ausstrahlung hervorgebracht hätten. Man wundert sich auch, weshalb die in subtiler Glaubenspropaganda früher so kundigen Weltreligionen im Unterschied zu den politischen Messiassen die Möglichkeiten moderner Kommunikationstechnologie lange Zeit stark vernachlässigt haben.

Vor allem im Bereich der protestantischen Religionsgemeinschaften fehlte es an überragenden politischen Bewegern. Gewiß haben bedeutende Theologen wie Karl Barth, Reinhold Niebuhr oder ein ökumenischer Führer nach Art von Visser't Hooft auf ihre Weise in einzelne Segmente der Nachkriegsdemokratien hineingewirkt. Mit Billy Graham hat das amerikanische Jahrhundert auch einen konservativen Erweckungsprediger gefunden, der weltweite Missionierung erstrebte und einer ganzen Abfolge von Präsidenten als Seelsorger diente.[131] Doch keine dieser Gestalten hat die Politik oder die Massen in der Tiefe aufzuwühlen vermocht.

Etwas anders verhält es sich mit den Päpsten. Wenn der politische Katholizismus im Europa und im Amerika des 20. Jahrhunderts durchgehend erhebliches politisches Gewicht besaß, so nicht zuletzt dank der Hierarchen im Vatikan. Sie standen jeweils für Antimodernismus oder für Anpassung an die sich rapide säkularisierende Gesellschaft, für größere Ferne oder Nähe zur Demokratie, für Antikommunismus oder für Dialogbereitschaft mit den Kommunisten, und im Zeitalter der Weltkriege oder Bürgerkriege artikulierten sie natürlich vor allem die Friedenssehnsucht der Völker. Auf ihre unterschiedliche Weise haben somit Pius XI. und Pius XII. oder Johannes XXIII. durchaus Geschichte mitgestaltet. Stalins skeptische Frage, wie viele Divisionen der Papst habe, bekundete ein ziemliches Maß an zynischem Unverständnis. Wenn Italien, Frankreich und die Bundesrepublik Deutschland dem kommunistischen Sog widerstanden haben, so auch deshalb, weil Millionen antikommunistischer Katholiken und katholische Staatsmänner wie de Gasperi, Adenauer, Robert Schuman oder de Gaulle einen Gegenkurs steuerten. Ideen, die auf Taubenfüßen einherkommen, verändern zwar, wie Nietzsche bemerkt hat, die Welt. Doch ein großer Beweger, vergleichbar den zeitgenössischen Revolutionären oder Tyrannen, ist keiner der genannten Päpste gewesen.

Sogar im geistigen Raum des Islam schienen bis zum Auftreten Khomeinis die Zeiten der Propheten Vergangenheit zu sein. Letztmals hatte ein Mahdi während der achtziger Jahre des 19. Jahrhunderts im Sudan fanatische Anhänger gefunden und die Herzen der Krieger mit Todesverachtung erfüllt. Doch seine Reiterscharen waren 1898 von den Maschinengewehren und Schiffskanonen General Kitcheners vor Omdurman am Nil mühelos massakriert worden. Der Leichnam des damals schon verstorbenen Mahdi wurde durch Enthauptung geschändet. Es waren sogar befremdliche Gerüchte im Umlauf, der siegreiche General habe erwogen, den Schädel des heiligen Mannes als Tintenfaß oder als Trinkschale verarbeiten zu lassen, vielleicht auch ihn als Kuriosität an das Royal College of Surgeons nach London zu senden.[132]

In jenen Tagen hatte die Schlacht von Omdurman als endgültige Besiegelung der Herrschaft des christlichen Abendlandes über die muslimische Welt gegolten. Seither hatten zwar unterschiedlichste arabische Nationalisten Großbritannien schließlich zum Rückzug gezwungen, und das Empire als Vormacht im Nahen Osten war von den USA abgelöst worden. Doch eine antiwestliche Reaktion im Zeichen des militanten Islam war bisher noch nicht als Gefahr erschienen. Eben deshalb wirkte das Auftreten eines neuen Mahdi gegen das imperiale Amerika wie das Ende einer langen Epoche kultureller Vorherrschaft des Westens sowie als Vorbote kommender Erschütterungen durch die Kräfte des muslimischen Fundamentalismus.

Vor diesem Hintergrund gehört es zu den erstaunlichsten Vorgängen, daß Ende der siebziger Jahre mit dem Ayatollah Khomeini und mit Papst Johannes Paul II. zwei starke Individualitäten ganz unerwartet ins Spiel gekommen sind. Sie waren allerdings so verschieden, wie dies Repräsentanten der universellen Religion der Liebe und einer militanten Ausprägung des Islam nur sein können.

Der Ayatollah Khomeini und Papst Johannes Paul II. betreten fast im gleichen Monat die Weltbühne. Am 6. Oktober 1978 fliegt Khomeini aus dem Exil im irakischen Nadjaf für kurze drei Monate nach

Frankreich – letzte Stufe vor der triumphalen Rückkehr am 1. Februar 1979, bei der ihn vier Millionen Iraner auf den Straßen und Plätzen Teherans wie einen Heiland begrüßen.[133] Und am 16. Oktober 1978 wird der polnische Kardinal Karol Wojtyła in der Sixtinischen Kapelle zu Rom zum 263. Nachfolger des Apostels Petrus gewählt.[134]

Trotz evidenter Verschiedenheiten sind sie anfänglich vergleichbare Gestalten. Beide lösen sie direkt, wie Khomeini, oder indirekt, wie Johannes Paul II., Revolutionen von großer Tragweite aus – der Ayatollah im Iran mit bis heute nicht voll zu ermessender Ausstrahlung in die von Schiiten bewohnten muslimischen Länder, der Papst in Polen. Bald werden phantasiebegabte Journalisten schreiben, daß die Wahl dieses antikommunistischen Papstes unter dem von Michelangelo gemalten Fresko »Das jüngste Gericht« Symbolcharakter gehabt habe. Das Auftreten von Solidarność in Polen mit spiritueller und praktischer Unterstützung durch den polnischen Papst hat nach Auffassung vieler den raschen Zerfallsprozeß des sowjetischen Imperiums beschleunigt.

Doch entdeckt man noch weitere Ähnlichkeiten. Sowohl im Iran wie in Polen wirken zwei Faktoren zusammen: der Appell an die konservative Gläubigkeit der Massen und die subversive Aktivität Zehntausender von Geistlichen in den Moscheen oder in den christlichen Gotteshäusern. Vergleichbar ist ebenso die Tatsache, daß beide die Lehren ihrer ansonsten recht gegensätzlichen Religionen konservativ interpretieren. Sie artikulieren einen unerwarteten Protest aus der Tiefe spiritueller Überzeugung gegen die Modernität.

Beide zeigen sich entschlossen, die Starkströme der internationalen Politik mit ihren eigenen Impulsen zu verstärken. Kaum ist Khomeini in Teheran gelandet, da verschärft er, ohne einen Moment zu zögern, die globalen Spannungen, indem er gegen Amerika polemisiert, doch ebenso gegen den benachbarten Irak. Johannes Paul II. geht in diesem Punkt zwar ganz anders vor und bemüht sich, extreme Polarisierungen zu verhindern. Aber auch er stürzt sich unverzüglich in die Weltpolitik, wobei er sich des Ineinanders von religiös inspirierter Gesellschaftspolitik und internationaler Machtpolitik genauso bewußt ist wie Khomeini. Allerdings setzt er auf die Kräfte der Evolution, zögert jedoch keinen Augenblick, diese mit starken und zugleich kontrollierten Impulsen selbst auf den Weg zu bringen. So gelingt es ihm, zumindest bis zur Implosion des sowjetischen Reiches, den Rang eines wichtigen Mitspielers auf der Weltbühne zu erreichen.

Gemeinsam ist dem Papst und dem Ayatollah, daß sie Meister des Fernsehzeitalters sind, dabei unterstützt von erfahrenen Medienexperten. Allenfalls Ronald Reagan und Gorbatschow sind Johannes Paul II. in dieser Beziehung ebenbürtig. Man darf nicht vergessen, daß in Karol Wojtyła auch ein Schauspieler steckt. Als Gymnasiast in Krakau hat er Gedichte verfaßt und religiöse Dramen geschrieben. Und während der deutschen Besatzung, als er bereits das Priesterseminar besucht, ist er stark in dem dortigen Untergrundtheater involviert. Demgegenüber ist Khomeini gewiß kein Schauspieler. Wenn es ihm aber dennoch gelingt, für eine Reihe von Jahren weltweites Aufsehen zu erregen, so nicht zuletzt deshalb, weil er eine Ikone des Bildschirms ist, wenngleich eine sehr seltsame.

In den Reihen der Revolutionäre, die das 20. Jahrhundert erschüttert haben, ist der Ayatollah Khomeini einer der unbegreiflichsten. »Was zum Teufel bedeutet das – ein Ayatollah?« fragte der ratlose amerikanische Vizepräsident bei den ersten Auftritten Khomeinis den CIA-Chef. Dieser hätte aus seinen Dossiers berichten können: Ayatollah bedeutet »Zeichen Gottes«. Geburt Khomeinis: 24. September 1902 im persischen Khomein, noch unter dem Namen Musavi. Vater: ein frommer und gelehrter islamischer Theologe. Er gab ihm den Vornamen Ruhollah, »die Seele Gottes«. Bereits dieser Vater ist von einem Geheimnis umgeben. Kurz nach der Geburt seines Sohnes wurde er auf dem Weg nach Arak ermordet. Unter den Gerüchten zu den näheren Umständen dieses Todes sind zu nennen: Räuber hätten ihn überfallen; er sei von Großgrundbesitzern umgebracht worden, die ihn haßten; doch auch: der seinerzeitige Vater des Schahs, Reza Khan, habe ihn ermordet. Letzteres ist eher zweifelhaft.[135]

So oder ähnlich hätte der CIA-Direktor Admiral Turner, der Herr über Tausende von Analytikern und ultramoderne Technologie, auf die Frage von Vizepräsident Mondale antworten können. Doch er bewies ein gehöriges Maß an Umsicht, als er zur Bedeutung dieses seltsamen Ayatollah nur verlegen bemerkte: »Ich weiß nicht, ob ich das weiß.«[136]

Seither ist das Rätseln um diese erstaunliche Gestalt nicht zur Ruhe gekommen. Jimmy Carter räumt zwar ein, daß Khomeini eine religiöse Erscheinung ist, trägt aber doch in seinem Tagebuch ein: »Wir haben es mit einem Verrückten zu tun.«[137] Bahman Nirumand, ein haßerfüllter Gegner des Schahs, der bei dessen Besuch in Berlin eine Schlüsselrolle spielte und somit zu den Auslösern der deutschen 68er Bewegung gehört, fragt in einer Biographie Khomeinis aus dem Jahr 1986: »Ist er ein gerissener Taktiker, ein Demagoge und Scharlatan, ein machtgieriger Misanthrop, dem die Religion nur als Mittel zum Zweck der Durchsetzung seiner eigenen Ziele dient?«[138] Wer so fragt, kennt schon die Antwort. Aus Sicht der iranischen Linksradikalen, doch auch vieler Liberaler oder ursprünglich Schah-treuer Konservativer, ist Khomeini ein verschlagener, machtbesessener, taktisch hochtalentierter Populist und zugleich ein unsteuerbarer Fanatiker. Manche sehen in dem theokratischen Absolutismus seines Regimes eine besondere Variante des Totalitarismus.[139] Millionen seiner fanatisierten Anhänger wollen lange in ihm den legendären, aus der Verborgenheit hervorgetretenen Imam erkennen, der mit den satanischen Mächtigen und den Ungläubigen abrechnet. Peter Scholl-Latour, der ihn bei einem Fernsehinterview beobachtet hat und sich zeitweilig von der Gewalt dieser Persönlichkeit in Bann schlagen läßt, meint, er sei ein Mann von biblischer Dimension, »den Richtern und Propheten des Alten Testaments verwandt«. In seinen Augen habe keine Spur von Wohlwollen geschimmert, wohl aber »eine Strenge, ein totaler Abstand, der schaudern machte«.[140]

Auf seine einmalige Art ist Khomeini ein ebenso faszinierender Revolutionär wie Lenin und Hitler. Diese machen sich allerdings bereits in vergleichsweise jungen Jahren auf den Weg der Revolution. Als aber der Ayatollah Khomeini am 1. Februar 1979 aus dem kurzfristigen französischen Exil in das revolutionäre Teheran einfliegt, wo seit Wochen Hunderttausende mit dem Ruf »Khomeini rachbar« (»Khomeini ist unser Führer«) demonstrieren, ist er bereits ein Greis von fast 77 Jahren. Dessenungeachtet errichtet er jedoch mit großem politischem Geschick, zugleich mit kompromißloser Schonungslosigkeit während zehn weiterer Jahre den ersten mächtigen Gottesstaat im 20. Jahrhundert, wirft einen amerikanischen Präsidenten zu Boden (ausgerechnet den frömmsten aller Amtsinhaber, den das Weiße Haus im 20. Jahrhundert gesehen hat), stößt die Weltwirtschaft durch die von ihm maßgeblich ausgelöste Ölkrise in eine tiefe Rezession, bewirkt eine tiefgreifende Erschütterung der Machtverhältnisse im Nahen und Mittleren Osten und setzt einen Prozeß militanter Islamisierung der muslimischen Welt in Gang, dessen Fernwirkungen sich immer noch nicht absehen lassen.

Zweifellos ist Khomeini im innersten Kern eine tief religiöse Erscheinung, zugleich aber auch ein unwiderstehlicher Revolutionär. Wenn auf irgend jemanden der Begriff »konservativer Revolutionär« Anwendung finden darf, dann auf ihn. Allerdings sind sich die Kundigen bis heute in manchen Punkten über Khomeinis Stellung in der schiitischen Theologie nicht einig,[141] obwohl er selbst eine große Anzahl von Schriften, Interviews, Ansprachen und sogar mystischen Gedichten hinterlassen hat. Schon die durchaus nicht vollständige, dreizehn Bände umfassende Sammelausgabe seiner Schriften enthält über 600 Erklärungen und Predigten.

Khomeini glaubt an die ältesten Wahrheiten und ist entschlossen, sie wieder zur Geltung zu bringen. Als aus ihm Ende der siebziger Jahre urplötzlich eine Zentralfigur der Weltpolitik wird, erfährt eine befremdete westliche Öffentlichkeit, welch zentrale Bedeutung im

Glauben der Schiiten die Legende von dem mythischen zwölften Imam einnimmt. Dieser zwölfte Imam, das letzte Glied in einer langen Kette von Märtyrern, die dem Terrorismus sunnitischer Herrscher zum Opfer fielen, war angeblich ein fünfjähriger Knabe, »Mahdi«, »der von Gott Geführte« genannt. Im Jahr 874 unserer Zeitrechnung sei er während der Verfolgung in einem unterirdischen Gewölbe der Stadt Samarra im Irak verschwunden, doch im Verborgenen lebe er weiter und werde am Ende der Zeiten wiederkommen, um das Land vom Satan zu reinigen und das Reich Gottes zu errichten. So Allah gnädig ist, entsendet er zufolge dieser Weissagung Stellvertreter, um die Wiederkehr des zwölften Imams vorzubereiten.

Wann in Khomeini die Überzeugung reift, selbst dieser »zeitliche Imam« zu sein, ist ebenso ungeklärt und vielleicht auch unklärbar wie jene andere Frage, von wann an und aufgrund welcher Anstöße Adolf Hitler zum festen Glauben an die eigene Berufung gelangt ist. Daß der Mythos vom zwölften Imam im späteren Selbstverständnis Khomeinis, doch auch seiner Anhänger, größte Bedeutung besitzt, dürfte feststehen. Als er sich entschließt, den Iran und die weiteren schiitischen Gebiete von den satanischen Gewalten zu säubern, glaubt er sich im Einklang mit den tiefsten Offenbarungen seiner Religion.

Es ist ein eigenartiger Gedanke, sich vorzustellen, wie sich dieser Gelehrte Jahrzehnte hindurch zu Ghom in uralte Lehren vertieft und daraus seine Visionen schöpft, während die Pahlewis, die Ölgesellschaften sowie die Großmächte Großbritannien, Rußland und die USA den Iran in das Abenteuer der Modernität stoßen. Nachdem Khomeini Ende der siebziger Jahre wider alles Erwarten zur Macht kommt, brechen mit ihm mächtige islamische Glaubensüberzeugungen des siebten, achten und neunten Jahrhunderts ins 20. Jahrhundert ein, dessen rationaler, materialistischer und internationalistischer Geist in der Pahlewi-Dynastie scheinbar unumkehrbar triumphiert hatte. Dieser Vorgang ist seltsamer als alles, was sich sonst an zeitgenössischen Revolutionen abgespielt hat. Nie zuvor wurde ein derart gnadenloser Aufstand gegen die Modernität ins Werk gesetzt.

Anders als Mussolini, Hitler, Stalin oder Mao ist Khomeini kein sozial wurzelloser Aufsteiger. Er kommt aus bester Familie, denn der väterliche Stammbaum läßt sich direkt auf den Propheten Mohammed zurückführen. Deshalb ist er auch berechtigt, den schwarzen Turban zu tragen. Damit steht er allerdings nicht allein. Angeblich gibt es zu Zeiten Khomeinis im Iran eine halbe Million Träger schwarzer Turbane. Sie alle behaupten, von Mohammed abzustammen. »Der Turban statt der Krone« wird später auch eine der zahlreichen wissenschaftlichen Studien lauten, deren Autoren das Rätsel der Glaubensüberzeugungen Khomeinis zu entschlüsseln suchen.[142]

So gut wie alle bedeutenden Umstürzler des 20. Jahrhunderts finden zu ihrer Berufung, indem sie mit den Überzeugungen und dem Lebensstil ihrer Väter demonstrativ brechen, nur Mussolini ist in diesem Punkt eine Ausnahme. Doch der spätere Revolutionär Khomeini verwirklicht sich, indem er gehorsam die große Familientradition fortsetzt. Väterlicherseits und mütterlicherseits entstammt er aus alten Familien, in denen Frömmigkeit und Gelehrsamkeit von Generation zu Generation weitergegeben werden. Während die iranische Geschichte des 20. Jahrhunderts ihren bekannt chaotischen Verlauf nimmt, vertieft er sich im berühmten theologischen Seminar der Stadt Ghom in die schiitische Glaubenslehre, in islamisches Recht, nicht zuletzt in die mystischen Traditionen, erst als Student, dann als Lehrer. Seine Publikationen sind anfangs rein theologischer Natur. Erst nach seinem Tod wird bekannt, daß er auch zahlreiche mystische Liebesgedichte in den Formen mittelalterlicher Vorlagen verfaßt hat.

1943 – der Iran ist von Russen und Briten besetzt und in Teheran findet die Konferenz der Großen Drei statt – veröffentlicht Khomeini erstmals einen politischen Traktat. Darin wirft er dem nach Absetzung seines Vaters kurz zuvor auf den Thron gelangten Schah bedenkliche säkularistische Tendenzen vor. Später wird man in dieser Schrift die ersten Spuren des Konzepts eines islamischen Gottesstaates erkennen, in dem religiöse und staatliche Autorität zusammenfallen. Doch dann gibt Khomeini wieder Ruhe. Wieweit er in diesen Jahren bereits hinter den Kulissen konspiriert, ist unklar.[143]

Erst 1961 setzt eine sichtbare Radikalisierung Khomeinis ein. Es sind dies die Jahre, in denen der Schah seine »Weiße Revolution« in Gang bringt, die vielfach auf heftigen Widerstand des Klerus stößt. Während dieser aber vorwiegend die Landreform und die laizistische Umstrukturierung des Erziehungswesens ablehnt, richtet Khomeini seine Kritik vor allem gegen die Einführung des Frauenwahlrechts. Das Thema der Frau im Islam hält er für ein Schlüsselproblem der zeitgenössischen Gesellschaft, wobei er strengste konservative Positionen vertritt. Als er sich wenige Jahre später umfassender zum Gottesstaat äußert, spart er dort nicht mit der Erörterung von Sexualvorschriften, die befremdlich ins Detail gehen.[144]

Er selbst ist verheiratet, seine Frau hat ihm sieben Kinder geboren. Zwei von diesen sterben früh, auch seinen ältesten Sohn, der zeitweilig sein wichtigster Helfer ist, verliert er 1977 – die Geheimpolizei Savak habe ihn ermordet, lauten dann die Gerüchte. Jedenfalls spielen während der ganzen Jahre des Kampfes gegen den Schah und danach in der Revolution Angehörige seiner Familie eine nicht unwesentliche Rolle. Wie stark ihn der Tod des Sohnes persönlich getroffen, ob der Verdacht einer Ermordung die politische Radikalisierung verstärkt hat, gehört zu den vielen offenen Fragen, die der Lebenslauf Khomeinis aufwirft. Überhaupt sind die bisherigen Biographen in puncto Innenleben dieses strengen Mannes auf Vermutungen angewiesen.

Seit den frühen sechziger Jahren gilt Khomeini unter den konservativen Oppositionellen als ein Hauptgegner des Schahs. Unter den zahlreichen Ayatollahs, zwischen dreihundert und tausend, die damals als religiöse Führer tätig sind, profiliert er sich als der radikalste. Alle Vorwürfe, die er in der späteren Zeit des großen Kampfes gegen den Schah erhebt, sind jetzt schon in seinen Schriften zu lesen, wenngleich er noch nicht wie später zum Sturz des Tyrannen aufruft. Er geißelt die Korruption des Regimes und dessen Verbindung mit dem Westen, kritisiert vor allem aber die Abkehr von den Lehren des Islam. Als er 1963 verhaftet wird, führt das zu Unruhen, die brutal niedergeschlagen werden.

Es folgt 1964 die Ausweisung aus dem Iran. Bezeichnenderweise reagiert die Regierung damit auf seine Kritik, daß Angehörige der amerikanischen Militärmission diplomatische Immunität erhalten. Antiamerikanismus und Antiimperialismus sind spätestens von nun an Kernelemente der Ideologie Khomeinis. Von 1965 bis 1978 hält er sich im irakischen Nadjaf auf, das die Schiiten als eine ihrer heiligsten Stätten betrachten.

Im Exil zu Nadjaf wird Khomeini also zum Revolutionär, der nun zunehmend konsequent auf den Sturz der Monarchie hinarbeitet. 1970 entwickelt er in einer Reihe von Vorlesungen über den islamischen Staat die Grundgedanken seiner Ideologie. Sie erscheinen unter dem Titel »Herrschaft des Gottesgelehrten: Islamische Regierung« und finden im Iran Verbreitung, später auch bei Hunderten der psychologisch desequilibrierten iranischen Studenten in Westeuropa. Die Gottesgelehrten, so führt Khomeini hier aus, sollen in Vertretung des verborgenen 12. Imams bis zu dessen Rückkehr die Regierung übernehmen, die Gesetze Gottes lehren und vorbildliche Gerechtigkeit üben. Alle Gläubigen haben die Pflicht, an der Niederwerfung des nichtislamischen Staates mitzuwirken. Schon hier skizziert Khomeini die Gestalt des gerechten »faqih«, als welchen er sich wohl damals schon selbst begreift.

Wenn man so will, kann man diese relativ lange Phase, an deren Ende er bereits ein Greis von 76 Jahren ist, mit den Jahrzehnten vergleichen, die Lenin im Exil verbringt. Auch religiöse Revolutionäre müssen Strategien entwickeln, ohne deren Beachtung sich fest etablierte Regime nicht überwältigen lassen, also: Formulierung einer Ideologie, Etablierung eines Führerkults, Überzeugung von Anhängern, aus denen die fanatischen Kader des Umsturzes werden, Aufbau eines dichten Netzwerks konspirativer Organisationen, Training bewaffneter Einheiten, Erfindung wirkungsvoller Methoden zur subversiven Massenpropaganda, Kampf um die Meinungsführerschaft innerhalb des oppositionellen Lagers, danach Übernahme der politischen Macht im Chaos einer revolutionären Situation, gefolgt von der Ausschaltung aller widerstrebenden Kräfte, und schließlich Errichtung einer neuen Ordnung.

Parallelen zu den wohlbekannten Revolutionsstrategien Lenins und Hitlers sind also mit Händen zu greifen. Ob allerdings die Anhänger Khomeinis überhaupt eine systematische Analyse früherer Modelle revolutionärer Strategie und Taktik vorgenommen haben, ist nicht bekannt. Er selbst steht geistig völlig außerhalb der revolutionären Welt des ungläubigen 20. Jahrhunderts.

Natürlich ist dieser ernste, hochgebildete, jede proletenhafte Selbstdarstellung meidende Gelehrte vornehmer Herkunft aus ganz anderem Holz geschnitzt als der nervös überreizte, innerlich chaotische, der offenbarten Religion feindliche Hitler oder der Atheist Lenin. Wie bei diesen beiden findet sich aber auch bei ihm ein unerschütterliches Sendungsbewußtsein verbunden mit glühendem Haß gegen alle für satanisch erachteten Verderber des Volkes, woraus kalte Unerbittlichkeit resultiert. Auch Khomeini ist ein Führer von instinktivem propagandistischem Geschick, der auf widersprüchliche Weise taktische Raffinesse in der Innenpolitik mit irrationaler außenpolitischer Konfrontationsbereitschaft verbindet. Als er schließlich im Jahr 1979 den großen Durchbruch schafft, hat die Welt seit den Tagen Adolf Hitlers keine so hinreißende Massenbegeisterung mehr erlebt, bei welcher euphorische Spontaneität, perfekte Organisation und brutales Mundtotmachen jeder Opposition zusammenfallen.

Seine Kader findet er vorwiegend in den theologischen Seminaren und unter dem schiitischen Klerus. Im Iran predigen damals an die 80 000 Mullahs. So ist es erstaunlich, daß und wie er sich vom Exil aus durchsetzt. Der Machtergreifung im Staat geht die Machtergreifung in den Moscheen voraus. Khomeini überspielt alle Gegner im Klerus, weil fanatisierte Massen in ihm den Führer erkennen.[145] Ein neuartiges Propagandainstrument, das leicht in den Iran einzuschmuggeln ist, bilden Tonbänder mit den Predigten des heiligen Mannes. Im Revolutionsjahr 1978, als Khomeini den Irak verlassen muß und für drei Monate in Frankreich Asyl findet, entdecken er und seine Anhänger auch die Propagandawirkung des Fernsehens. Über dieses Medium wird nicht zuletzt die westliche Öffentlichkeit darauf aufmerksam gemacht, daß jetzt ein ganz neuer, unwiderstehlicher Typus eines revolutionären Führers die Weltbühne betreten hat. In den Anfängen der Revolution dominieren die Anhänger Khomeinis durchaus noch nicht, doch sie erwecken nach innen und nach außen den An-

*Der Ayatollah Khomeini mit Anhängern beim Gebet.*

schein, als seien sie allein die stärkste Kraft der iranischen Revolutionsszene.

Seit Mitte der siebziger Jahre verehrt bereits eine ständig wachsende Schar von Anhängern, vor allem auch bei den Armen und den sozial entwurzelten kleinbürgerlichen Schichten, in ihm den »Imam Khomeini«. Als vorbildlicher Rechtsgelehrter ist er »Oberhaupt und Führer«, auch wenn er selbst, bescheiden und asketisch, wie er sich gibt, differenzierend darauf hinweist, die Bezeichnung Imam dürfe nicht mit dem Titel der zwölf Nachfolger des Propheten Mohammed verwechselt werden.[146] Desgleichen hütet er sich noch, die Institutionen eines islamischen Gottesstaates im einzelnen zu beschreiben.

Besondere Zielgruppen seiner Propaganda sind alle Modernisierungsgeschädigten: Arme und Arbeitslose aus den Vorstädten, vor allem auch geistig orientierungslose Absolventen der technischen Bildungsanstalten, Studierende in Westeuropa, ebenso viele Kaufleute, die voller Ressentiments das Treiben der schwerreichen, korrupten Nutznießer des Regimes kritisieren. Auch hierin entdeckt man Parallelen zur Propaganda der Nationalsozialisten. Dabei fällt die Systemgegnerschaft dieser Sammelbewegung mit schrillem Antiimperialismus zusammen.

Wie im Januar 1978 der rüde Angriff in der Regierungspresse gegen den heiligen Mann eine nicht mehr abreißende Serie von Großdemonstrationen gegen den Schah auslöste, ist oft dargestellt worden. In

Ghom und in Täbris blieben nach brutalstem Durchgreifen der Polizei Hunderte von Toten zurück. Wie so oft erreicht der Terror auch diesmal das Gegenteil.

Die raffinierte Taktik, mit der Khomeini und seine Helfer schließlich alle politischen Gegenspieler ausmanövriert haben, ist im hellen Licht westlicher Berichterstattung vor sich gegangen. Im Jahr 1979 rätseln in den USA und Europa Abend für Abend Millionen darüber, wo dieser bisher eigenartigste aller Fernsehstars der letzten Jahrzehnte die Kraft hernimmt, Millionen fanatisierter Iraner seinen ernsten Willen aufzuzwingen. Die Propaganda- und Kontrollmechanismen werden hinlänglich beschrieben. Doch die Entscheidungsprozesse im engsten Kreis um Khomeini sind bis heute nur unvollständig bekannt; rätselhaft ist auch, was im Gehirn des heiligen Mannes vorgeht.

Bewundernswürdig ist dabei, wie dieser Greis inmitten eines von ihm entfesselten Zyklons nach allem, was man mittlerweile weiß, die höchste Autorität wahrnimmt und immer wieder eingreift, wenn es geboten erscheint. Gleich Lenin und Hitler ist er jetzt beides in einem: höchste weltanschauliche Autorität und höchste politische Autorität. Die geduldige Raffinesse, mit der dieser inzwischen mehr als achtzigjährige Mann bei dem unablässigen innenpolitischen Streit Entscheidung um Entscheidung heranreifen läßt, um sie dann in seinem Sinn zu bestimmen, erweckt immer wieder Erstaunen. Im Artikel 107 der Revolutionsverfassung läßt er sich namentlich als »rahbar«, als politischer Führer, proklamieren und durch eine Volksabstimmung bestätigen. Im Kontext der schiitischen Theologie ist dies eine durchaus revolutionäre Neuerung.[147] Ähnlichkeiten mit den Führern im Europa der zwanziger und der dreißiger Jahre sind mit Händen zu greifen.

Auch er führt ein grausames, mörderisches und unsinniges Regiment im nur allzu wohlbekannten Stil. Seine Konfrontationspolitik isoliert den Iran, denn auch in der islamischen Welt zögert er keinen Augenblick, den Revolutionsexport anzuordnen. Wenn es trotzdem nicht zur Destabilisierung des Nahen Ostens kommt, so gewiß nicht deshalb, weil er sich zurückgehalten hätte. Bei der Verfolgung der innenpolitischen Feinde ist er genauso grausam wie der Schah, wenn nicht noch unbarmherziger. Er hält es für völlig gerechtfertigt, den Schriftsteller Salman Rushdie wegen seiner »Satanischen Verse« zum Tode zu verurteilen und ihn von Mordkommandos jagen zu lassen. Völlig gefühllos hat er auch wieder den altislamischen Vorstellungen von der Stellung der Frau zur Geltung verholfen.

Für den Aderlaß des von 1980 bis 1988 andauernden ersten Golfkrieges trägt er auf iranischer Seite die Hauptverantwortung. Es trifft zwar zu, daß der entsetzliche Krieg, der fast doppelt so lange andauert wie der Erste Weltkrieg, vom Irak unter Saddam Hussein begonnen worden ist. Man weiß auch bis heute nicht genau, wie intensiv Khomeini auf die operativen Aspekte der Kampfhandlungen eingewirkt hat, bei denen Hunderttausende junger, fanatisierter Iraner vor der irakischen Linie so sinnlos verheizt wurden wie seinerzeit Briten, Franzosen und Deutsche in den Schlammwüsten Flanderns oder vor Verdun. Da er fest daran glaubt, daß die gefallenen Helden den Weg ins Paradies finden werden, fehlt ihm offensichtlich die Phantasie, sich das Leiden der Individuen vorzustellen, die vom Giftgas der irakischen Berufsarmee dezimiert und von massierter Artillerie oder durch Hubschrauberbeschuß verstümmelt werden. In dieser Hinsicht ist er kein Schreibtischtäter, sondern ein Kanzeltäter. Wieweit er bei dem acht Jahre andauernden Krieg mit dem Irak, der den Iran zwischen 750 000 und 900 000 Soldaten kostete,[148] geistig nochmals die ruhmreichen Schlachten des 16. und 17. Jahrhunderts der persischen Schiiten gegen die sunnitischen Araber und Türken zu schlagen glaubt, ist unklar; man kann es vermuten. Ganz sicher hat die von ihm betriebene Revolutionierungsstrategie im Irak zur langen Dauer des Krieges beigetragen.

Vergleicht man dies mit den Methoden, mit denen fanatische Religionsführer früherer Jahrhunderte ihre Völker zum Heil gezwungen und nach außen Machtpolitik betrieben haben, findet sich wenig Erstaunliches. Aber es wirkt sensationell, daß eine solche Gestalt im 20. Jahrhundert wieder auftaucht.

In der Außenpolitik hat Khomeini übrigens jene zynische Prinzipienlosigkeit an den Tag gelegt, die auch religiösen Führern früherer Epochen nie ganz fremd war. Als beispielsweise anläßlich des Skandals um »Irangate« bekannt wird, daß der Iran zur gleichen Zeit, als er Amerika propagandistisch verteufelte, insgeheim Waffenlieferungen aus den USA bezog und dies ausgerechnet auch noch dank israelischer Vermittlung, bringt Khomeini persönlich die empörten fundamentalistischen Kritiker in den eigenen Reihen zum Verstummen. Er begann als ein religiöser Ideologe, der zum guten Ende die Erfordernisse der Realpolitik entdeckt. Selbst sein Staatskonzept verändert sich. Erst unterwirft er den Staat den Mullahs und erweckt damit die längst vergessene Staatsform der Theokratie wieder zum Leben. Doch im Januar 1988 findet er sich zum Erlaß eines Dekrets bereit, in dem er faktisch die Interessen der Staatsmacht wieder über die Autorität der religiösen Führer stellt.[149] Sein Leben endet in Bitterkeit.

Auch er entgeht nicht dem Schicksal aller bis zum Letzten entschlossenen Täter, die das Gegenteil dessen bewirken, was eigentlich bezweckt wurde. Er will die USA, in denen er eine satanische Macht erkennt, aus dem Iran und dem ganzen Nahen Osten vertreiben, doch mit dem Resultat, daß sich Amerika im Gefolge der Carter-Doktrin bis heute als militärische Vormacht im Persischen Golf etabliert. Statt des Sturzes des »Teufels« Saddam Husscin, den er als Unterdrücker der irakischen Schiiten und als gottlosen Tyrannen betrachtet, hat er diesen zeitweilig zum Darling des Westens gemacht und erheblich gestärkt. Und wenn im Westen nach dem Zusammenbruch des europäischen Kommunismus der militante Islam vielfach als neue, große Bedrohung entdeckt wird, so ist auch dafür in erster Linie dieser letztlich provinzielle Prophet verantwortlich, der physisch nur einmal über Ghom, Teheran, Nadjaf und geistig nicht über die Reminiszenzen an das nie enden wollende Ringen zwischen Schiiten und Sunniten hinausgekommen ist. Das dreimonatige Exil im französischen Neauphle-le-Château erweitert seinen Horizont überhaupt nicht. Während dieses Aufenthalts im Land der Ungläubigen verweilt sein Geist Tag und Nacht im Iran. Zurückgezogen, in Erwartung kommender Dinge und von ein paar geschäftigen Getreuen umringt, brütet er dort unablässig darüber, wie er den Willen Allahs vollbringen, alle Schiiten mit der Segnung einer islamischen Republik beglücken und die satanischen Mächte vernichten würde. Unglaublicherweise gelingt ihm dies. Es gibt keinen besseren Beweis für die revolutionäre Kraft des menschlichen Geistes als diesen greisen, körperlich hinfälligen Imam, der mit wenigen Getreuen aus einem schäbigen Dorf in der Pariser Banlieue aufbricht, um ein großes Reich inmitten der Schlüsselregion heutiger Weltpolitik zu revolutionieren.

Ist es überhaupt gerecht, den subtilen, Freundlichkeit ausstrahlenden, weltkundigen Papst Johannes Paul II. mit dem fundamentalistischen Zausel Khomeini zu vergleichen? Auch in dieser Hinsicht verdeutlicht der Vergleich vor allem die Unterschiede. Bedeutende geistliche Führer pflegen dieselbe Vielfalt aufzuweisen wie die großen Despoten oder die Führer der Demokratien.

Eines ist von Anfang an klar: Auch Johannes Paul II. gehört zu jenen überraschenden Gestalten, die nur selten an die Spitze uralter Institutionen gelangen. Überraschend ist bereits seine Wahl: nach mehr als vier Jahrhunderten der erste Nichtitaliener im Amt des Bischofs von Rom, zugleich der Repräsentant einer Kirche, die sich im kommunistischen Gefängnis befindet, wenngleich sich die polnischen Katholiken vergleichsweise großer Freiheiten erfreuen.

In manchem gleicht er einer Romanfigur. 1963 hatte Morris L. West den Roman eines Papstes veröffentlicht, der Mitte der sechziger Jahre überraschend gewählt wird und aus der Ukraine stammt, Kyrill Lakota mit Namen. Dieser durchaus geheimnisvolle Mann tut auf allen Feldern das Unerwartete und greift unverzüglich auch in den Ost-West-Konflikt ein. Obgleich er selbst lange Jahre unter dem Kommunismus gelitten hat, vertraut er schließlich auf den inneren Wandel des Generalsekretärs der KPdSU.[150] Genau das bewahrheitet sich dann unter Johannes Paul II. Ob hingegen dieser unerschütterlich gläubige und konservative Papst auf seine eigenwillige Weise auch ein Reformer seiner Kirche war, wird noch lange strittig sein.

Da der Beginn seines Pontifikats mit der letzten, vielleicht gefährlichsten Phase des Kalten Krieges zusammenfiel, war es naheliegend, ihn vor allem als »den polnischen Papst« zu begreifen, somit als den Exponenten eines Antikommunismus, in dem national-polnische und integralistisch-katholische Motive zusammenfallen. Als er schon am 2. Juni 1979, ein knappes Dreivierteljahr nach der Wahl zum Papst, nach Warschau fliegt, wo ihn Millionen gläubiger Polen mit einer ähnlichen Begeisterung empfangen, wie wenige Monate zuvor der Ayatollah Khomeini in Teheran umjubelt worden war, ziehen viele Beobachter entsprechende Parallelen.

Johannes Paul II. zögert auch nicht, im Jahr 1980 neben Benedikt von Nursia, dem Gründer des Benediktinerordens, die Slawenmissionare Kyrillos und Methodos zu Schutzheiligen Europas zu erklären. Das erinnert in der Tat an den Papst Kyrill in dem eben erwähnten Roman von Morris L. West. Als ihn der sowjetische Generalsekretär Gorbatschow schließlich am 1. Dezember 1989 in höchsteigener Person aufsucht, erinnert der Papst an die feierliche Proklamation im Jahr 1980 – dies war die päpstliche Version des »gemeinsamen Hauses Europa«.[151]

Ungeachtet seines geschmeidigen Auftretens sehen 1981/82 und auch während der folgenden Repression viele in diesem Papst den fernen Drahtzieher hinter der polnischen Befreiungsbewegung. Als man den neuen Papst in Moskau in den Anfängen seines Pontifikats zu entschlüsseln sucht, ordnen ihn die Analytiker in den wohlbekannten Frontverlauf des Kalten Krieges ein. Sie diagnostizieren eine »neue Politik« des Westens bei der ideologischen Auseinandersetzung: »Verstärkung des religiösen Fanatismus gegen die politischen und ideologischen Prinzipien der sozialistischen Gesellschaften«.[152]

Der Anschlag des türkischen Attentäters Mehmet Ali Agca, dem der Papst am 13. Mai 1981 wie durch ein Wunder schwerverletzt entgeht, verstärkt in der westlichen Öffentlichkeit die Auffassung, daß ihn jetzt der KGB im Visier hat. Bis heute ist unklar, ob der verurteilte Mörder, den der Papst dann in der Weihnachtszeit am 27. Dezember 1983 persönlich in seiner Zelle aufsucht,[153] tatsächlich im Auftrag des bulgarischen Geheimdienstes tätig wurde oder ob es sich nur um einen wirren türkischen Rechtsextremisten handelte. Der spätere CIA-Chef Robert M. Gates, der 1996 die vorliegenden Indizien erörtert, gelangt zu der Schlußfolgerung: »Wir wußten es wirklich nicht.« Die Angelegenheit bleibe nach wie vor eines der großen ungelösten Geheimnisse des Kalten Krieges.[154] Ob diese Hintergründe auch den Papst umgetrieben haben, ist ebenso unklar. Jedenfalls ist er festen Glaubens, seine Errettung sei das Werk geistiger Mächte. War es nicht genau am 13. Mai des Jahres 1917, als die Mutter Maria drei Hirtenkindern aus Fatima erstmals erschienen ist?[155] Am Jahrestag des Attentats, nachdem er selbst wieder zu Kräften gelangt ist, begibt er sich deshalb nach Portugal zum Schrein der Heiligen Jungfrau von Fatima, um auf dem Altar die Kugel niederzulegen, die ihn töten sollte.[156] Teilnahme an sehr irdischer Machtpolitik und rätselhafter Mystizismus gehen bei ihm ungeschieden ineinander.

Tatsächlich ist die Art und Weise, in der er die Verhältnisse in Polen erschüttert, von dem Auftreten des religiösen Revolutionärs Khomeini denkbar verschieden. Nach allem, was bisher bekannt wurde, hat er nämlich in der Geschichte von Solidarność von Anfang an eine subtilere Rolle gespielt, als seinerzeit vielfach vermutet wurde. Er war zwar sehr viel härter als ein Großteil der Entspannungspolitiker im Westen – keine Revolutionierung nach dem Vorbild Khomeinis, aber doch eine fundamentale politische Veränderung Polens. Einerseits erteilt er starke Impulse, ermutigt, nutzt überlegen die kirchlichen Strukturen zur Gestaltung des Wandels, hilft auch in der Periode hoffnungsloser Repression mit Geld und mit Zuspruch. Aber er verläßt sich dabei doch primär auf die Wirkung seiner spirituellen Botschaft, allerdings unterstützt durch die vielfältigen Organisationen der Kirche, desgleichen durch persönliche Diplomatie. Er setzt auf Evolution und erschütterungsfreie Übergänge. Durchgehend bleibt er mit den kommunistischen Gegnern in Kontakt, nicht nur mit Gierek und Jaruzelski, sondern auch mit dem Kreml. Allem Anschein nach betrachten ihn die Kommunisten deshalb als kalkulierbaren Gegenspieler. Wie gewichtig sein Anteil am »paktierten«, friedlichen Systemwandel war, bleibt noch im einzelnen zu klären. Jedenfalls gehört im Westen auch er neben Ronald Reagan, George Bush und Helmut Kohl zu den Zentralfiguren des Umbruchs. Daß ausgerechnet diese unerwartet aufgetretene spirituelle Größe beim Kollaps des imponierenden kommunistischen Großreichs eine wesentliche Rolle spielt, gehört zu den vielen Merkwürdigkeiten des Jahrhunderts. Am Anfang steht der titanische Atheist Lenin, den *exitus letalis* begleitet der bemerkenswert charismatische 263. Nachfolger des Apostels Petrus.

Doch je länger sein Pontifikat andauert, um so deutlicher wird doch, daß die Visionen dieses Mannes weit über Polen und über Europa hinausgehen. Während der Westen bei Antritt seines Pontifikats in ihm vor allem den polnischen Papst sieht, verfügt er schon damals über einen globalen Horizont und hat neben den Ländern Europas bereits die USA, Kanada, Australien, Neuseeland, selbst Papua-Neuguinea bereist. Noch bevor er sich zu Beginn seines Episkopats nach Polen aufmacht, unternimmt er die erste seiner Reisen nach San Domingo, nach Mexiko, Irland, den USA und in die Türkei. Bald kennt er mehr Länder und ist in mehr Ländern bekannt als die unentwegt reisefreudigen Staatsmänner vom Schlage Dulles, Nixon, Mitterrand oder Genscher. Am Ende des Jahrhunderts gibt es keine augenfälligere Verkörperung der Globalisierung. Dabei legt er größten Wert darauf, mit jedem Volk in seiner jeweiligen Sprache zu kommunizieren. Er gilt schon früh als Sprachgenie. Nach der Wahl zum Papst beispielsweise gibt er eine Pressekonferenz und beantwortet die Fragen der Journalisten in einem halben Dutzend Sprachen.[157]

Raymond Aron hat in den letzten Phasen des Kalten Krieges vom dekadenten Europa gesprochen. Der Begriff charakterisiert auch die Einstellung Johannes Pauls II. zu den säkularisierten Gesellschaften und Kirchen in Westeuropa und in den USA. Er versteht sich als Oberhirte und erster Missionar einer Weltkirche, deren vitale Zentren er zusehends in Lateinamerika, Afrika und Asien zu erkennen glaubt.

Wie schon viele vor ihm, seitdem die Bolschewiki Rußlands ihre Utopie konkretisieren, sucht auch Johannes Paul II. nach einem dritten Weg zwischen Kommunismus und Kapitalismus. Solange er im Marxismus-Leninismus die Hauptgefahr erkennt, kann man ihn noch als eine Größe des westlichen Lagers erkennen. Aber spätestens nach dem Zusammenbruch des Ostblocks werden seine Warnungen vor einem zügellosen Kapitalismus besorgter. Auch millennarische Endzeitstimmung klingt auf.

Zwanzig Jahre nach der Papstwahl, am Ende des Jahrhunderts, ist er eine Art Doyen unter den Staatsmännern. Er hat alle, die seinerzeit mit ihm begannen, überdauert. Von denen, die sich am 16. Oktober 1978 im Amt befanden, wenngleich nicht eben in Würden, regiert noch Fidel Castro. Die Begegnung des von Krankheit gebeugten Papstes mit dem gealterten Diktator im Januar 1998 gilt als einer der denkwürdigeren Vorgänge am Ende dieses Jahrhunderts. Doch auch Castro, den die Linke Lateinamerikas und Europas in den sechziger Jahren als Verkörperung einer neuen Generation von Revolutionären bewundert hatte, wirkt bei dieser Gelegenheit nur noch wie ein Fossil – ein gealterter, längst zynisch gewordener lateinamerikanischer Diktator. Demgegenüber ist das Charisma des von der Parkinsonschen Krankheit gezeichneten Papstes ungebrochen. Wie immer man seine Glaubensüberzeugung beurteilt – dieser in sich ruhende, gütige, ge-

*Michail und Raissa Gorbatschow in Privataudienz bei Papst Johannes Paul II., 1. Dezember 1989.*

sammelte, manchmal irritierend gestrenge, auch mystische Papst, der dem Medienzeitalter so gemäß ist und der Massen anzieht, wie dies keinem Politiker gelingt, erinnert zusehends an die alttestamentarischen Propheten. Literarisch gebildet, wie er ist, zitiert er dabei André Malraux, den einstigen Kommunisten und späteren Kultusminister General de Gaulles, das 21. Jahrhundert werde entweder das Jahrhundert der Religion sein oder aber gar nicht sein.[158] Für eine umfassende historische Einordnung Johannes Pauls II. ist es viel zu früh. Daß aber auch mit ihm die fast vergessene Potenz der Weltreligionen in die politische Dimension eingebrochen ist, läßt sich jedenfalls nicht bestreiten.

Als Jacob Burckhardt seinerzeit über die Größen der Weltreligionen nachdachte, meinte er, vielleicht hätten überhaupt nur die dogmatisch stark ausgestatteten Jenseitsreligionen jene eifrigen Persönlichkeiten im Vorrat, »welche entweder werben oder alles zersprengen müssen«.[159] In weltgeschichtlicher Perspektive war Khomeini offenbar eine alles zersprengende Größe, während Johannes Paul II. den eher werbenden Typ des geistlichen Völkerhirten darstellt.

## Das kurze sozialdemokratische Jahrhundert

Hat Europa wirklich ein »sozialdemokratisches Jahrhundert« durchlebt, wie Ralf Dahrendorf dies Anfang der achtziger Jahre formuliert hat?[160] Wohl kaum. An der Spitze der großen Mächte Europas hatten sozialistische Parteiführer nur vergleichsweise selten Gelegenheit, die Tragfähigkeit ihrer programmatischen Entwürfe in der Regierungsverantwortung zu erproben. Die Zahl derer, denen das in der ersten Hälfte des Jahrhunderts gelang, ist an den Fingern einer Hand abzuzählen. Neben Friedrich Ebert in Deutschland kommen Ramsay Macdonald in Großbritannien und Léon Blum während der Volksfront-Jahre 1936 bis 1938 in Frankreich in Erinnerung. MacDonald und Blum wurden von der Linken mit beträchtlichen Hoffnungen begrüßt und endeten im politischen Desaster. Nur Clement Attlee erwies sich von 1945 bis 1951 als halbwegs erfolgreich und hat breitere Spuren in der britischen Geschichte hinterlassen. Doch auch er war nach sechs Jahren am Ende.

Typischerweise treten die Exponenten des demokratischen Sozialismus in Koalitionsregierungen auf – das gilt für die Weimarer Republik, für die Vierte Republik in Frankreich, für Italien in der Phase der Mitte-Links-Regierungen und für die Niederlande und Belgien. Die durchgängig sozialistisch geprägten Demokratien, in denen sozialistische Führer über einen längeren Zeitraum hinweg allein oder fast allein ihre Gesellschaften zu gestalten vermochten, fanden sich zumeist nur in kleineren Ländern und in politischer Randlage – in Schweden, Norwegen oder Israel. Einige der berühmtesten Sozialisten blieben lebenslang Oppositionspolitiker. August Bebel und Kurt Schumacher in Deutschland sind die markantesten Beispiele.

Ab Mitte der sechziger Jahre aber schien sich das zu ändern. Von 1964 bis 1970 und dann erneut von 1974 bis 1979 amtierten in Großbritannien mit Wilson und Callaghan immerhin insgesamt elf Jahre lang kompetente Labourpolitiker in Downing Street No. 10. Etwas zeitverschoben, von 1969 bis 1982, kamen Willy Brandt und Helmut Schmidt in der Bundesrepublik Deutschland zum Zuge, wenngleich durchgehend gebremst durch den Koalitionszwang mit den Freien Demokraten. Auch die sozialdemokratischen Regierungschefs mittlerer und kleinerer Länder – Olof Palme in Schweden, Bruno Kreisky in

Österreich, später Felipe Gonzales in Spanien – haben damals auf der europäischen Bühne eine Rolle gespielt. Wenigstens im letzten Drittel schien das 20. Jahrhundert im westlichen Europa ein sozialdemokratisches zu werden. Doch die Partie ging bald im Katzenjammer zu Ende. Demgegenüber erschien François Mitterrand, der sich einen Sozialisten nannte, in den sechziger und in den siebziger Jahren zunehmend als der ewige Oppositionspolitiker. Doch dann wurde er in zwei Septennaten zum einzigen europäischen Sozialisten, dem es gelang, sich vierzehn lange Jahre an der Macht zu halten und die Künste des demokratischen Sozialismus zu erproben.

## *Manager des britischen Niedergangs: Wilson und Callaghan*

Von den Genannten sind Harold Wilson und James Callaghan Gestalten, die allein im Kontext der britischen Geschichte von Interesse sind. Zwar waren sie alle beide Politiker von überdurchschnittlichen Fähigkeiten. Der gefürchtete Redner Wilson hat mit fast unfehlbarer taktischer Raffinesse von 1964 bis 1970 die Bühne des House of Commons weitgehend beherrscht. Als Helmut Schmidt nachträglich versuchte, sich von ihm ein Gesamtbild zu machen, verglich er diesen Großmeister des undurchschaubaren Manövrierens mit Hans-Dietrich Genscher.[161] Wilsons vages Konzept, so er überhaupt eines hatte, entsprach genau dem, was Dahrendorf am Ende der Labour-Jahre in Großbritannien als die Essenz sozialdemokratischen Wollens bezeichnet hat: politische Demokratie, Gleichheitspostulat, Glaube an die Möglichkeit vernünftiger Gesellschaftsgestaltung, Stolz auf die Arbeit und die Arbeitswelt, Wachstumsglaube, Sozialstaat, gemischte Wirtschaft und Internationalismus.[162] Er war ein sympathischer Mann, doch alles andere als ein Titan, eher »likable« als »lovable«.[163] In den siebziger Jahren geriet er in den Strudel des Niedergangs, nachdem er während seiner ersten Amtszeit zuwenig getan hatte, die bereits deutlich erkennbaren Symptome der »britischen Krankheit« zu bekämpfen. In diesem Punkt ist er ein Vorläufer Helmut Kohls.

Nicht einmal in Großbritannien besteht somit heute viel Neigung, in Harold Wilson, der verblaßten Größe der sechziger und der siebziger Jahre, einen bedeutenden Staatsmann zu sehen. Paul Hennessy, der weiß, wovon er spricht, hat auch diesen Überlebenskünstler in seine Studie »Muddling Through« aufgenommen und festgestellt: »Er war in erster und letzter Instanz ein Parteimann.«[164] Damit steht

*Die Königin und sechs britische Premierminister: (von links nach rechts) James Callaghan, Alec Douglas-Home, Margaret Thatcher, Harold Macmillan, Elisabeth II., Harold Wilson, Edward Heath.*

Wilson unter den Größen der Demokratien gewiß nicht allein, die lieber den Staat und die Gesellschaft schädigen als die eigene Partei. Wilson aber hat dabei ein Übersoll erfüllt, und die Rechnung dafür mußte sein durchaus tüchtiger Nachfolger Callaghan[165] bezahlen, dem die radikalen Gewerkschaften und der linke Parteiflügel bis zum bitteren Ende auf der Nase herumtanzten.

Den Gang der Geschichte Europas haben weder Wilson noch Callaghan stärker beeinflußt. Anders als Attlee und Macmillan, anders aber auch als Margaret Thatcher, erweckten diese sehr talentierten Profis doch den Eindruck, daß England nicht mehr sehr wichtig war, wenn nicht gar irrelevant.

## *Generaldirektor der Bundesrepublik Deutschland: Helmut Schmidt*

Vom Typ her glich Helmut Schmidt, eine weitere Größe der sozialdemokratischen siebziger Jahre, den britischen Kollegen Wilson und Callaghan, aber auch dem verunglückten konservativen Premierminister Edward Heath. Gleich diesen wies er ein für seine Generation normales Schicksal auf: Jugend in der Zwischenkriegszeit, Kriegsdienst und Parteikarriere mit reicher Erfahrung in verschiedensten Ämtern vor dem Durchbruch zur Spitze. Wie Wilson begann er als Ökonom und bekundete stets die wohlbekannte Verachtung dieses Berufsstandes für alle Nichtökonomen. Da er aber in Sicherheitsfragen und in der Außenpolitik gleicherweise versiert war, entsprach sein Erfahrungsschatz mehr als der jedes anderen deutschen Bundeskanzlers den Qualifikationserfordernissen, die im reifen parlamentarischen System Großbritanniens üblicherweise vom Inhaber des höchsten Amtes erwartet werden.

Auch in anderer Hinsicht wirkte Schmidt recht englisch. Er war ein erstklassiges politisches Temperament und ein erstklassiger Redner. Im House of Commons hätte er eine glänzende Figur gemacht, und im rhetorisch zunehmend schlichter werdenden Deutschen Bundestag war ihm keiner gewachsen, allenfalls der durch barocke Redegewalt ausgezeichnete Franz Josef Strauß. Schmidt war überhaupt der talentierteste Staatsschauspieler aller Bundeskanzler vor ihm und nach ihm, so daß selbst in Zeiten des Meinungstiefs seine persönlichen Umfragewerte im Regelfall über denen der eigenen Partei lagen. An das Einmaleins der Parteiendemokratie brauchte man zwar auch diesen in der Wolle gefärbten rechten Sozialdemokraten nicht zu erinnern. Wer drei Jahre lang eine große und eigenwillige Fraktion geführt hat, ist mit allen Wassern gewaschen und findet in jeder Lage Kompromißformeln. Doch er verstand es von Beginn seiner Kanzlerschaft an zum Verdruß vieler Genossen, sich brüsk und ganz ohne Verheimlichung seiner Arroganz als eine Art Generaldirektor der Bundesrepublik Deutschland in Szene zu setzen. Reagans späterer Außenminister George P. Shultz nennt ihn beim Rückblick auf die späten siebziger Jahre »eine der kraftvollsten und einflußreichsten Führerpersönlichkeiten Europas«.[166] Das war er in der Tat.

Wie vor ihm nur noch Adenauer und nach ihm Helmut Kohl spielte Schmidt im Staatenkonzert des westlichen Europa die erste Geige.

Die britischen Premierminister waren in Washington viel besser gelitten, doch zugleich geschwächt durch die »englische Krankheit«. Der hochmütige Giscard d'Estaing suchte zwar als eine Art Mini-de Gaulle große Ostpolitik zu machen und zu den USA eine gewisse Distanz einzunehmen, wirkte aber in der atlantischen Allianz eher als Fremdkörper. Neben persönlicher Sympathie für den gleichfalls hochmütigen Helmut Schmidt war dies auch ein Grund, weshalb er die Entente mit der wirtschaftlich stärkeren Bundesrepublik so bewußt kultivierte. Seit de Gaulle ist es französische Staatsräson, das nicht allzu eindrucksvolle globale Gewicht Frankreichs durch kluge Instrumentierung der Sonderbeziehung zu Bonn zu verstärken.

Helmut Schmidt konnte sich damals als Regierungschef der westeuropäischen Zentralmacht verstehen und exzellierte in komplizierter Gleichgewichtspolitik. Je länger, je mehr hat er sich später auch als leidenschaftlichen Vorkämpfer einer integrierten Europäischen Gemeinschaft selbst porträtiert. Daß er ebenso wie Giscard d'Estaing deren Nützlichkeit zur Ausbalancierung amerikanischer Hegemonie erkannt hat, ist evident. Dennoch glaubte Schmidt damals wohl nicht allzusehr an die Mystik eines integrierten Europa. Immerhin schwebte ihm eine von den USA nicht allzu abhängige Handlungseinheit im westlichen Europa vor, und da England konsequent atlantisch dachte, blieb vor allem die Entente mit Frankreich. Von der eigenen Fähigkeit, die komplizierten Systeme der Europäischen Wirtschaftsgemeinschaft, der NATO und der Ost-West-Beziehungen zu manipulieren, hatte er eine hohe Meinung. Doch wenn ihn nicht gerade der Übermutsteufel ritt, fand er sich aus Furcht vor nachbarlicher Mißgunst bereit, seinem Freund Giscard d'Estaing protokollarisch den Vortritt einzuräumen. In Wirklichkeit aber war es Schmidt, der im westeuropäischen Konzert dominierte.

Er war der wichtigste Festlandspartner der USA, war zugleich Nutznießer einer privilegierten Beziehung zu Frankreich und unterhielt überdies – bis 1979 – ein ordentliches Verhältnis zu den pragmatischen, allem Sozialdemokratischen gewogenen Briten. Auch mit der ihm wesensverwandten Margaret Thatcher kam er ungeachtet der politischen Gegensätze ganz gut zu Rande. Zugleich gelang ihm dank des von Willy Brandt erzielten Durchbruchs eine Fortführung der Entspannungspolitik mit Breschnew sowie mit Gierek, dem polnischen Parteiboß, dessen Fähigkeiten er jedoch überschätzte. Ja, er kam sogar mit Erich Honecker zurecht, der sich damals hoheitsvoll und andienerisch zugleich gab – von Kopf bis Fuß ein als Staatsmann verkleideter kommunistischer Kleinbürger. Allem Anschein nach hat Helmut Schmidt ihn nicht richtig durchschaut und sich auch von der Stabilität seines Regimes eine viel zu hohe Meinung gebildet. Mit diesem Irr-

*Willy Brandt verabschiedet sich nach Entgegennahme seiner Entlassungsurkunde in der Villa Hammerschmidt von seinem designierten Nachfolger Helmut Schmidt, 7. Mai 1974.*

tum befand er sich freilich in zahlreicher Gesellschaft. In Wirklichkeit war Honecker damals eine Figur ähnlich den tyrannischen Duodezfürsten im Deutschland des späten 18. Jahrhunderts, die von den Freiheitsstürmen der Französischen Revolution alsbald hinweggefegt werden sollten.

Im nachhinein läßt sich leicht erkennen, daß Schmidt den spättotalitären Tyrannen etwas zu viel Ehre erwies, auch Breschnew. Doch war er sich eben der Hypotheken des deutschen Standorts durchaus bewußt – sowjetische Offensivarmeen mitten in Deutschland, ein prekäres Nebeneinander der beiden deutschen Staaten, die absurde Lage West-Berlins und die Schatten der Vergangenheit des Dritten Reiches.

In den USA wurden die betonten Freundlichkeiten an die Adresse Moskaus, Warschaus und Ost-Berlins zunehmend argwöhnischer vermerkt, zumal sich bei Schmidt die verständnisvollen Gesten nach Osten hin mit einem neowilhelminischen Auftrumpfen gegenüber der Carter-Administration bisweilen irritierend verbanden. Wahrscheinlich hätte er sich viele Schwierigkeiten erspart, wenn er die Beziehungen zu Präsident Carter und dessen Sicherheitsberater Brzezinski ähnlich vorsichtig gepflegt hätte wie zuvor die zu Gerald Ford, doch auch wie die zu Breschnew und zu Gierek. Vielleicht spielte bei all den kritischen Hintergrundgesprächen mit Journalisten, mit denen er im Weißen Haus besonderen Anstoß erregte, auch die Rücksichtnahme auf den zunehmend Amerika-kritischen Flügel in der eigenen Partei eine Rolle. Doch offenbar stimmte die Chemie zwischen Schmidt und Carter nicht, denn bemerkenswerterweise kam der Bonner Kanzler mit Reagan recht gut zurecht, trotz eher noch ausgeprägterer politischer Differenzen.

Aber aufs Ganze gesehen blieb Schmidt ein sehr eindrucksvoller Praktiker wachsamer Gleichgewichtspolitik. Neben Willy Brandt war er unter den sozialdemokratischen und sozialistischen Größen jener Jahre der glänzendste und kosmopolitischste Staatsmann, nicht zuletzt auch dank seiner vorzüglichen Beherrschung der englischen Sprache.

Das eigentliche Ausmaß seiner Leistung unter den schwierigen Bedingungen des ersten und zweiten Ölschocks sowie des Kollapses der Détente wird sich nie voll ermessen lassen, da nicht nachweisbar ist, wie sich ein anderer Kanzler bewährt hätte. Man weiß nur, daß jedenfalls Willy Brandt an den Problemen der Wirtschaft und des Haushalts scheiterte, und man kann vermuten, daß auch jeder andere Bundeskanzler die kritischen wirtschaftlichen und innenpolitischen Rahmenbedingungen nicht so gut bewältigt hätte wie Helmut Schmidt. Sein Hauptverdienst besteht also wohl darin, die Bundesrepublik ziemlich unbeschädigt durch eine turbulente Ära gebracht zu haben.

Fehlentscheidungen sind freilich auch ihm unterlaufen, selbst wenn er sie damals wie später nicht eingestehen wollte. Dazu gehörten nicht allein die allzu pflegliche Behandlung der östlichen Kommunisten und das bisweilen barsche Auftreten Carter gegenüber. Den Wahltermin 1980 vor Augen, schreckte er zu lange vor der Verschlankung des Wohlfahrtsstaates und der Sanierung des Bundeshaushalts zurück, was sich 1981/82 rächen und letztlich zum Koalitionsbruch führen sollte. Für radikale Reformen, die schon damals geboten gewesen wären, war er als Sozialdemokrat ohnehin nicht zu haben. Doch hat schließlich nicht einmal die ihm nachfolgende Regierung die Entschlossenheit zu sehr weitreichenden Reformen aufgebracht.

Noch viel gravierender war der NATO-Doppelbeschluß, den er maßgeblich bewirkt hat. Als unter den völlig veränderten Bedingungen der Ära Gorbatschow die doppelte Nullösung tatsächlich zustande kam, hat Schmidt das im nachhinein als Beweis seiner überlegenen staatsmännischen Weisheit gewertet. In Wirklichkeit war es jedoch ein ziemlicher Kunstfehler, im Jahr 1979 für das Jahr 1983 die Stationierung von Pershing II und Cruise Missiles anzukündigen, falls zwischenzeitlich keine Verhandlungslösung erfolgt sei. Ungewollt hat Helmut Schmidt damit den Ostblock geradezu eingeladen, vier Jahre lang alle Mittel der Propaganda einschließlich organisatorischer und finanzieller Einflußnahme auf die »Friedensbewegung« gegen den Bundeskanzler und die NATO zum Einsatz zu bringen. Wie verfehlt der Kalkül war, zeigte sich im Jahr 1983, als Schmidt auf dem Kölner »Raketen-Parteitag« nur noch vier seiner Getreuesten an der Seite hatte – Hans Apel, Georg Leber, Hans Matthöfer und Hans-Jürgen Wischnewski, die wie er selbst zum Doppelbeschluß des Jahres 1979 standen.

Natürlich gab 1983 auch Schmidt den Amerikanern einen Teil der Schuld am Scheitern des eigenen Konzepts, das technokratisch richtig gewesen sein mochte, doch die Faktoren Psychologie und Progaganda weitgehend ignoriert hatte. Immerhin hat Schmidt in weltpolitisch kritischster Lage, als die Übermacht der Sowjetunion bereits erdrückend schien, hinhaltenden Widerstand geleistet, bis der Westen dank der massiven Nachrüstung Reagans über den Berg war. Ohne Schmidts Drängen hätte sich Carter wahrscheinlich nicht zur Raketenstationierung in Europa entschieden.

Wenn man Helmut Schmidt vorwiegend als Krisenmanager in Erinnerung behält, ist dies sicher zutreffend. Doch immerhin war der Doppelbeschluß ein Konzept langfristig gestalteter Rüstungskontrollpolitik, wenngleich angesichts des inneren Zustands der SPD äußerst ambivalent.

Am dauerhaftesten erwies sich das von ihm im Verein mit Giscard d'Estaing geschaffene Europäische Währungssystem (EWS). 1992 ist es zwar aufgeplatzt. Doch brachte diese Innovation die Wechselkurspolitik in der Europäischen Gemeinschaft an die fünfzehn Jahre lang über die Runden, und sie hat auf die Europäische Währungsunion zugeführt, die in Schmidt durchgehend einen leidenschaftlichen Befürworter finden sollte.

Als eine der langfristigen Folgen seiner Regierungszeit muß schließlich der Umstand gewertet werden, daß Schmidt das bürgerliche Lager in Deutschland an den sozialdemokratischen Wohlfahrtsstaat mit hoher Verschuldung, mit ausgeprägter Gewerkschaftsmacht und mit der Tabuisierung sozialer Konsensus-Politik gewöhnte. Helmut Kohl, der dem Vorgänger wegen verächtlicher Behandlung in der Opposition lange Zeit gram war, hat daran als Kanzler nur recht vorsichtige Korrekturen vorgenommen. »Das Modell Deutschland«, wie der zugkräftige Wahlslogan Schmidts von 1976 lautete, ist das durchaus problematische Erbe dieses effektivsten aller deutschen Sozialdemokraten, der in der deutschen Wirtschaft und Gesellschaft eben deshalb tiefe Spuren hinterlassen hat, weil er sich von dem sozialistischen Flügel der eigenen Partei so nachhaltig abzusetzen verstand.

## *Die sozialdemokratische Jahrhundertgestalt: Willy Brandt*

Als eine Jahrhundertgestalt können wir nur eine Persönlichkeit bezeichnen, die in vielerlei Hinsicht einzigartig ist. Sie durchschreitet die Geschichtsepochen des wechselhaften Jahrhunderts, von ihnen gezeichnet, sie aber doch zugleich prägend. Eine solche Gestalt überragt zugleich die Vielzahl der Konkurrenten auf dem politischen Feld und wird auch im Ausland über lange Jahrzehnte hinweg als schlechthin überragend bewertet. Dabei kann sich die Faszination aus der geschichtlichen Langzeitwirkung ergeben oder aus individuellem Charisma und aus einem einzigartigen Lebenslauf. Schließlich mögen wir einen Spitzenpolitiker als Jahrhundertgestalt verstehen, weil er die wirr durcheinander und gegeneinander laufenden Kraftlinien eines Jahrhunderts bündelt, somit repräsentativ ist für Spannungen und Widersprüche, vielleicht aber auch für die geglückten Synthesen.

Jedes dieser Kriterien trifft auf Willy Brandt zu. Man mochte ihn bewundern oder seine Politik über lange Perioden hinweg ablehnen oder bekämpfen – an der Tatsache seiner ganz überragenden Bedeutung dürfte heute kein Zweifel mehr möglich sein.

So wie nur Adenauer vor ihm den Weg deutscher und europäischer Geschichte von der Reichsgründung durch Bismarck bis ins Jahrzehnt der Weltraumfahrt und des Vietnamkrieges durchschritten hat, überdauerte auch Brandt die Epochenabfolge, und zusehends erschien er dabei selbst als eine epochale Gestalt. Der unruhige, begabte Sohn aus norddeutschem Arbeitermilieu, geboren am 18. Dezember 1913, kannte die Heldenzeit der Bebelschen Sozialdemokratie zwar nur aus den Erzählungen seines Großvaters Ludwig Frahm, doch derlei Berichte haben vielfach eine lebenslange Nachwirkung. Somit übertreibt man nicht mit der Feststellung, daß dieser Lebensbogen fünf große Epochen neuerer und neuester deutscher Geschichte umgreift. Er beginnt im späten Kaiserreich, setzt sich fort über die für Brandts Persönlichkeit bereits politisch bestimmende Epoche der Weimarer Republik, reicht über die Emigrationszeit von 1933 bis 1947 hinweg, umfaßt die gesamte in vier Jahrzehnten abgelaufene Geschichte des geteilten Deutschlands, insbesondere der alten Bundesrepublik, und erstreckt sich am Ende auch noch in jene neue Geschichtsepoche hinein, die 1990 mit der Wiedervereinigung Deutschlands angebrochen ist und von der keiner weiß, wohin sie führen wird.

Doch acht Jahrzehnte eines sehr bewegten Jahrhunderts bis zuletzt aufnahmefähig, gestaltungswillig und impulsgebend zu durchleben, macht allein noch keine überragende Persönlichkeit. Hinzutreten muß zudem die öffentlich wahrgenommene Fähigkeit, den Kämpfen, Sehnsüchten, Versuchungen und Leistungen eines Jahrhunderts repräsentativen Ausdruck zu geben. Eben dies hat die Faszination der Gestalt Willy Brandts ausgemacht. Man mindert Brandts Bedeutung als Außenminister der Großen Koalition und als Bundeskanzler nicht, wenn man feststellt, daß diese repräsentative Rolle zunehmend vor allem darin bestand, die widersprüchlichen Tendenzen des demokratischen Sozialismus in sich auszutragen. Regierungsämter hat er zwar siebzehn Jahre lang bekleidet: Von 1957 bis 1966 war er Regierender Bürgermeister Berlins und somit eine Zentralfigur des Kalten Krieges in Deutschland. Während der Großen Koalition von 1966 bis 1969 war er Bundesaußenminister und von 1969 bis 1974 Bundeskanzler. Danach aber bekleidete er achtzehn Jahre lang kein Staatsamt mehr.

Anders hingegen verhielt es sich mit seiner Amtszeit an der Spitze der deutschen Sozialdemokratie, deren Vorsitzender er von 1964 bis 1987 war. Nur August Bebel hat sich in diesem Amt noch länger gehalten. Daß Brandt das hervorgehobene Parteiamt für wichtiger als die Kanzlerschaft erachtet hat, geht aus einem recht stolzen Satz in den »Erinnerungen« hervor: »Keine vierzehn Tage wäre ein Sozialdemokrat« – gemeint war Helmut Schmidt – »Regierungschef geblieben, hätte ich als Parteivorsitzender ihn für untragbar gehalten.«[167] Eine solche Feststellung macht den Freund des parlamentarischen Regierungssystems zwar ein wenig nachdenklich, doch so verhält es sich eben mit der Realität sozialdemokratischer Parteiendemokratie.

Zudem war Brandt über lange Jahre hinweg Präsident der Sozialistischen Internationale – ein sicheres Indiz für das weltweite Ansehen, das ihm in der letzten Phase seiner politischen Aktivität zuteil geworden ist. Ein Club eifersüchtiger, eitler Mimosen – Olof Palme, François Mitterrand, Bruno Kreisky, Shimon Peres, Julius Nyerere und viele andere – fand sich wieder und wieder bereit, einen Deutschen zum Vorsitzenden zu wählen. So umstritten Brandt während der ganzen siebziger und achtziger Jahre in der Bundesrepublik auch gewesen ist, auf der internationalen Bühne hat er sich als großes Atout für Deutschland erwiesen.

Doch seine Bedeutung als Repräsentant der Bewegung des freiheitlichen Sozialismus war nicht bloß auf jene Jahrzehnte begrenzt, die ihn in den Zenit weltweiten Ansehens führten und ihm den Friedensnobelpreis einbrachten. Die Sozialdemokratie war Brandts politische Heimat, seit er als Neunjähriger in die Kindergruppe des Arbeitersportvereins eintrat. Schon von früh an sah er sich allen widersprüchlichen Tendenzen des demokratischen Sozialismus ausgesetzt, hat dessen Irrungen und Wirrungen, doch auch dessen Triumphe mehr als sechs Jahrzehnte lang mitgemacht und zwischen den nie auf einen Nenner zu bringenden Ideenkreisen laviert.

Man hat von der linkssozialistischen Prägung des jungen Brandt seit Jahrzehnten viel hergemacht. Ein abschließendes Urteil über die naturgemäß verworrenen frühen Jahre dieses noch unfertigen, ins Exil gezwungenen jungen Mannes ist selbst heute noch nicht möglich, nachdem er vor einigen Jahren in seinen »Erinnerungen« von der Periode zwischen 1933 und 1948 einen überraschend aufschlußreichen, durchaus selbstkritischen, streckenweise selbstironischen Bericht gegeben hat. Es waren offensichtlich Lehr- und Wanderjahre, denn der entsprechende Teil der Memoiren trägt den Titel »Die Entdeckung der Welt«, und ein Kernkapitel lautet »Das Naive und das Wirkliche«. Eine sehr bewegte, alles andere als bruchlose Entwicklung also bereits in den Jahren 1933 bis 1945, und das gilt für das Verhältnis zu den stalinistischen Kommunisten ebenso wie für das Verhältnis zu Deutschland und zur parlamentarischen Demokratie.

In den fünfziger Jahren war der nun im besten Alter stehende kosmopolitische Sozialdemokrat, der am 1. Juli 1948 fast genau zu Beginn der Blockade wieder eingebürgert wurde,[168] ganz auf dem rechten Flügel seiner Partei zu finden und zählte zu den wenigen, die sich früh gegen den antieuropäischen Nationalismus Kurt Schumachers wandten. Wie Schumacher selbst war er zwar prononciert antikommunistisch, doch anders als dieser proamerikanisch, somit zugleich für die NATO sowie auch schon offen für die Adenauersche Europapolitik.

Auf dieser Linie blieb Brandt bis in die frühen sechziger Jahre. Erst dann erfolgte die langsame Umorientierung. Franz Josef Strauß, der ihm nach anfänglicher Sympathie tiefe Abneigung entgegenbrachte, schrieb im Rückblick über jenen Brandt, dessen Konturen sich seit Mitte der sechziger Jahre herausformten: »Er war der Mann der Visionen und Utopien, der Prophet, der Seher, der den Eindruck zu erwecken wußte, daß er die Ufer der Zukunft erblickte ...«[169] Jetzt war er politischer Führer und mediales Sprachrohr des Zeitgeistes in einem: »In der Person Willy Brandts schienen brennpunktartig alle ungestillten Wünsche, alle unerfüllten Sehnsüchte, alle psychischen Bedürfnisse zusammenzulaufen. Brandt wurde, ähnlich wie Kennedy, das Idol vieler Bürger, das Pilgerziel aller Beladenen und Belasteten.«[170]

So sah es der politische Gegner. Bewertungen aus der Freund-Feind-Perspektive sind zumeist ungerecht, doch steckt in ihnen oft ein gutes Stück Wahrheit. Ein endgültiges Urteil über die letzten Ziele und Beweggründe Brandtschen sozialdemokratischen Wollens zwischen dem Mauerbau und dem Rücktritt vom SPD-Vorsitz im Jahr 1987 kann jedenfalls noch nicht gefällt werden. Derzeit zeigt sich ein eher diffuses Bild, das in manchem dem berühmten Porträt Oswald Petersens gleicht, der Brandt als einen Mann porträtiert hat, dessen Züge geheimnisvoll und unfaßbar in Kraftlinien verschwimmen. Cyrus L. Sulzberger, der sich mit politischen Größen auskannte, vermerkte am 25. Oktober 1969 nach einem Gespräch mit dem neugewählten Bundeskanzler: »Er wirkt überhaupt nicht brillant, aber anständig und würdig.«[171] Anfang 1971 waren die Zweifel noch nicht gewichen: »Gewiß, ein Kanzler, ein imponierender, großer, ansehnlicher Mann. Doch wenn ich das Stenogramm seiner Äußerungen nochmals durchlese, wirken sie substanzlos.«[172]

Wer ist der Außenminister Willy Brandt der Jahre 1966 bis 1969 wirklich? Dieser Exponent des rechten Parteiflügels suchte wohl schon damals nach neuen Wegen, um aus dem ostpolitischen Stillstand herauszukommen. Zahlreiche Diplomaten, die den neuen Minister genau beobachteten – Günter Diehl, Ulrich Sahm etwa –, waren auch im nachhinein des Lobes voll für den sozialdemokratischen Amtschef, der Professionalität mit menschlicher Liebenswürdigkeit verband. Bei allem Wohlwollen sahen manche allerdings eigentümliche Defizite, so etwa Staatssekretär Rolf Lahr: »Er kniet sich in die neue Aufgabe hinein, arbeitet bis tief in die Nacht, während er den frühen Morgen weniger schätzt, interessiert sich für alles, schreibt viel selbst mit seiner kleinen Handschrift, was nicht immer nötig wäre, hört seine Mitarbeiter an und bildet bedächtig sein Urteil. Schnell ist er nicht ... Er ist voll guter Absichten und hat große Ziele. Hingegen scheinen die Präzision des Gedankens, die Zügigkeit des Handelns und die Härte des Willens nicht eben seine Stärke zu sein ...«[173]

Und wer erst ist der Bundeskanzler des Reformkabinetts? Natürlich läßt auch er sich 1969 und dann erneut 1972 vom Überschwang des Machtwechsels hinreißen und tut so, als ob die Demokratie in Deutschland neu erfunden werden müßte. Die Stimmung auf seiten der demokratischen Linken der Bundesrepublik ist somit ähnlich wie dann nochmals zehn Jahre später die der französischen Sozialisten beim Triumph Mitterrands im Jahr 1981. Von Zeit zu Zeit verlangt es nicht nur die Deutschen nach einem politischen Heiland.

Dennoch ist auch damals unklar, wo Brandt wirklich steht. Triumphieren mit ihm nicht fünf Jahre lang, ungeachtet aller rhetorischen Ergüsse, eben doch die rechten Sozialdemokraten – Karl Schiller und Alex Möller, Georg Leber und Helmut Schmidt? Oder sind es eher die Exponenten grämlich-puritanischen Reformwillens wie Gustav Heinemann, Erhard Eppler und der zwielichtige, nie ganz faßbare

Egon Bahr, in denen die weit in die Ferne zielenden Sehnsüchte ihre Verkörperung finden? Oder fungiert Brandt nicht letztlich als der große Patron der Achtundsechziger, die im Juso-Flügel der SPD zusammenströmen, denen er Tür und Tor zu allen Gremien zu öffnen scheint und vor denen er einherschreitet, indem er auf seiner Flöte eine geheimnisvolle Melodie spielt wie einstmals der Rattenfänger von Hameln? Stimmt es wirklich, daß ihm nur in erster Linie daran gelegen war, »möglichst viele der unruhigen, auch träumerischen jungen Leute« in der Sozialdemokratie angesiedelt zu wissen?[174] Erstrebte nicht auch er selbst »eine andere Republik«, dabei das Werk Adenauers revidierend, den die Sozialdemokratie als schicksalhafte Altlast auf der jüngsten bundesdeutschen Geschichte empfand, ohne aber aus den von ihm verlegten Gleisen herauszukommen?

Solcher Fragen sind viele. In der Tat hat sich die Sozialdemokratie seit ihren Anfängen mit ihren widerstreitenden Flügeln schwergetan: nüchterner Gewerkschaftsflügel versus Intellektuellenflügel, nationale Sozialdemokraten gegen internationalistische Utopisten, grundsolide Kämpfer für den demokratischen Verfassungsstaat gegen Fellow-Traveller, die von der großen antikapitalistischen Einheit aller Sozialisten reden, in die auch die Kommunisten irgendwie einbezogen werden sollen.

Aus der Sicht des Flügels um Helmut Schmidt hat der Parteivorsitzende Willy Brandt vor allem seit der Zäsur des Jahres 1974 die Parameter des innerparteilichen Kräfteparallelogramms immer stärker hin zum linken Flügel verschoben oder zumindest verschieben lassen. Egon Bahr erwähnt in seinen »Erinnerungen« einen Ausspruch Brandts: »Je älter er werde, um so linker fühle er.«[175]

Mitte der achtziger Jahre ist jedoch auch diese Phase zu Ende. Wenn nicht alles täuscht, war schon dem Rücktritt vom Parteivorsitz im Jahr 1987 eine erneute interne Kurskorrektur vorangegangen. Sie hat sich dann rasch verstärkt, als urplötzlich die Wiedervereinigung zur greifbaren Möglichkeit wurde.

Der Bundeskanzler Willy Brandt hatte die Akzeptanz der Zweistaatlichkeit durchgesetzt. Zunehmend suchte er danach, den Spätkommunismus der SED durch gemeinsames Singen der Friedensarie moralisch hoffähig zu machen, dabei die ideologischen Gegensätze zum Kommunismus mehr und mehr verwischend. Aber zu guter Letzt kam es dann zur erneuten Wende hin zu den Traditionen einer Sozialdemokratie, die zugleich national, antitotalitär und in die Gemeinschaft der westlichen Demokratien einschließlich ihrer Sicherheitssysteme integriert ist.

Zwar hat sich Willy Brandt noch in den »Erinnerungen« trotz gewisser Retuschen als ein Zweistaatler präsentiert und den zeitgeschichtlich inzwischen widerlegten Satz nicht tilgen wollen: »Durch den Kalten Krieg und dessen Nachwirkungen gefördert, gerann die ›Wiedervereinigung‹ zur spezifischen Lebenslüge der zweiten deutschen Republik.«[176] Das im Spätsommer 1989 erschienene Buch enthält trotz zutreffender Feststellungen über die Offenheit der Geschichte auch den entlarvenden Satz: »Und wer auch wollte glauben, eines Tages vollziehe sich der Anschluß der DDR an die Bundesrepublik, und das sei's dann?«[177] Damals hielt Brandt es noch für geboten, vor »ausdrücklichem Realitätsverlust« zu warnen.

Aber auch Selbstkritik, die bei Politikern hierzulande ansonsten eher selten ist, gibt es in diesem Lebensbericht. Derselbe Autor, der 340 Seiten zuvor eine so harsche und ungerechte Charakteristik bundesdeutscher Wiedervereinigungspolitik vorgenommen hat, erinnert im Schlußkapitel daran, daß die Verbrechen des Stalinismus lange unterschätzt worden seien, proklamiert gleich einem John Stuart Mill des späten 20. Jahrhunderts neben dem Hauptziel des Friedens nunmehr auch wieder unverhüllt das Hauptziel Freiheit und knüpft daran die Betrachtung: »Bürgerliche Freiheiten und soziale Gerechtigkeit sind immer aufs neue gegeneinander abzuwägen. Freiheitlich ist ein Sozialstaat nur, wenn er die Gefahr bürokratischer Wucherung bannt, sich von vorausschauender Planung nicht einschüchtern läßt und eigenverantwortliches Engagement großschreibt. Auf die Freiräume kommt es an.«[178]

Also zweimal »full circle« – und zuletzt wieder in Richtung marktwirtschaftlicher und nationaler sozialdemokratischer Politik, dies im selbstverständlichen Rahmen vertiefter internationaler Zusammenarbeit? Oder war auch das nur eine weitere Erscheinungsform jener konstitutiven Vieldeutigkeit, die diesen für viele letztlich rätselhaften Mann zeitlebens kennzeichnete?

Jedenfalls steht fest, daß Willy Brandt eben mittels dieser konstitutiven Vieldeutigkeit auf ganz außergewöhnliche Art und Weise jene widersprüchliche Natur des demokratischen Sozialismus, auch der deutschen Sozialdemokratie repräsentierte, die durchaus nicht immer durch scharfe Distinktionen oder Abgrenzungen gekennzeichnet ist, sondern das Unvereinbare häufig zu vermischen sucht. Das geschah manchmal zum Schaden der SPD und des Landes, manchmal auch zu beider Nutzen. Daß die SPD seit Mitte der siebziger Jahre immer hoffnungsloser in die Isolierung geriet, war zu einem gut Teil das Werk ihres Vorsitzenden. Dasselbe gilt für den Aufstieg der Grünen. Zum Entsetzen vieler Genossen hatte der Parteivorsitzende Brandt im Herbst 1981 proklamiert, »die neuen Strömungen seien von der SPD nicht als Gegner anzusehen«. Das ging selbst seinem bedenkenlosen Mitstreiter Horst Ehmke etwas zu weit.[179] Ungeachtet aller Linkskurven, die er Jahre hindurch auf glattem Eis vorgeführt hatte, war Brandt aber 1989 derjenige, der die von der Wiedervereinigung völlig überraschte »Anerkennungspartei« SPD nach einigem Sträuben doch wieder den Anschluß an die Entwicklung finden ließ.

Denn ein weiteres Haupttalent dieses bemerkenswert wandlungsfähigen Politikers bestand darin, jeweils zu wittern, wohin sich die Schwerkraft geschichtlicher Entwicklung verlagern würde, und eben darin war Brandt dem Gros seiner Partei zumeist voraus. Kurskorrekturen und Wenden sind bei Politikern zwar stets eher die Regel als die Ausnahme, doch es gibt wenige, die so wie Brandt lebenslänglich eine derart deutliche Bereitschaft an den Tag legten, niemals bei erreichten Positionen stehenzubleiben, sondern fundamentale Wendemanöver vorzunehmen. Wandlungsfähigkeit und Offenheit für kommende Dinge, Gespür für das, was sich durchsetzen wird und durchsetzen muß – dies hat ihn bis zuletzt ausgezeichnet.

Zudem verfügte Brandt über eine Gabe, die in der Politik selten ist und meist nur bei bedeutenden Künstlern oder bei religiösen Führern begegnet – die Fähigkeit zu kontrollierter, aber strahlungsstarker Empathie. Max Weber hat gelegentlich vermerkt, daß selbst in bürokratisch durchorganisierten Parteien »in Zeiten starker Erregung« bisweilen der charismatische Typ die Leitung übernimmt. So hat Willy Brandt die SPD gesehen, so ist sie ihm gefolgt, und diese charismatische Ausstrahlung auf die Wählermassen, doch auch im kleinen Kreis, machte einen Teil der Faszination dieses ungewöhnlichen Mannes aus. Viele haben ihn geliebt, manche gehaßt, gleichgültig gelassen hat er keinen.

Wenn er geliebt und verehrt wurde, so vor allem auch als Verständigungspolitiker. Eine seiner großen Grundsatzreden als Außenminister galt Stresemann. Er hatte ihm zu Lebzeiten wegen »bourgeoiser Enge« fremd gegenübergestanden, jetzt aber rühmte er die Konsequenzen, die Stresemann aus dem Ruhrkampf gezogen hatte – Schluß mit Gewalt, Obstruktion und nationalem Pathos! »Als einzige, freilich sehr kühne Hoffnung blieb, sich die Feinde zu Freunden zu machen. Eine Politik der Vernunft, nicht der Fanfaren, eine Politik des zähen stillen Ringens ...«[180] In diesem Geiste begann er die neue Ostpolitik. Für diese Gesinnung wurde er mit dem Friedensnobelpreis ausgezeichnet. Und so wird ihn Europa wohl vor allem als Verständigungspolitiker in Erinnerung behalten.

Selbst seine Gegner wollten nicht bestreiten, daß Brandt im allgemeinen ein sehr gewinnendes Wesen hatte – auch wenn er gelegentlich zur Boshaftigkeit fähig war. Vielleicht hat seine schöne, wohlmodulierte Stimme daran den größten Anteil gehabt. Am stärksten war er als Redner, sei es in überschaubarer Runde, sei es in großen

Versammlungen. Er wirkte nicht durch Überwältigung oder emotionales Aufputschen, sondern durch die Darlegung anspruchsvoller Gedankengänge, die als Ergebnis eines Nachdenkens präsentiert wurden, welches sich gleichsam vor dem Hörer vollzog. Ganz klar war er nie, man mußte auf die Zwischentöne achten, die Verschleierung zu durchdringen suchen und fernliegende Absichten erraten. Und immer wieder kamen bei ihm auch humorvolle Pointen vor. Ganz offenbar war er ein geborener Meister des Medienzeitalters, einer der ganz wenigen und ganz bedeutenden Magier in der deutschen politischen Klasse.

Irritierend für viele Gefährten aus dem engeren Kreis waren allerdings Brandts periodische Anfälle depressiver Melancholie und von Selbstzweifeln. In solchen Phasen war seine Welt »düster, nordisch-düster«, mit den Worten des fröhlich-groben, realistischen Majordomus Ehmke zu sprechen, der für derartige Anwandlungen überhaupt keinen Sinn hatte.[181] Rut Brandt, von der sich Brandt nach dreiunddreißig Jahren trennte und die dessenungeachtet ein nobles Erinnerungsbuch an ihn geschrieben hat, deutet gleichfalls an, daß dieser eigenartige Mann immer wieder Phasen der Kommunikationsunfähigkeit aufwies.

Das hatte auch politische Konsequenzen. Der rasche Niedergang des Kabinetts Brandt nach dem gewaltigen Wahlsieg vom November 1972 war ganz offenkundig auch die Folge fatalistischen Treibenlassens. Das Jahr 1973 wurde, so hat es Baring in seiner bisher unübertroffenen Studie der Krise dieser Jahre formuliert, aufgrund der Entscheidungsschwäche Brandts »glatt vertan«.[182]

Ähnliche Beobachtungen machten führende Sozialdemokraten auch im Hinblick auf Brandts Rolle als Vorsitzender der SPD in den achtziger Jahren. Zwar war er – so Ehmke – »der unangefochtene Mittelpunkt der Partei«.[183] Doch das operative Detail interessierte ihn noch viel weniger als zuvor schon. Hans Apel seufzte deshalb: »Es ist niemals langweilig, wenn Willy Brandt von seinen Auslandsreisen und seinen Gesprächen berichtet. Nur zu politischen Konsequenzen führt das nicht ... Er ist in diesem Präsidium der große alte Mann mit Weitblick und Perspektive. Aber meistens läßt er die Dinge laufen; er wirkt müde.«[184]

Ungeachtet derart evidenter Schwächen blieb Brandt jedoch über die Jahrzehnte hinweg die dominierende Gestalt der deutschen und europäischen Sozialdemokratie. Zur Faszination trug auch bei, daß er ein Schicksal hatte. Einer der Gründe für die fast verächtliche Respektlosigkeit, die man den Spitzenpolitikern heute vielfach entgegenbringt, ist ja nicht zuletzt die Tatsache, daß die Größen der Spätzeit des 20. Jahrhunderts anders als die Generation davor, die Krieg und Diktatur erfahren hatte, sich selten in Grenzsituationen bewähren mußten. Politisches Auf und Ab bei vielen, gewiß, doch ist das schon Schicksal?

Brandt aber zählte in dieser Hinsicht zu jenen Spitzenpolitikern seiner Jahrzehnte, deren Eintrittsbillett zur Macht entweder die Emigration oder das Gefängnis oder beides gewesen ist. Zur internationalen Elite derer zu gehören, die sich für ihre Sache mit der ganzen Existenz unter Lebensgefahr eingesetzt haben – das macht stolz. Brandt war ein sehr stolzer Mann, selbst wenn er das hinter gewinnender Umgänglichkeit, etwas Bonhomie und neugierigem Interesse am Gegenüber gut zu tarnen wußte. Jedenfalls hat er die Spießbürger verachtet und war vielleicht auch aufgrund seines eigenen Lebensweges jüngeren Spinnern gegenüber nachsichtiger, als sie dies verdienen und als das klug ist. In der Internationale der Staatsmänner, aber genauso bei den Massen, hat sein Emigrationsschicksal sehr wesentlich zu seiner überragenden Position beigetragen. Sogar die geheimnisvollen Umstände des Sturzes wegen der Guillaume-Affäre haben das Empfinden eher verstärkt, hier habe man es mit einer Schicksalsfigur zu tun.

Gegenüber der hoch bedeutsamen Rolle als überragender Sozialdemokrat und als bemerkenswerter charismatischer Führer ist Brandts Tätigkeit als Bundeskanzler eher von einer nur relativen Bedeutung gewesen. Gewiß, da waren die stürmischen Jahre 1970 bis 1972. Doch was damals neu begonnen, aus der Großen Koalition fortgeführt oder postuliert wurde, blieb doch vielfach ein Strohfeuer. Weil Brandt zwar ein Kommunikator von hohen Graden, aber letztlich kein dauerhaft zäh am operativen Detail interessierter Kanzler gewesen ist, hat er doch eher als eine Art faszinierender Zirkusdirektor fungiert, unter und neben dem die verschiedensten Kabinettskünstler ihre Nummern aufführten oder in den Sand setzten. Und 1974 war der Zirkus ziemlich pleite, woraus Helmut Schmidt jedenfalls intern kein Hehl machte.

Zwar hat in jenen Jahren eine tiefgreifende Kulturrevolution der Lebensstile, im Erziehungs- und Bildungswesen, überhaupt der Wertesysteme ihren Anfang genommen, auch eine begrüßenswerte Befreiung von vielen Provinzialismen und Kleinheiten. Dies wurde vom Bundeskanzler und vom SPD-Vorsitzenden Willy Brandt nachhaltig und zweifellos mit starker Öffentlichkeitswirkung legitimiert, hätte sich aber wohl auch ohne ihn so oder ähnlich durchgesetzt. Allerdings bleibt die Desinvolture denkwürdig, in der er das meiste auf den Weg bringen oder vorantreiben half, was irgendwie mit Bewegung, Veränderung und epochalem Umbruch zu tun hatte. Und ähnlich wie Adenauer vor ihm und Helmut Kohl nach ihm gehörte er zu jenem Politikertyp, der den Bürgern tiefgreifenden Umbruch im Innern und nach außen zumutet, ohne deswegen schlechter zu schlafen.

*Willy Brandt auf der Maikundgebung in Berlin, 1963: »Er wirkte nicht durch Überwältigung oder emotionales Aufputschen, sondern durch die Darlegung anspruchsvoller Gedankengänge, die als Ergebnis eines Nachdenkens präsentiert wurden, welches sich gleichsam vor dem Hörer vollzog.«*

Auch über die damals so leidenschaftlich umstrittene »neue Ostpolitik« ist 1989 und 1990 die Zeit hinweggegangen. Vor dem Eintritt in die Epoche der ost- und mitteleuropäischen Revolutionen mochte man meinen, daß die unter der Kanzlerschaft Brandts in der Deutschland- und Berlinfrage erzielten, höchst prekären Kompromisse eine gewisse langfristige Stabilisierung der Zweistaatlichkeit und eine positive Evolution ohne Strukturrevolution mit sich führen würden. Auch Brandt selbst hat dies bis ins Jahr 1989 hinein noch geglaubt. Aber letztlich wurde doch nur an Übergangslösungen gebastelt, die nicht tragfähig waren. Und daß die realpolitische, wennschon mit einigen Vorbehalten umkleidete Hinnahme des Status quo zugleich die Versuchung beinhaltete, die moralische Verächtlichkeit einer Diktatur mitten in Deutschland zu vergessen und deren Unfähigkeit zu weltoffener Modernität zu übersehen – das machte der Partei Willy Brandts bis weit in die neunziger Jahre hinein zu schaffen.

Die Struktur des Entspannungssystems blieb auch nach Abschluß der Ostverträge labil, und die Aussage, die seit 1989 erfolgte Entwicklung im Ostblock sei erstrebt oder gar vorausgesehen worden, ist eine bloße Schutzbehauptung. Nicht in erster Linie die Entspannungspolitik hat die verkrusteten Zwangssysteme zum Einsturz gebracht, vielmehr hat sich wieder einmal bewahrheitet, was Montesquieu vor etwa 250 Jahren im »Esprit des lois« kurz und knapp formuliert hat: »Despotische Regierungssysteme korrumpieren sich von selbst, weil sie von Natur aus verderbt sind.«[185] Spätestens 1989 war das auch Willy Brandt klar: »Der autoritäre Kommunismus hat sich als opfervoller Irrweg erwiesen, gepflastert mit wirtschaftlich-sozialem Versagen.«[186]

Wenn man im Rückblick feststellt, daß die Brandtsche »neue Ostpolitik« die Grundstruktur des europäischen Systems viel weniger verändert hat, als seinerzeit angenommen wurde, und wenn man registriert, daß sie heute geschichtlich irrelevant geworden ist, so gilt das freilich auch für die Befürchtungen, die sie damals hervorrief. Weder konnte das Nebeneinander einer dynamischen Bundesrepublik und des sklerotischen DDR-Kommunismus die freie Gesellschaft zerstören, noch ist die seinerzeit von der Opposition und in manchen westlichen Kabinetten befürchtete Loslösung aus dem Westen damit verbunden gewesen. Es blieb letztlich bei der Anpassung an die vorerst nicht zu ändernden Gegebenheiten, verbunden mit dem Entwurf einiger neuer Strukturen wie der KSZE, mit denen sich die Überlegenheit des Westens ins Innere der östlichen Systeme fortpflanzen ließ, ohne sie allerdings schon zu erschüttern.

Somit steht auch Willy Brandt letztlich viel deutlicher in der Tradition bundesdeutscher Außen- und Innenpolitik, als er das bei seinem verständlichen Bemühen einräumen wollte, gegenüber den im vollen Wortsinn epochalen Grundentscheidungen Adenauers eine sozialdemokratische Wende vorzunehmen. Dafür hatten auch die Wähler ein Gespür. Beim Ende der sozialliberalen Koalition im Oktober 1982 ließ Elisabeth Noelle-Neumann durch ihr Demoskopisches Institut Allensbach eine Repräsentativbefragung nach dem besten Bundeskanzler durchführen. 55 Prozent nannten Adenauer, 27 Prozent Helmut Schmidt und nur 7 Prozent Willy Brandt.[187] Die Bedeutung dieser Jahrhundertgestalt liegt nicht in der gouvernementalen Dimension. Er verkörperte nicht den Staat, sondern die SPD.

So ist es durchaus kein Zufall, daß Brandt in seinen »Erinnerungen«, die in vieler Hinsicht zu den besten deutschen Politiker-Memoiren zählen, das Sozialdemokratische als den eigentlichen Wesenskern seiner Existenz hervorgehoben hat. Ebenso wichtig erschien ihm in diesem literarischen Vermächtnis der Hinweis auf die europäische Dimension seines politischen Wollens. Vom demokratischen Sozialismus Nordeuropas wurde er geprägt, dem republikanischen Frankreich fühlte er sich seit den ersten Jahren der Emigration verbunden, und »Gesamteuropa« hat er, beginnend in den sechziger Jahren, wiederherzustellen versucht. Er nannte sich deshalb »einen deutschen Europäer« – die Akzentsetzung war wohlüberlegt.[188] Das Buch endet mit dem Satz: »Mitgetan zu haben, daß der deutsche Name, der Begriff des Friedens und die Aussicht auf europäische Freiheit zusammengedacht werden, ist die eigentliche Genugtuung meines Lebens.«[189]

## *Die enträtselte Sphinx: François Mitterrand*

François Mitterrand war zweifellos der merkwürdigste aller bedeutenden Sozialisten und Sozialdemokraten im letzten Drittel des 20. Jahrhunderts. Er kam erst zur Macht, als Labour in Großbritannien und Willy Brandt in Deutschland bereits abgewirtschaftet hatten; auch die Regierung Schmidt befand sich in der Endphase. Mit nimmermüder Zähigkeit hatte er gut fünfzehn Jahre lang als Kandidat der Linken erfolglos versucht, sich durchzusetzen – erst gegen de Gaulle, dann gegen Giscard d'Estaing. Und vierzehn Jahre regierte er dann als sozialistischer Präsident in einer westlichen Welt, die in den USA, in Großbritannien und in Deutschland von sozialistischen Rezepten nicht mehr viel wissen wollte. In den größeren Ländern Europas gehörte nur noch der Spanier Felipe Gonzales seiner Couleur an. Aber kann man Gonzalez, den Bewunderer Helmut Kohls, wirklich noch einen Sozialisten nennen? Dieselbe Frage muß man sich aber auch im Hinblick auf Mitterrand stellen. War dieser zähe Protagonist der Linksunion im Verein mit den nach wie vor stalinistischen Kommunisten Frankreichs wirklich ein echter Sozialist? Und wenn man das verneinen muß, was war die Sphinx Mitterrand dann?

Manchmal enthüllt sich die Wahrheit über eine rätselhafte Gestalt erst ganz am Ende ihres Lebens. So erging es Mitterrand. Er starb als enträtselte Sphinx. Schon heute zeichnet sich ab, daß er künftig kaum mehr als großer Staatsmann in Erinnerung bleiben wird, sondern viel eher aufgrund eines Doppellebens von großem Format – Stoff für viele Biographien.

Zweifel an seiner persönlichen Integrität waren schon früher aufgekommen. Doch die Züge des wahren Mitterrand wurden erst im Verlauf des zweiten Septennats sichtbar, und auch dies erst, nachdem alle präsidentiellen Versuche zur Vertuschung des Anstößigen gescheitert waren. Ein Staatsmann, so heißt es, ist ein Politiker, der sich noch nicht hat erwischen lassen. Kurz nach der triumphalen Wiederwahl Mitterrands mit 54 Prozent der Stimmen begann die Rückverwandlung des sozialistischen Staatsmannes mit der roten Rose in den Politiker.

Die Finanzskandale rissen nicht mehr ab: Affäre Pezet, Urba-Affäre, Affäre Nucci, Affäre Pelat, Affäre Tapie. Es beginnt immer zu stinken, wenn der Deckel gehoben wird, unter dem die Vertraulichkeiten der Parteifinanzierung üblicherweise gut verborgen sind. Jede Demokratie besitzt ihre tief im Dunkeln verborgenen Kanalisationssysteme, in denen es nicht gut riecht. Jedermann weiß das. Bemerkenswert im Fall der Korruptionsskandale um den Parti Socialiste war deshalb nicht die souveräne Frechheit, mit der Mitterrand versuchte, die Gaunereien seiner Genossen durch ein Amnestiegesetz zuzudecken.

Kompromittierend war vielmehr die Affäre Pelat. Die Ermittlungen der Justiz hatten schließlich den früheren Premierminister Pierre Bérégovoy zum Selbstmord getrieben. Diesem getreuesten der getreuen Mitterrandisten war ein wohl von Pelat vermitteltes Insider-Geschäft zum Verhängnis geworden.[190] Der zwielichtige Geschäftsmann Roger-Patrice Pelat aber war einer der ältesten Freunde Mitterrands. Die beiden hatten sich 1941 in der Gegend von Weimar, im Kriegsgefangenenlager Stalag IX C, kennengelernt.[191] In den Jahren der Résistance hatte Pelat Mitterrand das Leben gerettet und sich dann bei seinem politischen Aufstieg immer wieder mit Schecks hilfreich erwiesen. Wehleidig beklagte sich Mitterrand schon vor dem Tode Pelats bei seinem Biographen Giesbert, dem Chefredakteur des »Figaro«: »Diese Affäre hat mich im Innersten getroffen, weil ich Patrice wie einen Bruder geliebt habe. Ich wußte, das ist ein unglaublicher Kerl, der zum Besten wie zum Schlimmsten fähig ist … Ich hätte mißtrauisch sein sollen. Aber ich konnte ihm nicht widerstehen.« Mitterrands zunehmend irritierter Vertrauter de Grossouvre kritisierte die lässige Amoralität des Präsidenten mit den Worten: »Ein Staatsmann hat nicht das Recht, solche Leute in seinem Umkreis zu dulden.«[192]

Während Mitterrand immer noch herumreiste und sich als großen Franzosen und Europäer feiern ließ, hatte er wegen dieser und anderer Affären in Frankreich fast jeden Kredit verloren.[193] Man spottete nur noch über ihn. Kein französischer Staatspräsident vor ihm mußte es hinnehmen, daß ein detailliertes Pamphlet mit dem Titel »Mitterrand et les 40 voleurs« auf den Markt kam.[194]

Doch die Enthüllungen gingen weiter. 1994 erschien die gut dokumentierte biographische Studie des Journalisten Pierre Péan: »Eine französische Jugend«. Da Mitterrand wußte, daß die Wahrheit über seine Anfänge nicht mehr zu verheimlichen war, hatte er Péan bei den

Recherchen selbst unterstützt.[195] Seither ist erwiesen, daß der aus einer konservativ katholischen Familie stammende Mitterrand seinen Weg als Sympathisant der antidemokratischen Rechten begonnen hat. Familiäre Verbindungen und Zufälligkeiten des Freundeskreises spielten dabei eine Rolle, aber auch der opportunistische Wille, irgendwie Karriere zu machen. Als es ihm nach zwei gescheiterten Fluchtversuchen 1941 endlich gelang, aus der deutschen Gefangenschaft zu entkommen, begab er sich nach Vichy und erhielt dort dank der Konnexion mit rechtsradikalen Verwandten und Freunden eine Stelle. Daß er 1941 und 1942 seine Zukunft im Lager Pétains sah, kann nicht bezweifelt werden. Immerhin war 1942 noch ein Jahr der deutschen Siege, und Mitterrand hat im nachhinein entschuldigend bemerkt: »Vichy, das war ein Schlampladen. Ein Nazi-Regime war es nicht.«[196]

Nach Landung der Amerikaner in Nordafrika und nach der deutschen Okkupation der zuvor unbesetzten Zone hat sich Mitterrand wie so mancher andere in Vichy darauf besonnen, erst ein Doppelspiel zu betreiben und sich bald ganz dem Widerstand anzuschließen. Dort kämpfte er zweifellos mit großem persönlichem Mut und hatte somit allen Grund, sich vier Jahrzehnte lang als Kämpfer der Résistance feiern zu lassen. Nur mußte eben der Lebensweg vor dem Herbst 1942 möglichst im Dunkeln gehalten werden.

Besonders kompromittierend war dabei, daß Mitterrand wahrscheinlich seit 1949 enge freundschaftliche Beziehungen zu René Bousquet unterhielt. Immer wieder traf man sich an der Tafel, auf Mitterrands Landsitz in Latché oder auch im Elysée. Bousquet war von April 1942 bis Dezember 1943 Polizeichef Vichys; erwiesenermaßen an der Judenverfolgung beteiligt, hatte er aber ähnlich wie Mitterrand schließlich ein Doppelspiel betrieben. Man machte ihm jahrelang den Prozeß, doch in den fünfziger Jahren war er an der Spitze der »Dépêche du midi« wieder ein einflußreicher Mann. Mitterrand zog sich erst 1986 zurück, als die Untaten Bousquets öffentlich bekannt wurden. Auch diese Verwicklung kam Ende 1994 heraus und brachte den Präsidenten bei der Linken um den letzten Kredit.

Zur gleichen Zeit nahm die französische Öffentlichkeit eher amüsiert zur Kenntnis, wie lange und wie getreulich Mitterrand faktisch eine Doppelehe führte, was ihn indessen von weiteren Amouren nicht abhielt. Die Fernsehbilder seiner Beisetzung auf dem schlichten Friedhof von Jarnac gingen um die Welt: die beiden Familien in Trauer vereint – Danielle Mitterrand, die radikale Sozialistin, und Anne Pingeot, die kunstverständige Konservatorin aus dem Musée d'Orsay. Die Kommentatoren hoben nun hervor, daß die beiden Frauen für die zwei Seiten dieses widersprüchlichen Mannes standen, der zugleich Vollblutpolitiker war und ein Schöngeist.

*Besuch des todkranken Präsidenten Mitterrand bei Bundeskanzler Kohl in Bonn, 30. November 1994.*

Der letzte Akt der Enthüllung ereignete sich einige Monate nach dem Tod Mitterrands. Jetzt brachte der am Schluß in Ungnade gefallene Claude Gubler, Mitterrands Leibarzt seit 1969, die Krankengeschichte des Präsidenten ans Licht. Dieser Vertrauensbruch war noch skandalöser als Lord Morans kurz nach dem Tod Churchills erschienene Indiskretionen über Churchill,[197] und das Buch wurde zu Recht verboten. Doch der Kern von Gublers Aussagen ist wohl nicht zu bezweifeln. Danach wurde Frankreich vierzehn Jahre lang von einem Präsidenten regiert, der bereits im November 1981, wenige Monate nach seiner Inauguration, darüber informiert war, daß er an einem Prostatakrebs litt, der bereits die Knochen befallen hatte. Unter Inanspruchnahme aller medizinischen Künste und mit bewundernswürdiger Willenskraft hat der nie mehr voll genesene Präsident zwei Amtszeiten durchgestanden. Über lange Jahre hinweg wurde die Öffentlichkeit durch zahlreiche lügnerische Bulletins über den wahren Zustand des Präsidenten getäuscht. Verglichen mit Mitterrand wirkt Kennedy, der ähnlich gewissenlos vorging, wie ein Anfänger. Die französische Öffentlichkeit wußte nicht mehr, was sie mehr bestaunen sollte: den unglaublichen Durchhaltewillen dieses alten Mannes oder die Verantwortungslosigkeit eines Politikers, der an der Spitze eines großen Landes weitermachte, obschon er nicht mehr geschäftsfähig war. Das Jahr 1995 war dann schließlich ein quälendes, von Mitterrand zunehmend öffentlich zelebriertes Sterben.

Wer immer sich im Licht der neueren Informationen mit Mitterrand beschäftigt, entdeckt in seinen zahlreichen autobiographischen Veröffentlichungen und Interviews eine Vielzahl kleinerer oder größerer Unwahrheiten. Sein ganzes Leben war umhüllt von einem raffiniert gewirkten Lügengewebe. Daß dieser Präsident zudem Hunderte von Franzosen – politische Gegner, Mätressen, Mitarbeiter – heimlich telephonisch bespitzeln ließ, konnte am Ende niemanden mehr erstaunen.

Seitdem das alles bekannt ist, wächst in Frankreich die Neigung, Mitterrand nicht nur als politische Größe interessant zu finden, sondern auch als eine Art Romanfigur, die in der französischen Geschichte des 20. Jahrhunderts nicht ihresgleichen hat. Der brillante Aufsteiger aus der Provinz, der sich nach Paris aufmacht, um sich die bewunderte Metropole zu unterwerfen – das ist seit den Tagen Napoleons eine wohlbekannte Gestalt. Der literarisch kundige Mitterrand war damit bestens vertraut. Tatsächlich soll er im Alter von zwanzig Jahren auf einem Hügel im Angesicht der Metropole übermütig ausgerufen haben: »Paris, ich komme!«[198] Die dramatische Pose war Balzacs Romanfigur Eugène Rastignac nachempfunden, der seinen ehrgeizigen jungen Helden am Ende des Romans »Le père Goriot« auf dem Friedhof Père-Lachaise beim Blick auf das abendliche Paris zwischen Place Vendôme und Dome des Invalides eben diese Worte sprechen läßt. Zuvor hatte der Romanheld bei den reichen, kaltherzigen Damen der Pariser Gesellschaft seine Lektionen gelernt: »Sie werden erfahren, wie abgrundtief verdorben die Frauen, wie erbärmlich eitel die Männer sind ... Je kühler Sie rechnen, desto weiter werden Sie kommen. Schlagen Sie ohne Mitleid zu, man wird Sie fürchten.«[199]

Mitterrand war in der Tat ein Mann nach der Art eines Rastignac. Sein Geburtsort war Jarnac im Départment Charente – tiefste französische Provinz. Dort ließ er sich auch bestatten. In die Provinz zog es ihn immer wieder zurück. Wann immer er ausruhen oder mit Freunden und ausländischen Staatsmännern in ungestörter Atmosphäre zusammentreffen wollte, begab er sich in die alte Schäferei zu Latché im Aquitaine, die er mit Büchern vollgestopft hatte. Auch die Gesprächspartner sollten spüren, daß er ein leidenschaftlicher Leser war, der auf dem Land wieder zu sich selbst kam. Seine Karriere aber machte er in Paris, und es befriedigte ihn zutiefst, länger als jeder andere Franzose im 19. oder 20. Jahrhundert im Elysée ausgeharrt zu haben.

Obschon er unablässig von politischen Ideen und von politischer Ethik zu reden wußte, sind die meisten Beobachter heute davon überzeugt, daß ihm die Ziele und Inhalte der Politik im Endeffekt gleichgültig waren. Er begann bei den Rechtsextremen, besetzte in der Vierten Republik eine gemäßigt fortschrittliche Position etwas links von der Mitte, hielt seit den sechziger Jahren zunehmend linkere Positionen für angemessen, bis er ab Mitte der achtziger Jahre erneut eine zentristische Politik betrieb.

Shimon Peres, der Mitterrand sehr schätzte und ihn genau studiert hat, kam zu dem Schluß: »Letzten Endes ist er ein Individualist.«[200] Seine Gegner, die gegen Lebensende sehr viel zahlreicher waren als seine Freunde, nannten ihn einen Opportunisten oder Schlimmeres. Besonders die Urteile der enttäuschten Anhänger waren an Schärfe nicht zu überbieten. Mitterrands jahrzehntelanger Intimus François de Grossouvre beispielsweise, der sich, verzweifelt wie Bérégovoy, gleichfalls erschoß (jedenfalls fand man ihn tot mit einer Pistole in der Hand), hat das düsterste Bild dieser widersprüchlichen Persönlichkeit entworfen: »Ich habe zwanzig Jahre lang gekämpft, und jetzt kurz vor dem Ende wird mir klar, daß er uns an der Nase herumgeführt hat. Er glaubte nicht an das, was er sagte. Sein Humanismus war nichts als leere Phrase. Er war ein Zyniker, dem alles außer ihm selbst gleichgültig war.«[201] Und dann die Kurzcharakteristik, die damals auch Jean Montaldo von ihm hört: »Geld und Tod, nur das interessiert ihn noch.«[202]

Wie beim Bildnis des Dorian Gray schien zum Schluß alles abgeblättert: der kühne Widerstandskämpfer, der radikaldemokratische Anti-Gaullist, der Verfechter sozialer Gerechtigkeit, der sozialistische Hoffnungsträger mit der roten Rose, der große Franzose, der große Europäer und der große Versöhner. Es blieb das zerstörte Gesicht eines gewissenlosen, aber auch unglücklichen Egoisten. Doch selbst diejenigen, die ihn als kalte und leere Seele bedauerten oder verachteten, bewunderten seine Selbstdisziplin, seinen Durchhaltewillen und die Fähigkeit des genialen Komödianten, das Publikum des französischen Staatstheaters bis zur letzten Stunde zu faszinieren.

Als Persönlichkeit wird dieser Präsident jedenfalls lange denkwürdig bleiben. Aber hat er auch in der Geschichte Europas wirklich große Spuren hinterlassen? Mitterrand selbst war skeptisch. Wer drei Wochen vor dem lange bekämpften Krebstod nach Assuan reist, macht sich in Sachen Nachruhm wenig Illusionen. Vielleicht hat er sich wie die Pharaonen allein von seinen Baudenkmälern einen Hauch von Unsterblichkeit versprochen. Roland Dumas, der langjährige Außenminister des Präsidenten, meint: »Die großen Bauprojekte, die Pyramide im Louvre und die Arche de la Défense – das wird wahrscheinlich bleiben.«[203]

Immerhin hat Mitterrand eine Reihe innenpolitischer Leistungen aufzuweisen, die ihm in der Geschichte der Fünften Republik einen eigenen Rang verleihen. Der Wiederaufbau einer großen sozialistischen Partei nach den Debakeln der vorhergehenden Jahrzehnte war fast ausschließlich sein Werk. Das hat er 1971 auf dem bald legendären Kongreß in der Sporthalle von Épinay-sur-Seine mit einer scharfen Wendung nach links verbunden, die ihn für die damals noch sehr starken Kommunisten bündnisfähig machte. Der ideologische Gehalt der Neuorientierung war eher kläglich. »Den Anhängern François Mitterrands genügt ein Elementarmarxismus«, glossierte Raymond Aron spöttisch.[204]

Im nachhinein ist leicht erkennbar, daß sich die zynische Spielernatur Mitterrand dabei rein taktisch verhielt. Er folgte dem damals im westlichen Europa vorherrschenden Zeitgeist und stieß deshalb anfänglich heftig mit Helmut Schmidt zusammen, der zu jenen Sozialdemokraten gehörte, die den »historischen Kompromiß« mit den Erben Stalins prinzipiell ablehnten.[205] Dennoch hat Schmidt den französischen Präsidenten später schätzengelernt. Zweierlei wurde nämlich bald deutlich: Mitterrand hat die einstmals mächtige französische KP im Rahmen der Linksunion kühl domestiziert und schließlich auch die westliche Nachrüstung gegen die SS-20 unterstützt.

1981 gelang es ihm dank dem Mehrheitswahlrecht, fast 55 Prozent der Parlamentssitze für den Parti socialiste zu erobern. Die Kommunisten errangen nur noch 9 Prozent. Großzügig speiste er sie dennoch mit einigen zweitrangigen Kabinettsposten ab. Ihr Abstieg setzte sich weiter fort, und so konnte sich der Zaubermeister Mitterrand zu Recht rühmen, damit eine Hypothek abgelöst zu haben, die drei Jahrzehnte lang auf dem französischen Parlamentarismus gelastet hatte. Ob sich dieser große Opportunist den Kommunisten bei einem anderem Verlauf der Wahlen flexibel angepaßt hätte, ist reine Spekulation. Tatsache ist, daß er dies nicht tun mußte, auch deshalb nicht, weil er gerissener war als das ganze Politbüro durchschnittlicher kommunistischer Funktionäre zusammengenommen.

Die grundlegende Neugestaltung der französischen Wirtschaft und Gesellschaft mißlang ihm indessen. Als er am 21. Mai 1981 das Amt des Staatspräsidenten übernahm, versammelte sich die ganze europäische Linke, um den neuen Hoffnungsträger zu feiern: Willy Brandt, Felipe Gonzalez und Olof Palme. Mitterrand sah sich in diesen Stunden als Erben der legendären Volksfrontregierung unter Léon Blum. Indem er sich am Nachmittag dieses Tages zu Fuß ins Panthéon begab, um vor dem Sarkophag von Jean Jaurès eine rote Rose niederzulegen, stellte er sich selbst in die Tradition der republikanischen Linken, die über Gambetta hinweg noch viel weiter ins 19. Jahrhundert zurückreicht.

Doch die beiden Septennate wurden dann alles in allem Jahre der Frustration. Zweimal – 1986 und 1993 – zerrannen ihm die sozialistischen Mehrheiten. Das Experiment sozialistischer Wirtschafts- und Gesellschaftsreform hatte bereits 1983 den Staatshaushalt und die Währung zerrüttet, und schließlich versank die Sozialistische Partei in einem Sumpf von Korruption und politischem Zynismus. Beim Tod Mitterrands schien der französische Sozialismus marginalisiert, um sich allerdings dann rasch wieder zu erheben.

Frankreich grundlegend verändert hat Mitterrand somit nicht. Aber wollte er das denn wirklich? Sein romantischer Sozialismus mit Verstaatlichungen und unsinnigen Lohnerhöhungen war schon 1983, zwei Jahre nach der gloriosen Machtübernahme, finanziell am Ende. Seither beschränkte er sich darauf, wenigstens den Wettbewerb mit der deutschen Wirtschaft einigermaßen zu bestehen. Am Ende der Ära Mitterrand war die französische Wirtschaft mit Arbeitslosigkeit stark geschlagen, weiterhin etatistisch verkrustet und global nicht hinlänglich wettbewerbsfähig. Die Franzosen nahmen dies teils zufrieden, teils unzufrieden zur Kenntnis, haben ihn aber letztlich doch gewähren lassen als paradoxe Galionsfigur eines höchst beweglichen Immobilismus.

In Wirklichkeit war der konservative de Gaulle viel reformfreudiger als Mitterrand, der ihn erst voller Rankünе betrachtet und ihn später mit allen Mitteln bekämpft hat. 1964 hat er ein sarkastisches, gegen de Gaulle gerichtetes Pamphlet »Le coup d'état permanent«[206] veröffentlicht, dann aber in vielem, kaum daß er selbst im Elysée angelangt war, den großen General zu kopieren versucht. Wie dieser spielte er den erhabenen Wahlmonarchen, hüllte seine Absichten in tiefes Geheimnis, brillierte mit Bildungsprunk und Sarkasmen, wechselte die Ministerpräsidenten wie Handschuhe und betrieb eine neogaullistische Außenpolitik. Nur in drei wesentlichen Punkten unterschied er sich von dem General: Er begnügte sich nicht mit einer einzigen Ehefrau, er glaubte allenfalls an den Gott Voltaires, und korrupte Freunde waren ihm kein Greuel, sondern nur dann genierlich, wenn der Schmutz an die Öffentlichkeit drang.

Nach Art seines gehaßten und bewunderten Vorbilds de Gaulle hat auch Mitterrand versucht, eine große globale Rolle zu spielen. Da er immerhin vierzehn Jahre Präsident war, konnte er im Kreis der G-7 oder auf den europäischen Gipfeln schon bald dank Anciennität glänzen. Er hat mit allen Partnern von Rang geflirtet und die meisten von ihnen periodisch vor den Kopf gestoßen. Doch genauso wie de Gaulle hat auch Mitterrand nicht viel Dauerhaftes erreicht. Am Ende seiner Tage mußte er sich eingestehen, daß die Entwicklung in Mitteleuropa und Osteuropa ohne einen Präsidenten Mitterrand wohl genauso verlaufen wäre. Während des Umbruchs 1989/90 wirkte er nicht gestaltend, sondern nur als frustrierter Bremser.

Ebenso wie de Gaulle und Giscard d'Estaing hatte auch er das utopische Ziel verfolgt, für Frankreich den Schatten einer Weltmachtrolle zu bewahren, indem er die stärkere, mit psychologisch druckempfindlichen Staatsmännern ausgestattete Bundesrepublik an französische Führung gewöhnte. Als sich mit der Wiedervereinigung herausstellte, daß künftig Deutschland die Zentralmacht Europas sein würde, vermochte er nur noch halb resigniert zu reagieren. »Das Sündenregister, Deutschland betreffend, ist lang und umfaßt nicht nur die beiden Blitzbesuche in Kiew, Dezember 1989, und Moskau, Mai 1990, und die Geisterfahrt zu Krenz und Modrow«, hat Brigitte Seebacher-Brandt dies im Februar 1992 spitz kommentiert.[207]

Wie sehr Mitterrand übrigens damals von den Geistern des späten 19. und des frühen 20. Jahrhunderts verfolgt wurde, bewies seine bald bekanntgewordene Unterredung mit Margaret Thatcher vom 8. Dezember 1989, als er allen Ernstes die Gefahr eines neuen München an die Wand malte. »Wir sind,« so habe er Genscher gesagt, »Freunde und Verbündete. Doch was sich gegenwärtig abspielt, läßt uns eine neue Allianz zwischen Frankreich, Großbritannien und der Sowjetunion gegen Deutschland ins Auge fassen, genauso wie 1913. Sie werden 90 Millionen Einwohner haben, die Sowjetunion wird sich gegen Sie wenden, und Sie werden eingekreist sein.« Und so schlug dieser angeblich große Freund Deutschlands und große Europäer der Premierministerin eine Wiederaufnahme der Entente cordiale nach dem Vorbild der Jahre 1913 und 1938 vor.[208]

Zum Bedauern von Margaret Thatcher entschied er sich dann aber doch nicht für die von ihr bevorzugte Neuauflage der Entente cordiale, sondern für die vorbeugende Schwächung des wiedervereinigten Deutschland durch Europäisierung der D-Mark, womit die Kontrolle der westeuropäischen Partner über Deutschland auf Dauer gesichert werden sollte. Und mit Unterstützung von Delors und Andreotti gelang ihm das Kunststück, Kohl und Genscher zur Preisgabe der D-Mark zu bewegen, nachdem er sie durch leere Drohungen mit neuer Einkreisungspolitik hinlänglich verängstigt hatte.

Mitterrand war schon zuvor entschlossen gewesen, die D-Mark als wichtigstes Machtinstrument bundesdeutscher Außenpolitik zu neutralisieren. Ihre Dominanz hatte ihn trotz großzügiger Stützungsmaßnahmen der Regierungen Schmidt und Kohl nicht mehr ruhen lassen, seit er im Jahr 1983 durch die Stabilitätspolitik der Bundesbank zur Aufgabe seiner inflationären Reformen gezwungen worden war. Zugleich sah er in einer deutsch-französischen Währungsunion ein Mittel, den Thatcherismus vom Kontinent fernzuhalten. Schon bevor der Wiedervereinigungsprozeß in Gang gekommen war, notierte Jacques Attali am 9. Mai 1989 einen der unvergeßlichen Aussprüche des Präsidenten: »Die Hauptfrage der Europapolitik liegt darin, eine monetäre Übereinstimmung mit Deutschland zu erzielen, damit wir uns einen Konflikt mit Großbritannien leisten können.«[209]

Wird er somit als einer der großen Europäer in die Geschichte der europäischen Einigung eingehen? Liegt darin die eigentliche Bedeutung dieses ansonsten wenig gestaltungsfähigen Präsidenten? Von den föderalistischen Europaideen der Deutschen oder der Italiener hat er nie viel gehalten. Ihm war immer bewußt, daß Europa auch künftig nur ein Europa der Nationalstaaten sein kann, verflochten allerdings durch integrative und koordinative Institutionen. Im Vorfeld des Gipfels von Luxemburg, auf dem die Einheitliche Europäische Akte beschlossen wurde, beruhigte er den irischen Ministerpräsidenten Fitzgerald mit den Worten: »In Europa gibt es keine Homogenität. Es bedarf auch weder einer allzu starken Kommission noch eines allzu starken Parlaments. Es geht nicht an, daß die nationalen Egoismen sich als Gemeinschaftswillen verkleiden.« Eine wichtige Ausnahme von diesem Grundsatz sah er allerdings schon 1985: die Währungsunion.[210]

Auf seine Art und Weise war Mitterrand durchaus ein Europäer, doch eben nur zu französischen Bedingungen. Der eigentliche Charme der »construction européenne« bestand seiner Meinung nach darin, die potentere Bundesrepublik mittels kluger Konstruktion der europäischen Institutionen zu fesseln und der Führung Frankreichs zu unterwerfen. Schon auf dem Parteitag seiner kleinen UDSR hatte er 1951 proklamiert: »Nichts ist möglich, schon gar nicht der Frieden, wenn Frankreich nicht zum treibenden Motor Europas wird.«[211]

Vor allem während der Auseinandersetzung um den Vertrag von Maastricht und danach hat es dieser kühle Verfechter französischer Staatsräson dann aber verstanden, sich als lebenslänglichen, großen und selbstlosen Europäer sowie als Protagonisten deutsch-französischer Freundschaft zu profilieren. Dabei hat er auch immer wieder symbolische Politik ins Spiel gebracht, die erwünschte Aufmerksamkeit erregte, ohne ihn viel zu kosten: das Händehalten mit dem Bundeskanzler vor dem regengepeitschten *Ossuaire* zu Douaumont, unendliche Spaziergänge und Tête-à-têtes mit Helmut Kohl, die Parade des Eurokorps auf den Champs-Elysées am 14. Juli 1994, an der neben spanischen und Benelux-Einheiten auch Fahrzeuge der Bundeswehr teilnahmen, und schließlich eine bewegende Abschiedsrede in Berlin.

Wo es um wirklich substantielle Fragen ging: Rechte des Europäischen Parlaments, Eliminierung der dominierenden Bundesbank, Veto in Angelegenheiten elementaren nationalen Interesses, autonome Außenpolitik, Kernwaffen, gab er freilich der europäischen oder prodeutschen Sentimentalität keinen Raum. Letztlich gehörte er, auch darin de Gaulle sehr ähnlich, noch jener älteren Generation an, die zu Deutschland in einem zutiefst ambivalenten Verhältnis stand, Faszination und Besorgnis miteinander verbindend. Nicht die Normalität entspannter Nachbarschaft war für ihn kennzeichnend, sondern die emotionalen Erhitztheiten der Zwischenkriegszeit, der Kriegsjahre und selbst noch der fünfziger Jahre. Sein bislang am stärksten nachwirkender Beitrag zur Europa- und Deutschlandpolitik ist zweifellos das Konzept einer europäischen Währung. Wenigstens damit wird er in die Geschichtsbücher eingehen, was immer auch auf längere Sicht aus dem Vorhaben wird. Ob man ihn dann noch einen großen und guten Europäer nennen wird, ist ungewiß. Ein großer Verführer war er allemal.

NEUNTER TEIL

# Die Epoche der Reformer

Die Welt der westlichen Demokratien bot in dem Zeitraum von Mitte der siebziger Jahre bis Mitte der achtziger Jahre ein ziemlich deprimierendes Bild. Schlagworte wie Unregierbarkeit, Stagflation, Systemkrise, »no future«, Niedergang oder Zusammenbruch wanderten aus dem Feuilletonteil auf die erste Seite der Zeitungen. Alarmismus und Katastrophenszenarien, wohin man auch blickte. Selten in der Geistesgeschichte des 20. Jahrhunderts wurde in der Wissenschaft von grämlich-aufmüpfigen Theologen und von tiefbesorgten Schriftstellern soviel Zukunftsangst verbreitet.

Der Club of Rome hatte 1972 den Grundakkord für das ganze Jahrzehnt angeschlagen und aufgrund von Ressourcenerschöpfung in Tateinheit mit Naturzerstörung für das 21. Jahrhundert den völligen Zusammenbruch der Volkswirtschaften prognostiziert. 1980 erschien »Global 2000«, eine Studie vergleichbarer Inspiration. Der dicke Wälzer war Teil einer weltweiten ökologischen Kampagne, die Carter nach seiner Wiederwahl durchführen wollte.[1] Die Ölschocks von 1973 und 1979 schienen ihm recht zu geben. Sogar dem Daueroptimisten Herman Kahn kamen nun einige Bedenken. In seinen letzten Büchern gab er der Sorge Ausdruck, daß »Die zweite Belle Époque« im Jahr 1973 zu Ende gegangen sei. Eine »Époque de malaise« schien sich anzukündigen.[2] Sogar der an und für sich tapfere Raymond Aron veröffentlichte 1977 ein tief pessimistisches Buch: »Plädoyer für das dekadente Europa«. Alexander Solschenizyn, der dem Westen erst kurz zuvor die Augen für die Verbrechen des Kommunismus geöffnet hatte, malte jetzt ähnlich wie seinerzeit der Prophet Daniel im Festsaal König Belsazars einem verunsicherten Amerika den Triumph des feindlichen Großreichs an die Wand.

Pazifistische Intellektuelle und antisowjetische Konservative sahen gleicherweise den dritten Weltkrieg vor der Tür. Jonathan Schell erschreckte Amerika mit dem Horrorszenario eines Kältetods der Menschheit im nuklearen Winter nach einem Atomkrieg.[3] Drew Middleton publizierte 1975 am Ende einer langen Karriere als geachteter Militärkorrespondent das alarmistische Buch »Can America Win the Next War?«[4] General Sir John Hackett zeichnete 1978 in allen Einzelheiten den Ablauf eines Krieges in Deutschland: »Der Dritte Weltkrieg«.[5] Am kritischsten war die Lage in den USA und in Großbritannien. Die Bücher und Aufsätze zum Thema der »englischen Krankheit« füllten Ende der siebziger Jahre bereits eine kleine Bibliothek, wo sie inzwischen verstaubt sind.[6] Doch jedes westliche Land hatte damals seine Politiker, Publizisten, Wissenschaftler und Künstler, die den Niedergang ankündigten.

Demgegenüber war die veröffentlichte Meinung in den kommunistischen Ländern noch auf Optimismus programmiert. Nur die wenigen Kenner der Literaturszene sind damals schon darauf aufmerksam geworden, daß auch die sowjetischen Schriftsteller in verschlüsselter Form gleichfalls grelle Bilder vom Zerfall der eigenen Gesellschaft publizierten. Erst als die lähmende Spätphase Breschnews in die noch lähmendere Phase der moribunden Autokraten Andropow und Tschernenko überging, wurde deutlich, daß sich die Sowjetunion gleichfalls tief in der Krise befand.

Doch inmitten der globalen Malaise schafften nun völlig überraschend die großen Reformer den Durchbruch: Deng Xiaoping 1978, Margaret Thatcher 1979, Ronald Reagan 1980, Gorbatschow 1985. Helmut Kohls Kanzlerschaft 1982 war ebenfalls ein Teil dieses Epochenwechsels, auch wenn dieser sehr vorsichtige Riese von Anfang an die Devise »Koalition der Mitte« auf sein Banner setzte, um zu signalisieren, daß er reformerischem Tiefpflügen abhold war.

Ein derartig plötzliches Auftreten von bedenkenlosen Reformern hatte sich im ganzen 20. Jahrhundert noch nicht ereignet. Der Vorgang ist allenfalls mit dem Hereinpoltern der Diktatoren auf die Weltbühne zu vergleichen, das in der Epoche von 1917 bis 1933 erfolgte und die Welt ins Unheil riß. Die Reformer der achtziger und der frühen neunziger Jahre führten demgegenüber ins Freie.

Reagan, Thatcher, Gorbatschow, Deng, auf seine Weise auch Helmut Kohl sind völlig heterogene Figuren. Jede dieser Persönlichkeiten ist überhaupt nur aus der Krisengeschichte des jeweiligen Landes zu verstehen, und ohne eine weitverbreitete Stimmung der Ausweglosigkeit hätten sie sich gar nicht durchsetzen können. Doch ihr weitgehend zufälliges Auftreten zur gleichen Zeit und in einer schon stark vernetzten Welt hat die globale Szenerie tiefgreifend verändert. Der Reformkapitalismus Reagans etwa strahlte auch auf Lateinamerika aus. Ohne die Renaissance der Marktwirtschaft in den USA wären die Konzepte von Paz Estenssoro in Bolivien, später von Alberto Fujimori in Peru oder Carlos Menem in Argentinien schwer vorstellbar. Als der Kommunismus im Ostblock diskreditiert war, erschien das amerikanische Modell anfangs sogar dort attraktiv – auch dies letztlich eine Fernwirkung Reagans. Genauso hat Gorbatschows Politik den gesamten Ostblock erfaßt und zum Einsturz gebracht. Der Triumph Lech Wałęsas und Václav Havels im Jahr 1989 machte das deutlich. Beide kamen nur dank Gorbatschow zum Zug, genauso wie József Antall in Ungarn, Vytautas Landsbergis in Litauen oder Lennart Meri in Estland.

Desgleichen wären die pazifischen Reformer Richard Douglas in Neuseeland oder Bob Hawke und Paul Keating in Australien ohne das Modell des Thatcherismus nicht so entschieden aus dem kollektivistischen Pferch ihrer Labour-Traditionen ausgebrochen. Im einstigen

Ostblock fand Margaret Thatcher in Václav Klaus einen Jünger, in Argentinien in Carlos Menem. Zwar hatte Großbritannien zu Zeiten von Margaret Thatcher schon längst das Gewicht einer Weltmacht verloren. Doch unter ihr wurde es zum Mekka marktwirtschaftlicher Reformen.

Musterhaft erschien in der Epoche der Reformen sogar die Bundesrepublik Deutschland. Helmut Kohl fand in François Mitterrand einen Nachbarn, der nach dem Debakel des französischen Sozialismus im Jahr 1983 seine Wirtschaftspolitik und seine europäischen Visionen mehr und mehr nachahmte.

Ganz am Ende dieser kurz zuvor noch ganz unvorstellbaren Phase epochaler Reformen trat schließlich das allererstaunlichste Paar von Reformern auf: Staatspräsident Frederik Willem de Klerk in Südafrika und Nelson Mandela. Als de Klerk im Mai 1990 mit Margaret Thatcher zusammentraf, fühlte sie sich insgeheim an Gorbatschow erinnert.[7] Dieser smarte burische Machtpolitiker, der Sohn eines Apartheid-Ideologen[8], ähnelte Gorbatschow insofern, als er zu Beginn seiner Amtszeit nicht daran dachte, etwa die Macht der Buren in Frage zu stellen. Aber mit der Legalisierung des ANC und der Haftentlassung Nelson Mandelas betrat er einen Weg, der ihn innerhalb kürzester Zeit zur vollständigen Kapitulation führte. Seine Anhänger hatten ihn ursprünglich für einen Hardliner gehalten. Doch im entscheidenden Moment erwies er sich als scharf kalkulierender Pragmatiker, bereit zum Deal mit Nelson Mandela.

Auch de Klerks Reformbereitschaft kann als Fernwirkung Gorbatschows begriffen werden. Solange der ANC sich als Instrument sowjetischer Expansionspolitik im südlichen Afrika instrumentieren ließ, wäre jeder Kompromiß mit der weißen Regierung undenkbar gewesen. 1986 aber liquidierte Gorbatschow die bisherige Politik im südlichen Afrika. Somit mußte der ANC auf die revolutionäre Machtergreifung verzichten. Auch in Südafrika zählten nun nur noch die Konzepte der westlichen Staaten, die allesamt eine Verhandlungslösung erwarteten.

Noch viel unbegreiflicher aber erscheint der Häuptlingssohn Nelson Mandela. Er ertrug eine harte Haft von 25 Jahren Dauer, ohne das seinen Unterdrückern haßerfüllt heimzuzahlen. Zwar verließ er das Gefängnis noch als Revolutionär, erkannte aber dann, daß eine Regierung der nationalen Einheit geboten war, und wurde zum führenden Reformer. Anders als de Klerk ist er eine charismatische Persönlichkeit, und so improvisierte er eine Ideologie der Versöhnung zwischen den Volksgruppen, die sich noch vor kurzem gehaßt und gefürchtet hatten. Zur gleichen Zeit, da die liberalen und demokratischen Reformen der Sowjetunion vielerorts im chaotischen Tribalismus endeten, gelang ihm nach zwei Jahren blutiger Turbulenzen ein politisches Wunder: die Errichtung eines vorerst haltbaren multiethnischen neuen Staates mit marktwirtschaftlichen Strukturen. Doch auch diese Leistung wäre so gut wie unmöglich gewesen, hätten zuvor nicht Reagan, Gorbatschow und Bush die internationale Großwetterlage völlig verändert.

## »Not bad for a country boy«: Ronald Reagan

Im nachhinein neigt man zwar dazu, Aufstieg und Erfolg Ronald Reagans für natürlich zu halten, doch zu Unrecht. Nie im 20. Jahrhundert hat sich ein seltsamerer Vogel im Weißen Haus niedergelassen.

Auf den ersten Blick war Reagan so durchschnittlich, wie man nur durchschnittlich sein kann. Nichts Pompöses, nichts Bedeutendes, überhaupt nichts Präsidentielles. »Die Geschichte beginnt am 6. Februar 1911 in der kleinen Stadt Tampico, Illinois, mit der Nahaufnahme von einem Hinterteil. Mein Gesicht war vom Schreien blau, mein Hintern rot von dem Klaps, den ich erhalten hatte, und mein Vater – so behauptete er später – käseweiß, als er mit zitternder Stimme sagte: ›Für so ein kleines Bündel von einem Dutchman macht er einen Höllenlärm.‹ ›Ich finde ihn einfach wundervoll‹, entgegnete meine Mutter erschöpft: ›Ronald Wilson Reagan.‹ Das also war der erste Eindruck, den ich auf die beiden machte.«[9]

So setzen Reagans 1965 erschienene »Erinnerungen« ein. Ein Jahr zuvor schon hatte sich in Michigan der erste »Reagan for President Club« gebildet.[10] Doch dieser bekannte und beliebte Hollywoodstar, dessen Talente man unterschätzte, wenn man ihn nur verächtlich als Akteur in B-Movies abwertete, hatte damals noch ein viel bescheideneres Ziel im Blick: den kalifornischen Gouverneurspalast in Sacramento. Aber kann man sich einen deutschen, französischen, britischen oder russischen Politiker vorstellen, der sich so rundum natürlich präsentiert wie dieser Sohn eines lebensfrohen, leider zur Trunksucht neigenden irischen Vaters und einer rechtschaffenen Mutter, alle beide aus kleinen Verhältnissen?

Damit ist bereits ein wesentlicher Teil des Erfolgsgeheimnisses Reagans genannt: seine herzhafte Natürlichkeit. In jüngeren Jahren schätzte man ihn als den perfekten guten Kumpel, in reiferen Jahren wirkte er wie ein humorvoller Onkel, dann wie ein verständnisvoller Vater oder Großvater. Doch er blieb stets ein Mensch, dem man einfach nicht böse sein konnte, nicht zuletzt deshalb, weil er bei jeder Gelegenheit die herrlichsten irischen Anekdoten zu erzählen verstand.

Der australische Labour-Ministerpräsident Bob Hawke, der häufig nach Washington kam und Reagan genau kannte, schrieb in seinen Erinnerungen: »Ich habe keinen einzigen seiner politischen Gegner getroffen, der ihn persönlich nicht mochte.« Und er zitierte Speaker »Tip« O'Neill von den oppositionellen Demokraten mit dem Ausspruch: »Bob, dieser Präsident ist der konservativste Hundesohn, der mir in meiner ganzen politischen Laufbahn vorgekommen ist, doch verflucht noch einmal, ich kann mir nicht helfen: ich mag diesen Burschen!«[11]

Selbst Helmut Schmidt, dem an der Reaganschen Innen- und Außenpolitik so viel zuwider war, hat ihm in den »Erinnerungen« viele Kränze geflochten: »Im persönlichen Umgang ist er ungekünstelt, freundlich, bescheiden und tolerant«, »männlicher Charme«, Stolz, Zuverlässigkeit und so weiter.[12] Das war nicht nur Höflichkeit gegenüber einem noch amtierenden Präsidenten.

Wenn Reagan mit seinen radikalkonservativen Reformen, aber auch mit seinem harten Antikommunismus durchkam, so deshalb, weil niemand, der diesen freundlichen Mann hörte oder sprach, ihm wirklich finstere Absichten unterstellen konnte. Zudem verfügte Reagan über eine professionelle Erfahrung als Sportreporter, als Schauspieler und als PR-Redner. Daß er ein großer Kommunikator sei, gehörte bald zu den Standardaussagen über ihn. »Tip« O'Neill meinte anerkennend: »Ein guter Debatter ist er nicht, aber wenn er sich auf einen vorbereiteten Text stützen kann, ist er der beste öffentliche Redner, den ich je erlebt habe. Je älter ich werde, um so mehr beginne ich zu glauben, daß ihm in dieser Hinsicht weder Roosevelt noch Kennedy das Wasser reichen können.«[13] Da Reagan ein professioneller Schauspieler war, nahm er seine Rolle aber auch nicht todernst. »Er spielte die Rolle des Präsidenten genauso, wie er die Rolle des Königs Lear spielte«, erinnert sich James Reston, »doch keinen Augenblick verfiel er auf den Gedanken, daß er tatsächlich der König sei.«[14] Anerkennend schrieb Reston, der alles andere als ein Freund der Rechtsrepublikaner war: »Von allen phantastischen Erfolgsfilmen, die in Hollywood gedreht wurden, sind nur wenige, wenn überhaupt einer mit Ronald Reagans wahrer Lebensgeschichte vergleichbar, in welcher der arme Junge aus Illinois zweimal zum Präsidenten der Vereinigten Staaten gewählt wurde.«[15]

Reagan war somit beides: der am Ende des 20. Jahrhunderts nochmals Wirklichkeit gewordene, uralte amerikanische Traum *und* die vollendete Inkarnation des Medienzeitalters. Dieser anscheinend so normale Amerikaner und Schauspieler war aber zugleich ein ausgebuffter politischer Profi. Doch in diesem Punkt trat eine weitere Eigentümlichkeit zutage, die ihn von der großen Mehrzahl amerikanischer Spitzenpolitiker deutlich unterschied: Er war kein Pragmatiker, sondern ein Ideologe.

Sein erster großer politischer Auftritt gelang ihm, als er 1964 auf den erzkonservativen und dann vernichtend geschlagenen Senator Goldwater die Nominierungsrede hielt. Seither hatten ihn die Rechtsrepublikaner von Los Angeles bis New York und von Chicago bis Miami ins Herz geschlossen. Rechts von ihm stand nur Dschingis Khan. Er war der charismatische Katalysator der radikalkonvervativen Strömungen in der amerikanischen Gesellschaft – »der konservative Kennedy«, wie man ihn zutreffend genannt hat.[16] Mitte der sechziger Jahre, als er seine Themen erstmals im Zusammenhang artikulierte, repräsentierte er zwar nur eine Minderheitsströmung im amerikanischen politischen System. Aber als er das Weiße Haus 1988 verließ, war aus seinen Überzeugungen zeitweilig der Mainstream geworden.

Ein Ideologe von langem Atem, der schließlich mehrheitsfähig wird, das gibt es sonst nur in Europa. Mitterrand kommt dabei in Erinnerung, der zwar anders als Reagan an nichts glaubte, aber fast zur gleichen Zeit wie dieser aus einer ideologischen Außenseiterposition startete und nach gut fünfzehn Jahren mehrheitsfähig war. Auch die politische Karriere Hitlers ist ähnlich verlaufen, wenngleich zwischen den Überzeugungen des witzig argumentierenden Ideologen Reagan und der Brutalo-Ideologie Hitlers ganze Welten liegen. Denn Reagan war die seltene Erscheinung eines Radikalen, der ein anständiger Mensch war. Seine Verführungskunst bestand darin, die wohlbekannten Themen des Radikalkonservativismus nicht in anödender Monotonie vorzutragen, sondern sehr unterhaltsam, garniert mit schlagenden Beispielen, mit witzig präsentierten statistischen Befunden, mit historischen Anekdoten, oft sogar mit humorvoller Selbstironie. Gleichwohl war er der ideologischste aller amerikanischen Präsidenten und eben nach Art aller bedeutenden Ideologen von größter Beharrlichkeit. Wie erst später bekanntgeworden ist, ließ er seine engsten Mitarbeiter schon vierzehn Tage nach seiner Wahl zum Gouverneur von Kalifornien wissen, daß er sich jetzt das Weiße Haus zum Ziel gesetzt hatte.[17] Und obwohl ihn kundige Journalisten und Wahlanalytiker lange Zeit für chancenlos hielten, blieb er unbeirrbar bei seinen noch weithin extrem erscheinenden Themen und gewann damit zweimal – 1965 und 1970 – die Gouverneurswahlen von Kalifornien. 1976 machte er dem gemäßigten republikanischen Präsidenten Ford bereits schwer zu schaffen und errang schließlich am 4. November 1979 mit sehr stattlicher Mehrheit – 50,7 Prozent der Wählerstimmen – die Präsidentschaft. 1984 gelang ihm sogar ein Erdrutschsieg mit stolzen 58,4 Prozent der Stimmen.

Die Gegner Reagans und kritische Journalisten haben oft die Frage aufgeworfen, ob er nicht einfach nur ein begnadeter Schauspieler sei, angeheuert und finanziert von kalifornischen Millionären, die in ihm einen geschickten PR-Mann sahen. Tatsächlich gibt sein Einstieg in die Gouverneurswahl von 1965 zu denken. Die Initiative ging von dem Millionär Holmes Tuttle aus, der mit Reagan befreundet war, seit dieser ihm 1946 ein Auto abgekauft hatte. Nach der Wahlniederlage des schmählich gescheiterten Goldwater brachte Tuttle eine kleine Gruppe von Millionären zusammen, die er davon überzeugte, man solle es bei der Gouverneurswahl mit Reagan versuchen, der aufgrund seiner Fernsehauftritte beim CBS »General Electric Theater« im Staat weithin bekannt war. Man beauftragte eine Werbefirma, Reagan auf seine Eignung zu testen. Diese verfaßte dann für ihn Skriptbücher und dicke Bände von Hintergrundinformationen, die er perfekt memorierte und mit großer Spontaneität zu präsentieren verstand.[18] Zwar glaubte er schon damals an seine konservative Botschaft, hatte aber wenig Ahnung von der operativen Gestaltung des vage Erstrebten. Das waren die Anfänge, von denen Reagans Manager Lyn Nofziger später wie folgt zu berichten wußte: »Ronald Reagan nahm plötzlich, aus dünner Luft kommend, Gestalt an – ohne politischen Hintergrund, ohne politische Kumpane, ohne politischen Apparat ... Er hat nicht einmal seine eigene Wahlkampagne geleitet. Diese wurde von angeheuerten Leuten durchgeführt, die sich dann davonmachten. Als er gewählt war, stellte sich deshalb die große Frage: ›Mein Gott, was tun wir nun‹?«[19] Tatsächlich war seine erste Amtszeit als Gouverneur dann ein ziemliches Gewurstel, doch er lernte aus seinen Fehlern; die zweite Amtszeit war ein Erfolg.

Dennoch verhielten sich die Dinge nicht ganz so einfach. Immerhin hatte Reagan schon Mitte der vierziger Jahre als Präsident einer Schauspielergewerkschaft eine Menge praktischer politischer Erfahrungen gesammelt. Sein emotional tief verankerter Antikommunismus ging auf diese Jahre zurück und wurzelte somit ursprünglich in innenpolitischen Erfahrungen.[20] Damals schwor er noch auf Roosevelts New Deal.

Man darf auch nicht vergessen, daß Reagan auf dem Eureka College in Illinois in Volkswirtschaftslehre zumindest die niederen Weihen erhalten hatte. Wer in den dreißiger Jahren aufwuchs, wurde ohnehin Tag für Tag mit ökonomischen Fragen konfrontiert, und in den fünfziger Jahren hielt Reagan Tausende von Ansprachen vor Angestellten von »General Electrics«, meistens über Wirtschaftsfragen.

Als ihn die Gruppe um Tuttle ins Rennen schickte, war er überdies selbst schon ein recht wohlhabender Mann, dem die Weltanschauung der kalifornischen Millionäre keineswegs fremd war. Aber er hatte eben nicht vergessen, wie der normale Amerikaner denkt, der weder in einer Villa in Beverly Hills noch in Santa Barbara wohnt.

Die Gouverneurszeit in Kalifornien gab Reagan dann Gelegenheit, alle Aspekte moderner Politik besser zu verstehen. Dabei lernte er auch die Kunst des Kompromisses, denn er hatte es mit einer ihm feindlich gesinnten Legislative zu tun. Hier fand er auch einen Teil der späteren Koryphäen seiner Administration in Washington: »Cap« Weinberger, George P. Shultz, Edward Meese und Michael Deaver. Als er sich somit auf den Weg ins Weiße Haus machte, war er zwar immer noch ein Ideologe, aber zugleich ein politischer Profi. Und 1980 besaß er die professionellste Wahlkampfmaschine aller Kandidaten.

Was immer auch die Motive seiner Hinwendung zum Konservativismus waren, seit seinem ersten Auftreten lernte ihn Amerika jedenfalls als völlig aufrichtigen Überzeugungspolitiker kennen. Der Journalist Hedley Donovan, der in Washington Gelegenheit hatte, neun Präsidenten aus nächster Nähe zu erleben, beschrieb ihn später als einen »Mann der Gewißheiten«. Keiner außer Harry Truman sei je so davon durchdrungen gewesen, mit seiner Politik auf dem rechten Weg zu sein.[21]

Dieser aus dem gewohnten amerikanischen Rahmen fallende Politiker wies jedoch noch weitere Eigentümlichkeiten auf. Sein Führungsstil war der eines Einzelgängers. Fast alle, die mit ihm zusammenarbeiteten, machten diese Beobachtung. Robert M. Gates von der CIA, ein Geheimdienstexperte, der in allen dunklen Korridoren der Macht sicher seinen Weg fand, meinte im Rückblick: »Er schuf Distanz zwischen sich selbst und sogar den höchsten Spitzen seiner Administration.«[22] Donald Regan, 1980 bis 1984 als Finanzminister eine Schlüsselfigur der »Reaganomics«, später Stabschef des Präsidenten und in bitterem Streit mit Nancy Reagan aus dem Weißen Haus vertrieben, schreibt in seiner großen Abrechnung mit dem Präsidenten, daß er sich in den ersten Monaten als Finanzminister völlig allein gelassen vorkam. Keine einzige Minute habe Reagan sich die Zeit genommen, ihm unter vier Augen zu erklären, »was er von mir erwartete, welche Ziele er erreicht sehen wollte oder welche Resultate er wünschte«.[23] Außer den öffentlichen Äußerungen des Präsidenten, so berichtet Regan, habe er keine weiteren Direktiven erhalten. Dies war die entscheidende Periode, als die »Reaganomics« durchgesetzt wurden, die den Boom der achtziger Jahre zur Folge hatten und den amerikanischen Staatshaushalt fast ruinierten.

Schon während der Gouverneurszeit zu Sacramento hatte Reagan seine Neigung erkennen lassen, die Amtsgeschäfte wie der Vorsitzende eines Aufsichtsrats zu führen, nur auf die großen Linien zu achten und alles lästige Detail den Ministern und Mitarbeitern zu übertragen. Auf diese Art und Weise hat dann der zu Beginn seiner Amtszeit immerhin schon 69 Jahre alte Präsident auch die langen acht Jahre relativ entspannt überstanden. Wenige moderne Präsidenten vor ihm und nach ihm waren so oft von Washington abwesend, und keiner wirkte so unverbraucht, als er sich vergnügt zu seinen Pferden nach Kalifornien zurückzog. Da aber jedermann wußte, wie großzügig er zu regieren pflegte, hat man es ihm letztlich sogar geglaubt, daß er in der für ihn höchst gefährlichen Iran-Contra-Affäre wirklich nicht in alle Einzelheiten eingeweiht war. Denn auch über die Administration des Götterlieblings Reagan gingen hohe Wogen von Skandalen hinweg, wie in Washington so üblich.

Auf Besucher wirkte sein durch großzügiges Delegieren gekennzeichneter Regierungsstil freilich oft merkwürdig. Ministerpräsident Hawke berichtet von einer längeren, formellen Unterredung, zu der ihn Reagan inmitten der zuständigen Kabinettsminister empfing. Nach einer freundlichen Begrüßung bat der Präsident, die Punkte zu nennen, die Hawke zu besprechen wünschte. Bei jedem der dann angeschnittenen Themen griff Reagan nach einem Stapel vorbereiteter Karten, die er wie ein Kartenspiel auffächerte, zog rasch die jeweils passende Karte heraus, las einige allgemeine Sätze davon ab und wandte sich dann an den zuständigen Minister mit der Bitte um eine ausführlichere Darlegung. Auf diese Art und Weise wurden Fragen der Binnenkonjunktur, der Außenpolitik oder der Sicherheit abgehandelt, und zumindest Hawke nahm keinen Anstoß daran, meinte vielmehr, Reagans Art, sich zu geben, sei erfrischend aufrichtig gewesen. Reagan habe überhaupt nicht den Anschein zu erwecken versucht, Expertenwissen zu besitzen, über das er nicht gebot.[24] Er hielt sich an einige feste Überzeugungen und prüfte mit gesundem Menschenverstand, oft auch recht eigensinnig, ob die Mitarbeiter in seinem Sinne handelten. Im übrigen verstand er zuzuhören, wenn er zum Urteilsvermögen eines Gesprächspartners Vertrauen hatte.

Erst im Laufe der Zeit merkten viele der hohen und weniger hohen Akteure, daß man sich durch die scheinbare Bequemlichkeit und fröhliche Oberflächlichkeit dieses Mannes nicht täuschen lassen durfte. Robert M. Gates etwa kam alsbald zu der Einsicht: »Sein lässiges Auftreten verbarg einen der härtesten und schlauesten Köpfe zeitgenössischer Politik – zumindest in den ersten vier oder fünf Jahren seiner Amtszeit.«[25]

Der eigenartige Regierungsstil dieses eigenartigen Mannes wies noch eine weitere Besonderheit auf, die vieles erklärt. In Reagan steckte ein Träumer, der mitunter in jene eigentümliche Entrücktheit des Schauspielers geriet, der sich auf seine Rolle konzentriert. So registrierten die engsten Mitarbeiter immer wieder einmal, daß der Präsident im Verlauf von Besprechungen weit abwesend schien,[26] wenn er nicht gerade Hollywoodgeschichten zum besten gab oder über das Thema Football plauderte. Auch Reagan selbst war sich dieser brütenden Gestimmtheit wohlbewußt. Jedenfalls hat er sie in dem aufschlußreichen ersten Kapitel seiner Memoiren als existentielles Urerlebnis des Schauspielers geschildert. Dieser müsse sich bis zur Selbstaufgabe in einen anderen Menschen und eine andere Situation versetzen und bringe mindestens die Hälfte der Zeit seines Wachseins »in einer Phantasiewelt« zu.[27] Überdies müsse er stets darauf bedacht sein, die Phantasiewelt so zu vermitteln, als wäre sie Wirklichkeit. Und Reagan fügte hinzu, ihm sei klargeworden, daß man in diesem Metier sehr leicht den Blick für die Wirklichkeit verlieren könne.

Anscheinend hat er dieses jahrzehntelang geübte Training auch als Präsident nicht aufgegeben. Alles, was Woche für Woche in Form von Memoranden, Gesprächen, Policy-Optionen, absurdesten Vorfällen und Krisen im Weißen Hans zu bewältigen war, ließ der Schauspieler-Präsident häufig an sich vorbeirauschen, bis er einen Satz oder ein Bild erspähte, das sich als Ausgangspunkt für ein Konzept, für einen Verhandlungsauftritt oder für eine Fernsehrede eignete. Was ursprünglich nur Idee war, mußte nun so verinnerlicht werden, als ob es Realität wäre. Als solche hat er es dann vermittelt.

So ließ er sich mit fast traumwandlerischer Sicherheit auf das Konzept der Reaganomics ein, mit dem er nicht nur amerikanische Wirtschaftsgeschichte gemacht hat. Die Forderung nach Steuersenkung hatte er zwar immer verfochten. Doch es ist nicht dasselbe, ob man als Präsidentschaftskandidat überzogene Forderungen aufstellt oder als Präsident die entsprechende Gesetzgebung tatsächlich veranlaßt. Als David Stockman ihm damals mit aller Überzeugungskraft ökonomischer Zauberer bewies, daß das Hokuspokuskonzept der Reaganomics tatsächlich eine reale Möglichkeit sei, griff Reagan das ihm zusagende Skript auf, memorierte es und überzeugte erst sich selbst, dann den Kongreß und gleichzeitig die Wähler, daß das Wirklichkeit sei.

Man hat Reagan damals und später der völligen Verrücktheit beschuldigt. Zu Beginn seiner Amtszeit belief sich die amerikanische Staatsschuld auf 800 Milliarden Dollar, an ihrem Ende waren es 2,2 Billionen.[28] George Bush war wegen dieser Pläne schon im Vorwahlkampf mit Reagan aneinandergeraten und hatte diese zutreffend »Voodoo-Economics« genannt. Er mußte die Suppe später auch auslöffeln.

Daß Reagan selbst daran geglaubt hat, gleichzeitig größere Streitkräfte, niedrigere Steuern und ein ausgeglichenes Budget zustande zu bringen, ist unwahrscheinlich. In Sachen Staatsschuld und Defizite legte auch er nur die wohlbekannte Gewissenlosigkeit großer Staatsmänner an den Tag. Immerhin ließ sich auch hier erkennen, wie stark er jeweils geneigt war, seinen Vertrauten Carte blanche zu geben, sofern es diesen nur gelang, ihre operativen Konzepte überzeugend zu präsentieren.

Ähnlich bedenkenlos und einfallsreich zugleich verfuhr er in der Außenpolitik, die jahrelang vor allem im Ausland noch mehr irritiert hat als seine Innenpolitik. Anfänglich hatte er nur Großbritannien fest an seiner Seite. Margaret Thatcher, die ihn erst in seinem Antisowjetismus bestärkte und dann für Gorbatschow erwärmte, zeigt sich bis heute davon überzeugt, daß dieser Präsident die westlichen Demokratien in kritischster Lage gerettet hat. Der Westen, so schreibt sie, war vor dem Amtsantritt Reagans »langsam, aber sicher auf die Verliererstraße geraten«.[29] Wirtschaftliche Stagnation verband sich mit resigniertem Zurückfallen im Rüstungsbereich und in vielen wichtigen Regionen. Indem aber Reagan mit seinem problematischen Deficit-spending Amerika wieder zur Konjunkturlokomotive machte, schuf er die Voraussetzung für ein neues Selbstvertrauen. Da der Präsident die Auseinandersetzung mit der Sowjetunion durchaus als eine Art Krieg verstand, wenngleich noch ohne Waffeneinsätze, führte er den Ost-West-Konflikt so entschlossen, wie man eben einen Krieg führt: Hochfahren der Rüstung, selbst mit dem Risiko des Staatsbankrotts, Entwicklung aller denkbaren modernen Waffensysteme, Einleitung von Geheimoperationen, Propagandakampagnen, Embargomaßnahmen und andere Formen wirtschaftlicher Kriegführung. Nach dieser Sicht wäre es also in erster Linie Reagan zu verdanken, daß Gorbatschow gezwungen wurde, das sowjetische Hegemoniestreben aufzugeben und einen Reformprozeß einzuleiten, »der letztlich das gesamte kommunistische System zum Einsturz brachte«.[30]

Ein weiteres Skript, das Reagan rasch aufgriff, stammte von dem CIA-Direktor Bill Casey. Seit den Tagen beim OSS im Krieg gegen Deutschland ging diesem der Ruf voraus, ein besonders talentierter Geheimdienstexperte zu sein. Es ist überhaupt auffällig, daß in der ersten Amtszeit Reagans jene Generation nochmals zum Zuge kam, die zwischen 1941 und 1945 den Zweiten Weltkrieg siegreich bestanden hatte und danach mit dem Kalten Krieg konfrontiert worden ist. Casey war ein wohlhabender Mann, 1980 bereits 68 Jahre alt. Er hatte den Wahlkampf Reagans gemanagt, dabei aber auch dessen Schwächen kennengelernt, wozu sein recht einseitiges Weltbild gehörte und die ausgeprägte Unlust, beim Streit zwischen Untergebenen harte Entscheidungen zu treffen.[31] Casey, der mit der Absicht an die Spitze der CIA getreten war, das sowjetische Imperium überall zu bekämpfen,[32] schlug dem Präsidenten zwei Strategien gegenüber der Sowjetunion vor. Zum einen empfahl er die geheime Unterstützung aller antisowjetischen Bewegungen – in Afghanistan, in Nicaragua, in Angola – durch Waffenlieferungen, Ausbilder und Geldmittel.

Zum anderen richtete Casey die Aufmerksamkeit Reagans auf den bereits sehr angespannten Zustand der sowjetischen Wirtschaft. Konnte und sollte man nicht auch die wirtschaftlichen Nöte in der Sowjetunion gezielt vergrößern? Die Solidarność-Bewegung in Polen 1980/81 bewies ja bereits, daß die kommunistischen Regime im Innern zu erodieren begannen.

Solche Hinweise griff Reagan auf. Manche seiner Reden zu Beginn der Präsidentschaft lesen sich auch heute noch erstaunlich, denn ein Großteil der amerikanischen Experten hatte bis 1989 keine Ahnung, daß der Kommunismus kurz vor dem Zusammenbruch stand. Reagan aber hielt im Mai 1981 in der Notre Dame University eine Ansprache, in der er prophezeite: »Der Westen wird nicht den Kommunismus eindämmen, er wird den Kommunismus überwinden, er wird über ihn hinweggehen und ihn entlarven als irgendein groteskes Kapitel der Menschheitsgeschichte, dessen letzte Seiten gerade jetzt geschrieben werden.«[33]

Das Drehbuch für SDI schrieb Edward Teller. Der 1908 in Budapest geborene Teller war ein Antikommunist, wie er im Buche steht, »Vater der Wasserstoffbombe« und seit Jahrzehnten ein leidenschaftlicher Befürworter von Raketenabwehrsystemen. Die Bekanntschaft mit Reagan ging auf das Jahr 1967 zurück. Damals hatte er als Direktor des berühmten Lawrence Livermore National Laboratory den Gouverneur von Kalifornien durch seine Forschungsanlagen geführt. Anfang der achtziger Jahre war Teller im amerikanischen Defense Establishment schon eine Legende.

Nur mit Mühe ist es dem State Department unter George P. Shultz gelungen, die überzogene SDI-Rhetorik etwas zu dämpfen. Der ursprüngliche Entwurf enthielt den Satz: »Heute abend machen wir einen völlig neuen Anfang, der den Gang der Weltgeschichte zu ändern verspricht.« Reagan glaubte in der Tat, es könnte bis gegen Ende des Jahrhunderts möglich sein, eine effektive strategische Verteidigung aufzubauen »und damit alle Kernwaffen obsolet zu machen«.[34]

Nach dem Umbruch in den Jahren 1989 bis 1991 haben russische Insider in der Tat behauptet, die weltpolitische Resignation der Sowjetunion seit 1987 sei tatsächlich in starkem Maß auf die Erkenntnis zurückzuführen, bei einer neuen Runde des Wettrüstens mit ultramoderner Technologie nicht mehr mithalten zu können.[35] George P. Shultz, der seine großen Zweifel an dem Projekt hatte, erkennt jedenfalls an, daß die Schaffung von SDI »die persönliche Vision Ronald Reagans« war.[36]

Vielleicht war also jener Tag im Januar 1982, als Teller mit dem Präsidenten erstmals das Thema SDI erörterte, einer der Wendepunkte in der Geschichte des Kalten Krieges. Reagan hatte viel gesunden Menschenverstand, und er wollte sich seit Jahren nicht mit dem Konzept der gegenseitigen Vernichtung abfinden, in dem das amerikanische Verteidigungsestablishment die einzige Möglichkeit zur effektiven Verhinderung eines Atomkrieges sehen wollte. Teller überzeugte ihn jetzt von der technischen Machbarkeit von SDI, und seit der vom Fernsehen übertragenen Ansprache Reagans vom 23. März 1983 stand das sensationelle Projekt dann bis zum Ende seiner Administration im Zentrum der Ost-West-Beziehungen und der Auseinandersetzungen innerhalb der Allianz.

Doch im Jahr 1985 erwärmt sich Reagan zusehends für ein neues Drehbuch. Noch läßt sich nicht genau absehen, wohin Gorbatschow steuern wird, der neue Generalsekretär der KPdSU. Viele sind noch skeptisch. Aber eine Reihe von Persönlichkeiten, auf die Reagan hört, machen ihm Mut, es mit Gorbatschow zu versuchen. Dabei kann der Einfluß von Nancy Reagan kaum überschätzt werden. Alle Beobachter sind sich darin einig, daß sie seit Mitte der fünfziger Jahre die wichtigste Stichwortgeberin war. Sie ist nach dem Auftreten Gorbatschows auch maßgeblich »bei der Bekehrung des antikommunistischen Kalten Kriegers zum Friedenspräsidenten« beteiligt gewesen.[37] Die Empfehlungen von Margaret Thatcher gehen in dieselbe Richtung. Doch der Regisseur, der Reagan bei der Rolle eines Rüstungskontroll- und Dialogpräsidenten in erster Linie anleitete, ist Außenminister George P. Shultz. Hier machte sich der Regierungsstil Reagans positiv bemerkbar. Nachdem er sich von der Nützlichkeit eines Kurswechsels überzeugt hatte, lag es bei dem zuständigen Außenminister, die erforderlichen Schritte festzulegen. So lernt die erstaunte Weltöffentlichkeit einen ganz neuen Ronald Reagan kennen. Auf die Erfindung der Star Wars folgt die Wiederentdeckung der Entspannungspolitik durch ihren einstigen Verächter.

Auch jetzt irritierte Reagan die Kabinette in aller Welt durch einen Zickzackkurs, der Prognosen sehr schwer machte. 1983 etwa hatte er mit großer Härte die Stationierung von Mittelstreckenraketen und Cruise Missiles in Italien, Großbritannien und vor allem in der Bundesrepublik Deutschland erzwungen. Im Weißen Haus war wohlbekannt, daß Bundeskanzler Kohl bei dieser Gelegenheit seine politische Existenz aufs Spiel gesetzt hatte.[38] Es war ein politischer Kraftakt ohnegleichen gewesen. Vier Jahre später jedoch vereinbart derselbe Präsident mit Gorbatschow auf dem Gipfel von Reykjavík innerhalb weniger Stunden und ohne angemessene Konsultation mit den Verbündeten die doppelte Nullösung, also den völligen Rückzug dieser Systeme aus Europa.

Überhaupt war der improvisierte Gipfel von Reykjavík einer der surrealistischsten Vorgänge in der an Surrealismen nicht armen Geschichte des 20. Jahrhunderts. Zum Entsetzen vieler Verbündeter und großer Teile des eigenen Militärestablishments zeigte sich Reagan dort bereit, innerhalb eines Zeitraums von zehn Jahren beiderseits alle strategischen Nuklearsysteme auf Null zu reduzieren. Auf Margaret Thatcher wirkte die völlig unerwartete Mitteilung, als ob zu ihren Füßen eine Erdbebenwelle einherrollte.[39] Reagan hatte innerhalb weniger Minuten auf der Grundlage eines hastig konzipierten, zehn Zeilen langen Vorschlags aus seiner Umgebung eine Entscheidung getroffen, die mehr als dreißig Jahre partnerschaftlicher Nuklearstrategie in der NATO zur Makulatur gemacht hätte.[40]

Es kam zwar dann doch zu keiner Einigung, weil der Präsident fürchtete, dabei gleichzeitig alle Hoffnungen auf Verwirklichung seines Lieblingsprojekts eines weltraumgestützten Raketenabwehrsystems begraben zu müssen. Doch allein schon das improvisierte Angebot als solches ließ die NATO erzittern. Die Amerikaner hätten sich damit auf einen Streich ihrer Verpflichtung fast völlig entledigt, Europa mit allen Mitteln zu verteidigen.[41]

Wohin man also blickt: lauter Merkwürdigkeiten. Zweifellos hat sich bei den entscheidenden Gipfelkonferenzen der Führungsstil des Präsidenten stark ausgewirkt. Im Prinzip ließ er seinen Beauftragten ziemlich freie Hand, war aber zugleich seit den Jahren als Vorsitzender der Schauspielergewerkschaft in Hollywood davon überzeugt, auch selbst ein zäher, schlauer, von durchschlagendem Charme beflügelter Verhandler zu sein. Und das war er in der Tat. Die Kombination von freundlicher Offenheit, ideologischer Bestimmtheit, Dickschädligkeit und Bereitschaft zu blitzschnellen Entscheidungen war eindrucksvoll. Selbst wenn er einen Scherbenhaufen zurückließ wie in Reykjavík, bekundete er noch spöttische Desinvolture. Als Gorbatschow mit dem sehr verärgerten Reagan damals nach dem dramatischen Scheitern des großen Durchbruchs ernüchtert zum Ausgang schritt, meinte er fast entschuldigend zum Präsidenten: »Ich weiß nicht, was ich anders hätte tun können.« Reagans trockene Antwort: »Ich weiß es. Sie hätten ja sagen können.«[42]

Zweifellos verstärkt sich die Freude Reagans an der neuen Rolle durch den großen Applaus, der ihm weltweit zuteil wird. Wer zeitlebens das kommunistische Rußland als totalitären Zwangsstaat von ferne beobachtet hat und schließlich im 77. Lebensjahr als Präsident der USA die Möglichkeit erhält, vor einem begeisterten studentischen Auditorium in der Moskauer Lomonossow-Universität die Vorzüge

*Die angelsächsischen Reformer Ronald Reagan und Margaret Thatcher. Nach der Tischrede der Premierministerin bei einem Besuch Reagans 1988 in Downing Street No. 10 versah Reagan das Photo mit der Widmung an die Gastgeberin.*

*Reagan und Gorbatschow in Reykjavík, 12. Oktober 1986.*

politischer und wirtschaftlicher Freiheit, der Gewaltenteilung und der Herrschaft des Rechts zu verkünden, ist überzeugt, daß er die richtige Rolle gefunden hat. Und so findet sich der ehemals kälteste der kalten Krieger im Mai 1988 im letzten Jahr der Präsidentschaft neben einem strahlenden Gastgeber Gorbatschow vor der großen Kremlkanone. Als er aus der Menge heraus gefragt wird: »Herr Präsident, halten Sie die Sowjetunion noch immer für das Reich des Bösen?«, ist seine knappe Antwort: »Nein.« Gorbatschow zögerte keinen Augenblick, dies tags darauf auf der Pressekonferenz zu erzählen, und lobt in seinen Memoiren den Entspannungspräsidenten Reagan.[43]

Stärker als je zuvor und danach weist somit die internationale Politik in den Jahren Reagans befremdlich irreale Züge auf. Dieser smarte, gefährliche, menschenfreundliche, häufig träumerisch seinen nächsten Auftritt vorbereitende Hollywoodakteur im Weißen Haus läßt die Grenzen zwischen Traum und Wirklichkeit verwischen. Alles scheint möglich – die Konstruktion eines satellitengestützten Weltraumschutzschildes, ein psychologischer Kollaps der Bundesrepublik während der Raketenstationierung, der Ausbruch des dritten Weltkrieges Anfang November 1983 aufgrund sowjetischer Ängste vor einem nuklearen Überraschungsschlag während der NATO-Stabsübung »Able Archer«,[44] eine dramatische Einigung auf Abschaffung aller Interkontinentalraketen in Reykjavík und die Rückkehr zur Vernunft, signalisiert durch die Besuche Gorbatschows in Washington und Reagans in Moskau. Es ist eine Phantasiewelt, und so wundert sich denn auch niemand darüber, daß Nancy Reagan inmitten dieser Phantasiewelt über alle wichtigen und weniger wichtigen Entscheidungen der politischen Karriere Reagans bei ihrer Astrologin Rat einholte.[45]

Wie Eisenhower vor ihm, gehörte aber auch Reagan zu den Glückspilzen. 1991, als alles gutgegangen war, lud er über tausend Gäste zur Feier seines 80. Geburtstags ein, natürlich auch Margaret Thatcher, unter der die anglo-amerikanische Allianz letztmalig weltpolitische Bedeutung erlangte. Bei dieser Gelegenheit verriet der Schauspieler-Präsident den Gästen, wie er selbst seine historische Rolle beurteilte: »Not bad for a country boy!«[46]

## Der Manager des Umbruchs: George Bush

»Wir sollten große Träume träumen«, bekamen die Mitarbeiter des designierten Präsidenten George Bush Mitte Dezember 1988 zu hören.[47] Doch Bush ist das genaue Gegenteil eines Träumers, nämlich ein Manager von Format. Tatsächlich sind im 20. Jahrhundert nur zwei erstklassige Manager der Außenpolitik ins Weiße Haus gelangt: Eisenhower und Bush.[48] Eisenhower war Bush jedoch in zwei Punkten überlegen. Er hatte Charisma. Und eigenartigerweise kam er auch mit der Innenpolitik sehr viel besser zurecht als Bush, obgleich dieser im Verlauf seiner öffentlichen Karriere zeitweilig Senator für Texas und Vorsitzender der Republikanischen Partei gewesen war. Doch er hatte im Ölgeschäft von Texas ein Vermögen gemacht, und so hielt ihn der Durchschnittsamerikaner für einen Präsidenten der Reichen. Das war er auch, und er kam dem Bild eines elitären amerikanischen Torys am nächsten.

Je länger, je mehr maß man den aufreizend langweiligen Redner Bush an dem unterhaltsamen Vorgänger Reagan, und da konnte er nur abfallen. Nur seine engste Umgebung wußte, daß dieser sehr kühl wirkende Mann von großer Natürlichkeit war. Als er in den Nöten der schweren Rezession versagte, verlor der Sieger im Kalten Krieg und im Golfkrieg gegen einen Clinton.

Seine Begabung lag ganz und gar auf dem Feld der Außenpolitik. Der Sohn eines Bankiers und US-Senators für Connecticut[49] war dafür bestens vorbereitet worden – als Botschafter bei der UN und in Peking, dann als Direktor der CIA. Die Entschiedenheit, mit der er auf den Griff Saddam Husseins nach den Welterdölreserven am Persischen Golf reagierte, bewies auch, daß Erfahrungen und Interessen aus den Jahren als Direktor der von ihm mitgegründeten Zapata Petroleum Company in Texas gleichfalls unvergessen waren.

1980 hatte er sich um die Präsidentschaft bemüht und war von dem Medienstar Reagan aus dem Rennen geworfen worden. Als dessen Vizepräsident war er dann wie üblich immer wieder mit außenpolitischen Aufgaben betraut worden. Acht lange Jahre hatte er Gelegenheit, aus der Nähe zu studieren, wie man Außenpolitik möglichst nicht betreiben soll. Reagan hatte von 1980 bis 1988 insgesamt sieben Sicherheitsberater verschlissen. James Baker, der wußte, wovon er sprach, bezeichnet den außenpolitischen Apparat Reagans im nachhinein als »die reinste Hexenküche aus Intrigen, Ellbogengerangel, Egotrips und der Jagd nach persönlichen Zielen«.[50] Daß und wie Reagan damit durchkam, war ein Wunder.

Bush war entschlossen, künftig die Präsidentschaft professionell zu führen. Im Grunde kam er dem Idealbild fähiger Wirtschaftsmanager sehr nahe. Er war kein Genie, sondern ein Profi, und genau damit war er in den kritischen Jahren 1989 bis 1991 der richtige Mann. Was gebraucht wurde, war ein Manager des Umbruchs, genauer gesagt: zwei Manager des Umbruchs. Denn Bush war schwer vorstellbar ohne sein Alter ego James A. Baker. Baker hatte Bush seit Jahrzehnten auf seinen politischen Wegen begleitet, war eng mit ihm befreundet, und so machte ihn der Präsident zum Außenminister für die entscheidenden Jahre 1989 bis 1991.

Dieses Team hielt nicht viel von theoretischen Neuordnungskonzepten, wie sie Politologen und anderen Intellektuellen so lieb und wert sind. In welchem Geist die beiden an ihre Aufgabe herangingen, hat Baker in den Eingangskapiteln seiner Memoiren ausgeführt. 1989 bis 1992, so ist dort zu lesen, sei die langgehegte Überzeugung aus den Angeln gehoben worden, man müsse unter allen Umständen über eine Gesamtstrategie verfügen. Der von Bush und Baker wenig geliebte Kissinger hatte dieser professoralen Auffassung in den USA hohen Kredit verschafft, und auch der alte Nixon nörgelte beim Blick auf den erfolgreichen Bush noch nachträglich voller Mißgunst, Krisenmanagement sei keine erleuchtete Staatskunst.[51] Baker betonte demgegenüber, im Kern sei Außenpolitik eben Praxis, beruhend auf Aktion und auf Intuition. Postulate und Strategien, die lange gegolten hatten, mußten seit 1989 innerhalb weniger Monate radikal verändert und verworfen werden. Es galt, »im Strom des Wandels mitzuschwimmen«.[52] Als Bush seinem Außenminister Baker im Mai 1990 zum Erfolg der Zwei-plus-Vier-Formel gratulierte, antwortete dieser: »Wir sind gar nicht so übel für zwei gefühllose Typen, die keinerlei Visionen haben und nur instinktiv handeln!«[53]

Noch 1987 hatte der kluge Paul Kennedy in seinem vielbeachteten Werk »The Rise and the Fall of the Great Powers« gewarnt: »Diejenigen, die über die gegenwärtigen Schwierigkeiten der Sowjetunion frohlocken und sich auf den Zusammenbruch dieses Imperiums freuen, sollten sich doch tunlichst in Erinnerung rufen, daß derartige Transformationen üblicherweise ihren hohen Preis haben und nicht immer in voraussagbarer Weise ablaufen.« Nichts in der Geschichte des russischen Staates lasse erwarten, daß er sich jemals mit dem Niedergang des Imperiums charmant abfinden würde.[54] Große Imperien, so schrieben damals manche, enden mit einem Knall. Daß es nicht dazu kam, war nicht allein das Werk Gorbatschows, sondern ebenso George Bushs. Und sein Management des Umbruchs erweist sich auch im Rückblick weitgehend als das Werk intelligenter Improvisation.

Erst im Lauf des Jahres 1989 wurde im innersten Kreis um Bush und Baker deutlich, was sich anbahnte. Am 14. März 1989 lag dem Präsidenten ein von ihm angefordertes Planungsdokument von 31 Seiten Umfang vor. Es begann mit dem Satz: »Wir leben in einer Übergangszeit, die möglicherweise ähnliche Bedeutung erlangt wie die unmittelbare Nachkriegszeit.«[55] Die Furcht, im 21. Jahrhundert nicht mehr konkurrenzfähig zu sein, habe in der Sowjetunion einen Sog der Demokratisierung ausgelöst.[56] Deutsche, Briten, Italiener und Franzo-

*Manager des Umbruchs: Bundeskanzler Kohl, Präsident George Bush und Außenminister James Baker in Camp David, Februar 1990.*

sen, aber auch viele Amerikaner hatten damals zwar noch den Eindruck, als ob sich die internationale Politik fast ausschließlich um die Lichtgestalt Gorbatschow drehe. In Wirklichkeit befand sich das sowjetische Imperium bereits im freien Fall, und Bush sah jetzt seine Hauptaufgabe darin, eine weiche Landung zu ermöglichen.[57]

Über die Rolle Bushs beim Management des sowjetischen Niedergangs liegen inzwischen zahlreiche Berichte von Akteuren und Journalisten vor. Dabei schält sich das Bild eines umsichtigen Präsidenten heraus, der eher zuwenig als zuviel Druck auf die kommunistischen Machthaber ausübte. Bei seiner demonstrativen Reise nach Polen etwa suchte er zum Kummer der Führer von Solidarność den bereits schwer angeschlagenen Staatspräsidenten Jaruzelski demonstrativ aufzuwerten. Seine Umgebung ließ Bush wissen, daß ein jäher Zusammenbruch des Kommunismus in Polen mehr sein könnte, »als der Markt verkraftet«.[58] Solche Äußerungen bewiesen nicht nur spöttische Überlegenheit, sondern auch Umsicht.

Nachdem er zu Gorbatschow Vertrauen gefaßt und bei dem Treffen von Malta ein persönliches Verhältnis zu ihm aufgebaut hatte, hielt Bush dann sehr lange an ihm fest – nach Meinung einiger seiner Mitarbeiter viel zu lange. Auch die Sezession der baltischen Staaten und den völligen Zerfall der Sowjetunion im Jahr 1991 suchte er trotz starken innenpolitischen Drucks in den USA eher zu verlangsamen. Noch

Anfang August 1991 machte er sich in Kiew recht unpopulär, als er dort erklärte: »Die Amerikaner werden niemanden unterstützen, der nach Unabhängigkeit strebt, nur um eine aus der Ferne herrschende Tyrannei durch einen Lokaldespotismus zu ersetzen.«[59] Weitaus wichtiger war für Bush das Ziel, sowohl den Absturz der Gorbatschowschen Reformen in Anarchie als auch eine Rückkehr der Reaktion zu verhindern.

Doch Bush hat die Entwicklung auch vorangetrieben. Im Anschluß an den NATO-Gipfel im Mai 1989 forderte er dazu auf, »die Teilung Europas zu überwinden und eine Einheit zu schmieden, die auf den westlichen Werten beruht«.[60] Noch war in der DDR alles stumm, da erspürten einige der engsten Mitarbeiter von Bush und Baker die Wiedervereinigung schon als das Thema der nächsten Zukunft, »das jeden Amerikaner interessiert, um das sich aber kein Deutscher schert«.[61] Und am 31. Mai 1989 wies Bush in der Mainzer Rheingoldhalle auf den Abbau des Stacheldrahts an der ungarischen Grenze hin und rief: »Berlin muß folgen; Berlin muß folgen!«[62]

Auch in den folgenden Monaten agierte Bush als Bremser und Antreiber zugleich. In Moskau erkannte man dies deutlich. Eine vor dem Malta-Gipfel für Gorbatschow erstellte Analyse Georgi Arbatows vom Moskauer Nordamerika-Institut arbeitete zutreffend heraus, daß sich in der Bush-Administration zwei Lager fanden. Die einen wollten die inneren Schwierigkeiten der Sowjetunion nutzen, um Konzessionen zu erzwingen. Die anderen fürchteten aber nichts mehr als einen Sturz des Reformers Gorbatschow. Bush sah sich hin und her gerissen, und auch das erklärt seinen Zickzackkurs. Höchstwahrscheinlich aber hatte er in diesem Fall selbst zwei Seelen in seiner Brust. Vom Temperament her war er ein Konservativer, dem an geordneten Abläufen lag und der am liebsten mit all jenen Konservativen im westlichen und östlichen Europa zusammenspielte, die nur eine evolutionäre Veränderung des Status quo für verantwortbar hielten. Doch er war zugleich ein Amerikaner, dem Freiheit mehr bedeutete als den meisten europäischen Regierungen, die im Zweifelsfall die Stabilität versteinerter Verhältnisse den Erschütterungen der Demokratisierung vorzogen.

Bushs Rolle bei der Wiedervereinigung scheint dem zu widersprechen. Seit der Konferenz von Ottawa im Februar 1990 galt das berühmte Zwei-plus-Vier-Konzept, das die Lösung der deutschen Frage den beiden deutschen Regierungen und den vier Deutschlandmächten auftrug. Unter der Decke aber lag dem gesamten Wiedervereinigungsprozeß eine ganz andere Zwei-plus-Vier-Realität zugrunde. Zwei Hauptakteure, Bush und Kohl, drängten zunehmend auf eine rasche Wiedervereinigung Deutschlands im Rahmen der NATO und der EU, während vier weitere Akteure – Gorbatschow, Thatcher, Mitterrand und die Regierungen in der todgeweihten DDR das Tempo der Entwicklung anfangs nachhaltig abbremsen wollten. Bei genauerem Hinsehen zeigt sich jedoch auch hier, daß Bush vor allem eine Entgleisung des Prozesses zu verhindern suchte. Von der Notwendigkeit der Wiedervereinigung war er ziemlich früh überzeugt. Indem er sich jetzt eng mit Kohl verbündete, behielt er die hochriskante Entwicklung in Deutschland zugleich sicher unter Kontrolle.

Es wäre somit falsch, seiner Politik der Jahre 1989 bis 1991 vorwiegend idealistische Prämissen zu unterstellen. 1952 waren die Republikaner unklug genug gewesen, ein Rollback des Kommunismus zu fordern. Im Mai 1989 bewies George Bush, daß er viel schlauer war als seinerzeit John Foster Dulles. Jetzt prägte er die vieldeutige Formel »Über die Eindämmung hinaus«.[63] Was damit gemeint war, gab Bush im Vorfeld des Staatsbesuchs in Polen Anfang Juli 1989 drei polnischen Journalisten zu verstehen. Erst versicherte er ihnen in längeren Ausführungen, er werde sich davor hüten, zu Veränderungen aufzurufen, fügte dann jedoch ganz beiläufig hinzu: »Ich würde es begrüßen, wenn eine Fortführung Ihrer Politik dazu führen würde, daß die Sowjets keine Bedenken hätten, ihre Truppen aus Ihrem Land abzuziehen.«[64] Natürlich war Bush genauso bewußt wie allen Beteiligten, daß eine Wiedervereinigung Europas nur unter *einer* Voraussetzung zustande kommen konnte: Rückzug der Roten Armee nicht allein aus Polen, sondern vor allem aus der DDR. Ein besonderer Charme der deutschen Einheit lag für diesen so freundlichen amerikanischen Machtpolitiker in deren militärstrategischen Konsequenzen. Wenn die sowjetischen Truppen das Glacis in Deutschland zu räumen hatten, gab es auch kein Argument mehr für ihr Verbleiben in Polen. Sie mußten dann wohl oder übel hinter den Bug zurückkehren. Daß sich die russische Armee am Ende noch sehr viel weiter nach Osten zurückziehen mußte, nämlich bis hinter die Newa und den Donez, wurde erst 1991 entschieden, und auch dabei hatte der schlaue Präsident George Bush seine Finger im Spiel.

Alle Mittel kamen zum Einsatz, Gorbatschow den friedlichen Rückzug schmackhaft zu machen. Je hoffnungsloser die wirtschaftliche Lage der Sowjetunion wurde, um so gieriger griff dieser nach jedem Strohhalm, um mit Hilfe von westlichen Krediten und von Handelserleichterungen kurzfristig über die Runden zu kommen. Dieselben Erwartungen richteten die anderen Ostblockregierungen auf Washington. Als sich die Sowjetunion schließlich von selbst auflöste, hatte es Bush in der Hand, die Unabhängigkeitstendenzen im Ostseeraum, in der Ukraine und in der Kaukasusregion durch Direktkontakte und bald auch durch diplomatische Anerkennung unumkehrbar zu machen. Nach der glänzenden Lösung der deutschen Frage lieferte er

1991 im Baltikum ein weiteres Meisterstück. Wider Erwarten gelang es schließlich doch, Gorbatschow auch in dieser empfindlichen Region zum Zurückweichen zu veranlassen. Da der sowjetische Präsident innenpolitisch seit 1990 schwächer und schwächer wurde, war es durchaus naheliegend, ihn durch protokollarisch hochachtungsvolle Behandlung auf dem Reformkurs zu halten, der ein Weg ins völlige Scheitern war. Nie in der amerikanischen Geschichte des 20. Jahrhunderts hat eine Administration ihre Trümpfe so gekonnt ausgespielt, wie dies Bush und Baker von 1989 bis 1992 getan haben. Selbst noch am 25. Dezember 1991, als er zurücktrat, richtete der völlig zerschmetterte Gorbatschow an Bush eine Botschaft voller Hochschätzung mit freundschaftlichen Untertönen.[65] Bush war tatsächlich das Kunststück gelungen, den Präsidenten der Sowjetunion zu veranlassen, sich mit dem Niedergang des Imperiums »charmant abzufinden«.

Wie bei den meisten seiner Vorgänger im Weißen Haus, die die Welt umgestaltet hatten, kamen also auch bei ihm Idealismus und Realpolitik bruchlos zur Deckung. Er erreichte aber auch deshalb so viel, weil er ein Gentleman der alten Schule war. Jaruzelski und Gorbatschow konnten sich seiner Freundlichkeit ebensowenig entziehen wie die meisten seiner Untergebenen. Das Team im Weißen Haus schwor auf diesen humorvollen, auch Widerspruch schätzenden, zur Teamarbeit inspirierenden Präsidenten.[66]

Der Gentleman George Bush – das war die Schokoladenseite. Wer länger mit Bush zu tun hatte, Colin Powell etwa, wußte allerdings auch Geschichten zu erzählen, aus denen hervorging, daß in diesem Präsidenten ein harter Kern steckte.[67] Bush war der letzte Angehörige der Frontgeneration des Zweiten Weltkrieges, der ins Weiße Haus gelangte. 1942 hatte er sich gegen den Widerstand seiner Eltern freiwillig gemeldet und war dann mit achtzehn Jahren der jüngste Pilot in der US-Navy auf dem pazifischen Kriegsschauplatz. Mehr als jeder vor ihm und nach ihm repräsentierte er die selbstbewußte politische Generation der zweiten Jahrhunderthälfte, die aber unter den Bedingungen des Atomzeitalters zugleich die Tugend der Vorsicht gelernt hatte. Drei Jahre lang, von 1989 bis 1992, hat Bush Gorbatschow somit mit bemerkenswerter Umsicht goldene Brücken gebaut. Sieht man von der etwas voreiligen Ankündigung ab, eine unabhängige Ukraine anzuerkennen,[68] so hat er die USA in der Tat vor dem historischen Vorwurf bewahrt, auf das Auseinanderbrechen der Sowjetunion hingewirkt zu haben. Erst nach dem Abgang Gorbatschows ließ er die Katze aus dem Sack und erklärte vor den versammelten Häusern des Kongresses, Amerika hätte den Kalten Krieg gewonnen.[69] In Wirklichkeit hatte Gorbatschow ihn verloren und Bush sein Bestes getan, ihm einen geordneten Rückzug zu ermöglichen.

Mit George Bush endete vorerst das amerikanische 20. Jahrhundert, in dem die maritime, bald auch in der Luft und zu Land dominierende Weltmacht USA immer wieder durch entschlossene Machtprojektion die Entwicklung bestimmt hatte. Bush steht damit durchaus in einer Traditionslinie, die von Theodore Roosevelt, über Woodrow Wilson, Franklin Delano Roosevelt, Harry Truman oder Dwight D. Eisenhower bis hin zur Golfkriegskoalition führt. Nicht nur der Sieg im Kalten Krieg, auch der Sieg im Golfkrieg markierte einen Gipfel der amerikanischen Weltmachtstellung. Doch wie nach den vorhergehenden Triumphen folgten Unsicherheit und beginnender Machtverfall auf dem Fuße.

Aus der »neuen Weltordnung«, die Bush auf dem Höhepunkt seines Ansehens proklamierte, wurde bekanntlich nichts. Es war schon genug, verhindert zu haben, daß sich die Sowjetunion mit einem großen Knall aus der Weltgeschichte verabschiedete, während Amerika als einzige Supermacht übrigblieb.

## Der Geist von 1940: Margaret Thatcher

1979 und 1980 ist in den wichtigsten Ländern der angelsächsischen Welt zwei radikalkonservativen Reformern der Durchbruch geglückt: Ronald Reagan und Margaret Thatcher. Beide waren entschlossen, ihre im Niedergang befindlichen Gesellschaften aus dem Geist alter Werte zu erneuern, die ihre Länder einst groß gemacht hatten. Für Reagan war dies das optimistisch zupackende Amerikanertum der Kolonialzeit des 18. und 19. Jahrhunderts, für Margaret Thatcher die Tüchtigkeit des bürgerlichen und kleinbürgerlichen Großbritannien der Viktorianischen Jahrzehnte. Bei allen, die sich mit Mißständen abgefunden haben oder daraus Nutzen ziehen, ist der Typ des radikalkonservativen Reformers nicht beliebt. Anfangs muß er erwarten, daß man ihn als Reaktionär verunglimpft. Machiavelli hatte den Typ fast fünfhundert Jahre vor Reagan und Thatcher in den »Discorsi« erstmals präzise porträtiert: Radikalkonservative erneuern ihr heruntergekommenes Gemeinwesen, indem sie rücksichtslos dem Guten in jenen Grundsätzen wieder Geltung verschaffen, »dem sie ihr ursprüngliches Ansehen und ihre ursprüngliche Durchschlagskraft zu danken hatten«.[70] Führungskraft, Entschiedenheit, Vorbildlichkeit und viel Glück sind dazu unerläßlich, doch zumeist bedarf es auch der autoritären Strenge. Ein freundlich lächelnder, volkstümlicher Teflon-Präsident wie Reagan, der in Wirklichkeit ein harter Knochen ist, tritt nur selten auf. Viel typischer sind autoritäre Persönlichkeiten vom

Schlage Adenauers, de Gaulles oder eben Margaret Thatchers, die sich als solche zu erkennen geben.

Was hat sie im Innersten motiviert? Viele Beobachter haben sich das in den dreizehn Regierungsjahren dieser erstaunlichen Premierministerin gefragt. Als sie sich selbst Mitte der neunziger Jahre bei der Arbeit am zweiten Memoirenband über ihre Motive Rechenschaft zu geben versuchte, stellte sie drei entscheidende Beweggründe in den Vordergrund: den puritanischen Geist des Elternhauses in der Gemeinde Grantham, den Geist von 1940 und den Geist einer Schicht liberalkonservativer Wirtschaftler und Wirtschaftstheoretiker, die sich in den siebziger Jahren mit dem ökonomischen Niedergang Großbritanniens nicht abfinden wollten.

Der Geist von Grantham – das war Familiensinn, die Überzeugung, des eigenen Glückes Schmied zu sein, Freude an harter Arbeit, Zuverlässigkeit, Qualitätsbewußtsein, methodistische Frömmigkeit, aber auch politische Aktivität im überschaubaren Bereich, demokratisches Selbstbewußtsein und Patriotismus. Max Weber hat seinerzeit das berühmte Tagebuch Benjamin Franklins zur Illustration der puritanischen Tugenden herangezogen, die dem Geist des Kapitalismus zugrunde lagen. Wer die ersten Kapitel der »Erinnerungen« Margaret Thatchers über ihre Jugend im Grantham der Zwischenkriegszeit studiert, begegnet derselben Einstellung unter den Bedingungen des 20. Jahrhunderts.

Auch die religiöse Ernsthaftigkeit des Puritanismus fehlt in dieser Jugend nicht. Seit Margaret Roberts Denis Thatcher geheiratet und sich später der Politik verschrieben hatte, war sie zwar nur noch selten in methodistischen Gottesdiensten anzutreffen. Doch fällt es nicht schwer, in der Wertetafel der gestrengen Premierministerin die religiös fundierten Grundsätze frommer und tüchtiger Kleinbürger zu erkennen, denen sie entstammte. Nur *ein* mit den methodistischen Lehren oft verbundenes Element hat sie von vornherein ausgeschieden: den Pazifismus. Bereits ihr Vater, ein Gemeinderat der Tory-Partei vom rechten, patriotischen Flügel, war in den heftigen Auseinandersetzungen der dreißiger Jahre um den Kurs gegenüber Mussolini und Hitler bei jener Minderheit zu finden, die pazifistische Beschwichtigungspolitik für verhängnisvoll hielt, auch für unmoralisch.[71]

Es wäre gewiß übertrieben, Margaret Thatcher uneingeschränkt für eine im Grund religiös motivierte Reformerin zu halten. Genauso falsch wäre es aber auch, ihre Überzeugungen als einen rein säkularisierten Puritanismus zu begreifen. Während der heftigen Auseinandersetzungen über ihre angeblich unchristliche Sozialpolitik ist dies oft übersehen worden. Denn in der anglikanischen Kirche und auch in manchen Freikirchen dominierten in den siebziger und in den achtziger Jahren sozialistische, pazifistische und liberale Einstellungen, entsprechend bitter war das Wehklagen über Margaret Thatchers Radikalkonservativismus und ihre schneidende Ablehnung jedes Pazifismus. So war es auffällig, wie sich die lebenslang nachwirkende methodistische Religiosität später zunehmend mit Elementen aus dem mosaischen Glauben anreicherte. Chief Rabbi Immanuel Jakobovits, den sie demonstrativ zum Peer machte, wurde zeitweilig, so formuliert dies Hugo Young, »zum spirituellen Führer des Thatcherschen Großbritannien«.[72] 1988 begann sie das Alte Testament vom Anfang bis zum Schluß zu lesen und kam im Kreis der Mitarbeiter ständig darauf zu sprechen.

Die später oft zu vernehmende Einschätzung, sie sei eben eine nostalgische Viktorianerin gewesen, wird ihren Motiven jedenfalls nur teilweise gerecht. Mit der viktorianischen Empire-Nostalgie eines Winston Churchill und selbst noch Anthony Edens wußte sie je länger, je weniger etwas anzufangen. Zwar räumt sie in ihren Memoiren ein, in jungen Jahren den Wunsch verspürt zu haben, »in den Indiendienst zu treten, denn in meinen Augen war das Indische Reich eine der größten Errungenschaften des Empire«.[73] Ihr realistischer Vater gab aber zu bedenken, wenn sie erst erwachsen sei, gebe es den Indian Civil Service nicht mehr. Als Premierministerin hat sie die meisten der noch verbliebenen Krümel des Empire unsentimental aufgegeben, auch Hongkong. Die wenigen noch verbliebenen Empireanhänger in den Reihen der Konservativen nannten sie deshalb eine »Klein-Engländerin«. Irritierenderweise war sie aber nicht wie ihr Vorgänger und Gegner Edward Heath bereit, daraus die Konsequenz zu ziehen, sich nunmehr voll Europa zuzuwenden. Vielmehr definierte sie Großbritannien als stolzes, unabhängiges Offshore Island, das im Zweifelsfall mit den USA sehr viel enger verbunden sein sollte als mit den kontinentaleuropäischen Demokratien.

Natürlich knüpfte sie damit an jene weitere Komponente ihrer radikalkonservativen Motive an, »den Geist von 1940« oder – allgemeiner formuliert – den Geist der Kriegszeit 1940 bis 1945.

Zum Zeitpunkt der Schlacht um England war sie vierzehn Jahre alt, gehörte also zur Kriegsgeneration, aber nicht zur Frontgeneration. Mädchen wurden damals erst mit zwanzig eingezogen, und auch dann nur zu Hilfsdiensten. Patriotismus war selbstverständlich. Das bedeutete: Identifikation mit den Soldaten der Royal Air Force, der Royal Navy und der Armee, überhaupt mit England in einer Mischung von idealistischer Verklärung der Gefallenen und Freude am groben Draufschlagen, wofür die Figur des John Bull steht. Noch als pensionierte Premierministerin flocht sie dem »Bomber Harris«, der zu Kriegsbeginn in Grantham stationiert war, und den Geschwadern, die Deutschlands Städte verbrannten, trotzig den Ehrenkranz.[74]

Voller Empörung hatte diese Familie anständiger, methodistischer Engländer (»echte blaue Konservative«) schon vor Kriegsausbruch von den deutschen Verbrechen gegen die Juden erfahren und sich in der Wochenschau über die martialischen Aufmärsche der Braunhemden erregt. Ihr Held war Churchill, und sie hat seine Deutung des Krieges als eines Kampfes der Zivilisation gegen einen verbrecherischen Diktator und dessen militaristisches Volk genauso übernommen wie seine Erklärung des Beinahe-Desasters von 1940, in der den Anhängern des Appeasement eine Hauptschuld zugewiesen wurde.

Daß solche und andere Fixierungen von Dauer waren, ist Margaret Thatcher bei Abfassung ihrer Memoiren selbst klargeworden. Als sie im zweiten Band eine Art außenpolitisches Testament formulierte, erklärte sie eine starke Verteidigung zur Grundlage der Doktrin konservativer Außenpolitik.[75] Pazifisten jeder Couleur hat sie verachtet, ganz besonders dann, wenn sie auf dem linken Flügel der Labour Party standen. Hingegen fand sie trotz lebenslang eingeübter Aversion gegen alles Sozialistische für Labour-Führer, die sich in der Stunde der Gefahr zum Patriotismus bekannten, immer wieder Worte des Respekts. Das galt beispielsweise für Clement Attlee, der 1914 spontan zu den Fahnen geeilt war, und selbst für den linksradikalen Michael Foot. Letzterem hielt sie zugute, daß er 1940 unter dem Pseudonym Cato an dem Buch »Guilty Men«, in dem mit allen Appeasern erbarmungslos abgerechnet wurde, mitgewirkt und sie selbst später im Falklandkrieg zumindest anfänglich unterstützt hatte.

Instinktiv kriegerische Reflexe waren für sie jedenfalls zeitlebens typisch: im Suezkrieg von 1956, im Falklandkrieg 1982, bei der Nachrüstung 1982/83 oder im Golfkrieg 1991/92.

Noch in der Unterhausrede unmittelbar vor dem Sturz, als in den Fraktionen bereits die Messer gewetzt wurden, rühmte sie den eben sich vollziehenden Aufmarsch zum Golfkrieg, der ihr genauso wichtig schien wie der eigene Kampf ums politische Überleben: »Es gibt noch etwas, was in dieser Stunde spürbar ist, nämlich ein Gefühl für das Schicksal dieser Nation. Und es ist die jahrhundertealte geschichtliche Erfahrung, die die Gewähr dafür bietet, daß Großbritannien stets zu den Waffen greifen wird, wenn es gilt, Grundwerte zu verteidigen, das Gute zu unterstützen und das Böse zu überwinden.«[76] Das war Winston Churchill pur – Machtpolitik und heroische Romantik.

Auch ihre Bindung an die USA war durchgehend genauso ausgeprägt wie bei Winston Churchill. Keiner der Alpträume für das 21. Jahrhundert werde wahr, wird sie zu verkünden nicht müde, »wenn das Atlantische Bündnis im wesentlichen bleibt, was es war: Amerika als vorherrschende Macht umgeben von Verbündeten, die im langfristigen Eigeninteresse seiner Führung folgen«. Ein Hauptargument gegen die Europäische Union ist demgegenüber die Sorge, »Amerika zu entfremden und dessen Legionen nach Hause zu schicken«.[77]

Die Gleichsetzung des totalitären Kommunismus mit dem totalitären Nationalsozialismus (»nur zwei Seiten ein und derselben Medaille«) erklärt sie noch im nachhinein aus der Empörung über den Hitler-Stalin-Pakt vom Sommer 1939. Wie viele andere vor ihr übertrug sie die negativen Erfahrungen mit der Appeasementpolitik auf das Verhältnis zur Sowjetunion.

Inwieweit die Empfindung von 1940, ganz allein gegen eine feindliche Welt bestehen zu müssen, in ihrer Neigung zu trotzigen Alleingängen nachwirkte, läßt sich nur spekulativ beantworten. Jedenfalls hat Margaret Thatcher die zur Selbstbehauptung entschlossene Nation als ebenso wertvollen psychologischen Schutz erfahren wie die eigene Familie: »Eine Identität, die uns das Gefühl festgegründeter Existenz verleiht.«[78] Doch wußte sie durchaus, daß ihre eigenen Erfahrungen der Kriegszeit nicht für alle Engländer typisch waren. Ted Heath beispielsweise und die »Europäer« in Großbritannien zogen aus dem Krieg eine andere Schlußfolgerung, daß nämlich der Nationalismus das eigentliche Übel sei. Er müsse durch Errichtung einer europaweiten Struktur überwunden werden. Margaret Thatcher war da konträrer Meinung: »Auf mich wirkten derartige Visionen nicht besonders verlockend«, bekannte sie und hielt am Geist von 1940 und der folgenden Jahre fest. Alles Unheil sei letztlich aus der Beschwichtigungspolitik erwachsen. Demgegenüber liege die beste Friedensgarantie in der Kraft der englischsprachigen Völker.[79]

Der Geist von 1940 führte jedoch auch zu grotesken Fehleinschätzungen. Als sich 1989 die Vereinigung von Bundesrepublik und DDR abzeichnete, schien diese ansonsten so nüchterne Premierministerin plötzlich von allen guten Geistern verlassen. Statt zu erkennen, daß die Angliederung der bankrotten DDR zu einer langfristigen Schwächung der wirtschaftlichen Kraft Deutschlands führen würde, ängstigte sie sich vor einem »deutschen Moloch«, der erneut über die Länder Europas stapfen könnte, und suchte Mitterrand für die Idee einer Wiederauflage der Entente cordiale zu erwärmen.[80] Selbst hinter der Gestalt des rundum wohlmeinenden Europaenthusiasten Helmut Kohl, der sich damals bewegen ließ, zum Zweck der vorsorglichen Angstbeschwichtigung die D-Mark aufzugeben, sah sie wieder den finsteren Diktator Hitler auftauchen. »Kohl lügt immer und Gorbatschow ist ein schwacher Mann«, bekommt Mitterrand am 1. September 1989 von ihr zu hören, also noch vor dem Fall der Berliner Mauer. Im Januar 1990 beklagt sie sich ergrimmt, wieder im Gespräch mit Mitterrand, daß Kohl »auf unseren Füßen herumtrampelt«. Und als Helmut Kohl an eine NATO-Erklärung aus dem Jahr 1970 erinnert, in der sich die Allianz für die Wiedervereinigung aussprach, meint sie kurz angebunden: »Aber das war doch nur deshalb, weil man meinte, es würde nicht dazu kommen.«[81]

Das kämpfende England John Bulls, Admiral Nelsons und der RAF-Piloten von 1940 war und blieb ein Zentralelement ihrer Vorstellung von englischer Größe. In dieser Hinsicht weist sie übrigens trotz mancher Unterschiede auffällige Ähnlichkeit mit de Gaulle auf. Gemeinsam war Margaret Thatcher und General de Gaulle nicht nur das Urerlebnis von 1940. Sie beide haben ihre Gegenwart auch als Krise begriffen. Die Dekadenz des eigenen Landes – das war die große Herausforderung, und sie wollten sich nicht damit abfinden. Beide waren sie kompromißlose Nationalisten – kompromißlos, allerdings nicht ruchlos. Das christliche Erbe wirkte noch nach, Christentum katholischer Observanz bei de Gaulle, Methodismus mit zunehmender Offenheit für die mosaische Religion bei Margaret Thatcher.

Beide begriffen sich auch als Retter, wobei de Gaulle in romanischem Pathos schwelgte, während Margaret Thatcher sich nur mit englischem Understatement zu ihrer eigenen Sendung äußerte. Als die einstige Premierministerin, inzwischen Baroness Thatcher of Kesteven,[82] in den Memoiren ihre Hochstimmung im Mai 1979 beim Einzug in den Amtssitz Downing Street No. 10 rekapituliert, zieht sie immerhin einen anspruchsvollen Vergleich: »Auch eine persönliche Komponente trug zu meinem Hochgefühl bei. Chatham äußerte einmal den berühmt gewordenen Satz: ›Ich weiß, daß ich dieses Land retten kann und daß nur ich dazu in der Lage bin.‹ Es wäre anmaßend gewesen, mich mit ihm zu vergleichen – aber wenn ich ehrlich bin, muß ich eingestehen, daß meine Hochstimmung aus einer ähnlichen inneren Überzeugung erwuchs.«[83]

Selbstverständlich haßten sowohl de Gaulle als auch Margaret Thatcher die zeitgenössischen Eliten, denen sie die Schuld am Niedergang ihres Landes zuschrieben. De Gaulle jedoch war ein Einzelgänger, Margaret Thatcher hingegen seit ihrer frühen Jugend ein begeisterter Parteimensch. Daß der Sozialismus Labours Großbritannien um seine Wettbewerbsfähigkeit gebracht und das Land in den Niedergang geführt hatte, war für sie durchgehend ein Glaubensartikel. Aber Schuld daran trugen in ihren Augen auch die Konservativen. De Gaulle hat schließlich das gesamte Parteiensystem verachtet, es zerschlagen und dann neu arrangiert. Margaret Thatcher sah sich einer genauso komplizierten Aufgabe gegenüber: Sie mußte die Labour Party besiegen und gleichzeitig die Granden der eigenen Partei unterwerfen.

Margaret Roberts, wie sie ursprünglich hieß, kam aus kleinen Verhältnissen. Immerhin hatte sie bereits in Oxford studiert. Doch unter den Cliquen, die damals in der konservativen Partei sowie in Whitehall noch dominierten und vielfach aus den vornehmen Privatschulen kamen, wurde ein Diplom in Chemie als wenig fein betrachtet. Auch daß sie eine Frau war, prädestinierte sie nicht eben für höchste Positionen. Während ihrer Jahre in Oxford gelangte dieses politische Naturtalent im Jahr 1946 zwar bis ganz zur Spitze der OUCA – der Oxford University Conservative Association. Doch in dem berühmten Debattier-Club, der Oxford Union, bemerkt sie beiläufig in ihren Memoiren, waren Frauen als Mitglieder nicht zugelassen.[84] Herkunft aus bescheidenen Anfängen, Naturwissenschaftlerin, eine Frau in der Männerwelt – das waren die Ausgangsbedingungen. Sie brachte die Klugheit auf, weder damals noch im nachhinein viel Aufhebens davon zu machen. Immerhin erwähnt sie in den »Erinnerungen« als einzige Gemeinsamkeit mit dem ungeliebten Vorgänger Ted Heath: »Wir hatten beide die Bildungs- und Gesellschaftsvorteile des traditionellen Konservativen nicht genossen.«[85]

Viele Eigenarten der sozialen Herkunft, der Ausbildung, selbst des Geschlechts werden im parlamentarischen Betrieb abgeschliffen. Somit sollte man die Faktoren des Außenseitertums bei ihr nicht übertreiben. Seit der Eheschließung mit dem erfolgreichen Manager Denis Thatcher war sie sozial arriviert und konnte ihrer politischen Karriere nunmehr in wirtschaftlicher Unabhängigkeit nachgehen.

Die Verbindung mit Denis Thatcher brachte eine Art Eintauchen in die Welt der modernen Wirtschaft. So ist es leicht zu erklären, weshalb Margaret Thatcher nach einiger Zeit zu bedingungslos wirtschaftsliberalen Überzeugungen gelangte. Die Tories hatten immer einen mehr oder weniger starken Business-Flügel aufgewiesen. Doch seit den Tagen des Kriegskabinetts und erst recht seit dem Trauma des Machtverlusts im Juli 1945 begannen auch bei ihnen jene Grundeinstellungen zu dominieren, die Margaret Thatcher dann als »kollektivistisch« und als »Konsensus-Politik« bekämpft hat. Allem Anschein nach ist es aber erst die Krise der siebziger Jahre gewesen, die sie radikalisiert hat.

Wie schon viele Reformer vor ihr mußte sie jetzt erkennen, daß sich die lästigsten Gegner oft in den eigenen Reihen befinden. Der Handstreich, mit dem sie im Jahr 1975 die Führung der oppositionellen konservativen Partei an sich riß, war ein historischer Zufall. Von nun an bis zum Erdrutschwahlsieg im Jahr 1983 und darüber hinaus kämpfte sie gegen eine Welt von Feinden: gegen die Labour Party, gegen die radikalen Gewerkschaften, aber auch gegen eine Mehrheit im eigenen Schattenkabinett und im ersten Kabinett der Jahre 1979 bis 1983. Seit dem berüchtigten *U-Turn* des Premierministers Heath im Jahr 1972 war sie davon überzeugt, daß eine von konservativen Politi-

*Im Geist von 1940: Die Premierministerin bei einer Testfahrt auf dem neuen Challenger-Tank während des Deutschlandbesuchs im September 1988.*

kern betriebene sozialistische Politik, wenn überhaupt, noch katastrophaler ist als eine von Labour-Politikern betriebene: »Ein Kollektivismus ohne eine Spur egalitären Idealismus ist ein höchst reizloses Credo.«[86]

Spät, zu spät erkannten jetzt die pragmatischen Größen der Konservativen Partei, was sie sich eingehandelt hatten. Mit Margaret Thatcher kam nämlich wieder einmal jener Menschenschlag zum Zuge, dem man während der Reformperioden in Europa des öfteren begegnet: der ungemütliche Aufsteiger, dem der Schlendrian der etablierten Oberschichten ein Greuel ist. Wenn die Verhältnisse halbwegs stabil sind, verbindet sich dieser Typ mit der Demokratie. Adenauer war ein derart arroganter Aufsteiger, im Grunde auch der aus dem Kleinadel stammende Charles de Gaulle. Unter einem weniger günstigen Stern aber werden die arroganten Aufsteiger zu Antidemokraten: Das Musterbeispiel ist Mussolini.

Während das Establishment der Tories die neue Parteiführerin anfangs nur seufzend ertrug, genoß Margaret Thatcher ihren Reformradikalismus, zumindest rhetorisch. Die Jahre ihrer Premierministerschaft waren eine einzige Abfolge hart ausgetragener, innerparteilicher Kontroversen, wobei man bei genauerem Zusehen allerdings auch bei ihr ein starkes Maß an taktischer Geschmeidigkeit entdeckt. Anders hält man sich keine dreizehn Jahre in Downing Street No. 10 – also länger als jeder andere britische Premierminister seit William Pitt.

Unter den großen Reformern der achtziger Jahre war Margaret Thatcher weltweit die am meisten auf Konfrontation bedachte Gestalt. Reagan triumphierte als Präsident, weil er es verstand, seine radikalkonservativen Reformen eben nicht in Form eines Konfrontationskurses zu präsentieren. Helmut Kohl dachte nach Übernahme der Kanzlerschaft im Herbst 1982 nicht im Traum daran, den sozialstaatlichen Konsens selbst nur terminologisch in Frage zu stellen. Auch die zeitgenössischen kommunistischen Reformer, Deng in Peking und Gorbatschow in Moskau, wollten zu keinem Zeitpunkt mit dem radikalreformerischen Flügel identifiziert werden und steuerten einen Zickzackkurs. Trotz oder dank ihres Muts zur Dauerkonfrontation hat Margaret Thatcher indessen drei Unterhauswahlen gewonnen. Am Schluß waren die Hinterbänke der konservativen Fraktion im House of Commons allerdings mit Politikern bevölkert, die sie aus dem Kabinett entfernt hatte oder die von sich aus gegangen waren. Macmillan, dessem Haß doch auch eine Spur von Bewunderung beigemischt war, bemerkte im Hinblick auf ihre frühen Kabinette: »Eine brillante Tyrannin, umringt von Mediokritäten.«[87] Als sie dann auch mit jenen gnadenlos umsprang, die einiges Format hatten, Nigel Lawson und Geoffrey Howe, erfuhr sie, daß viele Hunde schließlich doch des Hasen Tod sind. Ihr politisches Ende weist Gemeinsamkeiten mit dem Ludwig Erhards auf. Beide machten sich als Wirtschaftsreformer einen Namen, und beide scheiterten ausgerechnet an unversehens aufgetretenen wirtschaftlichen Schwierigkeiten.

Langfristig erwies sich Margaret Thatchers konfrontativer Stil auch in der Europapolitik als Nachteil. Über die Richtigkeit ihrer Ideen von Europa wird zwar erst die Zukunft entscheiden. Tatsache ist jedenfalls, daß sie sich selbst und Großbritannien im Kreis der Regierungschefs der Europäischen Gemeinschaft weitgehend isoliert hat. Unvereinbarkeit des Konzepts kam dabei ebenso ins Spiel wie die Unverträglichkeit ihres Temperaments.

Welche Bedeutung dem Umstand zukam, daß sie sich als Frau in einer Männerwelt durchsetzen mußte, ist schwer auszumachen. Da der Feminismus bei der Labour-Linken großgeschrieben wurde, der ihr lebenslänglicher Haß galt, war sie viel zu stolz und zu ideologisch, die Gleichberechtigung der Frau bei den Konservativen nachhaltig zu thematisieren. Auch hier begnügte sie sich damit, die kalte Arroganz der Arrivierten zu praktizieren. Sehr rasch hatte sie aber erkannt, daß Männer im Rudel gern zu kumpelhafter Bequemlichkeit neigen. So setzte sie ihren Ehrgeiz daran, stets besser als die Kabinettskollegen präpariert zu sein, von den großen Visionären auf den europäischen Gipfeln ganz zu schweigen. »Von allen Regierungschefs, die ich kennengelernt habe, hat sie am härtesten gearbeitet«, schrieb der australische Labour-Premier Bob Hawke in seinen Memoiren. Bei jeder Zusammenkunft habe sie sich als außerordentlich gut vorbereitet erwiesen. Allerdings beklagte er ihre Taktik, Gesprächspartner immer wieder zu unterbrechen. Sie habe auch ein ganz hervorragendes Geschick besessen, eine nebensächliche Bemerkung von Gesprächspartnern aus dem Zusammenhang herauszureißen und dann gnadenlos darauf herumzureiten[88] – eine Technik, mit der auch Adenauer irritierte.

Was aber im Umgang mit Gleichgestellten als noch tolerables Verhalten gelten mochte, wurde von vielen ihrer Minister ressentiert. Die gnadenlose Härte, mit der sie schließlich als Premierministerin mit dem Kabinett umsprang, kann durchaus als kompensatorische Einstellung begriffen werden. Entsprechend unbarmherzig hat man ihr das schließlich heimgezahlt, als sie in eine Schwächeperiode hineingerutscht war und zudem unvorsichtig wurde.

Seither ist sie eine jener politischen Größen, deren Ruhm nach dem Sturz eher zugenommen hat. Thatcheristen feiern sie als »einen der größten Premierminister, die England je hatte«.[89] Doch selbst der skeptische Peter Hennessy, eigentlich ein Attlee-Bewunderer, ist der Ansicht, seit dem Zweiten Weltkrieg habe niemand Großbritannien so tiefgreifend umgestaltet.[90] Fünf Einträge, so meint er, würden im Hauptbuch der Thatcher-Ära Bestand haben: 1. Sie habe die Macht der Gewerkschaften gebrochen. 2. Seit ihrer Regierung sei die Verstaatlichung kein Thema mehr. 3. Schon nach zehn Jahren Thatcher sei die Zahl britischer Aktienbesitzer von drei auf neun Millionen angewachsen, weil sie zwei Drittel des Staatseigentums privatisierte. 4. Indem sie Millionen von Sozialwohnungen an private Eigentümer verkaufte, habe sie in England eine substantielle Verschiebung zur »Eigentümer-Demokratie« vollzogen. 5. Schließlich habe sie eine Fundamentalreform der Staatsbürokratie auf den Weg gebracht. Hunderttausende von Beamten müßten sich seither in öffentlichen Service-Unternehmungen im Wettbewerb bewähren.

Nach dem Wahlsieg Tony Blairs hätte Hennessy noch eine weitere Langzeitwirkung Margaret Thatchers erwähnen können. Ihr ist es gelungen, die Opposition von der Richtigkeit ihres Kurses zu überzeugen. Das ist stets das Hauptmerkmal langfristig erfolgreicher Reformer. Und zum Thatcherismus gehört auch die Überzeugung, daß dem Nationalstaat die Zukunft gehört, sofern sein politisches Management nur die Härte aufbringt, ihn wettbewerbsfähig zu machen. Mit solchen Auffassungen erwirbt man sich im kontinentalen Europa nur wenig Sympathie. Doch um Popularität auf den EG-Gipfeln hat sich Margaret Thatcher nie groß gekümmert. Sie war überzeugt, daß ihr Reformkonzept früher oder später für sich selbst

*Die G-7-Gipfeltreffen dokumentieren die weltweite Kooperation der industriellen Demokratien. Hier der G-7 Gipfel in Bonn. Japan ist mit vertreten, aber auch die Europäische Gemeinschaft (ganz links Präsident Delors).*

sprechen würde. Der Kalkül ist aufgegangen. Schon seit langem sieht man in ihr eine bemerkenswerte britische Größe und darüber hinaus eine Vorkämpferin radikaler Reformen, die Deutschland, Frankreich, Belgien und Italien noch weitgehend vor sich haben. Bei Sozialisten und christlichen Demokraten gilt sie deshalb als Unperson, während andere meinen, daß diesem Modell die Zukunft gehört.

## Der Riese: Helmut Kohl

Auch Helmut Kohl gehört in den Kontext jener Epoche der Reformen, die bereits als abgeschlossenes Geschichtskapitel hinter uns liegt. Zugleich jedoch ist er eine höchst gegenwärtige Größe. Das Theater kennt den Typ des unverwüstlichen Stars, der Jahr für Jahr und Abend für Abend seinen Auftritt gibt, während die Zelebritäten des vorhergehenden Jahrzehnts nur noch in der Photoecke des Theaterrestaurants zu bewundern sind. Die meisten jener Größen, zu deren Zeiten er startete, hat er politisch oder physisch überdauert: Ronald Reagan, George Bush, Margaret Thatcher, François Mitterrand, Giulio Andreotti, Jaruzelski, Wałęsa, Breschnew, Andropow, Gorbatschow, Deng Xiaoping – von Rainer Barzel, Franz Josef Strauß, Willy Brandt oder Helmut Schmidt ganz zu schweigen. Unter den Nachwuchsschauspielern des europäischen Polit-Theaters wirkte er nach dem großen Umbruch zu Beginn der neunziger Jahre wie ein Riese aus einer vergangenen Epoche.

Schon jetzt aber steht fest, daß er in der Galerie europäischer Jahrhundertgestalten einen hervorgehobenen Platz erhalten wird, auch wenn anfänglich viele daran gezweifelt haben. Keinem anderen Bundeskanzler ist von Anfang an und relativ lange so viel Verachtung zuteil geworden wie ihm. Ein gemüthafter, kräftiger, aber zugleich tumber Riese aus der rheinland-pfälzischen Provinz – wenigstens in diesem Punkt waren die Linksintellektuellen und Helmut Schmidt über den Außenpolitiker Helmut Kohl einer Meinung. Doch das liegt weit zurück. Als »Kanzler der Einheit« ist er zur Säkulargestalt der deutschen Nationalgeschichte geworden.

An Kritik fehlt es freilich auch heute nicht, und es gibt Grund zur Vermutung, daß man künftig nicht nur viel von den Leistungen sprechen wird, sondern ebenso ausgiebig von seinen Versäumnissen. Adenauer hat gelegentlich bemerkt: »Wenn ich nicht mehr Kanzler bin, wird man Kübel von Schmutz über mir ausleeren.« Soweit braucht es nicht zu kommen. Aber Kohls generelle Unlust zu tiefgreifenden Reformen dürfte auch in Zukunft berechtigte Kritik finden. Ähnlich schwer wiegt die Befürchtung, daß er mit der technokratischen Fehlkonstruktion des Euro ungewollt, aber mit gewaltigem Unverstand die Europaidee diskreditieren wird. Alles an ihm hat eben riesige Dimensionen, auch seine Irrtümer.

Beurteilt man ihn allein vor dem Hintergrund jenes Jahrzehnts, in dem Reagan, Bush, Margaret Thatcher und Gorbatschow maßgebend waren, kommt man zu einer paradoxen Beobachtung. Vor dem Machtwechsel im Herbst 1982 hielt fast jedermann Kohl für einen typischen Innenpolitiker. In Rheinland-Pfalz hatte er als ungestümer Reformer begonnen, alsdann die Bundes-CDU umgekrempelt, und wenn man überhaupt von ihm Bedeutendes erwartete, so auf dem Feld der inneren Erneuerung. Statt dessen hat er sich innerhalb der zehn Jahre von 1982 bis 1992 vor allem als Außenpolitiker einen Namen gemacht, während er kein besonders kühner Reformer der bundesdeutschen Wirtschaftsgesellschaft gewesen ist.

Heute läßt sich jedenfalls ziemlich sicher erkennen, daß Helmut Kohl von allen Regierungschefs des westlichen Europa bei dem großen Umbruch den wichtigsten Beitrag geleistet hat. Das begann nicht erst während der legendären 329 Tage vom 9. November 1989 bis zum 3. Oktober 1990. Zwar zeigte sich eine breite Öffentlichkeit erst im Jahr 1990 bereit, die Vorbehalte gegen die außenpolitischen Künste Helmut Kohls aufzugeben. Aber als er zusammen mit Bush zum Manager des Umbruchs wurde, konnte er bereits auf eine siebenjährige Kanzlerschaft zurücksehen. In dieser Zeit hat er in Washington, in Paris, zuletzt auch in Moskau ein Vertrauenskapital aufgebaut, das 1989 und 1990 Zinsen trug. Die Amerikaner vertrauten ihm weitaus mehr als Schmidt und als Genscher. Gorbatschow überzeugte sich schließlich 1988 persönlich, daß nicht allein dem Außenminister Genscher der vertrauensvolle Entspannungsdialog mit der Sowjetunion am Herzen lag, sondern auch dem Bundeskanzler.

Alles in allem folgte Kohl damals durchgehend der amerikanischen Führung. Mit Rücksicht auf die deutsche Öffentlichkeit und auf Genscher hat er in militärstrategischen Fragen allerdings nach Möglichkeit weicher taktiert als das Pentagon und die Generale im NATO-Hauptquartier. Aber solange Reagan eine Politik der Stärke betrieb, war Kohl ein verläßlicher Partner. Als die Ost-West-Beziehungen seit 1985 in eine neue Rüstungskontrollphase eintraten, ist auch der Bundeskanzler auf diese Linie eingeschwenkt, dabei zumeist wagemutiger als die Konservativen in der eigenen Partei, so in der umstrittenen Frage der *Lance*-Modernisierung, die noch im Frühjahr 1989 die Koalition fast erschütterte.

Im Rückblick auf die Lage im Frühjahr und Sommer 1989 hat Genscher in seinen »Erinnerungen« zutreffend geschrieben, »daß die deutsche Außenpolitik unmittelbar vor dem Eintritt in die dramatischste Phase der Nachkriegspolitik den Höhepunkt ihres internationalen Einflusses erreicht hatte. Beide Supermächte, die mit uns verbündeten USA ebenso wie die uns nun partnerschaftlich verbundene Sowjetunion, hatten die herausgehobene Position Bonns bekräftigt, was durch die enge Verbindung mit Frankreich noch verstärkt wurde ... Unsere Stellung war die denkbar beste.«[91]

Inwieweit diese »denkbar beste Stellung« das Werk Kohls, inwieweit sie das Werk Genschers war, sei dahingestellt. Jedenfalls positionierte dieser menschlich Vertrauen erweckende Kanzler die Bundesrepublik als Zentralmacht Europas, die zwar fest in den Gemeinschaften der Demokratien verankert war, doch zugleich eine Scharnierfunktion nach Osten hin wahrnahm. Jetzt wurde Kohl neben George Bush auf westlicher Seite der umsichtigste Manager des Umbruchs, und so hat er sich in den Jahren der Wende dem zeitgenössischen Bewußtsein eingeprägt. Ohne Kohls intelligente Mitwirkung wäre auch die klügste amerikanische Politik ins Leere gelaufen. Alle bisher erschienenen

*Stunde der Wiedervereinigung: Bundeskanzler Helmut Kohl mit Oskar Lafontaine, Willy Brandt, Hans-Dietrich Genscher, Hannelore Kohl, Richard von Weizsäcker und Lothar de Maizière (von links nach rechts).*

Memoiren, die verfügbaren Quellen und die zeitgeschichtlichen Studien bestätigen dieses Bild.

Dabei hatte sich eigentlich auch Kohl für die vorhersehbare Zukunft mehr oder weniger mit der Teilung abgefunden. Als schon zu Zeiten Gorbatschows in der CDU-Fraktion einzelne Stimmen um den Abgeordneten Bernhard Friedmann aus Hessen zu bedenken gaben, vielleicht werde es bald Zeit sein, die Wiedervereinigungspolitik wiederaufzugreifen, ging er unwillig darüber hinweg. Er hielt es damals nämlich nicht ganz für ausgeschlossen, ein vom Osten geschickt lancierter Konföderationsvorschlag könne die Bundesrepublik aus den westlichen Gemeinschaften heraustreiben. Und da er wesensmäßig zu jenen Riesen gehört, die auf dem einmal für richtig gehaltenen Weg bedenkenlos voranstampfen, gehört die blitzschnelle, tiefgreifende Kurskorrektur im Spätherbst 1989 zu den erstaunlichen Ausnahmen im Verhaltensstil dieses Bundeskanzlers. Er verstieß damit gegen sein ruhiges Naturell, dem phantasievolle Bewegungspolitik oder Volten, wie sie für Bismarck gang und gäbe waren, eigentlich zuwider sind. Doch eben mit diesem einmaligen Verstoß hat er Weltgeschichte gemacht.

Die Vereinigung des geteilten Deutschlands ist in der europäischen Geschichte des 20. Jahrhunderts ein einzigartiger Vorgang: Wiederherstellung des Nationalstaats einer zum zweiten Mal verspäteten Nation mit Billigung, wenngleich nicht zum Wohlgefallen aller Beteiligten. Helmut Kohl hat bei dieser Gelegenheit das spärliche, noch verbliebene Brennholz des deutschen Patriotismus zeitweilig angefacht, den großen Waldbrand aber umsichtig verhindert. Nach den vielgerühmten 329 Tagen wurde das Feuerchen rasch gelöscht.

Mitterrand, Margaret Thatcher, Gorbatschow, Andreotti, erst recht die polnische Führung wußten damals freilich nicht so recht, woran sie mit dem deutschen Bundeskanzler waren. Sie mißtrauten dem Dynamismus dieses plötzlich so beweglich gewordenen Riesen. Aber an Kohls schlichtem Credo »Westbindung« und »Europa« war letztlich doch nicht zu zweifeln. Selbst Gorbatschow konnte ihm nicht richtig böse sein, obwohl in erster Linie er es war, der die Zeche der Kohlschen Staatskunst zu zahlen hatte.

Was im Hinblick auf Bush gilt, trifft auch auf Kohl zu. Er wurde zum erfolgreichen Manager des Umbruchs, weil er kein nervöses Genie war, sondern ein Mensch, der Vertrauen erweckte. Seine Leistung geht jedenfalls weit über die Wiedervereinigung Deutschlands hinaus. Indem er Gorbatschow und nach diesem Jelzin unter Ausnutzung ihrer Cash-flow-Probleme freundlichst aus der DDR hinausbugsierte, hat er in Europa eine völlig veränderte geostrategische Lage mit heraufgeführt.

Der Kanzler der Wiedervereinigung wird somit als sehr umsichtiger Riese im Gedächtnis bleiben. Mit dem Wirtschafts- und Sozialreformer Kohl hingegen verhält es sich anders. Hier war sein Zögern sehr viel ausgeprägter als sein Wille zur Veränderung. Gewiß hat die sozialdemokratische Opposition im Bund mit den radikaleren Gewerkschaften nichts unversucht gelassen, Kohl als herzlosen Neokonservativen zu stigmatisieren. Vielleicht hat er sich dadurch auch manchen Schneid abkaufen lassen. In Wirklichkeit aber war er alles andere als ein radikalliberaler Reformer. Hätte er im Kabinett Margaret Thatchers gesessen, so hätte sie ihn voller Verachtung als typischen Konsensus-Politiker alten Stils bekämpft. Ins Kabinett Reagans wäre er überhaupt nicht hineingelangt.

Die alles in allem doch deutliche Zurückhaltung Kohls in puncto Reformen ist nicht zuletzt deshalb erstaunlich, weil er eigentlich als ein Stürmer und Dränger begonnen hatte. Zur Zeit seiner Anfänge in Rheinland-Pfalz ließ er sich gern den »schwarzen Riesen« nennen. Und als solcher hatte er ein vorrangiges Ziel, das hemdsärmelige Neuerer wie ihn häufig kennzeichnet: das große Ausmisten. Rheinland-Pfalz, ein Kunstprodukt aus der französischen Besatzungszeit, hatte damals den Ruf, das muffigste, klerikal verhockteste aller deutschen Bundesländer zu sein. Zur reaktionär-konservativen Enge im Zeichen von Krummstab und Honoratiorendemokratie kam zudem ein wenigstens für damalige deutsche Verhältnisse bemerkenswertes Ausmaß an Korruption.

Dagegen gingen Kohl und die ihn bewundernden Getreuen an. Er war liberal, modern, grob, gradeheraus, mit dem Status quo unzufrieden, veränderungsfreudig, kurz: Er besaß die schöne Schonungslosigkeit des ungeduldigen Reformers. Mit neunundzwanzig zog er 1959 in den Mainzer Landtag ein, mit 33 war er bereits Fraktionsvorsitzender und hielt seither den Ministerpräsidenten Altmeier in Trab. Noch kontrollierte dessen Clique die Regionalzeitungen und den Rundfunk. Doch mit Hilfe der überregionalen Presse machte sich der Reformer Helmut Kohl bundesweit bekannt.[92] Das strahlte auch nach Rheinland-Pfalz zurück. Mit 39 hatte er den Vorgänger endlich aus dem Feld geschlagen und war nun selbst Ministerpräsident.

Jetzt bildete er ein fähiges junges Kabinett, das mehr Glanz besaß als die meisten anderen Länderkabinette, machte sich ans versprochene Ausmisten, beseitigte politische Erbhöfe, exzellierte in moderner Infrastrukturpolitik, liquidierte die überständige Konfessionsschule, schnitt auch sonst überall alte Zöpfe ab und begann unverzüglich, in der Bundespolitik mitzumischen.

Er hatte es verstanden, die rheinland-pfälzische CDU zu verjüngen und zu mobilisieren. In der Eigenschaft des Parteireformers machte er sich nun in der ganzen Bundes-CDU einen Namen. Die CDU sollte sich an Haupt und Gliedern erneuern, indem sie zur Mitgliederpartei sowie zur Programmpartei wurde. Im Grunde kopierte Helmut Kohl damit das altbekannte, vielbeneidete Erfolgsrezept der SPD, und es kam ihm zugute, daß sein Durchbruch in Rheinland-Pfalz mit dem Machtwechsel in Bonn zusammenfiel. Überall strömten nun der CDU bürgerliche Wähler zu, die dreierlei waren: antisozialistisch, Gegner der Annäherung der Regierung Brandt-Scheel an die östlichen Kommunisten und vielfach auch jung. Mitte 1973 zählte die CDU 450 000 Mitglieder, vor der Bundestagswahl 1976 waren es 625 000.[93]

Als Kohl 1973 den glücklosen Rainer Barzel ablöste, machte er die CDU innerhalb weniger Jahre zu einer bemerkenswert gut organisierten, angriffslustigen und hinlänglich disziplinierten bürgerlichen Partei. Zwar hatte auch Adenauer unablässig auf Mitgliederwerbung gedrungen. Doch praktisch war die CDU unter ihm in weiten Regionen noch eine Honoratiorenpartei geblieben. Kohl änderte dies und schuf damit die Voraussetzung für das Comeback der CDU.

Selten nur ist ein Politiker aus der Provinz so rasch und so ungestüm aufs Bonner Parkett gestürmt wie Helmut Kohl in der Aufstiegsphase 1969 bis 1976. Damals besaß er auch noch den Mut zur Polarisierung. 1976 gelang ihm mit dem Slogan »Freiheit statt Sozialismus« beinahe der Durchbruch. CDU und CSU haben später nie mehr das Traumergebnis von 48,6 Prozent erreicht.

Die CDU jener Jahre unterschied sich nicht allzustark von den britischen Konservativen, die zur gleichen Zeit unter Margaret Thatcher an die Macht zurückstrebten. In beiden Fällen waren rücksichtslose Aufsteiger rasch zur Spitze gelangt, während eine Mehrheit des Parteiestablishments noch so weitermachen wollte wie vor dem jeweiligen Machtwechsel. Frau Thatcher erinnerte sich später nicht ohne Sympathie an einen Besuch im Jahr 1975, den sie damals Helmut Kohl, Kurt Biedenkopf und Ludwig Erhard abstattete. Möglicherweise stand diese erste Begegnung aber von Anfang an unter einem ungünstigen Stern, denn Biedenkopf trug in eloquentem Englisch seine recht wirtschaftsliberalen Ideen vor, während Kohl ziemlich schweigsam dabeisitzen mußte. Immerhin gewann sie doch den Eindruck »eines liebenswürdigen Mannes, der in den wichtigen Fragen instinktiv richtig lag«.[94]

Doch als Kohl 1976 an die Spitze der Opposition im Deutschen Bundestag trat und nach Bonn überwechselte, schien die reformerische Gestaltungskraft ziemlich erschöpft. Er wußte zwar, wie man ein kleines Bundesland modernisiert, besaß aber kein originales Konzept für die Reform der deutschen Wirtschaft und des auch damals schon überzüchteten Wohlfahrtsstaates. Andere führten hier das große Wort: Franz Josef Strauß, auch der CDU-Generalsekretär Biedenkopf. Im Deutschen Bundestag kam Kohl mit Wirtschaftsthemen nicht gegen Helmut Schmidt auf.

Ohnehin erwiesen sich die Jahre 1976 bis 1982 als die von Intrigen und Rückschlägen am stärksten belasteten seines bisherigen Lebens. Damals erwarb er sich im Ringen mit Franz Josef Strauß und Helmut Schmidt den Ruf eines politischen Überlebenskünstlers. Bald entfernte sich der – so sah er es – recht ungetreue Biedenkopf; so machte er Heiner Geißler, einen der Getreuen aus dem Mainzer Kabinett, zum Generalsekretär der CDU. Wirtschaftspolitisch gesehen war das eine strategische Grundsatzentscheidung. Denn Biedenkopf hätte vielleicht das Zeug dazu gehabt, Helmut Kohl zu einem fundamentalen Kurswechsel der bisherigen Wirtschafts- und Sozialpolitik zu bewegen. Höchstwahrscheinlich wäre die CDU auch dann nicht den Weg der angelsächsischen Radikalreformer gegangen, aber immerhin doch weiter in diese Richtung, als jetzt tatsächlich gewagt wurde. Doch von einem früheren Arbeits- und Sozialminister durften keine Wirtschaftsreformen im Geiste Reagans oder Thatchers erwartet werden, sondern viel eher ein Ausbau der Sozialsysteme.

Zudem fand Kohl die CDU nach dem Machtwechsel von 1969 in einer ähnlichen Lage vor wie die Reformer »Rab« Butler oder Harold Macmillan die Tories nach dem Debakel von 1945. Eine alles in allem behutsame Korrektur der sozialen Leistungsgesetze und der Steuerlast schien aussichtsreicher als die Radikalkonfrontation mit dem Wohlfahrtsstaat. Biedenkopf suchte Kohl zwar für eine reichlich vage Verbindung christlich-demokratischer Prinzipien mit dem Ordo-Liberalismus zu erwärmen. Doch nach einigem Hakenschlagen gelangte Kohl schließlich zur Auffassung, daß die Mehrheit seiner Wähler und Anhänger nur eine Minimalreform wohlfahrtsstaatlicher Übertreibungen wünschte, aber nicht mehr. Der Kritik der oppositionellen SPD und der Gewerkschaften ließ sich so auch viel besser begegnen. Im Vergleich mit England, Frankreich und Italien schien die wirtschaftliche Lage der Bundesrepublik noch so gut, daß sich Fundamentalreformen erübrigten. So nagelte der frisch gewählte Bundeskanzler im Herbst 1982 die Flagge »Regierung der Mitte« an den Mast, und dabei blieb es.

Teilreformen kamen zwar durchaus zustande – Öffnung der Bundesrepublik für den Wettbewerb im europäischen Binnenmarkt, Postreform, Bahnreform und die Erneuerung der zerrütteten DDR-Ökonomie in prinzipiell marktwirtschaftlichen Formen. Doch eine schonungslose Erneuerung des Wirtschafts- und Sozialsystems unterblieb.

Es ist reizvoll, gelegentlich in alten Büchern zu blättern. 1985 veröffentlichten die Journalisten Filmer und Schwan ein nach bewährten Modellen komponiertes Buch mit Porträtstudien zu Helmut Kohl. Die Beschäftigungskrise wurde schon damals kritisiert: es »eile der wieselflinke Sozialminister von einer Brandstelle zur anderen, um aktuelle Feuer einzudämmen«. Weiter wurde die gängige Kritik wie folgt resümiert: »Aufregende Innovationen seien von Helmut Kohl nicht zu erwarten. Er koche zu sehr nach alten Rezepten beziehungsweise lasse kochen. Doch es reiche nicht aus, die öffentliche Verschuldung einzudämmen und hier und da die Steuern etwas zu senken und im übrigen auf das Wachstum der Wirtschaft zu hoffen. Wo bleibe Kohls Gesamtstrategie, wird gefragt, um der Krise des Sozialstaats zu begegnen?« Und die Autoren schlossen ihre Bilanz der zeitgenössischen Kritik mit den Worten: »Die Talfahrt sei in vollem Gange.«[95]

An und für sich waren die achtziger Jahre in der westlichen Welt ein Jahrzehnt erneuter Dynamik. Die radikalliberalen Reformen Reagans und Thatchers bei gleichzeitigem Scheitern Mitterrands in Frankreich hatten eine ökonomische Großwetterlage entstehen lassen, die auch in der Bundesrepublik die Möglichkeit tiefgreifender Veränderungen eröffnet hätte. Das wäre allerdings nur in langwieriger, erbitterter Konfrontation mit den Gewerkschaften und der parlamentarischen Opposition möglich gewesen. Überdies ist unklar, ob eine

Mehrheit der Wählerschaft dazu bereit gewesen wäre. Auf jeden Fall aber hätte es einen Kanzler von jenem ungestümen reformerischen Temperament vorausgesetzt, das Helmut Kohl zwischen 1960 und 1976 durchaus bekundet hatte. Wie es dazu kam, daß aus dem seinerzeitigen Stürmer und Dränger ein im ganzen recht vorsichtiger Überlebenskünstler wurde, dürfte zu den interessantesten Fragen künftiger Biographen gehören.

Wer Kohl für seine Zaghaftigkeit allzu heftig kritisiert, vergißt dabei allerdings, daß Reformer in den USA und in Großbritannien eine günstigere institutionelle Ausstattung besitzen als in der Bundesrepublik. Das britische Mehrheitswahlrecht und die Uneinigkeit ihrer Gegner haben es Margaret Thatcher ermöglicht, auch ohne eine absolute Mehrheit der Wählerstimmen sicher zu regieren. Außerdem kann ein entschlossener konservativer Premierminister seine innerparteiliche Opposition besser ausmanövrieren als der Bundeskanzler einer Koalitionsregierung. Mildernde Umstände lassen sich also in hinlänglicher Zahl geltend machen. Vielleicht bewies Helmut Kohl in der Tat den richtigen Instinkt und hat es so verstanden, das frühzeitige Ende seiner Koalition von Wahltag zu Wahltag hinauszuzögern. Im Vergleich mit den kühnen angelsächsischen Erneuerern der achtziger Jahre wirkt Kohl jedenfalls wie ein ängstlicher Riese.

Durchweg kühner erwies er sich immer dann, wenn es um Revitalisierung, Festigung und Verdichtung der Europäischen Gemeinschaft ging. Auf diesem Feld war er tatsächlich ein beharrlicher, kraftvoller, unbedenklicher Riese, wenngleich in den Fragen des Scheckbuchs bisweilen zu nachgiebig und bei der Währungsunion wie Hans im Glück agierend.

Heinz Gollwitzer hat vor einiger Zeit im Hinblick auf das Wilhelminische Deutschland zutreffend geschrieben, es sei eine Großmacht ohne eine universell akzeptable Idee gewesen. Das republikanische Frankreich stand für die »Ideen von 1789«, Großbritannien für die Idee parlamentarischer Regierung und des »Commonwealth of Nations«. Aber Deutschland? Nur ungeduldiges Drängen nach einem Platz in der Sonne und egoistische Machtpolitik![96] Konrad Adenauer hatte dieses Manko instinktiv verspürt. Anfang der fünfziger Jahre führte er im Bundeskabinett aus, man müßte dem Volk eine neue Ideologie geben, das könne nur eine europäische sein.[97] In diesem Sinn begriff sich Helmut Kohl als Nachfolger Adenauers. In den Jahren seiner Kanzlerschaft hat er der Bundesrepublik in der Tat die europäische Idee stärker eingepflanzt als je zuvor.

Selbst als der Strom der deutschen Geschichte im Jahr 1990 wieder ins Bett der ungeteilten Nation zurückfloß, relativierte er den Vorgang, indem er die deutsche Einheit und die Einigung Europas als »zwei

Seiten derselben Medaille« bezeichnete. Es ist nicht zu bezweifeln, daß der Bundeskanzler damit unter den Nachbarn die Akzeptanz der erneuerten Zentralmacht Europas erleichterte und alberne Kraftmeiereien in der deutschen Öffentlichkeit unterband.

Für ein vorläufiges Urteil über die Tragfähigkeit seines widersprüchlichen Konzepts der immer engeren Verflechtung des Europas der Zwölf in Verbindung mit ehrgeiziger Nord- und Ost-Erweiterung ist es noch viel zu früh. Er gehört zu den großen Willensmenschen und fühlt sich als solcher berufen, die Deutschen und deren Nachbarn ein für allemal vor Dummheiten zu bewahren – ein schöner, aber zugleich recht kühner Gedanke. Denn Endlösungen des deutschen Problems hat es noch nie gegeben, und die historische Einmaligkeit Europas bestand bisher in kultureller, politischer und wirtschaftlicher Vielfalt. Alle Versuche, ein Zuviel an Einheit herbeizuführen, sind stets gescheitert.

Doch allein schon der Wille, das Projekt eines nach außen und nach innen handlungsfähigen Europa auf den Weg zu bringen, hat Größe, und als europäischer Riese dürfte Helmut Kohl somit im Gedächtnis bleiben. Immerhin ist es Kohl dank seiner Europapolitik gelungen, den Kontinent mit der Wiedervereinigung zu versöhnen. Selbst wenn die Entwicklung auf Umwegen schließlich wieder zu einem europäischen Konzert eng verflochtener, aber in Kernbereichen weiter autonomer Nationalstaaten hinführt, würde ihm das Verdienst gebühren, Europa mit dem deutschen Nationalstaat und diesen mit Europa in Einklang gebracht zu haben.

Kohls große Gegenspielerin Margaret Thatcher hat unlängst beim Blick auf die eigene Lebensleistung die skeptische Frage nach dem, was bleiben werde, aufgeworfen und die nüchterne Antwort gegeben: »Es gibt in der Politik keinen Endsieg ... Alles ist Menschenwerk und darum auf Sand gebaut.«[98] Beim Rückblick hat die einstige Radikalreformerin Großbritanniens aber dann doch festgestellt: immerhin sei ihr Land, genauso wie die USA Ronald Reagans, grundlegend anders geworden: »Es wird niemals exakt wieder zu dem werden, was wir bekämpften.«[99] Im Hinblick auf West- und Mitteleuropa, das Kohl im Verein mit Mitterrand vom Nationalismus kurieren wollte, könnten radikalreformerische Europäer bei ähnlich gelassener Betrachtungsweise später einmal Vergleichbares konstatieren. Auch ein Europa nach Helmut Kohl kann nicht mehr zum europäischen Konzert autonomer Staaten werden, von dem er wegstrebte.

Sollte sich allerdings das Konzept der Währungsunion auf längere Sicht als desaströs erweisen, was zu befürchten ist, wird man ihn als eine eher verhängnisvolle Gestalt bewerten. Doch alles ist noch offen, und vorerst läßt sich nur Ambivalenz konstatieren.

Am skeptischsten ist heute schon die Einschätzung des langfristigen wirtschafts- und sozialpolitischen Ertrags seiner »Regierung der Mitte«, auf deren Konsensus-Politik er zu lange über Gebühr stolz war. Der von ihm geschätzte Ernst Jünger hat dazu bereits im Jahr 1984 das Wesentliche formuliert: »Jedes juste-milieu erfordert Balance-Akte – ›ausgewogen‹ ist eines der Schlagwörter. Es spiegelt sich in den Standardbegriffen, so heute im ›freiheitlichen Rechtsstaat‹, der ›sozialen Marktwirtschaft‹ und anderen. Wie all und jedes gehen zahllose Epochen an sich selbst zugrunde und werden später auch von denen, die daran mitwirkten, als Goldene Jahre vermißt.«[100] Der in Sachen Strukturreform vorwiegend ängstliche Riese als Bewahrer langer Goldener Jahre – wird dies das letzte Wort über Helmut Kohl sein, der als Reformer begann und am Ende, wann immer dies auch eintritt, an den Problemen seiner zu zaghaft reformierten Republik scheitern muß?

## »Der größte Reformer des Jahrhunderts«[101]: Gorbatschow

Rußland hatte bekanntlich nie Glück mit seinen Reformern. Ministerpräsident Alexander Stolypin wurde im September 1911 ermordet. Er war fünf Jahre lang, von 1906 bis 1911, mit herkulischer Anstrengung bemüht gewesen, das versteinerte zaristische System zu erneuern. Doch sein Tod war nicht viel mehr als der endgültige Schlußpunkt hinter das schon zuvor erfolgte politische Scheitern. Sechs Jahre danach schlug die Stunde Lenins, Trotzkis und Stalins.

Von da an vergingen über vierzig Jahre bis zum Auftreten Chruschtschows. Doch der war sich während seiner gesamten Amtszeit nicht darüber im klaren, ob er wirklich ein Reformer werden wollte oder nur ein autoritärer Herrscher, der wenigstens ohne Terror regierte und viel weltoffener war als der schreckliche Stalin.

Wiederum nach zwanzig Jahren kam Gorbatschow. In der gesamten Geschichte des 20. Jahrhunderts ist außer Lenin und Hitler keine Gestalt aufgetreten, die so rasch und so urplötzlich so viel bewirkt hat wie er. Wie eingangs erwähnt, trifft auf ihn in vollem Umfang Jacob Burckhardts Diktum zu: Die großen Männer sind notwendig, »damit die weltgeschichtliche Bewegung sich periodisch und ruckweise frei mache von bloßen abgestorbenen Lebensformen und von reflektierendem Geschwätz«. Jahrzehntelang hatten östliche wie westliche Sowjetspezialisten und Entspannungspolitiker die Reform-Erfordernisse des Sowjetsystems in »reflektierendem Geschwätz«[102] ziemlich folgenlos analysiert. Erst Gorbatschow brachte zweierlei in Gang: die Öffnung zur westlichen Welt und die Reform des eigenen Systems.

Fünf Jahre lang faszinierte er die Welt als Inkarnation eines modernen Reformers. Zum gleichen Zeitpunkt, als das Bild des Reformers Reagan durch die skurrile Affäre »Irangate« getrübt wurde, stieg der Stern Gorbatschows immer höher. Er bewies, daß man nicht in die Schule Hollywoods gegangen sein muß, um ein Staatsschauspieler der Weltklasse zu werden. Nach Reagan war er das bemerkenswerteste PR-Talent des Jahrzehnts.

Eigentümlicherweise war seine Faszination im westlichen Ausland durchgehend viel größer als zu Hause. Die Linke im Westen pries ihn, weil er zeitweilig ihre Illusion zu bestätigen schien, eine demokratische Reform des Kommunismus sei möglich. Doch ebenso schätzten ihn Konservative wie Reagan und Margaret Thatcher, weil mit ihm erstmals ein intelligenter und moralisch sensibler sowjetischer Führer auftrat. In der Sowjetunion aber wurde er keineswegs als vorbildlich empfunden. Die von Jahr zu Jahr schlimmer werdende wirtschaftliche Malaise wirkte sich negativ aus. Anfänglich setzten die Liberalen Hoffnungen auf ihn, während ihn die reaktionäre und korrupte Nomenklatura für ein Verhängnis hielt. Er selbst steuerte einen Zickzackkurs, womit er in allen Lagern Mißtrauen weckte. Als er Ende 1990 erkannte, daß alles aus dem Ruder lief, schlug er sich mehr oder weniger freiwillig auf die Seite der Reaktionäre, so daß sich die demokratische Reformbewegung ebenso von ihm abwandte wie die Mächtigen der Republiken mitsamt den Nationalbewegungen.

Doch die Eliten und die Massen in der Sowjetunion hatten sich von Anfang an schwergetan, in dem neuen Generalsekretär eine Lichtgestalt zu erkennen. Gorbatschows Russisch war schlecht, er sprach es mit südlichem Akzent.[103] Seine Reden waren uninspirierend und teigig. In den großen öffentlichen Sitzungen auf dem Kongreß der Volksdeputierten, wo ihn Millionen im Fernsehen beobachten konnten, wirkte er autoritär und zänkisch, keinesfalls aber als der geeignete Führer in einer großen Reformperiode.

Immerhin machte er im kleinen Kreis eine gute Figur. Sacharow, der nach seiner Rückkehr aus der Verbannung im Januar 1988 erstmals mit Gorbatschow zusammentraf, gewann einen günstigen Eindruck: »klug«, »beherrscht«, »schlagfertig in der Diskussion«.[104] Eben dies war auch der Eindruck, den er bei Gesprächspartnern aus dem Westen hinterließ. Dort war man kommunistischen Führern, die hinlänglich geschäftsfähig und sogar gute Gesprächspartner waren, welche zudem über einen Schuß Selbstironie verfügten, schon lange nicht mehr begegnet. Als Gorbatschow im Dezember 1984, damals noch für die

*Der im Drehbuch des 20. Jahrhunderts nicht vorgesehene sowjetische Reformer Gorbatschow 1966 bei einem Besuch in der DDR, die er 1990 preisgibt.*

Landwirtschaftsfragen zuständig, erstmals Margaret Thatcher besucht und heftig mit ihr diskutiert hatte, verkündete sie überall, vor allem bei Reagan, das Lob dieses dynamischen, für sowjetische Verhältnisse noch jungen Mannes.[105] Wer die heute in größerer Zahl vorliegenden Politikermemoiren durchmustert, findet eine fast durchgehend sympathische Beurteilung. Ganz offensichtlich war er anders als alle vorhergehenden sowjetischen Führer – ein fast westlicher Typ, der schon deshalb Vertrauen erweckte. Da Unterhaltungen mit ihm nur über Dolmetscher möglich waren, wirkte auch sein Sprachstil nicht so pedantisch, wie er zu Hause vielfach empfunden wurde. Im Umgang mit Journalisten war Gorbatschow so, wie man das schätzt: nicht pompös, schlagfertig, nie um ein Lächeln und nie um eine geschickte Antwort verlegen. Schon 1986 war er auf bestem Weg, ein Medienliebling zu werden.

Noch in den Anfängen der Administration von George Bush wurde in Washington recht gründlich überlegt, ob und wie der Präsident mit dem Medienstar Gorbatschow mithalten könnte. Natürlich ging dessen Faszination in der westlichen Öffentlichkeit in erster Linie auf das zurück, was als Inhalt seiner Politik verstanden wurde: Reform im Innern und Entspannung nach außen. Doch ebenso faszinierte Gorbatschows Persönlichkeit. 1989 stand er auf dem Höhepunkt seines internationalen Ansehens. Es war ein einziges Jahr des Reisens – Havanna und London, Peking, Bonn, Paris, Ost-Berlin, Rom und dann das Treffen mit George Bush vor Malta. Gorbatschow konnte sich in der Illusion wiegen, als Zentralgestalt der Weltpolitik anerkannt zu sein, und kein anderer Staatsmann wurde so begeistert gefeiert wie er. Im Rückblick verstärkt sich indessen der Eindruck, daß er schon damals die Bodenhaftung verloren hatte. Denn zur selben Zeit, da Gorbatschows internationales Ansehen immer höher stieg, geriet die innenpolitische Lage außer Kontrolle. Als die Sowjetunion dann 1991 auseinanderbrach und Gorbatschow abtreten mußte, sah man sich verschiedentlich an Tocquevilles Feststellung bezüglich der Französischen Revolution erinnert, »daß der gefährlichste Augenblick für eine schlechte Regierung der ist, wo sie sich zu reformieren beginnt«.[106]

Was der Reformer Gorbatschow ursprünglich bezweckt hat, ist bis heute umstritten. Viele kluge Beobachter sind der Meinung, es sei ihm vor allem um die »Perestroika« gegangen. Nach Art vieler Politiker war auch er der Meinung, die Wirtschaft mit der Kraft politischen Wollens verändern zu können. Besorgt über die Stagnation in der Breschnew-Periode, war er entschlossen, die Wirtschaft zu modernisieren, um den Anschluß an das 21. Jahrhundert nicht zu verpassen. »Glasnost«, also die Freisetzung von öffentlicher Kritik, hätte somit darauf abgezielt, korrupte und träge Kader abzuservieren, keineswegs aber auf die Abschaffung des Machtmonopols der kommunistischen Partei, die im Gegenteil nach entsprechender Säuberung zum Instrument der Modernisierung werden sollte. Lenin hatte Kommunismus als »Sozialismus plus Elektrifizierung« definiert. Jetzt entstand der Eindruck, als hätte Gorbatschow eine neue Formel erfunden: »Perestroika ist Leninismus plus Glasnost.« Und damit verband sich das »neue Denken« in bezug auf die internationale Politik. Der Außenpolitiker Gorbatschow erkannte vor allem die kontraproduktiven Auswirkungen des Breschnewschen Spätimperialismus. Statt die Weltmacht Sowjetunion zu stärken, hatte dieser in die internationale Isolierung, zur Überdehnung und zur Verschleuderung wirtschaftlicher Ressourcen geführt.

Sollte das wirklich Gorbatschows Konzept gewesen sein, so ist es an seinen eigenen Widersprüchen gescheitert. Schon im Herbst 1989 bemerkte der immer für einen Zynismus gute Kissinger auf einem CIA-Seminar: »Wenn Sie beabsichtigen würden, die Sowjetunion zu zerstören, würden Sie es etwa anders anfangen?«[107] Als sich die kommunistische Nomenklatura zunehmend unwillig erwies, dem reformerischen Generalsekretär zu folgen, ließ er die Partei beiseite und suchte sich als Präsident vorwiegend auf die Regierungsbürokratie zu stützen – mit der Folge, daß ihm die eigene Machtbasis abhanden kam. Zugleich gewann Glasnost eine Eigendynamik. Die Gespenster von Millionen von Opfern des Monsters Stalin stiegen aus den Gräbern. Bisher unterdrückte große und kleine Volksgruppen des Imperiums suchten in nervösen Selbstfindungsprozessen ihre verlorene Identität wiederzugewinnen und stellten den Zentralstaat in Frage.

Derselbe Vorgang ereignete sich in den Ländern des Ostblocks. Der allzeit vergnügte Sprecher des Außenministers Schewardnadse, Gennadi Gerassimow, verkündete am 25. Oktober 1989 in Helsinki, die Breschnew-Doktrin sei doch wohl überholt. An ihre Stelle sei die »Frank-Sinatra-Doktrin« getreten: »I did it my way.«[108] Damals waren die nationalen Autonomiebestrebungen in Polen und Ungarn schon in vollem Gang, und das den Reformen Gorbatschows widerstrebende Honecker-Regime erzitterte bereits unter den Leipziger Montagsdemonstrationen. In Moskau und in Leningrad begann zudem die Intelligenzija die Begriffe Demokratie und Liberalisierung zunehmend mit westlichen Vorstellungen auszustatten, und als die Wirtschaft in die Phase des freien Falls eingetreten war, wurde sogar die Arbeiterschaft renitent.

Gleicht Gorbatschow also dem Zauberlehrling in Goethes Gedicht, der sich der Wassergüsse, die er selbst herbeigerufen, schließlich nicht mehr erwehren kann und von ihnen hinweggeschwemmt wird?[109] Oder ist er von Anbeginn an ein verkappter Sozialdemokrat gewesen, der mit »Perestroika« und »Glasnost« eine beispiellose Verschwörung ins Werk gesetzt hat und gemeinsam mit Alexander Jakowlew und seinem langjährigen Freund Schewardnadse ein bewußter Verräter an der Sowjetmacht war? So jedenfalls sieht es Valentin Falin, der Spätimperialist aus der Schule Gromykos, der während seiner Bonner Botschafterzeit arrogant wie ein sowjetischer Prokonsul auftrat. Und auch Jegor Ligatschow, zeitweilig ein Vorkämpfer der reaktionären Nomenklatura, klagte im nachhinein: »Gorbatschow hat einen Putsch gegen den Marxismus-Leninismus durchgeführt und ihn durch Sozialdemokratismus ersetzt.«[110]

Daß Gorbatschow am Ende in der Tat bei sozialdemokratischen Überzeugungen angelangt war, ist evident. Doch wie verhielt es sich mit dem Gorbatschow der Jahre 1984, 1985 und 1986? Jakowlew und Schewardnadse, die ihn nach seiner Hinwendung zu den Reaktionären Ende 1990 beide enttäuscht verlassen haben, zeichnen im Rückblick das Bild eines Radikalreformers, der sich vorsichtig zu tarnen wußte.

1983 führte Gorbatschow, der Protegé Andropows, in Kanada lange Diskussionen mit Alexander Jakowlew, der damals dort Botschafter war. Dabei gab er der Überlegung Ausdruck, daß die sowjetische Gesellschaft nach neuen Grundsätzen reformiert werden müsse. Im Winter 1984 soll er sich zu Schewardnadse auf der Krim in ähnlichem Sinn

geäußert haben: »Alles ist verrottet. Es muß ein Wandel her.«[111] Und in der Nacht vor seiner Wahl zum Generalsekretär der KPdSU kam er morgens um vier Uhr von einer Strategiesitzung mit seinen Mitarbeitern todmüde nach Hause. Um nicht abgehört zu werden, begab er sich zusammen mit seiner Frau Raissa in den Garten der Datscha und sagte ihr: »So kann man nicht weiterleben …«[112]

Für sehr frühe und sehr weitgehende Reformabsichten Gorbatschows spricht jedenfalls seine entschiedene Personalpolitik schon ganz in den Anfängen. Die Freundschaft zwischen ihm und Außenminister Schewardnadse war zwar nicht so lang und so eng wie die zwischen George Bush und James A. Baker. Doch offenbar standen beide schon früh im Bann der vagen Vorstellung, die sowjetische Außenpolitik müsse künftig auch an universalen Werten und am Wohl der Menschheit orientiert sein. Das bedeutete die Abkehr von der Leninschen Idee des weltweiten Klassenkampfs und vom Primat sowjetischer Weltmachtpolitik.

Zugleich holte Gorbatschow Alexander Jakowlew als die Nummer 3 ins Politbüro. Niemand in seinem Apparat wies eine eigenartigere Karriere auf als dieser unruhige und zwielichtige Intellektuelle. Wie Gorbatschow selbst stand auch er offenbar in enger Verbindung mit dem KGB, unter dessen breitem Dach sich zwar einerseits die brutalsten Folterknechte des Repressionsapparats, doch zugleich auch par-

*Gorbatschow 1985*

tiell realistische Köpfe versammelten, die einen scharfen Blick für die Wirklichkeit hatten.

Noch viel stärker als anfänglich Gorbatschow war Jakowlew schon seit mehr als zwanzig Jahren von dem verwirrenden Pluralismus des westlichen Denkens fasziniert und irritiert. Er studierte ein Jahr an der Columbia University in New York Politische Wissenschaften und schrieb dabei eine Arbeit über Roosevelts New Deal. Später meinten manche Beobachter, Jakowlew habe in Gorbatschow einen sowjetischen Franklin Delano Roosevelt gesehen und sich selbst als einen Brain-Truster nach Art Rexford G. Tugwells, Alfred A. Berles oder Raymond Moleys. Damals wie später erregte er sich freilich auch darüber, wie wenig die Amerikaner von der Sowjetunion wußten und wie verächtlich sie auf sein Land herabsahen. Gerne erzählte er die Anekdote eines New Yorker Taxifahrers, der ihn – so behauptete er – allen Ernstes gefragt hätte, ob alle Russen Hörner hätten.[113] Er war ein gieriger Leser amerikanischer Bücher und Zeitschriften, was ihn jedoch ganz und gar nicht daran hinderte, unter Breschnew im Zentralkomitee mit den Wölfen zu heulen und den Parteipropagandisten zu spielen. Noch 1985 erschien ein scharf amerikakritisches Buch aus seiner Feder mit dem bezeichnenden Titel »Am Rande eines Abgrunds«.[114] Das darin geschilderte Amerika war ein ganz mieses Land: dekadent und imperialistisch zugleich. Damals war er eben zehn Jahre Botschafter in Kanada gewesen und galt seither bei den westlichen Geheimdiensten als KGB-Mann, behauptet selbst aber im Rückblick, er habe die Zeit in Kanada als ein Exil betrachtet. Jedenfalls genoß er dort erneut die aufregenden Geistesströmungen der siebziger und der frühen achtziger Jahre, einschließlich der dekadenten.

Die Chance seines Lebens kam 1983, als es ihm gelang, den aufsteigenden Star des Politbüros, Michail Gorbatschow, zehn Tage lang nach Kanada zu lotsen. Dort führte er Gorbatschow überall ein, auch bei dem linksliberalen Premierminister Pierre Trudeau, und flog dann mit ihm in einer alten Convair durchs ganze Land: zu den Niagara-Wasserfällen, nach Calgary, zu den großen Farmen in Alberta mit modernster Landwirtschaftstechnik und unglaublicher Arbeitsproduktivität.[115] Noch in seinen Erinnerungen aus dem Jahr 1995 läßt Gorbatschow erkennen, wie ihn Kanada beeindruckt hat – Kanada und Jakowlew.

Schon Ende 1985 legte Jakowlew dem Generalsekretär ein Memorandum vor, in dem er vorschlug, zwei Parteien zu gründen – eine Sozialistische Partei für die Konservativen und eine Demokratische Volkspartei für die Fortschrittlichen, beide jedoch noch in einer Volksfront namens »Union der Kommunisten« zusammengefaßt. Gorbatschow soll dazu bloß bemerkt haben: »Zu früh!«[116] Von jetzt an rechtfertigte Jakowlew jede Abweichung von der orthodoxen Parteilinie mit dem Schlagwort »neues Denken«. Jakowlew war vieles zugleich: ein Schriftsteller und Journalist von explosiver Produktivität, ein russischer Westler jüdischer Herkunft mit ausgeprägter Haßliebe zu Amerika, lange Zeit ein Funktionär, außerdem ein Machtmensch. 1985, als ihn Gorbatschow an die Hebel der Macht rief, legte er eine ganz beispiellose Kühnheit an den Tag, ohne die Glasnost unvorstellbar wäre. 1986 bekam er die wichtigsten sowjetischen Medien unter Kontrolle und funktionierte sie zu Instrumenten der Revolution von oben um. Von jetzt an war er der eigentliche Chefideologe von Glasnost, ein leidenschaftlicher Dirigent der reformerischen Medien, kühn, überschäumend und zunehmend bedenkenlos. 1988 war er einer der ersten, der dem Begriff »Markt« in der Sowjetunion positive Bedeutung beimaß, und im Juli 1989 nahm er die Gedenkrede zum 200. Jubiläum der Französischen Revolution zum Anlaß, den Terrorismus der Bolschewiken zu geißeln, also nicht allein Stalin, sondern auch Lenin zu verdammen.[117]

Natürlich hatte Gorbatschow in seinen Anfängen auch viele andere Reformer an seiner Seite, doch der Intellektuelle Jakowlew war der wichtigste, der selten von seiner Seite wich. Denn was Jakowlew wie ein zu den Ideen des amerikanischen Linksliberalismus, der westlichen Friedensbewegung und der Ökologie frisch Bekehrter verkün-

*Gorbatschow in Camp David auf dem Höhepunkt ost-westlicher Verständigungspolitik im Juni 1990 mit James Baker, Barbara Bush, George Bush, Raissa Gorbatschowa, Eduard Schewardnadse, Sicherheitsberater Scowcroft und Marschall Achromeiew, der bald darauf aus Kummer über die Entwicklung den Freitod wählte.*

dete, wirkte verschwiegener und vorsichtig gedämpft auch auf Gorbatschow ein.

Spätestens in seinen »Erinnerungen« von Mitte der neunziger Jahre bekennt Gorbatschow, wie tiefgreifend auch ihn die Begegnung mit dem Lebensstil, dem Wohlstand und der lockeren Liberalität des Westens verändert hat. Bereits 1978 hatten die Gorbatschows, nur von zwei anderen Paaren begleitet, eine touristische Autoreise in Frankreich unternommen – eine ungewohnte Feriengestaltung für ein schon sehr hochrangiges Mitglied der Nomenklatura. In Italien war er erstmals 1971. Zumeist waren es Delegationsbesuche, die ihn auch nach Belgien, Holland und in die Bundesrepublik führten. Doch auch die Diskussionen mit italienischen Eurokommunisten konnten nachdenklich machen. Und dann folgten die zahllosen Gespräche mit westlichen Politikern: 1983 mit Trudeau in Ottawa, 1984 mit Margaret Thatcher in London und von da an ein nicht abreißender Strom von Besuchern in Moskau und von Akteuren, die er im Ausland getroffen hatte. Er selbst, so gewinnt man den Eindruck, ist in diesen Jahren permanenter Auslandsreisen ein anderer geworden. Zugleich aber mußte er erkennen, daß sich die Nomenklatura, die Generalität und die sowjetische Wirtschaft als längst nicht so beweglich erwiesen wie er selbst, und bald stand er gar nicht mehr sicher an der Spitze seines Staates, sondern umkreiste physisch oder gedanklich unentwegt den Globus, wo man fast überall viel mehr von ihm hielt als im eigenen Land.

Über die ursprünglichen Motive Gorbatschows und der mit ihm gestarteten Reformer wird man also noch lange rätseln. Zweierlei ist aber heute schon klar. Die Reformen waren von Anfang an ein Blindflug. Und sie endeten in völligem Chaos.

Das schließliche Auseinanderfallen der Sowjetunion war eine wirre Verbindung von Heldendrama, Farce und Tragödie, bei welchem neben Gorbatschow auch noch Boris Jelzin voll ins Bild trat. Während des Putsches im August 1991 erlebte die Welt erst das Heldendrama: Boris Jelzin, für einen kurzen Moment der Heros einer demokratischen Revolution, hoch auf einem Panzer inmitten seiner Getreuen, bedroht von der totalitären Gegenrevolution. Das Ergebnis dieses Dramas war durchaus von Dauer. Jelzin sollte zwar in der Folge halb autoritär und mafios regieren. Aber Rußland wurde künftig doch freiheitlicher als je zuvor seit dem Jahr 1917.

Dann folgte die Farce. Derselbe Jelzin zerbrach im Bund mit mafiosen Provinzfürsten mutwillig das in drei Jahrhunderten gewachsene russische Reich, das sogar die Herrschaft der Bolschewiki überstanden hatte. Ein schreckliches, aber doch stolzes Großreich wurde in wenigen Monaten zerstört, nicht in erster Linie aufgrund von historischer Notwendigkeit, sondern aus purer Machtgier, gemischt mit persönlicher Ranküne. Wer geschichtlich empfindet, begreift dies zugleich als Tragödie.

Gorbatschow aber machte in den Wirren des letzten Jahres seiner Präsidentschaft den Eindruck eines Getriebenen. In den Tagen des Putsches verschwand er urplötzlich von der Bildfläche – ob als Gefangener der Putschisten, wie er selbst beteuert, ob in stillschweigendem Zusammenspiel mit ihnen, wird die Historiker noch lange beschäftigen. Jedenfalls ließ er sich die Macht im Kreml genauso widerstandslos entwinden wie 1989 und 1990 den Ostblock.

An dem Endergebnis seiner sechsjährigen Herrschaft ist kein Zweifel, und es macht Gorbatschow zur widersprüchlichsten Gestalt des 20. Jahrhunderts. Er war Reformer, Friedensbringer, Befreier und Ruinierer – alles in einem. Niemand hatte zuvor eine allein von innen ausgehende Liberalisierung und Demokratisierung des sowjetischen Imperiums für möglich gehalten. Er aber hat eben das in Angriff genommen und auf seine Weise unumkehrbar gemacht – wenngleich mit zwei linken Händen. Mehr als jeder andere hat er auch den Kalten Krieg beendet – den grundlegenden Konflikt der zweiten Jahrhunderthälfte, der noch Anfang der achtziger Jahre einen Atomkrieg auszulösen drohte.

In Deutschland und in Polen ehrt man Gorbatschow zu Recht als den Befreier, der sich verständig ins Unvermeidliche gefügt hat. Selbst die Völker Rußlands und im GUS-Bereich erfreuen sich dank Gorbatschow größerer Freiheiten. Zwar wird man ihm in Moskau, Tiflis, Kiew oder Riga keine Denkmäler errichten wollen, vielleicht aber eines Tages in Berlin. Denn nicht einmal Lenin, Hitler oder Stalin haben das europäische Staatensystem so tiefgreifend verändert wie Gorbatschow. Auch daß der Wandel nur mit einem Minimum an Gewaltsamkeit und Blutvergießen vor sich ging, ist zu großen Teilen der vernünftigen Mäßigung dieses unglaublichen Kommunisten zu danken.

Bei alledem war er weder ein Genie noch besonders willensstark, wohl aber gestaltungswillig und wohlmeinend, im Grunde also doch ein echter Reformer. Der von Gorbatschow zeitweilig tiefenttäuschte Alexander Jakowlew hat ihn aus der Sicht des Jahres 1995 richtig charakterisiert: »Ich sehe in Gorbatschow den größten Reformer des Jahrhunderts, das um so mehr, als er das, was er tat, in Rußland versucht hat, wo das Schicksal von Reformern seit urdenklichen Zeiten wenig beneidenswert ist.«[118] Immerhin: alles ist doch noch vergleichsweise gut abgelaufen. Und an gescheiterte Reformer erinnert man sich lieber als an gescheiterte Monster.

## Der Revolutionär als Reformer: Deng Xiaoping

Als Deng Xiaoping 1997 starb, war es eine durchaus offene Frage, ob nicht auch das kommunistische China früher oder später in gewaltiger Implosion an seinen inneren Widersprüchen zerbrechen würde. Ist dies vermeidbar, dann wird China im 21. Jahrhundert nicht nur im Fernen Osten zur Hegemonialmacht heranwachsen. »Chinas Entwicklung zur Großmacht«, so prophezeit Samuel P. Huntington, der eher zu den kühlen Analytikern zählt, »wird, wenn sie eintritt, jedes vergleichbare Phänomen der letzten 500 Jahre in den Schatten stellen.«[119] Sollte seine Vermutung zutreffen, dann könnte der chinesische Reformer Deng in den Augen der Nachwelt eine weitaus wichtigere Persönlichkeit sein als Reagan, Gorbatschow und Margaret Thatcher zusammengenommen, von Nelson Mandela und F.W. de Klerk ganz zu schweigen.

Mao Tse-tung hatte sein Reich in die Ausweglosigkeit gestoßen und in China eine fatale Dreiheit von politischer Anarchie, wirtschaftlicher Zerrüttung und kulturellem Identitätsverlust hinterlassen. Nie zuvor und danach ist die Destruktivität von Utopien in so gigantischem Maßstab demonstriert worden. Intelligenz und Produktivität der chinesischen Rasse waren durch die Narreteien des charismatischen Führers Mao jahrzehntelang an der Entfaltung gehindert.

Mit der Machtergreifung Dengs im Jahr 1978 setzte schlagartig der radikale Umbruch ein. Er hat das maoistische China bis zur Unkenntlichkeit verändert, ohne aber die politische Kontrolle der fest etablierten kommunistischen Gentry in Frage zu stellen. Somit ist Deng der intelligenteste Reformer, den die gesamte Geschichte der kommunistischen Weltbewegung bislang aufzuweisen hat. Ihm gelang das Kunststück, an dem Chruschtschow, Tito und Gorbatschow gescheitert sind: die Verbindung autoritärer Kontrolle durch die Staatspartei mit hoher wirtschaftlicher Produktivität. Dies wurde möglich, weil er erst den Bauern, dann den Handwerkern, den Kleingewerbetreibenden und Händlern, schließlich einer neobourgeoisen Schicht von Funktionären, Baulöwen, Stadtentwicklern, Bankiers und Börsianern sinngemäß dasselbe zurief, was unter Louis Philippe zwischen 1830 und 1848 in den Jahren des französischen Frühkapitalismus als Devise in Umlauf gekommen war: »Bereichert euch!« Denn wer sich selbst bereichert, so die Prämisse, macht auch die Gesellschaft reich.

Die Welt rieb sich die Augen. Bisher hatte keine kommunistische Gesellschaft jährlich so hohe Wachstumsraten aufgewiesen. Richard Nixon wußte Mitte der neunziger Jahre von einem Gespräch zu erzählen, das er mit dem Präsidenten Clinton führte. Dieser hatte ihn gefragt, wie die Chinesen es schafften, zehnprozentige Wachstumsraten zu erzielen. Nixons Antwort: »Erstens hat Deng anders als Gorbatschow mit der Landwirtschaft begonnen. Zweitens herrscht in China politische Stabilität. Das ist allerdings ein Unglück, denn politische Stabilität ist ein zu hoher Preis für Wachstum ohne Freiheit. Und drittens, weil sie Chinesen sind.«[120] Damit hatte er in wenigen Worten die Ursachen des chinesischen Wirtschaftswunders auf den Punkt gebracht, auch dessen innere Widersprüchlichkeit. Die Schlüsselfigur aber war Deng.

Deng war ein Pragmatiker. Wer pointierte Formulierungen liebt, könnte ihn einen chinesischen Popperianer nennen. Nie hat er dem schöneren Ausdruck gegeben als im Verlauf der leidenschaftlichen Grundsatzdiskussionen mit dem maoistischen Flügel seiner Partei im Jahr 1978, während alles auf Spitze und Knopf stand: »Die Praxis ist das einzige Kriterium für Wahrheit, und man muß die Wahrheit in den Fakten suchen.« Aber er fügte beschwichtigend hinzu, die politisch-ideologische Arbeit dürfe natürlich nicht vernachlässigt werden. Es war kein Zufall, daß er dies auf einer Konferenz über die politische

Arbeit in der Armee ausführte. Mao hatte zwar gesagt, die Macht komme aus den Gewehren. Doch Deng zog aus dieser Erkenntnis Konsequenzen für den innerparteilichen Machtkampf. In der Armee hat er durchgängig seine stärksten Bataillone gefunden.[121]

Natürlich durfte er keine Stunde lang vergessen, daß er einen Tiger zu reiten hatte. Die fast zwanzigjährige Ära Dengs ist eine einzige Abfolge von Widersprüchen. Spannungen zwischen den prosperierenden Küstenzonen des Südens und dem zurückgebliebenen Binnenland, Spannungen zwischen dem Privatsektor der Wirtschaft und dem Staatssektor, Inflation, fast unerträgliche Mobilität mit etwa 150 Millionen Wanderarbeitern, Massenarbeitslosigkeit und Massenelend neben neu erwachsenem Wohlstand und schamlosem Reichtum, Umweltschäden, Korruption, Wiederkehr der Kriminalität, Hedonismus, Konsumrausch und disziplinierteste Arbeit der Massen sowie der meritokratischen Eliten – alle wohlbekannten Phänomene frühkapitalistischer Gesellschaften ließen sich im China Dengs studieren. Und bei der Niederschlagung der Demokratiebewegung von 1989 auf dem Platz des Himmlischen Friedens bewies die chinesische Nomenklatura genausoviel entschlossene Brutalität wie 120 Jahre zuvor die französische Bourgeoisie unter der Regierung Thiers beim Pariser Kommuneaufstand.

Daß ausgerechnet Deng einen kommunistischen Kapitalismus entfesseln würde, gehört zu den großen Erstaunlichkeiten des an Paradoxien reichen Jahrhunderts. Wie Mao hatte er einen wohlhabenden Bauern zum Vater, der drei Konkubinen hatte. Eine von diesen war seine Mutter. Er ist dann 1920, im Alter von sechzehn Jahren, über ein Austauschprogramm nach Frankreich gekommen. Als Arbeiter in der Waffenfabrik Schneider-Creusot und anderswo lernte er fünf Jahre lang den europäischen Hochkapitalismus von unten her kennen. Einer derer, denen er 1924 bei seinem Eintritt in die französische Zelle der Chinesischen Kommunistischen Partei begegnete und mit dem er dann ein halbes Jahrhundert lang zusammenspielte, war Tschou En-lai.[122]

Zu Beginn seiner Karriere als Berufsrevolutionär hielt sich Deng ein Jahr lang an der Kominternschule in Moskau auf. Nach China zurückgekehrt, wurde er bald einer der engsten Gefährten Maos. Er nahm am »Großen Marsch« teil, stieg als Politkommissar immer höher empor, erwarb sich schließlich bei den großen Schlachten, mit denen die Kommunisten den Bürgerkrieg für sich entschieden, militärischen Ruhm und knüpfte dabei ein engmaschiges Netz zur Generalität der Volksarmee. Sein späteres dreimaliges Comeback aus der politischen Wüste wäre ohne diese Verbindungen mit den Streitkräften nicht möglich gewesen. Es wäre zwar falsch, Deng als chinesischen Napoleon zu bezeichnen. Doch im Unterschied zu den meisten

*Deng Xiaoping (zweiter von links) als Politkommissar der kommunistischen Armee, Januar 1938*

führenden Kommunisten in China und anderswo sah er in der Armee stets seine verläßlichste Machtbasis – was auch darin zum Ausdruck kam, daß nach der Machtergreifung im Jahr 1978 das wichtigste seiner Ämter das des Chefs der Zentralen Militärkommission war. 1989, als die Demokratiebewegung alles zu überschwemmen drohte, rettete ihn die Armee zum vierten Mal.

Beim Klassenkampf von oben in den Jahren nach 1949 gehörte er zu den bedenkenlosesten Maoisten. Seit langem galt er als scharfer Hund, und so machte ihn Mao zum »Kaiser des Südwestens«, also zum Herrn über Leben und Tod von rund 100 Millionen Menschen einschließlich der unglücklichen Tibeter. Man kann die Art und Weise, wie Deng dort Ordnung schaffte, durchaus mit dem Wüten Chruschtschows in der Ukraine und in Bessarabien vergleichen. Kein Kommunist jener Jahre führte die Enteignung der Grundbesitzer und den Kampf gegen alle, die als Volksfeinde betrachtet wurden, unbarmherziger durch. Er profilierte sich damals als Schlächter und Quälgeist von einmaligem Kaliber, als ein Staatsterrorist der Sonderklasse.

Deng aber war zu jener Zeit und später noch viel mehr als der Vizekönig Maos im damaligen »Wilden Westen« Chinas mit seiner Fläche von rund einer Million Quadratkilometern. Insgeheim hatte ihm Mao auch die Aufgabe anvertraut, in den schwer zugänglichen Gebirgen, Flußtälern und Wüsten des strategischen Dreiecks Chengdu – Tschunking – Guiyang eine Art Réduit anzulegen mit modernster

Rüstungsindustrie, atombombensicheren Arsenalen, ausgedehnten Tunnelsystemen und Eisenbahnlinien. In Setschuan, wo Deng herstammte, stampfte er riesige Stahlwerke und Erdölraffinerien aus dem Boden. Harrison E. Salisbury, der dieses gigantische Projekt der sogenannten »Dritten Linie« beschreibt, vergleicht es mit der Verlagerung der sowjetischen Rüstungsindustrie nach Sibirien durch Stalin. Wolle man sich die Schwierigkeit der Aufgabe Dengs vor Augen führen, müsse man sich vorstellen, daß die gesamte High-Tech-Industrie Kaliforniens unter den Verkehrsbedingungen von 1880 in das wilde Bergland Montanas zu verlegen wäre.[123]

Die finanziellen Kosten dieses Riesenprojekts waren unermeßlich. Wie viele Hundertausende die schonungslose Zwangsarbeit Leben oder Gesundheit kostete, wird sich nie voll ermitteln lassen. Das nur 1,55 Meter große Energiebündel Deng war damals jedenfalls einer der erbarmungslosesten Menschenschinder des 20. Jahrhunderts, zugleich aber von bewunderungswürdiger Effizienz als Manager. Schon in jener Phase galt übrigens sein besonderer Ingrimm unsteuerbaren, bourgeoisen Intellektuellen. Der Antiintellektualismus zieht sich wie ein roter Faden durch die politische Karriere Dengs.

In Anerkennung seiner brillanten revolutionären Verdienste machte Mao 1955 den hundertfünfzigprozentig loyalen Deng zum Mitglied des Politbüros, zeitweilig auch zum Generalsekretär der KPCh. Wieder räumte Deng mit den Intellektuellen auf, die man durch die Kampagne »Laßt hundert Blumen blühen« herausgelockt hatte. Einige Hunderttausend landeten in Arbeitslagern. Zur gleichen Zeit spielte der unermüdliche Schreibtischtäter Deng auch eine führende Rolle bei der Kollektivierung der Bauern Chinas. Der Zwölfjahresplan vom Januar 1956 projektierte die Errichtung von Kolchosen, die jeweils von hundert Familien zu bewirtschaften waren. Deng, an den man sich heute nur als den Befreier der Bauern Chinas von staatlich gelenkter Zwangsarbeit erinnert, war also ein Hauptschuldiger an den Mißständen, die er drei Jahrzehnte danach wieder beseitigte.

Bemerkenswert ist, wie wenig er sich auch später dessen schämte. »Notwendig und korrekt« sei dieses Vorgehen gewesen, meinte er schulterzuckend, wenn überhaupt davon gesprochen werden mußte.[124] Immerhin äußerte er in Einzelfällen ein gewisses Bedauern, so darüber, daß er den angesehenen Schriftsteller Hu Feng verhaften ließ, der im Gefängnis wahnsinnig wurde. Hu Feng hatte 1955 den totalitären Machtanspruch der Partei zu kritisieren gewagt.[125] Wie so viele Unmenschen vor ihm und nach ihm konnte Deng das Leiden und Sterben von Hunderttausenden nicht aus der Ruhe bringen. Wenn er aber mit konkreten, anschaulichen Fällen befaßt war, wurde er nachdenklich.

Bis Ende der fünfziger Jahre war Deng somit der perfekte Apparatschik – kein hinreißender Redner, kein Intellektueller, schon gar nicht ein Theoretiker, auch keine charismatische Erscheinung, sondern ein fühlloser, doch höchst effektiver Großmeister des Apparats. Die Unterschiede zu Mao waren ebenso evident wie die Gemeinsamkeiten: hier der utopische Intellektuelle, dort der Technokrat – aber beide Staatsterroristen ganz ohne Gewissen.

Der Bruch mit Mao erfolgte erst, als dieser die Verrücktheiten des »Großen Sprungs« anordnete und das Riesenreich damit in eine schreckliche Hungersnot stürzte. Von jetzt an wurde deutlich, daß der titanische Manager Deng zwar kein Herz hatte, aber doch Verstand. Im Unterschied zu Mao war Deng lernfähig. Sein Damaskus-Erlebnis widerfuhr ihm bei einer Inspektionsreise in die Provinz Heibei in der Nähe Pekings. Hier erfuhr er, daß die Bauern nur noch von Wurzeln, Baumrinde und Insekten zu leben hatten. Die Ratten waren bereits verspeist.[126] Zugleich begann ihm zu dämmern, wen das Volk dafür verantwortlich machte – Mao und dessen kommunistische Führungsclique.

Mit Verblüffung liest man nun, wie bei diesem Erzkommunisten urplötzlich das Wort Freiheit einen hohen Stellenwert gewinnt. »Drei Freiheiten« sollten die Bauern künftig erhalten: Freiheit zur Bebauung eines eigenen Stückes Land, Freiheit zur Wahl eines Nebenerwerbs (Viehzucht, Handwerk, Handel) und Freiheit, die Erzeugnisse privaten Wirtschaftens auf freien Märkten zu verkaufen. Dem lag eine plötzlich wiederentdeckte ökonomische Theorie zugrunde, die zum bisherigen Kollektivismus in völligem Gegensatz stand: Menschen, Chinesen zumal, produzieren am effektivsten, wenn das ihren Familien individuellen Nutzen bringt.

Der wichtigste der damaligen Berater Dengs war der Wirtschaftsexperte Chen Yun. Am Hofe Maos spielte dieser kühle Ökonom eine ähnliche Rolle wie Reichsbankpräsident Schacht in den ersten fünf Jahren des Dritten Reiches. Wenig später, während der Kulturrevolution, mußte Chen Yun um sein Leben fürchten, denn man betrachtete ihn als den Cheftheoretiker bourgeoiser Verirrungen. 1978 aber, als Deng sich endgültig durchgesetzt hatte, beförderte er Chen Yun unverzüglich als Chefökonomen ins Politbüro, nur um sich später aufs bitterste mit ihm zu zerstreiten.[127]

1961 aber war der Utopist Mao noch allmächtig. Deng wußte also genau, worauf er sich mit dem Plädoyer für ein freies Bauerntum einließ. Doch es ging um die Rettung des Landes vor der Hungerkatastrophe. In diesem Zusammenhang prägte er den später immer wieder zitierten Ausspruch: »Ganz gleich, ob eine Katze schwarz ist oder weiß, Hauptsache, sie fängt Mäuse!«[128] Zwar blieb Deng auch künftig ein Meister des Taktierens, und dementsprechend modifizierte er unablässig seine wirtschaftspolitischen Positionen. Die Linie, die zu den großen Grundsatzdiskussionen im Wendejahr 1978 führte, war eine Zickzacklinie, jedenfalls alles andere als gerade. Aber er galt von jetzt an als Exponent des opportunistischen Pragmatismus.

Seine Hinwendung zur pragmatischen Vernunft beschränkte sich schon zu Beginn der sechziger Jahre nicht allein auf die Landwirtschaft. Auch im industriellen Sektor wurde nun das Profitmotiv wiederentdeckt – also ertragsorientierte Löhne, Prämien für gute Arbeit, größerer Entscheidungsspielraum für die Fabrikdirektoren, auch: Primat für die Produktion von Konsumgütern. Sogar an der Parteilichkeit der Wissenschaft kamen diesem Intellektuellenfresser jetzt die ersten Zweifel. Nachhaltig plädierte er für den Vorrang der wissenschaftlichen Ausbildung, auch wenn er die ideologische Schulung nach wie vor für unerläßlich hielt.

Alle Grundgedanken, mit denen der Reformer Deng seit seinem endgültigen Comeback China erneuerte, sind somit schon Anfang der sechziger Jahre in nuce erkennbar. Doch damals war Mao zu stark, wenngleich, anders als Stalin, nicht allmächtig. Die Permanenz heftigster Flügelkämpfe um den Parteioligarchen unterscheidet den chinesischen Kommunismus grundlegend von der stalinistischen Sowjetunion. Mao war auch kein Killer von der Art Stalins. Er zögerte zwar nie, seine innerparteilichen Gegner zu erniedrigen, zu schikanieren und erforderlichenfalls einzukerkern oder zu verbannen. Aber am Abschlachten der einstigen Kampfgefährten hatte er keine Freude. Das rettete Deng. Dreimal wurde er gestürzt – 1967 während der Kulturrevolution, dann nochmals nach dem Tod Tschou En-lais 1976 und ein letztes Mal, schon nach Maos Tod, wiederum 1976. Dreimal aber kehrte dieser Gerissenste aller Altrevolutionäre zurück an die Macht. In den verworrenen Machtkämpfen der Spätzeit Maos und während des Interregnums profilierte er sich immer unaufhaltsamer als Führungsfigur der Parteirechten, die allein in der Lage wäre, China aus dem Chaos zu führen.

Scharf, unverblümt, zupackend, auch taktisch versiert war er schon immer gewesen. Doch nach den Erfahrungen während der Kulturrevolution war sein Haß auf die innerparteilichen Feinde zeitweilig sehr viel ausgeprägter als der auf den Klassenfeind. Denn die aufgehetzten Roten Garden hatten ihn 1967 als »kapitalistischen Machthaber Nr. 2« und »Häuptling Nr. 2 des Bürgerlichen Hauptquartiers« geschmäht. Der »Häuptling Nr. 1« war Staatspräsident Liu Shaotschi, der im Gefängnis umkam.[129]

Deng mußte vor einem heulenden Mob schimpfliche Selbstkritik üben. Bei einem anderen öffentlichen Verhör riß man ihm die auf dem

Rücken gefesselten Arme hoch. Da er schlau genug gewesen war, sein Hörgerät zu entfernen, konnte er aber nicht hören, wessen man ihn beschuldigte, und somit auch keine kompromittierenden Antworten geben. Sein Bruder wurde noch heftiger gequält und rettete sich in den Freitod.

In Dengs engster Familie herrschte bitterer Streit. Die jüngeren Kinder waren bei den Roten Garden aktiv, die älteren mußten sich selbst heftiger Angriffe erwehren. Im Unterschied zu anderen Funktionärsfamilien weigerten sich aber selbst die radikalen unter Dengs Kindern immerhin, den Vater zu denunzieren. Sein ältester Sohn Pufang an der Pekinger Universität wurde gefoltert. Unklar ist, ob man ihn aus der vierten Etage im Physikalischen Institut auf den Hof gestoßen hat oder ob er aus einem radioaktiv verseuchten Labor entkommen wollte und dabei abstürzte. Jedenfalls verletzte er sich einen Rückenwirbel und blieb querschnittsgelähmt. Zwei der jüngeren Töchter Dengs zogen schließlich mit den Roten Garden fort in die Provinz, wo die eine einen Bauern heiratete. Erst nach Jahren fand die Familie wieder zusammen.

Deng selbst wurde schließlich zu Mao geführt, der dem alten Gefährten milde Vorhaltungen machte und ihm eröffnete, daß er zusammen mit seiner Frau verbannt würde. »Bei den Massen leben und von ihnen lernen«, lautete das Verdikt.[130] Die gestürzte Größe wurde nach Südchina verbracht und mußte dort in der staubigen Provinzhauptstadt Nanchang vormittags in einer Traktorenfabrik arbeiten. Deng hatte ähnlich wie ein halbes Jahrhundert zuvor bei Schneider-Creusot und Renault Schraubengewinde zu polieren. Seine Frau mußte Kabelspulen reinigen und montieren. Nachmittags bewirtschaftete Deng ein paar Quadratmeter mit Kohl und anderen Gemüsen, las die Zeitung und studierte in seiner Bibliothek, die man ihm mitzubringen erlaubt hatte.[131] Verächtlich weigerte er sich, »das Rote Büchlein« Maos zu lesen.

Man nannte ihn jetzt »den alten Deng«. Als er 1973 zurückkehren durfte und 1974 erstmals voll rehabilitiert wurde, war er bereits siebzig. Von da an amtierte er erneut als Spitzenfunktionär, trotz verschiedener Rückschläge. 1978 obsiegte er nach verworrenen Machtkämpfen und setzte alsbald seine Reformen in Gang.

Eine Entmaoisierung, so wußte er, war zwar geboten. Aber er wollte dabei schlauer vorgehen als Chruschtschow. Denn am 24. Februar 1956 war er als prominentes Mitglied der chinesischen Delegation im Sankt-Georgs-Saal des Kreml zugegen gewesen und hatte die berühmte Geheimrede Chruschtschows über die Verbrechen Stalins angehört. Damals war er selber noch ein Bewunderer des Tyrannen gewesen, und auch später fand er sich nie zu einer uneingeschränkten

Verurteilung Stalins bereit. Als sich somit 1978 die Notwendigkeit einer Distanzierung von den Verrücktheiten Maos ergab, wandte er sich gegen eine pauschale Verurteilung des Monsters. Er wußte genau, daß dies letztlich den Machtanspruch der Partei untergraben würde, an dem er bedingungslos festhalten wollte. So ließ er jene Formeln entwickeln, die es erlaubten, zum Totalitarismus Maos auf weite Distanz zu gehen, ohne jedoch die kommunistische Ideologie in Frage zu stellen.

Oriana Fallaci, der Deng im Sommer 1980 ein langes Interview gewährte, bekam zum Thema Mao zu hören: »Er hat gegen Ende seines Lebens schwere Fehler begangen, seine Verdienste waren aber größer.«[132] Das offizielle Parteidokument mit der Bewertung Maos erschien erst drei Jahre nach der Wende und überkleisterte alle Schandtaten des Tyrannen. »Schwere Fehler« oder »Verbrechen« wurden nun zu bloßen »Irrtümern«. Kritisiert wurden vor allem der Subjektivismus sowie eine gewisse Volksferne und Fehleinschätzungen der Klassenkampfsituation.

Viel wichtiger erschien es Deng, die immer noch vorhandenen Maoisten aus allen Positionen von Bedeutung zu entfernen. Doch das gelang ihm nie vollständig. Somit sah sich der Exponent der Parteirechten fast durchweg veranlaßt, eine zentristische Position einzunehmen und unablässig zwischen beiden Seiten zu lavieren.

Selbst die Ideologie bedurfte seiner Meinung nach nur unwesentlicher Korrekturen. Die obsoleten Dogmen wurden beibehalten, doch jedermann wußte, wer sie pragmatisch interpretierte: der »Kaiser Deng«. Primat der Praxis, Erhöhung des Lebensstandards, Kapitalismus für die produktiven Klassen und Macht für China – das waren die neuen Grundsätze. Und wenn er selbst verstocktesten Maoisten klarmachen wollte, daß die neue Zeit neue Methoden erforderte, suchte er sie mit witzigen Bemerkungen auf seine Seite zu bringen: »Engels ist nie in einem Flugzeug geflogen.«[133] Zu Recht ist festgestellt worden, daß er ein Reformer ohne kohärente Reformtheorie gewesen ist.[134] Er glaubte einfach daran, daß es gelingen müßte, eine quasi-kapitalistische Marktwirtschaft aufzubauen, ohne deswegen auf die uneingeschränkte Führung durch die Partei zu verzichten.

Um an ausländisches Kapital heranzukommen, riskierte Deng das sehr erfolgreiche Großexperiment der Wirtschaftszonen. Dabei unterschätzte er aber lange Zeit das Risiko, daß zusammen mit der Technologie und dem wirtschaftlichen Know-how auch westliche Ideen ins Land strömen würden. Er sah nicht oder wollte nicht sehen, daß es auf Dauer kaum gelingen konnte, in der Wirtschaft das Prinzip Freiheit und in der Politik das Prinzip Gehorsam zu praktizieren. Oder hat er es doch gesehen und den Widerspruch billigend in Kauf genommen?

Gleichzeitig mit den inneren Reformen forcierte er nun auch die wirtschaftliche Öffnung nach außen. Da China jetzt eine starke Großmacht war, trug Deng überhaupt keine Bedenken, das Land für japanisches, taiwanesisches und amerikanisches Kapital zu öffnen. Er wußte, daß mächtige Schuldnerländer mit einem riesigen Binnenmarkt und gewaltigen Rohstoffvorkommen von ausländischen Investoren wenig zu fürchten haben, und zeigte sich in den Anfängen seiner Herrschaft auch unvoreingenommen genug, persönlich die für ihn entscheidenden Großmächte Japan und Amerika aufzusuchen. Nach Japan trieb ihn zum einen die Neugier, aber ebenso der Wunsch, japanische Technologie und japanisches Kapital nach China zu locken, denn verglichen mit China war das Japan des Jahres 1978 ein Riese an Kraft, die kommende dritte Weltmacht, wie viele vermuteten. Als man er in dem Renommierzug Shinkansen nach Osaka reisen ließ, erklärte er fröhlich: »Dies ist die Art Fortschritt, die China braucht.«[135] Unvorstellbar, daß sich der wie ein Kaiser regierende Mao zu einer Reise ins Land des einstigen Todfeindes entschlossen hätte, um die Japaner zu ermutigen, in China Stahlwerke zu errichten.

Noch sensationeller war Dengs Reise in die USA, die ganz im Zeichen einer strategischen Allianz gegen die Sowjetunion stand, da er damals fürchtete, die größenwahnsinnige sowjetische Führung könnte einen dritten Weltkrieg auslösen. Carter war bei dem Besuch in Washington von ihm angetan. »Deng hat einen günstigen Eindruck auf mich gemacht. Er ist klein, zupackend, intelligent, offen, mutig, kontaktfreudig, selbstbewußt, freundlich, und es ist ein Vergnügen, mit ihm zu verhandeln«, vertraute der Präsident am 29. Januar 1979 seinem Tagebuch an.[136] Deng verstand es, die Amerikaner zu nehmen. Wie ein guter Großvater (er war jetzt 74) bedachte er auf der Bühne des Kennedy Centers kleine Mädchen, die ein chinesisches Lied gesungen hatten, mit Küssen, trug in Texas einen Cowboyhut und nahm es gelassen hin, daß der fromme Präsident die Verdienste der einstigen China-Mission rühmte.[137] Doch zugleich machte er dem befremdeten Carter klar, daß China dem mit Moskau verbündeten Vietnam binnen kurzem eine militärische Lektion erteilen würde. Trotz des Widerstands der auf Moskau fixierten »Tauben« im State Department schaffte es Deng, mit einem Kommuniqué zurückzukehren, in dem beide Großmächte ihre Ablehnung jeglichen Hegemoniestrebens kundtaten – das Codewort für antisowjetische Gleichgewichtspolitik.[138]

Als er weit über achtzig war, wurde er müde und hätte sich gern zurückgezogen. Doch mißlang ihm zweimal die Besetzung der Schlüsselposition des Generalsekretärs. Das hing nicht nur mit den Personen der von ihm ins Amt bugsierten Generalsekretäre Hu Yao-

*Der neue Kaiser Chinas: Deng Xiaoping als unumschränkter neuer Machthaber (bei Inspektion der Volksbefreiungsarmee, 1984), der China auf den Weg marktwirtschaftlicher Reformen stößt, wobei er jedoch bemerkt: »Man soll der Marktwirtschaft nicht den Übernamen Kapitalismus anhängen«, denn das politische Monopol der kommunistischen Staatspartei darf nicht in Frage gestellt werden.*

bang und Zhao Ziyang zusammen. Die Verlegenheit hatte auch einen tieferen Grund. Beide Male hatte er Exponenten der Wirtschaftsreform aus der jüngeren Generation gegen die alte Garde durchgesetzt. Aber diese mußten wohl oder übel auch die Aufgabe anpacken, mit politischen Reformen voranzukommmen, was nicht nur auf den erbitterten Widerstand der Reaktionäre in Partei und Armee stieß, sondern auch Deng selbst aufs höchste alarmierte. Denn dieser unablässige Protagonist der Wirtschaftsreform war zugleich der entschiedenste Vorkämpfer der Altrevolutionäre, sobald die politische Kontrolle gefährdet schien.

Das zeigte sich schon lange vor der Regimekrise im Frühjahr 1989, in der die inneren Widersprüche der Dengschen Reformen die Verhältnisse in China zeitweilig außer Kontrolle geraten ließen. Es war kein Zufall, daß die an den Universitäten des Landes seit längerem lebendige Demokratiebewegung zum Ausbruch kam, als der von Deng selbst gestürzte frühere Generalsekretär Hu Yaobang unerwartet starb. Ideen des westlichen Liberalismus, Frustration der Studierenden wegen ihrer wirtschaftlichen Lage und am Schluß auch der Unmut der Arbeiterschaft fielen nun zusammen mit innerer Unsicherheit selbst in den Spitzen von Partei und Armee.

Daß dann ausgerechnet inmitten der Regimekrise der damals weltweit bejubelte sowjetische Reformer Gorbatschow zu einem schon länger geplanten Besuch nach Peking kam, verschlimmerte die Lage noch. Die Medien aus aller Welt waren nun präsent und boten den Protestierenden eine einmalige Gelegenheit, die eigene Regierung vorzuführen. Deng Xiaoping wirkte neben dem dynamischen und noch völlig selbstsicheren Gorbatschow alt, grau und vertrocknet – ein Mann der Vergangenheit. Daß er viel Gesicht verlor, weil die umsichtig vorbereitete Versöhnung zwischen Moskau und Peking in einem Moment erfolgte, als die Hauptstadt Chinas in vollem Aufruhr war, kränkte ihn zutiefst.

Aus den in den Memoiren Gorbatschows veröffentlichten Dolmetscheraufzeichnungen geht zudem hervor, daß der Generalsekretär Zhao Ziyang damals Gorbatschow gegenüber ein gewisses Verständnis für die protestierenden Studenten bekundete. Er signalisierte zudem, auch er denke an die Möglichkeit demokratischer Reformen im Rahmen des Einparteiensystems – dieselbe Illusion, der auch Gorbatschow jahrelang nachhing.[139] Ein paar Tage später kompromittierte sich Zhao Ziyang nach Meinung der Hardliner völlig, als er persönlich bei den im Hungerstreik befindlichen Studenten um Entschuldigung nachsuchte. So wurde er, wohl auf Betreiben Dengs, aus seinem Amt entfernt.[140]

Der aber zeigte in diesen Monaten sein wahres Gesicht: das eines völlig bedenkenlosen Altrevolutionärs, man kann es auch schärfer formulieren – eines erprobten Massenmörders. Vergeblich war er im nachhinein bestrebt, die Spuren zu verwischen, um nicht als »Schlächter vom Tienanmen-Platz« in die Geschichtsbücher einzugehen. Mit welchem Zynismus er den Volksaufstand beurteilte, mit dem zeitweilig Millionen von Pekingern sympathisierten, geht aus einem Gespräch mit dem Generalsekretär Zhao Ziyang hervor, das auf dem Höhepunkt der Krise stattfand. Als Deng bemerkte: »Ich habe die Armee hinter mir«, erwiderte Zhao Ziyang: »Aber ich habe das Volk hinter mir.« Daraufhin sagte Deng nur kalt: »Dann haben Sie gar nichts.«[141]

In der Stunde der Not verbündete sich Deng also skrupellos mit den reaktionärsten Kräften in der eigenen Partei. Doch kaum war die Stabilisierung des Regimes gelungen, ging er wieder auf Gegenkurs. Seine letzte energische Kampagne im Jahr 1992 sah ihn weit auf dem rechten Flügel. Der inzwischen Achtundachtzigjährige bereiste demonstrativ und wochenlang die prosperierenden Küstenregionen des Südostens, um den wirtschaftsliberalen Kräften in der KPCh endlich zum Durchbruch zu verhelfen. Jetzt bekam man von ihm zu hören: »Man darf der Marktwirtschaft nicht den Übernamen Kapitalismus anhängen.«[142]

Spätestens in dieser Phase trat eine weitere Besonderheit seines Regimes zutage. Es war nicht mehr allein »der alte Deng«, von dem die Impulse ausgingen. Mehr und mehr wurde deutlich, daß unter und neben ihm der Familienclan an der Macht partizipierte. Die Kampagne war allem Anschein nach von seinem ältesten Sohn und einer seiner Töchter inspiriert worden, die zusehends auch als politische Managerin ihres Vaters fungierte.[143]

Auch für Dengs eigene große Familie waren die Jahre der Bedrängnis längst vorbei. Zwar ging er nicht so weit wie Präsident Suharto in Indonesien, unter dem der Staat die Züge eines Familienunternehmens angenommen hat. Aber schon in den achtziger Jahren brachte ihn sein Sohn Pufang mit einer ursprünglich zugunsten Behinderter gegründeten Firma ins Gerede, weil diese in großem Stil Schmiergelder von ausländischen Investoren kassierte.[144] Auch der jüngste Sohn Dengs, Deng Zhifang, war in verschiedensten Firmen tätig, unter anderem in Hongkong. Je älter der Vater wurde, um so energischer nahmen sich die Töchter der Interessen des Clans an.[145] In den neunziger Jahren schließlich begann die Familie Deng verdächtige Ähnlichkeiten mit der Familie Soong zu Zeiten Tschiang Kai-scheks aufzuweisen. Aber selbst die eifrigsten Korruptionsjäger in Peking wagten es nicht, »das Hinterteil des Tigers zu berühren«.[146]

Längst hatte Deng es aufgegeben, über die Widersprüche seines Regimes nachzudenken. In den letzten Monaten vor seinem Tod konnte er nur noch durch künstliche Beatmung am Leben erhalten werden – angeblich deshalb, weil er noch die Rückkehr Hongkongs ins Reich der Mitte erleben wollte. Seine als politisches Testament zu verstehenden Instruktionen aus dem Jahr 1994 waren eine Ermahnung, sich stets das Schicksal der sowjetischen kommunistischen Partei vor Augen zu halten: »Der Status der KPCh als herrschender Partei darf nie in Frage gestellt werden.« Und das letzte Wort dieses zum Erzkonservativen mutierten einstigen Revolutionärs war eine Warnung vor Instabilität. Sie könnte, mahnte er, aus drei Bereichen kommen: aus der Armee, aus den Spannungen zwischen den Regionen und von den Minderheiten.[147] Er wußte genau, daß der Tigerritt weitergehen würde.

Die Merkwürdigkeiten waren jedoch mit seinem Tod noch nicht zu Ende. Im Jahr 1997 faßten Dengs politische Erben den Beschluß, ihm den Rang eines in überzeitliche Höhen entrückten Lehrers ihrer Ideologie zu verleihen. In keinem Land mit Ausnahme des kommunistischen China ist bisher ein Frühkapitalist zur Ehre der Altäre erhoben worden. Eine seltsamere Dreiheit läßt sich schwer vorstellen: der zur Marktwirtschaft bekehrte Altrevolutionär Deng Xiaoping, der den großen und bösen Kaisern Chinas nacheifernde Utopist Mao Tse-tung und Karl Marx aus Trier, mit dem alles begonnen hat. Das 20. Jahrhundert, zu dessen stärksten Triebkräften Kapitalismus und Kommunismus gleicherweise gehören, könnte nicht paradoxer enden und das 21. nicht ominöser beginnen.

SCHLUSSBETRACHTUNG

# Zwischen zwei Zeitaltern

# Die Größen unserer Epoche im Licht des 19. Jahrhunderts

Wer das 20. Jahrhundert verstehen möchte, kommt nicht umhin, zum Schluß das vorhergehende in den Blick zu nehmen. Geistig war dieses 19. Jahrhundert eines der reichsten in der Menschheitsgeschichte: Es beginnt mit Goethe, Beethoven, Turner, Alexander von Humboldt und Hegel, setzt sich fort mit Balzac, Delacroix, Karl Marx, Verdi, Richard Wagner und gelangt zum Finale mit einmaligen Individuen wie Claude Monet, van Gogh, Nietzsche, Tolstoi, Ibsen und Jacob Burckhardt. Außerdem ließe sich eine fast unübersehbare Zahl großer Chemiker, Physiker, Mediziner, desgleichen Ingenieure und Unternehmer nennen, ohne welche der zivilisatorische Fortschritt des 19. Jahrhunderts undenkbar wäre.

Als Alfred Kerr zum 31. Dezember 1899 in der Kolumne »Berliner Briefe« einen scharfsinnigen Rückblick formuliert und bereits darüber zu seufzen beginnt, daß die Zeit aus den Fugen sei, weist er darauf hin, Deutschland habe in diesem Jahrhundert hervorgebracht: den größten Staatsmann, den größten musikalischen Künstler, den größten sozialen Umwälzer und den einschneidendsten Künder der neuen Unethik.[1]

Gemeint sind Bismarck, Richard Wagner, Karl Marx und Nietzsche. Das heißt: ein einziger bedeutender Staatsmann, aber drei Künstler und Intellektuelle. Richard Wagner hat später in Hitler, Nietzsche hat in Mussolini, Karl Marx hat in Lenin, Trotzki und Stalin sowie Mao Tse-tung, wenn schon nicht willige Vollstrecker, so doch energische und zugleich blinde Bewunderer gefunden, die sich als seine Schüler betrachteten. Kerr hatte also ein gutes Gespür: das 19. Jahrhundert als Raum geistiger Experimente, das 20. als Experimentierhölle politischer Titanen.

Aber unser Thema lautete: die starken politischen Individualitäten, wobei nur solche berücksichtigt wurden, denen es tatsächlich gelang, als Staats- und Regierungschefs Geschichte zu machen oder zumindest weltweite Aufmerksamkeit zu erwecken. Auf diesem Feld läßt sich der Eindruck nicht abweisen, daß Anzahl und Wirkungskraft bedeutender politischer Persönlichkeiten im 19. Jahrhundert erheblich geringer waren als in dem unseren.

Natürlich ist bei solchen Feststellungen immer der Faktor Vergeßlichkeit zu berücksichtigen, dem das historische Bewußtsein nicht zu entrinnen vermag. Zudem verhält es sich mit den geschichtlichen Eindrücken, die starke politische Gestalten in der Erinnerung hinterlassen, ähnlich wie mit den Begegnungen, die man im Privatleben macht. Rundum normale, vernünftige und nützliche Zeitgenossen werden rasch vergessen, doch das Zusammentreffen mit Gangstern, mit offenkundigen Genies, mit den Größen der Politik oder mit strahlenden Stars von Bühne und Leinwand beschäftigt die Phantasie noch lange. Ebenso prägen sich Begegnungen in Momenten großer Gefahr und in Katastrophen sehr viel lebhafter ein.

Das 19. Jahrhundert gehört aber in weiten Teilen Europas doch zu jenen seltenen Geschichtslandschaften, wie sie die Menschheit nur selten durchschreitet: vergleichsweise wenige Großkatastrophen und vergleichsweise wenige Polit-Kriminelle, statt dessen starker technisch-naturwissenschaftlicher Fortschritt, unbehinderter zwischenstaatlicher Austausch und viele tüchtige, wenngleich bald vergessene Individualitäten, denen nicht am Zerbrechen der bestehenden Formen gelegen ist, sondern an vernünftiger Weiterentwicklung.

Bertolt Brecht ließ seinen Galilei sprechen: »Unglücklich das Land, das Helden nötig hat.«[2] In diesem Sinne ist das 19. Jahrhundert eher eine glückliche Epoche gewesen. Mit der Hervorbringung von Helden hatte es sich in der napoleonischen Epoche erschöpft. Überhaupt hielt sich die Zahl der wirklich bedeutenden politischen Größen in eher bescheidenem Rahmen.

Europa und die USA, so läßt sich jedenfalls formulieren, haben im 19. Jahrhundert im Unterschied zum 20. keine besonders große Zahl politischer »Extrapersonen« aufzuweisen. Als solche hat, wie eingangs dargestellt, Jacob Burckhardt all jene Männer und Frauen bezeichnet, die in der Weltgeschichte oder wenigstens in der Geschichte Europas tiefe Furchen gezogen haben, denkwürdig also durch lang anhaltende Wirkung, aber auch durch eine den Durchschnitt weit überragende »Magie« ihrer Persönlichkeiten.[3]

Legt man diesen Maßstab an, so tritt als erster Napoleon ins Blickfeld. In gewisser Weise nimmt er schon das 20. Jahrhundert vorweg – ein Emporkömmling aus der tiefsten Provinz wie später Lenin, Stalin, Mussolini, Hitler oder Mao Tse-tung, uferlos in seinem Gestaltungswillen, zugleich von völliger Amoralität. Aber im fortschrittlichen Gesetzgeber und Administrator, selbst im Bauherrn und Stadtplaner Napoleon glühen doch noch Funken jener großzügigen Vernünftigkeit, die das 18. Jahrhundert bestimmt hatte.

Erst recht ist der österreichische Haus-, Hof- und Staatskanzler Metternich, gleichfalls eine Extraperson, zwischen 1815 und 1848 der Stabilisierer des bereits zutiefst erschütterten Europa, genau besehen immer noch sublimiertes 18. Jahrhundert – skeptisch, zynisch, weltgewandt, genußkundig, die Emotionen auf Sparflamme haltend, daher von Herzen undemokratisch und ein Todfeind jedes Nationalismus. Erst nach den Katastrophen des 20. Jahrhunderts hat man sich seiner respektvoll erinnert, und in dem nach Amerika vertriebenen Henry Kissinger fand dieser große Praktiker europäischer Gleichgewichtspolitik einen kongenialen Bewunderer.

Napoleon und Metternich werden also auch heute ziemlich unbestritten als Extrapersonen betrachtet. Hingegen besteht keine Veranlassung, in den gekrönten Häuptern Persönlichkeiten von sehr großem Format zu sehen. Wollte wirklich jemand im Ernst den leicht verrückten, historisch völlig gescheiterten Zaren Alexander I. oder den gestaltungsunfähigen österreichisch-ungarischen Kaiser Franz Joseph I., der von 1848 bis 1916 regierte, oder die lebende Ikone des Empire, Königin Victoria, als Extrapersonen bezeichnen? Allenfalls Zar Alexander II., der sich von 1855 bis zu seiner Ermordung im Jahr 1881 an der Reform des russischen Riesenreiches versucht hat, überragt den Durchschnitt wenig gestaltungsfreudiger, wenngleich ordentlicher Kaiser oder Könige. Aus heutiger Sicht sind die Monarchen des 19. Jahrhunderts vor allem deshalb bedeutend, weil sie ungeachtet ihres nicht selten chaotischen Privatlebens, das aber unter der Decke gehalten wurde, ungeachtet auch der unablässigen Familienzänkereien und dynastischen Rivalitäten, die schließlich sogar Anteil am Ausbruch des Ersten Weltkrieges haben sollten, alles in allem doch den Wagen in der Spurrinne hielten. Extrapersonen waren sie nicht. Das gilt auch für Wilhelm I., seit dem 18. Januar 1871 deutscher Kaiser, aus dem nicht einmal die borussische Geschichtsschreibung »den Großen« zu machen vermochte. Sein historisches Verdienst bestand darin, daß er Bismarck berufen, ertragen und bisweilen gezügelt hat.

Extrapersonen sind aber Regierungschefs wie Bismarck, Gladstone, Disraeli oder der amerikanische Präsident Abraham Lincoln. Bismarck ist, mit Churchill zu sprechen, derjenige, der »die gewaltige Kraft der teutonischen Rasse« entfesselt hat,[4] aber dies in europaverträglichen Formen. »Der alte Jude« Disraeli, wie ihn Bismarck respektvoll zu nennen pflegt, ist der Neugestalter des modernen Empire, der grandiosesten politischen Schöpfung Europas im 19. Jahrhundert, das wie alles Grandiose auch seine sehr finsteren Seiten hat und keine Zukunft. Disraeli ist zugleich ein Parteiführer von größtem Format – einer jener ganz seltenen britischen Staatsmänner, die Phantasie haben und ein Gespür sowohl für die Bedürfnisse der herrschenden Klassen als auch des einfachen Mannes. Schließlich Gladstone, die idealtypische Verkörperung des bürgerlichen Parlamentariers, der großartige Administrator und Reformer, einer jener seltenen Reformer übrigens, der rechnen kann und im Innern wie international jene einmalige Verbindung des Realistischen und des Moralischen zustande bringt, wodurch sich in glücklichen Momenten die Politik der Angelsachsen auszeichnet.

Bismarck, Disraeli, Gladstone, sie alle sind auf ihre Weise geniale Gestalter, deren Dynamik aber letztlich die Legitimität der bestehenden Ordnung nicht in Frage stellt. Der »weiße Revolutionär« Bismarck bleibt preußischer Monarchist, Disraeli der getreue Diener Königin Victorias, die er zur Empress of India macht, und Gladstone das Musterbild eines unendlich gestaltungsfreudigen Parlamentariers, der aber zugleich die Normen der konstitutionellen Monarchie verinnerlicht hat.

Selbst der arrivierte Hinterwäldler Abraham Lincoln aus Illinois verdient es, als Extraperson betrachtet zu werden. Wer sein Land in einen schrecklichen Bürgerkrieg treiben läßt und diesen fünf Jahre lang nicht zu beenden versteht, auch wenn er schließlich über Leichenhügeln in dem zerstörten Süden triumphiert, kann allerdings nicht genial genannt werden. Eher darf er damit einen Ehrenplatz in der Galerie der großen Ruinierer beanspruchen. Doch hat Lincoln durch Beseitigung der Sklaverei und durch Wiederherstellung der Einheit des amerikanischen Staates die Voraussetzung für den machtpolitischen Aufstieg Amerikas geschaffen. Denn zur Weltmacht gehört meist zweierlei: Größe von Land und Potential im Rahmen politischer Einheit einerseits und andererseits ein überzeugender moralischer Anspruch. Daß Lincoln den Amerikanern beides hinterlassen hat, macht ihn groß.

Es bleibt somit nicht viel mehr als eine Handvoll sehr bedeutender politischer Potenzen, die das 19. Jahrhundert vorzuweisen hat. Zwei von diesen, Gladstone und Disraeli, sind derzeit im Bewußtsein einer breiteren Öffentlichkeit nicht mehr lebendig. Nicht einmal der Reichsgründer Bismarck will den betulichen Deutschen von heute noch so recht konvenieren, dies auch deshalb, weil ihm doch der Ruch antiparlamentarischer und antisozialistischer Gesinnung anhängt. Nur Lincoln, der Sklavenbefreier und die Symbolgestalt für die Einheit der Nation, lebt noch als mythische Größe im Gedächtnis der Amerikaner.

Ist dieses Urteil über die politischen Größen des 19. Jahrhunderts ungerecht? Selbstverständlich findet sich in den konstitutionellen Systemen, auch in der französischen Dritten Republik, eine große Menge guten und sehr guten Durchschnitts. Davon lebt jedes einigermaßen funktionierende Staatswesen. Die meisten dieser vergangenen Größen haben denn auch bis zum heutigen Tag zwei, drei oder vier solide Historiker gefunden, die den Nachweis führen, daß der jeweils traktierte Premierminister, Ministerpräsident, Monarch oder Kanzler eigentlich zu Unrecht vergessen wurde, da er irgendwie bedeutend, im

Ganzen verdienstvoll, ein Mann von beträchtlichem politischem Temperament, vielleicht sogar ein Mann von Geist und bisweilen auch von jener Verworfenheit gewesen sei, welche den Biographen zumeist wünschenswerter erscheint als den Zeitgenossen. Mäßige Verworfenheit, ein paar Teufelchen, die im Privatleben oder in den Geldgeschäften einstiger Größen rumoren, konstituieren zwar noch nicht geschichtliche Größe, halten aber wenigstens das Interesse lebendig.

In dieser Hinsicht gleichen die Parlamentarier, Monarchen und Minister jener bereits fernen Jahrzehnte vielfach den Größen der Demokratien auch in der ersten und der zweiten Hälfte unseres Jahrhunderts, von denen einige eben porträtiert worden sind. Auch diese sind meist umtriebig, verdienstvoll, häufig vernünftig und nur in Maßen böse und korrupt.

Wie schon angedeutet, ist die Abwesenheit von überragenden Individualitäten freilich eher ein Indiz für einigermaßen glückliche, nur von erträglichen Spannungen belastete Jahre, insofern nicht unbedingt zu bedauern. Eben weil der gute, sehr gute oder gerade noch tolerable Durchschnitt regierte, blieb die Lage lange Zeit stabil. »Das Gesetz der Weltgeschichte«, so lesen wir in Robert Musils »Mann ohne Eigenschaften«, »ist nichts anderes als der Staatsgrundsatz des ›Fortwurstelns‹ im alten Kakanien. Kakanien war ein ungeheuer kluger Staat.«[5] Kein Wunder allerdings auch, daß gerade dieser kluge Staat den Ersten Weltkrieg maßgeblich mit auslöste. Die sehr durchschnittlichen Größen relativ ruhiger Zeiten schieben vieles vor sich her, finden selbst für Fragen, die dringend der Lösungen bedürften, gefährlich prekäre Kompromißformeln, und sie mißfallen vor allem den Intellektuellen.

Denn auch deren emotionale Bedürfnisse sind wichtig und mit eine Erklärung dafür, weshalb sich die Völker der großen und weniger großen Mächte im 20. Jahrhundert auf die Phantasiewelten der Ideologien, auf den Nationalismus, auf imperiale Visionen und eben auch auf die großen politischen Ungeheuer eingelassen haben. Die nervöse Gestimmtheit in der intellektuellen Szene um die Jahrhundertwende, doch leider auch danach, hat Robert Musil gleichfalls recht einleuchtend beschrieben: »Ihre Gedanken kamen niemals zur Ruhe und gewahrten den ewig wandernden Rest aller Dinge, der nirgends in Ordnung kommt. So waren sie schließlich überzeugt, daß die Zeit, in der sie lebten, zu seelischer Unfruchtbarkeit bestimmt sei und nur durch ein besonderes Ereignis oder einen ganz besonderen Menschen erlöst werden könne ... Man war überzeugt, daß es nicht mehr weitergehe, wenn nicht bald ein Messias komme.«[6]

Mit am erwähnenswertesten ist nämlich doch das, was sich im 19. Jahrhundert *nicht* durchsetzt: kein mit pseudoreligiösem Anspruch und entsprechender Symbolik auftretender Messias (der positivistische Religionsgründer Auguste Comte bleibt in dieser Hinsicht eine komische Figur), kein Revolutionär, dem die Machtergreifung in einem der großen Staaten gelingt, kein Staatsgründer, der dank der eigenen Kraft und ohne die stützende Hand eines der etablierten Monarchen einen ganz neuen Staat oder ein neues Regime zu errichten vermöchte, auch kein General, der ohne Legitimierung durch einen Souverän oder eine verängstigte bürgerliche Nationalversammlung mit Säbel und Kanonen Ordnung schafft.

Gewiß kommt in dieser Hinsicht die seltsame Gestalt Napoleons III. in Erinnerung, die bis heute schwer einzuordnen ist. War wenigstens er ein Vorläufer der modernen Diktatoren? Da in unserem Jahrhundert Autokraten ganz anderen Kalibers auftraten, zögert man etwas, ihm ein Übermaß an historischer Bedeutung zuzumessen. Dieser im Talmiglanz des Second Empire regierende und sehr schlaue, im Entscheidenden aber doch wieder kurzsichtige Kaiser ist einerseits von epigonaler Schwächlichkeit, besitzt aber doch ein sicheres Gespür dafür, was die entscheidenden Potenzen seines Landes erwarten: die Kapitalisten, die vor der Revolution zitternde, größtenteils konservative katholische Kirche, die Generalität, die Bauern, die ihre Ruhe haben wollen, aber auch das Pariser Industrieproletariat. Das einzige, wofür ihm das Verständnis völlig abgeht, sind die utopischen und anarcholiberalen Sehnsüchte der linken Intellektuellen und Künstler. Gewisse Impulse sind immerhin von ihm ausgegangen. Das wichtigste Resultat seiner Regierung kam freilich ungewollt zustande, nämlich die durch einen töricht begonnenen Krieg ermöglichte Gründung des Deutschen Reiches. Publizisten und Historiker, denen im 19. Jahrhundert mit Ausnahme Napoleon Bonapartes keine überragenden cäsarischen Gestalten begegneten, haben zwar für Napoleon III. das erhabene Schlagwort »Cäsarismus« verwandt. Tatsächlich war er aber nicht viel mehr als ein arrivierter Schlaumeier, der raffiniert und ungeschickt zugleich regierte. Das nach-napoleonische Säkulum insgesamt war und blieb eher arm an Gewaltherrschern und an bedeutenden Revolutionären.

Aus Garibaldi, dem Vorzeigerevolutionär des 19. Jahrhunderts, wurde letzten Endes nicht viel mehr als eine romantische Figur der politischen Folklore. Immerhin: Er war ein Mann, der Feuer im Bauch hatte. So wirkte er beispielsweise auf den jungen Amerikaner Henry Adams. Adams war ein müde-nervöser Abkömmling aus der Präsidentendynastie der Adams, jedoch ein Historiker mit Gespür für kommende Dinge. Er hat 1859 den revolutionären Heros Garibaldi in Sizilien aufgesucht, der dort, angetan mit einem roten Hemd, der damaligen Revolutionstracht, im Königspalast des eben befreiten Palermo hofhielt. Es ist derselbe Vorgang wie dann im 20. Jahrhundert, als sich weitere Amerikaner zu den Revolutionären Lenin, Mao Tsetung, Tito oder Fidel Castro begeben und deren Ruhm mehren. Adams wußte jedenfalls zu erzählen, er habe in Garibaldi so etwas wie den Typ der Zukunft verspürt. Seine hervorragendste Eigenschaft sei »Urenergie«, »Naturkraft«, »Kampfinstinkt«.[7] Das war zwar richtig erspürt, bekundete aber doch ein defizitäres Urteilsvermögen. Denn persönlich war es Garibaldi eben nicht beschieden, die führende politische Rolle zu spielen. Er wurde von gerisseneren Gegenspielern beiseite geschoben, die seine revolutionären Impulse in das bestehende System einzubauen verstanden. Dem weniger flamboyanten Mazzini erging es ähnlich.

Henry Adams hat übrigens noch in einer anderen Größe seiner Jahrzehnte gleichfalls eine Gestalt des kommenden Zeitalters gesehen. Es war dies Ulysses S. Grant, der als herzloser Oberkommandierender der Unionsarmeen im Bürgerkrieg schließlich obsiegt hatte. Aus heutiger Perspektive erkennt man in Grant tatsächlich schon einen Typ vom Schlag der Generale Haig oder von Falkenhayn, die dann im Ersten Weltkrieg die Blüte der Jugend ihrer Länder zur Schlachtbank sandten. Nicht im Begriff, aber in der Sache hatte dieser große Amerikaner das Konzept des »Abnutzungskrieges« erfunden, das darin besteht, um den Preis des Verheizens eigener, zahlenmäßig überlegener Truppen den schwächeren Gegner völlig ausbluten zu lassen. Damit verband sich ein erbarmungsloser Krieg gegen die Zivilbevölkerung. Die dankbaren Amerikaner hatten Grant ins Weiße Haus entsandt, wo seine Regierung »jedes Gesetz gewöhnlicher Anständigkeit« verletzte.[8] Doch auch diese Urenergie, wenn sie denn eine war, erwies sich im damaligen demokratischen System der Vereinigten Staaten als domestizierbar. Heute erinnern sich seiner fast nur noch die Liebhaber der Bürgerkriegsgeschichte.

Immerhin hatte der im März 1918 verstorbene Henry Adams doch schon einen Blick hinter den Vorhang getan, als er in Hinsicht auf solche Gestalten vermerkte: »Die Macht, die mit anormaler Energie ausgeübt wird, ist die gefährlichste Gegebenheit des praktischen Lebens.«[9] Das war vor allem auf Theodore Roosevelt gemünzt, dessen Gefährlichkeit er allerdings genauso überschätzte wie die Garibaldis. Verglichen mit Lenin, Hitler oder Mao Tse-tung gehört »Teddy« Roosevelt, auch wenn man ihn mit dem großen Stock in Erinnerung hat, zwar nicht zum Club der Harmlosen, aber dennoch in die Kategorie der vorzeigbaren demokratischen Staatsmänner. Freilich hatte Henry Adams in der eigenen Familie sehr würdige Vorfahren gekannt, die geistig noch im 18. Jahrhundert lebten, somit auch noch wußten, was Zivilisiertheit ist. Eben die Zivilisiertheit aber, so lästerte er in seiner Autobiographie und in seinen Briefen, gehe den machtbesessenen, schon leicht proletenhaften Parteipolitikern ab, die nun mit größter Umtriebigkeit, demagogisch, expansiv und mit stets nur schwer zu befriedigendem Geldbedarf an die Spitze ihrer Länder drängen.

Die neuen Machthaber in dem kommenden Jahrhundert gewaltigster technischer Energien ließen gewiß durchaus selbst »anormale Energie« erwarten, zugleich aber völlige Blindheit für die hereinbrechenden oder von ihnen ausgelösten Kräfte. »Systematische Organisierung des Hasses« – dies schien eines der auffälligsten Merkmale ihrer Regierungskunst.[10]

Wenn auch im Verlauf des 19. Jahrhunderts die schlimmsten Scheusale noch ausblieben, fehlte es wenigstens nicht an Unheilspropheten, die starke Gewaltmenschen heraufkommen sahen oder gar, wie Nietzsche dies tat, herbeiwünschten. Doch niemand hat die Phantasie aufgebracht, sich jene Ungeheuer vorzustellen, die bereits vor der Tür standen. Sofern man Diktatoren erwartete, waren dies Generale nach Art Napoleons oder rasch abservierte Fanatiker wie der zügellose Volksredner Danton in den Tagen der Französischen Revolution und der ebenso fanatische Parteiführer Robespierre.

Im Vergleich zum 19. Jahrhundert stellen somit die großen, aus dem Nichts kommenden Revolutionäre, die dann rasch nach der Machtergreifung zu gewaltigen Tyrannen werden, das eigentlich Neue dar. Karl Jaspers hat in anderem Zusammenhang den Begriff der »Achsenzeit« geprägt – eine Geschichtsperiode, in welcher die bis dahin unbewußt geltenden Anschauungen, Sitten und Zustände der Prüfung unterworfen, in Frage gestellt und aufgelöst werden: »Alles geriet in einen Strudel« mit stärkster Auswirkung auf die folgenden Zeiträume.[11]

In gewisser Weise besitzt auch das 20. Jahrhundert seine Achsenzeit. Es sind die Jahrzehnte, in denen in Rußland, Italien, Deutschland und China die neuen Tyrannen die Macht ergreifen. Das beginnt fast gleichzeitig. 1917 putschen sich Lenin, Trotzki und Stalin in die Weltgeschichte. 1919 macht sich Hitler auf den Weg, »Politiker zu werden«, und fasziniert das nachrevolutionäre München mit seinen wüsten, doch zugleich erregenden Auftritten. 1920 stößt Mao Tse-tung in Peking zu jener Gruppe junger Revolutionäre, die sich zur Kommunistischen Partei Chinas zusammenschließen. 1921 gründet Mussolini die faschistische Partei Italiens.

Man mag einwenden, daß diese »Achsenzeit«, die in Deutschland ohnehin nur zwölf Jahre lang andauert, im Herrschaftsbereich Hitlers und Mussolinis bereits 1945 zu Ende ist. Stalin stirbt 1953, womit sich auch im sowjetischen Machtbereich die alle Vorstellungskraft übersteigende Tyrannis verändert. Und die Divisionen Mao Tse-tungs rollen erst 1949 in Peking ein, paradoxerweise auf Lastwagen, die aus den USA geliefert wurden. Von da an dauert die chinesische »Achsenzeit« ein gutes Vierteljahrhundert, bis 1976.

Es ist also durchaus nicht so, daß die Geschichte des 20. Jahrhunderts überwiegend von den revolutionären Monstern bestimmt worden ist. Aber ihre Taten fallen völlig aus der modernen Zivilisationsgeschichte Europas heraus, die im 19. Jahrhundert gipfelte. In China liegen die Dinge komplizierter. Jedenfalls markiert die Achsenzeit der totalitären Tyrannen gegenüber dem 19. Jahrhundert den eigentlichen Zivilisationsbruch.

Der Begriff Achsenzeit eignet sich auch zum Verständnis der politischen Fernwirkungen. Unter glücklichen weltpolitischen Bedingungen wurde die ohnehin vergleichsweise kurze Herrschaft Hitlers und Mussolinis zerschmettert. Westeuropa zusammen mit Italien und dem westlichen Teil Deutschlands haben rasch wieder den Anschluß an die westliche Zivilisation gefunden. In dem kommunistischen Imperium allerdings, das von Lenin begründet und von Stalin aufgemauert sowie weit nach Mitteleuropa ausgedehnt wurde, dauerte der erzwungene Zivilisationsbruch bis in die Umbruchperiode am Ende der achtziger Jahre. Die Nachwirkungen werden noch lange spürbar sein.

Auch die Fernwirkungen des Angriffs Hitlers auf Rußland bestimmten den Gang der Geschichte Europas bis zum Wendejahr 1990. »Der Beginn eines Krieges ist wie das Aufstoßen eines großen Tors in einen dunklen Raum. Man weiß nicht, was hinter dem Dunkel verborgen ist«, hatte Hitler in einem Moment der Vorahnung zu Beginn des Rußlandfeldzuges seinem Adjutanten zu bedenken gegeben.[12] Im Dunkeln verborgen lag in der Tat vieles: der Zusammenbruch Deutschlands, die mehr als vierzigjährige Teilung, der dauerhafte Verlust der Ostgebiete, die Sowjetisierung Mitteleuropas und Ostmitteleuropas von der Elbe bis zum Bug und von Rostock bis zur griechischen Grenze und die Stationierung russischer Offensivarmeen mitten in Deutschland mit der Folge permanenter Erpreßbarkeit und Gefährdung des westlichen Europa. Heute erst ist erkennbar, daß die Fernwirkungen Lenins und Stalins noch schwerer zu korrigieren waren und sind als diejenigen Hitlers.

Wohl oder übel wird man somit in erster Linie an diese Herrscher erinnert, wenn die Frage nach dem Gesicht des Jahrhunderts aufkommt. Allerdings hat der Zusammenbruch der Sowjetunion unwiderleglich bewiesen, daß alles vergänglich ist, selbst nuklear gerüstete Polizeistaaten. »Tout empire périra«, hat der französische Historiker Jean-Baptiste Duroselle im Jahr 1981 seine Theorie der internationalen Beziehungen betitelt und sich dabei durchaus weitschauend auch auf das sowjetische Imperium bezogen.[13]

Wie eindeutig die Gestalten der neuartigen Tyrannen des 20. Jahrhunderts aus der Zivilisationsgeschichte herausfielen, haben diese selbst klar erkannt und auch bejaht. Stalin bewundert Iwan den Schrecklichen, Hitler den Religionsstifter Mohammed, der seine Lehre mit dem Schwert ausgebreitet hat, und Mao Tse-tung nimmt insgeheim die schlimmsten Tyrannen der chinesischen Geschichte zum Vorbild, etwa den gewaltigen Kaiser Chu, der im 11. Jahrhundert vor Christus die Küstenregionen im Südosten unterworfen und damit China geeinigt hatte. Was machte es daher aus, daß Chu die Körper seiner Gegner verstümmeln ließ, die eigenen Ratgeber gelegentlich umbrachte, in einem mit Wein gefüllten Swimming-Pool Entspannung suchte und Tausende von Konkubinen in seinem Harem hielt?[14]

Die Zeitgenossen sahen es übrigens genauso. Lenin wurde früh mit Dschingis Khan oder auch schon mit Iwan dem Schrecklichen verglichen. Der Soziologe Jean Monnerot bezeichnete ihn als den Mohammed des 20. Jahrhunderts.[15]

Ähnlich verhielt es sich mit Hitler. Die Durchsicht der Bücher, Pamphlete und Aufsätze derer, die zu Lebzeiten Hitlers gegen ihn polemisierten, erbringt einen bunten Reigen von Vergleichspersonen, denen mit der einen Ausnahme Napoleons I. gemeinsam ist, daß sie in einer mehr oder weniger weit zurückliegenden Vergangenheit aufgetreten waren: der politisch ruinöse athenische Demagoge Kleon, Herostratos, der den Tempel von Ephesos in Brand setzte, Hannibal, Catilina, Cäsar, Nero, Attila, Mohammed, Dschingis Khan und Tamerlan, der perfide habsburgische Tyrann Geßler, der die Innerschweiz terrorisierte, der Wiedertäuferkönig Bockelson in Münster, Philipp II. von Spanien und die räuberischen Konquistadoren.[16] Solche gewiß vielfach windschiefen Analogien beweisen nicht nur, daß Hitler die öffentliche Meinung polarisiert hat wie kein anderer Politiker vor ihm oder nach ihm. Sie bekunden auch, wie seine Persönlichkeit nach Meinung der meisten Zeitgenossen völlig aus der Moderne herausfiel und vielfach Assoziationen mit den mörderischsten Gestalten hervorrief.

Unnötig zu betonen, daß die beispiellose geschichtliche Auswirkung dieser modernen Tyrannen vor allem aus dem Umstand resultiert, daß es ihnen gelungen ist, sich als unumschränkte oder doch fast unumschränkte Herrscher von Großmächten zu etablieren. Bekanntlich sind im 20. Jahrhundert auch viele andere Despoten zur Macht gekommen, die vielfach ähnlich infam wie ihre großen Vorbilder in Moskau, Berlin oder Peking gehaust haben. Ohnehin braucht nicht jeder Despot große Vorbilder; Staatsterrorismus lernt sich leicht von selber. Wenn die Ho Chi-minh, Pol Pot, Idi Amin, Bokassa, Kim Il Sung, Pinochet, Fidel Castro oder Saddam Hussein in irgendeinem kleineren Land »hinten weit in der Türkei«, in Afrika oder jenseits des Ozeans regieren, sind sie zwar gleichfalls der Schrecken ihrer Untertanen. Da die Staatenwelt des 20. Jahrhunderts viele kleine und mittlere Despotien aufweist, prägten und prägen auch sie das Gesicht des Jahrhunderts. Doch sie besitzen nur selten die Kraft, den großen Zivilgesellschaften gefährlich werden zu können. Fällt hingegen eine potente Großmacht Tyrannen in die Hände, so bedeutet dies häufig für ganze Kontinente das Ende aller Sicherheit. Auch dies verdeutlicht, weshalb Lenin, Stalin, Hitler und Mao Tse-tung eine Art »Achsenzeit« konstituiert haben. Man übertreibt deshalb nicht, wenn man sie als große Ungeheuer von durchaus universalgeschichtlichem Format bezeichnet.

Sofern sich die weitschauenderen Geister des 19. Jahrhunderts kommende Gewaltherrscher vorstellten, hatten sie allerdings nicht in erster Linie an mörderische Zivilisten gedacht, sondern an Generale vom Kaliber Napoleons, der vieles zugleich war, ein Emporkömmling, ein großer Heerführer, ein Eroberer und ein kalter Alleinherrscher. Um so erstaunlicher ist, daß der Napoleon des 20. Jahrhunderts ausblieb.

Unter den autokratisch regierenden Generalen der ersten Jahrhunderthälfte weist vor allem Atatürk einige Ähnlichkeiten mit Napoleon auf, aber eben nur einige. Auch er war ein bedeutender Troupier, ein Fanatiker rationalistischer Verwaltung, ein Verächter der Religion, Verächter auch der zivilen Politiker, zugleich ein Führer, der Charisma hatte. Doch die Türkei war damals keine Großmacht wie Frankreich im napoleonischen Zeitalter. Außerdem beeindruckt bei Atatürk ein Grundzug maßvoller Zurückhaltung, obgleich auch er ein sehr ungestümer Mann war, dem es an diktatorischen Energien nicht fehlte. Anders als Napoleon zeigte er sich indessen bemerkenswert frei von Cäsarenwahn und von Eroberungsvisionen.

Schon eher hätte aus dem chinesischen General Tschiang Kai-schek eine napoleonische Erscheinung werden können. Als er im China der Warlords immer mächtiger wurde, glaubten manche einen chinesischen Napoleon auftreten zu sehen. Seine Herrschaft weist wie die des Korsen ausgeprägt mafiose Züge auf, beide hatten einen gierigen Familienclan zu bereichern und fanden dies ganz natürlich. Doch China zu Zeiten Tschiangs war zu zerrissen, zu schwach und so unheilbar von Korruption und anderen Lastern zerfressen, daß diesem ein dauerhafter Erfolg versagt blieb.

Manche haben zeitweilig auch in dem sowjetischen Generalstabschef Marschall Tuchatschewski einen roten Bonaparte heranwachsen sehen. Er war ein fähiger Heerführer, aus dem Kleinadel stammend, der während des Bürgerkriegs ins Lager Lenins überging und den Bolschewiki bei der brutalen Niederschlagung des Matrosenaufstandes in Kronstadt seine Loyalität unter Beweis gestellt hatte. Bei größerer Entschlossenheit wäre es ihm vielleicht möglich gewesen, den Massenmörder Stalin mit seinem Gefolge abzuservieren. Aber in den entscheidenden Tagen, als dieser gegen die Generalität losschlug, fehlte es ihm an Mut. Der Kriegsheld klappte kläglich zusammen und wurde hingerichtet. Während des Zweiten Weltkrieges war Generalfeldmarschall Rommel ein ähnlicher Typ. Auch er ein tüchtiger Troupier und Heerführer, desgleichen ein Anhänger des Regimes. Wie so viele seiner deutschen Generalskollegen war er ein zu vorsichtiger Attentist und wurde von dem Tyrannen vernichtet, starb aber immerhin einen tapferen Tod.

Der in der ganzen arabischen Welt lange Zeit hochberühmte revolutionäre Offizier Gamal Abdel Nasser wurde gleichfalls nicht zum Napoleon. Ägypten als Machtbasis war viel zu schwach. Im Grunde konnte Nasser nicht einmal zu Recht den Ruhm beanspruchen, die Suez-Intervention Großbritanniens und Frankreichs zurückgeschlagen zu haben. Diese wurde von Washington und Moskau gemeinsam gestoppt, und im Sechstagekrieg von 1967 bezog Nasser kräftige Prügel, was ihn politisch ruinierte.

Somit hat sich das 19. Jahrhundert in dieser Hinsicht nicht wiederholt. Damals war jedoch noch ein anderer, viel weniger cäsarischer Typ in Erscheinung getreten: der rauhe, ganz und gar nicht dämonische konservative General, der sich zuvor in Kriegen bewährt hat und dem dann in der Bürgerkriegslandschaft eine Rolle zuwächst, die politisch ausgebaut werden könnte. Immer dann im 19. Jahrhundert, wenn sich Adel und Bürgertum in Frankreich vor Aufständen fürchten, richten sie ihre Blicke auf Hoffnungsträger im Generalsrang, die mit Kartätschen und Bajonetten Ordnung schaffen. Zu nennen sind hier General Louis Cavaignac, der im Juni 1848 in Paris auf Geheiß der Nationalversammlung einen Aufstand der Linksradikalen niederwirft, oder der gut katholische, konservative Kriegsheld Marschall MacMahon, dessen Truppen, wiederum im Auftrag der bürgerlichen Nationalversammlung von 1871, den nachmals zum Mythos verklärten Kommuneaufstand im Blut ertränken. Cavaignac kandidiert in der Folge gegen den späteren Napoleon III. und zieht bei dieser Präsidentschaftswahl den kürzeren. MacMahon gelingt es, 1873 als Präsident gewählt zu werden. Er scheitert aber am eigenen Unvermögen und zieht sich ins Privatleben zurück.

In manchem, aber eben auch wieder nur in manchem, sind diese zur Politik verführten Nur-Soldaten von konservativer Orientierung Vorläufer Marschall Mannerheims in Finnland, der dort 1918 einen Aufstand der revolutionären Linken blutig niederwirft, aber auch General

Francos und, spät im 20. Jahrhundert, General Pinochets. Da die Genannten allesamt in weltgeschichtlich nicht vorrangig wichtigen Ländern reüssieren, sind sie zwar symptomatisch und finden viel Beachtung, haben aber außerhalb ihrer Länder nicht viel zu bewirken vermocht. Wären Denikin oder Koltschak im russischen Bürgerkrieg erfolgreich gewesen, so würde man sie wohl demselben Typus zuordnen können.

In mancherlei Hinsicht gehören auch Hindenburg und Pétain in diese Kategorie. Sie gelangen zwar nicht in Bürgerkriegen an die Spitze ihrer Länder, aber ihr Ansehen beruht ähnlich wie im Fall MacMahons auf Kriegsruhm, und das bunt zusammengewürfelte konservative Lager betrachtet sie als Retter oder wenigstens als Garanten der Ordnung, wobei sich alsdann ein jeder von ihnen mit Adolf Hitler kompromittiert. Denn Hitler ist eine weltgeschichtliche Potenz, sie selbst sind in den Jahren der Entscheidung nur noch müde, alte Männer.

Großes Format besitzt allein General de Gaulle. Aber er ist von Anbeginn an ein politischer General, der nie Siege errungen hat wie MacMahon bei Magenta oder gar wie Napoleon Bonaparte. Anfangs wirkt er wie ein outrierter Mime, nicht wirklich seriös. Sein Glaube daran, der Retter Frankreichs zu sein, ist während der Jahre 1940 bis 1946 und erneut in der Krise Ende der vierziger Jahre, als er an die Spitze eines Rassemblement du Peuple Français tritt, doch viel mehr *idée fixe* als Realität. Seine eigentlich große Stunde kommt erst 1958. Damals hat er wahrscheinlich Frankreich vor dem Bürgerkrieg bewahrt, und in den folgenden Jahren bis zum Rücktritt 1969 beendet er den Algerienkrieg, liquidiert auf akzeptable Weise das überseeische Kolonialreich, und es gelingt ihm – seine wichtigste Leistung –, Politik und Wirtschaft des Landes zu reformieren. Erst jetzt wird Frankreich innerhalb der Europäischen Wirtschaftsgemeinschaft wettbewerbsfähig.

Neben Margaret Thatcher und Gorbatschow ist de Gaulle der kühnste Reformer in der zweiten Jahrhunderthälfte. Er ist eine politische Potenz erster Ordnung, doch gilt für ihn dasselbe wie für Atatürk oder Tschiang Kai-schek: die Machtbasis Frankreichs ist viel zu schmal, als daß er noch die erstrebte globale Rolle spielen könnte. Im Grunde weiß er selbst genau, daß sein Land keine Großmacht mehr ist, versucht aber dennoch eine Außenpolitik des Bluffs, mit der er nicht durchdringt. So gehört auch er zu den Konservativen, über deren Konzepte die Zeit hinweggeht.

Ebensowenig wie das 19. Jahrhundert wird also auch das 20. zu einem Säkulum der Generale. Möglicherweise wird man die beiden Zeitalter in dieser Hinsicht gar nicht so unterschiedlich finden, wenn man sie später einmal aus größerem Abstand betrachtet.

Für die Monarchen dürfte übrigens ähnliches gelten. Das 19. Jahrhundert hat, wie schon ausgeführt, keinen einzigen hervorgebracht, dem man großes geschichtliches Kaliber zubilligen würde: keinen Karl V. oder Philipp II. von Spanien, keine Königin Elisabeth I., keinen Louis XIV., Peter den Großen oder Friedrich den Großen. Ein vergleichbares Bild auch in unserem Jahrhundert. Es war arm an wirklich bedeutenden Königen oder Kaisern. Der einzige, der zu Beginn eine glänzende Rolle analog seinem bedeutenden Ahnen Friedrich dem Großen zu spielen bemüht war, Kaiser Wilhelm II., hat besonders enttäuscht. Nur im Negativen haben jene Kaiser, die Europa über die Schwelle des 20. Jahrhunderts führten, eine nachhaltige geschichtliche Wirkung erzielt. Mächtige Staaten, die trotz aller Wurmstichigkeit historische Größe besaßen, verabschiedeten sich mit ziemlich läppischen Gestalten: 1000 Jahre Haus Habsburg, 700 Jahre Hohenzollern, 500 Jahre Romanows – und zum Schluß drei gekrönte Tröpfe, die jedoch als Reservemajor, Sektionsrat oder Hofrat gute Figur gemacht hätten. Indem sie ihre Gestaltungsaufgabe verfehlten und in den Krisen versagten, haben sie ein Chaos hinterlassen, das den Ungeheuern Gelegenheit gab, die Bühne zu betreten.

Nun wurde wieder alles möglich. Lenin und Stalin besaßen einen politischen Freiraum, den die angeblich absolutistischen Zaren schon längst verloren hatten. Unter Nikolaus II. war der Rechtsstaat bereits viel tiefer verankert gewesen, als dies die spätere kommunistische Propaganda wahrhaben wollte. Es war daher bezeichnend, daß Stalin sich Iwan den Schrecklichen zum Lieblingszaren erkor, der Rußland geknechtet hatte, noch bevor sich auch dort die Zivilisiertheit ausbreitete. Desgleichen verfügte Hitler in Deutschland über Gestaltungsmöglichkeiten, um die ihn Bismarck beneidet hätte, wäre dieser protestantische Preuße nicht ohnehin noch mit einigen moralischen Sicherungen ausgestattet gewesen, welche Hitler völlig fehlten.

Wenn die Institution der konstitutionellen Monarchie dennoch in einer Reihe von Ländern überlebt hat, sei es in Europa oder Asien, dann in erster Linie aufgrund charakterlicher Qualitäten der Könige und Königinnen. Zur politischen Gestaltungskraft reichte es jedoch mit wenigen Ausnahmen schon längst nicht mehr.

Soweit überhaupt neue, kraftvolle Souveräne aufgetreten sind, hatten sie viel mehr mit den zeitgenössischen Diktatoren gemeinsam als mit den traditionellen Monarchen des 19. und 20. Jahrhunderts, so etwa der persische Kosakenführer Reza Schah, der im Iran eine neue Dynastie errichtete, oder der 1934 in Marseille ermordete König Alexander von Jugoslawien. Sieht man einmal von den Sonderfällen des Nahen Ostens, von Kaiser Hirohito in Japan oder von dem erstaunlichen Juan Carlos in Spanien ab, so waren die Monarchen unseres

Jahrhunderts allenfalls noch als Persönlichkeiten interessant. Weitreichende Impulse sind von ihnen nicht mehr ausgegangen. Kontinuität zum 19. Jahrhundert ist somit auch hier zu verzeichnen, wenngleich bei insgesamt abnehmender politischer Bedeutung.

Das 19. Jahrhundert kannte aber noch eine weitere Gruppe starker politischer Individualitäten: die Freiheitskämpfer, aus denen, so sie Erfolg hatten, bedeutende Staatsgründer wurden. Bekanntlich macht sich in den Freiheitsbewegungen der Neuzeit so etwas wie ein Gesetz von Ebbe und Flut bemerkbar. Dieses bestimmt auch die Karrieren jener starken, unbeugsamen Gestalten, deren ganze Leidenschaft der nationalen Unabhängigkeit gilt. Schon das 16. Jahrhundert besitzt einen renommierten Freiheitshelden: Wilhelm von Oranien, den manche »den großen Schweiger« nannten. Noch in den Jahren der Unterdrückung durch die Deutschen Anfang der vierziger Jahre unseres Jahrhunderts erinnert man sich in der niederländischen Widerstandsbewegung an seine Devise: »Man braucht keine Hoffnung, um zu handeln, und man braucht keinen Erfolg, um durchzuhalten.« Auch wenn er selbst einem Attentat seiner Feinde zum Opfer fiel, hatte Wilhelm von Oranien letztlich Erfolg, genauso wie dann in Nordamerika George Washington und später Simon Bolivar, der Befreier Lateinamerikas.

Alles in allem aber ist das 19. Jahrhundert eher durch gescheiterte Freiheitskämpfer gekennzeichnet. Andreas Hofer in Tirol, Tadeusz Kościuszko in Polen und Lajos Kossuth in Ungarn sind typischer als Garibaldi oder Mazzini. Auch Charles Stewart Parnell, Führer der irischen Home Rule-Bewegung, erlebt nicht mehr, daß sich seine Ideen durchsetzen. Dennoch werden sie und ihresgleichen zu musterbildenden Gestalten, weil sie die Nachfolgegenerationen durch ihren Mut inspirieren, doch auch deshalb, weil sie mit politischen Strategien oder mit Strategien des bewaffneten Kampfes experimentiert haben, von denen sich lernen ließ.

Der junge Nehru beispielsweise ist 1907 in Irland gereist und hat dort die Agitationsmethoden von Sinn Féin kennengelernt.[17] Auch zionistische Führer, die sich dann in den vierziger Jahren unseres Jahrhunderts gegen die Protektoratsmacht Großbritannien durchsetzen, studierten das Vorgehen der irischen Freiheitskämpfer. Genauso wirkten die Vorbilder revolutionären Befreiungskampfes auf den antirussischen Rebellen Piłsudski, dem schließlich in Polen das gelingt, woran Kościuszko gescheitert ist.

Der insgesamt geringe Erfolg der Freiheitskämpfer des 19. Jahrhunderts mag erklären, weshalb die später berühmten Seher und Unheilspropheten vom Schlage Jacob Burckhardts, Henry Adams' oder auch Nietzsches zwar ein Gespür für die Heraufkunft zukünftiger

Despoten besaßen, aber viel weniger dafür, daß das 20. Jahrhundert beginnend mit Piłsudski, Gandhi und Nehru bis Václav Havel und Nelson Mandela recht eigentlich auch zu einer Epoche der Freiheitskämpfer werden sollte, die unabhängige Republiken gründen oder repressive Regime überwältigen.

Es trifft zu, daß von den Großtyrannen deshalb so spektakuläre weltgeschichtliche Wirkungen ausgingen, weil sie aufgrund einer schlimmen Laune der Geschichte ausgerechnet in Großmächten zur Macht gekommen sind und somit deren ungeheure Potentiale zu mobilisieren vermochten. Die Führer nationaler Unabhängigkeitsbewegungen sind demgegenüber häufig in kleineren Ländern aufgetreten. Gandhi, Nehru und Jinnah bilden eher die Ausnahmen. So kommt es, daß viele dieser moralisch eindrucksvollen und in ihrer Gesamtheit weltgeschichtlich sehr bedeutsamen Persönlichkeiten häufig nur von ihren eigenen Völkern wahrgenommen und später verehrt werden.

Gleichwohl ist die Geschichte des 20. Jahrhunderts in großen Teilen eine Geschichte erfolgreicher Dekolonisierung und der Staatsgründungen, desgleichen des auf lange Sicht häufig siegreichen Kampfes gegen höchst unterschiedliche Unterdrücker. Auch die Anführer dieser Kämpfe gehören deshalb zu den großen Bewegern der Epoche.

Historisch denkwürdig ist bei den großen und erfolgreichen Rebellen zweierlei: ihre sehr unterschiedlichen Ziele in Verbindung mit recht konträren Strategien und zugleich ihr Charakter. Geht man in der Geschichte des Abendlandes weiter zurück, so trifft man vorwiegend auf revolutionäre Freiheitskämpfer, die klare Vorstellungen davon haben, daß eine freie Gesellschaft komplizierter politischer Institutionen bedarf. George Washington oder Thomas Jefferson beispielsweise, auch Simon Bolivar, die während des ganzen 19. Jahrhunderts als musterhaft gelten, stammen geistig aus den vernünftigeren Quartieren des 18. Jahrhunderts. Soziologisch gehören sie der landbesitzenden Gentry an, weltanschaulich sind sie christlich und humanistisch geprägt. Sie wissen genau, daß Revolutionen rasch außer Kontrolle geraten, wenn man es versäumt, rechtzeitig einen Verfassungsrahmen zu schaffen. So werden sie Staatsgründer und Verfassungsväter in einem. Ihr Unabhängigkeitsstreben weist zwar bereits die bekannten Ambivalenzen des Nationalismus auf, ist aber doch noch vergleichsweise moderat.

Das alles ändert sich im 20. Jahrhundert. Die bedeutenden Freiheitskämpfer und Staatsgründer sind durch unterschiedlichste Profile gekennzeichnet. Intellektuelle mit akademischer Ausbildung dominieren: der in England ausgebildete Brahmane Nehru, die Bildungsbürger Tomáš Masaryk und Chaim Weizmann, selbst Kwameh Nkrumah, ein Produkt des afroamerikanischen Universitätswesens, und die Akademiker bürgerlichen Zuschnitts Václav Havel, Lennart

Meri oder Vytautas Landsbergis, um nur einige wenige Namen zu nennen. Gelegentlich treten auch Staatsgründer oder Unabhängigkeitskämpfer aus der Arbeiterklasse auf, wozu so heterogene Persönlichkeiten wie Tito oder Lech Wałęsa gehören. Man trifft hier aber auch Generale aus der Oberschicht, wie den finnischen Marschall Mannerheim, oder aus dem Kleinadel, wie Piłsudski. Nelson Mandela kommt aus einer Häuptlingsfamilie, Sultan Mohammed V. von Marokko, der 1953 von Frankreich verbannt wird und 1955 Marokko in die Unabhängigkeit führt, stammt aus dem Geschlecht der Alawiden, das seine Herkunft von Ali, dem Vetter und Schwiegersohn des Propheten Mohammed, herleitet, und Boris Jelzin, der 1991 Weltgeschichte macht, ist ein ehemals kommunistischer Funktionär.

Genauso unvereinbar sind die politischen Visionen, von denen sie sich leiten lassen. Viele dieser Staatsgründer und Freiheitskämpfer stehen ganz eindeutig in den Traditionen liberaler und demokratischer Zivilgesellschaft. Jawaharlal Nehru ist der hervorragendste unter ihnen. Doch treten auch jene Gestalten auf, die wie der Mahatma Gandhi ganz neue Traditionen des Widerstands schaffen und eine multikulturelle Ideologie entwickeln, beides mit weltweiter Ausstrahlung.

Je bedeutender eine Gestalt, um so größer zumeist auch die Widersprüche ihrer politischen Visionen oder ihrer windungsreichen Karrieren. Nehru ist gleicherweise ein hochmütiger Brahmane, ein vom Liberalismus und Sozialismus des edwardianischen England zutiefst geprägter Intellektueller und ein Bewunderer der Stalinschen Planwirtschaft. Józef Piłsudski gehört während langer Jahre zum linksradikalen Untergrund und errichtet als selbsternannter Marschall und Staatspräsident schließlich eine Adelsoligarchie, getragen von Offizieren. Kwameh Nkrumah beginnt seine politische Laufbahn in den Formen der Westminsterdemokratie, um sich dann bald in die Rolle des Erlösers zu stürzen – ein Viertel Jefferson, ein Viertel Lenin, ein Viertel Mussolini und ein Viertel afrikanischer Stammeshäuptling. Mohammed V. von Marokko verbündet sich während des Freiheitskampfes mit der radikalen Linken seines Landes und läßt sich von der marxistischen Intelligenzija der Pariser Rive gauche feiern, bleibt aber in Wirklichkeit ein zynischer orientalischer Tyrann. Desgleichen mutiert der Befreier Rhodesiens, Robert Mugabe, sobald er fest im Sattel sitzt, wie voraussehbar zum Despoten. Ambivalent sind eben nicht allein die Motive der Freiheitskämpfer – Nationalismus oder Haß auf das bestehende Regime. Ambivalent ist genauso ihre Einstellung zur Freiheit überhaupt.

Dabei kommt der Faktor Charakter ins Spiel. Freiheitskämpfer sind willensstarke Persönlichkeiten. Doch längst nicht alle haben die Normen der Zivilgesellschaft verinnerlicht. Gerade in flüssigen Übergangskonstellationen unmittelbar nach Erringung der Macht ist die Versuchung zur diktatorischen Machtausübung allgegenwärtig. Selbst Nehru, der dieser Versuchung nicht erlegen ist, verspürt deren Sog. 1937 verfaßt er im britischen Gefängnis ein recht eigenartiges Stück des Titels »Rashprati«, das aufgrund einer Indiskretion veröffentlicht wird. Darin porträtiert er sich selbst als charismatischen Massenführer, bei dem noch abzuwarten sein wird, ob sich aus ihm letzten Endes nicht ein cäsarischer Diktator entwickelt.[18]

Jeder Vergleich mit vorhergehenden Epochen läßt jedenfalls deutlich erkennen, daß die Unabhängigkeitskämpfer des 20. Jahrhunderts viel zahlreicher und viel geschichtsmächtiger sind als die der früheren Epochen, zugleich aber auch widersprüchlicher und heterogener.

Manche bleiben auch nur als tapfere Oppositionelle im Gedächtnis, ohne daß es ihnen beschieden war, ihre Visionen von einer besseren Gesellschaft zu gestalten. Der Jugoslawe Milovan Djilas ist hier zu nennen, desgleichen Alexander Solschenizyn und Andrei Sacharow.

In eine vergleichbare Kategorie wie die zugleich wirkungsvollen und doch ohnmächtigen Oppositionellen gehören auch die exilierten Intellektuellen und die Exilpolitiker. Das 19. Jahrhundert kannte Victor Hugo, Carl Schurz, Georg Herwegh, Karl Marx, Michail Bakunin und viele Dutzende ihresgleichen. Im 20. Jahrhundert geht die Zahl der politisch auf ihre Stunde wartenden Emigranten in die Hunderte. Sie kommen auch viel häufiger zum Zuge als die des 19., beginnend mit Sun Yat-sen oder Tomáš Masaryk und endend mit einem so seltsamen Heiligen wie dem Ayatollah Khomeini, der als Befreier vom Schah einfliegt, nur um seine eigene theokratische Zwangsherrschaft zu errichten.

Unser Durchgang wäre jedoch mehr als unvollständig gewesen, würde man nicht auf die letzten Endes durchsetzungsfähigste Gruppe politischer Größen hinweisen, die im 20. Jahrhundert aufgetreten sind: die Führer der Demokratien. Dreimal triumphieren sie: 1918, 1945 und dann nochmals 1989/91, am Ende des Kalten Krieges. Zwar waren die von der eigenen Bedeutung durchdrungenen Führer Mussolini, Hitler, Lenin, Stalin, Chruschtschow und Breschnew davon überzeugt, auf kürzere oder längere Sicht zu obsiegen. Aber tatsächlich haben nicht ihre Führerstaaten das Ende des Jahrhunderts erreicht. Auch die Diktaturen der Generale Tschiang Kai-schek oder Franco und die unterschiedlichsten Militärregime in Lateinamerika sind auf der Strecke geblieben. Alles in allem sind die zeitgenössischen Führer der Demokratien zahlreicher, farbiger und von größerer weltgeschichtlicher Bedeutung als im 19. Jahrhundert.

Etwas zugespitzt könnte man formulieren: Im Ersten Weltkrieg haben der walisische Parlamentarier David Lloyd George, der »Tiger« Clemenceau und der recht kantige Amerikaner Woodrow Wilson über den innerlich schon gebrochenen Wilhelm II. und den willensstarken, zugleich aber nervösen Technokraten General Ludendorff triumphiert, im Zweiten Weltkrieg Churchill und Roosevelt, allerdings vereint mit dem Massenmörder Stalin, über Mussolini und Hitler. In beiden Kriegen traten auf seiten der Demokratien einmalige Persönlichkeiten hervor. Dasselbe ereignet sich dann nochmals in der großen Umbruchperiode mit Reagan, Bush, Margaret Thatcher, auch mit Helmut Kohl in jenem einen Jahr, da er wirklich sehr gut war.

Wie ausführlich erörtert, pflegt sich in Demokratien meist nur der intelligente, tatkräftige Durchschnitt auf die ersten Positionen durchzukämpfen. Aber selbst wenn einem besonders fähigen Politiker der Sprung ins Weiße Haus, nach Downing Street No. 10 oder in den Elysée-Palast gelang, waren oppositionelle Parteien, miteinander rivalisierende Granden in den Koalitionsparteien, kritische Medien und eine meist unzufriedene Wählerschaft in der Regel bemüht, diese Größen zurechtzustutzen und möglichst herunterzureißen. Damit hatten sie auch meistens Erfolg. Es gehört somit zu den historisch interessanten Fragen, wie jene eben erwähnten Führer beschaffen waren, die während der beiden Weltkriege das Gesetz der Serie durchbrochen haben. Die Frage stellt sich übrigens auch im Hinblick auf das Jahr 1958, als die ansonsten herzhaft durchschnittlichen, auf alles Große neidischen und völlig zerstrittenen französischen Parlamentarier den Retter de Gaulle flehentlich baten, das Schicksal der Republik in seine Hände zu nehmen.

Aber genauso nachdenkenswert ist, weshalb, anders als 1918 und 1940, während der ganzen langen Periode des Kalten Krieges, als das Überleben der westlichen Zivilgesellschaften nochmals auf dem Spiel stand, von 1947 bis 1990 auf seiten der Demokratien fast ausnahmslos durchschnittliche Politiker aufgetreten sind – sehr guter Durchschnitt, guter Durchschnitt, mäßiger Durchschnitt und Nullitäten nebst einer gewissen Beimischung mafioser, erstaunlich korrupter oder psychisch ziemlich gestörter Staats- und Regierungschefs. Doch selbst dieses Führungspersonal hat sich den kommunistischen Autokratien als eindeutig überlegen erwiesen.

Man darf auch in dieser Hinsicht vermuten, daß es letztlich die westlichen Systeme als solche gewesen sind, die sich als unschlagbar erwiesen haben. Dabei schnitten auch die politischen und administrativen Eliten insgesamt besser ab als die der Gegenseite. Indessen ist es eine Tatsache, daß die modernen Demokratien trotz ihrer partizipatorischen Elemente weiterhin stark hierarchisierte Systeme darstellen.

Intellekt, politisches Temperament, Charakter, Urteilsvermögen und Durchsetzungsfähigkeit der Spitzenchargen waren somit auch hier, wenn nicht ausschlaggebende Komponenten, so doch von erheblichem Gewicht.

## Das Gesicht des 21. Jahrhunderts?

»Unsere Zukunft liegt im Dunkeln, wüste Worte hört man munkeln«, hatte Alfred Kerr am 31. Dezember 1899 geunkt.[19] Die klügeren Beobachter betrachteten schon damals mit gebotener Skepsis, was und wer heraufkommen würde. Daß sich ein Jahrhundert der Ungeheuer vorbereitete, hat jedoch kaum jemand vorausgesagt, die breite Öffentlichkeit blieb eher auf Optimismus gestimmt.

Als aber um die Jahrhundertmitte Stalin und Hitler ihre großen Auftritte gegeben hatten, war jedermann hinlänglich unterrichtet, daß buchstäblich alles möglich sein würde. Ernst Jünger vermerkte 1953: »Wir nähern uns der Welt des Tacitus. Einem Schüler, der 1913 hörte, daß ein Cäsar sich zum Gott, sein Pferd zum Konsul ernennen ließ, mußten solche Berichte viel fabelhafter vorkommen, als sie es heute, nach vierzig Jahren, dem gereiften Manne sind.«[20]

Bezüglich der inneren und internationalen Ordnung hat sich im 20. Jahrhundert vielfach jener Zustand wiederhergestellt, der universalgeschichtlich zumeist vorherrschend war: »die ganz normale Anarchie«.[21] Daß in solchen Verhältnissen mehr oder weniger amoralische Autokraten keine Ausnahmeerscheinungen darstellen, versteht sich.

Wer nachdenklich ist, sinniert somit an der Schwelle zum 21. Jahrhundert über die Frage, ob früher oder später erneut große Monster des Typs Lenin, Stalin, Hitler oder Mao auftreten. Die Frage stellen heißt, sie schon beantworten: Warum eigentlich nicht?

Wenn man ähnliche Typen erwartet, ist zwischen terroristischen Herrschern zu unterscheiden, die in Großmächten zur Macht gelangen, somit ganzen Regionen und dem Weltfrieden zum Schrecken werden, und den Tyrannen mit geringerem Schadenspotential. Doch seit sich selbst mittlere Mächte, so sie nur wirtschaftlich potent sind, bakteriologische, chemische und nukleare Waffen nebst den entsprechenden Trägerraketen beschaffen können, hat sich das Schadenspotential der Despoten stark vergrößert. Wie rasch selbst eine geopolitisch fatal plazierte Mittelmacht zum globalen Risiko heranwachsen kann, hat der Irak Saddam Husseins unter Beweis gestellt.

Unter welchen Bedingungen mit modernen Tyrannen zu rechnen ist, läßt sich nach den bisherigen Erfahrungen leicht abschätzen. Böse Ausnahmemenschen kommen in Ausnahmesituationen zum Zug – in Kriegen, in Bürgerkriegen, in Wirtschaftskrisen und im Verlauf von Revolutionen. In Ländern mit stark autokratischen Traditionen haben sie es leichter als in fest etablierten Demokratien. Erst recht bieten Systeme, in denen die Institutionen des Verfassungsstaates und der Zivilgesellschaft fehlen, schöne Nistplätze für monströse Despoten. Ob sie zur Macht kommen, ist oft eine Frage des Zufalls.

Es erübrigt sich, die Namen jener großen und mittleren Staaten zu nennen, in denen entsprechend fatale Bedingungen bereits bestehen oder rasch gegeben sein könnten. Das derzeitige Weltstaatensystem mit etwa 190 autonomen Akteuren ist in dieser Hinsicht noch viel unkontrollierbarer als das der Jahrzehnte vor dem Ersten Weltkrieg mit seinen rund drei Dutzend souveränen Staaten.

Man wird zudem erwarten müssen, daß bei einem der kommenden Konflikte früher oder später modernste Massenvernichtungswaffen zum Einsatz kommen. Mit welchen panischen Reaktionen die Staatengesellschaft darauf reagieren würde, ist gänzlich unvorhersehbar. Bei den dann zu erwartenden Hysterien könnten sich künftigen Tyrannen gleichfalls viele Möglichkeiten eröffnen.

Die Erwartung weiterer politischer Ungeheuer hat jedenfalls heute, an der Schwelle zum 21. Jahrhundert, viel Plausibilität für sich. Die Staatsmänner der Demokratien schützen zwar Optimismus vor. Aber im öffentlichen Bewußtsein scheinen die Sorgen viel tiefer zu sitzen als am Ende des 19. Jahrhunderts. Es gibt doch zu denken, wie zahlreich jene Zukunftsromane, Thriller, Fantasyschmöker und Filme sind, die seit gut vier Jahrzehnten für die kommenden Jahrzehnte und Jahrhunderte die Imperien finsterer, expansionslüsterner Großtyrannen ausmalen. Dem liegt gewiß kommerzieller Kalkül zugrunde. Doch derartige Massenware extrapoliert ja nur frische Erfahrungen. In dem Umstand, daß sie viele Käufer und Zuschauer findet, kommen auch geheime Ängste zum Ausdruck, natürlich zugleich das Vergnügen daran, mit den eigenen, tief verborgenen Phobien vorerst nur fiktional konfrontiert zu werden.

Während einiger Jahrzehnte des 20. Jahrhunderts war die Annahme weit verbreitet, man befinde sich in einem Konzentrationsprozeß des Staatensystems bei Herausbildung immer größerer Einheiten. Doch ist eher das Gegenteil eingetreten. Heute ist deutlich erkennbar, daß das 20. Jahrhundert immer wieder durch den Zerfall heterogen zusammengesetzter Großreiche und Mittelmächte gekennzeichnet war. Mit dem Kollaps der Sowjetunion und Jugoslawiens ist dieser Prozeß auch in Europa in eine neue Phase eingetreten und dürfte sich fortsetzen. Die Zukunft gehört wohl weiterhin dem weltweit vagabundierenden ethnischen Nationalismus. Auch künftig dürften somit wie bisher schon die Führer von Unabhängigkeitsbewegungen nach Art Jassir Arafats als die großen Medienhelden posieren. In dieser Hinsicht ist wohl mit nicht viel Neuem zu rechnen.

Ebenso wird die moralische Qualität der Freiheitskämpfer wahrscheinlich auch in Zukunft so unterschiedlich sein wie bisher schon. Manche werden so wie Piłsudski, Kwameh Nkrumah, Robert Mugabe oder Fidel Castro nach der Machtübernahme zu Diktatoren mutieren, während andere, so es gutgeht, sich vielleicht Jawaharlal Nehru, Václav Havel und Nelson Mandela zu Vorbildern nehmen und Zivilgesellschaften errichten.

Das 20. Jahrhundert hat nicht zuletzt eine große Vielfalt autokratischer Herrscher hervorgebracht, von denen sich die Staatslehre ursprünglich kaum eine Vorstellung gemacht hatte. Das reicht von den monströsen Despoten bis zur relativ läßlichen Alleinherrschaft von Parteibossen, Generalen oder präsidentiellen Autokraten. Man braucht nicht viel Phantasie, um sich für die Zukunft eine noch reichhaltigere Artenvielfalt derartiger Machthaber vorzustellen. Quasi-Monarchen mitsamt ihren Mafia-Clans werden wohl in Asien, Afrika, Lateinamerika und vielleicht auch in Europa das Gesicht des 21. Jahrhunderts noch stärker verunstalten als bisher schon. Tschiang Kaischek hat in dieser Hinsicht Maßstäbe gesetzt. Die Somozas, Präsident Marcos auf den Philippinen, die Familien Ceauşescu in Rumänien und Kim Il-Sung in Korea fielen mehr oder weniger eindeutig unter diese Kategorie. In den letzten Jahrzehnten sind mit Deng Xiaoping in Peking oder General Suharto in Indonesien neue Herrscher aufgetreten, die ähnlichen Versuchungen nachgaben. Fast immer stützen sich solche Autokraten auf die Armee, auf die Polizei, oft auch auf hierarchisch gesteuerte Parteiorganisationen. Im Grunde hat man es hier mit modernen Formen der Monarchie ohne Krone, ohne priesterliche Salbung, überhaupt ohne Weihe zu tun. Doch das Nummernkonto in Zürich oder die Verfügungsgewalt über Konglomerate im eigenen Land entschädigt für die fehlende Würde.

Es könnte auch sein, daß weitere religiöse Führer wie Khomeini aus dem Dunkel der Zukunft heraustreten werden. Die schlagartige Rückkehr der bereits vergessenen Herrschaftsform der Theokratie ist einer der sensationellsten Vorgänge der vergangenen Jahrzehnte.

Immerhin zeigt der Rückblick aber auch, daß die so handzahmen Verfassungsstaaten in der Stunde der Not manchmal doch Führer finden, von denen niemand zu träumen wagte. Im Sommer 1940 hätte man auf die Zukunft der Demokratie in Europa keine hohen Wetten mehr abgeschlossen, und sogar in den frühen achtziger Jahren kamen manchem die Zweifel. Somit ist davon auszugehen, daß die Demokratien auch im 21. Jahrhundert nicht bloß für üble Überraschungen gut sind. Das Auftreten politischer Ungeheuer ist zwar meist spektakulärer als das der demokratischen Führer. Auch ist das Erinnerungsvermögen der Menschen nun einmal so beschaffen, daß die Unholde viel länger im Gedächtnis bleiben als die Retter oder Stabilisierer der Demokratien. Tatsächlich ist aber dank einer Handvoll außergewöhnlicher Staatsmänner das Zeitalter schließlich doch nicht ausschließlich zum Jahrhundert der Tyrannen geworden. Es blieb zugleich eine Epoche, in der sich viele Länder und lange Perioden finden, die durch Freiheit, Ordnung, Massenwohlstand und Zivilisiertheit ausgezeichnet waren.

Welches Gesicht werden die Führer der Demokratien in den kommenden Jahrzehnten an den Tag legen? In Nordamerika, seit der Zäsur von 1945 auch im westlichen Europa und in Japan, weisen die demokratischen Systeme eine beachtliche Kontinuität auf. Somit wird sich auch am Verhaltensstil der politischen Eliten kaum Wesentliches ändern. Wie bisher ist nicht mit ungestümen Extrapersonen zu rechnen, welche plötzlich auftreten und vieles verändern wollen, sondern mit dem guten, im Idealfall dem sehr guten, doch manchmal auch dem weniger guten Durchschnitt. Es sind in der Regel Politiker, die sich einfügen, alles am liebsten pragmatisch weiterentwickeln und zur Kooperation fähig sind. So überleben die Demokratien. Dennoch stellt sich die Frage, ob das Tempo des Wandels und besondere Bedrohungen nicht gelegentlich außergewöhnliche Persönlichkeiten erforderlich machen.

In den großen Demokratien Europas und in den USA sind in der zweiten Jahrhunderthälfte nur vier sehr starke Individualitäten aufgetreten, die ihre Länder mehr oder weniger runderneuert haben: Konrad Adenauer, sekundiert von Ludwig Erhard, Charles de Gaulle, Margaret Thatcher und in Amerika Ronald Reagan. Derzeit profitiert Großbritannien von den Grausamkeiten der eisernen Lady, die England wieder wettbewerbsfähig machte. Auch die revitalisierte amerikanische Wirtschaftsgesellschaft vermag selbst unter einem Präsidenten Clinton zu florieren, der alles ist, nur keine Extraperson. Hingegen liegt die Revitalisierung Frankreichs durch de Gaulle und seine Equipe inzwischen sehr weit zurück. Pompidou, Giscard d'Estaing, Mitterrand, Chirac oder Jospin weisen zunehmend jene gutbürgerliche Schwunglosigkeit auf, wie sie für die Vierte und für lange Perioden der Dritten Republik kennzeichnend waren.

Der innere Zustand der Bundesrepublik ist wohlbekannt. Es ist symptomatisch, daß hier wie einstmals im England der siebziger Jahre in immer schnellerem Tempo Bücher auf den Markt kommen, in denen ein Nachlassen der Kräfte beklagt wird: »Der deutsche Niedergang. Ein Ausblick ins 21. Jahrhundert«[22] oder »Scheitert Deutschland?«[23] Dabei spiegelt die Kritik der Intellektuellen nur eine allgemeine Malaise der Öffentlichkeit.

Somit bleibt die Frage, ob der Reformbedarf in den Wohlfahrtsstaaten Kontinentaleuropas die derzeitige politische Generation nicht überfordert. Desgleichen ist unsicher, ob die Führungskraft der Demokratien den globalen Herausforderungen künftig gewachsen sein wird.

Damit verbindet sich im übrigen häufig die Frage, ob der Abstieg Europas als weltgestaltender Faktor nicht sogar das wichtigste Thema des abgelaufenen Jahrhunderts gewesen ist. Lloyd George, Churchill, Macmillan, de Gaulle, Adenauer und seine Epigonen, doch ebenso Mussolini und Hitler haben, jeder auf seine Weise, ihren Beitrag dazu geleistet. Auch die Größen im heutigen Europa ringen mit dieser Thematik. Wer sich über die derzeitige europäische Projektemacherei manchmal wundert, erkennt darin den Ausdruck ratloser Sorge, die Weltstunde Europas könnte definitiv vorbei sein.

Der Besucher der Porträtgalerie wird somit nicht in einer Stimmung der Selbstgefälligkeit entlassen, sondern mit der Frage, wo und wann sich in den kontinentaleuropäischen Demokratien und in den USA wieder Gestalten von der Statur eines Lloyd George, Winston Churchill, Franklin D. Roosevelt, de Gaulle, Adenauer oder Margaret Thatcher zeigen werden, die hinreißendes politisches Temperament, Risikobereitschaft, Gestaltungswillen, Tapferkeit und charismatische Ausstrahlung aufgewiesen hatten, selbst wenn bei ihnen das große Format zumeist auch von Kleinlichkeiten, Bosheit oder Maßlosigkeit begleitet war.

Zugleich wird man beim Rückblick auf die Ungeheuer des 20. Jahrhunderts beunruhigt fragen, ob die insgesamt doch einen Club der Harmlosen darstellenden Regierungen unserer Demokratien die kalte, von Skrupeln freie Entschlossenheit aufbrächten, solche Monster zu erlegen, bevor diese wieder einmal stark genug sind, die Welt in ein Schlachthaus zu verwandeln. Immerhin mag man sich mit dem Gedanken trösten, daß gerade dann, wenn die Gefahr am größten war, auch in der jüngeren Vergangenheit charismatische Retter auftraten oder doch tatkräftige *No-nonsense*-Politiker.

Was die Reformbereitschaft angeht, so erinnern Deutschland, Frankreich und Italien in manchem doch an Großbritannien im Jahrzehnt des Niedergangs vor dem Amtsantritt Margaret Thatchers. Wie im England der siebziger Jahre spürt zwar die Öffentlichkeit der großen Wirtschaftsdemokratien des kontinentalen Europa, aber auch in Japan, daß die Verkrustungen, an denen sie keuchend laborieren, zu einem Gutteil die Folge politischer Fehlentscheidungen und politischen Treibenlassens sind. Größen, denen man die Kraft zur Neugestaltung zutrauen könnte, lassen aber auf sich warten. Desgleichen ist die Entschlossenheit, inneren und äußeren Bösewichten mit gebotener Fühllosigkeit entgegenzutreten, alles in allem so wenig vorhanden wie seinerzeit Mitte und Ende der dreißiger Jahre in den Kabinetten der Dritten Republik oder im England der Premierminister MacDonald, Baldwin und Chamberlain.

Das Saatgut wohlgemeinter Pläne füllt zwar große Silos, an differenziertem Problembewußtsein ist kein Mangel, und es fehlt nicht an Persönlichkeiten, die in zahllosen Reden und Büchern zu formulieren verstehen, was eigentlich getan werden müßte. Unroutinierte, hinlänglich bedenkenlose, radikale Reformer sind aber noch nicht zur Spitze vorgedrungen. Und man darf sich gar nicht ausdenken, was geschähe, wenn erneut ausweglos erscheinende Weltwirtschaftskrisen und bedrohliche Ungeheuer auftreten würden.

Muß das alles so bleiben? Wird es so bleiben?

APRÈSLUDE

# Im Übergang vom 20. zum 21. Jahrhundert

Seit der Erstveröffentlichung unseres skeptischen Rundgangs durch eine Porträtgalerie politischer Größen des 20. Jahrhunderts sind zwölf Jahre vergangen. Solange der Geschichtsprozeß auf vergleichsweise wohl verlegten Gleisen einher rollt, ist das ein kurzer Zeitraum. Nur wenn er entgleist, wie beispielsweise 1914 oder 1939, ist die Welt nach dem Ablauf bloß weniger Jahre nicht mehr wiederzuerkennen. An Erschütterungen und steriler Aufgeregtheit hat es zwar auch im ersten Jahrzehnt des neuen Jahrhunderts nicht gefehlt. Doch die Strukturen, Grundeinstellungen und Stimmungen, die sich bereits an der Schwelle zum 21. Jahrhundert diagnostizieren ließen, haben sich bisher nicht grundlegend verändert.

Im Zeitpunkt der Niederschrift des »Gesichts des Jahrhunderts« lag der weltpolitische Umbruch, für den Namen wie Gorbatschow, Vaclav Havel, Helmut Kohl, George Bush Senior, aber auch Deng Xiaoping und Nelson Mandela standen, nur wenige Jahre zurück. Doch schon Mitte der neunziger Jahre war in den großen Ländern eine spürbare Erschlaffung eingetreten. Sie hat im Auf und Ab der Konjunkturen und des Personalumschlags in den politischen Spitzenpositionen bis heute angehalten.

»Aus welcher Perspektive soll man das 20. Jahrhundert erfassen, das sich gegenwärtig ohne allzuviel Hoffnung und unter ziemlich ratlosen Regierungen dem dritten Jahrtausend entgegenwälzt?« Diese Worte hatten wir dem seinerzeitigen Rundgang vorangeschickt. Dem ist auch aus heutiger Sicht nicht viel hinzuzufügen. Blickt etwa Europa heute hoffnungsvoller in die Zukunft? Ist das Vertrauen gewachsen, den globalisierten Geschichtsprozeß zuverlässig steuern zu können? Sind die Regierungen weniger ratlos? Wohl kaum. Parteiensysteme, wirtschaftliche Verflechtung, politische Verbundsysteme, Mediensysteme, Mentalitäten – nichts davon hat sich grundlegend verändert. In den großen Ländern der atlantischen Welt, aber auch in Rußland, Japan, China, in der Golfregion oder in Indien sind die Regime weitgehend dieselben geblieben. Die Eliten, die Ende des 20. Jahrhunderts tonangebend waren, sind es auch noch heute. Die Folgeerscheinungen technischer und ökonomischer Globalisierung machen sich zwar gegenwärtig noch viel beängstigender bemerkbar als vor zehn oder fünfzehn Jahren. Doch tatsächlich sind in unserer heutige Welt weiterhin Kontinuitäten in Kraft, die bis ins letzte Jahrzehnt des 20. Jahrhunderts zurückreichen, wenn nicht noch viel weiter. Man darf sich also durch die zufällige Zäsur des Jahres 2000 nicht täuschen lassen. Wer zurückblickt, wird feststellen müssen, daß die späten Jahre des 20. und die des frühen 21. Jahrhunderts weit mehr eine innere Einheit bilden, als dies die stets aufgeregten Medien und die politische Klasse zuzugeben bereit sind.

Wer je erwartet hatte, der Beginn des 21. Jahrhunderts werde einen Zustrom von Zuversicht und neuen Impulsen bringen vergleichbar der berauschenden Aufbruchstimmung im ersten Jahrzehnt des 20. Jahrhunderts, sieht sich enttäuscht. Alle Skeptiker haben recht behalten. Die Grundstimmung in den westlichen Demokratien bleibt weiterhin so furchtsam und defensiv wie schon am Ende des 20. Jahrhunderts, selbst in den USA, wo man sich wieder einmal wie in den weit zurückliegenden Zeiten Kennedys, Franklin Delano Roosevelts oder Woodrow Wilsons an einen neuen Hoffnungsträger klammert.

Dabei darf man das Positive nicht vergessen. Gewiß wird die Weltwirtschaft gegenwärtig wieder einmal von einer schweren Krise geschüttelt. Doch ein entscheidender Faktor, der schon die zweite Hälfte des 20. Jahrhunderts so positiv von dessen erster Hälfte unterschieden hatte, bestimmt weiterhin die Weltpolitik. Dieser Faktor ist das Ausbleiben großer Weltkriege. In den USA hat zwar der Irak-Krieg neuerdings ähnliche moralische und politische Erschütterungen ausgelöst wie einstmals zu Beginn des 20. Jahrhunderts der Burenkrieg, zu dem sich das imperiale Großbritannien hatte hinreißen lassen. Aber die Weltkriege, in denen die Zivilisiertheit ganzer Kontinente vor die Hunde geht, sind den heutigen Gesellschaften bisher erspart geblieben. Somit bleiben auch die Kontinuitäten friedlicher Evolution von Wirtschaft und Gesellschaft in Kraft, ungeachtet aller Belastungen.

Diese Rahmenbedingungen muß man im Kontext unserer auf Größen des frühen 21. Jahrhunderts fokussierten Betrachtung im Blick behalten. Sie erklären, weshalb in den meisten Ländern von größerem globalem Gewicht oder auch nur in Europa keine »Extrapersonen« aufgetreten sind, deren Unverzichtbarkeit – so der eingangs erwähnte Jacob Burckhardt – darin bestehe, daß »die weltgeschichtliche Bewegung sich periodisch und ruckweise frei mache von bloßen abgestorbenen Lebensformen und von reflektierendem Geschwätz.«[1]

Man sollte aber doch gerecht bleiben. Nach dem weltweiten Crash im Herbst 2008 ist überall die Neigung groß, nur die Fehler und Versäumnisse der vorangegangenen Regierungen in den Blick zu nehmen. Das ist nur allzu berechtigt. Dabei wird gern vergessen, wie viele Länder im letzten Jahrzehnt wirtschaftlich aufgeblüht oder doch ganz gut über die Runden gekommen sind – dies nicht zuletzt eben aufgrund der Fehler, die jetzt kritisiert werden. Und bei aller Skepsis gegenüber den

*Präsident des Übergangs: Bill Clinton mit Frau Hillary bei seinem Berlinbesuch am 12. Juli 1994, kurz vor dem Abzug der alliierten Garnisonen. Im Hintergrund der Regierende Bürgermeister Eberhard Diepgen und Bundeskanzler Kohl, von dem Clinton rückblickend sagte, »für mich war er fast wie ein richtiger Bruder.«*

politischen Größen, die seit den letzten Jahren des 20. Jahrhunderts auf dem Turf waren, wäre es unfair, sie allein als Manager des Niedergangs zu karikieren.

Das gilt auch für die Demokratien der atlantischen Zivilisation, auf die sich hierzulande naturgemäß die Hauptaufmerksamkeit richtet. Hier gab es durchaus Spitzenpolitiker, die mit dem Willen zur Modernisierung auftraten. Mit Ausnahme von Tony Blair fanden sich zwar nirgendwo erfolgreiche Radikalreformer wie einstmals Clement Attlee oder Margaret Thatcher in Großbritannien, de Gaulle in Frankreich oder Ronald Reagan in den USA.[2] Der Regelfall war und bleibt der Typ des opportunistischen Reformers oder aber Politiker nach Art von Wetterfahnen, die jeweils anzeigen, woher der Wind gerade bläst. Solche Männer und Frauen – also die Bill Clinton, Gerhard Schröder oder Angela Merkel – wagen sich zwar zeitweilig wie die Katze auf das heiße Blechdach, springen aber oft genauso schnell wieder zurück, wenn sie sich die Pfoten verbrannt haben.

Am 31. Dezember 1999, als die Silvesterglocken den Beginn des Dritten Jahrtausends einläuteten, stand an der Spitze der damals noch unbestritten führenden Supermacht USA Präsident Bill Clinton, ein opportunistischer Reformer etwas links von der Mitte.[3] Er war aus dem lausigen Staat Arkansas aufgebrochen, um die große Republik nach moderat linksliberalen Vorstellungen zu reformieren. Zugleich wollte er nach dem Ende des Kalten Krieges den *imperial overstretch* zugunsten eines Primats der Innenpolitik abbauen. Jetzt, kurz vor dem Ende seiner zweimaligen Amtszeit, gehörte er jedoch bereits zu den ausgebremsten Reformern. Das hatte er nicht allein mit seinem undisziplinierten Privatleben verschuldet. Sein Scheitern als Reformer war auch das Ergebnis widriger politischer Umstände. Nach den *midterm elections* von 1994 zwang ihn die republikanische Kongreßmehrheit zusammen mit dem Präsidenten der US-Notenbank Federal Reserve, Alan Greenspan, auf den Weg haushaltspolitischer Stabilisierungspolitik. So wurde aus dem mit partiell radikalen Reformvorstellungen gestarteten Clinton ein zwar weiterhin unbarmherzig angefeindeter,[4] aber jetzt ganz opportunistischer Präsident, der in dieser Eigenschaft der amerikanischen Wirtschaft nochmals einen starken Wachstumsschub gab, dies allerdings im Jahr 2001 gefolgt von einem ersten dramatischen Sturz auf den Aktienmärkten. Einige Fehler, die 2008 zu einem noch dramatischeren Einbruch führten, haben schon unter seiner Administration begonnen. Somit ist sein endgültiges Geschichtsbild nicht fertig. Künftige Historiker könnten sich seiner ähnlich erinnern wie an die republikanischen Präsidenten der zwanziger Jahre, welche die politischen Rahmenbedingungen für den großen Boom schufen, der dann im Schwarzen Oktober von 1929 und der langwährenden Depression der dreißiger Jahre endete. Immerhin hat er das Haushaltsdefizit stark zurückgeführt, wenngleich gezwungenermaßen. Auf dem Feld der Außenpolitik sah er sich zu einem viel stärkeren Engagement veranlaßt, als ursprünglich vorgesehen. Vielleicht wird man ihn in einer ferneren Zukunft als lernbereiten, vernünftigen, also auch recht pragmatischen außenpolitischen Reformer in Erinnerung haben, dem das Kunststück gelang, einen Teil der ostmitteleuropäischen Demokratien in die NATO zu bringen, ohne Rußland völlig zu entfremden, und eine entspannte Supermachtpolitik zu betreiben, ohne die Weltmeinung gegen Amerika aufzubringen. Er beeindruckte übrigens auch als politischer Überlebenskünstler, darin durchaus ebenbürtig Silvio Berlusconi und Gerhard Schröder.

Wann immer in EU-Europa von Reformern die Rede war, gingen die Blicke zuerst nach Downing Street 10. Noch im Jahr 2006 brachte der renommierte Journalist Simon Jenkins eine Studie zum Stand der britischen Reform heraus unter dem Titel: »Thatcher & Sons. A Revolution in Three Acts«.[5] Der Schutzumschlag zeigt vier Gestalten. Voran schreitet, mit beträchtlichem Abstand, die »eiserne Lady« Margaret Thatcher, dahinter ihr Nachfolger, John Major, dann Tony Blair von New Labour und zuletzt, noch ungeduldig im Wartestand, Schatzkanzler Gordon Brown. So sieht auch das kontinentale Europa die britischen Premierminister.

Nach Maggie Thatcher war Tony Blair der entschiedenste Modernisierer. Kein Opportunist, vielmehr ein radikal-liberaler Neuerer. Jung, strahlend, telegen und entschieden reformerisch gesonnen, verkörperte er für viele geradezu den Idealtyp des charismatischen Reformers.[6] Als Tony Blair mit 43 Jahren in Downing Street 10 einzog, schien in einem der großen Länder Europas erneut ein Modernisierer an die Macht gekommen, der zugleich auch die EU voranbringen würde. Erst hatte er die grau und unattraktiv gewordene Labour Party erneuert und führte sie dann mit eindrucksvollen Mehrheiten von Wahlsieg zu Wahlsieg.[7] Im Verlauf seiner zehnjährigen Amtszeit war er auf allen wichtigen Feldern der Politik mit dem befasst, was Herbert Wehner einstmals »Tiefpflügen« genannt hat. Reform des Oberhauses und Errichtung von Regionalparlamenten in Schottland und Wales, Befriedung von Nordirland durch das Karfreitagsabkommen, Reform des Gesundheitswesens, Schulreformen, Universitätsreformen, Ausbau der Kernenergie und ein paar Dutzend weiterer mehr oder wichtiger Gesetzgebungsprojekte bis hin zum Versuch, die Fuchsjagd zu verbieten kennzeichneten den Weg dieses unruhigsten aller Reformer im zeitgenössischen Europa. War er ein Liberaler, der die Labour Party gekapert hatte, wie die Parteilinke grollte? Manche seiner Impulse ließen dies vermuten. Oder stand er in der meritokratischen Tradition der Fabians? Tatsächlich kamen seine stärksten Antriebskräfte aus religiösen Überzeugungen. Paradoxerweise wurde die weithin säkularisierte britische Gesellschaft zu Beginn des 21. Jahrhunderts von dem frömmsten Premierminister seit Gladstone regiert, der keinen Moment zögerte, nach dem Rücktritt in der Kapelle des Erzbischofs von Westminster zur Römisch-katholischen Kirche zu konvertieren.

Wenn es in England beim Übergang vom 20. zum 21. Jahrhundert überhaupt einen christlich-demokratischen Spitzenpolitiker gegeben hat, dann war das ausgerechnet der Parteiführer von New Labour. So gesehen, stand er durchaus auch im Bann der früher auf dem Kontinent wirksamen Ideen der Christlichen Demokratie. Das mag bei seiner ziemlich vorbehaltlosen Akzeptanz der Europäischen Union eine Rolle gespielt haben, selbst wenn er es nicht wagte, das Vereinigte Königreich in die Euro-Zone zu führen. Christliche Überzeugungen beflügelten auch den aktivistischen Humanitarismus seiner Außenpolitik. Er fühlte sich dazu aufgerufen, mit den bescheiden dimensionierten Streitkräften des zur Mittelmacht geschrumpften Vereinigten Königreichs einmal mehr interventionistische Weltpolitik zu betreiben. So entwickelte er eine Doktrin humanitärer Interventionen, drängte auf ein Eingreifen der NATO im Kosovo, sogar mit Bodentruppen, entsandte Soldaten in den Bürgerkrieg von Sierra Leone und ließ sich von George W. Bush dazu verführen, auf seiten der USA in Afghanistan und im Irak zu zu Felde zu ziehen. Ungerührt nahm er in Kauf, dadurch viele in der eigenen Partei zu entfremden und in den Umfragen abwärts zu segeln. Außenpolitisch ist heute das Scheitern eines Möchte-gern-Gladstone des frühen 21. Jahrhunderts zu konstatieren. Eines seiner Hauptprobleme bestand aber auch darin, daß die Öffentlichkeit und nicht zuletzt der unruhig mit den Hufen scharrende Schatzkanzler Gordon Brown die Dominanz dieses hyper-aktivistischen Premierministers satt hatten. Immerhin hatte Blair den richtigen Instinkt, Downing Street No.10 zu verlassen, kurz bevor die Decke auf die Wirtschaftspolitik New Labours herabstürzte. Es bleibt die Erinnerung an einen Reformer, der vieles veränderte, sein Land aber doch in den Stürmen der Globalisierung geschwächt und ziemlich hilflos zurückließ.

In den letzten Jahren des 20. Jahrhunderts hatte es den Anschein, als würden wenigstens einige der großen Länder Europas im Geist einer reformerischen Sozialdemokratie erneuert. 1997 hatte Tony Blair den kraftlosen Tory-Premier John Major aus dem Sattel geworfen. Dasselbe gelang Gerhard Schröder ein Jahr später mit dem bereits zur Legende seiner selbst gewordenen Helmut Kohl. Schröders Reformen in der ersten Amtszeit blieben doch eher peripher. Die Stärken von Schröders Regierung, so einer der kritischen Beobachter in vornehmer Formulierung, »lagen in ihrem situativen Geschick und Behauptungswillen. Mit plötzlichen Herausforderungen« – etwa dem Kosovo-Krieg – »kam sie besser zurecht als mit der Erarbeitung eines langfristigen Programms.«[8] Eine der wenigen Entscheidungen von denkbar weitreichender Auswirkung für die deutsche Industriegesellschaft war die von den Grünen im Verein mit der SPD-Linken erzwungene gesetzliche Festlegung eines sukzessiven Ausstiegs aus der Atomenergie bis zum Jahr 2023. Damit verabschiedete sich das auf dem Feld der Kernkraftnutzung einstmals technisch führende Land von einer seiner wenigen Zukunftsindustrien. Der eigentlich industrienahe Bundeskanzler ließ das bedenkenlos zu, so daß man ihn beim Blick auf diese und andere Entscheidungen am Ende seiner ersten Amtszeit eher für die typische Wetterfahne halten mochte als für einen Reformer. Urplötzlich dann, nachdem er sich erneut als furioser Wahlkämpfer bewährt hatte, wurde aus ihm ein Reformer. Jetzt riskierte er den Ruin der eigenen Partei, um einschneidende Korrekturen im Arbeitsrecht und Sozialrecht durchzusetzen, die unter der ziemlich absurden Bezeichnung Hartz I bis Hartz IV zum umstrittensten sozialpolitischen Projekt in der Geschichte der Bundesrepublik wurden.

Auch auf ihn trifft der bissige Aphorismus Joseph Schumpeters zu: »Fähige Männer versagen fast immer aus dem gleichen Grund: weil sie nicht warten können.«[9] Hätte er sich im Frühsommer 2005 nicht vor-

*Im Gleichschritt: Besuch Premierminister Tony Blairs im Weißen Haus bei Präsident George W. Bush.*

eilig für Neuwahlen entschieden, würde ihm der gleich danach einsetzende Konjunkturaufschwung mit ziemlicher Sicherheit erneut den Wahlsieg gebracht haben.

In der eigenen Partei und in einer breiten Öffentlichkeit wird der Streit über Gerhard Schröder noch lange andauern. War er ein opportunistischer Reformer, also ein Politiker mit Augenmaß und Durchsetzungswillen, der mit der Agenda 2010 die notwendigen Grausamkeiten vollzogen hat, wenn auch nicht – wie Machiavelli geraten hat – zu Beginn seiner Herrschaft, sondern erst nach der Halbzeit? War er ein Verräter an den sozialpolitischen Traditionen der eigenen Partei? Muß man in ihm vor allem den kraftvollen Aufsteiger mit geringem Prinzipien-

*Freunde: Präsident Wladimir Putin als Gast von Bundeskanzler Schröder am 8. September 2005 auf der Terrasse in der 8. Etage des Bundeskanzleramtes kurz vor der Bundestagswahl am 18. September.*

gepäck bewundern, der sich sieben lange Jahre ganz oben hielt und nicht zuletzt als formidabler Wahlkämpfer in Erinnerung bleibt? Auch der Umstand, daß er unmittelbar nach dem von den Umständen erzwungenen Ausscheiden aus dem Kanzleramt den Aufsichtsratsvorsitz des Pipeline-Konsortiums NEGP übernommen hat, in dem der Mehrheitsaktionär Gazprom zusammen mit BASF und E.ON ihre Kräfte bündeln, ist ein Alleinstellungsmerkmal dieses bislang unkonventionellsten aller deutschen Bundeskanzler.

In puncto Beweglichkeit hat seine Nachfolgerin Angela Merkel manches mit ihm gemeinsam. Auch sie entspricht dem Typ des opportunistischen Reformers, der so kann, aber auch anders – bald an der Spitze der Neo-Liberalen auf dem Leipziger Parteitag, bald als kühle Moderatorin im Kabinett der Großen Koalition,[10] und derzeit im Bündnis mit der FDP.

Genauso erwähnenswert wie das, was sie bisher politisch getan, bewirkt oder nicht bewirkt hat, ist ihre Biographie. Auch in Deutschland gelangte mit ihr erstmals eine Frau ganz an die Spitze der politischen Machtpyramide. Das vermag allerdings kaum noch Aufmerksamkeit zu erregen. Das Thema war schon im vorigen Jahrhundert durch, seitdem Golda Meir in Israel, Margaret Thatcher in England, Indira Gandhi in Indien oder Gro Brundtland in Norwegen ihren männlichen Kabinettskollegen das Fürchten gelehrt haben. Auch hierzulande findet eine geradezu explosionsartige Vermehrung des Anteils akademisch gut ausgebildeter Damen statt. Somit dürften Bundeskanzlerinnen in den kommenden Jahrzehnten zunehmend häufiger auftreten

Spannender ist indessen die Herkunft Angela Merkels aus der kulturell stark entfremdeten DDR. Dort wuchs sie in der brandenburgischen Provinz im Kokon eines linksprotestantischen Pfarrhauses heran. Vorsichtig und angepasst wie geboten, führte sie nach Studium und Promotion in Physik an der Akademie der Wissenschaften eine unauffällige Nischen-Existenz. Als sie abends am 9. November 1989 in Ost-Berlin aus der Sauna kommt und den Mauerfall erlebt, ist sie schon 35 Jahre alt und politisch ein ganz unbeschriebenes Blatt. Doch sie setzt auf die richtigen Pferde. Schon wenig mehr als ein Jahr danach findet sie sich als Ministerin im Bonner Bundeskabinett, und im Frühjahr 2000 ist sie bereits Bundesvorsitzende der CDU.

Auch ihr Karrieremuster in der CDU fällt völlig aus dem gewohnten Rahmen. Kein CDU-Vorsitzender mit Ausnahme Adenauers ganz in den Anfängen der Bundesrepublik hat dort einen so kometenhaften Aufstieg geschafft. Eine erstaunte Öffentlichkeit kann dabei dreierlei registrieren: erstens die Durchlässigkeit dieser eigentlich bis in die Gene westdeutsch geprägten Partei für begabte Aufsteiger aus der einstigen DDR, zweitens, daß ursprünglich apolitische Neulinge, sofern sie nur über politische Intelligenz verfügen, in einem kurzen Jahrzehnt alle für die höchsten Staatsämter erforderlichen Fähigkeiten beim *on the job training* zu lernen vermögen; drittens ist zu erkennen, wieviel vom Zufall abhängt.

Die große Bedeutung des Faktors Zufall zeigt zwar jeder Blick in die Porträtgalerie politischer Größen des 20. Jahrhunderts. Doch die berühmten Zufallskarrieren haben sich zumeist nur nach Kriegen, in Revolutionen oder bei der Gründung neuer Staaten vollzogen, nicht aber innerhalb der etablierten politischen Systeme. Beim Blick auf die bundesdeutschen Spitzenpolitiker, die in ihren Parteigremien und Fraktionen aufsteigen, denkt man viel eher an die Beamtenlaufbahn als an die große Lostrommel der Glücksfee. Angela Merkel ist die große Ausnahme, jedoch auch dies nur dank der bekanntermaßen außergewöhnlichen Umstände der deutschen Wiedervereinigung. Als – mit Willy Brandt zu sprechen – urplötzlich »zusammenwächst, was zusammengehört« und Dutzende von CDU-Abgeordneten aus den »neuen Ländern« in den 12. Deutschen Bundestag von 1990 bis 1994 geschwemmt werden, braucht Helmut Kohl ein paar Minister aus dem Osten und ein paar Frauen in seinem Kabinett. So erhält die stellvertretende Pressesprecherin des letzten DDR-Ministerpräsidenten Lothar de Maizière das eigenartig zusammengeschnittene Ressort für Frauen und Jugend, in dem man nicht viel falsch machen kann, wenn man nur dem Rat eines erfahrenen Staatssekretärs folgt, aber auch die Energie aufbringt, unpassende Mitarbeiter schleunigst zu verabschieden. Als Lothar de Maizière von seiner prominenten Position im CDU-Präsidium aufgrund von Stasi-Vorwürfen unerwartet rasch zurücktritt, fällt ihr auch das Amt einer stellvertretenden Bundesvorsitzenden zu und damit befindet sie sich mitten im Zentrum der Macht.

Das folgende Amt als Bundesministerin für Umwelt, Naturschutz und Reaktorsicherheit verdankt sie schon nicht mehr dem Zufall, sondern ihren naturwissenschaftlichen Kenntnissen. Sie erhält dieses wichtige Ressort aber auch, weil Kohl erkennt, daß »sein Mädchen« ein politisches Händchen hat und nicht zuletzt dank ihrer Sprachkenntnisse auf dem internationalen Parkett gut zurecht kommen wird. Desgleichen ist es danach auch leicht nachvollziehbar, weshalb sich Wolfgang Schäuble nach Übernahme des CDU-Vorsitzes für sie als Generalsekretärin entscheidet. Sie gehört dem gesellschaftspolitisch fortschrittlichen Flügel der Partei an, ist eine Frau, was sich immer gut macht, dazu aus dem Osten, aber zugleich auch, was für einen neuen Parteichef nicht unwichtig ist, ohne eine starke eigene Hausmacht. Eine »pflegeleichte« Generalsekretärin habe er sich gewünscht, meint einer ihrer Biographen.[11] Doch einmal mehr kommt nun nochmals der Zufall ins Spiel. Urplötzlich geht die Lawine der Spendenaffäre zu Tal, die erst Helmut Kohl und fast gleichzeitig mit ihm Wolfgang Schäuble mit sich reißt. An dem leergefegten Hang steht urplötzlich Angela Merkel ganz vorn in der Reihe, verspricht demutsvoll und energisch zugleich, künftig würden sich derart selbstverschuldete Touren unter Lawinenhängen nicht mehr wiederholen, zieht jetzt an allen schreckstarren Konkurrenten vorbei und kann mit der Gipfeltour beginnen, nachdem das Unheil vorbei ist.

Von da an kommen die altvertrauten Mechanismen des deutschen Regierungssystems wieder ins Spiel. Als Rot-Grün im Jahr 2002 auf dem letzten Loch pfeift, glaubt man in der CSU, nun sei es nach mehr als zwei Jahrzehnten wieder einmal an der Zeit, einen eigenen Kanzlerkandidaten ins Rennen schicken. Auch die CDU-Granden trauen es der neuen Vorsitzenden noch nicht ganz zu, bei den westdeutschen Wählern die Vorbehalte gegen eine Kanzlerin aus dem DDR-Biotop völlig auszuräumen. So läßt sie Edmund Stoiber erst einmal eine Bundestagswahl vergeigen, damit an der künftigen Kanzlerkandidatin Angela Merkel kein Weg mehr vorbeiführen wird. Wie sie sich selbst und mit ihr die CDU/CSU aus dem erneuten Wahldebakel des Jahres 2005 in die Große Koalition mit der SPD rettet, muß als ihre mit Glanz bestandene Meisterprüfung begriffen werden. Von jetzt an wird das Aschenputtel aus dem Jahr 1990 zur Diva, die auf den internationalen Gipfeln glänzt und im Kabinett so geduldig und raffiniert zugleich moderiert, daß niemand ihr mehr direkt entgegenzutreten wagt.

Einzigartig erfolgreiche Seiteneinsteigerin aus den neuen Ländern – das ist und bleibt also ein Alleinstellungsmerkmal dieser Bundeskanzlerin. Ein weiteres ist gleichfalls erwähnenswert. Erstmals in der deutschen Geschichte fällt das Kanzleramt an eine Naturwissenschaftlerin. Es gehört zu den Schwerverständlichkeiten westlicher Gesellschaften des späten 20. und frühen 21. Jahrhunderts, daß deren Entwicklung und Prosperität in stärkstem Maß von der technischen und naturwissenschaftlichen Forschung abhängt, wobei sich jedoch in den Top-Positionen vorwiegend Juristen in großer Zahl tummeln, die naturwissenschaftliche Laien sind, dazu Ökonomen oder Politik- und Verwaltungsexperten. Das ist nicht nur ungerecht, sondern echt unschlau. Periodische Revolutionen von oben durch fachkundige, politisch versierte Naturwissenschaftler oder Kenner von Zukunftstechnologien wären überall dringend geboten. Die allerhöchsten politischen Amtsinhaber mit diesbezüglich fundierten Kenntnissen lassen sich in der westlichen Welt an den Fingern einer Hand abzählen: neben dem Atomingenieur Jimmy Carter in den USA, der es 1977 bis 1981 für vier kurze Jahre ins Weiße Haus schafft, ist dies die in Oxford zur Chemikerin ausgebildete Margaret Thatcher und eben Angela Merkel.

Wie gewichtig sich die naturwissenschaftliche Fachkompetenz der Bundeskanzlerin langfristig auf die Modernisierung des Standorts Deutschland auswirken wird, bleibt abzuwarten. Natürlich ist es fast unvermeidlich, daß auch Naturwissenschaftler, die von der Richtigkeit ihrer Erkenntnisse überzeugt sind, einer gewissen *déformation professionelle* nicht entgehen, dies besonders dann, wenn sie zuvor ein einschlägiges Ressort bekleidet haben. Das mag dann auch dieses oder jenes Verwunderliche erklären, etwa den illusionären Glauben daran, die eigenwilligen Großmächte der so heterogenen Weltstaatengesellschaft könnten tatsächlich über ein halbes Jahrhundert hinweg den Willen aufbringen, den angeblich vor allem durch verstärkten $CO_2$-Austoß bewirkten Klimawandel mit höchster budgetärer Priorität abzubremsen. Daß die anfangs auf ihre technokratische Klimaschutz-Vision geradezu versessene Bundeskanzlerin nach dem Debakel des Kopenhagener Gipfels die überzogene Klimapolitik stillschweigend beiseite schiebt, wenigstens vorerst, beweist jedoch einmal mehr, daß diese in höchste Ämter gelangte Naturwissenschaftlerin ein echtes *animal politicum* ist, sprich: lernfähig und somit auch zu blitzschnellem Hakenschlagen disponiert.

*Gastgeberin im heimischen Mecklenburg-Vorpommern: Angela Merkel auf dem G-8 Gipfeltreffen in Heiligendamm. Von links nach rechts: George W. Bush (USA), dahinter verdeckt der EU-Präsident José Manuel Barroso und Stephen Harper (Kanada), Shinzo Abe (Japan), Nikolas Sarkozy (Frankreich), Wladimir Putin (Rußland) und Tony Blair (Großbritannien).*

In der Abfolge deutscher Bundeskanzler ist Angela Merkel jedenfalls ein einzigartiger Typ. Vom Basta-Kanzler Gerhard Schröder hat sie gelernt, wie rasch politische Polarisierung und wuchtiges Reformertum in den Abgrund führen. Die deutschen Wähler lieben weder den Streit noch Reformen, die weh tun. Und die Volksparteien, denen das Volk zusehends abhanden kommt, widerstreben sehr heftig dem Peitschenknall ihrer jeweiligen Vorsitzenden. Sie wollen nicht geführt, sondern allenfalls still und leise verführt werden. Vor langen Jahren hat der früh verstorbene Johannes Gross zutreffend festgestellt, die Bundesrepublik habe »eine politische Kultur, die auf der Mentalität von Beamten und Angestellten aufbaut.«[12] Cum grano salis trifft das noch heute zu, auch in den neuen Ländern. Angela Merkel hat das genau studiert und beherzigt.

Die innerparteilichen Machtkämpfe betreibt sie deshalb unkonfrontativ. Es ist eine Verleumdung, wenn man ihr vorwirft, sie habe bereits zahlreiche politische Leichen an ihrer Wegstrecke liegen. Ganz so unsubtil hat sie sich nie betragen. Beim unvermeidlichen Beiseiteräumen derer, die ihr im Wege stehen oder nicht richtig spuren, geht sie wie eine begabte Schachspielerin vor, die ihre Züge umsichtig überlegt. Die zornigen, zumeist aber ängstlichen, konfliktscheuen CDU-Granden werden mit stets gleichbleibend freundlichem Lächeln wie Schachfiguren hierhin oder dorthin geschoben. Angela Merkel legt es nicht darauf an, Wärme auszustrahlen oder gar Liebe und Begeisterung zu erwecken. Es genügt ihr, von der Wählerschaft für kompetent erachtet und von den innerparteilichen Rivalen gefürchtet zu werden.

Auch von Helmut Kohl, ihrem Entdecker und Vorvorgänger im Bundeskanzleramt, ist sie denkbar verschieden. Dieser pfälzische Riese war ein Kanzler zum Anfassen. Er liebte das herzhafte Bad in der Menge und hatte für jeden Kreisvorsitzenden ein herzhaftes Wort. Angela Merkel weiß zwar schon, daß sie sich ab und zu den Bürgern nähern sollte. Doch sie ist keine Kanzlerin zum Anfassen, wohl aber zum Anschauen, eine unerreichte Meisterin der Fernsehauftritte. Vor ihr hat nur noch Helmut Schmidt das schwierige Medium Fernsehen von Anfang an so perfekt eingesetzt wie sie. Kanzler, die sich so ausschließlich auf eine hervorragend gestylte Medienpräsenz stützten, bedienen damit ganz offensichtlich die Erwartungen des Fernsehzeitalters. Sie gehen damit allerdings ein hohes Risiko ein. Wenn die Konjunktur wegbricht, wenn die eigene Partei trotz aller Künste unruhig wird, geraten umsichtig gestylte Mediengrößen in die Krise. Demgegenüber können volksverbundene Kanzler zum Anfassen vom Typ Helmut Kohl auf Emotionen und Netzwerke zurückgreifen, die einem vor allem auf sein Medien-Image gestützten Kanzler nur sehr bedingt zu Gebote stehen. Ob, besser gesagt, wann Angela Merkel dies ihr Defizit verspüren wird, wird sich zeigen.

Eines aber hat Angela Merkel mit Helmut Schmidt und Helmut Kohl gemeinsam: sie macht auf der internationalen Bühne *bella figura*. Während Kohl jahrelang zu kämpfen hatte, bis die Journaille und die Wählerschaft sein internationales Ansehen zur Kenntnis zu nehmen geruhten, ist ihr dies auf Anhieb gelungen. Und wie die Fähigsten ihrer Vorgänger versteht sie sich darauf, die politischen Apparate geräuschlos zu bedienen. Dazu gehört auch ihre hohe Kunst, Minister oder andere Chargen wie Minenhunde loszuschicken, selbst jedoch umsichtig außer Sicht zu bleiben, um sich erst vorzuwagen, wenn das Gelände begehbar erscheint. Diese große – manche sagen: übergroße – Vorsicht hat sie Helmut Kohl abgeguckt, vielleicht wirkt dabei die Prägung im

Obrigkeitsstaat der DDR noch etwas nach, wo man es gelernt hat, die Klappe zu halten.

Wie es mit Angela Merkel weitergehen wird, weiß niemand. Viel wird wohl auch für sie von der Wucht der Erschütterungen abhängen, die man hilflos Globalisierung nennt. Noch kann sie alles relativ entspannt angehen. Wie ihre Vorgänger, die beiden Helmute und Gerhard Schröder, lebt sie politisch ganz gut davon, daß Deutschland weiterhin trotz legalistischer Verkrustung und trotz der wohlfahrtsstaatlichen Übertreibungen immer noch die mit beträchtlichem Abstand stärkste, gut gemanagte Volkswirtschaft in Europa besitzt. Leider geht der Krug solange zum Brunnen, bis er bricht. Gegenwärtig scheint aber die Lage noch beherrschbar, auch koalitionspolitisch. So prüft sie überall umsichtig das Wasser, innenpolitisch, auf EU-Ebene und global. Allzuviel bewegen läßt sich so nicht. Doch sie weiß inzwischen hinlänglich, daß die sehr komplizierten Strukturen des deutschen politischen Systems, wo stets irgendwo gewählt wird, einem Bundeskanzler keine großen Sprünge erlauben. Und bei der Bundestagswahl 2005 hat sie auf die harte Tour erfahren müssen, daß den deutschen Wählern, wie schon gesagt, die Konsensdemokratie lieb und wert ist, jede Reform, die weh tut, aber verhasst. Somit erachtet sie die geschickte Konservierung eines leicht linksverschobenen Status quo schon als eine große Leistung. Ob dieser Minimalismus in einem globalen System ausreicht, das sich in dynamischem Umbruch befindet, wird die Zukunft lehren. Momentan muß man mit Johannes Gross konstatieren: »die deutsche Innenpolitik ist dermaßen langweilig, daß sie interessant darzustellen schon einer Verfälschung nahe kommt.«[13]

Immerhin haben die eben diskutierten britischen oder deutschen Größen im Übergang vom 20. zum 21. Jahrhundert nicht nur Reformen proklamiert, sondern einiges davon doch konkret angepackt, wenngleich nie mit langem Atem, sondern stets nur kurzatmig. Jacques Chirac hingegen, der in Gestalt des französischen Staatspräsidenten von 1995 bis 2007 die politische Szene in Frankreich beherrscht hat, wird niemand im Ernst einen Reformer nennen wollen. Als er sich zuguterletzt unwillig aufs Altenteil begeben mußte, fand sich in der französischen Publizistik kaum jemand, der ihm nicht Schlechtes nachgerufen hätte. Nur George W. Bush in den USA war beim Ausscheiden aus dem Amt noch verachteter als er. Keiner hat Chiracs »herkulische Bereitschaft, immer wieder umzuschwenken« vernichtender beschrieben als der Publizist Franz-Olivier Giesbert: »Mal ein bißchen Richtung Labour-Party, mal bonapartistisch, dann wieder eine liberale Kehrtwende, schließlich moderat sozial – er hat das ganze politische Spektrum abgeklappert, in beide Richtungen.«[14] Seine Diplomatie war beweglich, in der Europapolitik hat er sich im Zweifelsfall immer vom Nationalinteresse leiten lassen, und wenn es eine einzige Konstante seiner Außenpolitik gab, so war dies sein tiefer Abscheu vor den Vereinigten Staaten. Alles in allem hat auch er sein Land in einem geschwächten Zustand hinterlassen. Wenn er ein Prinzip hatte, dann war das die Prinzipienlosigkeit. Charakterisieren wir auch ihn mit einem der galligen Aphorismen Joseph Schumpeters: »Politiker sind wie schlechte Reiter, die so stark damit beschäftigt sind, sich im Sattel zu halten, daß sie sich nicht mehr darum kümmern können, in welche Richtung sie reiten.«[15]

Man soll mit Prognosen vorsichtig sein. Doch sein Ziehsohn und schließlich erbitterter Gegner Nicolas Sarkozy, der ihm nachgefolgt ist, gehört wohl ähnlich wie Chirac zur Rasse der betriebsamen, aber kaum grundsatzstarken politischen Blender. Seit Wilhelm II. ist der Typ des ruhelosen Staatsmanns, der sein Land in den Rang einer Weltmacht emporheben möchte, bestens bekannt. Was sich bei dem deutschen Kaiser aber immerhin auf das Potential einer echten Großmacht stützte, war und ist bei Chirac und nunmehr bei Sarkozy nur die hochmütige Geste eines Mannes, der nicht stillsitzen kann, dem aber eine Flugbereitschaft zu Gebote steht, die ihn Woche für Woche zu einem anderen Krisengipfel transportiert.

Im Kreis der europäischen Größen, die in der hier skizzierten Übergangsperiode auf den Gipfeln der EU oder der G-8 oder in den Skandalberichten von E-Medien und Print-Medien unablässig auftraten, war der italienische Ministerpräsident Silvio Berlusconi mit großem Abstand die farbigste Figur. Er ist ein ganz einzigartiges Phänomen – politisch und moralisch. Niemandem ist es zuvor gelungen, zwei Monate vor einer Parlamentswahl eine eigene Partei zu gründen – die Forza Italia –, sie zum Siege zu führen und sich selbst ins Amt des Ministerpräsidenten. Die Herrlichkeit der Mitte-Rechts-Regierung dauerte zwar nur kurze Zeit, dann zerbrach Berlusconis Polo della Libertà. Doch dieser erwies sich als ein Stehaufmännchen. Er überstand eine schwierige Oppositionszeit. In den Parlamentswahlen 2001 schaffte er erneut ein Comeback. Diesmal hielt er sich als Ministerpräsident fünf Jahre hindurch an der Macht – eine beispiellos lange Zeit in dem komplizierten italienischen Regierungssystem. Dann kam wieder eine Wahlniederlage, aber erneut gefolgt von der triumphalen Rückkehr im Frühjahr 2008. Seit er sich im Jahr 1993 zum Eintritt in die Arena der Parteipolitik entschloß und alsbald ganz hoch nach oben kam, hat er zahllose seiner Kollegen im Areopag des Europäischen Rats politisch überlebt: François Mitterrand und Jacques Chirac, Helmut Kohl und Gerhard Schröder, John Major und Tony Blair, doch auch die Präsidenten George W. Bush und Wladimir Putin (die er beide seine Freunde nennt).

Der Erfolg dieses ganz beispiellosen Überlebenskünstlers hat viele Gründe. Deren drei werden immer wieder genannt. Mit Berlusconi hat – erstmals in den westlichen Demokratien – ein Medienzar entschlossen die Arena der Parteipolitik betreten, ist auf Anhieb ganz nach oben gelangt, hat sich aber zugleich, was ebenso erstaunlich ist, im Auf und Ab der politischen Konjunkturen gehalten. Nur wenige der politisch einflussreichen Pressemogule des 20. Jahrhunderts von William Hearst oder Henry Luce in den USA über Axel Springer in Deutschland bis Rupert Murdoch haben sich je getraut, ein Ministeramt anzustreben oder sich gar mit einer Partei den Wählern zu stellen. Die wenigen Ausnahmen – etwa der fatale Alfred Hugenberg in der Weimarer Republik oder Lord Beaverbrook in der Clique um Winston Churchill – sind immer im zweiten Rang verblieben. Berlusconis Durchbruch war nur möglich im Fernsehzeitalter. Dabei half ihm zugleich, daß er nicht nur der Besitzer verschiedenster Fernsehketten, doch auch von Zeitungen ist, sondern überhaupt einer der reichsten Männer Italiens.

Die zweite Bedingung für seinen überraschenden Aufstieg war das Versinken des vier Jahrzehnte bestehenden italienischen Parteiensystems in einem Meer von Korruption und einer Abfolge von Skandalen. In das durch den Untergang der Christlichen Demokraten und der Sozialistischen Partei geschaffene Machtvakuum trat Berlusconi ein. Einerseits kritisierte dieser politische Unternehmer neuen Typs die Pfründenwirtschaft der diskreditierten Parteien, ganz besonders die der Linken, andererseits arrangierte er sich rasch mit den alten Kräften, nicht zuletzt mit dem politischen Katholizismus. Die zersplitterte Linke suchte ihn zwar unablässig mit Kampagnen zu überziehen, fand aber bisher keine überzeugende Antwort auf die neuartige Parteienallianz zwischen Berlusconis Forza Italia, der nationalen Rechten, der antizentralistischen Lega Nord und einigen Kleinparteien. Bei aller Verschiedenheit finden diese sich wenigstens in einem Hauptpunkt immer wieder zusammen: in der Ablehnung der gemäßigten oder radikaleren Linksparteien.[16] Der Aufstieg eines Berlusconi illustrierte somit ein Doppeltes: die Labilität der Parteimaschinen in den Demokratien Europas und die überragende Bedeutung der E-Medien. Mit Berlusconi, so haben das die Politologen wieder und wieder formuliert, ist aus der sogenannten »Vierten Gewalt« der Medien die erste geworden.

Aber der Aufstieg zur Macht wäre ohne einen dritten Faktor nicht möglich gewesen: Berlusconis Persönlichkeit. Der mächtige, schwerreiche Pressezar ist zugleich ein Unterhaltungstalent wie nur wenige seinesgleichen. Ganz offensichtlich ist er auch ein politisches Talent.

*Der Cavaliere: Mit Silvio Berlusconi beherrscht erstmals ein Medien-Tycoon die politische Bühne Italiens, zugleich ein Unterhaltungstalent, ein Überlebenskünstler und vieles andere mehr. Das Photo vom 7. Mai 2006 zeigt ihn kurz nach dem Rücktritt vom Amt des italienischen Ministerpräsidenten nach fünfjähriger Amtszeit, dem 2008 ein erneutes Comeback folgte.*

Wer es in einem fast unsteuerbaren politischen System mit vielen lauen Verbündeten und zahllosen hasserfüllten Feinden zustande bringt, sich im Amt des Regierungschefs zu halten oder als Oppositionsführer immer wieder hochzukommen, ist auch eine erstklassige politische Begabung. Berlusconis politischer Erfolg ist schon deshalb besonders erstaunlich, weil er jahrzehntelang seinen Weg als Unternehmer gemacht hat, erst als Immobilienmakler, dann über den Aufbau privater Fernsehsender, den Kauf von Verlagshäusern und die Expansion ins Versicherungsgewerbe, dabei nicht zu vergessen den Erwerb des AC Milano, dessen Präsident er bis 2004 war, also bis weit in die Zeit seiner führenden Tätigkeit im politischen Raum.

Das ist die eine Seite: eine ganz aus dem Rahmen fallende politische Karriere, bei der Medienmacht, Reichtum und politische Macht zusammenkommen. Davon aber ist die dunkle Seite dieses erstaunlichen Italieners überhaupt nicht ablösbar: die genauso beispiellose Anrüchigkeit der Verbindung von Kommerz und Politik. Mag sein, daß es eine

Verleumdung seiner Gegner ist, er habe sich nur deshalb in die Politik begeben, um dort besser Geschäfte zu machen. Wäre es aber anders möglich gewesen, seinen Medienkonzern Fininvest gegen den Staatskonzern RAI zu behaupten? Hätte er sich anders aus den Schlingen verschiedenster Korruptionsverfahren oder aus Vorwürfen wegen Bilanzfälschung und Steuerhinterziehung herauswinden können? Tatsächlich hat er im Amt des Ministerpräsidenten seine politische Macht nicht bloß einmal, sondern immer wieder genutzt, den eigenen Fernsehsendern Vorteile zu sichern und sich durch Immunitätsgesetze oder andere Vorschriften Staatsanwälte und Gerichte vom Leibe zu halten. In jedem anderen europäischen Land wäre ein in so viele verdächtige Geschäfte verwickelter Spitzenpolitiker aus dem Amt gejagt worden, dem die Staatsanwälte unablässig auf den Fersen waren. Doch mit großer Chuzpe hat es Berlusconi immer wieder verstanden, sich den italienischen Wählern unablässig als ein von der Linken politisch Verfolgter zu präsentieren und ist damit durchgekommen. Die Sympathie von Millionen für diesen aus dem Nichts aufgestiegenen *selfmade man* sagt viel über die Verachtung aus, die sich die einstige politische Klasse zugezogen hatte, aber auch über die unpolitische Mentalität von Wählern, die einen munteren, wenngleich anrüchigen Großunternehmer, der zugleich ein großes Unterhaltungstalent ist, den grauen Langweilern vorziehen. Berlusconis populistischer Sex-Appeal ist bisher weder durch Korruptionsvorwürfe, noch durch Eheskandale, noch durch angebliche Mafia-Konnexionen noch durch Verstöße gegen die *political correctness* allzu heftig in Mitleidenschaft gezogen worden. Zahllos sind die Sprüche und verbalen Entgleisungen, die ihm vorgehalten werden. Den Muslimen hat er nach den Anschlägen von »9/11« beispielsweise öffentlich vorgeworfen, ihre Zivilisation sei 1400 Jahre zurückgeblieben, und die Wahl Barack Obamas zum Präsidenten der USA hat er fröhlich mit den Worten kommentiert: »Obama ist jung, hübsch und gebräunt.«[17] Jeder andere hätte sich mit solchen und anderen Sprüchen unmöglich gemacht. Aber es sind genau solche Verstöße gegen die politische Korrektheit, die ihn bei seinen Anhängern populär machen.

Berlusconis Outriertheiten, seine Skandale und sein Lebensstil eines Neureichen sind legendär. Aus der langen Epoche dekadenter Herrscher im antiken Rom sind die Bücher Suetons überliefert, der sich am sarkastischen Erzählen absonderlicher, auch schlüpfriger Geschichten delektiert hat. Ähnlich wie wir heute mit Verwunderung dessen Berichte zur Kenntnis nehmen, werden die Leser ferner Zeiten die eine oder andere heute schon vorliegende Schilderung des Aufstiegs, der Absonderlichkeiten und der Herrschaftstechniken Berlusconis studieren. Warum und wie lange sich diese einmalige Gestalt in einem der großen Kulturländer Europas halten konnte, wird dann Anlaß zu vielen

Spekulationen geben. Heutige Kulturkritiker sind allerdings der Meinung, daß er vielleicht bloß der Vorbote eines kommenden Typs von Medien-Oligarchen sein könnte, die in populistischem Appell an apathische, aber unterhaltungssüchtige Wähler die kraftlos gewordenen Volksparteien beiseite schieben. Eben deshalb verdient er Beachtung. Seine Persönlichkeit sagt viel aus über den Zustand der europäischen Demokratie in den Anfängen des 21. Jahrhunderts. Daß auch er es bisher nicht schaffen konnte und wollte, die gravierenden Reformprobleme des italienischen Sozialstaats, des Arbeitsrechts, des Verkehrswesens oder des Gesundheitswesens entschieden anzupacken, versteht sich fast von selbst.

In EU-Europa hat es also in den vergangenen zehn oder fünfzehn Jahren durchaus nicht an Ministerpräsidenten, Staatspräsidenten und Kanzlern gefehlt, die auf ihre Weise viel Wirbel machten und auch manches auf den Weg gebracht haben: radikale Reformer, opportunistische Reformer, ruhelose Wetterfahnen oder politische Unternehmer des Typs Berlusconi. Ob sich ihre Spuren aber in zwanzig, dreißig oder vierzig Jahren im politischen Treibsand noch erkennen lassen werden, ist eher zu bezweifeln. Geben wir noch einmal dem weiter oben schon zitierten Joseph Schumpeter das Wort: »Eine Serie taktischer Erfolge summiert sich oft zu einer strategischen Niederlage.«[18]

Und wie steht es mit Größen des endenden zwanzigsten und des beginnenden 21. Jahrhunderts in den Randzonen Europas? In keinem europäischen Land hängt soviel davon ab wie in Rußland, welchen Führer der Zufall an die Spitze des Staates stellt. Gorbatschow hatte bewiesen, daß in der Geschichte nichts determiniert ist, Jelzin und Putin auf ihre Weise genauso. Unter Gorbatschow hatte die Sowjetunion ihren Frieden mit dem Westen gemacht und den Ostblock liquidiert. Aber zum eigentlichen Debakel der Sowjetunion kam es erst im Jahr 1991. Damals hat der bärenhaft starke, aber zugleich mediokre Funktionär Jelzin zwei Taten vollbracht, die ihn zur historischen Größe machten. Beim Umsturzversuch im August 1991 verhinderte er den Sieg der Restauration und damit zugleich die Gefahr eines Rückfalls in den Kalten Krieg. Es bedarf keiner großen Phantasie, sich die weitreichenden Folgen eines erfolgreichen Putsches vor Augen zu führen. Immerhin standen russische Divisionen noch bis 1994 in Deutschland. Jelzins zweite Großtat, die ihm in Rußland nicht verziehen wird, war die Auflösung der Sowjetunion. Damit ging nicht allein das Regime Lenins und Stalins definitiv zu Ende. Innerhalb weniger Wochen voller verrückter Intrigen wurden mehr als 300 Jahre russischer Geschichte sozusagen in den Orkus gekippt. Jelzins Name wird auf immer verbunden sein mit der Katastrophe des russischen Reiches. Riesige Regionen mit selbstbewussten Völkern, die während der Ausdehnung in den Westen, im Kaukasus und in Zentralasien von Rußland einverleibt worden waren, fanden sich urplötzlich außerhalb der russischen Grenzen.

Die ganzen neunziger Jahre hindurch hat Jelzin dann als Präsident Rußlands über einem politisch und sozial auseinander treibenden Land präsidiert. Er ließ Oligarchen aufkommen, die viel mit den Rockefeller, Gould, Harriman und anderen Großkapitalisten im Amerika des späten 19.Jahrhunderts gemein hatten. Das vom Kommunismus erlöste Land wurde zum frühkapitalistischen Eldorado und versank dabei zunehmend in Anarchie, Korruption und politischer Ineffizienz. Zugleich geriet es in Abhängigkeit von den Staaten und Banken des Westens. Hätte es noch eines Beweises bedurft, daß Rußland noch nicht reif war für soziale Marktwirtschaft, Demokratie oder den Rechtsstaat westlichen Musters, so haben die acht Jahre Jelzinscher Präsidentschaft von 1991 bis 1999 den Beweis dafür erbracht. Immerhin fiel das jäh aus seinen Weltmachtträumen gerissene Land keinem revanchistischen Retter zum Opfer wie einstmals die ähnlich traumatisierte Weimarer Republik. Vielmehr war Jelzin bemüht, wenngleich ziemlich erfolglos, Rußland irgendwie an das neue Europa anzudocken. Deutschland schuldet ihm viel Dank, genauso wie seinem Vorgänger Gorbatschow. Die Erinnerung an den russischen Präsidenten, der am 31. August 1994, vom Alkohol animiert, in Berlin die zur Feier des Abzugs der letzten russischen Divisionen angetretene Militärkapelle dirigierte, gehört zu den bewegendsten und absurdesten Bildern der neuesten deutschen Geschichte. Er war eine Gestalt wie aus einem Roman Dostojewskis entstiegen, gefährdeter, aber zugleich größer, ungestümer und kraftvoller als viele seiner weichgespülten Kollegen im damaligen Westeuropa.

Jelzins letzte Tat war die Inthronisierung Wladimir Putins. Durch sein Temperament, seine physische Erscheinung, seine Willenskraft, nicht zuletzt dank überlegener Intellektualität wirkte dieser wie eine Art Gegenentwurf zum Vorgänger. Anders als Jelzin war er selbstdiszipliniert, sportlich, nüchtern, ein Mann, der es in der Schule des KGB gelernt hat, seine brodelnde Emotionalität eisern zu kontrollieren. Wie schon Gorbatschow und wie zunehmend viele Spitzenpolitiker im Westen durchlief er eine juristische Ausbildung. Dann machte er seinen Weg bei der Auslandsaufklärung. Von 1985 bis 1989 war er in Dresden stationiert. Kein Wunder, daß der stets pünktliche, auf Ordnung bedachte Putin, der Deutsch wie seine Muttersprache spricht, bei seinen Kollegen den Spitznamen »Nemetz«, der Deutsche, erhielt. Desillusioniert durch den Zusammenbruch der Sowjetunion kehrt er im Rang eines Oberstleutnants zurück. Im post-sowjetischen Sankt Petersburg der frühen neunziger Jahre, wo damals alles möglich ist, arbeitet er im

*Siegesparade: Der frisch gewählte russische Staatspräsident Wladimir Putin während der Militärparade zum 55. Jahrestag des Kriegsendes am 9. Mai 2000. Neben ihm sein Vorgänger Boris Jelzin.*

Stab seines einstigen Mentors Anatoli Sobtschak bei der Juristischen Fakultät, aus dem jetzt der reformerische Oberbürgermeister des einstigen Leningrad geworden ist. Im Amt des Vizebürgermeisters fungiert er als eine Art »Außenminister« Sankt Petersburgs und unternimmt in dieser Funktion zahlreiche Auslandsreisen, am häufigsten ins wiedervereinigte Deutschland. 1996 gelingt ihm der Absprung nach Moskau. Bereits drei Jahre später ist er Ministerpräsident und wird von Jelzin zum Kandidaten für seine Nachfolge benannt. Im März 2000 wählen ihn die Russen schon im ersten Wahlgang mit absoluter Mehrheit zum Präsidenten. Eine napoleonische Blitzkarriere, könnte man sagen, denn noch Mitte der neunziger Jahre war er ein politischer Nobody.[19]

Wohin ihn sein Weg noch führen wird, weiß niemand. Doch schon jetzt läßt sich sagen, daß Putin in Rußland wieder Ordnung geschaffen hat. Das betrachtet die Öffentlichkeit als seine wichtigste Leistung. Im Innern stellt er die Staatsgewalt wieder her, nach außen verschafft er, gestützt auf den Hunger Europas nach Öl und Erdgas, seinem zuvor danieder liegenden Land wieder Respekt. Die brutale Niederwerfung der muslimischen Tschetschenen empört zwar alle im Westen, denen die Menschenrechte am Herzen liegen, genauso wie Putins Zugriff auf die Medien und die Gängelung der Gerichtsbarkeit. Doch die westlichen Regierungen fürchten ihn und brauchen ihn zugleich. Unideologisch, allein durch Schaffung von Tatsachen unter Verzicht auf Diktatoren-Rhetorik oder törichten Personenkult, richtet dieser Realist eine Herrschaftsform nach seinem Bilde ein.

Als er ins Amt kam, hofften manche, dieser weltläufige Mann, der den Westen gründlich studiert hatte und so vorzüglich deutsch spricht, sei so etwas wie ein »Westler«. Doch bald wurde deutlich, daß er in einer »gelenkten Demokratie« die für Rußland passende Staatsform sieht. Das Regime Putin ist politisch autoritär, auch nationalistisch, voller Verachtung für die *political correctness* der Demokratien, wenngleich weiterhin mit vielen Freiheitsspielräumen ausgestattet. Aber niemand träumt heute mehr die Blütenträume der frühen neunziger Jahre von einer Demokratisierung Rußlands und von der Durchsetzung einer Marktwirtschaft westlichen Musters.

Immerhin ist Putin klug genug, den schönen Schein zu wahren. Und in vielem unterscheidet er sich doch vorteilhaft von den dahingegangenen roten Zaren, denen er als gut gedrillter junger Mann gedient hatte. Ein Beispiel dafür ist seine Religionspolitik. Sie läßt erkennen, daß er seine kommunistischen Anfänge weit hinter sich gelassen hat. Schon Jelzin hatte mit der orthodoxen Kirche seinen Frieden gemacht. »Keine Gesellschaft kann ohne Moral bestehen, und es gibt keine gute Moral ohne Religion. Nur die Religion kann somit dem Staate eine feste und dauerhafte Stütze geben.«[20] Mit solchen Überlegungen hatte Napoleon seinerzeit nach den anti-kirchlichen Exzessen der Revolutionsjahre die katholische Kirche zu einem tragenden Pfeiler seiner neuen Herrschaft gemacht. Putin verfährt genauso mit der russischen Orthodoxie.

Sein Verhältnis zum Westen ist ambivalent. Er hat ihn studiert, er weiß, wie dieser funktioniert und er wirkt im Auftreten so westlich wie seine Amtskollegen aus den atlantischen Demokratien. Nur gelegentlich läßt er Aggressivität erkennen. Sie sitzt wohl im innersten Kern seines Wesens, seit er sich als Halbstarker in den Straßengangs Leningrads den Ruf eines knallharten Schlägers erworben hat, wobei er aber die Freude an physischer Auseinandersetzung später in den Formen des Judo und Sambo sublimierte. So fürchten in Europa insgeheim viele diesen plebiszitären Zaren, der es bestens versteht, sich bald als geschmeidiger Verhandler, bald mit kurz aufblitzenden Brutalitäten Respekt zu verschaffen. Seine Außenpolitik erschöpft sich nicht im defensiven Reagieren auf innere oder äußere Impulse. Niemand, der ihn genau beobachtet, zweifelt daran, daß er eine Vision hat. Auf mittlere und lange Sicht verfolgt er konsequent, stillschweigend, geduldig, aber mit langem Atem das Ziel einer Wiederherstellung des russischen Reiches. Da er zu den modernen Herrschern gehört und das Scheitern des altmodisch regierten sowjetischen Imperiums noch gut in Erinnerung hat, weiß er jedoch genau, daß sich Kontrolle über »das nahe Ausland«

auch durch Herstellung wirtschaftlicher Abhängigkeit, durch geheimdienstliche Einflüsse und durch Diplomatie herstellen läßt. Es bedarf nicht mehr unbedingt der Unterwerfung und schon gar nicht großer Kriege. Begrenzte Gewaltanwendung erachtet er aber gegebenenfalls für legitim, was ihn freilich von gewissen Amtskollegen in Washington, London oder Paris nicht grundlegend unterscheidet.

Wer historischen Sinn hat, mag konstatieren, daß das Putinsche Rußland im ersten Jahrzehnt des 21. Jahrhunderts in manchem doch gewisse Ähnlichkeiten zur Zarenzeit vor 1914 aufweist. Ähnlich wie vor einem Jahrhundert wird das Land hinter einer konstitutionellen Fassade autoritär regiert. Die politischen Entscheidungsprozesse im Kreml sind so undurchschaubar wie eh und je, die Geheimdienste mächtig, und in gut russischer Tradition legt der Kreml weiterhin großen Wert auf starke, schlagkräftige Streitkräfte. Dieses Rußland Putins bleibt weiterhin halb-europäisch, steht in Halbdistanz zu den näheren und ferneren westlichen Nachbarn, ist aber doch ein integraler Bestandteil des europäischen Staatensystems, wobei nicht mehr die Armeen Einfluß gewährleisten, sondern die stählernen Pipelines, durch die Öl und Erdgas in die westlichen Volkswirtschaften fließen. Im ersten Jahrzehnt des 21. Jahrhunderts ist Moskau, erneut überglänzt von goldenen Kirchenkuppeln und prunkenden Reichtum zur Schau stellend, eine der großen Metropolen der entwickelten Welt, und Putin eine ihrer mächtigsten Gestalten, nachdem sein Vorgänger zeitweilig als Bittsteller durch die Lande ziehen mußte. Dennoch schlägt ihm Misstrauen entgegen – historisch begründetes Misstrauen, doch zugleich ein Verdacht, der sich auf die Beobachtung seiner bisherigen Politik stützt. Wieweit wird er sich in Zukunft noch voran wagen? Und wird auch er nicht früher oder später der Hybris vieler Mächtiger zur Beute fallen, denen die uneingeschränkte Macht zu Kopf stieg und den klaren Blick vernebelte?

Es ist jedoch zu fragen, ob künftige Historiker Jelzin und Putin wirklich noch als hervorragend wichtige Größen in den Übergängen vom 20. zum 21. Jahrhundert bewerten werden. Wenn es tatsächlich stimmt, und viel spricht dafür, daß die Welt im Jahr 2000 in ein chinesisches Jahrhundert eingetreten ist, muß sich der Blick auf den damaligen Präsidenten Chinas richten. Jiang Zemin, von 1993 bis 2003 der mächtigste Politiker in Peking, hat freilich seinerzeit bei den Medien viel weniger Aufmerksamkeit gefunden als die eben erwähnten russischen Präsidenten oder Tony Blair, Chirac und Schröder, obschon diese in historischer Langzeitperspektive weltgeschichtlich wenig bewirkt haben. Tatsächlich ist allein China in den Jahren dieses nur am Rande beachteten höchsten Funktionärs fast unwiderstehlich zur ökonomischen

Supermacht mit weltweit beispiellosen Wachstumsraten geworden. Gewiß war es der gewendete Kommunist Deng Xiaoping, der sein Land aus der totalitären Sackgasse des Maoismus auf den steil nach oben führenden Wachstumspfad gebracht hat. Aber die Konsolidierung ist erst unter Jiang Zemin erfolgt, und dies mit einem Minimum an desaströsen Nachfolgekämpfen, auch mit einem Minimum an internationalen Krisen. Wie ernst es rot-chinesische Führer mit ihrem Ruf nach Wiedereingliederung Taiwans ins Mutterland meinen, ist stets schwer zu beurteilen, so auch bei ihm.

Vor vielen Jahrzehnten hatte der zum Ultra-Konservativen mutierte amerikanische Ex-Trotzkist James Burnham darauf aufmerksam gemacht, daß weltweit eine »Revolution der Manager« im Gang sei.[21] Burnham dachte zwar dabei an den Übergang vom Privatkapitalismus zum manageriellen Kapitalismus. Doch auch die Rückentwicklung vom voll ausgebildeten, totalitären Kommunismus zum Kapitalismus à la chinoise läßt sich mit diesem Schlagwort erfassen. Auf keinen unter den zeitgenössischen Staatsführern trifft es so genau zu wie auf den Ingenieur Jiang Zemin. 1926 geboren und aus einer kommunistisch orientierten Großfamilie stammend, schloß er sich 1946, noch zu Zeiten der Kuomintang, der kommunistischen Partei an. Als die Truppen Mao Tse-tungs im Frühjahr 1949 Schanghai besetzten, arbeitete er als im Untergrund aktiver Kommunist bei der Shanghai Haining Corporation, einem amerikanisch-chinesischen Joint Venture, wo Speiseeis für die Warenhäuser und Einzelhandelsgeschäfte hergestellt wurde.[22] An die dreißig Jahre lang vollzog er dann seinen Aufstieg als Technokrat in der Automobilindustrie, in Kraftwerken und im Maschinenbauwesen, wobei er die Verantwortung für Unternehmungen oder ministerielles Management im Bereich von Fertigungsanlagen stets mit Parteipositionen verbunden hat. Nachdem er zwei Jahre lang, 1955/56, zur Weiterbildung in der Sowjetunion verbracht hatte, setzte man ihn auf höheren Posten gern in Funktionen ein, in denen er für Auslandskontakte zuständig war. 1971/72 wurde er, immer noch im Maschinenbau tätig, ins damals mit China befreundete Rumänien entsandt. In den achtziger Jahren, nachdem er bereits in die zweite Reihe der Pekinger Technokraten aufgestiegen war, reiste er verschiedentlich in die USA. In den heftigen innerparteilichen Flügelkämpfen nach Maos Tod bezog er im Gefolge Dengs zentristische Positionen. Von 1985 bis 1987 amtierte er als sehr populärer Bürgermeister sowie Parteichef von Schanghai und war damit fast schon ganz oben angelangt. Dies waren die Jahre, als Schanghai, heute eine Metropole wie New York, jedoch mit Wolkenkratzern im extravaganten Stil des 21. Jahrhundert, als Sonderwirtschaftszone wieder aufzublühen begann. Spätestens jetzt erkannte Jiang Zemin, daß die Öffnung nach außen in Verbindung mit einer par-

*Oberster Technokrat: Staatspräsident Jiang Zemin im Jahr 1993, der China als Weltmacht ins 21. Jahrhundert führen wird – in ein »chinesisches Jahrhundert«?*

tiell kapitalistischen Wirtschaft der Schlüssel zum Aufstieg war. Japanisches, amerikanisches, auch taiwanesisches Kapital führten in Schanghai zu einer Wachstumsexplosion, die in ganz China bewundert wurde und genauso im Ausland.

1987 trat Jiang Zemin ins Politbüro ein. Als seinen Nachfolger hinterließ er Zhu Rongji, der später unter ihm zum chinesischen Ministerpräsident wurde. China-Experten sahen in Jiang Zemin von nun an einen der »westlichsten« chinesischen Führer. Doch wie die meisten der hohen Funktionäre war er sich dessen bewusst, daß eine Staatspartei, die das Land kapitalistisch modernisiert, einen Tiger reitet.[23] Auf seine Weise war auch er ein Altkommunist, der eine aus dem Ruder laufende Liberalisierung scheute wie der Teufel das Weihwasser. Die Monate im Frühjahr 1989 sahen ihn an der Seite Deng Xiaopings, der nach einigem Abwarten die Studentenproteste auf dem Tienanmen-Platz erbarmungslos niederwalzen ließ. In Schanghai ließ Jiang Zemin den allzu liberalen »World Economic Herald« brüsk säubern, während zugleich Zhu Rongji in seinem Auftrag durch elastische Maßnahmen riesige Demonstrationen zu vermeiden verstand, somit auch ein Massaker.

Jetzt gelangte Jiang Zemin an die Spitze. Deng machte ihn kurz nach der Niederschlagung der Unruhen in Peking zum Generalsekretär der Kommunistischen Partei Chinas – »ein Symbol der Öffnung nach außen«, konstatierte ein China-Experte, »aber zugleich im Einklang mit der alten Führungsschicht.«[24] Anfangs noch ohne sichere Hausmacht, beherrschte er offensichtlich die Kunst, seine Anhänger in Schlüsselpositionen zu bugsieren. Beim definitiven Rückzug Dengs triumphierte »die Schanghai-Clique«. 1993 wurde er vom 8. Nationalen Volkskongreß mit 2909 Stimmen gegen 60 Enthaltungen zum Staatspräsidenten gewählt.

Die »sozialistische Marktwirtschaft«, mit der China zu einer der führenden Wirtschaftsmächte wurde, ist unauflöslich mit dem Namen Jiang Zemins verbunden. Wie einstmals der koreanische Präsident Chung Hee Park, der harte Urheber des koreanischen Wirtschaftswunders der siebziger Jahre, oder dessen Pendant Lee Kuan Yew in Singapur kombinierte er einen staatlich gemanagten Kapitalismus, der auf der Einführung modernster Technologie basiert, mit einem autoritären Regierungssystem. Zur gleichen Zeit, da er über einem Wirtschaftskurs des weitgehenden Pragmatismus präsidierte, zeigte er sich beinhart, sobald es um den politischen Primat der Partei ging. Während er lächelnd die westlichen Hauptstädte bereiste und sich dort in seiner Eigenschaft als Architekt des chinesischen Wirtschaftswunders feiern ließ, führte er im Innern eine ziemlich erbarmungslose Kampagne gegen Verbrechen und Korruption durch. 1995 wurden innerhalb eines einzigen Jahres, so schätzt man, über 300000 Menschen verhaftet und über 4000 durch Kopfschuß hingerichtet. Die ideologische Leere des post-kommunistischen Regimes, in dessen reichen Provinzen der entfesselte Kapitalismus herrschte, während die zurückgebliebenen Regionen noch in Not und Dürftigkeit eines Entwicklungslandes steckten, suchte er durch Appelle an den Nationalismus und durch Rückgriff auf konfuzianische Werte auszubalancieren. China sei eine »spirituelle Zivilisation«, lautete der Slogan.

Nach Art der politischen Größen des späten 20. und des frühen 21. Jahrhundert tat nun auch er sein Bestes, durch Reisediplomatie in Asien, Amerika und Europa die neue Weltmacht China selbstbewußt, kooperationsbereit und – so wie sein großes Vorbild Deng Xiaoping – gelegentlich humorvoll zu inszenieren. Unter ihm verstärkte sich auch eine denkbar enge wirtschaftliche Zusammenarbeit zwischen Deutschland und China. In Bonn und München pries er einen »Rundum-Boom« in den deutsch-chinesischen Beziehungen. Die Massaker auf dem Tienanmen-Platz oder gar die totalitäre Hölle der Jahre Mao Tsetungs waren weithin vergessen oder sollten dies doch sein. Nie zuvor und danach hat sich das moderne China weltweit eines so beispiellosen Ansehens erfreut wie unter dem arrivierten Technokraten Jiang Zemin.

In unserem Aprèslude fehlen noch zwei Namen, von denen in den Zeitungen jahrelang täglich die Rede war: Osama bin Laden und George W. Bush. Bekanntlich liebt man es in den Demokratien, die verworrenen Geschichtsprozesse in den Gegensatzpaaren westlicher Staatsmänner und anti-westlicher Diktatoren fassbar zu machen: Präsident Woodrow Wilson und Lenin am Ende des Ersten Weltkrieges, dann Churchill und Hitler, Kennedy und Chruschtschow, Nixon und Breschnew. Die Liste ließe sich unschwer verlängern. In den Jahren, die wir eben durchlebt haben, war das sehr seltsame Gegensatzpaar, so werden wohl wenige bestreiten, Osama bin Laden und George W. Bush. Niemand hat so stark wie diese beiden Gestalten Angst, Haß, Zorn und einen ganzen Ozean voller Kommentare aufgerührt. Ob sie große Persönlichkeiten waren, mag man mit Fug und Recht bezweifeln. Aber sie sind die großen Beweger ihrer Jahre gewesen, und viele fügen hinzu: sie waren auch die schlimmsten Bösewichte in den Anfängen des 21. Jahrhunderts.

Nie zuvor hat die Gestalt eines Terroristen so urplötzlich die Phantasie der Weltöffentlichkeit in Bann geschlagen. Hunderte von Millionen hatten im Fernsehen Unerhörtes und nie zuvor Gesehenes vor Augen: einen Überraschungsangriff auf zwei symbolische Ziele der westlichen Welt mitten im Frieden, ein Massaker, wie es Amerika noch nie zuvor erlebt hatte, den Erfolg der perfekt geplanten Idee, vier gekaperte Flugzeuge voller entsetzter Passagiere durch Selbstmordattentäter als Sprengkörper einzusetzen.

Bald stand es ziemlich widerspruchsfrei fest, daß wohl der geheimnisvolle Araber Osama Bin Laden, Chef des Terrornetzwerkes Al Qaida, die Anschläge angeordnet hatte. Als in den Tagen und Wochen danach die Personen und Motive der Täter genauer bekannt wurden, ließ ihn das vollends zur dämonischen Gestalt werden. Europa und Amerika hatten zwar im Verlauf des 20. Jahrhunderts hinlänglich viele Erfahrungen mit Terroristen gemacht. Doch deren Aktivitäten verfolgten zumeist partikuläre Ziele: nationale Unabhängigkeit, Kampf gegen verhasste Parteien oder Religionsgruppen, dies meist im eigenen Land, Verunsicherung von Besatzungs- oder Kolonialmächten, Schädigung oder Umsturz verhaßter Regime. Bin Laden aber verstand es, einen neuen Typ von Terroristen zu generieren. Er predigte und organisierte den religiös legitimierten Terrorismus. Die Muslime aller Länder wurden von ihm zum globalen Dschihad gegen den Westen aufgerufen. Er verband sich – so Jürgen Todenhöfer, der nicht zu den Ängstlichen gehört – mit dem internationalen Wander-Terrorismus, »der seit der Vertreibung der Sowjets aus Afghanistan auf der Suche nach weiteren ›heiligen Kriegen‹ durch die muslimische Welt vagabundiert.«[25] Er konnte sich auf Millionen erregter Anhänger verlassen, und dies nicht nur in den allein oder mehrheitlich von Muslimen bewohnten Ländern. Wie die Truppe um Mohammed Al Atta zeigte, findet der Diaspora-Terrorismus auch in den von Hunderttausenden von Muslimen bevölkerten Städten des Westens todesmutige Rekruten und Scharen von Sympathisanten.[26] Dem Entsetzen, den der 11. September 2001 in den USA und in Europa hervorrief, entsprach der düstere Ruhm Al Qaidas bei den radikalen Muslimen von Djakarta über Bombay und Kairo bis London und New York.

Die Fragen, die »9/11« aufwarf, waren allesamt berechtigt und alarmierend zugleich. Stand nicht zu befürchten, daß dieser Terrorist der Sonderklasse frustrierte Muslime in großer Zahl zum Dschihad gegen den teils ungläubigen und dekadenten, teils aber auch noch christlichen Westen mobilisieren könnte? Würde Osama bin Laden nicht allen Beschwichtigungen zum Trotz doch einen »Kampf der Kulturen« auslösen? Wie eigentlich wollten sich die offenen, weltweit verflochtenen und von großen Heeren muslimischer Einwanderer bevölkerten Gesellschaften des Westens gegen im Untergrund operierende Dschihadisten verteidigen, die ghettoisierte, an der Fremde leidende, ihrer Identität unsichere junge Menschen mit ihrer Botschaft vom Dschihad entflammten? Religiös fanatisierte, manchmal auch unter Drogen gesetzte Selbstmordattentäter schaffen zudem völlig neuartige, fast unlösbare Sicherheitsprobleme. Würden die Dschihadisten nicht früher oder später auch ABC-Waffen zum Einsatz bringen? Osama bin Laden wurde somit zur Projektionsfläche vieler latent oder offen grassierender Sorgen in der westlichen Staatenwelt.

Zur Dämonisierung bin Ladens trug nicht zuletzt seine physische Unfassbarkeit bei. Fast niemand im Westen konnte von sich sagen, er habe ihn von nahem gesehen oder gar mit ihm gesprochen. Die amerikanische Regierung hat auf seine Ergreifung ein Kopfgeld von 50 Millionen US-Dollar ausgelobt und zahllose Jagdkommandos auf ihn angesetzt, doch erfolglos. Dennoch war diese unfassbare, sehr fremd wirkende Gestalt inmitten seiner bewaffneten Krieger zweidimensional, übers Internet, mit Drohungen und Haßpredigten weltweit präsent.

Kein Wunder, daß sich dieser Mann als unheimlichste Größe der ersten Dekade des 21. Jahrhunderts inszenieren konnte – ein Meister des Internet-Zeitalters und die Inkarnation dessen, was der Westen fürchtet.

Heute, so muß man jedoch hinzufügen, ist Osama bin Laden weitgehend entzaubert. Als der Anschlag am 11. September 2001 erfolgte, waren sein Aktivitäten den Geheimdiensten nur in vagen Umrissen bekannt. Verschiedene Anschläge wurden ihm bereits zur Last gelegt, doch war anfangs nicht einmal mit letzter Sicherheit zu beantworten, ob »9/11« tatsächlich auf seine direkte Anweisung ausgelöst worden

*Osama bin Laden: Die undatierte Fernsehbotschaft Osama bin Ladens wurde dem Sender Al Jazeera zugespielt und dort am 7. Oktober 2001 gesendet, zwei Monate nach »9/11«.*

war. Inzwischen ist die Öffentlichkeit über keinen zeitgenössischen Araber besser informiert als über Osama bin Laden. Die Familienverhältnisse, die Entwicklungsgeschichte, sein weit überschätzter Reichtum, die geistesgeschichtlichen Strömungen, die auf ihn einwirkten, seine Stellung zum saudischen Herrscherhaus, zu anderen Regierungen der Region und die mäandernden terroristischen Unternehmungen – nicht mehr allzu viel Wesentliches ist unaufgeklärt. Manches erinnert doch stark an terroristische oder revolutionäre Lebensläufe, wie sie aus dem 19. und 20. Jahrhundert zur Genüge bekannt sind, auch wenn die Kultur der vom Westen überfremdeten, sich aber zugleich gegen ihn behauptenden saudischen Gesellschaft völlig andere Züge aufweist als die uns vertrauten Gesellschaften Europas. Man darf sich von der zweifellos stark religiösen Grundierung des islamistischen Sektierertums nicht täuschen lassen. Die dort im Untergrund aktiven, selbsternannten Propheten und deren fanatisierte Anhänger unterscheiden sich nicht grundsätzlich von den wirren Fanatikern, denen einstmals in Europa die Gründung revolutionärer Zellen inmitten der breiten Strömungen des Marxismus oder der buntscheckigen Nationalismen gelang. Bis zu dem Durchbruch am 11.September war Osama bin Laden nur ein gewaltbereiter Sektierer unter vielen. Nach bestens bekannten Mustern, die sich beim Blick auf die Geschichte des Anarchismus, des Kommunismus, des Nationalismus oder des Antisemitismus im 20. Jahrhundert studieren lassen, tat sich auch der zum Terrorismus disponierte Sektierer Bin Laden bald mit anderen Sektierern zusammen oder zerstritt sich mit ihnen über dogmatische Fragen oder auch über die Taktik. Lange Zeit war es ihm unklar, gegen welche Teufel er seine aus Afghanistan zurückgezogenen Wander-Terroristen loslassen sollte – gegen die atheistischen Kommunisten im Jemen, gegen die Juden im Heiligen Land, gegen den ungläubigen Ägypter Mubarak, gegen das Amerika-hörige Haus Ibn Saud, oder gegen das Amerika Clintons und George W. Bushs?!

Die bisher ermittelten Informationen lassen auch erkennen, daß die terroristische Karriere Osama bin Ladens nicht einmal für Saudi-Arabien repräsentativ ist, dessen ausgedehntes Königshaus vier Grundbedingungen miteinander in Einklang zu bringen sucht: den strengen Islamismus wahabitischer Observanz, die des privilegierten Öl-Lieferanten des Westens, eine selbst im Orient Staunen erweckende Korruption und die Angst vor radikalen Umstürzlern à la Bin Laden. Auch der schwerreiche Bin Laden-Clan, dem der größte Baukonzern Saudi-Arabiens gehört, ist alles andere, nur keine den antiwestlichen Dschihad betreibende Großfamilie. Seine zahlreichen Mitglieder weisen ein breites Spektrum von Einstellungen auf: Kosmopolitismus mit gewichtigen Geschäftsinteressen in den USA, traditionalistische Frömmigkeit, mehr als einen Touch von westlicher Dekadenz nicht zu vergessen und Treue gegenüber dem Haus Ibn Saud, dem die aus dem Jemen stammenden Bin Ladens ihren Reichtum verdanken. Es ist ein Clan, der sich nach allen Seiten absichert, der in der ganzen arabischen Welt Großbauten durchführt, am liebsten an den heiligen Stätten von Mekka und Medina, und in dem manche durch die Präsenz des Westens verunsichert sind, ohne auf ihn aber verzichten zu können. In dieser Familie ist Osama bin Laden das schwarze Schaf. Bereits 1994, sieben Jahre vor »9/11«, als Al Qaida in Ägypten einen Terroranschlag auf einen hohen Staatsbeamten verübt hatte (dies erstmals unter Einsatz von Selbstmordattentätern, was bei frommen Sunniten bislang nicht als anständig galt), entzog ihm der König die saudische Staatsbürgerschaft. Auch die Familie hat ihn offiziell verstoßen. Daß aus diesem Milieu insgeheim dennoch Spenden für die heilige Sache fließen, ist nicht auszuschließen. Zudem ist auch in diesem Teil der Welt die Schutzgelderpressung nicht unüblich.

Nicht vergessen werden darf, daß Bin Laden ein feines Gespür für die Bedeutung der Propaganda besitzt. Im Afghanisten-Krieg gegen die Sowjets hatten sich Bin Ladens Dschihadisten meist in der pakistanischen Etappe von Peschawar herumgetrieben. Wenn sie sich an die Front wagten, hatten sie häufig nur Prügel bezogen. Danach aber verstand es Bin Laden mit großem Geschick, einen Teil der Öffentlichkeit in Saudi-Arabien davon zu überzeugen, allein ihm und Al-Qaida sei die Vertreibung der Russen gelungen. In Wirklichkeit hatte er sich bei den Radikalen in erster Linie als ein Spendensammler und Financier Ansehen verschafft, der die im Nahen Osten recht zahlreichen Desperados bald da, bald dort in der arabischen Welt zu Anschlägen gegen missliebige Autoritäten anstiftete oder sie finanzierte. Erst am 11. September 2001 gelang ihm der große Propaganda-Coup. Von jetzt an bewunderten ihn frustrierte und fanatisierte Muslime in der ganzen Welt als genialen Führer des heiligen Dschihad.

Allerdings blieb ihm der durchschlagende Erfolg genauso versagt wie einstmals Trotzki in der Russischen Revolution 1905 oder Adolf Hitler am 9. November 1923 beim Marsch zur Feldherrnhalle. Bin Ladens Organisation ist heute weithin zerschlagen. Aber seine Botschaft bleibt lebendig und dies weltweit. Man braucht kein Prophet zu sein um zu ahnen, daß er künftig viele junge Muslime, die in der westlichen Welt an Identitätsproblemen leiden oder die von Ressentiments gegen Israel und Amerika umgetrieben werden, in ihm ihr Vorbild verehren, dem nachzuleben und nachzusterben ist. So wird er noch auf lange Zeit zu den irritierenden Größen des frühen 21. Jahrhunderts gehören, keine »Extra-Person«, aber ein Terrorist der Sonderklasse und vielleicht ein Auslöser kommender Dinge.

Anders als Osama bin Laden war George W. Bush nicht von einer Aura des Unheimlichen umgeben. Doch daß es ein Politiker seines Schlages überhaupt an die Spitze der USA geschafft hat, wird heute weithin als Unglück betrachtet. Ihm widerfährt kein Unrecht, wenn man ihn der zahlreichen Schar überforderter Mediokritäten zuordnet, die in den vergangenen Jahrzehnten weltweit in politische Spitzenpositionen gelangten. Aber man sollte gerecht sein. George W. Bush war nicht mehr oder weniger durchschnittlich als manche seiner Vorgänger, die der Zufall ins Weiße Haus gebracht hat und die schließlich verhöhnt und gescheitert in ihren Heimatstaat zurückgekehrt sind. Über dem Durchgangsraum in unserer Porträtgalerie, wo sich die Skizzen der fünf Präsidenten von Kennedy über Johnson, Nixon und Ford bis Carter finden, haben wir die Inschrift angebracht: »Supermacht in der Krise oder fünf Unglücksraben.« Ist George W. Bush der sechste dieser Unglücksraben?

Niemand wird heute bestreiten wollen, daß dieser im Januar 2009 aus dem Amt geschiedene Präsident die USA in kritischstem Zustand hinterlassen hat. Fraglich ist nur, ob er bloß ein weiterer Unglücksrabe oder aber doch Schlimmeres war als jene Größen der sechziger und der siebziger Jahre. Der unüberlegt begonnene und fatal geführte Irak-Krieg wird Bush dem Jüngeren immer anhaften. Allerdings ist die Frage berechtigt: haben eigentlich Kennedy und Johnson wirklich größere Weitsicht besessen, als sie sich in der Arroganz amerikanischer Allmacht auf den Vietnamkrieg einließen? Daß damals keine Greuel von Verhörspezialisten und Gefangenenwärtern gefilmt wurden wie in den Kerkern von Abu Ghraib ist eher ein Zufall. Immer noch gilt der Ausspruch des fürchterlichen General Sherman aus dem amerikanischen Bürgerkrieg: »War is hell.« Eine Administration, die sich – mit guten oder weniger guten Gründen – auf die Besetzung eines großen, völlig unbekannten Landes einlässt, nimmt gewollt oder ungewollt Greuel bei der Partisanenbekämpfung und bei der Bombardierung unbeteiligter Zivilisten ebenso in Kauf wie die Verluste der eigenen Soldaten sowie das immense Anwachsen der Staatsschuld. Wer das nicht weiß oder nicht wissen will, hat die Kriege des 20. Jahrhunderts nicht angemessen studiert. Erfahrungsgemäß beschädigt Immoralität der Kriegführung stets das Ansehen eines Landes, selbst bei den Verbündeten, liefert den Gegnern große Arsenale voller Propagandamunition frei Haus und desillusioniert schließlich selbst die anfangs überzeugten eigenen Anhänger.

Schon früh ließen sich gewisse Defizite dieses Präsidenten erkennen. Bill Clinton, der später mit Bush ganz gut zurecht kam, hat dessen Wahlsieg über Al Gore mit den Worten kommentiert: »Er weiß nichts. Er will auch gar nichts wissen. Aber dumm ist er nicht.«[27] Gewiß sind frustrierte Vorgänger keine besonders gerechten Richter. Doch was Lloyd George einstmals über seinen Freund Churchill feststellte, läßt sich auch auf George W. Bush übertragen: »wenn der Mechanismus versagte oder falsch lief, waren die Folgen verheerend«.[28]

Es waren nicht nur die Umstände, die ihn zu einem der umstrittensten Präsidenten werden ließen. Er brachte auch einen vielfach belasteten Lebenslauf mit ins Amt. In der langen Geschichte der amerikanischen Republik sind schon viele Spitzenpolitiker aufgetreten, die aus bekannten Familien stammten. Natürlich ist das gleichzeitig ein Vorteil und eine Belastung. Franklin D. Roosevelt und John F. Kennedy wussten ein Lied davon zu singen. Daß Bush, auch er ein Verehrer Winston Churchills,[29] von dem Willen getrieben wurde, sich seinem dominierenden Vater gegenüber zu beweisen, gehörte schon früh zum *conventional wisdom* aller Bush-Analytiker. Hatte Bush Senior nicht die Wiederwahl gegen den völlig unbekannten Bill Clinton schmählich verloren, weil er die wahlentscheidenden religiösen Fundamentalisten in der eigenen Partei missachtete? Hatte er nicht auch den Fehler gemacht, nach Rückeroberung Kuweits im Frühjahr 1991 seine siegreichen Divisionen anzuhalten, statt sie nach Bagdad marschieren zu lassen, um Saddam Hussein zu stürzen? Und mußte sich ein Präsident nicht auch mehr als sein Vater um die Zu-kurz-Gekommenen, die Gescheiterten oder um Minderheiten wie die Hispanos kümmern? *Compassionate conservatism* hat George W. Bush das genannt.

Er folgte dabei nicht bloß dem Rat seines lange Zeit als genial gepriesenen Beraters Karl Rove. Im tiefsten Innern wußte er auch genau, daß er selbst während eines ziemlich ziellosen, durch Quartalssäuferei belasteten frühen Lebens nur knapp dem Schicksal entgangen war, höchstpersönlich zu den Gescheiterten zu gehören. Mit Gottes Hilfe, so glaubt er, doch auch dank eigener Willenskraft, hatte er im Alter von 40 Jahren den Entschluß gefasst, ein neuer Mensch zu werden. Das hatte er durchgezogen. Von jetzt an war er zielbewußt, gut organisiert, überpünktlich, wohl bald auch von der Überzeugung eines göttlichen Auftrags beseelt. Kein Wunder, daß sich dieser wiedergeborene Christ, der an Jesus glaubt und dem humanitäre Empfindungen nicht fremd sind, von starken sozialpolitischen Impulsen bestimmt zeigte, die man üblicherweise nicht bei einem republikanischen Präsidenten vermutet. Wie jedoch ein zweifellos tief religiöser Mann, der nun täglich im Gebet verharrte, kaltschnäuzig die Folter gefangener Muslime tolerieren oder anordnen konnte, gehört zu den Unbegreiflichkeiten, von denen die Welt voll ist. Es erstaunt nicht, daß ihn viele seiner Kritiker als frömmlerischen Heuchler bezeichnen.

Jedenfalls wollte er sich gleicherweise von innenpolititischen Fehlern des Vaters und genauso von dessen pragmatischer Außenpolitik absetzen. In den ersten Monaten seiner Amtszeit erweckte er den Eindruck, innenpolitisch wolle er eher versöhnen und nicht spalten. Auch von seinem späteren außenpolitischen Aktivismus war noch nicht viel zu erkennen. Doch indem er sich auf die religiöse Rechte stützte, konnte er der Polarisierung schwerlich entgehen. Er hat auch der Versuchung nicht widerstanden, aus dem Anschlag des 11. September parteipolitisches Kapital zu schlagen.

Bezüglich seiner Außenpolitik hat der Anschlag auf die Twin Towers und das Pentagon seine ohnehin schon bestehende Entschlossenheit verstärkt, einer Welt voller Sicherheitsgefahren durch präventive Interventionen zu begegnen. So hat er sich die von Paul Wolfowitz seit den frühen neunziger Jahren entwickelten Konzepte eines »unipolaren Realismus«, »präventiver Sicherheitspolitik« und einer »Koalition der Willigen« zu eigen gemacht.[30] Letztlich sollte die Weltordnung auf amerikanischer Übermacht beruhen. Daß sich aus Sicht anderer Staaten »präventive Intervention« von prophylaktischer Aggression nicht unterscheidet, wollte er nicht wahrhaben. Die Pragmatiker aus dem Umfeld seines Vaters, die es lieber mit umsichtiger Gleichgewichtspolitik hielten, hatte er schon früh verachtet. So holte dieser von Kenntnis fremder Länder ziemlich unbeleckte einstige Gouverneur von Texas die neo-konservativen Ideologen in die neue Administration. Lange Zeit hat er ihren Einflüsterungen Gehör geschenkt und offenbar allen Ernstes daran geglaubt, nach dem Sturz Saddam Husseins durch imperiale Neuordnung des Irak im Nahen und Mittleren Osten eine Welle der Demokratisierung in Gang setzen zu können.

Seit den Tagen Woodrow Wilsons läßt sich Amerika periodisch von der Hybris ergreifen, ferne Ungeheuer zu erlegen. Am Grab George Washingtons hatte Präsident Woodrow Wilson am 4. Juli 1918 als sein hohes Ziel proklamiert: »die Vernichtung jeder willkürlichen Macht, wo immer sie sei, die für sich, im geheimen und nach eigenem Gutdünken, den Frieden der Welt stören kann ...«[31] Seinerzeit war der deutsche Kaiser Wilhelm II. das große Ungeheuer, 2003 war das Saddam Hussein. Noch bei der Inaugurationsrede zur zweiten Amtszeit, als die Besatzungspolitik im Irak schon längst zu einem grauenhaften Bürgerkrieg zwischen Sunniten und Schiiten geführt hatte, verkündete der wiedergewählte Präsident einer befremdeten Welt seine neo-wilsonianische Botschaft: »Die Politik der Vereinigten Staaten besteht darin, in jeder Nation und Kultur das Wachstum demokratischer Bewegungen und Institutionen zu suchen und zu unterstützen mit dem Endziel, die Tyrannei in unserer Welt ein Ende zu beenden.«[32]

George W. Bush fällt also durchaus nicht aus starken Traditionen der amerikanischen politischen Kultur heraus. Seit den frühen Anfängen wird die Außenpolitik der großen Republik häufig durch ein Nebeneinander von Idealismus und Realpolitik gekennzeichnet. Das kommt auch in den Personen auf der Brücke des Staatsschiffs zum Ausdruck. Woodrow Wilson hatte die Realpolitiker Lansing und Colonel House an seiner Seite. Und so umgab sich auch George W. Bush einerseits mit hyperaktivistischen Neo-Konservativen, genauer gesagt: mit Neo-Wilsonianern des Typs Paul Wolfowitz, Lewis Libby oder John Bolton, die sich von der Ideologie amerikanischer Machtentfaltung zwecks globaler Demokratisierung leiten ließen, andererseits aber auch mit knallharten Konservativen des Typs Dick Cheney oder Donald Rumsfeld, die alle Probleme gern mit den schlichten Rezepten klassischer Machtpolitik angehen. In Bush selbst finden sich beide Grundorientierungen in unharmonischer Mischung. Der wiedergeborene Christ à la Jimmy Carter, der Gott in täglichem Gebet um Beistand bittet, koexistiert mit dem texanischen Rauhbein.

In der Gestalt George W. Bushs kulminierten somit die inneren Widersprüche seines Charakters mit den Unvereinbarkeiten einer Sicherheitspolitik, die den utopischen Idealismus nach Art Woodrow Wilsons mit dem machtpolitischen Realismus nach dem Vorbild Theodore Roosevelts zu verbinden suchte. Wie man weiß, haben die Anhänger Bushs dessen Irak-Politik, auch die empörenden Zustände in Guantanamo, lange Zeit mit dem Verweis auf den Schock von »9/11« entschuldigt. George W. Bush erwarb sich das Image eines Präsidenten, der in der Stunde der Gefahr hart und kompromisslos reagiert. Das hat ihm letztlich sogar im Jahr 2004 eine Mehrheit für die Wiederwahl gesichert, obschon ihm bereits damals im Innern und aus dem Ausland ein Sturm der Kritik ins Gesicht blies. Amerika neigt chronisch zur Überreaktion. Doch den Exzessen folgt regelmäßig der Katzenjammer, so auch diesmal. Je stärker aber die Erinnerung an den Anschlag des 11. September 2001 verblasste, um so lauter wurden die Stimmen der Kritiker, die ihn den schlechtesten aller bisherigen Präsidenten nennen. Dazu kam dann in den letzten Monaten seiner Amtszeit noch die primär von den USA verschuldete globale Finanzkrise.

Ob der Außenpolitiker Bush mehr Unheil angerichtet hat als der für die Finanzen Amerikas letztlich verantwortliche Präsident, läßt sich derzeit nicht mit Sicherheit absehen. Vielleicht hat er auch durch unkonventionelles Eingreifen im letzten Moment Schlimmstes verhindert. Als jedenfall die Immobilienkrise und der Bankrott von Lehman Brothers die Aktienkurse weltweit abstürzen ließ mit möglicherweise langjähriger Depression der Realwirtschaft, sahen viele Kommentatoren in ihm einen zweiten Präsidenten Herbert Hoover. Auch diesmal vollzog sich das Debakel unter einem Republikaner. Allerdings hatte Wallstreet in Gestalt des einstmals gerühmten Finanzministers Robert E. Rubin, zuvor Co-chairman von Goldman Sachs, bereits im Kabinett des Demokraten Bill Clinton Platz genommen. Und auch der vielgerühmte Chairman der Fed, Alan Greenspan, den der Crash im Herbst 2008 jäh vom Postament seines weltweiten Ansehen stürzte, war bereits 1987 von Ronald Reagan ernannt worden. Vier Präsidenten hintereinander hatten nach seiner Pfeife getanzt. Bezeichnenderweise hat Robert Rubin seinen Memoiren den Titel gegeben »In an Uncertain World«,[33] während sich Alan Greenspan für »The Age of Turbulence«[34] entschied. Die Herren haben gewußt, daß jederzeit die Decke herunterfallen könnte. Eine alleinige Schuldzumessung an die Adresse des Unglücksraben George W. Bush verbietet sich also. Dennoch bleibt ein Großteil der Verantwortung an seiner Administration hängen. Wer acht Jahre lang als Präsident amtiert hat, kann sich nicht auf seine Vorgänger herausreden.

In den siebziger Jahren des vorigen Jahrhunderts, im Jahrzehnt der Präsidenten Nixon und Carter, hatten bereits verschiedenste kritische Beobachter den amerikanischen Niedergang diagnostiziert – zu Unrecht, wie bald danach ersichtlich. Heute läßt sich wieder einmal die

Vermutung nicht ganz von der Hand weisen, daß unter George W. Bush und von ihm mitverschuldet vielleicht doch ein schwer umkehrbarer Abstieg der großen Republik begonnen hat. Dann wäre dieser gescheiterte Präsident mehr als bloß ein Unglücksrabe wie manche andere vor ihm, nämlich eine der fatalsten Gestalten in der Geschichte der Amerikanischen Republik.

Eine auf interne Quellen gestützte historische Bewertung dieses Präsidenten wird noch lange auf sich warten lassen. Vor langen Jahrzehnten – im Jahr 1934 – hat Ernst Jünger einen Aphorismus geprägt, der nachdenklich macht: »Bei den feinsten Zügen des Weltgeistes rücken die unbedeutenden Figuren vor.«[35] Das trifft wohl auch auf George W. Bush zu.

Ist nun mit Barack Obama ein Retter aufgetreten, der Amerika und die Welt aus der verworrenen Geschichtslandschaft des 20. Jahrhunderts herausführt? Sein messianischer Wahlkampf war beste Kennedy-Imitation und hat ihm einen gewaltigen Vertrauensvorschuß eingebracht. Doch bisher kann auch er sich nicht von den Erblasten seiner Vorgänger befreien. Die ständige Bezugnahme auf Martin Luther King beweist, daß dieser erstmals ins Weiße Haus gelangte Afro-Amerikaner noch das 20. Jahrhundert in den Knochen hat. Der Amtseid auf die Bibel Abraham Lincolns deutet auf noch viel weiter zurückreichende Traditionen und Traumata hin. Das mag einem Neuanfang nicht im Wege stehen. Aber auch das Personal der neuen Administration vermittelt ein déjà-vu-Erlebnis. Beim Blick auf die Hillary Clinton und viele andere Angehörige der Clinton-Administration glaubt man sich in die neunziger Jahre zurückversetzt, wobei Hillary Clinton selbst aus der Protest-Bewegung der sechziger stammt. Obamas neuer Verteidigungsminister Robert M. Gates hat dieses Amt nicht bloß unter Obamas Vorgänger innegehabt. Dieser einstmals hochrangige CIA-Manager – »From the Shadows« hat er seine Memoiren genannt[36] – wurzelt tief in der Geschichte des Kalten Krieges.

Auch die angeblich neuartigen Probleme, mit denen Obama konfrontiert ist, sind bei genauerem Zusehen bereits die des späten 20. Jahrhunderts. Stabilisierung der globalen Finanzmärkte und Management der Weltwirtschaft, Bekämpfung des Protektionismus, Verminderung der Abhängigkeit vom Erdöl, Verhinderung weiterer nuklearer Proliferation, Eindämmung des Terrorismus fundamentalistischer Muslime, Entwicklungspolitik und Katastrophenhilfe, internationaler Umweltschutz und Klimapolitik, Stabilisierung gescheiterter Staaten, die Einbindung Rußlands und Chinas in die entwickelte Welt – das alles stand größtenteils schon auf der Agenda der siebziger, der achtziger und der neunziger Jahre. Und einige der schwierigsten Aufgaben sind

*Der Hoffnungsträger: Senator Barack Obama, Präsidentschaftskandidat der Demokraten, am 24. Juli 2008 vor der Berliner Siegessäule.*

weiterhin Konflikte, an denen die Staatsmänner über weite Perioden des 20. Jahrhunderts hinweg sich die Zähne ausgebissen haben: Grenzziehung und ethnische Konflikte auf dem Balkan und in Afrika, der Kaschmir-Konflikt und die Palästina-Frage. Trotz des aufgeregten Getues um die durch »9/11« angeblich völlig veränderte Welt und trotz des messianischen Anspruchs des neuen Präsidenten steckt Amerika weiterhin tief in der Hinterlassenschaft des vergangenen Jahrhunderts.

Wo stehen wir heute, in den Anfängen des 21. Jahrhunderts? Eine katastrophale Zäsur, vergleichbar dem Ersten Weltkrieg, der das vorherige Jahrhundert ganz in seinen Anfängen schon entgleisen ließ, ist bislang weltweit nicht eingetreten. Auch die großen Monster, die das Leben im 20. Jahrhundert vielerorts zur Hölle gemacht haben, sind bisher ausgeblieben. Ob sie lange auf sich warten lassen, weiß niemand. Wann und mit welchen Spätfolgen der Crash von 2008 ausgeschwitzt sein wird, bleibt abzuwarten. Offenkundig hat sich die bloß formelle Zäsur des Jahres 2000 als ein ganz irrelevantes Datum erwiesen. Auch aus heutiger Sicht hatte bereits die Wende von den achtziger zu den neunziger Jahren den säkularen Einschnitt gebracht. Der Zusammenbruch der kommunistischen Regime in Europa und die Einbeziehung Chinas in die kapitalistische Welt haben das neue Zeitalter eintreten lassen, in dem sich Politik und Wirtschaft bisher erstaunlich rasch eingerichtet haben. Seither ist alles Fortschreibung, da und dort mit neuen Größen, da und dort noch mit dem alten Personal, das vieles vergessen und wenig hinzugelernt hat.

# NACHWORT ZUR NEUAUFLAGE 2010

Die vorliegende Porträtgalerie zu politischen Größen des 20. Jahrhunderts ist im Jahr 1998 erschienen. Inzwischen liegt das erste Jahrzehnt des 21. Jahrhunderts beinahe schon hinter uns. Verlag und Verfasser haben sich deshalb dafür entschieden, die Neuausgabe unter einem leicht veränderten Titel herauszubringen, der verdeutlicht, daß vom vorhergehenden Jahrhundert die Rede ist, also: »Das Gesicht des 20. Jahrhunderts«. Ansonsten ist der bloß durchgesehene Text einschließlich der Belegstellen im Anmerkungsteil unverändert geblieben. Gewiß, die Forschung ist weitergegangen. Grundlegend neue Quellen sind aber in den vergangenen zwölf Jahren größtenteils nicht aufgetaucht. Immerhin ist diese oder jene Figur dank neuer Biographien in veränderte Beleuchtung gerückt worden. Die Veränderungen sind aber nicht so tiefgreifend, daß eine Überarbeitung dringlich wäre. Auf die technisch mögliche Einarbeitung neuer Publikationen wurde somit verzichtet. Schließlich handelt es sich nicht um ein Handbuch. Wenn Porträts einmal Eingang in eine Galerie gefunden haben, verbietet sich jede Nachpinselei. Hingegen schien es uns reizvoll, im Annexraum eine Sonderausstellung mit Skizzen zu einer kleinen Gruppe interessanter Persönlichkeiten beizufügen, die im Übergang vom 20. zum 21. Jahrhundert aufgetreten sind und Beachtung verdienen: Größen der westlichen Welt wie Bill Clinton, Tony Blair, Gerhard Schröder, Angela Merkel und Silvio Berlusconi, dann Jelzin und Putin in Rußland, Jiang Zemin in China und zum Schluß das Gegensatzpaar Osama bin Laden und George W. Bush. Sie figurieren unter der Überschrift: »Aprèslude: Im Übergang vom 20. zum 21. Jahrhundert«.

Mein nachdrücklicher Dank gilt allen im Verlag, die mitgeholfen haben, das Werk in erweiterter Form neu herauszubringen und gepflegt zu gestalten, namentlich Herrn Dr. Tobias Winstel.

Gauting bei München, 13. Mai 2010
*Hans-Peter Schwarz*

# ANHANG

# ANMERKUNGEN

Zu fast jeder Persönlichkeit, die in diesem Buch porträtiert ist, existieren ganze Bibliotheken voller Biographien und sonstwie relevanter Studien. Somit wird im folgenden grundsätzlich darauf verzichtet, auch nur ansatzweise den Forschungsstand mit den zahllosen Kontroversen zu erörtern. Der Anmerkungsapparat ist im wesentlichen zum Nachweis der Belegstellen bestimmt. Zugleich erhellt daraus, welche Werke der Verfasser mit besonderem Gewinn studiert hat.

Die Anmerkungen sind jeweils auf die einzelnen Teile bezogen und entsprechend durchnumeriert. Wird auf ein Buch oder einen Aufsatz innerhalb eines Teils erstmals Bezug genommen, erfolgt eine vollständige Titelangabe. Bei späteren Nennungen innerhalb desselben Teils muß die Kurztitelangabe genügen. Ist ein Buch gleichzeitig an mehreren Erscheinungsorten erschienen, wird grundsätzlich nur der erste vermerkt. Eine in eckige Klammern [ ] gesetzte Jahreszahl verweist auf das Jahr des erstmaligen Erscheinens.

### Einführende Betrachtungen

1 Martin Gilbert, Winston S. Churchill, Bd. IV, 1916–1922, London 1975, S. 915.
2 Arnold Gehlen, Moral und Hypermoral. Eine pluralistische Ethik, Frankfurt 1969, S. 155.
3 Jacob Burckhardt, Weltgeschichtliche Betrachtungen, Stuttgart 1955 [1905], S. 248.
4 ibd., S. 211.
5 Henry Adams, Die Erziehung des Henry Adams. Von ihm selbst erzählt, Zürich 1953 [1907], S. 657.
6 ibd., S. 624.
7 Francis Fukuyama, Das Ende der Geschichte. Wo stehen wir?, München 1992.
8 Jacob Burckhardt, Weltgeschichtliche Betrachtungen, S. 248.
9 »Weltrang: 166.«, wie im Lexikon vermerkt. Der Fischer Weltalmanach 1997, Frankfurt 1996, Spalte 414.
10 Henry Adams, Die Erziehung des Henry Adams, S. 509.
11 Jacob Burckhardt, Weltgeschichtliche Betrachtungen, S. 248.

### Erster Teil: 1900

1 Titel des Films von Wolfgang Staudte, 1946.
2 Hans-Peter Schwarz, Adenauer. Der Aufstieg: 1876–1952, Stuttgart 1986, S. 115.
3 So der Buchtitel von Georges Sorel, Paris 1908.
4 Hans-Peter Schwarz, Adenauer. Der Aufstieg: 1876–1952, S. 115.
5 ibd., S. 419.
6 Thomas Kuchenbuch, Die Welt um 1900. Unterhaltungs- und Technikkultur, Stuttgart 1992, S. 14, 129–167.
7 Henry Adams, Die Erziehung des Henry Adams. Von ihm selbst erzählt. Zürich 1953 [1918], S. 523.
8 ibd., S. 590.
9 ibd., S. 781.
10 ibd., S. 662.
11 ibd., S. 744.
12 Georg Jellinek, Allgemeine Staatslehre, Berlin $^{2}$1905 [1900], S. 651.
13 ibd., S. 505.

14 Jellinek war freilich kein Einzelfall, wie Hella Mandt [Tyrannislehre und Widerstandsrecht. Studien zur deutschen politischen Theorie des 19. Jahrhunderts, Darmstadt/Neuwied 1974] dargestellt hat. Auch Staatslehrer fürchten nur das, was sie kennen oder zu kennen glauben.
15 An M.A. Uljanowa, 30.9.1897, in: W.I. Lenin. Briefe, Bd. X, Berlin 1976, S. 53f.
16 Dimitri Wolkogonow, Lenin. Utopie und Terror, Düsseldorf 1993, S. 62f.
17 So Swetlana Allilujewa, Das erste Jahr. Wien [2]1969, S. 318f.
18 Alan Bullock, Hitler und Stalin. Parallele Leben, Berlin 1991, S. 29.
19 Edvard Radzinsky, Stalin. New York 1996, S. 41.
20 Jacob Burckhardt, Weltgeschichtliche Betrachtungen, S. 170.
21 Denis Mack Smith, Mussolini. Eine Biographie, München 1983 [1981], S. 17.
22 Sir Ivone Kirkpatrick, Mussolini, Berlin 1964, S. 23.
23 Denis Mack Smith, Mussolini, S. 24.
24 Vilfredo Pareto, Les systèmes socialistes, Paris 1902/03.
25 Joachim Fest, Der zerstörte Traum. Vom Ende des utopischen Zeitalters, Berlin 1991, S. 37 und passim.
26 Karl Dietrich Bracher, Zeit der Ideologien. Eine Geschichte des politischen Denkens im 20. Jahrhundert, Stuttgart 1982, S. 30.
27 »Die Errichtung der Republik«, in: Victor S. Mamatey und Radomir Luza, Hrsg., Geschichte der Tschechoslowakischen Republik 1918–1948, Wien 1980, S. 12.
28 H. Gordon Skilling, T.G. Masaryk, Against the Current, 1882–1914, Oxford 1994, S. 173.
29 Theodor Syllaba, »Tomas Garrigue Masaryk«, in: Politiker des 20. Jahrhunderts. Hrsg. von Rolf K. Hocevar u.a., Bd. 1, München 1970, S. 106.
30 Andrzej Garlicki, Józef Piłsudski, 1867 bis 1935, Aldershot 1995, S. 10f, 32f.
31 Graf Carlo Sforza, Gestalten und Gestalter des heutigen Europa. Berlin 1931, S. 399.
32 John Gunther, Inside Europe, London 1937 [1936], S. 424–428.
33 Tim Pat Coogan, Eamon De Valera, The Man who was Ireland, London 1993, S. 23–27.
34 A.J.P. Taylor, English History 1914–1945, Oxford 1965, S. 155.
35 So das lebendige zeitgenössische Porträt Mitte der dreißiger Jahre von John Gunther, Inside Europe, S. 305–309.
36 Zu Venizelos siehe Doros Alastos, Venizelos: Patriot, Statesman, Revolutionary, London 1942, und den Forschungsbericht von Mark Mazower, »The Messiah and the Bourgeoisie: Venizelos and Politics in Greece, 1909–1912«, in: The Historical Journal, 35 (1992), S. 885–904.
37 Zum neuesten Forschungsstand zur Frühgeschichte des Zionismus und zur einschlägigen Literatur siehe Howard M. Sachar, A History of Israel from the Rise of Zionism to Our Time, New York [2]1996, S. 380–447.
38 Stefan Zweig, Die Welt von Gestern. Erinnerungen eines Europäers, Frankfurt 1993 [1944], S. 124.
39 ibd., S. 128.
40 Stefan Zweig, ibd., S. 125. – Alex Bein, Theodor Herzl. Biographie. Wien 1934, S. 155f. Von dieser immer noch lesenswerten Biographie ist 1983 eine revidierte Neuausgabe erschienen (Frankfurt 1983). Eine neuere Biographie Herzls ist Amos Elon, Herzl, New York 1975.
41 Theodor Herzl, »Die Degradation des Capitäns Dreyfus«, in: Neue Freie Presse (Abendblatt), Nr. 10908, 5.1.1895, S. 1 und 2.
42 Theodor Herzls Tagebücher, 1895–1904. Bd. 1, Berlin 1922, S. 3.
43 ibd., 3.6.1895, S. 30.
44 ibd., 12.6.1895, S. 105.
45 ibd., 15.6.1895, S. 114.
46 ibd., 16.6.1895, S. 116.
47 ibd., Bd. 2, 1896, S. 24.
48 Paul Johnson, A History of the Jews, London [2]1996 [1987], S. 399.
49 Michael Bar-Zohar, David Ben Gurion, Bergisch Gladbach 1977, S. 19.
50 Siehe Amos Perlmutter, Israel: The Partitioned State. A Political History since 1900, New York 1985, S. 62–64.
51 Lord Salisbury an Lord Lytton, 9.3.1877, in: Gwendolen Cecil, Life of Robert, Marquis of Salisbury, London 1921–1932, Bd. 2, S. 130.
52 Stefan Zweig, Die Welt von Gestern, S. 42f.

53 ibd., S. 41.
54 Winston S. Churchill, Savrola. Die Revolution in Laurania, Bern 1948 [1900], S. 36.
55 ibd., S. 299.
56 WSC to Lady Randolph, 24.8.1897, in: Winston S. Churchill, Companion Volume I, Part 2, 1896–1900, hrsg. von Randolph S. Churchill, London 1967, S. 779.
57 cit. nach Joachim C. Fest, »Unzeitgemäßer Held seiner Zeit. Winston Churchill«, in: Fest, Aufgehobene Vergangenheit. Porträts und Betrachtungen, Stuttgart 1981, S. 225.
58 Winston S. Churchill, Savrola, S. 299.
59 H.G. Wells, When The Sleeper Wakes. Hrsg. von John Lawton (nach Fassung der Erstausgabe von 1899), London 1994 [1899], S. 166.
60 ibd., S. 165.
61 ibd., S. 57.
62 Detlef Felken, Oswald Spengler. Konservativer Denker zwischen Kaiserreich und Diktatur, München 1988, S. 14–17; Anton M. Koktanek, Oswald Spengler in seiner Zeit, München 1968, S. 29–35.
63 Koktanek, Oswald Spengler in seiner Zeit, S. 31.
64 An Hans Klöres, 25.10.1914, in: Oswald Spengler, Briefe 1913–1936, München 1963, S. 29.
65 Oswald Spengler, Der Untergang des Abendlandes. Umrisse einer Morphologie der Weltgeschichte, Bd. 2: Welthistorische Perspektiven, München 1922, S. 583.
66 Detlef Felken, Oswald Spengler, S. 40.
67 Oswald Spengler, Der Untergang des Abendlandes, Bd. 2, S. 521.
68 ibd., S. 523.
69 Koktanek, Oswald Spengler, S. 332f, 435.
70 Oswald Spengler, Jahre der Entscheidung. Erster Teil: Deutschland und die weltgeschichtliche Entwicklung, München 1933, S. 165.
71 Ludwig Klages, »Der Eroberer«, in: Blätter für die Kunst, IV. Folge, 3. Bd., 1899, S. 88–90.
72 Dazu Klaus Landfried, Stefan George. – Politik des Unpolitischen, Heidelberg 1975.
73 Julius Langbehn, Rembrandt als Erzieher, Berlin o. J. [1890], S. 210 und 265.
74 Thomas Carlyle, Über Helden, Heldenverehrung und das Heldentümliche in der Geschichte, Leipzig 1900 [1841], S. 23.
75 Gottfried Benn, Gedichte 1937–1947, in: Gesammelte Werke in acht Bänden, hrsg. von Dieter Wellershoff, Bd. 1: Gedichte, Wiesbaden 1960, S. 182.
76 Carlyle, Über Helden, S. 38.
77 Zum Wandel des Cäsar-Bildes siehe Karl Christ, Caesar. Annäherungen an einen Diktator, München 1994. Zum Napoleon-Bild in Deutschland siehe neuerdings Roger Dufraisse, »Die Deutschen und Napoleon im 20. Jahrhundert«, in: Historische Zeitschrift, Bd. 252, H. 3, Juni 1991, S. 587–625.
78 G.W.F. Hegel, Vorlesungen über die Philosophie der Geschichte, Sämtliche Werke, Bd. 11, Stuttgart $^{4}$1961, S. 400.
79 Jacob Burckhardt, Historische Fragmente. Aus dem Nachlaß gesammelt von Emil Dürr, Nördlingen 1988 [1929–1933], S. 22.
80 Alfred Heuss, »Theodor Mommsen als Geschichtsschreiber«, in: Notker Hammerstein, Hrsg., Deutsche Geschichtswissenschaft um 1900, Stuttgart 1988, S. 65.
81 Friedrich Nietzsche, Götterdämmerung (Streifzüge eines Unzeitgemäßen), Werke in drei Bänden, hrsg. von Karl Schlechta, München 1966, S. 1015.
82 ibd., S. 797.
83 ibd., Bd. 3, S. 553.
84 ibd., Bd. 3, S. 820.
85 ibd., Bd. 3, S. 1324.
86 ibd., Bd. 3, S. 850.
87 Dazu Ernst Nolte, Nietzsche und der Nietzscheanismus, Berlin 1990.
88 Der Begriff wurde eingeführt durch Auguste Romieu, L'Ère des Césars (1850). Das Buch lag schon ein Jahr später in der Übersetzung vor mit dem Titel: Der Cäsarismus oder die Notwendigkeit der Säbelherrschaft, dargetan durch geschichtliche Beispiele von den Zeiten der Cäsaren bis auf die Gegenwart, Weimar 1851.
89 Jacob Burckhardt, Historische Fragmente aus dem Nachlaß, Jacob Burckhardt Gesamtausgabe, Hrsg. von Albert Oeri und Emil Dürr, Bd. 7, Berlin 1929, S. 429.

90 An Ludwig Pastor, 13.1.1896, Jacob Burckhardt, Briefe, Bd. X, Basel 1986, S. 263.
91 Werner Kaegi, Jacob Burckhardt. Eine Biographie, Bd. VI, Basel 1977, S. 139.
92 ibd., S. 131.
93 ibd., S. 132.
94 siehe z. B. Joachim Fest, Wege zur Geschichte. Über Theodor Mommsen, Jacob Burckhardt und Golo Mann, Zürich 1992, S. 92.
95 Werner Kaegi, Jacob Burckhardt, Bd. IV, Basel 1967, S. 274.
96 Benedetto Croce, Die Geschichte als Gedanke und als Tat, Bern 1944 [1938], S. 162.
97 An Friedrich von Preen, 20.7.1882, J.B., Briefe, Bd. VIII, Basel 1974, S. 48.
98 An Robert Grüninger, 1.4.1875, ibd., Bd.VI, S. 15.
99 An Andreas Heusler-Ryhiner, 9.7.1847, ibd., Bd. III, Basel 1955, S. 79.
100 An Max Alioth, 19.11.1881, ibd., Bd. VII, Basel 1969, S. 299.
101 An Friedrich von Preen, 14.9.1890, ibd., Bd. IX., Basel 1980, S. 263.
102 Jacob Burckhardt, Historische Fragmente. Aus dem Nachlaß gesammelt von Emil Dürr, Nördlingen 1988, S. 283.
103 An Friedrich von Preen, 13.4.1882, J.B., Briefe, Bd. VIII, S. 31.
104 An Friedrich von Preen, 24.7.1889, ibd., Bd. IX., Basel 1980, S. 203.
105 ibd., S. 203. In ähnlichem Sinn an Max Alioth, 18.7.1885, ibd., Bd. VIII, Basel 1974, S. 290.
106 Jacob Burckhardt, Weltgeschichtliche Betrachtungen, S. 229f.
107 Jacob Burckhardt, Über das Studium der Geschichte. Der Text der »Weltgeschichtlichen Betrachtungen« nach den Handschriften herausgegeben von Peter Ganz, München 1982, S. 241.
108 Werner Kaegi, Jacob Burckhardt, Bd. V, Basel 1973, S. 194.
109 Jacob Burckhardt, Historische Fragmente, S. 249.
110 An Friedrich von Preen, 10.9.1891, Briefe, Bd. IX, Basel 1980, S. 320f.
111 An Friedrich von Preen, Sylvester 1870, J.B., Briefe, Bd. V, S. 119.
112 An Max Alioth, 12.3.1883, ibd., S. 115.
113 Werner Kaegi, Jacob Burckhardt, Bd. V, S. 416.
114 An Friedrich von Preen, 1.4.1893, J.B., Briefe, Bd. X, S. 80.
115 An Friedrich von Preen, 29.5.1887, ibd., Bd. IX, S. 78.
116 An Friedrich von Preen, 13.4.1882, ibd., Bd. VIII, S. 31.
117 An Friedrich von Preen, 1.5.1881, ibd., Bd. VII, S. 240.
118 An Friedrich von Preen, 2.11.1889, ibd., Bd. IX, S. 222.
119 Jacob Burckhardt, Weltgeschichtliche Betrachtungen, S. 209.
120 ibd., S. 248.
121 ibd., S. 262.
122 Dos Passos, Mr. Wilson's War, London 1963, S. 7. N.J., 1968, S. 58–92.
123 Woodrow Wilson, »Memoranda for [The Modern Democratic State]«, Dec. 1885, in: The Papers of Woodrow Wilson, Vol. 5: 1885–1888, ed. by Arthur S. Link, Princeton, N. J. 1968, S. 58–92.
124 Von den vielen, die sich mit der Evolution der Ideen von Robert Michels befaßt haben, seien genannt Wilfried Röhrich, Die Entwicklung zum faschistischen Führerstaat in der politischen Philosophie von Robert Michels, Heidelberg 1972 und Gottfried Eisermann, »Robert Michels (Köln 8. Januar 1876 – 2. Mai 1936 Rom)«, in: Der Staat, 26 (1987), S. 250–269.
125 Robert Michels, Zur Soziologie des Parteiwesens in der modernen Demokratie. Untersuchungen über die oligarchischen Tendenzen des Gruppenlebens, Leipzig 1911, S. 68.
126 ibd., S. 51.
127 ibd., S. 51f.
128 Robert Michels, Italien von heute. Politische und wirtschaftliche Kulturgeschichte von 1860 bis 1930, Zürich 1930, S. 266f.
129 ibd., S. 267f.
130 ibd., S. 270.
131 Robert Michels, Soziologie des Parteiwesens in der modernen Demokratie. Neudruck der zweiten Auflage. Hrsg. und mit einem Nachwort versehen von Werner Conze, Stuttgart 1970, S. XXXI.
132 Robert Michels, Zur Soziologie des Parteiwesens in der modernen Demokratie, Leipzig 1911, S. 326–332.

133 ibd., S. 351.
134 David Shub, Lenin. Wiesbaden [3]1958 [1948], S. 78.
135 ibd., S. 79
136 Robert Michels, Soziologie des Parteiwesens in der modernen Demokratie, Stuttgart 1970, S. XXXI.

## Zweiter Teil: »Die Könige der Welt sind alt und werden keine Erben haben«

1 Rainer Maria Rilke, Werke, Bd. 1, Frankfurt 1984, S. 84.
2 Graf Carlo Sforza, Gestalten und Gestalter des heutigen Europa, Berlin 1931, S. 25.
3 John Roberts, Europe 1880–1945, London 1967, S. 63.
4 Alan Palmer, Franz Joseph I., Kaiser von Österreich und König von Ungarn, München 1995, S. 12.
5 Alan Sked, Der Fall des Hauses Habsburg. Der unzeitige Tod eines Kaiserreichs, Berlin 1993, S. 51.
6 Gegen den Vorwurf der Beschränktheit argumentiert neuerdings Dominic Lieven, Nicholas II., Emperor of all the Russians, London 1994, S. 39f.
7 Harold Nicolson, Sir Arthur Nicolson, Bart. First Lord Carnock. A Study in the Old Diplomacy, London 1930, S. 225.
8 Richard Pipes, The Russian Revolution, New York 1991, S. 187f, 19O.
9 Maurice Paléologue, Am Zarenhof während des Ersten Weltkrieges. Tagebücher und Betrachtungen, Bd. I., München 1924, Eintrag vom 20.8.1914, S. 90.
10 Dominic Lieven, Nicholas II, S. 202f.
11 Pipes, The Russian Revolution, S. 335.
12 Roy Jenkins, Asquith, London 1978, S. 327.
13 A.J.P. Taylor, English History, 1914–1945, Oxford 1965, S. 2f.
14 John C.G. Röhl, Wilhelm II. Die Jugend des Kaisers 1859-1888, München 1993.
15 Michael Balfour, Der Kaiser. Wilhelm II. und seine Zeit, Berlin 1967 [1964], S. 128f.
16 Princess E.M. Blücher von Wahlstatt, An English wife in Berlin. A private memoir of events, politics and daily life in Germany throughout the war and the social revolution of 1918, London 1926, S. 14.
17 Alexander von Hohenlohe, Aus meinem Leben, Hrsg. von Gottlob Anhäuter, Frankfurt 1925, S. 338.
18 Willibald Gutsche, Wilhelm II. Der letzte Kaiser des Deutschen Reiches. Eine Biographie, Berlin 1991, S. 201.
19 Rainer Maria Rilke, Briefe zur Politik. Hrsg. von Joachim W. Storck, Frankfurt 1992, Brief an Nanny Wunderly-Volkart. 28.6.1922, S. 389.
20 John C.D. Röhl, Kaiser, Hof und Staat. Wilhelm II. und die deutsche Politik, München 1987, S. 95ff.
21 Walter Henry Nelson, Die Hohenzollern. Reichsgründer und Soldatenkönige, München 1997 [1970], S. 328.
22 Das Tagebuch der Baronin Spitzemberg. Aufzeichnungen aus der Hofgesellschaft des Hohenzollernreiches, Göttingen 1960, Einträge vom 28.2.1892 und 24.10.1902, S. 298, 421.
23 Wolf Jobst Siedler, »Die Modernität des Wilhelminismus«, in: Siedler, Weder Maas noch Memel. Ansichten vom beschädigten Deutschland, Stuttgart 1982, S. 99.
24 Walther Rathenau, Der Kaiser. Eine Betrachtung, Berlin 1919, S. 24. Analytiker des Zeitgeistes in der Wilhelminischen Epoche finden immer wieder zur Feststellung, daß der Kaiser diesen Jahrzehnten eben deshalb den Namen zu geben vermochte, weil »viele Deutsche sich in ihm wiedererkennen konnten« [Volker Ulrich. Die nervöse Großmacht. Aufstieg und Untergang des deutschen Kaiserreichs, 1871-1918, Frankfurt 1997, S. 144].
25 Winston S. Churchill, Gedanken und Abenteuer, Zürich 1944, S. 85.
26 Franz Herre, Wilhelm II., Monarch zwischen den Zeiten, Köln 1993, S. 140.
27 Holstein an Fürst Radolin, 28.11.1889, Die geheimen Papiere Friedrich von Holsteins, Bd. III, Briefwechsel, Göttingen 1961, S. 288.

28 John W. Wheeler-Bennett, Der hölzerne Titan. Paul von Hindenburg, Tübingen 1969 [1967], S. 95.
29 Franz Herre, Wilhelm II., S. 343f.
30 Walther Henry Nelson, Die Hohenzollern, S. 387.
31 Das Tagebuch der Baronin Spitzemberg, Eintrag vom 15.4.1904, S. 439.
32 Willibald Gutsche, Wilhelm II., S. 209.
33 H.R. Bruce Lockhart, Als Diplomat, Bankmann und Journalist im Nachkriegseuropa, Stuttgart o.J., S. 393.
34 John W. Wheeler-Bennett, Three Episodes in the Life of Kaiser William II. The Leslie Stephen Lecture 1955, Cambridge 1956, S. 24.
35 John C.G. Röhl, Wilhelm II., S. 400.
36 König Alfonso XIII. beim Thronverzicht im Jahr 1931. Raymond Carr, Spain 1808–1939, Oxford 1966, S. 601.
37 John Gunther, Inside Europe, London 1937 [1936], S. 214.
38 F.W. Deakin, Die brutale Freundschaft. Hitler, Mussolini und der Untergang des italienischen Faschismus, Zürich 1964 [1962], S. 546.
39 José Luis de Villalonga, Juan Carlos. Die autorisierte Biographie. München 1993, S. 56.
40 Raymond Carr, Spain, 1808–1939, S. 601.
41 Raymond Cartier, Vom Ersten zum Zweiten Weltkrieg, 1918–1939, S. 242.
42 Ernst Jünger, »Die totale Mobilmachung«, in: Blätter und Steine, Hamburg 1934, S. 148, 149 und 150.
43 Walter Bagehot, Die englische Verfassung, Neuwied 1971, [1867], S. 71.
44 Robert K. Massie, Die Schalen des Zorns. Großbritannien, Deutschland und das Heraufziehen des Ersten Weltkrieges. Frankfurt/M. 1993 [1991], S. 136.
45 Knappe Skizzen zur Rolle der einzelnen Monarchen finden sich bei Werner Rings, Kollaboration und Widerstand. Europa im Krieg 1939–1945, Zürich 1979, S. 81–84.
46 ibd., S. 283–288.
47 Stephen S. Large, Emperor Hirohito and Showa Japan. A political biography. London 1992, S. 1.
48 Peter Wetzler, »Kaiser Hirohito und der Krieg im Pazifik«, in: VjZG, 37. Jg.[1989], S. 624 bis 626.
49 David Bergamini, Japan's Imperial Conspiracy, New York 1971.
50 Stephen S. Large, Emperor Hirohito and Showa Japan, S. 21–23.
51 ibd., S. 19.
52 Otto D. Tolischus, Tokyo Record, London 1943, S. 112.
53 John A. Coleman, »Civil Religion«, in: Sociological Analysis, Jg. 31 [1970], S. 72.
54 Peter Calvocoressi/Guy Wint/John Pritchard, Total War. The Causes und Courses of the Second World War, 2. Aufl. London 1989, S. 1192.
55 Douglas MacArthur, Reminiscences, Greenwich, Conn. 1965 [1964], S. 330.
56 Die für spätere Transitionen musterbildenden Vorgänge sind von Anfang an gründlich analysiert worden. Siehe die Studien bei Walther L. Bernecker und Carlos Collado Seidel, Hrsg., Spanien nach Franco. Der Übergang von der Diktatur zur Demokratie 1975–1982, München 1993.
57 José Luis de Vilallonga, Juan Carlos, S. 88f.
58 ibd., S. 93.
59 ibd., S. 139.
60 Paul Preston, Franco. A Biography, New York 1994, S. 743.
61 José Luis de Vilallonga, Juan Carlos, S. 101.
62 ibd., S. 103.
63 Paul Preston. A Biography, New York 1994, S. 743.
64 Juan Linz, »Innovative Leadership in the Transition to Democracy and a New Democracy: The Case of Spain«, in: Gabriel Sheffer, ed., Innovative Leaders in International Politics, New York 1993, S. 167f.
65 So sieht dies auch Walther L. Bernecker in einer neueren, zusammenfassenden Studie (»Die Rolle von König Juan Carlos«, in: Walther Bernecker/Carlos Collado Seidel, Spanien nach Franco, S. 170.
66 Werner Koch. Lawrence von Arabien, Leben und Werk, Frankfurt 1995, S.99.

67 ibd., S. 102.
68 Siehe dazu die sehr umstrittene biographische Hinrichtung durch Richard Aldington, Der Fall T.E. Lawrence. Eine kritische Biographie, München [1955] o.J. Die verläßlichste neuere Studie ist Lawrence James, The Golden Warrior. The Life and Legend of Lawrence of Arabia, London 1990.
69 Howard M. Sachar, The Emergence of the Middle East, 1914–1924, New York 1969, S. 254.
70 T.E. Lawrence, Die sieben Säulen der Weisheit, München 1996 [1936], S. 151.
71 ibd., S. 95.
72 Helmut Mejcher, »Der arabische Osten im zwanzigsten Jahrhundert 1914–1985«, in: Ulrich Haarmann, Hrsg., Geschichte der Arabischen Welt, 3. erw. Aufl., München 1994 [1987], S. 435 bis 467.
73 Daniel Yergin, Der Preis. Die Jagd nach Öl, Geld und Macht, Frankfurt 1991, S. 269.
74 T.E. Lawrence, Die sieben Säulen der Weisheit, S. 851f.
75 Colin Simpson/Philip Knightley, Das Geheimleben des Lawrence von Arabien, Hamburg 1969, S. 166.
76 William Manchester, Winston Churchill. Der Traum vom Ruhm: 1874–1932, München 1989 [1983], S. 870.
77 T.E. Lawrence, Die sieben Säulen der Weisheit, S. 95.
78 Wm. Roger Louis, The British Empire in the Middle East, 1945–1951. Arab Nationalism, the United States, and Postwar Imperialism, Oxford 1984, S. 601.
79 Daniel Yergin, The Prize, S. 509.
80 Wm. Roger Louis, The British Empire in the Middle East. 1945–1951, S. 628.
81 Howard M. Sadar, A History of Israel from the Rise of Zionism to our Time, New York 1996, S. 451f.
82 Die folgende Skizze stützt sich vor allem auf Leslie McLoughlin, Ibn Saud. Founder of a Kingdom, Oxford 1993, eine sorgfältig gearbeitete, allerdings recht wohlwollende Biographie.
83 Wm. Roger Louis, The British Empire in the Middle East, 1945–1951, S. 180.
84 Winston Churchill, Der Zweite Weltkrieg. Triumph und Tragödie, Bd. 6, Buch 2, Der Eiserne Vorhang. Bern 1954, S. 67.
85 Daniel Yergin, The Prize, S. 289–291.
86 Charles F. Bohlen, Witness to History, 1929–1969, New York 1973, S. 202.
87 Jim Bishop, FDR's Last Year, April 1944 – April 1945, New York 1975, S. 401f.
88 ibd., S. 597.
89 ibd., S. 601. Ebenso Charles F. Bohlen, Witness to History, S. 204.
90 Daniel Yergin, The Prize, S. 447f.
91 Said K. Aburish, The Rise, Corruption and coming Fall of the House of Saud, London 1995, S. 27.
92 Winston Churchill, The Second World War. 12: Triumph and Tragedy, London 1964 [1954], S. 62.
93 Leslie McLoughlin, Ibn Saud, S. XVI.
94 H. St. John Philby, Saúdi Arabia, London 1955.
95 Jacob Burckhardt, Weltgeschichtliche Betrachtungen, Stuttgart 1955 [1905], S. 262.
96 ibd., S. 185f.
97 Daniel Yergin, The Prize, S. 452.
98 Arnold Hottinger, »Die iranische Revolution«, in: Die Internationale Politik, 1979/80, München 1983, S. 79. Zum Sturz des Schah siehe Anthony Parsons, The Pride and the Fall: Iran 1974–1979, London 1984.
99 David Yergin, The Prize, S. 677.

## Dritter Teil: Ein Jahrhundert der Generale?

1 An Friedrich von Preen, 10.9.1891, Jacob Burckhardt, Briefe, Bd. IX, Basel 1980, S. 321.
2 An Max Alioth, 12.3.1883, Jacob Burckhardt, Briefe, Bd. VIII, Basel 1974, S. 115.
3 Amos Perlmutter, The Military and Politics in Modern Times. On Professionals, Praetorians, and Revolutionary Soldiers, New Haven [2]1978, S. 6.

4 Zahlen nach Jean-Pierre Cartier, Der Erste Weltkrieg 1914–1918, München 1984, S. 511, 528.
5 Ernst Jünger, Das Wäldchen 125. Eine Chronik aus den Grabenkämpfen 1918. Berlin 1925, S. 31.
6 Jean-Baptiste Duroselle, La Grande Guerre des Français, 1914–1918, Paris 1994, S. 75 und passim.
7 Michel Junot, André Tardieu, Le mirobolant, Paris 1996, S. 98.
8 Paul von Hindenburg, Aus meinem Leben, Leipzig 1934, S. 28.
9 Peter Graf Kielmansegg, Deutschland und der Erste Weltkrieg, Stuttgart [2]1980 [1968], S. 314.
10 Von den biographischen Studien zu Pétain seien genannt Richard Griffith, Marshal Pétain, London [2]1994 [1970]; Marc Ferro, Pétain, Paris 1987, und Philippe Alméras, Un Français nommé Pétain, Paris 1995.
11 Richard Griffiths, Marshall Pétain, S. 160.
12 Peter Graf Kielmansegg, Deutschland und der Erste Weltkrieg, S. 322.
13 Philippe Alméras, Un Français nommé Pétain, S. 32f.
14 Richard Griffiths, Marshal Pétain, S. XXIV.
15 Basil Henry Liddle Hart, Jetzt dürfen sie reden. Hitlers Generale berichten. Stuttgart 1950 [1948], S. 37.
16 So Martin Kitchen, The Silent Dictatorship: The Politics of the German High Command under Hindenburg and Ludendorff, 1916–1918, London/New York 1976. Zum Ganzen siehe auch die seinerzeit vielbeachtete, heute ziemlich vergessene Untersuchung von Gerhard Ritter: Staatskunst und Kriegshandwerk, Bd. 3: Die Tragödie der Staatskunst. Bethmann Hollweg als Kriegskanzler (1914–1917), München 1964.
17 Gordon A. Craig, »The Political Leader as Strategist«, in: Peter Paret, ed., Makers of Modern Strategy from Machiavelli to the Nuclear Age, Princeton N.J. 1986, S. 486.
18 Charles Bugnet, Drei Diktatoren. Der Kampf um die Kriegführung in Frankreich 1914–1918, Berlin 1938 [1937], S. 309.
19 Winston Churchill, The World Crisis 1916/18, London 1931, S. 677f.
20 Walter Görlitz, Kleine Geschichte des deutschen Generalstabes, Berlin [2]1977, S. 221.
21 Horst Möller, Weimar. Die unvollendete Demokratie, München [6]1997 [1985], S. 67–73.
22 Magnus Freiherr von Braun, Weg durch vier Zeitepochen. Vom ostpreußischen Gutsleben der Väter bis zur Weltraumforschung des Sohnes, Limburg a.d. Lahn [3]1964 [1955], S. 229.
23 Heinrich Brüning, Memoiren 1918–1934, Stuttgart 1970, S. 386.
24 ibd., S. 422.
25 Jacques Benoist-Méchin, De la défaite au désastre. Bd. 1: Les occasions manquées, Juillet 1940 – avril 1942, Paris 1984, S. 44.
26 John W. Wheeler-Bennett. Der hölzerne Titan. Paul von Hindenburg, Tübingen 1969, S. 260f.
27 Übersetzung nach William L. Shirer, Der Zusammenbruch Frankreichs. Aufstieg und Fall der Dritten Republik, S. 1992.
28 Marc Ferro, Pétain, S. 215.
29 Heinrich August Winkler, Weimar, 1918–1933. Die Geschichte der ersten deutschen Demokratie, München 1993, S. 284.
30 Theodor Eschenburg, Die improvisierte Demokratie. Gesammelte Aufsätze zur Weimarer Republik, München 1963, S. 241.
31 Gerhard Schulz, Aufstieg des Nationalsozialismus. Krise und Revolution in Deutschland, Frankfurt 1975, S. 267.
32 Theodor Eschenburg, Die improvisierte Demokratie, S. 241.
33 Karl Dietrich Bracher, Die deutsche Diktatur, Entstehung, Struktur, Folgen des Nationalsozialismus, Berlin [6]1979 [1969], S. 221.
34 Harry Graf Kessler, Tagebücher 1918 bis 1937. Politik, Kunst und Gesellschaft der zwanziger Jahre, Frankfurt 1961, S. 442.
35 Wipert von Blücher, Gesandter zwischen Diktatur und Demokratie, Wiesbaden 1951, S. 231. Die folgende Studie stützt sich vor allem auf Stig Jägerskiöld, Mannerheim. Marshal of Finland, Minneapolis 1986, die kondensierte Fassung der achtbändigen Biographie Mannerheims, die zwischen 1964 und 1981 in schwedischer Sprache erschienen ist.
36 Sven Hedin, Große Männer, denen ich begegnete, Bd. 2, Wiesbaden 1952, S. 99.
37 Gustav Mannerheim, Erinnerungen, Zürich 1952, S. 25.

38 Stig Jägerskiöld, Mannerheim, S. 19.
39 ibd., S. VI.
40 Wipert von Blücher, Gesandter zwischen Diktatur und Demokratie, S. 232.
41 ibd., S. 283f.
42 ibd., S. 408.
43 Die Tagebücher von Joseph Goebbels. Hrsg. von Elke Fröhlich. Teil II. Bd. 13, Juli – September 1944, München 1995, Eintrag vom 3.8.1944, S. 204.
44 ibd., Eintrag vom 5.9.1944, S. 414.
45 ibd., Eintrag vom 20.9.1944, S. 524.
46 ibd., Eintrag vom 25.9.1944, S. 560.
47 Willi Gautschi hat über ihn eine nicht unkritische, abwägende Biographie geschrieben (General Henri Guisan, Die schweizerische Armeeführung im Zweiten Weltkrieg. Zürich $^{3}$1989).
48 Friedrich Schiller, Prolog zu Wallensteins Lager, Sämtliche Werke, Bd. 1, München 1975, S. 635.
49 So z.B. der amerikanische Gesandte in Warschau Hugh Simons Gibson in einem Bericht an das State Department vom 5.10.1920; Zygmunt J. Gasiorowski, »Joseph Pilsudski in the Light of American Reports, 1919–1922«, in: Slavonic & East European Review, 49 [1971], S. 429.
50 Paul Schmidt, Statist auf diplomatischer Bühne, 1923–45, Erlebnisse des Chefdolmetschers im Auswärtigen Amt mit den Staatsmännern Europas, Bonn 1950, S. 145.
51 Zur Gesamtbewertung aus heutiger Sicht siehe Andrzej Garlicki, Józef Piłsudski, 1867–1935, Aldershot 1995.
52 Andrzej Garlicki, Józef Piłsudski, 1867 bis 1935, S. 66.
53 Josef Pilsudski. Gesetz und Ehre, Jena 1935, S. 178f.
54 ibd., S. 178.
55 Hans Roos, Geschichte der polnischen Nation 1918–1985, Stuttgart $^{4}$1986, S. 48.
56 Raymond Cartier, Vom Ersten zum Zweiten Weltkrieg 1918–1939, München 1982, S. 90.
57 Josef Pilsudski, Gesetz und Ehre, Jena 1935, S. 154.
58 Maxime Weygand, Mémoires, Bd. 2: Mirages et réalités, Paris 1957, S. 152.
59 Zygmunt J. Gasiorowski, »Joseph Pilsudski in the Light of American Reports, 1919–1922«, S. 429.
60 Josef Pilsudski, Gesetz und Ehre, S. 173.
61 ibd., S. 200.
62 Hans Roos, Geschichte der polnischen Nation, 1918–1985, S. 116.
63 Paul Schmidt, Statist auf diplomatischer Bühne, 1923–1945, S. 306f.
64 Die bislang beste englischsprachige, recht wohlwollende Biograpie hat Patrick Kinross verfaßt (Atatürk. The Rebirth of a Nation, London $^{2}$1996 [1964]), eine neuere in deutscher Sprache Dietrich Gronau (Mustafa Kemal Atatürk oder Die Geburt der Republik, Frankfurt 1994), die kritischste zeitgenössische Harold C. Armstrong, der Mustapha Kemal als ausgewachsenen Diktator porträtierte – ein Rückfall in die Epoche der Tataren (The Grey Wolf – Mustapha Kemal. An Intimate Story of a Dictator, London 1932. Dt. Der graue Wolf. Das Leben des Diktators Mustafa Kemal. Berlin 1933), die psychologisch ambitionierteste Vamik D. Volkan/Norman Itzkowitz (The Immortal Atatürk. A Psychobiography, Chicago 1984), die packendsten zeitgenössischen Porträtstudien die Schriftstellerin Halidé Edib Adivar (Memoirs of Halide Edib, New York 1926; The Turkish Ordeal, New York 1981 [1928]; Turkey Faces West, New Haven 1930).
65 Patrick Kinross, Atatürk, S. 237.
66 ibd., S. 61.
67 Zahlen nach Jean-Pierre Cartier, Der Erste Weltkrieg, 1914–1918. München/Zürich 1984, S. 290.
68 Dagobert von Mikusch, Gasi Mustafa Kemal. Zwischen Europa und Asien. Eine Lebensgeschichte, Leipzig 1929, S. V.
69 Edouard Herriot, Orient, Paris 1934, S. 122f.
70 Vamik D. Volkan/Norman Itzkowitz, The Immortal Atatürk, S. 340ff.
71 Patrick Kinross, Atatürk, S. 496.
72 Barbara Tuchman, Sand gegen den Wind. General Stilwell und die amerikanische Politik in China 1911–1945, Frankfurt 1988 [1973], S. 120.

73 Theodore H. White, In Search of History. A Personal Adventure, New York 1978, S. 164.
74 Barbara Tuchman, Sand gegen den Wind, S. 483.
75 Arthur Bryant, Triumph in The West. The Alanbrooke War Diaries 1943–1946. London 1965 [1959], S. 66.
76 Philip Ziegler, Mountbatten. The Official Biography, Glasgow 1985, S. 245.
77 Lucien Bianco, Origins of the Chinese Revolution, 1915–1949, Stanford, Calif. 1971, S.121.
78 Jonathan D. Spence, Chinas Weg in die Moderne, München 1995 [1991], S. 473.
79 Sterling Seagrave, The Soong Dynasty, New York 1985, S. 461.
80 Eleanor Roosevelt, Autobiography, New York 1961, S. 249.
81 Sterling Seagrave, The Soong Dynasty, S. 356.
82 ibd., S. 261.
83 Am wichtigsten sind die einschlägigen Monographien von Pichon P. Y. Loh, The Early Chiang Kai-shek: A Study of His Personality and Politics, 1887–1924, New York 1971; Parks M. Coble, Jr., The Shanghai Capitalists and the Nationalist Government: 1927–1937, Cambridge, Mass. 1980; Brian Crozier, The Man Who Lost China, New York 1976, und Sterling Seagrave, The Soong Dynasty, New York 1985.
84 Pichon P. Y. Loh, The Early Chiang Kai-shek, S.16.
85 Alan Bullock, Hitler und Stalin. Parallele Leben, Berlin 1991, S. 17f.
86 Ross Terrill, Mao. Eine Biographie, Hamburg 1981, S. 16.
87 Sterling Seagrave, The Soong Dynasty, S. 154.
88 Jonathan D. Spence, The Search for Modern China, S. 339.
89 Paul Johnson, Modern Times, A History of the World from the 1920s to the 1990s, London 1992, S. 194.
90 André Malraux, La condition humaine, Paris 1933.
91 Paul Johnson, Modern Times, S. 196.
92 Theodore H. White, In Search of History, S. 163.
93 ibd., S. 140.
94 Barbara Tuchman, Sand gegen den Wind, S. 307.
95 Jonathan D. Spence, The Search for Modern China, S. 423.
96 Paul Schmidt, Statist auf diplomatischer Bühne, S. 502.
97 ibd., S. 503.
98 Nikolaus von Horthy, Ein Leben für Ungarn, Bonn 1953, S. 134.
99 Brian Crozier, Franco. Eine Biographie, München 1967, S. 67.
100 Paul Preston, Franco. A Biography, New York 1994, S. 51.
101 ibd., S. 49.
102 Hugh Thomas, Histoire de la guerre d'Espagne. Bd. I, Paris 1961, S. 126.
103 Brian Crozier, Franco, S. 165.
104 Paul Preston, Franco, S. 134.
105 John Gunther, Inside Europe, London [25]1937, S. 185.
106 Paul Preston, Franco, S. 352.
107 Brian Crozier, Franco, S. 281.
108 Charles Foltz, The Masquerade in Spain, Boston 1948, S. 97.
109 Menédes Pidal, Hrsg., Historia de España. La época de Franco 1939–1975, Vol. 1, Madrid 1996, S. 20.
110 Paul Preston, Franco, S. 418.
111 ibd., S. 782.
112 ibd., S. 352f.
113 Adolf Hitler, Monologe im Führerhauptquartier 1941–1944. Die Aufzeichnungen Heinrich Heims, hrsg. von Werner Jochmann, Hamburg 1980, Eintrag vom 5.9.1942, S. 391.
114 Paul Schmidt, Statist auf diplomatischer Bühne, S. 503.
115 Brian Crozier, Franco, S. 373.
116 Dwight D. Eisenhower, Wagnis für den Frieden, 1956–1961, Düsseldorf 1966, S. 418.
117 ibd., S. 418.
118 Paul Preston, Franco, S. 762.
119 Cyrus L. Sulzberger, An Age of Mediocrity. Memoirs and Diaries: 1963–1972, New York 1973, Eintrag vom 12.5.1972, S. 634.

120 A.J.P. Taylor, English History, 1914 bis 1945, S. 100.
121 Philip Ziegler, Mountbatten, S. 659–662.
122 William Manchester, American Caesar. Douglas MacArthur: 1880–1964, Boston 1978, S. 152.
123 Douglas MacArthur, Reminiscences, New York 1965 [1964], S. 105.
124 William Manchester, American Caesar, S. 149.
125 David McCullough, Truman, New York 1992, S. 793.
126 Stephen Ambrose, Eisenhower: Soldier and President, New York 1990, S. 42–52.
127 Theodore H. White, In Search of History, S. 113.
128 Text des entsprechenden Memorandums vom 17.12.1952 bei Douglas MacArthur, Reminiscences, S. 465–468; Stephen E. Ambrose, Eisenhower, Vol. 2: The President, New York 1985, S. 34f.
129 Stephen E. Ambrose, Eisenhower, S. 32.
130 Charles de Gaulle, Mémoires de guerre, L'Appel 1940–1942, Paris 1954, S. 332.
131 Am 23. Mai 1940. Jean Lacouture, De Gaulle, 1: Le Rebelle, 1880–1944, Paris, 1984, S. 216.
132 Pierre-Louis Blanc, Charles de Gaulle au soir de sa vie, Paris 1990, S. 63.
133 Shakespeare, Hamlet IV, 1.
134 De Gaulle, Die Schneide des Schwertes, Frankfurt 1981 [1932], S. 200.
135 Pierre-Louis Blanc, Charles de Gaulle au soir de sa vie, S. 151.
136 ibd., S. 222.
137 Jean Lacouture, De Gaulle, Bd. 1, S. 320.
138 John Colville, The Fringes of Power. Downing Street Diaries. Vol. 1: September 1939–September 1941, London 1986 [1985], Eintrag vom 12.6.1940, S. 179.
139 Winston S. Churchill, Der Zweite Weltkrieg, Bd. 2, Stuttgart 1950, S. 259.
140 John Colville, The Fringes of Power, Eintrag vom 16.6.1940, S. 186.
141 De Gaulle an Admiral Stark, 16.12.1942, in: David Schoenbrun, Les trois vies de Charles de Gaulle, Paris 1965, S. 7.
142 Orville H. Bullitt, ed., For the President »Personal and Secret«. Correspondence between Franklin D. Roosevelt and William C. Bullitt, Boston 1972, Eintrag vom 14.2.1943, S. 568.
143 André Malraux, Anti-Memoiren, Frankfurt 1971 [1968], S. 89.
144 David Schoenbrun, Les trois vies de Charles de Gaulle, Paris 1965.
145 Charles de Gaulle, Memoiren 1942–1946. Die Einheit – Das Heil, Düsseldorf 1961 [1959] S. 507.
146 John Colville, The Fringes of Power, Downing Street Diaries. Vol. 2: October 1941–April 1955, London 1987, Eintrag vom 1.6.1945, S. 255.
147 Stanley Hoffmann, »De Gaulle as an Innovative Leader«, in: Gabriel Sheffer, ed., Innovative Leaders in International Politics, New York 1993, S. 67.
148 Charles de Gaulle, Mémoires d'espoir. Le Renouveau, 1958–1962, Paris 1970, S. 20.
149 Charles de Gaulle, Memoiren 1942–1946, Düsseldorf 1961, S. 555.
150 Die bisher beste, auf umfassenden Quellenstudien beruhende Darstellung der politisch und auch in der Forschung heftig umstrittenen Außenpolitik de Gaulles als Staatschef der 5. Republik ist Maurice Vaisse, La Grandeur. Politique étrangère du général de Gaulle 1958–1969, Paris 1998.
151 Die Deutschlandpolitik de Gaulles hat auch in der Forschung schon viel Beachtung gefunden. Genannt sei die schöne Monographie von Knut Linsel, Charles de Gaulle und Deutschland, Sigmaringen 1998, sowie aus französischer Sicht und bezogen auf die Jahre 1958–1969 Georges Henri Soutou, L'alliance incertaine. Les rapports politico-stratégiques franco-allemands, 1954–1996, Paris 1996, S. 123–265.
152 Jean-Raymond Tournoux, Die Tragödie des Generals, Düsseldorf 1968, S. 53.
153 ibd., S. 300.
154 Jean Lacouture, De Gaulle. 2. Le Politique 1944–1959, Paris 1985, S. 472.
155 Jean-Raymond Tournoux, Die Tragödie des Generals, S. 375.
156 Jean Lacouture, De Gaulle, Bd. 3: Le Souverain, 1959-1970, Paris 1986, S. 757.
157 Pierre Louis Blanc, Charles de Gaulle au soir de sa vie, Paris 1990, S. 49.
158 André Malraux, Les chênes qu'on abat..., Paris 1971, S. 233.

Vierter Teil: Die Monster

1 Wilhelm von Kügelgen, Jugenderinnerungen eines alten Mannes, Berlin o.J. [1870], S. 101.
2 Jacob Burckhardt, Weltgeschichtliche Betrachtungen, Stuttgart 1955 [1905], S. 265.
3 Ansprache Himmlers vom 6.10.1943, BA NS 19 HR/10.
4 »Philipp der Zweite, König von Spanien«, in: Friedrich Schiller, Sämtliche Werke, Bd. IV, Historische Schriften, München 1968 [1786], S. 935.
5 ibd., S. 942.
6 ibd., S. 936–948.
7 Adolf Hitler. Monologe im Führerhauptquartier 1941–1944, hrsg. von Werner Jochmann, Bindlach 1988 [1980], Aufzeichnung vom 24.3.1942, S. 363.
8 Vladimir Nabokov an Edmund Wilson, 15.12.1940, Vladimir Nabokov. Briefwechsel mit Edmund Wilson, 1940–1971, hrsg. von Simon Karlonsky, Hamburg 1997, [1979], S. 79.
9 ibd.
10 Louis Fischer, Das Leben Lenins, Köln 1965 [1964], S. 19.
11 Martin Malia, Vollstreckter Wahn. Rußland 1917-1991, Stuttgart 1994, S. 93f.
12 Louis Fischer, Das Leben Lenins, S. 399.
13 Bertram D. Wolfe, Lenin, Trotzkij, Stalin. Drei, die eine Revolution machten, Frankfurt 1965, S. 80.
14 ibd., S. 118.
15 ibd., S. 95.
16 Brian Moynahan, Das Jahrhundert Rußlands, 1894–1994, München 1994, S. 55.
17 Geir Kjetsaa, Maxim Gorki. Eine Biographie, Hildesheim 1996, S. 199.
18 Bertrand Russell, Autobiographie II, 1914–1944, Frankfurt 1973 [1968], Eintrag vom 2. Juni 1920, S. 165f.
19 Louis Fischer, Das Leben Lenins, S. 493.
20 Leo Trotzki, Mein Leben. Versuch einer Autobiographie, Berlin 1961 [1929], S. 137f.
21 Ehrenburg-Memoiren. Menschen, Jahre, Leben I, 1891–1922, München 1962, S. 128–132.
22 Richard Pipes, The Russian Revolution, New York 1991, S. 362f.
23 Brian Moynahan, Das Jahrhundert Rußlands, 1894–1994, S. 54.
24 Winfried B. Scharlau/Zbynek A. Zeman, Freibeuter der Revolution. Parvus-Helphand. Eine politische Biographie, Köln 1964, S. 75f, 88–90.
25 Richard Pipes, The Russian Revolution, S. 350f.
26 Bertrand D. Wolfe, Lenin, Trotzkij, Stalin, S. 336, und Louis Fischer, Das Leben Lenins, S. 61.
27 Leo Trotzki, Mein Leben, S. 146.
28 N.K. Krupskaja, Erinnerungen an Lenin, Wien 1929.
29 Louis Fischer, Das Leben Lenins, S. 107.
30 Nach Dimitri Wolkogonow, Lenin. Utopie und Terror, Düsseldorf 1994 [1993], S. 103f.
31 Leo Trotzki, Geschichte der russischen Revolution, Berlin 1960, S. 239.
32 Richard Pipes, The Russian Revolution, S. 392f.
33 Dimitri Wolkogonow, Lenin, S. 102.
34 John Reed, Zehn Tage, die die Welt erschütterten, Hamburg 1967 [1919], S. 132.
35 So z.B. Ilja Ehrenburg, Memoiren I, S. 131.
36 William Manchester, The Last Lion. Winston Spencer Churchill. Visions of Glory: 1874–1932, London 1983, S. 681.
37 Kai-Uwe Merz, Das Schreckbild. Deutschland und der Bolschewismus 1917 bis 1921, Berlin 1995, S. 264. Germania, 10.11.1918.
38 Germania, 19.2.1919, ibd., S. 272.
39 Germania, 17.11.1918, ibd., S. 265.
40 Adenauer an Sollmann, 16.3.1946, Adenauer. Briefe 1945–1947, Berlin 1983, S. 191.
41 Leo Trotzki, Mein Leben, S. 311. Louis Fischer, Das Leben Lenins, S. 182.
42 Trotzki, Mein Leben, S. 315–317.
43 Peter Scheibert, Lenin an der Macht. Das russische Volk in der Revolution 1918–1922, Weinheim 1984, S. 80.
44 Nicolas Werth, in: Stéphanie Courtois, Le livre noir du communisme. Crimes, terreur, repression, Paris 1997, S. 91.

45 Beispielsweise in dem Aufsatz »Wie soll man den Wettbewerb organisieren?« vom 7./10.1.1918, Lenin, Werke, Bd. 26, S. 412f.
46 Siehe einige Beispiele solcher Weisungen bei Dimitri Wolkogonow, Lenin, S. 206–216.
47 Richard Pipes, The Russian Revolution, S. 791.
48 Peter Scheibert, Lenin an der Macht, S. 5.
49 Richard Pipes, Russia under the Bolshevik Regime, New York 1993, S. 509.
50 Peter Scheibert, Lenin an der Macht, S. 1.
51 Leo Trotzki, Über Lenin. Material für einen Biographen. Frankfurt 1964 [1924], S. 99.
52 Leo Trotzki, Mein Leben, S. 419f.
53 ibd., S. 421.
54 Peter Scheibert, Lenin an der Macht, S. 8.
55 Dimitri Wolkogonow, Lenin, S. 498–513.
56 Paul Scheffer, Augenzeuge im Staate Lenins. Ein Korrespondent berichtet aus Moskau 1921–1930, München 1972, S. 142–146.
57 Graf Carlo Sforza, Gestalten und Gestalter des heutigen Europa, Berlin 1931, S. 369.
58 Nach Walter Laqueur, Stalin. Abrechnung im Zeichen von Glasnost, München 1990, S. 264.
59 Machiavelli, Der Fürst. »Il Principe«, Stuttgart 1955, Kapitel VI, S. 23.
60 Brian Moynahan, Das Jahrhundert Rußlands 1894–1994, S. 9.
61 Hitler über Stalin, Adolf Hitler, Monologe im Führerhauptquartier 1941–1944, Aufzeichnung vom 24.8.1942, S. 363.
62 Boris Nossik, Nabokov. Die Biographie, Berlin 1997, S. 86.
63 Robert Conquest hält auf Grundlage der bis 1991 zugänglichen Informationen die Selbstmordtheorie für die wahrscheinlichste (Stalin. Der Totale Wille zur Macht, Frankfurt 1993 [1991], S. 225); Edvard Radzinsky (Stalin, New York 1996, S. 275 bis 295) stellt die verfügbaren Zeugnisse nebeneinander und läßt letztlich alles offen. Eigenartig ist übrigens, daß auch Hitlers Geliebte, Geli Raubal, unter ähnlich ungeklärten Umständen Selbstmord begangen hat. Auch von Eva Braun sind zwei Selbstmordversuche bezeugt. Werner Maser, der diesen Vorgängen Beachtung schenkt (Adolf Hitler, Legende, Mythos, Wirklichkeit, München $^{14}$1995 [1971], S. 316–325), hält die Selbstmordtheorie für zutreffend.
64 Dimitri Wolkogonow, Stalin. Triumph und Tragödie. Ein politisches Porträt, Düsseldorf $^{3}$1996 [1989], S. 329–342.
65 Robert Conquest, Stalin, S. 189.
66 Boris Souvarine, Stalin. Anmerkungen zur Geschichte des Bolschewismus, München 1980, S. 334.
67 Robert Conquest, Stalin, S. 155f.
68 Leo Trotzki, Geschichte der russischen Revolution, S. 232.
69 Martin Malia, Vollstreckter Wahn. Rußland 1917–1991, S. 226.
70 Robert Conquest, Stalin, S. 219.
71 Montesquieu, De l'esprit des lois, Buch V, Kap. 13, Oeuvres Complètes, Bd. II, Paris 1951, S. 292.
72 Stalin, Briefe an Molotow, 1924–1936, Berlin 1996 [1995].
73 W. Averell Harriman/Elie Abel, In geheimer Mission. Als Sonderbeauftragter Roosevelts bei Churchill und Stalin, 1941–1946, Stuttgart 1979, S. 411.
74 Arthur Bryant, The Turn of the Tide, The Alanbrooke War Diaries 1939–1943. Eintrag vom 14.8.1942 London, 1965 [1957], S. 384.
75 Arthur Bryant, Triumph in the West. The Alanbrooke War Diaries 1943–1946, Eintrag vom 27.11.1943, London 1965 [1959], S. 77.
76 Robert Rhodes James, Anthony Eden, London 1986, S. 277.
77 ibd., S. 144.
78 ibd., Eintrag vom 17.7.1945, S. 307.
79 Charles de Gaulle, Mémoires de Guerre. Vol. 3: Le salut, 1944–1946, Paris 1959, S. 73f.
80 Stalin, Briefe an Molotow, 1925–1936, S. 259.
81 Alan Bullock, Hitler und Stalin. Parellele Leben, Berlin 1991, S. 653.
82 Robert Conquest, The Great Terror. A Reassessment, Oxford 1990, S. 487.
83 ibd., S. 486.
84 ibd., S. 205.

85 Walter Laqueur, Stalin, S. 127.
86 Edvard Radzinsky, Stalin, S. 506.
87 Alan Bullock, Stalin und Hitler, S. 479 bis 485.
88 Chruschtschow erinnert sich, Hrsg. von Strobe Talbott, Hamburg 1971, S. 312.
89 Walter Laqueur, Stalin, S. 200.
90 Robert Conquest, Stalin, S. 239.
91 Michael Holroyd, Bernard Shaw. Magier der Vernunft. Eine Biographie, Frankfurt 1995, S. 894f.
92 ibd., S. 1019.
93 Robert Conquest, Stalin, S. 241.
94 Bertolt Brecht, Gesammelte Werke in 20 Bänden, Bd. 20, Frankfurt 1967, S. 325.
95 Robert Conquest, Stalin, S. 410.
96 Milovan Djilas, Idee und System. Politische Essays, Wien 1982, S. 124.
97 Milovan Djilas, »Stalin heute«, in: Idee und System, S. 153.
98 Alle Beobachtungen, die darauf hindeuten, daß Stalin schon 1941 offensivbereit war, sind von Heinz Magenheimer recht eindrucksvoll zusammengestellt worden (Die Militärstrategie Deutschlands 1940–1945. Führungsentschlüsse, Hintergründe, Alternativen, München [2]1997, S. 44–67). Dagegen beispielsweise Gerhard L. Weinberg, Eine Welt in Waffen. Die globale Geschichte des Zweiten Weltkriegs, Stuttgart 1995, S. 203–230, oder, nüancierter, Alan Bullock, Hitler und Stalin, S. 896 bis 954.
99 Charles E. Bohlen, Witness to History, 1929–1969, S. 340f.
100 Alexander Solschenizyn, Der Archipel Gulag, Bern 1974.
101 Walter Laqueur, Stalin, S. 170.
102 Michail Gorbatschow, Erinnerungen, Berlin 1995, S. 45–48.
103 Stanley G. Payne, A History of Fascism, 1914–1945, London 1995, S. 117.
104 Hans Woller, Die Abrechnung mit dem Faschismus in Italien 1943 bis 1948, München 1996, S. 3.
105 Stanley G. Payne, A History of Fascism, 1914–1945, ibd. – Woller nennt eine höhere Zahl: rund 15 000.
106 Renzo de Felice, Mussolini il duce, Bd. II: Lo Stato totalitario 1936–1940, Torino 1981, S. 45 bis 48.
107 Renzo de Felice, Mussolini l'alleato, 1940–1945. Bd. 1: L'Italia in guerra 1940–1943. Teil 2: Crisi e agonia del regime, Torino 1990, S. 1410.
108 Denis Mack, Smith, Mussolini. Eine Biographie, München 1983, S. 131–134. Renzo de Felice, Mussolini il fascista. Bd. I: La conquista del potere 1921–1925, Torino 1966, S. 621–626.
109 Hans Woller, Die Abrechnung mit dem Faschismus in Italien 1943 bis 1948, S. 168, siehe auch S. 266–270.
110 ibd., S. 303.
111 Hitlers Politisches Testament. Die Bormann-Diktate vom Februar und April 1945, Hamburg 1981, S. 84–89. Im deutschen Original findet sich der Begriff »brutale Freundschaft« nicht, den Deakin der englischen Übersetzung entnahm und zum Titel seiner Darstellung machte (Die brutale Freundschaft. Hitler, Mussolini und der Untergang des italienischen Faschismus, Zürich 1964).
112 Klaus-Peter Hoepke, Die deutsche Rechte und der italienische Faschismus. Ein Beitrag zum Selbstverständnis und zur Politik von Gruppen und Verbänden der deutschen Rechten, Düsseldorf 1968, S. 132.
113 Siehe z.B. Adolf Hitler. Monologe im Führerhauptquartier, Aufzeichnung vom 21./22.7. 1941, S. 43.
114 Joachim C. Fest, Hitler. Eine Biographie, Frankfurt 1973, S. 374.
115 Ivone Kirkpatrick, Mussolini, Berlin 1964, S. 230.
116 Wolfgang Schieder, »Das italienische Experiment. Der Faschismus als Vorbild in der Krise der Weimarer Republik«, in: Historische Zeitschrift, Band 262 (Februar 1996), S. 73–125.
117 Emil Ludwig, Mussolinis Gespräche mit Emil Ludwig, Berlin 1932, S. 31.
118 ibd., S. 35.
119 ibd., S. 67.
120 So A. James Gregor, Italian Fascism and Developmental Dictatorship, Princeton 1979, ders., Young Mussolini and the Intellectual Origins of Fascism, London 1979.

121 Paolo Pombeni, »Churchill and Italy, 1922–1940«, in: R.A.C. Parker, ed., Winston Churchill. Studies in Statesmanship, London 1995, S. 70.
122 ibd., S. 73.
123 Martin Gilbert, Winston S. Churchill, Vol. V: 1922–1939, London 1976, S. 226.
124 ibd., S. 81.
125 Denis Mack Smith, Mussolini, S. 198f.
126 Margherita Sarfati, Mussolini. Lebensgeschichte. Nach autobiographischen Unterlagen. Leipzig 1929.
127 Denis Mack Smith, Mussolini, S. 202.
128 Ivone Kirkpatrick, Mussolini, S. 156.
129 Mussolinis Gespräche mit Emil Ludwig, S. 222f.
130 Ivone Kirkpatrick, Mussolini, S. 139.
131 Hermann Heller, Gesammelte Schriften, Bd. 2, Leiden 1971 [1929], S. 463–609.
132 Renzo de Felice, Mussolini l'alleato, 1940–1945. 1. L'Italia in guerra, 1940–1943, Bd. 2, Torino 1990, S. 953–1410.
133 Ernst Nolte, Der Faschismus in seiner Epoche. Die Action française, Der italienische Faschismus, Der Nationalsozialismus, München 1963, S. 306.
134 F. W. Deakin, Die brutale Freundschaft. Hitler, Mussolini und der Untergang des italienischen Faschismus, Zürich 1964, S. 887.
135 Ivone Kirkpatrick, Mussolini, S. 552.
136 F.W. Deakin, Die brutale Freundschaft, S. 893.
137 ibd.
138 Ernst Nolte, Der Faschismus in seiner Epoche, S. 304 – 306.
139 Hermann Heller, Europa und der Fascismus, Berlin $^{2}$1931, S. 174.
140 Mussolinis Gespräche mit Emil Ludwig, Berlin 1932, S. 232.
141 Ernst Hanfstaengl, Zwischen Weißem und Braunem Haus. Erinnerungen eines politischen Außenseiters, München $^{2}$1970, S. 244.
142 so Hanfstaengl, ibd., S. 245.
143 Goethe an Zelter, 6.11.1830, Goethes Briefe, Bd. IV, Hamburg 1967, S. 407.
144 Brigitte Hamann, die 1996 die bisher am besten recherchierte Studie zu Hitlers Wiener Jahren veröffentlicht hat, ist es nicht gelungen, entsprechende zeitgenössische Zeugnisse zu finden. [Brigitte Hamann, Hitlers Wien. Lehrjahre eines Diktators, München 1996, S. 501–503.]
145 August Kubizek, Adolf Hitler. Mein Jugendfreund, Graz $^{3}$1953, S. 343–347.
146 Mich überzeugt am meisten die nuancierte Deutung Joachim C. Fests [Fremdheit und Nähe. Von der Gegenwart der Gewesenen, Stuttgart 1996, S. 178 und 275–298.] Joachim Köhler macht zwar in seiner geistvollen Studie [Wagners Hitler. Der Prophet und sein Vollstrecker, München 1997] auf viele Berührungspunkte aufmerksam, doch er übertreibt. Die einerseits starre, andererseits hysterisch-bewegliche Psyche Hitlers läßt sich nicht ausschließlich als Konkretisierungen der Wagnerschen Visionen und Verirrungen interpretieren.
147 Joachim Köhler, Wagners Hitler, S. 194.
148 Henry Picker, Hitlers Tischgespräche im Führerhauptquartier, Stuttgart 1977 [1976], S. 95.
149 August Kubizek, Adolf Hitler. Mein Jugendfreund, S. 142.
150 Nietzsche, »Der Fall Wagner«, Werke in drei Bänden, hrsg. von Karl Schlechta, Bd. 2, München 1966, S. 919.
151 Lutz Köpnick, Nothungs Modernität, Wagners »Ring« und die Poesie der Macht im 19. Jahrhundert, München 1994, S. 178.
152 Joachim Köhler, Wagners Hitler, S. 332 bis 346.
153 Hans Frank, Im Angesicht des Galgens. Deutung Hitlers und seiner Zeit auf Grund eigener Erlebnisse und Erkenntnisse, München-Gräfelfing 1952, S. 213.
154 Die Tagebücher von Joseph Goebbels, Sämtliche Fragmente, hrsg. von Elke Fröhlich, Teil I, Bd. 1, München 1987, Eintrag vom 8.5.1926, S. 178.
155 Hartmut Zelinsky, Richard Wagner. Ein deutsches Thema. Eine Dokumentation zur Wirkungsgeschichte Richard Wagners 1876–1976, Berlin 1983 [1976], S. 169.
156 ibd., S. 170.
157 ibd.
158 siehe Kubizek, Adolf Hitler. Mein Jugendfreund, S. 227.

159 Ernst Jünger, Der Kampf als inneres Erlebnis, Leipzig 1922, S. 13f.
160 John Keegan, Die Maske des Feldherrn. Alexander der Große, Wellington, Grant, Hitler, Weinheim 1997 [1987], S. 346–348.
161 ibd., S. 373.
162 Adolf Hitler, Mein Kampf, München 1940 [1925/1927], S. 179.
163 Die Tagebücher von Josef Goebbels, Teil I, Bd. 1, Aufzeichnung vom 21.7.1930, S. 579.
164 Karl Alexander von Müller, Mars und Venus. Erinnerungen 1914–1919, Stuttgart 1954, S. 338.
165 Hitler. Sämtliche Aufzeichnungen 1905 bis 1924, hrsg. von Eberhard Jäckel, Stuttgart 1980, S. 312, und Adolf Hitler, Mein Kampf, München 1940 [1925/27], S. 560–562.
166 Werner Maser, Der Sturm auf die Republik. Frühgeschichte der NSDAP, Frankfurt 1981 [1979], S. 356.
167 Siehe dazu die Studie von Manfred Funke, Starker oder schwacher Diktator? Hitlers Herrschaft und die Deutschen. Ein Essay, Düsseldorf 1989.
168 Ernst Hanfstaengl, Zwischen Weißem und Braunem Haus. S. 41.
169 Hitler, »Deutschlands letzte Hoffnung«, 6.3.1921, Sämtliche Aufzeichnungen 1905 bis 1924, S. 333.
170 ibd., S. 438.
171 ibd., S. 443.
172 Günter Scholdt, Autoren über Hitler, Deutschsprachige Schriftsteller 1919 bis 1945 und ihr Bild vom »Führer«, Bonn 1993, S. 114.
173 Hitler. Sämtliche Aufzeichnungen 1905 bis 1924, S. 1053.
174 Joachim C. Fest, Hitler, S. 343.
175 Die Tagebücher von Joseph Goebbels, Teil I, Bd. 1, Eintrag vom 24.7.1926, S. 196.
176 ibd., S. 197.
177 ibd., Eintrag vom 25.7.1926, S. 197.
178 Klaus Backes, Hitler und die bildenden Künste. Kulturverständnis und Kunstpolitik im Dritten Reich, Köln 1988, S. 32.
179 Bodo Scheurig, Alfred Jodl. Gehorsam und Verhängnis. Biographie, Berlin 1991, S. 22.
180 Tagebucheintrag vom 29.9.1938, ibd., S. 91.
181 ibd., S. 273.
182 Heinz Höhne, »Gebt mir vier Jahre Zeit«. Hitler und die Anfänge des Dritten Reiches, Berlin 1996, S. 321.
183 Albert Speer, Erinnerungen, Frankfurt 1969, S. 79.
184 ibd., S. 148; Zahlen nach Speer, S. 147 bis 165.
185 ibd., S. 153.
186 Max Domarus, Hitler. Reden und Proklamationen 1932–1945, Bd. 2, 1. Hbbd., S. 1421–1427.
187 Hans Frank, Im Angesicht des Galgens, S. 406.
188 Winston Churchill, Geschichte. Bd. 2: Das Zeitalter der Renaissance und der Reformation, Augsburg 1990 [1957], S. 265.
189 Ernst Hanfstaengl, Zwischen Weißem und Braunem Haus, S. 82.
190 Willi A. Boelcke, Deutschlands Rüstung im Zweiten Weltkrieg. Hitlers Konferenzen mit Albert Speer 1942–1945, Frankfurt 1969.
191 Zum Thema »Hitler als Feldherr« sind ganze Bibliotheken geschrieben worden, beginnend mit Percy Ernst Schramm, Hitler als militärischer Führer. Erkenntnisse und Erfahrungen aus dem Kriegstagebuch der Wehrmacht, Frankfurt [2]1965. Besonders anregend ist John Keegan, Die Maske des Feldherrn, S. 339–447. Die aktuellsten, alle verfügbaren Quellen und das neueste Schrifttum auswertenden Analysen finden sich bei Klaus Hildebrand, Das vergangene Reich. Deutsche Außenpolitik von Bismarck bis Hitler. Stuttgart 1995, S. 705–769.
192 Hermann Giesler, Ein anderer Hitler. Bericht seines Architekten, Leoni 1977, S. 35.
193 Bodo Scheurig, Alfred Jodl, S. 226.
194 Albert Speer, Spandauer Tagebücher, Frankfurt 1975, S. 632. – Willi A. Boelcke, Deutschlands Rüstung im Zweiten Weltkrieg, Konferenzen vom 20.1. und 26.2.1945, S. 468, 470f.
195 Jean Tulard, Napoleon oder der Mythos des Retters. Eine Biographie, Tübingen 1977, S. 515.
196 Gottfried Benn, »Zum Thema Geschichte«, in: Gesammelte Werke, Bd. 3, Wiesbaden 1968, S. 933f.

197 Albert Speer, Spandauer Tagebücher, Eintrag vom 10.5.1947, S. 103.
198 Hermann Giesler, Der andere Hitler, S. 486.
199 G.M. Gilbert, Nürnberger Tagebuch, Frankfurt 1962 [1947], S. 52. Zu den Reaktionen insgesamt siehe S. 50–94.
200 Albert Speer, Spandauer Tagebuch, Eintrag vom 24.8.1960, S. 530f.
201 Walter Laqueur, The Dream That Failed. Reflections on the Soviet Union, Oxford 1994, S. 132.
202 G.M. Gilbert, Nürnberger Tagebuch, S. 28.
203 Hans Frank, Im Angesicht des Galgens, S. 328f.
204 Adolf Hitler, Monologe im Führerhauptquartier 1941–1944, Eintrag vom 25./26.9.1941, S. 71.
205 Wladimir Iljitsch Lenin – Dokumente seines Lebens, 1870–1924. Ausgewählt von Arnold Reisberg, Bd. 2, Frankfurt 1977, S. 127f.
206 Karl Dietrich Bracher, Die deutsche Diktatur. Entstehung, Struktur, Folgen des Nationalsozialismus, Köln $^{6}$1979 [1969], S. 392f.
207 Stéphane Courtois u.a., Le livre noir du communisme. Crimes, terreur et répression, Paris 1997. S. 213.
208 ibd., S. 228.
209 Die Tagebücher von Joseph Goebbels, Teil I, Bd. 3, München 1997, Eintrag vom 10.7.1937, S. 198.
210 Alan Bullock, Hitler und Stalin, S. 985.
211 Sebastian Haffner, Anmerkungen zu Hitler, München 1978, S. 166f.
212 Adolf Hitler, Monologe im Führerhauptquartier 1941–1944, Eintrag vom 26.8.1942, S. 366.
213 Albert Speer, Erinnerungen, Berlin 1969, S. 399.
214 Die Tagebücher von Joseph Goebbels, Teil II, Bd. 15, München 1995, Eintrag vom 20.1.1945, S. 255.
215 ibd., Bd. 14, Eintrag vom 2.12.1944, S. 327.
216 Dazu Wolf Jobst Siedler, »Der lange Abschied der Deutschen von Hitler«, in: Der Verlust des alten Europa. Ansichten zur Geschichte und Gegenwart, Stuttgart 1996, S. 78–80.
217 Albert Speer. Erinnerungen, S. 446.
218 ibd., S. 115.
219 Ich verdanke den Hinweis Joachim C. Fest: »Über Adam von Trott«, in: Vierteljahrshefte für Zeitgeschichte, 46 (Januar 1998), S. 1.
220 Walter Laqueur, Stalin, S. 247. Wieweit es sich hier um Anspielungen mit taoistischem Hintergrund handelt, sei dahingestellt. Siehe Wolfgang Bauer, China und die Hoffnung auf Glück. Paradiese, Utopien, Idealvorstellungen in der Geistesgeschichte Chinas, München $^{2}$1989 [1974], S. 157f.
221 Brigitte Hamann, Hitlers Wien. Lehrjahre eines Diktators, München 1996.
222 Jonathan D. Spence, The Search for Modern China, New York 1990, S. 450.
223 Edgar Snow, Red Star over China, New York 1938.
224 Die faktenreichste Darstellung des Revolutionsführers Mao gibt Jerome Ch'en, Mao and the Chinese Revolution, Oxford 1965.
225 Wolfgang Bauer, China und die Hoffnung auf Glück, S. 536.
226 Harrison E. Salisbury, The New Emperors. China in the Era of Mao and Deng, New York 1993, S. 9, 480.
227 Li Zhisui, The Private Life of Chairman Mao, New York 1994, S. 122–124.
228 Lord Moran, Winston Churchill. The Struggle for Survival, 1940–1965, London 1966.
229 Li Zhisui, The Private Life of Chairman Mao, S. 94.
230 ibd., S. 393f.
231 ibd., S. 149.
232 Harrison E. Salisbury, The New Emperors, S. 167.
233 Li Zhisui, The Private Life of Chairman Mao, S. 120.
234 Harrison E. Salisbury, The New Emperors, S. 130. Die neuesten, vielfach ins einzelne gehenden Schreckenszahlen hat Jean-Louis Margolin zusammengestellt [Stéphane Courtois u.a., Le livre noir du communisme, S. 518–530].
235 Chen Jian, »Chinas Road to the Korean War«, in: Cold War International History Project, Bulletin, Issues 6–7, Washington, D.C., Winter 1995/96, S. 41, 87–93.
236 Strobe Talbott, ed., Krushtshev Remembers. The Last Testament, London 1974, S. 255.

237 Ross Terrill, Mao. Eine Biographie, Hamburg 1981, S. 525.
238 Jonathan D. Spence, The Search for Modern China, S. 579.
239 Ross Terrill, Mao, S. 301.
240 Harrison E. Salisbury, The New Emperors, S. 166.
241 Li Zhisui, The Private Life of Chairman Mao, S. 301–304.
242 ibd., S. 278.
243 Mao Tse-tung, 39 Gedichte, Frankfurt 1978, S. 39.
244 Harrison E. Salisbury, The New Emperors, S. 249.
245 Richard Baum, Burying Mao. Chinese Politics in the Age of Deng Xiaoping, Princeton 1994, S. 135.
246 Joachim Fest, Der zerstörte Traum. Vom Ende des utopischen Zeitalters, Berlin 1991.
247 André Malraux, Anti-Memoiren, Frankfurt 1971 [1967], S. 396, 409, 414.
248 Henry Kissinger, The White House Years, London 1979, S. 1058f.
249 Li Zhisui, The Private Life of Chairman Mao, S. 564f.

### Zwischenbetrachtung: Führer der Demokratien, oder Die Retter, die Stabilisierer und der gute Durchschnitt

1 Charles de Gaulle, Memoiren 1942–1946. Die Einheit – Das Heil, Düsseldorf 1961, S. 555.
2 Giselher Wirsing, Hrsg., Köpfe der Weltpolitik, München $^{2}$1935 [1934], S. 14.
3 Paul Kennedy, The Realities Behind Diplomacy: Background Influences on British External Policy, 1865–1980, London 1981, S. 26.
4 A.J.P. Taylor, English History, 1914–1945, S. 600.
5 François Duchêne, Jean Monnet. The First Statesman of Interdependence, New York 1994.

### Fünfter Teil: Staatsmänner der Demokratien in der Krise

1 Max Beloff, Imperial Sunset. Vol. 1: Britain's Liberal Empire, 1897–1921, London 1969.
2 ibd., S. 19.
3 Correlli Barnett, The Collapse of British Power, London 1972.
4 Paul Kennedy, The Rise and Fall of the Great Powers. Economic Change and Military Conflict from 1500 to 2000, New York 1987.
5 Adolf Hitler, Mein Kampf, München 1940 [1925/27], S. 755–757.
6 Robert Rhodes James, The British Revolution: British Politics, 1880–1939, London 1978, S. 291.
7 A.J.P. Taylor, English History, 1914–1945, Oxford 1965, S. 29.
8 Robert K. Massie, Die Schalen des Zorns. Großbritannien, Deutschland und das Heraufziehen des Ersten Weltkrieges. Frankfurt 1993, S. 477.
9 Roy Jenkins, Asquith, London 1978, S. 346.
10 Lord Edward Grey: Fünfundzwanzig Jahre Politik, 1892–1916, Bd. 2, München 1926, S. 18.
11 Herbert Henry Asquith, Letters to Venetia Stanley, ed. by Michael and Eleanor Brock, Oxford 1982, S. 151.
12 Winston Churchill an John Strange Spencer Churchill, 15.7.1916, in: Martin Gilbert, Winston S. Churchill, Bd. III, 1914–1916, London 1971, S. 788.
13 Roy Jenkins, Asquith, S. 334.
14 Winston S. Churchill, Gedanken und Abenteuer, Zürich 1943, S. 66, 64.
15 Robert Rhodes James, The British Revolution, S. 355.
16 Blanche Dugdale, Balfour, Bd. 2, London 1939, S. 170.
17 Maurice Hankey, The Supreme Command, 1914–1918, Bd. 2, London 1961, S. 573f.
18 Hitler. Sämtliche Aufzeichnungen 1905 bis 1924, hrsg. von Eberhard Jäckel, Stuttgart 1980, Rede am 6.3.1921, S. 336, Völkischer Beobachter, 15.3.1921, S. 348.
19 Hitler, Reden. Schriften. Anordnungen, Bd. II/2, München 1992, Rede am 2.5.1928, S. 828.
20 ibd., Bd. III/3, München 1995, Rede am 12.8.1930, S. 326.
21 Peter Rowland, David Lloyd George. A Biography, New York 1975, S. 733.

22 Harold Macmillan, The Past Masters. Politics and Politicians 1906-1939, New York 1975, S. 32–34.
23 Robert Rhodes James, The British Revolution, S. 460.
24 A.J.P. Taylor, English History. 1914–1945, S. 205.
25 William Manchester, The Last Lion. Winston Spencer Churchill: Alone, 1932–1940, London 1988, S. 108f.
26 Viscount d'Abernon, Ein Botschafter der Zeitwende. Memoiren, Bd. 1, Leipzig 1929, S. 63.
27 Anthony Montague Brown, Long Sunset. Memoirs of Winston Churchill's last Private Secretary, Oxford 1996, S. 202.
28 Martin Gilbert, Winston S. Churchill, Bd. V, 1922–1939, London 1976, S. 460, 389.
29 William Manchester, The Last Lion, Bd. 2, S. 77.
30 Jan Colvin, The Chamberlain Cabinet, New York 1971, S. 109.
31 John Charmley, Churchill. Das Ende einer Legende, Berlin 1995 [1993], S. 337.
32 Harold Nicolson, Diaries and Letters, 1930–39, London 1969 [1966], Einträge vom 6.6. und 7.3.1938, S. 338, 323.
33 I.M. Maisky. Memoiren eines sowjetischen Botschafters, Berlin 1967 [1964], S. 69.
34 The Diaries of Sir Alexander Cadogan, 1938–1945, ed. by David Dilks, New York 1972, Eintrag vom 26.5.1940, S. 290.
35 Jan Colvin, The Chamberlain Cabinet, S. 264.
36 ibd., darin die Hauptpunkte des Memorandums vom 12.11.1937, S. 63f.
37 Harold Nicolson, Diaries and Letters 1930–1939, Eintrag vom 7.3.1938, S. 323.
38 Robert Rhodes James, The British Revolution, S. 607.
39 Richard Lamb, Der verfehlte Frieden. Englands Außenpolitik 1935–1945, Frankfurt 1989, S. 171.
40 Anthony Montague Brown, Long Sunset, S. 213.
41 ibd., S. 307.
42 Winston Spencer Churchill, My Early Life. A Roving Commission, London 1930, S. 9f.
43 Robert Blake/Wm. Roger Louis, eds., Churchill, Oxford 1993, S. V.
44 William Manchester, The Last Lion, Bd. 1, S. 333f.
45 Winston S. Churchill, Marlborough. Der Weg zum Feldherrn 1650–1705, Erster Band, Zürich 1990 [1933], S. 10.
46 Churchill an Lord Rothermere, 12.5.1935, Martin Gilbert, Winston S. Churchill, Bd. V, S. 648f.
47 Winston S. Churchill, Geschichte, Bd. 3: Das Zeitalter der Revolutionen, Augsburg 1990, S. 250.
48 Als Attlee beim Tode Winston Churchills vom Observer um einen Nachruf gebeten wurde, faßte er dies alles in folgendem Bild zusammen. »Churchill war eine Art Schichttorte. Eine Schicht war sicher 18. Jahrhundert. Das 18. Jahrhundert in seiner Erscheinung ist offenkundig. Da war viel 19. Jahrhundert und, natürlich, eine große Scheibe 20. Jahrhundert. Schließlich mag eine andere Scheibe, seltsamerweise, auch schon 21. Jahrhundert gewesen sein« [»The Churchill I Knew«, by Lord Attlee, in: The Observer, ed., Churchill by His Contemporaries. An Observer Appreciation, London 1965, S. 24].
49 Lord d'Abernon, Ein Botschafter der Zeitwende, Bd. 2, S. 50.
50 ibd., S. 51.
51 ibd., S. 54.
52 David Lloyd George, War Memoirs, Bd. 3, London 1934, S. 1071.
53 Martin Gilbert, Winston S. Churchill, Bd. V: 1922–1939, S. 741.
54 John Gunther, Inside Europe Today, London [25]1936, S. 294.
55 London 1970.
56 Andrew Roberts, ›The Holy Fox‹, London 1991, S. 209.
57 John Charmley, Churchill, S. 453.
58 John P. Mackintosh, The British Cabinet, London 1977, S. 497.
59 ibd., S. 493.
60 John Charmley, Churchill, S. 429.
61 John Lukacs, Churchill und Hitler. Der Zweikampf, Stuttgart 1992, S. 142f.
62 Gottfried Benn, Briefe an F.W. Oelze, 1932–1945, Frankfurt 1979, 21.10.1935, S. 81f.
63 Aufzeichnung des Gesandtschaftsrates Bismarck über eine Unterredung mit Winston Churchill

vom 21.10.1930, Akten zur Deutschen Auswärtigen Politik 1918 bis 1945, Serie B (1925–1933), Bd. 1 b (1.10.1930–28.2.1931), Göttingen 1981, S. 36.
64 Martin Gilbert, Winston S. Churchill, Bd. V, S. 459.
65 ibd., Bd. VI, S. 779.
66 A.W. Martin, Robert Menzies, A Life, Vol. 1: 1894–1943, Melbourne 1993, S. 153.
67 ibd., S. 322f.
68 ibd., S. 325f.
69 Diese These vertritt neuerdings vor allem John Charmley in seiner Churchill-Biographie sowie in Churchill's Grand Alliance. The Anglo-American Special Relationship 1940–1957, London 1995.
70 Notiz Churchills vom 15.6.1937, Martin Gilbert, Winston S. Churchill, Vol. V, Companion, Part 3, Documents: The Coming of War 1936–1939, London 1982, S. 704.
71 John Gunther, Inside Europe, London [25]1937, S. 143.
72 Jean-Baptiste Duroselle, La Décadence, 1932–1939, Paris 1979.
73 Jean-Baptiste Duroselle, Clemenceau, Paris 1988, S. 387–389.
74 Winston S. Churchill, »Clemenceau – the Man and the Tiger«, in: Strand Magazine. An Illustrated Monthly, London, L XXX (1930), Bd. 2, S. 591f.
75 ibd., S. 99.
76 Jean-Baptiste Duroselle, Clemenceau, S. 573.
77 Pierre Grimal, Clemenceau et son temps, Paris 1994, S. 176.
78 François Caron, Frankreich im Zeitalter des Imperialismus, 1851–1918, (= Geschichte Frankreichs), Stuttgart 1991 [1985], S. 583.
79 Jean-Yves Mollier/Jocelyne George, La plus longue des Républiques, 1870–1940, Paris 1994, S. 439.
80 ibd., S. 381.
81 René Rémond, Frankreich im 20. Jahrhundert. Teil 1: 1918–1958 (= Geschichte Frankreichs, Bd. 6), Stuttgart 1994 [1991], S. 50.
82 Georges-Henri Soutou, L'or et le sang. Les buts économiques de la Première Guerre Mondiale, Paris 1989, S. 848f.
83 Robert Sidelsky, John Maynard Keynes, Bd. 1: Hopes Betrayed. 1883–1920, London 1994 [1983], S. 388.
84 John Maynard Keynes, Die wirtschaftlichen Folgen des Friedensvertrages, München 1921, S. 26.
85 ibd., S. 27.
86 Georges Clemenceau, Au Soir de la Pensée, 2 Bde, Paris 1927.
87 Gregor Dallas, At the Heart of a Tiger. Clemenceau and His World, 1841–1929, New York 1989, S. XI.
88 Georges Clemenceau, Au Soir de la Pensée, Bd. 2, S. 372.
89 Pierre Grimal, Clemenceau et son temps, S. 403.
90 Georges Clemenceau, Au Soir de la Pensée, Bd. 2, S. 397.
91 ibd., S. 408.
92 Daniel Amson, Poincaré l'acharné de la politique, Paris 1997, S. 6.
93 Jacques Chastenet, Raymond Poincaré, Paris 1948, S. 294.
94 Pierre Miquel, Poincaré, Paris 1984, S. 157.
95 ibd., Poincaré, S. 139.
96 Jean-Yves Mollier/Jocelyne George, La plus longue des Républiques, 1870–1940, S. 482f.
97 René Rémond, Frankreich im 20. Jahrhundert, Teil 1: 1918–1958, S. 126.
98 Pierre Miquel, Poincaré, S. 33.
99 ibd., S. 343.
100 ibd., S. 374.
101 Raymond Poincaré, Au Service de la France, Tome XI, Paris 1974, S. 246.
102 Viscount d'Abernon, Ein Botschafter der Zeitwende. Memoiren, Bd. 2, S. 34.
103 William Shirer, 20th Century Journey. A Memoir of a Life and the Times. The Start: 1904–1930, New York 1979 [1976], S. 252f.
104 Daniel Amson, Poincaré, S. 8.
105 Léon Daudet, Souvenirs et Polémiques, Paris 1992, [1933], S. 849.
106 Daniel Amson, Poincaré, S. 159.

107 Gordon Wright, Raymond Poincaré and the French Presidency, New York 1967, S. 57.
108 Léon Daudet, Souvenirs et Polémiques, S. 849.
109 Raymond Poincaré, Au service de la France, Tome XI, S. 323f.
110 Gordon Wright, Raymond Poincaré and the French Presidency, S. 165f.
111 ibd., S. 164.
112 Rudolf Morsey, »Heinrich Brüning«, in: Lothar Gall, Hrsg., Die großen Deutschen unserer Epoche, Frankfurt 1985, S. 273.
113 ibd., S. 273.
114 Robert Rhodes James, The British Revolution. British Politics 1880–1939, S. 490.
115 Paul Schmidt, Statist auf diplomatischer Bühne 1923–45, Erlebnisse des Chefdolmetschers im Auswärtigen Amt mit den Staatsmännern Europas, Bonn 1950 [1949], S. 90.
116 Wolfgang Stresemann, Mein Vater Gustav Stresemann, München 1979, S. 388.
117 Paul Schmidt, Statist auf diplomatischer Bühne, S. 90.
118 A.J.P. Taylor, English History: 1914–1945, S. 255.
119 Paul Schmidt, Statist auf diplomatischer Bühne, S. 88.
120 Georges Sorel, Über die Gewalt, Frankfurt 1969 [1908], S. 143.
121 Wolfgang Stresemann, Mein Vater Gustav Stresemann, S. 355.
122 Paul Schmidt, Statist auf diplomatischer Bühne, S. 81f.
123 Die beste Biographie stammt von Ferdinand Siebert, Aristide Briand, 1862–1932. Ein Staatsmann zwischen Frankreich und Europa, Erlenbach-Zürich 1973. Die neuere französische Biographie von Bernard Oudin (Aristide Briand. La paix: une idée neuve en Europe, Paris 1987), hebt vor allem auf den Verständigungspolitiker ab.
124 Georges Sorel, Über die Gewalt, S. 134 bis 212.
125 René Schickele, »Schreie auf dem Boulevard«, Werke in drei Bänden, Bd. 3, Köln 1959, S. 404.
126 Ferdinand Siebert, Aristide Briand, S. 94–98.
127 ibd., S. 409.
128 René Schickele, Werke, Bd. 3, S. 408.
129 ibd., S. 411.
130 Ferdinand Siebert, Aristide Briand, S. 206.
131 Bernard Oudin, Aristide Briand, S. 317.
132 Aus der umfangreichen Stresemann-Literatur seien genannt: Henry A. Turner, Stresemann – Republikaner aus Vernunft, Berlin 1968; Felix Hirsch, Stresemann. Ein Lebensbild, Göttingen 1978; Kurt Koszyk, Gustav Stresemann, der kaisertreue Demokrat, Köln 1989; und Christian Baechler, Gustave Stresemann (1878-1929). De l'impérialisme à la sécurité collective, Strasbourg 1996, S. 688–691.
133 Siehe Georges-Henri Soutou, L'or et le sang, S. 55, 66–70, 697, und Christian Baechler, Gustave Stresemann, 1878 bis 1929, S. 95–199.
134 Georges-Henri Soutou, L'or et le sang, S. 177–179, 280, 285, 403.
135 ibd., S. 237–239.
136 Paul Schmidt, Statist auf diplomatischer Bühne, S. 80.
137 Salvador de Madariaga, Morgen ohne Mittag. Erinnerungen 1921–1936, Frankfurt/Berlin 1972, S. 89.
138 Viscount d'Abernon, Ein Botschafter der Zeitwende. Memoiren, Bd. 3: Locarno (1924–1926), S. 181.
139 ibd., S. 31.
140 Salvador de Madariaga, Morgen ohne Mittag, S. 83.
141 Graf Carlo Sforza, Gestalten und Gestalter des heutigen Europa, Berlin 1931, S. 219.
142 Hans Luther, »Zur Erinnerung an Aristide Briand«, in: Schweizer Monatshefte, 32 (1952/1953), S. 7.
143 Correlli Barnett, The Collapse of British Power, S. 333.
144 A.J.P. Taylor, English History, 1914–1945, S. 255.
145 Graf Carlo Sforza, Gestalten und Gestalter im heutigen Europa, S. 247.
146 Klaus Hildebrand, Das vergangene Reich. Deutsche Außenpolitik von Bismarck bis Hitler 1871–1945, Stuttgart 1995, S. 507.
147 Heinrich August Winkler, Weimar 1918 bis 1933. Die Geschichte der ersten Deutschen Demokratie, München 1993, S. 354.

148 Jean-Baptiste Duroselle, La Décadence, 1932–1939, Paris 1979, S. 11.
149 William Shirer, 20th Century, S. 264f.
150 Nathan Miller, Theodore Roosevelt. A Life, New York 1992, S. 271.
151 ibd., S. 267.
152 Henry A. Kissinger, Die Vernunft der Nationen. Über das Wesen der Außenpolitik, Berlin 1994, S. 35.
153 John Morton Blum, The Republican Roosevelt, Cambridge, Mass. 1954, S. 127.
154 Arthur S. Link, American Epoch, A History of the United States Since the 1890's. New York 1967 [1955], S. 95.
155 Peter Collier, The Roosevelts. An American Saga, New York 1994, S. 115.
156 William H. Harbough, The Life and Times of Theodore Roosevelt, Oxford 1975 [1961], S. 394–400.
157 Peter Collier, The Roosevelts, S. 100.
158 Richard Hofstadter, The American Political Tradition, New York 1948, S. 229.
159 H.W. Brands, T.R. The Last Romantic, New York 1997, S. 164–175, 335–337, 780–786, 802–804.
160 René Schickele, Werke in drei Bänden, Bd. 3, S. 331f.
161 James W. Cesar, Presidential Selection: Theory and Development, Princeton 1979, S. 197 bis 207.
162 Zu dieser Dialektik siehe die eindringliche Studie von Georg Schild: Between Ideology and Realpolitik. Woodrow Wilson and the Russian Revolution, 1917–1921, Westport, Conn. 1995.
163 Detlef Junker, The Manichaean Trap. American Perceptions of the German Empire, 1871–1945 [= German Histori-cal Institute, Occasional Paper No. 12], Washington 1995, S. 19–26.
164 Henry A. Kissinger, Die Vernunft der Nationen, S. 41–47, 49f.
165 August Heckscher, Woodrow Wilson. A Biography, New York 1991, S. 495–499.
166 Lord Moran, Winston Churchill: The Struggle for Survival. 1940/65, S. 148–158.
167 Jean-Baptiste Duroselle, Clemenceau, Paris 1988, S. 679.
168 Herbert Hoover, Memoiren. Bd. 1: Jahre der Abenteuer 1874–1920, Mainz 1951, S. 404f.
169 ibd., S. 414.
170 Robert Sidelsky, John Maynard Keynes, Bd. 1, S. 388.
171 Herbert Hoover, Memoiren, Bd. 1, S. 432.
172 Klaus Harpprecht, Thomas Mann. Eine Biographie, Berlin 1995, S. 1192.
173 James A. Michener, Die Welt ist mein Zuhause. Erinnerungen, Bergisch-Gladbach 1995 [1992], S. 271.
174 Jordan A. Schwarz, Liberal. Adolf A. Berle and the Vision of an American Era, New York 1987, S. 109f.
175 John Kenneth Galbraith, Leben in entscheidender Zeit. Memoiren, München 1982, S. 45.
176 Fred Hobson, Mencken. A Life, New York 1994, S. 385f.
177 Richard Hofstadter, The American Political Tradition and the Men who made it, S. 316.
178 James MacGregor Burns, Roosevelt: The Lion and the Fox, New York 1956, S. 157.
179 Betty Houchin Winfield, FDR and the News Media, New York $^{2}$1994, S. 239.
180 Hedley Donovan, Roosevelt to Reagan. A Reporter's Encounters with Nine Presidents, New York 1985, S. 19.
181 John Charmley, Churchill's Grand Alliance, S. 12.
182 James MacGregor Burns, Roosevelt: The Soldier of Freedom, 1940–1945, New York 1970, S. 606f.
183 Richard Hofstadter, The American Political Tradition and the Men Who made it, S. 315–352.
184 Adolf A. Berle, Macht. Die treibende Kraft der Geschichte, Hamburg 1973 [1967], S. 69f.
185 Katharine Graham, Personal History, New York 1997, S. 47.
186 Alexander De Porte, Europe Between the Superpowers, New Haven, Conn. 1979, Kapitel 4.
187 Keynes an Frankfurter, 30.5.1934, in: Robert Sidelsky, John Maynard Keynes, Bd. 2: The Economist as Savior, 1920–1937, London 1995, S. 506.
188 Robin Edmonds. Die Großen Drei. Churchill, Roosevelt und Stalin in Frieden und Krieg, Berlin 1992, S. 40.
189 Gerhard L. Weinberg, Germany, Hitler and World War II. Essays in Modern German and World History, Cambridge 1995, S. 299.

190 Kenneth, S. Davis, FDR. The Beckoning of Destiny, 1882–1928. A History, New York 1972, S. 319. Zu den geostrategischen Vorstellungen Roosevelts zwischen 1937 und 1945 siehe Stefan Fröhlich, Amerikanische Geopolitik. Von den Anfängen bis zum Ende des Zweiten Weltkrieges, Landsberg a. Lech 1998, S. 89–108.
191 Charles A. Lindbergh, Kriegstagebuch, 1938–1945, Eintrag vom 8.12.1941, Wien 1976 [1970], S. 262.
192 ibd., Eintrag vom 11.12.1941, S. 266.
193 ibd., Eintrag vom 12.12.1941, S. 267.
194 Text bei James MacGregor Burns, Roosevelt: The Soldier of Freedom, S. 185.
195 Robert Gannon S.J., Kardinal Spellman. The Cardinal Spellman Story, Neuenbürg/Württ. 1963 [1962], S. 191.
196 Richard Hofstadter, The American Political Tradition and the Men Who made it, S. 350.
197 Gerhard L. Weinberg, Germany, Hitler, and World War II, S. 299.
198 John Charmley, Churchill's Grand Alliance, S. 131.
199 Jim Bishop, FDR's Last Year. April 1944 – April 1945, New York 1975, S. 92.
200 Lord Moran, Winston Churchill. The Struggle for Survival 1940/65, Eintrag vom 3.2.1945, S. 218.
201 ibd., Eintrag vom 7.2.1945, S. 226.
202 James MacGregor Burns, Roosevelt: The Soldier of Freedom, 1940 – 1945, S. 599f.
203 Gil Troy, Affairs of State. The Rise and Rejection of the Presidential Couple Since World War II, New York 1997, S. 5.
204 John Lewis Gaddis, The United States and the Origins of the Cold War: 1941–1947, New York 1972, S. 164.
205 John W. Wheeler-Bennett/Anthony Nicholls, The Semblance of Peace. The Political Settlement After The Second World War, London 1972, S. 228.
206 Warren F. Kimball, ed., Churchill and Roosevelt: The Complete Correspondence, Bd. III, Telegramm vom 11.4.1945, Princeton 1984, S. 630.
207 Lord Moran, Winston Churchill: The Struggle for Survival, 1940/65, Eintrag vom 28.11.1943, S. 134.
208 John Charmley, Churchill's Grand Alliance, S. 155.
209 John Lewis Gaddis, The United States and the Origins of the Cold War, 1941–1947, S. 173,197.
210 Martin Gilbert, Winston S. Churchill. Bd. VII: Road to Victory, 1941–1945, London 1986, S. 1301.

## Zwischenbetrachtung: Der Niedergang Europas und die Neuordnung unter der Pax Americana

1 Gottfried Benn, »Am Saum des nordischen Meers«, Gesammelte Werke, Bd. 1, Wiesbaden 1960, S. 167f.
2 Barbara W. Tuchman, Der stolze Turm. Ein Porträt der Welt vor dem Ersten Weltkrieg, 1890–1914, München 1969, S. 79.
3 Paul Kennedy, The Realities behind Diplomacy: Background Influences on British External Policy, 1865–1980, London 1985 [1981], S. 113.
4 Brian Moynahan, Das Jahrhundert Englands, München 1997, S. 32.
5 Fritz Fischer, Griff nach der Weltmacht. Die Kriegszielpolitik des kaiserlichen Deutschland 1914/18, Düsseldorf 1961.
6 Alfred Kerr, Wo liegt Berlin? Briefe aus der Reichshauptstadt 1895–1900, Hrsg. von Günther Rühle, Berlin 1997, S. 545.
7 Paul Valéry, »La crise de l'esprit«, in: Oeuvres, Bd. 1, Paris 1957, S. 988.
8 »Notes sur la grandeur et décadence de l'Europe«, ibd., Bd. 2, Paris 1960, S. 929–934.
9 Hitlers politisches Testament. Die Bormann-Diktate von Februar und April 1945, 26.2.1945, Hamburg 1981, S. 117.
10 Churchill am 10.11.1942, nach Wm. Roger Louis. Imperialism at Bay 1941–1945, The United States and the Decolonization of the British Empire, Oxford 1977, S. 200.
11 Norman Rose, Churchill. An unruly Life, London 1995, S. 343.

12 Gustav René Hocke, Europäische Tagebücher aus vier Jahrhunderten. Motive und Anthologie, Frankfurt 1991 [1978], S. 1007.
13 Alfred Weber, Abschied von der bisherigen Geschichte, Überwindung des Nihilismus?, Bern 1946.
14 Thomas Mann, »Die Betrogene«, Sämtliche Erzählungen, Frankfurt 1963, S. 695–753.
15 Gottfried Benn, Briefe an F.W. Oelze, 1945–1949, Frankfurt 1982, S. 117.
16 Gottfried Benn, Der Ptolemäer [1947], Gesammelte Werke, Bd. 5, Wiesbaden 1968, S. 1395.

Sechster Teil: Die Gründergeneration der freien Welt

1 James T. Patterson, Grand Expectations. The United States, 1945–1974, Oxford 1996, S. 100.
2 So der vielbeachtete Titel der frühen Studie von Harold Laswell: »Sino-Japanese Crisis: The Garrison versus the Civilian State«, in: China Quarterly II (Fall 1937), S. 643–649. Zur Problematik von Berufsoffizieren in hohen Positionen der Administration siehe aus zeitgenössischer Sicht Samuel P. Huntington, The Soldier and the State. The Theory and Politics of Civil-Military Relations, New York 1964 [1957], S. 354–373.
3 Felix Somary, Erinnerungen eines politischen Meteorologen. München 1994 [1956], S. 337.
4 So der Titel der sehr wirkungsvollen vietnamkritischen Monographie aus dem Jahr 1973 von David Halberstam (The Best and the Brightest, London 1973 [1972]).
5 Fred J. Greenstein, The Hidden-Hand Presidency. Eisenhower as a Leader, New York 1982.
6 Douglas MacArthur. Reminiscences, New York 1964, S. 310.
7 Geoffrey Perret, Old Soldiers Never Die. The Life of Douglas MacArthur, London 1996, S 481, 487.
8 ibd., S. 570.
9 Wolfgang Krieger, General Lucius D. Clay und die amerikanische Deutschlandpolitik 1945–1949, Stuttgart 1988, S. 57–59.
10 Reinhold Maier, Ein Grundstein wird gelegt. Die Jahre 1945–1947, Tübingen 1964, S. 149.
11 Wolfgang Krieger, General Lucius D. Clay, S. 27.
12 Thomas Alan Schwartz, Die Atlantik-Brücke, John McCloy und das Nachkriegsdeutschland, Berlin 1991, S. 13.
13 Hans-Peter Schwarz, Vom Reich zur Bundesrepublik. Deutschland im Widerstreit der außenpolitischen Konzeptionen in den Jahren der Besatzungsherrschaft 1945 bis 1949. Stuttgart 1980 [1966], S. 40.
14 Siehe die meisterliche Biographie von Raymond Poidevin, Robert Schuman Homme d'Etat, 1886–1963, Paris 1986, S. 3.
15 J.W. Dower, Empire and Aftermath. Yoshida Shigeru and the Japanese Experience, 1878–1954, Cambridge, Mass. 1988, S. XVII. Siehe auch Dowers zusammenfassende Würdigung »Yoshida in the Scales of History«, in: Japan in War and Peace. Essays on History, Culture and Race, New York 1995, S. 208–241.
16 C.L. Sulzberger, An Age of Mediocrity. Memoirs and Diaries, 1963–1972, New York 1973, S. 4.
17 So Felix Somary Mitte der fünfziger Jahre über Harry S. Truman (Felix Somary, Erinnerungen eines politischen Meteorologen, S. 356.
18 Henry A. Kissinger, Großmacht Diplomatie. Von der Staatskunst Castlereaghs und Metternichs, Düsseldorf 1962 [1957], S. 11.
19 ibd., S. 379.
20 ibd., S. 378.
21 Ronald Steel, Pax Americana. Weltreich des Kalten Krieges, Darmstadt 1968 [1967], S. 2f.
22 Raymond Aron, Die imperiale Republik. Die Vereinigten Staaten von Amerika und die übrige Welt seit 1945, Stuttgart 1975 [1973].
23 Jacob Burckhardt, Weltgeschichtliche Betrachtungen. Stuttgart 1955, S. 233f.
24 James David Barber, The Presidential Character. Predicting Performance in the White House, Englewood Cliffs, N.J. $^{4}$1992 [1977], S. 330.
25 Harold Nicolson, Diaries and Letters, 1945–1962, London 1971 [1968], Eintrag vom 31.12. 1950, S. 183f.

26 James Reston, Deadline: A Memoir, New York 1991, S. 151.
27 Arthur Krock, Memoirs. Sixty Years on the Firing Line, New York 1968, S. 221.
28 Krekeler an Dienststelle für Auswärtige Angelegenheiten, 28.12.1950, Akten zur Auswärtigen Politik der Bundesrepublik Deutschland 1949/50, München 1997, S. 509.
29 Hermann-Josef Rupieper, »Harry S. Truman, 1945–1953«, in: Jürgen Heideking, Hrsg., Die amerikanischen Präsidenten, München 1995, S. 323.
30 William J. Ridings, Jr./Stuart B. McIver, Rating the Presidents, Secaucus, N.J. 1997, S. XI.
31 Hermann-Josef Rupieper, »Harry S. Truman, 1945-1953«, S. 323.
32 James David Barber, The Presidential Character, S. 327.
33 David McCullough, »Harry S. Truman. 1945–1953«, in: Robert A. Wilson, ed., Character Above All. Ten Presidents from FDR to George Bush, New York 1997, S. 39.
34 Lord Moran, Winston Churchill. The Struggle for Survival, 1940–1965, Eintrag vom 23.7.1945, S. 282.
35 David McCullough, Truman, New York 1992, S. 251. Von weiteren, verläßlichen Biographien seien genannt Robert H. Ferrell, Harry S. Truman: A Life, Columbia, Miss., 1995, und Robert J. Donovan, Conflict and Crisis. The Presidency of Harry S. Truman, 1945–1948, New York 1977, und Tumultuos Years: The Presidency of Harry S. Truman, 1949–1953, New York 1982.
36 Zahlen nach George Brown Tindall, America. A Narrative History, New York $^{2}$1988, S. 1235.
37 James T. Patterson, Grand Expectations, Oxford 1996, S. 121.
38 David McCullough, Truman, S. 470.
39 James T. Patterson, Grand Expectations, S. 168.
40 ibd., S. 775.
41 James T. Patterson, Grand Expectations, S. 169.
42 Walter Isaacson/Evan Thomas, The Wise Men. Six Friends and the World They Made, New York 1986, S. 338.
43 David McCullough, Truman, S. 772.
44 ibd., S. 773.
45 James T. Patterson, Grand Expectations, S. 122.
46 Harry S. Truman, 1946–1952: Years of Trial and Hope, New York 1965 [1956], S. 353.
47 James T. Patterson, Grand Expectations, S. 122.
48 David McCullough, Truman, S. 792.
49 Off the Record. The Private Papers of Harry S. Truman. Ed. by Robert H. Ferrell, Columbia, Miss. 1997 [1980], Eintrag vom 19.5.1945, S. 31.
50 Merle Miller, Plain Speaking. An oral biography of Harry S. Truman, New York 1974, S. 257.
51 Felix Somary, Erinnerungen eines politischen Meteorologen, S. 356.
52 Raymond Aron, Die imperiale Republik, S. 59–113.
53 Ronald Steel, Pax Americana. Weltreich des Kalten Krieges, Darmstadt 1968 [1967].
54 Dean Acheson, Present at the Creation. My years in the State Department. New York 1969.
55 Dwight D. Eisenhower, Crusade in Europe, London 1948.
56 Zur Kontroverse um Eisenhowers unfaire Behandlung der deutschen Kriegsgefangenen im Jahr 1945 siehe Günther Bischof/Stephen E. Ambrose, eds., Eisenhower and the German POW's. Facts against Falsehood, Baton Rouge, La. 1992.
57 Monica Crowley, Nixon off the Record, New York 1996, S. 15.
58 Stephen E. Ambrose, Eisenhower, Bd. 1: 1890–1952, New York 1985 [1983], S. 81.
59 Emmet John Hughes, The Ordeal of Power, New York 1964 [1962], S. 98.
60 Stephen E. Ambrose, Eisenhower. Bd. 2: The President, New York 1985 [1984], S. 95.
61 ibd., Bd. 1, S. 236.
62 William Manchester, American Caesar. Douglas MacArthur, 1880–1964, Boston 1978, S. 695.
63 John Emmet Hughes, The Ordeal of Power, S. 53.
64 Ernest R. May, Die Grenzen des »Overkill«. Moral und Politik in der amerikanischen Nuklearrüstung von Truman zu Johnson, in: Vierteljahrshefte für Zeitgeschichte 36 (1988), S. 2.
65 Hans-Peter Schwarz, Adenauer. Der Staatsmann: 1952–1967, Stuttgart 1991, S. 206.
66 Robert A. Divine. Blowing on the Wind: The Nuclear Test Ban Debate, 1954–1960, New York 1978.
67 Von den vielen Darstellungen zur britischen Geschichte unter Labour von 1945 bis 1951 ist die eindringlichste Peter Hennessy, Never Again: Britain 1945–1951, London 1992.

68 Kenneth Harris, Attlee, London 1982, S. 566. – Genannt sei auch die gleichfalls informative Biographie von Trevor Burridge, Clement Attlee: A Political Biography, London 1985.
69 So auch der Titel der Gesamtdarstellung zur Labour-Geschichte von A.J. Davies (To Build a New Jerusalem. The British Labour Party from Keir Hardie to Tony Blair), London 1996 [1992]. Siehe auch Correlli Barnett, The Illusion and Reality of Britain as a Great Nation, London 1986, S. 1–7.
70 Alan Bullock hat zu Bevin eine klassische dreibändige Biographie verfaßt (The Life and Times of Ernest Bevin, 3 Bde, London 1960, 1967 und 1983).
71 Anthony Sampson, Macmillan. A Study in Ambiguity, London 1968 [1967], S. 253. – Da Macmillan sein eigener Biograph von durchaus eindrucksvollem literarischem Talent war, haben es Macmillan-Biographen besonders schwer. Am solidesten ist die offizielle Biographie von Alistair Horne, Harold Macmillan, 2 Bde, London 1988 und 1989.
72 Alistair Horne, Harold Macmillan, Bd. 2: 1957–1986, S. 13f.
73 Correlli Barnett, The Collapse of British Power, London 1972, S. 19–68.
74 John Turner. Macmillan, London 1994, S. 10.
75 Nigel Fisher, Harold Macmillan. A Biography, New York 1982, S. 100f.
76 ibd., S. 101.
77 The Times, 6.12.1962.
78 Noel Annan, Our Age. The Generation That Made Post-war Britain, London 1991 [1990], S. 479.
79 Anthony Sampson, Macmillan. S. 249.
80 Auf eine auch nur ansatzweise Nennung der ausgedehnten Quellenbestände und der Forschungsliteratur wird verzichtet. Verwiesen sei auf meine zweibändige Biographie (Adenauer. Der Aufstieg: 1876–1952, Stuttgart 1986, und Adenauer. Der Staatsmann: 1952–1967, Stuttgart 1991). Wichtige Quellen bringt die zusammen mit Rudolf Morsey herausgegebene »Rhöndorfer Ausgabe« (bisher 6 Bde Briefe und 4 Bde »Teegespräche«). Die beste und neueste Übersicht über den Forschungsstand findet sich in Rudolf Morsey, Die Bundesrepublik Deutschland (= Oldenbourg Grundriß der Geschichte), München [3]1995.
81 Fritz Schumacher, Stufen des Lebens. Erinnerungen eines Baumeisters, Stuttgart 1935, S. 369.
82 Hans-Peter Schwarz, Adenauer. Der Aufstieg: 1876–1952, S. 319.
83 Robert Strobel, Adenauer und der Weg Deutschlands, Luzern 1965, S. 31.
84 Elisabeth Gräfin Werthern, Von Weimar nach Bonn. Erinnerungen, Bonn 1985, S. 150.
85 Paul Weymar, Konrad Adenauer. Die autorisierte Biographie, München 1955, S. 151.
86 Hans-Peter Schwarz, Adenauer. Der Aufstieg: 1876–1952, S. 419.
87 ibd., S. 638.
88 Rüdiger Altmann, Der wilde Frieden. Notizen zu einer politischen Theorie des Scheiterns, Stuttgart 1987, S. 90.
89 Zeitlebens ist Adenauer zwar den Restaurationsvorwurf nie ganz losgeworden. Es ist aber angemessener, ihn als Neuerer zu begreifen (siehe Hans-Peter Schwarz, »Adenauer as a Political Innovator«, in: Gabriel Sheffer, ed., Innovative Leaders in International Politics, New York 1993, S. 107–140).
90 Hans-Peter Schwarz, Adenauer. Der Aufstieg: 1876–1952. S. 956.
91 Konrad Adenauer, Reden 1917–1967. Eine Auswahl, hrsg. von Hans-Peter Schwarz, Stuttgart 1975, S. 299.
92 Elisabeth Noelle-Neumann, »Adenauer und die öffentliche Meinung 1949–1976«, in: Konrad Adenauer und seine Zeit. Politik und Persönlichkeit des ersten Bundeskanzlers, Bd. 2: Beiträge der Wissenschaft, Stuttgart 1976, S. 552.
93 Hans-Peter Schwarz, Adenauer. Der Aufstieg: 1876–1952, S. 698.
94 Hans-Peter Schwarz, Adenauer. Der Staatsmann: 1952–1967, S. 625f.
95 Konrad Adenauer, Reden 1917–1967, S. 488.
96 Anneliese Poppinga, Meine Erinnerungen an Konrad Adenauer, Stuttgart 1973, S. 328.
97 Auf dem Landesparteitag der CSU 1965 in Nürnberg, 15.–17.7.1965, Hans-Peter Schwarz, Adenauer. Der Staatsmann: 1952–1967, S. 982.
98 Michael Bar-Zohar, David Ben Gurion, 40 Jahre Israel. Die Biographie des Staatsgründers, Bergisch-Gladbach 1988 [1978], S. 81. Die folgende Skizze fußt stark auf der Biographie Bar-Zohars, der als erster den Nachlaß Ben Gurions ausgewertet hat.

99 Shimon Peres, Battling for Peace. Memoirs, London 1995, S. 126.
100 Michael Bar-Zohar, David Ben Gurion, S. 178.
101 ibd., S. 57.
102 Gabriel Sheffer, »Moshe Sharett: The Legacy of an Innovative Moderate Leader«, in Gabriel Sheffer, ed., Innovative Leaders in International Politics, New York 1993, S. 89.
103 Mohamed Heikal, Secret Channels. The Inside Story of Arab-Israeli Peace Negotiations, London 1996, S. 59.
104 Michael Bar-Zohar, David Ben Gurion, S. 277

## Siebter Teil: Größen der Dritten Welt

1 Carlo Graf Sforza, Gestalten und Gestalter des heutigen Europa, Berlin 1931.
2 Carlo Graf Sforza, Europäische Diktaturen, Berlin 1932.
3 Carlo Graf Sforza, Gestalten und Gestalter des heutigen Europa, S. 416.
4 ibd., S. 14.
5 M.C. Ricklefs, A History of Modern Indonesia since c.1300, London [2]1993, S. 181–309.
6 B.R. Nanda, Jawaharlal Nehru. Rebel and Statesman, Oxford 1995, S. 292.
7 Stanley Wolpert, Nehru. A Tryst with Destiny, Oxford 1996, S. 467.
8 Nach Lawrence James, The Rise and Fall of the British Empire, London 1996, S. 429.
9 Samuel P. Huntington, »The Clash of Civilizations?«, in: Foreign Affairs, 72 (3, Summer 1993), S. 22–49.
10 Samuel P. Huntington, Kampf der Kulturen. Die Neugestaltung der Weltpolitik im 21. Jahrhundert, München 1996, S. 140.
11 ibd.
12 Helmut Schmidt, Weggefährten. Erinnerungen und Reflexionen, Berlin 1996, S. 328.
13 Jawaharlal Nehru, An Autobiography, Oxford 1985 [1936], S. 596.
14 Lawrence James, The Rise and Fall of the British Empire, S. 353, 367.
15 B.R. Nanda, Jawaharlal Nehru, S. 26.
16 Indian Annual Register, Teil I, S. 142–147. Lawrence James, The Rise and Fall of the British Empire, S. 417, schreibt von 1,4 Millionen Kombattanten und 64 000 Gefallenen.
17 Sarvepalli Gopal, Jawaharlal Nehru. A Biography, Oxford [2]1995 [1989], S. 15.
18 Tibor Mende, Gespräche mit Nehru, Hamburg 1956, S. 28f.
19 Stanley Wolpert, Nehru, S. 75.
20 Cyrus L. Sulzberger, The Last of the Giants, New York 1970, Eintrag vom 20.2.1957, S. 382; zum Verhältnis Nehrus zu Gandhi insgesamt siehe B.R. Nanda, Jawaharlal Nehru, S. 23–55.
21 Jawaharlal Nehru, An Autobiography, S. 596.
22 H.G. Wells, A Modern Utopia, London 1994 [1905].
23 John Kenneth Galbraith, Leben in entscheidender Zeit, Memoiren, München 1982, S. 406.
24 André Malraux, Anti-Memoiren, Frankfurt 1971, S. 157.
25 Sarvepalli Gopal, Jawaharlal Nehru, S 10.
26 Cyrus L. Sulzberger, Auf schmalen Straßen durch die dunkle Nacht, Erinnerungen eines Augenzeugen der Weltgeschichte 1934–1954. Wien 1971 [1969], Eintrag vom 21.11.1952, S. 482.
27 Stanley Wolpert, Nehru, S. 360.
28 Philip Ziegler, Mountbatten. The Official Biography, London 1985, S. 472–475.
29 Henry Kissinger, The White House Years, London 1979, S. 879.
30 Dean Acheson, Present at the Creation. My Years in the State Department, London 1969, S. 336.
31 »The Rashprati«, Selected Works of Jawaharlal Nehru, ed. by S. Gopal, Vol. 8, New Delhi 1972–1982, S. 523.
32 Das berühmte Epigramm Franz Grillparzers lautet korrckt: »Der Weg der neueren Bildung geht von der Humanität Durch Nationalität Zur Bestialität«, Sämtliche Werke. Ausgewählte Briefe, Gespräche, Berichte. Erster Band. Gedichte – Epigramme – Dramen I, hrsgg. von Peter Frank und Karl Pörnbacher, München [2]1969, S. 500.
33 Jawaharlal Nehru, Weltgeschichtliche Betrachtungen. Briefe an Indira, Düsseldorf 1957 [1934], Brief vom 8.8.1933, S. 1108.
34 ibd., S. 1131.

35 ibd., S. 1129f.
36 ibd., Brief vom 4.8.1933, S. 1082.
37 ibd., Nachwort vom 14.11.1938, S. 1117.
38 ibd., Brief vom 7.8.1933, S. 1092.
39 ibd., Brief vom 22.3.1933, S. 715.
40 ibd., Brief vom 26.10.1930, S. 8.
41 Jad Adams/Philip Whitehead, The Dynasty. The Nehru-Gandhi Story, London 1997, S. 206.
42 C.L. Sulzberger, An Age of Mediocrity. Memoirs and Diaries: 1963–1972, New York 1973, Eintrag vom 10.3.1969, S. 520.
43 Henry Kissinger, The White House Years, London 1979, S. 879.
44 James Callaghan, »A Briton Remembers«, in: Jawaharlal Nehru Centenary Volume, London 1989, S. 106.
45 Jad Adams/Philip Whitehead, The Dynasty, S. 252.
46 Margaret Thatcher, Downing Street No. 10. Die Erinnerungen, Düsseldorf 1993, S. 243.
47 ibd., S. 524.
48 Von den Biographien seien genannt: Inder Malhatra, Indira Gandhi, Freiburg 1992 [1989]; Pupul Jayakar, Indira Gandhi: A Biography, Delhi 1992, sowie G. Parathasarati/Sharada Prasad, H.Y., eds., Indira Gandhi: Statesmen, Scholars, Scientists and Friends Remember, Delhi 1985.
49 Jawaharlal Nehru, Weltgeschichtliche Betrachtungen,S. 7.
50 ibd., S. 11.
51 Jad Adams/Philip Whitehead, The Dynasty, S. 314.
52 Über Nasser ist viel gearbeitet worden, siehe Faysal Mikdadi, Gamal Abdel Nasser. A Bibliography, Westport 1991. Eine Gesamtbewertung aus heutiger Sicht findet sich bei K.J. Beattie, Egypt during the Nasser Years, 1994. Gut recherchiert ist Panayotis J. Vatikiotis, Nasser and His Generation, London 1978.
53 Robert Rhodes James, Anthony Eden, London 1986, S. 452.
54 Robert Stephens, Nasser: A Political Biography, London 1971, S. 34f.
55 Anwar el Sadat, Unterwegs zur Gerechtigkeit. Auf der Suche nach Identität: Die Geschichte meines Lebens, Zürich 1979 [1977], S. 30.
56 ibd., S. 94.
57 Barry Rubin, Modern Dictators. Third World Coup Makers, Strongmen, and Populist Tyrants, New York 1987, S.213f.
58 P.J. Vatikiotis, Nasser and His Generation, London 1978, S. 303–323.
59 Paul Johnson, A History of the Jews, London ²1996, S. 534.
60 Staatslexikon, Freiburg 1957, Bd. 1, S. 164.
61 Collier's Encyclopedia, 1972, Bd. 8, S. 636.
62 Nkrumah hat zahlreiche Biographen gefunden, bewundernde und kritische. Bereits in den fünfziger Jahren hatte Nkrumah selbst mit der dann vielfach ausgeschriebenen Autobiographie die erwünschten Akzente gesetzt (Schwarze Fanfare. Meine Lebensgeschichte, München 1958). Aufschlußreiche neuere Darstellungen stammen von David Rooney (Kwameh Nkrumah. The Political Kingdom in the Third World, London 1986) und Basil Davidson (Black Star. A View of the Life and Times of Kwameh Nkrumah, Boulder, Col., 1989).
63 Staatslexikon, Freiburg 1957, Bd. 3, S. 958.
64 Harold Macmillan, Pointing the Way, 1959–1961, London 1972, Eintrag vom 5.10.1960, S. 281.
65 Immanuel Geiss, Panafrikanismus. Zur Geschichte der Dekolonisation, Frankfurt 1968, S. 325.
66 ibd., S. 287f.
67 Siehe dazu auch Jean Lacouture, The Demigods: Charismatic Leadership in the Third World, London 1971, S. 257, und Kwameh Nkrumah, Consciencismus. Philosophie und Ideologie zur Entkolonialisierung und Entwicklung mit besonderer Berücksichtigung der afrikanischen Revolution, Opladen 1965 [1964].
68 ibd., S. 255.
69 Crawford Young, Ideologie and Development in Africa, New Haven/London 1982, S. 151 bis 156. Die Evolution der politischen Vorstellungen Nkrumahs im Exil von 1966 bis 1972 läßt sich am besten aus seinem Briefwechsel ablesen, siehe das Buch seiner Anhängerin June Milne, Kwameh Nkrumah. The Conakry Years. His Life and Letters, London 1990. Kennzeichnend

z.B. der Brief an Milne vom 13.5.1971, S. 399f. Nkrumah selbst hat im Exil eine Selbstrechtfertigung veröffentlicht (Dark Days in Ghana, London 1970).

70 Paul Johnson, Modern Times. A History of the World from the 1920s to the 1990s, London 1992, S. 512.

71 Harold Macmillan, Tides of Fortune, 1945-1955, London 1969, S. 276.

72 David Apter, »Nkrumah, Charisma and the Coup«, in: Dirk Berg-Schlosser, Hrsg., Die politischen Probleme der Dritten Welt, Hamburg 1972, S. 222.

73 John Gunther, Inside Africa, S. 775.

74 Harold Macmillan, Pointing the Way, 1959–1961, London 1972, S. 123.

75 Arthur M. Schlesinger, A Thousand Days. John F. Kennedy in the White House, Greenwich, Conn. 1967 [1965], S. 526f.

76 David Rooney, Kwameh Nkrumah, S 237.

77 Jean Lacouture, The Demigods, S. 265.

78 Immanuel Geiss, Panafrikanismus, a.a.O., S. 323.

79 Harold Macmillan, Pointing the Way, 1959–1961, S. 484.

80 David Rooney, Kwameh Nkrumah, S. 143.

81 Jomo Kenyatta, Facing Mount Kenia. The Tribal Life of the Gikuyu, London [5]1971 [1938].

82 Eine reichhaltige Biographie Kenyattas ist Jeremy Murray-Brown, Kenyatta, London 1972.

83 Die Internationale Politik 1963, München 1969, S. 325–327; ibd., 1964/65, München 1972, S. 489–492.

84 Die Internationale Politik 1966–1967, München 1973, S. 352.

85 Siehe z.B. Kafi Buenor Hadjar, Nkrumah and Ghana: The Dilemma of Post-Colonial Power, London 1988, S. 99–105.

86 Helmut Schmidt, Die Deutschen und ihre Nachbarn. Menschen und Mächte II, Berlin 1990, S. 552.

87 Margaret Thatcher, Die Erinnerungen 1925–1979, Düsseldorf 1995, S. 435.

88 Paul Johnson, Modern Times. A History of the World from the 1920s to the 1990s, London [2]1991, S. 449.

89 Andreas Graf Razumovsky, Ein Kampf um Belgrad. Tito und die jugoslawische Wirklichkeit, Berlin 1980, S. 250, 239, 249.

90 Milovan Djilas, Tito. Eine kritische Biographie, Wien [2]1980, S. 198.

91 Stephen E. Ambrose, Nixon. Bd. 3: Ruin and Recovery, 1973–1990, New York 1991, S. 586.

92 Andreas Graf Razumovsky, Ein Kampf um Belgrad, S. 233.

93 Milovan Djilas, Tito, S. 184.

94 ibd., S. 31.

95 Wladimir Dedijer, Tito. Autorisierte Biographie, Berlin 1953, S. 39.

96 Ante Ciliga, Crise d'État dans la Yougoslavie de Tito, Paris 1974 [1972], S. 222.

97 ibd., S. 228, und Andreas Graf Razumovsky, Ein Kampf um Belgrad, S. 235.

98 Ante Ciliga, Crise d'État dans la Yougoslavie de Tito, S. 223–225.

99 Cyrus L. Sulzberger, Auf schmalen Straßen durch die dunkle Nacht. Eintrag vom 9.1.1946, S. 197.

100 Edvard Radzinsky, Stalin, New York 1996, S. 412f.

101 Dimitri Wolkogonow, Stalin. Triumph und Tragödie. Ein politisches Porträt, Düsseldorf [3]1996 [1985], S. 650–652.

102 Milovan Djilas, Der Krieg der Partisanen. Jugoslawien 1941–1945, Wien [2]1977, S. 468f; Duncan Wilson, Tito's Yugoslavia, Cambridge 1980 [1979], S. 29.

103 Richard Lamb, Churchill as War Leader – Right or Wrong, London 1993 [1991], S. 256.

104 Andreas Graf Razumovsky, Ein Kampf um Belgrad, S. 508.

105 Cyrus L. Sulzberger, Auf schmalen Straßen durch die Nacht, Eintrag vom 15.4.1945, S. 180.

106 Zum ganzen unter Bezugnahme auf die entsprechenden Studien von Andrew Boyle und Simon Freeman siehe Richard Lamb, Churchill as War Leader, S. 253–260.

107 Zahlen nach Werner Rings, Kollaboration und Widerstand, Europa im Krieg 1939 bis 1945, Zürich 1979, S. 387.

108 Andreas Graf Razumovsky, Ein Kampf um Belgrad, S. 173.

109 Cyrus L. Sulzberger, An Age of Mediocrity, Eintrag vom 17.5.1968, S. 430.

110 Milovan Djilas, Tito, S. 251.

111 David Irving, Hitlers Krieg. »Götterdämmerung« 1942-1945, München 1986, S. 37.
112 Die Tagebücher von Joseph Goebbels, Teil II, Bd. 10, München 1994, Eintrag vom 20.12.1943, S. 509.
113 ibd., Bd. 12, 23.4.1944, S. 172.
114 ibd., Bd. 13, 11.9.1944, S. 455.
115 ibd., Bd. 15, 7.3.1945, S. 441.
116 ibd.
117 Milovan Djilas, Der Krieg der Partisanen, S. 455.
118 Dunja Melcic, »Das Titoistische Versteckspiel mit den Toten«, in: Frankfurter Allgemeine Zeitung, 19.3.1998.
119 Milovan Djilas, Der Krieg der Partisanen, S. 541.
120 ibd., S. 573 und Milovan Djilas, Jahre der Macht. Kräftespiel hinter dem Eisernen Vorhang. Memoiren 1945–1966, München 1983, S. 272.
121 Milovan Djilas, Der Krieg der Partisanen, S. 574.
122 Chruschtschow erinnert sich, Hamburg 1971. S. 384.
123 Milovan Djilas, Jahre der Macht, S. 229.
124 ibd., S. 188.
125 ibd., S. 116.
126 ibd., S. 102.
127 Milovan Djilas, Tito, S. 88f.
128 Cyrus L. Sulzberger, Auf schmalen Straßen durch die Nacht, Eintrag vom 5.9.1949, S. 299f.
129 Raymond Cartier, Mächte und Männer unserer Zeit. München 1971, S. 283.
130 Milovan Djilas, Jahre der Macht, S. 230.
131 Cyrus L. Sulzberger, Auf schmalen Straßen durch die dunkle Nacht. Siehe Eintrag vom 6.11.1950, S. 374.
132 Ernst Halperin, Der siegreiche Ketzer. Titos Kampf gegen Stalin, Köln 1957.
133 Milovan Djilas, Jahre der Macht, S. 294.
134 Chruschtschow erinnert sich, S. 382.
135 ibd., S. 388.
136 Martin Stannard, Evelyn Waugh: The Later Years 1939–1966, New York 1992, S. 139–143, S. 312–314.
137 Milovan Djilas, Tito, S. 224.
138 Churchill an Eisenhower, 19.3.1953, Martin Gilbert, Winston S. Churchill, Bd. VIII, »Never Despair«, London 1988, S. 808.
139 Veljko Micunovic, Moskauer Tagebücher, 1956–1958, Stuttgart 1982 [1977], Eintrag vom 3.11.1956, S. 174–185.
140 Bruno Kreisky, Im Strom der Politik. Erfahrungen eines Europäers, Bonn 1988, S. 202.

## Achter Teil: Die kritischen Dekaden

1 Helmut Schmidt, Weggefährten. Erinnerungen und Reflexionen, Berlin 1996, S. 300–306.
2 Robert A. Wilson, Character Above All. Ten Presidents from FDR to George Bush, New York 1995, S. 173.
3 C.L. Sulzberger, An Age of Mediocrity. Memoirs and Diaries: 1963–1972, New York 1973, S. 6.
4 Gore Vidal, United States. Essays 1952–1992, S. 902.
5 Jonathan Aitken, Nixon. A Life, New York 1993, S. 291. Auf Texas und Illinois, zwei für Wahlunregelmäßigkeiten notorische Staaten, entfielen im Elektorenkolleg 51 Stimmen. Hätten nur 4 500 Wähler in Illinois und 28 000 in Texas für Nixon gestimmt, würde dieser im Elektorenkolleg eine Mehrheit von zwei Stimmen erhalten haben. [Theodore H. White, The Making of the President 1960. New York 1961, S. 393.]
6 Richard Reeves, »John F. Kennedy«, in: Robert A. Wilson, Hrsg., Character Above All, S. 85. – An quellengesättigten Monographien über Kennedy herrscht kein Mangel, wobei sich doch zusehends eine skeptische Bewertung durchsetzt. Zum gegenwärtigen Forschungsstand siehe die abgewogene Studie von Georg Schild, John F. Kennedy. Mensch und Mythos, Göttingen 1997.

7 Richard Reeves, »John F. Kennedy«, S. 93.
8 Richard Reeves, President Kennedy, Profile of Power, New York 1993, S. 539.
9 ibd., S. 288–293.
10 Nigel Hamilton, JFK. Reckless Youth, London 1993 [1988], S. 592.
11 Hedley Donovan, Roosevelt to Reagan. A Reporter's Encounters with Nine Presidents, New York 1985, S. 84.
12 Arthur M. Schlesinger, Jr., A Thousand Days. John F. Kennedy in the White House, New York 1965, S. 671f.
13 Gore Vidal, Palimpsest. A Memoir, London 1995, S. 106f.
14 Richard Reeves, President Kennedy, S. 19.
15 Richard Reeves, »John F. Kennedy«, S. 97. Die Analyse der Tonbandaufzeichnungen, die im Weißen Haus während der Kuba-Krise gemacht wurden, bestätigt alles in allem den vom PR-Apparat des Präsidenten alsbald verbreiteten Eindruck, daß sich Kennedy recht vernünftig verhalten hat, siehe The Kennedy Tapes: Inside the White House during the Cuban Missile Crisis, ed. by Ernest May and Philip Zelikow, Cambrigde, Mass. 1997.
16 Robert S. McNamara, In Retrospect. The Tragedy and Lessons of Vietnam, New York 1995, S. 97.
17 David Lloyd George, War Memoirs, London 1934, S. 638.
18 Hedley Donovan, Roosevelt to Reagan, S. 85.
19 Robert Dallek, »Lyndon B. Johnson«, in: Robert A. Wilson, Character Above All, S. 118.
20 ibd., S. 118.
21 James A. Michener, Sternenjäger, München 1986, S. 741.
22 Robert A. Caro, The Years of Lyndon Johnson. The Path to Power, New York 1982, S. XXIII.
23 Richard Reeves, President Kennedy, S. 499f, 504f.
24 Clark Clifford, Counsel to the President. S. 389.
25 Lyndon B. Johnson, The Vantage Point. Perspectives of the Presidency, 1963–1969, New York 1971, S. 69–71.
26 Monica Crowley. Nixon off the Record, New York 1996, S. 18.
27 Clark Clifford, Counsel to the President, S. 385.
28 Thomas J. Schoenbaum, Waging Peace and War: Dean Rusk in the Truman, Kennedy, and Johnson Years, New York 1988, S. 411f.
29 Rowland Evans/Robert Novak, Lyndon B. Johnson: The Exercise of Power, New York 1968 [1966], S. 506. – Der Machtkampf zwischen Johnson und dem Kennedy-Clan war eines der großen Themen im Washington der sechziger Jahre. Dazu auf sicherer Quellenbasis Jeff Shesol, Mutual Contempt: Lyndon Johnson, Robert Kennedy, and the Feud that Defined a Decade, New York 1997.
30 George Brown Tindall, America. A Narrative Story, New York $^{2}$1988 [1984], S. 1367.
31 George W. Ball, The Past Has Another Pattern. Memoirs. New York 1982, S. 426.
32 Clark Clifford, Counsel to the President, S. 460.
33 David Halberstam, The Best and the Brightest, London 1974, S. 199f.
34 Clark Clifford, Counsel to the President, S. 387.
35 Robert McNamara, In Retrospect, S. 294.
36 C.L. Sulzberger, An Age of Mediocrity, Eintrag vom 14.9.1967, S. 360.
37 James Reston, Deadline. A Memoir, New York 1991, S. 310f.
38 ibd., S. 413.
39 H.R. Haldeman, The Haldeman Diaries. Inside the Nixon White House, Eintrag vom 21.7. 1969, New York 1995, S. 89.
40 ibd., Eintrag vom 19.5.1970, S. 201.
41 William Safire, Before the Fall. An Inside View of the Pre-Watergate White House, New York 1975.
42 H.R. Haldeman, The Ends of Power, London 1978, S. 62.
43 H.R. Haldeman, The Haldeman Diaries, Eintrag vom 17.2.1970, S. 154.
44 Henry Kissinger, Years of Upheaval, New York 1982, S. 1183.
45 William Safire, Before the Fall, S. 67–97.
46 James Reston, Deadline, S. 410.
47 Monica Crowley, Nixon Off the Record, S. 10.

48 ibd., S. 16.
49 William Safire, Before the Fall, S. 103.
50 Stephen E. Ambrose, Nixon, Bd. 2: The Triumph of a Politician, 1962–1972, London 1989, S. 662.
51 William Safire, Before the Fall, S. 654f.
52 Henry Kissinger, The White House Years, S. 1406.
53 H.R. Haldeman, The Haldeman Diaries, Einträge vom 8., 10., 15., 17., 19.11.1973 und 14.1. 1974, S. 647–656, 694.
54 ibd., 11.11.1973, S. 649.
55 Stephen E. Ambrose, Nixon, Bd. 3: Ruin and Recovery, 1973–1990, New York, 1991, S. 22f.
56 James Reston, Deadline, S. 405.
57 »Tip« O'Neill, Man of the House. The Life and Political Memoir of Speaker »Tip« O'Neill, New York 1987, S. 290.
58 Tip O'Neill, Man of the House, S. 287–289.
59 James Reston, Deadline, S. 411.
60 Jonathan Aitken, Nixon, S. 470f. – Len Colodny/Robert Gettlin, Silent Coup: The Removal of a President, London 1991.
61 Henry Kissinger, Years of Upheaval, S. 1210. – Walter Isaacson, Kissinger. Eine Biographie, Berlin 1993 [1992], S. 661 bis 663.
62 Stephen E. Ambrose, Nixon, Bd. 3, S. 546f.
63 Monica Crowley, Nixon Off the Record, S. 11, 12, 13, 23, 189.
64 »I gave them a Sword«. Behind the Scenes of the Nixon Interviews, New York 1978, S. 18–21.
65 Stephen E. Ambrose, Nixon, Bd. 3, S. 510.
66 Tip O'Neill, Man of the House, S. 311.
67 Henry Kissinger, The White House Years, S. 1410.
68 H.R. Haldeman, The Haldeman Diaries, Eintrag vom 19.11.1972, S. 655f.
69 Henry Kissinger, Years of Upheaval, S. 1212.
70 Christian Hacke, Zur Weltmacht verdammt. Die amerikanische Außenpolitik von Kennedy bis Clinton, Berlin 1997, S. 171.
71 Michael Scammel, Solzhenitsyn. A Biography, New York 1984, S. 912–915.
72 Ron Nessen, It Sure Looks Different from the Inside, Chicago 1978, S. 345.
73 Walter Isaacson, Kissinger, S. 775.
74 Samuel Huntington, The Third Wave: Democratization in the Late Twentieth Century, Norman, Okl., 1991.
75 Hedley Donovan, Roosevelt to Reagan, S. 233. In seinen Nöten hatte Carter im Juni 1979 den langjährigen Herausgeber von »Time« als Berater mit direktem Zugang zum Oval Office hinzugebeten, doch ohne daß ihn dieser aus dem Popularitätstief herausholen konnte. Immerhin hat er aber damit gute Voraussetzungen für einen zeitgenössischen Porträtisten geschaffen, der idealerweise dreierlei aufweisen sollte: Nähe und zugleich Distanz zum Porträtierten in Verbindung mit sicheren Vergleichsmaßstäben.
76 James David Barber, The Presidential Character, Englewood Cliffs, N.J. [4]1992, S. 416. – Stephen Skowronek, The Politics Presidents Make. Leadership from John Adams to George Bush, Cambridge, Mass. 1993, S. 364f.
77 Clark Clifford, Counsel to the President, S. 621.
78 Tip O'Neill, Man of the House, S. 368.
79 Hedley Donovan, Roosevelt to Reagan, S. 243.
80 Jimmy Carter, Keeping Faith. Memoirs of a President, Toronto 1982, S. 3f.
81 George W. Ball, The Past Has Another Pattern, S. 462
82 Die bisher fundierteste Biographie hat William J. Tompson verfaßt (Khrushchev. A Political Life, New York 1995). Der Dissident Roy Medvedev hat 1983 die erste, für damalige Verhältnisse kritische Biographie geschrieben (Khrushchew, Garden City, N.Y. 1983).
83 Harold Macmillan, Tides of Fortune, 1945–1959, Bd. 3, Eintrag vom 22.7.1955, London 1969, S. 622.
84 Michael R. Beschloss, Mayday. The U-2 Affair, New York 1987, S. 163.
85 Chruschtschow erinnert sich. Herausgegeben von Strobe Talbott. Eingeleitet und kommentiert von Edward Crankshaw, Hamburg 1971, S. 61.

86 ibd., S. 57, 60f.
87 Robert Conquest, The Great Terror. A Reassessement, New York 1990, S. 233.
88 William J. Tompson, Khrushchev, S. 64.
89 Harold Macmillan, Riding the Storm, 1956–1959, Bd. 4, Eintrag vom 4. März 1959, London 1971, S. 633f.
90 So Harold Macmillan, Pointing the Way, 1959–1961, Bd. 5, Eintrag vom 18.5.1960, London 1977 [1972] S. 212.
91 Michail Heller/Alexander Nekrich, Geschichte der Sowjetunion, Bd. 2, Königstein/Ts. 1981, S. 235.
92 Georg von Rauch, Geschichte der Sowjetunion, Stuttgart 1969, S. 519.
93 Michael R. Beschloss, Kennedy v. Khrushchev. The Crisis Years, 1960–1963, London 1991, S. 705.
94 John Gunther, Russland von innen, Konstanz 1959, [1957], S. 14.
95 Michael Stürmer, Das ruhelose Reich. Deutschland 1866-1918, Berlin 1983.
96 Oleg Grinevskij, Tauwetter. Entspannung, Krisen und neue Eiszeit, Berlin 1996 [1995], S. 26.
97 Harold Macmillan, Pointing the Way, Eintrag vom 18.5.1960, S. 212.
98 Michael R. Beschloss, Kennedy v. Khrushchev, S. 43.
99 Oleg Grinevskij, Tauwetter, S. 26. – Michel Tatu, Macht und Ohnmacht im Kreml, Frankfurt 1967, S. 43.
100 Michael R. Beschloss, Mayday, S. 324.
101 ibd., S. 338.
102 Oleg Grinevskij, Tauwetter, S. 25.
103 Alexej Adshubej, Gestürzte Hoffnung. Meine Erinnerungen an Chruschtschow. Berlin 1990, S. 141.
104 Chruschtschow erinnert sich, S. 468.
105 ibd., S. 463, 475.
106 Michail Gorbatschow, Erinnerungen, Berlin 1995, S. 100.
107 ibd., S. 103.
108 Michel Tatu, Macht und Ohnmacht im Kreml, S. 251.
109 »Chruschtschows letzter Kampf. Der ehemalige Parteiführer vor dem Kontrollkomitee der KPdSU«, in: Osteuropa-Archiv, Juli 1996, S.A 328-330.
110 Michail Gorbatschow, Erinnerungen, S. 104.
111 ibd., S. 180.
112 Alexej Adshubej, Gestürzte Hoffnung, S. 358.
113 Bruno Kreisky, Im Strom der Politik. Erfahrungen eines Europäers, Berlin 1988, S. 124.
114 Garri Tabatschnik, Stalins Erben. Der Abstieg der Sowjetmacht, Berlin 1961, S. 272. Genauso aufschlußreich und ähnlich kritisch fällt der Bericht von Wladimir Timofejewitsch Medwedjew aus (Tschelowek sa spinoj), Moskau 1994.
115 Lothar Rühl, Aufstieg und Niedergang des Russischen Reiches, Stuttgart 1992, S. 535. – Garri Tabatschnik, Stalins Erben, S. 20f.
116 Oleg Grinevskij, Tauwetter, S. 97.
117 Lothar Rühl, Aufstieg und Niedergang des Russischen Reiches, S. 536.
118 Garri Tabatschnik, Stalins Erben, S. 150 bis 152.
119 Report on Forced Labor in the USSR, US Department of State, 2.9.1983.
120 Alexej Adshubej, Gestürzte Hoffnung, S. 357.
121 Bruno Kreisky, Im Strom der Politik, S. 117.
122 Henry Kissinger, The White House Years, S. 1138, 1141.
123 Willy Brandt, Erinnerungen, Frankfurt 1989, S. 198.
124 Willy Brandt, Begegnungen und Einsichten. Die Jahre 1960–1975, Hamburg 1976, S. 444.
125 Helmut Schmidt, Menschen und Mächte, Berlin 1987, S. 128f.
126 ibd., S. 131.
127 Lothar Rühl, Aufstieg und Niedergang des Russischen Reiches, S. 530 und 643.
128 Robert Sidelsky, The World After Communism, A Polemic for Our Times, London 1995, S. 109.
129 Raymond Aron, Plädoyer für das dekadente Europa, Frankfurt 1978 (1977), S. 375.
130 Jacob Burckhardt, Weltgeschichtliche Betrachtungen, Stuttgart 1953 [1908], S. 29.

131 Siehe Billy Graham, Just as I am. The Autobiography of Billy Graham, San Francisco 1997.
132 Alan Moorehead, The White Nile, London 1973 [1960], S. 335.
133 Die internationale Politik 1979/80, München 1983, S. 87–90.
134 Tad Szulc, Pope John Paul II. The Biography, New York 1996, S. 302.
135 Eine befriedigende Biographie Khomeinis liegt noch nicht vor. Die folgende Skizze stützt sich auf die recht unterschiedlich akzentuierten Biographien von Heinz Nußbaumer (Khomeini. Revolutionär in Allahs Namen, München 1979); Fariborz Riyahi (Ayatollah Khomeini, Frankfurt 1986); Bahman Nirumand und Keywan Daddjou (Mit Gott für die Macht. Eine politische Biographie des Ayatollah Chomeini, Reinbek bei Hamburg 1989.
136 Peter G. Bourne, Jimmy Carter. A Comprehensive Biography from Plains to Postpresidency, New York 1997, S. 454.
137 Jimmy Carter, Keeping Faith. Memoirs of a President, Toronto 1982, Eintrag vom 6.11.1979, S. 458.
138 Bahman Nirumand/Keywan Daddjou, Mit Gott für die Macht, S. 7f.
139 Hans Fenske, in: Hans-Joachim Lieber, Hrsg., Politische Theorien von der Antike bis zur Gegenwart, München 1991, S. 837.
140 Peter Scholl-Latour, Allah ist mit den Standhaften. Begegnungen mit der islamischen Revolution, Stuttgart 1983, S. 140.
141 Siehe Wilfried Buchta, Die iranische Schia und die islamische Einheit, 1979–1996, Hamburg 1997.
142 Said Amir Arjomand, The Turban for the Crown, Oxford 1988.
143 Fariborz Riyahi vermutet dies (Ayatollah Chomeini, S. 23), Said Amir Arjomand (The Turban for the Crown, S. 94) äußert Zweifel.
144 Peter Scholl-Latour, Allah ist mit den Standhaften, S. 136.
145 Bahman Nirumand/Keywan Daddjou, Mit Gott für die Macht, S. 165f.
146 Ruhollah Chomeini, Der islamische Staat. Übersetzt und hrg. von Nader Hassen und Ilse Itscherenska, Berlin 1983, S. 90.
147 Wilfried Buchta, Die iranische Schia und die islamische Einheit, 1979–1996, S. 28.
148 Die Internationale Politik 1987/88, München 1990, S. 275.
149 Asghar Schirazi, The Constitution of Iran. Politics and the State in the Islamic Republic, London 1997, S. 64.
150 Morris L. West, In den Schuhen des Fischers. Roman, Frankfurt 1975 [1963].
151 Michail Gorbatschow, Erinnerungen, S. 768.
152 Tad Szulc, Pope John Paul II, S. 336.
153 ibd., S. 395.
154 Robert B. Gates, From the Shadows. The Ultimate Insider's Story of Five Presidents and How They Won the Cold War, New York 1996, S. 354–356.
155 Johannes Paul II, Die Schwelle der Hoffnung überschreiten. Hamburg 1994, S. 246.
156 Tad Szulc, Pope John Paul II., S. 395.
157 George Weigel, Witness to Hope. The Biography of John Paul II, London 1999, S. 474.
158 Johannes Paul II, Die Schwelle der Hoffnung überschreiten, S. 253.
159 Jacob Burckhardt, Weltgeschichtliche Betrachtungen, S. 48.
160 Ralf Dahrendorf, »Am Ende des sozialdemokratischen Jahrhunderts«, in: Die Chancen der Krise. Über die Zukunft des Liberalismus, Stuttgart 1983, S. 16–24.
161 Helmut Schmidt, Weggefährten, S. 272.
162 Ralf Dahrendorf, »Am Ende des sozialdemokratischen Jahrhunderts«, S. 16–24.
163 Philip Ziegler, Wilson, London 1995 [1993], S. 518.
164 Peter Hennessy, Muddling Through. Power, Politics and the Quality of Government in Postwar Britain, London 1996, S. 266.
165 Callaghans Autobiographie (Time and Chance, London 1987) ist so ehrenhaft und leicht steifleinen wie der ganze Mann. Helmut Schmidt hat diesem ihm seelenverwandten Labour-Politiker verschiedentlich uneingeschränktes Lob gespendet (siehe Weggefährten, S. 276–281), und nachdem der viel irritierendere Harold Wilson schon dreier ausgiebiger Biographien gewürdigt worden war, zweier nichtautorisierter und einer autorisierten (Ben Pimlott, Harold Wilson, London 1992, Austen Morgan, Harold Wilson, London 1992, und Philip Ziegler, Wilson. The Authorized Life of Lord Wilson of Rievaulx, London 1993), wurde es hoch an der Zeit, daß

auch Callaghan eine 800 Seiten starke Würdigung erfahren hat (Kenneth O. Morgan, Callaghan. A Life, London 1997).
166 George P. Shultz, Turmoil and Triumph. My Years as Secretary of State, New York 1993, S. 148.
167 Willy Brandt, Erinnerungen, S. 363.
168 Hans Georg Lehmann, In Acht und Bann. Politische Emigration, NS-Ausbürgerung und Wiedergutmachung am Beispiel Willy Brandts, München 1976.
169 Franz Josef Strauß, Die Erinnerungen, Berlin 1989, S. 448.
170 ibd., S. 538.
171 Cyrus L. Sulzberger, An Age of Mediocrity, Eintrag vom 25.10.1969, S. 583.
172 ibd., Eintrag vom 19.1.1971, S. 700.
173 Rolf Lahr, Zeuge von Fall und Aufstieg. Private Briefe 1934–1974, Hamburg 1981, S. 477.
174 Willy Brandt, Erinnerungen, S. 344.
175 Egon Bahr, Zu meiner Zeit, München 1996, S. 580.
176 Willy Brandt, Erinnerungen, S. 157.
177 ibd., S. 492.
178 ibd., S. 499.
179 Horst Ehmke, Mittendrin. Von der Großen Koalition zur Deutschen Einheit, Berlin 1994, S. 299.
180 Willy Brandt, Begegnungen und Einsichten. Die Jahre 1960–1975, Hamburg 1976, S. 186.
181 Horst Ehmke, Mittendrin, S. 202.
182 Arnulf Baring, Machtwechsel. Die Ära Brandt – Scheel, Stuttgart 1982, S. 509.
183 Horst Ehmke, Mittendrin, S. 327.
184 Hans Apel, Der Abstieg. Politisches Tagebuch 1978–1988, Stuttgart 1990, S. 321.
185 Montesquieu, De l'esprit des lois, Buch VIII, Kap. 10, in: Oeuvres Complètes, Bd. 2, Paris 1958, S. 357.
186 Willy Brandt, Erinnerungen, S. 499.
187 Elisabeth Noelle-Neumann/Edgar Piel, Hrsg., Allensbacher Jahrbuch der Demoskopie 1978–1983. Bd. VIII, München 1983, S. 239.
188 Willy Brandt, Erinnerungen, S. 496.
189 ibd., S. 500.
190 Franz-Olivier Giesbert, François Mitterrand. Die Biographie, Berlin 1997 [1996], S. 473f.
191 Pierre Péan, Eine französische Jugend – François Mitterrand 1934–1947, München 1995, [1994], S. 124–130.
192 Franz-Olivier Giesbert, François Mitterrand, S. 587.
193 ibd., 588.
194 Jean Montaldo, Mitterrand et les 40 voleurs ..., Paris 1994.
195 Pierre Péan, Eine französische Jugend, S. 20.
196 ibd., S. 213.
197 Lord Moran, Winston Churchill. The Struggle for Survival, 1940–1965, London 1966.
198 Franz-Olivier Giesbert, François Mitterrand, 15.
199 Balzac, Vater Goriot, München 1976, S. 443.
200 Shimon Peres, Battling for Peace. Memoirs. Ed. by David Landau, London 1995, S. 244.
201 Franz-Olivier Giesbert, François Mitterrand, S. 588.
202 Jean Montaldo, Mitterrand und die 40 Räuber, Essen 1994, S. 25.
203 Franz-Olivier Giesbert, François Mitterrand, S. 560.
204 Raymond Aron, Erkenntnis und Verantwortung. Lebenserinnerungen, München 1985 [1983], S. 384.
205 Helmut Schmidt, Die Deutschen und ihre Nachbarn, Berlin 1990, S. 242.
206 François Mitterrand, Le Coup d'État permanent, Paris 1964.
207 FAZ, 1.2.1992, abgedruckt in: Brigitte Seebacher-Brandt, Politik im Rücken – Zeitgeist im Sinn, Berlin/Frankfurt 1995, S. 161.
208 Jacques Attali, Verbatim III, 1988–1991, Eintrag vom 8.12.1989, S. 369f. – Dies wird bestätigt durch Margaret Thatcher, Downing Street No. 10. Die Erinnerungen, Düsseldorf 1993, S. 1101–1105, und Hans-Dietrich Genscher, Erinnerungen, Berlin 1995, S. 678 bis 681.

209 Jacques Attali, Verbatim III, 1988–1991, Eintrag vom 9.3.1989, S. 235.
210 Jacques Attali, Verbatim I,2: 1983–1986, Paris 1993, Eintrag vom 29.11.1985, S. 1343.
211 Franz-Olivier Giesbert, François Mitterrand, S. 575.

## Neunter Teil: Die Epoche der Reformer

1 Herman Kahn/Michael Redepenning, Die Zukunft Deutschlands. Niedergang oder neuer Aufstieg der Bundesrepublik, Wien 1982, S. 53–56.
2 Herman Kahn, Die Zukunft der Welt, 1980–2000, Wien 1979, S. 220–233.
3 Jonathan Schell, The Fate of the Earth, New York 1982.
4 Drew Middleton, Can America Win the Next War?, New York 1975.
5 John Hackett, Der Dritte Weltkrieg. Hauptschauplatz Deutschland, München 1978.
6 Siehe Andrew Gamble, Britain in Decline. Economic Policy, Political Strategy and the British State, London [3]1990 [1981].
7 Margaret Thatcher, Downing Street No. 10. Die Erinnerungen, Düsseldorf 1993, S. 740.
8 So Patti Waldmeir, Anatomy of a Miracle. The End of Apartheid and the Birth of the New South Africa, New York 1997, S. 109.
9 Ronald Reagan, Woher ich komme. Erinnerungen, München 1982, S. 5.
10 James David Barber, The Presidential Character. Predicting Performance In the White House, Eaglewood Cliffs, N.J. 1992, S. 244.
11 Bob Hawke, The Hawke Memoirs, Port Melbourne 1996 [1994], S. 211.
12 Helmut Schmidt, Menschen und Mächte, Berlin 1987, S. 288–293.
13 »Tip« O'Neill, Man of the House. The Life and Political Memoirs of Speaker Tip O'Neill, New York 1988 [1987], S. 435.
14 James Reston, Deadline. A Memoir. New York 1991, S. 433.
15 ibd., S. 431.
16 Gil Troy, Affairs of State. The Rise and Rejection of the Presidential Couple Since World War II, New York 1997, S. 279.
17 Theodore H. White, America in Search of Itself. The Making of the President 1956–1980, New York 1982, S. 244.
18 Lou Cannon, Reagan, New York 1982, S. 108.
19 ibd., S. 119.
20 Ronald Reagan, Woher ich komme, S. 147–222.
21 Hedley Donovan, Roosevelt to Reagan. A Reporter's Encounter with Nine Presidents, New York 1985, S. 253.
22 Robert M. Gates, From the Shadows. The Ultimate Insider's Story of Five Presidents and How They Won the Cold War, New York 1996, S. 573.
23 Ronald Kessler, Inside the White House, New York 1995, S. 116.
24 Bob Hawke, The Hawke Memoirs, S. 212.
25 Robert M. Gates, From the Shadows, S. 573.
26 Laurence Leamer, Make-Believe: The Story of Nancy and Ronald Reagan, New York 1983, S. 344.
27 Ronald Reagan, Woher ich komme, S. 8.
28 James Reston, Deadline, S. 433.
29 Margaret Thatcher, Downing Street No. 10, S. 236.
30 ibd., S. 1125.
31 Robert M. Gates, From the Shadows, S. 218f.
32 ibd., S. 199, 225.
33 Nach Christian Hacke, Zur Weltmacht verdammt. Die amerikanische Außenpolitik von Kennedy bis Clinton, Berlin 1997, S. 295.
34 George P. Shultz, Turmoil and Triumph. Diplomacy, Power and the Victory of the American Ideal, New York 1993, S. 250/51.
35 Richard Pipes, »Misinterpreting the Cold War«, in: »Foreign Affairs«, Jan./Febr. 1995, S. 159.
36 George P. Shultz, Turmoil and Triumph, S. 263.
37 Don Oberdorfer, The Turn. From the Cold War to a New Era, New York 1992, S. 91f.

38 George P. Shultz, Turmoil and Triumph, S. 767.
39 Margaret Thatcher, The Downing Street Years, London 1993, S. 471.
40 George P. Shultz, Turmoil and Triumph, S. 769. – Don Oberdorfer, The Turn, S. 198–200.
41 John Newhouse, Krieg und Frieden im Atomzeitalter. Von Los Alamos bis SALT, München 1990, S. 582.
42 Don Oberdorfer, The Turn, S. 205.
43 Michail Gorbatschow, Erinnerungen, Berlin 1995, S. 680.
44 Robert M. Gates, From the Shadows, S. 270–273.
45 Viele Beispiele dafür finden sich bei Carl Sferazza Anthony, First Ladies, Vol. II: The Saga of the President's Wives and Their Power, 1961–1990, New York 1991, S. 529–418.
46 James Reston, Deadline, S. 439.
47 James A. Baker, Drei Jahre, die die Welt veränderten. Erinnerungen, Berlin 1996, S. 53.
48 Zur außenpolitischen Bewertung Bushs siehe das differenzierte Kapitel bei Christian Hacke, Zur Weltmacht verdammt, S. 385–499.
49 Robert A. Wilson, ed., Character Above All. The Presidents from FDR to George Bush, New York 1995, S. 225.
50 James A. Baker, Drei Jahre, die die Welt veränderten, S. 39.
51 Monica Crowley, Nixon off the Record. His Candid Commentary on People and Politics, New York 1996, S. 220.
52 James A. Baker, Drei Jahre, die die Welt veränderten, S. 53.
53 ibd., S. 35.
54 Paul Kennedy, The Rise and Fall of the Great Powers, New York 1987, S. 514.
55 Michael R. Beschloss/Strobe Talbott, Auf höchster Ebene. Das Ende des Kalten Krieges und die Geheimdiplomatie der Supermächte, 1989–1991, Düsseldorf 1993, S. 58.
56 ibd., S. 59.
57 James A. Baker, Drei Jahre, die die Welt veränderten, S. 55.
58 Michael R. Beschloss/Strobe Talbott, Auf höchster Ebene, S. 115–117.
59 ibd., S. 548.
60 Philip Zelikow/Condoleeza Rice, Sternstunde der Diplomatie. Die deutsche Einheit und das Ende der Spaltung Europas, Berlin 1997, S. 62.
61 ibd., S. 55.
62 Michael R. Beschloss/Strobe Talbott, Auf höchster Ebene, S. 108.
63 ibd., S. 92.
64 ibd., S. 113.
65 Michail Gorbatschow, Erinnerungen, S. 1128.
66 Robert M. Gates, From the Shadows, S. 454f. – Ronald Kessler, Inside the White House, S. 131–147.
67 Colin Powell, My American Journey, New York 1995, S. 3–88.
68 Michael R. Beschloss/Strobe Talbott, Auf höchster Ebene, S. 585.
69 ibd., S. 604.
70 Niccolo Machiavelli, Discorsi. Gedanken über Politik und Staatsführung, Stuttgart 1966, III. Buch, Kap. 1, S. 274.
71 Margaret Thatcher, Die Erinnerungen 1925–1979, Düsseldorf 1995, S. 39 bis 42.
72 Hugo Young, One of Us, London 1989, S. 424.
73 Margaret Thatcher, Die Erinnerungen 1925–1979, S. 38.
74 ibd., S. 47f.
75 ibd., S. 614.
76 Margaret Thatcher, Downing Street No. 10, S. 1189.
77 Margaret Thatcher, Die Erinnerungen 1925–1979, S. 549f.
78 ibd., S. 605.
79 ibd, S. 165.
80 Margaret Thatcher, Downing Street No. 10, S. 1095 f, 1103–1105.
81 Hubert Védrine, Les mondes de François Mitterrand. À l'Elysée 1981–1995, Paris 1996, S. 440f.
82 Carol Thatcher, Below the Parapet. The Biography of Denis Thatcher, London 1996, S. 284.
83 Margaret Thatcher, Downing Street No. 10, S. 22.

84 Margaret Thatcher, Die Erinnerungen 1925–1979, S. 59.
85 ibd., S. 164.
86 ibd., S. 235.
87 Simon James, British Cabinet Government, London 1992, S. 97.
88 Bob Hawke, The Hawke Memoirs, S. 320f.
89 Nigel Lawson, The View from No. 11. Memoirs of a Tory Radical, London 1992, S. 1036.
90 Peter Hennessy, Muddling Through. Power, Politics and the Quality of Government in Postwar Britain, London 1996, S. 293.
91 Hans-Dietrich Genscher, Erinnerungen, Berlin 1995, S. 626f.
92 Klaus Dreher, Helmut Kohl. Leben mit Macht, Stuttgart 1998, S. 68f. Drehers Biographie befaßt sich vorrangig mit der Frage, wie Kohl seine Machtposition erringen und so lange behaupten konnte, weniger mit einzelnen Politikfeldern. Von dieser Überlegung gehen auch die anderen im Frühjahr 1998 erschienenen biographischen Studien aus (Jürgen Busche, Helmut Kohl. Anatomie eines Erfolgs, Berlin 1998; Patricia Clough, Helmut Kohl. Ein Porträt der Macht, München 1998; Jürgen Leinemann, Helmut Kohl. Die Inszenierung einer Karriere, Berlin 1998). Vergleichsweise gut erforscht ist Kohls Deutschlandpolitik der Jahre 1982 bis 1989 mit der Untersuchung von Karl-Rudolf Korte, Deutschlandpolitik in Kohls Kanzlerschaft. Regierungsstil und Entscheidungsprozesse 1982 bis 1989, Stuttgart 1998. Zu Kohls Politik in den Monaten des Umbruchs 1989/90 wohl auf lange Zeit maßgeblich ist die Edition Deutsche Einheit. Sonderedition aus den Akten des Bundeskanzleramtes 1989/90 (= Dokumente zur Deutschlandpolitik), München 1998, mit einer profunden Analyse des Bearbeiters Hanns-Jürgen Küsters, der die bisherige Forschung zusammenfaßt und neu orientiert.
93 Hans-Otto Kleinmann, Geschichte der CDU, Stuttgart 1993, S. 365.
94 Margaret Thatcher, Die Erinnerungen 1925–1979, Düsseldorf 1995, S. 407f.
95 Werner Filmer/Heribert Schwan, Helmut Kohl, Düsseldorf 1985, S. 379f.
96 Heinz Gollwitzer, »Für welchen Weltgedanken kämpfen wir?«, in: Klaus Hildebrand/Reiner Pommerin, Hrsg., Deutsche Frage und europäisches Gleichgewicht. Festschrift für Andreas Hillgruber zum 60. Geburtstag, Köln 1985, S. 83–109.
97 Otto Lenz, Im Zentrum der Macht. Das Tagebuch von Staatssekretär Lenz 1951 bis 1953, Eintrag vom 4.2.1952, Düsseldorf 1989, S. 243.
98 Margaret Thatcher, Die Erinnerungen 1925–1979, Düsseldorf 1995, S. 708.
99 ibd., S. 708.
100 Ernst Jünger, Autor und Autorschaft, Stuttgart 1984, S. 230.
101 Alexander Yakowlew, März 1995, in: Archie Brown, The Gorbachev Factor, Oxford 1996, S. 316. Neben dieser bisher gründlichsten biographischen Untersuchung Gorbatschows seien aus dem schon uferlosen Schrifttum genannt die scharfsinnige zeitgenössische Analyse von Boris Meissner, Die Sowjetunion im Umbruch. Historische Hintergründe, Ziele und Grenzen der Reformpolitik Gorbatschows, Stuttgart 1988; Gerhard und N. Simon, Verfall und Untergang des sowjetischen Imperiums, München 1993; und Manfred Hildermaier, Geschichte der Sowjetunion 1917 bis 1991. Entstehung und Niedergang des ersten sozialistischen Staates, München 1998, S. 1014–1092. Siehe auch Alexander Jakowlew, Offener Schluß. Ein Reformer zieht Bilanz. Gespräche, eingeleitet und kommentiert von Lilly Marcou, Leipzig 1992.
102 Jacob Burckhardt, Weltgeschichtliche Betrachtungen, Stuttgart 1955, S. 248.
103 David Remnick, Lenin's Tomb. The Last Days of the Soviet Empire, New York 1994, S. 146.
104 Andrej Sacharow, Mein Leben, München 1991, S. 779.
105 George P. Shultz, Turmoil and Triumph, S. 509.
106 Tocqueville, Der alte Staat und die Revolution, Hamburg 1969 [1856], S. 153.
107 Robert M. Gates, From the Shadows, S. 448.
108 Michael R. Beschloss/Strobe Talbott, Auf höchster Ebene, S. 176.
109 Die Zauberlehrlings-Interpretation des Reformers Gorbatschow findet sich bei Henry Kissinger, Die Vernunft der Nationen. Über das Wesen der Außenpolitik, Berlin 1994, S. 882–886. Auch Michael Dobbs, 1981–1995 Bürochef der »Washington Post« in Warschau und Moskau, sieht ihn so. Dobbs' Darstellung (Down With Big Brother. The Fall of the Soviet Empire, New York 1997) ist eine der bisher am dichtesten dokumentierten Analysen zum Zusammenbruch der Sowjetunion unter Gorbatschow.
110 Archie Brown, The Gorbachev Factor, S. 102.

111 Diese und andere Belege finden sich bei Archie Brown, The Gorbachev Factor, Oxford 1996, S. 81. Die Biographie Browns ist im wissenschaftlichen Schrifttum das bisher fundierteste Plädoyer dafür, Gorbatschow als originären Radikalreformer zu deuten.
112 Michail Gorbatschow, Erinnerungen, S. 256. Es gibt verschiedene Hinweise auf dieses Gespräch. Siehe Archie Brown, The Gorbachev Factor, S. 336.
113 David Remnick, Lenin's Tomb, S. 293.
114 Alexander Yakowlew, On the Edge of an Abyss. From Truman to Reagan, Moskau 1985.
115 Michail Gorbatschow, Erinnerungen, S. 230 bis 233. – David Remnick, Lenin's Tomb, S. 294.
116 Archie Brown, The Gorbachev Factor, S. 106.
117 David Remnick, Lenin's Tomb, S. 299.
118 Archie Brown, The Gorbachev Factor, S. 316.
119 Samuel P. Huntington, Der Kampf der Kulturen. Die Neugestaltung der Weltpolitik im 21. Jahrhundert. München 1996, S. 373.
120 Monica Crowley, Nixon off the Record, S. 171.
121 Deng Xiaoping, Selected Works (1975–1982), Ansprache vom 2.6.1978, S. 128.
122 Uli Franz, Deng Xiaoping. Eine Biographie, München 1987, S. 16–51.
123 Harrison E. Salisbury, The new Emperors. China in the Era of Mao and Deng, New York 1992, S. 124–128.
124 Edgar Bauer, Die unberechenbare Weltmacht. China nach Deng Xiaoping, Berlin 1995, S. 112.
125 Patrick Sabatier, »Der letzte Drache«. Deng Xiaoping in seiner Zeit, Bonn 1991, S. 126.
126 ibd., S. 149f.
127 Richard Baum, Burying Mao. Chinese Politics in the Age of Deng Xiaoping. Princeton 1994. S. 64.
128 Patrick Sabatier, »Der letzte Drache«, S. 149.
129 Edgar Bauer, Die unberechenbare Weltmacht, S. 116.
130 Patrick Sabatier, »Der letzte Drache«, S. 198.
131 Uli Franz, Deng Xiaoping, S. 232.
132 Patrick Sabatier, »Der letzte Drache«, S. 361.
133 Richard Baum, Burying Mao, S. 63.
134 ibd., S. 16.
135 Patrick Sabatier, »Der letzte Drache«, S. 321.
136 Jimmy Carter, Keeping Faith. Memoirs of a President, New York 1982, S. 202.
137 ibd., S. 207f.
138 Zbigniew Brzezinski, Power and Principle. Memoirs of the National Security Adviser 1977–1981, New York 1983, S. 407.
139 Michail Gorbatschow, Erinnerungen, S. 961–967.
140 Richard Baum, Burying Mao, S. 262.
141 ibd., S. 258.
142 ibd., S. 342.
143 ibd., S. 341 und Edgar Bauer, Die unberechenbare Weltmacht, S. 118f.
144 Harrison E. Salisbury, The New Emperors, S. 419–426, S. 519.
145 Richard Baum, Burying Mao, S. 341–356.
146 ibd., S. 386f.
147 ibd., S. 394.

## Schlußbetrachtung: Zwischen zwei Zeitaltern

1 Alfred Kerr, Wo liegt Berlin? Briefe aus der Reichshauptstadt 1895–1900, hrsg. von Günther Rühle, Berlin 1997, S. 547.
2 Bertolt Brecht, Leben des Galilei, Gesammelte Werke in 20 Bänden, Bd. 3, Frankfurt 1967, S. 1329.
3 Jacob Burckhardt, Weltgeschichtliche Betrachtungen, Stuttgart 1955 [1905], 'S. 248.
4 Winston S. Churchill, Geschichte, o.O. 1990 [1956]; Bd. IV, S. 12.
5 Robert Musil, Der Mann ohne Eigenschaften, o.O. 1972 [1929]; S. 361.
6 ibd., S. 519.

7 Henry Adams, Die Erziehung des Henry Adams. Von ihm selbst erzählt, Zürich 1953 [1907], S. 403f.
8 ibd., S. 426.
9 ibd., S. 649.
10 ibd., S. 16.
11 Karl Jaspers, Vom Ursprung und Ziel der Geschichte, Frankfurt 1956 [1949], S. 15.
12 Albert Zoller, Hitler privat. Erlebnisbericht seiner Geheimsekretärin, Düsseldorf 1949, S. 142f.
13 Jean-Baptiste Duroselle, Tout empire périra, Paris 1981, S. 344–348.
14 Li Zhisui, The Private Life of Chairman Mao, New York 1994, S. 122.
15 Jules Monnerot, Soziologie des Kommunismus, Köln 1952, S. 9–24, 245–288.
16 Günter Scholdt, Autoren über Hitler. Deutschsprachige Schriftsteller 1919–1945 und ihr Bild vom »Führer«, Bonn 1993, S. 422–473.
17 Stanley Wolpert, Nehru. A Tryst with Destiny, Oxford 1996, S. 16.
18 »The Rashprati«, Selected Works of Jawaharlal Nehru, ed. by S. Gopal, Vol. 8, New Delhi 1972–1982, S. 523.
19 Alfred Kerr, Wo liegt Berlin?, S. 545.
20 Ernst Jünger, Der Gordische Knoten, in: Werke, Bd. 5, Stuttgart o.J., S. 458.
21 So zutreffend Jürgen von Alten, Die ganz normale Anarchie. Jetzt erst beginnt die Nachkriegszeit, Berlin 1994, S. 7–45.
22 Christian Graf von Krockow, Der deutsche Niedergang. Ein Ausblick ins 21. Jahrhundert, Stuttgart 1998.
23 Arnulf Baring, Scheitert Deutschland? Abschied von unseren Wunschwelten, Stuttgart 1997.

## Aprèslude zum 20. Jahrhundert

1 Siehe unsere einführenden Betrachtungen, S. 14.
2 Zur Typologie der Reformer siehe meinen Aufsatz »Der demokratische Reformer. Prolegomena zu einem vernachlässigten Forschungsfeld der Demokratietheorie«, in: Hans Vorländer (Hg.), Politische Reform in der Demokratie (= Veröffentlichungen der Deutschen Gesellschaft für Politikwissenschaft, Bd. 22), Baden-Baden 2005, S.14–44.
3 Die bislang abgewogenste unter vielen Clinton-Biographien ist John F. Harris, The Survivor: Bill Clinton in the White House, New York 2005.
4 Dazu die parteiische, doch materialreiche Studie von Joe Conason/Gene Lyons, The Hunting of the President: The Ten-Year Campaign to Destroy Bill and Hillary Clinton, New York 2003.
5 Simon Jenkins, Thatcher & Sons. A Revolution in Three Acts, London 2006.
6 Noch im Jahr 2005, als Blairs Glanz sich schon sichtlich abgeschwächt hatte, beschrieb ihn der australische Politologe J. H. Grainger geradezu als Idealtyp des charismatischen Führers im Sinn von Max Weber (Tony Blair and the Ideal Type, London 2005).
7 Die besten biographischen Darstellungen sind: Anthony Seldon, Blair, London 2004, und Blair Unbound, London 2007, sowie Andrew Rawnsley, The End of the Party. The Rise and Fall of New Labour, London 2010. Die neueste deutschsprachige Darstellung ist: Gerd Mischler, Tony Blair, Reformer, Premierminister, Glaubenskrieger, Berlin 2005.
8 Hans Jörg Hennecke, Die dritte Republik. Aufbruch und Ernüchterung, Berlin 2002, S. 334. Ein ansprechendes Bild hat Schröders Pressesprecher Béla Anda gezeichnet (Béla Anda/Rolf Kleine, Gerhard Schröder. Eine Biographie, Berlin 2002), ebenso der SPIEGEL-Redakteur Jürgen Hogrefe (Gerhard Schröder. Ein Porträt, Berlin 2002).
9 Richard Swedberg, Joseph A.Schumpeter. Eine Biographie, Stuttgart 1994 (1991), S. 283.
10 Die bislang am besten recherchierte Biographie ist: Gerd Langguth, Aufstieg zur Macht, München 2007.
11 Gerd Langguth, Angela Merkel, München 2005, S. 196.
12 Johannes Gross, Das neue Notizbuch, 1985–1990, Stuttgart 1990, Eintrag vom 10.1.1986, S. 53.
13 Johannes Gross, Notizbuch, Stuttgart 1985, Eintrag vom 19.10.1984, S. 266.
14 Franz-Olivier Giesbert, Jacques Chirac. Tragödie eines Mannes und Krise eines Landes, Paris 2006, S. 23.
15 Richard Swedberg, Joseph A. Schumpeter, a.a.O., S. 274.

16 Die meisten Bücher über Berlusconi sind geboten kritisch, siehe Alexander Stille, Citizen Berlusconi, München 2006 oder Paul Ginsborg, Berlusconi. Politisches Modell der Zukunft oder italienischer Sonderweg?, Berlin 2005.
17 Vgl. u.a. http://www.spiegel.de/politik/ausland/0,1518,588969,00.html.
18 Richard Swedberg, Joseph A.Schumpeter, a.a.O., S. 279.
19 Die beste Biographie zum Aufstieg Putins stammt von Alexander Rahr, Der ›Deutsche‹ im Kreml, München 2000. Eine kritische Darstellung seiner weiteren Entwicklung gibt Boris Reitschuster, Wladimir Putin. Wohin steuert er Rußland? Berlin 2004. Zum »System Putin« siehe Margareta Mommsen/Angelika Nußberger, Das System Putin. Gelenkte Demokratie und politische Justiz in Rußland, München 2008.
20 Bonaparte beim Empfang der Geistlichkeit von Mailand, zit. nach Friedrich Sieburg, Chateaubriand. Romantik und Politik (= Werkausgabe Friedrich Sieburg) , Stuttgart 1986 (1959), S. 137.
21 James Burnham, Das Regime der Manager (= The Managerial Revolution), Stuttgart 1948 (1941).
22 Robert Lawrence Kuhn, The Man Who Changed China. The Life and Legacy of Jiang Zemin, New York 2004, S. 53–56.
23 So Bruce Gilley, Tiger on the Brink: Jiang Zemin and China's New Elite, UCLA Press 1998.
24 Robert Lawrence Kuhn, The Man Who Changed China, a.a.O., S. 174.
25 Jürgen Todenhöfer, »Der Westen versucht, den internationalen Terrorismus in Afghanistan zu bekämpfen. Aber gegen die Attentäter der nächsten Generation helfen keine Bomben – denn sie sind längst mitten unter uns.«, in: Süddeutsche Zeitung Magazin, 30.1.2009, Nr. 5, S. 20.
26 Die besten Darstellungen sind: Lawrence Wright, Der Tod wird euch finden. Al-Qaida und der Weg zum 11. September, München 2007 (2006); Steve Coll, Die Bin Ladens. Eine arabische Familie, München 2008.
27 Jacob Weisberg, The Bush Tragedy, New York 2008, S. 67.
28 Siehe S. 376.
29 Robert Draper, Dead Certain. The Presidency of George W. Bush, New York 2007, S. 388.
30 James Mann, Rise of the Vulcans. The History of Bush's War Cabinet, New York 2004, S. 199.
31 Zit. nach Henry Kissinger, Die Vernunft der Nationen.Über das Wesen der Außenpolitik, Berlin 1994, S. 49.
32 George W. Bush, Second Inaugural Address, 20.1.2005.
33 Robert E. Rubin and Jacob Weisberg, In an Uncertain World. Tough Choices from Wallstreet to Washington, New York 2003.
34 Alan Greenspan, The Age of Turbulence. Adventures in a New World, New York 2007.
35 Ernst Jünger, Blätter und Steine, Hamburg 1934, S. 223.
36 Robert M. Gates, From the Shadows. The Ultimate Insider's Story of Five Presidents and How They Won the Cold War, New York 1996.

# NAMENREGISTER

# ABBILDUNGSVERZEICHNIS

## Archive und Leihgeber



## Publikationen

RICHARD VON
WEIZSÄCKER
Vier Zeiten
Erinnerungen
PANTHEON